镇江年鉴

ZHENJIANG YEARBOOK

总第32卷 2023

镇江市史志办公室 编

方志出版社
Publishing House of Local Records

图书在版编目(CIP)数据

镇江年鉴. 2023 / 镇江市史志办公室编. —北京：方志出版社，2023.9

ISBN 978-7-5144-5825-1

Ⅰ. ①镇… Ⅱ. ①镇… Ⅲ. ①镇江-2023-年鉴 Ⅳ. ①Z525.33

中国国家版本馆 CIP 数据核字(2023)第 194807 号

责任编辑：陈　菁
责任校对：张玉霞
责任印制：梅中英
出 版 者：方志出版社
地　　址：北京市朝阳区潘家园东里 9 号(国家方志馆 4 层)
邮　　编：100021
网　　址：http://www.zgfzcb.cn
发　　行：方志出版社图书营销中心(010-67110500)
印　　刷：镇江华翔票证印刷有限公司
开　　本：889 毫米×1194 毫米 1/16
印　　张：27.75
字　　数：1068 千字
版　　次：2023 年 9 月第 1 版
印　　次：2023 年 9 月第 1 次印刷
定　　价：310.00 元

《镇江年鉴（2023）》主审

马明龙　徐曙海

《镇江年鉴（2023）》编审人员

主　　编　马国进　凡　浩

副 主 编　徐　强　杨　兵　王　浩(执行)　蔡晓彬

编辑部主任　叶兆国

编　　辑　（以下按姓氏笔画排序）

于　薇　叶兆国　杨正宏　张　杰　赵昱霖　徐　溯　潘　珏

顾　　问　杨正宏　徐　溯

特邀编辑单位　市委办公室　市人大常委会办公室　市政府办公室　市政协办公室　市纪委监委办公室　市委组织部　市委宣传部　市委统战部　市委政法委　市发改委　市教育局　市科技局　市工信局　市住建局　市农业农村局　市商务局　市退役军人局　市国资委　市统计局　人行镇江中心支行　市保险协会　丹阳市史志办公室　句容市史志办公室　扬中市史志办公室　丹徒区史志办公室　京口区史志办公室　润州区史志办公室　镇江新区党政办公室　镇江高新区党政办公室

市（区）编辑　刘　启　孙　伟　李东东　余　婷　张　虹　陈龙浩　段广凤　舒维茜

彩页设计　戴　璐

编辑说明

一、《镇江年鉴》是镇江市人民政府主管，镇江市史志办公室编纂的地方综合年鉴，于1992年首次出版。《镇江年鉴》的编纂以马克思列宁主义、毛泽东思想、邓小平理论、“三个代表”重要思想、科学发展观、习近平新时代中国特色社会主义思想为指导，坚持辩证唯物主义和历史唯物主义的立场、观点和方法，逐年记载镇江市经济和社会发展的基本情况，为社会各界认识镇江、研究镇江、发展镇江提供基础资料。

二、《镇江年鉴（2023）》记载2022年全市自然、政治、经济、文化和社会等方面的基本面貌、发展状况和各行各业取得的新进展、新成就、新经验，出现的新矛盾、新问题以及进行的新探索。《镇江年鉴（2023）》在保证年鉴基本信息准确、完整、连续的基础上，围绕时代发展主题，重新构架框架体例，着力打造权威、实用、创新的高品质年度信息资料库。框架上，创新设立《数字镇江建设》《中国醋都》《开放型经济》《城市建设》《乡村振兴》《区域融合发展》《历史文化名城保护》《收入与分配》《公共安全》等全新类目，在体现创新的同时，更好地符合市情。其中，《中国醋都》类目由于是第一次编撰，在综述里适当增加镇江醋史相关内容。内容上，刊载学习贯彻中共二十大精神、“健康镇江”建设、国家级跨境电子商务综合试验区创建、制造业智能化改造和数字化转型、老工业基地调整改造和产业转型、“文化荣光　书香镇江”品牌建设等重要内容，突出年度特点和城市特色。表现形式上，进一步去除内视性内容，

精简条目文字。彩色画页继续设立“城市名片”，介绍城市特点；收入最新版《镇江市政区图》《镇江市城区图》，体现城市变迁；继续选登有资料价值、史料价值的图表。

三、全书采用分类编纂法，分类目、分目和条目3个层次，共设40个类目（栏目），个别分目下设立次分目，其标题前后加“·”表示。条目为记述实体，其标题用黑体字加【】表示。文中“市区”表示“丹徒区、京口区、润州区”。表格中“#”表示“其中”。全书所用稿件由镇江市各部门、单位，各市（区）专人撰写，并经过各单位有关负责人审阅，事实与数据均经过反复核对。数字用法、标点符号用法分别采用国家标准《出版物上数字用法》（GB/T 15835-2011）、《标点符号用法》（GB/T 15834-2011）。统计数据均使用法定计量单位，部分一次文献以及非统计意义的计量单位保持原貌；有关数据由于统计来源、口径和时间不同而存在不尽一致的情况；部分数据由于统计口径调整，与上年数据不具可比性；部分类目保留“亩”等单位，后面括注“公顷”等准确数字。对部分重要资料的记载在时限上适当放宽，以提高资料使用的时效性。

四、全书配有多重检索方法：卷首设中文目录，卷末设主题分析索引，并辅之以全书条目参见系统。全书所有资料可通过目录、索引、条目参见系统以及书眉等查询。《镇江年鉴》线上阅读网址为：http://szb.zhenjiang.cn。

【城市坐标】

市树	广玉兰
市花	杜鹃花
镇江精神	创业创新、开放文明、务实诚信
城市位置	长江运河“十字黄金水道”交汇处
城市性质	国家历史文化名城，长江下游重要的港口、工贸、风景旅游城市
城市历史	3000年文明历史
市（区）	丹阳市、句容市、扬中市、丹徒区、京口区、润州区、镇江新区、镇江高新区

【城市荣誉】

国家历史文化名城
中国优秀旅游城市
全国文明城市
国家生态市
国家园林城市
国家森林城市
国家卫生城市
全国社会治安综合治理优秀城市
国家知识产权工作示范城市
全国创业先进城市
国家创新型试点城市
全国双拥模范城
全国未成年人思想道德建设工作先进城市
全国文化体制改革工作先进地区
劳动关系和谐创建国家级示范区
全国慈善七星城市
中国人居环境奖
国家级综合运输服务示范城市
国家海绵城市试点城市
国家级工业绿色转型发展试点城市
国家节水型城市
国家服务外包示范城市
全国第二批全域旅游示范市
国家专利质押融资示范市
国家专利保险示范市
国家学前教育改革发展试验区
低碳计量试点城市
大气污染防治优秀城市
全国社会治安综合治理“长安杯”
国家知识产权强市创建市
消费品工业“三品”战略示范城市
全国第二批城市设计试点城市
综合运输服务示范城市
全国无偿献血先进城市
中国醋都·镇江
全国脱贫攻坚先进集体
第四批国家公共文化服务体系示范区
全国健康城市建设样板市

【文化遗存、风景名胜】

全国重点文物保护单位	焦山碑林、丹阳和句容南朝陵墓石刻、镇江英国领事馆旧址、昭关石塔、大运河（大运河镇江段、虎踞桥、江河交汇处、新河街一条街、西津渡古街）、甘露寺铁塔、“隆昌寺建筑群”、城上村遗址、葛城遗址、铁瓮城遗址、宋元粮仓遗址、春城土墩墓群、烟墩山墓地
全国重点寺院宫观	金山江天禅寺、焦山定慧寺、宝华山隆昌寺、茅山道院
国家级非物质文化遗产	白蛇传传说、镇江恒顺香醋酿制技艺、古琴艺术（梅庵琴派）、扬剧、灯彩（秦淮灯彩）、酿造酒传统酿造技艺（封缸酒传统酿造技艺）、董永传说、佛教音乐（金山寺水陆法会仪式音乐）、道教音乐（茅山道教音乐）
全国古籍重点保护单位	镇江市图书馆
国家风景名胜区	三山风景名胜区（金山景区、焦山景区、北固山景区、征润洲景区、云台山景区、江心岛景区）
国家AAAAA级旅游景区	金山·焦山·北固山旅游景区、茅山景区
国家AAAA级旅游景区	镇江博物馆、南山风景区、西津渡历史文化街区、宝华山国家森林公园、镇江醋文化博物馆、米芾书法公园、江苏茶博园
国家森林公园	南山国家森林公园、宝华山国家森林公园
国家重点公园	金山公园
省级风景名胜区	南山风景名胜区、茅山风景名胜区、九龙山风景名胜区
省级自然保护区	宝华山自然保护区、长江豚类自然保护区
省级旅游度假区	世业洲旅游度假区、茅山湖旅游度假区、水晶山旅游度假区
省级生态旅游示范区	南山风景区、镇江长山文化生态旅游区

2022年镇江市地区生产总值

单位：亿元

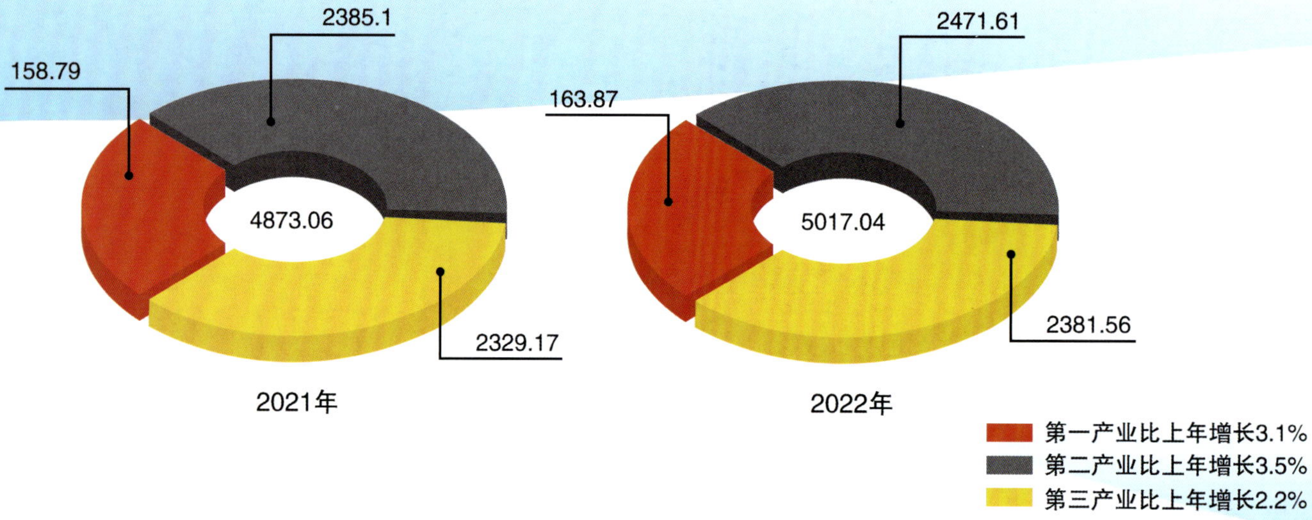

2022年年末镇江市金融机构人民币存贷款情况

单位：亿元

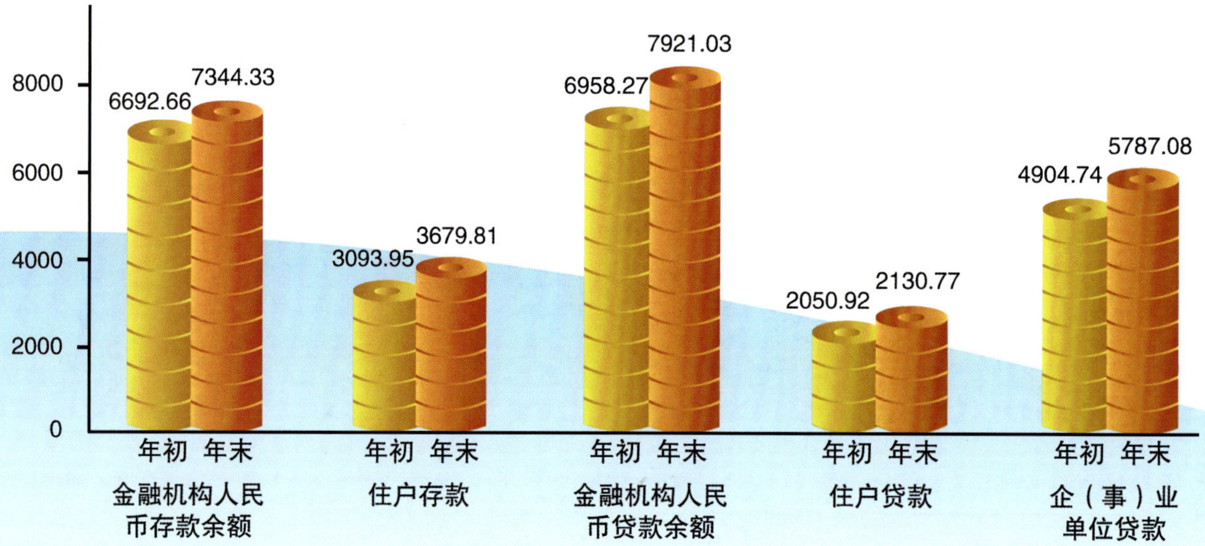

2022年镇江市规模以上工业高技术制造业增加值比上年增长率

单位：%

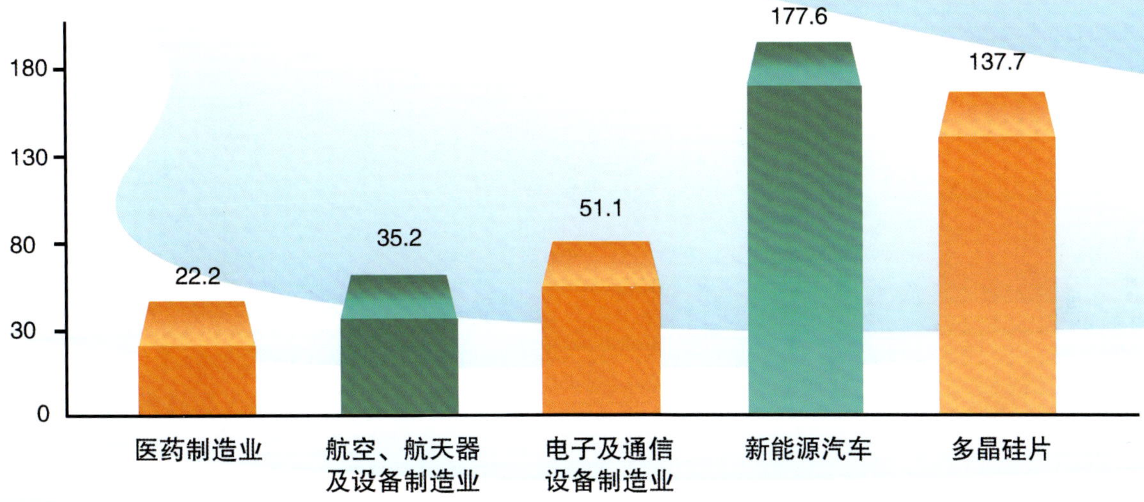

2022年镇江市对外经济比上年增长率

单位：%

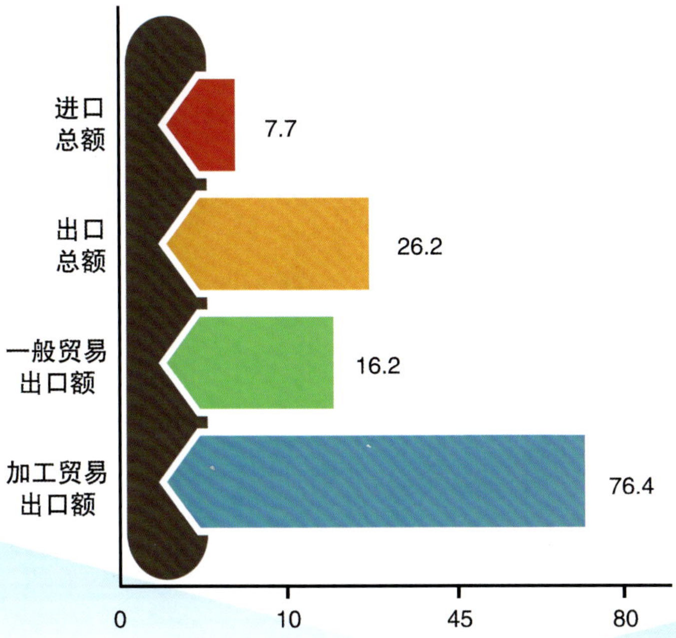

2022年镇江市居民收入支出增长率

单位：%

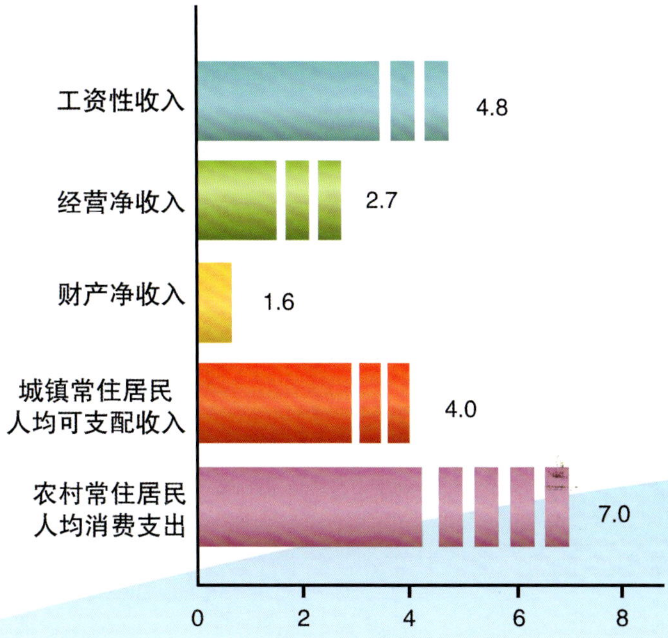

说明：本页数据均为2022年统计公报数。

1

3

2

1 2022年10月25日，镇江市传达党的二十大精神大会召开
（《创新》编辑部 供稿）

2 2022年9月30日，“镇江很有前途——迎接党的二十大胜利召开大型图片展”在镇江博物馆开展
（市文广旅局 供稿）

3 2022年10月9日，镇江市中山路小学举行“唱响爱国歌 喜迎二十大”歌曲合唱比赛，献礼中共二十大 （报业集团 王呈 供稿）

4 社会各界积极学习中共二十大精神（组图）
（报业集团 文雯 黄帅 供稿）

4

中国共产党镇江市第八届委员会第三次全体会议
1

中国人民政治协商会议镇江市第九届委员会第一次会议
1949
3

❶ 2022年3月10日，中国共产党镇江市第八届委员会第三次全体会议召开
（《创新》编辑部 供稿）

❷ 2022年3月1日—4日，镇江市第九届人民代表大会第一次会议召开
（《创新》编辑部 供稿）

❸ 2022年2月28日—3月3日，中国人民政治协商会议镇江市第九届委员会第一次会议召开
（《创新》编辑部 供稿）

❹ 2022年1月28日，中国共产党镇江市第八届纪律检查委员会第二次全体会议召开
（市纪委 范文涛 供稿）

镇江市产业强市暨优化营商环境大会
镇江很有前途
镇江市产业强市暨优化营商环境大会
金山奖
镇江市产业强市暨优化营商环境大会
金山奖
镇江市产业强市暨优化营商环境大会

1

3

1 2022年2月8日，镇江市产业强市暨优化营商环境大会召开 （报业集团 谢道榅 供稿）

2 2022年4月20日，镇江市企业上市暨“扬帆计划”工作推进会召开 （报业集团 马镇丹 供稿）

3 2022年8月1日，位于镇江高新区蒋乔街道的高端装备科技产业园项目全面开工 （报业集团 文雯 供稿）

4 2022年8月22日，镇江三维输送装备股份有限公司举行北交所上市仪式，成为镇江市首家北交所上市公司 （报业集团 石小刚 供稿）

5 2022年9月16日，江苏（镇江）——日韩汽车及零部件产业链合作推介会在丹阳市举办 （报业集团 黄帅 供稿）

6 2022年12月8日，由江苏省镇江船厂（集团）有限公司自主设计建造的中国第一艘油电混合智能化全回转拖船在镇江高新区镇江船厂启航 （报业集团 文雯 供稿）

1

3

4

❶ 2022年，镇江市高端装备制造集群应税销售“50强企业”——江苏新韩通船舶重工有限公司鸟瞰图 （孙薇 供稿）

❷ 2022年，镇江市高端装备制造集群应税销售“50强企业”——二重（镇江）重型装备有限责任公司生产车间掠影 （贾骏 供稿）

❸ 2022年，镇江市高端装备制造集群应税销售“50强企业”——中节能太阳能科技（镇江）有限公司“5G全连接车间”掠影 （孙悦萌 供稿）

❹ 2022年，镇江市高端装备制造集群应税销售“50强企业”——镇江电热科技股份有限公司生产车间掠影 （柳祖停 供稿）

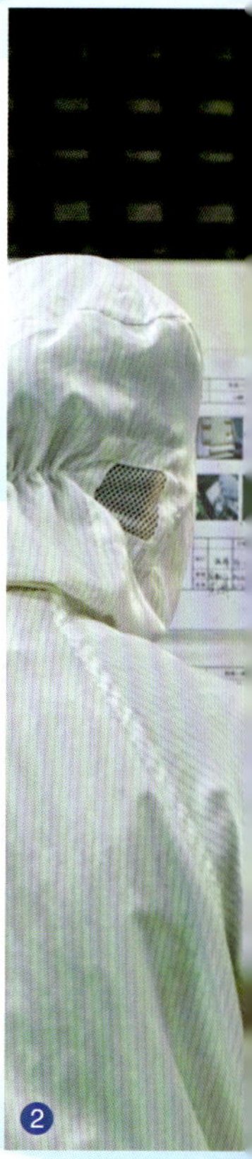

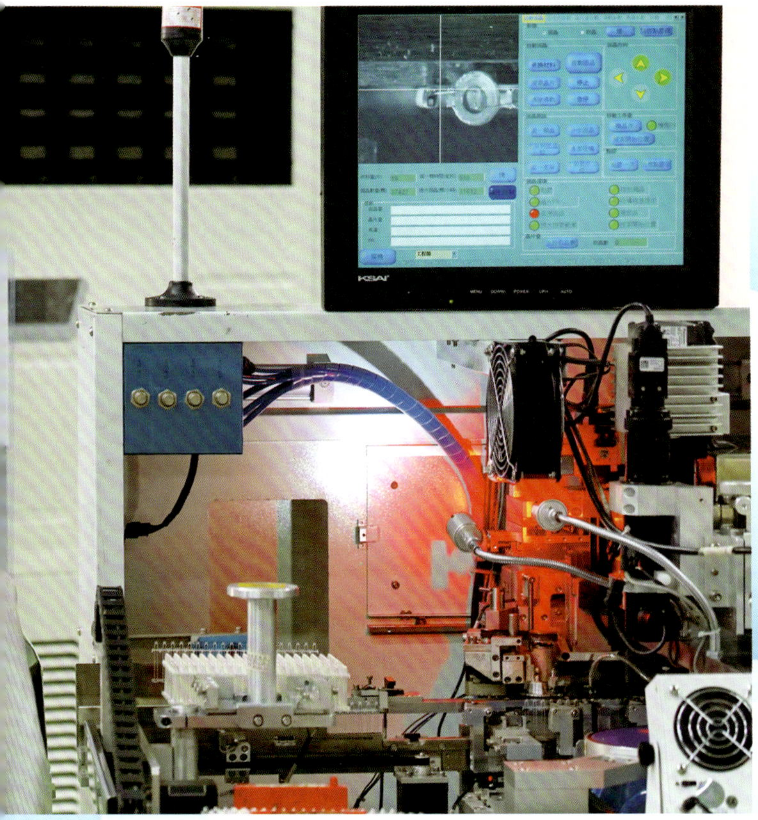

❶ 2022年，镇江市工业应税销售“百强企业”——中船动力镇江有限公司生产车间掠影（田冰 供稿）

❷ 2022年，镇江市“专精特新”中小企业——江苏稳润光电有限公司生产车间掠影（周社 供稿）

❸ 2022年，镇江市工业应税销售“百强企业”——江苏恒神股份有限公司生产车间掠影（孙悦萌 供稿）

❹ 2022年，镇江市工业应税销售“百强企业”——北汽蓝谷麦格纳汽车有限公司掠影（吴呈昱 供稿）

1 2022年6月10日，“文化和自然遗产日”江苏省系列活动暨“水韵江苏·非遗购物节”启动仪式举行
（市文广旅局 供稿）

2 2022年12月19日，“凤鸣高冈——吕凤子的艺术教育人生”专题展在镇江博物馆开展（市文广旅局 供稿）

3 2022年1月29日，“翰墨宜韵”公益书法送福到万家文艺志愿服务活动举行
（丹徒区文联 吴呈昱 供稿）

4 2022年6月30日，镇江市全民阅读分享会举行（报业集团 文雯 供稿）

5 2022年2月6日，“扬州评话少儿书场”活动在市民艺馆举行
（市文联 供稿）

6 2022年11月3日，“体育伴你行”——2022年镇江市体育馆特色健身项目展示交流大会在市健康路体育馆举行
（报业集团 文雯 供稿）

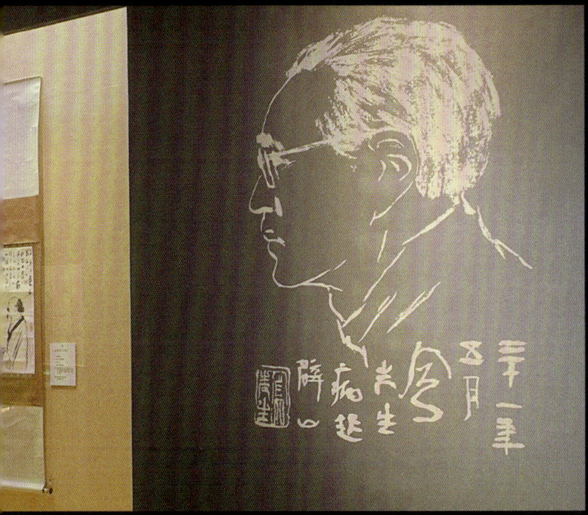

3

5

6

❶ 2022年年底，中华人民共和国成立以来江苏省单项投资最大的水利项目——新孟河丹阳水利枢纽工程初步具备竣工验收条件 （报业集团 石小刚 供稿）

❷ 2022年8月，南沿江城际铁路句容站全面进入装饰装修阶段 （报业集团 石小刚 供稿）

❸ 2022年，346国道镇江城区段城市化改造工程快速推进 （报业集团 文雯 供稿）

❹ 2022年2月，桃园二期老旧小区改造工程主体完工 （报业集团 文雯 供稿）

❺ 2022年12月15日，国内首个交流改直流输电工程——江苏扬州—镇江±200千伏直流输电工程在镇江市正式开工 （报业集团 李斌 供稿）

❻ 2022年，镇江市桃花坞路改造项目建成通车 （市干道办 杜广晨 供稿）

3

国网江苏省电力有限公司江苏扬州-镇江±200千伏直流输电工程开工动员大会
应急电源车
扬州-镇江±200千伏
直流输电工程

5

30

6

1

1 2022年，正式开通后的五峰山公路、铁路大桥 （市摄影家协会 孙悦萌 供稿）

❶ 2022年1月21日，镇江市文化科技卫生“三下乡”集中服务活动文艺演出在句容市墓东村举行
（报业集团 石小刚 供稿）

❷ 2022年9月7日，镇报集团聚焦中国实施乡村振兴战略以来的建设成就和丰硕成果，组织乡村摄影采风活动
（报业集团 黄帅 供稿）

❸ 2022年9月7日，镇江市句容白兔镇解塘村首批早稻开始收割
（报业集团 黄帅 供稿）

❹ 2022年9月22日，戴庄有机农业园区的白沙村，高标准生态农田里有机水稻长势旺盛，展现乡村振兴新图景
（报业集团 石小刚 供稿）

❺ 美丽乡村丹阳访仙镇独山村七峰湖美景
（叶华文 供稿）

❻ 美丽乡村句容市华阳街道山芋地美景
（王 军 供稿）

❼ 美丽乡村镇江新区华山村美景
（龚舒林 供稿）

6

4

7

5

工厂化育秧技术是实现水稻生产全程机械化的首要环节，镇江市部分种粮大户和家庭农场改变以往传统育秧模式，大力推广工厂化流水线育秧，大幅度提高育秧效率。

（本页照片均由孙继生供稿）

1. 水稻育苗播种机机械化自动播种
2. 工厂内覆盖薄膜适温下2昼夜可露白
3. 揭膜炼苗后可出厂下田

4 田间管理，浇水、施肥、除杂、监测病虫

5 秧盘输送带传至田中，人工排放在秧田

6 20天起苗，供应大田机插

7 装满秧苗的插秧机驶向大田

1

2

4

1 2022年9月8日，“喜迎二十大　建设幸福河”关爱河湖集中行动月启动仪式在焦山公园南大门广场举行
（报业集团 黄帅 供稿）

2 2022年，国家一级保护动物东方白鹳首次成群现身镇江
（报业集团 陈林 供稿）

3 2022年10月21日，江豚在镇江丹徒区高桥镇附近的江面上逐浪戏水。随着长江大保护的实施，在此栖息的江豚数量逐步增加
（报业集团 李斌 供稿）

4 2022年11月25日，由江苏省镇江船厂（集团）有限公司建造的中国第一艘海洋生态活鱼运输船下水
（报业集团 文雯 供稿）

5 城市山林，健身步道
（报业集团 石小刚 供稿）

3

5

1

❶ 2022年，生态镇江全景图　（孙继生 供稿）

1

2

3

❶ 2022年6月17日，镇江市“归雁”学子招引服务月启动仪式举行
（报业集团 文雯 供稿）

❷ 2022年7月8日，一艘满载4000多吨石料的散货运输船停靠在工程趸船旁，用吊机开展抛石作业。该应急护岸工程为2022年镇江市民生实事项目之一，加固护岸1884米，护岸面积13.41万平方米
（王志乐 供稿）

❸ 2022年，镇江市在城区建设多处免费停车场，并协调安装“便民充电桩”
（报业集团 李斌 供稿）

❹ 2022年6月28日晚9点，位于镇江市区第一楼街的首个“警务夜市”开张，该“警务夜市”的主要职责是警情快处、反诈宣传、巡逻防范
（报业集团 马镇丹 供稿）

❺ 2022年9月23日，镇江市乡土人才成果展示馆对外开放 （报业集团 文雯 供稿）

❻ 2022年11月18日，镇江市“五级人大代表统一接待选民日”活动开展，畅通人大代表听取和反映人民群众意见和要求的渠道 （报业集团 文雯 供稿）

❼ 2022年12月1日，银山门社区第十六届街巷运动会举行，党员志愿者、社区居民齐聚火星庙巷，开展投壶、滚铁环、拔河、踢毽子等趣味运动
（报业集团 文雯 供稿）

1 2022年11月7日，2022（第十六届）中国镇江金山文化艺术·国际旅游节开幕
（报业集团 马镇丹 供稿）

2 2022年11月5日，2022“尚清戏台”戏曲专场演出暨戏曲传承基地成果展示活动举行
（市文广旅局 供稿）

3 2022年9月30日，京口区第二届吴文化旅游节举办
（市文广旅局 供稿）

4 2022年11月9日，“白蛇传传说”剪纸精品展举办
（市文广旅局 供稿）

5 开幕式当晚，同时拉开第八届民俗文化周系列活动的序幕，开展非遗手工技艺展演、鸿禧戏楼扬州评话展演、南山民俗表演、尚清戏台戏曲联唱等活动（组图）
（市文广旅局 供稿）

2

3

2022（第十六届）金山文化艺术·国际旅游节
第八届民俗文化周系列活动
主办单位
镇江市文化广电和旅游局
承办单位
镇江市非物质文化遗产保护中心
镇江民间文化艺术馆
镇江市西津渡文化旅游有限责任公司
镇江市文化馆
创建东亚文化之都 打造山水花园名城
5

1 2022年，焦山秋色（市摄影家协会 陈阿伟 供稿）

2 2022年，玉兰映北固（市摄影家协会 孙悦萌 供稿）

3 2022年，金山春意（市摄影家协会 孙悦萌 供稿）

目　录

特　载

大事记

镇江概览

中共镇江市委员会

镇江市人民代表大会

镇江市人民政府

政协镇江市委员会

中共镇江市纪委·镇江市监委

民主党派·工商联

群众团体

法　治

军 事

数字镇江建设

经济管理

中国醋都

开放型经济

农　业

工 业

建筑业

商贸服务业

金融业

旅游业

房地产业

交通

城市建设

乡村振兴

区域融合发展

生态建设

科学技术

教 育

文　化

历史文化名城保护

卫生健康

体　　育

收入与分配

社会事务

公共安全

市(区)

人物·荣誉

附　录

索　引

“非凡十年”镇江发展情况

党的十八大以来，镇江勇担使命、创新实干，交出“强富美高”新江苏建设的“镇江答卷”：地区生产总值接连迈过两个千亿台阶，年均增长6.8%；人均地区生产总值从2012年的7.78万元增加至2021年的14.82万元，达到中等发达国家水平；居民人均可支配收入由23877元增加至50360元，城乡收入比缩小至1.9：1；10年新增A股上市公司13家，总数列全省第6名。

创新引领转型升级，镇江跑起来

10年间，镇江持续推进产业集中集聚集约发展，在产业结构转型升级的赛道上加速奔跑：2014年，《镇江市工业产业链发展行动计划（2014—2016）》出炉，重点培育航空航天、汽车及零部件、高性能合金等10条产业链；2017年围绕产业强市战略目标，提出重点培育“3+2+X”产业链，航空航天产业、生物医药产业、新一代信息技术产业实现由点到链的飞跃；确立“十四五”期间“四群八链”主导产业发展方向，聚力发展生命健康、数字经济等四大产业集群和新型电力（新能源）装备、汽车及零部件（新能源汽车）等8条重点产业链。

镇江打破受“北江南山”地形限制的空间结构，拉开“一体、两翼、三带、多片区”的发展布局，有序谋划打造9个重点片区，为产业集聚发展打开空间；启动开发园区整合优化提升工作，将全市园区整合至10个，推动产业链高质量发展；先后成立企业上市工作领导小组、资本市场高质量发展领导小组，出台《镇江市资本市场扬帆计划》《镇江市加快股权投资行业发展云帆计划》，全市21家A股上市公司营收在“四群八链”企业中占比10%，截至2022年年底，全市有百亿元企业10家、“中国民营企业500强”榜单上榜企业4家。2022年7月22日，华为（镇江）数字联合创新中心启动运营，首批8家创新型企业签约入驻。至此，阿里巴巴、微软、华为三家数字经济产业头部企业与镇江的合作项目全部落地。10年间，在“一带一路”沿线国家和地区的境外投资项目从无到有，涌现出鼎胜新材、锐升新材、沃得农机等一批优秀外经企业。

镇江作为国家创新型试点城市，设立科学技术奖，出台《镇江市高新技术企业培育管理实施细则》，推行科技创新“揭榜挂帅”制，实施人才“镇兴”行动，释放企业科技创新澎湃动能。2012年以来，全市高新技术企业从238家增长到1221家，增长413%。2021年国家创新型城市创新能力评价，镇江列第25位。省政府发布关于对2021年落实有关重大政策措施真抓实干成效明显地方予以督查激励的通报，镇江被列入制造业创新转型成效明显地区。

低碳助力生态文明，镇江很绿色

2012年，镇江入选全国第二批低碳试点城市。“碳”路十年，镇江鲜明确立“生态领先、特色发展”的战略路径，加快构建绿色低碳循环的发展体系，成立低碳城市建设工作领导小组，每年制定《镇江低碳城市建设工作计划》，举办五届国际低碳（镇江）大会，创成全国首批生态文明先行示范区、全国首批海绵城市建设试点城市、全国绿色交通试点城市、全省唯一的生态文明综合改革试点城市。镇江推进减污降碳协同治理。2015年—2021年，镇江实施去产能项目209个，压减水泥产能超508万吨、钢铁产能超60万吨，淘汰电镀产能超22.9万吨、焦炭（碳素）产能超95万吨，2017年以来累计关停化工企业119家。镇江积极构建绿色制造体系，出台《绿色工厂评价指标体系》，启动绿色工厂创建，创成全省唯一的全国工业绿色转型发展试点城市。截至2022年年底，该市累计培育国家级绿色工厂18家，总量列全省第4位，实施绿色化改造项目400余个，年节能量达70万吨标准煤。2012年以来，镇江全市单位地区生产总值能耗下降39.7%，单位地区生产总值二氧化碳排放下降49%，$PM_{2.5}$年均浓度累计下降50%，空气质量优良天数比率提升19.4%，劣V类水体基本消除。

镇江大力推进农业绿色发展，推动农业高质高效，启动金融支持乡村振兴"金穗行动"，承担农业农村部"农村普惠金融服务发展"改革试验项目，10年间累计打造农产品地理标志5个、绿色食品222个，培育全国、省级家庭农场典型案例8家，数量位居全省前列。句容市、丹阳市、扬中市先后获批为国家级电子商务进农村综合示范县，镇江成为苏南地区唯一实现国家级电子商务进农村综合示范县全覆盖的城市。注重新品种、新技术、新模式对农业高质量发展的支撑作用，育成的3个水稻品种获全国优质食味米称号，2个水稻品种被农业农村部认定为超级稻，镇麦系列品种累计推广应用5000余万亩(333.3万公顷)。2021年，镇江农村居民人均可支配收入达31354元，是2012年14177元的2.21倍。

不断增进人民福祉，镇江有大爱

2018年，镇江在全省率先启动领导干部"政治体检"。2022年，丹阳开展党政干部政治素质考察试点。随着一些好制度、强措施不断落实，对干部的管理监督不断加强。越来越多的干部奔走一线，以过硬的作风为群众办实事。

作为国家医改试点城市，镇江以健康战略统领卫生健康改革，制定落实"健康镇江"2013—2015、2016—2020行动方案，建立完善分级诊疗制度，入选全国首批健康城市建设试点市。10年间，镇江每千人口床位数从2012年的3.99张增长至2021年的5.39张、执业(助理)医师数从2.18人增长至2.79人、注册护士数从2.09人增长至3.01人。全市基本建成"15分钟健康服务圈"，21家乡镇卫生院(社区卫生服务中心)获评"全国百佳乡镇卫生院"、"全国百强社区卫生服务中心"、国家群众满意的乡镇卫生院和全国优质服务示范社区卫生服务中心。截至2022年年底，全市基层门急诊占比为55%以上，60%的慢性病患者在基层得到有效管理，基本形成"小病在基层、大病到医院、康复回社区"的就医新格局。

镇江深化城乡统筹，扎实推进城乡一体化发展，不断增进民生福祉。一般公共预算支出从2012年的235.25亿元增加至2021年的542.95亿元，其中民生支出占比始终稳定在70%以上。

作为国家学前教育体制改革试点地区，镇江推动学前教育"广覆盖、保基本、有质量"。2022年以来，全市幼儿园从190所增加至283所，每所幼儿园覆盖常住人口从1.62万人降低至1.1万人，每个镇(街道)至少有1所达省优质幼儿园标准的公办中心幼儿园、1个经过认定的融合教育资源中心。持续推进义务教育均衡发展，义务教育监测质量和高中教育教学质量从全省中游水平上升至第一方阵，义务教育优质均衡达标比例列全省第1名。2021年，镇江成为省"双减"试点城市。2022年，扬中入选国家义务教育优质均衡先行创建县。

镇江提升人民群众公共文化获得感，10年间先后创成江苏省第二批公共文化服务体系示范区、江苏省首批书香城市建设先进市、国家公共文化服务体系示范区。深入实施"文艺播种计划"，依托市、县、镇、村四级公共文化服务网络，号召艺术家、文化工作者加入文艺志愿者队伍，打造出一支近300人的文艺志愿者团队。

镇江连续三届获评全国文明城市，持续擦亮"大爱镇江"公益品牌，登记在册志愿者从2012年的15万人增长至2021年年底的66万人，占总人口的20.69%，比例位居全省前列。

(《新华日报》2022年9月8日第1版摘要)

镇江市学习贯彻中共二十大会议精神情况(摘要)

2022年，镇江市以迎接和学习宣传贯彻中共二十大为主线，坚持举旗铸魂、克难奋进，聚焦中心、服务大局，推动全市各级基层党组织和广大党员以习近平新时代中国特色社会主义思想和中共二十大精神为指导，弘扬伟大建党精神，持续强化政治建设，坚持不懈凝心铸魂，为现代化新镇江建设提供坚强组织保证。

高质量完成中共二十大代表酝酿推荐和宣传报道相关工作。组织全市基层党组织和党员进行中共二十大代表全覆盖酝酿推荐，开展"喜迎二十大、永远跟党走"系列活动，在全市营造浓厚政治氛围。3人确定为中共二十大代表，其中首次有2名一线工作人员。通过《人民日报》、《新闻联播》、中组部专题片《二十大代表风采录——赵亚夫》等协助宣传全省唯一、全国10个重点对象之一赵亚夫。3名中共二十大代表忠实履行代表职责，生动讲好镇江故事，展现良好精神风貌。

全面开展"学习《习近平谈治国理政》第四卷、以实际行动迎接中共二十大"主题党日活动。开设"旗帜指方向，奋进新征程"喜迎中共二十大宣传专栏，组织党员干部人才认真学习贯彻《习近平谈治国理政》第四卷，围绕"重走总书记视察路""对党绝对忠诚”等主题强化氛围营造。市四套班子主要领导带头，推动市、县两级党员领导班子成员以党员身份到所在党支部参加主题党日活动，引领全市党支部和党员结合组织一次专题学习、开展一次谈心谈话、交流一次学习体会、接受一次党性锻炼、参加一次实践活动等“五个一”形式，深学细悟《习近平谈治国理政》第四卷。

部署开展“学习二十大·一线建新功”主题活动。组织全市基层党组织、党员、人才收听收看中共二十大开幕会、热议中共二十大报告，并以“四学两增”为主要内容，以学习中共二十大精神系列主题党日活动、“微感悟”征集活动、“微党课”讲学活动、知识竞赛活动、党员全覆盖培训等为载体，开展深学、悟学、讲学、比学，增强党组织和党员勇挑大梁的担当、敢为善为的本领，确保中共二十大精神在镇江落地生根。开展“我从基层来，代表话感悟”活动，中共二十大代表与市、县两级党务工作者和党员分享参会心得感悟，开设《贯彻二十大，扎实见行动》学习专栏，制作热议报告微视频《听报告抒心声》，形成领会中共二十大精神学习任务清单和落实中共二十大精神重点工作清单，切实明确30项重点任务。

（市委组织部　朱　凡）

“健康镇江”建设情况

2010年，镇江市启动“健康镇江”建设，先后制定出台《健康镇江2015行动》《健康镇江（2016—2020）行动方案》《落实健康中国行动推进健康镇江建设实施方案（2020—2030）》等文件，建立“政府主导、部门协作、社会参与”工作机制，各项工作取得成效。全市人均期望寿命由2010年的76.78岁提升至2022年的80.1岁；城乡居民健康素养水平为30%以上。2016年，镇江市被全国爱卫会确定为38个首批全国健康城市建设试点城市之一，参加第九届全球健康促进大会，“健康镇江”作为中国官方推荐案例公开发布；2017年，被国务院医改办、国家卫计委、财政部等确定为全国15个公立医院综合改革示范城市之一；2021年，镇江、句容分别获评市级和县级“全国健康城市建设样板市”；2022年，镇江市再次获评“全国健康城市样板市”，在推进健康江苏建设考核中获“优秀”等次。

一、健康镇江主要指标完成情况

根据《关于印发落实健康中国行动推进健康江苏建设监测评估实施方案和监测评估指标体系（试行）的通知》要求，围绕提升全民健康素养、提高全民身体素质、预防控制重大疾病、保护重点人群健康、发挥中医药独特优势、健全全民医疗保障等10个方面，66项指标，镇江市统筹推进各专项行动，落实重点工作目标任务。各项指标全部完成年度目标值，其中，居民健康素养水平、人均体育场地面积、农村自来水普及率、全国城市生活垃圾无害化处理率、城市人均公园绿地面积、产前筛查率、“两癌”筛查率、人均预期寿命、严重精神障碍患者规范管理率等38个指标优于2022年目标值。

二、重点任务和专项行动进展情况

通过“健康镇江2020—2030行动”的实施，全市各界全面行动，健康融入所有政策的理念得到强化，全民健康的社会支持系统和市民参与健康相关活动的工作机制形成。

1. 领导机制完善。成立市健康促进委员会，建立政府主导、部门协同的健康城市建设体制，市政府主要领导担任健康促进委员会主任，相关部门、单位和各市（区）政府主要领导担任成员的健康城市建设组织架构形成。市政府连续多年将健康镇江相关内容列为为民办实事项目，纳入相关部门和市（区）的考核内容，实施城乡联动，整体推进。

2. 健康氛围浓厚。立足全人群和全生命周期两个着力点，开展健康素养普及行动。建成全省首家健康科普馆，在全市医疗机构发行《健康处方》，“健康镇江”微信公众号每天推送健康知识，镇江电视台开办《健康镇江》节目200余期，连续6年举办全民健康节。建立健康素养巡讲师队伍，举办健康巡讲、讲座2000余场次。持续实施公益性应急救护百万培训项目，推进应急救护培训进学校、进社区、进农村、进机关、进企业，完成持证培训1万余人，普及性培训6万余人。加强体育场馆、健身广场等设施建设，城市体育健身设施覆盖率为100%，经常性参加体育锻炼人数比例为40%以上。

3. 重点人群健康。学生健康。实施《国家学生体质健康标准》，学生体质健康水平持续提升，全市学生体质健康优秀率为16.87%，优良率为53.96%，合格率为96.25%，其中，优良率列全省第1位。市教育局、市卫健委联合启动学校减盐健康教育推广项目，对全市108所学校的三年级学生和家长进行为期一学年的以减盐为重点的健康教育。妇幼健康。全面构建宫颈癌、乳腺癌防控服务新体系，实现市、县、乡3级防控网络全覆盖，全年完成乳腺癌筛查9.34万人，任务完成率为104.9%，宫颈癌筛查9.28万人，任务完成率为104.3%。老年人健康。组织对35.9万名65岁及以上老年人开展健康管理和体检，为有需求的老年人提供预约上门或家庭病床、远程健康监测等个性化服务，家庭病床建床321例，提供上门医疗护理康复服务13380人次。全市建有护理院10家、老年医院4家、医养结合机构36家，开设老年医学科的二级以上综合医院占比为92.86%。职业健康。开展职业健康系列主题宣传活动，提高职业危害因素自我防护和健康维权意识。全年开展主题活动102次，印发宣传材料12600余份，制作宣传视频3份，制作宣传标语183份，宣传受众2.6万余人次。

4. 健康服务优化。建立健全医联体分工协作机制。推进城市医疗集团、县域医共体、专科联盟、远程医疗协作网等医联体建设，完善医院与社区分工协作机制建设。全市基层医疗卫生机构开设“全—专”联合门诊105个、康复联合病房20个。夯实医疗卫生服务网底。强化示范引领，建成省农村区域性医疗卫生中心7个、省社区医院14个、省甲级村卫生室14个、省级基层特色科室20个、市级基层特色科室69个。实施基层机构中医馆“等级建设标准”提升工程，建成五级中医馆4家、四级中医馆10家。高血压、糖尿病患者规范化管理率分别为74.77%和74.1%。推进家庭健康责任团队服务。按照2~3个社区网格配备1支全科医生团队的标准，组建家庭健康责任团队627支，为居民提供契约式连续健康服务，全市常住人口和重点人群签约率分别为38.82%、76.06%，基本公共卫生服务财政补助标准提高到94.34元/人。强化疾病综合防控。建立专业公共卫生机构、综合医院、基层医疗卫生机构“三位一体”的慢性病、结核病等疾病综合防控机制，实现有病早治、未病先防。推进智慧健康建设。建成市、县两级区域卫生信息平台的基本架构，构建并完善基层医疗卫生信息系统、医院信息系统、公共卫生及综合卫生管理等业务应用系统，拓展“互联网+”健康医疗服务，推出预约诊疗、健康档案查询、家庭医生签约、诊间结算等多种服务，开通医保移动支付。

5. 健康保障增强。推进食品药品监管。探索构建“政府领导、部门监管、企业首负、社会参与”的食品药品安全社会共治体系。创成省级餐饮质量安全示范街区5个、省级餐饮质量安全示范店350家，建成县区级快检中心7个、分局快检室47家、“快检车”6辆。完善基本医疗保险政策。整合城乡居民医疗保险制度，加强医疗救助与基本医疗、大病保险、慈善救助的有效衔接，实现全市城乡医保制度的全覆盖，全市职工基本医疗保险参保率为99%以上；深化医保支付方式改革，提高医保资金使用效率效益，探索建立医保基金分级分类预算管理新机制。全年建成“15分钟医保服务圈”省级示范点11个、市级示范点33个，全市59家乡镇（街道）为民服务中心全部加盟医保公共服务，实现医保经办服务标准化窗口全覆盖。扩大社会保险覆盖面。建立健全参保工作机制，全市城乡基本养老保险覆盖率稳定在98%以上，建立城乡居民养老保险与困难人员帮扶救助制度的衔接机制，建档立卡贫困人口参保登记、代缴保费、享受待遇实现“三个100%”，老年人意外伤害保险实现全覆盖。

6. 健康环境优美。开展跨部门健康行动，动员“健康镇江”行动相关成员部门将“健康”融入所有政策，开展城乡环境卫生整洁行动。生态环境改善。全市空气质量良好以上天数占比为75%，地表水国考断面优Ⅲ比例为100%，与南京市并列全省第1，5个县级及以上城市集中式饮用水水源地水质达到或优于Ⅲ类比例为100%，生活垃圾无害化处理率为100%，实现城市餐厨废弃物无害化处理。农村供水保障能力加强。累计投资10.65亿元，新建、改造供水管道总长1078.07千米，新建增压站5座，扩建20万立方米/日水厂1座，农村供水保证率达100%。开展各类“健康细胞”的建设。2022年，全市新建省健康乡镇1个，覆盖率为57%；省健康村（社区）39个，覆盖率为30%；新创国家卫生镇2个，覆盖率60%；省卫生村实现全覆盖。

（市卫健委　办公室）

国家级跨境电子商务综合试验区创建情况

2022年，镇江市获批第六批跨境电商综试区，围绕《跨境电商综试区考核评估办法》，紧扣《2022年跨境电子商务综合试验区工作要点》，部门协同、上下联动，加快先行先试、复制借鉴前五批综试区建设经验，为推动跨境电商健康持续创新发展打下扎实的基础。

一、已开展工作

1. 强化组织领导，形成推进合力。成立以市长为组长、分管副市长为副组长、24个相关部门为成员单位的综试区领导小组。深入研究部署领导小组各成员单位的工作分工，细化落实具体工作，扎实推进。

2. 学习先进经验，做好总体谋划。积极学习杭州、宁波、无锡、南通等先行综试区建设经验做法，结合镇江实际，细化工作安排，形成《中国（镇江）跨境电商综试区实施方案》并报省政府，省政府于6月27日批复同意。

3. 加快平台搭建，筑牢建设基石。多次组织商务、海关等条线部门研究综试区“三平台六体系”建设；组织商务局到杭州、无锡综试区学习建设经验，细化工作安排。6月，出台镇江市跨境电商产业园、孵化中心、公共海外仓认定及管理办法，积极开展梯次培育。截至2022年年底，市跨境电商一站式孵化平台已上线试运行；镇江综保区内跨境电商监管中心已建成并投入试运营；与京口区人民政府签订合作协议，利用大禹山现有载体，共建“镇江市跨境电商产业园”；其他产业园区和孵化中心也在积极规划布局。

4. 加强资源对接，狠抓主体培育。推动外贸企业

“触网上线”。积极引导传统外贸企业利用跨境电商平台和线上展会平台开拓国际市场。积极组织企业参加“江苏优品·畅行全球”系列线上展会和“一国一展”对接活动,全年组织超1000家次企业、超2000人次开展“屏对屏”洽谈开发新客户。中央电视台《新闻联播》《朝闻天下》等栏目多次关注报道镇江跨境电商产业。突出跨境电商业务知识学习。先后组织五批次跨境电商多平台线上联播等培训活动,普及跨境电商领域知识,超3000人次参与。丹阳眼镜、扬中工程电器等出口集聚区与阿里巴巴等平台深度合作,推动企业数字化转型。突出对外交流合作。深入对接浙江、无锡等跨境电商协会优质资源,吸引大卖家、第三方综合服务公司在镇江设立运营团队,带动镇江眼镜、五金工具、汽配等产业利用跨境电商平台开拓国际市场。积极向上争取。9月,省贸促会带队“敦煌网”“新蛋商贸”“绿道云科技”等6家跨境电商平台及服务公司赴镇江,召开“推进镇江跨境电商高质量发展”专题座谈会,从搭建平台、打造供应链、构建跨境电商新生态系统等多维度,分析镇江跨境电商发展路径。

5. 完善服务体系,强化要素保障。大力推动国际快递企业发展。截至2022年年底,全市有UPS、DHL、联邦快递等9家主体从事跨境电商快递业务,国际及港澳台快递业务量累计完成47万件,国际及港澳台快递业务收入1.47亿元。推进跨境电子商务金融服务体系建设。中国人民银行镇江市中心支行出台《关于金融支持跨境电商企业推动镇江市跨境人民币业务高质量发展的通知》,对镇江跨境电商在支付、结算便利化等方面提出7条措施。7月,市商务局联合海关、税务、外管等部门编写并印发跨境电商业务“一本通”读本。8月,举办“9710模式”业务对接会,帮助全市企业和有关部门了解跨境电商有关政策和业务知识,推动企业更好地享受国家支持跨境电商的优惠政策。12月,联合中国人民银行镇江市中心支行印发《镇江市跨境电商经营贷项目实施方案》的通知,帮助镇江跨境电商企业拓宽融资渠道、降低运营成本。出台《中国(镇江)跨境电子商务综合试验区扶持资金实施细则》,强化政策保障。

二、取得的成效

2022年5月,镇江复制“跨境电商+市采通”模式,完成首单1039(市采通)模式出口。此模式帮助小微企业有效解决无票合法出口难、企业合规税负高、合规结汇等实际难题,支持小微跨境电商企业无票免税、简化申报。截至2022年年底,推动近20家企业在市采通平台注册。

截至2022年年底,全市开展跨境电商业务的企业超500家,包含江苏淘镜等出口过亿元大卖家及鱼跃医疗、天工国际等高新技术企业;全市7个海外仓面积为近3万平方米,其中问远电子、谷高汽配2家企业1万平方米的公共海外仓服务国内企业14家;丹阳眼镜跨境电商产业园获批省级跨电商产业园。

(市商务局　张毅刚)

镇江市制造业智能化改造和数字化转型情况

2022年,镇江市坚持产业强市“一号战略”,贯彻落实省委、省政府关于推进制造业智能化改造和数字化转型的决策部署,把数字经济作为转型发展关键增量,深化新一代信息技术与制造业融合发展,为镇江制造业高质量发展提供强力支撑。

一、强化统筹协调,健全工作机制

加强高位协调。成立由市委书记、市长担任双组长的数字经济工作领导小组,形成市委、市政府主要领导亲自抓、分管市领导具体抓,高位协调、上下联动的工作机制。加强系统推进。市工信局成立智能化改造和数字化转型专项工作小组,制定出台《镇江市制造业智能化改造和数字化转型三年实施方案(2022—2024年)》《2022年镇江市制造业智能化改造和数字化转型工作计划》,将2022年重点任务细化为13项工作目标和46项具体工作,明确各地各部门责任分工,统筹推进全年各项工作开展。加强政策引领。印发《关于支持制造业智能化改造和数字化转型的若干政策措施(试行)》,集中安排50%以上的市级工信专项资金,用于支持智能化改造和数字化转型诊断服务对接、标杆典型培育、重点项目建设等重点工作。

二、突出项目牵引,打造标杆示范

围绕智能制造诊断服务、智能化数字化技改、标杆创建、企业上云、智能制造能力提升五大类项目,滚动建立项目库,推进项目尽快落地见效。全年,全市组织实施智能化改造和数字化转型项目1200余个。推进免费诊断服务项目。重点依托八条重点产业链的工作专班,通过走访企业、集中座谈、组织企业扫码填写问卷等“线上+线下”相结合方式,确定800家企业开展智能化改造和数字化转型诊断。通过政府购买服务方式,面向全国公开招标15家服务机构,为企业分类免费提供智能化改造和数字化转型诊断服务,帮助企业梳理智能化改造数字化转型工作中存在的不足和问题,提出“一企一策”个性化系统解决方案和顶层规划方案。推进智能化数字化技改项目。2022年年初,通过自主开发线上小程序,组织开展智能化改造和数字化转型项目摸排,建立已建项目和在建项目两张清单。同时,分梯次、分类型跟踪推进项目建设实施,形成"定期报送、跟踪调度"工作机制和服务联动机制。推进标杆领航示范创建。突出"链主企业"引领、"骨干企业"带动,指导服务重点企业利用新技术、新应用进行生产全流程、管理全方位、产品全生命周期改造和数字化综合集成应用创新,打造具有示范性、引领性的智能化数字化领航企业。全年,新增国家智能制造示范工厂揭榜单位和优秀场景项目2个、工业和信息化部大数据产业发展试点示范项目1家;新增省智能制造示范工厂(车间)12家(间)、工业互联网标杆工厂(平台)2家(个)、5G全连接工厂1家。推进制造业企业上云项目。以重点产业链为核心,按照"大企业建平台,中小企业用平台"策略,引导制造业企业按照行业特点、企业规模、安全要求分类推进企业上云,提高信息化普及应用水平。全年新增省级星级上云企业112家。推进智能制造能力提升项目。树立"两化"融合管理体系贯标企业典型,提升企业转型发展能力,全年新增国家两化融合管理体系贯标企业34家。

三、强化技术支撑,构筑服务生态

建优服务商资源池。高标准遴选建设国内头部服务商、省内优质服务商、本土服务商三级服务供应商资源池企业96家,发布镇江市首批智能化改造和数字化转型项目建设服务商参考目录企业69家,为企业提供系统综合解决方案、工业基础、工业软件等六大类服务。建强创新载体。推进"一廊牵引,两核示范,四翼齐飞"的产业布局,华为(镇江)数字联合创新中心正式运营。放大阿里、华为、微软等头部企业的集聚效应,大禹山创意新社区创成省级信息技术应用创新先导区,镇江成为全省第四个建设培育省级信创先导区的城市。健全项目全生命周期服务体系。运用大数据、人工智能等新一代信息技术手段,建设全市制造业智能化改造和数字化转型服务平台,通过提供数字化诊断服务、政策咨询、案例分享、服务商资源对接等功能,为企业提供全流程精准服务,解决企业"不想转""不敢转""不会转""不知道找谁转"等难题。

四、夯实数字底座,强化安全保障

加快新型信息基础设施建设,创成"双千兆"示范城市。截至2022年年底,实现市区及省级以上工业园区5G信号全覆盖。强化信息安全防护,落实"1+3"工业信息安全制度防护体系,持续完善"镇江市工业信息安全态势感知综合服务平台"功能,开展110家企业工业信息安全远程测试评估工作,组织10家企业参与网络安全分类分级试点工作,6家企业获省工业信息安全防护星级企业认定,推动企业提高工业信息安全意识和防护水平。

五、开展典型宣传,营造良好氛围

开展培训活动。制定《2022年镇江市制造业智能化改造和数字化转型培训方案》,采用"请进来+走出去"和"线上+线下"方式,组织重点企业到南京、苏州、无锡等地考察学习标杆企业,并积极走进企业,通过智能化改造和数字化转型走进"四群八链"、走进智能车间、民营企业调研、行业应用专题培训等活动,着力转变一批有改造实力的企业决策层思想意识。加大政策宣贯。召开全市智能化改造数字化转型行动新闻发布会、诊断启动会,定期在《镇江日报》、镇江电视台等媒体上宣传工作推进情况。开展智能化改造数字化转型政策解读、专项资金答疑、诊断专题培训、金链行动等政策宣传活动,帮助企业了解政策方向。强化典型宣传。通过微视频大力宣传推广大全集团、鱼跃医疗、恒顺醋业、中节能等10家智能化改造和数字化转型成效突出典型案例,鼓励引导企业加快智能化改造和数字化转型。

(市工信局　朱瑜慧　李嘉诚)

镇江市老工业基地调整改造和产业转型情况

2022年,镇江市贯彻落实国家、省关于推进老工业城市调整改造部署要求,立足镇江市老工业区区位特点、资源禀赋条件,着力推动产业绿色低碳发展,探索老工业城市转型之路,形成可复制、可推广的示范经验。国家发改委印发《关于通报表扬2021年推进老工业基地调整改造和产业转型升级工作成效明显城市的通知》,镇江成为全省唯一获肯定的城市。镇江老工业城市制造业智能化典型经验做法获国家发改委专刊全国推广。国家发改委、省发改委官方微信公众号刊登镇江老工业城市制造业智能化典型经验做法。

一、聚焦"产业强",探索转型升级新路径

持续优化空间布局。在全省率先开展开发园区整合优化提升工作,按照"四个一批"路径,将全市开发园区整合至10个以内,引导全市开发园区以产业项目建设支撑产业强市"一号战略"落地。聚力壮大主导产业。明确"四群八链"主导产业方向,实施"产业强链"行动计划,针对性"强链补链延链",2022年,"四群八链"主导产业应税销售增长12%。优化创新发展生态。深入落实创新驱动战略,2022年度新认定国家高新技术企业533家,国家级科技孵化载体4家、省级以上研发机构45家。大力培育数字产业,华为(镇江)数字联合创新中心、阿里云创新中心正式运营,新增智能化改造、数字化转型企业133家。

二、聚焦"环境美",构建生态保护新格局

注重城市更新改造。加强工业遗产保护利用,恒顺镇江香醋传统酿造区入选国家工业遗产。全面完成老旧小区改造三年行动，安居环境不断提升。大力实施城镇供水管网节水改造，荣膺国家海绵城市建设优秀试点城市。大力发展文化旅游、健康、体育等生活性服务业，推动服务配套向高品质、多样化转型升级，国家公共文化服务体系示范区创建通过验收，入选“世界乡村旅游产业示范城市”。积极推进教育、医疗、就业等民生事业稳步向前，民生领域财政支出占比逐年提高，教育“双减”工作入选全国优秀案例，蝉联“全国健康城市建设样板市”称号。

三、聚焦“品质高”，争创城市发展新优势

加快绿色低碳发展。在全国首创低碳城市建设管理云平台，实施产业“碳转型”、项目“碳评估”、企业“碳监测”、区域“碳考核”为主要内容的“四碳”创新联动机制，相关做法被列入国家发改委新型城镇化综合试点经验并进行推广。推进长江生态保护。拆除违法建设，江滩复绿面积超过 200 万平方米；联合周边城市在全国率先跨省协同立法保护长江江豚；新增造林绿化近 1.5 万亩(1000 公顷)；长江镇江段生态系统加速修复。狠抓污染防治攻坚。开展突出环境问题五大专项整治行动，$PM_{2.5}$改善率 2.8%，国、省考断面水质优Ⅲ比例分别为 100% 和 97.8%，全市生态环境质量持续改善。 (市发改委 陈 浩)

“文化荣光 书香镇江”品牌建设情况

2022 年，镇江市学习贯彻习近平总书记关于推进全民阅读、建设书香社会的指示精神，在省委宣传部、省阅读办的指导和支持下，紧扣迎接宣传贯彻中共二十大主线，坚持以人民为中心的发展思想，着力打造“文化荣光 书香镇江”品牌，不断满足群众精神文化需求，持续提升市民素养，为“跑起来”的镇江凝聚力量。全市居民阅读状况指数稳步提升，“每天阅读一小时以上占比”“居民综合阅读率”分别位列全省第 2 位、第 5 位。

一、提高政治站位、健全推进机制，始终把全民阅读工作摆在重要位置

市委、市政府坚持把全民阅读作为镇江现代化建设、打造独具魅力的文化强市的基础工程，提高站位、锚定目标，久久为功、狠抓推进。

1. 领导带头示范。始终把党的领导贯穿到全民阅读工作全过程，市委常委会每季度听取 1 次社会文明程度指数情况汇报，全民阅读是其中的重要内容。市委、市政府主要领导高度重视，多次研究推进、现场指导全民阅读工作。5 月 11 日，市委书记马明龙实地调研推进基层阅读设施建设；6 月 30 日，省委宣传部常务副部长、省新闻出版(版权)局局长、省电影局局长梁勇，应邀与马明龙共同参加“阅读新时代 奔跑新镇江”全民阅读分享会。马明龙先后撰写发表 3 篇“千字文”，网络总阅读量超 50 万次，有效激发全市人民文化自信，点燃阅读热情。市长徐曙海专题研究、专门增加 100 万元全民阅读专项经费，并纳入年度预算。市委及时调整市全民阅读活动领导小组，每年召开 2 次以上领导小组会议，推动形成市县、部门联动、齐抓共管的工作格局。

2. 完善推进机制。出台《关于加快推进书香镇江建设的意见》，每年制定方案、明确重点，清单化、项目化抓落实。把全民阅读要求纳入市“十四五”规划、《贯彻〈中国共产党宣传工作条例〉实施方案》，并将居民阅读指数纳入年度高质量发展考核、宣传思想文化目标考核、意识形态工作责任制检查督查，推进全民阅读与意识形态工作、精神文明建设、公共文化服务体系示范区建设等一体谋划、推进和考核。逐年加大经费投入，吸纳社会投入，保障全民阅读工作有序开展。

3. 营造浓厚氛围。多渠道、多形式、多角度加强阅读宣传，引导全社会浓厚“爱读书、读好书、善读书”的氛围。市级媒体开设阅读类专栏(题)20 多个，常态化推出系列报道。全年推出 20 余个报纸整版报道；“4·23”前后一周，市各媒体推出报道 150 余篇；在人民网、《中国新闻出版报》、《江苏新时空》等国家、省级媒体推出报道 100 余篇；“学习强国”全国学习平台专题连载镇江“‘云接力’诵读长江诗词”作品。将全民阅读纳入文明城市公益广告宣传内容，全年刊播公益广告 3000 余条；运用城乡公共场所电子大屏、宣传栏、公交站台等媒介，常态化播放全民阅读短视频、标语、海报等。开展全民阅读典型选树活动，全年选出 4 类阅读典型 239 人。

二、紧扣工作主线、持续浓厚氛围，推动全民阅读主题更加聚焦

围绕迎接中共二十大、学习宣传贯彻中共二十大精神工作主线做好全民阅读工作，强化思想引领、凝聚精神力量。

1. 营造喜迎中共二十大的浓厚氛围。广泛开展“强国复兴有我”主题宣讲、朗诵征文、阅读分享等形式多样的阅读活动。常态化长效化推进党史学习教育，引导广大党员干部群众用习近平新时代中国特色社会主义思想凝心铸魂，深刻领悟“两个确立”的决定性意义，增强“四个意识”、坚定“四个自信”、做到“两个维护”，用浓郁书香凝聚精神力量。2021 年以来，开展“书香传家”家庭“四史”知识竞赛、红色经典诵读大赛、“党史千村行”、“四史”阅读分享、

中小学读党史读经典等主题阅读活动5000余场，覆盖机关、学校、乡村、企业、家庭等各领域，参与人员100余万人次。

2. 助力兴起学习宣传贯彻中共二十大精神热潮。依托新时代文明实践中心、农家书屋等各类阅读阵地，组织干部群众集中收听收看中共二十大开幕会，开展学习研讨活动。在图书馆、书店、书屋等设立中共二十大出版物专柜专架，向广大市民导读荐读。举办"学习二十大 悦读新思想"阅读分享会、"夜读党的二十大报告"线上接力等活动。

三、加强载体建设、健全服务网络，全方位打造便捷多元的阅读阵地

把建设多功能、多业态、广覆盖的阅读阵地作为"书香镇江"建设的重要举措，着力提升公共阅读服务数字化水平，打造"15分钟阅读服务圈"。

1. 构建四级图书馆体系。坚持强基础、抓提升、增效能、优服务，推动构建完善的四级图书馆体系。全市已建成市级图书馆1个，县(区)级图书馆6个，镇(街道)图书分馆61个，村(社区)图书分馆(农家书屋)649个，实现各镇(街道)、村(社区)全覆盖。提升阵地服务水平，实现所有镇(街道)分馆、村(社区)书屋与市或区级图书馆通借通还；设置24小时自助借还设备和图书流通点8个，方便市民就近借还图书。各级图书馆均免费提供数字化阅读服务。

2. 推进实体书店多元发展。开展扶持政策培训，拓宽书店融资渠道，支持实体书店进楼宇、进景区、进园区。截至2022年年底，全市拥有实体书店488家，其中，城区大型书店3家，高校书店3家；每万人拥有实体书店1.52个。4家书店获"省最美书店"称号，4家书店获省级现代服务业(新闻出版)发展专项资金，3家书店获市级文化产业扶持资金。

3. 建好用好阅读新空间。坚持因地制宜、就近就便的原则，建成"上河书房"等城市书房10余个，打造"司机之家"等阅读新空间100余个，创新设置"阅读e栈"。在句容、扬中、丹徒等地设立群众身边"农家小书屋""埭上书屋"等阅读阵地600余个。

四、坚持以人为本、丰富阅读形式，广泛开展形式多样的阅读活动

坚持"月月有主题、周周有活动、天天有声音"，突出分层分类，创新阅读形式，扩大"文化荣光 书香镇江"品牌影响力。

面向党员干部，建立巡学赛学考学述学工作机制，推进学习型党组织建设，组织读书调研活动，引导党员干部读原著、学原文、悟原理。深化"书香机关"建设，组织"品味书香 畅享阅读"主题读书分享会，常态化开展"深读一本好书 分享读书心得"主题党日活动，推动党员干部带头读书学习，修身养志，增长才干。

面向城乡群众，举办"文心阅读节"，通过短视频、书店专柜、媒体、赠书等宣传方式，向市民推荐16本好书，发布年度重点阅读项目，将活动打造成为全体市民的阅读节日。连续3年开展江苏书展镇江分展场活动，获评江苏书展优秀分展场、优秀组织单位。常态化组织文心讲堂、"书香八进"、"阅读越有趣"等系列活动。举办农民读书节，创新启动"农家书屋·助你悦读"活动，动员40多家单位常态化为农家书屋送阅读团队、资源和活动。

面向青少年，持续打造全市坚持时间最长、覆盖面最广的传统阅读项目"增华阁"阅读写作大赛。连续多年举办"书香镇江 少儿阅读季"活动、"阅读+"少儿积分兑换课程、"金山诵读"中小学生朗诵大赛、"书香少年"系列阅读活动，每年累计参与人数10万余人次。推动"书香校园"建设，开展校园读书节、亲子读书节等活动。

面向特殊群体，持续关心关爱贫困儿童成长，连续9年举办"书香镇江 关爱学子"暖心行动，全年送出1万余份阅读大礼包。面向外来务工人员，连续6年举办"带一本好书回家过年"活动，累计送书1.2万余册。面向残障人士，举办"残疾人读书分享会"等活动。

全民阅读促进会累计培育172个阅读组织、1253名阅读志愿者，设立240个阅读志愿服务站，深入农村(社区)，常态长效开展阅读推广服务。

(市委宣传部　赵之辰)

1月

10日　镇江市举行庆祝第二个“中国人民警察节”活动。

13日　镇江市党史学习教育总结会议召开。省委党史学习教育第三巡回指导组组长葛平出席会议。

14日　“金融助力、赋能创新，金融机构官塘行暨政银企联盟成立仪式”举行，现场签订22项协议，授信65亿元。

16日　镇江市工商业联合会第十三次代表大会开幕暨第一次全体会议召开。省委统战部副部长、省工商联党组书记顾万峰出席会议。

26日　镇江市安全生产工作会议召开。

28日　江苏骏成电子科技股份有限公司举行深交所创业板上市仪式。股票简称“骏成科技”。

2月

8日　镇江市产业强市暨优化营商环境大会召开。

14日　2022年镇江市重点产业项目新春“云签约”活动通过“云视讯”举行，“和直播”进行全程现场直播。

16日　全市疫情防控工作专题会议召开。

17日　江苏省副省长马欣到镇江调研高校开学和疫情防控工作。

同日　全国人大代表，省人大常委会副主任、党组成员马秋林率队到镇江调研城镇市容和环境卫生（含垃圾分类）管理情况，并召开《江苏省城市市容和环境卫生管理条例》立法调研座谈会。

24日　镇江突出生态环境问题专项督查反馈会召开。省专项督查组组长陈庆明参加会议。

25日　金融赋能镇江高质量发展大会举行。

28日　中国人民政治协商会议镇江市第九届委员会第一次会议在镇江影剧院开幕。

3月

1日　镇江市第九届人民代表大会第一次会议在镇江影剧院开幕。

4日　镇江土地执法工作会议召开。

5日　镇江市港口码头环保问题整治工作推进会召开。

7日　镇江市深化提升安全生产三年专项整治暨督导工作推进会举行。省安全生产专项整治第十一督导组组长陈玉峰主持会议。

8日　“水韵江苏·一景一诗一书”江苏省书法院精品巡展（镇江站）在镇江市美术馆新馆开幕。

8日—9日　新疆维吾尔自治区人民政府副秘书长，党委农办副主任，自治区农业农村厅党组书记、乡村振兴局党组书记曹志文率考察组到镇江考察调研。

9日　江苏省副省长储永宏带队到镇江调研，现场推进码头扬尘污染问题整治工作。

同日　江苏省副省长胡广杰到镇江调研船舶产业发展情况。

10日　中国共产党镇江市第八届委员会第三次全体会议召开。

12日　镇江市疫情防控、安全生产工作视频点调会议召开。

16日 镇江市安全生产风险隐患大起底大排查大整治“百日攻坚”行动部署会举行。

同日 江苏省委书记吴政隆到镇江句容督导检查疫情防控工作。

19日 镇江市蓝天保卫战百日攻坚“利剑”行动部署会召开。

21日 镇江市推动长江经济带发展领导小组会议召开。

30日 镇江市突出生态环境问题整改交办会召开。

31日 江苏省省长许昆林到镇江检查指导疫情防控工作。

4月

7日 江苏省委书记吴政隆到镇江现场督办中央生态环境保护督察通报典型案例整改工作。

9日 江苏省副省长陈星莺到句容指导督查疫情防控工作。

11日 江苏省省长许昆林到镇江检查指导疫情防控工作。

12日 江苏省副省长陈星莺在句容督导疫情防控工作。

15日 镇江市重大项目建设推进会召开。

17日 “净美长江公益行，绿色制造我先行”——高企公益暨民营企业绿色环保“镇”在行动系列活动启动。

24日 镇江市生态文明建设暨突出生态环境问题整改工作会议召开。

25日 镇江市经济形势分析会暨各市（区）委书记座谈会召开。

26日 “道德的星空”——“大爱镇江”年度人物发布会在南山剧场举行。

27日 全市庆祝“五一”大会召开。

5月

1日 全市党内法规工作会议召开。

8日 全市自建房和门面房安全专项整治工作部署会召开。

10日 省安全生产督导组督导镇江工作汇报会召开。省安全生产专项整治第十一督导组组长陈玉峰出席会议。

12日 全市防汛抗旱工作会议召开。

15日 江苏省副省长胡广杰到镇江调研工业经济情况。

16日 江苏省人大常委会副主任、省总工会主席魏国强率队到镇江调研现代农业园区建设和休闲农业发展情况。

17日 江苏省人大常委会副主任、党组副书记王燕文率队到镇江开展残疾人保障“一法一条例”执法检查和养老服务条例立法调研。

26日 镇江市“蓝天保卫战”专项调度会召开。

28日 “苏新消费·夏夜生活”暨2022镇江·金山消费节启动。商务部驻南京特派员王选庆、省商务厅厅长陈涛出席启动仪式。

29日 总投资2亿美元、省重点产业项目——双峰格雷斯海姆镇江新区生产基地项目举行开工奠基仪式。

6月

10日 2022年“文化和自然遗产日”江苏省系列活动暨“水韵江苏·非遗购物节”启动仪式举行。

12日 新疆生产建设兵团第四师可克达拉市旅游招商推介会在镇江市召开。

14日 江苏省政协副主席麻建国率省政协九三学社界别及科学技术委员会部分委员到镇江市，就“推进重大科技创新平台载体建设”开展委员集中考察活动。

15日 纪念陆小波先生140周年诞辰暨年轻一代民营企业家理想信念教育活动举行。

16日 以“养护水生生物 建设美丽中国”为主题的2022年市长江渔业资源增殖放流活动举行。

17日 “奔跑吧·少年”镇江市“千场万人”体育公益健身培训暨2022年“七彩夏日”体育消费季活动启动仪式举行。

18日 镇江市文化产业高质量发展推进会召开。

23日 江苏省民族宗教事务委员会、省体育局主办的全省第二届“红石榴杯”少数民族传统体育运动会民族健身操比赛在镇江市举办。

24日 “网络文明 你我‘镇’行”网络嘉年华暨公益健步走启动仪式举行。

26日 由江苏大学主办，中国国际问题研究院、镇江市赛珍珠研究会协办的2022赛珍珠国际学术研讨会在江苏大学召开。清华大学、北京大学、复旦大学、美国美亚学会、意大利米兰国立大学孔子学院等国内外高校与研究机构的200余名专家、学者以线上、线下方式参加大会。

29日 镇江法学会立法学研究会成立。

30 日 宁镇扬金融服务一体化合作联盟成立暨 2022 年度惠民利企项目启动仪式在镇江市举行。

7 月

6 日 八届市委第三轮巡察动员部署会召开。

7 日 江苏省政协主席张义珍到镇江调研市政协工作，开展“政协主席深入走访委员聚共识促发展”专题活动。

8 日 “双减”和规范民办义务教育发展工作推进会召开。

10 日 以“苏韵乡情 生态丹阳 红色杏虎 自然仙桃”为主题的 2022“苏韵乡情”乡村休闲旅游农业（镇江）专场推介暨第四届丹阳“杏虎仙桃”采摘旅游节·2022 年镇江市名特优农产品展示展销活动，在丹阳市司徒镇杏虎村举行。

16 日 “网眼看镇江 满眼好风光”——百网聚焦镇江旅游系列活动启动。省旅游协会会长张卫国、省旅游协会常务副会长秦景安出席启动仪式。

17 日 镇江成立全省设区市首家律师行业党校。

19 日 镇江召开疫情防控调度会，贯彻落实《新型冠状病毒肺炎防控方案（第九版）》。

22 日 2022 年度危险化学品事故综合应急演练举行。

27 日 全国人大常委会委员、农工党中央专职副主席、农工党中央长江生态环境保护民主监督工作领导小组副组长兼办公室主任杨震率农工党中央调研组到镇江开展长江生态环境保护民主监督。

8 月

3 日 全国人大常委会委员、教育科学文化卫生委员会主任委员、中国老科协会长李学勇一行到镇江，看望全国脱贫攻坚楷模、老科技工作者赵亚夫并调研老科协工作。

4 日 中国侨联党组成员、副主席程学源率队到镇江调研侨联基层组织建设、联络联谊和侨联文化交流工作情况。中国侨联兼职副主席、省侨联党组书记、主席周建农参加调研。

8 日 全国 2022 年“全民健身日”主题示范活动暨第六届“宁镇扬”全民健身大联动在镇江市举行。

9 日 镇江市央企国企发展促进会揭牌成立，首批吸纳在镇江的央企国企会员近 100 家。

12 日 中共江苏省委常委、省委统战部部长惠建林到镇江调研。

15 日 教育部职业教育与成人教育司副司长谢俐到镇江航空教育小镇考察调研。

同日 镇江市人大常委会开展以“稳住经济大盘、护卫蓝天碧水”为主题的企业界五级人大代表“看现场·发倡议·勇带头”活动。

17 日 镇江召开疫情防控调度会，对做好镇江滞留海南旅客返程有关工作进行部署。

18 日 江苏省人大常委会副主任、党组副书记樊金龙一行到镇江，调研代表工作和基层人大工作。

19 日 科技部火炬中心、省科技厅、镇江市政府共同举办的第七届中国创新挑战赛（镇江）暨 2022 年高校院所走进镇江产学研合作大会举行。副省长胡广杰视频讲话。

22 日 镇江三维输送装备股份有限公司举行北交所上市仪式，股票简称“三维股份”，成为镇江首家北交所上市公司。

24 日 镇江市互联网行业工会联合会成立大会在江苏瑞祥科技集团举行。该联合会是全省成立的首家设区市级互联网行业工会联合会。

26 日 镇江市第八届书法篆刻双年展开幕式举行。

27 日 中共江苏省委常委、省委宣传部部长、省委教育工作领导小组组长张爱军率省检查组，到镇江检查秋季学期开学疫情防控工作。省教育厅厅长葛道凯参加检查。

30 日 中国侨联党组书记、主席万立骏到镇江调研。省委常委、省委统战部部长惠建林，中国侨联兼职副主席、省侨联党组书记、主席周建农陪同调研。

9 月

5 日 镇江市以“助力乡村振兴·促进共同富裕”为主题，开展 2022 年“爱在镇江·慈善一日捐”活动和专场网络募捐的线下启动仪式。

6 日 中共江苏省委党建工作领导小组成员、省委党史工办主任邢光龙一行，到镇江调研镇江党建工作。

6 日—9 日 全国人大常委会副委员长郝明金率全国人大监察和司法委员会调研组，到江苏调研监察工作规范化、法治化、正规化建设情况。

7 日 2022 年镇江市网络安全宣传周暨个人信息保护主题日开幕仪式举行。

8 日 “喜迎二十大·建设幸福河·关爱河湖集中行动月”启动仪式举行。

9 日 “铸信仰 学榜样 奋征程”——“强国复兴

有我”系列主题演讲大赛成果展示暨颁奖典礼举行。

14 日 “喜迎党的二十大，诗书画影颂党恩”全省离退休干部书画摄影作品巡展在镇江美术馆开幕。

16 日 2022 江苏（镇江）——日韩汽车及零部件产业链合作推介会，以线上、线下相结合的方式在丹阳市举行。

22 日 镇江市经济工作推进会召开。

29 日 镇江市安全生产电视电话会议召开。

同日 中共江苏省委常委、常务副省长费高云到镇江开展国庆节前安全生产检查。省政府副秘书长张叶飞、省应急管理厅厅长蒋锋参加检查。

30 日 镇江市在烈士陵园纪念碑广场举行向革命烈士敬献花篮仪式。

10 月

11 日 镇江市红十字会七届三次理事会召开，武鸣当选市红十字会七届理事会会长。

14 日 镇江市出席中国共产党第二十次全国代表大会代表马明龙、赵亚夫、沈春雷抵达北京，向大会报到。

18 日 江苏省副省长马欣到扬中调研农业农村工作。

21 日 江苏省军区司令员张黎鸿到镇江检查国防工作。

23 日 《镇江市人民代表大会常务委员会关于加强长江江豚保护的决定》于 10 月 24 日起正式实施，镇江市举办“江豚逐浪 立法护佑”为主题的法规实施启动仪式。

25 日 镇江市传达中共二十大精神大会召开。

31 日 “新时代颂·起航镇江”2022 镇江美术摄影主题展举办。

11 月

1 日 镇江质量大会召开。

3 日 中共江苏省委书记吴政隆到镇江的高校、企业，围绕贯彻落实党的二十大精神开展宣讲并进行专题调研。

4 日 中共江苏省委副书记、省委政法委书记邓修明到镇江调研“三农”工作。

7 日 2022（第十六届）中国镇江金山文化艺术·国际旅游节开幕。

9 日 中共镇江市委书记马明龙会见到镇江洽谈合作事宜的三峡集团江苏能投公司董事长、江苏分公司总经理袁英平一行。

10 日 镇江市保密联合会成立大会暨第一次会员大会召开。省保密协会会长贺新海到会致辞。

13 日 “金秋风华”——大众篆刻“乡村振兴杯”全国邀请赛优秀作品展暨颁奖典礼在镇江博物馆举行。

15 日 学习贯彻中共二十大精神省委宣讲团报告会在镇江举行。省委宣讲团成员、省社科院党委书记、院长夏锦文作宣讲报告。

16 日 镇江市举行“荣誉市民”称号授予仪式，为市外友好人士代表授予镇江市“荣誉市民”称号。

22 日 镇江市工会第十五次代表大会开幕。当天还召开镇江市总工会第十五届委员会第一次全体会议，高国成当选为镇江市总工会主席。

25 日—26 日 江苏省省长许昆林到镇江检查指导疫情防控工作。

12 月

1 日 共青团镇江市第十八次代表大会举行。当天还召开共青团镇江市十八届一次全委会，张冲当选为团市委书记。

8 日 总投资 20 亿元的“哈电储能技术创新产业基地项目”正式落户镇江高新区。

12 日 镇江市乡村建设行动推进会召开。

14 日 镇江市中央生态环境保护督察反馈问题整改汇报会举行。省生态环境厅副厅职环境监察专员孙立新率省督导组到镇江督导问题整改并听取情况汇报。

15 日 江苏扬州—镇江 ±200 千伏直流输电（五峰山跨江线路交流改直流）工程在镇江正式开工。这是国内首个、全球最大的“交流改直流”工程，在镇江境内投资超 10 亿元。

16 日 镇江在全省率先推出“镇江市重大项目审批服务平台”。

30 日 阿里云镇江创新中心开园仪式举行。

自然地理

【地理位置】 镇江市地处江苏省西南部，位于长江下游南岸、长江三角洲顶端，北纬 31°37′～32°19′，东经 118°58′～119°58′。东西最大直线距离 95.5 千米，南北最大直线距离 76.9 千米。东南接常州市，西邻南京市，北与扬州市、泰州市隔江相望。

（镇江市史志办）

【土地面积】 镇江市土地总面积 3840 平方千米，占全省土地总面积的 3.58%。其中水域面积 470.8 平方千米，占全市总面积的 12.3%；市区 1088 平方千米，丹阳市 1047 平方千米，句容市 1378 平方千米，扬中市 327 平方千米。 （镇江市史志办）

【地貌】 镇江市地貌走势为西高东低、南高北低，大部分地区属宁镇—茅山低山丘陵，沿江洲滩属长江新三角洲平原区，丹阳东南部则属太湖平原区。宁镇山脉境内大体为东西走向，有山峰 114 座，其中市区 62 座、句容市 45 座、丹阳市 7 座。主要山峰高度：大华山 437 米，九华山（句容）433.4 米，高丽山 425.5 米，宝华山 396.4 米，十里长山 349 米，五州山 306 米。茅山山脉境内略呈南北走向，是秦淮河水系和太湖水系的分水岭。主要山峰高度：丫髻山 410.6 米，大茅峰 372.5 米，马山 362.8 米，瓦屋山 357 米，方山 307.6 米，凉帽山 307 米。

江中洲地自西向东有世业洲、征润洲、新民洲、和畅洲（今江心洲）、顺江洲（今高桥镇镇域）和太平洲（今扬中市全境）。

镇江市区地貌南高北低，北部沿江分布着心滩、洲滩、边滩以及冲积平原，海拔 5 米～10 米。市区南部为低山残丘，自西向东分布着五州山、十里长山、东山、九华山、黄山、观音山、鸡笼山、磨笄山等，东郊零星分布着汝山、横山、京岘山、雩山等残丘，除五州山、十里长山高度超过 300 米外，其余山丘高度均为 100 米～200 米。城区内分布着金山、焦山、北固山、云台山、象山等高度低于 100 米的孤丘，总体上形成“一水横陈、连岗三面”的独特地貌。 （镇江市史志办）

【资源】 土地资源。镇江市有耕地、园地、林地、牧草地、居民点及工矿用地、交通用地及水域等各种土地资源类型。据镇江市第三次全国农业普查主要数据公报，2016 年年末，全市实际经营耕地面积 11.80 万公顷，其中，灌溉耕地面积 10.52 万公顷；实际经营林地面积（不含生态林、防护林）2.54 万公顷。

水资源。镇江是水资源较为丰富的城市，长江和大运河在这里交汇，秦淮河、太湖湖西、沿江 3 个水系在这里集聚。水资源主要有地表水、过境水、地下水、回归水 4 种形式。长江流经境内长 103.7 千米。京杭大运河境内全长 42.74 千米，在京口区谏壁街道与长江交汇。全市有流域面积 50 平方千米及以上河流 32 条（跨省 2 条），流域面积 50 平方千米以下至乡镇级主要河流 328 条。常年水面面积 1 平方千米及以上湖泊 2 个，0.5 平方千米～1 平方千米湖泊 2 个，均为淡水湖泊。有水库 141 座，塘坝 3.97 万处；地下水取水井 13.49 万眼，取水量 1321.25 万立方米。

矿产资源。镇江发现金属矿产有铁、铜、铅、锌、钼、钨、金、银、铼及镉等 10 余种，矿床（点）47 处。非金属矿产有白云石、石灰石、大理石、膨润土、珍珠岩、沸石、耐火黏土、硅石、型砂及红柱石等，化工非金属矿产有硫铁矿、岩盐、泥炭、磷及含钾岩石等。温泉资源及地热资源丰富，包括地下热水和地温异常两类。

生物资源。植物方面，木本树种有 74 科、183 属、

394 种及变种。自然植被分为针叶林、落叶阔叶林、落叶与常绿阔叶混交林、竹林、灌丛、草丛和水生植被等7个类型，栽培植被则包括大田作物、蔬菜作物、经济林、果园和绿化5个类型。针叶林有马尾松林、黑松林、湿地松、杉木林、侧柏林等常绿针叶林和水杉林、池山林等落叶针叶林，落叶阔叶杂木林有栓皮栎林、麻栎林、白栎林、黄檀林、枫香林、刺槐林等，落叶、常绿阔叶混交林有短柄枹树和青冈栎林、黄檀及石栎林等。常见植物种类有苔藓植物、蕨类植物、裸子植物、单子叶被子植物和双子叶被子植物，其中，被列为国家一级保护植物的有珙桐、红豆杉、金钱松、银杏、苏铁等。动物方面，镇江市常见主要动物分为无脊椎动物与脊椎动物两大类，无脊椎动物有原生动物、多孔动物、腔肠动物、扁形动物、原腔动物、环节动物、软体动物和节肢动物等，其中节肢动物种类占整个动物种类的85%。脊椎动物有鱼类、两栖类、爬行类、鸟类及哺乳类动物，被列为国家一级保护动物的有白鱀豚、鹳、丹顶鹤、中华鲟等。鱼类资源丰富，境内长江鱼类分19个科。青鱼、草鱼、鲢鱼、鲤鱼、鲇鱼、鳝鱼等淡水养殖鱼类均有大量出产，其中，刀鱼、鳗鱼、河豚是名贵品种。（镇江市史志办）

【气候】 镇江市属北亚热带季风气候，常年（1991年—2020年30年平均）平均气温16.2℃，降水量1144.0毫米，日照1930.5小时。2022年，全市平均气温17.3℃，平均降水量860.3毫米，日照时数2171.8小时。

气温。2022年，全市年平均气温17.3℃，较常年偏高1.1℃，异常度值1.81，属显著偏高年份，全市年平均气温列镇江市有现代气象记录以来历史极值第2位。全年各气象站平均气温17.0℃（镇江市区，以下简称“市区”）~17.7℃（丹阳），比常年偏高0.8℃~1.4℃。2月28日进入春季，比常年平均（3月16日）早16天。春季79天，较常年平均65天多14天。5月18日入夏，较常年平均（5月20日）早2天。夏季125天，较常年平均130天少5天。9月20日入秋，比常年平均（9月27日）早7天。秋季70天，比常年平均59天多11天。2021年—2022年冬季90天，比常年平均111天少21天。11月29日入冬，较常年平均11月25日晚4天。11月16日出现初霜，比常年平均初霜日（11月13日）晚3天。

降水。2022年，全市平均年降水量860.3毫米，比常年平均少24.8%，属偏少年份。全市各气象站降水量751.0毫米（丹阳）~971.1毫米（扬中），比常年少12.0%~34.4%。全年没有月份降水量极值情况出现。

梅雨。全年梅雨非典型性特征明显，多晴热高温天气，梅雨量明显偏少，以对流性降水为主。梅雨总体特点：（1）入梅偏晚、出梅偏早、梅期偏短。6月23日入梅（常年平均6月19日），7月11日出梅（常年平均7月13日），梅雨期19天，较常年偏短。（2）梅雨量明显偏少。梅雨期降水量明显偏少且分布不均，为61.6毫米~105.3毫米，平均梅雨量79.4毫米（常年平均263.5毫米），为常年的30%。6月23日—24日出现大到暴雨，局部大暴雨；6月28日—30日、7月6日—10日以局地雷阵雨为主，7月10日夜间受强对流影响，出现9级~10级雷暴大风。

日照时数。全年日照时数2014.0小时（市区）~2446.4小时（扬中），比常年偏多64.9小时~448.5小时。全市年累计日照时数2171.8小时，比常年偏多12.5%，属正常范畴。（市气象局　张晨昕）

表1　2022年镇江市区气候资料分月统计表

月份	1	2	3	4	5	6	7	8	9	10	11	12
气温（℃）	4.3	4.2	12.6	16.9	20.7	27.5	30.0	30.5	23.4	17.2	14.0	3.1
降水（毫米）	90.1	34.1	140.6	125.8	9.2	73.3	208.7	50.9	24.9	77.4	70.7	13.8
日照（小时）	107.0	101.9	182.6	196.9	209.7	207.3	218.1	198.8	129.4	195.5	101.5	165.3

（市气象局　张晨昕）

【重要天气气候事件】 暴雨（大暴雨）。2022年，暴雨日市区2天、扬中3天、丹阳2天、句容3天；无大暴雨日。3月21日全市普降大到暴雨，20日20时至21日20时降水量：市区46.8毫米、扬中50.0毫米、丹阳42.9毫米、句容43.1毫米；最大站高资码头60.7毫米。4月25日，受江淮气旋影响，全市普降暴雨，24日20时至25日20时降水量：市区78.0毫米、扬中65.2毫米、丹阳58.1毫米、句容70.0毫米。6月5日，受对流天气影响，全市普降大到暴雨。4日20时至5日20时降水量：市区30.4毫米、扬中80.2毫米、丹阳25.0毫米、句容65.2毫米；最大站丹阳丹北镇111.2毫米。6月24日，受梅雨带内对流性降水影响，全市中南部地区普降暴雨，局部大暴雨。23日20时至24日20时降水量：市区15.8毫米、扬中15.0毫米、丹阳56.5毫米、句容91.9毫米；最大站句容二圣水库118.8毫米。7月26日，受西风槽引发的对流影响，市区出现暴雨。25日20时至26日20时降水量：市区67.4毫米、扬中 19.7 毫米、丹阳 23.2 毫米、句容 17.7 毫米；最大站市区 67.4 毫米。

短时强降水。2022 年，全市短时强降水均发生在夏季 6 月和 7 月。6 月 5 日 0 时，扬中降水量 61.7 毫米，句容 6 时降水量 37.2 毫米。6 月 24 日，句容 3 时降水量 60.9 毫米。7 月 17 日 14 时，泰州大桥站 82.6 毫米。7 月 26 日 14 时，丹徒站 41.1 毫米。

高温。全年高温日数市区 41 天、扬中 39 天、丹阳 47 天、句容 48 天。丹阳、句容年高温日数破当地年高温日数纪录，市区年高温日数平当地年高温日数纪录。6 月高温日市区 5 天，扬中、丹阳、句容各 6 天。市区、丹阳、句容破当地 6 月高温日数纪录。7 月高温日市区 15 天、扬中 11 天、丹阳 17 天、句容 18 天。8 月高温日市区 19 天、扬中 20 天，丹阳、句容各 22 天。均破当地有现代气象观测记录以来历史同期极值纪录。10 月高温日 2 天：10 月 2 日，市区 38.0℃、扬中 37.5℃、丹阳 38.2℃、句容 38.3℃；10 月 3 日，市区 38.4℃、扬中 38.0℃、丹阳 38.3℃、句容 38.7℃，均破当地有现代气象观测记录以来 10 月极端最高气温纪录。

降雪和积雪。全年雪日市区 8 天、扬中 8 天、丹阳 9 天、句容 10 天。1 月雪日市区 2 天、扬中 1 天、丹阳 3 天、句容 3 天。2 月雪日各 4 天，其中暴雪日 1 天。11 月雪日市区 1 天、扬中 1 天、丹阳 2 天、句容 2 天。12 月雪日市区 1 天、扬中 2 天、丹阳 0 天、句容 1 天。

大雾和霾。全年霾天数市区 37 天、扬中 30 天、丹阳 50 天、句容 30 天，市区雾日数 24 天。

表 2　2022 年镇江市区雾霾天气分月统计表

月　份	霾(天)	雾(天)
1	15	2
2	4	4
3	6	2
4	2	2
5	0	2
6	2	1
7	0	0
8	0	0
9	1	1
10	2	2
11	2	6
12	3	2
合计	37	24

寒潮。2022 年出现 3 次寒潮过程。(1)11 月 29 日—30 日，最低气温 48 小时降温幅度：市区 15.6℃、扬中 17℃、丹阳 14.8℃、句容 15.1℃，最低气温极值出现在 30 日扬中，为 -0.5℃。(2)12 月 10 日—12 日，最低气温 48 小时降温幅度分别为：市区 8.8℃、扬中 6.9℃、丹阳 5.9℃、句容 9.1℃，最低气温极值出现在 12 日市区，为 -0.9℃。(3)12 月 16 日—18 日，48 小时降温幅度分别为：市区 8.9℃、扬中 6.4℃、丹阳 6.3℃、句容 7.2℃，最低气温极值出现在 18 日市区，为 -7.3℃。

大风。2022 年有大风天气过程 15 次，具体为：3 月 17 日、6 月 14 日、6 月 23 日、6 月 28 日、7 月 10 日、7 月 20 日、7 月 26 日、7 月 28 日、8 月 10 日、8 月 16 日、8 月 20 日、10 月 4 日、11 月 29 日、12 月 17 日、12 月 22 日。

台风。2022 年第 12 号台风“梅花”于 9 月 13 日影响全市，开始出现降水，15 日台风过境江苏，给全市特别是东部地区带来 7 级 ~8 级的西北大风。整个过程期间，给市域带来东部 30 毫米、局部 50 毫米，中西部 10 毫米 ~20 毫米的降水。

低温冰冻。2022 年，日最低气温小于等于 0℃的日数市区 41 天、扬中 28 天、丹阳 22 天、句容 38 天。市区极端最低气温出现在 12 月 23 日，为 -8.4℃；扬中 12 月 25 日，为 -5.0℃；丹阳 12 月 18 日，为 -4.2℃；句容 12 月 23 日，为 -6.8℃。1 月，日最低气温小于等于 0℃的日数市区 8 天、扬中 5 天、丹阳 3 天、句容 7 天。2 月，日最低气温小于等于 0℃的日数市区 11 天、扬中 7 天、丹阳 5 天、句容 10 天。11 月，日最低气温小于等于 0℃的日数市区、扬中、句容各 1 天。12 月，日最低气温小于等于 0℃的日数镇江 21 天、扬中 15 天、丹阳 14 天、句容 20 天。

（市气象局　张晨昕）

【水文水情】　2022 年，长江大通站全年径流量 7564 亿立方米，较 2021 年(9697 亿立方米)偏少 22%，较常年(9066 亿立方米)偏少 17%。长江大通站全年水位过程总体呈单峰型。全年流量过程与水位过程总体一致，最大流量 60400 立方米/秒(6 月 24 日 9 时)，最高水位 13.38 米(6 月 24 日 17 时)；最小流量 6930 立方米/秒(10 月 5 日 9 时)，最低水位 3.91 米(11 月 16 日 2 时)。

长江镇江(二)站全年平均潮位 4.08 米，较多年平均偏低 0.48 米。年最高潮位 7.15 米(6 月 16 日)，最低潮位 1.76 米(12 月 19 日)，全年未超警戒水位。扬中站 6 月 16 日出现全年最高潮位 6.54 米，全年潮位超警戒水位天数 14 天。

谏壁闸引水 17.83 亿立方米；九曲河闸引水 3.80 亿立方米；谏壁抽水站引水 13.17 亿立方米；九曲河

抽水站引水4.28亿立方米;赤山新闸排水0.56亿立方米;赤山新闸抽水站引水0.22亿立方米;新孟河界牌枢纽引水4.20亿立方米。

调引江水使全市主要河湖水位保持平稳。主要河湖平均水位:大运河(丹阳站)3.76米,香草河(旧县站)3.74米,句容河(赤山闸下站)7.38米,较多年平均分别偏低0.07米、0.03米、0.13米;赤山湖(赤山闸上站)9.51米,偏高1.13米。句容河(赤山闸下站)超警戒水位1天。

2022年1月1日,全市16座报汛水库总蓄水量10520万立方米。前期呈平稳趋势。7月中旬开始,长江流域大部分地区持续高温少雨,出现罕见汛期反枯现象,发生流域性严重枯水,水库总蓄水量减至多年同期水平以下。截至年底,总蓄水量7440万立方米,比上年减少29.3%。（蒋闻雨）

【交通】 镇江临江近海,水陆交通便利快捷。镇江为国家级水路主枢纽和省级公路枢纽城市。世界闻名的“黄金水道”——长江和京杭大运河在此交汇,沪宁高速公路、扬溧高速公路、京沪高速铁路、沪宁城际铁路、京沪铁路傍市而过。苏南运河镇江段42.74千米,是全国第一条国家级文明样板航道。润扬长江公路大桥、泰州长江公路大桥为横跨长江的快速通道,五峰山长江大桥是长江江苏段第3座公路铁路两用大桥。104、312国道和122、231、238、241、243、337、340省道以及宁句城际快轨,构成镇江与外省、市连接的公路网络。2022年,全市公路总里程6895.05千米,其中高速公路210.48千米。镇江至南京高速公路行程45分钟,高速铁路行程20分钟。距南京机场和常州机场均为60千米,至扬州泰州国际机场70千米。（镇江市史志办）

【口岸】 镇江港是全国主枢纽港之一、长三角组合港主要成员、国家一类开放口岸。镇江市长江自然岸线长270千米,其中深水岸线长87千米。高资港区、龙门港区、谏壁港区、高桥港区、大港港区、扬中港区、新民洲港区构成镇江港口群体。2022年,全年完成港口货物吞吐量2.33亿吨,比上年下降5.4%,其中,长江港口吞吐量2.25亿吨,下降4.9%;港口集装箱吞吐量37.8万标准箱,下降13.1%。（镇江市史志办）

图1 2022年,金山湖水位全年保持平稳

（镇江市摄影家协会 孙悦萌 供稿）

历史人文

【建置沿革】 “宜”为镇江最早地名,是3000余年前周康王封给宜侯的领地名称,春秋时称朱方,后曾用谷阳、丹徒、京口、润州等名称。北宋政和三年(1113年)建镇江府,始称镇江,历经两宋、元、明、清。辛亥革命后称丹徒县,1928年改为镇江县。1929年至1949年2月为江苏省政府所在地(1937年—1945年镇江沦陷,省政府迁往苏北)。1949年4月23日镇江解放后,划城区和近郊为镇江市,四乡为丹徒县,均隶属于苏南行政区镇江专署。1953年苏南行政区、苏北行政区合并建江苏省后,设镇江专员公署,后区划多有调整,至1983年实行“地市合并、市管县”新体制前,辖镇江市和10个县,镇江为县级市和专署所在地(1958年9月至1959年9月,专署迁至常州,改称常州专员公署)。1983年3月,镇江市改为省辖市,辖4县、2区。1987年、1994年、1995年,所辖丹阳、扬中、句容先后撤县设市;2002年,丹徒撤县设区。现镇江市含丹阳市、句容市、扬中市和丹徒区、京口区、润州区以及镇江新区、镇江高新技术产业开发区。

（镇江市史志办）

【城市发展定位】 2013年,国务院批复印发《苏南现代化建设示范区规划》,对镇江的城市分工和发展定位为:发挥产业基础较好、自然生态良好的优势,建设全国重要的高端装备制造、新材料产业基地和区域物流基地、技术研发基地、创意生活休闲中心,成为现代山水花园城市与旅游文化名城。根据《江苏省城镇体系规划(2012—2030)》和2017年修订的《镇江市城市总体规划(2012—2020年)》,镇江市为“国家历史文化名城,长三角重要的港口、风景旅游城市”。根据《镇江市国民经济和社会发展第十四个五年规划和二〇三五年远景目标纲要》,“十四五”时期,镇江经济社会发展主要目标:国内地区生产总值年均增长6%左右,研发经费投入年均增长7%左右,高新技术产业产值占规模以上工业产值比重

48%，常住人口城镇化率75%，居民人均可支配收入年均增长略高于经济增速。（镇江市史志办）

【行政区划】 截至2022年年底，镇江市辖56个镇（街道），其中，镇31个、街道25个。丹阳市辖10个镇、2个街道；句容市辖8个镇、3个街道；扬中市辖4个镇、2个街道；丹徒区辖6个镇、2个街道；京口区辖3个镇、8个街道，其中，镇江新区代管3个镇、2个街道；润州区辖8个街道，其中，镇江高新区代管1个街道。（市民政局）

表3 2022年镇江市各市（区）所辖镇（街道）情况表

市（区）	镇	街道
丹阳市	丹北、司徒、延陵、珥陵、导墅、皇塘、吕城、陵口、访仙、界牌	云阳、曲阿
句容市	下蜀、宝华、边城、白兔、郭庄、后白、天王、茅山	华阳、崇明、黄梅
扬中市	八桥、西来桥、油坊、新坝	三茅、兴隆
丹徒区	谷阳、辛丰、上党、宝堰、高桥、世业	高资、宜城
京口区	—	正东路、健康路、大市口、四牌楼、象山、谏壁
润州区	—	宝塔路、和平路、七里甸、金山、官塘桥、韦岗、南山
镇江新区	丁岗、大路、姚桥	大港、丁卯
镇江高新区	—	蒋乔
合计（个）	31	25

（市民政局）

【人口】 2022年，镇江市常住人口322.22万人，比上年增加0.50万人，其中城镇人口258.55万人，常住人口城镇化率80.2%，常住人口中60周岁及以上人口占比为25.2%，比上年提升1.3个百分点。常住人口出生率4.16‰，死亡率8.17‰，自然增长率-4.01‰。

年末，全市户籍人口266.86万人，比上年减少1.24万人；出生人口1.09万人，死亡人口2.36万人，户籍人口出生率4.1‰，死亡率8.9‰，自然增长率-4.8‰。户籍人口中男性131.46万人，减少0.7万人；女性135.40万人，减少0.5万人。（市统计局）

表4 2022年镇江市人口情况表

地区	户籍人口数					自然增长率（‰）
	总户数（户）	人口数（万人）	男	女	户均人口	
全市	1032005	266.86	131.46	135.40	2.59	-4.78
市区	408294	102.11	50.38	51.73	2.50	-4.64
京口区	129126	31.11	15.43	15.68	2.41	-4.36
润州区	90850	20.92	10.44	10.49	2.30	-3.70
丹徒区	100880	28.53	13.99	14.55	2.83	-6.82
高新区	14908	3.28	1.61	1.67	2.20	1.92
新区	72530	18.26	8.91	9.34	2.52	-3.96
丹阳市	283982	78.96	38.90	40.06	2.78	-5.38
扬中市	108224	27.82	13.58	14.24	2.57	-5.04
句容市	231505	57.97	28.60	29.37	2.50	-4.06

（市统计局）

【民族】 2022年,镇江市少数民族常住人口29118人,有52个少数民族,人数排在前5名的是回族7628人、苗族3601人、土家族2768人、彝族2698人、蒙古族1635人。全市有3个少数民族村:句容市边城镇侢池民族村、丹徒区世业镇卫星民族村、高新区大桥民族村;8个省级民族工作示范社区:丹阳市云阳镇凤美新村社区、扬中市三茅镇文化新村社区、丹徒区新城长山社区、京口区大市口街道千秋桥社区、京口区四牌楼街道江滨新村第一社区、京口区正东路街道贺家弄社区、润州区宝塔路街道同德里社区、润州区金山街道杨家门社区;2所民族学校:镇江市民族实验小学、镇江市穆源民族学校;1个丹阳市正则高级中学新疆班;10家清真网点,2家清真食品基本供应点;4家全国民族特需商品定点生产企业;1个市级社会团体:市民族团结进步促进会;4处民族公墓:凌家湾回民公墓、王家湾回民公墓、丹徒区长青园民族公墓、句容市回民公墓。

(市民宗局　曹晓光　黄萍萍)

【宗教】 镇江市是江苏省宗教工作重点城市之一。2022年,全市有佛教、道教、伊斯兰教、天主教、基督教五类宗教。经依法登记的宗教活动场所154处,分别是佛教62处、道教15处、伊斯兰教4处、天主教1处、基督教72处。其中,金山江天禅寺、焦山定慧寺、宝华山隆昌寺、茅山道院是全国重点寺观;山巷清真寺是全国模范清真寺;镇江新区绍隆寺是江苏省重点寺院。全市有宗教团体21个,其中市级宗教团体5个、市(区)16个,有登记备案的宗教教职人员316人。教职人员中有42人次在各级人大常委会、政协担任职务。其中,全国政协委员1人;省政协常委1人;市级人大代表2人(含常委1人),政协委员11人(含常委3人);县级人大代表4人(含常委1人),政协委员23人(含常委7人)。(市民宗局　曹祥清　陈　晨)

【历史文化遗存】 镇江是国家历史文化名城,有深厚的文化积淀。全市有各级文物保护单位299处,其中国家级13处:焦山碑林、丹阳和句容南朝陵墓石刻、镇江英国领事馆旧址、昭关石塔、大运河(包括大运河镇江段、虎踞桥、江河交汇处、新河街一条街、西津渡古街5个点)、甘露寺铁塔、隆昌寺、城上村遗址、葛城遗址、铁瓮城遗址、宋元粮仓遗址、春城土墩墓群、烟墩山墓地。焦山碑林中有"大字之祖"瘗鹤铭以及苏轼、黄庭坚、米芾、陆游的墨迹碑刻和摩崖石刻。南朝陵墓石刻(现存丹阳8处24件、句容1处4件)是南朝石刻瑰宝。省级文物保护单位54处,包括焦山古炮台遗址、相传为孔子所书的延陵季子碑(唐拓本)、被誉为"江南第一钟"的唐中和铜钟、宋抗金名将宗泽墓、圌山炮台遗址等。市、县级文物保护单位232处。

白蛇传传说、镇江恒顺香醋酿制技艺、古琴艺术(梅庵琴派)、扬剧、灯彩(秦淮灯彩)、酿造酒传统酿造技艺(封缸酒传统酿造技艺)、董永传说、佛教音乐(金山寺水陆法会仪式音乐)、道教音乐(茅山道教音乐)9个项目先后被列入国家级非物质文化遗产名录,有国家级非物质文化遗产代表性项目代表性传承人6人。

(镇江市史志办)

【历代名人】 镇江扼南北要冲,得山水之胜,钟灵毓秀,代不乏才,历代文人墨客纷来寻幽探胜,寄情抒怀,其中有李白、杜牧、范仲淹、王安石、苏轼、陆游、辛弃疾等才士名贤,在此耕耘风雅,播种斯文。王昌龄的"洛阳亲友如相问,一片冰心在玉壶"、王安石的"春风又绿江南岸,明月何时照我还"、辛弃疾的"何处望神州,满眼风光北固楼"等成为千古绝响,流风遗韵,至今袅袅不断。李白的"丹阳北固是吴关,画出楼台云水间"、杜牧的"青苔寺里无马迹,绿水桥边多酒楼"、王湾的"潮平两岸阔,风正一帆悬"、范仲淹的"山分江色破,潮带海声来",是一幅幅活色生香的有声画、无声诗。东晋时期,中原鸿儒显宦纷纷南下,移居京口者众多,或完成大业,或著书立说,著名的有:南朝宋开国皇帝刘裕(寄奴),撰有《世说新语》的刘义庆,著有《晋书》的臧荣绪,选编《玉台新咏》、诗文与庾信齐名的徐陵,中国第一部诗文总集《昭明文选》的编纂者萧统,著有中国第一部系统文艺理论巨著《文心雕龙》的刘勰等。两宋移居镇江的有:著有被誉为"十一世纪的科学坐标"——《梦溪笔谈》的作者沈括,制造世界上最早天文钟"水运仪象台"的科学家苏颂,书画家米芾,抗金名将宗泽等。明清两代镇江名人有:官居华盖殿大学士、内阁首辅的杨一清,主持编修《大清一统志》《佩文韵府》《康熙字典》的张玉书。近现代以来有:著有《铁云藏龟》和《老残游记》的刘鹗,著有第一部汉语语法专著《马氏文通》的马建忠,历史学家柳诒徵,飞机制造专家巴玉藻,世界语运动开创者之一的符恼武,金融家陈光甫,辛亥广州起义总指挥、南京临时政府追授上将军的赵声,辛亥革命著名将领李竟成、解朝东,爱国民主人士冷遹,诗人闻捷,桥梁专家茅以升等。此外,丹阳市为三国吴大帝孙权和南朝齐高帝萧道成、梁武帝萧衍故里,近现代有爱国人士马相伯、美术家吕凤子,当代有语言学家、语文教育家吕叔湘;句容市有晋朝道教理论家、炼丹家和医药学家葛洪,南朝道教思想家、医药学家陶弘景。

(镇江市史志办)

【历代军事】 镇江扼水陆交通要冲,地理形势险要,自古以来就是军事重镇。春秋时吴楚争霸,发生朱方之战。东晋隆安五年(401年),孙恩领导农民起义军在镇江大战蒜山。南宋建炎四年(1130 年),韩世忠率水兵 8000 人在江面截击金兀术的 10 余万人大军,金兵被围困在黄天荡 48 天。元至元十二年(1275 年),南下元军打败宋军,南宋抵抗力量受挫。清顺治十六年(1659 年),郑成功北伐直抵焦山,与清军在城下大战,后郑成功据守镇江城 38 天,因南京战事失利退出镇江。清道光二十二年(1842 年)六月,英国侵略军侵入镇江,遭镇江军民誓死抵抗,英军虽破城,但伤亡惨重,恩格斯在《英军对华的新远征》中对镇江人民给予高度评价。清咸丰三年(1853 年)二月,太平天国军队攻占镇江,进行 4 年 9 个月的镇江保卫战。清宣统三年(1911 年),驻镇江新军起义,镇江脱离清政府统治。1937 年 12 月,日本侵略军攻占镇江,镇江城蒙受巨大损失。1938 年 5 月至 6 月,新四军先遣支队和一支队、二支队进入苏南,6 月 17 日在韦岗伏击日军车队,打响新四军苏南抗战第一枪,随后创建以茅山为中心的苏南抗日根据地,领导苏南人民进行 7 年多的顽强抗战,直至取得胜利。1949 年 4 月 21 日,中国人民解放军发动渡江战役,22 日晚驻镇江城内国民党军队不战而逃,23 日镇江获得解放。 (镇江市史志办)

【方言】 镇江话属于北方方言江淮次方言,位于北方方言与吴方言两大方言接合部,大致以谏壁为东界、上党为南界。古代镇江话属吴方言,由于特殊的政治、社会、交通等原因,导致方言属性产生变化。镇江话虽属北方方言范畴,但构成复杂,其中既有吴方言的遗痕,又有旗腔(类似京腔)的影响。与普通话相比,镇江话没有全浊声母和舌尖后音声母;鼻化元音介于前鼻音韵母与元音韵母之间,“in”“ing”、“en”“eng”、“n”“l”不分;有入声调。词汇中保留着丰富的吴方言词。句容、丹徒、扬中的方言类似镇江话,虽构成复杂,但均属北方方言系统。大港以东、宝堰以南、句容傍茅山一线及至丹阳西部的语言自西向东渐次出现吴方言特点,多文白异读,说话音接近吴语,读书音接近官话;全浊声母消失,舌面声母多,没有舌尖后音声母;单元音韵母多;读书音 4 个声调,说话音 6 个声调。丹阳东部则进入吴语区。随着语言不断丰富和变化,镇江方言也在渐渐变化。声母方面,新派音中“然、染、燃”从老派音的[ø]声母变为[l]母;“姐、且、写、谢”的声母新派已将舌尖前音成系统地换成舌面音,只是韵母还没有到位,发作[iɪ];“暑、族、随、邪、斜”的老派读音,声母是[tsʻ],“纯、瑞、垂”的声母是[s],读音不稳定;“浙江、彻底、电风扇”中的“浙、彻、扇”在新派音中已舌尖化,只是还没有舌尖后化,但是这一组声母字中口语色彩浓的字,如“折头、舌头、沾光”中的“折、舌、沾”则还保存着老派音;老派音“家”读作[tɕia],新派音则作[ka]。韵母方面,新派镇江人学习普通话的时候,把[õ]说成[ɛ̃],如“半、搬、盘、潘、判、满、漫、断、段、短、端、锻、团、乱、卵、暖、管、观、官、灌、冠、款、宽、换、欢、缓、转、撰、篆、专、传、穿、船、川、串、喘、钻、窜、算、酸、蒜、碗、丸、玩、宛、软”;把[ĩ]说作[ɛ̃],如“然、染、沾、缠、蟾、闪、扇、善”的韵母。声调方面,镇江话也有趋向于普通话的细微变化,如部分[æʔ]韵变为[əʔ]韵;新派音中部分镇江人会把阴平提高,从而使镇江话更接近普通话。

(镇江市史志办)

【市树】 广玉兰。1985 年 3 月,镇江市第一届人大常委会第三次会议决定以广玉兰为市树。广玉兰属于木兰科木兰属,常绿乔木,叶长 10 厘米 ~20 厘米。花大白色,清香,直径 20 厘米 ~30 厘米,通常 6 瓣,5 月—7 月为花期。种子外皮红色,9 月—10 月果熟。树冠呈卵状圆锥形,小枝和芽均有锈色绒毛,树形优美,是优良的庭院树与观赏树。 (镇江市史志办)

【市花】 杜鹃花。1985 年 2 月,镇江市第一届人大常委会第十二次会议决定以蜡梅为市花。1994 年 11 月,市第三届人大常委会第十三次会议重新决定以杜鹃花为市花。杜鹃花,别名映山红、山石榴,杜鹃花科杜鹃花属,多为灌木或小乔木,因生态环境不同,有各自的生活习性和形状,喜阴凉、湿润,耐寒。杜鹃花分落叶和常绿两大类。落叶类叶小,常绿类叶片硕大。花的颜色有红、紫、黄、白、粉、蓝等。

(镇江市史志办)

风景名胜

【概况】 镇江是国家历史文化名城,有深厚的文化积淀。全市有各级文物保护单位 299 处,省级文物保护单位 54 处,市、县级文物保护单位 232 处。9 个项目先后被列入国家级非物质文化遗产名录,有国家级非物质文化遗产代表性项目代表性传承人 6 人。市区有著名的“三山”风景名胜区。镇江辖市句容市、丹阳市还有茅山风景区、宝华山风景区、丹阳南朝陵墓石刻等风景区。 (镇江市史志办)

【“三山”风景名胜区】 镇江市“三山”风景名胜区位于长江南岸,由金山、焦山、北固山 3 个景区组成。金山在西、焦山在东、北固山在中,之间各相隔约 5 千米。

金山景区。有江天禅寺(江天寺)、天王殿、金山寺大雄宝殿、藏经楼、蕲王殿、观音阁、楞伽台、妙高台、夕照阁、奎文阁、七峰亭、古仙人洞、法海洞、慈寿塔、江天一览亭、白龙洞、金山“四宝”、御码头、朝阳洞、玉带桥、信矶、钓鱼台、鹘山、云根岛、一泉景区等。百花洲位于金山与塔影湖之间，与一泉景区隔塔影湖相对。沿塔影湖筑有花架、长廊、观景平台和游船码头。园内有百花仙子雕塑以及花堂、修艺堂、清风轩、石牌坊等建筑，植有银杏、松、香樟、冬青、玉兰、红枫、紫荆、杜鹃、月季、海棠、樱花等花木。镜天园位于金山与百花洲之间，面积1.6公顷。景区取沈括《夜登金山寺》“楼台两岸水相连，江北江南镜里天”诗意，名镜天园。西荷花塘上架廊桥，至此，金山、镜天园、百花洲、一泉连成一体。一泉景区有芙蓉楼，芙蓉楼位于塔影湖西，与“天下第一泉”相邻，与金山隔湖相望。芙蓉楼是镇江历史名楼之一，原建于铁瓮城西，始建于东晋，唐朝诗人王昌龄在此写下《芙蓉楼送辛渐》。1992年复建于此。

焦山景区。焦山，位于市区东北江中，与南岸象山、合山夹江对峙，距市中心东北约4.5千米，海拔70.7米，周长2000米，可游览面积30余公顷。系现时长江下游唯一一座四面环水的观光游览岛屿。焦山景区有象山渡口、不波亭、定慧寺、老山门、待渡舫、新山门、定慧寺大雄宝殿、天王殿、焦山碑林、古炮台、御碑亭、乾隆行宫、文昌阁、江防遗址、木樨园、百寿亭、松寥阁、观澜阁、中日友好纪念碑、别峰庵、吸江楼、破体碑亭、良宽亭、八柱方亭、罗汉洞、六角亭等。新山门由码头、防洪墙、石牌楼、照壁墙、吉祥如意桥、山门殿、钟鼓楼、亭桥、焦公亭、茗公亭、放生池等组成。1995年，在象山与焦山间架起长610米、高65米的过江游览索道（2010年5月拆除），同时兴建万佛塔；焦山的16株古树名木尤其珍贵，最古老的有六朝柏，还有宋朝槐、明朝银杏等。碑林集自清以来碑200余方，因屡遭兵火，损毁严重，中华人民共和国成立时，仅存碑刻100余方，且多残缺。1960年为保护碑刻，将宝墨轩旧址、海云庵及西边石壁庵、香林庵扩建为碑林，将《瘗鹤铭》移此并建亭保护，同时搜集镇江地区自南朝至清朝（420—1911年）历代碑刻330多方，砌入室内和回廊墙壁。1988年，国务院公布焦山碑林为全国重点文物保护单位。2002年，碑林进一步扩建，专为《瘗鹤铭》设立展室。除《瘗鹤铭》外，著名的碑刻还有唐《魏法师碑》，宋《章岷墓志》《禹迹图》，元赵孟頫书《赤壁赋》，明刻宋米芾临《兰亭序帖》、杨继盛《游焦山诗》，清《澄鉴堂法帖》、乾隆的《自金山放舟至焦山五叠苏轼韵》等碑刻作品。

北固山景区。北固山位于市区北侧江滨，距市中心以北约2千米，海拔58.5米，由从南至北的前、中、后三峰组成。因其形势险固，早在三国时就有“北固山”之名。南朝梁时改为“北顾山”，唐称“金陵山”，俗称“土山”。甘露寺，就高踞在滨江壁立的后峰之上。北固山山势险固，峰峦秀逸，立于山巅，可北临扬子，东望焦山，西眺金山，南观城区及南山。前峰，古称正峰，东吴孙权曾在此筑铁瓮城。吴治所迁镇江时，其宫殿也建在此。后为周瑜帅府。“自晋以来，郡治皆其上”，是府署或州署所在，一直到清末。1966年，在此建市烈士陵园。1995年，发现铁瓮城遗址，2013年被列为全国重点文物保护单位。20世纪90年代初，随着三国文化热的兴起，北固山跟三国有关的景点得到进一步整修和恢复。新建370米古城墙、山西麓至江边的景区。2005年后留下的大部分空地，被改造成绿化景观带。著名景点有北固胜境山门、试剑石、凤凰池、文天祥京口脱险纪念碑、太史慈墓、鲁肃墓、汉阙、中山纪念林塔、气象台旧址、龙埂清晖亭（又作晴晖亭）、铁塔、中美友好碑、《望月望乡》诗碑、长廊、“天下第一江山”碑、甘露寺、“宏开鹫岭”碑、北固亭、多景楼、狠石、御碑亭、遛马涧、临江亭、摩崖题记、秋月潭、连沧观。北固新绿位于北固山西麓，北缘江边。为北固山西区新建绿化景观区，景观由四园两林组成：桂花园、玉兰园、海棠园、竹园和雪松林、水杉林，总面积8.3万平方米。（镇江市史志办）

【南山风景名胜区】 镇江市区南部青山延绵，群山中近城区的诸山为镇江南山风景名胜区。南山，原为市郊，镇江人一直称其为南郊；现在城南，北缘距市中心约2.5千米。风景名胜区东起镇宝路，南至官塘桥，西迄小九华山，北达林隐路。规划面积18平方千米，其中核心景区面积3.67平方千米。山上有松、杉、竹、栎等树木160余种，林间有黄鹂、绶带鸟、画眉等飞禽70多种，数目与种类之多，居沪宁沿线风景区之首。藏于群山中的鹤林、竹林两古寺均创建于东晋，招隐寺建于南朝宋。1997年，新建文苑、山水清音池、黄鹤山等景区和景点。主要

图2　全国重点文物保护单位——焦山碑林
（镇江市摄影家协会　孙悦萌　供稿）

景点有南山牌楼，其中文苑景区内有文心阁、学林轩、百年牡丹、千年紫薇、《文心雕龙》国际学术研讨会纪念碑、赵伯先墓等。竹林景区内有竹林寺、金刚殿、林公泉、挹江亭、林公泉、康有为石刻、马家坟、柳诒徵墓等景点。招隐景区有"城市山林"山门牌楼、山水清音池、杜鹃园、招隐坊、选亭、虎跑泉、听鹂山房、鹿跑泉、招隐寺、读书台、增华阁、济祖殿、退居寮、玉蕊亭、韶华楼、鸟外亭、狮子窟、莲花洞、逆流泉等主要景点。鹤林景区鹤林寺位于磨笄山北麓，始建于东晋。古有鹤林八景：逢僧处（古竹院）、香花桥、寄奴泉、杜鹃台、濂溪祠、米芾墓、马祖塔和太傅松，现多湮没。现存景点有杜鹃楼、米芾墓、黄鹤山、八公洞。

（镇江市史志办）

【西津渡古街名胜区】　西津渡古街名胜区位于市区西部云台山北麓。云台山，古名蒜山。又因原与金山隔江遥相对峙，对应金山而称银山。银山、银台山，音变为"云台山"。传诸葛亮和周瑜同登蒜山，共同谋算破曹大计——火烧赤壁，故又称"算山"。西津渡古街由小码头街及义渡码头街、义渡局巷、利商街等组成。古街分为两部分，一为古街东南部分，二为古街西北部分。东南部分自银山门、五十三坡至清中晚期渡口，约120米，开在云台山北麓山腰，有通向渡口的街道，街两侧有英国领事馆旧址和在原英租界旧址建立的镇江博物馆以及石塔、救生会、观音洞。西北部分，自渡口向西，接新河路古渡口，是一条热闹的商业街。1983年将义渡码头街更名为西津渡街。1998年，复建金陵渡小山楼，建成西津渡碑林等，其中昭关石塔、观音洞、救生会3个项目获联合国教科文组织亚太地区2001年文化遗产保护优秀奖。2003年，西津渡古街保护建设加快，基本建成"西津雅苑"古建筑群落和蒜山游园。知名景点有"西津渡街"券门、英国领事馆旧址（全国重点文物保护单位）、昭关石塔（全国重点文物保护单位）、京口救生会、观音洞、古渡口、义渡局旧址、蒜山游园等。还存有"长安里"（1912年）、"吉瑞里"（1914年）、"德安里"等街巷。2005年12月，镇江博物馆被评定为国家AAAA级旅游风景区。

（镇江市史志办）

【圌山风景区】　圌山，位于市区东部的镇江新区大路、大港两镇境内，距市中心20多千米，主峰海拔258米，绵延长达4千米，呈西北、东南走向，总面积为10平方千米。其一脉插入江中，酷似畅饮长江之巨龟，故名龟山头。唐以前，这里还是海口，唐朝设谯山戍，是海防重镇。宋设圌山寨，韩世忠曾扼守于此，大败金兵。明嘉靖年间设山营把总。清道光年间建圌关炮台。圌山风景区由圌山及五峰山（因其山五峰突起，"一"字横陈，形似笔架，故称五峰山）组成，两山相连接，宛如一条长龙俯卧长江边。圌山从山脚至山顶有18弯，全山有36处悬崖、72个险洞。东乡及江北有黄明节（清明后一日）登山的习俗。1994年，圌山风景区被批准为市级风景区。主要景点有报恩塔（圌山塔）、箭洞、绍隆寺、西林寺、韩阙、圌山炮台。古炮台遗址和营房残迹犹存，为江苏省文物保护单位。

（镇江市史志办）

【茅山风景名胜区】　茅山是江苏省风景名胜区。茅山风景区是以低山丘陵自然景观为主，革命斗争史迹与人文景观相结合的省级风景名胜区。茅山位于句容市东南部，距镇江市区48千米。海拔372.5米，南北长8千米、东西宽4千米。古名冈山。相传西汉时，有茅氏三兄弟居山修道成仙，遂有三茅山、茅君山之名，简称茅山。茅山风景秀丽，有9峰、26洞、19泉。茅山既为江南名山，又是道教圣地，号称"第一福地，第八洞天"。抗日战争时，还是新四军苏南抗日游击根据地中心。2014年，茅山风景区成为国家AAAAA级旅游风景区（点）。主要景点有老子神像、新四军纪念馆、茅山喜客泉。茅山道院中有九霄万福宫、元符万宁宫、崇禧万寿宫，以及德祐观、仁祐观、玉晨观、白云观和乾元观等道教宫观，还有华阳洞、玉柱洞、仙人洞、喜客泉等道教遗存。

（镇江市史志办）

【新四军茅山抗日斗争历史陈列馆（茅山新四军纪念馆）】　位于茅山主峰西麓，是一座黄墙碧瓦、古朴庄重的建筑物，1985年9月3日抗日战争胜利40周年时建成揭幕。陈列内容反映茅山根据地开辟、坚持和发展的过程，还展出部分革命烈士的照片、名录和当年新四军使用及缴获的武器。1998年在原馆址基础上进行重新翻建，建筑面积3700平方米。馆内配合展出的各种珍贵文物和历史资料有2000余件。馆内"新四军苏南抗日斗争历史陈列"分五个部分，并采用声、光、电多媒体等现代科技手段，以及图表、灯箱、蜡像、雕塑等不同形式，真实、形象、生动地再现陈毅、粟裕、谭震林等老一辈无产阶级革命家的光辉伟绩和当年抗日军民浴血奋战的悲壮场面。2005年，茅山新四军纪念馆被列入全国红色旅游经典景区。

苏南抗战胜利纪念碑。1995年9月1日，在茅山下的望母山巅，建成苏南抗战胜利纪念碑。碑高36米、宽6米，镌刻的9个贴金大字碑名由国防部原部长张爱萍题书。1997年秋冬发现"碑前放鞭炮，空中响军号"的奇观。

（镇江市史志办）

【宝华山风景名胜区】　宝华山位于句容市西北部，距镇江市区32千米。属宁镇山脉，面积约7平方千米，其主峰大华山海拔437.2米，为句容市境内最高峰。

为有别于西岳华山，称大华山。南朝梁高僧宝志登山结庵，改名宝华山。宝华山为中国佛教名山之一，有“律宗第一山”之称，并兼林麓之美、峰峦之秀、洞壑之深、烟霞之胜，号称“四大奇秀”。山中文物古迹颇多，有王羲之的“鹅”字、唐伯虎的画、岳飞手书《满江红》和相传可煮千斤米饭的大锅三口，有王安石钓鱼矶，韩世忠点将台和康熙、乾隆二帝的行宫（毁于太平天国战争）以及康熙帝的御碑亭和乾隆帝的枕头、龙头拐杖等。1981 年 8 月，经国务院批准，在宝华山建立省级自然保护区。2002 年，宝华山隆昌寺举行建寺 1500 周年庆典。2003 年，宝华山国家森林公园被批准为国家 AAAA 级旅游风景区。其重要景点有隆昌寺，现尚存有大雄宝殿、韦驮殿、铜殿、无梁殿、戒坛、大悲楼、大寮、布萨堂等数百间，还有戒公池、乌龙洞等道教遗迹。（镇江市史志办）

【南朝陵墓石刻】 丹阳是南朝齐（479 年—502 年）、梁（502 年—557 年）两代帝王的家乡，帝王死后或帝王父、兄弟死后归葬丹阳，其陵墓分布在丹阳市原胡桥、建山、前艾、荆林、埤城、陵口 6 个乡镇，南朝陵墓石刻（现存丹阳 8 处 24 件、句容 1 处 4 件），是南朝石刻瑰宝。先后有齐高帝（萧道成）、齐武帝（萧赜）、郁林王（萧昭业）、海陵王（萧昭文）、齐明帝（萧鸾）、齐东昏侯（萧宝卷）、齐和帝（萧宝融），梁武帝（萧衍）、梁简文帝（萧纲）及梁元帝（萧绎）、梁敬帝（萧方智）建造陵寝。帝王陵墓前及陵口均存有巨大雕刻石兽，称丹阳南朝陵墓石刻。1988 年，丹阳南朝陵墓石刻被批准为全国重点文物保护单位。1996 年 11 月，将句容南朝梁南康简王萧绩墓石刻纳入丹阳南朝陵墓石刻。著名的南朝陵墓石刻有陵口石刻。萧梁河原名萧港，齐梁陵墓多在此河道两岸，分布着永安陵石刻、景安陵石刻、水经山南朝佚名陵石刻、烂石弄南朝佚名墓石刻、兴安陵石刻、修安陵石刻、金王陈南朝佚名陵石刻、建陵石刻、龟趺之丰碑、修陵石刻、庄陵石刻、梁南康简王萧绩墓石刻等。（镇江市史志办）

镇江名特产

【土特产品】 镇江香醋。镇江香醋的酿制分为酿酒、制醋醅、淋醋三大阶段，有大小 40 多道工序。镇江香醋选用地产优质糯米。镇江香醋具有酸而不涩、香而微甜、色浓味鲜的特色，且久存不变质，愈存愈香醇。据《中国医药大典》记载：“醋产浙江杭绍二县为最佳，实则以江苏镇江为最。”经现代科学化验，镇江香醋含有机酸、糖、醇、酮、酚、氨基酸等 130 余种营养成分，有机酸中的醋酸、乳酸、丙酮酸、甲酸、苹果酸、柠檬酸、琥珀酸、一氧代二戊酸 8 种成分为人体新陈代谢所必需。1910 年参加南洋劝业会获金牌奖，1915 年在巴拿马国际博览会上获金质奖。1980 年，获国家银质奖；1985 年，获国家金质奖，同年被国际美食学会和国际旅游观光委员会授予金质奖章，被国内外誉为“醋中上品”。2020 年 11 月，中国轻工业联合会和中轻食品管理中心授予镇江“中国醋都”称号。

刀鱼。刀鱼是江海洄游鱼类。每年初春，进入繁殖期的刀鱼自东海进入长江，溯江而上。焦山以东沿江一带，刀鱼之多，举网可得，清初著名诗人朱彝尊有“京口刀鱼尺半肥”的诗句，可见镇江刀鱼闻名，由来已久。

鲥鱼。鲥鱼又名鲷鱼，头微扁而身青白色。春季为上市旺季，俗称菜花鲥；秋季肉味最美，俗称菊花鲷。鲷鱼如石首鱼，肉多无刺，味赛河豚，无害于人。

百花酒。又名“贡酒”，有 1400 多年历史，具有酸、甜、甘、辣、醇五大特色。其原料系用糯米、细麦曲和近百种野花酿制而成。1908 年，在巴拿马博览会上获国际金质奖章。1910 年，参加南洋劝业会，获金牌奖。

小磨麻油。以清澈透明，质纯、色美、味香，在全省麻油质量评比中列第 1 名。1985 年，被国际美食学会和国际旅游观光委员会授予金质奖章。

金山翠芽。是高级绿茶。其外形扁圆挺直，色泽翠绿，白亮显露，汤色明亮，味醇厚，1986 年被列为全国名茶。

镇江膏药。即唐老一正斋膏药，迄今有 300 多年历史。镇江膏药具有祛风止痛、化痉除淤等功能，对治疗筋骨疼痛、跌打痨伤等症有独特疗效。

彩灯、戏曲服装。镇江彩灯，造型独特，制作精巧，其中荷花、龙灯，曾为全国第五届运动会开幕式采用。戏曲服装受到全国影剧界的好评，被近百部电影、电视剧所采用，其中有电视连续剧《红楼梦》等。

（镇江市史志办）

【名菜名点】 镇江菜具有悠久的历史，其特点主要是：火候以烂为著；调味既不重咸，也不过甜；选料和操作讲究精细，主料突出，配料较少；烹调方法擅长炖、焖、烧烤；风格上重用原汁原汤。

肴肉。是镇江著名的传统佳肴，在全国亦享有盛名，相传清初即有“肴蹄”，迄今有 300 余年历史。肴肉皮色洁白，光泽晶莹，卤冻透明，故有“水晶肴蹄”之称，具有香、酥、鲜、嫩四大特点。食用时，佐以镇江香醋、姜丝，则更感芳香鲜润，风味浓郁。

红烧刀鱼。为初春时令名菜，肉质细嫩，味极鲜美。烹调方法多样，可红烧、清蒸，也可加工制成水晶鱼球、酿刀鱼、发菜刀鱼圆汤等，味美爽口，食用方便。

白汁鮰鱼。为季节名菜，白汁鮰鱼烹制时不加酱油，配以春笋用旺火烧沸，移文火焖煮，汤汁浓厚，色白如乳，肉肥嫩，味鲜美。

拆烩鲢鱼头。镇江产鲢鱼素以头大、肉肥、味鲜著称。尤以小雪节令后出水者更为肥美，称为雪鲢。清初镇江厨师创制“拆烩鲢鱼头”，拆尽骨头，配以蟹肉、火腿、香菇、鸡肉、肫肝、鲜笋等，用鸡汤烩制而成。色泽乳白，汤汁稠浓，鱼肉肥嫩黏糯，配菜鲜美可口，为冬令佳肴。

蟹黄汤包。以皮薄、汤多、馅饱、味鲜而成为传统名点。清嘉庆年间，林兰痴诗句“到口难吞味易尝，团团一个最包藏”，写出蟹黄汤包内藏热汤，“到口难吞”的特点。（镇江市史志办）

经济发展

【古代及近代经济】 镇江位于长江和京杭大运河交汇处，自古以来为大江南北交通要道和重要商埠，手工业比较发达。清咸丰八年（1858 年），镇江被辟为通商口岸，3 年后设立海关，从此以后，外商洋行插足镇江港口航运和商业经营。清同治十二年（1873 年），轮船招商局镇江分局成立，近代民族航运业在镇江兴起。19 世纪末，镇江成为外商在长江下游的一个商贸中心，其转口贸易额为全国之最。从清光绪二十一年到清宣统三年（1895 年—1911 年）的 17 年间，对外贸易总额 49573 万海关两，平均每年 2916 万海关两。镇江同时也是苏、皖、鲁、豫等地物资输入输出的主要集散地。转口贸易的发展，带来金融业、商业和手工业的兴盛，尤以钱庄、木材、绸布、江绸等业最为发达。盛时，钱庄有 60 余家，规模较大的有 25 家，信用放款远及长江以北，年放款金额 3000 余万银圆。江绸业有织户约 5000 户，织工万余人，开机 1 万架（张），产品行销湖南、湖北、五省（河北、山西、陕西、山东、河南）、东三省（辽宁、吉林、黑龙江）和朝鲜，常年销售额白银 400 多万两。光绪三十一年（1905 年），标志镇江商业繁荣的行业组织——镇江商会宣告成立。19 世纪末，镇江开始出现以机器生产为代表的近代工业。光绪二十年（1894 年）前后，四经、大纶丝厂率先开办，为镇江近代工业的先驱。到清朝末年，先后有面粉厂、电灯公司、榨油厂、火柴厂等一批工厂开设。镇江有香醋、文明绸等多项产品在南洋劝业会上获奖，其中文明绸远销俄国、印度和南洋诸国，最高年销量 27 万匹，贸易值约白银 450 万两。光绪年间，镇江电报分局和邮政总局先后设立，是全国首批建立的邮政电信机构，业务量居全国前列。1912 年起，先后创办省立第三工场、慈幼织布厂、贻成面粉公司、大源榨油厂、荧昌火柴第三工厂、江南制纸厂分厂、燧生火柴厂、无敌牌镇江工厂以及仁章织绸厂等较大规模的工厂。在 1926 年江苏省第三次地方物品展览会上，各种丝光锦缎呢、金山牌面粉、火柴、爱国花伞等 9 种产品获一等奖，江绸、皮箱、各种露酒、肥皂、挂面、酱油、豆粉等 50 种产品获二等奖。江苏省政府于民国 18 年（1929 年）迁镇江后，市政建设，交通设施有所发展，促进镇江商业特别是饮服娱乐等行业的发展。1932 年，有旅栈业、木行业、布业、米业、南北杂货业、茶食业、酒酱业、五金业、丝绸业、茶叶业、绸缎业、印刷业、报关业等 493 家，饭店、酒店、菜馆、理发店等 400 余家。1937 年，大小工业企业 300 多家，资本总额约 500 万元，较大的有贻成面粉公司、大照电气公司、荧昌火柴厂、慈幼工厂、无敌牌镇江工厂等数家，其余为酱醋厂、冰糖厂、制冰厂、皮蛋厂、机器厂、纽扣厂、烛皂厂、碾米厂等，其中碾米业有 39 家。

近代镇江农业生产水平低下，在耕地中山地占十分之七八。水利条件差，缺乏抗拒自然灾害能力。农产品以稻、麦、豆为大宗，棉花、山芋次之。副业以蚕桑、采石、饲养、烧窑、编织为主。1932 年，地方人士筹集经费，组织塘工委员会，开筑沟塘，建造闸坝，解决灌溉问题，并开始少量使用化肥。1934 年，生产蚕茧 1.35 万千克。20 世纪 30 年代初，畜牧业及林副业有所发展，到 1935 年前后，有森牲园农林畜牧公司、惠农鸡场、新农园、均益农场、天天牧场、新生奶厂、中国养蜂场、江苏畜植场以及中国合作蚕桑改良会、中山纪念林、县立农场、镇江苗圃等。1937 年 12 月，日本侵略军占领镇江，经济蒙受巨大损失。抗战胜利后，经济有所恢复。1947 年，同业公会有 50 多家，银行年底存放、汇兑总额为法币 2506390 亿元。截至 1949 年，镇江有商业行业 62 个，4627 户，全年社会商品零售总额 2343 万元。

（镇江市史志办）

【现代经济】 中华人民共和国成立后，中国共产党和政府在接管官僚资本工业的同时，扶植私营工厂恢复生产。通过加工订货、统购包销、公私合营等一系列步骤，开始对私营工业和手工业进行社会主义改造。1952 年，工业总产值上升到 2786 万元，比 1949 年增长 1.34 倍。1985 年年底，有工业企业 642 个（不含农村合作经营工业和城乡个体工业单位），职工 13.83 万人。1985 年，获国家金质奖产品 1 个、银质奖产品 4 个、部优质产品 21 个、省优质产品 40 个。经过 30 多年的发展，镇江重工业除电力工业以外，还有机械化学、建材、冶金、船舶、汽车、煤炭等工业。轻工业以纺织、食品工业为主。此外，还有塑料、电子、造纸、医药等工业。在全省工业系统中，镇江的电力、船舶、造纸、建材、食品等工业都占有较为重要的位置。“七五”期间，镇江发挥综合性区域经济优势，发展以粮食为主体、乡镇工业和多种经营为两翼的“飞鸟”型经济结构。“八五”期间，坚持持续、稳定、协调发展经济方针，继续贯彻“科技兴市”发展战略。“九五”期间，坚持以经济建设为中心，加快经济体制向社会主义市场经济体制转变，经济增长方式向集约型转变。“十五”期间，全市创新发展思路，瞄准一流目标，奋力实现跨越，实施科教兴市、港口型经济、双轮驱动、城市化和环境优化发展战略。“十三五”时期，经济实力迈上新台阶。消费对经济增长的拉动作用持续增强，民间投资占固定资产投资比重77%左右。金融服务实体经济力度加大，人民币贷款余额6100余亿元。产业强市战略落地见效，高端装备制造、新材料两大主导产业销售收入占规模工业销售比重提高到38.6%。招商引资取得新突破，累计完成产业项目投资3000余亿元，孚能科技、蜂巢易创等一批重大产业项目成功落地投产。工业应税销售突破4800亿元，年均增长7.3%。7家企业跻身百亿企业俱乐部。高新技术产业产值占比46%，国家高新技术企业数量从528家提升到1188家，境内外上市公司20家。国家自主创新示范区建设推进，镇江高新区实体化运作。大众创业、万众创新取得成效，镇江新区获批省创新创业示范基地。新增国家级、省级科学科技奖励16项和124项，航空航天领域多项成果填补国内空白。万人发明专利拥有量42件，新增国家知识产权示范企业10家，获批国家知识产权强市创建市。产业结构调整深化，服务业对经济增长贡献率逐步提高，服务业增加值占地区生产总值比重超49%，租赁商务信息服务等新业态服务业保持良好增长势头。乡村振兴战略深入实施，初步形成以优质粮油、特色园艺、特种养殖、休闲农业为主导的现代农业产业体系，绿色优质农产品比重72%。“戴庄经验”在全省推广，国家农业科技园区通过验收，句容建成全国首家农业互联网医院。一批重大基础设施建成运行，连镇铁路、五峰山大桥、新312国道、镇丹高速、丁卯高架等建成通车，宁句城际轨道、南沿江高铁等重点工程实施，大港南站、丹徒站开通运营。推进民生实事项目，“十三五”期间直接用于民生及与民生相关的财政支出累计1538亿元。脱贫攻坚任务完成，204个经济薄弱村、2万多名建档立卡低收入人口全部脱贫。

（镇江市史志办）

【2022年经济社会发展】 2022年，镇江市实现地区生产总值5017.04亿元，按可比价格计算，比上年增长2.9%。三次产业比例调整为3.3 ∶ 49.3 ∶ 47.4。全市人均地区生产总值15.58万元，增长2.7%。全年居民消费价格指数(CPI)102.0，比上年上涨2.0%。实现一般公共预算收入343.8亿元，比上年增长2.1%。

全年粮食播种面积203.55万亩(13.57万公顷)，比上年增加1.77万亩(0.12公顷)，增长0.9%。全年粮食总产量96.30万吨，增加0.28万吨，增长0.3%。油料总产量3.98万吨，下降7.6%。蔬菜总产量100.61万吨，增长3.9%；瓜果类产量11.98万吨，增长0.9%。肉类总产量8.25万吨，增长3.3%。水产品产量9.89万吨，增长2.2%。全年规模以上工业增加值比上年增长5.6%，其中大中型企业增长11.3%。规模以上工业企业营业收入比上年增长6.0%；利税总额下降17.2%。工业产品销售率96.6%，比上年下降1.3个百分点。规模以上工业高技术制造业增加值增长35.3%，其中，医药制造业增长22.2%，航空、航天器及设备制造业增长35.2%，电子及通信设备制造业增长51.1%。高新技术产品产量增长较快，其中新能源汽车产量增长177.6%，多晶硅片增长137.7%。新增国家级“单项冠军”和专精特新“小巨人”企业19家、省级122家，数量超前三年总和。新增省级服务型制造示范企业、工业设计中心9家。截至年末，拥有省级智能工厂8家，省级智能车间95个。全年实现建筑业总产值675.15亿元，比上年增长5.7%。固定资产投资比上年增长0.1%，其中国有及国有控股投资增长26.2%，港澳台及外商投资增长5.5%，民间投资下降5.3%。实现社会消费品零售总额1364.02亿元，比上年增长1.3%。限额以上批发零售业通过网络实现的商品零售额增长100.1%。实现对外贸易进出口总额156.15亿美元，比上年增长20.9%，其中进口总额39.74亿美元，增长7.7%；出口总额116.41亿美元，增长26.2%。全年工商新注册外资企业67家，新批千万美元以上项目14项。实际利用外资5.68亿美元，增长2.9%。协议利用外资4.21亿美元，下降79.2%。全年服务外包合同总额41.70亿美元，比上年增长10.5%，其中，离岸外包合同总额14.89亿美元，增长13.1%。执行总额36.52亿美元，增长14.5%，其中，离岸外包执行额13.43亿美元，增长15.0%。

（镇江市史志办）

综　述

【迎接党的二十大相关工作】　2022年，中共镇江市委员会召开市委八届三次全会，组织全市1.2万个基层党组织、22.9万余名党员进行全覆盖酝酿推荐，确定中共二十大代表3人，其中一线人员2人。召开市委工作会议，做好迎接中共二十大各项准备工作。召开全市传达学习贯彻中共二十大精神大会，组建市委宣讲团，组织开展学习宣传贯彻中共二十大精神系列活动。制作中组部指定电视系列片《二十大代表风采录——赵亚夫》。在全市开展"学习《习近平谈治国理政》第四卷、以实际行动迎接党的二十大"主题党日活动。在全市开展"学习二十大·一线建新功"主题活动，在"两新"组织党组织中开展"学原文、悟思想、跟党走"主题活动。

（市委办　符　浩　巫泽人　市委组织部　组织一处）

【新冠病毒疫情防控工作】　2022年，镇江市处置好多点散发、局部聚集疫情。选派多批医务人员支援上海、海南、新疆以及周边城市疫情处置工作；开展"敲门行动"，推行"镇江通行码"；建成2家方舱医院、5个城市核酸检测基地；绘制数字化"战'疫'地图"，开发建设"镇疫平台""重点人群常态化核酸检测管理平台"；推进疫苗接种工作；开通"12345"疫情诉求反馈专线；与南京等毗邻地区协同联动，建立宁句区域一体化联防联控机制。　（市委办　符　浩　巫泽人）

【产业强市战略】　2022年，镇江市全年地区生产总值增长2.9%，一般公共预算收入同口径增长2.1%。出台"纾困解难24条"，开展"春风暖企"大走访，全年新增减税降费、缓税、留抵退税127亿元。推进"产业强链"三年行动计划，"四群八链"主导产业应税销售增长12%。壮大"四群八链"骨干企业队伍，应税销售收入超百亿元企业为12家。新增智能化改造、数字化转型企业133家，数字经济核心产业营业收入突破600亿元。实施产业项目招引"百日攻坚"行动，新签约亿元以上产业项目列统投资115亿元。实施现代服务业发展"522"工程，新增规模以上服务业企业120家。举办金融赋能镇江高质量发展大会，与金融机构签约在"十四五"期间意向性融资金额超万亿元。统筹推进"三帆两金一甘露"系列行动，新增上市挂牌企业291家。坚持创新驱动发展战略，新认定国家高新技术企业533家，入选省创新型领军企业9家，新增国家级"单项冠军"和"专精特新"企业19家、国家级科技孵化载体4家、省级以上研发机构45家，省船舶与海洋工程设计研究院落户镇江高新区。出台产业链人才赋能、青年人才"归雁"、人才平台提升计划等政策，累计引进高层次领军人才178人、大专以上人才3.9万人，连续2年入选"中国城市人才吸引力排名50强"。启动全市域开发园区整合优化提升工作。推进"放管服"改革，推动财税金融、农业农村等重点领域改革落地见效，完成国企改革三年行动工作。实施外资扩量提质、外贸培优扶强三年行动，深化国家级跨境电子商务综合试验区建设。开展"镇合意"营商环境服务品牌提升行动，全国城市信用排名有提升。　（市委办　符　浩　巫泽人）

【绿色低碳发展】　2022年，镇江市做好中央生态环境保护督察整改，累计整改投入20多亿元，拆除及修复面积212.3万平方米。开展长江岸线保护、黑臭水体治理、蓝天保卫战、打击固体废物非法倾倒、工业"散乱污"企业整治等五大专项行动。国、省考断面水质优Ⅲ比例为100%，$PM_{2.5}$改善率2.8%。协同推进降碳、减污、扩绿、增长，编制国土空间规划近期实施方案，处置、盘活批而未供、闲置土地及城镇低效用地约3.2万亩(2133公顷)。推进整县(市、区)屋顶光伏开发试点项目，全市可再生能源装机容量比上年增长20%。新增"绿岛"项目数量列全省前列。全面推行林长制，林木覆盖率为25.6%。推进省生态环境厅与镇江市共建生态环境治理体系和治理能力现代化试点工作，加强与三峡集团一体化合作。美丽镇江建设。坚持农业农村优先发展，新增高标准农田4.6万亩(3067公顷)，"镇麦15"创苏南亩单产历史最高纪录，夏粮面积、单产、总产、效益实现"四增"。推进富民强村帮促行动，实施农民收入十年倍增计划，90%经济相对薄弱村稳定性收入超120万元。启动农业龙头企业"金凤行动"，7个村入选2022年全国乡村特色产业产值超亿元村。创建省级特色田园乡村6个、省级"绿美村庄"21个。推进全国党建引领乡村治理试点工作。融入国家和省区域重大战略，南沿江城际铁路句容段主体工程完成，265省道镇荣公路三期全面建成，312国道宁镇段快速化改造推进。推进全市国土空间总体规划编制，推进346国道镇江城区段城市化改造，城乡交通运输一体化发展水平连续3年获评省AAAAA级。完成老旧小区改造95万平方米。推进大运河文化带和大运河、长江国家文化公园建设。　(市委办　符　浩　巫泽人)

【民生保障建设】　2022年，镇江市制定实施稳定和扩大就业21条举措，城镇新增就业5.49万人，零就业家庭保持动态清零。城乡居民人均可支配收入增速快于经济增长。推进十大类40项民生实事。教育信息化发展综合指数列全省第2名，义务教育质量监测水平在全省前列。实施"1+12"公立医院高质量发展创新提升工程，获"全国健康城市建设样板市"称号。制定实施《镇江市"一老一小"整体解决方案》，新建3个全国示范性老年友好型社区，新增21家普惠型托育机构。城乡居民基础养老金实现"十二连增"，社会保险主要险种覆盖率为98%以上。创成省级"双拥模范城"。举办全国2022年"全民健身日"主题示范活动暨第六届宁镇扬全民健身大联动，组织参加第二十届省运会，推进群众体育和竞技体育发展。

(市委办　符　浩　巫泽人)

【安全保障建设】　2022年，镇江市维护国家政权安全、制度安全、意识形态安全。组织开展安全生产大起底、大排查、大整治"百日攻坚""慧安行动"等专项行动，生产安全事故起数和死亡人数双下降。落实"削峰、脱红、破冰、强基"计划，提前一季度完成年度上报化债任务。推进融资平台压减和经营性债务成本、规模管控工作。成立市金融风险化解委员会。推进"问题楼盘"专项治理。实施"精网微格"工程，建设市域社会治理现代化指挥中心，推进信访突出问题解决工作。推进"雪亮工程"建设，开展打击电信网络诈骗和养老诈骗等专项行动，群众安全感率为99.39%，列全省第1名。　(市委办　符　浩　巫泽人)

【民主法治建设】　2022年，镇江市召开市委人大工作会议，出台《中共镇江市委关于以政治建设统领全市人大工作的意见》，人大政治建设经验获全国人大办公厅转发；组织"稳住经济大盘"专项评议，开展"代表小组建支部、党旗引领迈新步"等活动。发挥政协专门协商机构作用，开展"两聚一推"委员主题履职实践活动，推进"有事好商量"协商议事，创设"同心议事会"；"红榴家园"服务站经验做法获公安部专题宣传推广。实施"八五"普法，推进市域社会治理现代化试点工作，推动法治城市和法治县(市、区)建设。

(市委办　符　浩　巫泽人)

【政策研究工作】　2022年，镇江市委政策研究系统贯彻中共二十大会议精神，落实党中央和省委、市委各项决策部署，履职尽责、担当作为，发挥职能作用。全年牵头起草市委工作会议、市委八届四次全会等会议文稿；围绕疫情防控、产业强市、生态环保等重点工作，起草专题会议讲话、对上汇报、署名文章、媒体采访等文稿；完成各类文稿164篇，63.9万字。

2022年，镇江市委研究室把调查研究作为服务市委决策的关键支撑，完善课题组负责制、"月度推进、半年通报、年度考核"等工作机制，围绕产业强市、乡村振兴、全面从严治党等9个领域44项重点课题，开展调查研究。全年形成调研成果95篇，《调查研究》51期，其中，《十年磨一剑 走好低碳路——镇江推动绿色低碳发展的实践探索》获省委研究室《调查与研究》专题刊发。

2022年，镇江市委研究室完善市委深改委会议议题库，构建改革方案"谋划—生成—审议—发文"出台机制；筹备召开市委深改委会议11次，研究审议改革文件16个；制发《市委深改委2022年工作要点》，落实市、县两级领导联系重点改革任务工作机制；开展改革督察、调度工作，加强改革理论研究、经验总结和宣传推广力度。《"红网工程"激活互联网行业"党建密码"》入选"中国改革2022年度地方全面深化改革典型案例"，服务退役军人就业创业等6项改革经验获《江苏改革简报》刊发推广，全年《调查研究》深化改革专栏刊发15期。

2022年，镇江市委研究室筹备召开市委财经委会议2次，传达学习中央财经委和省委财经委会议精神，听取全市经济运行情况汇报，加强宏观经济形势分析与重点问题研究；建立月度经济运行情况报送机制，完成月度经济形势分析报告3期；深化经济运行监测点机制，实地走访观测点企业35家，收集一线数据，协调解决企业难题。

2022年，镇江市委研究室加强与市报业传媒集团的合作，完善编前会、通联会等工作机制，加强选题策划，优化《创新》栏目设置，强化质量把控，新增"乡贤之声""我是新镇江人""基层风景线"等品牌栏目；优化升级"创新镇江"微信公众号，组织开展"4·15"全民国家安全教育宣传、"史志'镇'有益"、学习贯彻中共二十大精神答题等系列主题活动。

（市委研究室　白登峰）

【保密管理】　2022年2月，镇江市保密局开展微信泄密整治和保密技术服务专项宣传活动，现场销毁泄密手机50余部。3月，市委保密委员会印发《关于进一步加强保密管理的通知》，规范机关单位内部工作信息保密管理。4月，开展"4·15"全民国家安全教育日保密主题宣传活动，组织拍摄"保密故事大家讲"微视频4部，其中"保密桌牌的变迁"微视频在中国保密协会组织的微视频征集评选中获二等奖。8月—10月，组织落实中共二十大相关保密保障工作。9月—12月，组织参加江苏省第二届保密技能竞赛，6名选手获奖。11月，镇江市保密联合会成立，是全省首个设区市保密社会组织。全年查处失泄密案件6起。

（市保密局　哈成涛）

【政务接待】　2022年，镇江市合作交流中心完成接待任务332批次，接待宾客3756人次，其中，等级任务5批次、省部级领导55批次；各级各类巡查巡视组、考核督导组、学习调研组32批次；商务签约、会谈会见120余批次。报送全市重要客情报告单628份。制定下发《关于及时报告重要客情的通知》，报送全市重要客情报告单582份。

2022年，市合作交流中心拓宽信息搜集渠道，建立与各市（区）、市商务局、市科技局、市教育局等单位乡贤信息的互动交流和资源共享机制，推动完成镇江知名人士数据库的更新。加强与旅外乡贤日常联络和帮难解困，做好旅外乡贤回镇期间的接待服务，利用传统佳节发出节日慰问300余份。协助市政协做好镇江市首届乡贤促进会（暂定名）的筹备工作，完成会长、副会长、理事等人选遴选和协调落实。协助市委研究室办好《创新》期刊《乡贤之声》栏目，先后邀请清华大学院士孙家广、国家博物馆原副馆长陈履生、国家党史研究室原副主任李忠杰、北京大学教授李玲、同济大学教授戴晓虎、欧洲科学院院士张弛、北京邮电大学原校长林金桐以及中央电视台主持人沙晨等10名镇江乡贤撰写家乡寄语，为镇江发展建言献策。协助市委统战部完成省委统战部《文脉江苏》第11集的拍摄任务，推荐并邀请孙家广拍摄"一眼千年西津渡"推介视频。　（市合作交流中心　谢青松）

决策部署

【产业强市暨优化营商环境大会】　2022年2月8日，镇江市委、市政府召开产业强市暨优化营商环境大会。会议强调，要统一思想认识，把政治建设放在首位，坚持以经济建设为中心，提振"争"的士气、昂扬"争"的状态、提高"争"的本领，永葆争雄之志、勇走争强之路、多出争优之举、齐聚争光之力，坚定不移、一以贯之地狠抓产业强市和营商环境建设，以敢争善争争出一片新天地、争得一个新未来。会议表彰制造业"金山奖"、科技创新"梦溪奖"、优化营商环境"甘露奖"、金融服务贡献奖、重大产业项目招引奖以及2021年度"十佳书记项目"。会上，丹阳市委、市发改委、市税务局作表态发言。　（市委办　巫泽人）

【市委工作会议】　2022年8月8日，市委工作会议召开。会议学习领会习近平总书记在省部级主要领导干部专题研讨班上的重要讲话精神；会议指出，做好下一阶段工作，要贯彻新发展理念，加快服务构建新发展格局，推动高质量发展；会议要求要增强"时时放心不下"的责任感，强化"事事落实到位"的执行力，振奋"人人敢为善为"的精气神，高效统筹疫情防控和经济社会发展，统筹发展和安全，强化政治引领、扛好政治责任，坚持稳中求进、奋力争得荣光，全面做好改革发展稳定各项工作。各市（区）和镇江新区、镇江高新区及市发改委、市生态环境局、市卫健委、市应急管理局做交流发言。　（市委办　巫泽人）

【全市传达学习贯彻中共二十大精神大会】　2022年10月25日，镇江市召开全市传达学习贯彻中共二十大精神大会。会议强调，要把学习宣传贯彻中共二十大精神作为当前和今后一个时期的首要政治任务、长期战略任务，深刻领悟"两个确立"的决定性意义，切实用中共二十大精神统一思想、统一意志、统一行动，紧跟习近平总书记奋进新征程、建功新时代，更好扛起"争当表率、争做示范、走在前列"光荣使命，奋力谱写"强富美高"新镇江现代化建设新篇章。会议以视频形式召开，各市（区）和镇江新区、镇江高新区设分会场。　（市委办　巫泽人）

【中共镇江市委八届四次全会】　2022年12月21日，中国共产党镇江市第八届委员会第四次全体会议在市行政中心召开。会议学习中共二十大精神，贯彻中央经济工作会议精神，落实省委十四届三次全会部署。会议强调全市各级党组织和广大党员干部要更加紧密地团结在以习近平同志为核心的党中央周围，深入学习贯彻中共二十大精神，不忘初心、牢记使命，同心同德、苦干实干，为加快展现中国式现代化镇江图景而团结奋斗。会议听取和讨论市委书记受市委常委会委托所作的工作报告，审议通过《中共镇江市委关于深入学习贯彻中共二十大精神在新征程上全面推进中国式现代化镇江新实践的决定》《中国共产党镇江市第八届委员会第四次全体会议关于递补李莉珺等同志为市委委员的决定》《中国共产党镇江市第八届委员会第四次全体会议决议》，书面审议《中共镇江市委常委会2022年度落实全面从严治党主体责任情况的报告》。 （市委办　巫泽人）

【《关于开展“党旗‘镇’红、一线建功”工程助推现代化新镇江建设实施意见》】 2022年6月30日，中共镇江市委印发《关于开展“党旗‘镇’红、一线建功”工程助推现代化新镇江建设实施意见》，提出围绕强组织、强队伍、强担当、强制度、强保障，在农村、城市、“两新”、机关、事业、国企6个领域分别实施先锋行动，2022年突出强基扩面、2023年突出提质增效、2024年突出创新求进、2025年突出整体过硬、2026年突出巩固提升，形成“一领域一品牌、一区域一重点、一单位一特色”的工作格局，推动全市各领域党组织全面进步、全面过硬，实现基层党建高质量发展。

（市委办　巫泽人）

【《关于深入打好污染防治攻坚战实施方案》】 2022年7月14日，中共镇江市委、市政府印发《关于深入打好污染防治攻坚战的实施方案》，围绕打好蓝天、碧水、净土、生态环境安全、群众环境权益等保卫战，通过强化减污降碳协同增效，提升生态环境治理体系和治理能力现代化水平，推动绿色高质量发展，建设生态空间优质、环境质量优越、资源利用高效、生态经济发达、生态文化繁荣、体制机制完善、人与自然和谐共生的“创新创业福地、山水花园名城”。 （市委办　巫泽人）

【《镇江市推进开发园区整合优化提升促进高质量发展意见》】 2022年2月7日，镇江市委办公室、市政府办公室印发《镇江市推进开发园区整合优化提升促进高质量发展意见》，聚焦开发园区管理体制机制创新，按照整合优化、转型发展、淘汰撤销、打造提升“四个一批”路径，推进开发园区整合，实现精简开发园区数量和机构编制，提升主导产业竞争力、单位土地综合效益、科技创新贡献度，优化开发园区空间布局、开放协作共享机制、开发园区“放管服”、园区投融资企业管理，促进开发园区高质量发展。

（市委办　巫泽人）

表5　2022年中共镇江市委常委会会议情况表

纪要文号	主要内容	会议时间
第1号	会议学习中共中央政治局党史学习教育专题民主生活会会议精神，传达学习省委书记吴政隆在2021年度各设区市市委和省委相关党（工）委书记抓基层党建工作述职评议会议上的讲话精神、全国老干部工作先进集体、先进个人表彰大会精神和省委人才工作会议精神，听取全市疫情防控工作汇报、安全生产工作汇报、信访工作汇报以及市级机关党建工作和全市作风效能工作汇报，研究并原则通过《镇江市“十四五”生态文明建设规划》。会议还研究其他事项	1月7日
第5号	会议学习习近平总书记在中共中央政治局第三十六次集体学习时的讲话精神，传达学习中央、省委农村工作会议精神，学习贯彻中共中央办公厅《关于加强巡视整改和成果运用的意见》精神、省委书记专题会议精神和省委第七巡视组对镇江市开展涉粮问题专项巡视反馈的意见要求，听取全市新冠肺炎疫情防控工作汇报、市委人才工作会议相关事项，研究并原则通过《镇江市产业链人才赋能计划》《镇江市青年人才“归雁”计划》《镇江市人才平台提升计划》《关于开展“信访突出问题攻坚化解年”行动的实施意见》，会议学习《中国共产党纪律检查委员会工作条例》精神和中办、国办《关于更加有效发挥统计监督职能作用的意见》，研究并原则同意《中共镇江市委常委会2022年工作要点》。会议还研究其他事项	2月15日
第7号	会议学习习近平总书记在《求是》杂志发表的重要文章《坚持走中国特色社会主义法治道路，更好推进中国特色社会主义法治体系建设》，传达学习全国、全省组织部长会议精神，讨论市人大常委会、市政府、市政协、市中级人民法院、市检察院工作报告，研究并原则同意银河镇江扬帆基金1号组建方案。会议还研究其他事项	2月21日
第8号	会议学习习近平总书记在中央党校（国家行政学院）中青年干部培训班开班式上的重要讲话精神，听取全市疫情防控工作汇报，传达学习省推动长江经济带发展领导小组会议精神，研究并原则通过《中共镇江市委关于涉粮问题专项巡视反馈意见整改方案》《镇江市贯彻落实江苏省统计局第1统计督察组督察反馈意见整改方案》《中国共产党镇江市委员会工作规则》《中共镇江市委常委会议事决策规则》，研究并原则同意《关于持续深化提升安全生产专项整治三年行动的实施方案》，听取市关工委工作汇报。会议还研究其他事项	3月10日
第9号	会议传达贯彻省委书记吴政隆到句容市督导检查疫情防控工作时的讲话精神	3月16日
第10号	会议听取中央生态环境保护督察有关情况汇报，对疫情防控、安全生产和民生工作作出强调	3月21日
第11号	会议学习中共中央政治局会议精神和习近平总书记关于安全生产工作的重要论述，传达学习全国、全省党内法规工作会议精神，全国、全省统战部长会议精神，中央、全省对台工作会议精神，传达学习全省特殊困难群体救助帮扶和妇女儿童权益保障问题专项排查整治工作部署会议精神，研究并原则通过镇江市《实施方案》，研究并原则同意《党委（党组）意识形态工作责任制实施细则》，会议听取全市涉案企业合规改革试点工作汇报，研究并原则通过《中共镇江市第八届委员会巡察工作规划》，听取七届市委巡察整改情况和2021年市委巡察工作完成情况汇报。会议还研究其他事项	3月25日

续表 5

纪要文号	主要内容	会议时间
第 12 号	会议研究中央生态环境保护督察发现问题整改工作	4 月 6 日
第 13 号	会议学习习近平生态文明思想和习近平总书记在参加首都义务植树活动时的重要讲话精神，传达贯彻省委书记吴政隆现场督办中央生态环境保护督察通报典型案例整改工作时的讲话精神，传达学习省对口支援协作合作工作会议精神，听取 2022 年一季度全市信访和安全稳定工作汇报、2021 年党建工作汇报，研究并原则通过《中共镇江市委党的建设工作领导小组 2022 年工作要点》和基层党建“书记项目”，听取镇江市“两聚一推”政协委员主题履职实践活动筹备工作汇报。会议还研究其他事项	4 月 8 日
第 14 号	会议学习习近平总书记在北京冬奥会冬残奥会总结表彰大会上的重要讲话精神，传达学习省委网信委会议精神，听取 2021 年全市网络安全和信息化工作汇报，研究并原则通过《中共镇江市委网络安全和信息化委员会 2022 年工作要点》，传达学习全省组织部门贯彻落实省委疫情防控决策部署电视电话会议精神，听取中央生态环境保护督察发现问题和交办信访事项整改工作汇报、一季度防范化解重大风险工作情况及二季度需要重点关注的风险研判情况汇报，研究并原则通过《关于进一步帮助市场主体和困难群众纾困解难的若干政策措施》，听取军民融合产业发展工作汇报、市慈善总会工作汇报	4 月 15 日
第 15 号	会议学习习近平总书记在海南考察时的重要讲话精神，学习习近平总书记、李克强总理关于安全生产的重要指示批示，传达贯彻全国、全省安全生产电视电话会议精神，听取全市安全生产工作汇报，研究并原则通过《市委常委会成员、市政府领导班子成员 2022 年安全生产重点工作清单》，学习习近平总书记关于精神文明建设的重要论述，传达 2021 年全国文明城市年度测评结果通报，贯彻苏南片区文明城市创建工作座谈会精神，研究全市精神文明建设和文明城市创建以及未成年人思想道德建设工作，传达学习十四届省委国安委第一次全体会议精神，听取 2021 年市委国安委工作汇报，研究并原则通过《中共镇江市委国家安全委员会 2022 年工作要点》，研究并原则通过镇江市新冠肺炎疫情防控应急指挥机制调整优化方案、《镇江市“镇合意”优化营商环境 2022 年提升行动方案》、以政治建设统领人大工作有关文件和《镇江市人大常委会 2022—2026 年立法规划》，听取一季度全市经济运行情况汇报。会议还研究其他事项	4 月 27 日
第 18 号	会议学习习近平总书记近期重要讲话指示批示精神，传达学习全国自建房安全专项整治电视电话会议和省续会精神，听取全市自建房、门面房等既有建筑安全隐患排查整治工作汇报，学习《信访工作条例》，传达贯彻中央信访工作联席会议座谈会精神，传达学习省委军民融合委员会第四次会议精神，听取全市军民融合发展工作汇报，研究并原则通过《关于新时代加强和改进思想政治工作的实施方案》《镇江市中级人民法院执行管理体制改革方案》《关于全面加强新时代少先队工作的实施方案》，听取八届市委第二轮巡察综合情况汇报。会议还研究其他事项	5 月 19 日
第 19 号	会议学习习近平总书记近期重要讲话指示批示精神，传达学习省委人大工作会议精神，研究并原则同意省委和市委人大工作会议重点任务责任分解等方案，传达学习省委全面依法治省委员会会议精神，听取全面依法治市工作汇报，研究并原则通过有关文件，听取全市稳定经济发展和推动复工复产工作汇报，研究并原则通过《关于推进医疗保障基金监管制度体系改革的实施方案》《关于实施“党旗‘镇’红、一线建功”工程助推现代化新镇江建设的实施意见》，听取市旅游协会工作汇报	5 月 27 日
第 20 号	会议通报中央纪委国家监委给予张敬华开除党籍、开除公职处分的决定，传达贯彻省委常委会会议精神	6 月 1 日
第 22 号	会议学习习近平总书记在四川考察时的重要讲话精神，传达贯彻省委书记吴政隆在省委十四届二次全会上的讲话精神和省委副书记、省长许昆林在镇江调研时的讲话精神，研究并原则通过《关于深化拓展新时代文明实践中心建设的实施方案》，听取全市常态化推进“扫黑除恶”斗争情况汇报，学习贯彻中央和省关于规范公务员工资津贴补贴有关文件精神，听取 2022 年度省综合考核办法主要内容和市综合考核文件修订情况汇报。会议还研究其他事项	6 月 17 日
第 24 号	会议学习中共中央政治局会议精神和习近平总书记近期重要讲话重要指示精神，学习省委退役军人事务工作领导小组第四次会议精神，听取全市退役军人工作汇报，研究并原则通过《市委退役军人事务工作领导小组 2022 年工作要点》《镇江市“十四五”退役军人服务和保障规划》，听取关于采取有效措施全力扭转大气环境质量不利局面的情况汇报，研究并原则通过有关文件，研究并原则通过《关于加强诉源治理推动矛盾纠纷源头化解的实施意见》《关于全面加强药品监管能力建设的若干措施》《镇江市市级行政事业单位所属企业改制脱钩工作实施意见》《镇江市市级行政事业单位所属企业委托监管办法》《镇江市深化应急管理综合行政执法改革实施意见》《镇江市做好党的二十大网络安全保障工作实施方案》，听取全市开发园区整合优化工作情况汇报，通报省纪委监委对潘早云进行纪律审查和监察调查的决定	7 月 5 日
第 25 号	会议学习习近平总书记近期重要讲话重要指示精神，传达学习全国、全省安全生产电视电话会议精神，听取全市安全生产工作汇报，研究并原则通过《镇江市加快股权投资行业发展云帆计划》，会议研究并原则同意部分地方金融组织资源整合方案，会议听取二季度全市信访和安全稳定情况汇报、全面从严治党工作汇报，会议研究并原则通过《关于加强对“一把手”和领导班子监督的若干措施》。会议还研究其他事项	7 月 17 日
第 29 号	会议学习习近平总书记近期重要文章重要指示精神，学习国家和省关于知识产权保护工作部署要求与相关文件精神，听取全市知识产权保护工作汇报，传达学习全省组织工作重点任务推进会会议精神，研究并原则通过《镇江市人民代表大会常务委员会关于加强经济工作监督的决定（草案）》，研究并原则同意《镇江市人民代表大会常务委员会关于加强长江江豚保护的决定（草案）》，研究并原则通过《关于进一步明确生产安全亡人事故责任处理意见的通知》《镇江市农村住房条件改善专项行动方案》，听取市老科协工作汇报	8 月 18 日
第 30 号	会议学习习近平总书记在辽宁考察时的重要讲话精神，听取全市对口支援协作工作汇报，研究并原则通过《关于建立健全自然保护地体系的实施方案》，听取市扶贫“三会”工作汇报，研究并原则同意《2021 年镇江市本级决算草案》。会议还研究其他事项	8 月 25 日
第 31 号	会议学习中共中央政治局会议精神和习近平总书记近期重要讲话指示精神，传达贯彻省纪委相关会议精神，研究并原则通过《市级机关部门单位党组（党委）落实机关党建领导责任实施细则（试行）》。会议还研究其他事项	9 月 6 日
第 35 号	会议学习习近平总书记近期重要讲话指示精神，传达学习全国、全省安全生产电视电话会议精神，听取全市安全生产工作汇报，传达学习全国、全省党的二十大安保维稳工作动员部署会会议精神，听取三季度全市信访和安全稳定情况汇报、全市涉粮问题专项巡视反馈意见整改进展情况汇报、全市违法违规用地整改工作汇报。会议研究其他事项	9 月 28 日

续表5

纪要文号	主要内容	会议时间
第36号	会议学习习近平总书记近期重要讲话重要指示精神，研究部署疫情防控、安全稳定、民生保障、经济发展等工作，听取《镇江市人民代表大会常务委员会关于加强市本级预算审查监督的决定（草案）》《镇江市房屋安全条例（草案）》制定情况和省人大对设区市人大相关要求的汇报，研究并原则通过《镇江市"一老一小"整体解决方案》，传达学习十四届省委第二轮巡视动员部署会精神，听取八届市委第三轮巡察工作综合情况汇报，研究并原则通过《市县两级巡察工作六大责任清单》，传达学习中央组织部《推进领导干部能上能下规定》专题培训班精神和中共中央办公厅《关于加强新时代市县党政正职队伍建设的意见》精神，研究并原则通过《关于加强优秀年轻干部培养选拔工作的实施意见》。会议还研究其他事项	10月10日
第37号	会议学习贯彻党的二十大精神，学习习近平总书记关于社会主义精神文明建设的重要论述，听取市九届人大二次会议、市政协九届二次会议筹备工作汇报，研究并原则同意镇江粮食产业有限责任公司改革有关事项	10月25日
第38号	会议学习习近平总书记在陕西延安和河南安阳考察时的重要讲话精神，传达贯彻省委书记吴政隆在镇江调研时的讲话精神，研究并原则通过《中共镇江市委学习宣传贯彻党的二十大精神工作安排建议》《中共镇江市委关于认真学习宣传贯彻党的二十大精神的通知》	11月4日
第39号	会议学习习近平总书记近期重要讲话重要指示精神，听取全市生态环境保护工作汇报、"金山英才"产业强市领军人才引进计划有关情况汇报以及镇江市工会第十五次代表大会、共青团镇江市第十八次代表大会、镇江市残疾人联合会第七次代表大会筹备工作汇报，学习《中国共产党处分违纪党员批准权限和程序规定》。会议还研究其他事项	11月14日
第41号	会议学习习近平总书记近期重要讲话重要指示精神，研究《关于加强新时代统一战线工作的实施方案》《关于加强基层治理体系和治理能力现代化建设的实施意见》《关于推进协商议政融入基层治理的实施意见》《镇江市市区城市更新土地片区开发利用的实施意见》，听取市政协文史工作汇报、镇江市侨联第七次代表大会筹备工作汇报。会议还研究其他事项	11月24日
第42号	会议学习习近平总书记近期重要讲话重要指示精神，传达学习省委十四届三次全会精神以及省委副书记、省长许昆林在镇江检查指导疫情防控工作时的讲话精神，听取全面从严治党工作汇报。会议还研究其他事项	12月1日
第44号	会议学习中共中央政治局会议、中央经济工作会议精神和习近平总书记近期重要讲话重要指示精神，研究并原则同意市委八届四次全会方案和工作报告等文件，研究并原则通过《镇江市深化生态保护补偿制度改革实施方案》《关于强化反垄断深入推进公平竞争政策实施的若干措施》《关于以铸牢中华民族共同体意识为主线推进全市民族工作高质量发展的实施意见》《关于坚持我国宗教中国化方向做好新时代党的宗教工作的实施意见》《镇江市深化国防动员体制改革实施方案》，听取市人大常委会2023年度立法计划编制情况汇报，研究并原则通过《关于加强和改进新时代市和市、区政协工作的实施意见》《关于政协协商成果采纳落实反馈实施办法》《关于进一步加强巡察整改和成果运用的若干措施》。会议还研究其他事项	12月19日
第46号	会议学习习近平总书记近期重要讲话重要指示精神和习近平总书记关于力戒形式主义、官僚主义的重要论述，传达贯彻省委经济工作会议精神，研究并原则通过《关于坚决维护党中央权威和集中统一领导规定的通知》《关于在城乡建设中加强历史文化保护传承的实施意见》，听取全市安全生产专项整治三年行动工作情况汇报、市级机关党建工作和全市作风效能工作汇报、全市生态环境突出问题整改进展情况汇报，研究并原则通过《镇江市贯彻落实第二轮中央生态环境保护督察报告整改方案》，研究全市公安系统优秀基层单位和优秀人民警察拟表彰名单。会议还研究其他事项	12月29日
第47号	会议学习中共中央政治局民主生活会会议精神，学习贯彻第六十四次省委常委会会议精神，传达学习省委审计委员会会议精神，听取全市审计工作汇报，研究并原则通过《中共镇江市委关于贯彻落实中央八项规定〈实施细则〉和省委〈具体办法〉的实施办法》，讨论市人大常委会、市政府、市政协、市中级人民法院、市检察院工作报告，研究并原则同意镇江市2022年国民经济和社会发展计划执行情况及2023年计划草案的报告、2023年全市主要指标目标安排、《2023年市本级政府项目投资计划（草案）》、2023年市政府民生实事候选项目、2023年度市直预算安排建议方案，听取四季度全市信访和安全稳定情况汇报	12月30日

（市委办　巫泽人）

巡察工作

【概况】　2022年，镇江市委落实中央和省委关于巡视巡察工作的部署要求，深化政治巡察，发挥监督保障执行、促进完善发展作用。全年，市委常委会会议5次学习上级关于巡视巡察工作的新部署新要求，先后制定出台《八届市委巡察工作规划》《市县两级巡察工作六大责任清单》《关于加强巡察整改和成果运用的若干措施》等规范性文件。市委主要领导履行第一责任人责任，2次主持召开书记专题会议听取巡察工作情况汇报，全年对巡察工作作出批示14次，点题对部分镇（街道）开展提级巡察，并主持召开集中反馈会议。

（市委巡察办　汤　云）

【监督质效】　2022年，镇江市委巡察工作领导小组统筹安排年度任务，组织八届市委第二轮、第三轮巡察，全年对24个单位开展常规巡察、提级巡察和省委巡视联动巡察，发现问题472个，移交问题线索60件，推动立案23件，党纪政务处分23人、留置5人。制定《关于对"一把手"巡察监督共性问题清单》，探索对"一把手"履行全面从严治党第一责任人责任和个人廉洁自律情况进行"扫描"，加强对"一把手"的巡察监督。推动解决民生实事，针对安置小区楼道未安装照明设施、消防管道破裂、电动车"充电难"等群众反映强烈的问题，开展实地走访调研48次，推动解决"立行立改"事项19件。

（市委巡察办　汤　云）

图3　2022年7月6日，八届市委第三轮巡察动员部署会召开

（市委巡察办　汤　云　供稿）

【巡查整改】　2022年，镇江市委巡察机构采取集中反馈和个别反馈相结合的方式，召开八届市委第三轮巡察集中反馈会议，市委主要领导出席会议并就做好巡察整改提出明确要求，市委、市政府分管领导认领问题。强化巡纪协作，坚持"边巡边移、巡中成案"，巡察期间移交问题线索4件，推动"巡中成案"3件6人。落实巡察移交问题线索立查立处、处置前沟通、办结前会商、办理反馈以及办理情况季度通报等5项机制，当年巡察移交问题线索办结率为98%。推动日常监督责任落实落细，巡察反馈满1年的被巡察党组织整改完成率为97.8%。针对巡察发现突出问题，列出提请谈话建议清单，分类提请市委、市政府领导对11名被巡察党组织主要负责人进行提醒谈话。针对巡察发现突出共性问题以及行业领域突出问题，提出巡察监督建议3份。对被巡察党组织主要领导发生变更的，发出巡察整改"提醒函"9份，督促整改。《中国纪检监察报》以《打出巡察整改组合拳》为题，报道镇江市开展巡察整改工作的相关做法。　（市委巡察办　汤　云）

【巡视巡察工作上下联动】　2022年，镇江市委配合省委巡视，组建联动巡察组，对句容市、丹徒区纪委监察机关、组织部和4个省级开发园区开展联动或交叉巡察。参与编写修订中巡办《市县巡察工作实务》教材部分章节，协助省委巡视办制定《政府融资平台巡视核查指南》《地方债务巡视监督要点》和《农村道路安全巡视核查指南》等监督指引。落实"以市带县"工作措施，加强对各市（区）巡察工作指导督导，推动全市巡察工作质效提升。　（市委巡察办　汤　云）

组织工作

【概况】　2022年，镇江市各级组织部门以迎接和学习宣传贯彻中共二十大为主线，坚持聚焦中心、服务大局，推动全市各项工作取得进展，为现代化新镇江建设提供组织保证。

2022年，镇江市组织系统学习贯彻习近平新时代中国特色社会主义思想，组织举行全市学习诵读《习近平谈治国理政》第四卷主题党日活动。推动"重走总书记视察路"纳入各类培训班次，丹徒区在世业镇开设初心课堂、田间课堂、观摩课堂"三大课堂"。推荐镇江市出席中共二十大代表3人。开展"学习二十大·一线建新功""我从基层来，代表话感悟"等主题活动。

2022年，镇江市组织系统构建政治素质考察"332"（"三个一"管日常、"三道关"管任前、"两类人"管重点）体系。推进"政治铸魂、源头储备、劲火淬炼、压担锻造、严管厚爱"年轻干部选拔培养五项行动，丹阳市"菁选优培"工程、丹徒区"八个一线"锻造、润州区"润苗成林"计划有成效。建立调整不适宜担任现职干部纪实报告制度，健全"能上能下"机制。打造全市党建"四全"（全参与、全天候、全回应、全感受）模式，润州区开展"强基、织网、扎根"三项行动，深化党建引领城市基层治理。开展新业态新就业群体党建探索，货车司机党建"镇江模式"获交通运输部在中组部基层党建工作重点任务推进会推广，个体货车司机流动党员党支部建设做法被省委两新工委全文转发、全省推广；丹阳市货车司机群体党建做法作为唯一县级市获中组部、交通运输部会议交流发言。在全省率先建成人才攻关联合体，推动4家链主企业攻坚"卡脖子"技术。　（市委组织部　办公室）

【"党旗'镇'红、一线建功"工程】　2022年7月6日，镇江市在全市基层党建高质量发展会议上，启动"党旗'镇'红、一线建功"工程。该工程以"五强六先锋"为总突破口，围绕建强"五个基本"（基本队伍、基本阵地、基本制度、基本活动、基本保障），分农村、城市、两新、机关、事业、国企等领域开展"六项先锋行动"。"五强"，即强组织，把堡垒筑牢在一线；强队伍，把力量充实到一线；强担当，把作用发挥在一线；强制度，把规矩落实到一线；强保障，把资源下沉到一线。"六先锋"，即因"域"制宜、突出重点，在农村领域实施"乡村振兴先锋行动"，在城市基层实施"和谐善治先锋行动"，在两新

领域实施“融合赋能先锋行动”，在机关部门实施“服务提升先锋行动”，在事业单位实施“利民惠企先锋行动”，在国有企业实施“红色领航先锋行动”。

（市委组织部　组织一处）

表6　2022年镇江市党员和党组织情况表

单位	党员队伍(人)					发展党员(人)				基层党组织(个)			
	党员数	女党员	少数民族党员	35岁以下	大专文化以上	发展数	女党员	35岁以下	大专文化以上	总数	党委	党总支	党支部
市直	46447	16234	798	20159	39658	3114	1553	2853	1264	2852	99	279	2474
中共丹阳市委	55596	11176	56	9808	24725	625	260	406	505	2908	223	117	2568
中共句容市委	38238	9112	66	7443	17589	379	151	270	329	1879	100	208	1571
中共扬中市委	24270	6308	24	4755	12436	282	142	180	251	1242	117	65	1060
中共丹徒区委	21838	5667	61	3785	9574	190	95	111	165	1136	72	96	968
中共京口区委	16595	5626	218	2045	8510	102	53	61	90	727	63	32	632
中共润州区委	13494	4389	199	2075	7194	107	35	79	89	637	77	34	526
中共镇江新区工委	12647	3016	48	2715	6182	120	45	60	110	628	41	48	539
中共镇江高新区工委	2251	503	21	416	1144	26	12	19	23	147	13	4	130
合　计	231376	62031	1491	53201	127012	4945	2346	4039	2826	12156	805	883	10468
所占比例(%)	100	26.81	0.64	22.99	54.89	100	47.44	81.68	57.15	100	6.62	7.27	86.11

（市委组织部　组织一处）

【“链上先锋”行动】　2022年5月24日，镇江市启动“链上先锋”行动。“链上先锋”行动聚焦“四群八链”发挥党员干部的先锋模范作用，为企业提供“量身定做”定制服务、“间歇式穿插”介入服务、“免申请”靠前服务，并建立起“日常问题联络员协办、专业问题职能部门承办、疑难问题联席会议合办”的快速反应机制，形成“845”（8条产业链联合党委+4大专项行动+产业链、金融链、人才链、创新链、服务链5链融合）工作模式，保障供应链畅通、产业链稳定。全年成立1个市级产业链党建联盟、8个市级产业链联合党委，组建100余人的“红色店小二”队伍，收集问题诉求1232件，办结率超95%。（市委组织部　部组织一处）

【城乡基层党组织建设专项整顿】　2022年，镇江市开展城乡基层党组织建设专项整顿工作。完成“村村到、户户进、人人访”集中走访，全年全市基层干部和党员骨干走访103.2万余户、282.1万余人。开展全面自查、条线核查，形成794份综合分析研判报告。梳理群众反映的“急难愁盼”问题10344个、解决9601个，各级完成“实事好事”3954件。市县联动轮训镇（街道）、村（社区）干部6144人次，举办“领航·奔跑”村（社区）书记讲坛10期。（市委组织部　组织二处）

【新业态新就业群体党建】　2022年，镇江市建立交通运输、外卖配送、网络直播行业、快递行业等党委。全年建成市级新就业群体党群服务中心1座，建设“暖‘新’加油吧”395个、暖“新”街区4个、暖“新”社区10个，成立“小哥医院”“小哥律所”“小哥课堂”。

（市委组织部　组织三处）

【干部管理】　2022年，镇江市探索“无任用推荐”干部工作，对市、区领导班子开展新一轮谈心谈话。做好市管企事业单位、市属高校换届工作。举办县（市、区）领导干部“新形象、新作为、新局面”专题培训班。开展县乡“家家到”谈心谈话，全面把握换届后县乡领导班子运转情况。制定《县（市、区）干部工作规程》，做好县（市、区）领导干部配备，优化班子结构、增强班子功能。［市委组织部　县（市）区干部处］

【组织工作重点课题研究】　2022年，镇江市围绕中组部部署的5个重点课题和省委组织部部署的8个重点课题，组织全市组织系统开展调研攻关。“考准考实干部政治素质”课题、构建“日常用好三个一、任前把牢三道关、重点甄别两类人”的“332”体系相关做法得到省委组织部肯定并被《组工研究》全省转发。新业态新就业群体党建相关做法获中组部、交通运输部、国家市场监管总局等肯定，丹阳市作为唯一县级市在全国深化货车司机群体党建试点工作动员部署视频会议上交流发言，省委两新工委推广市“流动党支部管理个体司机党员”做法。（市委组织部　研究室）

【干部队伍激励建设】　2022年，镇江市组织系统聚焦教育培训、提拔重用、职级晋升、及时奖励、评选表彰、健康休养方面，完善激励干部担当作为机制。开展公务员“三强三比加速跑”主题活动；组织万人学法知识竞赛、“我是新时代镇江公务员”演讲比赛、岗位练兵等系列活动；组织全市首届“最美公务员”评选；金怡获评全国“人民满意的公务员”。制作高质量发展“质效图”，首次印制全市高质量发展质效报告。开展两轮选人用人专项检查，对305名干部个人有关事项报告进行查核。承担全省“激励干部担当作为”重点课题调研任务，向省报送担当作为、容错纠错典型案例67个。（市委组织部　公务员一处）

【年轻干部培养选拔】 2022年，镇江市制定《关于加强优秀年轻干部培养选拔工作的实施意见》。举办“学习贯彻二十大踔厉奋发新征程”90后年轻干部集训班，开展优秀年轻干部市县互派挂职，选派24名年轻干部到产业强市、污染防治、信访维稳、安全生产等岗位实践锻炼，召开4场年轻干部座谈会，首次组织选聘85名优选生。

（市委组织部　干部队伍建设规划办）

【人才“镇兴”行动】 2022年，镇江市召开市委人才工作会议，完善“1+2+3+N”（人才“镇兴”行动+“金山英才”计划、大学生“聚镇”计划+人才“政策一本通”“服务一窗办”“权益一码清”+若干个行业人才政策）政策体系，聚力建设“长三角产才城教融合发展福地”。举办高校院所走进镇江产学研大会、百所高校集中“云招引”、镇江人才云聘月、招才引智“镇江日”、第二届国际菁英创业大赛等活动。组织235人有效申报国家重点人才工程，入选9人。实施“金山英才”计划，全年引进高层次领军人才178人。镇江连续2年入选“中国城市人才吸引力排名50强”，排名首次进入全省前6名。

（市委组织部　人才工作处）

【市级机关党建】 2022年，镇江市市级机关工委有基层党组织76个，其中，机关党委47个、党总支13个、党支部16个；党员9525人（预备党员72人），女党员1987人，占党员总数20.86%，少数民族党员121人；大专以上学历党员8411人，占党员总数88.3%；35岁以下党员1449人，占党员总数15.2%；离退休党员3164人，占党员总数33.2%。

思想政治建设。树立政治意识，建立“第一议题”学习制度。落实市级机关意识形态领域情况分析研判制度，推进党委（党组）理论学习中心组学习提质生效，组成5个指导组对市级机关58个党委（党组）开展巡学旁听。出台《市级机关部门单位党组（党委）落实机关党建领导责任实施细则（试行）》，助推提高机关党建质量。优化“市级机关党建工作目标管理考核指标”，从“党组（党委）管党责任、机关党建主要任务、机关党建工作成效”三方面落实责任。举办“初心使命 担当”讲坛、“品味书香 畅享悦读”主题读书分享会6场。推进“艺术普及进机关”，深化“党建文化示范点”建设。

基层组织建设。指导71个机关党组织完成换届选举工作，新成立机关党组织2个，整建制转出党委1个。推动基层党建37个“书记项目”实施。开展“喜迎二十大 党在我心中”主题党日系列活动。推荐争创“五星”先进党支部4家，表扬创建模范机关先进单位10家，截至2022年年底，市级机关创成“五星”级先进党支部24个，“四星”级党支部184个。评选44个机关党建与业务工作深度融合优秀案例、30个最佳“主题党日”案例。践行“党旗‘镇’红，一线建功”工程，开展“三走进三服务”活动。进园区，联系对接企业100家，收集问题109个，解决79个，依托“镇江中小企业发展平台”推进剩余问题帮办。进乡村，与延陵镇13个村级党组织签订《党建结对共建协议书》《农产品购销合作协议书》，以党建助推乡村振兴。进社区，走进社区213个，开展服务特殊群体活动289余次，受益群众1万余人。实施党建赋能行动，形成8条产业链融合工作模式，保障供应链畅通、产业链稳定。

纪律作风建设。制定、修订监督实施办法和监督员管理办法，公开选聘监督员48人；发布2022年度“十大监督活动”，并与“12345”平台链接；开展与市工信局“一门帮办”、市发改委“一企来”等服务联动，聚焦营商环境、民生重点等问题加强监督。聚焦产业强市“一号战略”，全年申报服务品牌60个、服务先锋岗49个、效能标兵43个，推动各部门创优争先。协助搭建镇江市志愿者管理平台框架，举办镇“疫”先锋市级机关党员志愿者培训，组织全市4100名机关党员志愿者参与新冠病毒疫情防控工作。开展“文明健康进万家、和谐新风伴我行”志愿服务行动，73个部门结对45个社区开展“清洁家园”爱国卫生运动及特色志愿服务，101个单位在市区20条主次干道开展文明引导。制定“两个责任”清单，明确34项具体任务。开展“三个一”（观看一部警示教育片、组织一次政策法规学习、开展一堂案例分析党课）活动，推进机关廉政文化建设。截至年底，审理违纪违法案件74起，其中，党纪案件43起，政务案件31起。（市级机关工委　杨　蕾）

【老干部管理服务】 2022年，镇江老干部工作获《中国老年报》（头版头条）等主流媒体报道，市委老干部系统获全省老干部工作先进集体、全省老干部工作先进个人称号7个，“全省最美老干部志愿者”“全省最美老干部志愿服务团队”称号3个。

镇江市委老干部局围绕“喜迎二十大”“学习二十大”，设计“实境课堂”路线，开展银发宣讲183场；组织5000余名老干部参加“我看中国特色社会主义新时代”调研活动；开展“喜迎二十大·见‘镇’新发展”地市级老领导参观考察活动，向市委建言献策50余条。

镇江市委常委会会议专题学习《关于加强新时代离退休干部党的建设工作的意见》精神，研究出台实施意见，举办10场轮训班、发布15项举措。实施“追赶、争创、拓展”三项计划，累计培育25个省级、222个市级示范党组织。市县联动打造“银星‘镇’亮”品牌，形成“‘丹’当先锋”“‘句’力争先”“霞满江洲”“银耀‘京’彩”等特色品牌。

镇江市“银发”人才库吸纳620人，推进“银辉闪耀”项目建设20个。开展老干部助力社区治理行动，打造“银辉驿站”等百余个，开展志愿服务530场，服务群众6万余人次。打造“守望初心”银发先锋群像，累计培育400余名“正能量先锋”，开展“银发先锋上讲坛”283场，制作《银发先锋说》8集，评选“最美银佳”40个、助力社区“治理之星”20个，获评全省老干部工作“十佳”创新项目。开展“曦·夕行动”，引导3000余名老干部结对近万名青少年，通过信仰对话、宣讲指导、合作共建等形式，加强帮扶引领。1名老干部捐赠10万元设立勤读书基金。

中共镇江市委召开2场全市老干部情况通报会。开展“春送祝福、夏送清凉、秋送健康、冬送温暖”走访慰问活动；举办老干部主题集邮展，汉服秀演出，象棋、门球、乒乓球比赛等文体活动150余场；承办“喜迎党的二十大　诗书画影颂党恩”全省离退休干部书画摄影作品镇江巡展。组织68个家庭医生团队上门服务4000余人次。帮扶离休干部及遗属300余人次，补助约100万元。完成百名老干部居家适老化改造、2000余人次智能技术培训，绘制8期养老服务地图，编印发放养老服务手册。建立市老干部文艺创作研究基地。市老干部活动中心连续4年获评“江苏省文明单位”。（市委老干部局　尹文争）

表7　2022年镇江市离休干部情况表

单位：人

单位	离休干部总人数	参加革命工作时期				享受待遇情况							
		红军时期	抗战前期（1937年7月7日至1942年12月底）	抗战后期（1943年1月1日至1945年9月2日）	解放战争时期（1945年9月3日至1949年9月底）	享受副省长级医疗待遇	享受地（厅）级待遇	享受副地（厅）级待遇	享受地（厅）级医疗乘车待遇	享受副司局级医疗待遇	享受县（处）级待遇	享受副县（处）级待遇	享受科级及以下待遇
镇江市	501	—	13	57	431	8	1	—	26	43	9	204	210
市直单位	287	—	5	33	249	5	1	—	19	19	9	139	95
丹阳市	74	—	1	8	65	1	—	—	4	6	—	14	49
句容市	44	—	4	4	36	1	—	—	—	7	—	15	21
扬中市	26	—	1	4	21	—	—	—	3	2	—	8	13
丹徒区	36	—	1	4	31	—	—	—	—	5	—	14	17
京口区	19	—	1	3	15	1	—	—	—	3	—	9	6
润州区	13	—	—	—	13	—	—	—	—	—	—	5	8
镇江新区	2	—	—	1	1	—	—	—	—	1	—	—	1

（市委老干部局　尹文争）

宣传工作

【概况】　2022年，镇江市宣传系统以学习宣传贯彻习近平新时代中国特色社会主义思想为首要任务，以宣传贯彻中共二十大为工作主线，贯彻落实党中央重大决策部署和省委各项工作要求，推动文化强市建设取得新成效。全年召开市委理论学习中心组专题学习会10次、学习辅导报告会1场，中心组成员交流发言人均约3次。开展巡学旁听工作，牵头开展对各市（区）、市级机关部门、市属企业、高校巡听。组建“明理·‘镇’行”理论普及联盟和“五百”宣讲团（百名基层书记、百名社科名师、百名劳模工匠、百名“百姓名嘴”、百名思政老师）。举办“喜迎二十大 奋进新征程”——“学习强国”“学习达人”挑战赛100余场，开展“礼赞新时代 追梦复兴路”主题宣讲1000余场，落实基层党员冬训活动3000余场。用好“文艺课堂”“网络课堂”“情景课堂”“文明课堂”，制作理论歌曲《道》、三句半《六中全会精神领航程》、快板《学六中全会精神》等冬训文艺作品80余部，制作《我是冬训主讲人》微视频100余部，2部获评“全省优秀冬训主讲人视频”。深化巩固拓展党史学习教育成果，建立常态化长效化制度机制，“红榴家园——小阵地担当民族团结进步大作为”案例入选中央党史学习教育领导小组办公室编辑的《百年初心成大道——党史学习教育案例选编》。（市委宣传部　于　芳）

【舆论宣传工作】　2022年，镇江市宣传系统围绕迎接宣传贯彻中共二十大，开设《喜迎二十大》《二十大时光》《学习贯彻党的二十大精神》等专题(栏),开展“奋进新征程 建功新时代”“领航”“非凡十年·亮答卷·开新局”等主题宣传,组织“喜迎二十大 奋斗正青春”“非凡十年·走基层·看变化”等新闻行动和“学习贯彻党的二十大精神‘新时代新征程新伟业’”主题采访活动,推出报纸专版、专题片、短视频、海报等全媒体产品1万余件,被省级主要媒体用稿4000余篇。围绕省市两会、镇江市产业强市暨优化营商环境大会、金融赋能镇江高质量发展大会等市委、市政府中心工作,开展宣传报道。做好疫情信息发布工作。推动市级媒体深度融合发展,指导镇江报业传媒集团完成组织架构改革,形成五大中心、16个融媒体中心新格局。用好“学习强国”学习平台,“学习强国”江苏学习平台刊登稿件1100余篇、全国平台刊登40余篇。落实《重大舆论事件高位协调处置机制》,完成市政府新闻发布厅的改造,全年召开新闻发布会24场,开展新闻发布活动200余场,通过“镇江发布”推送信息673条,全年累计阅读量5300万次。全年在央视网用稿287篇,《人民日报》用稿45篇,《新华日报》头版用稿95篇。 (市委宣传部　于　芳)

【意识形态工作】 2022年,镇江市制定下发《党委(党组)意识形态工作责任制实施细则》及“责任清单”“任务清单”,并将相关要求纳入年度党建工作要点和督查检查考核计划;组织对12个市级机关单位开展意识形态工作责任制落实情况专项检查。深化“668”工作模式,建立健全监测预警、分析研判、舆论风险评估、协调联动、引导处置、执纪问责“六项机制”。建立全市层面重大突发事件舆情协调处置机制,推动意识形态领域风险发现在早、防范在先、处置在小。围绕“查隐患、防风险、建机制、强责任”,上下联动开展维护意识形态安全专项督导。聚焦疫情、社情、舆情,全量汇聚各类线索,强化监测预警和分析研判,并就高校、网络等重点领域召开专题研判会议11次。针对意识形态重点领域、重点阵地,组织开展打击政治谣言、净化网络空间等“八大行动”。开展“扫黄打非”专项行动,就剧本杀、网络游戏、网络直播等开展专题调研,“扫黄打非”大案要案数量有突破。

(市委宣传部　于　芳)

【精神文明建设】 2022年,镇江市创建全域全国文明城市群,组织实施“五争五建”常态长效提升行动。在中央文明办开展的2021年度全国文明城市测评中,镇江市测评结果总分89.91分,列全国第26名、全省第6名。市委主要领导2次调研精神文明建设和文明城市创建工作。编辑印发《镇江创城专报》12期,市委主要领导先后批示9次。组织第三届江苏省文明家庭推选,经省级差额评选,全市申报的5户家庭全部入选。推出“网络文明 你我‘镇’行”主题创意海报征集活动,实施“城市文明 有你有我”网络互动系列活动。新时代文明实践中心、所、站实现全覆盖,建成新时代文明实践点(基地)3200个。成立8个市(区)级文明实践志愿服务总队,8支常备队伍及多支特色志愿服务队伍。建立市、镇、村三级联动的志愿服务组织体系,组建3800余支志愿服务队伍,吸纳文明实践志愿者42万余人。组织开展“大爱镇江爱之行”志愿服务专项行动,开展“送温暖”“送平安”“送健康”“送文化”“送新风”五大志愿服务行动。扬中麦田义工服务社和镇江新区“丁卯蓝”助力社区治理志愿服务项目入选全国学雷锋志愿服务“四个100”先进典型。深化未成年人思想道德建设,开展“扣好人生第一粒扣子”专题活动,拓展“八礼四仪”文明礼仪养成教育,选树一批“新时代好少年”,开展第三届镇江市未成年人心理健康宣传月。举办“大爱镇江”年度人物发布会;每季度组织道德模范与身边好人现场交流活动、市级道德讲堂总堂活动;开展“我推荐我评议身边好人”活动;举行功勋模范赵亚夫先进事迹媒体见面会;组织“时代楷模”“最美人物”等先进典型集中回访,选树宣传“江苏最美青年”阮文俊。

(市委宣传部　于　芳)

【文化事业产业】 2022年,镇江市打造“文化金山”IP品牌暨新媒体矩阵,制作城市微纪录片《归乡》,播放超300万余次。由镇江市出品的扬剧《茶山女人》、广播剧《写给大地的情书》2部作品获全省“五个一工程”奖,丹剧《凤先生》入围国家艺术基金资助项目,锡剧《太平洲上》入选省舞台艺术精品创作扶持工程。开展“我们的节日”主题活动,依托春节、元宵、清明、端午等传统节日,开展各类群众性文化活动200余场。举办2022年“文化和自然遗产日”江苏省系列活动暨“水韵江苏·非遗购物节”,推出2022“古道今生——寻访大运河记忆”短视频大赛、“不尽长江滚滚流”长江诗词诵读云接力比赛,举办镇江非遗文创集市活动。开展“戏曲进校园·百校百场演出活动”,全市百所学校举办百场演出。推进《镇江通史》编纂工作,召开2次推进工作会议。为全市影院争取国产电影放映奖励资金109.5万元,指导4家影院申报“苏影保2.0”低息贷款。 (市委宣传部　于　芳　高小琪)

【新闻出版管理】 2022年,镇江市加强新闻出版及电影行业疫情防控和安全生产工作,组织安全生产风险隐患大起底、大排查、大整治“百日攻坚”行动。开展出版审读管理,协调督办著作权案件7起。组织参加第三届江苏省版权贸易博览会,举办全市出版物审读业务培训暨报刊审读工作座谈会。推进“阅读e栈”等基层阅读设施建设,加强全民阅读专题宣传,举办“阅读新时代 奔跑新镇江”——2022年镇江市全民阅读分享会，组织第十二届江苏书展镇江分展场系列活动，推出第三届镇江市“书香少年”系列阅读活动。健全完善“扫黄打非”联席会议工作机制，办理重大案件3起，其中1起被全国“扫黄打非”办公室和海关总署列为督办案件。（市委宣传部　凌　霄　赵之辰）

【“学习强国”镇江学习平台建设】 2022年，镇江市印发《2022年镇江市“学习强国”学习平台供稿工作实施方案》，召开全市“学习强国”学习平台供稿工作推进会，供稿工作培训会，各市（区）、街道“特约通讯员”培训会10余场。推进“学习强国”线下空间建设，开展“学习强国”进社区系列活动，组织“喜迎二十大　奋进新征程”2022年镇江“学习达人”挑战赛线上学习打卡网络答题活动，市委宣传部获首届全省“学习达人”挑战赛优秀组织单位奖，2人分获银、铜奖。开通镇江“学习强国”号公交专线。在“学习强国”江苏学习平台刊发稿件2295篇、“学习强国”全国学习平台刊发稿件146篇。镇江平台阅读量超1万稿件285篇，全国、省平台阅读量超10万人次稿件96篇。

（市委宣传部　张心怡　刘　尧）

【“雄秀甲东南 千里共金山——2022金山文化艺术·国际旅游节”】 2022年11月7日，由镇江市人民政府、江苏省文化和旅游厅主办的2022（第十六届）中国镇江金山文化艺术·国际旅游节开幕。开幕式上，对“我为镇江旅游献良策”、“我为镇江写一句导游词”、“镇江文旅推介官”评选、“我为镇江旅游打个卡”精品旅游线路评选，“网眼看镇江 满眼好风光”风光“镇”好短视频挑战赛五大活动成果进行视频发布。开幕式现场还发布并签约12个文旅项目，总投资50多亿元。本届金山文化艺术·国际旅游节举办时间为11月5日—18日，以“雄秀甲东南 千里共金山”为主题，包含“诗画江山”“雅韵名城”“群文舞台”“多彩福地”“美妙云端”五大板块30余项子活动，采取线下线上融合、全市全域联动、白天夜晚“不打烊”的方式举办。省文化和旅游厅厅长杨志纯出席开幕式。

（市委宣传部　高小琪）

【“非凡十年·时代答卷”献礼中共二十大文艺精品工程】 2022年，由镇江市推出的微纪录片《归乡》，获亚广协“影响中国传媒”年度影响力节目大奖；丹剧《凤先生》先后入选江苏省艺术基金大型舞台资助项目、江苏省舞台艺术精品创作扶持工程项目并入围国家艺术基金项目；电影《彩云深处》获中国国际儿童电影展“最喜爱的中国故事片”并入围东京国际儿童电影节，被教育部、中宣部纳入《第40批向全国中小学生推荐优秀影片片目》。镇江市推出图书《77人的78天》《故事里的中国》《印记镇江》《茅以升评传》《长在树上的村庄》等，句容市委宣传部联合省扬剧团推出扬剧《亚夫新传》。锡剧《太平洲上》、丹剧《啷当与你拉家常》在省内、市内开展巡演。（市委宣传部　高小琪）

【“新时代颂·起航镇江——2022镇江美术摄影主题展”】 2022年10月31日，由江苏省委宣传部、省文旅厅、省文联主办，镇江市委宣传部、市文广旅局、市文联承办的“新时代颂·起航镇江”——2022镇江美术摄影主题展开展。该展览时间为10月31日至11月30日，设置市美术馆（新馆）、凤凰广场望山书局2个主展馆，及各地新时代文明实践中心（站、所）、公共文化空间、商业综合空间等23个分展场，围绕六大板块、45个选题，共展览1100余件作品，吸引超10万名市民游客观展。（市委宣传部　高小琪）

【“五个一工程”奖评选】 2022年，镇江市做好“五个一工程”奖申报工作。先后征集储备52部作品，报送戏剧《茶山女人》《太平洲上》，纪录片《陈光甫》《归乡》，广播剧《写给大地的情书》《小号手》，图书《77人的78天》《故事里的中国》，歌曲《道》《祖国爱我 我爱祖国》《万山红遍》等12部作品参评江苏省“五个一工程”奖。戏剧《茶山女人》、广播剧《写给大地的情书》获江苏省“五个一工程”奖。（市委宣传部　高小琪）

【“文化金山”IP品牌暨新媒体矩阵建设】 2022年，镇江市以“讲好镇江故事，延展千年文脉，读懂城市精神”为宗旨，汇聚全市文化资源，构建“文化金山”微信公众号、视频号、抖音号以及《京江晚报·文化金山》专刊等媒体矩阵，同时开设《书香镇江》《金山文化人才》等板块。该媒体矩阵每周发布推送文章10篇～12篇，其中微信视频号点击量超20万人次。

（市委宣传部　高小琪）

【第四届镇江金山合唱节】 2022年10月—11月，由中共镇江市委宣传部、镇江市文明办、镇江市教育局、镇江市总工会、镇江市文联主办第四届镇江金山合唱节举行。比赛包括童声组、少年组、青年组和中老年组四个组别，经初赛、复赛和决赛三个阶段，12支团队分获金、银、铜奖。（市委宣传部　高小琪）

【“文艺播种计划”及“文艺赋能计划”】 2022年，镇江市开展“文艺播种计划”，梳理610个村615项文艺需求，组建300余人的市、市（区）两级文艺志愿者队伍，深入乡村开展教学普及工作1300余场。9月—11月，举行动态、静态项目成果展演。“文艺播种计划”入选《江苏省宣传系统创新项目案例汇编》，获《人民日报》选入《奋进新征程 建功新时代·非凡十年 江苏篇》专版。开展“文艺赋能计划”，扶持濒危剧种丹剧品牌建设，镇江市艺术剧院与丹阳丹剧团联合出品大型现代丹剧《凤先生》，获省艺术基金，入选省舞台艺术精品创作扶持项目并登上省紫金文化艺术节新创剧目展演舞台，入围国家艺术基金项目。

（市委宣传部　高小琪）

【“书画之城”品牌建设】　2022年，镇江市举办第五届国际“米芾杯”青少年书法大展系列活动。活动以线下和线上相结合“主赛场+分赛场+分赛点”的方式，在米芾书法公园、安阳中国文字博物馆、西安碑林博物馆、绍兴兰亭书法博物馆、北京国家典籍博物馆等全国80余个分赛点举行。以短视频直播方式，邀请书法家和文化学者开展文化导游、书法授课、“守望汉字云课堂”手工体验课、守望汉字嘉年华等系列活动。该活动征集1万余幅作品，10万余人线上参与赛事。（市委宣传部　高小琪）

【重大文艺创作生产项目资助申报】　2022年，镇江市开展2022年重大文艺创作生产项目资助申报工作。6月，印发《关于组织2022年度镇江市重大文艺创作生产项目赞助申报工作的通知》，鼓励全市文艺工作者围绕迎接宣传贯彻党的二十大精神，以讴歌党、讴歌祖国、讴歌人民、讴歌英雄为主题开展文艺创作。经项目申报、资格审查确定对19个新项目进行扶持，同时对上年度5个项目进行结项审批，资助金额163.5万元。（市委宣传部　高小琪）

【“文心”小剧场品牌建设】　2022年，镇江市制定下发《镇江市深化国有文艺院团改革实施方案》，明确“一团一策”的院团发展改革路线、5年产出2部新创作品的考核目标及“团场合作”等实施方法。制定《镇江市“文心”小剧场品牌建设实施方案》，明确开展试点建设小剧场演出季活动，每年建成10个试点小剧场，打造城市文化生活品牌。开展“镇精彩”文心剧场演出季活动，汇集戏曲、歌舞、器乐、曲艺等多个艺术门类，举办越剧、舞蹈、综艺、黄梅戏等专场活动50余场。（市委宣传部　高小琪）

【文化科技卫生“三下乡”集中服务活动】　2022年1月21日，镇江市文化科技卫生“三下乡”集中服务活动在句容市墓东村启动。26家市级单位组成“文明理论”“文化文艺”“科技科普”“卫生健康”“农业科技”“宪法法律”“资源服务”7个服务分团，现场开展文艺演出、发放蔬菜种子及科普资料、现场义诊、救护知识宣传、法律咨询、健身指导、运动损伤防护知识讲解等形式活动，捐款捐物计近50万元。（市委宣传部　董　煜）

【“强国复兴有我”群众性主题教育】　2022年，镇江市印发《关于迎接党的二十大胜利召开　组织开展“强国复兴有我”群众性主题宣传教育活动工作方案》，组织开展学习体验、主题宣讲、先进模范学习宣传、红色基因传承教育、青少年主题教育、网上主题宣传教育和群众性文化活动七大类群众性主题宣传教育活动近6000场次。举办铸信仰·学榜样·奋征程——镇江市“强国复兴有我”系列主题演讲大赛成果展示暨颁奖典礼、“见镇新气象 筑梦向未来”——镇江市青少年“强国复兴有我”系列主题教育实践等活动。举办“镇江很有前途”迎接党的二十大胜利召开大型图片展，吸引30万人线上线下参观。（市委宣传部　董　煜）

【镇江市第四届红色故事宣讲大赛】　2022年6月22日，由镇江市委宣传部主办的镇江市第四届红色故事宣讲大赛在镇江博物馆举行。大赛以“讴歌奋斗者　致敬新时代”为主题，市各级爱国主义教育基地、红色旅游景区的讲解员、导游员和志愿讲解员参加讲述党的十八大以来全市获评的全国时代楷模、道德模范以及江苏时代楷模爱国奉献、拼搏奋斗的故事，传扬典型事迹、展示典型风采、弘扬典型精神。活动决出1名优胜选手，代表镇江在省级比赛中获“优秀讲解员”称号。（市委宣传部　董　煜）

【先进典型选树】　2022年，镇江市开展“我推荐我评议身边好人”与“微美人物”评选活动，评选“镇江好人”61名、“微美人物”38名，推选“中国好人”3名、“江苏好人”16名，同时评选出一批优秀志愿者、新时代好少年等，全市道德典型数量位列全省第一方阵。印发《关于组织开展第四批“镇江市好人工作室”建设工作的通知》，引导各级各类道德典型依托街道、社区（村）综合服务中心，成立“好人工作室”，开展为民便民服务，搭建发挥“好人”示范作用、联系基层广大群众的工作平台。经验收考核，命名20个第四批“镇江市好人工作室”。省委宣传部和省文明办发布第八批江苏省学雷锋活动示范点，京口区正东路街道京口路社区获评“江苏省学雷锋活动示范点”。1人被省委宣传部、共青团江苏省委授予江苏“最美青年”称号，1人被省委宣传部授予江苏“最美退役军人”称号。

（市委宣传部　张金强　董　煜）

【镇江市文化产业重点项目建设情况】　2022年，镇江市34个项目计划总投资197.17亿元，当年计划投资31.46亿元，全年完成投资36.07亿元，超序时进度14.7个百分点。其中，24个续建项目完成投资29.81亿元，占年度计划的121.5%；金东纸业转型升级、1912商业街区、团山睿谷等8个项目推进较快，序时进度均超120%；10个新建项目完成投资6.26亿元，占年度计划的90.45%；沪耀铁质包装盒生产线新建、辰龙刺绣纺织制品等5个项目序时进度超过100%。

（市委宣传部 范 洋）

【大运河文化带建设工作】 2022年6月3日—4日，由镇江市委宣传部联合有关部门举办的首届“运河·非遗·展演”镇江非遗文创集市端午节专场活动举行。活动围绕“不尽长江滚滚流”主题，举办长江诗词诵读“云接力”比赛；以“故事里的运河”为主题，举办“古道·今生——寻访大运河记忆”短视频大赛。成立大运河文化带建设志愿者联盟，入选省大运河文化带和国家文化公园建设创新案例。

（市委宣传部 范 洋）

【江苏省文明系列单位评选】 2022年1月，江苏省文明委评选表彰2019—2021年度江苏省文明村镇、文明单位、文明校园（中小学）和江苏省文明行业。9月，江苏省文明委评选表彰第三届江苏省文明家庭。截至年底，镇江市有459个省文明系列单位（家庭）。其中，省级文明单位284个、省文明镇19个、省文明村64个、省文明校园47个、省文明社区30个、省文明家庭15个。 （市委宣传部 孔 鑫）

【文化人才引育工作】 2022年，镇江市继续实施“金山文化人才计划”，落实《镇江市金山文化人才计划实施办法（试行）》。分层、分级、分类建立人才梯队，提升人才引育质效。全年全职引进文化人才6人，资助培养对象人才项目13个。 （市委宣传部 蒋 立）

统战工作

【概况】 2022年，中共镇江市委统战部，以学习宣传贯彻中共二十大精神为工作主线，贯彻《中国共产党统一战线工作条例》，贯彻落实中央和省委、市委统战工作会议精神，召开市委统战工作会议，市委常委会7次专题研究统战工作，市委主要领导带头参加统一战线重要活动。推动各级党委（党组）落实主体责任，推进江苏佛学院建设等重点项目；增设统一战线事务服务中心。制定出台《中共镇江市委关于加强新时代统一战线工作的实施方案》，细化5项工作行动方案。发挥市委统战工作领导小组谋大事议大事抓大事作用，调度整合各方资源，实现领导小组框架下“1+N”工作机制从“建好”到“用好”的转变。唱响统战“四季歌”，打造“同心+”系列品牌，获全国人大常委会副委员长、民建中央主席郝明金，全国人大常委会副委员长、农工党中央主席陈竺等肯定。开展统战“四季歌”之“同心工程·金秋助农”行动，结合“富民强村”帮扶行动，打造宝堰镇团结村、西来桥镇东来村2个助力乡村振兴示范点，线上筹集64万余元。防范化解统战领域风险隐患，明确市委统战工作领导小组各成员单位工作职责，构建市县协同、部门协作、社会参与的统一战线风险联动防控机制。召开市党外知识分子联谊会换届大会，武鸣当选会长。推进市属高校实现知联会组织全覆盖。参加全省“榜样引领前行 同心共向未来”主题访谈和无党派人士风采展活动，获二等奖1个、三等奖2个；在全市新的社会阶层人士中开展“凝聚新力量 筑梦新时代”主题教育；组织参加全省“苏新、非遗、传承”新人新作展活动，4件作品获奖。制作镇江统战微视频，开发“同心e卡通”微信小程序，将54个统战阵地绘入“统战地图”。成立无党派人士工作室，成立市欧美同学会海外人才工作站。开展“‘镇’青春·向未来”系列活动；参加省欧美同学会“奋进新征程”多语种朗诵比赛，获英语组一等奖。打造“市社科应用研究统一战线专项课题”新平台，立项课题15个。在全省“多党合作与中华民族伟大复兴”征文中获一等奖2篇；推出《金山·特刊》有声书等一批统战产品；在《人民日报》《新华日报》等省级以上平台刊发宣传稿件800余篇，被中央统战部刊物《零讯》采用信息9篇。

2022年，镇江市各民主党派、工商联以习近平新时代中国特色社会主义思想和中共二十大精神为指导，结合各党派章程，把思想建设放在首位，围绕加强领导班子建设、组织发展工作、党派机关建设等方面内容，开展民主党派调研，建言献策。市各民主党派、工商联负责人和无党派代表人士参加中共镇江市委组织召开的民主协商会、同心议事会、情况通报会10次。各民主党派参政议政，提交集体议案提案49件、个人议案提案434件；社情民意信息被中央、省、市级采用47条，省、市领导批示8次。市各民主党派开展“矢志不渝跟党走、携手奋进新时代”政治交接主题教育活动，围绕迎接中共二十大、学习贯彻中共二十大精神、中央和省委、市委统战工作会议精神，开展骨干培训班、知识竞赛、座谈研讨、实地参观等系列活动。按照“四新三好”（多党合作要有“新气象”，思想共识要有“新提高”，履职尽责要有“新作为”，参政党要有“新面貌”；各民主党派和无党派人士要做中国共产党的“好参谋、好帮手、好同事”）要求，各民主党派夯实思想政治基础，提高政治判断力、政治领悟力、政治执行力，坚守合作初心、增进政治共识，做好换届“后半篇”文章。创设“同心·议事会”，每季度围绕现代化新镇江“六大愿景”“五大关键战”等工作共商共议，分“阵地建设、组织发展、服务保障”三类解难题，并在年底同心议事会上进行专题汇报。

（市委统战部 赵正杰）

【多党合作工作制度建设】 2022年，中共镇江市委统战部开展“矢志不渝跟党走、携手奋进新时代”主题教育，召开党外人士座谈会，引导各民主党派做好换届“后半篇”文章。每季度召开“同心议事会”，引导全市各民主党派、工商联、无党派人士围绕全市重点工作共商共议。开展市委常委、党员副市长与党外代表人士联谊交友活动，落实年度政党协商计划，协助民主党派做好民主生活会、班子述职和民主评议等制度的落实，定期开展分析研判，推动多党合作事业发展。（市委统战部　赵正杰）

【民营经济统战工作】 2022年，中共镇江市委统战部召开“敢闯抢先机，创新赢未来”民营企业家座谈会，唱响统战“四季歌”之“五送五助·春风暖企”，围绕民企发展“急难愁盼”，走访商会、企业1800余家，收集意见600多条，通过“12345”平台闭环落实解决。组织新时代江苏民营企业家句容行活动，助力民营企业发展。实施“新时代企业家精神师承计划”，开展非公经济人士理想信念教育。加强非公经济综合服务中心建设，丹阳、句容、扬中、丹徒均成立非公经济服务中心。落实企业家日接待制度，开展“同心·加油站”建设，推动民营经济“两个健康”。

（市委统战部　赵正杰）

【民族宗教工作】 2022年，中共镇江市委召开市委民族工作会议暨全市宗教工作会议，在江苏科技大学、穆源民族学校建立民族团结教育实践试点。打造“民族一家亲——0511石榴镇红”服务品牌，推动“红石榴家园”建设。协调推进江苏佛学院建设等重点项目建设；开展金山公园景区旅游市场秩序专项整治，提升旅游景区服务质量。（市委统战部　赵正杰）

【港澳台统战工作】 2022年，中共镇江市委统战部开展庆祝香港回归25周年活动，建设港澳台统一战线工作基地，做好在镇江港澳资企业家服务工作。承办江苏港澳资企业法律服务月镇江专场活动，提升为港澳资企业服务的能力。推动扬中新治村与香港观塘区宝达社区开展结对共建工作。举办镇江文化旅游产业交流会，号召澳门企业家到镇江投资兴业。举办五期“同心——台胞学习活动”。

（市委统战部　赵正杰）

【海外统战工作】 2022年，中共镇江市委统战部开展统战“四季歌”之“广聚侨力·冬阳暖侨”行动。深化“5+1”涉侨联动机制，成立海外华文教育联盟，促成18所大中小学与12所海外华校缔结友好学校。举办“2022海外华裔菁英青少年大运河文化线上体验活动”，获点赞500余万次，近30家海内外媒体报道。举办“2022海外华文教师华校校长线上研习班”，26个国家275所华校447名华校校长、华文教师参加。举办“归乡——镇精彩”系列活动，举办“中国镇江国际菁英创业大赛海外赛区选拔赛”，助力人才“镇”兴，3个项目落地注册。（市委统战部　赵正杰）

【中共镇江市委专题民主协商会召开】 2022年11月21日，中共镇江市委召开专题民主协商会，围绕“学习贯彻中共二十大精神，凝心聚力，团结奋斗，为镇江高质量发展作出积极贡献”主题，听取市各民主党派、工商联和无党派人士意见、建议。会上，市各民主党派、工商联负责人和无党派人士代表分别从推动碳达峰碳中和、产业链建设、数字经济发展、乡村振兴、污染防治、民生保障、城市更新等方面作交流发言。（市委统战部　赵正杰）

表8　2022年镇江市各民主党派及工商联组织、成员、参政情况表

党派名称	组织情况（个）				成员情况（人）			参政情况（人）										集体提案件数（件）	个人提案件数（件）
	市委会	总支部	基层委员会	支部（支社）	总数	高级职称	新成员	人大代表				政协委员				任处级以上实职数	市特邀（约）人次数		
								县（市）区	市	省	全国	县（市）区	市	省	全国				
民革	1	1	1	14	436	151	22	8	0	0	0	28	19	1	0	14	18	9	81
民盟	1	2	6	15	1105	640	35	5	7	0	0	69	30	2	0	20	7	8	129
民建	1	2	4	34	608	115	30	6	5	0	0	93	23	1	0	4	6	6	24
民进	1	0	2	21	489	147	19	5	3	0	0	55	23	3	0	4	8	9	27
农工党	1	0	6	30	779	349	34	6	3	1	0	60	22	1	0	9	10	6	24
致公党	1	2	5	23	365	95	26	8	4	0	0	54	15	1	0	4	14	6	126
九三学社	1	0	4	25	552	377	25	1	1	1	0	37	18	1	0	4	10	5	23
工商联	—																	11	100
合　计	7	7	28	162	4334	1874	191	39	23	2	0	396	150	10	0	59	73	60	534

（市委统战部　赵正杰）

【农工党中央调研组到镇江开展长江生态环境保护民主监督】 2022年7月27日，全国人大常委会委员、农工党中央专职副主席、农工党中央长江生态环境保护民主监督工作领导小组副组长兼办公室主任杨震率农工党中央调研组到镇江开展长江生态环境保护民主监督。调研组先后查看西沙湾星空酒店、江苏远泽电气有限公司、镇江港务集团金港分公司等整改现场，考察长江豚类自然保护区综合治理工程。 （市委统战部 赵正杰）

【2022年海外华裔菁英青少年大运河文化线上体验活动启动】 2022年7月20日，由江苏省委统战部、省侨办、省海外联谊会主办的2022年海外华裔菁英青少年大运河文化线上体验活动在镇江启动。46个国家和地区的200多所华文学校师生齐聚云端，体验大运河文化。该线上体验活动镇江站举办时间为7月24日—25日，分别为文脉镇江"一眼看千年"，通过西津渡的历史变迁，展现镇江"一座山水城，半部江南诗"的文脉；感受"舌尖上的镇江"，云游中国醋文化博物馆，展示恒顺国家级非遗工艺——制醋醅的核心工艺过程。省委常委、省委统战部部长惠建林，省委统战部副部长、省侨办主任王华等出席启动仪式。

（市委统战部 赵正杰）

对台事务

【概况】 2022年，镇江市打造"台胞宜居地、台商宜业地、台资宜聚地"，对台工作有成效。组织对台交流活动6场300余人次。开展"镇青春·江海情"2022年镇江台胞家庭亲子夏令营活动；开展"相约醋都·放飞梦想"2022台湾大学生镇江实习就业体验营活动；举办"镇因有你·家才美好——2022台湾青年镇江行"活动；举办台属新春和中秋联谊活动；完成镇江市第五届台属联谊会换届工作。海外台湾青少年网上冬令营活动经验做法被国台办专题刊发；在全省26个国家和省级对台交流基地宣导员大赛中，镇江市获银奖。开展"镇惠台"品牌创建工作。举办"苏政办22条"线上政策解读会；开展安全生产宣传月活动；联合市金融部门面向台企开展上市政策培训；在全省首创"五台+"（市委台办、市人大常委会民宗侨台委、市政协港澳台侨委、市台联、民革镇江市委等5家涉台单位建立联动）工作机制。全年受理涉台权益保护求助55件，办结率100%。

（市委台办 卞辰辰 祝锦江）

表9 2022年台湾重要组团考察访问镇江情况表

到访日期	重要团组及领队	参观访问内容
2月25日	深圳市向星力科技有限公司董事长向星力一行5人	经贸考察
4月20日	崇佑（中国）新材料有限公司董事长张建智一行5人	经贸考察
9月1日	台湾水泥股份有限公司董事长张安平一行10人	经贸考察
11月25日	玉晶光电（厦门）有限公司董事长陈天庆一行11人	经贸考察

（市委台办 卞辰辰）

【经贸合作】 2022年，镇江市邀请台企、台商到镇江实地考察，投资洽谈，累计11批59人次；组织赴厦门、漳州举办"镇因有你·镇才美好"2022台商投资推介会，镇江新区管委会与威翔航空科技有限公司签订年产120架AC系列轻型运动飞机项目投资协议；举办"惠台暖企"政策宣讲会。2022年新批台资项目16个，增资项目7个，协议台资1.88亿美元，实到台资0.58亿美元，比上年增长22.74%。

（市委台办 卞辰辰 祝锦江）

【镇江市对台工作会议】 2022年4月12日，镇江市2022年对台工作会议召开。会议强调要坚持以习近平新时代中国特色社会主义思想为指引，以新时代党解决台湾问题的总体方略统一思想、统一意志、统一行动，深入领会中央对台工作大政方针，扎实做好对台各项工作。会议表扬通报2021年度全市涉台服务先进单位、全市台资招引先进单位；市教育局、市生态环境局、镇江新区台商服务中心作交流发言。

（市委台办 李强华）

【"镇青春·江海情"2022年镇江台胞家庭亲子夏令营】 2022年7月3日，"镇青春·江海情"2022年镇江台胞家庭亲子夏令营活动在西津渡开营。在镇江台胞家庭的家长和学生代表、镇江航空教育小镇辅导老师先后在开营仪式上发言。活动组织营员参观西津渡街区和镇江市博物馆，实地感受镇江的发展变化。 （市委台办 顾春华）

【镇江台胞台属中秋联谊活动】 2022年9月2日，以"月圆中秋情暖心 台胞台属共团圆"为主题的2022镇江台胞台属中秋联谊活动在西津渡历史文化街区举办。活动中，组织台胞台属先后参观镇江中国醋文化博物馆、台企江苏崇佑新型建材有限公司崇佑建材、镇江市非物质文化遗产保护中心、镇江方志馆等。活动以线下线上结合的方式举行，市委台办、市台属联谊会和全市台胞、台属及镇江陆配代表等30余人参加活动。

（市委台办　龚文斌）

机构编制管理

【概况】 2022年，中共镇江市委编办实施提质行动、完善机构职能体系、深化行政管理体制改革、优化机构编制资源配置，推动职能配置科学、体制机制完备、机构编制配备高效。完成镇江市高等专科学校、江苏航空职业技术学院人员总量核定工作。加强基础教育编制保障，向镇江经开区调剂事业编制，专门用于保障学校教师编制，实现全市中小学教职工编制配备达到国家标准。强化抗疫一线医护人员招录和进编激励，为疫情防控中获县级党委政府以上表彰等情形的编外医护人员办理进编手续。推进县域医联体改革，支持公立医院机构升格做强，提升基层医院医疗保障能力。保障公共文化事业发展，制定出台《关于加强文物保护和考古工作机构编制保障的实施方案》，市县两级增加文物保护机构事业编制，增设市级博物馆文保科研、陈列展览部门。实施《镇江市委编办加强和改进调查研究工作实施办法》，健全"主动感知—分析研判—对策研究"的闭环制度，会同各相关部门围绕事业单位高层人才"招引难、留不住"、一线教师队伍力量不足等问题，开展各类专题调研。通过"六看三做"模式（一看法律政策规定、二看中心工作需求、三看上级部署要求、四看外地成功经验、五看部门运行情况、六看程序是否规范，一做座谈研讨、二做实地调查、三做风险预判），严格把好前置审核关，加大跨部门、跨区域、跨层级统筹调配力度，做好行政编制周转管理，先后核定3批临时性、过渡性周转行政编制，解决重点领域重点工作人员力量亟待加强等问题。

（市委编办　李　凯）

【经济发展保障】 2022年，中共镇江市委编办做好经济发达镇的结构调整以及第三批经济发达镇培育工作，牵头制定包括发改、财政、城管、教育、卫健等8个部门的12条支持配套政策，并针对各镇的具体产业特色、基础建设、公共服务、生态环境等多方面情况，统筹谋划培育重点和发展方向，发挥经济发达镇的辐射带动作用。推动开发园区管理体制改革，印发《开发园区管理体制改革实施意见》，从多个维度优化开发园区的机构设置、职能定位，聚焦强化党的建设，突出经济管理、科技创新、投资服务等主责主业。推动知识产权强市建设，组建市知识产权保护中心并推动升格为副处级建制，强化专业力量配备，推动实现知识产权创造、运用、保护、管理全周期服务供给。深入实施人才"镇兴"行动，构建面向高学历、高技能紧缺人才的用编"绿色通道"政策。

（市委编办　李　凯）

【法治建设】 2022年，中共镇江市委编办制定印发《镇江市机构编制评估检查工作细则》《机构编制事项审核标准化细则》等6个规范性制度文件，推动镇江市机构编制规范管理。做好各类机构编制法律政策梳理归纳工作，印发《镇江市机构编制事项办理"一本通"》《镇江市委编办内部管理"一本通"》。印发《关于对镇江市市设权力清单进行动态调整的通知》，按照统一的规范和程序汇总4个市级部门24项行政权力；开展权力清单运行情况评估工作，完成第一阶段7个市级部门2924项权力事项的评估。

（市委编办　李　凯）

【综合行政执法改革】 2022年，中共镇江市委编办围绕队伍整合、职能优化、资源下沉、指挥中心建设等方面，推动深化综合行政执法改革。制定《镇江市深化应急管理综合行政执法改革的实施意见》，整合监管执法职责，完善监管执法体系，加强执法队伍建设。完善市、县、乡三级应急管理体系，提升全市应急管理综合能力水平。深化"大数据＋指挥中心＋综合执法队伍"模式，加强市、县、乡三级社会治理指挥中心建设，将大数据管理、网格化服务管理、"12345"公共服务热线、数字城管等机构和职能划转至指挥中心，发挥指挥中心的综合指挥功能。完成执法队伍人员锁定管理工作，落实生态环境、交通运输、城市管理等领域执法队伍事业编制只减不增。

（市委编办　李　凯）

【机构编制评估检查】 2022年，中共镇江市委编办对生态环境、司法、应急管理、自然资源和规划等重点部门的机构编制管理和机构编制纪律执行情况进行全覆盖评估，逐家形成评估报告，实现对部门运行情况、机构编制纪律执行情况、编制资源配置情况的全面准确评价，并将评估结果作为机构编制动态管理的重要参考。将机构编制工作情况和纪律要求执行情况纳入市委选人用人专项检查，健全包含纪检监察、巡察、组织、财政、人社、审计等部门的联合行动机制和信息共享机制。结合举报线索，先后到丹阳市、句容市、扬中市开展下沉式检查，查处违规问题1起，并按规定移交纪检监察机关。

（市委编办　李　凯）

【事业单位管理】 2022年，镇江市发布事业单位招聘职位2580个，其中高层次人才招聘职位82个、一般人才招聘职位 2498 个。深化事业单位人事制度改革，打造事业单位公开招聘新模式，打通高层次人才引进绿色通道，落实基层事业单位专业技术人员“三定向”制度，推进县以下事业单位职员等级晋升制度，全市首批晋升职员等级 250 人。完成事业单位招聘、二级建造师考试等 20 余项考试以及 47 项社会化考试任务，组织 6.3 万余人次参加 12.6 万余科次考试，人事考试项目规范管理达标率 100%。为各有关单位提供 108 次考试命题或考务组织服务，笔试命题 70 余套，面试命题 40 余套，制卷阅卷 1.7 万余份。2022 年，镇江市人力资源和社会保障部门结合年度考核做好事业单位工作人员定期奖励工作，对 2019 年—2021 年连续 3 年年度考核优秀的事业单位工作人员优先给予记功，全市 531 名事业单位工作人员获记功奖励。市人社、市教育、市卫健、市编办等部门做好全市乡村中小学教师和基层医疗卫生机构定向培养计划申报工作，全市有乡村教师培养需求 130 人、农村定向医学生 133 人。选派 91 名基层教育、卫生、农业技术人员对口支援陕西渭南市各区（县）。

（市人社局　董子亮）

党校工作

【概况】　2022 年，镇江市委党校（市行政学院）学习习近平新时代中国特色社会主义思想，落实《中国共产党党校（行政学院）工作条例》要求，以建设“一流红色学府”、服务高质量发展为目标，推进各项工作。连续 3 年获全省党校（行政学院）系统优秀教学组织奖，创成江苏省公共机构节能低碳示范单位，“新时代干部政治能力建设淬炼计划”获 2022 年度镇江市优质书记项目称号，“信仰・力量・希望”理论宣讲团获评 2022 年度市级机关“十佳服务先锋岗”，青年人才党支部创成“五星标杆党支部”。以“坚持党校姓党，永葆政治本色”主题活动为突破口，组织开展中共二十大精神专题学习活动 31 次。组建“信仰・力量・希望”中共二十大精神宣讲团，建立健全中共二十大精神专题库和师资库，发布宣讲专题 17 讲，推出《辉煌之路——党的一大至十九大》微党课 19 讲。举办第 61 期县处级干部学习贯彻中共二十大精神专题研修班，安排相关课程 31 节，专题汇编心得体会 2 本。围绕中共二十大精神在省、市媒体发表理论宣传文章 21 篇。

［市委党校（市行政学院）　孟宪恕］

【教育培训】　2022 年，镇江市委党校（市行政学院）举办各类培训班 88 期，完成干部教育培训 6085 人次，党性教育中心服务党员群众 6518 人次。开展志愿宣讲 157 场，送课 33 节，受众 2.1 万余人次。推出“党校云学”“高清在线课堂”微党课 39 讲，点播量突破 10 万余人次，“线上 + 线下”全渠道干部教育培训 14 万余人次。全年对接落实市领导上讲台 7 次，开设新专题 38 个，培训满意度 98% 以上。拓展干部教育培训手段，打造“专题辅导 + 研究式教学、互动式教学、体验式教学、线上教学”等。开展“‘助力产业强市、优化营商环境’培训赋能、建言资政、暖企服务三大行动”，举办企业类培训 11 批次、培训学员 476 人；安排课程 37 节、现场教学 16 批次，形成调研报告 8 篇。　［市委党校（市行政学院）　孟宪恕］

【科研资政】　2022 年，镇江市委党校（市行政学院）立项省市级课题 240 项，比上年增长 83%；发表学术文章 165 篇，在省级刊物公开发表论文 78 篇，增长 10%。科研成果获省级奖项 5 项、市级奖项 9 项。聚焦党的创新理论和中央、省委、市委重大决策部署开展理论阐释宣传，在《学习时报》等重点期刊发表文章 11 篇，在“交汇点”《镇江日报》等省、市媒体发表宣传文章 32 篇。聚焦市委、市政府关注热点、难点开展研究，编报《决策参考》7 期，其中 8 篇调研文章获市委领导肯定性批示。上报市委办公室信息 42 条，其中 1 条被中央办公厅采用、1 条被省委办公厅采用。推进“教研咨”一体化建设，立项“教研咨”一体化重大项目 4 个；举办“学科工作坊”活动 12 期；组织教师参加“2022 年宁镇扬一体化论坛”“第十一届江苏党的建设高层论坛”等论坛活动，8 篇论文入选论坛成果。

［市委党校（市行政学院）　孟宪恕］

【红色学府建设】　2022 年，镇江市委党校（市行政学院）发挥党建引领作用，实施“党旗‘镇’红、党校赋能”工程，打造“信仰・力量・希望”红色学府品牌矩阵。建立全市党校（行政学院）系统校（院）长工作例会制度；强化“信仰・力量・希望”党校联盟建设，联盟单位数量增至 85 家；举办联盟单位培训班 46 期，编发《党校联盟工作通讯》9 期，提供高清在线课堂直播 12 讲，服务党员群众 1000 余人次。举办“信仰・力量・希望”党校联盟名家大讲坛 2 期；启动数字赋能领导干部现代化建设能力专项行动，向全市县处级以上领导干部、学员赠送“悦读 e 卡通”电子书卡 1500 余张，系列活动获《学习时报》“交汇点”等省级以上媒体报道。　［市委党校（市行政学院）　孟宪恕］

综　述

【概况】　镇江市第八届人民代表大会代表名额为355人。到市九届人大一次会议，实有代表349人。至市九届人大常委会第六次会议，调离本市7人，辞职17人，离世1人，该25人的代表资格终止。有关选举单位依法补选30人。经市九届人大常委会代表资格审查委员会审查，确认其代表资格全部有效，补选后代表人数为354人。市人大常委会开展“稳住经济大盘”专项评议；开展“稳住经济大盘·智改数转赋能产业发展”活动，组织在镇江全国和省人大代表调研数字经济企业发展情况；开展“请代表监督、让人民满意”法检两院行活动。在全省首家作出《关于深化推进企业合规改革试点工作的决定》，支持检察机关对24件涉企案件开展合规建设。审议通过《镇江市房屋安全条例》《镇江市节约用水条例》；开展《镇江市农贸市场管理条例》一审；与南京、马鞍山共同制定《关于加强长江江豚保护的决定》，成为全国首部针对单一物种的区域协同保护立法。制定《关于在立法中深入推进全过程人民民主的实施意见》；成立市法学会立法学研究会，挂牌成立江苏省社会科学院设区市地方立法研究基地、江苏高校区域法治发展协同创新中心立法研究基地；开展《镇江市非物质文化遗产项目代表性传承人条例》执法检查。实施代表列席人大常委会会议制度，召开列席代表座谈会；开展“五级人大代表统一接待选民日”活动，发动五级人大代表2117人，深入选民接待点356个，接待选民6295人，收集意见建议5723件，并及时转交部门办理；在全市建立立法联系点21家、农情联系点100家、民情联系点36家、经济监督联系点71家。（市人大　李知桧）

【政治建设】　2022年，镇江市人大常委会学习贯彻中共二十大精神，以政治建设统领人大各项工作，把好政治方向、扛起责任担当、发挥制度优势、树好自身形象。市人大常委会协助召开市委人大工作会议，落实《中共镇江市委关于以政治建设统领全市人大工作的意见》，制定《政治建设统领“四项职权”十八条》，开展“代表小组建支部、党旗引领迈新步”活动。落实市委交付的工作任务，推进官塘创新社区建设和富民强村等工作。全年，市委常委会研究部署人大工作10次，市委主要领导批示人大工作16件。

（市人大　李知桧）

【民生实事】　2022年，镇江市人大常委会围绕市人民代表大会票决产生的40件民生实事，组织开展现场考察，两次听取和审议市政府办理情况报告，并进行满意度测评；推进“双减”工作和民族团结进步创建工作。督办“聚焦共同富裕，持续增进民生福祉”议案以及“关于深度推进数字经济发展”等5件重要建议；建立市人大常委会主任会议成员牵头督办、专工委分类督办、人事代表联络委员会抓总兜底的建议办理新模式，全年督办代表建议250件，解决188件，建议解决率75.2%，比上年上升4.7个百分点。

（市人大　李知桧）

【机关建设】　2022年，镇江市人大常委会修订《党组工作规则》《常委会议事规则》《关于提高市人大常委会会议审议质量的实施办法》等制度；出台《关于加强政府债务审查监督的实施办法》《关于加强经济运行监督的决定》《关于加强市本级政府预算监督的决定》。承办省人大代表培训班，与省人大联动开展长江大保护“一法一条例”执法检查等；建立主任会议成员挂钩联系板块制度，推动7家市（区）人大和7家镇（街道）人大各完成一项重点工作。加强网站、微信公众号和《民主法治建设》杂志建设，全年获省级以上媒体报道68篇次。

（市人大　李知桧）

【“稳住经济大盘”专项评议】 2022年，镇江市人大常委会以“稳住经济大盘”为主题，对市发改委、市科技局、市工信局等10个部门落实稳经济一揽子措施情况进行评议。5个评议工作组用时3个月，走访基层企业56家，召开座谈会47场，收集意见建议近千条，推动解决问题476项，形成典型案例159个。10月31日，召开“稳住经济大盘”专项评议大会，针对10个被评部门开展专题询问和满意度测评。

（市人大　李知桧）

图4　2022年10月31日，“稳住经济大盘”专项评议大会召开

（市人大　李知桧　供稿）

重要会议

【市九届人大一次会议】 2022年3月1日—4日，镇江市九届人大一次会议举行，会议应到代表349人，实到代表339人，组成8个代表团。会议举行3次全体会议、5次主席团会议。会议选举产生镇江市第九届人民代表大会常务委员会组成人员、镇江市人民政府市长和副市长、镇江市监察委员会主任、镇江市中级人民法院院长、镇江市人民检察院检察长，李健当选为市九届人大常委会主任、徐曙海当选为镇江市人民政府市长；表决通过镇江市第九届人民代表大会法制委员会、财政经济委员会、监察和司法委员会、社会建设委员会组成人员人选名单；票决产生镇江市人民政府2022年民生实事项目。

会议听取和审议《镇江市人民政府工作报告》《镇江市人民代表大会常务委员会工作报告》《镇江市中级人民法院工作报告》《镇江市人民检察院工作报告》，审查和批准《镇江市2021年国民经济和社会发展计划执行情况及2022年国民经济和社会发展计划草案的报告》《镇江市2021年预算执行情况和2022年预算草案的报告》，并做相应决议。

会议收到市人大代表提出的议案和建议248件，其中，关于“聚焦共同富裕，持续增进民生福祉”的议案被确立为市人代会议案，交市人大常委会审议决定。其余247件作为建议处理，其中，“加强对快递和外卖服务企业安全管理”“深度推进我市数字经济发展”“规划建设茅山福道，全面推进茅山老区乡村振兴”“有效缓解主城区停车难”“构建‘宜游镇江’旅游大格局，绽放‘山水花园名城’新光彩”等5件为重要建议，交由市人大常委会主任会议处理。

（市人大　李知桧）

【政情通报会】 2022年8月26日，镇江市人大常委会召开政情通报会。会议通报当年国民经济和社会发展情况以及下一阶段市政府工作安排。会议强调要切实增强“勇挑大梁”的政治责任感，以极端负责的精神、奋发有为的状态干事创业，毫不放松抓好疫情防控、稳定经济运行、扩大有效投资、加快转型升级、改善生态环境、保障改善民生、防范化解风险等重点工作，锚定全年目标奋力实现最好结果，以实际行动迎接中共二十大胜利召开。2名市人大代表、常委会委员围绕会议主题分别作大会审议发言，其他组成人员进行分组审议。

（市人大　李知桧）

表10　2022年镇江市人大常委会会议情况表

时　间	会议名称	会议内容
1月4日	市八届人大常委会第三十九次会议	会议观看《办“一号议案”，助加速奔跑》视频短片，听取和审议市政府关于“加快镇江创新资源整合优化，全力支撑产业‘强起来’”议案办理情况的报告，票决通过议案办理情况；听取和审议市政府关于民生实事完成情况的报告，进行满意度测评；审议关于优化营商环境专题询问会问题办理情况的书面汇报，并进行满意度测评；向市第八届人民代表大会代表颁授纪念章，表决通过有关人事任免
1月10日	市八届人大常委会第四十次会议	会议选举戴元湖、张娟为江苏省第十三届人民代表大会代表，决定接受张新祥辞去省十三届人大代表职务的请求

续表 10

时 间	会议名称	会议内容
2 月 26 日	市八届人大常委会第四十一次会议	会议听取和审议市人大常委会工作报告(讨论稿)、市九届人大代表和个别代表的代表资格审查报告、市九届人大一次会议主席团和秘书长等建议名单、市九届人大一次会议选举办法(草案)、关于市九届人大专门委员会的设立和组成人员人选的通过办法(草案)、民生实事项目票决办法(草案)、市九届人大一次会议会期变更的决定等;审议市人大常委会各工作委员会、新区工作委员会工作报告和市中级人民法院、市检察院涉法涉诉信访处理情况报告;决定接受曹丽虹辞去镇江市副市长职务的请求,决定任命武鸣为镇江市副市长,决定接受张新祥辞去镇江市人民检察院检察长职务的请求,决定张媛代理镇江市人民检察院检察长,表决通过其他有关人事任免
3 月 25 日	市九届人大常委会第一次会议	会议审议和通过《镇江市人民代表大会常务委员会议事规则(修订草案)》,镇江市人大常委会 2022 年工作要点和立法、监督、代表、决定工作计划,关于“聚焦共同富裕,持续增进民生福祉”议案的处理意见和市九届人大常委会代表资格审查委员会、各工作委员会组成人员名单等
4 月 28 日	市九届人大常委会第二次会议	会议宣读市委书记马明龙关于做好新一届政府组成人员任命工作的批示,听取和审议市政府人事任命案和市人大常委会、市法院、市检察院有关人事任免案,决定任命新一届市政府组成人员,任免人大常委会、法院、检察院有关人员;听取和审议市政府 2021 年环境状况和环境保护目标完成情况的报告、市中级人民法院关于商事审判工作情况的报告;审议和通过《关于个别代表的代表资格的报告》;审议关于全市市、县、乡三级人大换届选举工作的书面总结报告,作出关于撤销市人大常委会选举工作办公室的决定
6 月 28 日	市九届人大常委会第三次会议	会议听取和审议市政府关于提请审议《镇江市房屋安全条例(草案)》的议案、市检察院关于涉案企业合规改革试点工作情况报告并作出有关决定;审议和表决通过《镇江市节约用水条例》;审议市中级人民法院、市检察院涉法涉诉信访处理情况报告,并在会上印发市人大常委会《关于开展“稳住经济大盘”专项评议的通知》;表决通过相关人事任免
8 月 26 日	市九届人大常委会第四次会议	会议听取和审议市政府关于 2021 年市本级决算和同级审计情况的报告、市政府关于全市农产品质量安全工作情况的报告、市政府关于 2022 年民生实事办理进展情况的报告,审议上半年预算执行情况的书面报告,作出关于批准 2021 年镇江市本级决算的决议;审议和通过《镇江市人大常委会关于加强长江江豚保护的决定》,并报请省人大常委会批准后颁布实施;审议并通过《镇江市人大常委会关于加强经济工作监督的决定》《镇江市国民经济和社会发展计划审查监督办法》;表决通过人事免职案
10 月 31 日	市九届人大常委会第五次会议	会议传达学习党的二十大精神;听取和审议市政府 2021 年度市属企业国有资产管理情况的专项报告,审议市政府关于 2021 年度国有资产管理情况的综合报告;审议和通过市人大常委会《关于加强市本级预算审查监督的决定(草案)》《镇江市房屋安全条例(草案)》;听取和审议关于检查《镇江市非物质文化遗产项目代表性传承人条例》实施情况的报告、关于市九届人大二次会议筹备工作意见,表决通过关于召开市九届人大二次会议的决定;表决通过相关人事任免
12 月 30 日	市九届人大常委会第六次会议	会议传达学习中央、省委经济工作会议和市委八届四次全会精神;听取和审议市政府关于“聚焦共同富裕,持续增进民生福祉”议案办理情况的报告;听取和审议市政府关于 2022 年民生实事完成情况的报告,并进行满意度测评;听取和审议关于《2022 年镇江市本级预算调整方案(草案)》的议案,表决通过关于批准 2022 年市本级预算调整方案的决议;审议通过关于个别代表的代表资格的报告,听取和审议市人大常委会工作报告(讨论稿)、市九届人大二次会议主席团和秘书长等建议名单、市九届人大二次会议选举办法(草案)、民生实事项目票决办法(草案),分别提请市九届人大二次会议审议;审议关于市九届人大一次会议代表建议办理情况的书面报告,市政府关于 2021 年同级审计查出问题整改情况的书面报告,“稳住经济大盘”专项评议 10 个被评部门评议意见整改落实情况的书面报告,市人大常委会各工作委员会、新区工作委员会书面工作报告,市中级人民法院、市检察院涉法涉诉信访处理情况的书面报告;表决通过相关人事任免

(市人大　李知桧)

表 11　2022 年镇江市人大常委会主任会议情况表

时 间	会议名称	会议内容
2 月 23 日	市八届人大常委会第六十三次主任会议	会议讨论市人大常委会工作报告(讨论稿)、市九届人大代表资格审查情况、市九届人大一次会议选举办法(草案)、市九届人大专门委员会的设立和组成人员人选的通过办法(草案)、民生实事项目票决办法(草案)、市九届人大一次会议主席团和秘书长等建议名单、市九届人大一次会议会期变更的说明等,以及市人大常委会各工作委员会和新区工作委员会工作报告
3 月 23 日	市九届人大常委会第一次主任会议	会议研究《市人大常委会 2022 年工作要点》和立法、监督、决定、代表工作计划,《市九届人大常委会代表资格审查委员会、各工作委员会组成人员名单(草案)》《市人大常委会议事规则(修订草案)》等;研究通过《关于市九届人大一次会议议案和重要建议的处理意见》《市人大常委会主任会议制度(修订草案)》《市法学会立法学研究会筹备工作方案(草案)》等
4 月 21 日	市九届人大常委会第二次主任会议	会议讨论通过“聚焦共同富裕,持续增进民生福祉”议案和“加强对快递和外卖服务企业安全管理”等重要建议的督办工作方案;讨论市人大常委会 2022—2026 年立法规划和《关于个别代表的代表资格的报告(草案)》;通过市人大常委会立法咨询专家选聘和确认有关事宜、《市人大常委会〈国家机关工作人员任后监督八条〉》等
5 月 26 日	市九届人大常委会第三次主任会议	会议听取仲裁工作情况、关于“深度推进镇江市数字经济发展”重要建议办理情况
6 月 24 日	市九届人大常委会第四次主任会议	会议讨论研究市政府关于提请审议《镇江市房屋安全条例(草案)》的议案;听取关于《镇江市节约用水条例(草案修改稿)》准备情况的汇报;研究通过 2022 年专项评议工作方案;讨论研究对市检察院涉案企业合规改革试点工作的审议报告
7 月 28 日	市九届人大常委会第五次主任会议	会议讨论研究《关于提高市人大常委会会议审议质量的实施办法(讨论稿)》

续表 11

时　间	会议名称	会议内容
8 月 15 日	市九届人大常委会第六次主任会议	会议讨论《关于长江江豚保护的决定(草案)》的议案和《关于加强经济工作监督的决定(草案)》的议案;讨论《镇江市非物质文化遗产项目代表性传承人条例》执法检查方案;讨论通过《关于在立法中深入推进全过程人民民主的实施意见》;讨论市九届人大常委会第四次会议议题准备情况;研究部署近期重点工作
9 月 28 日	市九届人大常委会第七次主任会议	会议听取和讨论市政府关于"加强对快递和外卖服务企业安全管理"重要建议办理情况汇报
10 月 20 日	市九届人大常委会第八次主任会议	会议听取市政府关于"双减"工作情况的汇报、关于民族团结进步创建工作情况汇报、关于"规划建设茅山福道,全面推进茅山老区乡村振兴"重要建议办理情况的汇报;讨论 2022 年专项评议会议筹备情况;听取关于《镇江房屋安全条例(草案修改稿)》和《关于加强预算审查监督决定(草案)》准备情况,讨论关于检查《镇江市非物质文化遗产项目代表性传承人条例》实施情况的报告和市九届人大二次会议筹备工作意见
11 月 29 日	市九届人大常委会第九次主任会议	会议听取市政府关于"有效缓解主城区停车难"重要建议办理情况的汇报、关于 2022 年政府投资项目实施及 2023 年政府投资计划安排情况报告、关于"构建'宜游镇江'旅游大格局,绽放'山水花园名城'新光彩"重要建议办理情况的汇报;讨论《镇江市人大常委会 2023 年立法计划(草案)》
12 月 29 日	市九届人大常委会第十次主任会议	会议听取市政府科技创新专项资金使用绩效情况的汇报;讨论市人大常委会工作报告(讨论稿),个别代表的代表资格的报告,市九届人大二次会议选举办法(草案)、民生实事项目票决办法(草案)、市九届人大二次会议主席团和秘书长等建议名单;书面交流市人大常委会各工作委员会、新区工作委员会工作报告

(市人大　李知桧)

人大立法

(参见《法治 · 人大立法》)

人大监督

【概况】 2022 年,镇江市人大常委会坚持正确监督、有效监督、依法监督,聚焦经济、民生、生态等领域,综合运用听取审议工作报告、视察、调研等多种形式,推动行政权、监察权、审判权、检察权依法行使,推动法律法规全面有效实施。

经济监督。在全省率先出台《关于加强政府债务审查监督的实施办法》《关于加强经济运行监督的决定》《关于加强市本级政府预算监督的决定》,织密人大经济和预决算监督制度网络。听取和审议市政府关于国民经济和社会发展计划执行情况、预算执行情况、决算和同级审计情况、国有资产管理情况等报告。

民生监督。围绕人代会票决产生的 10 类 40 件民生实事,组织开展现场考察,两次听取和审议市政府办理情况报告,并进行满意度测评,民生实事全部完成。审议市政府关于全市农产品质量安全工作情况的报告等,听取关于民族团结进步创建工作情况汇报等,调研全市"双减"工作情况、医养结合工作情况等。

生态监督。与省人大联动开展《中华人民共和国长江保护法》执法检查;组织"'稳住经济大盘,护卫蓝天碧水'企业界五级人大代表看现场、发倡议、勇带头"活动;开展"同饮长江水、共护镇江美"主题活动;监督推进中央环保督察反馈问题整改;听取审议市政府年度环保工作报告;调研全市生态环境报告制度落实情况。　(市人大　李知桧)

【"请代表监督、让人民满意"法检两院行】 2022 年,镇江市人大常委会探索司法监督新路径,以"三看三促进"为主题,聚焦优化营商环境、生态环境改善和社会稳定发展等领域,开展"请代表监督、让人民满意"法检两院行系列活动,组织各级人大代表和人民群众走进法检两院,加强人大代表和人民群众对法检两院工作的了解和监督,促进司法质效提升。　(市人大　李知桧)

【《镇江市非物质文化遗产项目代表性传承人条例》执法检查】 2022 年 8 月—10 月,镇江市人大常委会对全市贯彻实施《镇江市非物质文化遗产项目代表性传承人条例》情况进行检查。召开会议,听取相关部门贯彻实施条例情况汇报;到镇江市非物质文化遗产保护中心、古琴艺术(梅庵琴派)、镇江刻瓷(龙脉山刻瓷)、赵氏二胡制作技艺、乱针绣等非遗保护单位开展实地检查。10 月 31 日,市人大常委会第五次会议审议执法检查报告。　(市人大　李知桧)

人大代表工作

【概况】 2022 年,镇江市人大常委会发挥代表主体作用,提升代表履职实效。组织新一届市人大代表初任培训和政治建设培训,增强代表政治素质和业务素质,提高履职能力。实施人大代表列席人大常委会会议制度;召开列席代表座谈会,收集意见建议。聚焦"稳经济惠民生"主题,开展"五级人大代表统一接待选民日"活动,组织五级人大代表 2117 人深入选民接待点 356

个，接待选民6295人，收集建议、意见和诉求5723件。开展“四个一”（各代表小组每年组织一次专题学习、开展一次专题调研、参加一次接待选民活动、联系一个村或社区）主题活动，组织指导全市20个代表小组开展活动77次，代表参加率平均为85%，确定19个村（社区）为小组联系点，开展结对帮扶工作。配合做好全国、省人大代表换届选举工作。（市人大　李知桧）

【“代表小组建支部 党旗引领迈新步”活动】 2022年，镇江市人大常委会开展“代表小组建支部 党旗引领迈新步”活动。印发《市人大常委会党组关于成立中国共产党镇江市人民代表大会代表联合委员会的通知》和《关于设立镇江市人大代表小组功能型党支部的通知》，建立“1个市人大代表联合党委+19个代表小组党支部+42个党小组”的组织体系，指导各市（区）人大在县乡两级人大代表小组建立功能型党支部225个。实现党组织对党员代表全覆盖，党员组织生活和代表小组活动相融合。（市人大　李知桧）

议案建议

【概况】 2022年，镇江市九届人大一次会议期间，代表提出建议248件，闭会期间提出2件，全年代表建议250件。其中，市人大常委会教科文卫委承办1件，党群机关承办9件（市委组织部4件，市委宣传部、市委政法委各2件，市工商联1件），市政府及其部门和各市（区）政府承办238件，市中级人民法院主办1件，市检察院主办1件。所有建议在法定时限内全部答复代表。建立市人大领导牵头督办、专工委分类督办、人代联委抓总兜底的建议办理模式，提升代表建议办理质效。截至2022年年底，建议解决188件，占75.2%，比上年提高4.66个百分点。（市人大　李知桧）

【关于“聚焦共同富裕，持续增进民生福祉”的议案】 2022年3月3日，在镇江市九届人大一次会议上，大会主席团将杨菊兰等10名代表提出的关于“聚焦共同富裕，持续增进民生福祉”的议案确定为大会议案，交市人大常委会审议。议案建议：实施就业优先政策，提升城乡居民收入水平；大力支持创业行动，推动创新创业带动就业；全面提高公共服务质量，不断增强群众获得感等。（市人大　李知桧）

【关于“加强对快递和外卖服务企业安全管理”重要建议】 2022年3月3日，在镇江市九届人大一次会议上，大会主席团将翁文等10名代表提出的关于“加强对快递和外卖服务企业安全管理”的建议确定为大会重要建议。建议内容：明确责任主体；强化指导督促；强化路面整治；强化防疫安全；强化宣教培训；强化职业保障等。（市人大　李知桧）

【关于“深度推进我市数字经济发展”重要建议】 2022年3月3日，在镇江市九届人大一次会议上，秦谦等10名代表提出关于“深度推进我市数字经济发展”的建议，李文江等10名代表提出关于“加快数字经济产业发展”的建议，大会主席团将两项建议并案处理，确定为大会重要建议。建议内容：加强区域产业协同；树标杆、推创新、促转型；构建数字经济产业专业人才培育、供给体系；培育镇江市数字经济专业化、特色化产业园区；设立数字产业基金；降低数字经济项目招引硬门槛等。（市人大　李知桧）

【关于“规划建设茅山福道，全面推进茅山老区乡村振兴”重要建议】 2022年3月3日，在镇江市九届人大一次会议上，贡月明等11名代表提出关于“规划建设茅山福道，全面推进茅山老区乡村振兴”的建议，刘铭等10名代表提出关于“提升丹徒南部茅山老区农村道路质量，赋能乡村振兴”的建议，赵立群等10名代表提出关于“加快茅山老区农村公路提档升级，助力乡村振兴”的建议，大会主席团将三项建议并案处理，确定为大会重要建议。建议内容：坚持政府主导、规划引领、科学发展、和谐共生，借鉴“溧阳1号公路”的成功做法和经验，在茅山老区（含句容、丹阳、丹徒和润州部分）范围，以句容为中心，以自驾游为载体，依托原有县、乡、村等道路格局，以道路改造、提升为主，规划建设“茅山福道”等。（市人大　李知桧）

【关于“有效缓解主城区停车难”重要建议】 2022年3月3日，在镇江市九届人大一次会议上，魏丽等10名代表提出关于“有效缓解主城区停车难”的建议，部益农等10名代表提出关于“解决市区停车难问题”的建议，王荣飞等10名代表提出关于“加强城市建设管理、缓解停车难”的建议，大会主席团将三项建议并案处理，确定为大会重要建议。建议内容：加快立法完善规章制度；加强精细管理；增加停车泊位；提高停车的智能化水平等。（市人大　李知桧）

【关于“构建‘宜游镇江’旅游大格局，绽放‘山水花园名城’新光彩”重要建议】 2022年3月3日，在镇江市九届人大一次会议上，大会主席团将周明磊等11名代表提出的关于“构建‘宜游镇江’旅游大格局，绽放‘山水花园名城’新光彩”的建议确定为大会重要建议。建议内容：立足资源禀赋，丰富宜游产品供给；立足产业链整合，优化宜游要素品质；立足游客体验，提质宜游旅游服务等。（市人大　李知桧）

镇江市人民政府

责任编校：张　杰

综　述

【新冠病毒感染疫情防控】　2022年，镇江市执行国家防疫政策规定，做好常态化疫情防控，处置多起输入性新冠病毒感染疫情。根据省委、省政府统一部署，选派多批医务人员支援上海、海南、新疆等地。在疫情防控措施调整转段期间，调整优化防控策略，工作重心由防感染转向保健康、防重症，取消一切不必要的核酸检测和健康查验措施；储备各种必要的医疗物资和医务力量；摸清重点人群健康情况，实行分类分级诊疗保障人民生命安全和身体健康。

（市政府办　钱　智）

【经济发展】　2022年，镇江市主要经济指标绝大多数增速达到或超过全省平均水平，110多项重点工作任务有落实。执行国家和省稳经济政策，出台“纾困解难24条”措施，全年减税降费、缓税、留抵退税127亿元，助力企业渡难关、提信心、稳增长。加强产业支撑，加强发展制造业，实施金融支持实体经济“扬帆计划”“云帆计划”“甘露行动”，推动制造业发展，规模以上工业增加值比上年增长约6%，“四群八链”主导产业应税销售增长12%，省市重大产业项目完成年度投资443.4亿元，新签约亿元以上产业项目列统投资115亿元，新认定省“独角兽企业”和“瞪羚企业”15家，新增应税销售收入超百亿元企业2家、总数为12家，新增上市挂牌企业291家，丹阳市新增规模以上工业企业122家、占全市比重约40%。推动服务业发展，社会消费品零售总额增长约1%，新增规模以上服务业企业120家，规模以上服务业企业营业收入增长2%。推动特色农业发展，落实金融支持乡村振兴“金穗行动”，实施农业龙头企业“金凤行动”，新增农业品牌36个，句容市7个村入选“2022年全国乡村特色产业亿元村”。新认定国家高新技术企业533家，入选省创新型领军企业9家，新增国家级“单项冠军”和“专精特新”企业19家、国家级科技孵化载体4家、省级以上研发机构45家，省船舶与海洋工程设计研究院获批落户镇江高新区。润州区官塘创新社区完成基础设施专项规划编制，创新实施特许经营权项目。推进人才“镇兴”行动，累计引进高层次领军人才178人、大专以上人才3.9万人；实施“揭榜挂帅”项目16个，达成产学研合作项目500余项。强化数字产业培育，新增智能化改造、数字化转型企业133家，数字经济核心产业营业收入突破600亿元。华为（镇江）数字联合创新中心、阿里云创新中心正式运营。京口区大禹山创意新社区入选省信息技术应用创新先导区。在全省率先建成重大项目审批服务平台，“一网通办”“一端通办”覆盖率为98%；助推3709家企业完成信用修复，城市信用排名提升至全国第19名；实施外贸培优扶强行动，进出口总额增长25%，镇江市获批国家级跨境电子商务综合试验区。全年新增市场主体6万余家。

（市政府办　钱　智）

【民生保障】　2022年，镇江市城乡居民人均可支配收入分别为61453元、32764元。全年全市发放稳岗返还和创业贷款担保资金6.1亿元，城镇新增就业5.7万人，“零就业”家庭保持动态清零。做好弱势群体兜底保障工作，财政困难群体救助帮扶资金提升至4.3亿元，城乡居民基础养老金实现“十二连增”。调整重特大疾病医疗保险和救助政策，实现医疗救助范围首次覆盖全体参保人员。社会保险主要险种覆盖率提升至98%以上。面对高温、干旱、台风等极端天气，保障重要农产品、能源电力的供应。推动公共服务均衡发展，40项市政府民生实事和47项列入省政府民生实事的项目按照序时进度落实到位。教育“双减”工作入选全国优秀案例，教育信息化发展综合指数居全省第2位，丹徒区创成省高质量平安校园建设区；推进公立医院高质量发展，镇江市蝉联“全国健康城市建设样板市”称号；完善“一老一幼”配套服务，建成全国示范性老年友好型社区3个、普惠型托育机构21家；推动文化体育事业发展，推进全国文明城市创建工作。开展突出环境问题五大专项整治行动，新建“绿岛”项目4个，全市生态环境质量改善，$PM_{2.5}$年均浓度下降2.8%，国、省考断面水质优Ⅲ比例分别为100%和97.8%。完成老旧小区改造95万平方米。推进富民强村帮促行动，70%以上的经济相对薄弱村集体稳定性收入超过120万元。城乡交通运输一体化发展综合评价获省AAAAA等级。

（市政府办　钱　智）

【社会治理】 2022年，镇江市强化金融债务风险化解，推进“脱红”“破冰”“削峰”“强基”四项计划，完成年度目标任务，润州区、镇江国控集团、镇江金港公司隐债清零，镇江新区隐债规模和融资成本下降，全市化债工作获省委、省政府和财政部的肯定。开展安全生产专项整治和攻坚行动，生产安全事故起数和死亡人数“双下降”。推进市域社会治理现代化试点创新，常态化开展“扫黑除恶”专项斗争；开展“信访突出问题攻坚化解年”行动，化解一批疑难复杂信访问题，群众安全感提升至99.4%。（市政府办　钱　智）

【农林水利建设】 2022年，镇江市推进中央生态环保督察反馈问题的整改，巩固长江禁渔成果，拆除违法建设，复绿江滩面积200余万平方米，新增造林绿化近1.5万亩(1000公顷)。扬中市沿江1千米范围内园区外化工企业实现清零。新建“吨粮田”4.4万亩(2933公顷)，整改“非农化”田地4800余亩(320公顷)，全年粮食总产量超过上年，实现“三连增”。

（市政府办　钱　智）

【民生实事】 2022年，镇江市推进市政府年度民生实事相关工作，完成10类40件民生实事项目年度目标任务。一批民生实事项目超额完成年度目标任务：“一老一小”健康保障工程，全年为34.11万名65岁以上老年人提供免费健康体检服务，新增39家老年友善医疗机构、21家普惠托育机构，完成年度目标任务的106%、260%、210%；提升特殊群体服务水平及为重度残疾人家庭进行无障碍改造，开展托养服务3408名残疾人，完成155户重度残疾人家庭无障碍改造，完成年度目标任务的103%、155%；开发青年就业见习岗位6786个，完成年度目标任务的194%；组织开展“我们身边的文化场馆”社教活动900场，完成年度目标任务的150%。推进一批体量大、影响大的民生实事项目：312国道宁镇段快速化改造工程，完成征地拆迁扫尾工作，全面开展路基、桥梁下部结构施工；346国道镇江城区段城市化改造工程，全线进行水稳及沥青摊铺施工，完成主体工程建设任务；镇江市传染病医院应急病房楼建设工程，完成地下一层和地上四幢病房楼主体框架结构，进入内装、电梯、变电房施工阶段。

（市政府办　汤　晶）

【机关事务管理】 2022年，镇江市机关事务管理部门统筹疫情防控和机关事务发展，提升保障水平和管理效能，保障党政机关安全运行。

资产管理工作。推进办公用房权属统一登记，完成5万平方米的产权变更登记工作。为10余家单位调配办公用房面积约1.36万平方米，清退收回租赁办公用房面积约2000平方米；为中央环保督察组、市化债专班等单位提供办公设备80余套(件)，收回借用到期的办公设备100余套(件)，节约财政资金约20万元。配合做好违规兴建楼堂馆所问题整改落实“回头看”工作，协调化解3家单位租赁用房历史遗留问题。

安全生产工作。推进“平安大院”建设，组织开展安全生产“百日攻坚”行动和安全生产大检查等活动，落实安全生产管理举措，防范化解安全风险。建成市行政中心智慧安防系统并投入使用。

公车管理工作。完成市公务车管理信息平台改版升级工作，市级370家单位上线运行新版系统。指导丹徒区开展事业单位公车管理示范点建设并通过省机关事务管理局验收；完成市级事业单位320辆公车定位系统安装任务。探索实行公务出行社会化车辆租赁工作，全年市级公务出行租赁费下降20%，节约经费150余万元。

节约管理工作。实施绿色低碳引领行动，启动公共机构分布式光伏发电系统建设，推进公共机构节能降碳工作。开展节能示范创建工作，全市90%县级以上党政机关创成国家节约型机关，5家单位创成省级节能低碳示范单位，2家单位创成“省级能效领跑者”，2家单位创成省级节水型单位，8家单位通过节能示范单位复核。推动合同能源管理，推进4个区合同能源管理项目的实施，并在医院、学校等其他公共机构开展试点工作。

服务保障工作。完成市两会等重要会议1200余场的服务保障任务；完成市行政中心9个外包服务项目新一轮招标工作；做好易地交流领导干部周转房管理服务工作；做好财务核算、材料印刷、医疗保健、物业管理、绿化养护等工作。推进“智慧食堂”建设，提升服务用餐便利性；推进行政中心的2个会议室数字化改造工作。（市机关事务管理局　胡福乾）

【政务公开】 2022年，镇江市贯彻落实中共中央、国务院关于全面推进政务公开工作的决策部署，围绕市委、市政府中心工作，提升政务公开工作质效。全年市政府信息公开栏目发布信息4803条，其中政务动态信息更新3124条；更新信息公开目录235条、概况类信息更新13条；新开设专题专栏2个。市各级行政机关收到政府信息公开申请1396件，其中，个人申请1301件、企业申请16件、法律服务机构申请5件、其他74件，全部按照规定程序办理。市政府信息公开工作机构完善政府网站日常巡检与季度检查相结合的监测机制，落实政务新媒体管理制度，实行政务新媒体开设、变更、运维、关停、注销全过程管理。优化政府信息公开栏目设置，扩大《镇江市人民政府公报》发放范围，推动将政务公开纳入全市绩效考核。

（市政府办　吴丰成）

【政务督查】 2022年，镇江市政府督查工作贯彻落实《政务督查工作条例》，推动决策部署执行。以《政府工作报告》提出的目标任务为突破口，将当年目标任务细化为117项重点工作和40项民生实事项目，逐一分解到责任领导和牵头部门，指导推动牵头部门制定任务书、时间表和路线图，并根据进度安排，及时跟踪问效，推动任务落实。通过督办催办、实地核查，每季度以《督查专报》形式，将重点任务阶段性进展情况呈送市领导，并提出督查建议。做好重大决策督查，以中央决策部署和省、市重要举措的贯彻落实为突破口，以市政府常务会议、市长办公会议等重要会议决定事项为内容，开展督查工作。全年围绕市政府确定的40项民生实事任务，开展现场督查20余次；召集相关职能部门就推进新马路建设、312和346国道改造工程、农村生活污水治理攻坚等任务开展专项督办会10余场。全年编印《领导批示与反馈》38期，跟踪督办市长批示事项1000余件。加强与市人大、市政协的沟通衔接，强化人大建议和政协提案工作的督办力度。全年督促办理人大代表建议237件、政协委员提案333件，所有事项均办理结束。督办信访等案件20余件次，督促解决新冠病毒感染疫情、环境、交通、城市管理等方面问题800余个。

（市政府办　汤　晶）

重要会议

【概况】 2022年，镇江市政府召开经济类、社会类等会议29场。会议学习贯彻习近平总书记重要讲话、重要指示精神及有关文件。会议研究推进中央生态环保督察反馈问题和“非农化”田地的整改，做好常态化疫情防控及调整优化防控策略，推进开发园区整合、土地片区开发、惠才措施扩容、招商引资政策规范、违法违规用地整治等重大事项，做强产业支撑，推动服务业、特色农业发展，推进人才“镇兴”行动，培育数字产业，改善营商环境，兜牢基本民生底线，推动公共服务优质均衡发展，开展文明城市创建等工作。会议审议并原则同意有关文件等。会议还研究其他事项。

（市政府办　钱　智）

【镇江市政府第一次常务会议】 2022年3月8日，镇江市政府召开第一次常务会议，学习习近平总书记参加内蒙古代表团审议时的重要讲话，传达学习省对口支援协作合作工作会议精神，审议《关于持续深化提升安全生产专项整治三年行动的实施方案》《镇江市贯彻落实江苏省统计局第1统计督察组督察反馈意见整改方案》《涉粮问题专项巡视反馈意见整改方案》《镇江市制造业智能化改造和数字化转型三年实施方案（2022—2024年）》。

（市政府办　钱　智）

表12　2022年镇江市人民政府常务会议情况一览表

文　号	主要内容	会议时间
常务会议纪要1号	会议学习习近平总书记参加内蒙古代表团审议时的重要讲话；传达学习省对口支援协作合作工作会议精神；审议并原则同意《关于持续深化提升安全生产专项整治三年行动的实施方案》《镇江市贯彻落实江苏省统计局第1统计督察组督察反馈意见整改方案》《涉粮问题专项巡视反馈意见整改方案》《镇江市制造业智能化改造和数字化转型三年实施方案(2022—2024年)》等	3月8日
常务会议纪要2号	会议学习习近平总书记在《求是》杂志发表的重要文章《坚持把解决好“三农”问题作为全党工作重中之重，举全党全社会之力推动乡村振兴》；听取中央生态环保督察有关情况汇报；研究并同意选址镇江高专原校区实训楼(学府路61号)建设方舱医院等	4月11日
常务会议纪要3号	会议学习习近平总书记在《求是》杂志发表的重要文章《促进我国社会保障事业高质量发展、可持续发展》；听取全市安全生产工作情况汇报，审议并原则同意《市政府领导班子成员2022年安全生产重点工作清单》《镇江市“镇合意”优化营商环境2022年提升行动方案》等	4月21日
常务会议纪要4号	会议学习习近平总书记在中共中央政治局第三十八次集体学习时的重要讲话；听取全市防汛抗旱工作情况汇报；审议并原则同意《关于“十四五”开展农村人居环境整治提升行动的实施方案》等	5月5日
常务会议纪要5号	会议学习习近平总书记在《求是》杂志发表的重要文章《正确认识和把握我国发展重大理论和实践问题》；学习《中华人民共和国行政处罚法》；审议并原则同意《2022年镇江市项目招引提质增效行动方案》《镇江市外资扩量提质三年行动方案(2022—2024年)》《镇江市外贸培优扶强三年行动方案(2022—2024年)》《2022年金山消费节消费促进行动方案》等	5月27日

续表 12

文号	主要内容	会议时间
常务会议纪要6号	会议学习习近平总书记在中共中央政治局第三十九次集体学习时的重要讲话；传达省长许昆林在镇江调研时的讲话精神，对落实省长许昆林提出的工作要求作出部署等	6月16日
常务会议纪要7号	会议学习习近平总书记在《求是》杂志发表的重要文章《坚定不移走中国人权发展道路更好推动我国人权事业发展》；审议并原则同意《镇江市房屋安全条例》《镇江市"十四五"退役军人服务和保障规划》《镇江市市级行政事业单位所属企业改制脱钩工作实施意见》《镇江市市级行政事业单位所属企业委托监管办法》等	6月20日
常务会议纪要8号	会议学习习近平总书记在中共中央政治局第四十次集体学习时的重要讲话；传达学习国家、省气象高质量发展工作会议精神，听取全市气象高质量发展工作情况汇报；听取2021年度对各地区教育履职督导评价工作情况汇报等	7月7日
常务会议纪要9号	会议学习《习近平谈治国理政》第四卷中的重要文章《不断做强做优做大我国数字经济》；审议并原则同意《关于进一步明确生产安全亡人事故责任处理意见的通知》《2022年镇江市数字经济发展工作要点》《镇江市国三及以下排放标准柴油货车提前淘汰补贴方案》等	8月1日
常务会议纪要10号	会议学习习近平总书记在省部级主要领导干部"学习习近平总书记重要讲话精神，迎接党的二十大"专题研讨班上的重要讲话；审议并原则同意《镇江市市长质量奖管理办法》《镇江市市区机动车停车场管理办法》《镇江市农村住房条件改善专项行动方案》等	8月10日
常务会议纪要11号	会议学习《习近平谈治国理政》第四卷第四专题的重要文章《不断增强进行伟大斗争的意志和本领》；会议学习《中华人民共和国法律援助法》；会议审议并原则同意《关于建立健全政务数据运行机制加快推进数据有序共享实施方案》；会议研究并原则同意《2021年镇江市本级决算草案》等工作	8月22日
常务会议纪要13号	会议学习《求是》杂志发表的习近平总书记重要文章《坚持和发展中国特色社会主义要一以贯之》；会议学习《关于加强新时代网上信访工作的实施意见》；会议审议并原则同意《镇江市加快统筹推进数字政府高质量建设的实施方案》《全市开发园区项目建设考评办法》《关于推进开发园区共建共享的指导意见(试行)》等	9月27日
常务会议纪要14号	会议学习贯彻党的二十大精神；学习《中华人民共和国土地管理法实施条例》；研究全市城乡居民基本养老保险基础养老金最低标准调整事宜；审议并原则同意《关于征收集体土地房屋补偿的意见》《关于建立健全镇江市职工基本医疗保险门诊共济保障机制的实施方案》等	10月26日
常务会议纪要15号	会议学习习近平主席在亚太经合组织工商领导人峰会上发表的书面演讲《坚守初心共促发展开启亚太合作新篇章》；听取全市疫情防控工作情况汇报；审议并原则同意《镇江市重大行政决策程序规定》等	11月24日
常务会议纪要16号	会议学习习近平主席在《湿地公约》第十四届缔约方大会开幕式上发表的致辞《珍爱湿地守护未来推进湿地保护全球行动》；传达学习省委十四届三次全会精神；传达学习省长许昆林在镇江检查指导疫情防控工作时的讲话精神等	12月2日
常务会议纪要17号	会议学习中央经济工作会议精神；会议听取全市安全生产专项整治三年行动工作情况汇报；会议审议并原则同意《政府工作报告》《镇江市2022年国民经济和社会发展计划执行情况及2023年计划草案的报告》《2023年市本级政府项目投资计划》；研究并原则同意2023年市政府民生实事候选项目等	12月27日

（政府办　钱　智）

营商环境优化

【概况】 2022年，镇江市推进优化营商环境各项工作。全年市委主要领导围绕优化营商环境专题调研2次，市政府牵头召开全市优化营商环境大会2次。出台"纾困解难24条"，全年新增减税降费、缓税、留抵退税149亿元；新增市场主体6万余家。专项治理信用问题，为3709家企业完成信用修复，城市信用排名提高到全国第19名。市营商办牵头，市各部门参与，开展实施优化营商环境提升行动，实行"周例会、月调度、季督查、年考核"制度，以"镇合意"优化营商环境服务品牌2.1版为顶层设计，构建"115"［"1"是以《镇江市"镇合意"优化营商环境2022年提升行动方案》为总领，"1"是以《2022年镇江市优化营商环境评价指标提升方案》细化落实，实施营商环境监督员制度、满意度调查、年中(终)省级部门点评、高质量考核、"甘露奖"评选5项举措］工作机制，统筹推进80项重点举措，打造"镇合意"营商服务品牌，省级评价和市场满意度实现双提升，政务服务"一网通办""一端通办"覆盖率98%。围绕"党旗'镇'红，一线建功"工程，充实队伍力量，鼓励专班党员深入基层开展"周末不打烊""节日我在岗"服务。针对指标问题，明确工作职责，制定工作方案；联合市委改革办、市纪委监委等部门开展专项督查，定期通报问题，推动难点化解。全年推进77项改革任务，制定38个市级部门的任务清单，截至2022年年底，基本完成任务。开展营商环境季度"体检"，确保每季度通报问题全面解决。组建营商环境监督员队伍，召开季度座谈会，开展满意度测评，收集各类意见建议73条。上线镇江市营商环境满意度评议系统，每季度邀请2000余名评议员开展问卷调查。市效能办组织行风监督员围绕优化营商环境常态化开展明察暗访，全市营商环境满意率为98.9%，其中"非常满意"占比为70.1%。建立项目全生命周期管理服务系统，及时处置重难堵点。市发改委组建服务专班，全年调研重大项目160余次，走访企业近320家，协调解决问题200多个。夯实信用体系建设，全市信用修复通过率列全省第1名，全国城市信用排名位列设区市第19名。以解决企业和群众反映的突出问题为切入点，在精简审批事项、优化审批环节、提高审批效率、提升创业创新环境上下功夫，推动服务企业能力再提升，创优营商环境再升级。（市政府办　徐　畅　市发改委　邱玉珊）

【政务服务“放管服”改革】　2022年，镇江市深化政务服务“放管服”改革。市政务服务管理部门深化“一窗通办”改革。将市金融监督管理局等10个综合值班窗口的187项行政权力事项纳入“一窗通办”，推进人社、医保、公积金等分中心进驻政务服务大厅，实施“水电气讯”报装“一窗受理”。深化“一网通办”改革。优化政务服务旗舰店法人空间；对接企业登记档案系统、城建电子档案馆，推出“一企一档”法人服务；对接“长三角电子证照”“苏服码”，市、县两级28台取叫号设备，65台自助一体终端设备，7944个政务服务事项线上、线下办事实现“两个免于提交”。深化“一端通办”改革。“苏服办”App镇江站点集成“住房公积金贷款进度查询”“冷链食品申报”等标准应用69项，标准上架率100%。深化“一次办好”改革。聚焦“好办易办”，重新梳理逾百件“一件事”，形成124个动态化事项材料清单，实现申请材料压减60%，审批时限缩短50%，截至2022年年底，办理业务12600余件。（市政务办　吉　利）

政务服务

【概况】　2022年，镇江市政务服务部门以习近平新时代中国特色社会主义思想为指导，贯彻中共二十大精神，围绕“争先进位”目标，深化“放管服”改革，推动各项改革政策措施落地见效，优化营商环境。

镇江市政务服务管理办公室聚焦提升服务便利度，开发市场主体住所（经营场所）登记核验系统并上线运行；上线运行企业登记档案网上查询系统，提升企业档案查询实效，为720余家企业提供在线查询、打印档案服务；开发企业远程身份核验微信小程序。聚焦提升服务温度，推出“午间不断档”延时服务，破解企业群众“上班时间没空办，休息时间没处办”的“时间差”难题，为群众办理各类业务5789件；线下设立“办不成事”反映窗口、线上开发“有事码上说”小程序，解决企业、群众遇到的疑难事项和复杂问题；推行志愿引导服务，招募窗口志愿者引导老年人、孕妇等行动不便的群体到相应窗口办事57次，接受企业群众咨询2000余次。聚焦提升服务满意度。开展“政商共建”“政务服务进社区”“政务服务进城市商业综合体”等系列帮办、代办主题活动，累计为400多家企业、3000多名群众帮办、代办8021件。

镇江市政务服务管理办公室推动办事系统融合。推动“互联网+监管”平台与一体化在线政务服务平台、“双随机一公开”等系统融合，推送数据984977条，覆盖1028个监管事项，覆盖率91.22%。收集712条监管信息，其中58条信息被省级平台录用并推送至国家级平台，列全省第3名。（市政务办　吉　利）

【政务服务试点改革工作】　2022年，镇江市在“苏企通”平台“应上尽上”惠企政策试点经验做法被省政务服务管理办公室肯定并向全省推荐。建立“双核”信用评价机制的网上中介服务超市，超市活跃度全省领先。“探索建立招标计划提前发布制度”等几项工作获评省政务服务管理办公室A等次。完成“两张清单”中关于开办企业的两项便利化改革举措。

（市政务办　吉　利）

【“镇江市重大项目审批服务平台”】　2022年12月16日，“镇江市重大项目审批服务平台”上线。该平台联动调度产业项目建设所涉及的企业设立、用地规划、工程建设、施工许可、竣工验收、不动产登记6个环节，优化整合重大项目审批全流程的41个审批服务事项，推进项目报批审批。平台实现整体报批环节、时效、材料分别压缩37%、63%、30%。

（市政务办　吉　利）

图5　2022年12月16日，“镇江市重大项目审批服务平台”上线，图为网页截图

（市政务办　吉　利　供稿）

表 13　2022 年镇江市政务办各窗口办件一览表

单位：件

部门名称	即办件		承诺件		汇　总		办结率(%)
	受理数量	办结数量	受理数量	办结数量	受理数量	办结数量	
公安局	231997	231997	7101	7101	239098	239098	100
税务局	68511	68511	0	0	68511	68511	100
不动产登记交易中心	18789	18789	11642	11642	30431	30431	100
交通运输局	8770	8770	20512	20512	29282	29282	100
京口区行政审批局	14598	14598	11944	11944	26542	26542	100
润州区行政审批局	10306	10306	12597	12597	22903	22903	100
财政局	5363	5363	7	7	5370	5370	100
中国邮政	5361	5361	0	0	5361	5361	100
江苏有线	5009	5009	0	0	5009	5009	100
自来水公司	4689	4689	225	225	4914	4914	100
审批一处	3013	3013	1015	1015	4028	4028	100
发改委(信用办)	3308	3308	0	0	3308	3308	100
住建局	825	825	1236	1236	2061	2061	100
供电公司	1860	1860	100	100	1960	1960	100
卫健委	1378	1378	190	190	1568	1568	100
城管局	5	5	1434	1434	1439	1439	100
自然资源和规划局	648	648	709	709	1357	1357	100
教育局	703	703	4	4	707	707	100
审批二处	466	466	165	165	631	631	100
科技局	0	0	543	543	543	543	100
工信局(中小企业局)	0	0	503	503	503	503	100
司法局	403	403	0	0	403	403	100
农业农村局	229	229	101	101	330	330	100
烟草局	295	295	0	0	295	295	100
生态环境局	9	9	285	285	294	294	100
应急管理局	0	0	198	198	198	198	100
民政局	0	0	138	138	138	138	100
消防救援支队	95	95	9	9	104	104	100
审批三处	92	92	0	0	92	92	100
华润燃气	61	61	15	15	76	76	100
文广旅局	9	9	51	51	60	60	100
水利局	15	15	42	42	57	57	100
地方金融局	10	10	0	0	10	10	100
档案局	2	2	1	1	3	3	100
气象局	0	0	1	1	1	1	100
安全局	0	0	0	0	0	0	—
机关事务管理局	0	0	0	0	0	0	—
民宗局	0	0	0	0	0	0	—
统计局	0	0	0	0	0	0	—
合　计	386819	386819	70768	70768	457587	457587	100

（市政务办　吉　利）

信　访

【概况】 2022年,镇江市信访工作以维护中共二十大信访秩序安全为主线,开展"信访突出问题攻坚化解年"行动,统筹重复信访治理、重点矛盾攻坚、重大风险防范、重大活动保障等工作,全市信访形势稳中趋好。全年江苏阳光信访系统登记镇江市、县两级群众来信、网上投诉、来访来电等11558件(次),其中,市信访局实际受理人民来信2648件6621人次、网上信访10406批10754人次。市人民来访接待中心实际接待群众上访984批3363人次。群众信访诉求主要涉及城乡建设(房地产、产权证办理、物业管理等)、劳动保障、涉法涉诉、农村农业等领域。

2022年,镇江市委常委会会议、市政府常务会议每季度听取一次信访工作情况汇报,研究部署信访工作。市委、市政府主要领导、分管领导对信访工作批示54次,其中主要领导50次。全年市、县两级党政领导接访下访658批次,化解信访问题508批次。印发《关于进一步加强市党政领导挂钩联系和包案接访工作的通知》,市委常委分别联系8个市(区、管委会)信访工作,市政府领导分别联系11个重点领域信访工作。坚持市党政领导定期接访会办制度,市党政领导接访会办疑难复杂重点信访事项93批次,其中,到市人民来访接待中心接访62批次,化解信访突出问题43件。北京冬奥会、中共二十大期间,每个工作日都有1名市领导定点值班。省政府副秘书长、省信访局局长姜金兵对镇江市《突出重点全力攻坚奋力谱写我市信访工作高质量发展新篇章》《坚持六突出六围绕强力推进信访突出问题攻坚化解》分别给予批示肯定。

镇江市印发《关于进一步规范"三跨三分离"进京访处置工作的暂行办法》,明确事发地、户籍地、常住地和属事单位责任。印发《关于深入开展信访领域社会矛盾风险隐患拉网式大排查大起底大化解专项活动工作方案》,组织各地和市信访工作联席会议成员单位每半月摸排一次风险隐患,发送28份信访工作警示函。市信访局向市委、市政府上报63期《重要信访信息》,报送每日每周每月信访情况分析研判报告117篇。

设立市人民来访接待中心。开展"人民满意窗口"建设质量提升工程,全年申报县乡(街道、园区)"人民满意接待窗口"15个。4人获评省信访系统"先进工作者",1人获评"全国优秀办信员"。

(市信访局　谢华明)

【"信访突出问题攻坚化解年"行动】 2022年3月,根据省委统一部署,镇江市印发《关于开展"信访突出问题攻坚化解年"行动的实施意见》,形成"1+5"文件体系,即初信初访办理提质行动、重复信访化解攻坚行动、秩序治理行动和基层基础建设强基行动,明确全市信访系统和各职能部门各司其职、齐抓共管,加大信访突出问题攻坚化解力度。建立"周例会、半月通报、月点评"制度,每周五研究攻坚化解情况,编制半月《"信访突出问题攻坚化解年"行动专刊》10期。截至2022年年底,中央信访工作联席办公室交办镇江市的1163件治理重复信访件化解率100%,省信访工作联席办交办的重点信访事项89件化解率100%。

(市信访局　谢华明)

【《信访工作条例》学习贯彻】 2022年2月,中共中央、国务院印发《信访工作条例》(以下简称《条例》),自5月1日起正式施行。镇江市信访系统开展《条例》宣讲进社区、进企业、进机关活动,将学习贯彻《条例》纳入市委党校(行政学院)培训内容,安排专人对市委党校学员开展《条例》学习辅导。镇江市制作的《条例》宣传微视频《老黄的第二次生命》获评国家信访局三等奖。

(市信访局　谢华明)

【《关于进一步加强市党政领导挂钩联系和包案接访工作的通知》印发】 2022年5月,镇江市信访工作联席会议印发《关于进一步加强市党政领导挂钩联系和包案接访工作的通知》,对市党政领导挂钩联系和包案接访工作作出明确要求,要优化工作机制,加快构建党委统一领导、政府组织落实、信访工作联席会议协调、信访部门推动、各方齐抓共管的信访工作格局;要压实工作责任,尤其对市领导包案信访事项,落实本地区和本单位包案领导,成立工作专班,研究化解方案,加快信访突出问题攻坚化解;要定期分析总结。健全月度分析总结制度,注重本地区和本单位信访风险隐患排查、重点工作总结和领导包案情况跟踪等工作,每月5日前汇总情况报市党政领导。

(市信访局　谢华明)

外　事

【概况】 2022年,镇江外事系统以习近平外交思想为指南,围绕国家总体外交和全市中心工作,做好涉外疫情防控工作,推动镇江高水平开放。牵头并会同市公安、卫健、交通等系统，自2020年8月3日镇江市重启转运工作至2022年12月31日，专班连续运行880天，安全转运自上海空港入境往(返)镇江旅客3553人次。同时开展“学亚夫、做亚夫”先锋团队活动，安全接转“零事故”、数据对接“零差错”、入境旅客“零投诉”。建立境外安保机制，牵头完善有关应急预案，做好领保事(案)件的应对处置工作。加强与涉外管理工作网络单位之间的沟通与协调，提高涉外案(事)件应急处理能力。

(市外办　笪俊杰)

图6　2022年11月18日，镇江市·日本仓敷市缔结国际友好城市关系25周年庆祝活动举行　(报业集团　谢道韫　供稿)

【涉外环境优化】　2022年，镇江市营造国际化语言环境。市外办举办的“规范外文标识提升城市形象”系列公益活动，被省外办在全省外事系统推广；牵头起草《镇江市公共场所外语标识管理规定(草案)》；举办镇江市首届英语能力大赛等活动。优化国际化营商环境。举办镇江市“荣誉市民”授荣仪式，镇江市“荣誉市民”是市政府授予对镇江有突出贡献的市外友好人士的最高荣誉，20名市外友好人士获“荣誉市民”称号；实施涉外人才服务6大举措，支持外籍人才到镇江创新创业；成立投资促进工作专班，助力产业项目招引，为“2022江苏(镇江)——日韩汽车及零部件产业链合作推介会”等活动提供外事保障；建立APEC商务旅行卡企业信用评价体系，完善“白名单”企业直报制度，助力企业“走出去”。宣传国际化城市形象。策划“外国人眼中的镇江这十年”系列报道，举行“我与镇江——外国友人摄影、短视频作品征集”、在镇留学生“感知中国——低碳镇江”等活动。协助开设政府门户网站英文版，翻译政府工作报告与镇江发展要闻，对外宣传镇江发展成就。“外事好礼”评选发布活动获全省对外宣传工作创新奖。(市外办　沈　伟　杨方媛)

【对外交流交往】　2022年，镇江外事系统以“和合共生·民心互通”为主题，市外办举办“2022镇江国际友城摄影图片展”；举办“镇江市·仓敷市缔结国际友好城市关系25周年庆祝活动”，签署《镇江市·仓敷市深化交流宣言书》；组织友城参加省“一带一路”国际友城交流周；支持德国曼海姆市建设国际友城园——“镇江园”。联合相关部门举办“镇江市东亚文化碑拓展”“中日韩当代书法联展”等活动。市主要领导以视频方式与美国坦佩市、韩国益山市、马来西亚古晋南市等友城开展“云交流”。

(市外办　金升龙)

【市委外事工作委员会会议】　2022年5月7日，中共镇江市委外事工作委员会会议召开。会议传达学习省委外事工作委员会会议精神，听取2021年全市外事工作汇报。会议强调要聚焦全年外事工作重点任务，服务全市经济社会发展。严守各涉外隔离点、港口等“一线”阵地，坚持“人物环境”同防，强化涉外疫情防控；提高镇江综保区、中外合作产业园区建设运营水平，精准服务产业强市“一号战略”；加强内宣外宣协调配合，塑造城市品牌，推动城市国际化进程；树立总体国家安全观，防范化解各类风险隐患，守牢涉外安全底线，维护涉外安全稳定。

(市外办　邵文卿)

【外事调研座谈】　2022年8月24日—25日，省外办到镇江宣讲省委外事工作委员会会议精神，开展外事工作调研，实地走访考察丹佛斯动力系统(江苏)有限公司。9月8日—9日，全省外事系统依法行政专题培训暨城市公共外语标识标准化“啄木鸟”行动座谈会在丹阳召开。10月13日—14日，省外办到镇江市开展外事港澳工作专题调研。

(市外办　沈　伟)

【“中外青年看江苏”活动启动仪式暨线上交流会】
2022年11月23日，由江苏省外办、镇江市外办、江苏大学联合举办的“中外青年看江苏”活动启动仪式暨线上交流会举行。活动中，市外办向参加活动的江苏大学留学生、国际组织人才学院学生宣介党的二十大精神，介绍江苏省省情和镇江市市情；省外办向学生代表们赠送《习近平谈治国理政》第四卷(英文版)。启动仪式后，中外青年代表参加为期两天的参观考察，了解江苏乡村振兴和绿色发展情况。

(市外办　刘文琴)

表 14　2022 年镇江市外事接待情况表

到访日期	团　组	主要访问事项	主要访问点
7 月 13 日	德国巴符州驻华首席代表伯纳德·韦伯一行	考察交流	镇江新区、镇江博物馆、中国镇江醋文化博物馆、西津渡历史街区

（市外办　刘文琴）

港澳事务

【概况】　2022 年，镇江市举行“江苏省港澳投资企业法律服务月”镇江专场活动，召开港澳资企业座谈会，保障港澳同胞投资企业的合法权益。与澳门科技大学研究生院签订战略合作协议，在常态化交流、人才引进和培育、成果转化等领域开展合作。市港澳办联合香港驻沪办在镇江举办两场内地人士赴港就读/工作入境政策线上推广讲座；走访江苏茅迪集团，开展调研活动，宣讲港澳投资保护条例、扶持企业发展的相关政策；召开部分港澳资企业座谈会。（市外办　卢明月）

【香港驻沪办在镇江高校举办入境计划推广讲座】 2022 年 9 月 26 日，香港特别行政区政府驻上海经济贸易办事处分别在江苏大学、江苏科技大学举办两场内地人士赴港就读/工作入境政策线上推广讲座。入境事务处主任甄浩明就内地人才赴港发展的最新情况、香港概况及教育优势等进行宣讲，让有意赴港发展的在镇江高校师生了解更多香港的近况及入境政策。

（市外办　卢明月）

【江苏省港澳投资企业法律服务月镇江专场活动】 2022 年 11 月 24 日，由省港澳办联合省级相关职能部门举办的 2022 年江苏省港澳投资企业法律服务月镇江专场活动举行。活动中，省政策宣讲团解读《江苏省保护和促进香港澳门投资条例》，宣讲港澳投资企业法律风险应对政策，并进行典型案例分析。在镇江期间，省政策宣讲团实地走访调研市相关港澳资企业和开放型社区，并举行座谈。

（市外办　卢明月）

表 15　2022 年港澳人士访问镇江情况表

到访日期	团　组	主要访问事项	主要访问点
2 月 11 日	澳门镇江联谊会常务副会长娄传奎一行	文化交流	镇江市港澳办
8 月 5 日	香港特别行政区政府驻上海经济贸易办事处入境事务处工作组一行	访问交流	镇江市港澳办
8 月 23 日	香港大学校长张翔一行	考察调研	镇江市

（市外办　卢明月　笪俊杰）

侨　务

【概况】　镇江市是江苏省重点侨乡之一。2022 年，全市旅居海外的华侨华人约有 3.66 万人，分布在美国、加拿大、澳大利亚、日本等国家和地区；全市范围有归侨侨眷约 6.18 万人，大部分于抗日战争前后回国定居；海外留学人员约 1.2 万人。全市正常运营的侨港资企业 940 多家，签约海外人才联络站、海外友好社团 100 余家；获批全国侨务示范单位、为侨服务站 14 家，中华文化海外交流基地 6 家，华文教育基地 4 家。市侨务系统以项目化工作方法，促成旺捷大数据、菲舍尔飞机厨卫内饰、超敏蛋白酶等 6 个海外项目签约或落户，总投资近 21 亿元；帮办服务市侨企新项目投资 30 余个，总投资约 50 亿元，签订银企合作协议 11 个，授信 33.71 亿元；引入“明日之星基金会”到镇江开展“培土育苗”公益活动。开展“五送五助”常态化侨港资海归企业走访活动，走访企业 200 余家，召开座谈会、沙龙 22 次，发放问卷 300 余份，聘请海归企业创业导师 11 名，成立“为侨服务法律工作站”6 家，梳理复工复产、招工金融、社保医疗、子女就学、落户签证等问题 6 类 59 个，其中 98% 得到解决。协助公安部门追逃“猎狐行动”“红通”人员；通过海联会海外协助 4 名乌克兰镇江籍侨胞安全转移。邀请比荷卢商会与市农业农村局开展相关项目合作。

（市侨办　刘　彪　张伯华）

【政治建设】　2022 年，镇江市侨务系统学习贯彻党的二十大、中央和省委统战工作会议精神，组织开展思想政治引领和主题教育，向海外友好社团、海外人才工作站汇编推送党的二十大相关新闻、要点；组织华商会成员单位、在镇江侨企等开展党的二十大精神传达学习会、座谈会等活动。强化职能部门统战责任，推动将海外统战、侨务工作列入相关职能部门年度工作计划；坚持“同心·5+1”[市委统战部（市侨办）、市人大民宗侨台委、市政协港澳台侨委、致公党镇江市委、市侨联+市留学人员亲属协会]侨务例会制度，研究海外统战课题；健全各市（区）海外统战工作机构，推动海外统战侨务工作队伍专职化。

（市侨办　刘　彪　张伯华）

图7　2022年7月20日，2022海外华裔菁英青少年大运河文化线上体验活动举行

（市侨办　刘　彪　供稿）

【为侨服务活动】　2022年，镇江市开展统战“四季歌”之“广聚侨力·冬日暖侨”专项行动，为30多个国家和地区2000多名侨胞提供远程诊疗、心理咨询等服务。新增5家“海外人才工作站”和5家“镇江市海外友好社团”；开展“归乡”——“镇精彩”系列活动，推动人才“镇”兴；举办“中国镇江国际菁英创业大赛海外赛区选拔赛”，4个项目获奖、3个项目注册落地，促进招才引智；承办“2022海外华裔菁英青少年大运河文化线上体验活动”“2022海外华文教师华校校长线上研习班开班仪式”等，网络点赞超820余万次。开展“暖侨关爱——送医进侨企侨乡义诊”活动，免费诊疗1000余人次；开展为困难归侨家庭送爱心年夜饭活动，惠及300余户家庭。　（市侨办　刘　彪　张伯华）

【对外文化交流】　2022年，镇江市侨务系统打造归乡“镇精彩”海归人才创新创业品牌，建设“国际菁英创业大赛”“百所华校云牵手”“中华文化云课堂”海外科教品牌，46个国家和地区的侨胞参与、观看相关活动人数623万人次。依托“海外友好社团”“海外中餐繁荣推广基地”等，助力恒顺集团在美国举办“2022恒顺·华厦厨艺大赛”；整合华文教育基地资源，成立由18所院校组成的镇江海外华文教育联盟。建立覆盖全球112个国家和地区1.3万名华侨、华人的海外网络；缔结海外友好学校12所。　（市侨办　刘　彪　张伯华）

【2022海外华文教师华校校长线上研习班开班】　2022年12月14日，2022海外华文教师华校校长线上研习班开班仪式在镇江举行。开班仪式上，播放宣传片《春华秋实》，表演书法操《百家书“圖”》《穆桂英挂帅》等。此次研习班由中华海外联谊会主办，江苏省海外联谊会、镇江市海外联谊会、镇江市教育局联合承办，根据海外华校需求进行菜单化教学定制，安排说话、写作等基础训练课程和剪纸艺术、太平泥叫叫等非遗艺术等，旨在帮助华文教师、华校校长提升教学水平。来自马来西亚198所华校的293名华文教师、华校校长，以及来自美国、德国、泰国等25个国家77所华校的154名华文教师、华校校长参加培训。

（市侨办　刘　彪）

【归·乡——“镇精彩”海归行动计划启动】　2022年5月20日，归·乡——“镇精彩”海归行动计划启动仪式在镇江举行。启动仪式上组织“海归之家”揭牌、发布镇江市海归行动计划，为海归人才创业导师代表颁发聘书，为海外引才大使颁发电子聘书，开展海外引才大使代表和海归人才创业导师代表宣讲等相关活动。美国、德国、法国、俄罗斯、日本和新加坡等国家和地区的海外侨领及高层次人才，通过“云端”与镇江市主会场进行视频连线交流。（市侨办　张伯华）

综　述

【思想建设】　2022 年，政协镇江市委员会开展贯彻落实中央政协工作会议精神进展情况“回头看”，落实中央、省委和市委关于加强和改进市县政协工作的部署要求，协助市委研究出台《关于加强和改进新时代市和市、区政协工作的实施意见》。市委常委会会议研究政协工作 10 次，市委主要领导做肯定性批示 30 多次。开展“喜迎二十大、书画进乡村”“建功新时代、奋进新征程”百副春联进高企等活动。市政协“三驾马车”协同发力等创新做法获《人民政协报》、人民政协网专访推广。　（市政协　张爱凯）

【专门协商建设】　2022 年，政协镇江市委员会围绕打造产业绿色发展制高点、特色农机发展召开专题协商会，提出 23 条建议，交由市委、市政府和相关部门采纳落实。围绕城市有机更新、医养结合、道路交通安全管理等主题召开专题协商会，提出 39 条建议，回应社会关切。考察、调研重大产业项目，召开主席会议专题协商，帮助解决项目推进中的问题。市政协九届四次常委会会议，围绕“建设高素质产业大军、推进产业强市”主题协商议政，会议形成建设产业大军“五大工程”建议案，助推人才强市战略实施。市政协九届二次常委会会议，围绕“协商议事融入基层治理”主题协商议政，提出的建议转化为 18 项任务清单，项目化推进落地。聚焦 2022 年度市政府民生实事开展民主监督，考察调研全市检察工作，加强协商式监督。树立提案、提案办理、提案服务“三个高质量”导向，创新落实“四位一体”（党政领导领办督办、政协主席会议成员领衔督办、专委会对口督办、提案委全员督办）提案督办体制机制。市委、市政府主要领导带头，市党政领导领办督办重点提案 17 件。实行市政协领导领衔督办、专委会对口督办和提案委全员督办工作机制。全年各承办单位办理立案提案 405 件，办复率、委员满意率 100%，采纳解决率 70.6%。做好反映社情民意信息工作，形成专报 27 期 54 篇，市委、市政府领导作出肯定性批示 19 次。　（市政协　张爱凯）

【政协文史工作】　2022 年，政协镇江市委员会拓展政协文史工作。推进文史工作“两个转变”（从以抢救挖掘为主向抢救挖掘与做好经常性文史工作并重转变，从重视史料征集向更加重视史料研究、利用转变），调研推进政协文史馆规划建设，研究文史五年工作方案，编印《拾珠览胜——镇江文史资料精编》，整理“三亲”（亲历、亲见、亲闻）史料 776 篇 400 余万字。楹联文化市创建取得阶段性成效。乡贤文化促进会筹备工作有进展。　（市政协　张爱凯）

【机关建设】　2022 年，政协镇江市委员会推动专委会向“专、实、新”发力，制定专委会工作绩效评价办法，加强对口协商，专委会基础性作用增强。举办第一期委员履职能力提升培训班。开展委员履职评价，落实常委提交履职报告制度。健全上下联动机制，参与省政协联动履职活动，支持在镇江的全国和省政协委员发挥作用。　（市政协　张爱凯）

【“有事好商量”协商议事】　2022 年，政协镇江市委员会健全基层和界别协商议事平台，试点运用“有事好商量”协商议事网。协助市委研究出台《关于推进协商议事融入基层治理的实施意见》。开展民生专题协商议事月活动，市委、市政府主要领导带头参加，开展各类协商议事活动 340 场，参与委员 1500 余人次，帮助解决问题610个，在中药材产业发展、开发项目代建绿地管理、网约车营运保险等方面形成一批成功案例，相关做法获《新华日报》头版刊发。　　（市政协　张爱凯）

图8　2022年11月30日，镇江市政协九届四次常委会会议召开
（市政协　张爱凯　供稿）

建言献策

【政协九届一次会议】　2022年2月28日至3月3日，政协镇江市委员会在镇江影剧院召开九届一次会议。330余名政协委员参加会议。会议学习和讨论市委书记马明龙在大会开幕时所作的讲话，听取并赞同市长徐曙海所作的政府工作报告以及其他有关报告。会议审议通过李健代表政协镇江市第八届委员会常务委员会所作的工作报告和陈林海代表政协镇江市第八届委员会常务委员会所作的提案工作报告，会议选举产生政协镇江市第九届委员会主席、副主席、秘书长和常务委员，郭建当选为市政协主席。　（市政协　张爱凯）

【九届二次常委会会议】　2022年6月27日，政协镇江市委员会召开九届二次常委会会议。会议围绕“协商议事融入基层治理”开展专题协商议政；审议和通过《政协镇江市委员会关于强化政协委员责任担当的实施意见》，审议并通过有关人事调整事项。会议强调要把握大势大局，深刻领会推进基层治理现代化的目标任务，准确把握新时代基层治理形势的深刻变化，清醒看到全市基层治理方面的问题短板，强化问题意识、坚持问题导向，锚定战略目标、把准方法路径，务实破解基层治理突出问题，努力构建现代化基层治理新格局。

（市政协　张爱凯）

表16　2022年政协镇江市委员会重要会议情况表

时　间	会议名称	会议内容
2月28日至3月3日	九届一次会议	会议选举政协镇江市第九届委员会主席、副主席、秘书长和常务委员，郭建当选为市政协主席；听取和通过政协镇江市第九届委员会第一次会议决议和提案审查报告
6月27日	九届二次常委会会议	会议围绕“协商议事融入基层治理”开展专题协商议政；审议和通过《政协镇江市委员会关于强化政协委员责任担当的实施意见》，审议并通过有关人事调整事项
8月18日	九届三次常委会会议	会议学习和研讨《中国共产党政治协商工作条例》；听取全市当年经济社会发展情况通报和深入打好污染防治攻坚战工作情况通报；协商推进“两聚一推”委员主题履职实践活动
11月30日	九届四次常委会会议	会议围绕“建设高素质产业大军，推进产业强市”开展专题协商议政；通过《关于建设高素质产业大军推进产业强市的建议案》；研究其他事项
7月29日	九届五次主席会议	会议围绕“推进医疗服务与养老服务深度融合”主题，开展专题协商议政；审议和通过召开市政协九届三次常委会会议有关事项
10月20日	九届七次主席会议	会议围绕“抢抓‘双碳’机遇，打造产业绿色发展制高点”开展专题协商议政和建言献策
12月23日	九届九次主席会议	会议围绕“加强道路交通安全管理”开展专题协商议政；审议召开市政协九届二次会议等有关事项
8月23日	重点专题协商座谈会	会议学习习近平总书记关于城市建设的重要论述；围绕“谋划推进城市有机更新”开展专题协商议政
11月9日	重点专题协商座谈会	会议围绕“推进我市特色农业机械化发展”开展专题协商议政

（市政协　张爱凯）

【关于“协商议事融入基层治理”的建议】　2022年6月27日，镇江市政协召开九届二次常委会会议，就“协商议事融入基层治理”开展专题协商议政，提出5方面建议：一是建立“相融共进”机制，打造基层治理引擎；二是坚持“协商为民”导向，激发基层治理活力；三是优化“三治融合”模式，提升基层治理能力；四是整合“共建共享”资源，创新基层治理载体；五是夯实“强基固本”保障，浓厚基层治理

氛围。（市政协 张爱凯）

【“建设高素质产业大军，推进产业强市”的建议】 2022年11月30日，镇江市政协召开九届四次常委会会议，就“建设高素质产业大军，推进产业强市”进行专题协商议政，提出以下建议：要着力构建一支以高层次创新创业人才为塔尖、以专业技术人才和高技能人才为塔身、以高素质产业工人为塔基的“金字塔”形产业大军队伍，创新打造“五大工程”，推进产业强市，推动镇江经济高质量发展。五大工程包括“蓄水池”扩容工程，培育壮大市场主体，做大做强链主企业，高质效推进产业项目；“大市场”培育工程，强化市场培育，强化市场指导，强化市场服务；“强主体”锻造工程；增强企业主动性，向企业用人主体放权，完善企业激励保障机制；“双赋能”融合工程，推进高校与产业深度融合，推动职业教育提质培优，推动社会化培养“无缝对接”；“佳环境”服务工程，扶持更加精准，配套更加完善，考核更加有力，导向更加鲜明。（市政协 张爱凯）

表17 2022年镇江市政协重点提案一览表

序号	重点提案	提案者	序号	重点提案	提案者
1	加强长江水生生物资源恢复与保护	民革市委会	14	提升职业教育质量	民盟市委会及2人
2	打好土壤污染防治“三大战役”	农工党市委会	15	打造“一山一景”建设高颜值山水花园城市	无党派代表人士界
3	培育壮大龙头企业助推乡村振兴	民革市委会	16	助推非遗元素产业化发展	许伟
4	切实发挥自贸区综保区功能	市工商联	17	重视小微企业引进、培育	社会法制委
5	加快国际合作园区提档升级	卢利林	18	加快清洁能源发展、促进“双碳”建设	致公党市委会
6	鼓励退役军人创业就业	徐 俊	19	加大社工培育力度助力基层社会治理	徐彩凤
7	推动司法大数据深度参与社会治理	民革市委会	20	在“双碳”背景下推动产业健康发展	市工商联
8	加快政务管理数字化转型	何广林	21	建立健全乡村振兴塔形人才体系	庄晋财
9	打造“全覆盖”企业帮办服务网络体系	市工商联	22	推动提高农业科技成果转化率	致公党市委会
10	提升人才结构与产业匹配度	九三学社市委会	23	提升医疗服务保障水平	谢荣
11	促进西津渡历史街区文化和商业融合发展	陈惠等3人	24	统筹集聚高校资源支持服务乡村振兴	柏林
12	完善应急管理体系	农工党市委会	25	促进民宿产业健康发展	致公党市委会
13	推动航空航天科普与区域航空产业融合发展	民进市委会	26	完善中小企业信用管理体系	九三学社市委会

（市政协 张爱凯）

委员工作

【概况】 2022年，政协镇江市委员会实施“全员入委”，出台界别活动办法，构建“以界别为基础、以专委会为依托”的委员履职组织体系。开展“聚共识、促发展”系列活动，主席会议成员带队、两级政协联动，走访委员企业103家、制造业企业376家，帮助企业解决问题445条。开展“书香政协、同心筑梦”委员读书活动。举办同心讲堂4期、同心读书分享会11场，委员参与率97%；建立委员读书群16个，委员分享读书心得1313条。助推各民主党派、工商联、无党派人士在政协发挥作用。出台“两个联系”（党员委员联系党外委员、委员联系界别群众）实施办法，邀请党外知识分子、非公有制经济人士、宗教界人士参加政协会议和活动。召开港澳政协委员、海外特邀代表人士远程协商会，开展“携手共植同心林”活动。（市政协 张爱凯）

【“两聚一推”委员主题履职实践活动】 2022年，政协镇江市委员会开展“两聚一推”委员主题履职实践活动。推动中央生态环保督察反馈问题整改，围绕长江岸线整治、“十年禁渔”等提出意见建议，企业家委员联合发出“投身污染防治攻坚战、争当绿色发展先行者”承诺倡议。开展《镇江市节约用水条例》立法协商，围绕农村人居环境整治、沿江产业绿色发展等议题开展民主监督。（市政协 张爱凯）

中共镇江市纪委·镇江市监委

责任编校：张　杰

综　述

【廉洁镇江建设】　2022年，镇江市纪检监察机关在省纪委监委和市委的领导下，围绕中心、服务大局，反腐惩恶、正风肃纪，发挥监督保障执行，促进完善发展作用。市纪委常委会建立“第一议题”制度，学习习近平总书记重要讲话和重要指示批示精神，坚定拥护“两个确立”、坚决做到“两个维护”。查处一批有影响的案件，先后承办华润集团、中海油集团等15件中央纪委和省纪委指定管辖案件，挽回经济损失17.57亿元，挽损金额为历年之最、排名全国设区市前列。解决群众“急难愁盼”问题，全市全面从严治党群众满意度提升至95.47分，列全省前列，接收信访举报比上年下降37.1%。镇江市纪检监察机关相关工作获省纪委领导肯定8次，市委主要领导作出批示37次，《中国纪检监察报》刊文推介17次。

（市纪委监委　范文涛）

【纪检监察队伍建设】　2022年，镇江市纪检监察机关加强队伍建设，组织审查调查专题培训班，举办全市纪检监察系统年轻干部扣好廉洁从政的“第一粒扣子”学习分享会；110人参与中央纪委、省纪委专案，84名年轻干部参加审查调查跟班学习。优化培养选拔机制，干部配备率居全省第一方阵，1人获评“全国纪检监察系统先进工作者”。健全内控机制，出台《关于常态化做好纪检监察干部个人重大事项报告的若干规定》，制定“五倡导五规范十严禁”，查处违纪案件4件，批评教育、处分12人。强化信息化支撑，完成“智慧纪委监委”建设，完成“数字档案”改造并创成省级示范档案室。

（市纪委监委　范文涛）

监督执纪

【监督保障成果】　2022年，镇江市纪检监察机关对市（区）开展政治生态监测评估，对市级机关部门强化派驻监督，处置问题线索241件、立案74件、约谈500人次、廉政意见回复7504人次。开展统计数据造假等25个专项监督，查处不担当、不作为干部99人。做好信访工作，上线小微权力“监督一点通”平台，访问量79.1万次，受理投诉事项917件，按期办结率、群众满意率均为98%。发布全面从严治党信息1240条，省以上媒体发稿279篇，“清廉”网站访问量超

图9　2022年2月25日，全市纪检监察系统年轻干部扣好廉洁从政的“第一粒扣子”学习分享会举行　（市纪委监委　范文涛　供稿）

1390 万次。“孝廉京口”获评“中国廉洁创新奖”特色创新项目、“新时代廉洁文化建设在江苏”十佳项目。

（市纪委监委　范文涛）

【保障经济社会发展】　2022 年，镇江市纪检监察机关围绕疫情要防住、经济要稳住、发展要安全、生态要提升、党建要抓好，强化政治监督，服务保障发展。加大新冠病毒感染疫情防控督查。组建 57 个小组，开展新冠病毒感染疫情督查 2000 余次，发现问题 423 个，追责问责 53 人，推动解决隔离转运不及时等隐患 23 项，形成 11 期督查专报。监督推动帮扶小微企业、货车司机闭环转运等做法被省疫情防控指挥部和省纪委推广。开展融资腐败审查。坚持“四个一律”（对全市近 10 年融资业务一律全面起底、市县镇三级平台公司一律纳入统计、综合成本 8%～10%的一律作为关注重点、超 10%的一律作为核查重点）开展专项整治，留置平台公司负责人、工作人员及资金“掮客”40 余人，涉及 7 个市（区）8 家平台公司的 9 名负责人，全年追赃挽损 26.66 亿元。相关做法获省纪委主要领导批示肯定，被中央纪委内网转载、省纪委专刊推介。推进环保问题调查。围绕中央环保督察通报问题开展问责调查，同步推进点位问题和交办信访件整改落实，联合职能部门督导检查整改现场 40 余次，推动构建“市级牵头部门现场指导、相关责任部门协同配合、属地职能部门一线实施、纪委跟进监督”的闭环链条，全市整改工作获中央环保督察组和省委、省政府肯定。监督推进环保“五大专项行动”（长江岸线保护、黑臭水体治理、蓝天保卫战、打击固体废物非法倾倒、工业“散乱污”企业整治），立案查处 60 人，约谈市（区）、市级机关等“一把手”19 人。制发专项督办函 20 份，监督推进化解问题 90 余件。强化营商环境监督。出台营商环境监督“六项措施”（监督惠企政策落地、助力企业纾困解难、坚决纠治作风顽疾、清仓起底问题线索、加大案件查办力度、精准规范容错纠错），开通投诉举报“绿色通道”，查处“责、风、腐”问题 52 起，通报曝光典型案例 18 件。实行安全生产“问责前移”制度，追责 29 人，针对镇江新区“3·8”较大火灾事故从严查处 11 人。（市纪委监委　范文涛）

“三不腐”一体推进

【案件查办】　2022 年，镇江市纪检监察机关深化重点领域反腐败，查处政法系统“刀把子”、平台公司“钱袋子”、土地“命根子”等重点领域案件 182 件；聚焦国企、工程建设、税务等资金密集领域，打好“办案、追赃、治理”“组合拳”，全市全年立案 1522 件，留置 105 人，查处县处级干部 35 人、乡科级干部 162 人，移送检察机关审查起诉 81 人。坚持受贿行贿一起查，查处行贿案件 57 件。

（市纪委监委　范文涛）

【源头治理】　2022 年，镇江市纪检监察机关实行重点案件“一案一分析”，2 份案件剖析报告得到省纪委主要领导肯定，9 份以案促改报告得到市委主要领导批示转发。归纳总结融资领域假借“利差化债、短期过桥、支付工程款、购买保险”之名贪腐的四类新型“出血点”，以及开发园区在举债融资、项目建设、土地出让、涉企执法、招商引资中的五大“风险点”，为综合治理提供精准靶向。针对重点领域案件频发问题，全市制发纪检监察建议 125 份，督促相关地区和部门建章立制 112 项。针对“关键少数”违纪违法高占比特征，协助市委制定《关于加强对“一把手”和领导班子监督的若干措施》，明确五方面 26 条措施，牵住“一把手”监督“牛鼻子”。

（市纪委监委　范文涛）

【警示教育】　2022 年，镇江市纪检监察机关分层分类开展警示教育，拍摄《将自我革命进行到底》《斩断“靠企吃企”的腐败链条》等 12 部警示教育片，协助政法委、国资委等部门强化重点领域警示教育。深化日常廉政教育，运用“四种形态”处理 2949 人次，其中“第一种形态”提醒、谈话、批评教育处理 1600 人次。针对年轻干部发案上升态势，量身定做专题教育片《扣好廉洁从政的“第一粒扣子”》，联合组织部门印发《关于深化开展年轻干部警示教育的通知》，深化开展年轻干部警示教育。

（市纪委监委　范文涛）

党风廉政建设

【作风建设】　2022 年，镇江市纪检监察机关开展“吃、喝、烟、酒、车、卡”等专项治理，查处违反“中央八项规定精神”问题 226 起 309 人，通报曝光典型案例 112 起。加强对清理规范公务员工资津补贴的监督，协助市委集体约谈 8 个地区党政主要负责人，监督各地各部门深入自查违规新设奖励项目、提高标准扩大范围等问题，会同职能部门出台清理规范制度规定。每逢重要节点发送廉洁提醒函，通报典型案例，开展明察暗访，加强税控发票对比分析，查处违规收受礼品礼金问题 127 起，处分 151 人。开展邮寄购物卡、违规收送礼品礼券等专项整治行动，39

人主动上交礼品礼金购物卡。开展公务用车、油卡管理专项监督检查，推动公务用车管理平台扩围升级，实现党政机关、事业单位公务用车“应进必进”。督促职能部门全面加强和规范公务用车管理，细化并严格落实商务车购置使用、国有企业用车管理等具体规定。围绕贯彻落实党中央重大决策部署，查处不担当、不作为以及服务群众消极应付、冷硬横推等问题67起121人。发挥基层监测点作用，推动自上而下解决视频会议范围泛化、监督检查过多、考核指标层层加码等问题。（市纪委监委 范文涛）

【专项治理】 2022年，镇江市纪检监察机关“小切口”治理群众“急难愁盼”问题，查处群众身边腐败和作风问题123起185人。化解群众“重复访”。推进信访包案、一线接访，化解46件“多年、多层、多头”信访件，全市信访重复举报比上年下降23.2%，相关做法获省纪委主要领导肯定。围绕特殊困难群体帮扶救助和妇女儿童权益保障开展专项排查整治，配合省纪委开展4轮督查，处置问题线索55件，党纪政务处分31人。开展村级小微工程专项治理，重点排查化整为零、违规变更、虚构工程问题，立案31件，推动完善《镇江市乡镇工程招标管理办法》。开展殡葬领域专项整治，深挖彻查殡葬用品价格高、服务费用高背后的贪腐问题9件，留置4人，剖析归纳“殡、葬、墓”三大环节10项“风险点”，推动行业深度治理。严查“涉黑涉恶”“保护伞”。健全常态化“打伞破网”机制，查处“涉黑涉恶”腐败和“保护伞”62人。

（市纪委监委 范文涛）

重要会议

【八届市纪委二次全会】 2022年1月28日，中共镇江市第八届纪律检查委员会第二次全体会议召开。市纪委委员出席34人，列席227人。全会学习贯彻习近平总书记在十九届中央纪委六次全会上的重要讲话和中央纪委六次全会、省纪委二次全会精神。总结2021年全市纪检监察工作，部署2022年任务。中共镇江市委书记马明龙出席全会并发表讲话，全会审议通过由市委常委、市纪委书记、市监委主任宋祥林代表市纪委常委会所作《努力建设人民满意的廉洁镇江以优异成绩迎接党的二十大胜利召开》工作报告和《中国共产党镇江市第八届纪律检查委员会第二次全体会议决议》。

（市纪委监委 范文涛）

【全市领导干部警示教育大会】 2022年12月21日，镇江市领导干部警示教育大会召开。会上，与会人员观看警示教育片《将自我革命进行到底》。会议要求全市各级领导干部要学深悟透习近平总书记关于党的自我革命战略思想，以案为鉴、警钟长鸣，切实增强“永远在路上”的政治自觉，筑牢拒腐防变的坚固防线，把新时代党的伟大自我革命进行到底，为加快展现中国式现代化镇江图景提供坚强政治保证。会议以电视电话会议形式进行，各市（区）和镇江新区、高新区设分会场。（市纪委监委 范文涛）

图10 2022年12月21日，全市领导干部警示教育大会召开

（市纪委监委 范文涛 供稿）

民革镇江市委员会

【概况】 2022年，民革镇江市委员会以开展“矢志不渝跟党走、携手奋进新时代”主题教育和“履职能力建设年”为突破口，加强自身建设，以“五个加强”（加强思想建设、组织建设、参政议政、品牌建设、联谊交流）推动民革各项工作。民革组织和成员获民革中央、民革江苏省委会、镇江市政协等各类表彰30个。制定政治交接主题教育方案，开展线上、线下学习活动近百次。组织观看中共二十大开幕会直播；开展“民革伴成长、一起向未来”征文比赛；参与“同心”品牌实践活动，参加4次“同心·议事会”主题发言；参加全市统战系统“讲多党合作故事、献礼中共二十大”短视频大赛；组织创作20幅作品参加“百幅作品抒心怀”书画展。在镇江民革微信公众号发布图文消息211篇。1人获评民革江苏省委会“民革榜样人物”。做好涉台宣传，组织成员开展2场“学讲话精神、促祖国统一”同心学习会；组织观看习近平总书记在香港回归25周年大会上的讲话。定制电子贺卡，为近百名台属成员及其亲属送上中秋慰问和祝福。开展涉台调研，组织成员赴台资企业镇江奇美化工有限公司调研。

（民革镇江市委　陈　梅）

【组织建设】 2022年，民革镇江市委员会编制《民革镇江市第十一届委员会五年（2022—2026年）工作规划》。落实《民革市委领导班子成员及机关工作人员联系基层组织工作制度》；召开民革市委会内部监督工作会议，规范内部监督工作。开展“示范支部”创建活动，财经支部、文教支部和润州支部被评为“2022年度示范支部”。调整专委会成员，100名年轻成员被任命为各专委会成员；调整丹徒基层委员会、丹徒一支、新区支部部分支部委员。截至年底，全市有1个民革总支部、1个基层委员会、14个支部、436名成员。

（民革镇江市委　陈　梅）

【建言献策】 2022年，镇江市各级两会换届，53名民革成员担任各级人大代表、政协委员。15名成员受聘担任纪委监委、法院等单位行风监督员和志愿者。民革市委会和民革各级人大代表、政协委员提交议案、建议、提案90件，其中，提交省政协提案4件、市政协集体提案9件；《关于加强长江水生生物资源恢复与保护的建议》《关于培育壮大龙头企业助推乡村振兴的建议》《关于推动司法大数据深度参与社会治理的建议》被评选为市领导重点督办提案，9件提案被评为市政协优秀提案。开展课题申报、立项工作，全年完成调研报告27篇。报送132篇信息，被中央统战部《零讯》采用1篇，被民革中央采用10篇，被省委办公厅等省级组织采用30篇；9篇信息被评为市政协优秀社情民意信息。

（民革镇江市委　陈　梅）

【品牌建设】 2022年，民革镇江市委员会开展“博爱·同心”助力乡村振兴行动，组织党员购买乡村农产品；开展教育帮扶，为蛇场村11名学生发放奖学金。参加全市统一战线“同心向党、携手奔跑”迎新春活动，慰问因病致贫村民24人，书写春联300多副。创建“博爱·牵手”服务基地，建设广肇公所民革“中山博爱之家”；在赵伯先故居举行挂牌“民革党员爱国主义教育基地”；各支部与医院、社区、学校及对口联系单位联合建设6个社会服务基地。开展“博爱·同行”共同抗击疫情行动，90多名成员参加抗击疫情一线或志愿服务；各基层组织和成员为防控疫情捐款捐物累计20余万元。

（民革镇江市委　陈　梅）

民盟镇江市委员会

【概况】 2022 年,民盟镇江市委员会学习贯彻中共二十大精神,团结引领广大盟员,坚定理想信念,忠诚履职担当,助推现代化新镇江建设,各项工作有进展。将学习贯彻中共二十大精神作为首要政治任务,以开展“矢志不渝跟党走、携手奋进新时代”政治交接主题教育为主线,通过集中收听收看、常委会专题学习、集中专题辅导、开展各类实践活动等形式,学习贯彻中共二十大精神。完善宣传工作网络,加强各基层组织与市委会机关的宣传联络。全年通过网站发布各类盟务信息 261 篇,推送文章 111 篇,其中,11 篇登上《团结报》、“团结网”、民主党派微信热文榜,最高阅读量 1.1 万人次。民盟市委会与润州区金山街道杨家门社区党委签约结对共建;在句容市陈庄挂牌成立镇江民盟“生态农业科技服务基地”;在丹阳超力生态园挂牌“农业劳动教育实践基地”;医卫专委会组织专家在杨家门社区和香江花城社区开展义诊活动;江大委员会、扬中总支成立科技服务团,助力地方科技发展。(民盟镇江市委　赵倩倩)

【组织建设】 2022 年,民盟镇江市委员会推动提升“四好”基层组织创建工作,在基层换届上强化服务指导,协助高专委员会完成换届工作。精简优化结构,成立 6 个专委会,加强基层盟组织及盟员间的横向联系。教育专委会举办“提高课堂教学质量”为主题的教育论坛;法律服务专委会开展“法商同行”活动;医卫专委会开展服务进社区义诊活动;文化专委会举行沉浸式课本剧《我们的公朴先生》实景演出。截至年底,全市有 2 个民盟总支部、6 个基层委员会、15 个支部、1105 名盟员。(民盟镇江市委　赵倩倩)

【建言献策】 2022 年,两会期间,民盟镇江市委员会向市政协提交集体提案 8 件,其中《提升镇江市职业教育质量的建议》被列为市领导重点领办督办提案;提交个人建议案 15 件、个人提案 129 件。向中央、省、市各级报送社情民意信息 68 篇。其中,1 篇被全国政协《每日社情》与民盟中央共同采用,4 篇被民盟中央采用,5 篇被省政协采用,22 篇被民盟省委采用,63 篇被市政协采用。向民盟中央科技论坛供稿 1 篇。民盟市委被市政协评为 2022 年度信息工作先进集体;获省委统战部和省社会主义学院联合举办的“多党合作与中华民族伟大复兴”征文一等奖(1 篇)、三等奖(1 篇);获江苏教育论坛二等奖(2 篇)、三等奖(2 篇);获江苏文化研讨会二等奖(1 篇);获江苏生态文明研讨会二等奖(1 篇)、优秀奖(1 篇)。

(民盟镇江市委　赵倩倩)

民建镇江市委员会

【概况】 2022 年,民建镇江市委员会把学习贯彻中共二十大精神作为首要政治任务,先后召开主委会、全委扩大会、机关干部学习会进行专题学习。开展“矢志不渝跟党走、携手奋进新时代”政治交接主题教育专题宣讲、辅导报告会等活动。以冷遹纪念馆、陆小波故居和“民建会员之家”为依托,举办“纪念冷遹、陆小波先生诞辰 140 周年座谈会”等系列活动。围绕“多党合作与中华民族伟大复兴”主题开展征文、短视频征集,拍摄《勿离镇》《同心跟党走 奋进新征程》《助企纾困齐出手 矢志不渝跟党走》等一批短视频作品。组织开展“同心·学习会”系列活动,建设“书香民建”。以“多党合作与中华民族伟大复兴”为主题,做好理论课题研究,上报民建中央、民建省委和市委统战部理论文章 7 篇,其中,《冷遹的乡村建设思想及其现实价值的探讨》获民建中央重点理论研究课题优秀成果一等奖。全年镇江民建微信公众号发布推文 106 条(篇),民建中央网站采用 20 条(篇),省级及以上会

图 11　2022 年 6 月 15 日,纪念陆小波先生诞辰 140 周年暨年轻一代民营企业家理想信念教育活动举行　(市工商联　王　芳　供稿)

外媒体采用15条(篇),其中《刘国钧:纺织巨子 民建先贤》一文获民建中央会刊《民讯》与《团结报》的同时刊用。 (民建镇江市委 徐 哲)

【组织建设】 2022年,民建镇江市委员会领导班子成员参加中共中央组织部、共青团中央博士服务团赴海南省挂职;推荐会员参加民建中央第八期骨干会员培训班,省、市党外中青班学习培训;举办新会员、骨干会员培训班;完成4个基层委员会和部分支部换届或届中调整工作。民建市委获评民建省委2022年度"组织管理工作先进单位"和"会员发展工作先进单位"。截至年底,全市有2个民建总支部、4个基层委员会、34个支部、608名会员。

(民建镇江市委 徐 哲)

【参政议政】 2022年,民建镇江市委员会在中共镇江市委召开的党外人士专题民主协商会、"同心·议事会"上,作《深入推进港口与船舶污染防治,助推碳达峰、碳中和》《百年历史鉴初心 携手共画"同心圆"》等主题发言。民建界别市政协委员在开展"谋划推进城市有机更新"重点专题协商会上,作《坚持硬件改造与软件升级并重,加快推进老旧小区整治改造》建议发言。举办界别委员"加强开发项目代建绿地长效管理"协商议事座谈会议,获市政府主要领导肯定。建立宣传信息员队伍,并进行集中培训。全年向民建省委、市政协、市委统战部报送社情民意信息112篇。

(民建镇江市委 徐 哲)

【社会服务】 2022年,民建镇江市委员会组织会员参加2022年"腾讯99公益日"为"同心共富工程"项目,捐款3.5万余元(不含配捐)。新冠疫情防控期间,实施"暖企走访"行动,助力企业解决困难、为交通卡口一线工作人员捐赠食品物资。企业工作委员会为抗美援朝老兵进行捐款与慰问,打造民建"关爱抗美援朝老兵"公益品牌;润州区基层委员会五支部的"逆境成长益阳光"主题社会服务获民建省委社会服务品牌创新奖;丹阳民建·齐梁义工走访慰问12个乡镇666户空巢失独老人,捐赠年货折合12.8万元。

(民建镇江市委 徐 哲)

民进镇江市委员会

【概况】 2022年,民进镇江市委员会获评"民进全国信息化建设先进集体",2名会员获评"民进全省信息化建设先进个人"。学习教育。围绕"矢志不渝跟党走、携手奋进新时代"政治交接主题举办多场教育活动。与南京、扬州两地民进市委会在镇江美术馆举办"翰墨飘香秋意浓"宁镇扬三地民进会员喜迎中共二十大书画巡展。参加中共江苏省委统战部举办的"多党合作与中华民族伟大复兴"征文活动,2篇论文获二等奖,1篇论文获三等奖。参加在市委统战部主办的"百年实事展风采"微视频大赛,1部作品获三等奖。举办民进镇江市委员会2022年新会员培训班,加强会员思想建设,提升履职能力。成立民进镇江市委员会虚拟机关,成立民进镇江市京口基层委员会。截至年底,全市有2个基层委员会,21个支部,489名会员。 (民进镇江市委 郭新辰)

【参政议政】 2022年,民进镇江市委员会在市政协九届一次会议上,提交集体提案9件,其中《关于推动航空航天科普与区域航空产业融合发展的建议》被评为市领导重点督办提案,由市领导督办。全年上报信息197篇,上级部门采用192篇,其中,民进江苏省委会采用176篇,民进中央采用6篇,2篇信息获中共镇江市委主要领导批示,信息《应关注离婚案件"首判不离"的负面影响》被全国政协采用。2篇调研报告被民进省委评为参政议政成果一、二等奖,1篇调研报告获省委年度关注课题三等奖。

(民进镇江市委 郭新辰)

【社会服务】 2022年,民进镇江市委员会建设民进悦读会、镇江民进经济界会员联谊会、镇江市民进书画研究会、镇江叶圣陶研究会等平台,组织会员开展理论学习、考察调研、工作交流、书画巡展、教学研讨、助力书香镇江建设等活动。打造"关爱残障儿童,扶志扶技伴成长"社会服务品牌,为残障儿童举办"礼赞教师节 情满中秋月"公益活动。举办数场"春联万家"活动,送出春联福字千余副。句容支部开展"民师大讲堂"品牌线下讲座活动4场;京口小教支部开展教育公益沙龙线下公益讲座4次。

(民进镇江市委 郭新辰)

农工党镇江市委员会

【概况】 2022年,农工党镇江市委员会以习近平新时代中国特色社会主义思想为指导,践行"四新""三好"要求,履职尽责,各项工作有新进展。开展喜迎中共二十大党史宣讲活动。组织党员参加农工党省委会"讲多党合作故事 献礼中共二十大"短视频大赛,制作《呵护》《用爱传递更多温暖》短视频,分别获省委统战部三等奖、优秀奖和农工党省委会一等奖、三等奖。开展"矢志不渝跟党走,携手奋进新时代"政治交接主题教育,组织党员到丹徒世业镇重走习近平总书记考察世业镇路线。参加市委统战部“多党合作与中华民族伟大复兴”征文,提交征文12篇;参加市委统战部“喜迎二十大 墨香抒心怀”书画摄影作品展,征集书画作品6幅。开展统战名人素材整理,收集第一任主委张志清相关史料,形成《仁心妙手救众生,唯有医者留其名》的人物通讯。微信公众号开辟《喜迎二十大》《学习二十大》等专栏,全年报送宣传稿件92篇。（农工党镇江市委　周　萍）

【组织建设】 2022年,农工党镇江市委员会组建10个专门工作委员会,出台专委会工作办法及机关干部联系专委会制度;制定市委委员“履职清单”,对市委委员进行量化考核。全年发展新党员34人,组织新党员参加市委统战部培训、赴南京祭拜邓演达、参观雨花台烈士纪念馆。加强与相关部门沟通协商,做好人才的发现、储备和推荐工作。推进示范性“农工之家”创建活动,农工党一院“农工之家”建成并揭牌。强化思想引领和教育培训,建设“学习型、服务型机关”。江大基层委员会获评“农工党中央先进集体”,2人获评“农工党中央先进个人”,5人获评“农工党省委会优秀个人”,5个基层组织获评“农工党省委会先进集体”。截至年底,全市有6个农工党基层委员会、30个支部,779名农工党员。（农工党镇江市委　周　萍）

【参政议政】 2022年,两会期间,农工党镇江市委员会提交市政协集体提案6个、市政协个人提案24个、市人大个人建议6个,其中《关于打好土壤污染防治“三大战役”的建议》《关于完善应急管理体系的建议》被列为市领导重点督办提案。召开对口联系工作恳谈会,推动建立常态化合作机制。申报省级调研课题15项,获农工党省委会立项4项,其中重点课题1项。组织党员参加农工党省委会2022年“农工论坛——长江生态环境保护”联合调研征文,获一等奖1篇、二等奖2篇、三等奖3篇,农工党市委会获优秀组织奖。开展长江生态环境保护民主监督,到扬中开展专题调研、与市、县两级生态环境部门进行民主监督座谈。推荐6名党员担任“益心为公”检察云平台志愿者,推荐代表、委员担任工信局效能监督员。全年上报社情民意信息163篇,农工党省委会采用107篇。（农工党镇江市委　周　萍）

【社会服务】 2022年,农工党镇江市委员会组织医疗专家到丹徒世业镇开展“环境与健康宣传周”活动,捐赠医药和防疫物资价值1万余元,发放环境保护宣传资料300余份。组织党员参加“同心共富工程”项目,筹集捐款3.15万元。组织专家到句容袁相村“同心工程”试验区开展精准帮扶送健康活动,为村民提供健康咨询服务,捐资捐药5000余元。参加赴贵州大方的调研帮扶活动,向大方捐赠帮扶资金3万元。开展健康科普,联合市妇联、民生频道开展疫情防控心理健康线上公益讲座;依托微信公众号推送农工讲堂微音频,进行心理知识科普。（农工党镇江市委　周　萍）

致公党镇江市委员会

【概况】 2022年,致公党镇江市委员会学习贯彻中共二十大及中共镇江市第八次党代会精神,践行“致力为公 侨海报国”宗旨,围绕市委、市政府中心工作,履行参政党职能。通过集中收听收看中共二十大开幕会,通读、精读中共二十大报告等方式学习中共二十大精神;在微信公众号、网站等开辟中共二十大精神专题学习专栏;与中共京口区委、区政府联合举办“喜迎二十大 翰墨丹青伴我行”书画展;组织致公党员参加市委统战部“喜迎二十大”统战人物音频诵读活动。组织致公党员参加“同心共富工程一起捐”活动,筹集捐款1.3万余元。在渭南市合阳县金峪镇开展“助学行动”活动,捐赠助学金4.9万元。致公党镇江市委挂牌“兴福工程——乡村振兴曲阳工作站”。将推动与名人故居合作共建作为海外联络工作重点,在赛珍珠故居成立致公党中外文化交流基地、海外联络实践基地,在茅以升纪念馆成立“侨海报国教育基地”。与市委宣传部、市外办、市赛珍珠研究会开展“我与镇江”——外国友人摄影、短视频作品征集活动。（致公党镇江市委　蒋　薇）

【组织建设】 2022年,镇江市建成9个“致公之家”,致公党江苏大学总支和江苏科技大学支部“致公之家”挂牌。1名致公党员当选为致公党省委会常委,1名致公党员当选为致公党省委会委员、省监督委员会委员,15名致公党员入选致公党省委会专委会委员。9名致公党员担任市级特约监察(检察)人员。2名致公党员分别获评“致公党中央宣传工作先进个人”“全国社会服务工作先进个人”。全年发展致公党员26人,平均年龄36.7岁,全部有侨海关系,本科及以上学历25人。其中,博士学历1人、硕士学历4人;高级职称2人、中级职称8人;留学人员5人;区人大代表1人,区政协委员1人。截至年底,全市有2个致公党总支部、5个基层委员会、23个支部,365名致公党员。（致公党镇江市委　蒋　薇）

【参政议政】 2022年,在两会期间,致公党镇江市委员会提交集体和个人议案、提案132件,其中《关于加快清洁能源发展、促进“双碳”建设的建议》《关于推动提高农业科技成果转化率的建议》《关于促进民宿产业健康发展的建议》被列为市领导重点督办提案。全年立项5个致公党省委会参政议政调研课题,3篇调研文章入选致公党沪、苏、浙、皖“长三角区域合作发展论坛·2022”,3篇论文入选中国发展论坛,1个调研课题获致公党省委会“汇智论坛”一等奖。上报298条社情民意信息,1条信息获中共江苏省委主要领导批示。（致公党镇江市委　蒋　薇）

九三学社镇江市委员会

【概况】　2022年,九三学社镇江市委员会学习宣传中共二十大精神,开展中共二十大精神专题培训3次;组织社员骨干到世业洲等地开展现场实践。开展各类主题征文活动,2篇论文分获省委统战部理论征文二、三等奖。以抗击疫情、科技兴农为主题制作微视频2部,其中《丝路上的播种者》获省委统战部短视频大赛二等奖。组织开展“矢志不渝跟党走、携手奋进新时代”政治交接主题教育。《团结报》《人民政协报》等主流媒体采用宣传稿件5篇,“学习强国”学习平台等网络媒体采用23篇。

（九三学社镇江市委　孙　凯）

【组织建设】　2022年,九三学社镇江市委员会完成专门工作委员会换届工作,新成立社会民生专委会和经济科技专委会。组织开展2次新社员培训班、2次履职专题培训,选派2名社员参加省委统战部干部培训。1名社员当选为九三学社江苏省委会常委,1名社员当选为九三学社江苏省委会委员。九三学社市委获评九三学社省委会第八届委员会组织建设先进集体。全年发展新社员25人,平均年龄36.8岁,其中副高以上职称12人。截至年底,全市有4个九三学社基层委员会、25个支社、552名社员。

（九三学社镇江市委　孙　凯）

【参政议政】　2022年,九三学社镇江市委员会参加中共镇江市委协商议事会、市委统战部“同心·议事会”等活动。在市政协九届一次会议提交集体提案4件,其中《关于提升人才结构与产业匹配度的意见》《关于完善中小企业信用管理体系的意见》被列为市领导重点督办提案。全年围绕船舶海工产业、职业教育发展、民营企业科技创新平台等课题开展调查研究,形成调研报告9篇,其中7篇入选九三学社省委会参政议政课题。全年上报社情民意信息169篇,被上级部门采用36篇,其中,2篇信息被中央统战部采用,2篇信息获市委主要领导批示。九三学社市委会获九三学社省委会信息工作二等奖。

（九三学社镇江市委　孙　凯）

【社会服务】　2022年,九三学社镇江市委员会成立镇江九三科技服务团,先后与扬中市科技局、句容市委统战部等签订科技合作框架协议,为世业洲农谷科技园农业企业提供技术支持,到句容后白为企业和农户培训智能农机操作并示范田间作业。参与市委统战部“同心工程”,向困难群众发放慰问金4000余元。“国际科学与和平周”期间组织医卫工作者到世业镇开展义诊。开展“99公益日”慈善捐款活动,募集捐款6000余元。组织社内政协委员开展“红色行动,为爱续航”红十字日公益活动,向器官捐献者家庭捐赠爱心礼包。九三学社市委会获评“九三学社中央2021—2022年度社会服务先进单位”。

（九三学社镇江市委　孙　凯）

镇江市工商业联合会

【概况】　2022年,镇江市工商联以习近平新时代中国特色社会主义思想为指引,以迎接和学习宣传贯彻中共二十大精神为主线,围绕促进“两个健康”(非公有制经济健康发展、非公有制经济人士健康成长)工作主题履行职责,各项工作有新进展。开展中共二十大精神学习宣传贯彻活动,推动中共二十大精神进基层、进商会、进企业。在江苏恒信集团组织开展中共二十大精神宣讲活动,邀请中共二十大代表沈春雷、赵亚夫到句容市和京口区作思想辅导报告。开展纪念陆小波先生诞辰140周年暨年轻一代民营企业家理想信念教育活动。完善“一网一号一刊”宣传矩阵,《非公经济信息速递》获市委主要领导多次批示。举办第四期“双百菁英”科技企业家特训营,丹阳“师承计划”、句容“容商论坛”、扬中江洲商学院运作。评选民营经济人士34人为“第三届镇江市优秀中国特色社会主义事业建设者”。出版《镇江市工商业联合会 镇江市总商会志》,获省史志作品优秀成果奖和省工商联实践创新奖。家居装饰业商会“结对共建促发展”做法获评全省工商联商会党建制度创新优秀案例。句容市工商联被全国工商联选树为首批“五好”工商联标杆单位,丹阳市工商联、句容市工商联获评全省工商联系统先进集体。7家商会获评国家级“四好”商会、16家商会获评省级“四好”商会,12家商会获评全省先进商会组织。

（市工商联　王　芳）

【组织建设】 2022年,镇江市工商联完成市、县两级工商联换届任务。截至年底,市工商联下辖161个商会,其中市级商会37家。全市有137名民营经济代表入选新一届全国、省级和市级工商联领导机构,129名会员当选为省人大代表、政协委员和市人大代表、政协委员。推动市委召开全市工商联主席座谈会,组织新任常执委任职培训,参加全国工商联组织的市、县级工商联负责人线上培训等,提升履职能力。召开市总商会党委党员大会,选举产生新一届党委班子;指导河北商会成立党支部;推动高新技术企业商会成立党建联盟。安徽商会党支部创成“五星”级党支部,泰州商会党支部、南通商会党支部、家居装饰业商会党支部创成“四星”级党支部。4家企业入围中国民营企业500强,7家企业入围中国民营企业制造业500强。11家企业入围江苏省民营企业200强,5家企业入围江苏民营企业制造业100强,7家企业入围江苏民营企业制造业100强,3家企业入围江苏民营企业创新100强。大全集团、鱼跃医疗获评“江苏制造突出贡献奖企业”。 (市工商联 王 芳)

【参政议政】 2022年,镇江市工商联开展营商环境满意度评估工作,向市委、市政府提交《2021年度镇江市民营经济营商环境主观满意度评估分析报告》等。两会期间,提交集体提案11件,其中,《在双碳背景下推动产业健康发展》等3件提案被列为市领导重点督办提案,《关于新冠疫情下指导和帮助企业维护合同权益的建议》《疫情冲击下丹阳市汽车零部件产业调查》等获市委主要领导批示。

(市工商联 王 芳)

【社会服务】 2022年,镇江市工商联协调财政局、卫健委等多部门,推动解决全市出租车行业核酸检测分布点及费用等问题。组织10家商会和企业筹集80万元资金,帮助扬中市西来桥镇东来村成立“镇江市联兴生态农业有限公司”,助力村集体经济发展。大亚集团捐赠9500平方米医用抗菌地面材料援建上海、安徽方舱医院;瑞祥科技集团向上海陆家嘴街道捐赠多份防疫物资;安徽商会、泰州商会、南通商会、创业精英联合会和京口区正东路商会等引导会员投身志愿服务。开展民营企业绿色环保“镇”在行动系列活动,推进长江大保护和生态环境建设。

(市工商联 王 芳)

【民营经济服务】 2022年,镇江市工商联开展以“问企情、解企难、帮企稳、助企进”为主题的“五送五助·春风暖企”专项行动,走访商会、企业1800余家,获全省工商联突出贡献奖。发挥民营经济统战协调机制作用,深化“1+N”合作机制,开展“贷动小生意、服务大民生”甘露行动、“助小微 惠民生”金融服务日等活动,助力支农惠企。举办企业税务风险防控交流会、“春雨润苗”专项行动等活动,助力中小微企业渡难关。联合市人社局开展云聘直播大会,组织会员企业赴渭南等地招工,帮助解决用工难题。加强非公经济服务中心建设,丹阳、句容、扬中、丹徒实现全覆盖。召开“敢闯抢先机、创新赢未来”企业家座谈会,举办眼镜行业、税企话亲清等沙龙,推动政企互动。出台《关于建立镇江市政商共建帮代办服务机制的意见》,设立“非公经济服务专窗”,为企业提供“一站式集成办”服务,全年受理企业诉求186宗。推进企业合规改革试点,受理案件23起,办结9件;1对案例入选全国工商联、最高人民检察院100对沟通联系机制典型案例。市总商会人民调解中心调解成功诉前案件125起,标的超6亿元,获评全市首批“金牌劳动人事争议调解组织”。安徽商会与市公安局政务服务支队合作建成警企一警通帮办服务示范点。 (市工商联 王 芳)

【镇江市工商联第十三次代表大会】 2022年1月16日—17日,镇江市工商业联合会第十三次代表大会暨第一次全体会议召开。会上,举行第三届镇江市优秀中国特色社会主义事业建设者颁授仪式,成立市工商联非公经济健康发展咨询委员会,镇江市群团组织、民主党派代表致贺词。大会选举产生镇江市工商联(总商会)第十三届执行委员会委员及领导班子,卢道富当选为市工商联主席、市总商会会长。市委书记马明龙,省委统战部副部长、省工商联党组书记顾万峰出席会议并讲话。 (市工商联 王 芳)

镇江市总工会

【概况】 2022年，镇江市总工会贯彻落实中共二十大、省、市党代会和省总十四届八次精神，各项工作取得新成效。下辖17个行(产)业、局工委(会)，4个市属产业集团工会。全市基层工会组织4273个，其中，独立基层工会3653家，联合基层工会620个，基层工会覆盖单位13631个，会员652711人，其中，女会员274793人、农民工会员216486人。

完善普惠服务体系，市总工会实施“情暖职工”十件实事，解决职工群众急难愁盼问题。启动“工惠优享家”项目，入驻服务基地单位17家，市总工会投入50万元补贴资金，带动2万人次职工消费300万元。“爱心伞”项目被列入市政府民生实事清单。为92户困难职工建档，协调落实有关的水、电、气、医疗、住房等相关政策；对受疫情影响生活困难的430户职工家庭发放疫情专项生活救助资金49.4万元。举办以“促就业惠民生 当好职工娘家人”为主题的线上线下招聘会18场次，550家企业提供3000多个工作岗位。推广“镇工惠”职工创业贷，发放资金14笔660万元。联合市委组织部举办“‘新新’向党、暖‘新’行动”集中服务活动，为新业态劳动者赠送保险6861份，500多人参加免费体检，8000多人收看困难职工援助申报、法律维权、女职工特殊权益保护等网上直播专题。市总工会获评“互联网+工会普惠服务”“创新型”平台、全国“安康杯”竞赛活动先进集体、全国市级工会财务会计工作先进单位、全省服务职工优秀社会组织等。8月25日，诺得物流货运物流工会组队参加省总工会组织的全省首届交通物流行业客服人员职业技能竞赛，获“优秀客服团队”奖和个人一等奖。

（市总工会　方　宸）

【思想建设】 2022年，镇江市总工会联合市委宣传部、市委教育工委举办全市“劳模工匠进校园、思政教师进企业”工作现场推进会，组建105名劳模工匠、思政专家讲师组成宣讲队伍，建设命名18家职工思政教育实践创新工作室。在镇江“强国复兴有我”群众性主题宣传重点活动启动仪式上发布“双进”活动，并向劳模代表发放聘书，全年开展“双进”活动203场次，线上、线下参与职工10万余人次。组织开展庆“五一”系列活动，活动跨度2个月、包含15项内容。“镇工惠”服务平台全年发布工会资讯1700余条，激活会员37万余人。开展宣传劳模先进事迹活动；镇江—红河两地劳模创新工作室跨省结对。举办以“喜迎二十大 建功新时代”为主题的“东方 黄河”交响音乐党课，现场播放《追梦时代 劳动最美》摄影作品展示宣传片。举办“学习二十大 悦读新思想”主题活动，成立职工阅读联盟，邀请中共二十大代表、全国劳模沈春雷进书屋、进企业宣讲，发布市总工会学习宣传中共二十大工作清单。12月，启动“党的二十大精神进百企”活动。

（市总工会　方　宸）

【服务经济发展】 2022年，产改工作纳入镇江市委常委会工作要点、市委党建工会要点、市委深化改革要点、“十四五”人才发展规划。市总工会启动助推产业强市“托星计划”，实施“技能大比武”“小兵立大功”“工匠金蓝领”“名师带高徒”四项行动；举办航天航空产业等市级一类竞赛，评选市职工十佳“创新成果、先进操作法、发明专利”，全年产生高技能人才1500人。开展重点企业、经营场所职工队伍稳定风险专项排查化解工作。全市各级工会投身疫情防控工作，慰问货车司机1万余人。市、市(区)两级工会返还小微企业工会经费3198.1万元，助力企业渡过难关。

（市总工会　方　宸）

【组织建设】 2022 年，镇江市总工会完成总工会换届选举工作；制定出台《关于开展 2022 年度深化工会改革重点机制项目化试点工作的通知》；开展深化工会改革“微案例、微感言、微建言”征集活动；组织开展 2022 年全市工会工作“四好”竞赛活动；开展党建带工建“三创争两提升”活动，联合市委组织部命名表彰 40 家党建带工建“三创争两提升”市级示范单位，6 家非公企业获评省级示范单位；开展全市工会系统集中建会“百日攻坚”行动，推动非公有制经济组织和社会组织工会组建工作，全市新建工会 388 家，新增会员 32569 人，新业态“四大群体”建会实现全覆盖。全国首家依托民营物流平台企业为货车司机组建的工会——惠龙易通货运物流工会建会入会。

（市总工会　方　宸）

【“留镇过大年 · 工会送好礼”活动】 2022 年 1 月 21 日，镇江市总工会面向全市职工开展“留镇过大年 · 工会送好礼”活动，发放每张价值 100 元的移动话费卡、视频会员半年卡、元祖蛋糕卡、瑞祥电影卡、凤凰新华读书卡各 1000 张。利用“镇工惠”职工网络服务平台和“镇江职工之家”微信公众号平台，开展“好礼兑换”“学习伴你过大年”“网络掼蛋比赛”“线上健步走”“一封家书”“文化基地打卡”等活动，全市职工广泛参与。

（市总工会　方　宸）

【职工技能竞赛】 2022 年 3 月，镇江市总工会下发 2022 年度镇江市职工职业（工种）技能竞赛通知，明确 12 个一类竞赛工种。4 月—12 月举办全市碳素特种材料工、汽车生产线操作工、电工、CAD 机械设计、无人机驾驶员、门机司机、劳动人事争议调解员、急救技能、消防业务、中式烹饪、公路养护工、普通中小学青年教师教学等工种市级一类职业技能竞赛 12 个，推动各级工会举办绿化园艺、点钞识假、金牌讲师、家政服务、保洁员等市级二类技能竞赛 149 个工种。产生行业技能状元 10 人，市五一劳动奖章 27 人，镇江市五一技术标兵 269 人，通过竞赛产生高技能人才 2356 人。

（市总工会　方　宸）

图 12　2022 年 1 月 21 日，“留镇过大年 · 工会送好礼”主题活动启动　（市总工会　方　宸　供稿）

【职工思政“双进”活动】 2022 年 3 月，镇江市总工会、市委宣传部、市委教育工委联合印发《关于深入推进“劳模工匠进校园思政教师进企业”工作的通知》。组建一支由 55 位劳模工匠和 50 名思政教师组成的宣讲队伍；邀请 7 位劳模担任中小学“课后服务校外辅导员”，建立“镇工慧”思政教育课题库，实现网上点单、线下送课；全年开展“双进”宣讲 203 场次，线上线下参与职工 10 万余人次。印发《关于命名镇江市职工思想政治教育创新实践室的决定》《关于命名镇江市职工思想政治教育基地的决定》等文件，整合建立 18 家职工思政教育创新实践工作室，挂牌 6 家单位为镇江市职工思想政治教育基地。5 月 26 日，召开“劳模工匠进校园思政教师进企业”工作现场推进会，开展新就业形态劳动者专场宣讲活动。8 月 31 日，举办全市“思政工作进班组”培训班，邀请劳模先进班、组长进行宣讲，以思政教育、能力提升为主题，进行“思政 5W”创新课程的首讲。该项工作获《工人日报》头版头条报道。

（市总工会　方　宸）

【“两新”组织工会组建和新就业形态劳动者建会入会】 2022 年 3 月 6 日，丹阳市道路货运行业工会联合会成立，为镇江市首家道路货运行业工会，5000 余名货车司机入会。4 月 14 日—15 日，市总工会在高速镇江出口、镇江南出口和超群加油站三个服务点开展“工会陪你在路上”关爱货车司机活动，慰问货车司机 2000 人。5 月 19 日，全市镇级工会全域组织体系建设动员部署暨新就业形态劳动者建会入会工作推进会召开。8 月 24 日，镇江市互联网行业工会联合会成立，这是全省成立的首家设区市级互联网行业工会联合会。9 月 16 日，镇江市外卖配送行业工会联合会成立，截至 2022 年年底，行业工会覆盖 3 个县级工会联合会和 4 家加盟商。

（市总工会　方　宸）

【工会组织改革】 2022年3月29日,镇江市总工会组织召开2022年度全市深化工会改革暨"四好"竞赛、"双进"工作动员部署会,印发《关于开展2022年度深化工会改革重点机制项目化试点工作的通知》《关于开展"青蓝攻坚"专项行动的通知》《关于开展工作工会"四好"竞赛的通知》《关于组织开展"联网联动、共建共享"主题活动的通知》。11月30日,组织开展深化工会改革"微案例、微感言、微建言"征集评选活动,1.6万余人次参与投票并留言;经推荐申报、专家初审、网络投票、综合评定等环节,评选优秀"微案例"20件和一批优秀"微感言、微建言"。

(市总工会 方 宸)

【全市庆祝"五一"大会】 2022年4月27日,2022年全市庆祝"五一"大会在南山剧院举行。会议表彰1个全国五一劳动奖状、2个全国五一劳动奖章、2个全国工人先锋号,6个江苏省五一劳动奖状、10个江苏省五一劳动奖章、2个江苏省五一劳动荣誉奖章、24个江苏省工人先锋号,25个镇江市五一劳动奖状、55个镇江市五一劳动奖章、48个镇江市工人先锋号。获奖代表作《跑出时代激情 争出工人荣光》集体倡议。现场还上演向劳动者致敬的文艺节目。

(市总工会 方 宸)

【党建带工建"三创争两提升"活动】 2022年4月28日,镇江市总工会开展2022年度党建带工建"三创争两提升"省级示范单位创建活动,指导大亚科技集团等6家非公企业创成省级示范单位。11月,开展2022年党建带工建"三创争两提升"市级示范单位创建活动,经推荐申报、综合评定,命名表彰40家党建带工建"三创争两提升"市级示范单位。

(市总工会 方 宸)

【产业工人队伍建设改革】 2022年5月12日,镇江市产业工人队伍建设改革第四次联席会暨助推产业强市"托星计划"启动仪式举行。会议下发《2022年镇江市产业工人队伍建设改革工作要点及责任分工方案》《关于深入推进产业工人队伍建设改革试点工作的实施意见》《关于调整新时代镇江产业工人队伍建设改革联席会议组成人员的通知》,明确全市产改第三批试点单位名单。7月22日,镇江市下发《关于建立镇江市产业工人队伍建设改革指导员队伍的通知》,聘请镇江市产改工作指导员26人,聘期2年。9月22日,第五期"产改沙龙"活动举行。9月22日—23日,全市产改工作专题培训班举行,组织学员到镇江港务集团、江苏瑞祥科技集团进行现场教学。市职工技术协会为参加全市技能竞赛的9个工种409名理论实操"双合格"的职工发放高级工技能等级证书。

(市总工会 方 宸)

【"新新"向党、暖"新"行动集中服务活动】 2022年6月16日,"新新"向党、暖"新"行动集中服务活动启动仪式在镇江西津渡鉴园广场举行。活动现场为新业态劳动者提供维权服务,为500余名新业态劳动者提供体检、法律咨询等服务;为获得"五一劳动奖章"的新就业群体代表颁奖,为"镇'新'向党"新就业群体工会志愿者服务队授旗。

(市总工会 方 宸)

【工会助力乡村振兴】 2022年6月23日—27日,镇江市劳模协会组织9名劳模赴云南红河州参加红河—镇江劳模创新工作室联盟年度交流活动,活动中,免费举办一期草莓栽培技术培训班,并向朱家花园景区赠送4只凤头白鸭。举行端午、中秋、春节3场优质农产品销售活动,举办渔业劳模创新工作室"高效农业传帮带"鱼鳖、青虾养殖100人的培训班。组织全市基层工会购买本省、市东西部协作、对口支援地区消费帮扶产品5644.22万元。

(市总工会 方 宸)

共青团镇江市委员会

【概况】 2022年,镇江市有团员94980人,各级团组织7178个,其中,团委302个,团工委51个,团总支127个,团支部6698个。各级团干部12235人,其中专职团干部198人。共青团镇江市委员会举办宁镇扬青商创新协作对接会,宁镇扬青商合作发展框架协议签订,12个宁镇扬青商合作项目签约、3家省属企业与镇江市重点项目签约。开展"创响镇江"创新创业大赛,开展"让全国看见你"路演镇江站等活动8场,推荐44个项目参加"创青春"江苏青年创新创业大赛、3个项目参加"创青春"全国大学生创业大赛。实施"强国有我 号队助跑"2+2+1(开展2项赛事、寻访2类先锋、实施1场结对)先锋行动;推动实施"一号一队一项目"结对,全市22家青年文明号集体、220支青年突击队与201个重大项目完成结对。开展首届"镇江市乡村振兴青年先锋"寻访活动。发放"新农菁英贷"合计496笔、3.18亿元。实施2022年江苏大学生志愿服务乡村振兴计划,招募专项志愿者24人;开展大学生暑期实习专项工作,募集岗位1946个,吸引在校大学生2527人;开展"百校千企万岗"就业帮扶行动,举办"送岗直通车"系列招聘活动,募集招聘岗位合计2.12余万个。

深化“千岗走千企”专项行动，联合市安委办举办“华润燃气杯”青年安全生产创意微视频和融媒体作品征集大赛，9 个安全领域的 60 余个创意作品参赛。以中共镇江市委名义印发《关于全面加强新时代少先队工作的实施方案》，推动全市有小学或初中的 155 个社区、农村建立少工委，聘任校外辅导员 4967 人。共青团中央《辅导员》《中国少年儿童》杂志 3 次刊发长篇通讯在全国推广镇江少先队工作经验。（共青团镇江市委　王佳雨）

【思想建设】 2022 年，共青团镇江市委员会学习宣传贯彻中共二十大精神，组织市级“红领巾巡讲团”成员进校园、进中队、进社区，开展“学习二十大 争做好队员”宣讲 20 场。举办学习贯彻习近平总书记在庆祝中国共产主义青年团成立 100 周年大会上的重要讲话精神等系列活动，推进“青年大学习”，300 余万人次参学。组织青年讲师团、“我们身边的好青年”、“镇江市十大杰出青年”等开展宣讲“六进”活动 200 余场。举办镇江共青团发展历程图片巡展、新老团干座谈会、“红心向党 不负韶华”镇江市青少年书画印优秀作品展等活动。深化“回信记心间 争当好队员”主题实践活动，开展“党团队员手拉手 国家安全伴我行”连线式精品团课活动“红领巾寻访党的百年足迹”“红领巾爱学习”网上系列主题队课等活动。（共青团镇江市委　王佳雨）

【组织建设】 2022 年，共青团镇江市委员会围绕“固本强基”，制定下发《共青团镇江市委关于贯彻落实〈新时代全面从严治团实施纲要〉的实施意见》，开展县域共青团改革，市（区）团委完成换届任务。指导建立县级快递物流行业团工委，打造团建联盟服务项目，为行业青年开展法律、专技、安全培训等。开展“喜迎二十大、永远跟党走、奋进新征程”主题教育，组织 4 个专题学习教育，团支部 100% 参加。
（共青团镇江市委　王佳雨）

【青年成长发展】 2022 年，共青团镇江市委员会举办宁镇扬青商创新协作对接会，宁镇扬青商合作发展框架 2022 年，共青团镇江市委员会围绕“青年关切”，完成 206 间“梦想小屋”改造工程；推出镇江“12355”青少年健康成长直播“云课堂”，219.6 万人次观看。打造“‘镇’好遇见你”镇江市青年人才联谊交友品牌，举办 2022 镇江首届青年人才交友文化节，市、县联动开展活动 30 场，青年人才 3000 余人次参加。组织开展第十四届“镇江市十大杰出青年”评选活动。组织开展“点燃生命的希望”镇江青年造血干细胞捐献志愿者集中行动，配对捐献 104 例，捐献志愿者占人口数量比例列全省第 1 名。打造镇江市疫情防控人力资源（志愿者）管理平台，招募青年志愿者 1000 余人。（共青团镇江市委　王佳雨）

【宁镇扬青商创新协作对接会暨江苏青商企业“市县行”走进镇江活动】 2022 年 3 月 9 日，宁镇扬青商创新协作对接会暨江苏青商企业“市县行”走进镇江活动在句容举行。该活动由共青团江苏省委、镇江市人民政府、新华报业传媒集团、江苏省综合交通运输学会主办，以“共享协作 创新赋能”为主题，采用线上线下方式举行。活动中，三地青商企业、高校、园区签订 12 个合作项目；省港口集团、省铁路集团、省农垦集团分别与句容市政府、恒顺集团、海纳川公司达成合作意向；新华报业传媒集团、三地青商会共同打造的宁镇扬青商“新华学院”成立；“智能交通与车联网联合研发中心”揭牌；宁镇扬青商高端装备制造、新材料、生命健康、数字经济产业创新协作组成立；宁镇扬青商合作发展框架协议签署；三地青商企业与三地高校，就产学研、人才培养等方面签署石墨烯碳纤维发热电缆制造工艺研发项目、高性能聚醚系列产品研发及产业化等六个合作项目；三地青商企业与三地园区或企业，签署超细微粉项目、瑞鸿鑫源制冷设备项目等六个产业类合作项目。省综合交通运输学会理事长史和平，团省委书记司勇，省港口集团党委书记、董事长王永安，省铁路集团党委书记、董事长常青，省农垦集团党委书记、董事长魏红军等出席活动。（共青团镇江市委　王佳雨）

【第十四届“镇江市十大杰出青年”评选】 2022 年 3 月 22 日，第十四届“镇江市十大杰出青年”评选活动启动。该活动由镇江市人才工作领导小组办公室、镇江市精神文明建设指导委员会办公室指导，共青团镇江市委员会、镇江报业传媒集团、镇江市文化广电产业集团、镇江市青年联合会等单位联合主办。经过资格审查、综合初评、网络投票和社会公示等环节，确定 20 名正式候选人进入现场评审。5 月 5 日，通过现场展示和评委投票，10 名在本职岗位和服务社会中取得突出成绩的青年代表获第十四届“镇江市十大杰出青年”称号。
（共青团镇江市委　王佳雨）

【“镇”好遇见你——2022 镇江首届青年人才交友文化节】 2022 年 5 月 20 日，“镇”好遇见你——2022 镇江首届青年人才交友文化节在西津音乐厅启动。开幕式上，15 名“青缘大使”代表获颁发聘书。活动中，现场播放《“镇”好遇见你》主题宣传片，企业青年人才接受现场访谈，5 对夫妻讲述在镇江相识、相伴、相守的故事并为青年人才送上爱情寄语，江苏省委党校教授、社会心理学博士黄菡通过视频为大家分享恋爱心理知识。此次青年人才交友文化节分为1场开幕式以及8场主题活动。期间开展8场主题活动,围绕“茶文化”“乡村文化”“红色文化”“醋文化”“江豚文化”“爱情文化”“诗词文化”“数字文化”等开展,涵盖公益事业、科技人文等多项内容,吸引500余名青年人才参与。

（共青团镇江市委　王佳雨）

图13　2022年5月20日,“镇”好遇见你——2022镇江首届青年人才交友文化节开幕　（共青团镇江市委　王佳雨　供稿）

【“喜迎二十大 永远跟党走”主题队日活动】　2022年6月1日,镇江市少先队“喜迎二十大 永远跟党走”主题队日活动在京口区实验小学举行。活动中为江苏省优秀少先队员、江苏省优秀少先队集体、镇江市“十佳”学校少工委主任代表颁奖。京口区“红领巾小社团”开展泥塑、京剧、书法、脸谱、盘画等作品展览活动。全市辅导员、少先队工作者代表观摩本次主题队日活动。

（共青团镇江市委　王佳雨）

【“梦想小屋”建设】　2022年6月,镇江市完成面向困境儿童家庭的“梦想小屋”改造工程。“梦想小屋”改造工程是镇江共青团连续第二年独立承担市政府民生实事项目。当年,共青团镇江市委募集资金400余万元,为全市以事实无人抚养儿童为主体的困境儿童建设206个“梦想小屋”,两年内合计建成416个“梦想小屋”。

（共青团镇江市委　王佳雨）

【共青团镇江市第十八次代表大会】　2022年12月1日,共青团镇江市第十八次代表大会举行。会议通过《关于共青团镇江市第十七届委员会工作报告的决议》;选举产生共青团镇江市第十八届委员会委员、候补委员;选举产生共青团镇江市第十八届委员会常务委员会书记、副书记,张冲当选为共青团镇江市第十八届委员会书记。会议要求,全市各级团组织和广大团员青年要牢记党的教诲,立志民族复兴,不负韶华、不负时代、不负人民,在青春的赛道上奋力奔跑,为全面推进中国式现代化镇江新实践凝聚磅礴力量。要坚定信念、勇毅前行,用信仰之光照亮前行之路;敢为善为、拼搏奋斗,用青春力量担当时代使命;知行合一、勇于斗争,用过硬本领筑牢成长基石;崇德向善、严守纪律,用优良品格展现青春风采。

（共青团镇江市委　王佳雨）

镇江市妇女联合会

【概况】　2022年,镇江市妇联贯彻落实全国和省妇联深化妇联改革的部署要求,做好思想引领,做好服务联系,办好妇女儿童“关心事”,当好妇女群众“娘家人”,各项工作有成效。打造“织爱行动”“社会妈妈”“微心愿圆梦”“冬日暖阳”等爱心品牌,通过发放助学款、关爱金,组织亲子实践、研学教育、健康讲座、技能培训等方式,惠及困境留守妇女儿童4002人次。开展“巾帼心向党 喜迎二十大”群众性主题宣传教育活动,“镇有一手”巾帼宣讲团利用红色阵地、红色资源进村入户开展分众化、特色化宣传宣讲,受众近3万人次;推进男女平等基本国策培训教育进党校。召开新业态新就业女性座谈会,开展新业态女性培训,成立快递、物流、外卖、货运等领域妇联、妇女微家,巾帼暖“新”驿站等各类组织近10个。推进女网格员、妇联执委双向任职,全市1701名女网格员中,妇联执委为1583名,占93%。联合市公安、市检察院、市法院、市民政等部门召开疑难信访案件分析研讨交流会,拓展信访案件办理思路。召开全市妇女儿童工作会议暨儿童友好城市建设推进会。“一户一策”微关爱服务实现市(区)级层面全覆盖。市妇女儿童活动中心开通公众号、视频号,打造“云上相伴 与爱同行”“云课堂”品牌,全年推送线上课程72期,播放量2万余次。“关心关爱困境留守妇女儿童”获评2022年度镇江市“十佳民生实事”。截至2022年年底,全市有809个市、县(区)、镇(街道、园区)、村(社区)四级妇联组织,247 个党政机关、事业单位、行业系统妇联组织,236 个“四新”领域妇女组织。 (市妇联 郑 丹)

【“巾帼建功”】 2022 年,镇江市妇联新创 10 个“田妈妈”田间课堂,“田妈妈”田间课堂开展公益培训 60 余场,惠及农村妇女近 3000 人次。联合市农业农村局在句容市召开“田妈妈”田间课堂现场观摩推进会。联合中信银行镇江分行推进“巾帼科创贷”战略合作,开展“科技创新 她创未来”资源链接、政策分享活动 14 场。联合市人社局打造女大学生创业就业实践基地,为女大学生提供近 1000 个假期见习实践岗位。

(市妇联 郑 丹)

【家庭教育】 2022 年,镇江市妇联联合市教育局推进家庭教育指导工作机制,推动家校社协同育人。健全家庭教育工作机制,强化家庭教育工作队伍,开展家庭教育指导和支持服务。结合“5·15”国际家庭日和首个全国家庭教育宣传周,以短信推送、网络普法、以案释法等形式宣传家庭教育促进法,覆盖近百万人次。选树“五好家庭”“绿色家庭”“书香家庭”“教子有方家庭”等典型,揭晓、命名市级家庭典型 140 户,47 户家庭获评全国、省级典型家庭。市委教育工作领导小组、市政府妇儿工委联合召开全市家庭教育工作推进会。 (市妇联 郑 丹)

【维权服务机制建设】 2022 年,镇江市妇联制定《关于加强反家庭暴力工作联动协作机制的实施意见》,推动反家暴事前预防、事中制止和调解、事后救助和监督等全流程 10 项机制实施。联合市委政法委出台《网格化 + 妇儿维权专项活动实施方案》,将婚姻家事矛盾排查纳入网格工作事项。出台信访案件跟踪反馈制度,规范舆情处置流程,优化案件处理和舆情应对机制。制定维权培训工作计划,实行一级带一级的维权轮训,线上、线下培训维权干部近 2000 人次。

(市妇联 郑 丹)

镇江市科学技术协会

【概况】 2022 年,镇江市科协推进《科学素质纲要》实施工作,推动市政府印发《镇江市全民科学素质行动规划纲要(2021—2035 年)》,组织实施《2022 年度全民科学素质百项行动计划》。全市公民具备科学素质比例为 15.3%,列全省第 6 名。组织参加 2021—2022 年度省全民科学素质大赛获团体赛冠军。实施科普助力乡村振兴行动,开展“三下乡”和“科普金牌讲师志愿服务乡村行”系列活动,组织举办田间课堂 15 场,培训农民 700 余人次。全年认定市科普惠农服务站 17 个,科普助力乡村振兴基地 5 个。推进“慧安”科普行动,线上线下举办“慧安科普大讲堂”活动 12 场,开展慧安科普“五进”活动 20 多场,组织编印《慧安童谣》“口袋书”,“慧安科普·每日一点”抖音阅读量近 15 万人次,全年认定慧安科普教育基地 6 个。联合市委研究室开展“镇江市 2022 年‘建言献策’研究课题”评选活动,全年评选获奖课题 41 个。开展“镇江市 2022 年度青年人才托举工程”,全年遴选青年科技人才 50 人。联合市工程师学会开展 2022 年度“科创镇江”企业创新达人选拔推荐工作,全年评选“科创镇江”企业创新达人 23 人、科技标兵 10 人、杰出创新工程师 5 人。截至 2022 年年底,全市有市、辖市(区)、镇三级科协组织 64 个,有市级学会 50 个、高等院校科协 4 个、国家级园区科协 2 个,企业科协 89 个。镇江市科协所属市级学会有个人会员 1.2 万人、团体会员 1104 个;企业科协拥有个人会员 2200 人。 (市科协 夏 凯)

【“2022 年镇江市创新争先成绩突出科技人物和科技团队”选树活动】 2022 年,镇江市科协联合市委组织部、市人社局开展“2022 年镇江市创新争先成绩突出科技人物和科技团队”选树活动,选树科学研究、关键技术研发、科技人才培养、科学技术管理和科技成果转化等方面的领军科技人物和团队。全年选树创新争先成绩突出科技人物 10 人,科技团队 4 个。

(市科协 夏 凯)

【科普活动】 2022 年,镇江市科协组织 2022 年全国科普日、第 34 届科普宣传周等活动。科普宣传周举办七大系列 230 余场活动,其中,开幕仪式暨“关注校园安全,守好心理防线”电视直播活动观看人数 8 万余人次。全国科普日组织开展 760 多场次活动,其中,全国科普日主场活动获“学习强国”学习平台刊发,3 家单位和 3 项活动获中国科协肯定。

(市科协 夏 凯)

镇江市归国华侨联合会

【概况】 2022 年,镇江市旅居海外的华人、华侨有 3.6 万余人,主要分布在美国、加拿大、澳大利亚、新西兰、德国、日本等国家。全市范围内有归侨、侨眷 6.18 万余人。市侨联召开以“喜迎二十大 侨心跟党走 奋进新征程”为主题的全市侨联工作座谈会,举办《侨联讲堂》深入学习宣传贯彻中共十九届六中全会精神，召开全市侨联系统学习宣传贯彻中共二十大精神座谈会。联合市税务局、律师事务所等开展"送政策、送服务、送法律"进侨企活动。开展侨界夏季集中走访活动，截至2022年年底，收集整理3500条侨情数据信息。协助侨界人大代表、政协委员开展调研，提交侨联集体提案5件，1件集体提案获评市政协优秀提案。全年建成8家"微侨家"。成立侨界志愿服务队，组织党员志愿者助力基层村(社区)治理工作；参与"进社区、送关爱、惠民生"机关服务提升先锋活动，组织爱心侨企认领社区民生实事项目助力打造"便民服务驿站"。组织参加"创业中华·筑梦江苏"2022江苏侨界创新创业大赛，2个项目获优秀奖，4家侨企获评"全省优秀侨资企业"。

（市侨联　胡其军）

【海外联谊交流】　2022年，镇江市侨联承办中国侨联2022"亲情中华·为你讲故事"常规营江苏镇江段及镇江特色营12场直播活动，获评省侨联"2022年度办营成绩优秀单位"。与斐济华人妇女联谊会、斐济中国友好协会等侨团联合建立"华侨图书馆·镇江市侨联斐济图书漂流站"。全年全市新建1家"中国华侨国际文化交流基地"、2家省级"新侨创新创业基地"、2家省级"华侨文化交流基地"、1家省级"海外中餐推广基地"、1家省级"中医文化海外推广中心"。

（市侨联　胡其军）

【为侨服务】　2022年，镇江市开展侨联系统"法治宣传月"活动，召开市侨联维护侨益工作座谈会，编印发放涉侨法律法规手册。市侨联与江苏大学附属医院签约2022年老归侨医疗服务合作协议；联合丹徒区侨联、高资街道、高资卫生院开展为丹徒区老归侨送医送药活动；联合镇江高新区党工委、工业园区社区卫生服务中心开展为镇江高新区老归侨送医送药活动。与江苏大学侨联、团委联合开展大学生"一对一"侨界志愿服务活动。开展"我爱侨家""夏季侨界集中走访"等活动。1项工作案例入选省侨联"江苏侨界维权典型案例"。制作《镇侨说法》"微视频"，上线26讲。

（市侨联　胡其军）

【市侨联第七次代表大会】　2022年12月15日，镇江市侨联第七次代表大会召开。大会审议通过第六届委员会工作报告，选举产生市侨联第七届委员会，王永新当选市侨联第七届委员会主席。大会表扬全市侨界先进个人和全市侨联系统先进集体、先进个人，聘请市侨联第七届委员会顾问、海外顾问和海外委员。省侨联主席、党组书记刘标出席大会。

（市侨联　胡其军）

镇江市台湾同胞联谊会

【概况】　2022年，镇江市台联学习贯彻中共二十大和习近平总书记重要讲话精神，围绕市委、市政府中心工作，团结、联谊、服务市定居台胞和常住台胞，完成各项相关工作，为加快建设现代化新镇江、促进海峡两岸关系和平发展和实现祖国和平统一作出贡献。召开镇江市台湾同胞第九次代表大会，完成换届。聘请1名在镇江台商(海峡两岸婚姻家庭的代表)为特邀理事。开展"同心·台胞学习活动"组织40余名台胞参观新四军四县抗敌总会纪念馆；联合市委统战部、民革镇江市委举办以"学讲话精神，促祖国统一"为主题"同心学习会"。推进"台胞之家"建设。全年走访慰问"老病困"台胞23户次，做好省、市台联"老病困"台胞补助款发放、优秀青年台胞的教育培养和推荐使用工作。加强与常住台胞和海峡两岸婚姻家庭联系。推动建立镇江"五台联动"机制恢复并升级为"五台＋联动"机制，推进镇江对台工作。举办台湾青年镇江行、在镇海峡两岸青少年台胞夏令营等活动。组织台籍政协委员3批次参与到市台办、台资企业调研；组织台籍政协委员和部分台胞，围绕乡村振兴、环境整治议题等赴农村参观调研。在市、区政协全会上，台联界别政协委员提出提案和社情民意8件。

（市台联　刘　军）

【镇江市台湾同胞第九次代表大会】　2022年7月29日，镇江市台湾同胞第九次代表大会召开。大会听取并审议通过市台联第八届理事会工作报告；选举产生新一届理事会，刘贤忠当选为会长。理事会聘请吴登来、赵学松担任名誉会长，聘请谢昭美、吴强担任顾问。省台联会长邹振球出席会议并讲话。

（市台联　刘　军）

镇江市文学艺术界联合会

【概况】　2022年，镇江市文联以习近平新时代中国特色社会主义思想为指导，以学习宣传贯彻中共二十大精神为工作主线，服务新镇江建设，各项工作均有新进展。制定《关于加强全市新文艺组织和新文艺群体党建工作的指导意见(试行)》，加强文艺界特别是"文艺两新"党的建设和思想引领。成立全省首个新文艺群体实体党支部。举办纪念《在延安文艺工作座谈会上的讲话》发表80周年系列活动，举办全市文联系统学习宣传贯彻中共二十大精神读书班，“镇江文联”微信公众号开设《党的二十大》学习专栏。召开市文联五届十次全委会议，王德家当选文联主席。召开镇江市文联五届十一次全委（扩大）会，表扬镇江市第三届中青年德艺双馨文艺工作者。开展“礼赞新时代·奋进新征程”主题文艺活动系列活动，举办“新时代颂·起航镇江”2022镇江美术摄影主题展、学习宣传中共二十大精神主题书法展、“共筑中国梦·喜迎二十大”民间文艺作品展、“美丽镇江·幸福河湖”主题摄影展、京江文脉——镇江市中国画作品学术展、第八届书法篆刻双年展、“程默杯”全国摄影作品赛获奖作品展、镇江市第16届摄影艺术展览、“城市因你更美好”主题摄影比赛、第二届街舞大赛、“喜迎二十大·真情颂党恩”主题征文活动、“梦溪园+沈括”主题文化设计艺术沙龙活动等活动。联合有关部门等举办金山合唱节。（市文联　高兴玺）

【文艺成果创作】 2022年，镇江市文联出台《镇江市文联精品文艺创作实施方案》《关于开展优秀文艺作品评选的通知》。评选镇江市第十届文学艺术奖，对长篇小说《黄菜花》、歌曲《运河之恋》、歌曲《唱江南》等作品进行立项资助；召开《77人的“78”天》作品研讨会，作品获第五届“江苏报告文学奖”；召开《故事里的中国》新书发布会。市剧协参与创作的丹剧《凤先生》参加省2022紫金文化艺术节新创剧目会演，获“优秀剧目奖”。市舞协选送的舞蹈《二十一酉时》获省文艺大奖·舞蹈奖。市民协选送的面塑《西津商埠》、刻瓷《论道》获省文艺大奖·第六届民间文艺奖。全市100余件文艺作品在全国和省各类文艺展赛中获奖。图书《茅以升评传》《赵声将军》《神鸟》出版发行。（市文联　高兴玺）

【文艺人才培养】 2022年，镇江市完善常态化培训机制，优化文艺人才培养方案，通过对领军型、骨干型、新秀型文艺人才的梯次培养，建立由市文联、市各文艺家协会、各市（区）文联联合培养模式。评选镇江市第三届中青年德艺双馨工艺工作者，举办镇江市第十四届青年作家论坛，召开纪念延安文艺座谈会讲话80周年暨镇江市文艺工作者职业道德和行风建设工作座谈会。新增国家级会员29人、省级会员76人，2人入选2022年“金山文化人才”计划人才项目资助名单。（市文联　高兴玺）

【文艺惠民工程】 2022年，镇江市文联开展“红色文艺轻骑兵”文艺志愿服务活动，各协会的红色文艺轻骑兵开展“我们的节日”、文艺进万家、助力乡村振兴、文艺微讲堂、“送万福进万家”、“高手在民间·非遗在传承”、“文心品书会”、戏剧进校园等惠民活动，承接省文联“国色添香”梅花奖艺术家惠民演出等讲座、展览。丹徒区文联、市摄影家协会共同开展的“跟着农民拍，帮助农民销”文艺助农活动获省文明办表彰，获省文联工作创新提名奖。市新文艺群体联合会与市特教中心签订共建协议，市剧协参与制作的微电影《火眼金睛》被“国家反诈中心”网站收录。全年开展各类文艺惠民活动百余场，参与文艺志愿者1000余人次，惠及基层群众3万余人。（市文联　高兴玺）

表18　2022年镇江市文学艺术界各协会情况表

协会名称	会员人数(人)	重点工作及主要成果
镇江市作家协会	833	1. 召开第八届四次理事会。2. 召开长篇纪实文学《77人的“78天”——2020战疫·镇江援鄂医疗队远征纪实》作品研讨会，作品获得第五届“江苏报告文学奖”。3. 组织作家参加省作家协会“美丽乡村和历史文化街区建设故事”主题创作实践活动。4. 图书《茅以升评传》《赵声将军》《神鸟》出版发行，同时在《光明日报》《文学评论》等各类报纸刊物发表文艺评论近百篇
镇江市戏剧曲艺家协会	172	1. 做好传统优秀剧目的传承弘扬，组织协调团体会员康盛剧社创作排演经典扬剧《恩仇记》，继承发扬镇江扬剧“金派”艺术唱腔。2. 组织会员参与创作丹剧《凤先生》、扬剧小戏《伞》等一批剧目，《凤先生》在江苏省2022紫金文化艺术节新创剧目会演中获“优秀剧目奖”。3. 组织会员创作微电影《勿离镇》《火眼金睛》、票友版锡剧《江姐》、现代丹剧《蒲公英》、脱口秀《镇江掌故》等10部作品，并在省文联网站、央视频、《扬子晚报》等多个媒体传播，其中，由市剧协联合制作的微电影《火眼金睛》登上“国家反诈中心”网站。4. 依托江苏大学戏曲传承基地和江苏农林学院扬剧传习班，开展戏剧进校园活动，探索建立文艺志愿服务长效机制
镇江市音乐家协会	897	1. 召开七届五次理事会。2. 承办第四届镇江金山合唱节，并和市文化馆共同承办由市文化广电旅游局主办的《沐浴快乐阳光，向党放声歌唱》庆“七一”声乐音乐会。3. 组织推荐选手参加2022中国音乐小金钟全国展演江苏选拔赛，有多名选手入围全国展演；选拔部分器乐选手参加2022江苏省文艺大奖——音乐奖器乐比赛，1人进入决赛
镇江市舞蹈家协会	492	1. 召开七届五次理事会。2. 开展“迎接党的二十大 强国复兴有我”系列展演活动；元旦期间举办10场“童心飞舞庆新年”少儿舞蹈展演；7月，举办镇江舞蹈“广玉兰奖”第三届少儿舞蹈展演（线上）；国庆期间举办第二届街舞大赛。3. 舞蹈《二十一酉时》获江苏省文艺大奖·舞蹈奖群舞组优秀创作奖、表演奖；群舞《一水间》《乡醋》获江苏省第七届社会舞蹈暨第九届少儿舞蹈展演“十佳作品奖”，全市有5件作品入围终评，获作品奖2项、组织奖1项。4. 开展“我们的中国梦”——文化进万家活动200余课时；号召全市舞蹈工作者参加社区排查、全员核酸、卡点测温、秩序维护等抗疫志愿服务近百人次，开展线上公益课程200余课时；组织“感恩母亲节，情系环卫工”系列公益活动；会同丹徒区舞协，开展结对共建和“走进乡村、社区、校园”等系列文艺志愿服务活动，全年开展志愿服务100多场次，服务社区（村）舞蹈团队和爱好者3000余人次

续表 18

协会名称	会员人数(人)	重点工作及主要成果
镇江市美术家协会	746	1. 召开十届四次理事会。2.1 月，举办“京江文脉”——镇江市中国画作品学术展、“光色纷呈”潘致熙摄影作品、朱鹏举油画作品展；8 月，举办“时代的维度”2022 当代优秀油画家邀请展。3. 组织会员开展创作采风活动，专题创作参加“新时代颂”2022 江苏美术摄影主题联展，入选“新时代颂”省级展场美术作品 18 件；在市美术馆新馆、各市（区）新时代文明实践中心（站、所）等地展出美术作品 1000 余件。4. 组织会员参加各级各类展赛，全年入选省级展览作品 44 件，入选国家级展览作品 15 件
镇江市书法家协会	443	1. 召开八届五次理事会。2. 举办镇江市第八届书法篆刻双年展，121 件作品参展。3. 组织会员参加各级各类展赛，全国第五届草书作品展览暨全国第五届草书作品展览名家邀请展 2 人作品入展，“江苏省文艺大奖 第四届书法奖”、第十三届江苏新人展等省级展览 17 人作品入展。4. 开展人才培养及志愿服务，与句容市书协联办书法培训班一期；组织书法名家到丹阳、润州乡镇（社区）等，指导基层开展书法活动；与市诗词协会、市美协、市高专等联办各种展览竞赛活动
镇江市摄影家协会	1641	1. 召开七届五次理事（扩大）会。2. 开展摄影实践活动，承办由市文联和市城市管理局联合主办的“城市因你更美好”主题摄影比赛；举办市第 16 届摄影艺术展览；举办《“程默杯”助力奔跑 美丽镇江》全国摄影展获奖作品展览；联合市文艺评论家协会等单位召开《影像纵横——镇江摄影理论文集》首发及摄影理论研讨会；举办吴猛《市井百态》新书捐赠暨纪实摄影作品研讨会。3. 组织会员参加各类展赛，江苏省第 24 届摄影艺术展览有 8 人作品入选，夏纪福的作品《一箭九星海上发射》获收藏作品铜奖；11 件摄影作品入选“新时代颂”江苏省美术摄影主题展；协会在“新时代颂”2022 江苏省美术摄影主题联展活动中获“优秀创作奖”；另有多人作品在国内外展赛中获奖或入选。4. 开展人才培养活动和文艺志愿服务，组织会员到企业、乡村、街道等地，围绕“新时代颂”进行多次采风创作，开展摄影实践活动，为社会提供公益服务；“跟着农民拍，帮助农民销”文艺助农活动获得省文明办表彰，获得全省文联工作创新提名奖，由江苏省文联推荐参与全省文明实践志愿服务项目大赛评选
镇江市民间文艺家协会	405	1. 召开七届二次理事会。2.9 月、10 月在民艺馆专题展厅举办“共筑中国梦 喜迎二十大——镇江民间文艺作品展”。3. 开展各类文艺惠民活动 17 场，服务 3 万余人次。举办“我们的节日”系列活动 7 场，举办走进千秋桥社区、华夏银行、镇江实验学校、西津渡景区等地的民间文艺“六进”活动 10 场。4. 联合九墨文化推出 48 期民间艺术视频，视频以传统美术、传统技艺、传统舞蹈等类别的镇江非遗项目作为拍摄内容，展示镇江民间艺术，视频在“镇江民协——风吹麦浪”视频号推出，其中部分视频在“学习强国”学习平台发布。5. 通过文艺人才培养，采取定期培训、往届文艺新秀结对帮扶、周边城市采风调研、培养成果展示等方式对文艺新秀进行培养。6. 市民协选送的面塑《西津商埠》、刻瓷《论道》获江苏省文艺大奖·第六届民间文艺奖
镇江市电影电视艺术家协会	136	1. 召开五届四次理事会。2. 开展文艺人才培养。按照新秀型、骨干型、领军型文艺人才三个层次，推荐确定优秀培养对象，分类组织培养。3. 开展“奋进新征程 建功新时代”大型创作活动；开设《新春走基层》专栏；推出《重走总书记视察路》《非凡十年》《党代表话十年》系列视频作品；制作“精神的丰碑——2022 年清明公祭融媒体产品”项目等
镇江市设计艺术家协会	236	1. 召开二届二次理事（扩大）会。成立常务理事会、专业艺术委员会和专家委员会。2. 举办协会沙龙活动，组织座谈讨论，进行作品展示。3. 承办镇江城市艺术设计——“梦溪园＋沈括”主题文化创意设计大赛
镇江文艺评论家协会	113	1. 先后召开一届七次理事会、一届八次理事会。11 月 27 日，召开市文艺评论家协会第二次会员大会，选举产生镇江市文艺评论家协会第二届理事会、监事会和理事会主席、副主席、秘书长及监事会主席，并聘任镇江市文艺评论家协会名誉主席。2. 承办王景曙创作的长篇纪实文学《77 人的“78 天”——2020 战疫·镇江援鄂医疗队远征纪实》作品研讨会，并在多家主流媒体、新媒体平台发表 10 多篇系列书评文章。3. 结合文联及各协会活动，开展专题评论创作，在市级以上各类报纸刊物和网络新媒体平台发表文艺评论文章、论文等近百篇。4. 组织会员开展阅读讲座和交流研讨等全民阅读推广活动
镇江市新文艺群体联合会	161	1. 召开一届二次理事会。2.3 月，市新文艺群体联合会与镇江市特教中心开展“艺心向党 心手相连”主题党日活动
镇江市诗词楹联协会	600	1. 编辑出版《诗联入门》《江上清风集》《镇江诗词楹联作品集 1949—2022》。2. 联合金山网拍摄《名城 名家 名联》专题视频。3. 召开镇江市创建“中国楹联文化市”领导小组会议。4. 参与主办“云台邀月 中秋雅集”活动；举办庆祝多景诗社成立六十周年雅集活动；举办西津渡楹联文化街区全国征联活动；举办“交行杯”长江大保护全国诗联大赛；举办“建功新时代 奋进新征程”百副楹联进高企活动。5. 为焦山公园大门、南山文心楼、西津渡、银山公园、宜园、恒顺醋博物馆等地撰写制作楹联

（市文联 高兴玺）

镇江市残疾人联合会

【概况】 2022 年,市残联贯彻落实中央、省和市决策部署,履职尽责,发挥“服务、代表、管理”职能,完成全年各项工作任务,推动残疾人事业高质量发展。市残联、6 个市(区)、56 个镇(街道)和 727 个村(社区)残协换届工作完成。市残联开通残联视频号,制作并上线短视频 299 部。取消残疾人公交优惠卡年审事项,受益残疾人 1.3 万余人。开展特殊困难残疾人摸底排查 29819 人,梳理排查问题信息 84 条,解决率 100%。开展特殊困难家庭、个人临时救助 187 人次,其中重大疾病、临时意外事故等救助 13 人次,救助金额约 18 万元。为 6 万多名持证残疾人购买城乡居民基本医疗保险和意外伤害保险。为 25312 名残疾人发放困难残疾人生活补贴,其中 23617 名残疾人享受重度残疾人护理补贴,目标人群覆盖率 100%。为 180 名在校高中和高等教育残疾学生、179 名困难残疾家庭参加高等教育子女发放教育补贴,发放金额 59.45 万元。组织助残社会力量开展各类帮困活动 20 余场次。组织参加江苏省第十一届残疾人运动会,镇江代表队获 41 枚金牌、15 枚银牌、17 枚铜牌,市残联获评“优秀组织单位”。5 月 13 日,市残疾人联合会第六届主席团第五次全体会议暨市政府残工委会议召开,殷敏当选镇江市残联第六届主席团主席。截至 2022 年年底,镇江市有各类残疾人 18.7 万人,占人口总数的 6.34%,其中持证残疾人 6.5 万人。

(市残联　王晨沛)

【残疾人就业】 2022 年,镇江市出台《关于做好市级党政机关和事业单位按比例安排残疾人就业工作的通知》,推进党政机关和事业单位带头安排残疾人就业。下发《镇江市市区残疾人自主创业机构一次性纾困补贴实施细则》,帮助 28 家自主创业机构解决困难,发放补贴金额 6.1 万元。出台《镇江市区用人单位按比例安排残疾人就业补贴和超比例奖励实施细则》,对 66 家超比例(达比例)安排残疾人就业企业实施奖补,发放奖补金额 57.03 万元。开展残疾人“就业援助”活动,组织残疾人专场招聘会 15 场,举办技能培训班 20 期,新开发 10 多个辅助性就业项目,全市实名制培训 677 人,新增实名制就业 835 人;残疾人大学生就业服务率 100%,就业率 93.7%。

(市残联　王晨沛)

【残疾人基本公共服务】 2022 年,镇江市出台《镇江市残疾预防行动计划(2022—2025 年)》,推进全市残疾预防工作落实。出台《镇江市残疾人辅助器具补贴实施办法》,提升辅助器具适配质效。对 30 家残疾儿童康复机构实行公开招标,提升残疾儿童康复水平。新建 1 个成年残疾人康复服务机构和 9 个辅助器具租赁点。实施残疾人辅具适配到一线服务,为 1500 名残疾人适配 2100 件辅具。落实《江苏省无障碍环境建设实施办法》,邀请省残联专家开展专题宣讲会,制作无障碍环境建设宣传片,开展无障碍体验活动,推动该办法在镇江实施。打造“智慧残联”服务平台,实现残疾人儿童康复、残疾人信访维权、残疾人教育补贴等线上办,开通线上交流平台,服务机构、办事指南、服务政策各类信息齐全,提升市残联信息化工作水平。截至 2022 年年底,残疾人基本康复服务覆盖率 100%,残疾人基本辅具服务率 100%,残疾人按比例就业占比率 81.77%,残疾人托养服务覆盖率 50.6%。联合有关部门举办“读书迎盛会,一起向未来”全省残疾人读书分享会镇江站活动。

(市残联　王晨沛)

【残疾人民生实事项目】 2022 年,镇江市残联组织残工委成员单位开展“携手一起跑,助残在行动”活动,实施 21 个助残实事项目。建立残疾人居家托养服务体系,开展“残疾人之家示范点”建设,托养服务 3408 名残疾人,完成任务的 103.27%,其中新增 636 名托养人员。成立镇江市孤独症儿童早期干预康复研究中心,打造“有爱无碍,阳光赋能”孤独症儿童康复服务新品牌,为 439 名孤独症儿童提供精准康复服务,目标人群覆盖率 100%,任务完成率 118.6%。为 155 户困难残疾人家庭实施无障碍改造,任务完成率 155%。

(市残联　王晨沛)

镇江市红十字会

【概况】 2022 年,市红十字会学习贯彻习近平新时代中国特色社会主义思想和党的二十大精神,围绕市委、市政府中心工作,开展“三救三献”等核心业务工作。市红十字会获江苏省应急救护技能大赛团体二等奖、江苏省高校红十字会“博爱青春”暑期志愿服务项目省级优秀组织奖。推动应急救援体系建设。新建应急救援队 2 支;全年开展培训演练 100 场次;参与救援 13 次;参加疫情防控等志愿服务 259 人次,17 万余人受益;开展水域救援等专业培训;开展救援队功能型党支部建设;建立救援队与“博爱家园”互动机制,9 支救援队与 10 个“博爱家园”结对。全年新建 15 个“博爱家园”。推进防灾减灾宣传、养老照护服务、应急救护培训、人道传播等红十字工作进“博爱家园”;开展人道服务项目18个,216名志愿者参与,近14万人受益。6个“博爱家园”被评为省级优秀“博爱家园”。市红十字会与市慈善总会联合设立“生命永续,慈爱双献”资金,专项用于捐献造血干细胞志愿者捐献者和遗体器官捐献者家属的人文关怀,2022年,发放慰问金12.1万元,20户受益。全市新增注册志愿者737人,新增志愿服务队13支。市红十字会“0511爱心家园志愿服务团队”负责人吴华芳被中国红十字会总会评为全国红十字志愿服务先进典型。截至2022年年底,镇江市有基层红十字会225个、冠名医疗机构10个、团体会员单位95个、会员总数约13.35万人、注册志愿者3485人。

(市红十字会　石　卫)

【红十字会基层组织建设】 2022年,京口区、丹徒区、句容市红十字会召开会员代表大会,依法成立监事会。实施2022年驻镇高校“博爱青春”暑期志愿服务项目,全市8所驻镇江高校申报项目22个,其中,省级支持项目4个、市级支持项目18个,市红十字会获“博爱青春”省级优秀组织奖、2个项目获十佳优秀项目提名奖。2022年,全市新增注册志愿者737人、志愿服务队13支。市红十字会应急救援队被中国红十字会授予“全国红十字模范单位”称号。

(市红十字会　石　卫)

【应急救护培训】 2022年,镇江市红十字会系统完成持证培训11230人、普及性培训62433人。深入学校实施“救在身边·校园守护”行动,救护培训军训新生2万余人。首次承办江苏省救护师资复训班,53名师资参加复训。选拔14名学员参加省救护师资初训班。

(市红十字会　石　卫)

【红十字人道救助】 2022年,镇江市实施红十字人道救助活动,全年支出款物合计2007万余元(含上级拨付),其中,元旦、春节、重阳节期间开展红十字“博爱送万家”活动,发放救助款物合计97.57万元,惠及近4000户困难家庭。镇江市、丹阳市、句容市、扬中市、丹徒区红十字会、镇江新区社会事业发展局分别与渭南市及对口县级红十字会开展对口扶贫工作,支持扶贫款物合计58万元。 (市红十字会　石　卫)

【造血干细胞捐献】 2022年,镇江市红十字会举办2022年造血干细胞集中采样宣传活动及联谊活动,组织江苏大学学生志愿者团队开展“益路髓行”造血干细胞宣传活动。全市新增中华骨髓库志愿者571人,实现捐献7例,其中,市本级3例,句容市、丹阳市、扬中市、丹徒区各1例。 (市红十字会　石　卫)

【遗体器官(组织)捐献】 2022年,镇江市红十字会举办镇江遗体器官捐献者清明线下公祭、线上“云祭扫”活动,组织“生命永恒”志愿服务队深入乡村、社区开展遗体器官捐献宣传活动。全市新增遗体器官捐献线上线下登记3267人,实现遗体捐献23例、器官捐献3例。

(市红十字会　石　卫)

【红十字青少年工作】 2022年,江苏省第一至第三批示范学校复查再认定工作开展,全市第一批5所学校、第二批3所学校、第三批6所学校获再认定。组织全市学校红十字会员和志愿者参加中国红十字会总会举办的红十字生命教育防灾避险知识竞赛,获单位组织一等奖1个、三等奖2个。张明亮(江苏大学)、秦荣华(市第三人民医院)、洪天赐(句容市华阳中学)3人被中国红十字会总会授予“全国红十字会员之星”称号。

(市红十字会　石　卫)

【世界红十字日主题活动】 2022年5月8日,镇江市红十字会、团市委、市文明办、市教育局、市卫健委、市慈善总会在镇江市南山北广场联合举行“红动全城 博爱镇江”——第75个世界红十字日庆祝活动。活动现场,发布“生命永续 慈爱双献”公益项目,开展“点燃生命的希望”镇江青年造血干细胞捐献志愿者集中行动,发布“生命志愿者”品牌标识,举办博爱青春项目启动仪式,市九三学社的医疗卫生系统专家为市民开展义诊服务。 (市红十字会　石　卫)

【市红十字会七届三次理事会】 2022年10月11日,镇江市红十字会七届三次理事会在市行政中心市民大厅召开。会议审议通过《镇江市红十字会第七届理事会第三次会议工作报告》《镇江市红十字会2021年财务收支情况报告》;选举更换市红十字会第七届理事会理事、常务理事、副会长;选举副市长武鸣为七届理事会会长;表决更换常务理事3人、理事14人;新增理事单位10家,退出理事单位2家。

(市红十字会　石　卫)

【镇江市第四届应急救护技能竞赛】 2022年8月13日,镇江市红十字会、市人社局、市总工会在江苏科技大学联合举办镇江市第四届应急救护技能竞赛。50名选手进入决赛,1人获镇江市“五一劳动奖章”,3人获“镇江市技术能手”,5人获“镇江市五一技术标兵”,15人获“镇江市红十字应急救护能手”。选拔5人组队参加江苏省应急救护技能竞赛,2人分获个人第4名、第5名,并被授予“江苏省五一创新能手”称号,市红十字会团队获团体二等奖。

(市红十字会　石　卫)

镇江市关心下一代工作委员会

【概况】 2022年，镇江市有各级、各类关工委1648个，全年有6.5万多名“五老”（老干部、老战士、老教师、老专家和老模范）志愿者参加各类关爱活动。有703个组织参加基层关工委评先创优工作，达标数为682个。

6月，市关工委联合市文明办、市委老干部局举办全市“喜迎二十大，筑梦向未来”老少同台文艺节目展演。9月，选送情景剧《等你回来》参加江苏省“喜迎二十大，筑梦向未来”老少同台文艺节目展演，获一等奖。各市、区关工委以关工委组织成立30周年纪念活动为切入点，强化“党建带关建”的各项保障措施，总结经验，表彰先进，扩大关工委组织的社会影响力。镇江市教育局关工委推进关工委工作优质均衡发展，举办关工委骨干培训班，深入学校调研指导创建工作，创建50所优质化达标学校。参加省关工委优质化均衡发展调研报告、论文评比，获一等奖3个、二等奖1个。“深耕社区红色沃土，助力‘四史’教育春风化雨”的做法，被教育部关工委评为关工委参与社区教育优秀创新案例。扬中、镇江新区教育局关工委被江苏省教育系统关工委获评为先进家长学校总校，镇江一中等14所学校关工委获评为省优秀家长学校。11月4日，镇江市公安局召开全市公安机关关心下一代工作座谈会。11月10日，镇江市民营经济关工委第十一届火炬接力活动启动仪式在丹徒区西麓中心小学举行。市关工委、句容市关工委分别获《中国火炬》杂志社颁发的2022年度宣传工作先进集体称号。在省关工委2022年校外教育辅导站优秀活动视频竞赛中，丹阳市关工委选送的《白鹤舞清溪，丹心育桃李》获特等奖，扬中市关工委选送的《国歌探秘》获一等奖，京口区关工委选送的《童眼看家乡》获二等奖。京口区关工委“书香育秀”助力青少年阅读活动被评为“镇江第三届最佳老干部志愿服务项目”之一。句容市关工委科技专家刘云被中央农业广播电视学校评为基础优秀校长，方应明、笪霞2个创业基地被命名为省级乡土人才工作室。扬中市关工委“党建带关建”的做法获以文件形式转发各市（区）关工委和市直系统关工委学习借鉴。镇江新区关工委联合圌山公益开展多项慈善活动，慰问家庭经济困难学生、老党员、老军人，并且为云南、青海贫困学生捐冬衣6056件、捐款5万元。润州区金山街道作为教育部关工委的联系点，全年2次召开经验交流会，发挥示范作用。该区的“法润妈妈”宣讲团在法治宣传方面有特色，在广泛进行普法宣传和杜绝校园欺凌等方面成效显著。市各级关工委参与帮助青少年学法、懂法、守法，组织开展创“双零”（零犯罪、零涉毒）活动。开展法治宣传教育，组织全市356个法治报告团和182名“五老”法治副校长开展宣讲报告1087场次，收看青少年19.5万余人。润州区“法润妈妈”宣讲团开展普法宣传和杜绝校园欺凌等活动。全市1016名“五老”成立328个帮教小组，帮教357名失足青少年，转化344人，转化率96.4%。未成年人零犯罪社区（村）为99.2%。 （市关工委　吴明宝）

【“老少心向党、喜迎二十大”主题教育】 2022年，镇江市关工委开展“老少心向党、喜迎二十大”主题教育。组织1285名“五老”志愿者组成报告团开展“千场党史报告进校园”活动，观看群众27.9万余人次。围绕主题教育内容，以老少共话、共唱、共颂等形式，组织各地各级关工委开展“喜迎二十大、筑梦向未来”老少同台节目展演、演讲、征文、寻访等活动2000场，参与青少年6000余人。联合有关部门举办全市“喜迎二十大，筑梦向未来”老少同台文艺节目展演。组织19.4万名中、小学生参加“党的光辉照我心、童心喜迎二十大”主题征稿活动。 （市关工委　吴明宝）

【关工委助力乡村振兴工作】 2022年，镇江市关工委系统围绕乡村振兴战略，推进“三扶两创”活动。组织601名老科技工作者开办“夕阳红”农业科技培训学校和其他形式的青年农民培训基地。组织老农业科技人员开展“帮扶创业、引导创新”活动，全年培育50余名青年农民创业之星，创建140个青年农民创业示范基地。开展“百名教授老区行”活动，各驻镇江高校的老教授与老区青年农民签订协议，开展帮扶活动。句容市关工委科技专家刘云被中央农业广播电视学校评为基础优秀校长，方应明、笪霞2个创业基地被命名为省级乡土人才工作室。

（市关工委　吴明宝）

法 治

综 述

【政法领域重点政治任务】 2022年，镇江市政法系统围绕中共二十大维稳安保主题主线，全面落实"疫情要防住、经济要稳住、发展要安全"重大政治任务要求，推动高质量发展和高水平安全共进。围绕疫情防控，全市政法系统牵头开展全员核酸检测，高标准制定区域核酸检测战时工作预案、镇（街道）全员核酸检测组织实施方案，制定完善专班集中办公、应急调度、驻点协调等工作机制，高效组织6轮大市全员核酸检测，牵头核酸检测方舱实验室建设创造"镇江速度"。围绕经济发展，聚焦产业强市、"六稳六保"等关键环节，深化法治化营商环境在政法各领域的具体举措，打造"镇法同行、助企惠民"的政法服务品牌。围绕安全，完成中共二十大维稳安保任务，实现"四个不发生"工作目标，有关做法获省委领导批示肯定。 （市委政法委 莫 凡）

【平安镇江建设】 2022年，镇江市政法系统树立总体国家安全观，"红榴家园""一站四点"经验获公安部推广。常态化开展"扫黑除恶"斗争，持续推进重点行业领域整治，新侦办黑社会性质组织数、线索总体成案率、"涉黑涉恶"财产执行到位率等指标均居全省前列。开展社会矛盾风险隐患拉网式大排查大起底大化解专项行动，推动各类风险实时预警、分类交办、跟踪监测、联动处置、动态清零。群众安全感99.39%，为全省第1位。 （市委政法委 莫 凡）

【法治镇江建设】 2022年，镇江市以"法治是最好的营商环境"理念为指引，在全省率先出台《企业信用修复工作指引》，信用修复企业3733家，失信名单退出比例居全省第1位。深化执行体制改革，纾解执行难问题。推进企业合规改革试点，提请市人大常委会在全省率先出台深化推进企业合规改革工作决定，对27件涉企案件开展合规建设。深化司法体制综合配套改革，完善执法司法活动制约监督体系，开展防止干预司法"三个规定"（指《领导干部干预司法活动、插手具体案件处理的记录、通报和责任追究规定》《司法机关内部人员过问案件的记录和责任追究规定》《关于进一步规范司法人员与当事人、律师、特殊关系人、中介组织接触交往行为的若干规定》）执行情况专项检查。

（市委政法委 莫 凡）

【市域社会治理现代化】 2022年，镇江市推进全国市域社会治理现代化试点城市创建，高标准建设市域社会治理现代化指挥中心，整合大数据服务管理、"12345"公共服务热线、网格化管理、社会治安综合治理等职能，同步推进县、乡两级指挥中心建设。滚动开展社会治理现代化先进镇（街道）建设，推动市级政法机关15名优秀年轻干部赴镇（街道）专项挂职，第二批15个先进镇（街道）通过评审验收。深入实施"精网微格"工程，全市网格化社会治理知晓率73.69%，在全省前进6个位次。

（市委政法委 莫 凡）

【政法公共服务】 2022年，镇江市政法系统树立人民至上的发展理念，强化非诉讼纠纷解决机制建设，制定出台诉源治理、多元解纷的实施意见。市法院被最高人民法院命名为全国首批"为民办实事示范法院"。提升检察服务水平，争议不大信访案件简易听证息诉化解率100%。深化"互联网+公安行政管理服务"，派出所综合服务窗口建设实现市区全覆盖。

在全省率先成立律师行业党校，深化“百所连百会”机制建设，推动律师服务向规模化、专业化、品牌化方向发展。（市委政法委　莫　凡）

【政法队伍建设】 2022年，镇江市政法系统把政治建设放在首要位置，以贯彻落实《中国共产党政法工作条例》和省委实施意见为统领，研究制定加强全市政法系统政治建设的实施意见，启动新一轮政治督察，分层分类开展政治轮训338场次。巩固政法队伍教育整顿成果，出台全面推进从严管党治警的实施意见，推动24名政法机关“一把手”和重要副职异地交流任职，39名重点岗位领导干部交流轮岗，预防权力沉淀、滋生腐败。全面加强市法学会建设，在全省率先成立法学会系统功能型党组织，获批成立全省习近平法治思想镇江基地。（市委政法委　莫　凡）

人大立法

【概况】 2022年，镇江市坚持科学立法、民主立法、依法立法，并突出镇江特色，推进年度立法工作。制定《镇江市节约用水条例》，推进水资源节约集约利用，强化节约用水的法治保障；深化“小快灵”立法实践，与南京、马鞍山共同制定《关于加强长江江豚保护的决定》，成为全国首部针对单一物种的区域协同保护立法；出台《镇江市房屋安全条例》，突出房屋的公共安全属性，守护百姓房屋安全。

（市人大　李知桧）

【民主立法】 2022年，镇江市人大常委会拓展全过程人民民主，增强地方立法工作合力。率先在全省出台《镇江市人大常委会关于在立法中深入推进全过程人民民主的实施意见》，用制度创新保证群众实质参与地方立法工作；在全省首家成立市法学会立法学研究会，促进理论研究与立法实践相结合；加强立法联系点工作，以实地座谈、线上调研等形式征求21家立法联系点的意见建议，并指导联系点规范化建设。全年组织召开近300人次参加13场立法征集意见座谈会和论证会、听证会，在“my0511梦溪论坛”5次征集意见，累计征集意见建议1036条，采用595条。

（市人大　李知桧）

【备案审查】 2022年，镇江市人大常委会通过制定或者修改备案审查工作制度，及时将本级“一府一委两院”制发的规范性文件纳入备案范围，推动6个市（区）人大常委会的备案审查工作机构全部完成向本级常委会专项报告备案审查的工作。全年向省人大常委会报备规范性文件4件；接收报送备案的规范性文件13件，其中，市政府报送规章2件，其他规范性文件4件，市中级人民法院报送规范性文件1件，各市（区）人大常委会报送规范性文件6件。

（市人大　李知桧）

法治政府建设

【概况】 2022年，镇江市按照部署要求，坚持领导干部带头学法，落实第一责任，开展述责述廉述职述法和考核评议，将法治政府建设推进情况纳入对各地党委、政府的年度综合考核。推进“一窗通办、一网通办、一端通办、一次办好”和“互联网＋监管”为核心内容的“4＋1”政务服务改革；推进“3550”（企业3个工作日内注册开业、5个工作日内获得不动产权证、50个工作日内取得工业建设项目施工许可证的改革目标）改革，开办企业耗时压缩至0.5天，实现拎包开业全覆盖，并提供免费邮寄服务；创新推出“云审图”服务办理工程建设项目，近20个项目实现“拿地即开工”。出台《镇江市“镇合意”优化营商环境2022年提升行动方案》，全市政法部门出台优化法治化营商环境26条措施；推行证明事项和涉企经营许可事项告知承诺制，“减证便民”行动进一步落实；推行包容审慎的柔性执法，开展行政相对人违法风险点排查梳理，市级各执法部门开展指导服务、法律体检、“以案释法”等行政指导3000余次。出台《镇江市部门联合双随机抽查事项清单》，避免重复检查和过多的分散检查，减少对市场主体的干扰；推动“互联网＋监管”平台与一体化在线政务服务平台、“双随机一公开”等系统深度融合；健全“双随机、一公开”监管机制，探索新业态综合监管，打造以信用监管为基础的新型监管体制。建立镇江市自然灾害和事故灾难应急救援责任体系，强化市专项应急指挥机构及事发地人民政府（管委会）应急救援责任意识；出台《镇江市市级自然灾害救灾物资储备规划（2022—2023年）》；完成镇江市第一次全国自然灾害风险普查工作，建立历史灾害信息库，形成全门类、全要素的数据成果。

（市司法局　夏　玉）

【政府立法制规】 2022年，镇江市根据《2022年市政府规章和规范性文件制定工作计划》，出台市政府规章《镇江市生活垃圾分类管理办法》，完成《镇江市房屋安全条例》等2部地方性法规和《镇江市市区机动车停车场管理办法》等5部规范性文件的合法性审核，完成市政府规章《镇江市公共文化服务保障办法》的评估报告和《镇江市消火栓管理办法》规章周年报告。政府规章和规范性文件通过镇江市人民政府、镇江市司法局官网及“立法民意直通车”等渠道广泛征集民意，召开基层调研及行政管理相对人座谈会，扩大公众参与的覆盖面和代表性，增强立法工作透明度。按照《镇江市人民政府文件合法性审查办法》规定，对55件市政府文件、44件建设用地审批、18件“十四五”专项规划等进行全面审查，出具合法性审核意见130余件。制定《2022年度镇江市政府重大行政决策事项目录》，把制定《镇江市征收集体土地涉及房屋补偿工作的意见》等5个决策事项及1个后评估事项列入目录。“镇江市市区巡游出租汽车运价机制改革和运价调整方案”被列为2022年度市政府重大行政决策后评估事项，评估结果作为调整重大行政决策的重要依据，提升镇江市重大行政决策水平。

（市司法局　夏　玉）

【行政执法监督】　2022年，镇江市实行告知承诺制清单87项，涉及公安、民政、司法行政、人社、交通、卫生健康、医保、农业农村、文化、城管、气象、行政审批12个部门。上半年，申请人选择承诺制方式办理审批56341件，其中，人社系统资格考试办件13333人次。印发《关于规范行政执法行为开展行政执法督查的通知》，由市检察院、市委编办、市司法局和市级行政执法部门组成3个专项督察组，对全市镇（街道）综合执法规范化情况、各级行政执法部门持续推进行政执法“三项制度”情况等6个方面内容，开展全面系统督查，进行问题通报、整改提高。制定印发《镇江市2022年法治政府建设工作计划》，明确法治政府建设9大部分39项重点工作。开展政府购买服务专项清理，印发《行政执法监督建议书》4份。启动镇江市行政执法人员培训云平台，组织1400余名行政执法人员在线培训考核，并开展全国行政执法证件换发工作；清除不符合岗位要求的执法辅助人员；组织业务培训和执法指导活动150余场，参训人员7500余人次。推动执法重心下移，镇（街道）综合行政执法机构和驻镇执法机构全部配齐执法人员。构建“大数据＋指挥中心＋综合执法”新模式，实现执法事项的分类监管、在线发起、协调统筹、实时指挥、过程监控、全程留痕、结果共享。

（市司法局　夏　玉）

【行政复议应诉】　2022年，镇江市政府本级新收行政复议申请210件，其中受理176件、不予受理20件、告知6件、逾期未补正8件。审结192件（含上年结转），其中维持50件，纠错21件，驳回22件，终止85件，调解14件。案件主要涉及生态环境、公安、自然资源、交通运输等领域。办理行政复议监督4件，协助办理市政府被复议案件12件。办理以市政府为被告的一、二审行政应诉案件61件，无败诉案件。出台《镇江市行政复议应诉机构工作规程》，规范办案流程，强化协同配合；成立专业委员会，发挥各领域专家“外脑”、专业“智库”作用；建立行政复议报告制度，加强复议机关与被申请人、上级主管部门的沟通联动。全年对51起案件作出撤销、确认违法、责令履行等直接纠错决定，纠错率13.5%；实质性化解174件，化解率45.9%。2件涉企行政复议案例分别获评全省十佳典型案例和十佳优秀案例，市政府作出的1份行政复议决定书获评全省优秀文书二等奖，镇江市司法局撰写1例案例获评全省行政应诉优秀案例。

（市司法局　夏　玉）

公　安

【概况】　2022年，镇江市公安系统贯彻总体国家安全观，统筹发展和安全，推动镇江公安高质量发展。优化维稳机制，聚焦主战主防，构建“八仗四防三服务”（“八仗”即政治安全主动仗、暴恐活动歼灭仗、涉稳风险化解仗、社会治安防控仗、违法犯罪攻坚仗、公共安全整治仗、网络安全治理仗、应急处突快反仗；“四防”即防人员滋事、防刑事发案、防安全事故、防突发事端；“三服务”即服务民生、服务经济、服务社会）职责清单，完善“情指行”（情报、指挥、行动）一体化实战体系，健全“一统四专”（市公安局统一情报指挥工作委员会；政治安全、社会稳定、打防犯罪四个专业情报委员会）情报研判处置机制，建立高等级研判、高效率盯办、高规格调度、高标准实战“四项勤务模式”，高质量开展“镇安行动”“百日行动”，应对处置600余起可能影响稳定的苗头隐患；开展“大走访、大整治、大攻坚”，群众安全感满意度调查中排名列全省第1名。打防能力全面提升，深化重要案件侦办牵引机制，全面建成市县反诈中心，深入开展“扫黑除恶”，重拳打击跨境赌博、养老诈骗、侵害妇女儿童权益等突出违法犯罪，全年侦破刑事案件6541起，比上年增长24.5%。其中，侦破本地电信网络诈骗案件1382起，比上年增长161.2%。挂牌督办、集中攻坚52起重大案件，破获镇江首起地下钱庄、操纵证券、期货市场案和全省首起利用网络平台非法倾倒处置固废案；完善“网安＋”合成作战模式，打击区块链、暗网等新型领域犯罪实现新突破。护航发展成效显著，落实“疫情要防住、经济要稳住、发展要安全”重大要求，建立完善平急转换机制，创新升级“镇疫2.0”平台，应急处置涉疫突发事件281起，打赢句容、扬中疫情和局部散发新冠病毒疫情防控战。深入开展涉企挂案清理，积案清理率、问题整改率均为100%；推进“警盾护企”“打击金融诈骗”等专项行动，侦破涉企和金融领域犯罪案件45起。健全"警企一警通"等机制,新建派出所"综窗"(派出所、行政服务中心综合服务窗口)39家,新增服务事项近百项。"树立'五心'服务理念,打造'五窗'平安样板"获全市"十佳"法治惠民实事项目。加大公共安全监管力度,"三年大灶"(全国安全生产专项整治三年行动)收官。市公安局连续3年获评全市优化营商环境"甘露奖"。改革活力增强,释放"3+N"(3即优秀改革创新项目、优秀科创应用成果、大要案件典型三大自主创评项目;N即优秀党建书记项目、优秀服务效能品牌、优秀基层所队、优秀执法标兵等上级牵头创评项目)改革创新项目引领效应,9个重大改革创新项目产生实战效能。移动警务支撑平台等11个项目投入使用。"黑班线嫌疑风险管控模型"获公安部交通管理大数据建模比武优秀奖。推进巡处一体改革,成立某突击队,布建街面警务工作站,创新基层社会治理"五防"模式,"镇平安巡处一体化"获全市"十佳服务品牌"。深入实施"智慧警务"奔跑计划,推进12个信息化项目建设,大数据服务支撑平台、移动警务支撑平台等11个项目投入使用。推进公安基层基础建设,建设8个基建项目,加速推进某中心等建设,建成多个所队营房设施、实战实训基地等基础设施。"红榴家园"一站四点经验被公安部推广。

2022年,镇江市公安系统的政治生态优化,干部队伍创新作为的氛围浓厚。创新公安大讲堂、"先锋训练营"等载体,加强全警思想淬炼、政治历练、实战磨炼。制定全市公安机关基层党组织建设"三年规划","四网四卫——红色堡垒"获全市"十佳党建书记项目";车管所党支部获评全市首批"五星标杆党支部"。巩固深化队伍教育整顿成果,整治顽瘴痼疾;深入推进肃清流毒影响专项工作。创新开展内设纪检机构建设,完善巡查督导机制,健全权力节点、队伍风险排查管控制度。深度构建大监督格局,搭建组织架构,配套开展党风廉政建设"四无"(年度未发生民警、辅警违法违纪,无作风问题,无执法问题,无重大投诉举报问题)单位、勤廉教育示范点创建等活动,促进全警严守纪律规矩。制定实施《关于建立镇江公安人才发展机制的实施意见》,以全市公安机关青年民警师徒结对"桃李计划"为牵引,加大人才引用、培育、管理力度,分类培养11名专家型人才,1人入选省第六期"333高层次人才培养工程",1人获评为全国"人民满意公务员",8个集体、20名个人获省级以上表彰。

(市公安局　缪申雷)

【刑事案件侦查】　2022年,镇江市公安系统创新与党政机关联勤联动机制,一体推进打击跨境赌博、养老诈骗、侵害妇女儿童权益违法犯罪等专项行动,提升维护稳定、打击整治、治安防控整体效能,全年侦破跨境赌博案件36起、侵害妇女儿童权益案件110起。镇江市公安系统深化大要案件侦办牵引机制,做强专业化打击体系,分2批次挂牌督办52起重大案件和线索,配套建立"月点评、季调度、集中攻坚、定向督导"制度,侦办一大批大案、要案、难案。深化某专项行动,立案线侦察涉恐案件7起。落实全市生态环境突出问题整治五大专项行动部署,完善"山水警务"机制,推进"智慧江盾"建设,牵头开展全市打击固废非法倾倒专项行动,打击涉及长江保护、环境污染等违法犯罪,侦破全省首起利用网络货运平台非法倾倒处置固废案件,改善生态环境。强化某战队建设,深化"133合成作战"("1中心+3团队+3合成"破案打击实战警务机制)等机制应用,推动部门运行协同高效,整合侦查打击资源,激发侦办新型领域犯罪的新动能。侦破"9·01"跨境赌博案、"8·03"涉嫌操纵证券期货市场案、"5·20"地下钱庄案等多个"镇江首起"新型领域违法犯罪,侦办网络犯罪案件430起,比上年增长18.8%。"网安+"合成作战模式更加成熟,网安、治安、经侦等警种部门联合侦办65起案件。以技术手段升级为突破,侦办公安部督办的"镇江罗某某等人非法制造枪支案",以及"镇江中储粮食用油被盗案""鼎盛铝业被盗案"等重大侵财案件,先后查处"九类"(聚众斗殴、强迫交易、寻衅滋事、敲诈勒索、非法拘禁、组织卖淫、强迫卖淫、开设赌场、故意毁坏财物)刑事案件211起、475人,包括部分重大命案积案。

(市公安局　缪申雷)

【经济案件侦查】　2022年,镇江市公安系统落实服务经济社会发展20条措施,开展涉企挂案清理工作,积案清理率、问题整改率均为100%;深入推进"警盾护企"专项行动,严打涉企违法犯罪,破获合同诈骗、职务侵占等涉企案件25起;推进"打击金融诈骗"等专项行动,侦破洗钱、保险诈骗等金融犯罪案件20起,优化金融环境。健全"清源惠企""警企一警通"等机制,新建派出所"综窗"39家,新增服务事项13大类近百项。镇江市建成使用市公安局反诈中心,侦办中央政法委挂牌"7·22"养老诈骗案,公安部督办的"1208"高某被诈骗案等有影响案件,累计查处养老诈骗案件113起、230人;破获本地电信网络诈骗案件1382起,比上年增长161.2%,经济损失比上年下降20.4%。

(市公安局　缪申雷　王　羽)

【重点领域安全监管工作】　2022年,镇江市公安系统围绕安全生产专项整治三年行动"巩固提升年"目标任务,深化隐患治理,防范化解重大风险,压降安全事故，确保全市安全生产形势的稳定。制定实施《加强党的二十大前后重点领域安全监管工作方案》，累计检查企业、场所3.1万余家次，发现隐患9768个、整改7703个；全市一般程序道路交通事故起数、死亡人数比上年分别下降11.7%和11.1%；群租房、公安消防、涉危安全等公安监管领域平安稳定。做实安全生产月和安全宣传教育活动，投稿调研文章、主题短视频11个；推进交通安全宣传"百千万"工程，深入学校、社区、网络开展安全生产专题宣传60余场次，悬挂横幅、主题标语1800余条，张贴通告1.2万余份，在国家级媒体刊发稿件13篇；《深化"双网融合"提升安全监管精准化水平的实践与思考》获全市安全生产主题征文唯一一等奖。牵头召开道路交通、群租房安全专项整治联席会议6场次，各类推进会、视频会、办公会51场次，推动落实安全监管各项责任措施。提请市政府出台《镇江市道路货物装载源头超限超载治理办法》，试点运行源头治超工作，消除安全风险，获国务院督导组肯定。

（市公安局　缪申雷　王　羽）

【户政管理】　2022年，镇江市治安部门根据公安部和省公安厅部署，推进侵害妇女儿童权益问题排查整治及拐卖妇女儿童犯罪专项行动相关工作，组织开展无户口人员落户攻坚工作。全市累计摸排无户口人员77人，其中，已办理落户7人、存量无户口人员70人，被省公安厅挂牌督办。截至2022年年底，挂牌人员基本情况全部调查清楚，解决落户问题66人、暂缓解决4人，达到省公安厅摘牌要求。

（市公安局　缪申雷）

【治安管理】　2022年，镇江市公安系统推进理念创新、路径优化，整体实现警务机制、勤务模式提档升级。以提高"平安镇江"建设水平为目标，建立高等级研判、高效率盯办、高规格调度、高标准实战"四项勤务模式"，健全完善"一统四专"情报体系，做好情报搜集研判、预警交办、处置反馈闭环运作，应对处置重大不稳定事件。优化路地联勤、警信协作、源头管控等机制，强化安保维稳工作。实施"净网行动"，完善市公安局新闻中心、督察部门、法制部门、网安部门和其他相关业务警种部门预警机制。

2022年，镇江市公安系统强化现代警务机制建设，制度化推进9个重大改革创新项目建设，建成"5G可视化110报警服务系统"等项目并产生实战效能。开展"金点子"争创活动，建立研判分析、质态通报、转化运用、评选考核等运行机制，由警种部门落实办理5条，由板块和基层所队改进落实、先行先试104条。深化巡处一体改革，布建街面警务工作站、快反点，创新建立武警协防、机关助防、十户联防、警务夜防、保安驻防"五防"模式，群防群治合力增强；在打造"千人处突力量"的基础上，成立某突击队，提升见警率、管事率和应急处突能力。开展某战队建设，组织网络空间安全监管"星链"行动，采集相关信息，组织全市800余家重点单位开展网络攻防对抗测试，发现并整改风险隐患170个。

（市公安局　缪申雷）

【禁毒工作】　2022年，镇江公安禁毒部门以做好中共二十大禁毒安保工作为主线，以组织开展"清源断流"行动、"苏安"、"镇安"以及夏季治安打击整治"百日行动"为切入点，加强毒品大要案件侦办、吸毒人员核查管控、易制毒化学品安全监管、全民禁毒宣传教育等重点工作，深入推进禁毒办实体化运作，消除社会涉毒安全隐患，确保全市未发生吸毒人员肇事、肇祸案事件，未发生涉爆类易制毒化学品流失，10人获评镇江"最美禁毒人"。建立云南长期驻点工作组，抓获涉毒犯罪嫌疑人，缴获毒品。结合"镇安行动"整治大攻坚，集中开展涉易制毒企业风险排查，共核查易制毒化学品单位953家，查处易制毒化学品行政违法违规案件26起，排查安全隐患314处。全面开展禁毒预防宣传教育，与市禁毒委在镇江开心休博园举行"小手拉大手，拒毒共'童'走"亲子禁毒公益活动，吸引线下60组家庭、200余人参加，线上超百万人次观看；推进市禁毒教育基地筹建工作。

（市公安局　李　辉）

【公安法治建设】　2022年，镇江市公安系统开展执法监督管理机制改革和执法责任制改革。贯彻落实"十四五"省市法治政府、法治社会、法治公安建设纲要，出台《2022年全市法治公安建设要点》，发布执法质量考评通报3期，参与依法治市相关工作，建立健全相关台账17类37项，配合市依法治市办完成市县法治建设督察迎检工作。完善市县两级侦查监督与协作配合办公室运行机制，出台《镇江市人民检察院、镇江市公安局侦查监督与协作配合办公室工作办法》，针对执法实践中的疑难法律问题，商请检察机关提前介入，推进检法沟通协调，统一执法思想、提高办案质效，牵头召开公检法联席会、侦监协作配合工作推进会等各类会议40余次。落实"谁执法谁普法"普法责任制，制定2022年度"谁执法谁普法"履职评议责任清单，印发《镇江市公安局八五普法规划》，面向社会广泛开展普法宣传学习工作，组织开展"农民工学法周""青少年法治宣传教育周"等活动；将普法宣传同护航中共二十大安保维稳工作有机结合，加强校园维稳防控，组织开展"喜迎党的二十大，筑牢校园安全网"普法宣传活动，邀请市心理咨询师协会专家到校园作未成年人心理健康防护专题讲座，推动市法学会青少年犯罪学研究会实体化运行；牵头开展进律所、进校园、进乡镇、进企业、进机关的“五进”活动，先后组织市公安局40余名公职律师到句容市天王镇政府、江苏艾科半导体有限公司等10余家单位开展法治宣讲活动，参与群众2500余人次。推进市县公安机关执法办案中心建设，建成规范化执法办案中心8个。严格执行行政执法“三项制度”（行政执法公示制度、行政执法全过程记录制度、重大执法决定法制审核制度），深入开展执法质量考评，构建系统严密、运行高效的执法监督管理体系，自查自纠执法问题651个，提高执法规范化水平，助力“法治镇江”建设。2022年，市公安局获评全市“谁执法谁普法”十佳单位；在省公安厅开展的2次“无感考评”和“清风1号”“清风2号”专项巡查中，成绩均列全省前列。建立健全法律规定与实战应用相结合的执法培训机制，创新开办“九华法治讲堂”7期，运用典型案例教学、执法视频演示、法院庭审观摩、基层跟班轮训、执法等级考试等形式强化全警执法能力培训；举办全市公安公职律师培训班1期，组织公职律师走进律所共建活动1期、全市法制员履职能力网上考评5场，全市各级公安法制部门组织民警参加旁听庭审活动60余次，参与民警1000余人次。

（市公安局　吴　凡）

【交通道路管理】　2022年，镇江市各级公安交警部门以道路交通事故预防“减量控大”为目标任务，落实“百日行动”“苏安护行”“镇安行动”部署要求，建立事故深度调查机制，提请市安委办，对事故多发的5个乡镇挂牌督办，组织开展“百日行动”十大战役和“决战决胜”七大攻坚，做好防事故、保畅通、护安全各项工作。建立道路交通安全风险隐患“排查、治理、跟踪、问效”闭环机制，全年全市59个坡改平路口整改到位，自排自查的208处事故多发风险隐患点段，整改190处，获省督导组肯定。实施城市道路交通秩序管理精细化提升工程，深化“情指勤督宣”一体化勤务机制改革，市区累计新增夜间停车泊位430余处，释放路面停车资源2200余个，第三方软件平台反馈交通拥堵指数比上年下降12%。研究出台《关于建立联勤联动机制切实加强道路交通安全管理工作的通知》，推进智慧交通建设应用，创新探索的“道路交通安全管理风险多维一体化精准防控”模式入选全市首批改革创新项目。

2022年，镇江市发生道路交通事故337起，死亡199人，受伤209人，直接经济损失151万元。全市道路交通事故一般程序起数和亡人数比上年分别下降11.78%、27.45%，道路运输事故、死亡人数，分别下降49.25%、40.74%。从事故发生道路来看：全市高速公路发案9起，致7人死亡；国省道发案75起，致50人死亡；农村道路发案119起，致75人死亡；城市道路发案134起，致67人死亡。从事故发生时间来看：3月、4月份事故相对多发，发案77起，致47人死亡；周三事故发案较多，发案58起，致38人死亡；事故高发时段集中在7时—8时、17时—18时，发案68起，35人死亡。

（市公安局　杨　洋）

表19　2022年镇江市汽车拥有量和驾驶员情况统计一览表

名称	单位	合计	丹阳市	句容市	扬中市	丹徒区	京口区	润州区	镇江新区
民用汽车	辆	1565062	247773	90376	78150	77148	99106	87625	74884
载客汽车	辆	711658	231468	84015	74707	71523	95722	83508	70715
私人汽车	辆	647900	214049	81293	66359	65887	89796	71312	59204
小型汽车	辆	728401	241992	83658	76126	73889	96520	84109	72107
驾驶员	人	1369300	324149	184721	343462	94895	174702	105138	66560

说明：润州区数据中含镇江高新区数据

（市车管所）

表20　2022年镇江市暂住人口情况统计表

单位：人

	合计	性别		暂住时间				来自地区				居住处所						
		男	女	半年以下	半年至一年	一年至五年	五年以上	省内		省外		租赁房屋	单位内部	工地现场	旅店	居民家中	自购房屋	其他
								乡村	城镇	乡村	城镇							
合计	501657	298698	202958	99192	282401	113196	6868	171887	7677	307170	14923	118	639	219	9	498792	1676	204
务工	394168	244639	149528	80610	223329	85667	4562	126316	4945	251263	11644	70	567	211	7	392006	1190	117
录(聘)用	303	155	148	27	162	114	—	165	—	137	1	1	5	2	—	295	—	—
投资经商	14152	8366	5786	671	10546	2457	478	4347	167	9142	496	29	8	1	1	14030	43	40

续表 20

	合计	性别		暂住时间				来自地区				居住处所						
		男	女	半年以下	半年至一年	一年至五年	五年以上	省内		省外		租赁房屋	单位内部	工地现场	旅店	居民家中	自购房屋	其他
								乡村	城镇	乡村	城镇							
务农	9902	5399	4503	624	7688	1313	277	3925	170	5386	421	1	10	1	—	9864	18	8
服务	3310	1621	1689	266	2419	554	71	1040	46	2094	130	3	4	—	—	3282	16	5
就读	34908	17128	17780	7620	14727	12265	296	16043	297	18134	434	6	27	1	—	34758	113	3
随迁学龄前子女	752	409	343	179	326	246	1	213	3	533	3	—	1	—	—	746	5	—
治病疗养	268	129	139	49	151	68	—	160	12	91	5	—	1	—	—	265	2	—
投靠亲属	11334	4797	6537	1456	6033	3822	23	5787	298	4999	250	—	1	2	1	11275	52	3
探亲访友	5304	2223	3081	124	3844	956	380	2955	143	2070	136	2	2	—	—	5275	17	8
其他	27256	13832	13424	7566	13176	5734	780	10936	1596	13321	1403	6	13	1	—	26996	220	20

说明:本地自实施居住证制度以来,累计发放居住证743730个,其中本年1月1日至6月30日发放居住证22866个　　(市公安局治安支队)

检　察

【概况】 2022年,镇江市检察机关贯彻习近平法治思想,依法履行法律监督职责。全年办理刑事、民事、行政、公益诉讼等各类案件9262件,22件案件入选全国、全省典型案例,8份法律文书获评全省精品或优秀,6项工作在全省系统会议介绍交流,省人民检察院及市委领导批示肯定24次,56个集体和个人获省级以上表彰,1人入选全市首届"最美公务员"。市检察院获评全国检察机关"文明接待室"、全国"节约型"机关、省"文明单位"。

2022年,镇江市检察院贯彻执行《政法工作条例》,向市委、市委政法委、上级检察机关请示报告重大事项18次。深化"融党建"工作,开展"党建红检察蓝"主题实践,以高质量党建为检察工作定向领航,润州区检察院"红润金山"入选全省十佳检察文化品牌。落实强基导向,出台联系指导基层检察院建设工作办法,指导基层制定问题清单、细化攻坚方案、确定品牌项目,3项工作入选全省基层检察院建设典型事例,丹阳市检察院获评全省"五好"基层检察院,润州区检察院抓班子、带队伍、强监督的工作经验被最高人民检察院推广和《检察日报》报道。突出人才兴检,出台"镇星"人才砺剑计划,建立"1+3"配套机制,强化分类施教,1人入选全国检察业务专家库,2个办案团队获省级表彰,3人获全省检察业务标兵、能手称号,4项研究课题获最高人民检察院、省检察院立项,14项研究成果被省级以上期刊录用。巩固教育整顿成果,编制廉政风险防控指引,出台监督执法、规范司法6项规定,市委巡察整改"回头看"和省检察院政治督察反馈意见整改到位。完善检察权监督制约机制,专项评查2021年以来侦查机关提请复议复核案件、撤回起诉案件,8件问题案件全部限期内整改,依规问责4名承办人员。深化全面从严治检,立案查处干警违法违纪4人。记录报告过问或干预、插手检察办案等重大事项239件。

(市检察院　张效瑜)

【刑事检察监督】 2022年,镇江市检察机关推动监督关口前移,完善诉侦衔接机制,在全省率先实现两级侦查监督与协作配合办公室全覆盖,监督立案、撤案324件,纠正漏捕、漏诉79人,对侦查活动违法提出纠正意见156件。落实诉前主导责任,提前介入引导侦查424次,自行补充侦查290次,重大刑事案件提前介入全覆盖。加强刑事审判监督,提出刑事抗诉13件,对审判活动违法情形提出纠正意见29件。强化刑罚执行监督,开展监狱、看守所巡回检察6次,实质性审查减刑、假释、暂予监外执行案件1646件,建议调整减刑幅度或不予减刑、假释518人。以数据赋能强化社区矫正监督,研发检矫智能互联系统,获评全国政法智能化建设创新案例。

(市检察院　张效瑜)

【民事检察】 2022年,镇江市检察机关加强民事生效裁判监督,提出抗诉、再审检察建议29件。加强释法说理,对法院裁判正确、程序合法的申请监督案件,引导当事人服判息诉127件,占受理案件的79%。加强检审衔接,会同法院建立民事诉讼监督案件正副卷一并调阅、民事执行活动监督协作机制,发出民事执行监督检察建议56件,起诉拒不执行判决、裁定罪8人,支持法院破解"执行难"。打击虚假诉讼犯罪,完善线索移送、联合查办机制,监督纠正民间借贷、离婚析产等领域"假官司"17件,移送犯罪线索7件。

(市检察院　张效瑜)

【行政检察】　2022 年，镇江市检察机关加强行政诉讼监督，受理行政检察监督案件 192 件，发出检察建议 130 件，2 起案件入选全省行政检察示范性案例，类案监督经验做法在全省行政检察工作会议介绍交流。深化行政争议实质性化解，采取监督纠正、促成和解等方式化解行政争议 113 件，促成一起最高人民检察院挂牌督办、历时 6 年的退休金核定行政争议案妥善解决。加强行政执行监督，针对执行违法情形提出检察建议 53 件；丹徒区检察院、句容市检察院开展征收社会抚养费执行专项监督，推动"一揽子"化解争议纠纷 83 件，34 名被执行人恢复征信，40 名被执行人解除限制消费等强制措施，保障"三孩"政策有效落地。探索行政强制隔离戒毒检察监督试点，在辖区内 2 家戒毒所挂牌成立检察官办公室，促进检察监督与戒毒执法有效衔接。　（市检察院　张效瑜）

【公益诉讼检察】　2022 年，镇江市检察机关立案办理公益诉讼案件 599 件，其中，民事公益诉讼 116 件，行政公益诉讼 483 件，比上年分别上升 19.6% 和 22.3%。加大诉前磋商、整改力度，向行政机关制发诉前检察建议 430 件，行政机关整改率 99.5%；对检察建议不落实的，提起行政公益诉讼 2 件。突出重点领域，对群众反映强烈的环境保护、食药安全公益损害问题，立案 337 件，占立案总数的 56.3%。聚焦民生方面，部署开展医疗美容、失业保险等领域公益诉讼专项监督，以点带面促进社会治理。针对食药安全，开展"消字号"产品、散装食品安全等专项监督，起诉制售有毒有害食品、假药劣药等犯罪 33 人，办理公益诉讼案件 84 件；探索食药领域惩罚性赔偿制度，润州区检察院对销售有毒有害食品的张某某等人依法提起刑事附带民事公益诉讼，诉请判令销售金额 10 倍赔偿金 290 万元，获判决支持。构建公益保护"大格局"，探索代表建议、政协提案与公益诉讼检察建议衔接转化工作，会同统战部门首聘 100 名公益保护志愿者，联合市场监管、消费者协会出台加强消费者权益保护协作意见，凝聚公益保护更大合力。　（市检察院　张效瑜）

【金融风险防范化解】　2022 年，镇江市检察机关依法保护市场主体，护航经济发展，起诉职务侵占、挪用资金等侵商害企犯罪 38 人，起诉破坏市场经济秩序犯罪 347 人。参与防范化解金融风险，依法严惩非法吸收公众存款、集资诈骗等涉众型经济犯罪，起诉 96 人，对"康都健"特大网络传销案依法提起公诉，协同追赃 1150 万元。保障创新驱动，严惩侵犯知识产权犯罪，起诉侵犯商标权、专利权等犯罪 49 人，对公安部挂牌督办、制售假冒名表案值 13.6 亿元的许某某等 26 人提起公诉。　（市检察院　张效瑜）

【涉企案件办理】　2022 年，镇江市检察机关出台检察保障二十条措施，打造"镇合意·检先行"服务品牌。深化企业合规改革，依法对作出承诺、整改到位的 6 家企业、13 名经营者宽缓处理，扬中某涉税犯罪民营企业经合规建设，企业负责人被不起诉后抓生产促发展，年销售额倍增。协助市委常委会对专题合规改革工作报告做初步审读，落实市人大常委会在全省率先出台深化推进客规改革工作决定，企业合规镇江实践获评"全省护航民企检察工作贡献奖"。优化检察供给，设立民企经济犯罪风险防控中心，建立检察讲师团，走访企业 65 家，开展送法进企 25 场。聚合资源力量，与全市工商联建立护航民企协作机制，获评全国工商联与检察机关沟通联系典型事例，被省检察院、省工商联联合授予示范单位。　（市检察院　张效瑜）

【生态司法工作】　2022 年，镇江市检察机关跟进落实"生态要提升"，与公安、生态环境部门成立融合战队，开展打击危废违法犯罪专项行动，起诉破坏环境资源犯罪 141 人。参与长江大保护，起诉非法采砂、非法捕捞犯罪 104 人，对 621 件非法采砂行政处罚案件中同类违法情形，以类案形式提起行政公益诉讼 5 件，入选最高人民检察院督促整治非法采矿公益诉讼典型案例，张某某等 15 人非法捕捞案入选全省打击破坏长江生态环境犯罪典型案例。坚持专业化监督、恢复性司法、社会化治理并举，索赔环境损害赔偿金、治理恢复费用 756 万余元，督促修复土地、水域 110 亩(6.67 公顷)，治理固废 2.7 万吨，放生各类鱼苗、成鱼 900 万余尾。　（市检察院　张效瑜）

【国家政治安全维护】　2022 年，镇江市检察机关做好中共二十大安保工作，开展风险隐患拉网式大排查，57 件风险案件落实防范措施，19 件信访积案全部化解。维护政治安全，起诉危害国家安全等犯罪 20 人。深入开展反腐败斗争，立案侦查司法工作人员职务犯罪 3 人；起诉监委移送职务犯罪 81 人、原处级以上干部 10 人，对原中国银监会副主席蔡某某、东部机场集团有限公司原总经理徐某等重要案件依法提起公诉。　（市检察院　张效瑜）

【社会和谐安定维护】　2022 年，镇江市检察机关加大打击力度，依法惩治刑事犯罪，批捕 758 人，起诉 4314 人。围绕治安，起诉故意杀人、抢劫等八类严重犯罪 157 人，起诉"盗抢骗""黄赌毒"等侵犯群众人身财产权利的多发性犯罪 1115 人，数量比上年下降 7.6%；起诉"黑恶"犯罪 47 人，对全国、省挂牌督办的金某某、王某某 2 起涉黑案件依法提起公诉。

聚焦疫情防控，起诉涉疫犯罪 10 人，"7·20"妨害传染病防治案入选全国典型案例。跟进发展和安全，组织寄递违禁品违法犯罪专项检查，开展安全生产领域专项监督，起诉危害安全生产犯罪 18 人，制发检察建议 64 份，督促消除安全隐患 150 余处，促进综合整治。在从严追诉严重刑事犯罪的同时，市检察机关落实少捕慎诉慎押刑事司法政策，诉前羁押率降至 17%，对轻罪案件不批捕 400 人，不起诉 804 人。不起诉不等于不惩罚，运用非刑罚处罚措施，对被不起诉人训诫 545 人，组织参加公益服务 109 人，移送行政处罚 365 人。协同法院、公安深化落实认罪认罚从宽制度，适用率 92.8%，一审服判率 98.7%。深化检察听证，对 76 件有争议、有影响的案件组织召开听证会，把听证会做成法治课。加大法治宣传力度，开展普法宣传 321 场次，11 部原创视频被省级以上媒体转发，推动"法润民心"。治罪与治理同步推进，围绕案件中暴露的风险隐患，撰写专题分析报告、发出社会治理类检察建议 107 件，获评全省优秀检察建议 5 件。维护网络安全，协同推进"断卡"行动，联合市委网信办出台保护个人信息协作意见，起诉电信诈骗及关联犯罪 255 人，起诉侵犯公民个人信息犯罪 109 人。做实群众信访"件件有回复"，1920 件群众来信均在 7 日内程序性回复、3 个月内办理过程或结果答复，两级检察院领导带头办理疑难复杂信访案件，包案办结首次信访 70 件，办结后无继续申诉，市检察院获授牌全国检察机关"文明接待室"。 （市检察院 张效瑜）

【未成年人司法保护】 2022 年，镇江市检察机关依法从严打击性侵、虐待等严重侵害未成年人犯罪，批捕 58 人，起诉 76 人。坚持宽严相济，对主观恶性深、犯罪手段残忍、后果严重的未成年犯罪绝不纵容，起诉 29 人；对轻微犯罪不批捕 4 人、不起诉 9 人、附条件不起诉 48 人。坚持融合履职，助推综合保护，聚焦家庭监护失职问题，制发督促监护令 33 份，扬中市检察院联合 11 个部门在全省率先出台家庭教育指导合作意见；融入学校保护，检察官法治副校长覆盖全市中小学，采取动漫、手绘等喜闻乐见的方式，引导孩子们学法懂法守法，1 堂法治公开课获评全省示范课程，市检察院未成年人检察部门获评省巾帼文明岗。

（市检察院 张效瑜）

【特殊群体权益保障】 2022 年，镇江市检察机关从严整治养老诈骗，起诉以养老项目、养老产品为名欺诈老年人犯罪 35 人，丹阳市检察院对中央政法委挂牌督办、向老年群众推销"抗衰神药"、敛财 7.1 亿元的殷某某等 8 人依法批准逮捕；开发区检察院开展小微养老机构安全隐患专项监督，推动 5 家非法经营机构关停，12 处违规场所落实整改，95 名老人分流正规养老机构或返回居家养老。强化妇女权益保障，开展专项排查整治，起诉强奸、强制猥亵等犯罪 85 人。维护劳动者合法获得薪酬的权利，起诉恶意欠薪犯罪 2 人，依法支持起诉 223 件，追讨薪酬 542 万余元，化解群体性欠薪纠纷 50 起。加大国家司法救助力度，向因案致贫当事人提供司法救助金 466 万元，镇江市司法救助率居全省前列。 （市检察院 张效瑜）

【社会监督】 2022 年，镇江市检察机关贯彻落实全过程人民民主，向人大常委会报告工作 21 次，邀请市人大、市政协专题视察，9 件代表建议和委员提案全部妥善办结。开展"请代表监督、让人民满意"两院行，组织专题联络活动 48 场，集中开展登门走访，各级人大代表、政协委员应邀参加考察观摩、见证司法活动 988 人次。深化检务公开，召开新闻发布会 8 场，举办检察开放日 26 场次，发布典型案例 13 件。深化检律良性互动，定期交流座谈听取律师意见，办理律师控告阻权案件 18 件，1 案入选全省保障律师执业权利典型案例。 （市检察院 张效瑜）

法 院

【概况】 2022 年，镇江市法院受理案件 92480 件，审执结 84246 件，比上年分别上升 6.53% 和 7.41%，审判质效 10 项指标 8 项同比优化、2 项持平，执行工作"3+1"核心指标均优于全省均值。企业信用修复、知识产权保护、行政审判等多项工作受到市主要领导批示肯定，全市法院 16 项工作在全省法院会议上作交流或被省级以上载体推广，34 项调研成果获全国、全省奖项，24 个集体、36 名个人获市级以上表彰，市中级人民法院被最高人民法院命名为全国首批"为群众办实事示范法院"。 （市法院 汤雨婷）

【刑事审判】 2022 年，镇江市法院受理一审刑事案件 2997 件，审结 2534 件。严惩危害社会治安犯罪，审结故意杀人、抢劫等严重暴力犯罪和毒品犯罪案件 155 件。依法惩治涉民生犯罪，审结危害食品药品安全案件 29 件、盗窃等多发性侵财案件 493 件、电信网络诈骗案件 24 件。依法惩治涉疫犯罪，审结妨害疫情防控等犯罪案件 5 件，被告人潘某编造、故意传播虚假疫情信息案入选全国法院依法惩处妨害疫情防控犯罪典型案例。保持反腐败高压态势，打击"围猎"腐蚀行为，一审审结贪污贿赂等案件 58 件 64 人。

（市法院 汤雨婷）

【民事案件】 2022年，镇江市法院受理一审民事案件48687件，审结43630件。开展治理欠薪专项行动，为农民工追回劳动报酬4420.56万元。加强劳动纠纷预防和化解，出台《劳动争议案件审理指引》，一审审结劳动争议纠纷案件1315件、消费纠纷案件216件。加强新业态从业者权益保护，润州法院开通全市法院首家新业态、新就业群体法律咨询热线，京口法院依法合理认定外卖骑手与平台企业的劳动关系。加强涉军司法服务，成立涉军维权案件专门合议庭，依法维护国防利益和军人军属合法权益。加强民生司法救助，为134名困难当事人发放救助金362.78万元、缓减免诉讼费735.68万元。

（市法院 汤雨婷）

【行政审判】 2022年，镇江市法院受理一审行政案件631件，审结534件，行政审判工作获市委、市政府主要领导批示肯定。首次适用市人大《镇江香醋保护条例》审结"某醋业公司虚假标注生产日期被行政处罚案"，依法支持行政机关作出的行政处罚，入选全省法院行政诉讼十大典型案例。健全行政争议多元化解机制，推动市依法治市办出台《关于加强行政行为自我纠正工作的实施意见》，行政机关负责人出庭应诉率连续2年100%，一审行政案件受理数比上年下降16.42%，行政行为纠错率下降2.98%。探索集中管辖法院和属地法院法官联合办案，集中管辖法院、属地法院与属地司法行政机关三方协作，强化行政争议源头化解、实质化解，相关做法被最高人民法院《行政审判通讯》推介。 （市法院 汤雨婷）

【案件执行】 2022年，镇江市法院执结各类案件23581件，执行到位61.97亿元，执结案件数量比上年上升17.86%，首次执行案件、执行完毕案件平均结案时间分别缩短8天、13天，有财产可供执行案件实际执结率99.97%，执行工作"3+1"核心指标均优于全省均值，执行管理体制改革成效初显。常态化开展集中执行行动，涉民生案件集中执行行动执结案件2282件，执行到位金额2.61亿元。网络直播执行行动53次，观看人数3346万人次，拘留被执行人77人次，增强执行威慑力。优化执行事项线上办理机制，研发"见'镇'执行"辅助管理系统，线上查控被执行人不动产12978次、车辆236次，依托信息技术破解查人找物难题。 （市法院 汤雨婷）

【营商环境优化】 2022年，镇江市法院一审审结商事案件7100件、不正当竞争案件12件，案涉金额57.94亿元；一审审结知识产权案件800件，对6件案件适用惩罚性赔偿。参与优化营商环境提升行动，开展"优化法治化营商环境执行年1+4专项行动"，推出"镇合意·法助力"司法服务营商环境工作品牌，相关做法被省委信息简报刊载。在全省法院率先出台《关于加强地理标志司法保护的意见》，加强对镇江市地理标志及其产品的全方位保护，促进区域特色经济发展，助力乡村产业振兴。强化商事纠纷多元化解，市中级人民法院被省法院、省工商联确定为"商会商事调解联系协作机制示范单位"。推出"五项机制"压缩民商事案件审理周期8.08天、破产案件审理周期169.77天。

（市法院 汤雨婷）

【企业服务】 2022年，镇江市法院出台民营企业司法服务保障17条意见，助民营企业纾困解难。开展"民营企业服务月"活动，总结提炼审判实践真实案例，编印并发放《企业法律风险提示手册（漫画版）》等6类普法资料3000余册，科普企业经营发展过程中应避免的法律风险。召开企业家座谈会，走访企业122次，为镇江船厂追索外商拖欠造船费提供法律指导，帮助企业破解诉讼难题。开展企业信用修复"暖企"行动，在全省法院率先出台《企业信用修复工作指引》，累计为3733家企业修复信用，失信企业占注册企业的比例降至0.24%，企业退失数量和占比均居全省法院前列，为信用修复"镇江模式"获评"江苏省法治政府示范项目"贡献法院力量，相关做法被省法院领导批示转发全省法院学习借鉴。

（市法院 汤雨婷）

【破产审判】 2022年，镇江市法院服务供给侧结构性改革，审结破产案件662件，化解不良债权101.9亿元，盘活土地、厂房95.25万平方米。会同市场监管部门建立经营异常企业公益退出机制，对363家吊销未注销企业启动公益强制清算，加速"僵尸企业"出清，激发市场主体活力。探索建立破产预重整机制，出台《关于规范预重整程序工作指引》，启动全市首例上市公司预重整案。推动力信（江苏）能源公司诉前运用"债转股"方式处置债务28.13亿元，完成重整。推进"执转破"工作，将226家无财产可供执行企业移送破产，"执转破"数量比上年增长28.41%。开展类个人破产程序试点，办理类个人破产案件32件。

（市法院 汤雨婷）

【风险防范化解】 2022年，镇江市法院维护金融市场秩序和金融安全，一审审结金融借款、民间借贷等纠纷案件8487件，市中级人民法院获评全市金融生态环境"八城同创"工作先进集体。完善防范与打击"套路贷"虚假诉讼长效机制，总结研判"套路贷"新特点的问题建议，被最高人民法院简报刊载。落实"保交楼、保民生、保稳定"要求，一审审结房地产案件5065件，推动房地产业向新发展模式平稳过渡。延伸审判职能，发送司法建议51份，3篇司法建议被评为全省法院优秀司法建议。推行群体性纠纷"示范诉讼+集中调解"机制，化解京口"合山居"楼盘迟延交房纠纷200余件、丹阳风雅尚都小区物业服务纠纷300余件，避免矛盾激化、减少诉讼案件。

（市法院　汤雨婷）

【乡村振兴服务】　2022年，镇江市法院联合市农业农村局（乡村振兴局）出台《发挥人民法庭职能作用助力全面推进乡村振兴的意见》，打造15个各具特色的法庭工作品牌，丹阳、句容法院4个人民法庭被省法院授牌"服务乡村振兴实践基地"，全市人民法庭服务乡村产业、人才、文化、生态、组织"五大振兴"的做法得到省法院领导批示肯定并转发全省法院。加大涉农巡回审判力度，开展"农忙法庭"等特色审判80余场，开设"葡萄架法庭""草莓园法庭""茶场法庭"等，做到哪里有司法需求、司法服务就跟进到哪里，实现"审理一案，教育一片"的效果，被《人民法院报》头版报道。在全省法院率先制定《关于加强地理标志司法保护的实施意见》，从"名、优、土、特"四个角度发力，强化地理标志产品全链条、全种类协同保护，服务乡村产业振兴。（市法院　汤雨婷）

【社会治理】　2022年，镇江市法院推进矛盾纠纷"源头减量"工程，组织法官进网格1653人次，参与化解纠纷30660起，推动矛盾纠纷就地化解，压降万人起诉率，诉源治理工作做法被省委政法委信息简报刊载。加强"互联网+枫桥经验"探索，对接51个乡镇、街道，推进人民法院调解平台进乡村、进社区、进网格，88个基层单位、127名化解纠纷人员入驻平台，通过线上、线下方式集约集成基层化解纠纷力量，提升实质性效果。深化"一站式"多元纠纷解决体系建设，在诉讼服务中心为群众提供"菜单式"化解纠纷方式选择，诉前调解纠纷57216件。（市法院　汤雨婷）

【特殊群体保护】　2022年，镇江市法院加强老年人司法保护，开展打击整治养老诈骗专项行动，在全省法院率先出台《涉养老诈骗刑事案件审判工作指引》，审结养老诈骗案件8件23人，案涉金额2.53亿元，开展"反诈在行动"专题宣传，"审宣结合"守护百姓"养老钱"。保障青少年身心健康，打造"法至士成"少年审判工作品牌，与市第五人民医院共建全省首家"青少年心理健康基地"，建成家庭教育指导站4个，护航未成年人健康成长。健全妇女权益保护机制，出台意见建立妇女权益保障长效机制，发出人身安全保护令23份，明确精神侵害也属于家庭暴力，遏制隐性家暴。优化涉残司法服务，会同市残联出台《为残疾人提供高质量诉讼服务的实施意见》，打造涉残诉讼服务"553模式"（硬件设施"三个一"、涉残诉讼五个"绿色通道"、"三联动"助残机制），成立助残服务先锋队，设立司法助残工作站，经验做法被《人民法院报》头版头条报道。

（市法院　汤雨婷）

【诉讼服务】　2022年，镇江市法院聚焦诉讼难题，推出"诉讼服务一站到底"工作品牌，推进全域诉服改革，实现诉讼事项"一窗通办、一站全办、跨域联办"，市中级人民法院诉讼服务82项综合指标位居全省法院前列。推进"互联网+诉讼服务"改革，实现诉讼服务事项"一网通办"，网上立案21302件，在线庭审6345件，线上调解13063件。建立诉讼费网上退费平台、专用固定电子送达地址库，让数据"多跑路"、当事人"少跑腿"。市中级人民法院建成"一站式"法官联络平台，破解"法官忙"与"群众急"之间的联络难题。

（市法院　汤雨婷）

【法治社会建设和宣传】　2022年，镇江市法院用公正审判凝聚人心，以司法裁判引领风尚。依法撤销母亲以死相逼缔结的婚姻，保护"婚姻自由"不受"为你好"干涉。融合媒体开辟《法院传真》《法庭内外》等法治宣传栏目，召开以案释法新闻发布会51场，发布典型案例280个，举办法治讲座160场，以"小案件"释明尊法学法、守法、用法"大道理"，线上、线下讲好法院故事、法治故事。市中院原创《促进家庭教育"三字经"》短视频被"央视频"转发，微电影《划算?!》获"保护个人信息、共享美好生活"短视频全网征集大赛一等奖，校园普法剧《欺凌的代价》获全国法院"金法槌奖"。（市法院　汤雨婷）

【司法权运行机制改革】　2022年，镇江市法院压实"审理者裁判，裁判者负责"第一责任和院庭长监督指导管理职责，164件案件纳入"六类案件"监管，做到放权不放任、用权受监督。发挥审判委员会定案把关功能和监督指导作用，出台14份审判委员会会议纪要，统一法律适用。开展审级职能定位改革，推动基层法院实质化解纠纷、中级人民法院精准定纷止争，一、二审案件服判息诉率比上年分别提升1.39%和0.65%。扩大独任审理适用范围，简易程序适用率比上年提升2.34%。落实市委深改委部署要求，规范全市法院执行局长和执行员选任，执行主体减少16.3%，案件数量增长17.15%，执行结案数比上年上升18.15%，涉执行信访案件下降20.69%，执行管理体制试点改革成效初步显现。（市法院　汤雨婷）

【"听看行评"四项活动】　2022年，镇江市法院落实市人大常委会"请代表监督、让人民满意"法检两院行工作部署，创新开展"听看行评"四项活动，把接受人大监督贯彻到法院工作的各方面全过程，参与代表1328人次。创新联络方法，在人民法庭设立"代表联络工作室"7个，打造"代表履职、接受监督、汇聚民意、协同解纷"四位一体平台，84名代表进驻履职，接待来访群众97人，协同化解矛盾纠纷11件。

（市法院　汤雨婷）

司法行政

【概况】 2022年，镇江市制发《关于深入学习贯彻习近平法治思想推动更高水平法治镇江建设的实施意见》，召开市委全面依法治市委员会会议，落实法治建设"一规划两方案"，部署开展全面依法治市"四个专项行动"。举办习近平法治思想暨法治建设工作培训班、全市公务员"深入贯彻落实党的二十大精神学习宣传习近平法治思想"知识竞赛。开展"法治小区"建设试点。开办全面依法治市工作专报，组织全市第五届"十大法治人物""十大法治事件"评选。完成市县法治建设督察迎检任务，探索建立法治督察和纪检监察协同配合机制。开展法治镇（街道）建设监测评价，督促全市镇（街道）对标对表找差距、抓提升。市司法局成立党的二十大安保维稳工作领导小组和工作专班，细化工作机制、工作清单。与检察机关实现对县市区社区矫正工作专项巡回检察全覆盖，全市社区矫正对象和刑释人员当年重新犯罪率保持低位，后续照管工作位列全省第一方阵。开展矛盾纠纷"大排查、大调解、促和谐"专项行动，构建"党组织＋调委会＋网格"调解机制，创新推出"党建＋人民调解"书记项目，全年组织矛盾隐患排查6.7万余次，调解纠纷4.7万余件，"苏解纷"小程序注册人数突破16万人。"12348"公共法律服务平台接受群众咨询2.3万人次；各级法律援助中心窗口接待来访群众咨询1.4万余人次，办理法律援助案件3723件；新建31家法律援助工作站。出台《镇江市学法用法示范户培养工作实施方案》《镇江市"法律明白人"培育工作实施方案》，新培育"法律明白人"3200余人、学法用法示范户409户。6名"法律明白人"获省级表彰，市司法局等3个单位被评为省"法律明白人"培育先进集体。当年新增国家级民主法治示范村（社区）3个、省级民主法治示范村（社区）24个，省级法治文化建设示范点2个，3篇法治宣传教育案例入选司法部案例库。

（市司法局　夏　玉）

【社区矫正执法规范化】 2022年，镇江市开展"社区矫正执法规范化建设提升年活动"，开展《江苏省社区矫正工作实施细则》《镇江市社区矫正档案标准（试行）》贯标行动；推进各市（区）社矫机构赋码发证；按照"每季度一重点，每个月一县区"的原则，组建精干专项督察检查组，增强工作指导性和针对性；建立"四类社区矫正重点对象"长效管理的监管机制；对接公安"雪亮工程"，助推丹徒区、镇江新区智慧矫正中心提档升级，当年全市建成3家省级安置帮教"阳光帮扶基地"、2家智慧矫正中心。在全省率先召开后续照管工作新闻发布会，率先开展贯标示范点创建认证授牌工作。在全省率先制定下发《镇江市社区矫正档案标准（试行）》，在结合社区矫正法律法规的基础上，对社区矫正档案作出详细要求。组建市级保外就医罪犯病情复核专家库，制定实施细则，统筹全市三甲以上医院医师资源，围绕《暂予监外执行规定》涉及的18类疾病，组建7类82个专家小组，满足全市在册暂予监外执行罪犯病情诊断复核和鉴别需要，提升保外就医罪犯病情复核结论的合法性、公正性，全市特殊人群管控工作取得新进展、新成效。

（市司法局　夏　玉）

【普法宣传】 2022年，镇江市司法局以法治文化阵地建设为牵引，打造"线下＋线上"普法宣传新载体。开通流动公交车"反诈普法课堂"，在市区20余辆车载电视显示屏上循环播放普法短视频，把老年乘客居多的公交车打造成流动"普法课堂"；举办"普法e同行"活动启动暨"普法e力量"队伍成立仪式，推出养老防诈网信角、普法e网通、"八五"普法税e行等十个"普法e同行"创新项目，构建全媒体多级互动法治传播体系；与市场监管部门、企业组建由外卖员和快递员组成的"驿路普法"法治服务队，将普法工作融入外送各个环节，外卖员、快递员在接单送单的同时把法治宣传折页送到商家和点单人手中，实现"普法外卖"一点到家。全年全市开展习近平法治思想学习宣传系列宣讲活动150余场次。面向全市54个部门征集普法责任清单，出台《2022年度普法责任清单和2022年度镇江市"普法月历"》，细化全年年度普法任务67项，明确联动普法事项牵头单位和责任单位。把"谁执法谁普法"责任制落实纳入全市高质量发展综合考核体系，挖掘成员单位普法责任，形成市检察院"小豚说案"、市法院"法至士成"、市场监督管理局"文俊工作室"等特色普法品牌。在全市组建"八五"普法讲师团，开展法治宣传进机关、进单位、进村居、进学校、进企业等"八进"活动，广泛融入市、县、镇、村法治文化公园、法治文化墙，形成融"报、网、端、微、屏"于一体的全媒体法治传播体系。

（市司法局　夏　玉）

【司法行政"法治民意直通车"】 2022年，镇江市开展"法治民意直通车"实施工作，加强对群众法治需求和热点问题的收集反馈，提高征集意见建议草案与征集对象的匹配度；下发《关于进一步加强“苏解纷”推广应用工作的通知》，“苏解纷”用户注册突破16万户，比上年增长35倍，让市民享受足不出户的调解服务；贯彻落实新颁布实施的《人民监督员选任管理办法》，严格人民监督员入口管理，完成第五届人民监督员换届选任，组织全市人民监督员集中培训，参加市、市（区）两级检察院组织的案件公开听证会、评审会92次134人；全市司法所规范化建成率100%，“智慧司法所”应用率100%；对全市基层司法所队伍建设和工作开展情况开展专题调研，发放问卷调查表116份并形成《镇江市基层司法所调研报告》；推进医患矛盾纠纷化解工作，接待当事人来访、投诉101批次，受理各类医疗纠纷91件（含上年未结8件），调解91件（10件在调），结案81件，调解成功74件，调处成功率91.36%，实际赔付486.63万元，减免医疗费37.39万元，兑现率均为100%，避免群体性事件、防止纠纷激化死亡案件34件。（市司法局　夏　玉）

【一村（一社区）法律顾问工作】　2022年，镇江市实现717个村（居）法律顾问全覆盖，确定“三个规范”为基层群众提供法律咨询、纠纷调解、法治宣传等一站式法律服务，即规范身份，法律顾问必须是执业律师或基层法律服务工作者，并严格按照省厅要求，按比例进行调整。截至2022年年底，全市有499名律师、135名法律服务工作者为村（社区）开展服务。明确法律顾问实行定期服务制度、工作日志制度和信息公开制度等一系列工作制度，确保法律顾问做到“六个有”（人人有职责、事事有程序、干事有标准、过程有痕迹、绩效有考核、改进有保障）；制定《“一村（社区）一法律顾问”工作绩效考核评比办法（试行）》考核评价机制，考核结果作为年度评先评优的重要依据。由村（社区）法律顾问牵头组团，加强法律服务资源供给不足地区公共法律服务建设，举办法治讲座1684场次，覆盖人群68340人；参与矛盾纠纷化解1781起，涉及金额1040万元；协助处理涉及村（社区）的重大敏感性、群体性案件（事件）。（市司法局　夏　玉）

【“百所千人助万企”行动】　2022年，镇江市司法局为落实市委、市政府部署的“五送五助·春风暖企”行动，深入实施产业强市“一号战略”，与市工信局、市工商联、市律师协会开展“百所千人助万企”专项行动，作为全年工作重点推进。围绕“四群八链”，整合律师、公证、仲裁等专业力量，组建8个“产业链+法律服务联盟”服务团队和一个涉外法律服务团队，为产业链重点民营企业提供更加精准、紧密、有效的专业法律服务。与企业精准对接，定期开展“法治体检”，做到摸清底数，为企业防范化解法律风险提供针对性建议。建立“万所联万会”机制，发动全市律师事务所与各商会对接，为其配备专业法律顾问，对接商会超过80家，基本实现全覆盖。联合各市（区）同步开展“法治大讲堂”系列活动，浓厚企业法治文化氛围，帮助解决运营发展过程中的难题，惠及企业500余家。开展“矛盾纠纷排查”，确保工作横向到边、纵向到底，调处各类涉企矛盾纠纷1500余件，最大限度预防涉外涉企矛盾发生和激化。（市司法局　夏　玉）

【法律职业资格考试】　2022年6月16日0时至7月4日18时，镇江市有1800多人报考2022年国家统一法律职业资格考试。9月17日、18日，2022年国家统一法律职业资格考试客观题考试举行，全市近1400人参加考试。省、市相关领导巡视镇江考区考试工作。市司法局连续四年被司法部表彰为“全国司法行政机关国家法考工作表现突出单位”。当年全市报考人员中，政法系统占比23%，企事业单位占比21%，高校毕业生及待业人员占比30%。报考“法考”的人员越来越呈现出年轻化趋势，平均年龄30岁，各行各业对法律人才的需求明显。（市司法局　夏　玉）

【镇江公证处】　2022年，镇江公证处办理公证约12000件，其中涉外及涉港、澳、台公证文书2800余件，未出现错、假、伪证。全年向群众发送“联系卡”“咨询单”3万余份，办理各类公益性服务440余件，收到当事人感谢信及锦旗20余次。当年1月获评全市“十佳服务先锋岗”；选送的《发挥公证力量护航“中华老字号”》案例被江苏省公证协会评为“公证服务知识产权保护优秀案例”。（市司法局　夏　玉）

【江苏省司法警官高等职业学校】　2022年，江苏省司法警官高等职业学校有教职工189人，专任教师120人，其中有教授、副教授等高级职称的32人，“双师型”教师66人。学校设置刑事执行、社区矫正、法律事务、法律事务（人民调解方向）、法律文秘、司法信息技术、安全防范技术、罪犯心理测量与矫治技术等7个专业、1个专业方向。学校有全日制在校生2461人。校园占地面积537.19亩[35.81公顷，其中桃花坞校区80.79亩(5.39公顷)、句容宝华校区112.9亩(7.53公顷)、南京桥林新校区343.5亩(22.9公顷)]。校舍建筑面积17.54万平方米。拥有地下靶场、格斗训练馆等校内实训基地39个，校外教学实习实训基地44家。学校有纸质图书19.2万册、电子图书30万册，可使用省高校文献信息资源保障系统、“知网”、“万方”、“龙源期刊”等教育资源。

学校运行。南京校区项目通过档案、规划、质监、消防等四项竣工验收后于当年9月建成。南京校区、镇江校区并轨运行，一至三年级学生入驻南京校区，四五年级学生留在镇江校区学习，学校基础建设水平得到较大提高。

人才培养。围绕职业教育新使命和行业发展新需求，修订完善人才培养方案，协调推进思政课程和课程思政同向同行，加强社会主义核心价值观教育。施行"岗课赛证"综合育人新模式，鼓励和组织学生参加省市级各类技能竞赛，获一等奖7个，二、三等奖29个，177人获"1+X"相关证书。围绕学生就业能力提升，做好就业指导服务工作，安排教师封闭值勤，做好参加专转本辅导学生的管理和服务保障，实现专转本考试64人被录取，比上年增长18.5%；自考期间，组织车辆74辆次、教职工98人次进行送考，配合教育部门在镇江校区设立专门考点，防止疫情影响学生的参考率，2022届488名毕业生自考本科通过率82%、学士学位取得率59%；安排专人加强毕业生的体能训练测试，公考体测合格率91.22%，比上年增长4%，截至2022年年底，应届毕业生就业率96.93%。

图14　江苏省司法警官高等职业学校南京校区大门

（省司法警官高等职业学校　刘保成　供稿）

教师素质。注重教师职业能力提升，组织参加部省、联院（江苏省联合职业技术学院）各类业务培训219人次。坚持以赛促教，教师参加省职业院校教学大赛获二、三等奖3个，参加镇江市和联院教学技能竞赛获一等奖4个，二、三等奖15个。推进教师分类管理考核，确定科研型、教学科研型教师18名，年内召开3次科研工作推进会，争取经费资源和评奖评优向科研工作倾斜，教师获市级以上课题立项54个，比上年增长11%。截至2022年年底，教师在公开刊物发表论文48篇。克服疫情影响，协助举办全省司法行政系统教育培训师资及课程评审会，承办军转干岗前培训、司升督、新警培训等总计17期、参训1648人次。（省司法警官高等职业学校　刘保成）

仲　裁

【概况】 2022年，镇江仲裁委贯彻落实《关于完善仲裁制度提高仲裁公信力的若干意见》，提升案件办理质效，宣传仲裁制度优势；运用仲裁化解建设工程、股权转让、房屋买卖等民商事争议，仲裁的社会知晓率、合同约定率有提升。全年受理案件588件，比上年增长11.36%；标的额8.96亿元，比上年增长11.44%。办结501件，其中，以裁决方式结案154件，占30.74%；和解调解、撤回仲裁等方式结案347件，占69.26%，处理案件标的量稳步上升。全年无被法院撤裁及不予执行处理的案件。

（镇江仲裁委　陈　浩）

【仲裁服务和宣传】 2022年，镇江仲裁委围绕市场主体，建设仲裁法律制度长效机制，创新宣传拓展途径，扩大仲裁影响。镇江仲裁委开展仲裁服务进园区、进企业活动。结合"产业强市"一号战略，参与"产业链+法律服务"联盟和"百所联百会"活动。先后到镇江市京口区经开区、丹徒新区高新技术产业园开展仲裁服务进园区、进企业活动，帮助企业提高法律风险防控能力，为企业健康稳定发展提供法治保障。宣传方面，开展全市"仲裁法律制度宣传服务月"活动，面向社会各界广泛宣传仲裁法律制度及仲裁典型案例，营造信任仲裁、优选仲裁、支持仲裁的良好社会氛围。加强媒体宣传。及时更新镇江仲裁委员会网页、公众号，利用媒体的影响力宣传仲裁法律制度。在《镇江日报》开辟《民商纠纷选仲裁》专栏，分期刊登仲裁宣传文章，增强镇江仲裁的社会影响力，提高仲裁的知名度。

（镇江仲裁委　陈　浩）

军　事

责任编校：叶兆国

军分区

【概况】　2022 年，镇江军分区以迎接和学习宣传贯彻中共二十大精神为切入点，加强思想政治建设，提升备战打仗能力、保障安全稳定，加强基层建设，各项建设有成效。省军区司令员张黎鸿带工作组到镇江检查指导工作。军分区以习近平新时代中国特色社会主义思想和习近平强军思想为指导，开展“忠诚维护核心、矢志奋斗强军”主题教育，筑牢思想根基。强化理论武装，通过原文学习、征文比赛、主题演讲、知识竞赛等方式全面学习贯彻中共二十大精神。推进从严治党，接受巡视巡察和全覆盖督查并进行整改。强化意识形态主阵地建设，创新教育形式，运用辖区红色教育资源开展“七一”主题党日和集体政治生日活动。在省军区政治干部比武竞赛中取得总分全省第 2 名的成绩。　（军分区　朱　峰）

【练兵备战工作】　2022 年，军分区党委坚持按纲施训、从严治训，多次召开专题议训会，研究备战打仗有关工作。落实拓展首长机关“3 + X”组训模式，每季度组织集中强化训练，年度军事训练考评总成绩居全省第 2 名。集约高效开展某分队训练，参加重要任务。组织开展某训练指导法试点，形成具体研究成果。在全省某比武和质量抽考中分获全省第 1 名、第 3 名。　（军分区　朱　峰）

【国防动员建设】　2022 年，军分区以专项动员任务为牵引，建强国防动员基础支撑。制定推进“十四五”时期某建设发展措施，全面开展新质领域潜力数据核查。出台《镇江市加强和改进大学生征兵工作的意见》，加大政策优待和经济激励力度，为应征青年提供“一站式”服务保障，男兵大学毕业生增幅率列全省第 1 名。出台《镇江市大学生积分定兵实施办法（试行）》《军地联合开展廉洁征兵常态化监督的意见》，没有发生任何廉洁征兵问题。9 月 18 日，镇江军地联合开展某国防动员演练。　（军分区　朱　峰）

【基层建设】　2022 年，军分区贯彻军委基层建设会议精神，加强基层建设。全年组织 2 期专武干部集训暨资格认证，提升专武干部履职尽责能力，强化基层规范化建设。组织休干系统开展“查思想、查工作、查作风”专项教育整顿活动，出台《加强提升分散条件下老干部服务保障质量的办法措施》，干休一所完成省级试点建设任务，二所总结创新“六要”保障举措被省军区某刊物推介，三所为每名老干部配发中共二十大精神有声读物。全区开展“百日安全活动”，组织保密工作专项整顿，单位保持安全稳定。　（军分区　朱　峰）

【综合服务保障】　2022 年，军分区按照形势任务、发展方向和后装保障新要求，强化服务质效。在全省率先出台某机制，提升整体支援地方水平。组织后勤业务集训，出台工程维修、财经管理、饮食保障等相关文件，推进某安全达标建设；协助东部战区总医院镇江诊疗区安置住房建设。推进双拥工作，全市 4 所中小学获评全国国防教育示范学校，协调解决军人子女入学入托问题。　（军分区　朱　峰）

【专武干部集训】　2022 年 10 月 31 日—11 月 4 日，镇江市专职人民武装干部集训暨资格认证在市委党校启动。集训由镇江军分区、中共镇江市委组织部共同举办。集训主要内容为开展中共二十大精神学习、军事训练和业务培训等。通过组织基本理论、基本业务、基础技能的学习和训练，以及组织参观见学、经验交流等形式，提高专武干部履职尽责和遂行任务能力，推动新时期基层武装工作创新发展。

（军分区　朱　峰）

武警支队

【概况】　2022 年，中国人民武装警察部队镇江支队（以下简称“武警镇江支队”）围绕“稳中求进”总基调，以政治建设为统领，把学习宣传贯彻中共二十大精神作为首要政治任务，系统运用各类学习平台和载体开展学习，开展“党史馆里讲党课、军史馆里话军魂”“学思想、铸忠诚、担使命”实践等活动。贯彻落实武警部队思想政治教育创新成果交流会精神，一体推进开年教育、主题教育、基础教育和经常性思想教育。围绕俄乌冲突、新冠病毒感染疫情防控等热点敏感问题，开展形势政策教育，筑牢官兵思想意识形态防线。开展向“全国优秀共青团员”蒋国庆学习活动，发挥典型引领示范作用，宣传“湾山精神”和扬中中队为民先进事迹，20 余篇新闻先后在新华社、《解放军报》、《中国青年报》、《中国国防报》等主流媒体报道，展示武警形象。

（武警支队　廖兴原）

【练兵备战】　2022 年，武警镇江支队强化练兵备战工作，突出人才队伍培养和各类专业训练，严密组织教练员分批轮训、某分队集中驻训和“魔鬼周”极限训练，提升战力。依托承办江苏省总队后装战备训练管理现场会契机，规范机关、基层战备库室建设，为基层配备各类装备器材，推动“两个不经、一个保持”战备水平稳步提升。开展执勤安全教育整顿，调整优化“智慧磐石”工程，科技强勤；推进“学规范、查隐患、堵漏洞、保安全”活动，整治执勤隐患。某分队在全国两会和中共二十大召开期间，依托社会面科技力量，做好安全保卫工作。

（武警支队　廖兴原）

陆军军事交通学院镇江校区

【概况】　2022 年，陆军军事交通学院镇江校区强化思想政治建设、基层基础建设，同时，通过教战研战促进转型发展，校区建设呈现稳步上升的发展势头。以学习贯彻中共二十大精神为主线，建立运行“第一议题”学习机制，推动习近平强军思想深入基层。围绕“忠诚维护核心、矢志奋斗强军”深化主题教育，以“一张总表”统筹、教育内容“一条主线”统揽，融合各类倾向性问题清理整治一体推进。遴选红色教育资源，挂牌 8 个政治理论教学暨思想政治教育实践性教育基地，打造“流动”式课堂，开展“讲武堂”“士官讲堂”“兵聆百家”等形式的群众性教育。举办军事体育运动会、“江海杯”群众性文化体育活动。1 个先进集体获陆军表彰。

（陆军军事交通学院镇江校区　刘登科）

【党的建设】　2022 年，陆军军事交通学院镇江校区加强校区党委建设，修订《校区党委常委会议事决策规则》，增强各级党组织功能作用。贯彻军委和陆军人才工作会议精神，制定“十四五”人才队伍建设计划、专业技术人员激励措施、加强师德师风建设措施，安排骨干赴作战部队代职锻炼。完成陆军党委某巡视、陆军军事训练综合监察等工作，整改巡视、监察问题，解决历史遗留问题。

（陆军军事交通学院镇江校区　刘登科）

【教学培养工作】　2022 年，陆军军事交通学院镇江校区以教学评价为牵引，开展“质量提升年”活动。以重点学科专业建设收官为切入点，完善作战理论体系。推进精品课程建设，1 门课程获评军队精品课程，1 门课程入选陆军第二批精品课程培育对象。制定教材建设规划，构设课程教材体系，更新实战化教学内容，推进作战理论进课堂、进教材。深化演训、实践、育人质效，“江海二十二号”毕业综合演练首次增设某推演环节，将战时政治工作课目贯穿全程，创新实践教学模式。开展系列比武竞赛活动，37 人次在 5 项全国（全军）级、2 项省部级学员学科竞赛中获奖，毕业学员联合考核通过率 100%。

（陆军军事交通学院镇江校区　刘登科）

【基层建设】　2022 年，陆军军事交通学院镇江校区落实“抓基层、打基础、保稳定”的“五项工作”，查漏补缺、固强补弱。开展“平安校区”创建活动，开展“五涉”“四类倾向性问题”纠治活动，全年安全稳定无事故。研判基层建设形势，对基层党组织集中挂钩帮建；各专业系重点强化党支部规范化建设；组织基层干部骨干培训。做好 14 件民生实事。

（陆军军事交通学院镇江校区　刘登科）

【拥政爱民】　2022 年，陆军军事交通学院镇江校区投入 30 万元助推乡村振兴，运用自身特色资源接待地方党政机关和学生到学校开展国防教育。常态开展学雷锋、扶残助民和社会公益活动，遴选优秀政治教员赴上党镇支显宗学校和上会小学开展国防宣传教育；投入 5 万元为桃花坞小学、敏成小学补充教学器材；协调军队医疗机构帮助培训乡村医生，组织健康知识与新冠病毒防疫宣讲，开展送医送药、巡诊治病活动。夏季汛期，会同驻地有关单位做好防汛演练

准备。　　（陆军军事交通学院镇江校区　刘登科）

人民防空

【概况】　2022年，镇江市人民防空系统围绕有效履行战时防空、应急支援等使命任务，推进人防事业高质量发展。4月，镇江市人民防空工程管理处获评省人力资源和社会保障厅、省人防办“全省人防系统先进集体”；12月，市人民防空办公室获评省人防办“全省人防工程建设管理先进单位”。加强人防工程维护管理工作常态化机制建设，落实《人民防空工程维护管理技术规程》，出台《进一步规范住宅小区依法配建人防工程使用和维护管理的通知》，从严执行人防工程平时使用备案制度，落实人防工程维护管理责任，规范人防车位出租使用行为，落实人防工程安全管理制度，明确人防工程使用和维护管理的监管责任；明确住宅小区依法配建的人防工程停车位租金单独列账管理，鼓励采取银行专户存储，要求平时使用人每年公示资金收支情况。落实人防工程平时使用证管理具体要求，将人防工程使用和维护管理各项要求落实到位。贯彻落实《江苏省〈人防工程平时使用证〉管理办理》，简化办证流程，试点推广“人防工程平时使用证”电子证照。　　（市发改委　刘　坚）

【实战化训练】　2022年，镇江市人民防空部门调整充实队伍力量，做好人防军事斗争准备工作，提高镇江市人民防空的指挥决策、组织协调、综合保障和应急救援能力。3月、6月，市人防办2次参加某联合训练；11月，组织人民防空机关、各人防专业队干部骨干和市（区）人防机关及专业队干部骨干分两批赴某基地进行实战化训练。　　（市发改委　刘　坚）

【防空警报试鸣演练】　2022年9月18日上午10时起，防空警报在镇江城市上空鸣响，提醒人们勿忘国耻，警钟长鸣。同时，市人防办组织系列防空警报试鸣演练活动，组织全市15所大、中、小学近万名师生，开展防空袭背景条件下的紧急疏散演习，并开展防空防灾中自救互救技能教学；市人防办、镇江军分区组织重要经济目标单位某处置综合演习；镇江军分区、市人防办组织出租车参与相关演练活动。

（市发改委　刘　坚）

【人防工程标识标注设置】　2021年—2022年，市人防办投入资金对市区2019年以前竣工的结建人防工程进行标准化标识标注改造，在人防工程区域内设置统一的相关标识等，便于市民在紧急情况下迅速进入避险。加强对各市、区人防部门督促检查，年底前镇江市全面完成标识标注设置工作。同时，市人防工程管理部门强化工程竣工验收管理，保障新竣工人防工程的标识标注覆盖率100%。　　（市发改委　刘　坚）

【早期人防工程改造市民纳凉场所试点】　2022年，镇江市人民防空部门开展镇江市早期人防工程普查工作，部分早期人防工事群具备改造纳凉场所的基本条件。市人防办、市城建产业集团联合完成某早期人防工程市民纳凉场所改造工作。同时，市发改委（人防办）等部门筛选早期人防工程普查结果，探索推进其他场点的改造建设。　　（市发改委　刘　坚）

【人防安全生产交叉互查监管模式】　2022年，镇江市人民防空部门探索安全生产交叉互查监管新模式。市本级、各市（区）人防工程管理人员和属地消防救援部门专家成立联合检查组，采取交叉互查的方式，对全市范围内各类人防工程安全生产和维护管理情况进行抽查，推进人防工程安全生产工作；突出交叉互查重点，列出安全检查责任清单以及各级人防主管部门在体制机制建立、责任落实、隐患排查治理、工程维护管理等方面的台账资料，现场抽查人防工程安全生产、维护管理、标识标注改造、疫情防控等情况；对汛期人防工程安全生产做出重点要求，督促各人防工程使用单位落实人防工程口部防洪闸安装，沙袋、工具等各类防汛设施准备工作；通过成立联合检查组交叉互查人防安全生产工作开展情况，各地区人防和消防应急救援部门互相学习，推进人防工程安全隐患现场督促整改力度，强化“精准执法+优质服务”，指导帮助人防工程使用管理单位主动消除安全隐患。

（市发改委　刘　坚）

双拥共建

【概况】　2022年，镇江市双拥工作围绕“全面全员、融合融建”的创建思路，以服务军地建设和强军备战为重点，开展拥军优属、拥政爱民活动，双拥工作整体水平稳步提升。市委、市政府、军分区将双拥工作作为“一把手”工程，由市委书记、市长同时担任双拥工作领导小组组长，40多个部门和单位的主要领导作为双拥工作领导小组成员。同时，镇江市创新双拥工作机制，在驻镇江团以上部队召开双月军地座谈会，协调推进部队各类需求。军地座谈会上部队提出19件需求均获“满意解决”，其中含73056部队营门外省道设置红绿灯、73091部队高压供电扩容和增设领袖关怀园等一批急难问题。　　（市退役军人事务局　张永义）

【拥军氛围营造】 2022年，中共镇江市委、市政府、军分区联合印发双拥工作的意见，发动各地、各部门和各基层单位开展形式多样、内容丰富的拥军优属活动。在《镇江日报》刊登镇江籍官兵立功光荣榜，对全市边海防部队官兵及家庭情况进行调查摸底，帮助镇江籍边海防部队官兵家庭解决实际困难。举办第二届“镇江最美退役军人”线上发布仪式，在全社会广泛宣传“最美人物”的先进事迹。举办“2022·双拥杯”军民健身运动会，军地53支队伍参加；为军人子女举办“兵娃进军营”夏令营等一系列活动。强化杂志阵地宣传作用，办好《心连心》双拥杂志。镇江市各地、各部门根据各自双拥工作特色亮点，开展社会化拥军活动：扬中市多部门进军营开展送书画、送图书、送法律、送科普知识等活动，长江拥军服务社开展“情暖三属”“扬中21味进军营”主题拥军活动；丹徒区组织开展“优秀兵妈妈”评选，举办第六届丹徒双拥杯国防知识辩论赛和领导干部“军事日”活动；京口区开展“最美军嫂”“最美兵妈妈”评选活动；润州区开展“点燃爱国情怀 共度红色元宵”“军民齐携手 共植‘拥军林’”“喜迎二十大 薪火代代传”“双拥共建迎端午 浓情粽意暖人心”“喜迎二十大 书画颂辉煌”“喜迎二十大 军功耀我心”等特色活动；镇江高新区举办“军地同心聚合力 双拥共建谱新曲”双拥主题活动；市委宣传部、政法委和市公安局、文广旅局、市场监管局、检察院等11家单位建立镇江市英雄烈士保护部门联动协调制度，全市各类烈士纪念设施整修率95%。镇江烈士陵园作为全国18家单位之一，参加退役军人事务部组织开展的“2022奋进·清明祭英烈”主题网络直播活动，全国3000万人在线观看。 （市退役军人事务局　张永义）

图15　2022年8月1日—5日，镇江市退役军人事务局组织开展驻镇江部队官兵子女暑期夏令营活动。40名军娃走进镇江市国防园，接受国防教育 （市退役军人事务局　姚　骏　供稿）

【军地互办实事】 2022年，镇江市下发《镇江市年度双拥工作意见》，推进军地互办20件实事项目，至年底，全面完成各项目标。其中，为73091部队拓宽某通道，为31619部队建设某卫生设施，为94736部队修缮某道路工程，为73056、73091部队营门外道路设置红绿灯等，改善部队战备执勤条件，解决多年遗留的难题。4月27日，《中国国防报》头版头条以《着眼军地所需，奉献自己所能》为标题，宣传镇江市连续30年坚持军地互办实事的经验做法。年内全市做好军队转业军官、符合安排条件退役士兵的安置工作，落实军人子女教育优待政策，帮助解决军人子女入学入托问题；市退役军人事务局开展随军家属就业创业调研，以“线下＋线上”形式双联动、常态化开展随军家属招聘活动。

（市退役军人事务局　张永义）

【双拥模范城创建】 2022年，江苏省第十二届双拥模范城（县、区）创建结果揭晓，镇江市本级、丹阳市、句容市、扬中市、丹徒区被评为江苏省第十二届双拥模范城（县、区），全市6家单位获评江苏省双拥模范单位、7名个人获评江苏省双拥先进个人。省考评组在镇江市实地检查后给予镇江市双拥创建工作“政治站位高、目标定位准、工作部署实、军地反响好”的评价。 （市退役军人事务局　张永义）

数字基础设施建设

【概况】 2022年，镇江市建成5G基站1410座，累计建成8276座。实现城区及省级以上工业园区5G信号全覆盖，农村地区5G信号覆盖率65%。通过工业和信息化部千兆城市评估及验收，获“千兆城市”称号。在工业和信息化部、国家发改委、科技部联合主办的世界5G大会上，镇江市的港务集团、航天海鹰2家企业在揭榜赛获三等奖，包揽江苏省在揭榜赛中所有奖项。中节能公司在“十大典型应用案例”评选中列第12名。在工业和信息化部组织的“绽放杯”大赛中，港务集团的“散杂货港口数字化转型”项目分别从2个赛道进入全国总决赛，获第3名。中节能公司入选2022年“江苏省5G全连接工厂”，实现镇江市“5G全连接工厂”零的突破。当年，做好无线电的监测工作，排查干扰隐患26个，查处违法行为30起；保障各类重要考试的无线电安全，未发生利用无线电设备进行考试作弊行为。

（市工信局　郑耀威）

【政务基础设施建设】 2022年，镇江市政务云全面升级，新建PaaS平台、安全防护体系和统一运维管理保障体系，实现镇江市云基础资源统一规划、统一管理、统一运维、统一标准的集约化建设，同时满足各单位应用系统的个性化需求。电子政务外网实现全市社区（村）全覆盖，完成市本级以及8个市、区（管委会）电子政务外网骨干网IPv4/IPv6双栈改造工作，完成发改、科技、农业农村等7个业务专网归并工作。

（市大数据局　张菲菲）

【长江、京杭运河（镇江段）中国移动5G网络全覆盖】 2022年9月，中国移动通信集团江苏有限公司镇江分公司完成“江、河、湖5G覆盖优化”，实现长江镇江段、京杭运河（镇江段）及周边的5G全覆盖，镇江市成为全省首个运河航道5G通信全覆盖的城市，为长江、运河沿岸用户以及水面来往船只提供更加便捷、安全的通航环境。同时，该公司运用该网络，结合物联网、大数据、云计算等现代技术手段，为应急、执法等航道管理提供船舶航行及沿岸设施的监管服务，促进航运业、渔业、旅游业的数字化、信息化、智能化转型。

（市移动公司　杨　欣）

·信息服务商·

【中国电信股份有限公司镇江分公司】 2022年，中国电信股份有限公司镇江分公司推进落实云改数转战略，创新动能、提质增效。加强5G网络建设，建成5G站址2993个，实现市县城区、乡镇、沪宁高铁、连镇高铁沿线5G全覆盖，312国道基础覆盖，整体覆盖率83%，5G驻留比提升至77%。将5G技术与工业互联网、智能化应用相融合，5G技术应用在智慧园区、智能制造、智慧港口、智能监控等领域。提升云资源能力，打造高效云资源池，行业云完成扩容960核，边缘CT新建384核，对外安全能力池新建200核。推进云网队伍转型，完善云网工程师认证体系。建设智慧镇江大数据中心，具备16392核vCPU计算能力，行业云资源具备2976核vCPU能力。打造高速宽带光网，全域具备千兆带宽提供能力，城域网出口带宽为2.2Tbps，IDC出口超4.44Tbps，数据中心具备1000个机架服务能力。光宽网络全面升级，OLT上行万兆链路占比提升至96%；下行PON口万兆链路端口占比提升至73%。加强云网安全建设，全年实现基础设施不阻断、关键平台不瘫痪、客户业务不中断、重要数据不泄露。开展网络隐患排查,推进老旧设备退网,网络设备全年无群障(同一时间内影响多个用户正常通信的电信网络故障)发生。加强线路防障应急能力建设,该公司获评华东大区线路维护优胜单位。保障中共二十大召开期间网络安全。推进"管品质、提感知、塑服务"服务活动,提升服务质量。加强"实名制"源头性治理,优化数据模型,织牢反诈骗防护网,诈骗电话涉案件数从2021年的月均25件下降到月均3件。提升携号转网服务水平,规范业务营销行为,携号转网有效申诉(率)月均比上年下降43.75%。

(市电信公司　谢月珍)

【中国移动通信集团江苏有限公司镇江分公司】 2022年,中国移动通信集团江苏有限公司镇江分公司推进新基建、融合新要素、激发新动能,经营业绩稳健增长。加速推进新型信息基础设施建设,全年投资超4亿元,系统打造以5G、算力网络、"智慧中台"(业务中台能力+数据中台能力+技术中台能力)为重点的智能化综合性新型数字信息基础设施。拓展5G覆盖深度与广度,实施"江、河、湖5G覆盖优化"项目,实现长江镇江段、京杭运河镇江段及周边的5G全覆盖。落实"双千兆"行动计划、"民生工程"电梯地下室覆盖工程,助力城区老旧小区改造。2022年,该公司强化服务能力,服务新冠病毒疫情、乡村振兴等。围绕"产业强市"一号战略,依托数字化核心能力,推进"5G+工业互联网"建设和应用,推动"企业上云"。打造全省首个"智改数转"(智能化改造和数字化转型)诊断服务平台,获评镇江市制造业智能化改造和数字化转型优秀服务商。其中:"服务乡村振兴的5G现代农业虚拟仿真职业教育共享示范基地项目"获全国第五届"绽放杯"乡村振兴赛道二等奖;"基于'零信任'的5G政务专网自适应安全防护系统项目"获全国第五届"绽放杯"5G安全赛道三等奖。　(市移动公司　杨　欣)

【中国联合网络通信有限公司镇江市分公司】 2022年,中国联合网络通信有限公司镇江市分公司(以下简称"镇江联通")围绕"1+9+3"(1个规划、9个行动计划、3个指导意见)战略规划体系,连续4年收入增幅超过江苏省平均水平。当年,移动网5G基站新增934个,规模提升39.7%;4G基站新增1106个,规模提升38.2%;5G能力实现行业可比,宽带网完成铸网行动目标;B改H超额完成全年目标,成为江苏省内首个"全光网城市"。新冠病毒感染疫情防控期间,成立青年突击队,配合地方政府开展工作。与市场监管局合作开发"镇药安"管理平台;与丹阳市政府合作开发疫情防控分析平台,助力政府疫情立体防控。2022年,公司有效申诉率行业排名第2名,移网高价值用户网络类投诉率定比下降30.3%,千兆宽带报障率140.4件/万户;网络类问题处理满意率97.87%;业务类申诉问题处理满意率85.3%。当年,镇江联通获评江苏省文明单位、2022年度江苏省放心消费创建示范单位、镇江市网络安全应急支撑服务单位等。

(市联通公司　成　玺)

【中国铁塔股份有限公司镇江市分公司】 2022年,中国铁塔股份有限公司镇江市分公司(以下简称"镇江铁塔")构建"五化"(专业化、集约化、精益化、高效化、数字化)运营体系,打造"五型"(共享型、服务型、科技型、创新型、价值型)企业。

通信基础设施建设。镇江铁塔、市住建局联合落实老旧小区通信基础设施改造奖补政策,形成每年由镇江通管办统一对接政府、统筹分配各家份额,镇江铁塔牵头设计会审、统筹各通信企业施工进度的新格局。推动"双千兆"网络建设和应用发展。推动将有线标准和无线标准主体建筑物设计图纸审核纳入住建局图审中心多图联审系统,并落实同步设计、同步建设、同步验收的要求。2022年,镇江铁塔完成5G项目1392个,建设室分面积833.23万平方米。新建基站共享率90%。

重点项目建设。镇江铁塔在连镇高铁补点项目中对41个新建站址打破常规建站程序,45天内全量交付,并在站点开通后100%通过网优测评。在全省率先完成建设并交付南沿江项目。做好疑难站址攻坚,移动方向4批88个疑难站址选址完成率98%。

智联业务。镇江铁塔助力数字镇江建设,在电力、水利、环保、国土等多领域强化融合发展。重点行业拓展方面与中石化、中石油镇江分公司分别签署战略合作协议。探索"行业+板块"双轮驱动,加强垂直行业在区域落地,确定句容区域为"标杆区域",构建绿色通道。

能源业务。镇江铁塔拓展能源市场,建设换电柜,共享新能源电池,服务超过2900名外卖骑手、邮政投递员;建设2处"骑手之家",联合句容市委组织部在"骑手之家"换电旗舰店打造"句暖心小哥驿站",为骑手及户外劳动工作者提供休息驿站。

(市铁塔公司　姚雨凡)

【江苏有线镇江分公司】 2022年,江苏有线镇江分公司推动建立"5G+电视+宽带+X"的融合应用体系融合发展的新格局。加强网络改造,提高用户体验感,完成18个"智慧广电乡村"建设,工作特色做法被国家广播电视总局作为典型案例刊登在"国家广电智库"新媒体平台宣传推广。江苏有线镇江分公司、镇江市公安局开发"5G智能前端关键技术在长江水域公共安全防控中的研究及应用示范”项目。该公司申报的2项技术分别获国家发明专利、实用新型专利。当年，该公司被评为江苏省放心消费示范单位、镇江市党委（党组）网络安全工作责任制落实优秀单位；该公司支援北京冬奥会、冬残奥会的党员获评“镇江市一线优秀党员先锋”；江苏有线丹阳公司智慧安消一体化融合应用平台，入选“江苏有线年度十大政企优秀项目”；江苏有线扬中公司1人入选“江苏有线年度十大人物”。2022年，江苏有线镇江分公司发挥技术支撑优势，推动企业产业发展。该公司申请的“基于广电专网视频管理推送方法及装置”“一种可控长度的光纤跳纤盘纤盒”2项技术分别获国家发明专利、实用新型专利。“基于广电专网视频管理推送方法及装置”可通过广电专网视频管理，提高推送的安全性；“一种可控长度的光纤跳纤盘纤盒”可根据不同使用环境调整跳纤长度，保证使用现场的整洁，提高产品性价比。

（江苏有线镇江公司　王　磊）

产业数字化发展

【概况】 2022年，镇江市加快推动制造业数字化转型，制定印发《全市制造业智能化改造和数字化转型三年实施方案（2022—2024年）》《关于支持制造业智能化改造和数字化转型的若干政策措施（试行）》。探索建立企业首席数据官制度，全市新增省级首席数据官制度试点企业2家。面向全国公开招标15家服务机构，为全市800家企业分类免费提供智能化改造和数字化转型诊断服务。新建5G基站1410座，累计建设8276座；实施“5G＋工业互联网”项目10个。新增国家智能制造示范工厂和优秀场景应用2个、工业和信息化部大数据产业发展试点示范项目1家、省级星级上云企业112家、省级工业领域数据安全管理试点企业6家、省级工业电子商务应用创新示范企业4家、省级重点工业互联网平台1个、省工业互联网标杆工厂1家、省级智能制造示范（车间）工厂12家。京口区大禹山创意新社区入选省信息技术应用创新先导区，镇江成为全省第4个示范城市。

2022年，镇江市拥有规模以上新一代信息技术企业205家，新一代信息技术产业链主营业务收入603.7亿元，比上年增长19.5%，营业收入占8条产业链的比重为18.8%。镇江市软件和信息技术服务业主营业务收入约370亿元，比上年增长约10%。产业链龙头企业发展较好，香江科技公司与华为数字能源公司签署战略合作协议，共建下一代绿色智能数据中心；恒宝股份公司的数字人民币产品在中国国际服贸会、丝绸之路国际博览会展出，同时，其为全国首张高校数字人民币校园卡“硬钱包”提供技术支持；骏成科技公司车载液晶显示屏在部分新能源汽车车型中量产使用。同时，产业链出现一批骨干企业，奥音科技公司成为富士康科技集团旗下鸿腾精密下属全资子公司，运营管理和生产制造能力有提升；矽佳测试公司新增测试设备，提升半导体封装测试服务能力，市场份额扩大；瑞祥科技公司入选2022年“中国互联网综合实力前百家企业”，巨麦信息公司等2家企业入选省“专精特新”软件企业；中节能公司入选工业和信息化部大数据试点示范项目，2家企业入选省“专精特新”软件企业，2家企业入选省区块链试点示范项目，3家企业入选省“工业软件优秀产品及解决方案”。

行业联盟建设情况。镇江市产业链党建联盟成立，成员由产业链牵头部门及产业链骨干企业组成，以党建推动产业高质量发展。新一代信息技术产业联盟理事会召开，围绕2022年度重点工作和“智改数转”展开交流和探讨，助推产业龙头企业的形成与发展，促进产业人才的引进与培育。

“春风暖企”大走访活动情况。市工信部门开展“春风暖企”专项行动，现场办公实地解决奥音科技、莫仕天安等企业政策不明、物流不畅等问题。调研20家产业链重点企业，帮助企业解决生产经营问

图16　2022年8月22日，镇江市京口区大禹山省级信创先导区建设启动仪式举行

（市工信局　王泽原　供稿）

题。协调保障上海华虹、京东方、中芯国际、台积电等企业在镇江市的配套供应商复工复产和物流通畅。

信创(信息技术应用创新)产业发展情况。镇江市成为全省第4家省级信创先导区示范城市,大禹山创意新社区管委会入选省级信息技术应用创新先导区;举办先导区建设启动仪式,11家核心参与单位、4家服务支撑单位、6个信创项目签订合作协议。加强信创产业人才培育,组织多家企业参加“信创+工业机器视觉”“信创+交通”专题培训;承办省工信厅“信创+船舶工业”育鹰计划专题培训活动,引导当地企业参与信创工作。

宣传培训等工作情况。市工信局举办软件和集成电路企业税收优惠、“苏信贷”等政策宣贯培训会。组织召开镇江市重点企业数字化转型座谈会。组织20余家重点园区、企业参展2022中国(南京)国际软件产品和信息服务交易博览会。

(市大数据局　张菲菲　市工信局　刘元元　王泽原)

【项目建设】 2022年,镇江市新一代信息技术领域重点项目18个,涉及总投资97.8亿元,年度投资23.8亿元;当年完成投资21.9亿元。其中,10亿元以上项目2个,分别为恒美光电股份有限公司的偏光片项目以及奥音科技(镇江)有限公司的奥音专业声学扬声器项目。华为(镇江)数字联合创新中心启动运营,首批8家创新型企业签约入驻;华为技术有限公司与镇江市4家重点企业以及市工信局、市人社局、市大数据管理局签订数字经济合作协议。阿里云镇江创新中心正式开园,4个行业协会及4家科技型企业签约入驻。　(市工信局　王泽原)

【特色载体建设】 2022年,镇江市京口区大禹山创意新社区管委会以打造“具镇江特色、全省大联动、全国有影响”的信创先导区(信息技术应用创新先导区)为目标,将智能农机装备产业链和海工装备产业链与创建工作深度融合,区内聚集现代造船、金舟软件、金海星导航、怀业安全科技、江科大海装院、华为等核心企业;镇江官塘创新社区管委会聚焦“全市数字经济引领区”目标,构建以数字经济为核心,智能制造和数字服务为主导方向的产业格局,国网镇江能源互联网科创服务中心开工,阿里云创新中心开园运营,联东官塘科技港摘牌拿地。

(市工信局　王泽原)

【“智改数转”工作】 2022年,镇江市工信部门推进“智改数转”(智能化改造和数字化转型)工作,建立由全国头部服务商、省内优质服务商、本土服务商三级服务商组成的生态资源池,涉及企业96家;69家企业入选《镇江市第一批“智改数转”项目建设服务商参考目录》。开通“智改数转”走进服务商专栏,推动企业围绕“智改数转”开展相关业务。采用“线上+线下”的形式举办“智改数转”走进新一代信息技术产业链和高分子材料产业链专场活动,解决企业转型难题。加强市级专项资金导向作用,3家企业入选省“工业软件优秀产品及解决方案”,10家企业获评市级“智改数转”优秀服务商。

(市工信局　王泽原)

【农业数字化发展】 2022年,镇江市谋划“十四五”数字乡村发展规划,运用省、市财政支农资金,加大数字农业建设投入,整合电商平台等资源,加强行业合作,助推企业在农村投资建设项目。完善农业农村信息化综合服务平台建设,对接省“苏农云”平台,推动市、区涉农数据有效对接,推进县域大数据平台建设。2022年,市农业农村局在各板块开展线上新农人培育活动,累计培训人次超千人;8月下旬,2022年镇江市(丹徒)高素质农民培育暨“e起致富”苏货直播新农人培训班在镇江市高素质农民培训基地开班,累计培训人次超百人。市农业农村局发布镇江市农业农村大数据一张图;建立政务信息共享平台,制定《镇江市级部门政务数据共享责任清单(2022版)》,建立覆盖生产、加工、流通、销售全产业链的智慧农业应用场景;成立镇江市农业农村数字经济工作领导小组;市农业农村局联合阿里巴巴集团、蚂蚁集团合作共建本地化农产品电商运营服务体系、多元化农产品仓库供应体系、乡村人才培训及认证体系、数字化社会治理体系、数字农业生产服务平台,发展数字普惠金融。江苏龙虎网信息科技股份有限公司等59家企业、组织和主体入选全省“互联网+”帮促助农活动典型案例。

(市发改委　仲　楠)

【制造业智能化改造和数字化升级】 2022年,镇江市工信局制定印发《制造业智能化改造和数字化转型三年实施方案》,推动重点产业链、龙头骨干企业、中小企业智能化改造和数字化转型,建立智能化改造和数字化转型服务商资源池,中国移动通信集团江苏有限公司镇江市分公司等10家企业被评为2022年镇江市智能化改造和数字化转型优秀服务商。开展智能化改造和数字化转型走进“四群八链”系列活动,组织5场走进产业链专场活动,搭建服务商与制造业企业对接交流平台,支持企业建立开放型数字化转型促进中心。开展7场智能化改造和数字化转型人才培训、招引、对接等活动。全年为800家制造业企业免费提供数字化转型诊断对接服务,实施数字化转型优秀解决方案推广工程,开展标杆示范引领行动,新创建一批省级及以上智能制造示范工厂（车间）、工业互联网标杆工厂、5G 全连接工厂。

（市发改委　仲　楠）

【服务业数字化发展】　2022 年，镇江市文广旅局制定下发《镇江市社保卡文旅“一卡通”实施方案》，会同施工单位对需要升级改造的全市主要景区、文化场馆的闸机、票务系统、自助售票机逐一进行清查核查、统计上报、统筹协调，全市主要景区、文化场馆闸机、票务系统升级改造及新建工作 100% 完成并通过验收。培育线上、线下文旅消费新模式，“宜游镇江”微信公众号电商平台上架具有镇江地方特色的、可供游客挑选的文化旅游产品 600 余个，累计合作供应商超 200 余家。全年平台各类文旅电商产品订单总数量超 2000 笔，线上销售额超 30 万元。2022 年，平台新增微信注册用户数超 6 万个，平台累计留存注册用户数超 10 万个，微信公众号推文 240 篇，文旅资讯活动发布更新 2430 篇，点击量超 30 万次。加快重点物流项目建设和物流行业数字化智能化改造，市发改委支持诺得物流公司建设智慧物流服务平台。新创建省“两业”融合试点企业 5 家，4 家企业入选服务型制造示范企业和示范平台。市交通运输局搭建集卡来海运业务管理平台，通过物联网实现服务数据留痕，推动资源的可信、高效交易和共享，达到节能减排的目标；建成并运营集卡来海运业务管理平台，注册用户 365 户，实现海运业务的信息化和数字化管理。

（市发改委　仲　楠）

数字政府建设

【概况】　2022 年，镇江市推进政府数字化转型，成立以市长为组长，相关部门主要负责人为成员的市数字政府建设工作领导小组，同时印发《2022 年镇江市数字政府建设工作要点》《镇江市加快统筹推进数字政府高质量建设的实施方案》，形成镇江“五年长远规划、三年实施方案、年度重点工作”各有侧重稳步推进的数字政府建设目标任务体系。镇江按照全省统一部署，开展“一网统管”总体规划编制。以“数字政府”建设为核心，围绕 1 个中心（市市域社会治理现代化指挥中心）、1 个移动门户（“镇合意”App）、2 个底层平台（政务云和共享平台）、N 个场景领域（各委办局信息转型）进行总体设计，按照“市一级牵头建设、市县乡三级应用”要求，建设“统一协调、扁平指挥、高效服务、有效处置”的指挥架构，打造可运营、可迭代升级的镇江数字城市运营模式。

人才培养工作。推进各级人员数字素养提升工作，将提升数字治理能力作为重要培训目标，在市委党校主体班次开设数字经济、数字政府建设等相关课程，提升相关人员理论水平和实践能力。在扬中市举办“AI 时代的大数据与云计算的新世界”主题送教下基层活动，培训公务员 150 人。将数字治理能力相关内容纳入全市公务员能力建设在线培训。组建网络安全拔尖人才训练营，分层次培养网络安全人才。在有条件单位及地区试点首席数据官工作。

（市大数据局　张菲菲）

【数据开放】　2022 年，镇江市印发《关于建立健全政务数据运行机制加快推进数据有序共享的实施方案》，完善纵向贯通、横向协同、覆盖全市的一体化大数据共享交换体系，深化五大基础库融合应用能力。汇聚 1 万多个数据资源目录数，数据量近 18 亿条。通过全市数据治理平台，建立统一的数据治理标准体系及接口开发管理、电子文件共享交换技术规范，为全市部门提供数据共享服务超 2 亿次。印发《镇江市应开放公共数据资源目录（2022 版）》，应开放公共数据开放率 97%。完成市公共数据开放平台升级工作，年度发布 18 个领域的公共数据资源目录，比 2021 年新增开放目录数 3 倍以上。

（市大数据局　张菲菲）

【“一网通办”体系建设】　2022 年，镇江市工作推行“一件事一次办”改革，围绕出生、上学、就业等个人生命周期节点以及企业开办、生产经营等更多领域企业生命周期节点，围绕办事指南、服务标准、流程再造、窗口设置、系统对接和数据共享等方面，推出 137 个“一件事”集成套餐事项，“一件事”审批事项较改革前办理时间压缩 56%，申请材料减少 59%，特别是“退役军人一件事”业务场景在全国率先试点应用网络身份认证。推进“移动办”事项扩容增量，对照《“苏服办”移动端标准应用清单》，“苏服办”App 镇江站点集成“住房公积金贷款进度查询”“失物招领”“阳光招生”等标准应用 71 项，标准上架率 90%。通过大数据、人工智能等先进技术，探索审批服务“零人工受理、智能化秒批秒办”，涵盖 54 项政务服务高频事项。对接“长三角电子证照”“苏服码”，实现市、县两级 28 台取叫号设备、65 台自助一体终端设备、7944 个政务服务事项线上线下办事“两个免于提交”。上线全省首个市级重大项目服务调度平台，平台主要聚焦市场主体需求，为镇江市 3 亿元以上项目、政府投资项目、为民办实事项目等重大项目，提供全流程审批服务，实现重大项目“统、督、导”全流程审批服务。加强“镇合意”App 平台建设，深度对接“苏服办”App，完善“镇合意”小程序建设，打造面向群众、企业服务的城市总入口，“人才码”“契税补贴”“冷链申报”均实现掌上办。2022 年度 App 注册人数突破 200

万人。推进“12345”政务服务便民热线归并工作，实现所有双号并行热线系统与市“12345”系统对接。建成全市“12345”数据资源库，实现数据逐级实时推送；建成热线政务信息管理系统，实现省、市、县三级部门单位信息共享共用，提升诉求处置办理质效。

（市大数据局　张菲菲）

【数据安全监管】 2022 年，镇江市加强网络安全日常监测，组织专业服务团队对全市党政机关、企事业单位重要信息系统进行体检。开展关于跨境数据专线、网络数据泄漏风险等多项数据安全专项排查工作，特别针对 App 违法违规收集使用个人信息、虚拟货币“挖矿”，汽车数据安全组织专项治理，加强风险排查和监管整治。加强公共数据分类分级规范，出台《镇江市公共数据开放与安全管理细则（试行）》《镇江市公共数据分类分级规范（试行）》《镇江市公共数据目录编制规范（试行）》。运用云资源安全池、统一准入系统、静/动态脱敏脱密系统、数据库加密系统、跨网交换防火墙及网闸等信息安全技术，提升电子政务外网和大数据中心安全防护能力。全年镇江网络数据安全整体可控，未发生重大安全事故。

（市大数据局　张菲菲）

【数字场景建设】 2022 年，镇江市大数据管理部门以企业所需和百姓所盼为导向，运用数字化手段推动规则、流程、效能的深度改造，丰富数字应用场景。79 岁及以上老人尊老金“免申即享”；全省首创离退休人员待遇资格“静默认证”新模式，由原来“自证”变为“数证”；入学招生报名资料全部采取线上审核。市金融征信平台上线，为商业银行免费提供企业征信报告，企业贷款更加便捷；在句容市农村信用信息平台建设中，全省首创通过信息系统从政府部门获取涉农数据模式，助力乡村振兴。企业网络服务平台受理企业政策咨询、资金、用工、项目审批等方面诉求，累计访问量 33 万人次，注册企业会员 3 万余家，诉求办结率 100%、满意率 98%。市中级人民法院运用与市共享平台，对关于执行失信被执行人相关数据进行实时对接，完成 2605 家企业信用修复，该做法获省高级人民法院认可并推广。智慧旅游、智慧农业、智慧城管、智慧应急、“雪亮工程”、“空天地”一体化生态监测网络运用卫星遥感、GIS、物联感知、大数据、云计算等先进技术手段或方式，让城市管理更加智能。

（市大数据局　张菲菲）

数字城市建设

【概况】 2022 年，镇江市健全数字化治理体系，促进数字城市建设。组建市域社会治理现代化指挥中心，归口市委政法委管理，整合全市“12345”热线办理、社会治安综合治理、网格管理、大数据管理、数字城管等工作职能，挂“市社会治安综合治理中心”“市网格化服务管理中心”“市大数据管理中心”“市政府公共热线服务中心”4 块牌子，指挥中心实体运行、集中办公，推动市、县、乡三级社会治理数据联动指挥、全面贯通。加强社会治理相关部门领域信息数据的相互关联、有机融合、高效分析、监测预警，运用大数据赋能市域社会治理现代化。加快推进公共数据资源开放体系建设，镇江市公共数据开放平台面向 18 个领域开放公共数据资源目录，开放数据量 492 万条，为基层单位提供数据查询、浏览、申请、下载和接口调用等数据应用服务超 1.12 亿次。围绕“高质量通过中央试点城市考核验收”目标，确定 2025 年年底前，全面实现社会治理事项的统一协调、扁平指挥、高效服务、有效处置的目标。

（市发改委　仲　楠）

【数字化城市管理】 2022 年，镇江市加快建设智能化城市管理服务平台，整合市政设施管理平台、夜景灯光管理系统；市城管局印发《镇江市城市管理局数字化转型和数字政府建设工作方案》《2022 年城管系统内部平台整合和数据联通任务分解的通知》，完成智慧城管平台网络安全登记保护测评协议及测评报告、镇江市城市桥梁及地下道路信息化管理平台用户操作手册、镇江市城市桥梁及地下道路信息化管理平台项目验收汇报、镇江市城市桥梁及地下道路信息化管理平台项目竣工验收评审意见表及平台界面图片、镇江市数字化照明系统升级提升方案等。市交通综合行政执法智慧监测指挥调度平台建成，实现一网式综合管理、一体化安全监管，提高公共出行服务和行业监管水平。建成涵盖“两客一危”、出租车、公交车、路网运行、运输安全监管等运输服务的一体化运行监测管理平台，实现一网式交通运输综合管理、一体化安全监管，提高公共出行服务和行业监管水平。

（市发改委　仲　楠）

宏观经济运行管理

【概况】 2022年，镇江市统筹新冠病毒感染疫情防控和经济社会发展，推进产业强市“一号战略”，经济运行呈现稳中有进、回升向好态势。全年地区生产总值5017亿元，突破5000亿元关口，比上年增长2.9%；一般公共预算收入同口径完成343.8亿元，增长2.1%；社会消费品零售总额增长1.3%；固定资产投资增长0.1%；规模以上工业增加值增长5.6%，“四群八链”主导产业应税销售增长12%。新增市场主体6万家。全年进出口总额增长24.5%，获批国家级跨境电子商务综试区。开展人才“镇兴”行动，引进高层次领军人才178人、大专以上人才3.9万人。2022年，镇江市城乡居民人均可支配收入分别为61453元、32764元。发放稳岗返还和创业贷款担保资金6.1亿元，城镇新增就业5.7万人，“零就业”家庭保持动态清零。新建全国示范性老年友好型社区3个、普惠型托育机构21家，完善“一老一幼”配套服务。严守耕地保护红线，新建“吨粮田”4.4万亩(2933.3公顷)，整改“非农化”田地4800余亩(320公顷)，全年粮食总产量实现“三连增”。严格整改生态问题，巩固长江禁渔成果，拆除违法建设、江滩复绿面积超200万平方米，新增造林绿化近1.5万亩(1000公顷)。新建“绿岛”项目4个，$PM_{2.5}$年均浓度下降2.8%，国、省考断面水质优Ⅲ比例均为100%。

(市发改委　邱玉珊)

【产业项目建设】 2022年，镇江市加快产业项目建设，强化产业支撑，构建项目评估、要素保障、调度督查、政银企合作“四项机制”，全年新签约项目273个、总投资993亿元；9个省重大项目完成投资44亿元，220个市重大产业项目完成投资451.7亿元。全年新认定省“独角兽企业”和“瞪羚企业”15家、国家高新技术企业533家，省“创新型领军企业”9家；新增国家级“单项冠军”和“专精特新”企业19家、国家级科技孵化载体4家、省级以上研发机构45家；组建的省船舶与海洋工程设计研究院获江苏省批复。落实资本市场“扬帆计划”和股权投资“云帆计划”，新增上市挂牌企业291家。培育数字产业，新增智能化改造、数字化转型企业133家，数字经济核心产业营业收入突破600亿元。

(市发改委　邱玉珊)

表21　2022年镇江市地区生产总值情况表

单位：亿元

地　区	地区生产总值	第一产业	第二产业	工业	第三产业	人均地区生产总值(元)
全　市	5017.04	163.87	2471.61	2246.01	2381.56	155823
市　区	2268.54	33.09	1049.11	947.94	1186.34	178527
京口区	553.32	0.87	164.45	145.06	388.00	155449
润州区	280.04	0.45	54.53	25.81	225.06	116416
丹徒区	472.35	24.11	246.51	216.77	201.73	135635

续表 21

地区	地区生产总值	第一产业	第二产业		第三产业	人均地区生产总值(元)
				工业		
高新区	136.12	0.71	54.14	44.80	81.28	223521
新　区	826.71	6.96	529.49	515.51	290.26	311906
丹阳市	1407.88	55.15	753.04	714.70	599.69	141981
扬中市	585.99	18.47	317.99	296.93	249.53	185441
句容市	754.62	57.16	340.96	286.44	356.50	117652

（市统计局）

表 22　2022 年镇江市固定资产投资完成情况表

单位：万元

项　目	全　市	市　区						丹阳市	扬中市	句容市
			京口区	润州区	丹徒区	高新区	新　区			
固定资产投资总额	11131630	4978646	987827	591530	881077	480257	2037955	2479093	1228543	2262609
一、按登记注册类型分										
内资	10083765	4480732	940736	591530	829263	422568	1696635	2204509	1172906	2042879
# 国有企业	1039024	454453	9555	225789	92217	32476	94416	130727	47625	223480
集体企业	57428	18957	15922	231	1292	1512	—	3316	—	35155
股份合作企业	27542	—	—	—	—	—	—	27542	—	—
联营企业	192734	192734	—	—	—	—	192734	—	—	—
有限责任公司	2264457	1202848	268954	178062	158626	119208	477998	307183	156784	597642
股份有限公司	271492	204400	62159	37883	13281	3570	87507	52337	13643	1112
私营企业	6116724	2326261	552856	149565	554121	260509	809210	1671132	946641	1172690
其他	114364	81079	31290	—	9726	5293	34770	12272	8213	12800
港澳台商投资企业	611892	281446	18263	50934	3000	209249	204077	34671	91698	—
外商投资企业	435973	216468	28828	880	54689	132071	70507	20966	128032	—
二、按资金来源分										
上年末结余资金	1853441	745619	201102	120146	134286	83911	206174	302636	88659	439343
国家预算内资金	388675	193932	15725	167859	9084	—	1264	12960	8639	—
国内贷款	733762	266078	36000	38014	183979	—	8085	84403	173302	82979
债券	1162	1162	—	—	—	—	1162	—	—	—
利用外资	46627	31195	24872	—	49	1930	4344	3837	—	11595
自筹资金	7180338	3042112	551689	198035	520911	142133	1629344	1749233	909288	1479705
其他资金	691056	300028	64642	41184	38917	85029	70256	30386	63114	297528
三、按构成分										
建筑安装工程	7389752	3201551	789742	402307	589340	308340	1111822	1567738	739248	1811505
设备工器具购置	2158306	1171188	97579	44333	168516	88777	771983	473018	349092	165008
其他费用	1583572	605907	100506	208715	79133	63403	154150	438337	140203	286096
四、按产业分										
第一产业	72948	44772	—	—	35586	—	9186	9802	8148	10226
第二产业	5332487	2320048	340378	44337	349640	134910	1450783	1505527	860266	646646

续表 22

项　目	全　市	市　区						丹阳市	扬中市	句容市
			京口区	润州区	丹徒区	高新区	新　区			
# 工业	5377667	2365228	340378	44337	349640	134910	1495963	1505527	860266	646646
第三产业	5726195	2613826	647449	547193	495851	345347	577986	963764	360129	1605737
新增固定资产	5323201	2712719	587310	453139	331569	104709	1235992	1184974	276135	1149373

（市统计局）

自然资源管理

【概况】　2022 年，镇江市自然资源和规划部门履行“两统一”（统一行使全民所有自然资源资产所有者职责和统一行使所有国土空间用途管制和生态保护修复职责）核心职责，突出重点、统筹推进，落实严格耕地保护、节约集约利用两个责任，突出规划支撑、要素保障、生态保护三个抓手，聚焦推进依法行政、落实安全责任、优化营商环境、夯实基层基础等四个关键。市自规局获 2022 年度镇江市优化营商环境“甘露奖”、全国绿化先进集体称号，句容市被自然资源部评为“全国自然资源节约集约示范市”。

（市自规局　巫少群　傅　琰）

【用地管理】　2022 年，镇江市完成土地供应 1680.3955 公顷。其中，工业等产业用地供应 446.163 公顷，住宅商服等经营性用地供应 456.7482 公顷，教育、医疗等公共服务和基础设施划拨用地供应 777.4842 公顷。出让用地 13542.02 亩（902.8012 公顷），成交金额 256.3108 亿元，其中，出让经营性用地 6849.57 亩（456.6382 公顷），成交金额 234.2274 亿元。镇江市形成一套推进土地节约集约利用改革政策“工具箱”，推动城镇开发边界范围内土地统一规划和整合，统一征收拆迁、水电等市政设施建设；通过细化量化工业用地出让年限，帮助企业节省用地成本；对全市乡村低效建设用地开展调研摸底，形成农村建设用地潜力数据库。推行工业用地“标准地 + 承诺制”出让，实现“拿地即开工”，促进项目快落地、早建设。完善“增存挂钩”机制，盘活批而未供和闲置土地 2.176 万亩（1450.7 公顷），推进利用城镇低效用地 8537 亩（569.13 公顷）。丹阳市挂牌成交集体经营性建设用地 78 宗 1017.48 亩（67.832 公顷），成交总价 2.94 亿元。全市单位地区生产总值建设用地占用面积由 2021 年度 23.89 公顷/亿元下降至 2022 年度的 21.27 公顷/亿元，下降率 10.95%。

（市自规局　巫少群　傅　琰）

【用地用林保障】　2022 年，镇江市建立每周调度省、市重大产业项目制度，规范审批流程，完善并联审批、联动审批、对接审批等工作机制，市级审批用地平均用时控制在 17 个工作日内。当年，审核批准 5 个土地征收成片开发方案、64 个成片开发片区，拟征收土地面积 1.9 万亩（1266.67 公顷）。获批建设用地 43 个批次 8645 亩（576.3 公顷），全市 10 个省重大、220 个市重大产业项目中的 204 个项目完成用地保障。助力乡村振兴，单列 5% 用地计划 275 亩（18.3 公顷）用于保障农村一、二、三产业融合发展项目；直接给予 98 个经济薄弱村每村 3 亩（0.2 公顷）专项用地指标 294 亩（19.6 公顷），由各市、区政府（管委会）和镇统筹，保障经济薄弱村 5 个项目建设需求，可增加年收入 1185 万元。批复林地项目 7 个批次 89 亩（5.93 公顷），审核上报批准使用林地项目 37 批次 1108 亩（73.87 公顷），为江苏南沿江城际铁路站后工程、抽水蓄能电站、森林防火设施等项目建设提供用林保障。

（市自规局　巫少群　傅　琰）

【不动产登记交易】　2022 年，镇江市制定不动产登记提速增效工作方案，实现商品房和二手房转移登记、抵押登记、实体经济企业不动产登记 30 分钟办结，全市颁发不动产证书 275398 本、证明 101294 份，办理不动产抵押登记 73027 件，抵押金额 9037 亿元；开展“周六我在岗”活动，办理各类登记业务 19577 件，服务群众 3.3 万人次。建立产业项目帮办、代办服务机制，出台工业用地分割、转让指导意见（试行）、市区工业厂房分割登记指导意见、市区国有土地出让后土地使用权分割转让操作细则等规定，帮办、代办服务 200 余次，为 22 家企业办理厂房按幢（层）登记 196 宗、按幢抵押登记 39 宗。加大遗留问题处置力度，解决普通住宅和安置房发证问题 30356 户，解决企业和平台公司发证问题 50 家，涉及面积 143.08 万平方米。常态化开展“拿地即开工、交房即发证”，累计为 61 个住宅小区 12158 户办理“交房发证”，为 169 家工业企业 508 万平方米用地办理“交地发证”。在全省率先实现全市不动产登记税费“一次收缴、自动清分”，将“交房即发证”写入商品房销售合同，2 项工作均获省自然资源厅推广；“房地一体”农村不动产确权登记"应登尽登"率 94.42%。

（市自规局 巫少群 傅 琰）

国有资产监督管理

【概况】 2022 年，镇江市国有资产监督管理部门深化国资国企改革，助力经济稳定发展，提高国资监管效能，把守风险底线，为全市经济平稳运行提供支撑。受新冠病毒感染疫情、原材料成本大幅上涨、个别行业周期性调整，以及上年同期基数较高等因素叠加影响，监管企业利润有所回落，但企业整体运营较为稳定。应对外部风险挑战，组织企业全力稳生产、稳经营、稳市场。开展"国企大走访活动"，市国资委深入一线和企业共同研究解决生产经营面临的实际困难和问题，推动复工复产；市属企业克服自身困难落实政策要求，为服务业小微企业和个体户减免租金，全年累计减租超过 3000 万元，惠及小微企业 1000 多家。推动国有企业把当前用人所需与超前储备人才结合起来，全年招录优秀人才 164 人，比上年增长 16.31%。出台关于服务保障疫情防控阻击战的 9 条措施，国资系统志愿服务团队近 2 万人次参与京口健康驿站建设等，在应急保供、复工复产等方面发挥较重要作用。市属国企与 37 个经济薄弱村结对，助农销售农产品，助力乡村振兴。围绕"党建聚合力 国资加速跑"党建品牌，实施"五个三"（"三大工程"固本、"三大融合"提质、"三大赋能"领航、"三大革新"聚能、"三大责任"增效）项目，党的领导力、价值力、创造力显著增强，党建特色亮点工作在省国资系统打响品牌。重点加强基层党组织建设，完成 238 个基层党组织集中统一换届；组建功能型党支部，评选出 10 个"四星"标杆党支部。规范提升基层组织活动，开展创意组织生活评选，提升基层组织生活质量。成立安全生产专项整治领导小组，督促指导企业建立健全风险分级管控和隐患排查治理双重预防体系，全面排查重大安全风险和各类问题隐患。督促企业加强应急预案的体系建设，完善总体预案和专项预案，建成全覆盖的应急预案体系。

（市国资委 周光恒 陈 莲）

表 23　2022 年镇江市国有及国有控股企业基本情况表

地区	企业数（家）		国有资产总量（万元）	年末在岗职工人数（人）	职工人均工资（元/人）
	合计	其中：大中型			
镇江市国有企业汇总	226	46	33076488	20720	91765
镇江市市直汇总	140	28	18128557	13294	100239
丹阳市汇总	13	5	5610182	2641	63813
句容市汇总	21	3	1759380	1968	73428
扬中市汇总	2	1	23787	430	31777
丹徒区汇总	20	3	1948507	896	76129
京口区汇总	2	1	798129	63	95766
润州区汇总	7	0	254640	135	94388
镇江新区汇总	21	5	4553306	1293	119157

（市国资委 张培工 刘 艳）

表 24　2022 年镇江市国有资产监管企业经济效益指标表

单位：万元

企业名称	资产总计	净资产	营业总收入	利润总额	上交税费	工业总产值
镇江市国资委监管企业汇总	48038414	18430613	4607154	359515	186623	845359
镇江国有投资控股集团有限公司	4641860	2429616	894478	42871	4970	71073
镇江城市建设产业集团有限公司	17013240	5997482	324752	73659	39974	34066
镇江交通产业集团有限公司	12607260	5125874	906657	100812	47411	25645
镇江文化旅游产业集团有限责任公司	6480115	2194740	439847	40410	7052	0

续表 24

企业名称	资产总计	净资产	营业总收入	利润总额	上交税费	工业总产值
镇江市港口发展集团有限公司	93331	69714	79992	9754	5516	0
江苏恒顺集团有限公司	465106	112244	271972	4459	21018	0
江苏索普(集团)有限公司	1126937	706789	950992	52605	45087	714574
镇江市高校投资建设发展(集团)有限公司	1100800	387164	104754	5347	758	0
镇江海纳川物流产业发展有限责任公司	187478	59638	286242	1007	2130	0
镇江市规划勘测设计集团有限公司	41037	40632	9670	431	635	0
镇江金港产业投资发展有限公司	360370	36401	166493	-5925	166	0
镇江宾馆有限责任公司	14502	-1218	3286	-166	156	0
镇江市金信融资担保有限公司	355742	343077	19088	16369	4953	0
镇江市金信资产经营有限公司	51325	21195	942	774	198	0
江苏泓润生物质能科技有限公司	34815	18136	7700	238	70	0
镇江市交通工程建设管理有限公司	7209	4766	6782	474	501	0
镇江市交通规划设计院有限公司	3488	2231	1347	257	82	0
镇江市风景旅游发展有限责任公司	1923828	870122	39351	16135	4881	0
镇江体育产业发展有限公司	1850	149	1851	-182	0	0
镇江百姓汇商贸有限公司	1421448	3907	76598	183	974	0
镇江智慧停车有限公司	106673	7957	14357	3	91	0

（市国资委　张培工　刘　艳）

表 25　2022 年镇江市国有及国有控股企业经济效益情况表

单位：万元

分　类	营业收入		利润总额		上缴税金		净资产收益率(%)	
	全　市	市　直	全　市	市　直	全　市	市　直	全　市	市　直
工业企业(全市 13 家,市直 10 家)	1027343	941652	51880	43769	55019	44141	3.96	4.72
投资公司(全市 22 家,市直 10 家)	2130718	878104	314778	271811	125937	54479	1.07	1.86
贸易及餐饮业(全市 26 家,市直 16 家)	940572	850981	-2968	-2096	2712	2492	-4.14	-6.68
房地产业(全市 28 家,市直 17 家)	146741	89377	-25810	8273	28543	17942	-0.90	0.40
服务及其他(全市 137 家,市直 87 家)	2048074	1869194	73218	35933	88401	67764	3.60	3.13
合计(全市 226 家,市直 140 家)	6293448	4629307	411098	357690	300612	186817	1.00	1.79

（市国资委　张培工　刘　艳）

表 26　2022 年镇江市国有及国有控股企业资产负债结构表

单位：万元

分　类	资产总计		负债合计		净资产		国有资本金	
	全　市	市　直	全　市	市　直	全　市	市　直	全　市	市　直
工业企业(全市 13 家,市直 10 家)	2135079	1410375	1087562	720257	1047517	690118	350013	289107
投资公司(全市 22 家,市直 10 家)	73251230	36302006	43945806	21459053	29305425	14842953	3314194	1074392
贸易及餐饮业(全市 26 家,市直 16 家)	892669	680081	804793	639921	87875	40160	58824	46652
房地产业(全市 28 家,市直 17 家)	11586962	5437528	8530589	3806313	3056373	1631215	502321	224870
服务及其他(全市 137 家,市直 87 家)	8183069	4277205	7078188	3052259	1104881	1224946	-285311	230991
合计(全市 226 家,市直 140 家)	96049009	48107195	61446938	29677803	34602071	18429392	3940042	1866011

（市国资委　张培工　刘　艳）

【国企改革】 2022年,镇江市国企改革三年行动收官,通过12轮全面督查和层层推动落实,市级层面122项任务和市属企业、各市(区)1283项改革任务全部完成,改革工作2次受到省国企改革领导小组书面表扬。督查次数列13个设区市第1名;自选任务开展项数、省以上会议发言次数和主流媒体宣传报道数均列前3名。完成主要指标要求,董事会应建尽建、外部董事占多数、经理层任期制契约化比例均为100%,管理人员竞争上岗、末等调整或不胜任退出比例远超全国和省平均水平。提请市委、市政府研究出台《镇江市市级行政事业单位所属企业改制脱钩工作实施意见》《镇江市市级行政事业单位所属企业委托监管办法》,召开动员部署和政策解读会,完成24家主管部门、89家一级改制脱钩企业的调查摸底,涉及资产总额117.5亿元。

(市国资委 周光恒 陈 莲)

【制度体系建设】 2022年,镇江市国有资产监督管理部门出台加强重要财务事项管理、捐赠管理等一系列制度文件,梳理修订监管事项责任清单和投资负面清单等文件,堵塞漏洞,规范监管体系。统筹推进降成本、调结构、控规模和压平台各项工作,加强风险防范。加强贸易业务风险防范,选聘第三方中介机构开展专项审计,督促企业抓实问题整改,查堵风险漏洞。成立市国资委内部审计监督委员会,加强对内部审计监督工作的领导统筹。构建项目投资监管闭环,面向社会公开发布《关于征集市属国有企业项目论证专家库专家人选的通知》,组建由60名专家组成的市国资委投资专家库。推进项目"双重论证",出台《重大投资项目"双重论证"与投资项目后评价工作办法》,推进投资项目"双重论证"的制度化、机制化、常态化。组织12家市属企业对近3年完成投资且金额排前30%的项目,以及所有投产后亏损的项目,以企业为主体开展自主后评价;在此基础上选取9家市属企业累计10个重点投资项目,开展集中后评价,将监管向事前、事中延伸,构建全方位、全过程的监管链条。

(市国资委 周光恒 陈 莲)

【市场化运营体系建设】 2022年,镇江市国有资产监督管理部门健全完善监管企业经营业绩考核与薪酬管理体系,实施绩效、薪酬和企业经营业绩的捆绑联动机制,加大考核力度、拉开薪酬差距。国资委层面,根据2021年年度考核结果,7个市属产业集团最高和最低薪酬差距为26.69%;给超额完成年度目标的3家试点企业兑现超额利润分成奖励。集团层面,薪酬激励机制初步建立,交通集团绩效薪酬占比超过60%,子公司经理层的年薪最大差异为5.4倍;规划勘测集团绩效工资占比68%,同一岗位年度绩效差距拉开到30%至50%,最大差距为12万元。培育支持专业化公司发展,8家专业化公司实现利润总额3.49亿元,比上年增长9%;上缴税费1.79亿元,增长92.4%。引导市属企业加快对接交通基础设施投资、稳定增加大宗消费等政策措施。其中,港发集团把握航道养护疏浚政策机遇,实现利润9750万元;交通集团拓展路桥施工板块业务,新增合同额45亿元。索普集团完成非公开发行可交换公司债券,募集资金15亿元,资产证券化水平从不到10%提升到70%以上,股份公司总资产增长12倍。实施"云帆计划",参与推动2家企业上市。 (市国资委 周光恒 陈 莲)

【资源整合利用】 2022年,镇江市国有资产监督管理部门加快推进酒店、类金融、危化品仓储物流、停车资源整合,发挥在手资源效用,以优势企业为主体,推动企业之间同一业务或同质业务的整合方面形成共识。国控集团推进重组整合,完成金投集团的组织架构和运营方案,实施金信担保、商业保理等业务板块整合,培育10多家上市公司及挂牌企业,初步形成具有良好运营质态的类金融板块。文旅集团推进内部酒店资源整合和交通集团桔子酒店的划入。危化品仓储物流资源整合组织多轮推演对接,形成初步方案。升级停车场资源整合力度,以委托运营的方式推动系统内停车资源统一运营,整合后智慧停车车位超过3万个。加强非主营业务和低效无效资产清理,完成26家子企业瘦身工作,压缩管理层级,提高资产质量。加大产业集团存量房产的盘活力度,年内通过出售、租赁、集团属地联合招商等渠道变现资金2.81亿元。市属企业与央国企新增落地合作项目8个,总投资15.88亿元。 (市国资委 周光恒 陈 莲)

【历史遗留问题处置化解】 2022年,镇江市国有资产监督管理部门成立工作专班对市属产业集团历史遗留问题进行全面摸底,逐项明确解决路径,完成房产权证补办17宗,涉及24.27万平方米。按照"依法处置、分类处置,稳妥处置"原则,推进改革历史遗留问题化解,剥离社会职能和"僵尸企业"处置工作有成效。推进安达机械、华通重工、索普船厂、镇江大酒店、镇江塑料厂、商业大厦等企业的破产工作。完成全市数百家"僵尸企业"处置任务,其中,丹阳市完成520家"僵尸企业"的处置;完成船山矿、金河纸业、古洞煤矿等企业职工家属区的移交改造工作。移交关闭破产企业档案30多万卷。

(市国资委 周光恒 陈 莲)

【镇江国有投资控股集团有限公司】 2022年,镇江国有投资控股集团有限公司(以下简称"国控集团")完成项目投资11.8亿元。

国企改革情况。推动国企改革与市场化转型,全面完成国控集团国企改革三年行动实施方案内的八大类139项重点任务。推进全市金融资源整合，市场化并购镇江市金信融资担保有限公司、江苏西津辅宜商业保理有限公司2家单位，丰富国控集团金融业态。推进"瘦身强体"工作，通过股权转让、清算注销、整合等方式，处置清理4家四级公司，出清5家"僵尸企业"，年内企业瘦身减员136人，运行费用下降8%。深化"三项制度"改革，全面推动企业经理层成员任期制和契约化管理，推进市场化用工，完善市场化薪酬分配机制。

项目运作情况。强化资本运作，设立"云帆基金"，扶持当地拟上市企业发展，赋能地方产业发展。认购索普集团可交债5000万元，新投乐山希尔、金斯瑞蓬勃生物等3个项目，新增参与基金2只、管理基金2只。做好项目退出工作，美畅股份、威腾股份等上市项目按进度减持，实现投资收益2.65亿元。推进多元资本补充机制，实施中资美元债资产管理计划，综合年化收益率约6.5%。完成平行进口汽车业务项目论证，新设国控汽贸公司，做好国际信用证授信额度申报工作，年内获批国际信用证总额2亿元；开证车辆2000余台，实现营收17.12亿元。

存量资产盘活情况。全面完成原色织总厂地块正式移交工作。优化调整资产管理模式，实施集团本部资产管运分离，逐步理顺和完善资产管理体系，盘活存量资产。探索改制、破产企业的遗留资产处置新路径，推进惠通职工宿舍、中营6号-5职工宿舍（原第二制药厂）优惠公房出售，解决无证危旧平房长期隐患。

风险防范工作。完成政府隐性债务清零任务，1家公司提前退平台。加强经营性债务管理，合理控制债务总量，防范化解债务风险，实现债务总量、融资成本双压降，全年新增金融机构融资平均票面成本4.01%，平均综合成本4.83%，存量融资综合成本5.61%，分别比上年下降105BP、93BP和36BP。

（市国控集团　洪银珍）

【镇江城市建设产业集团有限公司】　2022年，镇江城市建设产业集团有限公司（以下简称"城建集团"）土地上市逆势增长，出让成交总额创集团历史新高；房产去化、权证办理等资产盘活有成效；开发建设项目走向市场化。

产业发展情况。集团完成后官庄、太古山等6宗地块上市，成交总价创集团历史新高；集团完成11.8万平方米房屋权证手续办理，遗留多年的存量经营性房产权证办理工作基本完结；西津渡历史文化街区入选《历史文化保护与传承示范案例》。朱方建设集团首个开发施工一体化项目——朱方崇实里项目开盘，开发建设业务走向市场。

城建项目情况。镇江南站优化提升改造项目，金山湖小学、小龙山山体综合整治及环境提升工程获省优质工程"扬子杯"，大西路2号地块、运河路菜场改造工程、"镇江市e办事服务大厅"及职工之家改造项目获镇江市优质工程"金山杯"。

责任履行情况。集团全面完成国企改革三年行动各项目标任务，实施国企改革"三比五提升"（比作风、比业绩、比标杆，党建强基、规范治理、机制改革、难题清零、效益增长）活动，"一企一主题"推进子公司改革。在新冠病毒感染疫情防控期间，履行国企责任。下属多家酒店接待镇江医护人员，接待上海市、扬中市、句容市、镇江市区集中隔离人员，保障集中隔离支援任务；百姓汇商贸公司在保障市民"菜篮子"货足价稳的同时，先后为丹徒区上党镇合偶村、扬中市、句容市等站点提供物资保供服务；集团全年减免租金928.7万元。

（市城建集团　王雅琦）

【镇江交通产业集团】　2022年，镇江交通产业集团（以下简称"交通集团"）在国企改革三年行动市级考核评估中列A级序列，并在国资系统经济考核中实现"五连冠"（2017—2021年）。全年资产变现总额2.82亿元，经营性总资产出租率80%以上，收租率100%。落实镇江市"纾困解难24条"政策，帮助市场主体减租降负1018.24万元。落地低效资产处置项目，票面利率8%以上融资全部清零，"削峰计划"提前完成。创成省级优秀"戎耀之家"；子公司路桥公司、城际资产公司获评2019—2021年度江苏省文明单位。

改革发展工作。在公司治理上，厘清党委会、董事会、总经理办公会议事规则和权责边界，完善管理体系与制度流程；在市场化经营机制上，构建市场化导向选人用人机制，实行全员绩效考核"一岗一薪"，通过竞争上岗方式聘任管理人员；在混合制改革上，因企制宜试点开展泰普克沥青公司中长期激励机制，实现个人与企业利益共享、风险共担。

产业布局工作。7个板块（事业部）中，以路桥公司为龙头企业的交通基础设施板块，全年实现营收总额16.35亿元，开发指标突破48亿元，单体项目突破10亿元；该公司获交通运输部建设市场信用AA最高等级和公路养护4甲资质。以城际资产为龙头、以环卫环保为主营业务的城市运营板块，实现利润总额2152.08万元，列集团7个板块第1名；以红星置业为龙头企业的片区开发板块，通过"开发+施工"一体化模式，参与官塘创新社区建设，推进国网项目和银信科技信息产业园建设。以智慧停车为龙头企业的智慧交通板块，累计上线并运营停车泊位30087个，占市区运营总泊位的62.7%，累计完成App会员注册数16.8万个，用户日常活跃度60%。创投金控板块实现利润总额968.96万元，亿丰科贷公司被省地方金融监管局监管评级为A类。加快海纳川股权划转与港发集团业务整合，做强港口物流板块。

风险管控工作。调结构、降成本、控规模，把流动性安全放在首要位置，全年资金运行平稳安全。做好新冠病毒感染疫情防控、安全生产等工作，全年开展大排查、大起底、大整治17次，排查安全隐患126项。强化企业各领域、全过程监管，全年开展各类专项审计11次，排查子公司法律风险，全年出具审核法律意见27份，推进历史遗留问题解决。构建风控体系，形成法务全程参与、财务审核把关、审计专项审查、派驻监督的机制；强化对外投资、融资担保、招标管理、资产运营、大宗贸易等重点领域全过程管理，形成监督闭环。（市交产集团　彭夏菊）

【镇江文化旅游产业集团】　2022年，镇江文化旅游产业集团（以下简称“镇江文旅集团”）克服新冠病毒感染疫情影响，推进景区品质提升、文旅消费“扩容提质”和文旅资源“活化利用”等工作，推动产业发展和品质形象“双提升”。全面完成国企改革三年行动，累计完成7家企业清退、1家四级企业消除工作，企业用工总人数从2020年的1500多人下降到1000人以下。推进产业高质量发展，金山湖景区通过国家水利风景区复核，三山风景区完成国家AAAAA级旅游景区验收“保牌”任务。“镇畅游”文旅品牌作为“文旅消费传播热事件”入选2022年“江苏文旅消费热力榜”。与南京文投集团合作打造“镇江·南京设计廊金山店”和“金山咖啡店”；与恒顺集团合作打造“恒顺味道”金山体验店；与润州企业合作推出“金山宜月轩美食坊”。与茅山管委会、新华日报社签订战略合作协议，与茅山管委会共同发行镇江“五福游园纪念卡”100余张，与新华日报社合作发售数字藏品约400张。与江苏银联公司合作开展“镇畅游·惠满秋”消费券发放活动，发放消费券近1万张。与镇江报业集团签约运河文化挖掘与运营项目，联手打造“非遗文化集市”。以“红色风景线、竞跑新文旅”党建品牌为切入点，打造党的建设融合生产经营的“1+17”（1个集团党建品牌+17个支部党建品牌）品牌矩阵，金山公园党支部获评“五星党支部”。建成“党史学习教育充电站”“劳模创新工作室”“红船”“大江课堂”“文化慈善园”5个党建阵地，组建15支红色风景线先锋团队、4支“宣讲志愿服务队”。（市文旅集团　魏　昕）

财　政

【概况】　2022年，镇江市完成一般公共预算收入304.0亿元，还原增值税留抵退税39.9亿元后，同口径比上年增长2.1%。

服务发展工作。围绕“四群八链”重点产业布局，统筹用好资金扶持、财政贴息、税费减免等政策工具，推进产业转型、科技创新和人才招引。全年安排专项资金2292.3万元用于“智改数转”项目，增强镇江市产业发展新优势、新动能。统筹专项资金，开展领军人才引进、大学生“聚镇”计划、校地科技人才合作。贯彻落实国家出台的组合式税费支持政策，全年办理各项退税、减税、缓税127亿元。加强营商环境建设，激发各类市场主体活力，围绕省“助企纾困”22条、市“纾困解难”24条等助企政策，落实水资源费、人防易地建设费等收费下调标准；实施餐饮、零售等22个行业缓缴社保费政策，筹措资金支持餐饮、商超、家电等消费券发放活动。落实国有房屋租金减免政策，为912家服务业小微企业和1554家个体工商户减免租金1.5亿元。引导金融资源服务实体经济，扩大小微贷、苏科贷、助力贷等财政金融产品融资规模。

民生保障工作。统筹财力保障新冠病毒感染疫情防控、环保整治、民生领域等重点支出，支持核酸检测能力提升等项目实施；保障公共卫生服务领域支出，将基本公共卫生服务财政补助标准、城乡居民基本医疗保险财政补助标准分别提高至每人每年93元和720元。减免灵活就业人员医保缴费超过6700万元，为1.4万人次发放600元至1500元不等的技能提升补贴。推进农业保险“扩面、增品、提标”工作，全年为全市22.74万户次的农业生产经营者提供31.72亿元的风险保障。为污染防治攻坚战提供保障，重点支持环境监测能力提升、重点行业污染防治等，统筹资金1.25亿元改善环境质量。通过争取债券资金、上级补助等方式，推进312国道宁镇段改扩建工程、老旧小区改造等城市建设项目。

财政改革工作。制定《关于统筹衔接预算执行、严格财政收支管理的通知》，围绕18项财政业务，加强财政收支管理。市政府出台《镇江市市区城市更新土地片区开发利用的实施意见》，推动土地开发利用。做好土地出让金等非税征缴方式调整工作，保障征管职责有序划转。探索“互联网+资产”模式，促进行政事业单位资产处置价值最大化。深入实施电子票据改革，市本级和各市（区）1178家行政事业单位全面开通线上开票。建成政府采购“不见面”开评标平台，实现6种法定采购方式、12项政府采购交易清单项目全流程“不见面”办理，全年市本级实施“不见面”开评标项目400余个，不见面开标率95%以上；推进绩效管理全方位、全过程、全覆盖，组织开展绩效自评价项目181个，涉及财政性资金27.6亿元；实施财政重点评价项目14个，涉及财政性资金21.2亿元。构建财政“大监督”体系，修订《镇江市财政局财政监督工作操作规程》《镇江市财政局内部控制制度汇编》等制度，全年对近60家单位开展财经政策执行、专项资金、会计信息质量等监督检查，收回结余的债券资金8451.87万元。

（市财政局　吴　埌）

表27　2022年镇江市财政收支情况表（按项目）

单位：万元

项　目	2022年（同口径）	同口径增幅（%）	项　目	2022年	比上年增长（%）
一、公共财政预算收入	3438366	2.1	一、公共财政预算支出	5355340	-1.37
（一）税收收入	2390926	-9.9	一般公共服务支出	499786	2.53
#增值税	1102701	-10.5	公共安全支出	342239	6.15
企业所得税	338506	-13.7	教育支出	771836	-8.48
个人所得税	109369	-10.2	科学技术支出	126687	-11.56
城市维护建设税	125593	-21.7	文化旅游体育与传媒支出	65707	-33.68
土地增值税	113782	-28.9	社会保障和就业支出	662548	1.28
契税	236477	-13.2	卫生健康支出	400693	5.67
其他各项税收收入	364498	15.9	节能环保支出	127416	-8.52
（二）非税收入	1047440	46.4	城乡社区支出	966982	-1.75
#专项收入	168065	12.9	农林水支出	337341	-7.95
行政事业单位收费收入	110633	-22.5	交通运输支出	166772	-21.64
罚没收入	201246	29.3	资源勘探工业信息等支出	114554	6.86
国有资源（资产）有偿使用收入	190178	12.5	住房保障支出	439906	22.81
二、政府性基金收入	4037565	2.3	其他各项支出	332873	0.11
三、社保基金收入	1395892	2.1	二、政府性基金支出	5600355	-7.70
四、国有资本经营预算收入	58462	-82.7	三、社保基金支出	1295877	7.54
五、上划中央收入	1475660	-26.0	四、国有资本经营预算支出	8341	-61.99

（市财政局　曹　斐　曾逸初）

表28　2022年镇江市财政收支情况表（按地区）

单位：万元

地　区	公共财政预算收入		公共财政预算支出	
	2022年（同口径）	同口径增幅（%）	2022年	比上年增长（%）
镇江市	3438367	2.1	5355340	-1.37
市级	1764854	6.5	2822585	-0.54
县级	1673513	-2.2	2532755	-2.27
镇江市本级	1130525	10.0	1730253	-10.03
市直	497222	23.6	1203222	-10.40
镇江新区	559752	1	480521	-8.60
镇江高新区	73551	3.1	46510	-14.57
京口区	201043	-11.3	305117	3.06
润州区	168393	11.3	378315	66.54
丹徒区	264893	5.2	408900	4.44
丹阳市	774923	6.9	1120558	4.22
扬中市	406566	4.6	612198	-7.04
句容市	492024	-17.7	799999	-6.76

（市财政局　曹　斐　曾逸初）

【乡村振兴财政保障】 2022年,镇江市推进乡村振兴,落实市区高标准农田建设资金6004万元,提升农业生产基础设施水平。落实惠农政策,巩固粮食产能,发放市区2批实际种粮农民一次性资金1152.17万元,弥补农资价格上涨带来的农民增支影响;发放市区耕地地力保护补贴3002万元,对拥有耕地承包权的种地农民给予每亩120元补贴;下达省以上农机购置补贴847万元,安排市级农业机械化转型升级资金247.7万元,突出支持农业生产全程、全面机械化和农机装备智能化绿色化。通过富民强村帮促行动巩固脱贫成果,市级预算安排富民强村帮促行动专项资金3000万元,对全市98个村集体稳定性收入120万元以下的经济相对薄弱村开展帮促,用于支持经济相对薄弱村产业发展和基础设施建设等。市级预算安排乡村产业发展项目扶持专项资金2320万元,突出支持"一村一品"等特色产业、农业科技创新与推广等乡村产业和现代农业发展项目。出台《镇江市市级特色田园乡村建设奖补资金使用管理意见》,按照该意见,2022年—2026年每年安排1200万元,对上年度建成的市级特色田园乡村实行"以奖代补"。安排市级专项2700万元,规划建设不少于60千米农村公路,全部聚焦规划发展村庄和重要经济节点。支持长江镇扬河段应急护岸、润州区长江堤防防洪能力提升工程,丹徒张寺、龙山水库除险加固等重点水利工程,安排市级资金3469万元,争取省级以上资金2339万元,全市完成水利建设各类投资约10亿元。围绕打造"幸福河湖",建设美丽镇江目标,全年建成22个河长制主题公园,打造15条幸福样板河湖,建设72条农村生态河道。贯彻长江大保护要求,推进长江干流岸线清理整治。推进长江禁采及疏浚砂综合利用工作,全年累计上岸疏浚砂215吨。贯彻落实中央和省委、省政府深化供销社综合改革决定,专项安排200万元,推进"三位一体"综合改革试点工作。按照专项资金管理办法和涉农资金阳光监督平台管理规定,强化项目资金监管方法,确保专款专用。2020年开始,连续三年安排气象工作专项资金1800万元。

(市财政局　王国银)

【公共卫生服务财政保障】 2022年,镇江市人均基本公共卫生服务财政补助标准提高到93元/人,市级财政安排补助经费4125万元,主要用于补助基层医疗机构开展国家规定的基本公共卫生服务项目;逐步提高城乡居民基本医疗保险财政补助标准,2022年提高到人均720元/年,市级财政安排经费8893万元;提高城乡居民基本养老保险基础养老金最低标准到人均243元/月,市级财政安排经费6400万元;调度资金保障社会保险待遇发放,2022年市区企业养老保险待遇支出80亿元。市级财政安排新冠病毒感染疫情防控相关经费,主要用于疫情防控常态化下的疫情防控能力提升、应急物资储备、应检尽检人员核酸检测,以及镇江市传染病医院应急病房楼建设项目、方舱医院建设、集中隔离医学观察场所改造和新冠病毒核酸检测能力提升项目等。

(市财政局　刘　莉)

【生态环境建设财政保障】 2022年,镇江市安排市级生态环境治理专项资金1144万元,下达中央大气污染防治资金44万元、中央水污染防治资金153.7万元,下达省级生态环境保护专项资金2459万元,重点支持镇江市建设的水、气自动站运行维护,大气污染团队服务、环境监测能力提升及重点行业污染防治和挥发性有机物治理。争取江苏省太湖流域水污染环境综合治理专项资金1484万元,重点支持环太湖地区城乡有机废弃物综合利用示范区建设、涉磷企业综合治理和排污口整治、农业农村面源污染防治等方面。安排市级城镇污水处理提质增效专项资金930万元,下达省级城镇污水处理提质增效补助资金770万元,发行政府一般债券资金8000万元,主要用于补助各区城市黑臭水体整治及劣Ⅴ类水体整治、住宅小区源头雨污分流治理、本级相关配套能力建设以及丁卯谏壁污水互通管工程。系统推进生态修复和建设,安排市级专项资金500万元,推动长江(镇江段)两岸造林绿化建设。争取省级长江江豚保护基金1000万元,主要用于保护区智能监控系统、长江江豚救护设施、保护区巡护艇购置、保护区巡护车购置、保护区生态科学考察、江豚保护宣传片制作、珍稀水生动物展览馆改造提升等。加强镇江市生态公益林的生态效益补偿、国土绿化、生态保护体系建设,争取省级林业发展专项资金1582万元,重点保障公益林的补植、抚育、管理以及护林、造林、有害生物防治等,建设"绿美村庄"6个,实施低效林改造和退化林修复试点3000亩(200公顷),开展林业有害生物防治1.96万亩(1306.7公顷)。全面保障市区山体综合整治资金,安排市级专项资金800万元,争取省级地质灾害治理补助资金500万元,推动市区宝盖山地质灾害治理和南山八公洞地质灾害治理工程。

(市财政局　殷文玺)

【基础设施建设财政保障】 2022年,镇江市安排市级城市运营专项经费9.21亿元、社会事业投资专项资金0.18亿元,发行政府一般债券筹集城市建设资金5.74亿元;推进美丽宜居住区建设,加快市区老旧小区、街巷改造及积水区整治,强化老旧小区物业管理,完善城市路网体系,推进海绵城市建设,加快补齐公共交通、环卫、市政、社会事业等基础设施短板;做好公共基础设施移交养护工作，重点支持公共交通运行、市政养护（环卫、道路、桥梁、路灯、景观照明、排水等）、园林管护、污水处理、垃圾分类等方面。安排市级特色田园乡村建设奖补资金 960 万元，重点建设一批“历史记忆深刻、地域特色鲜明、现代设施完善、环境面貌优美、发展活力显现”的新型镇村，对各市（区）通过评价命名的 10 个市级特色田园乡村实行“以奖代补”。推进交通强市建设，发行政府一般债券资金 11.05 亿元，推进“312 国道、346 国道宁镇段改扩建工程”、346 国道城市化改造工程。推进“四好农村路”建设，安排农村道路建设养护专项资金 2160 万元，下达农村公路建设与养护省级补助资金 2221.21 万元。重点保障国省干道及航道正常运转，下达省交通养护专项资金（国省道养护方向）27953 万元、省交通养护专项资金（航道养护方向）4652 万元。

（市财政局　殷文玺）

【金融资源服务实体经济情况】　2022 年，镇江市财政部门强化财政金融产品在推动实体经济发展、扶困助农和支持创业者创业方面的积极作用，签署 2022 年版“助力贷”新协议，新增“金山英才助力贷”子产品，合作行业部门总数增加至 9 家，合作银行总数增加至 12 家，合作期限由 1 年延长至 3 年。推动省级普惠金融发展风险补偿基金项下各产品的落地及运营，做好签约“小微贷”和“苏科贷”运行管理工作；与各合作银行开展“环保贷”签约工作，协调生态环境部门建立“环保贷”项目库；优化粮食共同担保基金管理，出台《镇江市市级储备粮收购贷款共同担保基金管理办法》，并根据办法签订相关协议。2022 年，财政金融产品风险补偿资金池资金总额增加至 2.41 亿元，各财政金融产品发放贷款 37.52 亿元，支持户数 1174 户（“小微贷”发放贷款 25.77 亿元，支持户数 678 户；“苏科贷”发放贷款 0.55 亿元，支持户数 26 户；“助力贷”发放贷款 11.2 亿元，支持户数 470 户）。（市财政局　方一清）

【教育科技文化事业财政保障】　2022 年，镇江市财政部门推进学前教育优质普惠发展，安排学前教育专项经费 300 万元，强化普惠性学前教育资源建设与质量提升。稳定基础保障水平，市直初中生均公用经费 1250 元、普高 1350 元，高于全省平均水平。支持市级高品质示范高中、特色高中培育建设，发行一般债券 1000 万元专项用于镇江一中报告厅建设。保障教育民生实事经费，安排 2853 万元支持市老年大学加固改造、市外国语学校校园建筑整体维修出新、索普初中校园建筑外墙修缮出新等项目建设。支持职业教育优质创新发展，安排 4000 万元用于实施“省中等职业学校领航计划”、江苏航院 7 号学生宿舍楼建设，加强高技能人才培养，创新职业教育育人机制，强化学校硬件建设，推动产教融合、校企合作向纵深发展。加强教师队伍建设，足额安排教师队伍建设专项和教师人才培养经费；建立教师与公务员工资收入比对机制，增加安排 1.06 亿元保障教师工资待遇，确保教师平均工资水平不低于公务员平均工资水平。支持教育人才引进工作，通过“金山英才”计划引进教育领军人才 23 人，拨付相关人才安家补贴 165 万元。强化科技投入，推动创新驱动发展。投入市级科技创新专项资金 8400 万元，争取上级资金支持 2.65 亿元，全年组织实施国家、省、市科技计划新项目 661 项，带动全社会新增研发投入超 8 亿元。全年新认定国家高新技术企业 533 家，入选省创新型领军企业 9 家、国家级科技孵化载体 4 家、省级以上研发机构 45 家。实施“揭榜挂帅”项目 16 个，促成技术合同成交额 125.79 亿元；达成产学研合作项目超 500 项，合作资金超 3 亿元。推动文旅事业高质量发展，安排文化惠民与艺术普及活动经费 270 万元，深入实施文化惠民工程，全民艺术普及“六进”（进农村、进社区、进学校、进企业、进机关、进军营）活动近 3000 场，“送戏下乡”演出近 1000 场；安排文物保护及考古经费 2250 万元，争取国家、省级文物保护专项资金 3017 万元，推进镇江英国领事馆旧址安防工程、王家花园修缮工程、崇贤里王氏宗祠维修工程、焦山定慧寺大雄宝殿修缮等文物保护工程和项目实施；安排 350 万元支持文艺精品创作生产，大型现代丹剧《凤先生》、锡剧《太平洲上》入选 2022 年江苏省舞台艺术精品创作扶持工程；安排旅游专项 1093 万元，支持旅游宣传推广，扶持乡村旅游发展，助力文旅企业纾困复苏，支持举办 2022（第十六届）中国镇江金山文化艺术国际旅游节等活动。（市财政局　陈　隽）

税　务

【概况】　2022 年，镇江市税务系统组织各项税费收入 709.34 亿元，比上年增长 7.32%。其中，税收收入 355.77 亿元，下降 23.64%；社会保险费收入 199.64 亿元，增长 11.04%；其他非税收入 153.93 亿元，增长 908.1%。完成地方一般公共预算税收 200.62 亿元，下降 21.73%。

从中央税看，消费税实现增长，车辆购置税有所下降。2022 年消费税入库 7.36 亿元，增收 0.15 亿元，增长 2.12%。从消费税征收品目看，卷烟批发入库消费税 64430 万元，增长 7.96%；实木地板入库消费税 2775 万元，下降 4.75%；金银首饰、铂金首饰和钻石及钻石饰品入库消费税1825万元，下降12.13%；燃料油入库消费税1621万元，下降74.16%；润滑油入库消费税1290万元，增长2.91%。车辆购置税入库6.43亿元，减收2.62亿元，下降28.94%。

从共享税看，增值税主要受留抵退税及中小微企业缓税等政策影响，下降明显，企业所得税、个人所得税同步有所下降。2022年增值税入库143.31亿元，下降37.18%，其中全年实现免抵调库25.3亿元，下降18.12%；剔除免抵调库因素，增值税直接收入下降40.17%。2022年企业所得税入库86.93亿元，下降13.03%。其中，年度汇缴入库22.81亿元，下降2.41%；预缴入库58.18亿元，下降18.24%。2022年个人所得税入库27.67亿元，减收3.04亿元，下降9.9%。

从地方税看，2022年，地方"十税"四增六降，入库收入84.02亿元，下降7.35%。从分征收项目看，税收超过10亿元的税种有5个，其中增长的有：房产税入库14.5亿元，增长15.55%；土地使用税入库10.5亿元，增长36.29%。下降的有：契税入库23.65亿元，下降13.17%；城市维护建设税入库12.57亿元，下降21.76%；土地增值税入库11.38亿元，下降28.88%。其余税种按照收入规模，分别为：印花税入库3.63亿元，下降6.54%；耕地占用税入库3.51亿元，增长18.37%；车船税入库2.3亿元，增长4.89%；环境保护税入库1.54亿元，下降4.97%；资源税入库4582万元，下降4.26%。

从行业看，重点行业制造业、房地产业、批发和零售业等均有不同程度减收；金融业基本持平；租赁和商务服务业有所增长。2022年，全市重点行业制造业、房地产业、批发和零售业分别入库税收159.82亿元、47.87亿元、36.11亿元，分别减收46.29亿元、26.66亿元和15.39亿元，3个行业合计减收88.35亿元，对全年税收影响较大。金融业入库39.59亿元，增长0.01%，从上年基本持平；租赁和商务服务业入库18.68亿元，增长24.37%。从2022年税收总体情况看，全市第二产业

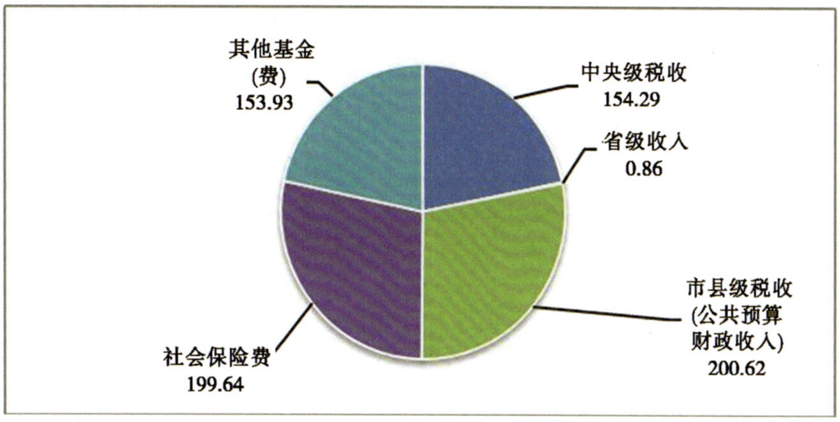

图17　2022年镇江市税收收入构成示意图(单位:亿元)

（市税务局　张　旭　供稿）

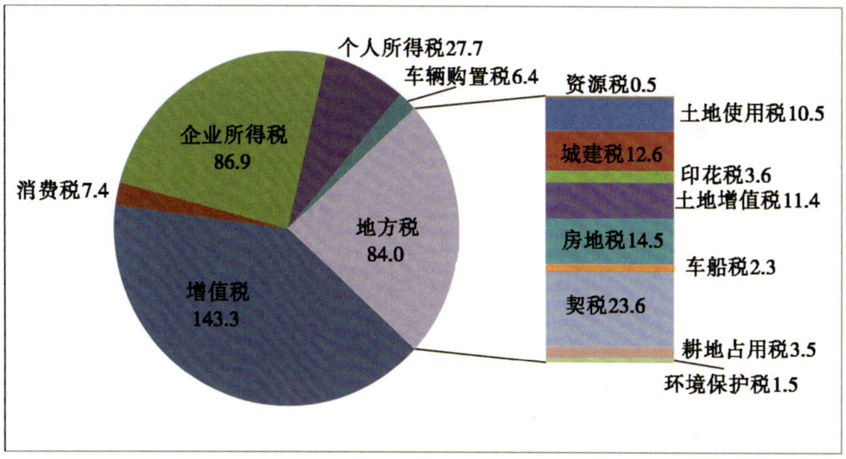

图18　2022年镇江市税收收入分税种统计图(单位:亿元)

（市税务局　张　旭　供稿）

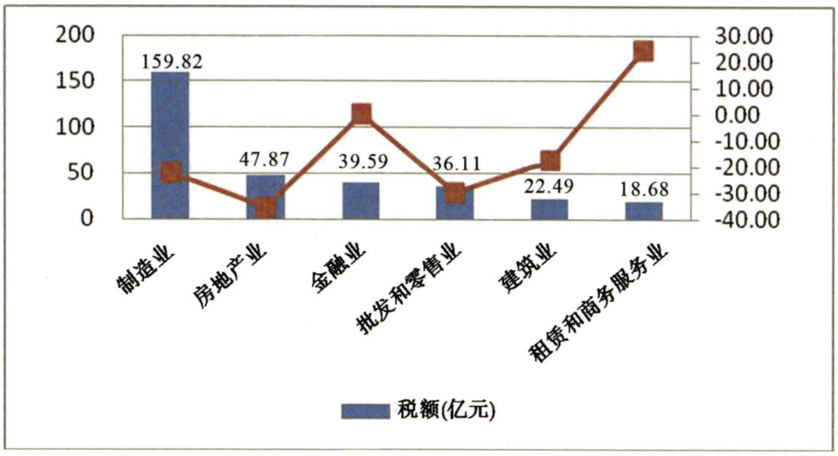

图19　2022年镇江市重点行业税收情况统计图(单位:亿元)

（市税务局　张　旭　供稿）

税收收入183.67亿元，下降25.31%，税收占比51.63%（工业税收161.18亿元，下降26.27%）；第三产业税收收入171.87亿元，下降21.75%，税收占比48.31%。

（市税务局　张　旭）

表29　2022年镇江市主要税种收入统计表

单位：万元

税　种	合　计	市　区	丹徒区	丹阳市	句容市	扬中市
增值税	1433076.54	450649.85	100397.54	516367.90	120798.23	244863.02
比上年增收	-848319.50	-391951.95	-56585.08	-134847.39	-231118.98	-33816.10
增长(%)	-37.18	-46.52	-36.05	-20.71	-65.67	-12.13
消费税	73571.80	68210.44	1727.07	3271.22	212.34	150.73
比上年增收	1529.83	6925.90	-4680.19	-367.95	34.11	-382.04
增长(%)	2.12	11.30	-73.05	-10.11	19.14	-71.71
企业所得税	869288.00	472079.37	62313.13	176226.43	91385.92	67283.15
比上年增收	-130245.19	-80042.74	-4930.25	15367.49	-61255.05	615.36
增长(%)	-13.03	-14.50	-7.33	9.55	-40.13	0.92
个人所得税	276726.21	125536.77	14969.44	61547.06	23327.78	51345.16
比上年增收	-30391.35	4763.85	1442.99	-73.17	-4782.03	-31742.99
增长(%)	-9.90	3.94	10.67	-0.12	-17.01	-38.20
城建税	125723.89	53700.34	9641.18	31526.58	13574.62	17281.17
比上年增收	-34973.75	-13737.61	-2440.73	-11948.26	-5466.05	-1381.10
增长(%)	-21.76	-20.37	-20.20	-27.48	-28.71	-7.40
土地增值税	113780.18	42837.27	11313.91	22131.86	25409.98	12087.16
比上年增收	-46205.34	-903.93	6589.04	-7666.15	-44921.31	697.02
增长(%)	-28.88	-2.07	139.45	-25.73	-63.87	6.12
房产税	144975.68	52213.73	12328.89	50568.67	16241.29	13623.10
比上年增收	19506.47	3394.79	-1340.37	17638.65	287.30	-473.90
增长(%)	15.55	6.95	-9.81	53.56	1.80	-3.36
车辆购置税	64308.23	31587.06	2575.52	19913.33	4944.34	5287.98
比上年增收	-26190.97	-13940.80	-947.14	-5684.36	-4701.04	-917.63
增长(%)	-28.94	-30.62	-26.89	-22.21	-48.74	-14.79
契税	236477.46	72980.50	8344.06	47704.42	77977.56	29470.92
比上年增收	-35881.06	-11129.43	-2721.33	-8530.14	-8827.97	-4672.18
增长(%)	-13.17	-13.23	-24.59	-15.17	-10.17	-13.68
耕地占用税	35098.30	3208.65	2434.64	9961.25	10996.16	8497.60
比上年增收	5447.34	3105.07	-5501.34	8200.62	-7738.86	7381.85
增长(%)	18.37	2997.75	-69.32	465.78	-41.31	661.60
土地使用税	104985.18	48544.44	8414.62	26747.92	9923.16	11355.04
比上年增收	27953.65	23952.54	-1452.21	10187.97	1044.45	-5779.10
增长(%)	36.29	97.40	-14.72	61.52	11.76	-33.73
其他税收	476.65	423.65	-1.00	48.00	2.00	4.00
比上年增收	-1092.37	-584.23	12.85	-503.91	0.84	-17.93

续表 29

税　种	合　计	市　区	丹徒区	丹阳市	句容市	扬中市
增长(%)	-69.62	-57.97	-92.78	-91.30	72.41	-81.76
资源税	4581.91	1915.16	670.01	0.00	1993.30	3.44
比上年增收	-203.73	102.92	94.87	0.00	-404.96	3.44
增长(%)	-4.26	5.68	16.50	—	-16.89	—
印花税	36289.96	16083.49	3347.69	7828.83	4599.26	4430.69
比上年增收	-2541.13	-97.69	302.02	-708.78	-1149.39	-887.28
增长(%)	-6.54	-0.60	9.92	-8.30	-19.99	-16.68
车船税	22960.02	11372.23	2495.21	4058.14	2817.66	2216.78
比上年增收	1070.89	483.13	133.81	266.46	82.73	104.76
增长(%)	4.89	4.44	5.67	7.03	3.02	4.96
环境保护税	15367.99	5749.24	1743.17	2006.05	5363.09	506.44
比上年增收	-803.33	-397.34	-400.82	-43.00	391.11	-353.29
增长(%)	-4.97	-6.46	-18.70	-2.10	7.87	-41.09

（市税务局　张　旭）

表 30　2022 年镇江市税收分地区收入统计表

单位：万元

地　区	合　计	市　区	丹徒区	丹阳市	句容市	扬中市
税收总额	3557688	1457092	242715	979908	409567	468406
比上年增收	-1101340	-470058	-72424	-118712	-368525	-71621
增长(%)	-23.64	-24.39	-22.98	-10.81	-47.36	-13.26
其中：中央级税收	1542919	684337	101016	424112	134385	199069
比上年增收	-545684	-248352	-36114	-64496	-159849	-36873
增长(%)	-26.13	-26.63	-26.34	-13.20	-54.33	-15.63
省级税收	8566	8566	0	0	0	0
比上年增收	1268	1268	0	0	0	0
增长(%)	17.37	17.37	—	—	—	—
公共财政预算收入	2006203	764189	141699	555796	275182	269337
比上年增收	-556924	-222974	-36310	-54216	-208676	-34748
增长(%)	-21.73	-22.59	-20.40	-8.89	-43.13	-11.43

（市税务局　张　旭）

【依法治税】　2022 年，镇江市税务系统推行法制审核工作，开展公平竞争审查和税费政策确定性工作，加强税收规范性文件制定管理。规范办理税务案件，全年审结重大税务案件 8 件，办结行政复议案件 8 件，办理行政诉讼 3 起。做好行政处罚“首违不罚”监管，全年全市税务系统落实“首违不罚”10135 户次。集中市县优势资源，组建专业监管团队，在全市开展精准监管，当年实现综合监管成效 10.98 亿元。提升风险应对质量，以标准化模板规范风险应对过程，全年实现风险应对总成效 15.66 亿元。推进常态化打击虚开骗税违法犯罪工作，查处各类涉税违法犯罪活动，全年稽查查补入库收入 11728.12 万元。

（市税务局　黄　崧　赵　力）

【减税降费】　2022 年，镇江市新增减税降费 34.51 亿元，办理留抵退税 77.25 亿元，办理出口退税 45 亿元。市财政部门支持制造业中小微企业发展，为全市制造业中小微企业办理税费缓缴 24.3 亿元，促进经

济平稳运行。（市税务局　张　旭）

【营商环境建设】 2022年，镇江市税务系统强化"镇合意·税e行"服务品牌建设。市税务局制定实施税收营商环境10项工作落实机制、30条提升方案、90个具体任务（"139"行动计划），推动建设税收营商环境"最佳体验区"，营商环境和纳税人满意度均有提升。2022年，全国税务系统纳税人满意度调查，扬中市代表镇江市排名列全国第4名、江苏省第1名；强化"12366税费服务热线"建设，在全省率先实现该热线"一号对外"；开展税收营商环境"百日竞赛（2.0版）"，全年营商环境评价纳税指标发票满足度92%，非接触办税率98.3%，纳税人缴费人满意度99.90%；落实组合式税费支持政策；拓展市场主体融资渠道，深化"银税互动"信贷服务，促成中小微企业授信贷款1.48万笔，授信贷款金额133.07亿元。市税务局以综合得分第1名的成绩获市2022年度优化营商环境"甘露奖"。（市税务局　蔡苏蘅）

【征管改革】 2022年，镇江市税务系统深化税收征管改革，系统性形成具有镇江本地改革特色的"1+6"（"1"指《镇江市税务局进一步深化新征管体系建设行动方案》，"6"指涵盖税费服务、税务执法、税务监管、智慧税务、协同共治、组织保障六大改革领域的相关配套制度文件）新征管体系建设制度体系，体制机制改革基本到位。句容市税务局"税小希"工作室被纳入全省税收征管改革创新典型做法之一。全电发票受票服务工作获国家税务总局总经济师饶立新批示。丹徒区局探索试行"去柜台化"改造，推进智慧办税服务厅体验区建设。市税务局大数据风控中心建设完成，"数据产品超市"上线，在集中深度分析、税务监管建模、大数据和风险人才培养等工作方面均有突破。健全完善执法分类分级管理体制，倡导提示提醒、约谈等柔性执法方式，强化税务执法内部监督。健全任务统筹机制，各类任务由牵头部门统筹发布。推进市、县两级税务监管实体化高质量运行，全年完成风险应对任务2532户次，实现风险应对总成效15.6亿元；全年未发生区域性系统性重大税收风险。（市税务局　吴浩伟　周大伟）

金融监管

【概况】 2022年，镇江市完善风险防控体制机制，出台重大金融风险问责办法，成立金融风险化解委员会，压紧、压实各方责任，明确各级处置非法集资牵头部门。市金融监管局与市场监管、城管局等部门建立涉嫌非法集资广告资讯监测查处机制。实施风险企业名录库管控制度，对投融资企业进行分类管理、动态监测。

金融风险监测预警。用好涉众型金融风险防范监测预警联席会议制度，全年组织开展月度研判7次、专题研判1次、季度研判4次，预警多个涉众风险隐患。开展打击养老诈骗专项行动，发现并完成整治相关线索10条。推动丹阳新桥华厦和丹阳吕城同昌农民资金互助社资金清退工作。

重点领域排查整治。市金融监管局与公安部门、属地监管部门对非法私募基金、财富类企业、养老机构等高风险领域开展专项排查和整治，走访摸排117家疑似非法私募基金机构、493家投融资企业、133家养老机构，针对排查发现的问题分类开展风险处置。全年办理涉金融信访件26起，涉及信访人数76人，对群众反映的非法金融等线索进行调查，做好信访接待和答复，解决突出矛盾和问题，依法维护群众合法权益。

风险防范宣传。"守住钱袋子，护好幸福家"主题宣教活动被纳入全市法治惠民实事项目，制作防范非法集资宣传口罩，在微信圈投放原创宣传视频，开展"6·15"防范非法集资集中宣传日活动。处置非法集资成员单位在丹徒生态健康公园、扬中康乐年华颐养院、句容幸福里社区、丹阳市云林学校等地开展现场宣教活动，发放资料5万余份。中秋、重阳等传统节日前夕，制作宣传图片形成线上、线下宣传矩阵，提升社会公众尤其是老年群体防范非法集资风险意识。

（市金融监管局　谈　天）

【银行保险监督与管理】 2022年，镇江银保监分局落实纾困解难政策措施，配合地方政府出台"纾困解难24条"，联合镇江市发改委等部门编制《服务业纾困政策汇编和申请指南》。开展"惠企纾困金融行"宣传活动，通过《京江晚报》发布30余个整版，录制35期短视频，宣传覆盖面超12万人次。推动地方政府建立防范盲目抽贷、压贷、断贷会商机制，督促指导相关银行支持企业合理信贷需求。建立健全全面风险监管体系，常态化推进风险防控"大排查、大处置、大提升"行动。督促银行机构真实反映信贷资产质量，做实贷款分类，综合运用各种手段加大不良贷款处置力度。

宏观经济稳定工作。推动银行机构聚焦省、市重大项目年度投资计划，加大信贷资源倾斜、优化信贷流程，保障项目金融服务需求。会同发改等部门制定《镇江市政银企合作对接实施方案》，开展一系列政银企对接活动，搭建政银企合作平台。截至年末，全市银行机构对220个重大项目全口径融资379.89亿元，比年初增长115.64%；全市银行业制造业贷款余额

1501.66亿元,增长19.26%,高于各项贷款增速5.65个百分点;制造业贷款占各项贷款比重18.92%,提高0.9个百分点,全省排名第4名。

普惠领域信贷投入。加大对全市银行业普惠领域信贷指标的监测通报力度,加强督导推动。对普惠政策落实不力的机构开展监管约谈14家次,对1家机构开展现场检查,督促5家机构制定优化信贷结构整改方案,向3家银行机构纪委下发“监督提示函”。截至年末,全市银行业普惠型小微企业贷款余额964.62亿元,增长25.08%,高于各项贷款增幅12.64个百分点;全市银行业民营企业贷款余额1954.25亿元,增长15.63%。全年银行业普惠型小微企业贷款、民营企业贷款利率分别下降0.36、0.34个百分点。

金融助力地方产业转型升级工作。围绕重点产业链、“专精特新”、“智改数转”(智能化改造和数字化转型)等重点领域,与市工信局联合开展重点产业链融资服务“金链行动”。截至年末,全市该类重点领域贷款余额668.73亿元,增长20.8%,高于各项贷款增幅7.2个百分点。组织开展科技型中小企业首贷扩面专项融资对接行动,走访科技型中小企业3596户次,实现授信219户、11.92亿元,用信率94.06%。联合人行开展“金山绿金”计划,建立市级绿色企业、绿色项目“白名单”,按季开展融资对接,开展绿色金融优秀案例评选活动。辖内绿色金融规模增长,截至年末,银行机构绿色贷款余额834.59亿元,增长50.52%,清洁能源产业贷款余额79.56亿元,增长102.26%。

金融助力乡村振兴。引导金融机构加大涉农领域支持力度,推动辖内农商行“整村授信”覆盖面提升,截至年末,辖内农商行整村授信工作建档39.57万户、授信179.7亿元,授信率提高3.32个百分点。开展金融支持乡村振兴试点示范工作,引导金融资源向句容市天王镇、丹阳市访仙镇、扬中市八桥镇、丹徒区宝堰镇等4个试点乡镇倾斜,打造金融服务乡村振兴“镇江样板”。年内建设银行与丹阳市访仙镇镇政府合作搭建的全省首个自行创建的特色村务平台“访仙生活”上线。截至年末,镇江辖内试点乡镇各项贷款余额83.36亿元,比年初和试点前分别增长37.18%、61.1%;辖内保险机构为试点乡镇提供保险保障金额476.96亿元,增长85.42%。开展富民强村帮促行动,全年助销地方优质绿色农产品696.86万元。

民生需求服务。推动辖内中国人寿、国寿财险、广发银行共同建立全省首个“新市民金融保险服务中心”,通过党建共建形式与餐饮、快递、家政服务、出租车、建筑、4S店、家装和网约车等8家行业协会联合扩大金融保险产品供给,解决新市民在创业、住房、教育、医疗、养老等重点领域的金融服务需求,服务新市民覆盖面30%。

内控合规管理建设。以“内控合规管理建设年”活动为切入点,开展法人机构授信管理、员工失范行为以及中小商业银行不合理业务专项整治行动,督促机构转变经营发展理念,提高内控管理质效。启动“知敬畏 存戒惧 守底线”行政处罚典型案例专题警示教育活动,建立行政处罚案例通报机制,推动机构压实管理责任、夯实合规基础、注重源头治理,引导从业人员自觉履行依法合规经营各项要求,营造“不敢违规、不能违规、不想违规”的合规氛围。

金融消费者权益保护。以金融消费者为中心,建立在线诉调对接机制,完善信访办理流程,推进矛盾纠纷多元化解。制定《银行保险消费投诉事项处理回访暂行办法》,重点针对投诉处理不力的机构、反映的热点问题完成有效回访46件,督促机构落实整改。针对举报多发问题,开展寿险行业“3·15”万人大回访活动,针对受新冠病毒感染疫情影响和政策规定未双录的保单进行“面访”式回访,回访客户2.2万人。银保监分局全年处理举报、投诉1135件。

(银保监分局　赵晓雯)

【金融保障服务】 2022年,镇江市开展法治央行建设,按照统一部署,实施“查处分离”试点,完善综合执法检查数据分析系统,促进综合执法检查跨条线协同化。镇江市金融教育基地揭牌以来,开展各类活动60场,发放宣传资料5万份,受众人数12.55万人。完备市金融系统调解组织机制构架,指导建设金融消费纠纷调解分中心。全年受理金融消费者投诉103件,均妥善处理;通过调解解决金融纠纷26起,比上年增长188.9%。

金融统计创新与研究。开发金融基础数据审核系统,推广至全省人民银行分支机构及法人金融机构使用,提高数据的审核效率与质量。围绕履职热点问题开展调研,多篇文章在省级以上刊物及核心期刊发表。科技赋能作用。深化金融科技创新应用,建成上线“涉农补贴公示系统”,并在20家农村普惠金融服务点推广使用。夯实金融网络安全基础,保障二十大期间金融网络安全万无一失。开展金融标准化建设,制定《镇江市金融服务适老化服务规范》团体标准,推动首批38家银行营业网点开展适老化标准市场化检测认证工作。

现金服务与流通环境。2022年,全市回收残损券48.46亿元,回残率为43.94%,比上年增长7.8个百分点。开展整治拒收现金工作,处理拒收现金投诉19起。在全辖建立起1600余条纵横交错的反假邮路,在偏远农村地区实现反假货币宣传服务“零距离”。

经理国库能力。全年办理各级预算收入529.8万笔、1238.09亿元;办理预算支出72.7万笔、

1625.34 亿元；办理个税汇算清缴退税 25.14 万笔、金额 1.82 亿元；累计办理增值税留抵退税 1.55 万笔、73.64 亿元，其中小微企业退税 1.47 万笔、23.84 亿元；办理退抵欠业务 251 笔、316.66 万元。推进“送国债下乡”，全市乡镇地区销售 9.08 亿元。优化升级“TC 日志监督系统”，制定印发《镇江市商业银行代理国库业务非现场监督管理办法》，推进国库非现场监管体系建设。

以信促融工作。句容市农村信用信息平台建设在全省首创通过信息系统从政府部门获取涉农数据模式，平台在 9 月上线运行，完成数据批量获取、统一存储、批量共享的完整数据链条。截至 12 月末，句容农信平台收集 40 万农户信息，采集非银替代信息有农机具信息 276 条、财政补贴 11.2 万条、农户医疗养老参保信息 8.4 万条、农户表彰处罚信息表 5360 条、低收入农户信息表 6456 条、法院判决数目 8834 条。镇江市企业征信服务平台于 10 月底上线运行。截至 12 月末，平台完成 10 类数据归集，入库企业 100 万户，采集各类信息 1292 万条，包括工商基本信息、董事监事高管信息、股东信息、公积金缴费信息、公积金欠缴费信息、海关失信信息、自来水缴费信息、失信执行人信息。平台采集企业授权书 32000 余份，金融机构通过平台查询信用报告 8000 余次。

（人行镇江支行　王红玲）

【外汇管理与服务】　2022 年，外汇局镇江市中心支局深化外汇领域改革，统筹疫情防控和涉外经济发展，提升全市跨境贸易投资结算便利化水平。推动金融机构“境外贷款”项目落地，助力跨境人民币业务高质量发展。推动《镇江市跨境电商综合金融服务方案》落地生效，与市商务局印发《镇江市跨境电商经营贷项目实施方案》，推出“跨境电商经营贷”创新金融产品，加大金融支持跨境电商行业发展力度，帮助全市跨境电商企业拓宽融资渠道，降低融资成本。落地成功镇江市首笔跨境融资便利化试点业务。推进贸易外汇收支便利化试点业务增量扩面工作，全年新增贸易外汇收支便利化试点银行网点 21 家，新增试点企业 101 家，累计办理贸易便利化试点业务 13545 笔，金额合计 18.8 亿美元，试点企业家数及便利化收支规模分别是上年的 12.2 倍和 4.1 倍。

（人行镇江支行　王红玲）

审　计

【概况】　2022 年，镇江市审计机关完成审计项目 159 个，查出主要问题金额 181.25 亿元，审计处理处罚金额 4.61 亿元，促进整改落实问题金额 16.96 亿元，审计建议被采纳 322 条。1 个项目分获江苏省审计厅优秀审计项目一等奖和审计署优秀审计项目一等奖；2 名参与审计署联合国审计工作的人员获审计署通报表扬；镇江市审计局获评全省审计机关“改革强审”先进单位，4 人获评全省审计机关“五个强审”先进个人，1 人获“江苏审计好人”称号。市审计机关推进专业技术类公务员分类管理，完成全市审计机关专业技术类公务员任职资格首次评定工作。市审计局推进法治政府建设，制定《镇江市审计机关法治宣传教育的第八个五年规划（2021—2025）》，明确审计法治建设的发展目标和重点任务；印发《镇江市审计局 2022 年普法依法治理工作要点》《镇江市审计机关 2022 年法治建设工作要点》。突出重点对象普法，开展行政指导。拓宽宣传载体，开展防范养老诈骗宣教等活动，满足公众多元化的普法需求。

（市审计局　李京凝　李琳莉　田佳羽）

【财政审计】　2022 年，镇江市审计机关制定市本级 2021 年度预算执行和其他财政收支审计工作方案，对县区的预算执行和其他财政收支审计工作进行指导，完成市直和高新区管委会 2021 年度预算执行和决算草案及其他财政收支审计；融合开展市本级政府专项债券管理使用情况审计。配合十四届省委第一轮巡视，主审丹阳、扬中等债务审计项目，相关工作获市委表扬信。跟踪审计整改，注重成果转化，提出有针对性的建议，推动建章立制 41 项。

（市审计局　贾　如）

【乡镇（街道、园区）高配领导干部经济责任审计】　2022 年，镇江市审计机关开展 4 个地方党政主要领导干部经济责任审计，涉及 7 名高配市管领导干部。针对优化营商环境、乡村振兴、债务等重点审计内容统一下发专题操作要点，明确工作重点和审计目标，统筹实施政策跟踪落实、自然资源资产等审计项目，扩大审计成果运用范围。统筹市县（区）审计人力资源，提升审计效率，加强与市纪委协同贯通，向其移送问题线索多个，规范权力运行，促进反腐倡廉；形成有分量的综合报告和审计专报，推动主管部门及被审计单位制度“废改立”6 个，推进各级党委政府重大经济决策部署落地见效，促进当地经济健康发展。

（市审计局　周祥燕）

【投资审计】　2022 年，镇江市审计机关重点关注市级投资和以市级投资为主的建设项目以及其他关系到民生领域的重大公共工程项目，关注项目绩效，做好政策跟踪落实，并依照投资审计转型要求，实施工程预算执行审计，全年实施政府投资审计类项目 5

个，涵盖城市道路、学校、菜市场等多个民生领域方面，审计核减投资额4511.59万元，追缴相关单位漏缴规费22.38万元。注重成果转化，加强审计与相关单位的联动，根据审计结果向市纪委监委报送案件线索4条，撰写审计专报3篇，获市委、市政府主要领导批示，推动被审计单位建章立制。

（市审计局　魏媛媛）

【部门预算审计】 2022年，镇江市审计机关通过运用大数据技术手段，对市直289个部门预算单位进行全覆盖审计调查，重点关注资产管理情况、不动产对外出租情况、银行账户管理情况3个方面专题。综合运用各预算单位的财务数据和"资产云"平台数据，筛选出审计疑点后再对相关单位进行现场核查，对共性问题统一剖析，提出针对性的审计建议。撰写专报《我市行政事业性国有资产管理绩效有待提高》，对审计发现的房产信息账实不符、对外出租程序不合规、闲置房产统筹调剂不到位等问题，逐一剖析深层次的原因，提出线上线下盘点、规范资产出租出借、充分盘活存量资产等建议，获市委、市政府主要领导批示。

（市审计局　郭　岚）

【农村人居环境整治相关政策和资金审计】 2022年，镇江市审计机关开展镇江市农村人居环境整治相关政策和资金审计，重点关注农村改厕、生活垃圾和污水治理、黑臭水体治理、畜禽粪污治理等方面。审计发现存在改厕摸排底数不清、化粪池不能正常使用、河道管护不到位、资金拨付不及时等问题，督促相关部门整改，促进资金拨付5096.13万元；完善体制机制，推动建立润州区农村户厕摸底调查和动态管理机制等7项制度，加强农村人居环境整治，发挥审计监督作用。

（市审计局　王　璐）

【民生审计】 2022年，镇江市审计机关实施养老服务体系建设政策措施落实情况专项调查、住房公积金管理及使用情况专项审计、卫生健康部门领导干部经济责任审计等项目，运用大数据手段，构建分析模型60多个，发现问题150多个，撰写专报、信息45篇，获省、市领导批示18次，形成论文、课题成果10余项，移送案件线索5条，促进政府和相关部门"废改立"制度24份；发现政策措施落实不力、民生服务有效供给不足和服务质量不高等问题，从体制、机制层面分析问题产生的原因，针对性提出切实加强和改进相关工作的意见和建议，并跟踪督促整改，推动民生建设高质量发展。

（市审计局　吴　蕾）

【信息化建设审计】 2022年，镇江市审计机关推进金审三期工程建设，强化应用建设成果；完成审计业务系统从审计专网向政务外网的迁移，完善数字审计信息系统，推进审计高质量发展。市审计局、市委网信办首次开展网络安全专项审计工作，对镇江市15个市直党政机关、39个信息系统进行网络安全专项审计；对镇江市20余家单位的信创工程任务完成、政策落实、资金使用、真替真用等方面进行专项审计督查，以上两项审计工作获市委主要领导批示。

（市审计局　唐正晔）

【企业审计】 2022年，镇江市审计局实施国有企业经济责任审计项目1个，结合镇江市"稳定经济运行、减负在行动"的行动方案，通过预算执行审计、领导干部经济责任审计、专项资金审计等方式，重点关注涉企乱收费、乱摊派现象。审计发现在国企改革三年行动贯彻落实、重大事项决策、国有资产经营管理、财务管理、内部控制、涉企收费等方面存在问题。审计就如何加强资产管理、强化内部控制、加强对下属企业监管指导、健全涉企收费预算管理制度等方面提出审计建议。促进被审计单位规范"三重一大"议事程序和内控制度，加强对外投资评估；提高企业国有资产保值增值能力和资本运作能力。

（市审计局　王　涵）

【审计整改】 2022年，镇江市审计机关按照全市审计整改工作推进会议要求，研究部署审计查出问题整改工作，督促被审计单位对照问题清单，逐条逐项将整改落实到位。按照审计整改按月汇报机制要求，每月根据整改推进情况，实时汇报整改进度。发挥审计监督协同联动作用，形成监督合力，推动问题整改落实。当年市级"同级审"涉及27个项目，查出的420个问题全部达到整改期限，其中，整改问题390个、正在整改问题30个，审计整改率为92.86%。

（市审计局　吴　琼）

【审计业务质量建设】 2022年，镇江市审计机关开展全过程跟踪审理，提前介入重点项目，加大异地项目现场审理力度，有效保证审计质量，防范审计风险。开展审计项目后评估，多层次、全方位评估审计项目实施效果，督促改进完善，持续提升审计质效。调整更新审理咨询专家库，强化审理咨询人才支撑，进一步提高审理复核工作质量和效率。开展审计教学案例研讨和评审活动，评选出10个优秀教学案例，促进审计人员认真贯彻落实研究型审计，加大审计实务经验的总结力度。开展审计"查账能手"评选活动，依据参评人员近三年参评项目发现问题数量、质量及成果转化等情况，评选出10名"查账能手"并进行通报表扬，激发调动审计人员钻研业务的积极性，促进审计工作质量进一步提高。

（市审计局　李　雯）

统　计

【统计改革创新】　2022年，镇江市统计局推进数字经济综合评价工作，建立工作专班，健全专题协调会议制度，出台全市数字经济综合评价办法，提交的综合评价报告获市领导批示，并以政府名义专题推进。探索建立"双碳"统计工作机制，制定分县区能耗大数说明、季度核算模板，指导基层开展月度监测及季度核算工作。创新研发统计方法制度，围绕研发项目进行填报和审核工作，及时跟踪、审核和评估，确保研发基础数据质量。　（市统计局　王玉凤）

【统计监测预警】　2022年，镇江市统计系统围绕稳住经济大盘，建立主要经济指标月度预警监测机制，逐月跟踪监测20余个主要经济指标数据，做好网报期间主要指标的日汇总、日监测，及时掌握全市重点板块、重点行业和重点企业发展情况；推进地区生产总值、劳动工资、能耗等领域核算工作，动态把握核算基础数据及重点指标。围绕高质量发展开展监测评价，结合全市发展实际，制定市对板块、镇（街道）差别化的高质量发展评价指标体系。

（市统计局　王玉凤）

【统计分析研究】　2022年，镇江市统计局将"统计分析研究能力提升"工作纳入"五争五促"（考核争先促位次前移、改革争新促职能拓展、监测争效促质量提升、效能争优促作风转变、基层争强促服务保障）重点任务，有5篇课题研究获奖，其中1篇课题获省社科联优秀论文一等奖，1篇获全省优秀统计分析二等奖，1篇获市社科联应用研究精品工程二等奖，2篇获市社科联应用研究精品工程三等奖。市统计局有20篇次政务信息被省、市级刊物采用，8篇次领导专报、情况汇报获市领导批示，11篇研究分析、工作交流被国家统计局选用，2篇征文、课题在省级评比中获奖。

（市统计局　王玉凤）

【统计监督】　2022年，镇江市统计局加大督察整改力度，对照省统计局督察组反馈意见，制定整改方案和问题清单、任务清单、责任清单，全面完成整改任务。加大质量管控力度，出台《镇江市统计质量管理体系（2022）》，实现质量管理工作全覆盖；组织各级各专业在数据上报期间实时监测、即报即审，全年完成各类数据核实查询近3000条次，提升统计报表完成质量。　（市统计局　王玉凤）

【统计基层基础建设】　2022年，镇江市统计局提请市委、市政府出台《关于进一步加强统计基层基础建设打造现代化高素质统计队伍的实施意见》，市委、市政府主要领导专门就加强统计基层基础工作作出批示，并由市政府牵头召开全市统计基层基础建设工作推进会，进一步强化统计基层建设。树立"数海扬帆党旗红"服务品牌，推进党建与业务工作同步发展；组织开展"强国复兴·课题练兵"课题评比、青年学堂等活动，提升统计干部监测分析能力。全年举办40余场面向各部门，各市（区）、镇（街道）和企业的各类教育培训，打造数字化统计教育培训平台。推进政府购买服务试点工作，探索引进第三方力量参与政府统计的可行性，开展限额以下贸易单位统计购买服务试点，覆盖全市8个板块65家企业；抽取全市5个重点镇（街道）开展工业统计电子台账全覆盖推广试点工作。　（市统计局　王玉凤）

【第五次全国经济普查】　2022年4月，镇江市统计局组建成立第五次全国经济普查筹备领导小组及办公室，统筹做好机构、人员、经费预算、物资保障、工作规划、业务研究、专项试点等各项筹备工作。5月，完成省统计局部署在镇江市京口区的1500家企业的主营业务结构化和行业智能编码试点工作，有关工作做法被推荐至国家统计局网站宣传。8月起，围绕"五经普"筹备相关业务项目，组织各地各专业通过参与试点实践、企业走访调研、邀请专家研讨、组织开展课题研究、广泛征求意见建议等方式开展专项研究探索。　（市统计局　王玉凤）

价格监管

【价格政策落实情况】　2022年，镇江市价格管理部门围绕价格改革，根据上游管道燃气供应企业价格调整情况，按照共同承担、合理疏导的原则，开展管道天然气价格疏导工作，保障市管道燃气价格在全省和苏南的较低水平。稳定产业链、供应链，降低市场主体用水用气等成本，落实国家、省关于清理规范水电气暖行业收费的有关政策要求，市区清理水气行业收费8类，每年可为用户节约100万元。开展水电气热领域涉企收费自查自纠活动，发现5个方面问题，涉及金额254.75万元，其中，完成问题整改的涉及206.02万元。落实"稳经济运行减负在行动"有关优惠政策，根据上级能源、资源领域价格改革部署，强化水、气、交通等政府定价项目价格管理，完善垄断环节成本监审。督促水电气企业落实养老服务、0岁～3岁托育机构有关价格优惠政策。督促水气企业规范执行"欠费不停供”、水资源费及污水处理费减免和缓交等纾企解困政策。市区煤热价格长期与环渤海动力煤价格指数(BSPI)按季度实行联动,2021 年二季度以后,企业购煤价格大涨,但 BSPI 指数未能与企业购煤现货价格同步,热汽企业出现明显亏损。价格管理部门启动程序,重新核定热汽煤热联动基准价格。开展城市供水、天然气供应等行业调研分析工作。扶持政策推进情况。根据新冠病毒感染疫情情况,出台市区公园门票优惠政策,指导市区部分实行政府指导价管理的景区,自 3 月 18 日起至 4 月底,门票价格适当下浮,其中,金山、焦山等公园景区价格为原价格的一半。同时要求各景区对未成年人、老年人、全日制在校学生、现役军人、残疾人、医务人员等特定群体实行门票价格优惠;与退役军人事务管理局等部门联合发文,明确优惠对象范围和证件样式。服务“三农”,落实相关农业用电价格政策,会同市供电公司,落实保险仓储设施、农产品初加工用电执行农业电价政策,降低农产品生产加工成本。（市发改委　姜欣宇）

【价格管理基础工作】 2022 年,镇江市价格管理部门开展镇江市种粮户存售粮、购买农资情况专项调查;开展粳稻、小麦生产成本预测、小麦直报等农产品成本调查项目,市发改委价格处获评 2019—2021 年度全国农产品成本调查先进集体。调查了解镇江市污水处理企业成本费用情况。开展热电厂生产经营和成本情况监审。做好交通线路核价、景区相关价格调整备案、省对市供水价格考核相关工作,督促相关地区城镇污水处理费开征工作;组织市(区)开展近 5 年价格市场化程度测算,房地产价格备案情况调研;参与水价管理办法、供水成本监审办法、配气价格管理办法、景区价格管理办法等文件修订。

（市发改委　姜欣宇）

【房地产价格工作】 2022 年,镇江市价格管理部门以稳地价、稳房价、稳预期为原则,与住建等部门联合出台镇江市进一步促进房地产业良性循环和健康发展的政策文件。按照一城一策、因城施策原则,落实房企预售许可前办理商品房销售价格备案手续。对首次销售的新开发项目,备案均价参照周边同类型、同品质楼盘,会同住建部门协商进行指导。要求房地产开发企业继续执行一次性公开、挂牌价格不得高于备案价格、实际成交均价不得高于备案均价、单套成交价不得高于备案的单套销售价格等政策。截至 12 月底,有 25 家房地产公司开展 47 次备案,总面积 55.82 万平方米。针对部分精装修楼盘群众投诉较多的情况,要求建设单位在申请装修价格备案时,应提供由具备资质的第三方咨询机构出具的装修部分的价格评估报告;全装修住宅销售时应严格执行明码标价制度,销售价格中的毛坯价格和装修价格,应在《商品房买卖合同》中进行明确。（市发改委　姜欣宇）

市场监督管理

【质量发展工作】 2022 年,镇江市市场监管部门增强党委、政府对质量工作的统一领导,由市政府主要领导担任市质量委员会主任。举办市质量大会,表彰“省长质量奖”提名企业(扬中宜禾股份有限公司)等一批先进典型,3 家企业获评 2022 年度市长质量奖,句容市实现镇江市市长质量奖获奖数零的突破。开展质量提升行动,建立质量基础设施和新型电力(新能源)装备产业“一站式”服务平台;建设省航空航天新材料产业计量测试中心,运用检验检测和计量技术支撑“四群八链”产业发展。拓展小微企业质量管理体系认证提升行动范围,确定眼镜、新型电力(新能源)装备、航空航天、船舶海工 4 个行业、162 家企业为质量提升重点行业和企业。组织首批“苏质贷”,7 家企业获融资 2698 万元。巩固发展质量基础设施,强化标准引领作用,制定国家标准、行业标准 42 项,团体标准 12 项;新获批国家级标准 1 项、省级标准化试点 7 项。镇江市智能化工程电气、新型喷射材料、高端阀门、现代农业等特色产业标准化建设、发展和运用能力均有提升。提升低碳计量能力,全省首家建立在线气相色谱仪(天然气型)检定装置,全省首部低碳景区建设标准——《低碳景区评价体系》通过评审,省创新创优项目《重点行业(发电)碳排放计量审查细则》完成编制。（市市场监管局　张婷婷）

【市场主体帮扶】 2022 年,镇江市市场监管部门将“稳经济增长,保市场主体”专项行动与市人大常委会“稳经济大盘”专项评议全面结合,市县协同,开展“问需于企”大走访,走访市场主体 4375 家,解决各类问题 840 个。降本、减负、护企,免收 5 万余件设备强检费 675.2 万元,减免小微企业产品质量委托检测、特种设备检验等费用 270 余万元。开展涉企违规收费专项整治,减轻市场主体不合理负担,责令退还多收企业费用 1602 万元。柔性执法,制定《镇江市市场监管领域轻微违法行为不予处罚和从轻减轻处罚规定》,办理不予处罚和减轻处罚案件 762 件,免罚减罚金额 5084 万元。扬中“某超市不正当有奖销售行为不予处罚案例”在《人民日报》第五版报道。

（市市场监管局　张婷婷）

【营商环境优化】 2022 年,镇江市市场监管部门围绕市场主体准入和退出环节的难点、堵点、痛点等方面，合并登记受理与核准环节，提升行政审批效能；推进住所（经营场所）申报信息在线核验；畅通市场主体退出渠道，为企业提供歇业“停机保号”服务，试点企业注销“一件事”集成服务。全市市场主体连续3年平稳上升，截至2022年年底，镇江市实有各类市场主体57.45万户，比上年增长6.05%。推进信用监管改革，增强信用监管基础能力，企业年报率99.1%，列全省第2名。加强部门联合“双随机”抽查，梳理市本级36个部门、446项抽查事项清单，制定抽查工作指引。全市223个监管部门开展联合抽查，联合抽查户数占比为86.8%。加强公平竞争审查，制定出台《镇江市公平竞争审查抽查工作办法》等制度，推动将公平竞争审查纳入党政机关重大决策程序。市市场监管局连续3年获市优化营商环境“甘露奖”。

（市市场监管局　张婷婷）

【工业产品质量安全监管】 2022年，镇江市市场监管部门强化工业产品质量安全监管，深化产品质量监督抽查工作，完成57类、479批次抽查任务。深化重点领域质量安全治理，检查危险化学品、钢筋、水泥、电线电缆等生产及经营单位近1300家。深化生产许可获证企业监管工作，全方位、全过程监管127家获证企业。深化专项治理行动，加强学校周边儿童玩具等产品质量监督；开展塑料污染治理、“非标电动三四轮车”专项执法。（市市场监管局　张婷婷）

知识产权管理

【概况】 2022年，镇江市知识产权工作以《知识产权强国建设纲要（2021—2035）》《江苏省知识产权强省建设纲要（2021—2035）》等重要文件精神为指引，提升服务水平，助推地方经济高质量发展。组织企业参与国家专利奖申报等工作，在第二十三届中国专利奖评选中，镇江市获1金奖、5优秀奖；注重高价值专利培育载体建设，新增省级“高价值专利培育示范中心”2个、市级“高价值专利培育示范中心”2个。截至年底，万人发明专利拥有量57.73件，列全省第4名。探索建立、完善多部门知识产权协同保护体系，在全省率先成立“知识产权协同保护融合战队”。围绕“四群八链”“专精特新”等重点企业，在全省率先制定《镇江市重点商标保护名录工作指引》，完善多部门协同保护规则。探索建设涉外知识产权保护体系，市市场监管局、商务局、海关等共同发放《海外知识产权风险预警建议书》《知识产权海外维权指南》。建立镇江市开放专利许可制度，成为全省首家实施专利开放许可的城市。推进知识产权质押融资工作，全年完成19.43亿元、114笔知识产权质押融资，为上年金额的2.7倍、笔数的1.8倍。推进知识产权保险工作。4月25日，作为全国首单茶叶类地理标志保险的“金山翠芽”获得地理标志保险赔付6万余元。

（市市场监管局　施　萌）

【知识产权服务】 2022年，镇江市获批国家知识产权强国试点城市。印发《镇江市建设国家知识产权强市试点城市工作方案（2022—2025年）》，推动中国（镇江）知识产权保护中心建设；指导多地围绕国家知识产权试点示范建设，优化知识产权工作体系。在乡镇设立知识产权助理，打通知识产权服务“最后一公里”。设立中国（镇江）商标业务受理窗口，实现商标申请业务和商标质押融资备案业务快捷办理。开展非正常专利申请和恶意商标注册专项整治行动、“蓝天”行动及“双随机 一公开”专项检查，规范知识产权服务行业秩序。实施知识产权人才培育工程，全年开展各类人才线上培训8场，受众5000余人。开展中小学知识产权教育试点工作，在中小学营造创新氛围。（市市场监管局　施　萌）

信用体系建设

【信用体系制度建设】 2022年，镇江市政府建立“优化营商环境+深化放管服改革+社会信用体系建设”三位一体的协调推进机制，统筹推进信用信息共享、信用领域突出问题专项治理、信用奖惩联动实施，市信用办建立市社会信用体系建设联席会议制度，重点推进各行业信用监管组织实施，重点推进信用试点示范工作，重点推进信用改革任务落实。市政府印发《2022年镇江市社会信用体系建设工作要点》，明确责任主体，明确目标任务。将严重失信治理、政府机构失信作为高质量考核扣分项目，将信用考核纳入优化营商环境考核内容。当年，镇江市城市信用监测排名首次进入全国前20名，比上年上升40名。“创新信用修复机制”获评江苏省法治政府示范项目。市社会信用体系建设领导小组办公室印发《2022年镇江市优化诚信营商环境工作方案》《关于建立健全失信政府机构相关人员责任追究机制的通知》等文件，完善制度体系；印发《关于探索建立轻微违法豁免机制推广“承诺即修复”新模式的实施意见》《镇江市加强重点职业人群信用管理的实施意见》《镇江市健全破产重整及和解企业信用修复实施意见》《镇江市旅游饭店信用评价工作的通知》《镇江市重点领域信用监管示范工程实施方案》，重点解决企业和社会关注的信用问题。出台《关于开展镇江市娱乐场所信用评价工作的通知》《关于实施不动产登记领域告知承诺信用管理工作意见》《镇江市网上中介超市信用管理办法（试行）》《镇江市卷烟零售户信用监管实施细则》《2022年镇江市统计信用红名单企业认定实施方案》等文件，推动各行业完善以信用为基础的新型监管机制。同时，市政府在纾困解难政策汇编、负面清单制定、政务大数据管理、专利管理、卫生服务、招投标管理等领域精准监管文件中，嵌入信用工作要求。

（市发改委　朱永新）

【信用信息平台建设】　2022年，镇江市落实国家、省信用信息数据标准规范，统一社会信用代码重错码实现清零。强化信用镇江网站建设，加强等级保护，增加信用承诺、信用修复等服务功能。完成省市一体化系统改造任务，启动"一诺一码"信用承诺闭环管理系统建设，完成地方征信平台建设，与省金融服务平台互联互通。依托智慧城市建立统一的信息归集路径，全年归集信用信息2346.8万条，其中，法人信息201.4万条、自然人信息2145.4万条，增长10%。入库"双公示"信息11.69万条，其中，行政许可信息10.8万条、行政处罚信息0.89万条，信息的入库率、时效性提升至100%。首批17类征信信息全部到位。全年提供信用查询报告4248份，为26个部门提供信用审查报告597份，审查12.46万个市场主体。提供个人信用审查报告119份，审查3808人。办理异议处理27次，平均办结时间2天。出具使用第三方信用报告1373份。

（市发改委　朱永新）

【信用评价应用】　2022年，镇江市开展企业信用管理工程建设，鼓励企业建立现代化管理制度，通过信用档案建设、客户信用评价，差别化营商策略，化解企业经营风险，提高诚信水平。全年全市新增191家贯标企业、18个市级示范企业、2个省级示范企业。全市纳税A级信用企业占比从2021年年初的7.32%增长至11.68%。推进省"信易贷"平台落地服务，完成注册企业40450家，在线提供融资服务341.17亿元。开展信用助融资活动，鼓励29家银行开发10类70种信用贷款产品，全市普惠型企业信用融资占比从2021年的18.9%增长至21.5%，特别是纳税A级信用贷款实现"秒贷"，惠及1.28万户企业，贷款余额126亿元。完成镇江市地方征信平台建设，与省融资服务平台对接，提供不动产接口等服务。以信用平台为支持建设"e办事"审批服务平台，"信易批"支持放管服改革，在企业注册、卫生许可、不动产登记等领域推广容缺受理机制。依托政务服务一张网推进不见面审批改革，多评合一。在住房保障领域建立"信易住"机制，督促99个家庭退出住房，或支付市场化租金；给予志愿服务者增加个人信用分，实现"信用+志愿服务"，提高个人房贷便利度和政策优惠；与"芝麻信用"合作，推广"信易医"，先就诊后挂号付费。对外事服务企业信用评价，简化诚信企业办理程序，实现"信易行"。文化旅游行业开展信用经济全国试点，对从业单位、从业人员信用评价，鼓励采用信用方式扩大经营，根据个人信用分办理酒店入住手续，先退房后结算"信易住"；图书借阅"信易借"；用户根据信用选择旅行社"信易游"，根据信用选择娱乐场所"信易玩"。

（市发改委　朱永新）

【行业信用监管】　2022年，镇江市扩大行业信用监管领域，印发《镇江市重点领域信用监管示范工程实施方案》，组织全市各相关部门在纳税申报、健康卫生、建筑施工、生态保护、交通运输、价格监管、食品生产、药品经营、药械经营、餐饮服务、产品质量、海事、海关、住房保障、节能评估、旅行社、酒店、娱乐场所、烟草零售、外事服务、中介超市等领域建立信用监管体系。推广事前信用承诺机制，在63个领域实施告知承诺制，覆盖率100%。在商事登记、不动产登记、政府采购人管理、财政扶持政策申报、卫生许可等领域容缺受理，以信用承诺替代证明。在政府采购、招标投标、各类资质申报、信用修复中建立申请人依法履约承诺制度。全年信用镇江网站公示承诺信息超过20.4万份。强化事中监管信息记录，各行业根据信用评价实施差别化的监管政策，为诚信企业开设绿色通道，重点加强失信企业检查，并按照统一信用代码要求，将建筑扬尘、票据使用、明码标价、安全设施配置、环保设施检修等纳入信用档案。全面推广"双随机一公开"制度，记录相对人信用信息，并通过市场监管平台实现共享。综合开展行业信用评价，对18类中介机构按一星至五星分类，对300多个重点企业按绿、蓝、黄、红、黑评价，对交通运输、水利、卫生、海事、外事、烟草、家政按ABCD分类；开展ABMCD纳税信用评价，对食品、药品、餐饮、价格按ABC量化分级，对旅行社、酒店、娱乐场所按ABCDE分级；对施工企业信用评分，开展质量AAA级评价，规范认定农民工欠薪黑名单。全市分级分类信用评价领域38个。联动实施信用奖惩政策，建立行业信用奖惩政策。各行业主管部门依据信用评价差别化进行执法检查，在行业政策扶持、评价优先中向诚信主体倾斜。建立联合奖惩政策，依托信用中国对政府采购、招投标申请人信用核查，设立10个信用分，为诚信企业提供保函服务。根据信用审查发放财政专项、稳岗返还、人才引进等政策扶持，对市政府表彰的金山奖在内的所有资质荣誉进行事前信用审查，取消失信主体资格。实施社会性奖惩，依托信用镇江网常态发布诚信红黑名单，鼓励社会公众参与监督，鼓励市场主体根据信用选择诚信客户。

（市发改委　朱永新）

【严重失信治理】 2022年，镇江市出台《镇江市企业信用修复办法》，整合各领域修复政策，简化修复流程，推进“一窗受理、一网通办、一件通用”。市信用管理部门组织15场、1571家企业参加线下培训。全面推进各地、各部门“两书同达”（同步送达行政处罚决定书和信用修复告知书），增加信用修复效率。全年受理申请2903件，通过修复2025件，通过率70%。一般失信占比从2021年年初的2.34%下降至0.81%。出台《镇江市2022年优化诚信营商环境专项行动》，市中级人民法院配套出台《镇江市优化营商环境1+4专项行动方案》和《镇江市失信被执行人信用修复办法》，启动破产重整和解信用修复工作，规范失信认定程序，简化信用修复流程，全面治理信用领域突出问题。开展系统性的网络查控和基层实地调查。2022年，退出失信被执行人1063个；税收违法失信主体168个，新增失信主体控制在200个以下，全市严重失信占比从年初的1.76%下降至0.95%。构建轻微违法失信“企业自主承诺+期满政府代办”信用修复模式，由各有关部门梳理部门行政处罚事项清单，纳入“承诺即修复”事项清单。按照谁产生、谁核查、谁认定、谁修复的原则，制定“承诺即修复”流程。镇江市首先在交通执法领域试点建立40个轻微失信豁免清单、119个即查即改信用修复代办清单，试点成功后在全市推广；水利领域明确89个修复清单，工信、财政、卫生等部门推广实施。市信用办、市中级人民法院联合印发《关于推动涉党政机关、事业单位案件联动治理实施意见》，将政府机构失信管控前移，每季度由市中级人民法院通报政府机构涉案案件，市信用办将涉案信息通报主体所在地区及上级主管部门，要求限期完成结案程序。2022年，全市存在13个政府机构涉案案件，经过督查提醒，全部结案，平均结案时间3个月。（市发改委　朱永新）

消费者权益保护

【消费纠纷调处】 2022年，镇江市市场监督管理部门处理消费者投诉、举报、咨询52846件，比上年增长23.64%；解决消费纠纷18019件，挽回经济损失1332.79万元。转交执法线索8387件，查实并处结6455件；监测并流转专项整治数据线索14072件。流转政府协同平台投诉9件，答复率100%。扩建企业直通站76家，新增ODR（Online Dispute Resolution，在线消费纠纷解决）企业30家，站点总数338家。

（市市场监管局　张婷婷）

【消费环境建设】 2022年，镇江市市场监督管理部门优化消费体验。推进线下实体店无理由退货，新增无理由退货店833家，办理无理由退货31270件。加强农贸市场管理，推进《镇江市农贸市场管理条例》立法，建立农贸市场视频监控系统，评选星级菜市场，构建现代化农贸市场消费环境。强化消费维权执法。开展“你点我检”食品抽检1800批次。严格价费监督检查，“打传规直”（打击传销、规范直销），提升广告监管效能，养老、金融、医美、教育培训等领域广告秩序向好。提升网络监管能力，加大网剑行动力度，开展常态化在线监测。开展助企纾困和“消费助力”系列活动，申报“省级放心消费创建”19家，通过市级初审94家；促进“镇江好礼”产品的厂商、电商合作。开展消费调查9次；审查合同文本165份，整改不公平格式条款53条，移交问题线索14件，立案查处4件。市市场监管局、市卫健委在全省率先出台《3岁以下婴幼儿托育服务合同规范指引》。编制第一期《镇江市消费环境指数报告》。新设消费教育基地3家，开展各类教育宣传活动30余场。

（市市场监管局　张婷婷）

【消费维权法律服务】 2022年，镇江市在全省首创建立“消费者权益保护法律援助中心”，该举措获中国消费者协会认可并作为创新经验全国推广。该援助中心组织调解779件，运用人民调解18件，司法确认1件，支持诉讼并胜诉1件。市市场监督管理部门与司法局共建法律援助工作站，与润州区法院共建诉前调解工作站及“速裁庭”，建立律师坐班轮值等4项制度，完善法律援助、诉前调解、司法确认等工作流程。

（市市场监管局　张婷婷）

综 述

【镇江醋简史】 镇江醋生产历史悠久。早在3000年前的周朝，《周礼》中就有酿制酸味品（时称“醯”，西周设有“醯人”一职，负责用“醯”事项）的记载，1954年6月，镇江大港镇烟墩山出土的宜侯夨簋，其铭文记述周康王册封夨为宜侯，作为当时供贵族享用的酸味品随着宜侯夨而在镇江落地生根。此外，东晋时期镇江句容人道学家葛洪在《抱朴子》中有“苦酒”（醋的别称）的酿造使用之法；梁代陶弘景（隐居在句曲山，即今茅山）《本草经集注》中有“淳酢”（醋的别称）的用法记载；镇江民间甚至有酒圣杜康的儿子黑塔在镇江发明醋的传说。这些均为醋在镇江发展的佐证。

清道光二十年（1840年），朱兆怀创设朱恒顺糟坊，生产百花酒。百花酒因质地优良被采为贡品后，产量大幅度增加。道光三十年（1850年）起，恒顺以酒糟制醋，作坊因此改为朱恒顺糟淋坊。除“恒顺”外，镇江解放前，先后有数十家酱园。各个时期较有名的有恒升、恒大、万源、谈森和、谈万和、万美、森和裕、裕和祥、恒美等。较大的几家酱园也生产香醋。镇江香醋曾先后在巴拿马万国赛会、南洋劝业会获金奖，其色、香、酸、醇、浓特有的风味和优良的品质享誉海内外，不仅远销70多个国家和地区，还成为中国206个驻外使领馆及机构专供产品。

2001年，镇江香醋获国家原产地域产品保护；2004年，镇江市醋业协会成立；2007年，镇江香醋、镇江陈醋注册为地理标志集体商标；2009年，镇江香醋集体商标获中国海关知识产权备案；2013年，镇江香醋获“中国驰名”商标，并在美国、加拿大、日本、韩国、澳大利亚等10余个国家进行商标国际注册，成为中国欧盟首批“10＋10”地理标志产品保护互认产品；2014年，镇江香醋产业被工业和信息化部列为全国22个区域品牌培育试点的重点产业集群；2020年10月，中国轻工业联合会和中轻食品工业管理中心联合授予镇江市“中国醋都·镇江”称号。镇江醋产业曾获国内调味品行业第一个驰名商标、第一家上市公司、第一个集体商标、国家首批非物质文化遗产、第一个国家级企业技术中心、出台全国调味品行业及镇江市工业领域第一部地方性法规《镇江香醋保护条例》6项全国同行业第1名。

（朱炳国）

【国家地理标志产品保护示范区建设】 2021年，根据国家及省、市知识产权部门部署，镇江市以市政府名义申报国家地理标志产品保护示范区建设项目，上报示范区建设方案，提出建设目标、工作任务、序时进度、保障措施等重点工作，对镇江香醋创建国家地理标志产品保护示范区建设做出具体工作部署。2022年10月，镇江香醋正式入选国家知识产权局《2022年国家地理标志产品保护示范区筹建名单》，成为全国筹建的29个国家地理标志产品保护示范区之一。

（朱炳国）

品牌建设

【概况】 镇江市制醋企业有商标600余件，其中，中国驰名商标3件、集体商标3件，省著名商标11件。2018年，“镇江香醋”品牌价值458.92亿元，列全国地理标志产品第2名。2019年，镇江香醋获湖南长沙第二届地理标志产品国际博览会金芒果好地标

TOP榜年度十佳推荐品牌。2022年10月，镇江香醋入选国家知识产权局《2022年国家地理标志产品保护示范区筹建名单》，成为全国筹建的29个国家地理标志产品保护示范区之一（江苏有2个城市获评）。2023年1月，镇江香醋在江苏省知识产权局、新华报业传媒集团主办，扬子晚报承办的“苏地优品——2022我最喜爱的江苏地理标志产品”公益调查活动中，被评为“江苏地理标志产品30强”。截至2022年年底，镇江香醋集体商标在美国、英国、法国、德国、俄罗斯、加拿大、澳大利亚、日本等13个国家和地区进行国际注册。（陶跃骏）

【香醋文化建设】 镇江市以中国醋文化博物馆为载体弘扬传统醋文化，科普传统食醋制造技艺，该博物馆先后被评为2021—2025年第一批全国科普教育基地、江苏省工业旅游示范基地、江苏省非物质文化遗产保护基地、江苏省中小学生科普教育基地等。

非遗创新活动。中国醋文化博物馆向社会科普和传播镇江香醋酿造技艺与文化，收集非遗核心物品，展陈旧执照、商标印章、手稿原件、传统制醋工具、老厂门等；以博物馆醋坊、酒海、酱园为基础，分别建成恒顺“乔贵清大师制醋工作室”“赵和云大师制酒工作室”“周良洪大师制酱工作室”，展示的作品均由传承人亲手打造，“酿造大师”们定期在工作室从香醋风味、质量、工艺等多方面进行教学和讲演，师徒在醋坊内对游客进行展示展演；将VR技术、3D、UI技术运用于非遗作品、非遗制作工艺中，数字化展现非遗精粹。

“文旅+研学”。中国醋文化博物馆在接待游客的同时，创新科普形式，与多所大专院校建立合作机制，成为江苏大学“MPAcc实践基地”、河海大学商学院共建单位。2021年，中国醋文化博物馆接待学生2万余人次；2020年，首次将沉浸式表演引入工业展馆，与上海戏剧学院合作打造沉浸式话剧《坛中酿山河》。打造恒顺“小百花”研学课堂项目以及青少年科普研学游“恒顺非遗小课堂”，截至2022年年底，“恒顺非遗小课堂”以中小学生为核心人群，通过授课、实验、游戏等多种形式加深青少年对非遗的认知，先后吸纳学员2000多人。同时，“小百花”研学课堂走进校园20余次，服务镇江市10多所中小学校的3000多名学生。该博物馆将节庆活动搬到“云”上，在全省13个设区市组织线上、线下同步“打醋、打酱油”民俗科普旅游活动；选择性设置有代表性的科普体验区与打酱油互动区。（陶跃骏）

产业发展

【概况】 截至2022年年底，镇江市有制醋企业30家，年产香醋32.9万吨，比上年增长2.8%；实现销售15.2亿元，增长8.2%；实现利润1.3亿元，下降11.8%；实现税收1.2亿元，下降18.4%；出口9000吨，增长12.5%；创汇1083万美元，下降4.3%。（以上数据为市醋协统计行业数据）（朱炳国）

【江苏恒顺醋业股份有限公司】 江苏恒顺醋业股份有限公司始建于1840年清道光年间。截至2022年年底，该企业下辖20多家子公司，是中国规模最大、经济效益最好、生产现代化水平最高、产品市场覆盖面最广的国有大型食醋生产企业。2001年在上海上市，是国内食醋同行业首家上市公司；同时也是中国调味品协会会长单位、中国调味品协会食醋专业委员会主任单位、中国食醋产业技术创新战略联盟理事长单位。该企业先后获“国家技术创新示范企业”“国家智能制造试点示范企业”“国家级农业产业化重点龙头企业”等称号，并建立有国家级企业技术中心。“恒顺”品牌先后获评“中华老字号”“中国驰名商标”“中国食醋产业领导品牌”等，2022年“恒顺品牌”价值为85.78亿元，列中国食醋品牌第1名。恒顺镇江香醋选用优质糯米为原料，经过制酒、制醅、淋醋三大工艺过程，大小40多道工序酿制而成，具有“酸而不

图20 中国醋文化博物馆非遗展示现场 （陶跃骏 供稿）

涩，香而微甜，色浓味鲜，愈存愈醇”的特色。恒顺产品畅销全国和世界70多个国家及地区，供应中国驻外160多个国家的200多个使（领）馆并落户中国南极长城考察站和北京人民大会堂。恒顺产品曾先后获评巴拿马赛会金奖、南洋劝业会金奖、国货展览会一等奖、法国美食旅游博览会金奖、国家质量金奖、巴黎博览会金奖、“中国名牌”等。

（王建平）

图21　江苏恒顺醋业股份有限公司外景　（王建平　供稿）

【镇江丹和醋业股份有限公司】

镇江丹和醋业股份有限公司于1981年建厂，1985年成为镇江恒顺酱醋厂联营企业之一，1988年该公司注册“丹玉”牌镇江香陈醋商标。2004年，该公司斥资征地80亩（5.3公顷），新建4万多平方米厂房，建成10万吨镇江香陈醋、5万吨料酒、2万吨酿造白醋（采用德国福林斯酿造设备，为镇江地区除恒顺外唯一拥有德国酿造白醋生产线的企业）生产能力，并注册成立镇江丹和醋业有限公司。2017年1月，镇江丹和醋业和全球最大的调味品企业海天味业公司开展合作。2006年，“丹玉牌”镇江香陈醋取得“镇江香陈醋”地理标志产品使用权，同年“丹玉”牌商标被授予“江苏省著名商标”；“丹玉牌”镇江香陈醋曾先后获评原商业部“优质产品奖”、“中国食品博览会金奖”、中国绿色食品发展中心“绿色食品A级产品”。“丹玉”牌镇江香陈醋入驻大润发、欧尚、家乐福、沃尔玛等10家大型超市，产品遍及全国20多个省、市、自治区和港澳台地区，并远销美国、加拿大、德国、法国等8个国家。截至2022年年底，丹和醋业拥有国内最大的传统手工镇江香（陈）醋生产基地，生产、销售、固定资产规模列镇江香醋企业第2名，该企业曾获评“江苏省农业龙头企业”等。

（王建平）

【镇江金山寺食品有限公司】 镇江金山寺食品有限公司原名镇江恒康酱醋有限公司、镇江恒康调味品厂，成立于1998年，是专注酿造高品质食醋的调味品企业。截至2022年，公司占地50余亩（3.3公顷），食醋年产能力5.3万吨。该公司以“科技先导、继承发扬、精益求精”的经营思想，确立“打造高品质健康调味品第一品牌”的企业总方针，坚持“以诚为本、以质取胜、持续改进、顾客满意”的质量方针，不断提高自身质量管理水平。公司主要产品有“金山寺”、“恒康”牌食醋系列（包括镇江香醋、镇江陈醋、镇江香醋年份系列醋、镇江宴会香醋、镇江香醋上品、姜汁香醋、饺子醋等）。公司“金山寺”牌香醋精选江南（镇江地区）优质糯米为主要原料，采用传统的固态分层发酵工艺，历经传统复式糖化酒精发酵、固态分层醋酸发酵、加炒米色淋醋、煎醋及陈酿五大工艺过程、大小40多道工序，并经180天以上的陈酿时间，产品具有镇江香醋“酸而不涩，香而微甜，色浓味鲜，俞存俞醇”的特色。公司获出口食品生产企业备案，是核准使用“镇江香（陈）醋”地理标志产品专用标志和“镇江香（陈）醋”集体商标的镇江香（陈）醋生产企业之一。公司产品畅销全国20多个省，并远销至日本、美国、新加坡、澳大利亚等国家。

（王建平）

【镇江刘恒记食品有限公司】 镇江刘恒记食品公司是一家食醋及相关延伸产品研发、生产及销售的企业，占地80亩（5.3公顷），年产能5万吨。公司坚持糯米蒸饭制酒及固态分层发酵传统工艺，主要产品有镇江香（陈）醋、白醋、米醋、特色醋等系列醋品及黄酒、料酒、糟卤、醋饮、各种酸味调味汁。公司是7度、9度、10度镇江香醋标准首创企业。公司建有江苏省企业研究生工作站，与扬州大学共建食醋开发研究中心，并与江南大学等多个高校签约合作，利用高等院校的技术、人力资源以及成熟的技术成果，推出满足人们日常生活所需的醋类新品。公司通过FDA认证、有机认证、清真认证，具有自有进出口资质。公司是镇江市农业产业化龙头企业，镇江市“规范生产、诚信经营”示范企业、民营高新科技企业，公司“刘恒记”商标获镇江市知名商标。2022年，公司员工朱祥红被市政府授予“镇江市香醋酿造大师”称号。

（王建平）

【镇江市恒升酿造有限公司】 镇江市恒升酿造有限公司（前身可追溯到清嘉庆年间的恒升坊）创建于1800年，曾获清政府巡抚盐漕部院、两浙江南盐运使司颁发“第一号官酱园”牌照，是镇江历史悠久的香醋生产企业之一。镇江市恒升酿造有限公司注册资本6000万元，拥有“恒升”“兰陵府”“访仙桥”“嘉香源”

4 个品牌，获得国家地理标志保护产品及镇江香、陈醋集体商标使用资质。恒升香醋曾获南洋劝业会金奖，“恒升”获江苏省政府、江苏省商务厅“江苏老字号”资质认定，恒升酿造技艺第十代传承人孙剑林获“镇江市香醋酿造大师”称号。2022 年，恒升“香醋酿制技艺”被列入江苏省第四批非物质文化遗产名录。该公司基于“原料不变、工艺不变、品质不变”原则与有关高等院校及科研院所共同研发香醋自动化酿造及智能控制系统，拥有实用新型专利 15 项。公司及产品先后获评江苏省高新技术企业、江苏省科技型中小企业、江苏省优质产品、镇江市知名商标、镇江市“名城福地 镇江好礼”等。 （王建平）

技术创新

【概况】 镇江香醋产业龙头企业——江苏恒顺集团按照《镇江市食醋产业高质量发展规划（2020—2025年）》确定的研究重点和方向，依托国家级企业技术中心、博士后科研工作站和省企业院士工作站科研力量，开展产业基础科学及行业共性关键技术研究，引领镇江香醋产业创新发展。采用分子生态学等技术，建立镇江香醋酿造微生物组学及镇江香醋微生物菌种资源库与生物信息库数据库，截至 2022 年年底，有百余个菌种入库。镇江香醋保健功效解析工作取得进展，采用营养组学和现代药理评价模型，初步构建镇江香醋营养保健功能信息库，解析抗氧化、抗衰老、调节血脂等功能机制，解析主要功能因子组成，初步阐明其在酿造过程中的合成途径。全产业链溯源技术研发成功并进行相关应用，使销售出去的每瓶产品均可溯源；优良菌种选育及酿造关键技术研发取得进展，选育数株优良菌种并进行酿造关键技术研发，提升食醋中功能物质。2023 年 1 月，镇江香醋在江苏省知识产权局、新华报业传媒集团主办，《扬子晚报》承办的“苏地优品——2022 我最喜爱的江苏地理标志产品”公益调查活动中，被评为“最具创新性产品”。 （王建平）

【中国食醋产业创新发展高峰论坛】 2022 年 7 月 21 日，由中国调味品协会指导，中国调味品协会食醋专业委员会主办，江苏恒顺醋业股份有限公司承办的 2022 年中国食醋产业创新发展高峰论坛在镇江市举办。该次论坛旨在全面总结食醋行业的发展状况，聚焦行业焦点问题，分析未来发展趋势，交流相关技术和管理经验，引领行业高质量发展。其间，该论坛举行中国调味品协会食醋专业委员会换届仪式，发布 2021 行业年度分析报告及中国调味品著名品牌企业百强数据，召开食醋产业技术创新战略联盟换届大会。中国调味品协会领导、全国各地食醋产业的企业家和相关专家、学者等 200 余人参会。 （王建平）

恒顺酱醋文化节

【概况】 2022 年 1 月 22 日—24 日，由中国调味品协会、镇江市商业联合会、恒顺集团主办的第 45 届恒顺酱醋文化节暨调味品展销会在镇江市西津湾广场举行。活动以“醋都镇江，恒顺味道”为主题，通过“网上购年货，线上打酱油”＋现场采购的形式，挖掘和发挥镇江美食优势，促进镇江醋产业发展。为期 3 天的展会，线上、线下参与人数突破 400 万人；打出“恒顺百善酱醋”1.9 万桶，比上年增长 62.5%；现场年货成交 153 万元，增长 28.9%；带动恒顺产品全省销售增加 2346 万元。开幕式现场举办“百善酱油、爱心醋”捐赠活动及“我爱醋都”微视频大赛颁奖仪式；“恒顺味道香飘全省”展现全省顾客打酱油的情况；“江苏味道走进醋都”助力江苏名特优产品推广。活动现场请到江苏卫视的孟非、陈鸣、黄澜 3 名主持人，并发布《非诚勿扰》与恒顺联名款新品，为酱醋文化节注入新的

图 22 2022 年 7 月 21 日，中国食醋产业创新发展高峰论坛在镇江市举办 （王建平 供稿）

时尚元素。新华社、"央视频"、"学习强国"学习平台等数十家国家级主流媒体发稿40多篇，江苏公共新闻频道、江苏卫视、荔枝新闻、《新华日报》等省级媒体发稿150余篇；网络转载量15000余次，江苏有线开机画面总曝光量1882万余次。

"江苏味道"集中参展。作为全省率先启动的"一市一展"重点特色展会，在省老字号协会和市商联会的协助下，展销会组委会邀请江苏13市最具代表性的年货走进镇江西津湾广场主会场。镇江市醋业协会组织刘恒记食品、仙妻味业2家醋企参加现场展销，半数以上企业名特优新产品在展会上销售一空。

"体验式"办展。展销会组委会打造"可看、可闻、可品、可销、可互动"的体验式展会，主会场设置醋、酒、酱等景观喷淋装置，提供恒顺红烧肉、酸汤肥牛、油醋汁等系列产品品鉴，并向社会各界发出近千张新品体验券；在分会场布置"打酱油"网红拍摄场景，营造味道嘉年华氛围。活动期间，恒顺复合调味品、百花酒系列产品、味极鲜酱油等销售较好，其中恒顺复合调味包月销售突破800万元。

公益服务。为解决线上"打酱油"给老年消费群体带来的不便，展销会组委会推出"恒大哥、顺大嫂帮您打酱油"爱心服务，通过热线电话预约、恒顺志愿者送货上门方式，帮助镇江市400多名70岁以上老年人打到酱醋。同时，组委会推出"今年酱醋不涨价、您打酱油我送壶(福)"以及"百善酱醋爱心企业认捐"等活动，为镇江市民送出1万只酱醋壶，为镇江12家单位以及600多户困难家庭送出价值10多万元的爱心酱醋。

（王建平）

【"醋都味道香飘全省"系列活动】 2022年，第45届恒顺酱醋文化节暨调味品展销会期间，展销会组委会推出"醋都味道香飘全省"系列活动，通过与江苏广电的战略合作，在全省13个设区市各选择一个特色街区，同步设立分会场。活动期间，设立集文化展示、民俗体验、新品品鉴为一体的网红打卡销售点，吸引10多万名消费者观摩，现场成交1.38万笔，打出恒顺春供酱醋9000多桶，恒顺集团江苏市场当月销售实现26%的增长。

（王建平）

【"打酱油"年俗线上线下联动】 2022年，第45届恒顺酱醋文化节暨调味品展销会期间，镇江市通过"线上下单、网点提货"方式，首次让"打酱油"民俗从线下搬到线上，在减少人员聚集的同时，满足镇江市民传统消费的需求。同时，展销会组委会在主会场设立"恒顺味道""醋都味道"等6个平台进行直播带货；邀请全国90多家老字号和醋都品牌企业参与，提供1100多个产品线上推荐。活动期间，镇江市民下单16400多笔。

（王建平）

图23　2022年1月22日—24日，第45届恒顺酱醋文化节暨调味品展销会——"百花杯"2021网络原创微视频大赛颁奖仪式举行

（王建平　供稿）

参与“一带一路”建设

【概况】 2022 年，镇江市贯彻落实省委、省政府“五大计划”和省“一带一路”工作要点，制定印发《镇江市推进“一带一路”2022 年工作要点》，突出交通体系建设、国际产能合作、拓展丝路贸易以及人文交流合作等内容，促进各部门共同推进、形成合力。

“小而美”民生项目培育。江苏大学第五期赞比亚农业机械化培训项目、江苏农林职业技术学院埃塞俄比亚“神农学院”项目入选省外办“小而美”项目。其中，江苏大学连续 5 年举办农业机械培训项目，为“一带一路”共建国家培训 1400 余名农业装备人才。

重点联系项目推进。定期调度服务省共建“一带一路”重点联系项目，加强与鼎胜新材、沃得农机等 2 家省“一带一路”重点项目库企业的沟通联系，定期了解境外项目的建设达产情况，解决企业关于境外再投资的相关问题，协助企业分析研判相关项目建设形势，提出针对性建议。

境外项目风险防范。健全部门间协作联动机制，启动“一带一路”境外投资风险防范排查，联合市商务局等部门，强化对“走出去”企业的培训，规范企业境外投资行为。推进落实境外安全保障协调机制作用，强化境外安全风险防范。 （市发改委　蔡　希）

【“一带一路”互联互通】 2022 年，镇江市加快构建内畅外联的交通体系，推进南沿江城际铁路（句容段）站、312 国道宁镇段快速化改造工程、扬中港区兴隆作业区联合动力码头 1 号泊位、高桥港区荷花池作业区一期散货码头等一批项目；大路水上机场陆域部分综合楼开始安装工程，水域部分完成验收工作。提升规则标准“软联通”水平，出台《全市标准化工作要点》，指导全市企事业单位主导或参与制定国际标准、国家标准；召开“世界标准日”新闻发布会，为骨干企业培训标准化人才 100 人次。指导江苏亿阀股份公司参与制（修）订国际标准，企业承担的试点项目“超低温阀门战略性新兴产业标准化试点”获评省优秀标准化试点项目。 （市发改委　蔡　希）

【合作交流】 2022 年，镇江市新增境外投资项目 9 个，中方协议投资额 1.46 亿美元，其中往“一带一路”沿线国家地区投资 5 个，中方投资额 3245 万美元，占比 22%。推进绿色丝绸之路建设，在全国率先建成城市碳排放核算与管理云平台，通过数字化与低碳化相互叠加，提升低碳城市建设质量。加快推动绿色低碳国际合作，加强与 WWF（世界自然基金会）、C40 城市气候联盟等相关组织的合作磋商，受邀参与 C40 组织“学生重塑城市大赛”活动。加强国际科技合作交流，江苏大学、江苏科技大学 2 个项目分获 2022 年省“一带一路”创新合作项目立项；全年组织申报科技部 2022 年度科技援外项目 3 项、“战略性科技创新合作”重点专项 2 项，上报 2022 年省国合项目 54 项，获批立项 9 项；丰富“镇舒心”外专服务品牌，支持龙头骨干企业，从国外引进行业内知名专家、技术专家。 （市发改委　蔡　希）

【“一带一路”经贸合作】 2022 年，镇江市进出口贸易总额 156.15 亿美元，其中，与“一带一路”沿线国家贸易出口总额为 45.12 亿美元。引导企业开拓“一带一路”新兴市场，重点支持 36 个贸易促进项目（境外项目 17 个），“一带一路”市场占比 23.5%。举办 RCEP 国际市场分析暨优惠原产地证规则解读宣讲活动，帮助企业用好 RCEP 自贸协定和出口信用保险等政策。推进跨境电商综试区建设，研究制定镇江跨境电商综试区实施方案和相关政策措施，开展5场跨境电商走进产业带活动，近300家企业参与对接，举办跨境电商多平台线上联播培训。（市发改委　蔡　希　市商务局　吴凌云）

【人文交流】 2022年，镇江市挖掘历史文化名城的文化资源，加强国际文化交流。做好“东亚文化之都”创建工作，举办第十六届金山文化艺术节·国际旅游节及“中日韩三国书法联展”“深刻的记忆——镇江市东亚文化碑拓展”等系列东亚文化交流活动，发布“宜游镇江”中日韩手绘地图等文化产品。完善推进“一带一路”友城网络，推进开拓越南、柬埔寨、埃及、德国等国城市的国际友城。举办与日本仓敷市缔结国际友好城市关系25周年纪念活动，深化与日本友城在经济、文化、教育等领域的合作交流。（市发改委　蔡　希）

图24　2022年8月5日，外贸形势宣讲暨RCEP原产地规则及跨境电商实务培训举办　（市商务局　凌　欣　供稿）

【金融服务】 2022年，镇江市商务局联合中国出口信用保险公司搭建外贸出口统保平台政策，缓解企业在开拓“一带一路”市场过程中遇到的“订单风险增高不敢接、企业融资难不能接、新市场机会和买家信息缺乏开拓难”等问题。人行镇江支行推出“跨境电商经营贷”贷款新品种，减免全市跨境电商企业在办理国际结算业务的手续费。1月—10月，全市税务系统办理出口退（免）税57.6亿元。（市发改委　蔡　希）

【宣传推介】 2022年，镇江市开展对外交流活动，承办“Show Jiangsu”外媒采风行动，多家重要境外媒体记者走进镇江，开展国家留学生基金会年度重点外宣项目——“感知中国·地方行”活动；组织开展纪念赛珍珠诞辰130周年大会和2022中国镇江赛珍珠国际学术研讨会。截至年底，“iZhenjiang”账号的Facebook平台粉丝数为26090人，曝光数160.5万次，帖文互动数65802次；Twitter平台曝光数5.1万次。

（市发改委　蔡　希　市委宣传部　潘　云）

使用外资及港澳台资

【概况】 2022年，镇江市实际使用外资及港澳台资5.68亿美元，比上年增长2.93%，总量列全省第13名；占全省比重为1.9%，下降0.5个百分点。协议注册外资及港澳台资4.44亿美元，下降79.2%。新批准设立外资企业67家，下降33.00%。

镇江市实际使用港资4.43亿美元，增长21.04%，占全市比重的78.2%，列全市第1名；实际使用萨摩亚等自由岛地区外资329万美元；实际使用欧洲、美国、日本、韩国等到位资金0.66亿美元，占全市比重的11.6%。中国香港、中国澳门、中国台湾等地区新批项目44个，占全市比重的65.7%；日本、韩国、新加坡等国新批项目6个，占比9.0%；欧洲新批项目7个，占比9.0%。（市商务局　夏　旭）

【制造业使用外资及港澳台资情况】 2022年，镇江市制造业实际使用外资及港澳台资3.07亿美元，比上年下降15.1%，占全市比重为54.1%，下降8.8个百分点。全捷浦国际贸易、鹰普流体、索尔维化学、容泰半导体、诺贝丽斯等多个项目到位外资及港澳台资1000万美元以上，新引进鹰普流体、华润新能源、新视客等一批总投资超3000万美元的制造业项目。

（市商务局　夏　旭）

【服务业使用外资及港澳台资情况】 2022年，镇江市服务业实际使用外资及港澳台资2.6亿美元，比上年增长37.3%，占全市比重为45.8%，占比上升11.4个百分点。其中，增长显著的是科学研究和技术服务、信息传输软件和技术服务，两者使用外资及港澳台资分别为10264万美元和4019万美元，分别增长69.7%和228.3%。批发和零售使用外资及港澳台资

4629万美元，增长65.9%。房地产使用外资及港澳台资3532万美元，增长96.11%。租赁和商务服务使用外资及港澳台资3494万美元，下降28.42%。

（市商务局　夏　旭）

表31　2022年镇江市外商及港澳台商直接投资情况表

单位：万美元、家

地　区	实际利用外资及港澳台资		协议注册外资及港澳台资		新注册企业数	
	当年数	比上年增长（%）	当年数	比上年增长（%）	当年数	比上年增长（%）
全　市	56752	2.9	44428	-79.2	67	-33.0
丹阳市	13729	-17.5	21039	-55.0	18	12.5
句容市	9044	-7.4	14255	-69.2	14	7.7
扬中市	4545	-40.6	1723	-92.3	5	-73.7
丹徒区	1701	-46.7	5566	161.7	6	-14.3
京口区	2887	332.2	7048	-60.6	12	-7.7
润州区	1580	-8.3	1700	-39.0	4	-42.9
镇江新区	19481	39.6	-13030	-118.4	5	-73.7
镇江高新区	3785	145.3	6128	41.7	3	-50.0

（市商务局　夏　旭）

表32　2022年镇江市实到外资及港澳台资1000万美元以上企业情况表

单位：万美元

企业名称	实际投资额	企业名称	实际投资额
江苏金斯瑞蓬勃生物科技有限公司	8600	华润（镇江）新能源有限公司	1517
诺贝丽斯铝业（镇江）有限公司	4500	江苏九天供应链管理有限公司	1500
容泰半导体（江苏）有限公司	3343	安能科技产业园运营管理（江苏）有限公司	1500
索尔维（镇江）化学品有限公司	3125	江苏保信半导体科技有限公司	1339.3
丹阳信茂房地产开发有限公司	2617	句容海嘉建设有限公司	1005.75
江苏联瑞智能设备有限公司	2009.4	江苏彤扬商贸有限公司	1000
江苏天工精密工具有限公司	1991	鹰普流体科技（镇江）有限公司	1000
镇江全捷浦国际贸易有限公司	1580		

（市商务局　夏　旭）

对外及对港澳台贸易

【概况】　2022年，镇江市有进出口实绩企业3139家，比上年新增67家，其中超1000万美元企业有214家。全年进出口总额1038.8亿元，增长24.5%。单月进出口增长，月均增速超过上年平均。全年5个月（5月—9月）单月进出口超90亿元，9月首次突破100亿元，增长50.8%。全年月均进出口86.6亿元，增加17.1亿元。其中，出口月均64.6亿元，增加14.9亿元；进口月均22.0亿元，增加2.2亿元。

（市商务局　凌　欣）

【货物贸易】　2022年镇江市重点市场贸易增长稳定，对“一带一路”国家增速较快。全年镇江市对贸易前三大市场东盟、欧盟、美国进出口分别增长52.4%、35.4%、10.8%，合计进出口514.9亿元，占全市进出口49.6%，合计增长32.5%。其中，出口424.5亿元，占全市出口的54.8%，增长41.7%；进口90.4亿元，占全市进口的34.2%，增长1.8%。对韩国进出口增长15.5%，对日本进出口下降4.4%。对“一带一路”沿线国家进出口增长36.6%，合计进出口371.1亿元，占全市进出口的35.7%。

加工贸易增长较快，一般贸易提升稳定。全年全市一般贸易进出口793.6亿元，占全市进出口的76.4%，下降6.3个百分点，增长14.9%，落后全市进出口增幅9.6个百分点。其中，出口639.1亿元，增长 19.7%;进口 154.4 亿元,下降 1.4%。加工贸易进出口 147.9 亿元,占全市进出口的 14.2%,增长 56.6%,其中,来料加工装配贸易增长 93.2%,进料加工贸易增长 8.3%。保税区进出境仓储或转口货物增长 116.2%。

民营企业增长较快,外资企业提升稳定。全年全市民营企业进出口 538.5 亿元,占全市进出口的 51.8%,增长 25.7%,拉动全市进出口增长 13.2 个百分点,其中,出口增长 30.4%,进口增长 6.2%。外资企业进出口 400.0 亿元,占全市进出口的 38.5%,增长 14.6%,拉动全市进出口增长 6.1 个百分点,其中,出口增长 24.8%,进口下降 2.3%。国有企业进出口 100.3 亿元,占全市进出口的 9.7%,增长 76.3%。

(市商务局　凌　欣)

【外贸发展新业态建设】 2022 年,镇江市复制"跨境电商 + 市采通"模式,引导全市中小微企业应用"市采通"平台实现出口零的突破。镇江市创成"国家级跨境电子商务综合试验区",完成镇江跨境电商网上孵化平台上线运行,组织跨境电商资源走进产业带活动,开展跨境电商产业园(孵化园)、海外仓和跨境电商示范企业梯次培育,创建外贸发展新业态。

(市商务局　凌　欣)

【企业多元化开拓国际市场】 2022 年,镇江市印发《2022 年贸易促进计划》,组织广交会、进博会等重点展会参展,采取线上线下融合、代参展等模式获取订单,对接"江苏优品 · 畅行全球"活动,举办云上展和"镇江产品丝路行"线上对接会,全年组织 10 场线上展会(对接会),合计参展企业超 1000 家次、参展超 2000 人次。开展"屏对屏"洽谈,利用网络展会发展新客户、承接新订单,提高参展实效。

(市商务局　凌　欣)

【企业困难问题协调服务】 2022 年,镇江市商务部门搭建 50 强企业信息监测直报平台,加强外贸运行监测分析,了解企业在手订单和经营动态,做好预警研判和服务。帮助 51 家重点外贸企业办理 145 名外籍来华人员邀请函,助力企业复工复产稳经营。对鱼跃集团、康尚医疗器械有限公司等医疗(防疫)物资出口企业进行一对一在线指导和信息实时跟踪,帮助 8 家企业 14 种商品获批医疗物资白名单,推动呼吸机等医疗产品出口增长。指导南华糖业获批食糖进口配额,实现自营进口食糖零的突破。

常态化运行稳外贸工作专班,开展春风暖企大走访活动,针对企业反映的上百条困难和诉求,"一企一策"提供帮扶方案,化解外贸企业综合成本上涨、国际物流不畅、用工难等方面的困难和问题。推进 58 家外贸企业进入首批物流畅通白名单,实现企业运输方式公转铁、公转水,畅通产业链供应链运转。发放"重点物资运输车辆通行证"和《江苏省公铁水空物流主要通道清单》,协调打通江苏科创、巨宝精密、兆鋆新材料、汇鸿冷链、丰鲜季语等外贸企业收发货通道。

(市商务局　凌　欣)

【分类施策助企发展】 2022 年,镇江市商务部门制定《镇江市外贸培优扶强三年行动方案》和《关于进一步抓好稳外贸订单、保履约工作的通知》,从挖掘进出口潜力、培育外贸综合竞争新优势、夯实外贸发展基础三个方面提出 16 条举措稳外贸。市商务局与镇江海关、市贸促会引导企业利用 RCEP 培育区域市场。建立出口信用保险与出口退税政策衔接机制,破解出口企业收汇不及时无法退税难题。举办银企对接活动,"苏贸贷"为 225 家中小企业发放融资贷款 11.1 亿元,"汇保贷"为 18 家小微企业发放融资贷款超 6000 万元。

(市商务局　凌　欣)

表 33　2022 年镇江市进出口分企业性质情况表

单位:万元

企业性质	进出口			出　口			进　口		
	金　额	比上年增长(%)	占比(%)	金　额	比上年增长(%)	占比(%)	金　额	比上年增长(%)	占比(%)
进出口贸易总值	10388234	24.5	—	7746053	30.0	—	2642181	10.8	—
国有企业	1003092	76.3	9.7	535326	58.6	6.9	467766	102.2	17.7
外商投资企业	3999674	14.6	38.5	2716859	24.8	35.1	1282815	-2.3	48.6
集体企业	11942	7.0	0.1	11942	7.1	0.2	0	-100.0	0.0
私营企业	5333955	26.0	51.3	4442602	30.9	57.4	891352	6.2	33.7
民营企业	5385465	25.7	51.8	4493867	30.4	58.0	891598	6.2	33.7

(市商务局　凌　欣)

表34　2022年镇江市进出口贸易方式情况表

单位:万元

贸易方式	进出口			进　口			出　口		
	累计数	比上年增长(%)	占比(%)	累计数	比上年增长(%)	占比(%)	累计数	比上年增长(%)	占比(%)
进出口贸易总值	10388234	24.5	—	7746053	30.0	—	2642181	10.8	—
一般贸易	7935914	14.9	76.4	6391415	19.7	82.5	1544499	-1.4	58.5
加工贸易	1479337	56.6	14.2	930351	81.3	12.0	548986	27.2	20.8
来料加工装配贸易	1037932	93.2	10.0	599919	166.0	7.7	438013	40.6	16.6
进料加工贸易	441406	8.3	4.2	330433	14.8	4.3	110973	-7.5	4.2
加工贸易进口设备	0	—	0	0	—	0.0	0	—	0
外商投资企业作为投资进口的设备	1864	-91.5	0.0	0	—	0.0	1864	-91.5	0.1
保税仓库进出境货物	2329	-89.2	0.0	1045	2802.2	0.0	1284	-94.1	0.0
保税区进出境仓储或转口货物	954163	116.2	9.2	416402	308.4	5.4	537761	58.5	20.4
出口加工区进口设备物品	501	111.8	0.0	0	—	0.0	501	111.8	0.0
其他贸易统计货物	14125	42.0	0.1	6839	1.2	0.1	7286	128.4	0.3

(市商务局　凌　欣)

表35　2022年镇江市进出口主要国别(地区)情况表

单位:万元

国别(地区)	进出口			出　口			进　口		
	金　额	比上年增长(%)	占比(%)	金　额	比上年增长(%)	占比(%)	金　额	比上年增长(%)	占比(%)
进出口贸易总值	10388234	24.5	—	7746053	30.0	—	2642181	10.8	—
中国香港	63861	-6.5	0.6	63471	-5.1	0.8	390	-72.9	0.0
日本	527224	-4.4	5.1	312035	-4.7	4.0	215189	-4.0	8.1
韩国	575864	15.5	5.5	237377	0.3	3.1	338487	29.3	12.8
中国台湾	600369	-1.9	5.8	181860	-4.2	2.3	418508	-0.9	15.8
东盟组织	2009911	52.4	19.3	1477122	74.8	19.1	532789	12.6	20.2
欧盟组织	1626758	35.4	15.7	1337850	52.5	17.3	288908	-11.0	10.9
美国	1512564	10.8	14.6	1430493	12.3	18.5	82070	-9.6	3.1
南美洲	824505	35.7	7.9	561920	14.5	7.3	262585	124.8	9.9
大洋洲	287271	23.9	2.8	213037	38.1	2.8	74233	-4.3	2.8
"一带一路"沿线国家	3710509	36.6	35.7	3003120	47.0	38.8	707390	4.9	26.8

(市商务局　凌　欣)

【服务贸易】　2022年,镇江承接服务外包执行额36.5亿美元,比上年增长14.5%。其中,离岸外包执行额13.4亿美元,占外包执行额的36.7%。新增服务外包从业企业54家,新增从业人员5533人。截至年底,全市有服务外包企业1171家,从业人员约11.78万人。新增服务外包企业注册资金超过千万元的企业有32家,占全市新增服务外包企业的59.3%。

当年,商务部、国家发改委、财政部等九部委发布最新国家级示范城市的综合评价结果,镇江综合评价结果列全国37个示范城市第29名,列19个东部地区第17名。金斯瑞生物科技的"柔性化定制DNA合成技术服务"案例入选商务部15个"业态创新服务示范案例"之一,麦格纳卫蓝新能源汽车平台架构非独家许可协议入选首批江苏省数字贸易创新案例。镇江市服务外包执行总额和离岸外包执行额均列全省第6名,增幅均列全省第6名。4家省级服务外包示范区通过2021年度综合考评；累计12家企业获批为省级重点服务贸易企业，获批企业数量列全省第5名。

当年，服务外包建设指标纳入市高质量发展考核序列，考核货物和服务贸易总额占全省比重及增速，各市（区）均超额、超序时完成工作目标。全年全市服务外包执行总额36.5亿美元，比上年增长14.5%；其中离岸外包执行额13.4亿美元，增长15%；执行总额增幅超全省均幅3.59%，离岸执行额增幅超全省均幅3.71%；执行总额增幅列全省6个示范城市第1名，离岸执行额增幅列第1名；执行总额和离岸执行额均列全省第6名。全市服务外包产业规模扩大，创历史新高。

省商务厅自2018年起，对全省47家省级服务外包示范区开展综合评价，分为苏南和苏中苏北两个地区实行末位淘汰制。当年，市4家示范区通过省级服务外包示范区考核，连续4年（2018—2021年）通过考核，京口区、镇江国家大学科技园、句容市、镇江高新区创意产业园分别列苏南地区47家示范区第15名、17名、39名、30名。其中，镇江国家大学科技园排名提升1名、镇江高新区创意产业园提升6名。

（市商务局　刘千驰）

表36　2022年镇江市服务外包情况表

单位：万美元

市(区)	服务外包执行额					
	总金额			其中：离岸外包		
	工作目标	当年数	比上年增长(%)	工作目标	当年数	比上年增长(%)
全　市	366880	365154.6	14.5	134290	134315.6	15.0
丹阳市	49460	50257.3	16.9	33290	33330.2	16.2
句容市	40070	40708.0	21.9	10030	9895.7	20.4
扬中市	49350	50837.8	18.5	19840	19999.2	19.0
丹徒区	32200	27202.9	1.4	5590	5690.0	26.2
京口区	68570	69296.9	8.1	38190	38331.5	7.4
润州区	11900	12237.4	23.5	1520	1587.2	44.0
镇江新区	78300	77137.8	13.3	21500	21145.8	14.1
镇江高新区	37030	37476.5	22.5	4330	4335.9	35.4

（市商务局　刘千驰）

境外经济技术合作

【概况】　截至2022年年底，镇江市批准354个境外项目，分布在全球65个国家和地区，中方协议投资23.2亿美元。全年新批及增资境外投资项目15个，与上年持平；镇江方协议投资2.82亿美元，比上年增长201.1%。其中，5家企业在“一带一路”沿线的泰国、新加坡、越南等5个国家投资设立5个项目，镇江方协议投资额1.68亿美元。

主要投资项目有沃得精机（中国）有限公司投资泰国9500万美元，江苏绿能电力科技有限公司投资越南2000万美元。

全市6家企业有对外承包工程经营权（镇江国际公司有劳务合作和工程承包双权）。工程承包市场分布在欧盟、东南亚、南亚、非洲等10多个国家和地区。劳务市场分布在31个国家和地区，有建筑工、缝纫工、计算机工程师、机械工程师、石油勘探工等工种。全年全市新签订对外承包工程合同额6893万美元，增长125.4%；完成营业额2.12亿美元，下降2.6%；新派劳务323人，增长193.6%。

主要工程承包项目有江苏省交通工程集团有限公司在孟加拉国承建大达卡可持续发展项目盖资浦至机场快速公交2标和孟加拉达卡至阿苏利亚高架高速公路项目第二标段2个项目；中国能源建设集团江苏省电力建设第三工程有限公司承建巴基斯坦卡拉奇K2/K3核电项目常规岛土建、安装工程；镇江国际经济技术合作有限公司承建中国驻哥伦比亚大使馆、中国驻埃及开罗大使馆等修缮工程。

（市商务局　谢　芳）

【外经服务工作】　2022年，镇江市对外投资和经济合作联合会引导优势企业，开展信息共享和业务合作，依托江苏省走出去综合服务平台为全市企业“走出去”提供政策咨询、投资分析研究、境外投资考察、国际法律服务、会计税务咨询等全方位配套服务，打造全市外经企业的交流服务平台。

（市商务局　谢　芳）

表 37　2022 年镇江市对外投资与对外及对港澳台经济合作情况表

单位：万美元、人

市(区)	境外投资			
	项目数(个)	比上年增长(%)	镇江方协议投资额	
			累计数	比上年增长(%)
全　市	15	—	28157.6	201.1
丹阳市	4	—	9550	51.5
句容市	1	—	200	-88.9
扬中市	4	100	3615	4611.9
丹徒区	1	-66.7	0	-100
京口区	1	—	4500	2900
润州区	0	-100.0	0	-100.0
镇江新区	4	100	10292.6	—
镇江高新区	0	-100.0	0	-100.0

市(区)	承包工程				外派劳务		
	新签合同额		完成营业额		当年新派人数及期末在外人数		
	累计数(个)	比上年增长(%)	累计数	比上年增长(%)	新派人数	比上年增长(%)	期末在外人数
全　市	6893	125.4	21226	-2.6	323	193.6	2286
丹阳市	0	—	0	—	47	161.1	653
句容市	0	—	0	—	0	—	0
扬中市	0	—	0	—	0	—	0
丹徒区	0	—	2505	-50.3	18	-47.1	60
京口区	0	—	0	—	30	400	85
润州区	6669	118	17092	70.4	220	528.6	1479
镇江新区	224	—	1632	-75	8	60	9
镇江高新区	0	—	0	-100	0	-100	0

（市商务局　谢　芳）

贸易促进

【概况】　2022 年，镇江市贸促会签发原产地证 26315 份，比上年增长 5.4%。其中，一般原产地证 18839 份，涉及出口额 19.71 亿美元；优惠产地证 7476 份，涉及出口额 4.56 亿美元，帮助企业减少关税 2739.1 万美元。办理商事证明书 1467 份、使馆认证 489 份。新注册会员企业 118 家。完成线上展览（线上配对）项目 32 个、线下展览项目 10 个，参展企业 860 家，线下参展面积 213 平方米；举办各类线上线下经贸培训 16 场次，参加人数超过 1000 人次。

“一企一议”机制实行。市贸促会定期走访企业了解外贸经营困难，实行“一企一议”服务机制，帮助解决企业实际困难。上半年由于扬中市、句容市新冠病毒感染疫情，市贸促会分别为 5 家企业出具 9 份不可抗力证明书，涉及合同金额 8000 多万元，帮助企业保住订单、稳住客户。为 3 家企业办理国际商事证明书，涉及金额约 1205.8 万美元，帮助企业成功办理出口退税。为金东纸业（江苏）股份有限公司办理事实性涉外文件认证，帮助企业避免 30 万元的经济损失；为江苏常青树新材料科技股份有限公司出具国际商事证明书，挽回 55 万元的损失；为江苏沃得集团协调解决斯里兰卡国家债务危机而导致货款不能收回等困难；帮助江苏众飞光、鸿晨集团申请境外注册，促进企业加快自主品牌建设。

市场开拓。2022 年，企业面临订单下滑和转移、经营压力加大等困难，市贸促会通过创新组展服务方式，帮助企业“抢订单、扩市场、稳出口”。举办线上对接会，先后举办江苏—东盟医疗器械线上对接会、江苏—沙特光伏电气设备线上对接会等镇江专场活动，通过大数据服务帮助企业对接客户，提升活动效果，扩大产品出口。开展“远程参展”服务，采用“线下实体展示＋线上即时洽谈”的新模式帮助企业开拓国际市场，组织9家工具企业和安防企业以远程参展的方式参加德国科隆国际五金工具展、马来西亚安防等国际展，促进成交额570万美元；组织15家镇江食品产业链企业远程参加沙特国际贸易展暨沙特国际农业及食品加工展，沙特展会现场实体展示镇江调味品及相关产业链产品，镇江企业与56家沙特采购商开展线上洽谈，成交额超过100万美元。组织行业企业抱团开拓市场，先后组织40家医疗器械行业企业、50家眼镜行业企业、35家光伏电器行业企业、30家户外照明行业企业、50家五金工具行业企业、20家体育用品行业企业参加相关专业展览（线上对接会）等活动。巩固欧美等传统市场，同时组织企业参加“江苏优品·畅行全球”线上对接会——镇江眼镜等消费品巴西专场、江苏—中亚照明线上对接会（镇江专场）等专项活动，开拓RCEP、“一带一路”、巴西等新兴国际市场，组织110家企业参加RCEP“三线展览”（线上展览、线上对接、线上贸易），扩大在RCEP市场的出口。

（市贸促会　沈为民）

【跨境电商推进工作】　2022年，镇江市贸促会加强与跨境电商平台、高校电商培训部门合作，推进跨境电商业务，培育镇江外贸新增长点。市贸促会与省贸促会、商务局共同举办“推动镇江跨境电商高质量发展”专题座谈会，邀请敦煌网、美国新蛋集团等跨境电商平台到镇江，就更好推进镇江跨境电商综试区建设进行交流并献计献策。组织5家企业参加“长三角跨境电商交易会”，展会现场安排镇江企业与新蛋集团、敦煌网等跨境电商平台进行合作对接，为镇江企业寻找更多的电商合作平台。举办跨境电商实务培训，组织500人次3次参加线上线下跨境电商实务培训；首次举办跨境电商孵化运营培训，为企业培养跨境电商人才，增强企业开展跨境电商业务的能力。市贸促会与高校开展合作，组织江苏大学海外学院的留学生与江苏康尚医疗、安用座椅等公司进行对接洽谈，利用留学生资源帮助镇江企业开展跨境电商业务。

（市贸促会　沈为民）

【对外联络渠道拓展】　2022年，镇江市贸促会参与举办江苏（镇江）——日韩汽车及零部件产业链供应链合作交流会，邀请日本、韩国70多名客商线上、线下参会，促进镇江汽车及零部件产业链与日韩等国的合作。市贸促会与日本江苏总商会签订合作协议，加强在汽车及零部件产业链供应链领域的合作，促进双方企业在该领域的相互投资和其他形式的合作，为镇江企业在日本其他产业方面开展投资合作提供便利条件。邀请泰国投资促进委员会上海办事处到镇江考察交流，为鼎胜铝业、沃得集团等企业在泰国投资发展搭建合作平台。到上海拜访嘉吉（中国）总部、MIE展览集团、新蛋（上海）公司等境外机构，宣传推介镇江投资环境，邀请客商到镇江投资合作。

（市贸促会　沈为民）

【外资工作专班助企纾困】　2022年，镇江市贸促会成立外资工作专班，深入外资企业调研，并多次召开外资企业座谈会，了解外资企业经营困难和服务诉求，向企业宣传地方政府对企业纾危解困的扶持政策。工作专班帮助解决金东纸业出口信用保险额度不够和出口俄罗斯人民币结算困难的问题；帮助加快推进解决建华科创园（江苏）有限公司码头报批问题。工作专班建立问题清单制度、诉求审核制度、协同推进机制和跟踪反馈机制，对外资企业反映问题形成“问题清单”，明确问题责任人、解决时限等，逐一解决；同时建立外资企业服务诉求协同推进解决工作机制，营造优良外资企业服务环境。

（市贸促会　沈为民）

【外贸经营合规辅导会】　2022年9月1日—2日，镇江市贸促会组织外贸经营合规建设专家团队对镇江企业开展“面对面”“一对一”合规辅导服务，为企业从出口原产地证申办流程、单证控制、内部审计、业务管理等方面排查合规风险，现场解答企业提出的有关反规避调查、FTA自贸协定利用等问题，指导企业通过系统化建立合规管理机制提高FTA等自贸协定使用率，增强开拓国际市场的能力，提升企业出口竞争优势。会后，专家团队根据5家企业的自身情况，分别出具企业国际化经营应用合规风险评估报告，为企业量身定制企业合规建设个性化解决方案。

（市贸促会　沈为民）

【RCEP政策协定指导应用】　2022年，镇江市贸促会依托中国自贸协定（镇江）服务中心，加强对企业利用RCEP等自贸协定政策的利用，提升出口竞争优势。设立RECP镇江服务中心，在市商务局、贸促会微信公众号开设RECP服务专栏，便于企业及时了解掌握和用好RCEP相关政策。常态化链接中国自由贸易区服务网，帮助企业了解RCEP中国与各国（地区）签订的自贸协定各项关税优惠政策和成员国货物通关便利措施。组织开展RCEP线上培训，600多人次参加，开展政策宣讲，指导帮助企业用好RCEP优惠政策，扩大产品出口。　（市贸促会　沈为民）

国家级开发区

【镇江经济技术开发区】 2022年，镇江经济技术开发区（以下简称“镇江经开区”）全年完成地区生产总值826.71亿元，比上年增长3.2%，人均地区生产总值31.15万元。其中，第一产业增加值6.96亿元，增长6.2%；第二产业增加值529.49亿元，增长3.2%；第三产业增加值290.26亿元，增长3.3%。同口径一般公共预算收入55.98亿元，增长1%；实现固定资产投资203.8亿元，增长8.6%；实现工业应税销售1220亿元，增长10.5%；社会消费品零售总额139.34亿元，增长1%；城乡居民人均可支配收入分别增长3.6%、5.7%。

产业建设。强化考核引领，围绕高质量考核指标体系、开发区综合评价重点考核指标及发展实际，科学排定2022年镇江新区重点指标体系及目标任务，制定镇（街道）、园区绩效考核办法，突出风险防范、经济发展、乡村振兴、安全环保、社会治理“五争一创”核心指标。完善招商考核，坚持质量与数量并重，优化产业发展结构，助力打好项目招引攻坚战。放大产业集聚效应，招引落户科技类、孵化类项目55个。新增入库市级及以上重点技术创新导向计划20个；认定国家科技型中小企业377家，入库培育高新技术企业（以下简称“高企”）37家、认定国家高企98家；新建省级工程技术研究中心2家、市级工程技术研究中心28家。推进“双碳”和能耗“双控”工作，制定出台年度工作要点，建立“部门+专家”会商机制，提高项目节能评审效率，强化能耗指标保障。创新电力接入政企共担机制，制定《镇江新区电力接入工程政企共担实施办法》，爱宠族（江苏）科技有限公司电力接入土建工程建设项目成为全市首个核准立项的电力政企共担项目。推进绿色标杆引领，全年创成市级以上绿色工厂8家，累计42家，总量全市第1名。实施节能改造项目，全年实施绿色技改项目36个，其中节能量1万吨以上项目1个。以金融赋能高质量发展，先后举办政银企对接会、金融惠企推进季新区专场、金融惠企沙龙等多场活动。推广“园区保”综合金融服务产品。磁谷科技绿色低碳项目获得全市首笔“苏碳融”绿色贷款，三维输送成为全市首家北交所上市企业，天奈科技入围上证科创板新材料指数。

招商引资。坚持产业强区，招引项目，全区新签约亿元以上项目66个，累计总投资166亿元；新签约10亿元以上项目6个。新签约项目入库列统率54.4%，列统投资37.51亿元，其中符合“四群八链”项目占比62%。实际到位外资当年确认数1.95亿美元。实到外资总量、签约项目数量、入库列统投资等指标均列全市第1名，在全市占比分别超1/3、1/4、1/4。践行投行思维，新导入未来拟上市企业13家，区内国企参与3家企业股权投资。注重成本控制，新签约项目政策平衡年限压降至3.8年，利用存量闲置资源的项目占比超90%。优化项目服务，成立重点产业项目招引推进小组，提前一个月实现4个省重大、26个市重点新建项目开工建设。在全市率先重启境外招商交流活动。

科技创新。坚持“初创企业—科技型中小企业—培育库企业—高新技术企业”的梯度培育机制，挖掘筛选出一批创新基础好、发展潜力优的企业纳入科创企业培育库。全年入库科技型中小企业377家，超额完成年初指标。高企培育入库37家，申报高企130家、认定98家，通过率75.38%，居全市第2名，高企总量244家，净增26家。新认定省“瞪羚企业”（指创业后跨过死亡谷以科技创新或商业模式创新为支撑进入高成长期的中小企业）2家，省民营科技型企业21家。有187家企业入选“千企升级”培育库，新增国家级“专精特新‘小巨人’企业”4家、省级“专精特新”中小企业34家、市级36家、创新型中小企业151家，各级“专精特新‘小巨人’企业”认定数均超前3年总和。响应省市智改数转三年计划，推进210家规模以上工业企业完成智改数转诊断，帮助企业制定数字化转型图谱，推进实施智能化改造项目35个。实施品牌提升行动，2家企业创成省级智能工厂，1家创成新区首家省5G全连接工厂，5家企业创成省级智能车间，创成数全市第1名。新增省级上云企业16家、国家两化融合管理体系贯标认定企业4家，3家企业入选市智能化改造和数字化转型优秀服务商，8家服务商入选市第一批“智改数转”项目建设服务商目录，4家企业获省工业信息安全防护星级企业认定。促进科技金融加速赋能，全年帮助19家企业获得苏科贷近4000万元。落实“十四五”科技人才新政，累计为133家企业发放科技奖补资金1372万元。

（镇江经开区　舒维茜）

【镇江综合保税区】 2022年，镇江综合保税区以提升开放型经济发展水平为目标，强化招商引资，营造良好金融生态。重要经济指标发展向好呈增长态势，实现税务部门税收4214万元；一般公共预算税收收入3598万元，比上年增长24.33%；完成规模以上工业产值13.69亿元，增长3.7%；国有载体出清盘活2万平方米，租金收缴率90%以上；全年进出口额14.89亿美元，增长98.7%，占全市9.5%，进出口总额首次超10亿美元，进出口额在全省20家综保区中进出口总额排名第9名，进出口增速排名第1名。市政府办印发出台《关于促进镇江综合保税区高水平开放高质量发展实施方案》的通知，以全面提升综保区发展绩效评估水平为目标导向，明确以市政府分管领导为班长的镇江市促进综保区发展工作专班，明晰镇江综保区作为全市功能型政策平台的定位，形成市级部门的合力。（市商务局　孔　婷）

【镇江高新技术产业开发区】　2022 年，镇江高新技术产业开发区（以下简称“镇江高新区”）完成地区生产总值 880 亿元，比上年增长 4%。一般公共预算收入 61 亿元，增长 3.4%；实际使用外资 3 亿美元，增长 11%；进出口总额 230 亿元，增长 9.5%；研发投入 41 亿元，增长 24%；高企数 280 家，比上年增加 30 家。截至 2022 年年底，镇江高新区在全国 169 家国家高新区综合评价中位列第 80 位，比实体化运作之前进位 45 位。

产业建设。加快构建现代化产业体系，高新技术产业产值占比 68%，战略性新兴产业销售占比 50%。现代服务业快速发展，科技服务业增长 35%、租赁和商务服务业增长 33%。加快发展先进制造业产业集群，制造业投资占固定资产投资比重提升 10%，制造业税收贡献增长 4%，船舶海工产业链应税销售增长 45% 以上，半导体及通信产业园入驻企业规模以上覆盖率为 60%，产业园全年产值增长 100%。惠龙易通连续 5 年获评“中国独角兽企业”，矽佳测试、海姆霍兹入选江苏省“潜在独角兽”企业，凯德电控入选省“瞪羚企业”，中船动力列入国家第四批“专精特新‘小巨人’”。发展数字经济，推进“智改数转”工作，江科大海装院、黑科院镇江智能制造研究院入选镇江市首批“智改数转”项目建设服务商，数字经济核心产业增加值占地区生产总值比重超过 8%。

招商引资。围绕“1 +4”产业发展定位，对外紧盯欧美、日韩等区域，对内围绕北京、上海、深圳、杭州等重点城市，开展境内外精准招商、上门请商和委托招商，推进全区招商引资工作的高质量发展。哈电储能产业基地、鹰普液压智能制造基地等“10 亿级”项目落地。

科技创新。把科技创新作为引领发展的第一动力，加快推进新型研发机构建设，江苏省船舶与海洋工程设计研究院获批建设，可打造成为全省首家综合性船舶海工产业创新平台。镇江南京邮电大学研究院落地并加快建设。江科大海装院获批国家级中小企业公共服务平台。全年在地新型研发机构全年完成技术服务收入增长 115%。做强科技孵化载体，睿泰数字产业园获批国家级科技企业孵化器，国家高创中心全年实现在孵企业数量增长 30%，在孵企业应税销售增长 100%。南师大镇江创新发展研究院创成省级中小企业公共服务平台。企业创新积分制工作启动，镇江高新区获批 2022 年度江苏省知识产权建设示范园区。深化“一站式综合服务超市”、技术“诊疗所”、金融“输血站”三大服务平台建设，举办技术研讨沙龙、新型研发机构科技成果路演对接会、专家云服务、产业链对接等活动，在地新型研发机构与联想集团、优衣库、柳工、丹佛斯等国内外知名企业开展深度合作。哈工大研究院“工程机械履带的高强度轻量化关键技术研发与产线设计改造”项目获省“揭榜挂帅”产学研科技合作项目立项。（镇江高新区　张　亮）

省级经济开发区

【江苏丹阳经济开发区】　2022 年，江苏丹阳经济开发区（以下简称“丹阳经开区”）完成地区生产总值 391.9 亿元，比上年增长 6%；规模以上工业总产值 428.9 亿元，增长 3.6%；规模以上固定资产投资 69.2 亿元，增长 13.8%；制造业投资 45 亿元，增长 20.4%；实际使用外资 1.02 亿美元。

产业建设。丹阳经开区进一步实施“产业强市”一号战略，统筹疫情防控和经济发展，经济发展总体上实现“质”“速”顶压双提升。项目建设稳步推进，推动重点项目建设，推动产业层次提升和新旧动能转换。全年有市级以上重点产业类项目 60 个，其中：省级以上项目 3 个，镇江市以上项目 20 个；10 亿元以上项目 10 个，占比 16.7%；新建项目 31 个，年度计划投资 80.1 亿元。全年新建项目开工 30 个，开工率 96.7%，完成投资 62.64 亿元。全年项目推进实行包办制，做好项目全流程的协调和服务工作。载体建设成效显著。开发区创成国家安全应急产业示范基地（综合类）、江苏省智慧园区和江苏省知识产权建设示范（园区）品牌；科创园获评 B 类省级孵化器。服务保障到点到位。开发区发挥“园区保”的作用，放贷 13 家企业，放贷金额 1.22 亿元，细化企业资本运营管理服务，健康运营产业基金，加大对实体经济的金融服务力度；组织企业参加北交所上市政策宣介会议，强化企业上市辅导培训，加快企业上市步伐，储备拟上市企业 6 家；建立健全常态化走访服务机制。靠前协调解决企业用电、用工、融资等个性化、差异化、具体化问题推进企业满工满产。

招商引资。创新招商体制机制。组织开展三大新兴产业专题培训，提高招商队伍专业化能力，全面实施以岗定薪、绩效考核，重点考评大项目招引数量、质量、实际到账外资、制造业投资及闲置资源盘活，更加科学评价招商人员的工作实绩。突出产业链招商。重点围绕大健康、装备制造、新材料三大新兴产业和数字经济、5G 技术的一批未来产业，研究产业规划和发展导向，调动龙头企业如国药、鱼跃、仅一等的积极性，着重引进带动力强、辐射面大、能带动整个产业链及各类资源要素高度集聚的项目，锁定“富大强”企业、大型央企国企，紧盯“世界500强”“中国500强”“民营企业500强”等大型企业和上市公司。活用各类资源。借助平台发力，参加省市联动的重大招商活动，开展与乡贤、投资机构、外资银行的各类对接，提高招商成功率；灵活运用股权投资基金，利用丹阳市和开发区成立的股权投资基金的客户资源、决策权及话语权，让已投项目在扩产或者区域布点时优先考虑丹阳；协助引入国内外投资机构及企业进行股权合作，推进“零地招商”。全年完成招引落地项目11个，项目总投资95.78亿元，产业涉及新材料、精密制造、大健康、核心部件等，其中省级重点产业类项目1个，为总投资70亿元的恒美偏光片项目。

科技创新。丹阳经开区深入实施创新驱动战略，深化“政产学研”合作，集聚各类创新创业人才。聚焦“双招双引”。推荐申报丹阳市科技项目21个，申报“312人才”22家、“169工程”人才12人、“金山英才”6人、“丹凤朝阳”8人，人数全市领先。专利授权1259件，发明专利授权136件。坚持人才导向。开展“海归计划”以及其他各种人才引进项目。鱼跃集团引进镇江“金山英才”顶尖人才团队——北理工冯霄教授团队。推动产业升级。推动各类产业转型升级，特别是在新一代信息技术、人工智能、生物医药等领域，鼓励企业开展前沿技术研究和应用创新，并通过加强“产学研”合作，推动技术创新与市场需求紧密结合。在提升大健康产业整体实力的同时，激活全区新材料、智能制造等配套产业生命力。聚焦平台支撑。建立健全园区建设综合协调机制，推动园区集中集聚集约发展，重点建设航空航天产业园、生命科学产业园、精密制造产业园，推动有条件的园区申报省级以上孵化器，提升园区吸引力；整合碳纤维及其复合材料重点实验室、国家级眼镜检测中心、院士工作站、国家级专家工作站等平台资源，释放“叠加效应”；推动明月光学院士工作站、上海交大技术转移中心及金属基复合材料国家重点实验室落地，提升研发平台层次。聚焦精细服务。组织天润光学、壹家园科技、琦玉等企业申报市级智能车间，肯帝亚、同力、华昌等企业申报省级企业技术中心；完成两化融合体系贯标试点企业申报，组织开展2021年度首批省星级上云企业认定；开展镇江市级“专精特新科技‘小巨人’”申报，以及企业投融资需求调查；完成2021年度江苏省工业设计中心（示范园区）认定及复合工作（大亚车轮、明月股份为认定，仅一公司、鱼跃医疗为复核）；完成国药项目省级现代服务业发展专项资金申报，推动形成创业、创新、创投跟进的科技孵化、成果转化体系。与前沿领域接轨，与多家机构、组织和企业建立合作关系，在信息技术、能源环保、生物医药等领域进行交流。

（丹阳经开区　杨　超）

【江苏省丹阳高新技术产业开发区】　2022年，江苏省丹阳高新技术产业开发区（以下简称“丹阳高新区”）丹阳高新区地区生产总值239.44亿元，比上年增长3.4%；实现一般公共预算税收收入10.14亿元。全年累计招引亿元以上项目11个，培育高新技术企业10家，科技型中小企业90家，园区连续三年获江苏省科技企业孵化器绩效评价优秀（A类）。

产业建设。丹阳高新区对接省科技厅、省生产力促进中心、省高新技术创业服务中心等政府平台和南京高校科研院所，建设飞地孵化器，形成医疗器械和视觉健康、新材料、高端装备制造三大百亿产业集群。主要经济指标稳中有进，制造业投资完成10亿元，实际使用外资2120万美元。12个市级重点产业类项目中开工11个。

招商引资。丹阳高新区重点围绕高端装备制造、电子信息和现代服务业“2+1”主导产业，以商引商、以企引企，加强与行业协会商会、投资咨询机构、基金管理公司等组织合作，提升招商选资精准度，形成产业集聚效应。全年累计招引亿元以上项目11个。

科技创新。丹阳高新区以全面贯彻落实市“十四五”人才政策为总揽，推进“人才强区”“科技兴区”战略，以人才科技支撑赋能全区产业转型升级，打造产才融合发展新高地。新申报高层次人才39人，2人获江苏省“双创人才”，3人获镇江市青年科技人才托举工程资助，2人获评镇江市企业“创新达人”。全区累计拥有1个国家级科技企业孵化器、2个省级众创空间，先后引进5家北航（丹阳）研究院等高端技术服务平台，建立21家省级以上企业研发中心，激光智创园、力合产业园等新兴载体加速崛起。

（丹阳高新区　束旦平）

【江苏省句容经济开发区】　2022年，江苏省句容经济开发区（以下简称“句容经开区”）完成一般公共预算收入9.6亿元，占全市比重36.4%；完成工业应税销售139.46亿元，比上年增长2.07%；完成工业税收4.6亿元，占全市比重46.9%；完成地区生产总值160亿元，增长5.75%；完成固定资产投资50.5亿元；完成制造业投资14.7亿元；完成实际使用外资6311.17万美元，占全市比重69.79%。其中，完成制造业外资5311.17万美元，增长37.28%；拥有规模以上工业企业80家，高新技术企业46家，亿元工业企业33家。

产业建设。句容经开区做好“疫情要防住、经济要稳住、发展要安全”的三件大事，巩固产业强市主战场、县域经济建设和产业发展主阵地的龙头地位。坚持“项目为王”不动摇，聚焦产业强市“一号战略”，抢抓区域一体化、碳达峰碳中和等重大战略机遇，放大宁句城际轨道交通的区位优势，围绕半导体、新能源、新材料、装备制造及数字经济等园区重点产业，锚定“产业链”精准出击，聚焦“多渠道”精准发力，突出“专业化”精准招引，全力打造“2 + N”的重点产业体系。全年全区信息技术行业规模企业实现应税销售45.53亿元；智能电网行业规模企业实现应税销售18.6亿元，增长24.11%；新材料行业规模企业实现应税销售12.0亿元，增长9.29%。

招商引资。句容经开区贯彻落实产业强市“一号战略”，克服疫情、经济下行等外部不利因素，加快推进在手项目签约落地，全力实现疫情防控和经济发展“两手抓”“双胜利”。全年举办两次集中签约活动，签约亿元以上项目40个。5月10日，以“相约福地，激情奔跑”为主题举办2022年句容开发区招商“云推进”活动，28个项目集中签约，涉及新能源汽车及其零部件、新一代信息技术、高端装备制造、新材料、食品等多个产业领域，总投资80亿元。8月29日，举行2022年句容经济开发区第二批项目集中签约暨重大产业项目集中开竣工活动，涉及数字经济、新能源、现代物流供应链、智能制造等12个总投资60亿元的优质项目签约落户；容泰半导体二期、澳博阳、山东章鼓等16个项目开工建设；华梓车业、兆鋆三期等13个项目竣工投产。全年正式签约亿元以上项目30个，提升150%，项目投资额约90亿元，提升66.7%，新签约项目实现50%列统。21个零地招商项目精准盘活存量，10个实现当年签约、当年列统。盘活中翠食品、华德新材料、万珂机械等项目闲置低效用地近500亩(33.33公顷)，盘活闲置厂房3万平方米。巨宝、中容、沃德、利索、万珂、华德、中翠等一批企业完成转型升级新上项目，利用闲置土地厂房推动产业链附加值向“微笑曲线”的两端迈进。园区在省级开发区2022年度土地集约利用评价结果中综合排名提升2位。

科技创新。句容经开区发挥省级开发区示范引领、突破攻坚的作用，形成“小微企业—专精特新小巨人—单项冠军”梯次发展格局。兆鋆新材料、金合能源2家企业创成国家级“专精特新‘小巨人’”企业，实现历史性突破，占句容全市比重100%；创成智达高压、晶度半导体等省级“专精特新”中小企业5家，占句容全市比重42%；创成华昌织物、大华激光等镇江市级“专精特新‘小巨人’企业”6家，占句容全市比重43%。继三超金刚石公司企业技术中心由镇江市级升级为省级后，园区累计建成6家省级企业技术中心，并新增5家镇江市级工程技术研究中心；骏成电子、京华电气创成镇江市级绿色工厂；越升智能通过镇江市级重大首台(套)认定。截至2022年年底，开发区拥有国家级企业博士后科研工作站1家、省级博士后创新实践基地2家、省博士后创新实践基地(区域站)1家；拥有国家级人才9人，省双创人才11个，“博士计划”7人，镇江“金山英才”33人，“福地英才”96人，“科技副总”28个，累计184人；拥有国家级科技企业孵化器2家、省级众创空间5家、省级企业加速器2家、省级企业研究生工作站13家、省级工程技术研究中心17家；认定科技型中小企业有106家。拥有国家高新技术企业46家，省级四星上云企业累计建成2家，省级三星上云企业累计建成14家，“富达创客吧”创成国家级众创空间；创成江苏省特色创新(产业)示范园区(光电子产业园)。

(句容经开区　尉彦君)

【江苏省扬中经济开发区】 2022年，江苏扬中经济开发区(以下简称“扬中经开区”)实现工业应税销售331亿元，比上年增长45.8%；实现公共预算收入6.25亿元，增长31.6%。完成制造业固定投资28.25亿元，占全市30%以上；完成规模以上工业增加值60亿元，增长10%，美科新能源成为扬中首家百亿企业，并入选“赛迪科创独角兽百强”。

产业建设。扬中经开区排定重点项目26个，其中省重点2个，镇江市重点10个。蜂巢DHT扩能、电枢、鑫隆智慧厂房、宝捷电机铁芯、辰龙纺织、悦峰风电、士林智能管母、协丰石英砂8个项目基本竣工；通灵接线盒、星倪氟塑2个项目完成厂房框架结构建设；其他项目均有序建设。

招商引资。扬中经开区围绕“大招商、招大商、招好商”，深化“产业链”招商，全年累计赴北京、上海、深圳等地开展招商30余次，拜访企业及机构20余家，累计接待国能信控、大中矿业、颐高集团等客商近40批次，获得项目信息40余条。全年招引优质项目16个，其中亿元以上项目11个、10亿元以上项目3个，项目总投资额近90亿元；蔚佳达整车项目、威腾储能项目填补镇江市产业链空白。

科技创新。扬中经开区新认定高企18家，总数达到50家。高企培育入库5家，技术合同成交额、产学研费用全市第1名。新增省级以上研发机构2家，镇江市级以上“专精特新‘小巨人’”企业7家，其中美科获评国家“专精特新‘小巨人’”企业。全年申报国家级人才项目9个、“省双创”5个，入选省“333人才”培养工程1人，入选镇江“金山英才”4个，引进国家级人才2人，引育全职博士2人，37家企业完成智改数转诊断。蜂巢动力、美科公司获批省工程技术研究中心，美科获批省研究生工作站。爱士惟公司与河海大学、清华大学等合作的项目获评“江苏省科学技术”一等奖。

(扬中经开区　郭厶源)

【江苏省扬中高新技术产业开发区】 2022年，江苏省扬中高新技术产业开发区(以下简称“扬中高新区”)完成一般公共预算收入7.62亿元。工业申报销售308.4亿元,比上年增长8.3%。实现固定资产投资20.56亿元,制造业投资13.66亿元,分别完成全年任务的106.5%、110%。

产业建设。扬中高新区推进项目建设,实施市级以上重点产业项目24个,实现固定资产投资20.56亿元,制造业投资13.66亿元,分别完成全年任务的106.5%、110%。火蓝电气、云企智造等项目竣工投产,双扬特种精密轴承、中安特种车辆防撞系统等项目基建完成。实体经济逆势上扬,大全集团本土销售突破百亿大关,获江苏制造突出贡献奖优秀企业,入选江苏民营企业100强、中国民营企业制造业500强。全区新增规模以上工业企业29家。大全凯帆开关创成省级智能制造示范工厂。宜禾股份获"江苏省省长质量奖提名奖"。优化营商环境,全年为企业退税减税2.86亿元。深化"铁堡垒"工程,组建"红小二"服务团队,为企业提供帮办代办服务600余次。

招商引资。聚焦智能电气、新能源配套、精密制造三大产业,依托区域龙头企业、龙头项目,加快关联产业招引,带动产业链上下游延伸,推动工程电气产业向智能电气迈进。围绕国家战略和产业政策导向,加大新能源配套产业招引力度,加快形成产业集聚效应。聚焦本土企业、乡贤能人、商会组织三大群体,聚焦北京、上海等一线城市,广州、深圳、佛山等重点区域,常州、苏州、南京等周边地区这"三大区域",及时获取目标企业投资布局意向,并举行全市"双招双引"项目集中签约仪式,全年签约落地优质项目13个。

科技创新。扬中高新区创新实力增强,智能电器科技创业服务中心连续4年获国家级、省级孵化器绩效评价优秀(A类)。培育壮大主导产业,新增"瞪羚企业"2家,入选国家级"专精特新'小巨人'"企业2家,区内建有国家级孵化器1家、众创空间1家,省级孵化器2家、众创空间2家。规模以上工业企业研发投入占比3.7%,高出全市水平。大全集团获省级创新型领军企业。创新创业环境持续优化,通过构建镇科技人才局、村(社区)人才联络员、企业联络员三级服务网络,为区域内的企业做好科技人才服务。对全区100家高企和规模以上企业进行人才需求摸排和政策宣传,征集有效企业技术需求37个、有效人才需求33项。发挥"雁巢HOME"青年人才俱乐部的服务效应,与扬中吾悦广场为人才提供创业商铺免租、人才会员优惠加码、创新创业分享会等一系列活动,并走进大全集团、威腾集团等龙头企业送服务送政策,走访慰问扬中在外人才家属。产学研成效彰显,与上海电力大学探索产教融合培育工作,由企业家直接担任研究生导师的创新模式打通产学研"最后一米",区域内11名企业家获聘上海电力大学研究生导师;与其合作的"能源电力行业特色高校研究生教育产教融合双赢模式的成功实践"项目获上海市高等教育优秀教学成果特等奖。利用西交大国家技术转移中心扬中材料应用研究院、江苏大学产业创新联盟、上海电力大学产教融合创新实践基地等高校平台资源,共开展线上、线下人才对接会10场。指导国家级科技企业孵化器做好绩效评价工作,提升一站式服务中心建设质效。与南京农业大学举办科技人才助力乡村振兴活动,以专家授课和现场产学研交流相结合的方式,培养新型职业农民队伍,推动高效农业高质量发展,推进乡村振兴。 (扬中高新区 朱 慧)

【江苏省丹徒经济开发区】 2022年,江苏省丹徒经济开发区(以下简称"丹徒经开区")完成应税销售收入236.44亿元,其中工业应税销售210.27亿元,比上年增长3.45%;完成规模以上工业产值187.43亿元,增长6.4%;完成社会固定资产投资19.08亿元,其中完成制造业投资9.91亿元;完成公共财政预算收入3.32亿元,税收6.8亿元。

产业建设。丹徒经开区调优调轻产业格局,推动产业转型升级和开发区高质量发展。江苏苏润高碳材股份有限公司、二重(镇江)重型装备有限责任公司、江苏鹤林水泥有限公司、中盐镇江盐化有限公司、镇江李长荣高性能材料有限公司、建华科创园(江苏)有限公司、镇江建科建设科技有限公司、金海宏业(镇江)沥青有限公司、中铸新材工业(江苏)有限公司等骨干规模企业入驻,园区有规模以上企业74家,其中规模以上工业企业48家,园区逐步形成较为完善的绿色建筑、新材料、重型装备制造、港口物流为特色支柱产业,是省级装备制造业特色基地、省级临港物流特色园区。

招商引资。丹徒经开区采取围绕重点产业,以延长产业链条、加强产业集聚为目标,以"走出去"及以商引商等形式开展招商引资工作。重点推进10个省市区重点产业项目,其中总投资1.9亿元的赛维尔二期项目,设备调试结束并试生产;总投资5.06亿元的鹤林水泥智能化水泥粉磨站项目,完成桩基施工;总投资1.2亿元的中熔智能装备项目和总投资1.1亿元的鑫泰绝缘新型绝缘材料生产项目,取得土地摘牌准备施工;总投资50亿元的建华科创园工程建设高性能复合材料项目,大桩车间建成;总投资5.3亿元的船港物流生产资料智能集散中心综合技改工程项目,建成投产;总投资10.9亿元的晋得工程高性能沥青材料及配套仓储项目,完成仓储节能审查;总投资1亿元的智农食品现代农业综合开发项目的2号厂房主体施工结束;总投资1.1亿元先锋植保新型制剂复配自动化生产线及智能化升级改造项目,完成设备采购。

科技创新。丹徒经开区有高新技术企业19家,实现产值76.96亿元，完成销售78.15亿元。完成专利申请量超过800件，每万人发明专利拥有量为35件，全年获发明专利授权16件。中铸新材获省“专精特新”中小企业，先锋植保、赛维尔新材料获市“专精特新”中小企业；利德尔获省级工程技术研究中心认定；中铸新材、华夏制漆等5家企业获市重点研发计划立项；万特福建筑、久一智能、水木年华3家企业获市工程技术研究中心项目；二重镇江公司、苏润高碳材股份公司、先锋植保获市级企业技术中心认定；金田食品1人获评镇江“金山英才”；赛维尔获市级绿色工厂认定；宏顺热点的2号汽轮机抽改背节能技改项目、建科建设的预制构件产能提升项目、华夏制漆的去产能项目获市级工业和信息化专项资金补助。

（丹徒经开区　侯　飞　何　峰　朱永俊　孟梅花）

【江苏镇江京口经济开发区】　2022年，江苏镇江京口经济开发区（以下简称“京口经开区”）一般公共预算收入完成1.7亿元；产业类投资完成11.1亿元，比上年增长2.9%，高技术产业投资完成4.1亿元，规模以上工业总产值完成182.4亿元，增长9.7%；工业销售预计完成194亿元，增长17%；进出口总额增长33.2%；限上零售业商品销售额增速35.6%；限上餐饮业营业额增速76.3%。

招商引资。京口经开区谋划招商工作，对接项目，开展小分队招商活动40余场次，举办2场项目集中签约活动，新签约项目9个，总投资35.75亿元。总投资25亿元的万马（京口）高端装备智能制造产业基地项目的签约，解决闲置的宏鑫绿洲地块；航空航天中小企业基地二期首批2个项目签约，其中长春夸克普精汽车通风加热部件项目从项目考察到签约历时2个多月。推进万马产业基地和航二厂房内项目的入驻。

项目建设。京口经开区纳入区级重点产业类项目20个，总投资61.79亿元，其中4个项目列为市级重大项目。诺贝丽斯高强度铝合金航空板项目、区域粮食物流智能配送中心竣工投产；总投资30亿元的年产27.5万吨汽车板冷轧铝卷项目能评及环评分别通过省发改委和省生态环境厅的批复，土地摘牌；航空航天中小企业基地二期1～10号厂房主体全部完成；半导体设备零部件制造项目通过区、市评审，环评被市环保局正式受理，土地上市前期各准备工作全部完成；总投资25亿元的万马（京口）高端装备智能制造产业基地项目正式签订投资协议。

科技创新。鼎胜新材获批国家知识产权优势企业、省互联网示范标杆工厂，诺贝丽斯镇江工厂获全球ASI绩效标准认证，中江研究院获批镇江市低碳产业技术研究院专业所（京口区唯一），鼎胜新材、金亿达能各1人入选市“金山英才”创新类领军人才，泊菲莱“光催化二氧化碳转化系统的研发”获2021年“中国好技术”称号，海龙核科、金亿达能、华核装备、瑞恒中显、友穗传感等企业均获科技创新奖项，全年为企业争取上级各类资金近1800万元。

（京口经开区　史安琪）

口岸监管与服务

【概况】　2022年，镇江市水运（河港）口岸包括高资、龙门、谏壁、大港、扬中、高桥、新民洲等7个港区，主要经营矿石、钢材、木材、纸浆、成品纸、水泥、焦炭、元明粉、化工品、油类、沥青、硫黄、化肥、煤炭、肉类等散杂货及集装箱业务，是长江中上游地区大宗物资江海中转效益最佳区段，具有江海直达和海江河转运的区位优势。全年镇江口岸完成货物吞吐量17450.14万吨，比上年下降4.28%，其中，外贸货物累计吞吐量3947.57万吨，下降16.55%；完成集装箱运输量381630标准箱，下降12.46%，其中，外贸箱量151709标准箱，增长11.33%。

协调解决企业难题。2022年春节期间，口岸联检单位及引航、交通、卫健委等多部门协作，解决“幸运天使”外轮因海外新冠病毒疫情导致的引航靠泊难题，保障金东纸业原材料供应，避免企业巨额损失。通过“春风送暖”大走访、调查问卷等形式，了解并梳理开放码头企业面临的困难，先后答复并协调解决外轮压港、原材料供应不畅、疫情防控应对等问题12项。每天收集统计外轮进江计划，并与引航站保持沟通协商，保障镇江口岸的通畅。

推进口岸开放。重点推进镇江港国际集装箱码头有限公司及中储粮镇江直属库有限公司申请进境粮食指定监管场地资质。多次赴企业跟踪推进，市商务部门与镇江海关对企业立项材料进行指导，与属地政府沟通协调，为企业争取属地相关部门的支持，同时做好向市政府、省商务厅的汇报对接工作。

做好“跨境贸易”指标提升工作。市口岸办、镇江海关、市财政局、市交通运输局、市发改委、市市场监督管理局等部门建立联动机制，制定《2022年优化营商环境“跨境贸易”指标提升行动工作方案》。针对《江苏省营商环境评价方案》考核内容，与市相关部门共同成立跨境贸易（口岸收费）工作小组，联合发布《关于进一步规范我市口岸进出口环节收费公示的通知》，对镇江市口岸进出口环节收费公示目录开展动态更新完善。开展为期一个月的联合专项检查，督促相关单位完成口岸收费及作业时限双公示工作，杜绝乱收费现象。　（市商务局　周平平）

【长江航运公安局镇江分局】 2022年，长江航运公安局镇江分局推进长江大保护，服务保障长江经济带高质量发展，维护长江干线水域政治治安稳定。全年接处警1265起，破获刑事案件32起，打击处理125人，其中，逮捕12人、直诉113人，抓获网上逃犯44人；查处行政案件801起，处罚745人，处罚单位43家；处置水域未知名遗体22具，查清来源21具。

强化政治稳定，完成北京冬奥会、中共二十大、进博会等一系列安保维稳行动。围绕重点人群、重点环节、重点关注问题开展矛盾纠纷排查调处，全年收集上报国保信息167篇，化解矛盾纠纷82起。强化长江大保护，推进长江大保护工作，全年破获非法捕捞水产品案20起、非法采矿类案件5起。其中“3·20”非法采矿案入选公安部“百日行动”期间典型案例。强化治安稳定，坚持问题导向、综合施策、打治结合，推进立体化、信息化治安防控体系建设，做好水路疫情防控，维护沿江港口码头安全生产，防范夏季溺水事故。 （长航公安镇江分局 褚 特）

【长江镇江航道处】 2022年，长江镇江航道处服务“大船、大港、大物流”，发挥在深水航道、应急救助、干支联动方面的作用，加强建设“畅安优智美”现代化新航道。镇江处连续2年获评江苏省和镇江市两级“文明单位”。

航道维护。应对“汛期反枯”现象，运用空间数据库开展重点水道演变分析，动态跟踪重点航段水深变化，分类制定重点水道和一般水道保畅方案和应急措施，优化调整航标187座次，开展151次航道探测，完成航道维护疏浚718.8338万立方米。探索使用异常信息报警定级处置辅助工作，强化监控调度过程跟踪和结果复核。应用AIS航标，基本实现基站信号辖区全覆盖，辖区航标失常次数比上年下降65%以上。引入搭载三维激光雷达无人机、无人船等先进设备，对一些设备进行北斗兼容升级，使用北斗RTK无验潮技术开展测量工作。

公共服务。在确保辖区航道畅通安全的基础上，采用优化航标配布、强化水深探测、实施航道疏浚等手段，系统提升辖区航道通过能力，释放深水航道辖区效能，吃水11.8米的大型海轮先后成功靠泊镇江港、常州港；服务江阴港船载货运量4.45亿吨。制定镇江处航道基本公共服务指南和船东意见响应措施清单，健全服务标准，利用“长江航道在线”服务平台开展个性化定制化服务企业36家，推送175座航标信息。先后服务世界最高输电塔跨江工程、镇扬河段三期整治工程、镇江大路水上机场等重大涉水工程。打造“长江中下游疏浚土研发中心 & 内河航道科创基地”，推动疏浚土生态利用可持续发展。全年长江镇江辖区航道疏浚土上岸总量318万立方米，上岸利用率44.2%。参与京杭运河苏北段智慧运河建设、镇江市大运河文化带和长江国家文化公园建设，长江内河航运融合发展。

安全生产。落实安全生产强化年、安全生产大检查和专项整治巩固提升的全年要求，细化完善重点岗位安全生产责任清单22项和辖区7个水道“一水道一策”、4个较大及以上风险作业“一项一策”管控措施。开展《中华人民共和国安全生产法》和国务院“十五条硬措施”专题培训、“安全演练我在行”船舶应急应变演练竞赛评比、网络安全应急演练。

数字应用。应用数字航道，解决润扬大桥桥梁助航标志异形桥柱灯安装难题，实现桥柱灯、桥涵标纳入数字航道监控新突破。建立健全基于数字航道系统智慧仓储体系，初步完成航标智慧仓库管理系统方案。推动预算管理一体化系统运行，规范预算管理流程。探索应用京东慧采网络平台开展耗材采购，提高采购效率。组织开展“绿色低碳转型行动”，推动多功能充放电一体机在航标专用电源上的适配应用，推广应用新材料浮具，推进太平洲捷水道生态综合治理。 （镇江航道处 朱华阳）

【长江引航中心镇江引航站】 2022年，长江引航中心镇江引航站优化引航专班运行，优化助企纾困举措，保障水上物流供应链畅通。全年引领中外籍船舶8894艘次，总吨位2.05亿吨，净吨位1.15亿吨，比上年分别下降22.8%、14.7%、14.5%。提升新冠病毒疫情防控期间引航生产组织效率，畅通防疫、民生物资运输“绿色通道”，对符合夜航条件的船舶全面放开夜航，满足港航企业生产需求。落实优化营商环境举措，为港口重点项目、特色品种经营保驾护航，引领全球最大乙烷运输船靠泊泰州港，将进靠镇江港开普船吃水提升至11.8米，汛期引领大型风电叶片船舶左舷顺流靠泊扬州港。全年引领受限船3578艘次，其中开普船439艘次；夜航引领船舶5398艘次。加强与属地政府部门的沟通，强化信息互通和新冠病毒疫情防控合作，创造良好的安全生产环境和疫情联防联控局面。 （镇江引航站 王霁雯）

【镇江出入境边防检查站】 2022年，镇江出入境边防检查站出动执勤警力17289人次，检查出入境（港）船舶2133艘次、出入境人员28460人次、上下轮人员95290人次；查处违法违规行为10起，查办违法违规案件3起3人次，查实有害政治宣传品2份、视频50余部。

优化边检服务，根据口岸年度开放进程，落实国际货运船舶到港“零等待”作业、离港“零延时”验放等便企措施，优化简化查验手续，开展“我为群众办实事”实践活动。推动助企纾困，结合口岸发展实际，优化简化“外轮换港”“新造船舶查验”手续、高频次出入境员工“入出境查验手续一次办结”等服务措施。推进港口边检勤务改革，设置警务工作室，制定执勤人员工作职责、网格化管理工作规范等系列框架制度，做好信息搜集、政策宣讲、现场调处、警企共管等工作。全年走访码头企业34次，征集意见建议50余条，开展边检政策解读20余次，帮助解决矛盾纠纷6起。试点打造“红绿黄”口岸诚信共管平台，实施以备案管理、风险评估、信誉评定为基础的差异化管理，构建“诚信有激励、失信受惩戒”的诚信管理体系。

推进系统建设，加快信息系统建设进程，配套采购防爆版梯口设备5台，实现口岸危化品码头“梯口”系统应用全覆盖。指导7家码头企业按时推进“视频智能化”系统升级改造工作。结合系统使用实际，实时对接解决光电、雷达“失灵”问题。制定出台勤务工作流程指引，建立“感知＋分析＋预警＋处置”的全流程智能闭环管控体系。根据相关系统实时数据和预警情况建立相关数据模型，对各码头泊位进行风险动态评估，划设“红、黄、绿”三色管控等级，分梯次分层次科学调配警力。配齐配强实战装备，围绕口岸管控需求和智能化、规范化目标，强化科技、装备、制度保障，配齐配足暴恐音视频查缉终端、违禁物品探测仪、文检仪等各类执法执勤装备器材，研究在科技装备支撑条件下的港口口岸立体化管控新模式。推广“警务通”设备入网进程及培训使用，加强进出口岸限定区域人员轨迹筛查、身份背景核查、违法记录查询，服务保障特定条件下的口岸技术管控。（镇江出入境边检　季　伟）

海关监管

【概况】 2022年，镇江海关完成税收入库68.01亿元，比上年增长7.21%；审结报关单4.96万份，增长3.98%。监管货运量3009万吨，下降12.6%；监管货物总值131.97亿美元，增长15.3%；备案加工贸易合同298份，下降21.58%；合同备案金额18.14亿美元，增长27.88%；新增注册企业554家，增长2.59%。签发各类原产地证书2.31万份，签证货值16.28亿美元。

口岸疫情防控。全年检疫入境船舶651艘次12671人次，做好“多病同防”，严防猴痘、疟疾等外来传染病叠加，在入境船舶上截获活鼠3只，是2018年以来南京海关首次截获输入性活鼠。开展高风险非冷链集装箱货物新冠病毒采样2票，规范开展环境采样。提升口岸基础设施水平，推动21家开放码头全部配备高性能集成式检疫方舱。

正面监管。处置核辐射超标排除涉恐风险放行情事63起、出口涉嫌侵犯知识产权情事3票（涉及侵权货物19.85万件）、逃避出口法定检验5票、1船不合格煤炭退运。完成法定检验商品重量鉴定601批次，检出短重2.3万吨。探索涉检稽查新模式，处置伪报品名进口准入目录冻虾95.7吨、加工企业提前使用进口黄大豆案2起、出口危化品逃漏检案1起。推进核查分类改革、查检改革，完成核查作业83项、追补税3200余万元。

通关效率。深化通关便利模式应用，推进“两步申报”“两段准入”以及汇总征税、总担保等改革，开展“船边直提”“抵港直装”390.68万吨，节省企业装卸堆存等费用超6000万元。对进口煤炭实施快检快放、铁矿“先放后检”，提升查验检测效率。帮助解决新疆烧碱东部出海等企业实际困难，推进中储粮、集装箱公司进境粮食指定监管场地立项评估。

改革创新。开发应用“镇江智慧水运口岸”平台，以科技手段促进外贸保稳提质。推进初筛鉴定室建设，提升形态学初筛鉴定、现场快速检测能力。实验室通过CNAS＋CMA评审，从事检测新技术开发。建立“一点审证、多点发证”签证业务模式，综合签证差错率下降超20%。

（镇江海关　张亚军　高义军）

【检验检疫】 2022年，镇江海关开展外来有害生物监测，加强对沙漠蝗、红火蚁等重要疫情口岸防控检测，提高疫情、疫病检出率，截获有害生物228种16060种次，其中检疫性有害生物21种2179种次。组建食品工作协作组、危化品工作协作组，推进全业务领域一体化改革。加强重点敏感商品检验，检出不合格的进口工业品51批、出口危化品9批、进口化妆品2批、包装27批。（镇江海关　高义军）

【特色产品出口】 2022年，镇江海关在扬中市设立办事点，优化调整原产地签证集中作业中心模式。帮扶句容地区生态农产品出口，推进进出境农产品分级分类管理，丁庄葡萄出口数量翻倍。支持蔬菜花卉种子出口，优先安排检疫查验，近年年均制种20余种，促进500多家农户致富增收。指导企业应对国外技贸壁垒，推动精制亚麻籽油等3个新品种顺利出口。

（镇江海关　高义军）

【海关缉私】 2022年，镇江市海关缉私分局立案侦办刑事案件12起，案值6754万元，涉嫌偷逃税款511.7万元。移送起诉案件6起，抓获犯罪嫌疑人

13人。全年立案调查行政案件106起,其中,一般案件26起,案值2112.19万元,涉税40.53万元;“两简”案件80起,案值609.35万元,涉税4.53万元。全年行政罚没579.1万元,刑事追缴748.6万元。

开展“百日行动”和“国门利剑2022”联合行动,打击重点商品、重点领域走私,立案侦办美瞳镜片走私系列案件2起,总案值约6200万元;打击毒品走私,刑事立案3起,查获麻古9.68千克、精神药品羟基丁酸14.45克;打击枪爆走私,刑事立案1起,查获气枪1支;打击淫秽物品走私,扣押淫秽出版物9060本。（镇江海关　张　倩　沈苗苗）

港口开放

【概况】　2022年,镇江市港口生产运行总体保持平稳。全市港口完成货物吞吐量23338万吨,比上年下降5.38%,其中,进港货物吞吐量13754万吨,下降7%;出港货物吞吐量9584万吨,下降2.94%。全市沿江港口完成货物吞吐量22542万吨,下降4.91%。内港口完成货物吞吐量796万吨,下降16.91%。镇江港完成外贸吞吐量4054万吨,下降17.12%,其中,进港外贸货物吞吐量3446万吨,下降17.95%;出港外贸货物吞吐量608万吨,下降12.27%。镇江港完成集装箱箱运量37.8万标准箱,下降13.1%,其中,外贸箱运量15.1万标准箱,增长11.03%;内贸箱运量为22.7万标准箱,下降24.08%。完成集装箱重量607.3吨,下降7.27%,其中,外贸集装箱重量234.6万吨,增长2.99%。

镇江市进出港货种主要以煤炭、金属矿石、矿建材料、非金属矿石、粮食等为主。2022年,主要货种完成吞吐量有:煤炭吞吐量6969万吨,占全港货物吞吐量的30%,增长1.94%,其中,内贸吞吐量6312万吨,增长1.1%;金属矿石吞吐量6424万吨,占全港货物吞吐量的28%,下降10.37%,其中,内贸吞吐量5023万吨,下降5.02%,铁矿石吞吐量6134万吨,下降8%;矿建材料吞吐量3806万吨,占全港货物吞吐量的16%,增长2.8%,其中,内贸吞吐量3694万吨,增长1.57%;粮食吞吐量938万吨,占全港货物吞吐量的4%,下降6.33%,其中,外贸吞吐量513万吨,下降11.82%;非金属矿石吞吐量729万吨,占全港货物吞吐量的3%,下降17.9%,其中,内贸吞吐量438万吨,下降15.12%;化工原料及制品吞吐量823万吨,占全港货物吞吐量的4%,下降3.72%,其中,内贸吞吐量627万吨,增长0.23%。

港口经济运行分货种看,全港17大货类中,煤炭及制品、矿建材料、水泥、机械设备逆势增长,其中,机械设备增长幅度最大,为183.92%,其次为水泥26.32%,煤炭及制品和矿建材料略有增长。剩余13个货种均一定程度下降,下降幅度超30%的有化肥及农药、农林牧渔业产品4类,下降幅度在10%以内的有钢铁、盐、化工原料及制品4类。全市港口吞吐量和外贸吞吐量在3月、4月出现较大跌幅后,降幅持续呈收窄趋势,集装箱箱量在下半年降幅持续扩大。

（市交通运输局　彭甜恬）

【港口运行管理】　2022年,镇江市加强港口建设管理,强化港口规范经营,推进绿色港口建设,确保港口运营和管理的规范有序。推进《镇江港总体规划》修编工作,《镇江港总体规划》报生态环境部。推进港口码头扬尘销号问题,前期的整改与落实解决涉及7个市(区)的271个环保问题,并经中央环保督察组检查后完成销号。围绕“全面提升船舶水污染物接收转运处置能力”和“推动建立港口码头长效管理机制”两项省挂牌督办项目,开展两项评估,并形成报告。提升船舶水污染物接收转运处置能力,市交通运输管理局与四部门落实《镇江市船舶污染物接收转运处置监管联单制度及联合监管制度》,对接收、转运及处置单位进行日常监管,实现辖区船舶水污染物“船—港—城”“接收—转运—处置”的全过程顺畅衔接和电子联单闭环监管,“船E行”平台船舶污染物的转运率和处置率均超90%。推动建立港口码头长效管理机制,市交通运输管理局联合四部门印发《镇江市港口船舶污染防治长效管理办法》,建立联合长效管理机制,建立施行港口污染防治工作的日常检查和通报制度,局领导带队,局相关处室、市港航中心、市执法支队以及各市(区)交通管理部门联合对全市港口码头开展例行日常巡查检查。全年开展登船污染防治检查2400多次、港口码头船舶污染防治检查600多次。对未持有防污证书,未正常配备、使用防污染设备、器材、存储容器或存储结构物船舶实施处罚79起。

（市交通运输局　仇　诚　祝兴叶）

【绿色港口建设】　2022年,镇江市开展船舶和港口污染突出问题专项整治,实现三个“全覆盖”,一是码头的船舶污染物接收设施全覆盖,实现固定接收和流动接收的“双保险”;二是建设码头岸电194套,实现沿江、沿河全覆盖;三是建设粉尘在线监测系统147套,实现沿江、沿河全覆盖。

（市交通运输局　仇　诚　祝兴叶）

【黄金水道功能优化】　2022年,镇江市港口建设项目投资计划完成7.4亿元。高桥港区2个1万吨级

LNG 加注泊位码头建成并投入运营，2 个 3 万总吨级接收泊位主体结构完工；高桥港区荷花池作业区一期散货码头 3 个 5 万吨级泊位建成；扬中港区联合动力码头 1 号泊位建成；扬中港区华和粮食码头 1 个 7 万吨级粮食专用泊位开工建设。

（市交通运输局　仇　诚　祝兴叶）

【镇江港务集团有限公司】 镇江港务集团有限公司下辖生产性泊位 21 个，其中万吨级以上泊位 12 个（以 7 万吨级泊位为主，最大靠泊能力 15 万吨级减载），码头总长度 3841 米。2022 年，货物吞吐量 10507.3 万吨、自然吨 5087.5 万吨。

镇江港务集团以创建五星港口为目标，推进绿色港口建设，编制《镇江港务集团绿色港口建设总体规划（2022—2025 年）》。推动能源革命，加强节能减排，推进港区高、低压岸电的全覆盖建设及使用。实施生态环境建设，完成堆场硬化、道路硬化黑化工程；新建、扩建雨污水收集池，改造抑尘设备设施等。开工建设 3、4、5 号流程生产作业线，提升产能和环保作业能力。推进库棚化建设，全港库棚化面积累计 16 万平方米。

集团推进智慧港口建设，通过“技术 + 业务”实现港口生产作业、管理模式的变革与重构。在生产、安全、设备、内控、现场管理和清洁生产等方面进行数字化研发，推动基层单位 7 个集控中心建设，自主研发大机健康监测、智慧照明等系统，投入使用无人门禁系统，综合应用散货码头全自动无人化技术，提升港口的智能化水平。（港务集团　黄　珺）

【中石化长江燃料有限公司镇江分公司】 中石化长江燃料有限公司镇江分公司隶属于中石化长江燃料有限公司，是由招商局集团和中国石化销售有限公司共同投资组建的水上成品油销售企业。公司业务以长江干线及其支流，湖泊和沿海的水上成品油及国际船舶保税油销售、运输、储存专业化经营为主，拥有跨区域开展保税油连锁经营的资质，承担地方港口、运输船舶、燃润料供应等多项业务。

2022 年，公司打造镇江高桥水上绿色综合服务区，服务区投入运营，为船民客户提供多样化的综合服务，为长江大保护提供船舶污染物接收服务。公司全年完成经营总量 7.6 万吨，其中内贸销量 2.6 万吨、外贸销量 5 万吨。安全生产稳定，未发生等级以上安全责任事故。（中长燃公司　阙　蕾）

【镇江中联理货有限公司】 2022 年，镇江中联理货有限公司完成理货船舶 73 艘次，件杂货理货量 180.24 万吨。当年再次中标新民洲码头后场收发货业务，完成后场装船量 40.6 万吨，装车量 220 万吨，新增内贸船舶代理业务，完成 357 万吨，服务满意率、制单合格率均为 100%。公司开展油品计量、水尺计量、监装监卸、危险品、煤炭采样取样等检验业务，投资建设的木材智能理货系统投入生产运行。公司推进与多家客户的数据联网工作，实现理货信息网上实时查询，为口岸涉外单位、码头及各代理提供理货服务。（中联理货　万　雨）

【镇江中远海运物流有限公司】 2022 年，镇江中远海运物流有限公司履行央企职责，承担市政府指定骨干物流保供企业和扶持中小微企业发展责任，全年实现营业收入 7.39 亿元，比上年增长 44%，连续 2 年列市服务业营收前 20 强。

公司科学应对新冠病毒感染疫情，服务帮助企业解决因港口缺箱而影响货物进出口的问题，“双接双送”闭环管理车辆 550 余车次，开辟进口粮食饲料国际班列新通道，保通保畅重要民生物资 348.5 万吨。扩大规模解决企业仓储问题，优化“国内仓 + 海外仓”联动的全程国际供应链物流服务产品，助力企业全球化战略发展。

公司落实镇江市和镇江新区决策部署，为镇江综合保税区开放型经济发展贡献力量。建设生态、安全、科技、绿色、低碳的智慧化园区，上线镇江综保区场站关联散货区港联动系统，实现进出园区便捷化和智慧化；升级园区内仓库 WMS 系统，EDI 助力企业降本增效。全年进出口额 10.4 亿美元，连续 2 年增幅超 200% 并在镇江综保区排名第 1 名。承建并运营市跨境电商监管中心，完成首单跨境电商“1210”和“9810”业务；获批大连商品交易所 PPP 期货交割仓库资质，推动打造期货、现货服务平台。

（中远海运　黄英华）

【中国外运长江有限公司镇江分公司】 2022 年，中国外运长江有限公司镇江分公司贯彻“实干为要，创变为先”的工作总基调，应对新冠病毒感染疫情和不利的大环境局势，完成全年目标任务。全年实现营业收入 14140 万元，代理集装箱 7153 标准箱，代理海运大宗散货 312 万吨，各业务板块稳定发展；空运快件部 1 人获镇江市委党建工作领导小组授予的“一线优秀党员先锋”称号，公司党支部连续 6 年被镇江市商务局党委评为“四星级先进党支部”。

（中国外运长江有限公司　汤　蓉）

海事管理

【概况】 2022 年，镇江海事局监管 21.6 万艘次船舶、3.22 亿吨货物安全进出镇江港，辖区港航经济稳定，事故指标低位运行。服务地方发展，推动港航经济高质量发展，镇江海事部门与丹阳市政府、市交通运输局签订战略合作协议，镇江海事局连续8年获镇江市垂管单位“优质服务奖”。支持飞达等3家码头开展3000吨级船舶满载试验，服务孟家港码头投入运营及超400万吨长江航道疏浚土上岸。保障船舶高效审批，实体化运行大港港区港航协调分中心，开辟政务审批绿色通道，监管服务3786艘次5万吨级以上海轮安全进出镇江港。推行容缺办理、并联办理等服务制度，服务保障111艘新造船下水试航，增长29.8%。

（镇江海事局　马守营）

【水上安全治理】　2022年，镇江海事局推进重点专项整治，推进水上突出违法行为治理，推动属地政府在5个非通航水域设置拦缆浮，拆解处置2艘涉海运输船舶。推动建立桥梁及桥区水域三方联管共建长效机制，扬中一桥等3座障碍性桥梁实现防碰撞设施全覆盖。推进重点水域管控，施行京杭运河与长江干线交汇水域水上交通安全管理规定，加强船舶航行、停泊和作业全过程管理，防范大船小船同江争道等风险。针对台汛期裕隆洲口船舶倒头横移问题，落实拖轮伴航、VTS助航、海巡艇驻守等针对性措施，服务保障419艘受限海船安全通过，连续5年实现汛期“零事故”。推进风险隐患治理，强化事故预防预控，梳理形成16项辖区风险隐患清单，制定落实74项针对性防控措施，确保中共二十大期间等重点时段水上安全形势稳定。镇江海事局与扬州海事局共同建立运行船舶进出和畅洲北汊联合管控机制，明确禁航时间和管控举措，改善通航秩序。推广应用系船浮筒和船型浮标，走锚、搁浅等险情下降34%。

（镇江海事局　马守营）

【水域生态环境治理】　2022年，镇江市实施船舶污染防治“江苏模式”，制定《快反处置中心危防业务工作指南》，辖区到港船舶“船E行”注册率超99%。围绕船舶污水直排和码头虚假接收两项问题，部署开展“扫盲打假”百日攻坚行动，累计对969艘船舶实施盲断，确保辖区“一零两全四免费”（靠港和锚泊船舶污染物零排放、全接收，在航船舶污染物排放全达标；内河船舶免费生活垃圾接收、免费生活污水接收、免费水上交通、免费锚泊）运行。全年接收船舶垃圾236吨、接收生活污水2.53万吨、接收船舶6.61万艘次。建立水上支持保障体系，支持六圩服务区做好船舶绿色航修服务，示范带动水上服务链条高质量发展，入选长江干线四家样板服务区。推广应用港口船舶岸电管理信息系统，长江镇江段靠港船舶使用岸电超4.1万艘次、用电量超431万千瓦时，分别增长130%、38%。在危险品锚地划定20个锚位，解决小型内河危险品船锚泊难题。加强船载危险货物安全监管，推动辖区13家港航企业建设“智能AI监控系统”，基本实现危化品船舶自主监控、智能研判和智能预警。推动CCSI高质量选船全覆盖，全年开展危化品选船检查119艘次，淘汰低标准船舶8艘。

（镇江海事局　马守营）

【新型监管机制建设】　2022年，镇江海事局深化全要素水上“大交管”建设，优化完善快反处置中心布局，将大港港区快反处置中心迁移至港区腹地，推行24小时岗亭值守模式，解决南港北锚、南北双港等监管难题。研发运行尹公洲智能排序系统，在太平洲捷水道等重点水域建设2套智能卡口，先行先试船舶自动赋码管理机制，提升精准感知和高效管控能力。加强信用监管，推进长江与京杭运河船舶信用联管共治，推动省级层面数据互联互通、信用奖惩联动。实施内河船舶配员等9个重点领域信用监管，全年认定信用黑名单9个、黄名单541个。推动签署主动公示型信用承诺书7268份，强化对信用承诺执行情况跟踪问效，对8家违反信用承诺的码头实施熔断惩戒。完善新型政务服务模式，实施传统窗口、自助终端、手机App“三位一体”的新型政务服务模式，实现“365天×24小时”全天候服务，办理政务审批9850件。探索推行海事政务“一件事一次办”，实现镇江籍船舶无线电证照100%办理。运行船员远程考场，全年组织船员考试169期、参加考生7266人，分别增长172%、170%。

（镇江海事局　马守营）

综　述

【政策惠农】　2022 年，镇江市开展金融支持乡村振兴“金穗行动”，实施农业龙头企业“金凤行动”，全市招引项目协议资金 94.66 亿元，其中总投资 0.1 亿元及以上项目 96 个。全年实施农业农村重大项目 80 个，总投资 104.03 亿元。发布“镇合意 ·‘镇’兴浓”服务企业（涉农）品牌，编印八大类 43 项支农惠农政策和稳经济助企纾困涉农政策。

（市农业农村局　王　露）

【农业规划】　2022 年，镇江市编制农业全产业链发展规划，落实品牌强农战略和“金凤行动”。加快发展新型农村集体经济，推进农村要素市场化配置改革，探索农房激活、土地股份、产业联结等资源盘活方式。深入实施农民收入十年倍增计划，培育新型农业经营主体，探索建立共富利益联结机制，拓宽农民增收渠道。

（江　鉴）

【农业安全生产监管和保障】　2022 年，镇江市强化对农业农村安全生产监管和保障，举办农村能源安全生产培训，组织观看《生命重于泰山——学习习近平总书记关于安全生产重要论述》电视专题片；组织各地开展农村能源工程底数和基本情况调查，全面开展隐患排查和整治整改。强化转基因监管。制定印发监管工作方案，加强对转基因生物加工企业督导，市县两级抽检水稻、大豆、玉米 11 个品种累计样品数 85 个，检测结果均为阴性，未发现转基因作物种植；印制转基因宣传袋、科普宣传材料，开展转基因知识科普培训，对两家转基因生产企业进行“双随机、一公开”检查。

（市农业农村局　滕士安）

【乡村产业招引队伍建设】　2022 年，镇江市提升产业招引队伍建设。受疫情影响，原计划上半年举办的“镇江市全面推进乡村振兴暨乡村产业招商引资能力提升培训班”于 11 月 15 日—18 日在句容举办，以大规模、高质量的集中培训，打造乡村产业招引“冲锋队”。培训以市委、市政府名义举办，由农业农村部管理干部学院承办，实现涉农乡镇、街道、农业园区全覆盖，全市“三农”工作的一线人员近百人参加培训。

（市农业农村局　毕凤兰）

种植业

【概况】　2022 年，镇江市种植粮食 135697 公顷，比上年增长 0.88%；粮食平均单产 7096.91 千克/公顷；实现粮食总产 963030 吨，增长 0.3%。播种夏粮 49030 公顷，增长 1.87%；单产 5106.53 千克/公顷，增长 1.05%；总产 250373 吨，增长 2.94%。其中：种植小麦 47330 公顷，增长 1.92%；单产 5183.44 千克/公顷，增长 1.06%；总产 245332 吨，增长 3%。播种秋粮 86667 公顷，增长 0.32%；单产 8222.92 千克/公顷，下降 0.92%；总产 712657 吨，降低 0.6%。其中：种植水稻 72634 公顷，增长 0.3%；单产 9045.81 千克/公顷，降低 0.66%；总产 657037 吨，降低 0.36%。播栽油菜 13371 公顷，降低 8.48%；油菜籽单产 2757.76 千克/公顷，增长 1.02%；总产 36874 吨，降低 7.55%。

（市农业农村局　张　行）

【粮食种植】　2022 年，镇江市落实粮食安全党政同责，利用市级专项资金开展种粮监测项目，通过高质高效创建和技术示范加强关键技术的试验和推广，落实水稻高质高效示范片32个、大豆玉米带状复合种植百亩示范方5个。镇麦系列品种高产优质“三调三控”栽培技术集成与示范项目实现亩产576公斤。全年发放一次性种粮补贴1121万元、稻谷补贴1480万元、耕地地力保护补贴3000万元、购机补贴1920万元、各类救灾资金472万元。实践“抢早争主动，抗灾夺丰收”的理念，通过“亚夫直通车”“金色田野”公众号发布农情信息、技术指导意见、防灾预案等50余次，发布预警信息42万余条次，出动农技人员1700余人次。（市农业农村局 张 行）

【油料种植】 2022年，镇江市油料种植22.38万亩（1.492万公顷），总产3.98万吨，其中油菜籽20.06万亩（1.337万公顷），总产3.69万吨；花生1.2万亩（800公顷），总产0.18万吨；芝麻1.13万亩（753公顷），总产0.11万吨。大豆种植面积8万亩（5333公顷），总产1.27万吨。首次明确对大豆规模种植20亩（1.3公顷）以上的主体补贴150元/亩；市级财政专门安排大豆玉米带状复合种植专用机械补贴预算30万元，协调各地将大豆玉米带状复合种植纳入成本保险，按时下发256万种植补贴。建设油菜千亩示范片1个、百亩示范方4个、高质高效示范点4个，大豆玉米带状复合种植百亩示范方5个，开展大豆玉米带状复合种植相关试验，试验初步探索出适宜镇江市的种植模式、品种、种植密度和施肥量。

（市农业农村局 张 行）

【蔬菜种植】 2022年，镇江市蔬菜（食用菌）播种面积28151公顷、总产量100.61万吨，与上一年相比增幅分别为2.25%、3.95%，呈现总面积、总产量、农民收益“三增”发展态势。当年，镇江市加大“菜篮子”政策扶持力度，重点支持蔬菜生产基地建设、蔬菜初加工中心、科技兴菜、种菜风险补贴等内容，下达资金292万余元，新建钢架大棚、高标准菜地、高架防虫网及喷滴灌等蔬菜设施255亩（15公顷），补贴辖区种菜面积6630余亩（442余公顷），提高菜农种菜积极性，提升蔬菜综合产能。5月28日，市农业农村局组织各市（区）西甜瓜生产主体和科研部门参加江苏省第四届江苏“好西（甜）瓜”品鉴推介活动，镇江曲家农业生态发展有限公司、扬中市八桥镇利民村农地股份专业合作社、句容市华阳街道王花家庭农场、镇江三龙生态农业发展有限公司选送的甜瓜获金奖，由江苏丘陵地区镇江农业科学研究所选送的“久香蜜26号”获评江苏省好品种。（市农业农村局 安林海）

【农作物病虫草害防治】 2022年，镇江市开展农作物病虫草害防治63.2万公顷次，挽回粮食损失13.9万吨，有效控制主要农作物病虫草危害。新建17个省级农作物病虫害绿色防控示范区、10个市级绿色防控示范片，主要农作物病虫害绿色防控覆盖率58.5%，丹阳市被列为全国农作物病虫害绿色防控整建制推进县。开展“科学用药进万家”行动，全面提升用药水平，农药使用量较上年下降1.03%。开展统防统治，创建省级农作物病虫害专业化防治“星级服务组织”4家、“四星级服务组织”2家，全市主要农作物重大病虫害统防统治覆盖率68.8%。柑小实蝇、福寿螺等农业检疫性有害生物发生程度得到有效控制。（市农业农村局 朱友理）

园艺业

【概况】 2022年，镇江市果品总面积11420公顷；总产量19.28万吨，比上年增长5.18%；总产值26.09亿元，增长20.95%。茶园总面积5169公顷，其中开采茶园面积4505公顷；总产量1667.26吨，增长4.4%；总产值5.7亿元，增长6.99%。中药材总面积406公顷，增长5.18%；产量1462.8吨，增长0.46%；产值3897.02万元，增长0.57%。花卉及其他园艺作物销售总额11.9亿元，增长5.29%，其中鲜切花类65.01万元，盆景0.1亿元，观赏苗木4.25亿元，草坪草皮5.3亿元，盆栽植物类2.2亿元。

（市农业农村局 茅蓉芳）

【园艺品牌建设】 2022年，镇江园艺产品参加省、市级多场评比活动并获奖。由江苏省农业技术推广总站、江苏省茶叶协会、江苏省茶叶学会、江苏省农业科学院休闲农业研究所联合举办的江苏省第二十届“陆羽杯”名特茶质量评价活动，镇江市选送的茶样获特等奖6个、一等奖6个，获奖率36.4%，镇江市园艺技术指导站获“优秀组织奖”。

（市农业农村局 茅蓉芳）

【优质水果品鉴推介活动】 2022年7月7日，镇江市农业农村局、丹阳市农业农村局和江苏省丹阳现代农业产业园区在丹阳杏虎村联合组织举办镇江市优质桃评比活动。活动收到全市41个经营主体选送的72个桃果样品，涉及10多个品种。活动采取“专家+大众”的方式进行评选，评出8个金奖、20个银奖。7月16日—17日，由江苏省农业技术推广总站、江苏省现代农业（梨）产业技术体系集成创新中心等单位举办的江苏省第四届优质早熟梨品鉴推介活动暨江苏省梨产业发展研讨会在泰兴市举行，镇江市组织12家经营主体选送的13个地产优质梨样品参加,其中“苏翠1号”“翠玉”“翠冠”等早熟梨获4个金奖、5个银奖,获奖率69%。8月26日,由市农业农村局和市农业科学院主办的2022年镇江市优质秋熟水果品鉴推介活动在丹徒区世业镇举行,收到镇江全市28家种植户选送的45个参评样品,其中葡萄27个、梨16个、无花果2个,通过省市级专家的评比鉴定,评选出金奖10个,银奖15个。

(市农业农村局 茅蓉芳)

【评茶员职业技能大赛】 2022年9月17日—18日,由市农业农村局和市人力资源和社会保障局主办的2022年镇江市首届评茶员职业技能大赛暨江苏省首届评茶员职业技能大赛镇江选拔赛在江苏茶博园举行,全市涉茶企事业单位的48人参赛。其中,3人获“镇江市技术能手”称号、23人获高级评茶员证书。9月23日,江苏省首届评茶员职业技能大赛在句容举行,镇江市推荐18人参赛,17人获奖,获奖率94.4%,获全省半数一等奖。其中,3名选手入围比赛前6名,获省人社厅批准授予的“江苏省技术能手”称号,占50%。该次大赛镇江市的17名获奖人员中,有一等奖5人、二等奖7人、三等奖5人。

(市农业农村局 茅蓉芳)

【水肥一体化技术推广】 2022年,镇江市以果菜茶等高效经济园艺作物为主,以高标准农田建设、农业高新产业示范园区建设、化肥减量增效示范区建设等项目实施为切入点,整合资源,完善设施,优化技术,筛选水溶肥产品和配施方案,高质量推进水肥一体化技术示范推广。全年全市新增水肥一体化技术推广面积1.7万亩(1133.33公顷),覆盖草莓、葡萄、柑橘、梨,茶叶以及设施蔬菜等作物。在当年罕见的持续高温干旱天气期间,句容、丹徒等丘陵地区具备水肥一体化设施和蓄水池的茶园、葡萄园、梨园等,借助水肥一体化灌溉设备度过高温干旱,保障生产安全,起到较好的节水、节肥、节工和示范带动作用。句容市后白镇永峰葡萄专业合作社、江苏碧云天农林科技有限公司、丹徒区上党三泉茶场等水肥一体化技术示范典型,在高效节水、化肥减量增效、提高绿色优质农产品供给等方面起到辐射带动作用。

(市农业农村局 狄 霖)

林 业

【林政管理】 2022年,镇江市一体化推进林地用途管制和林木采伐、重点公益林管理,审核上报使用林地项目37批次73.8918公顷,未发生违规审核审批或超定额使用现象。重点保障江苏南沿江城际铁路站后工程(句容段)、扬中市城西小学新建工程、森林防火通道及蓄水池、市级以上重点产业项目建设。审核上报增加林木采伐限额指标2批次722.04立方米。

(市自规局 吴 翔)

【绿化造林】 2022年,镇江市开展国土绿化行动,坚持数量和质量并重,全市累计完成造林面积1.45万亩(966.67公顷),林木覆盖率25.59%。把村庄绿化与全域旅游、人居环境相结合,坚持“一村一规划、一村一图纸”,把乡土树种与景观品种搭配,全年创建完成省级绿美村庄21个。以全市中幼龄林为对象,通过抚育间伐、修枝、割灌除草、浇水、施肥等方法,加强林木抚育管理,改善林分结构,全年累计完成森林抚育3.04万亩(2026.67公顷)。

(市自规局 吴 翔)

【林下经济】 2022年,镇江市因地制宜发展林果、林药、林菌、林苗等林下种植业,加强特色经济林、林下经济、生态旅游等特色林草产业发展,促进农民增产增收,助力乡村振兴,全年全市发展林下经济面积44.54万亩(296.93平方千米),林木种苗面积24.29万亩(161.93平方千米)。建成丹阳黄连山、句容磨盘山林场两条省级森林步道。

(市自规局 吴 翔)

【林业有害生物防控】 2022年,镇江市林业有害生物发生面积19.31万亩(1.29万公顷),其中病害发生面积2.21万亩(1473公顷),虫害发生面积16.02万亩(1.068万公顷),有害植物发生面积1.07万亩(713公顷)。全市林业有害生物监测覆盖率98%,成灾率为21.8‰,释放生物天敌周氏啮小蜂1.74亿头、管氏肿腿蜂109万头、花绒寄甲138万头,无公害防治率为93%,完成松材线虫病等重大林业有害生物年度防治任务。松材线虫病:全市清理松材线虫病病死木10601株,疫情除治作业面积2.2978万亩(1532公顷),媒介昆虫防治作业面积1.3279万亩次,完成年度松材线虫病清理防治任务。美国白蛾:全市设置美国白蛾性诱捕器监测点243处,设置杀虫灯、测报灯监测点56处,监测路线62条,美国白蛾监测网络体系逐步完善,全市美国白蛾发生面积0.21万亩(140公顷),成灾面积0.016万亩(10.67公顷),总体呈轻度发生状态,全市美国白蛾防治作业面积9.146万亩次。杨树食叶害虫:全市累计发生面积为0.088万亩(58.67公顷),防治作业面积5.57万亩次,全年总体呈轻度发生,未发生杨树食叶害虫大面积吃光吃花情况。

(市自规局 顾青雨)

畜牧业

【概况】 2022年,镇江市出栏生猪28.1万头、家禽3695.6万羽、羊4.24万只;年末存栏生猪29.16万头、家禽1039.3万羽、奶牛2302头、羊3.55万只;肉、蛋、奶产量分别为8.24万吨、3.32万吨、1.02万吨。生猪产能调控成效明显,设立国家级生猪调控基地6个,全市能繁母猪存栏2.85万头,规模猪场130家,为省下达保有量的114%、173.33%。畜禽养殖集约化水平大幅提升,7家万头猪场设计产能达产率80%,能繁母猪存栏量占全市总量75.3%;3家大型蛋鸡养殖企业、2家肉鸡立式笼养企业实现投产。

(市农业农村局　陈　曦)

【畜牧业绿色发展】 2022年,镇江市有规模养殖场420家、小规模养殖场480家。实施畜禽粪污资源化利用巩固提升行动,建立规模养殖场资源化利用年度计划、规范利用档案"两项制度",严格落实常态化每月巡查制度,全市累计巡查指导6523场次,畜禽粪污综合利用率97.76%。实施标准化健康养殖技术普及行动,开展部级标准化示范场、省级生态健康养殖示范创建和技术推广应用,江苏康乐获批国家级标准化示范场,新增省级生态健康养殖示范场6家(累计56家),生态健康养殖比重为99.03%。(市农业农村局　陈　曦)

【重大动物疫病防控】 2022年,镇江市制定实施重大动物疫病防控护航行动,抓严抓实非洲猪瘟常态化防控,强化畜禽养殖、屠宰、运输各环节防控措施,组织实施春、夏、秋冬季三大集中防疫行动,重大动物疫情控制稳定。全面推进规模养殖场强制免疫"先打后补"试点,符合条件的315家规模养殖场全部纳入试点范围。组织实施畜禽运输车辆备案管理,对本地区畜禽运输车辆备案进行全面的排查,全市备案车辆85辆。扬中市出台整市兽医社会化服务试点方案,设立4家服务组织,通过政府购买服务方式承担散养户防疫消毒等工作,取得突破性进展。安排动物疫病防控应急物资采购专项资金16万元,用于采购消毒药品、消毒器械、防护服、扑杀器等应急物资。

(市农业农村局　陈　曦)

【畜禽屠宰监管】 2022年,镇江市有生猪定点屠宰企业6家、肉羊集中屠宰场2家。累计屠宰生猪66.56万头,比上年增长2.81%。实施畜禽屠宰强监管保安全专项行动,组织开展生猪屠宰企业日常监督检查、年度监督检查,市级年度监督检查实现全覆盖,参与检查人员18人次,指导完成整改问题11项次。组织对丹阳市省级生猪屠宰标准化企业开展"回头看",复检合格。强化畜禽集中屠宰管理,巡查指导丹阳市、扬中市肉羊集中屠宰场5场次;指导句容市肉牛集中屠宰场建设,工程建设基本完成。

(市农业农村局　陈　曦)

【兽用抗菌药减量化】 镇江市于2021年制定实施《镇江市兽用抗菌药使用减量化行动实施方案(2021—2025年)》,截至2022年年底,全市通过市级验收的试点规模养殖场15家,2022年参与创建养殖场68家,占全市规模养殖场总数的16.2%。各级农业农村部门组织规模养殖场参与试点,全面排查规模养殖场兽用抗菌药使用情况,督促所有养殖场规范药品采购、贮存、使用制度和记录,为开展试点评价和三年试点做基础支撑;加强培训教育,宣传减量化行动、畜产品质量安全建设、依法治牧的形势和任务,举办全市试点养殖场参加的专题培训。

(市农业农村局　陈　曦)

【兽医行业行风专项整治】 2022年,镇江市各级畜牧兽医机构对标对表查摆问题隐患,各市(区)存在风险隐患点17个,均整改到位。各地按照"一项一策"的要求,对每一项风险隐患检视制度建设的漏洞,把规范制度建设作为整改的根本路径。全市建立完善39项工作制度。组织实施动物疫苗标识管理规范化提升行动,完善疫苗标识采购、贮存、发放、使用各环节管理制度,并组织各市(区)交叉检查;组织开展近三年项目建设"回头看",规范项目申报评审、检查验收专家库制度;制定完善基层单位疫情防控、粪污资源化利用等常态化综合巡查监督制度等。

(市农业农村局　陈　曦)

【畜牧业安全生产】 2022年,镇江市有兽药生产企业4家、畜禽屠宰企业7家,其中兽药生产企业停业2家。各级农业农村部门宣传贯彻国务院安全生产15条、省安委会50条必查项,以推进落实企业主体责任作为切入点,推进安全生产形势向好。开展排查检查,坚持日常检查和飞行检查相结合、质量安全检查和生产安全检查相结合,市级累计检查10家次,发现问题隐患14项次,按时整改。畜禽屠宰企业上报较大风险点16个,均制定管控措施。加强宣传培训,6月,结合安全生产月活动,举办企业负责人培训班,签订安全生产承诺书,推进落实企业主体责任。注重危化品管理,3家兽药生产企业实验室涉危化品18个品种,1家兽药生产企业生产原料涉危化品6个品种,建立系统数据信息33条,严格按照危化品管理要求落实管控措施和责任。(市农业农村局　陈　曦)

【畜产品监管】 2022年,镇江市实施生猪产地检疫26万头,养殖环节处理病死猪2.3万头。屠宰检疫51.5万头,处理病死猪和病害猪产品折合头数1243头。抽检肉羊、肉牛尿样1.4万头只,未发生瘦肉精中毒事件。病死猪和病害猪产品实施无害化处理,通过“一卡通”形式发放无害化处理财政补助资金,确保病死猪全部实施无害化处理,确保畜产品质量安全。对饲料、兽药、生鲜乳、畜产品(猪肝、猪肉、牛羊肉、禽蛋)等各类样品开展饲料成分分析值、兽药残留、卫生指标、重金属等检测,畜产品及畜牧投入品检测合格率100%。 (市农业农村局 戎沿华)

渔 业

【概况】 2022年,镇江市水产养殖面积1.27万公顷,实现水产品总产量9.89万吨,比上年增长2.19%,全市特种水产品养殖面积占比80.14%,实现渔业总产值64.99亿元,增长4.05%。 (市农业农村局 马 梁)

【增殖放流活动】 2022年6月16日上午,镇江市农业农村局组织人员在陆军军事交通学院镇江校区船艇教练大队码头放流鲢鱼、胭脂鱼鱼种800余万尾。市政府、陆军军事交通学院、市农业农村局、市政协、市人大等部门领导,以及市人大、市政协、机关企事业单位和陆军军事交通学院代表、渔政执法及护渔员等近百人参加活动。 (市农业农村局 马 梁)

【长江禁渔工作】 2022年,镇江市严格巡视长江干流镇江段及通江河道禁捕区等重点区域,以打击非法捕捞、非法垂钓为重点任务,抓好重点时段、重点水域,开展全时段、全方位执法巡查;强化联防联动执法,凝聚禁捕合力,查办一批非法捕捞、垂钓案件。全年出动渔政执法人员3330人次,执法船艇725艘次,开展联合行动168次,巡查检查水产、渔具销售单位284家,清理“三无”船舶9艘、网具钓具1316个,查办涉渔违法案件512起,其中行政案件497起,处罚510人,罚没款累计16.094万元;司法移送案件15起,移送涉刑人员18人,协助公安部门侦破大案要案2起。 (市农业农村局 付婉莹)

种 业

【概况】 根据省级部署安排和2020年镇江市制定《加快推进镇江市现代种业产业高质量发展行动方案(2020—2022年)》(以下简称《方案》),全市农业农村部门根据《方案》要求部署落实,结合本地区种业产业发展实际,制定本地区现代种业产业发展三年行动方案,围绕农业提质增效和种业产业高质量发展目标,突出抓好品种创新攻关、种子质量提升、种业服务方式转型、市场主体培育、种业产业延伸和产业政策保障等重点环节,细化年度目标计划和具体推进措施,确保完成2022年种业产值任务目标。截至2022年年底,镇江市种业产值为34.2亿元,完成产值目标,实施种业振兴行动取得明显成效,获省农业农村厅表扬。 (市农业农村局 戎全虎)

【种业保护与创新】 2022年,镇江市组织市级特色优势种苗中心及市级种质资源圃(场)申报工作,认定市级特色优势种苗中心9家、市级种植资源圃6家;开展水产资源调查,全市有水产养殖主体2900余户,水产养殖面积14.5万亩(0.97万公顷),采集四大家鱼、团头鲂、河蟹等水产种质资源信息5400余条;畜禽资源保种场3个、蚕资源保种场2个。通过普查建档立案,摸清家底,为全市推进种业资源保护,种质资源的高效利用,选育优良品种,促进种业创新奠定基础。加大品种权保护力度,强化品种权规范使用,建立镇稻、镇麦系列稻麦品种、镇研系列辣椒、超群系列蝴蝶兰、小梅山猪、枫泾猪、润州凤头鸭等特有遗传资源的保种体系,建设完善遗传资源保种场,确保镇江市特有种业遗传资源不丧失。2022年上半年,镇江市对新发现资源“句容白鹅”实施抢救性保护,在句容、丹徒等地对“句容白鹅”养殖、食用、文化等历史起源开展溯源,开展基因鉴别检测、生长性能测定工作。

(市农业农村局 戎全虎)

【种业特色发展】 2022年,镇江市加大资金投入,扶植特色产业。重点推进本地特色蔬菜、食用菌、草莓、花卉等优势特色产业发展,截至2022年年底,全市有省级认定优势特色种苗中心(企业)11家,其中,农作物7家、畜牧2家、水产2家,累计申请150万元省级专项服务资金对其中7家进行补助,提升优势特色种苗繁育能力,带动上下游产业和一、二、三产业的融合发展,打造一批优秀企业品牌。特色种业产业品牌。全市有特色种苗企业28家,其中,作物种苗企业有4家、水产种苗企业7家、种畜禽企业17家。其中镇研种业是江苏省农业产业化龙头企业,被农业农村部认定为“国家区域性辣椒良种繁育基地”,辣椒品种销量列全国第1名,累计推广自主品牌辣椒种植面积1200多万亩(80多万公顷);江苏江南生物科技有限公司是省级重点农业龙头企业,每年销售推广草菇菌种300万袋左右,推广种植面积有400万平方米,年产草菇8000余吨;种畜禽场18家，其中祖代场3家，江苏农林职院兼有国家级小梅猪保种场、省级枫泾猪保种场，丹阳康乐农牧有限公司是全市最大种猪场企业和国家级核心育种场，镇江温氏、常州八达、常州立华等公司分别建有种禽场，润州凤头鸭列入国家畜禽遗传资源目录。

（市农业农村局　戎全虎）

【育种工作】　2022年，镇江市依托镇江市农业科学院、镇江市镇研种业有限公司（以下简称“镇研种业”）、江苏江南生物科技有限公司等科研院校和种子企业，培育一批稻麦、辣椒、豇豆、食用菌、花卉优良品种；水产上重点针对大口黑鲈、中华绒螯蟹等养殖品种，以水产种业振兴“揭榜挂帅”、水产种质资源亲本更新等项目为依托，对省、市级水产苗种生产企业进行重点扶持，帮助企业创新发展，培育水产新品种。培育一批优良品种，加强镇江市稻麦油、蔬果花、食用菌等育种力量。全市有育种平台4个，其中企业2家、科研院所2家，涵盖稻麦油、蔬果花卉、食用菌等。截至2022年年底，累计育成新品种200余个。其中镇研种业主要从事辣椒、豇豆等新品种选育，先后育成辣椒、豇豆等新品种128个，其在辣椒育种上处在国内前列；江苏江南生物科技有限公司主要从事食用菌新品种选育，获得授权专利60余件，自主选育出草菇新品种“江南V08”，获30年的保藏专利；镇江市农科院分水稻、小麦、油菜、蔬菜花卉、果树育种5个组，其中，小麦选育品种11个、水稻选育品种63个、油菜选育品种7个、蔬菜选育品种40个、果树选育品种6个；镇江市蔬菜研究所主要从事辣椒、豇豆、小白菜等新品种选育，选育品种6个。强化育种创新支持。加强对“保、育、测、繁”等种业公益性基础设施建设的支持力度。作物方面，加强对镇江市农业科学院、镇江市镇研种业有限公司、江苏润州超群花卉有限公司的财政资金扶持，支持科研院校及种业企业种质资源活力与遗传完整性监测，及时繁殖与更新复壮，增强自主创新能力，为培育新品种奠定基础；水产方面，扬中渔业产业园汇聚中国水产科学研究院、江苏省渔业技术推广中心、江苏省淡水水产研究所3家顶级科研院所，发挥先天地理优势，加强沟通学习，就近开展长江刀鲚、河豚、沙塘鳢等长江特色名特优养殖品种示范推广；畜牧方面，组织实施畜禽遗传资源性能测定，丹阳康乐检测大白、长白、杜洛克种猪3600头，丹徒天成检测凤头白鸭360羽，江苏农林职院实训基地检测梅山猪9头，镇江牧苑检测枫泾猪4头。提升种业保障能力。全市水稻繁种面积在8000亩（533.33公顷）左右，品种以南粳、镇稻、镇糯系列为主，小麦繁种面积在1万亩（666.67公顷）左右，品种以镇麦、扬麦、宁麦系列为主。近年来，本地小麦和水稻繁种数量基本能满足全市水稻和小麦生产用种，种子市场呈现供大于求；“四大家鱼”苗种生产场家多，生产量大，苗种繁育技术成熟、苗种培育得到普遍推广。全市具有省级“四大家鱼”水产良种繁育场1个、市级2个，年繁育“四大家鱼”苗种充足，可满足全市渔业苗种供给，并为长江渔业资源增殖放流提供苗种保障。

（市农业农村局　戎全虎）

【种业监管】　2022年，镇江市制定年度种业监管执法年活动实施方案，强化种业知识产权保护，严厉打击未审先推、侵权套牌等违法行为，坚持常态化专项整治，突出重要品种、重点环节和关键时节，加大种子企业和市场检查力度，重点检查生产经营品种、生产经营档案、包装标签及种子质量、品种真实性、品种登记备案等；严格监管种子企业和生产基地，从源头上管好种子的生产、加工，确保用种安全；严格抽检种子种畜禽质量，加大种子种畜禽质量检测和监管力度；严格查办种业案件，坚持有投诉必受理、有线索必追查，强化溯源打击，严厉查处违法行为。

（市农业农村局　戎全虎）

生态农业

【概况】　2022年，镇江市新增产业研究院（共建试验示范基地）5家，推进生态循环农业试点村建设，放大“戴庄经验”示范效应，承办全国第一届农业生物多样性培育与利用论坛，推进2个省级、13个第二批市级试点村提升项目，《从历史实践中把握核心要义持续放大“戴庄经验”示范效应》在江苏省《省农业农村调查与研究》推广。句容市白兔镇柏生草莓专业合作社和镇江市水木年华现代农业科技有限公司入选2022年国家级生态农场；句容市徐巷村获江苏省乡村产业绿色发展典型案例。推进受污染耕地安全利用工作，全市受污染耕地安全利用率98.6%，秸秆综合利用率97.30%，其中秸秆还田率74.51%。

（市农业农村局　滕士安）

【“戴庄经验”示范效应助力生态循环农业】　2022年，镇江市把推广“戴庄经验”和建设生态循环农业试点村作为市委、市政府工作要点和农业农村重点改革内容，强力推进。制定出台《关于明确传承“亚夫精神”，放大“戴庄经验”示范效应2022年工作任务分工的通知》，完成13个市级生态循环农业试点村实施方案的审核、专家论证，并开工建设，进度均为100%，2个省级试点村完成年度建设工作；组织亚夫科技服务团各产业组专家按照村主导产业类别，与试点村进行挂钩指导，开展精准对接服务；推进第二批试点村提升项目，同时专项扶持亚夫兴农科技股份有限公司，打造农产品销售品牌名片。《从历史实践中把握核心要义持续放大“戴庄经验”示范效应》在江苏省《省农业农村调查与研究》推广；句容市白兔镇柏生草莓专业合作社和镇江市水木年华现代农业科技有限公司入选2022年国家级生态农场。与市教育局举办“校村牵手兴农育人，亚夫精神薪火相传”主题教育实践活动，弘扬农耕文化，广泛传承精神；承办全国第一届农业生物多样性培育与利用论坛，发挥戴庄典型示范引领，推动生态循环农业发展再上新台阶；成立镇江市“亚夫”青年科技服务团，动员青年农业科技人才助力推广“戴庄经验”。（市农业农村局　滕士安）

【亚夫科技服务团为农服务】　2022年，镇江市亚夫科技服务团结合中共二十大精神学习，以多种形式开展科技服务，开展线上或线下科技帮扶，帮助农民办实事、解难题。全年服务团出动专家1757人次，指导试点村290余次，服务经营主体658家，帮助农户解决问题困难293个，培训农民1万余人次。多篇镇江市亚夫科技服务团服务“三农”信息在“学习强国”学习平台、市级媒体上宣传。（市农业农村局　滕士安）

【化肥农药减控】　2022年，镇江市围绕化肥农药减控，推广运用农药化肥减量增效技术、模式和高效机械，建立耕地质量提升和化肥减量增效各类示范区15个、示范样板田35个，总面积5.4万亩（3600公顷），示范区内化肥施用量较常规施肥平均减少5%，化肥利用率保持在40%以上。测土配方技术推广种面积222万亩（14.8万公顷），设置省、市、县耕地质量监测点83个，农户施肥监测点620户，并争取市级财政资金20万元新建设4个化肥减量增效示范区。17个省级农作物病虫害绿色防控示范区通过市际交叉评价，示范区内化学农药使用量减少20%以上，丹阳创成全国农作物绿色防控示范县，句容创成全国农作物绿色防控示范基地1家。全年全市化肥使用量较2020年削减1%以上，农药使用量较2020年削减2.1%。开展畜禽粪污资源化利用巩固提升行动，建立年度巩固提升清单，全市有规模场420家、小规模场480家，其中803家养殖场户列入清单；健全常态化巡查机制，开展巡查指导9045场次，指导制定“一场一策”整改方案，完成巩固提升任务803家，全市规模养殖场设施配套率100%。（市农业农村局　滕士安）

【渔业健康生态养殖】　2022年，镇江市推行渔业健康生态养殖，以百亩以上连片池塘为重点，实施池塘生态化改造7486亩（499公顷），开展养殖尾水达标排放或循环利用示范推广面积620亩（41.33公顷），打造示范点5个；强化水产养殖污染管控，开展养殖水域环境定点监测和飞行抽检，全市设立监测点44个，分5次组织养殖池塘水及尾水采样抽检202批次，指标合格率95%；加强水产养殖用药规范使用技术指导服务，培训服务300余人次，组织开展规范用药下乡活动1次。（市农业农村局　滕士安）

【秸秆综合利用】　2022年，镇江市推进秸秆综合利用，全年全市秸秆综合利用率97.30%，其中秸秆还田率74.51%，下达省级秸秆机械化还田资金1053万元，严格落实秸秆机械化还田补贴政策，开展秸秆收储和利用按量补助、秸秆收储利用社会化服务体系建设，形成以秸秆还田为主，秸秆离田肥料化、饲料化、能源化、基料化、原料化利用为辅多元化利用格局。

（市农业农村局　滕士安）

【受污染耕地安全利用】　2022年，镇江市推进受污染耕地安全利用，市农业农村局与市生态环境局印发《关于做好2022年受污染耕地安全利用工作的通知》，综合采取“低积累品种＋水肥科学管理＋酸碱调节”“低积累品种＋原位钝化”“秸秆离田＋深耕深翻＋土壤调理”等技术模式措施，全市全年受污染耕地安全利用率98.6%。（市农业农村局　滕士安）

【农药包装废弃物、农膜回收处理】　2022年，镇江市推进农药包装废弃物回收处理和推进农药包装废弃物进入生活垃圾处理体系，全年全市设置农药包装废弃物回收站点506个，开展农药包装废弃物培训22班次，累计回收农药包装废弃物564.7万件，处置26.39吨。推进农膜回收利用网点建设，巩固提升37个镇级以上回收网点，分类施策利用废旧农膜，设立5个地膜减量替代技术试验示范点，推广强化耐候地膜2400余亩（160余公顷），回收废旧农膜906.86吨，回收率91.24%。（市农业农村局　滕士安）

农业品牌建设

【概况】　截至2022年年底，镇江市有市级以上农业龙头企业140家，其中，国家级5家、省级42家、市级93家。用市场化思维谋划农业产业化工作，制定印发《关于实施“金凤行动”加快农业龙头企业高质量发展的工作意见》，引导农业企业走“专精特新”、数字化发展道路。创新农业品牌赋能升级。全市有市级以上农业品牌43家，其中，部级1家，省级10家，市级32家。5月，印发《镇江农业品牌目录制度（暂行）》规范性文件，补齐市级农业品牌建设标准的短板，同时开展市级农业品牌目录征集并给予奖励补贴。当年举办首届镇江市十大农产品品牌大赛，康韵、茅山长青、白兔草莓、丁庄葡萄、有机越光大米、扬中河豚、扬子、恒顺、禾润世家、金山翠芽农产品品牌胜出，入选的十大品牌可获市级财政资金奖励补贴。全市有休闲农业经营主体689家，其中国家级休闲农业与乡村旅游示范县1个、示范点(园)25个，中国美丽休闲乡村4个，全国十佳休闲农庄1个，省级示范村20个，省级主题创意农园26个，省级乡村休闲旅游农业农耕实践基地和康美基地12个，乡村休闲运动基地7个，乡村休闲旅游农业特色模式(项目)3个。全国休闲农业精品线路3条、省级休闲农业和乡村旅游精品线路8条。全年全市休闲农业综合收入20.63亿元，从业人员16595人，年接待游客1250.98万人次。

(市农业农村局　陈图星　张　宇　常　琪)

【乡村产业招商推介】　2022年，镇江市组织开展乡村产业招商推介活动。5月23日，在镇江举办“2022镇江市现代农业产业‘云招商’推介活动”，丹阳、丹徒在会上推介重点产业项目，市农业农村局发布推介重点农业项目64个，计划中总投资100.78亿元。云上客商现场签约项目16个，协议投资25.92亿元。签约项目数、投资额连续三年呈增长趋势。活动期间，举办“镇江优质农产品现场品鉴活动”。组织参加“第十八届中国·南京农业嘉年华活动”；9月16日至10月16日，组织金山翠芽、丁庄葡萄两个国家地理标志产品参加在南京江宁举办的嘉年华活动，并在活动期间展示宣传销售。举办苏韵乡情专场推介活动，结合全市大规模有影响力的“镇江市首届农业嘉年华开幕式暨全市农业农村系统喜迎二十大奋进新征程‘七一’主题活动”、2022“苏韵乡情”乡村休闲旅游农业(镇江)专场推介暨第四届丹阳“杏虎仙桃”采摘旅游节等活动，举办镇江特色农产品展示品鉴宣传活动，宣传推介镇江市特色农产品。(市农业农村局　毕风兰)

【农产品展示展销】　2022年，镇江市组织企业、合作社、家庭农场等农业经营主体参加各级农产品展示展销活动。挑选组织27家企业参加第十九届中国国际农产品交易会(成都)。筹备参加第二十二届江苏农业国际合作洽谈会(连云港)，第十九届江苏名特优农产品交易会(上海)等重大展销活动，后因疫情影响延期至2023年举办。(市农业农村局　毕风兰)

【农产品示范基地(区)建设】　2022年，镇江市巩固提升产品外向化、基地规模化、技术标准化、管理规范化的发展模式，加大出口农产品示范基地(区)建设。镇江市恒顺醋业股份有限公司的“香醋专用粮出口示范基地”和丹阳颐和食品有限公司的“出口酒类稻米生产示范基地”通过“第十三批省级出口农产品示范基地(区)”的实地考核和省级复评。(市农业农村局　毕风兰)

农业机械化

【概况】　2022年，镇江市有大中型拖拉机4632台、谷物联合收割机2427台、水稻插秧机4994台、粮食烘干机1413台、自走式植保机917台、植保无人机503架，秸秆还田机5516台。全市农作物耕种收综合机械化率89.5%，设施农业、畜牧业、渔业、林果业、农产品初加工综合机械化率68.5%。(市农业农村局　仇　毅)

【农机“两大行动”】　2022年，镇江市指导开展农业生产全程全面机械化示范县建设，投入资金1000多万元，建成6个粮食生产“无人化”农场、7个特色农业生产全程机械化示范基地、8个“全程机械化+综合农事”服务中心和2个特色农机服务组织。加强农忙期间机械保障，成立农机作业应急服务队，与中石化、中石油分公司发布农机用油公告，在全市设立59个办卡点，开辟89个农机“双优”加油绿色通道并提供送油上门服务。推荐23个主体申报全省第二批农业生产全程机械化智能化示范基地(园区)。完成5万亩(0.33万公顷)生态型犁耕深翻作业面积。

(市农业农村局　仇　毅)

【农机安全源头管理】　2022年，镇江市明确农机安全“属地责任、监管责任、主体责任”，通过开展“铁牛卫士”活动，检查拖拉机及联合收割机386台次，排查和整改隐患203个，拖拉机和联合收割机检验率均为90%以上，提高机手的安全意识。开展“平安农机”示范县、乡镇和服务组织建设，丹徒区创成省级“平安农机”示范县，建设8个“平安农机”示范镇(丹阳2个、丹徒5个、镇江新区1个)和11个“平安农机”示范服务组织(丹阳5个、丹徒5个、镇江新区1个)。4篇稿件被省厅农机安全动态简报录用。(市农业农村局　仇　毅)

【农机扶持政策落实】　2022年，镇江市做好大豆玉米带状复合种植机具保障任务，加大复合种植专用机具补贴力度，新购专用播种机18台、植保机4台、玉米收获机6台、大豆收获机2台。为保障粮食安全，加大智能农机装备的扶持力度，新增带动力换挡转向拖拉机9台、无人植保机242台、无人插秧机17台。另全市推广测深施肥机械120台、清洁能源烘干机150台。(市农业农村局　仇　毅)

【农机化扶持政策落实】　2022年，镇江市实施农机购置补贴和报废更新政策。通过政策引导，推广应用高效节能、先进适用的农机具。全年全市新增80马力以上拖拉机136台、谷物联合收割机97台、水稻插秧机233台,新增各类农机数1324台。实施中央及省级农机购置补贴资金2426万元。全市争取省级秸秆机械化还田资金1053万元,各市(区)制定实施方案,推进和完善"行政检查、社会监督和第三方核查"相结合的考核督查机制。落实《农作物秸秆机械化还田作业补助政策信息公开指导意见》,推进信息公开。

(市农业农村局 仇 毅)

【油菜生产全程机械化】 2022年,镇江市推广镇江丘陵山区油菜机械化发展,加快补齐播种、收获机械化短板,提升油菜生产全程机械化水平,分别在丹阳市、丹徒区举办"智能化油菜分段联合收获装备与技术培训暨观摩演示""油菜扩种生产机械化现场观摩会",展示2种不同形式的收割方式和3种油菜种植机械化"解决方案",包括联合收获、分段收获和多功能油菜精量复式播种、无人机飞播、油菜毯状苗联合移栽,因地制宜推广油菜种植全程机械化技术模式,为"稳粮扩油"提供好机械化保障。

(市农业农村局 卞丽娜)

农村水利

【概况】 2022年,镇江市疏浚农村河道227万立方米,建设农村生态河道72条,治理水土流失面积15平方千米,新增3个省级清洁型小流域,完善全市水网体系。推进农村水环境综合整治,加强农村生活污水治理与农村厕所革命、国省考断面水质改善等有效衔接,新建农村生态河道150千米,生态河道覆盖率为50%。

(市水利局 徐鹏飞)

【《镇江市农村生态河道建设水平考核评估计分细则(试行)》】 2022年7月15日,镇江市水利局发布《镇江市农村生态河道建设水平考核评估计分细则(试行)》(以下简称《细则》)。考核评估对象包括县域范围内所有县级河道(江苏省骨干河道名录中的跨县流域性河道、区域性骨干河道、跨县重要河道除外)和乡级河道;以打分计算方法进行考核;明确考核程序为计划报送、县级自评、省市复核、综合评分。9月1日,市水利局组织召开全市农村生态河道建设工作座谈会,会议通报全市农村生态河道建设工作进展情况,对《细则》进行解读。

(市水利局 龚 源)

高标准农田建设

【概况】 2022年,镇江市高标准农田建设项目立项治理面积2933.33公顷,建设高效节水灌溉面积60公顷,项目总投资13290万元,其中,中央财政资金4545万元、省级财政资金2741万元、市级财政配套资金1326.6万元、县级财政配套资金4677.4万元。其中,高效节水灌溉资金投入90万元。

(市农业农村局 尚 颖)

【国家高标准农田建设项目】 2022年,镇江市新建高标准农田2933.33公顷。项目新建塘堰3座,小型拦河坝6座,泵站76座,疏浚沟渠12.53千米,修建水闸294座,渡槽10座,农桥9座,涵洞1861个;修建田间道路87.41千米,衬砌渠道124.72千米;管灌面积60公顷,硬化机耕道路85.21千米,农田林网工程36004米,岸坡防护工程7539米。新增和改善灌溉达标面积2533.33公顷;新增和改善排水达标面积1100公顷;新增节水灌溉面积1313.33公顷,其中,高效节水灌溉面积60公顷,年节约水量279.23万立方米;增加农田林网防护面积80公顷;新增粮食生产能力384.01万千克。

(市农业农村局 尚 颖)

图25 2022年,镇江新区现代农业产业园区内的高标准农田俯瞰图

(《创新》编辑部 魏兢 供稿)

综 述

【产业规模】 2022 年，镇江市实施产业强市“一号战略”，转变发展方式，推动质量变革、效率变革、动力变革，提升发展质量和效益。全市工业经济稳中有进、稳中向好。镇江市规模以上工业增加值 1496.01 亿元，比上年增长 5.6%；工业应税销售突破 6500 亿元，增长 7.8%；完成制造业投资 492.1 亿元，增长 4.7%，占固定资产投资比重为 44.2%，较上年提高 2 个百分点；制造业增加值约占地区生产总值的 41%，占比全省前 4 名。全市工业“百强企业”完成应税销售 3520.8 亿元，占全市规模以上工业比重为 65.8%，增长 8.3%。沃得集团、鼎胜新材、奇美化工、美科太阳能、天工国际、鑫海高导、金东纸业、中储粮、大亚集团、大全集团、建华建材、飞达集团等 12 家企业应税销售规模超 100 亿元。孚能科技（增长 613%）、北汽麦格纳（增长 145.9%）、中节能（增长 94.3%）、东方电热（增长 69.5%）、亿能电气（增长 67.3%）、天奈科技（增长 59%）、新泉汽车（增长 58.9%）等企业增幅超 50%。镇江市获评“全省制造业转型升级成效明显地区”，入选“全国先进制造业百强市”“全国制造业高质量发展 50 强城市”。市工信局获评省委、省政府“江苏制造突出贡献奖”先进单位。 （市工信局 曹小波）

【产业服务】 2022 年，镇江市应对新冠病毒疫情冲击等不利因素影响，综合施策，推动工业经济发展。市工信部门成立保障产业链、供应链畅通工作专班，保障产业链、供应链稳定。建立推进企业复工满产机制，动态更新重点支持企业和重点帮扶企业清单，推动全市规模以上工业企业总体产能恢复正常水平。举办专项资金项目申报线上答疑、“标识解析区县行”等活动 18 场。沃得农机公司获省关键核心技术装备攻关项目 3000 万元资助。2022 年，市工信部门帮助企业争取省级以上专项资金 1.32 亿元，化解拖欠中小企业账款 6893.3 万元，降低企业生产经营成本 123 亿元。 （市工信局 曹小波）

【绿色制造业体系建设】 2022 年，镇江市加快推进绿色制造体系建设，全年新增国家级“绿色工厂”1 家、省级 10 家、市级 28 家。实施低端低效产能退出行动，亩均、效益、能耗、环境“四个论英雄”，实施去产能项目 11 个，推动关闭退出化工企业 12 家。统筹关停企业腾出的能耗、土地、污染物排放等指标，为新上项目腾出发展空间，全年腾出用能指标近 2 万吨标准煤，统筹保障诺贝丽斯、金东纸业等重大项目新增用能需求。实施安全生产专项整治提升行动，围绕工业领域本质安全、化工领域绿色安全、数字领域信息安全，严格落实管控责任，推进化工、民爆、船舶修造等行业安全生产专项攻坚行动，发现问题隐患 1011 处，全部整改到位。

（市工信局 吴 江）

【工业绿色安全发展】 2022 年，镇江市推进工业绿色安全发展，实施工业“散乱污”专项整治行动，梳理工业“散乱污”企业 1489 家，按照关停取缔类、升级改造类、整合搬迁类分类完成整治。其中，关停取缔、整合搬迁类共腾退土地 1830 亩（122 公顷）。实施绿色制造提升行动，落实能耗“双控”要求，强化重点用能企业监管。强化节能宣传引导和监察督导，全力推进 46 个绿色化改造项目，实现年节能 4 万吨标准煤，全年单位地区生产总值能耗下降率列全省前列。

（市工信局 吴 江）

【产业链群培育】 2022年，镇江市深入实施产业强链三年行动，统筹推进产业链、金融链、人才链、创新链、服务链融合融通发展。组织实施“金链”行动，建立产业链“主办行”制度，为253家企业提供授信385亿元。开展“金山英才”领军人才引进、百企联动专场云招聘等活动近20场。建成全省唯一的船舶与海洋工程设计研究院。全年新增省“首台(套)重大装备”3个，4个项目中标省级关键核心技术攻关专项；新增省级以上中小企业公共服务示范平台12家、企业技术中心(工业设计中心)25家。实施“百企引航”“千企升级”行动，壮大“链主”骨干企业、“专精特新”企业、初创企业等优质企业阵容。全年新增百亿元企业2家，累计12家；5家企业入选全省“百企引航”名单；新增工业“小进规”企业350家；新增国家级“单项冠军”和“专精特新‘小巨人’企业”19家，省级122家。推进全年191个市级制造业重点项目和61个新增长点项目建设，孚能动力电池、同力电梯驱动、美科多晶硅电池切片等一批重大项目投产见效。 (市工信局 曹小波)

表38 2022年镇江市制造业重点项目一览表

地 区	项目名称	地 区	项目名称
丹阳市	国药(丹阳)智能康复医疗器械产业基地	丹阳市	隐形眼镜自动化生产线扩建项目
丹阳市	超纯净高性能高温合金材料、复杂薄壁高温合金结构件建设项目	丹阳市	年产2000万副树脂镜片生产线扩建项目
丹阳市	生物医药基地	丹阳市	年产300万只阶梯式电梯踏板项目
丹阳市	偏光片项目	丹阳市	年产20万套汽车外观件改装包围项目
丹阳市	铝合金延伸应用产品	丹阳市	年产250万套智能出行(电动自行车)配件、300万套可循环使用模块化精密仓储容器生产线建设项目
丹阳市	智能家居	丹阳市	年产15万台新风类产品生产线建设项目
丹阳市	黑科技新材料	丹阳市	年产3万只油缸及其配件生产线新建项目
丹阳市	新建硬质合金工具及刀片	丹阳市	汽车零部件生产线建设项目
丹阳市	新型承插式盘口脚手架	丹阳市	船用大灯及车船机械部件项目
丹阳市	电梯驱动总成	丹阳市	高性能新材料生产新建项目
丹阳市	显示模组及部件制造基地项目	丹阳市	年产200万平方米幕墙装饰铝单板及50万平方米幕墙装饰蜂窝板生产线新建项目
丹阳市	高端汽车零部件生产	丹阳市	某低功耗智能制氧装备研发及产业化
丹阳市	高档汽车灯具生产项目	丹阳市	1.71以上眼健康树脂镜片国产化制备关键技术研发与产业化
丹阳市	万洋众创城项目(丹北)	丹阳市	航空刀具用粉末冶金超高合金高速钢的研发与产业化
丹阳市	高合金工模具钢技改及粉末冶金二期项目	句容市	年产50万台新能源国民车
丹阳市	特种新能源整车项目	句容市	果饮浓浆和植物酵液
丹阳市	丹阳力合智能制造产业园	句容市	AMOLED金属掩膜板框架生产
丹阳市	医用手套生产线建设项目	句容市	智能环保装备的研发及制造
丹阳市	江苏标龙(丹阳)智能制造产业园	句容市	和能人居装配式装修系统部件
丹阳市	数控机床主轴生产项目	句容市	中圣精密硅钢卷板
丹阳市	年产5000吨汽车钣金、模具	句容市	年产5GW高效光伏组件
丹阳市	年产100套全自动医药产品包装设备生产线新建项目	句容市	第一工园·句容氢能源主题产业园
丹阳市	年产300万件汽车精密冲压件生产线新建项目	句容市	宏通年产2GW太阳能电池组件
丹阳市	LED照明灯具和路照明灯杆生产线新建项目	句容市	低空探测雷达配套设备及集成化微波模块生产
丹阳市	高精度光学透镜项目	句容市	汽车零部件智能制造
丹阳市	年产5000吨铜丝线缆生产线建设项目	句容市	中德智能设备制造
丹阳市	年产1108万个汽车安全气囊用气体发生器项目	句容市	智能办公及医疗设备制造
丹阳市	树脂砂轮生产项目	句容市	集成电路芯片级(GSP)封装
丹阳市	年产200万套汽车零部件生产线项目	句容市	磁悬浮风机生产
丹阳市	年产800套生箔一体机生产线新建项目	句容市	光学摄像头马达VCM
丹阳市	年产500台(套)医用连续逆流提取机组、医用低温节能浓缩收膏器生产线新建项目	句容市	铁氧体湿压磁瓦和电机生产

续表38

地 区	项目名称	地 区	项目名称
句容市	智能交通诱导系统与装备产业化	扬中市	大型双燃料船舶LNG供气系统关键技术研发
句容市	新型储能设备制造	扬中市	冰级绿色生态江海直达多用途船研发及产业化
句容市	汽车支架显示屏二期	丹徒区	镇江海优威光伏胶膜中心工厂项目
句容市	立邦新型材料华东区域生产基地建设	丹徒区	工程建设高性能复合材料项目
句容市	佳和(句容)现代科技产业园	丹徒区	高性能沥青材料及配套仓储项目
句容市	新一代人造石及其卫浴制品生产	丹徒区	比泽尔旋转式、涡旋式压缩机生产项目
句容市	年产2000吨高端钛及钛合金棒材、丝材生产线	丹徒区	年产10万吨高端香醋和年产10万吨料酒黄酒扩产项目
句容市	5G基站天线技术研发与产业化	丹徒区	高可靠、长寿命特种精密轴承的研发和生产项目
句容市	智能设备穿戴	丹徒区	工程车专用设备研发制造项目
句容市	年产37万吨高性能土木工程材料产业化基地	丹徒区	赛维尔二期项目
句容市	玻璃纤维复合材料制品	丹徒区	年产4000万KM高强度金刚石线锯项目(二期)
句容市	年产1万吨定转子铁芯科技成果转化项目	丹徒区	家具及装饰材料生产基地项目
句容市	基于自主可控芯片的绝缘子智慧运维系统及核心部件研发及产业化	丹徒区	可可制品生产加工及可可文化博物馆项目
句容市	碳玻混均相密排预浸料拉挤设备和产品技术的研发及产业化	丹徒区	反渗透膜、纳滤膜生产项目
句容市	超精密轻量化EPS电机定转子的研发及产业化	丹徒区	生物质胶囊技改扩产项目
扬中市	DHT变速器扩能项目	丹徒区	智能电力设备制造项目
扬中市	工业4.0智能智造共享工厂项目	丹徒区	电子专用材料制造项目
扬中市	巡检机器人及跟踪支架项目	丹徒区	70000台/年通用设备组装生产项目
扬中市	铜基轻金属复合材料项目	丹徒区	储能及智慧能源管理系统制造项目
扬中市	环保材料脱硫钙粉项目	丹徒区	车用LED光源模组制造项目
扬中市	智能装备制造	丹徒区	欧华玛(OWA)新型装饰材料建设项目
扬中市	6000吨/天蛋白饲料加工及筒仓项目	京口区	年产27.5万吨汽车板冷轧铝卷
扬中市	数据中心云计算配套智慧能源与机房环境系统	京口区	先进制造中小企业基地二期
扬中市	长城汽车核心零部件项目	京口区	高端医疗设备及压力装备制造一期
扬中市	35GW绿色高效超薄硅片	京口区	高端汽车零配件
扬中市	年产1500节云轨高地铁内饰零部件	京口区	醋酸造气工艺节能减排技术改造
扬中市	香江“5G+工业互联网”创新管理应用平台	京口区	半导体铝合金设备精密锻造
扬中市	5G移动通信基站一体化能源模块项目	京口区	智能物流综合配套
扬中市	绿色智能化瞬时灭菌系统设备项目	京口区	短流程高性能动力锂电池用铝合金材料制造关键技术的研发
扬中市	特种精密轴承项目	京口区	华为(镇江)数字创新中心
扬中市	智能母线项目	润州区	韦岗绿色建材开采及加工
扬中市	ALC板材、铝蜂窝板材加工制造项目	镇江新区	蓬勃生物抗体药及基因细胞治疗药物研发生产基地项目
扬中市	太阳能电池导电体生产技术改造项目	镇江新区	奥音专业声学扬声器项目
扬中市	高性能绿色建材	镇江新区	双峰格雷斯海姆疫苗玻璃生产基地暨总部项目
扬中市	智能电致变色调光薄膜项目	镇江新区	孚能年产24GWH锂离子电池项目
扬中市	智能光伏接线盒加工制造项目	镇江新区	金东纸业转型升级项目
扬中市	高速钢工具制造项目	镇江新区	联东U谷镇江新区智能制造产业园建设项目
扬中市	扬中万洋众创城项目	镇江新区	大照科创产业园建设项目
扬中市	标龙蓝色智谷扬中产业园	镇江新区	天奈碳纳米管与副产物氢及相关复合产品生产项目
扬中市	智慧工业厂房	镇江新区	新纳米碳材与导电母粒、导电浆料生产项目
扬中市	新能源储能项目	镇江新区	普耀半导体光电新材料生产项目

续表 38

地 区	项目名称	地 区	项目名称
镇江新区	吉贝尔药业生产基地及研发中心项目	镇江新区	逸飞激光年产 200 套激光焊接智能装配生产线项目
镇江新区	生泰尔动物疫苗和宠物保健食品研发及产业化项目	镇江新区	逸航航空精密加工中心项目
镇江新区	中节能太阳能股份年产 1.5GW 太阳能电池组件项目	镇江新区	莱德沃智能桁架机器人项目
镇江新区	中新智地智能制造产业园项目	镇江新区	玖龙智能包装项目
镇江新区	日丰年产 6 亿米新型管材管件华东研发生产基地项目	镇江新区	国 VI 碳化硅颗粒补集器 DPF 关键技术研发及产业化
镇江新区	万事达年产 800 万平方米金属面装饰保温板和新型建筑节能保温材料项目	镇江新区	高耐热结构—防火一体化复合材料研发及产业化
镇江新区	万宝瑞达年产 5 万吨功能性薄膜材料项目	镇江新区	超大推力高涵道比商用发动机先进复合材料风扇叶片研发及产业化
镇江新区	航天海鹰年产 20 架份 C919 大型客机后机身后段、后机身前段、垂尾项目	镇江高新区	高纯纳米电子专业材料
镇江新区	远大年产 1900 套装配式住宅产品项目	镇江高新区	江苏 CIS 摄像头传感器芯片升级项目
镇江新区	维克节能环保空调产品及配套压力容器制造项目	镇江高新区	中集半挂车箱体灯塔生产线改造升级
镇江新区	阿雷蒙金属紧固件生产工艺改造扩产项目	镇江高新区	松协电器项目
镇江新区	山源飞翼换热器及热工节能扩产项目	镇江高新区	年产 3 万吨新能源电池材料项目
镇江新区	东方电热年产 6000 万支铲片式 PTC 电加热器项目	镇江高新区	高端装备制造产业园
镇江新区	悠果维有机食品研发及生产总部基地项目	镇江高新区	惠龙绿色砂石加工交易中心项目
镇江新区	兴卫大型军用船舶和远洋船舶配件制造	镇江高新区	华纳智能装备孵化产业园
镇江新区	坤鼎镇江国际科技创新园项目	镇江高新区	弗瑞斯高端精密零部件加工制造项目
镇江新区	金斯瑞生物科技服务外包扩增项目	镇江高新区	激光发生器研发及生产制造项目
镇江新区	贝斯特新材料项目	镇江高新区	精密低损伤真空镀膜成套设备升级项目
镇江新区	爱姆欧年产 250 吨电子级高纯二乙基锌及年产 5800 吨烷基铝等产品项目	镇江高新区	船用低速级柴油发动机生产项目
镇江新区	垠坤(镇江)未来汇项目	镇江高新区	PD 协议芯片技术研发及产业化
镇江新区	红林高端生物制药项目	镇江高新区	抽水蓄能电站关键核心技术的研发及产业化
镇江新区	欧铝汽车整车行李架项目	镇江高新区	人工智能芯片研发及测试
镇江新区	海飞生物氨基葡萄糖、虾青素、透明质酸生物产品项目	镇江高新区	食品保鲜催熟技术研发及产业化
镇江新区	联博年产 20 万吨新能源汽车驱动电机定转子项目		

（市工信局 朱 卯）

表 39 2022 年镇江市工业应税销售百强企业一览表

地 区	企业名称	地 区	企业名称
丹阳市	江苏沃得集团有限公司	丹阳市	江苏鱼跃医疗设备股份有限公司
镇江新区	镇江奇美化工有限公司	句容市	华电江苏能源有限公司
京口区	江苏鼎胜新能源材料股份有限公司	丹阳市	丹阳龙江钢铁有限公司
丹阳市	天工国际有限公司	丹阳市	大亚科技集团有限公司
丹阳市	江苏鑫海高导新材料有限公司	京口区	国家能源集团谏壁发电厂
镇江新区	金东纸业(江苏)股份有限公司	扬中市	蜂巢动力系统(江苏)有限公司
京口区	江苏索普(集团)有限公司	镇江新区	镇江江南化工有限公司
京口区	中储粮镇江粮油有限公司	扬中市	江苏环太集团有限公司
句容市	建华建材(中国)有限公司	镇江新区	镇江联成化学工业有限公司
扬中市	大全集团有限公司	镇江新区	江苏通达铜材有限公司
京口区	江苏鸿泰钢铁有限公司	镇江新区	镇江均和重工有限公司
丹阳市	江苏飞达集团	润州区	江苏船山集团有限公司

续表 39

地　区	企业名称	地　区	企业名称
扬中市	江苏中海粮油工业有限公司	丹阳市	江苏锐升新材料有限公司
丹徒区	镇江焦化煤气集团有限公司	丹阳市	海昌隐形眼镜有限公司
句容市	句容宁武新材料股份有限公司	丹徒区	江苏镇江燃气热电有限公司
句容市	句容毅马五金制品有限公司	镇江新区	巴斯夫造纸化学品(江苏)有限公司
镇江新区	中节能太阳能科技(镇江)有限公司	丹阳市	江苏辰阳电子有限公司
丹徒区	江苏镇江发电有限公司	扬中市	江苏利民纸品包装股份有限公司
丹阳市	大力神科技集团有限公司	丹徒区	二重(镇江)重型装备有限责任公司
镇江新区	镇江东方电热科技股份有限公司	丹阳市	江苏彤明高科汽车电器有限公司
扬中市	香江科技股份有限公司	镇江新区	太白集团有限公司
扬中市	江苏新韩通船舶重工有限公司	丹徒区	江苏振光电力设备制造有限公司
丹徒区	江苏恒顺集团有限公司	丹阳市	恒宝股份有限公司
镇江新区	道达尔润滑油(中国)有限公司	丹阳市	常诚车业江苏有限公司
扬中市	江苏天舜金属材料集团有限公司	丹阳市	江苏恒神股份有限公司
镇江新区	索尔维(镇江)化学品有限公司	京口区	镇江强凌电子有限公司
丹阳市	江苏同力日升机械股份有限公司	丹阳市	万新光学集团有限公司
句容市	巨宝精密加工(江苏)有限公司	镇江新区	镇江大东纸业有限公司
镇江新区	镇江南帝化工有限公司	丹阳市	江苏华凯比克希线束有限公司
丹阳市	江苏新泉汽车饰件股份有限公司	丹阳市	迅驰车业江苏有限公司
丹阳市	江苏长丰纸业有限公司	丹阳市	冈田精机丹阳有限公司
句容市	句容协鑫光伏科技有限公司	镇江高新区	中船动力镇江有限公司
丹徒区	北汽蓝谷麦格纳汽车有限公司	丹阳市	江苏申阳集团
镇江新区	凯迩必机械工业(镇江)有限公司	扬中市	江苏亿能电气有限公司
润州区	镇江华润燃气有限公司	丹阳市	江苏超力电器有限公司
句容市	句容台泥水泥有限公司	京口区	诺贝丽斯铝业(镇江)有限公司
丹徒区	金海宏业(镇江)沥青有限公司	扬中市	江苏天辰新材料股份有限公司
丹阳市	大赛璐安全系统(江苏)有限公司	镇江新区	江苏常青树新材料科技股份有限公司
镇江新区	江苏正丹化学工业股份有限公司	镇江新区	恩坦华汽车零部件(镇江)有限公司
丹徒区	帝高力装饰材料(江苏)有限公司	丹阳市	丹阳港华燃气有限公司
丹徒区	镇江李长荣高性能材料有限公司	丹阳市	江苏巨贸康万家医疗设备有限公司
镇江新区	优利德(江苏)化工有限公司	丹阳市	江苏文光集团有限公司
扬中市	江苏威腾电气集团	丹阳市	丹阳荣嘉精密机械有限公司
丹阳市	江苏肯帝亚木业有限公司	扬中市	江苏大津重工有限公司
镇江新区	江苏天奈科技股份有限公司	丹阳市	江苏图南合金股份有限公司
丹徒区	江苏捷诚车载电子信息工程有限公司	镇江新区	瑞肯耐特流体控制系统(镇江)有限公司
镇江新区	江苏超跃化学有限公司	丹阳市	丹阳市华一医疗器械有限公司
镇江新区	孚能科技(镇江)有限公司	扬中市	中电电气集团有限公司
镇江高新区	江苏省镇江船厂(集团)有限公司	扬中市	扬中市大地水泥有限公司
扬中市	江苏通灵电器股份有限公司	丹阳市	江苏仅一联合智造有限公司

（市工信局　孙一皓）

表40 2022年镇江市新增国家、省中小企业公共服务示范平台一览表

地区	企业名称	所获称号
京口区	江苏科技大学海洋装备研究院	国家中小企业公共服务示范平台
镇江新区	镇江市产品质量监督检验中心	国家中小企业公共服务示范平台
丹阳市	丹阳市检验检测中心	江苏省中小企业公共服务示范平台
丹阳市	丹阳市精通眼镜技术创新服务中心有限公司	江苏省中小企业公共服务示范平台
丹徒区	江苏鸿剑网络科技有限公司	江苏省中小企业公共服务示范平台
京口区	江苏现代造船技术有限公司	江苏省中小企业公共服务示范平台
京口区	江苏星诺信息技术有限公司	江苏省中小企业公共服务示范平台
镇江新区	镇江优创信息技术有限公司	江苏省中小企业公共服务示范平台
镇江新区	江苏银山宜创运营管理有限公司	江苏省中小企业公共服务示范平台
镇江新区	江苏金智数软科技有限公司	江苏省中小企业公共服务示范平台
镇江高新区	镇江哈工大高端装备研究院	江苏省中小企业公共服务示范平台
镇江高新区	镇江智能制造创新研究院	江苏省中小企业公共服务示范平台

（市工信局　陈砚琳）

表41 2022年镇江市新增国家级制造业“单项冠军”企业（产品）情况表

地区	企业名称	所获称号
丹徒区	江苏希西维轴承有限公司	国家级制造业单项冠军示范企业

（市工信局　赵雅婕）

表42 2022年镇江市新增“专精特新‘小巨人’企业”、“专精特新”中小企业一览表

地区	企业名称	所获称号
丹阳市	丹阳丹耀光学股份有限公司	“专精特新‘小巨人’企业”
丹阳市	江苏仅一联合智造有限公司	“专精特新‘小巨人’企业”
丹阳市	江苏金茂制链有限公司	“专精特新‘小巨人’企业”
丹阳市	江苏华昌工具制造有限公司	“专精特新‘小巨人’企业”
丹阳市	江苏乐能电池股份有限公司	“专精特新‘小巨人’企业”
句容市	江苏兆鋆新材料股份有限公司	“专精特新‘小巨人’企业”
句容市	江苏金合能源科技有限公司	“专精特新‘小巨人’企业”
扬中市	江苏亿阀股份有限公司	“专精特新‘小巨人’企业”
扬中市	长江三星能源科技股份有限公司	“专精特新‘小巨人’企业”
扬中市	江苏美科太阳能科技股份有限公司	“专精特新‘小巨人’企业”
扬中市	江苏锋芒复合材料科技集团有限公司	“专精特新‘小巨人’企业”
扬中市	江苏华强新能源科技有限公司	“专精特新‘小巨人’企业”
扬中市	江苏和成显示科技有限公司	“专精特新‘小巨人’企业”
镇江新区	江苏磁谷科技股份有限公司	“专精特新‘小巨人’企业”
镇江新区	镇江三维输送装备股份有限公司	“专精特新‘小巨人’企业”
镇江新区	江苏金斯瑞生物科技有限公司	“专精特新‘小巨人’企业”
镇江新区	镇江贝斯特新材料股份有限公司	“专精特新‘小巨人’企业”
镇江高新区	中船动力镇江有限公司	“专精特新‘小巨人’企业”
丹阳市	江苏康尚生物医疗科技有限公司	“专精特新”中小企业
丹阳市	江苏天宏机械工业有限公司	“专精特新”中小企业
丹阳市	江苏同力日升机械股份有限公司	“专精特新”中小企业

续表42

地区	企业名称	所获称号
丹阳市	江苏锋泰工具有限公司	“专精特新”中小企业
丹阳市	江苏兄弟合金有限公司	“专精特新”中小企业
丹阳市	江苏全真光学科技股份有限公司	“专精特新”中小企业
丹阳市	江苏奇一科技有限公司	“专精特新”中小企业
丹阳市	江苏富联通讯技术有限公司	“专精特新”中小企业
丹阳市	江苏宏达电气有限公司	“专精特新”中小企业
丹阳市	江苏瑞文新材料科技有限公司	“专精特新”中小企业
丹阳市	江苏申阳电梯部件有限公司	“专精特新”中小企业
丹阳市	丹阳市丹盛纺织有限公司	“专精特新”中小企业
丹阳市	丹阳荣嘉精密机械有限公司	“专精特新”中小企业
丹阳市	江苏鸿晨集团有限公司	“专精特新”中小企业
丹阳市	江苏凯伦铝业有限公司	“专精特新”中小企业
丹阳市	江苏友和工具有限公司	“专精特新”中小企业
丹阳市	常诚车业江苏有限公司	“专精特新”中小企业
丹阳市	江苏汇鼎光学眼镜有限公司	“专精特新”中小企业
丹阳市	双峰格雷斯海姆医药玻璃(丹阳)有限公司	“专精特新”中小企业
丹阳市	明月镜片股份有限公司	“专精特新”中小企业
丹阳市	丹阳市丹祈纺织有限公司	“专精特新”中小企业
丹阳市	江苏擎天车业科技有限公司	“专精特新”中小企业
丹阳市	丹阳市长江汽车部件有限公司	“专精特新”中小企业
丹阳市	丹阳市宇奇车辆配件有限公司	“专精特新”中小企业
丹阳市	江苏山宝集团有限公司	“专精特新”中小企业
丹阳市	江苏林泉汽车装饰有限公司	“专精特新”中小企业
丹阳市	镇江市丹高电器有限公司	“专精特新”中小企业
丹阳市	大力神铝业股份有限公司	“专精特新”中小企业
丹阳市	江苏巨贸康万家医疗设备有限公司	“专精特新”中小企业
丹阳市	江苏瑞尔光学有限公司	“专精特新”中小企业
丹阳市	江苏万奔汽车配件有限公司	“专精特新”中小企业
丹阳市	江苏超力散热器有限公司	“专精特新”中小企业
丹阳市	丹阳市助剂化工厂有限公司	“专精特新”中小企业
丹阳市	江苏丹毛纺织股份有限公司	“专精特新”中小企业
丹阳市	迅驰车业江苏有限公司	“专精特新”中小企业
丹阳市	江苏丹通电气有限公司	“专精特新”中小企业
丹阳市	诺得物流股份有限公司	“专精特新”中小企业
丹阳市	江苏汇能重工有限公司	“专精特新”中小企业
丹阳市	江苏和伟美科技发展有限公司	“专精特新”中小企业
丹阳市	江苏埠恒复合材料有限公司	“专精特新”中小企业
丹阳市	江苏文光车辆附件有限公司	“专精特新”中小企业
丹阳市	江苏大力神科技股份有限公司	“专精特新”中小企业

续表42

地区	企业名称	所获称号
丹阳市	江苏可奥熙光学材料科技有限公司	“专精特新”中小企业
扬中市	江苏通灵电器股份有限公司	“专精特新”中小企业
扬中市	江苏万奇电器集团有限公司	“专精特新”中小企业
扬中市	金海新源电气江苏有限公司	“专精特新”中小企业
扬中市	宜禾股份有限公司	“专精特新”中小企业
扬中市	爱士惟新能源技术(扬中)有限公司	“专精特新”中小企业
扬中市	镇江市华银仪表电器有限公司	“专精特新”中小企业
扬中市	江苏银佳电子设备有限公司	“专精特新”中小企业
扬中市	镇江大全赛雪龙牵引电气有限公司	“专精特新”中小企业
扬中市	江苏大方金属粉末有限公司	“专精特新”中小企业
扬中市	大航有能电气有限公司	“专精特新”中小企业
扬中市	江苏华强电力设备有限公司	“专精特新”中小企业
扬中市	江苏正能电子科技有限公司	“专精特新”中小企业
扬中市	江苏海纬集团有限公司	“专精特新”中小企业
扬中市	江苏大力城电气有限公司	“专精特新”中小企业
扬中市	江苏绿能电力科技有限公司	“专精特新”中小企业
扬中市	江苏大航高华电气有限公司	“专精特新”中小企业
扬中市	江苏省福达特种钢有限公司	“专精特新”中小企业
扬中市	扬中市通发实业有限公司	“专精特新”中小企业
扬中市	倍德力能源装备(江苏)有限公司	“专精特新”中小企业
句容市	江苏华神特种橡胶制品股份有限公司	“专精特新”中小企业
句容市	江苏赛达电子科技有限公司	“专精特新”中小企业
句容市	江苏和正特种装备有限公司	“专精特新”中小企业
句容市	句容宁武新材料股份有限公司	“专精特新”中小企业
句容市	镇江苏博特新材料有限公司	“专精特新”中小企业
句容市	江苏华昌织物有限公司	“专精特新”中小企业
句容市	江苏智达高压电气有限公司	“专精特新”中小企业
句容市	江苏天工科技股份有限公司	“专精特新”中小企业
句容市	镇江金港磁性元件有限公司	“专精特新”中小企业
句容市	江苏晶度半导体科技有限公司	“专精特新”中小企业
句容市	江苏世泰诊断技术有限公司	“专精特新”中小企业
丹徒区	镇江先锋汽车零部件有限公司	“专精特新”中小企业
丹徒区	镇江合力汽车紧固件有限公司	“专精特新”中小企业
丹徒区	镇江原轼新型材料有限公司	“专精特新”中小企业
丹徒区	镇江沃尔夫重工部件有限公司	“专精特新”中小企业
丹徒区	镇江中垒新材料科技有限公司	“专精特新”中小企业
丹徒区	中铸新材工业(江苏)有限公司	“专精特新”中小企业
丹徒区	镇江汇通金属成型有限公司	“专精特新”中小企业
丹徒区	江苏欧文斯彩砂科技有限公司	“专精特新”中小企业
丹徒区	镇江市惠灵顿膜业有限公司	“专精特新”中小企业

续表42

地区	企业名称	所获称号
丹徒区	镇江市欧菱电气自动化系统设备有限公司	“专精特新”中小企业
京口区	江苏锐天智能科技股份有限公司	“专精特新”中小企业
京口区	江苏友穗传感科技股份有限公司	“专精特新”中小企业
京口区	江苏索普赛瑞装备制造有限公司	“专精特新”中小企业
镇江新区	江苏天奈科技股份有限公司	“专精特新”中小企业
镇江新区	镇江泛沃新能汽车技术股份有限公司	“专精特新”中小企业
镇江新区	江苏全海创科技有限公司	“专精特新”中小企业
镇江新区	江苏瑞尔隆鼎实业有限公司	“专精特新”中小企业
镇江新区	镇江润晶高纯化工科技股份有限公司	“专精特新”中小企业
镇江新区	镇江赛尔尼柯自动化股份有限公司	“专精特新”中小企业
镇江新区	昌和化学新材料(江苏)有限公司	“专精特新”中小企业
镇江新区	镇江恒昌彩艺科技有限公司	“专精特新”中小企业
镇江新区	镇江艾康医疗器械有限公司	“专精特新”中小企业
镇江新区	江苏正丹化学工业股份有限公司	“专精特新”中小企业
镇江新区	江苏常青树新材料科技股份有限公司	“专精特新”中小企业
镇江新区	江苏吉贝尔药业股份有限公司	“专精特新”中小企业
镇江新区	江苏奥雷光电有限公司	“专精特新”中小企业
镇江新区	江苏豪然喷射成形合金有限公司	“专精特新”中小企业
镇江新区	中节能太阳能科技(镇江)有限公司	“专精特新”中小企业
镇江新区	江苏愿景宏科技有限公司	“专精特新”中小企业
镇江新区	镇江同立橡胶有限公司	“专精特新”中小企业
镇江新区	江苏恒新药业有限公司	“专精特新”中小企业
镇江新区	江苏领瑞新材料科技有限公司	“专精特新”中小企业
镇江新区	江苏华龙铸铁型材有限公司	“专精特新”中小企业
镇江新区	镇江市东亚电子散热器有限公司	“专精特新”中小企业
镇江新区	江苏特丰新材料科技有限公司	“专精特新”中小企业
镇江新区	江苏英科医疗制品有限公司	“专精特新”中小企业
镇江新区	江苏奥特帕斯新能源科技有限公司	“专精特新”中小企业
镇江新区	镇江加勒智慧电力科技股份有限公司	“专精特新”中小企业
镇江新区	江苏逸飞激光设备有限公司	“专精特新”中小企业
镇江新区	江苏稳润光电有限公司	“专精特新”中小企业
镇江新区	欧宝聚合物江苏有限公司	“专精特新”中小企业
镇江新区	江苏宝亨新电气有限公司	“专精特新”中小企业
镇江新区	江苏安用座椅科技有限公司	“专精特新”中小企业
镇江新区	镇江同舟螺旋桨有限公司	“专精特新”中小企业
镇江新区	前瞻科技有限公司	“专精特新”中小企业
镇江新区	江苏科恒环境科技有限公司	“专精特新”中小企业
镇江高新区	江苏凯德电控科技有限公司	“专精特新”中小企业
镇江高新区	镇江华东电力设备制造厂有限公司	“专精特新”中小企业
镇江高新区	镇江矽佳测试技术有限公司	“专精特新”中小企业

（市工信局　陈　斌）

表 43 2022 年镇江市新增省级以上“绿色工厂”一览表

地区	企业名称	认定等级	地区	企业名称	认定等级
句容市	句容台泥水泥有限公司	国家级	扬中市	江苏亿阀股份有限公司	省级
丹阳市	江苏大力神科技股份有限公司	省级	丹徒区	江苏振光电力设备制造有限公司	省级
丹阳市	江苏全真光学科技股份有限公司	省级	京口区	江苏索普化工股份有限公司	省级
丹阳市	江苏超力电器有限公司	省级	镇江新区	镇江香江云动力科技有限公司	省级
句容市	建华建材(中国)有限公司	省级	镇江新区	合瑞迈材料科技(江苏)有限公司	省级
扬中市	威腾电气集团股份有限公司	省级			

(市工信局 吴 江)

“四群八链”建设

【概况】 2022 年,镇江市的高端装备制造、新材料、数字经济和生命健康四大主导产业集群实现应税销售 3969.2 亿元,比上年增长 12.8%,高于规模以上工业平均增幅 4.9 个百分点,占全市比重的 74%,较上年提高 1 个百分点,其中,高端装备制造、新材料集群超千亿元,分别为 1756 亿元、1276 亿元。智能农机装备、航空航天、医疗器械和生物医药、船舶海工装备、高性能材料、新一代信息技术、新型电力(新能源)装备、汽车及零部件(新能源汽车)8 条重点产业链实现应税销售 3245.8 亿元,增长 14%,高于规模以上工业平均增幅 6.1 个百分点,拉动全市规模以上工业增长 8 个百分点,对全市规模以上工业增长贡献率为 102.4%;占全市比重的 60.6%,较上年提高 1.2 个百分点。173 个“四群八链”市级重点制造业项目完成投资 343.7 亿元,占制造业项目数量的 90.5%、投资量的 88.9%。新签约亿元以上制造业项目 217 个,其中“四群八链”项目 165 个,占比 76%。

主体培育工作。全市新增百亿企业(集团)2 家,累计 12 家(列全省第 5 名),其中“四群八链”企业 10 家,占比 83.3%。7 家企业入围“2022 中国民营企业制造业 500 强”,比去年新增 1 家,均为“四群八链”企业。实施“三帆两金一甘露”(扬帆行动、云帆行动、金帆行动,金穗行动、金链行动和甘露行动)金融赋能高质量发展计划,新增 2 家主板上市企业均为“四群八链”企业,占比 100%。新增工业“小进规”企业 362 家,其中“四群八链”占比 70%。新增 18 家国家级“专精特新小巨人”企业,均为“四群八链”企业,占比 100%;新增 1 家国家制造业单项冠军示范企业。绿色安全工作。落实碳达峰碳中和战略,推动全市制造业绿色转型发展。组织实施绿色化改造项目 46 个,其中“四群八链”33 个,占比 71.7%;创建省级绿色工厂 10 家、市级 28 家,其中“四群八链”36 家,占比 94.7%;实施“碳达峰碳中和”科技创新专项 33 项。围绕产业链重点领域本质安全、化工领域绿色安全、数字领域信息安全,开展整治提升,全面完成江苏省下达的化工整治目标任务和市工业“散乱污”企业整治任务,推进中央环保督察问题整改,保障产业链供应链稳定。 (市工信局 王云山)

【产业链创新载体建设】 2022 年,镇江市围绕高性能材料、高端装备、新一代信息技术、医疗器械与生物医药等“四群八链”重点领域重大关键技术,设立企业科技攻关(揭榜挂帅)引导资金,发布“揭榜挂帅”产业关键技术需求 57 项,解决企业“卡脖子”技术难题 16 项。346 家新认定规模以上工业高新技术企业中,“四群八链”240 家,占比 69.4%;85 个“金山英才”计划支持人才(团队)项目,全部属于“四群八链”项目。“四群八链”企业发挥创新主导作用,全年有 4 家企业入围省关键核心技术(装备)攻关专项;新增 20 家省级企业技术中心;新增 5 家省级工业设计中心;新增“瞪羚企业”12 家,美科太阳能公司获评省“独角兽企业”,海姆霍兹、矽佳测试公司获评“潜在独角兽企业”;大全集团等 9 家企业进入省创新型领军企业培育库。重点产业链创新载体平台加快培育,成立江苏省船舶与海洋工程设计研究院;新增省级以上科技孵化载体 7 家,其中国家级 4 家;新建校企联盟 53 家;挂牌市产业技术研究院新型研发机构专业所 4 家、预备所 3 家。 (市工信局 王云山)

【“数智赋能”情况】 2022 年,镇江市围绕数字产业化和产业数字化建设,推动制造业转型升级。全市两化融合发展水平指数为 65.7,比上年提高 1.8 个百分点,列全省第 7 名。全年数字经济核心产业主营业务收入突破 600 亿元,增长 19.5%。组织实施制造业智能化改造数字化转型十大行动,建设服务商资源池,通过政府购买服务方式,市县联动全年为 800 家企业提供免费诊断服务,促进企业实施智能化改造。以微视频推广数字化场景应用典型案例 20 个。建成市级制造业智能化改造和数字化转型服务平台,健全项目全生命周期服务体系,发布首批项目建设服务商企业目录,滚动推进 568 个新上项目建设。全年新增国家智能制造示范工厂和优秀场景应用 2 个,列全省第

5名;省级“星级上云企业”112家、两化融合贯标示范企业34家、重点工业互联网平台(工厂)2家、智能制造示范(车间)工厂12家。创成全国“双千兆”示范城市,实现市区及省级以上工业园区5G信号全覆盖。打造“5G+工业互联网”融合应用项目7个。2项应用成果包揽全省在世界5G大会揭榜赛所有奖项。中节能公司入选省级首批“5G全连接工厂”。新增省级工业领域数据安全管理试点企业6家、工业电子商务应用创新示范企业4家。华为(镇江)数字联合创新中心正式运营。京口区大禹山创意新社区入选省级信息技术应用创新先导区,镇江市成为全省第4个示范城市。（市工信局　王云山）

【智能农机装备产业链】　2022年,镇江市智能农机装备产业链企业实现应税销售超220亿元,三维股份公司成为镇江市第一家在北交所成功上市企业。当年,镇江市智能农机装备产业链27家规模以上企业实现应税销售224.7亿元,比上年增长2.9%;增长面为55.6%,列8条重点产业链第3名。实现税收6.7亿元,增长22.8%,占8条产业链的比重为19.2%,较2021年度提高9.1个百分点。“链主”企业沃得集团8家农机企业实现应税销售177.3亿元,增长5.0%,占产业链应税销售总额的78.9%,占比较2021年提高1.5个百分点;其中,沃得高新农装公司增幅超80%。产业链重点企业应税销售超10亿元企业7家,较2021年新增2家。江苏希西维轴承有限公司总投资1.5亿元的“高可靠、长寿命特种精密轴承研发和生产项目”完成厂房建设;威特设备公司全自动龙门式洗消设备获镇江市首台(套)重大装备认定。（市工信局　王云山）

【航空航天产业链】　2022年,镇江市航空航天产业链发展呈现逐步向好的趋势,初步形成涵盖通用飞机整机、航空航天新材料、航空航天关键部件、航空发动机动力核心部件、航空机载设备与系统和航空服务等六大特色板块。全年航空航天产业链企业克服新冠病毒感染疫情影响、原材料价格上升、国际形势等多重因素的影响,规模以上29家企业实现应税销售88.72亿元,比上年增长11.7%;实现税收2.95亿元,增长23.1%。全年推进在建高温合金粉末盘等温锻造、逸飞激光二期、威翔航空等重点工业项目和航空教育小镇等科教项目。加快推进航天九院无人机等通航项目落户、瀚星航空美国工厂的设备搬迁,发挥镇江央(国)企合作联盟优势资源,帮助板块引进优质运营和有实力的央企盘活闲置厂房和资产。（市工信局　王云山）

【医疗器械和生物医药产业链】　2022年,镇江市医疗器械产业链主要集中在诊疗设备、康复护理器械、医用辅耗材等中游产品制造领域,医药产业链产品集中在中药(药材)生产、化药生产、生物医药、药用辅材等领域。2022年,医疗器械和生物医药规模以上企业55家,实现应税销售收入122.7亿元。其中,40家医疗器械企业实现应税销售收入88.8亿元,下降14.1%;15家生物医药企业实现应税销售收入33.9亿元,增长43.6%。2022年,镇江市有22个医疗器械和生物医药产业链项目,占市级重点产业项目的10%,完成投资56.6亿元。国药(丹阳)总投资55亿元的智能康复医疗器械产业基地项目完成投资10.2亿元,总投资13亿元的双峰格雷斯海姆疫苗玻璃生产基地暨总部项目完成投资1.5亿元,蓬勃生物公司的抗体药及基因细胞治疗药物研发生产基地项目完成投资6.8亿元,金宇生物总投资15亿元的生物医药基地项目完成投资5亿元。（市工信局　王云山）

【船舶海工装备产业链】　2022年,镇江市有船舶与海工装备企业76家,其中船企11家、配套企业65家。全市38家船舶海工规模以上企业完成应税销售收入126.9亿元,比上年增长8.1%。船舶海工装备产业有6个项目入选2022年市级重点项目,实际完成投资7.9亿元。江苏福麟智能装备制造有限公司投资6亿元,用于智能化制造,建设6栋计17万平方米标准化厂房、2栋计7400平方米库房,并添置各类设备1000台(套),该项目竣工投产;某公司投资1.5亿元,用于新建某配件制造生产厂房、检测中心及配套用房;江苏互盛智能科技有限公司投资1亿元,用于研发生产车船齿轮箱、风电驱动座、交通轨道轮边机齿轮等精密零部件。（市工信局　王云山）

【高性能材料产业链】　2022年,镇江市有高性能材料产业链企业102家,占全市8条产业链企业的10.7%,实现应税销售925.2亿元,比上年增长0.9%,总量列全市8条产业链第1名,占全市工业应税销售17.3%。高性能合金产业链实现应税销售476.2亿元,增长12.7%;高分子材料产业链实现应税销售386.3亿元,下降9.9%;高性能复合材料产业链实现应税销售39.4亿元,增长28.7%;其他(主要建材)实现应税销售23.3亿元,下降33.3%。15家产业链重点企业入围“全市工业百强企业”,完成应税销售757.7亿元,占全市工业百强企业的25.3%;鼎胜新材、奇美化工、鑫海高导等企业应税销售分别为172.1亿元、145.0亿元、129.7亿元,分别列全市工业百强企业第1名、2名、4名,3家企业占全市工业应税销售的8.3%。2022年,全市191个制造业重点项目中,高性能材料产业链项目44个,完成投资78.4亿元,占当年度全市项目总投资19.9%。当年,镇江市在全省设区市层面率先出台《镇江市新材料推广应用示范项目认定(试行)办法》,推动企业通过自主研制、引进吸收等方式拥有发明专利。

（市工信局 丁 琦）

【新一代信息技术产业链】 2022年，镇江市拥有规模以上新一代信息技术企业205家，新一代信息技术产业链主营业务收入603.7亿元，比上年增长19.5%，营业收入占8条产业链的18.8%。（参见第102页、第103页） （市工信局 王云山）

【新型电力（新能源）装备产业链】 2022年，镇江市新型电力（新能源）装备主要涵盖智能电气及光伏领域，有规模以上企业255家。受光伏行业拉动，镇江市新型电力（新能源）装备产业链企业完成应税销售614亿元，比上年增长33%，在8条重点产业链中增幅最大，高于全市规模以上工业25.1个百分点；完成税收14.8亿元，在8条重点产业链中列第2名。当年，有20个项目入选2022年度市级重点项目，完成投资43.3亿元。江苏美科公司投资35.9亿元建设绿色高效超薄硅片生产线，实现一期12吉瓦、二期10吉瓦产能。协鑫集团投资19.3亿元建设占地400亩（26.7公顷）的12条全自动光伏组件生产线。镇江句容星郭产业园开发有限公司投资12亿元布局“第一工园·句容氢能源主题产业园”，规划占地283亩（18.87公顷），聚焦氢能在交通和电力两大领域的应用。 （市工信局 王云山）

【汽车及零部件（新能源汽车）产业链】 2022年，镇江市汽车及零部件（新能源汽车）产业链的246家规模以上涉车企业实现应税销售529.5亿元，比上年增长30.6%，较8条重点产业链平均14.0%的增幅高出16.6个百分点。应税销售额10亿元以上企业从6家增长至9家。孚能科技二期产能释放，实现销售额84.4亿元，增长613%，北汽蓝谷麦格纳公司、蜂巢传动公司销售额分别增长146%、102%。全年新签约亿元以上涉车项目43个，总投资144.8亿元。其中，鹰普集团作为汽车、航空及液压终端市场全球第四大精密机加工公司，在镇江高新区投资1亿美元，购地约90亩（6公顷），建设液压装备智能制造及全球研发中心。当年，在全市重大产业项目中汽车及零部件产业链项目有29个，完成投资77.9亿元。 （市工信局 王云山）

高端装备制造业

【概况】 2022年，镇江市高端装备制造产业集群702家规模以上企业实现应税销售1756.2亿元，比上年增长22.7%，增幅高于全市规模以上工业平均14.8个百分点；占全市规模以上工业比重的32.8%，占比较2021年提高3.9个百分点。全年新增市首台（套）重大装备12个、省首台（套）重大装备3个，累计分别为27个和85个。推动“智能工厂”建设，全年新增国家级“智能工厂”1家（全省3家），累计2家，列全省第3名。新增国家“智能制造优秀场景”1个，累计2个，其中索普化工是全省化工行业中唯一入选企业。新增省级“智能工厂”4家，累计8家。 （市工信局 栾 蕾）

表44 2022年镇江市高端装备制造集群应税销售“50强企业”一览表

地 区	企业名称	地 区	企业名称
扬中市	江苏美科太阳能科技股份有限公司	扬中市	江苏大津重工有限公司
丹阳市	江苏沃得农业机械股份有限公司	镇江高新区	江苏省镇江船厂（集团）有限公司
镇江新区	孚能科技（镇江）有限公司	扬中市	江苏大全长江电器股份有限公司
镇江新区	中节能太阳能科技（镇江）有限公司	镇江新区	凯迩必机械工业（镇江）有限公司
丹徒区	北汽蓝谷麦格纳汽车有限公司	扬中市	镇江默勒电器有限公司
镇江新区	镇江均和重工有限公司	丹阳市	江苏大力神科技股份有限公司
扬中市	蜂巢动力系统（江苏）有限公司	丹徒区	二重（镇江）重型装备有限责任公司
丹徒区	江苏沃得高新农业装备有限公司	扬中市	江苏通灵电器股份有限公司
丹阳市	江苏新泉汽车饰件股份有限公司	京口区	诺贝丽斯铝业（镇江）有限公司
句容市	句容协鑫光伏科技有限公司	丹阳市	沃得精机（中国）有限公司
扬中市	蜂巢传动系统（江苏）有限公司	丹阳市	江苏沃得机电集团有限公司
扬中市	镇江西门子母线有限公司	丹阳市	江苏超力电器有限公司
扬中市	江苏新韩通船舶重工有限公司	丹徒区	沃得重工（中国）有限公司
镇江新区	江苏东方瑞吉能源装备有限公司	丹阳市	常诚车业江苏有限公司
丹阳市	大赛璐安全系统（江苏）有限公司	扬中市	江苏亿能电气有限公司
镇江新区	镇江东方电热科技股份有限公司	丹阳市	大力神铝业股份有限公司

续表 44

地　区	企业名称	地　区	企业名称
丹徒区	江苏振光电力设备制造有限公司	丹阳市	江苏同力日升机械股份有限公司
丹阳市	江苏沃得植保机械有限公司	扬中市	全海新源电气江苏有限公司
镇江新区	恩坦华汽车零部件(镇江)有限公司	丹阳市	江苏林泉汽车装饰件有限公司
丹阳市	迅驰车业江苏有限公司	镇江新区	瑞肯耐特流体控制系统(镇江)有限公司
扬中市	爱士惟新能源技术(扬中)有限公司	丹阳市	丹阳荣嘉精密机械有限公司
扬中市	中电电气(江苏)变压器制造有限公司	句容市	江苏联博精密科技有限公司
丹阳市	江苏天工精密工具有限公司	扬中市	威腾电气集团股份有限公司
丹阳市	江苏沃得农业机械配件制造有限公司	丹阳市	大亚车轮制造有限公司
丹阳市	冈田精机丹阳有限公司	扬中市	江苏火蓝电气有限公司

（市工信局　王云山）

【2 家企业入选“中国机械工业百强”】 2022 年 12 月底，2022 年“中国机械工业百强企业”名单发布，江苏省 18 家企业入围，比上年增加 4 家。镇江大全集团、沃得农机公司 2 家企业入选，比上年新增 1 家，数量列全省第 4 名，在全省位次较上年前移 1 名。其中，大全集团列“全国机械工业百强”第 25 名，较上年前移 3 名；沃得农机公司首次入选，列第 49 名。

（市工信局　栾　蕾）

【大全集团入选“智能制造试点示范工厂”】 2022 年 12 月 2 日，工业和信息化部公示 2022 年度“智能制造试点示范工厂”揭榜单位和优秀场景名单。大全集团有限公司入选“2022 年智能制造试点示范工厂”，揭榜“电力装备智能制造工厂”任务。项目自 2019 年实施，2022 年结束。项目以智能电网关键成套装备为目标产品，构建智能工厂的整体架构和信息物理系统（CPS）建设架构，建立并融合制造执行系统（MES）、企业资源管理系统（ERP）、产品全生命周期管理软件（PLM）等信息软件系统，使用基于三维模型的产品设计、工艺仿真优化、生产装配等技术，通过无线网络传输系统等各类工业互联网技术的集成应用和人工智能技术在多种智能装备和软件系统的创新应用，提升六轴关节型搬运机器人、开关柜壳体 CMT 智能焊接机器人等短板装备的创新能力和智能化水平，打造智能电网关键成套装备的智能工厂，实现研发设计、生产制造、经营管理、远程运维等环节的自感知、自分析、自决策、自执行，并形成该行业有效的智能制造新模式。（市工信局　栾　蕾）

【镇江船厂交付国内具备尾气处理能力的最大功率全回转拖船】 2022 年 5 月 24 日，由江苏省镇江船厂（集团）有限公司为深圳盐田拖轮有限公司设计建造的“盐田拖 21”启航，成为国内市场带脱硝装置的最大功率全回转近海拖船，这是镇江船厂向市场推出的最新一款拥有自主知识产权的标准化船型产品。该船设计功率 5884 千瓦（8000 马力），不仅可用于港内作业，还可满足近海拖带需求。该船配有发动机尾气排放处理装置（SCR），满足国际海事组织第Ⅲ级（Tier Ⅲ）氮氧化物排放标准，产品技术指标和使用性能达到国际先进水平。（市工信局　栾　蕾）

【3 家企业入选“全国百家优秀汽车零部件供应商”】 2022 年 12 月，第 19 届“全国百家优秀汽车零部件供应商”名单发布。镇江市的新泉股份、超力电器、新通达电子等 3 家企业入选，其中，超力电器公司和新通达电子公司获评“优秀汽车电子电器供应商”，新泉

图 26　大全集团低压成套开关设备数字化生产线

（大全集团　供稿）

汽车公司获评“优秀通用件、车身附件供应商”。

（市工信局　栾　蕾）

新材料产业

【概况】 2022年，镇江市推动高性能材料产业链高质量发展，加强关键核心技术攻关，全面实施“智改数转”，壮大“链主”骨干企业、“专精特新”企业，新材料产业发展稳中有进。全市新材料产业规模以上工业企业202家，应税销售1276.9亿元，比上年增长1.4%。全年组织实施新材料重点项目44个，总投资330.9亿元，占全市制造业重点项目总投资的19.6%；当年完成投资78.4亿元。泰塑新材料铜丝线缆、兄弟合金高性能新材料、中圣精密硅钢卷板等一批重大项目竣工投产。在全省率先出台《镇江市新材料推广应用示范项目认定（试行）办法》，完成首批6个项目认定，鼓励更多新材料生产企业用好新材料首批次应用保险。举办高分子材料“智能化改造数字化转型”专场活动、化工产业安全发展交流会，引导新材料产业高端化、数字化、智能化、绿色化发展。天奈科技、苏博特新材料、贝斯特新材料等企业项目获省战略性新兴产业发展专项资金，鼎胜新材、伟建工具等企业项目分获省科技成果转化专项资金、省产业前瞻与关键核心技术攻关项目立项，22个新材料项目入选市“金山英才”计划。全年新材料行业新增国家级“专精特新‘小巨人企业’”5家、省级以上企业技术中心8家、省级以上“绿色工厂”4家、省级“示范智能车间”7个。5月，天工国际有限公司获评“2022钢铁行业全球影响力品牌”。11月，2022石油和化工企业销售收入前500家发布会暨加快建设世界一流企业高峰论坛召开，索普股份公司排名石油和化工企业销售收入排行榜（综合类）第179名，较上年上升73名；排名石油和化工上市公司销售收入排行榜第105名，较上年上升39名。

（市工信局　丁　琦）

表45　2022年镇江市新材料集群应税销售“50强企业”一览表

地　区	企业名称	地　区	企业名称
京口区	江苏鼎胜新能源材料股份有限公司	丹徒区	镇江龙源铝业有限公司
镇江新区	镇江奇美化工有限公司	镇江新区	江苏常青树新材料科技股份有限公司
丹阳市	江苏鑫海高导新材料有限公司	丹阳市	江苏华力金属材料有限公司
京口区	江苏索普化工股份有限公司	扬中市	江苏天舜金属材料集团有限公司
镇江新区	镇江江南化工有限公司	镇江新区	江苏新越高新技术（集团）股份有限公司
镇江新区	江苏通达铜材有限公司	丹徒区	镇江原轼新型材料有限公司
丹阳市	江苏天工工具新材料股份有限公司	丹阳市	江苏三鑫铝业有限公司
镇江新区	镇江联成化学工业有限公司	丹阳市	丹阳市永达模塑有限公司
丹阳市	天工爱和特钢有限公司	镇江新区	山特维克材料科技（中国）有限公司
镇江新区	索尔维（镇江）化学品有限公司	丹阳市	江苏大亚铝业有限公司
丹徒区	镇江源龙铝业有限责任公司	镇江新区	托尔专用化学品（镇江）有限公司
句容市	建华建材（中国）有限公司	丹阳市	丹阳市助剂化工厂有限公司
镇江新区	江苏正丹化学工业股份有限公司	丹阳市	江苏凯伦铝业有限公司
丹徒区	江苏苏亚迪炭材有限公司	丹阳市	江苏飞亚金属制品有限公司
镇江新区	道达尔润滑油（中国）有限公司	镇江新区	江苏四达特材科技有限公司
句容市	句容宁武新材料股份有限公司	扬中市	江苏锋芒复合材料科技集团有限公司
镇江新区	江苏天奈科技股份有限公司	镇江高新区	江苏金天辰新材料有限公司
镇江新区	优利德（江苏）化工有限公司	镇江新区	壳牌（镇江）沥青有限公司
镇江新区	江苏超跃化学有限公司	句容市	江苏兆鋆新材料股份有限公司
丹徒区	帝高力装饰材料（江苏）有限公司	丹徒区	镇江市润发铝业有限公司
丹徒区	镇江李长荣高性能材料有限公司	句容市	镇江金得顺新型碳材料有限公司
扬中市	江苏森林建筑新材料股份有限公司	句容市	江苏三超金刚石工具有限公司
镇江新区	镇江南帝化工有限公司	句容市	镇江北新建材有限公司
丹阳市	江苏恒神股份有限公司	镇江新区	镇江润晶高纯化工科技股份有限公司
丹阳市	江苏图南合金股份有限公司	丹阳市	江苏瑞美福实业有限公司

（市工信局　王云山）

【《镇江市新材料推广应用示范项目认定(试行)办法》出台】 2022年,《镇江市新材料推广应用示范项目认定(试行)办法》出台。该办法的出台旨在强化新材料产品市场化推广应用,打通产业链"堵点""难点""断点",加快培育高性能材料产业链,打造新材料产业集群,促进全市新材料产业高质量发展。办法中的"新材料"指新出现的具有优异性能或特殊功能的材料,或是传统材料改进后性能明显提高或产生新功能的材料;"新材料推广应用示范项目"指符合本办法规定的企业通过自主研制、引进吸收等方式拥有发明专利,形成具有技术领先优势或者打破市场垄断的应用项目。通过该办法认定的项目可以享受政策优待。

(市工信局　丁　琦)

【恒神碳纤维材料应用】 2022年6月23日,亚洲最长抗台风型明阳智能111.5米叶片下线,该款叶片所用碳纤维拉挤板、双轴碳布和碳玻混导流织物3款核心材料均由江苏恒神股份有限公司独家供应。7月,国产轻型飞机ZA800(整机结构件国产化率100%)在湖北正式首飞,该款单发、双座、下单翼飞机全部采用先进的碳纤维复合材料,机身、机翼一体成型,比传统金属机身强度刚度更高,机体重量更轻,更绿色环保,是全球最领先的轻型运动类飞机之一。江苏恒神股份有限公司是该款飞机碳纤维材料的唯一供应商。

(市工信局　丁　琦)

【恒神股份公司参与国家标准制订】 2022年,由江苏恒神股份有限公司参与制定的"纤维增强塑料复合材料用剪切框测定面内剪切/剪切应变响应和剪切模量的试验方法"及"纤维增强塑料复合材料双梁法测定层间剪切强度和模量"2项国家标准颁布实施。"纤维增强塑料复合材料用剪切框测定面内剪切/剪切应变响应和剪切模量的试验方法"(GB/T 41498—2022)的实施,填补国内用剪切框测定层压板复合材料面内剪切性能的空白,拓宽复合材料面内剪切的试验方案;"纤维增强塑料复合材料双梁法测定层间剪切强度和模量"(GB/T 41501—2022)的实施,为国内五点弯曲测定层间剪切性能提供技术规范,也为五点弯曲的推广应用提供技术支撑。

(市工信局　丁　琦)

【"智改数转"走进高分子材料产业链专场活动】 2022年7月6日,镇江市举办"智改数转"走进高分子材料产业链专场活动,推动高分子材料企业"智改数转",促进产业高质量发展。该活动是"智改数转"走进"四群八链"系列活动的第二场,会议通过"线上+线下"的形式召开。会上,市工信局发布镇江第一批"智改数转"项目建设服务商参考目录,与会人员参观索普股份公司"安全风险实时监测与识别"项目("国家智能制造优秀场景"),并听取索普股份公司和紫光云引擎科技苏州有限公司的经验分享,服务商与企业现场进行供需对接交流。

(市工信局　丁　琦)

【镇江新区新材料产业园入选"2022年中国化工园区30强"】 2022年,在2022中国化工园区与产业发展论坛上,中国石油和化学工业联合会公布2022年"中国化工园区30强"和"中国化工园区潜力10强"名单。镇江新区新材料产业园列"2022年中国化工园区30强"第21名。

(市工信局　丁　琦)

电力工业

【概况】 截至2022年年底,镇江市各类发电总装机容量1064.9万千瓦,其中,统调燃煤发电企业3家,装机容量820万千瓦;统调燃气热电企业1家,装机容量92万千瓦;公用热电企业4家,装机容量9.6万千瓦;生物质发电企业1家,装机容量3万千瓦;垃圾发电企业3家,装机容量6.1万千瓦;风力发电企业1家,装机容量2万千瓦;各类光伏发电总装机容量132.2万千瓦,较2021年增长20.1%,其中:地面光伏电站装机容量38.4万千瓦;屋顶分布式光伏发电装机容量93.8万千瓦,较2021年增长30.8%。新型电力(新能源)装备产业链规模以上企业254家,占全市规模以上工业企业的10.6%。完成应税销售614亿元,占全市规模以上工业的11.5%,规模在8条重点打造的产业链中列第2名;增长幅度为33%,高于全市规模以上工业的25.1个百分点,增幅在8条重点打造的产业链中列第1名;完成税收14.8亿元,增长9.6%,总量在8条重点打造的产业链中列第2名。能源结构加速调整,光伏新能源企业快速增长,重点企业中,江苏美科太阳能科技有限公司完成应税销售132.4亿元,增长208.9%;中节能太阳能科技(镇江)有限公司完成应税销售52.6亿元,增长94.3%;句容协鑫光伏科技有限公司完成应税销售28.6亿元,增长64.1%。

(市发改委　杨正跃)

【国能江苏谏壁发电有限公司】 2022年,国能江苏谏壁发电有限公司(简称谏壁公司)完成发电量158.69亿千瓦时(含光伏发电);百万机组市场占有率118%,利用时间为6116小时,全省列第1名;年供热量222.33万吨,创该厂历史新高;年上缴税费3.79亿元。2022年,该公司获中电联"企业文化典型实践单位"、集团公司"企业文化示范基地"称号。

安全环保。编制全员安全生产责任制,实现"一岗一清单”，确保责任制落实标准化、清单化、可评价。创新安全生产再监督模式，对监督体系再监督，督促整改问题173项。实施外委（将工作委托给其他具有相关资质的单位实施）队伍“积分制”管理，约谈承包商65次，清退外委人员15人，压实承包商安全管理主体责任。推行专业化管理，全年设备缺陷数量比上年下降55.5%，机组可靠性水平较大提升，该公司获评省能效对标“标杆电厂”，4台机组获评省“标杆机组”。完成7A、7B圆形煤场网壳屋面更型、全厂脱硫废水零排放改造，12号、14号机组全负荷脱硝改造；通过机组技改升级、优化燃料结构、加强运行调整等组合措施，3项主要污染物（二氧化硫、氮氧化物和烟尘）排放量较2021年下降近1/3，公司获镇江市友好减排“先进单位”称号。提高码头岸电服务品质，为72艘次靠泊海轮提供75.6万千瓦时清洁电能，减少船用柴油250吨，公司获评省“环保绿色信用企业”和“节水型企业”。

经营管理。争取外部高价值替代电量4亿千瓦时，收益较超发电增利857万元。强化热价疏导，建立价格浮动机制，全年供热增收7348万元。绿电收入超3000万元。推进售电侧改革，签约2023年度一、二类电力用户188家，电量合计112亿千瓦时。提前还贷，置换高息贷款，压降带息负债，优化债务结构，年末资产负债率10.2%，压降21.3%。适时采购神华煤等经济煤种及价格窗口期进口煤，节约燃料费用5337万元。推进集中打捆与长协框架采购，完成区域化学药剂集采，创效708万元。

绿色发展。推进分布式和集中式光伏项目，松林山灰场光伏、宝堰渔光农光互补光伏2个项目110兆瓦开工建设。拓展资源渠道，省内5个设区市有新能源项目签约、开工建设。年内新能源项目储备234兆瓦、开工137兆瓦，比上年增幅均超50%。“80兆瓦宝堰渔光农光集中式光伏项目”是江苏公司系统内开工建设的最大集中式光伏项目。镇江新区丁岗镇农光互补综合示范项目（134兆瓦）进入省新能源管理平台贮备库。镇江高新区整县制屋顶分布式光伏项目开发试点方案通过省能源局专家评审。分散式风电开发取得突破，启动建设惠龙港源网荷储一体化“近零碳”港口示范工程，推进宝堰镇风电项目。8期高效清洁煤机、永兴坝抽水蓄能、储煤基地三大项目成立专班，项目取得阶段性进展。做好城市污泥消纳工作，污泥掺烧量创该企业历史新高，收益1755万元。

企业管理。开展权力公开“阳光工程”全面试点工作，公司27个关键业务领域推行权力公开事项。推进公司内控体系建设，形成一、二、三级制度150项。编制实施《合规风险地图》《合规管理风险清单》，为公司合规管理提供针对性依据。“运用MYJPJ管理提效工具 实现公司治理体系与治理能力新提升”成果获江苏公司一等奖。贯彻落实集团公司改革三年行动、对标世界一流管理提升行动要求，助力工程技术公司、培训中心运营建设，45项国企改革任务全面完成，“以改革促发展 注入企业发展新动能”案例入选集团公司《改革三年行动案例集》。

（谏壁公司 丁 健）

【国网镇江供电公司】 2022年，镇江市全社会用电量298.47亿千瓦时，比上年增长1.16%；供、售电量分别为275.46和269.43亿千瓦时，分别增长1.15%和1.44%；调度最高用电负荷504.69万千瓦，增长1.39%。全市有35千伏及以上变电站151座，其中，500千伏4座、220千伏31座、110千伏94座、35千伏22座；变压器288台，主变容量2680.51万千伏安；35千伏及以上输电线路长度5316千米，其中，500千伏666千米、220千伏1720千米、110千伏2041千米、35千伏889千米。2022年，公司连续安全生产6485天。截至2022年年底，公司服务电力客户213.6万户。全市累计申请业扩报装容量2346兆伏安。

供电保障。2022年入夏后，全国大范围出现罕见高温天气，镇江全市也经历极端高温天气，电力供应、电网安全面临考验。供电公司加强电网隐患整治，迎峰度夏期间，开展设备带电检测23122次，排查处置隐患561处，未发生一起由于电网原因导致的停限电事故。精准管控电力负荷，实施需求侧响应18天，参与企业3000余户，最大响应量70万千瓦以上。完成190余项全市重要活动期间保电任务。连续54个月保持220千伏及以上线路“零外破”，35千伏及以上线路跳闸率下降37.78%。配网百公里故障率下降47.44%，用户平均停电时间下降36.64%。

电网发展转型。镇江供电公司成立市级电力负荷管理中心，提升负荷管理全链条处置、全环节闭环管理和全资源快速响应能力。滚动修编2025年—2029年主网和高压配网规划。完成新民110千伏主变扩建等11项高压配网项目核准，困扰新民地区10余年的供电问题取得较大突破。按期投运华海丹阳燃机、上党变扩建配套送出等迎峰度夏工程，解决区域供电瓶颈问题。“扬中新型城镇能源互联网示范工程”通过工业和信息化部综合绩效评价。

电力营商环境建设。镇江供电公司推动电力接入工程政企共担政策发文和资金双落实，实现市县两级政策全覆盖，全省率先打通政府投资资金线上接收渠道。落实公共服务事项“一件事一次办”政策要求，提升市场主体办电便利度。通过延伸投资、助企纾困等服务举措，全年为企业、居民客户降低用电成本2.24亿元。完成配网项目建设2171个，投资10.19亿元，打造零停电示范区18.35平方千米。聚焦220个省市重点

产业项目提供相关服务，对接312国道、346国道杆线迁改等重大工程。（供电公司　张　翔）

【南沿江铁路牵引站配套工程建设】　2022年11月，南沿江铁路牵引站配套工程镇江段线路全线贯通。该工程为镇江市历史规模最大的线路工程，镇江段约126千米，杆塔193基，涉及跨越S6宁句地铁、500千伏廻津线升高、110千伏线路迁改等难点。工程中试点应用可视化集控式张力放线等新技术，为跨越地铁S6号线、国/省道施工等重要交跨放线工作提供安全技术屏障。（供电公司　张　翔）

【"开门接电"示范区建设】　2022年，镇江供电公司围绕全市"四群八链"布局，推进"开门接电"示范区建设，将配电网提前延伸建设至开发用电地块红线外，推动完成"客户等接电"向"电等客户接"的转变。依托工改平台提前获取土地出让、划拨等信息，将接入工程相关的站址、管沟、廊道资源纳入电网规划统筹考虑，实现电网规划建设更加符合全市经济发展布局、城市建设规划以及电力客户需求。2022年完成配网项目建设2171个，投资10.19亿元，打造零停电示范区18.35平方千米。全市供电可靠率提升至99.9783%。全市9个省级及以上园区均签订"开门接电"政企合作协议，其中，镇江新区大港核心商贸区、航空机电产业园区建成"开门接电"示范区，累计17.96平方千米，平均接电时长16.19个工作日，平均接电距离44.81米。（供电公司　张　翔）

【新型电力系统建设】　2022年，镇江供电公司推进扬中新型电力系统示范区建设，推动经济绿色低碳转型和可持续发展。打造中压互联、低压互联、光储充直柔微网及绿电存储4个样本工程，在新技术、新手段、新管理等方面形成一系列研究成果。开展"五市十县"能源互联网示范区建设，实现台区终端全覆盖、营配数据全贯通交互、业务功能全应用；优化完善低压台区拓扑自动识别等融合终端高级应用。打造国网公司级配电网电压无功和技术降损管理标杆示范区，完成主变、线路、台区、用户4级电能质量分层监测，全面适应高比例分布式光伏整县接入后的电压需求。（供电公司　张　翔）

【绿电交易新型电力市场建设】　2022年，镇江供电公司探索绿电交易新型电力市场建设，为碳排放企业开展绿电政策解读工作，以市场化方式引导电力用户形成绿电消费理念，加快绿色能源发展；发挥增量配售电公司市场作用，对接省内新能源发电主体，为市场化用户和新能源发电企业参与绿电交易搭建桥梁，4月，完成省内首笔由增量配售电公司撮合完成的绿电交易。（供电公司　李洋洋）

【无人机巡检示范区建设】　2022年，镇江供电公司拓展无人机巡检业务，建成谏壁、丹北2个区域化协同巡检示范区。谏壁、丹北两大示范区分别地处镇江市谏壁镇、丹北镇，3区县交界，濒临长江，地理位置特殊，各电压等级电网设备错综复杂。供电公司在示范区内按照大、中、小型固定机巢的巡检功能，差异化配置不同型号机巢，在谏壁示范区内布设4台大型机巢，在丹北示范区内布设6台机巢（3台大型、2台中型、1台小型），实现526.5平方千米范围内重要输电线路精细化巡检全覆盖。依托无人机示范区建设，全年全市完成35千伏及以上无人机巡检18679基，实现35千伏～500千伏输电线路三维激光点云覆盖率100%，输电无人机故障巡视、验收巡视应用率100%。（供电公司　李洋洋）

【中国能源建设集团江苏省电力建设第三工程有限公司】　2022年，中国能源建设集团江苏省电力建设第三工程有限公司完成营业收入53.6亿元。全年在建项目174个，分布于国内28个省、市、自治区以及马尔代夫、纳米比亚和孟加拉3国。移交卡拉奇K3百万千瓦核电机组、国能北海百万千瓦燃煤机组、重钢1号和2号煤气机组，合计2225兆瓦；投产风电机组27台，合计95.15兆瓦；投产光伏项目11.1兆瓦；投产变电站11座，输电线路16条合计180.885千米；竣工年产500万件智能终端硬件及配套产品的研发项目等基础设施项目4个，面积24.87万平方米；完成公路1条，合计950米。该公司推进自主创新和科技进步，15项QC成果获省部级以上奖项，累计注册成立QC小组48个。公司重视安全质量环保管理，田湾核电5号、6号机组常规岛建安工程等3个项目获评中国工程建设焊接协会"2022年度优秀焊接工程"，陕西德源府谷电厂"二期2×660MW扩建工程"等5项工程获评中国电力优质工程。2022年，公司地方及行业资信等级保持"AAA"级水平，公司获评镇江市建筑业"最佳企业"、2022年度电力建设领域诚信典型企业、2021年度财税贡献"十强企业"、江苏省建筑业"百强企业"等，同时，获镇江市建筑业发展专项引导资金。（省电三公司　汤　杰）

传统工业

【冶金建材行业】　2022年，镇江市有冶金企业148家，实现应税销售906.8亿元，比上年增长2.6%。该产业重点推进废钢铁资源循环利用，推动钢铁企业超低排放改造，江苏鸿泰钢铁有限公司进入工业和信息化部钢铁行业规范公告；推进铝加工（深井铸造）行业技术升级，加快淘汰落后产能。镇江市有建材企业283家，实现应税销售354.6亿元，下降4.5%。该产业巩固水泥去产能成果，淘汰落后产能，开展新型墙体、水泥材料等绿色建材应用示范工程；推进机制砂石高质量发展，发展装配式建筑，突破低碳水泥基材料、“节能绿色结构——功能一体化建筑材料”等技术和产品。 （市工信局　丁　琦）

【化工行业】 2022年，镇江市有化工企业105家，实现应税销售647.5亿元，比上年下降7.5%。该产业推进化工产业安全环保整治提升工作，以高端精细化工和化工新材料2条主导产业链为导向，发展电子化学品、高性能专用催化剂、日用化学品、功能新材料、有机硅材料等产品。 （市工信局　丁　琦）

【机械行业】 2022年，镇江市机械产业主要包括金属制品业、通用设备制造业、专用设备制造业、电气机械和器材制造业四大细分行业。2022年，有规模以上企业710家，全年实现应税销售1173.3亿元。其中，金属制品业企业82家，实现应税销售94.5亿元，比上年增长19.0%；通用设备制造业企业160家，实现应税销售174.9亿元，增长1.6%；专用设备制造业企业94家，实现应税销售228.2亿元，增长9.3%；电气机械和器材制造业企业374家，实现应税销售675.7亿元，增长3.1%。 （市工信局　栾　蕾）

【汽车行业】 2022年，镇江市汽车制造业有规模以上企业246家，比上年新增21家。汽车产业实现应税销售529.5亿元，增长30.6%，高于镇江市工业企业7.9%的平均增幅；应税销售额10亿元以上企业从上年的6家增长至9家。全市拥有整车（含新能源汽车）生产企业2家（北汽蓝谷麦格纳，江苏华梓），新增中集车辆太字节汽车车厢科技（镇江）有限公司1家改装车生产资质企业，改装车生产企业总数12家。2022年，全市整车（含改装车）生产27372辆，增长171.9%；销售27121辆，增长173.8%。其中，新能源汽车生产25026辆，增长266.5%；销售24594辆，增长293.2%。 （市工信局　栾　蕾）

【纺织行业】 2022年，镇江市有规模以上纺织服装企业109家，实现应税销售94.1亿元，比上年增长4.8%。主要特色体现在“一家纺”“一面料”“一职装”。“一家纺”主要代表为堂皇集团。堂皇集团将传统元素融入现代家纺设计，开发出大师系列、雅居系列、瑞居系列等产品，集团旗下公司在原有产品功能基础上升级推出“大自然生态能量”系列产品。“一面料”主要代表为丹毛纺织公司。该公司作为国内精毛纺时装面料领军企业，加强与国家纺织产品开发中心、东华大学等科研院所技术合作，研发出一批国内先进水平产品，成为大型面料供应商。“一职装”主要代表为宜禾股份。宜禾股份是“中国职业装十大领军企业”“中国功能防护服十强企业”，年产各类职业装600万件（条），其石油、化工行业所用阻燃防静电防护服在行业销售占比较为领先。

（市工信局　程精华）

【眼镜行业】 2022年，丹阳市眼镜特色产业申报成功工业和信息化部消费品工业“三品”战略示范城市，成为世界最大的镜片生产基地，镜片年产量4亿多副，占全国总产量的3/4、全球总产量的1/2。拥有“镜片第一股”明月光学公司、亚洲最大树脂镜片企业万新光学公司、全国最大隐形眼镜企业海昌公司、全球最大眼镜网络销售公司淘镜公司等一批大型企业。 （市工信局　程精华）

【木业行业】 2022年，镇江市有规模以上木业、家具制造企业36家，实现应税销售61.1亿元。主要代表企业大亚集团年产人造板260万立方米、地板8500万平方米。该公司研发的5G数码打印地板系列、高端实木复合定制系列，可服务消费者个性化定制需求；“门墙一体化”“木作一体化”全案解决方案，为消费者打造居家空间一站式解决方案。

（市工信局　程精华）

【造纸行业】 2022年，镇江市有规模以上造纸和纸制品企业41家，实现应税销售189.0亿元，比上年增长9.7%。主要代表为金东纸业公司，作为世界单厂规模最大的铜版纸生产企业之一，企业先后开发出太空梭、东帆、长鹤等多个品牌。2019年起，该企业开启数智转型之路，通过全面信息化系统的建设，构建数据治理体系、流程体系、信息系统体系以及决策分析体系，建立大数据平台，打造智能生产车间。

（市工信局　程精华）

综　述

【建筑业规模与效益】　2022年，镇江市受新冠病毒感染疫情、房地产市场基本面走弱等因素影响，全市完成建筑业总产值718亿元，比上年下降7.1%；纳入镇江市地区生产总值核算建筑业总产值683亿元，增长5.8%。市住建部门组织工程建设领域平安建设暨“治乱出清”专项整治行动，开展建筑市场综合执法检查，规范建筑市场秩序；开展企业信用评价，对建筑企业、监理企业进行信用评价，并将信用评价结果应用于招投标，实施施工现场和招标投市场的“两场联动”；全面落实实名制管理，将施工现场参建各方管理人员纳入实名制考勤范围，同时推进《保障农民工工资支付条例》八项制度落实，保障农民工合法权益；做好疫情防控及复工复产工作，落实疫情防控企业主体责任和部门监管责任，强化施工现场封闭式管理，将疫情防控与项目质量、安全和文明施工监管工作同部署、同检查、同整改、同报告，同时组织从业人员参与上海方舱医院援建工作；推进保证金缴纳方式改革，减轻企业负担；全面推行“不见面开标”及建设工程投标保证保函，优化营商环境；强化建筑工程安全生产和扬尘管控，自主研发镇江市工程质量智慧监管平台，推进“智慧工地”建设，提升安全生产文明施工管理水平；推进自建房、门面房等既有建筑安全隐患排查整治，开展全市范围内城乡所有自建房、门面房拉网式、全覆盖排查整治工作；强化工程质量标准化管理，开展质量专项治理，推行工程质量安全手册制度和工程质量检测综合报告制度，推进住宅工程质量信息公示试点工作，全年质量安全形势总体平稳。2022年，镇江市建筑业签订的合同额1095亿元，比上年下降14.3%，其中当年新签合同额504亿元，下降11.1%；当地建筑业企业缴纳税金27亿元，下降40%；建筑业企业在镇江市缴纳22.48亿元，下降17.56%；房屋建筑施工面积2054万平方米，下降10.8%，其中当年新开工面积580万平方米，下降21.7%；市外产值437亿元，占全市建筑业总产值的61%，下降5.4%；省外产值191亿元，占全市建筑业总产值的27%，下降17.3%。2022年，镇江市有2家企业获评2021年度江苏省建筑业“百强企业”，分别为：江苏省交通工程集团有限公司、中国能源建设集团江苏省电力建设第三工程有限公司（建筑钢结构及其他专业）。市促进建筑业发展领导小组对2021年镇江市优秀建筑业企业进行表彰，授予江苏省交通工程集团有限公司等3家企业“龙头企业”称号、江苏镇江建设集团有限公司等10家企业“骨干企业”称号、江苏省交通工程集团有限公司等10家企业“建筑市场开拓有功企业”称号、江苏地质基桩工程公司等10家企业“十佳专业企业”称号；同时，对2021年度在产值纳税、项目创优、资质晋升及科技进步等方面取得突出成绩的31家建筑业企业给予财政奖励，合计奖励资金239.1万元。　（市住建局　鲍习文）

【建筑资质企业】　2022年，镇江市住建局核准劳务企业资质12批、931家，混凝土资质1家。江苏省住建厅核准镇江市建筑业企业729家，其中，首次申请710家，增项申请18家，升级申请1家。继江苏省交通工程集团有限公司、江苏拓科集团有限公司相继晋升公路工程、建筑工程总承包特级资质后，中交二航局第三工程有限公司于2022年通过港口和航道工程总承包特级资质审核，成为镇江市第三家特级资质企业。截至2022年年底，全市具有建筑业资质企业4094家，比上年增长12%；具有施工总承包资质项1883个，其中，特级资质3个、一级资质59个、二级资质182个、三级资质1639个,分别占比0.2%、3.1%、9.7%和87.0%;具有专业承包资质项4060个,其中,一级资质225个、二级资质1671个、三级资质1328个、不分等级资质836个,分别占比5.5%、41.2%、32.7%和20.6%;具有劳务资质项1847个。2022年,全市统计联网直报平台新增规模以上企业(有资质建筑业企业)76家、净增37家。（市住建局　鲍习文）

勘察设计

【概况】 截至2022年年底,镇江市有勘察设计单位72家,省勘察设计系统登记从业人员1709人。全年完成省建筑市场监管与诚信信息一体化平台勘察设计企业认证授权13家,勘察设计合同信息归集901项。市住建局协助开展部分企业申报特级资质业绩核查5批次,涉及企业7家、人员37人、个人业绩231项。受理5家勘察设计企业业绩补录申请,核实相关企业业绩8项、个人业绩115项,并向省住建厅上报业绩不符合要求的企业和个人名单;对6家勘察设计单位资质进行动态核查并上报核查结果。3月1日起,由市住建局牵头编制的《江苏省施工图设计文件数字化审查标准》在全省施行,"镇江标准"被打造成为"江苏标准",并成为全国唯一正式发布的审查标准。（市住建局　鲍习文）

【城市更新体检】 2022年,镇江市督促各市(区)完成城市更新领导小组设置,加强组织领导。部署开展城市更新体检工作,分别召开宜居住区、市政基础设施补短板、历史文化保护、城市生态空间修复、智慧城市等多个专题调研和征求意见会议,查找出镇江市城区范围内宜居性不优、公共服务设施供给不足、基础设施系统性不强、城市风貌特色不明显、生态功能差等问题突出的区域,逐项提出"诊治"对策建议。完成《镇江市城市更新行动计划(2022—2025)》征求意见稿的起草。（市住建局　鲍习文）

【勘察设计评优竞赛】 2022年,镇江市住建部门组织开展全市城乡建设系统优秀勘察设计项目评选活动,评出获奖项目99项(一等奖20项、二等奖29项、三等奖50项)。推荐其中34个优秀获奖项目参加全省城乡建设系统优秀勘察设计项目评选活动。召开紫金奖申报动员会议,组织全市主要设计企业参加大赛,3个项目入选紫金奖设计基地。协助省住建厅在镇江开展全省"测绘股份杯"工程测量员决赛,镇江市代表队获团体奖第2名,参赛选手分别获第5、6、9名。（市住建局　鲍习文）

【施工图审查改革】 2022年,镇江市住建部门推进施工图审查改革,缩小施工图审查范围,优化营商环境。出台《关于调整建设工程施工图免审范围的通知》,将厂房仓储类项目的免审范围从2000平方米调整为5000平方米。优化调整数字化审查系统,实现施工图数字化审查系统与规划方案审查系统的业务协同。打通数字化审图系统和省消防系统,实现图纸共享。将仅支持PDF格式审查的系统升级为同时支持CAD和PDF格式报送审查,方便企业报送和专家审查。建立手机公众号查询图纸功能,提供相应项目的审查进度消息推送、进度详情和设计图纸查看等全流程在线跟踪服务。开通移动终端自助咨询服务功能,根据用户咨询问题关键字智能关联知识库内容给出指导答案。在省级试点项目中期评审中,镇江市数字化审图改革成果得分列全省第1名。（市住建局　鲍习文）

【勘察设计质量建设】 2022年,镇江市住建部门加强对强制性条文、强制性标准(以下简称"强条强标")的检查力度,严控建设项目违反强条强标数,对违反3条以上的勘察设计企业进行提醒,对超过5条的企业直接移送处罚。每半年通报一次违反强条强标数排名,对排名最末的企业移送处罚。常态化开展设计违规变更专项整治,对照不可进行设计变更的7种情形和属于重大设计变更的三大类26个子项的设计变更情形进行检查,把好设计变更关口。严控不违反强条但投诉量较大的设计缺陷,结合项目审查,发放"镇江市房屋建筑设计类投诉热点问题风险告知单",对建筑、排水、消防、人防、绿建等多个专业投诉热点问题,审图前要求设计单位开展自查,将购房人反复投诉的热点问题纳入审查范围,减少后期交付矛盾。督促问题企业开展达标整改,完成2021年度省勘察设计质量及市场行为检查发现问题整改工作,涉及项目5项,纠正建筑、结构、勘察等方面存在的问题36条。督促属地住建部门对被通报批评的2家单位进行行政处罚,对专家评审中发现的项目设计问题督促企业完成整改。开展年度施工图质量专项检查,选取各市(区)设计项目20个,对设计单位及从业人员执行工程建设勘察设计政策法规、标准规范及强制性标准条文情况进行专项检查,印发通报,并督促企业完成整改。（市住建局　鲍习文）

建筑市场监管

【概况】 2022年,镇江市住建部门组织开展2022年建筑市场综合执法检查,发出安全隐患整改通知书49

份、工程质量监督抽查整改通知书1份、局部停工整改通知书5份，并对总承包和监理企业的市场行为、质量安全控制等情况进行量化打分，打分结果纳入企业信用评价。根据《镇江市建筑业企业信用管理实施细则（试行第八版）》以及《关于印发〈镇江市监理企业信用管理实施细则（试行第一版）〉的通知》，分别对建筑企业、监理企业进行多次信用评价，并将信用评价结果应用于招投标，实施施工现场与招投标市场“两场联动”，从源头上督促参建各方规范建筑市场行为，保障工程质量和施工安全。2022年，镇江市住建部门印发《关于做好春节后建筑工程复工新冠肺炎疫情防控工作的通知》《关于进一步做好建筑工程从业人员健康管理的通知》《关于做好2022年春节后建筑工地复工复产疫情防控的通知》等文件，落实疫情防控企业主体责任和部门监管责任。全市在建建筑工地565个，于5月中旬全面复工，全市监管机构巡查在建项目1450次。镇江市有124名从业人员参加上海方舱医院援建工作。根据江苏省住房和城乡建设厅《关于建设工程新冠疫情防控费用计取的指导意见》制定相关补充计价依据，为建筑业企业纾困解难。完成建材市场指导价发布工作，内容涵盖土建、安装、市政、园林绿化等各类建筑材料价格2万余条。开展工程造价指数测算发布工作。（市住建局　鲍习文）

【建筑领域实名制管理】　2022年，镇江市住建部门印发《关于进一步加强建筑领域实名制管理和农民工工资支付保障工作的通知》，将施工现场参建各方管理人员纳入实名制考勤范围，定期通报在建项目参建各方从业人员实名制管理和保障农民工工资支付情况，对137个实名制管理不到位项目进行预警通报并要求限期整改，对45个整改不到位项目进行全市通报，涉及29家施工单位、8家监理单位，记入企业信用档案，扣减信用分；结合清欠工作，合计扣减企业信用分60项次，有3家施工企业全省限制市场准入，3家施工企业全省通报批评，1名注册建造师、8名从业人员全省限制准入，2家总承包企业、4家分包企业被清出镇江建筑市场。（市住建局　鲍习文）

【“治乱出清”专项整治】　2022年，镇江市推进工程建设领域平安建设暨“治乱出清”专项整治工作，依法维护工程参建各方主体权益，净化建筑市场环境。专项整治期间，全市摸排企业551家，排查在建项目1143个（次），下发整改通知书202份、停工整改通知书49份，移交行政处罚案件46件。其中市区（京口区、润州区、镇江高新区）受理行政处罚案件34件，收缴罚款51.8401万元。开展工程建设领域“四排查一评议”（深入排查监管措施落实情况、案件问题整改情况、存在风险隐患情况、行业作风建设情况，对行业领域监管质效进行综合评议），针对排查和评议中发现的问题，制定关于质量监督、安全生产、文明施工、工资支付、商品房预售资金监管等方面的制度性文件，完善长效化监管机制，规范建筑市场秩序。

（市住建局　鲍习文）

【保证金缴纳方式改革成效】　2022年，镇江市有118家建筑施工企业办理农民工工资保证保险，释放农民工工资保证金4374万元；有3245家投标单位办理投标保证保险，释放投标保证金99965万元。自2019年实施保证金缴纳方式改革以来，有460家建筑施工企业办理农民工工资保证金，释放保证金17934万元；有5489家投标单位办理投标保证保险，释放投标保证金158279万元。（市住建局　鲍习文）

质量安全监管

【概况】　2022年，镇江市区在建工程669项，面积354.98万平方米；接受新报监工程94项，面积41.25万平方米；竣工备案工程233项，面积190.40万平方米。监督检查中，发出工程整改通知72份、暂停施工通知书14份，移交案件7起。全年评选出省优质工程奖“扬子杯”19个、市优质工程奖“金山杯”145个、镇江市级优质结构工程156个。全市有97个项目被评为市级标准化文明（示范）工地。全面落实检测综合报告制度，市区制定检测计划94份，出具检测综合报告70份。全年受理工程质量投诉1430起，其中有效投诉540起，比上年下降34%，办结率100%；无重大质量事故，经验收的工程合格率100%。落实《江苏省工程质量安全手册实施细则（2022版）》，在镇江市区范围内选取5家施工企业和3家监理企业编制工程质量安全手册，选取4个房屋建筑工程作为手册细则落地的项目试点。制定出台《镇江市区提升住宅工程渗漏问题综合治理水平试点工作方案》，在市区（京口区、润州区、镇江高新区）新建及既有住宅工程，尤其是保障性住房中选择一批基础条件比较好的项目和企业作为试点，落实建造过程各环节渗漏防控措施，减少质量通病。（市住建局　鲍习文）

【安全生产专项整治】　2022年，镇江市住建部门印发《市住建局领导班子成员2022年安全生产重点工作清单》《市住建局关于持续深化提升安全生产专项整治三年行动的实施方案》等文件，推进安全生产专项整治工作。印发《关于建立市住建局安全生产重大风险定期研判会商机制的通知》，定期召开安全生产重大风险定期研判会议，开展常态化、规范化安全生产风险研判工作。市住建局与市安委办印发《关于进一步加强房建市政类小型建设工程安全生产监管工作的通知》，规范房建市政类小型建设工程安全生产监管，强化建设工程全覆盖、全过程监管，消除安全监管盲区，严格落实小型建设工程安全生产主体责任，防范安全生产事故发生。2022 年，市区建筑施工领域发现安全隐患 1883 条，下发限期整改通知书 167 份、停工整改通知书 26 份；约谈企业 10 家，通报项目 5 家。推进自建房、门面房等既有建筑安全隐患排查整治工作，全市累计排查自建房 730777 栋，其中排查经营性自建房 32457 栋，存在安全隐患 164 栋，整治 38 栋；完成疑似隐患建筑评估、鉴定 2496 栋、59.13 万平方米，整治 764 栋、19.41 万平方米；农村自建房"回头看"累计复查 13193 户。（市住建局　鲍习文）

【数字赋能智慧监管】　2022 年，镇江市住建部门开展住宅工程质量信息公示试点工作，出台《镇江市住宅工程质量信息公示试点工作实施方案》，在完成省级规定公示项目的基础上，增加信息公示"三个样板间"（材料设备样板间、工艺样板间和交付样板间）、设计变更、监理月报"码上知"等"镇江特色"，选取市区 4 个在建片区，公示信息 46 条。自主研发镇江市工程质量智慧监管平台，囊括工程概况信息、工程质量信息公示上传以及质量管理信息自动收集、分析、研判、风险预警等 15 项主要功能。出台《关于印发镇江市智慧工地监管平台建设"三个全覆盖"工作方案的通知》，全市创建智慧工地 33 个，全市 20 个政府投资规模以上工程全部创建智慧工地，各县（区、市）均建立智慧监管平台，且智慧工地数据全部对接监管平台。

（市住建局　鲍习文）

【扬尘管控"系统化"工程】　2022 年，镇江市住建部门明确扬尘管控主体责任，与在建项目签订"镇江市建筑施工扬尘管控目标责任状"，要求严格落实扬尘管控标准。完善与推行《镇江市建设工地围挡及大门标准化图集》《扬尘治理工作手册》《扬尘治理检查手册》《扬尘治理法律法规及规范性文件汇编》等文件，并配合市污治办出台《关于印发建筑施工扬尘红黑榜考核制度的通知》《关于加强房建市政类小型建设工程扬尘防治的通知》等文件，加强工地差别化管理。市区在建项目全面推广扬尘在线监测系统和远程视频监控系统。日常监管通过线上发现问题，线下重点督促，提高监管效率。2022 年，市区开展 8 轮建筑工地扬尘专项检查，下发扬尘类整改通知书 175 份、停工通知书 62 份。针对扬尘污染反复、扬尘整改不力的行为实行"零容忍、严处罚"，全年因扬尘问题约谈项目实施主体负责人 24 次，对 18 家企业进行立案查处，罚款金额 67.09 万元，同时按规定记入企业信用档案，扣减企业信用分。

（市住建局　鲍习文）

表 46　2022 年镇江市新开工建设工程受监项目情况表

地区	市政设施						房建项目合计					
	数量（项）			造价（万元）			数量（项）			面积（万平方米）		
	2021 年	2022 年	增长（%）	2021 年	2022 年	增长（%）	2021 年	2022 年	增长（%）	2021 年	2022 年	增长（%）
市　区	12	9	-25.00	33141.42	31638.51	-4.53	142	85	-40.14	127.25	46.62	-63.36
丹阳市	16	9	-43.75	17075.76	9727.88	-43.03	409	450	10.02	318.70	341.19	7.06
句容市	13	25	92.31	57054.94	36651.91	-35.76	576	520	-9.72	377.39	304.81	-19.23
扬中市	97	4	-95.88	47531	1390	-97.08	120	110	-8.33	70.91	51.45	-27.44
丹徒区	0	0	—	0	0	—	153	103	-32.68	94.21	62.61	-33.54
镇江新区	11	8	-27.27	9594.29	26162.95	172.69	233	130	-44.21	142.90	88.17	-38.30
合计	149	55	-63.09	164397.41	105571.25	-35.78	1633	1398	-14.39	1131.36	894.85	-20.90

（市住建局　鲍习文）

表 47　2022 年镇江市建设工程竣工情况表

地区	市政设施						房建项目合计					
	数量（项）			造价（万元）			数量（项）			面积（万平方米）		
	2021 年	2022 年	增长（%）	2021 年	2022 年	增长（%）	2021 年	2022 年	增长（%）	2021 年	2022 年	增长（%）
市　区	3	1	-66.67	35311.16	823.32	-97.67	354	232	-34.46	280.61	190.4	-32.15
丹阳市	19	9	-52.63	11579.7	8637.80	-25.41	205	218	6.34	178.26	173.17	-2.86
句容市	0	1	—	0	1949.00	—	120	97	-19.17	205.28	171.87	-16.28

续表 47

地区	市政设施						房建项目合计					
	数量(项)			造价(万元)			数量(项)			面积(万平方米)		
	2021 年	2022 年	增长(%)	2021 年	2022 年	增长(%)	2021 年	2022 年	增长(%)	2021 年	2022 年	增长(%)
扬中市	0	0	—	0	0	—	62	47	-24.19	60.18	34.71	-42.32
丹徒区	0	1	—	0	6000.00	—	148	180	21.62	102.26	142.5	39.35
镇江新区	2	2	0	2536	2716.56	7.12	224	228	1.79	162.33	231.39	42.54
合计	24	14	-41.67	49426.86	20126.68	-59.28	1113	1002	-9.97	988.92	944.04	-4.54

(市住建局　鲍习文)

建筑产业现代化

【概况】　2022 年,镇江市新开工装配式建筑 104.74 万平方米,培育省级新型建筑工业化技术集成示范项目 1 个,验收省级示范园区 1 个、示范基地 1 个、示范项目 1 个,组织装配式建筑从业人员培训 324 人次。市住建部门建立设计方案预审查制度和全闭合的监管体系,初步形成装配式建筑预制构件设计、生产、施工全行业管理体系,确保装配式各项指标的有效落实。开展装配化装修试点,推进部品部件的标准化和通用化。完善预制构件行业管理,发布《关于印发〈镇江市装配式混凝土预制构件销售合同示范文本(试行)〉的通知》,明确 PC 构件供需双方的责任和义务,规范装配式建筑市场行为。支持行业协会参与对构件和部品生产企业综合评价,推进行业自律。严格装配式建筑质量安全管理,突出建设单位工程质量首要责任,将镇江市装配式建筑指标落实情况纳入房地产开发企业信用管理。开展建筑市场综合大检查、PC 构件生产企业与预拌混凝土实验室质量综合检查,强化关键部位和工序质量安全管控,落实装配式建筑混凝土建筑工程质量检测工作。（市住建局　鲍习文）

【《镇江市装配式混凝土预制构件销售合同示范文本》发布】　2022 年,镇江市住建部门下发《关于印发〈镇江市装配式混凝土预制构件销售合同示范文本(试行)〉的通知》,该示范合同文本含工程概况、合同价款、价格调整、交货及风险、质量及异议、变更、双方的权利和义务、结算与付款、违约责任、争议解决、合同附件等 11 条,通过明确混凝土预制构件供需双方的责任和义务,从根源上维护装配式建筑市场秩序,规范建筑企业市场行为,减少合同纠纷对建筑产业现代化发展而产生的不利因素,引导和规范合同当事人签约、履约行为。（市住建局　鲍习文）

绿色建筑

【概况】　2022 年,镇江市新建民用建筑 576 万平方米,其中,居住建筑 465.21 万平方米、公共建筑 110.75 万平方米;城镇绿色建筑占新建建筑比重 100%;既有建筑节能改造 55.22 万平方米,可再生能源建筑应用面积 217.43 万平方米。市住建部门贯彻落实"30·60"双碳政策,研究碳达峰目标下镇江市民用建筑低碳发展路径。全面落实新建建筑节能强制性标准,新建民用建筑设计、施工阶段建筑节能标准执行率 100%,推动绿色建筑规模化发展。结合建筑业市场综合大检查,对全市在建项目开展绿色建筑(建筑产业现代化)专项检查,形成从设计、审图、建设到验收的全过程闭合监管制度。新报送施工图审查的居住建筑执行 75% 节能率、公共建筑执行 72% 节能率,推广超低能耗、近零能耗建筑项目建设。结合老旧小区综合整治工作对既有居住建筑同步实施节能改造,完成省级既有建筑节能改造示范项目验收 1 项。

(市住建局　鲍习文)

【新技术培育推广】　2022 年,镇江市住建部门加快新建绿色建筑技术培育和推广力度,支持开发可再生能源新技术和新产品,推广应用能源塔热泵系统、地源热泵系统,建设太阳能应用示范工程。3 个项目获批省住建厅绿色建筑品质提升示范项目,获省级财政奖补资金 620 万元。组织各相关单位申报省市各级科研项目,获省市级立项 13 项,获市级财政奖励资金 21 万元;获华夏建设科学技术奖、省硅酸盐学会科学技术奖各 1 项。完成跨年科技项目验收 1 项。开展 2021 年度优秀科研项目、科技论文(专著)和调研课题评选活动,评出 24 篇优秀科技论文和 7 个优秀科技项目。（市住建局　鲍习文）

综　述

【规模与效益】　2022年，镇江市社会零售总额1364.0亿元，比上年增长1.3%，高于全省增幅1.2个百分点，增幅排名全省第3名。其中，限额以上企业单位消费品零售额406.7亿元，增长7.8%；限额以下企业单位消费品零售额957.32亿元，下降1.3%。按消费形态分，批发业零售额226.53亿元，下降0.8%；零售业零售额1009.58亿元，增长2.2%；住宿业零售额6.57亿元，增长1.0%；餐饮业零售额121.34亿元，下降2.5%。在限额以上批发和零售业分类商品零售中，同期增幅较大的分别是化妆品类上涨81.9%、日用品类上涨78.0%、金银珠宝类增长62.7%，同期降幅较大的主要是建筑及装潢材料类下降11.7%、家用电器和音像制品类下降6.8%。

（市商务局　黄　昕）

【消费促进行动】　2022年，镇江市制定印发《2022年“金山消费节”消费促进行动方案》，开展“881”消费促进活动，即8场市级重点活动、8场“一市区一主题”特色活动、100场以上大型商业综合体促销活动。其中，第45届镇江（恒顺）酱醋文化节暨调味品展销会以线上、线下联动方式举办全省同步打酱油活动，1.9万桶、54吨恒顺百善酱油全部销售完毕，七大直播平台的浏览量超过400万人次，线上、线下成交金额2200万元以上。镇江市“金山消费节”消费券活动于5月28日至6月24日开展，活动参与商户1800余户，累计参与市民近8万人，核销率77.7%。

（市商务局　黄　昕）

表48　2022年镇江市社会消费品零售总额情况表

单位：万元

项　目	全　市	市　区						丹阳市	扬中市	句容市
			京口区	润州区	丹徒区	高新区	新　区			
合　计	13640208	6637272	2908932	1368240	732294	234383	1393422	3625229	1587608	1790100
按规模分										
限额以上	4440333	3042821	1110103	947490	195959	44199	745071	663466	325287	408759
批发业	521996	281458	3449	201125	5838	27585	43461	134470	74323	31746
零售业	3690648	2652174	1065970	709296	176982	11266	688660	493903	221650	322920
住宿业	26713	11207	5281	3113	2321	—	491	10037	1249	4220
餐饮业	200976	97982	35402	33955	10817	5349	12459	25056	28065	49873
限额以下	9199876	3594451	1798830	420751	536336	190183	648352	2961763	1262321	1381341

（市统计局）

餐饮服务业

【概况】 2022 年，镇江市餐饮行业发展受到新冠疫情影响，餐饮业收入 176.2 亿元，比上年下降 7.2%，住宿业收入 19 亿元，下降 1.5%。1 月 27 日，镇江市餐饮、烹饪协会组织第十四届“为贫困家庭赠送年夜饭”活动，捐赠爱心年夜饭 1103 份。5 月 11 日，镇江市餐饮、烹饪协会常务副会长扩大会议召开。市餐饮协会参与筹备江苏省“火锅产业 发展大会”；配合镇江电视台拍摄《老菜新做》节目视频；推进肴肉地理商标申报工作；参加市税务局、市维权协会座谈会，反映行业诉求。 （市餐饮协会　环　旻）

【“十佳”网红打卡地评选】 2022 年 6 月 17 日，江苏银行杯镇江“十佳”网红打卡地评选活动启动，132 家“打卡地”报名参选。通过初步遴选、网络投票和线下评审等阶段，最终评选出包括旅游景区、休闲健身、餐饮美食以及民宿（休闲农庄）四大类别的“十佳”及提名奖。 （市餐饮协会　环　旻）

【淮扬菜大师工作室成立】 2022 年 6 月 18 日，镇江市餐饮协会、市烹饪协会与镇江古城文化艺术研究院合作，成立淮扬菜大师工作室，旨在恢复老镇江菜，弘扬镇江味道。同时邀请镇江名厨、文史爱好者在古运河河畔开展“探寻那些记忆中的老镇江菜研讨会”，该研讨会是第一次古运河文化菜肴理论研究及制作交流活动。 （市餐饮协会　环　旻）

【“工会食堂”厨艺大赛】 2022 年 9 月 24 日—25 日，镇江市第一届“工会食堂”厨艺大赛在镇江雷迪森广场酒店举行，大赛由镇江市职工培训教育技能竞赛领导小组办公室主办，市餐饮服务行业协会承办。全市“工会食堂”的 37 名厨师参加比赛。比赛分为 2 天举行，最终大全集团有限公司“工会食堂”厨师周勇获第 1 名。 （市餐饮协会　环　旻）

【锅盖面大赛】 2022 年 11 月，第二届镇江锅盖面大赛在西津渡镇江锅盖面品鉴馆举行，有 152 家面馆报名，43 家锅盖面店进入决赛。根据综合得分排名，第 1 名～10 名获评“镇江味道・十佳金牌锅盖面馆”、第 11 名～20 名获评“镇江味道・十佳网红锅盖面”，其余面馆获评“镇江味道・锅盖面馆”。活动对前 20 名面馆的下面厨师授予“镇江锅盖面面艺师”称号。

（市商务局　黄　昕）

粮食经营

【概况】 2022 年，镇江市贯彻落实国家粮食安全、乡村振兴等战略，推进涉粮问题专项巡视反馈意见整改，构建粮食安全保障体系，提升粮食保障能力。

4 月 14 日，《中共镇江市委关于涉粮问题专项巡视反馈意见整改方案》印发实施，及时梳理全市涉粮巡视整改进展情况报告，上报省纪委监委、省委巡视办，将涉粮巡视整改进展情况在全市党内通报。加强储备粮管理，制定出台《镇江市地方政府储备粮管理办法》《镇江市级储备粮轮换管理办法》等，促进承储企业规范开展轮换运营，确保全市储备粮数量真实、质量良好、储存安全。落实储备任务，全年落实市县两级原粮储备、成品粮储备和成品油储备任务，地方储备保障率超过 100%。

增强粮食收储调控能力，发挥国有粮食企业主渠道作用，全年各类主体收购小麦约 20 万吨、稻谷约 19.2 万吨。

升级镇江储备粮信息化系统，在全省率先独立升级构建镇江储备粮信息化系统，省、市、县储备粮 12 家承储库点全部纳入储备粮信息云平台，形成市级总览、市（区）分级汇总、储备粮企业分仓“一张图”显示的三级架构，实现对在库粮食数量、质量、均温、视频监控的初步动态监管。 （市发改委　智宝定）

【国有粮食企业改革】 2022 年 6 月 4 日，《镇江市发改委国有粮食企业总体改革方案》获镇江市政府批复。6 月 6 日，镇江粮食公司等 5 家正常经营的市直国有粮食企业全部完成公司制改革。镇江市推进国有粮食企业优化整合，镇江粮食公司更名为镇江粮食产业集团有限公司，作为市直国有粮食企业总公司，不从事生产经营，负责对市储备有限责任公司、市军粮供应中心有限责任公司、市京谷企业管理有限责任公司、市粮油供应连锁中心有限责任公司 4 家下属企业进行管理；4 家下属企业根据确定的业务范围，独立经营。 （市发改委　智宝定）

【粮食应急保障体系建设】 2022 年，镇江市按照“合理布点、全面覆盖、平时自营、急时应急”原则，设立粮食应急供应网点 96 家、加工企业 10 家、储运企业 3 家、供应配送中心 2 家、保障运输企业 2 家，形成粮食安全应急体系。采用视频加现场连线方式，举办市（区）联动粮食应急演练，市粮食应急工作指挥部 13 个成员单位和各市（区）政府分管领导参加演练。

（市发改委　智宝定）

【粮油品牌营销】 2022年，镇江市推进“粮油品牌营销提升行动”，打造“镇江好粮油”工程升级版，以市场为导向，重点发展优质大米、稻鸭共作、有机大米等优势品种，提高“好吃苏米十大优秀产品”茅峰牌软米等粮油产品知名度。加强“中国醋都”“中华老字号”等品牌效应，拓展以醋为核心的食品和营养保健品产业发展，加大“恒顺”等老字号品牌宣传力度。全年全市粮油加工业实现销售收入102.7亿元。

（市发改委　智宝定）

供销合作

【概况】 2022年度，镇江市供销社系统实现销售378.57亿元，报表利润7872.21万元，资产总额12.72亿元，比上年增长4.03%，所有者权益6.07亿元，增长24.28%。开展生产、供销、信用“三位一体”综合合作试点，全系统获各类金融机构授信近5亿元。新增基层社员1万人，社员总数4.1万人。全系统销售化肥64834.7吨、农药727.92吨、农膜364.8吨，农资销售总额3.74亿元，增长16.8%，全市农资销售占比60%以上。参与农业废弃物回收处置，扬中、丹徒废旧农膜回收率超过90%。助销本地及对口地区农产品近千万元。

（市供销社　李　辰）

【供销系统基层基础建设】 2022年，镇江市供销系统在实现县级以上联合社“三会”制度（社员代表大会领导下的理事会、监事会制度）全覆盖的基础上，加快“三会”制度向乡镇基层社延伸，新增完成“三会”制度建设基层社2家，累计完成25家，占比52%。明确由镇江高新区社会事业局承担该区供销职能，五洲山供销社完成恢复重建，填补因行政区划调整产生的职能空白。做好基层社改造提升工作。改造薄弱基层社6家，改造升级农村综合服务社33家，新建农民专业合作社10家。以基层社为支点，引入金融、快递、代收、代缴等服务资源，提升基层社综合服务能力。建立社员利益联结机制的基层社比例为100%。

（市供销社　李　辰）

【农资供应服务】 2022年，镇江市供销系统建设放心农资体系，实施“放心农资 赋能三农”品牌创建行动，开展农资打假专项治理，确保农资质量安全。强化“农资惠”平台建设，推动线上、线下融合，4家企业商户入驻平台，有农药、化肥、农机具、种子等近50种产品上架，实现线上农资销售2000余万元，平台还上线系统名优农产品60余种。推进农资应急储备建设。丹阳市社率先建成并开展应急储备化肥3000吨，句容和扬中市社分别具备化肥储备5000吨和2000吨的能力，全市农资储备能力提升。

（市供销社　李　辰）

【农业社会化服务】 2022年，镇江市供销系统完成土地流转和托管等农业社会化服务71.4万亩（4.46万公顷），其中全托管面积为19.7万亩（1.23万公顷），配方施肥、统防统治、农机作业三项环节服务面积125万亩次（7.81万公顷次）。农药集中采购统一配供面积116.7万亩次（7.29万公顷次），为农户节约成本500余万元。拓展为农服务领域，丹阳市试点推进县、镇两级服务模式，句容市做好郭庄万亩良田托管和农机服务，扬中市开展全域飞防植保和“零差率”农药配供，丹徒区重点拓展农产品收储、烘干、加工、销售等“后半程”服务。依托系统经营网络，参与农业废弃物回收处置工作。全系统回收农药废弃包装物981.38万件、废旧农膜559.91吨，降低农业面源污染。

（市供销社　李　辰）

【助农销售创新】 2022年，镇江市供销系统响应市委、市政府“帮产促销”专项行动，组织系统农副产品企业、超市、电商，加强与农民合作社、种植大户的

图27　2022年9月23日，镇江市供销社开展名优农产品“进社区”活动

（市供销社　李　辰　供稿）

产销对接,开展农产品电商直播 12 场,举办农产品“进机关、进社区、进企业”活动 6 场。推动各地组建农产品销售平台,市社大鹏公司成立网上营销平台,镇江市、扬中市农副产品展示展销中心投入运营。培育系统电商,依托逸宁电子公司打造京东镇江特产馆,丹阳市社打造丹阳特产馆,句容市社扶持“句品划算”“茅山人家”,扬中市社开办“扬中 e 商城”,丹徒区社成立“云上供销公司”。全系统农副产品销售总额 126.17 亿元,比上年增长 127.4%。系统电商销售额 16.58 亿元,增长 244.38%。

(市供销社　李　辰)

【“三位一体”试点】　2022 年,镇江市供销系统以开展生产、供销、信用“三位一体”综合合作试点为契机,与市委农办、人行、银保监局等部门联合印发《关于开展生产、供销、信用“三位一体”综合合作试点的实施意见》,保障试点工作启动。设立 75 万元专项资金,支持并指导句容、扬中、丹徒 3 个试点县级社发挥区域优势,因地制宜开展试点,打造区域特色亮点。与市农商行、农行镇江支行等金融机构展开合作,指导各市(区)社与当地金融机构建立合作。

(市供销社　李　辰)

专项经营

【烟草专卖】　2022 年,镇江市烟草系统销售卷烟 12.4 万箱,比上年增长 1.17%,实现税利 18.33 亿元,增长 8.02%。人均销量、单箱结构、重点品牌占比均在全省前列。市烟草专卖局全年查获案件 1016 起,查获各类违法违规卷烟 2885 万支。查获“1·12”“10·5”等“精品”假烟网络案件。向市政协提交“关于保护未成年人免受电子烟侵害”提案,得到相关承办部门响应和办理。对全市中学生进行拒绝电子烟宣传,查获 3 起电子烟案件。融合应用“网上办”“合并办”等措施,提升行政审批的群众满意度,烟草行政服务窗口及工作人员分别获“群众满意窗口”和“优秀首席代表”称号。推进数字化技术与营销、专卖、物流、综合管理方面的业务融合创新,提升数字化治理能力水平。1 项 QC 成果获江苏烟草系统二等奖,2 个 QC 小组分获全国 QC 小组示范级成果、全国优秀质量管理小组。履行社会责任,开展志愿服务、社会公益、扶贫济困等活动,获镇江市“情系妇女儿童慈善工作贡献奖”“希望工程爱心计划突出贡献奖”。减免中小企业和个体工商户房租,引导金融机构为零售客户提供贷款 6 亿余元,连续 3 年获市委、市政府垂直管理部门“优质服务奖”。

(市烟草局　蒋辰颖)

【成品油销售】　中国石化销售股份有限公司江苏镇江石油分公司是中国石化在镇江地区唯一以经营成品油、天然气业务为主的全资子公司。2022 年,该公司有加油站 130 余座,成品油销售总量超 50 万吨,销售额近 45 亿元,汇缴各类税费近 2100 万元,市场占有率约 70%。中国石油天然气股份有限公司江苏镇江销售分公司是中国石油天然气股份有限公司的全资子公司。全年,该公司销售成品油 15.49 万吨,其中纯枪销量 10.12 万吨,全年实现销售收入 13.41 亿元(非油收入 5462 万元),上缴利税 461.84 万元。(中石化　韩明轩　中石油　仲志栋)

【盐业经营】　2022 年,镇江市盐业有限公司销售各类盐产品 20271.16 吨,其中销售食盐 17386 吨。全年营业收入 4007 万元,比上年增长 8.5%。当年是盐业体制改革 5 年过渡期的最后一年,镇江市盐业有限公司做好抗疫保供、品牌宣传、深化国企改革、规范政府食盐储备管理等工作。在新冠病毒感染疫情时期,公司抽调志愿者前往重点区域帮助抗疫,同时将食盐纳入政府防控保供体系,实施 24 小时“应急配送”。依靠保供通行绿卡,优先保障重点供应。对全市 21 个大型商超,安排专人对接,实现不停供、不脱销。对商超总部配送困难的 9 个门店,实行就地配送。在商超设立淮盐专柜,开展标准店建设,利用展位、展架、POP 及移动堆头等多种方式开展各类活动。加强乡镇商超、农贸市场、乡镇小店走访,开展爆款和基础盐产品销售,在小区开展促销引导及团购咨询。

规范政府食盐储备管理,储备库点食盐仓储设施达到《食盐批发企业管理质量等级划分及技术要求》(GB/T 18770)规定的 A 级以上标准。完善政府储备食盐质量管理、台账资料管理、储存管理、资金使用管理、轮换管理、应急动用管理等制度,完善基础台账,改进现场管理,规范库区标牌、标识、堆码、防尘、防漏等措施。储备品种以销量大、周转快的精制盐为主,以海藻盐、低钠盐为辅。

(市盐业公司　胡建兵)

商务服务

【律师服务】　截至 2022 年年底,镇江市律师行业有律师事务所 85 家,比上年增加 4 家。其中,50 人以上规模律师事务所 2 家。全市律师人数 1037 人,比上年增长7.57%。其中,专职、兼职律师1066人,增长7.5%;公职律师187人,下降1.8%;公司律师32人,增长9.3%;法律援助律师8人。全年律师业务收入4.39亿元,增长31.1%。市律师行业党委与市委党校联合成立律师行业党校,开办两期政治轮训;与市工信局、市工商联、市律师协会联合开展“百所千人助万企”专项行动。围绕“四群八链”,整合律师、公证、仲裁等专业力量,组建八个“产业链+法律服务联盟”服务团队和一个涉外法律服务团队,为产业链重点民营企业提供专业法律服务。举办镇江市首届律师体育文化节,486人报名参加。举办第三届青年律师技能大赛,考察“写、讲、辩”三项业务能力。与江苏大学进行“访企拓岗”活动座谈会,做好法学专业毕业生稳就业工作,为律师行业发展提供人才保障。

(市司法局　夏　玉)

【司法鉴定】　截至2022年年底,镇江市司法鉴定行业有司法鉴定机构6家、鉴定人员65人。全市司法鉴定机构开展的鉴定业务覆盖法医类鉴定和物证类鉴定两大类7个子类别。全年受理各类案件委托3876件,案件占比例前3位的分别是法医临床类鉴定约60%、法医毒物鉴定约19%、法医精神病鉴定约15%。全年受理各类案件委托量连续3年增长。

(市司法局　夏　玉)

【公证服务】　2022年,镇江公证处办理公证约12000件,其中,涉外及涉中国香港、澳门、台湾公证文书2800余件,未出现错、假、伪证。全年向群众发送“联系卡”“咨询单”3万余份,办理各类公益性服务440余件,收到当事人感谢信及锦旗20余次,获评全市“十佳服务先锋岗”;选送的《发挥公证力量 护航“中华老字号”》案例被江苏省公证协会评为“公证服务知识产权保护优秀案例”。　(市司法局　夏　玉)

【会计服务】　2022年,镇江市财政部门立足管理,强化服务,推进各项会计管理工作。推进代理记账机构监管工作,全年全市发放代理记账许可证100张,完成171家代理记账机构年度报备工作。开展代理记账行业“无证经营”及“虚假承诺”违法违规行为专项整治工作,检查可能存在“无证经营”的单位228家,处理曾经或当前存在“无证经营”代理记账行为单位的55家,检查可能存在“虚假承诺”行为的单位32家,未发现有“虚假承诺”行为。市财政局与市人社局、卫健委、公安局、供电局、无线电监测站建立会计考试协调联动机制,组织15358人参加会计初、中、高级考试;39人通过副高级会计师资格评审。推进行政事业单位内部控制建设,完成全市1337家行政事业单位内部控制报告编报工作。加强会计人才培养,通过组织会计职业素质提升培训、推进会计人员继续教育、开展高级会计职称申报辅导,提升全市会计人员队伍素质。

(市财政局　李金华)

居民服务

【家政服务】　截至2022年年底,镇江市家庭服务业协会(以下简称市家协)有会员单位82家,会长单位为江苏南徐中天物业管理有限公司。市家协注重职业技能培训、人才队伍建设、行业组织发展,全年参培人数超过7000人次,培训、竞赛工种包括家政服务、母婴护理、养老护理、石材护理等9个。参加全国、长三角、省、市7场职业技能竞赛的选手1149人次,获奖选手50人次,其中国优2人、省赛冠军1人、市赛冠军7人,获三级(高级)工982人、二级(技师)11人。全市家政行业11人通过省考评员培训考核,9家企业参加省巾帼家政进社区工作站培训创建活动。镇江好业来、镇江瑞和、江苏怡辰、江苏慧点创美等4家企业获评全省示范工作站。4月,市发改委召开全市首场家政工作联席会,发布《镇江市服务业纾困政策汇编和申请指南》。市家协会会长、江苏南徐中天物业管理有限公司董事长吴腊珍获全国清洁行业优秀企业家称号。

(市家协　董洪林)

【健康服务】　2022年,镇江市传染病疫情网络直报综合质量为99.98%,报告与处置突发公共卫生事件8起,处置各类传染病预警信息1221条,24小时内响应率为99.67%。组建90个慢病自我管理小组,强化癌症综合防控。建立全市精神卫生工作联席会议制度,推进严重精神障碍患者服务管理排查整治,严重精神障碍患者规范管理率97.48%。开展“世界无烟日”系列宣传活动。建成1个尘肺病康复站,新增2个院前急救站点,公共场所新增投放AED设备20台。

(市卫健委办)

【养老服务】　2022年,镇江市有各类养老机构132家,机构床位数总17589张,其中,公建公营23家、公建民营31家、民办78家。推行养老机构等级评定制度,63家机构获评等级养老机构。举办养老机构老年人营养餐镇江赛区选拔赛,镇江市参赛队获省赛团体三等奖,1名选手获个人三等奖,市民政局获“优秀组织单位”称号。发布《镇江市基本养老服务清单(2022年版)》,实施困难老年人家庭居家适老化改造1000户,新改造提升6个标准化农村区域性养老服务中心，培训养老护理员3000人次，为全市12.05万名80岁以上老年人发放尊老金8622万元。

（市民政局　朱欣悦）

电子商务

【概况】　2022年，镇江市商务部门围绕国家、省级示范创建开展电子商务工作，以电商示范创建工作引领全市电商发展，提升全市电商发展规模和质量。全市新获批国家级电子商务企业1家，江苏省县域电商产业集聚区、省电子商务示范基地、省级数字商务试点社区等4个；新获批省级数字商务企业2家；江苏瑞祥科技集团获评省首批数字商务企业优秀案例。连续4年组织开展公益性电子商务专业技能培训，全年采用“线下互动交流、线上全程直播”的授课形式，线上线下参训人员超2.5万人次。

（市商务局　刘千驰）

【农村电商发展】　2022年，句容市、丹阳市、扬中市3个示范县均建成市级电子商务公共服务中心和市级电子商务智慧物流中心，累计建成和升级镇村电子商务服务站点174个，实现“服务全覆盖”，打造“句品划算”“鹤舞原鲜”“岛品会”等一批区域公共品牌，组织人才培训60余场、5000余人次，打造优农村电商生态圈，促进当地农民增收和产业发展。

（市商务局　刘千驰）

【电子商务示范创建】　2022年，惠龙易通国际物流股份有限公司获评国家级电子商务企业，丹阳眼镜电商产业集聚区获评第二批江苏省县域电商产业集聚区，京口区大禹山创意新社区获评省电子商务示范基地，鱼跃医疗和三六五电商获评省级数字商务企业，全市获评企业数全省第6名。镇江还获批省级数字商务试点社区2个、省级电商示范镇6个、省级电商示范村21个、省乡镇特色产业园（街）区7个。各类电商示范载体发挥引领示范带动作用，提升镇江电子商务发展水平。（市商务局　刘千驰）

【跨境电商发展】　2022年2月，镇江市获批国家级跨境电子商务综合试验区。成立以市长为组长、分管副市长为副组长、24个相关部门为成员单位的综试区领导小组。《中国（镇江）跨境电商综试区实施方案》于6月27日获省政府批复同意。6月，出台镇江市跨境电商产业园、孵化中心、公共海外仓认定及管理办法。11月，市商务局与京口区人民政府签订合作协议，利用大禹山载体，共建“镇江市跨境电商产业园”。全市有UPS、DHL、联邦快递等9家主体从事跨境电商快递业务，全年国际及港澳台快递业务量累计完成50.8万件；开展跨境电商业务的企业超500家，年跨电交易额约15亿元；有自建海外仓7个，面积近3万平方米。

（市商务局　吴凌云）

物流服务

【概况】　2022年，受新冠病毒感染疫情和经济下行影响，镇江市物流市场有所下滑。物流系统推进重点项目建设，提升物流效率水平，加大对物流通畅和产业链供应链稳定的政策支持，支撑物流业高质量发展。物流业营收增速下降。2022年，镇江市交通运输、仓储和邮政业营收增速比上年下降10.03%，其中，铁路运输业下降23.14%，道路运输业下降15.43%，水上运输业下降18.08%。多式联运和运输代理业、装卸搬运和仓储业、邮政业的营收增速均有不同程度上涨，其中，多式联运和运输代理业的营收增速为34.16%，装卸搬运和仓储业、邮政业的营收增速分别为11.29%和4.86%。货运运力整体承压。全市中小物流企业和货车业主经营困难，全年全市道路货运周转量下降11%，其中，规模以上企业保持增长，增速为9.88%，但规模以下部分下降20.88%。公路集疏运受限，通过推动运力结构调整，将中长远距离货物运输从公路运输转向铁路、水路，全年内河水路货运周转量增速14.88%，大宗货物运输“公转水”有成效。（市发改委　唐艺荣）

【重点物流项目】　2022年1月—12月，镇江市重大产业项目中9个重点物流项目完成投资30亿元，超额完成年度投资计划，完成率114%，其中苏船港物流生产资料智能集散中心综合技改工程项目建设投产。总投资30亿元的江苏润祥LNG加注站及接收站工程项目，加注站码头工程基本建成并具备加注条件，接收站水下工程部分完工，推进377亩（23.56公顷）土地挂牌上市。（市发改委　唐艺荣）

【物流业载体平台建设】　2022年，镇江市强化物流业载体平台建设。企业主体方面，江苏欣海国际物流有限公司获批省级重点物流企业，全市累计培育省级重点物流企业17家。园区建设方面，镇江农副产品物流基地和镇江市志宏物流园获批省级重点物流基地，全市累计培育国家级示范物流园区1家、省级示范物流园2家、省级重点物流基地6家。科技与信息化方面，全市新增1个多式联运物流信息平台，新增1家网络货运企业，网络货运平台整合车辆数超过35

万辆。（市发改委　唐艺荣）

【城乡物流服务】 2022年,镇江市推进"交邮融合,两个稳定运营"项目,县级农村物流服务中心、乡镇农村物流服务站覆盖率均为100%,基本形成县级农村物流服务中心、乡镇农村物流服务站的农村物流节点体系。丹阳、扬中、句容各综合运输服务站和专线服务农民快递上行数累计20890件、下行数累计680639件。"苏式农村物流品牌""苏式城乡公交服务品牌"等品牌打造取得成效。丹阳市"交邮融合,快递共配"创成省级"十佳城乡物流服务品牌",镇江市公交605路获评省级"十佳城乡公交线路"。城乡物流服务网络完善,为实施乡村振兴战略提供物流服务保障。

（市发改委　唐艺荣）

【农村物流达标县创建】 2022年,镇江市交通运输局、农业农村局、商务局、邮政管理局在全省率先印发《镇江市城乡物流服务一体化发展三年行动计划(2021—2023年)实施方案》,启动丹阳、句容、扬中、丹徒农村物流达标县创建工作,丹阳、扬中通过全省首批农村物流达标县验收,县乡村农村物流节点从原有的296个增设至559个,比上年增长89%,客运站升级改造的乡镇运输服务站由上年2个增至5个,县、乡物流服务站覆盖率100%。

（市交通运输局　王　驰）

邮　政

【概况】 2022年,镇江市邮政行业业务收入(不包括邮政储蓄银行直接营业收入)完成35.64亿元,比上年增长3.89%,其中快递业务收入完成28.04亿元,增长1.64%。邮政行业寄递业务量完成42036.37万件,增长4.92%,其中快递业务量完成28218.49万件,增长2.52%。（市邮政管理局　吉　源）

【服务网点建设】 截至2022年年底,镇江市有普遍服务网点106个,累计建成警邮合作网点41个,警医邮合作网点25个,法邮合作网点8个;受理邮政企业普服备案申请105件,出动检查人员56人次,实地监督检查邮政普遍服务营业场所28处。开展普遍服务"提质增效"专项行动,提升邮政服务能力和水平,全市普遍服务网点达标率、投递打卡率、县级以上城市党报当日见报率和四项法定业务开办率全部为100%。开展"全民国家安全教育日""护苗2022·绿书签行动"等系列宣传活动,发放国家安全知识、"扫黄打非"宣传海报1500余份,开展邮政快递业"扫黄打非"进基层标准化站点建设工作。实施城乡邮政设施均等化工程,督促邮政企业完成对全市信箱筒的出新以及9家普服网点装潢改造,优化网点服务环境,提升网点普服硬件能力。对《壬寅年》《中国共产党第二十次全国代表大会》等纪念邮票、特种邮票开展专项监督检查,保障集邮用户合法权益和集邮市场发展。保障巡视巡察等专用信箱寄递、"高录书"寄递服务,组织开展"高录书"寄递服务满意度电话回访,保证高校录取通知书安全精准送达。

（市邮政管理局　张月波）

【"两进一出"工程】 2022年,镇江市推进"两进一出"工程("快递进村""快递进厂""快递出海"),服务乡村振兴。成为新一批跨境电子商务综合试验区,市邮政管理局参与出台《中国(镇江)跨境电子商务综合试验区实施方案》,加快邮件快件集散配送中心发展,提升通关便利化水平。推动出台《镇江市关于进一步加快农村寄递物流体系建设的实施方案》,助力三级农村寄递物流体系建设。搭建快递进村服务网络,全市建成县级寄递物流共配中心3个、乡镇级仓配运营中心12个、交通场站乡级寄递公共配送中心6个、镇村公交代运邮快件线路9条。扬中农村客货邮融合发展经验被交通运输部在全国推广,丹阳市"交邮合作、快递共配"获评省交通运输厅"十佳城乡物流服务品牌";快递服务丹阳眼镜制造项目获评2021年度全省快递业与制造业深度融合发展典型项目。全市建制村建立"邮快合作"站点247个,覆盖率51.35%。推进农村邮路汽车投递工程,新增农村投递汽车82辆,农村投递汽车化率为82%。加强邮政与农村电商协同发展,依托"镇江振兴馆""镇江同城生鲜馆"等邮乐电商平台,推进惠农事业,供应大米、蔬菜、水果等农产品,助力产销对接,全年实现销售额约3615万元。

（市邮政管理局　吉　源　黄　庆　张月波）

【中国邮政集团有限公司镇江市分公司】 中国邮政集团有限公司镇江市分公司(以下简称"镇江邮政分公司")下辖镇江市寄递事业部,丹阳市、句容市、扬中市3家县级邮政分公司和城区、营业中心2家区级邮政分公司。公司有员工2217人;有营投部23个,网点109个。全市有投递线路485条,日均总里程2.19万千米,其中,城市段道158条,农村段道327条。邮路339条,邮路总长度(单程)2.32万千米。2022年,镇江邮政分公司实现业务收入7.54亿元。解加平劳模创新工作室被命名为"中国邮政集团有限公司劳模创新工作室""第二届中国长三角地区劳模工匠创新工作室",1人获评"镇江市十大杰出青年",1人获"镇江市五一劳动奖章"。5名优秀党员和党务工作者、扬中市分公司党委等3个先进组织获省邮政分公司"两优一先"表彰。

物流体系建设。推进三级物流体系建设,建成3个县级供配中心、7条交邮联运线路,邮政快递合作建制村覆盖率51.35%,实现"快递进村"年度业务量241.64万件。整合资源推进惠农合作项目,打造5个综合服务示范社,实现农产品交易额3642万元;建成3073个自提点,融资E贷款额净增5789.4万元。推广"网点+站点"运营管理模式,年度达标活跃站数1639个,完成省定目标的102.4%,列全省第1名。制定社区团购保供应急响应预案,优化同城配送网络。102个金融网点全部开通"a邮乐优鲜"社区团购,开展邮乐优鲜拼团3615场,推动批销、金融、寄递、会员等服务场景在邮乐购站点的叠加。

市场运输改革。打破行政区划组网,制定镇江市内方案,镇江24个机构汇集到6个营投部,丹阳11个机构汇集到3个营投部。通过6条邮路,解决35个机构邮件进出口问题,增强邮车的载运能力。改变组网模式,压缩上下行普服邮路7条,释放驾驶员3人,日均压缩邮车运行里程573千米,提升邮件运输效率。

网运投递改革。制定处理中心规范化管理实施方案,推动邮件处理中心生产管理标准化、生产流程标准化、生产操作标准化。落实邮件处理中心闭环管理要求,安装2台人脸识别系统。做好处理中心定额、定员工作,完成普邮车间、特快车间、包件车间各环节定员。将京口、和平以及大港营投部作为拆分的目标营投部,成立镇江运河路、通港路2个特快营揽部,提升特快投递和服务能力。

普遍服务长效机制。建立寄递客户服务质态预警机制,对客诉、丢损、积存工单、主动客服等重点指标项建立预警通报,针对重点管控项分别设置阈值。建制村打卡率100%;给据邮件丢损0.07‰,列全省第1名;条码平信断点率0.5‰,列全省第2名;平信条码化率99.97%,列全省第3名。汇总网点使用的21种纸质簿册,精简为13种登记表,提升网点管理水平。邮政元素跨界融合。策划全市"最美退役军人"评选活动宣传项目,开发《尊戎之光 绚灿镇江》定制纪念邮册。定制《镇江日报复刊40周年》,江苏大学京江学院《韶华流芳》邮票珍藏册,镇江团市委《正青春》纪念邮册,《镇江第一人民医院建成100周年》纪念邮册,《国际禁毒日》邮折,《镇江市最美退役军人评选》纪念册。镇江邮政分公司与江苏大学联合开展2022年"伴随种子计划"资助育人项目,开发江苏大学管理学院院庆纪念封和文创产品。依托省邮政分公司平台,开发"邮福礼"明信片项目、"茅山林品·采福卡"套装等。

（市邮政公司　陆　斌）

【《壬寅年》特种邮票首发暨《镇江博物馆藏虎文物明信片》首发式】 2022年1月5日,镇江市文广旅局、邮政管理局和中国邮政镇江市分公司联合在镇江博物馆举办《壬寅年》特种邮票首发暨《镇江博物馆藏虎文物明信片》首发式。镇江邮政与镇江博物馆选取6件具有代表性的虎文物,合作设计推出文创新品《镇江博物馆虎文物明信片》,合计发行1000册。仪式现场进行《壬寅年》生肖纪念封和《镇江博物馆虎文物明信片》展售,并提供加盖纪念戳服务。

（市邮政公司　陆　斌）

【"整合运输资源释放发展新动能"入选农村客货邮融合发展典型案例】 2022年5月11日,扬中市"整合运输资源释放发展新动能"成为江苏省唯一入选交通运输部发布的全国9个农村客货邮融合发展典型案例之一。扬中邮政分公司对接市交通运输管理局,创新"客货邮融合发展"路径,实现"人在家中坐,快递到门口,不出村里头,产品就运走"。公司对162个"邮乐购"站点进行改造升级,每个站点都包含邮政包裹、快递服务、便民代购等功能。加快自提点建设,实现8个镇街和58个行政村货运物流、邮政、快递农村物流服务全覆盖。创新配送合作模式,牵头其他快递企业签订"邮政快递合作下乡进村战略框架协议",由邮政投递员统一为其他快递公司处理、运送和收投农村地区快件。在八桥客运站内建成200平方米的八桥镇物流运营中心,节约配送人员成本及相关设备、车辆投入,提高邮件配送效率。（市邮政公司　陆　斌）

【"'杜绝假币 共建和谐'反假邮路在行动"活动】 2022年9月22日,由人行镇江市中心支行、市公安局经侦支队及市场监管局主办,镇江邮储银行共同承办的以"杜绝假币 共建和谐"为主题的反假邮路活动启动会在镇江邮政分公司举行。活动由专业机构讲师对快递从业人员进行反假培训,并向反假宣传示范点授牌。反假邮路以镇江市内邮政投递路线为载体,以分布于城乡邮路的投递员为主力军,利用遍布全区的102家代理金融网点,将线上LED反假宣传与线下金融知识下乡沙龙讲座相结合,并通过在投递车辆张贴反假货币宣传标语、派送人民币宣传资料等形式,将金融反假宣传工作与1600余条纵横交错的邮路融合,提升基层广大人民群众防范假币的能力。（市邮政公司　陆　斌）

快递业

【概况】 2022年,镇江市快递业务收入完成28.04亿元,比上年增长1.64%;快递业务量完成28218.49万件,增长2.52%。全市同城快递业务量完成1176.70万件,下降14.21%;异地快递业务量完成26990.99万件,增长3.49%;国际及港澳台快递业务量完成50.80万件,下降29.70%。全市依法取得快递业务经营许可证的企业有34家、一级分支机构16家、二级分支机构79家、末端网点1232个。经营体制有国有、民营、外资3种,分属21个品牌。(市邮政管理局　吉　源　黄　庆)

【快递市场监管】　2022年,镇江市邮政部门落实部门监管责任,联合市生态环境局印发《2022年镇江市邮政快递业低碳环保"19932"工程实施方案》,加强生态环境保护治理,推进镇江市邮政快递业低碳环保、绿色发展。开展镇江市邮政行业安全生产专项整治三年行动、邮件快件寄递安全整治"清风·2023"专项行动、邮政行业"安全生产月"活动、镇江市邮政行业"百团进百万企业千万员工"安全宣讲活动、镇江市邮件快件处理场所"四不"问题整治"回头看"、邮政快递领域个人信息安全治理专项行动、中共二十大期间寄递渠道安全服务保障、2022年快递业务旺季服务保障等工作,为邮政业安全健康发展创造稳定环境。全年出动执法人员650人次,检查企业、网点307家,出检96天,纠正和查处违法违规行为220个,责令改正51次,做出行政处罚决定35份,罚没款金额16万元。

(市邮政管理局　黄　庆)

【快递员权益保障】　2022年,镇江市快递行业围绕快递员群体的合法权益问题,联合市交通运输局、发改委、人社局、商务局、市场监督管理局、总工会出台《进一步做好我市快递员群体合法权益保障工作的实施方案》;建立集体协商推进机制,指导6家企业签订集体合同并实施;健全劳动争议协调机制,与市人社局、总工会共同成立快递行业协调劳动关系三方委员会。开展"暖蜂行动",全年发放慰问金近10万元,为4000余名快递员办理互济互助保险;联合润州法院设置"爱心护航快递小哥"维权专线。新冠病毒感染疫情防控期间,在全市建立7个关爱点,配发退烧药等物资。开展技能培训300余人次,职称评定人数24人。选树行业先进典型,镇江邮政1名快递员获评"镇江市十大杰出青年";镇江顺丰2名快递员获评"镇江好人";镇江中通客服部获评"五一巾帼标兵岗";镇江中通快递员沈立群获"全省优秀农民工"称号。　(市邮政管理局　周　卉)

表49　2022年镇江市快递企业情况表

企业名称	企业品牌	注册地址
丹阳市申通快递有限公司	申通快递	丹阳市开发区大亚东路东侧
丹阳市韵达快递有限公司	韵达快递	丹阳市开发区金陵西路8号
扬中市韵达快递有限公司	韵达快递	扬中市三茅街道职中路285号(生美集团院内)
扬中市申通快递有限公司	申通快递	扬中市三茅镇中桥村
丹阳市天翼速递有限公司	速尔快递	丹阳市开发区希望路16号(1号楼1楼)
镇江市申通快递有限公司	申通快递	镇江市丹徒新城工业园瑞山东路98号
丹阳市瑞顺快递有限公司	极兔快递	丹阳市开发区六纬路北侧陈家工业园2号
句容市申通快递服务有限公司	申通快递	句容市经济开发区通宁路之江商贸城南申通快递仓库1号
扬中市瑞达快运有限公司	天天快递	扬中市三茅街道中兴路91号
丹阳市中通速递有限公司	中通速递	丹阳市开发区希望路16号
镇江市顺丰速运有限公司	顺丰速运	镇江市丹徒新城长香东大道78号8号楼1层
镇江中通速递有限公司	中通速递	镇江市京口区扬帆路3号
扬中市中通快递服务有限公司	中通速递	扬中市扬子西路联盟桥东侧
句容天天快递有限公司	天天快递	句容市开发区通宁路127号3号楼
镇江新区韵达快递有限公司	韵达快递	镇江新区大港街道龙溪路
江苏江韵物流有限公司	韵达快递	句容市空港新区塘西路66号
句容市韵达快运有限公司	韵达快递	句容市经济开发区文昌西路2幢
扬中市润通物流有限公司	无获商标权品牌	扬中市三茅街道环城南路36号
丹阳浩宇物流有限公司	浩宇物流	丹阳市开发区市门一路东侧
句容中通快递有限公司	中通速递	句容市经济开发区西转盘西300米处104国道南侧01幢
镇江新春货运服务有限公司	韵达快递	镇江市京口区京岘山庄2幢105室

续表49

企业名称	企业品牌	注册地址
镇江指针物流有限公司	韵达快递	镇江市京口区学府路恒美嘉园B区21幢104～105室
镇江金韵达货运代理有限公司	韵达快递	镇江市润州区蒋乔街道蒋家门社区凤凰山西路润州开发区钢模出租站内
镇江通用物流有限公司	韵达快递	镇江新区潘宗田田工业园内第6编号区域和第七编号区域
句容大众快递有限公司	极兔快递	句容市开发区和爱路117号江苏百益运动器材科技有限公司1号仓库
镇江琼华速递有限公司	圆通速递	镇江市丹徒工业园区华园路57号
句容市运通物流有限公司	圆通速递	句容经济开发区西环路02栋1层
镇江天达物流有限公司	天天快递	镇江市京口区宗泽路北星光电器2幢1～2层
镇江罗文供应链管理有限公司	极兔快递	镇江市丹徒新城谷阳大道35号院内
丹阳市天天骏驰快递物流有限公司	天天快递	丹阳市开发区希望路99号
镇江百润物流有限公司	极兔快递	镇江市丹徒区谷阳镇冷遁路88号中靖集团内4号门
句容市海通国际货运代理有限公司	冠跃物流	句容市开发区赤岗社区隆昌路南侧，宁杭北路西侧研发楼第1层
扬中市古德速运有限公司	圆通速递	扬中市三茅街道风华路24号
丹阳市圆之通物流有限公司	圆通速递	丹阳市开发区丹桂路红叶加油站对面

（市邮政管理局　黄　庆）

表50　2022年镇江市快递企业分支机构情况表

企业名称	分支机构名称	企业地址
杭州佳成国际物流股份有限公司	杭州佳成国际物流股份有限公司镇江分公司	镇江市丹徒区谷阳大道3号
江苏丰速物流有限公司	江苏丰速物流有限公司镇江分公司	丹阳市经济开发区长湾西路9号
江苏慧达供应链有限公司	江苏慧达供应链有限公司镇江分公司	丹阳市开发区通港路与北五路交会处天工工业园区内
江苏京迅递供应链管理有限公司	江苏京迅递供应链管理有限公司镇江分公司	镇江市京口区秋山路102号秋山小区11幢102～105室
江苏众邮物流科技有限公司	江苏众邮物流科技有限公司镇江分公司	句容市郭庄镇花茂路协鑫物流园A2库
联邦快递（中国）有限公司	联邦快递（中国）有限公司镇江分公司	镇江市丁卯桥路239号106室
南京德邦物流有限公司	南京德邦物流有限公司镇江分公司	镇江市京口区兴泽路12号33文化文旅创业园5号楼
南京跨越速运有限公司	南京跨越速运有限公司镇江分公司	镇江市润州区蒋乔镇秀山村雷家组（沿江公路北侧90号）
南京晟邦物流有限公司	南京晟邦物流有限公司镇江分公司	镇江市京口区宗泽路42号
申通快递有限公司	申通快递有限公司句容分公司	句容市郭庄镇空港大道3号
深圳丰网速运有限公司	深圳丰网速运有限公司镇江分公司	丹阳市经济开发区长湾西路9号
言林供应链管理（上海）有限公司	言林供应链管理（上海）有限公司镇江分公司	丹阳市开发区农商批发大市场B区B1幢15室
优比速包裹运送（广东）有限公司	优比速包裹运送（广东）有限公司丹阳分公司	丹阳市开发区八纬路1号（南侧）房屋
中国外运长江有限公司	中国外运长江有限公司镇江分公司	镇江市戴家门路6号金山物流园内
中国邮政速递物流股份有限公司	中国邮政速递物流股份有限公司镇江市分公司	镇江市丹徒新城金润大道201号
中外运—敦豪国际航空快件有限公司	中外运—敦豪国际航空快件有限公司镇江分公司	镇江市丹徒新城瑞山东路9号3#楼西段

（市邮政管理局　黄　庆）

金融业

综　述

【金融发展】　截至2022年年底，全市银行业金融机构各项存贷款余额分别为7470.40亿元、7940.38亿元，比年初分别增长9.83%和13.61%。保险公司保费收入152.69亿元（银保监统计口径）。全年新增上市挂牌企业291家，新增股票融资11.54亿元。非法集资高发频发态势得到遏制，金融生态环境优化。做好金融机构招引工作，苏州银行镇江分行开业。举办金融赋能镇江高质量发展大会，推动市政府和部分镇江企业与32家金融机构签订战略合作协议，计划“十四五”期间为镇江提供超1.4亿元资金支持。

（市金融监管局　丁长华　郭宜捷　谈　天）

【金融助力产业强市】　2022年，镇江市启动重点产业链融资服务“金链”行动，聚焦“四群八链”产业体系，确定8条重点产业链主办行。截至12月末，全市制造业贷款余额1138.33亿元，比年初新增112.05亿元，增长10.92%。建立金融助企“重大项目、绿色金融、普惠白名单”制度，“白名单”企业（项目）享受银行优先授信、优惠利率、优质服务、优先量身定制金融产品等“四优”金融支持。

（市金融监管局　丁长华）

【金融服务企业创新】　2022年，镇江市金融监管局联合有关部门加强农村信用体系建设，推动句容市率先建设全省首个面向“三农”的信用信息平台，归集140余万条涉农数据，实现数据采集到共享运用“一键通”。提高整村授信覆盖面，辖内农商行整村授信工作建档39.57万户、授信178.88亿元，授信率、用信率分别比年初提高3.17、0.49个百分点。强化民企会诊帮扶机制作用，加大民企融资的支持力度。帮助企业缓解资金困难，协调续贷金额总计超50亿元。

（市金融监管局　丁长华）

【金融服务民生保障】　2022年，镇江市加大对全市银行业普惠领域信贷支持，普惠型小微企业贷款、民营企业贷款利率分别比上年同期下降0.34、0.28个百分点。推动地方政府建立防范盲目抽贷、压贷、断贷工作机制，相关建议获副省长马欣批示。推动辖内中国人寿、国寿财险、广发银行共同建立全省首个“新市民金融保险服务中心”，解决市民在创业、住房、教育、医疗、养老等重点领域的金融服务需求。全市保险业风险保障能力提升，全年实现保费收入152.69亿元，增长3.5%。开展支付便民工程，加快打造“农民身边的银行”，截至12月末，全市建成各类服务站点695个，发生取款、转账、代理缴费等业务383.7万笔，金额超19亿元。开展优化账户服务工作，全年无开户服务投诉。推进降费政策惠企利民，减免支付手续费近4000万元。　（市金融监管局　丁长华）

【金融安全】　2022年，镇江市防范化解金融风险，优化金融生态环境。加强金融风险监测和处置，关注辖内不良贷款、重点房地产企业等领域风险情况。市人行对辖内1家法人机构采取“一对一”通报、联合约谈高管、下发风险提示函等多种早期纠正措施，确保高风险机构“不反弹”。组织辖内所有法人银行机构开展挤兑风险防控实景演练，健全法人金融机构风险应急处置长效机制。加大金融监管力度，完成对银行业金融机构1家分行、1家支行的开业对接和29家银行业金融机构2021年度综合评价工作。推动9起洗钱案件进入司法程序，其中宣判2起；协助公安机关破获电信网络诈骗案件1400余起，协助追缴返还被骗资金67.18万元；打击地下钱庄。优化辖区金融生态环境，制定《镇江市金融生态环境“八城同创”行动方案（2022—2024年）》和《镇江市金融生态环境“八城同创”评价办法》，完善镇江市金融生态环境建设工作机制，组织召开镇江市金融生态环境推进会。（人行镇江支行　王红玲）

银行业

【概况】　截至2022年12月末，镇江市有银行业金融机构36家，其中，政策性银行1家（农业发展银行），国有商业银行6家（工商银行、农业银行、中国银行、建设银行、交通银行、邮储银行），股份制商业银行10家（华夏银行、浦发银行、民生银行、招商银行、中信银行、兴业银行、广发银行、光大银行、平安银行、浙商银行），外资银行1家（大新银行），城市商业银行3家（江苏银行、南京银行、苏州银行），法人农村商业银行4家（镇江农商行、丹阳农商行、句容农商行、扬中农商行），异地农村商业银行分支机构6家（紫金农商行、常熟农商行、丹阳张家港农商行、丹阳江南农商行、句容苏州农商行、扬中太仓农商行），村镇银行5家（丹徒蒙银、丹阳苏银、句容苏南、扬中恒丰、润州长江），下设分支机构648个，银行从业人员11269人。全市银行业金融机构各项存款余额7470.4亿元，比上年增长9.83%；各项贷款余额7940.38亿元，增长13.61%。（人行镇江支行　王红玲）

表51　2022年镇江市主要金融机构主要经营指标情况表（本外币合计）

单位：亿元

金融机构	各项存款余额	比年初增减额	比上年同期增长（%）	各项贷款余额	比年初增减额	比上年同期增长（%）
农业发展银行	31.25	-8.36	-21.11	323.01	47.49	17.24
中国工商银行	687.56	103.78	17.78	728.55	46.97	6.89
中国农业银行	1011.52	145.08	16.74	852.80	146.56	20.75
中国银行	669.18	90.89	15.72	680.47	108.22	18.91
中国建设银行	592.97	69.86	13.35	671.94	98.84	17.25
交通银行	379.32	42.99	12.78	346.83	49.89	16.80
中信银行	290.79	-6.35	-4.61	507.43	68.25	15.54
中国光大银行	101.40	-34.15	-25.20	245.39	15.96	6.96
华夏银行	133.04	-24.48	-15.54	170.41	12.19	7.71
广发银行	43.25	-4.76	-9.92	41.65	-10.15	-19.59
平安银行	7.94	-8.63	-52.09	36.43	-1.32	-3.51
招商银行	80.53	-2.17	-2.62	84.61	3.74	4.62
浦东发展银行	64.24	-45.93	-41.69	194.11	12.89	7.11
兴业银行	183.14	-8.05	-4.21	266.80	34.21	14.71
中国民生银行	222.21	-28.18	-11.25	245.88	-17.28	-6.57
浙商银行	25.66	20.21	370.43	38.44	19.72	105.28
江苏银行	737.75	90.63	14.00	605.85	64.05	11.82
南京银行	341.74	58.86	20.81	328.94	66.80	25.48
苏州银行	10.09	10.09	—	19.05	19.05	—
农村商业银行	1302.77	131.81	11.26	1139.59	124.63	12.28
邮政储蓄银行	408.38	52.61	14.79	374.20	47.11	14.40
村镇银行	42.45	2.51	6.27	48.72	1.23	2.58
大新银行	13.35	0.02	0.11	5.30	-0.59	-9.96

（人行镇江支行　王红玲）

【存款】　截至2022年12月末，镇江市本外币各项存款余额7470.4亿元，比年初增加668.92亿元，多增252.10亿元；增幅为9.83%，低于全省平均增幅1.74个百分点。分部门看，1月—12月，住户存款余额3699.51亿元，增幅18.87%；非金融企业余额2674.92亿元，降幅0.78%，其中，非金融企业活期存款降幅4.39%,定期及其他存款增幅0.46%;机关团体存款余额797.81亿元,增幅1.91%;财政性存款余额55.36亿元,增幅21.50%;非银行业金融机构存款余额233.54亿元,增幅55.66%。

(人行镇江支行　王红玲)

【贷款】　截至2022年12月末,镇江市本外币各项贷款余额7940.38亿元,比年初增加951.06亿元,多增95.37亿元;增幅13.61%,低于全省平均增幅0.96个百分点。分部门看,1月—12月住户贷款余额2130.87亿元,增加79.89亿元,少增127.89亿元,增幅3.90%;企事业单位贷款余额5805.55亿元,增加870.89亿元,多增224.58亿元,增幅17.65%。分区域看,市区各项贷款余额3800.08亿元,新增481.20亿元,占全部新增贷款的50.60%;丹阳市各项贷款余额1704.73亿元,新增223.47亿元,占全部新增贷款的23.50%;句容市各项贷款余额1556.62亿元,新增101.82亿元,占全部新增贷款的10.71%;扬中市各项贷款余额878.95亿元,新增144.56亿元,占全部新增贷款的15.20%。

(人行镇江支行　王红玲)

表52　2022年镇江市贷款分行业统计表

单位:亿元

行　业	贷款余额	比上年增减	增幅(%)	行　业	贷款余额	比上年增减	增幅(%)
A. 农、林、牧、渔业	107.97	27.25	33.76	M. 科学研究和技术服务业	13.24	2.23	20.23
B. 采矿业	1.15	0.03	2.51	N. 水利、环境和公共设施管理业	1511.61	194.19	14.74
C. 制造业	1138.33	112.05	10.92	O. 居民服务、修理和其他服务业	16.35	5.04	44.60
D. 电力、热力、燃气及水生产和供应业	95.36	16.77	21.35	P. 教育	5.01	-0.63	-11.17
E. 建筑业	344.87	61.45	21.68	Q. 卫生和社会工作	46.92	3.41	7.83
F. 批发和零售业	557.69	136.10	32.28	R. 文化、体育和娱乐业	23.12	-0.24	-1.03
G. 交通运输、仓储和邮政业	81.59	15.34	23.16	S. 公共管理、社会保障和社会组织	0.09	-3.51	-97.48
H. 住宿和餐饮业	17.54	1.39	8.63	T. 国际组织			
I. 信息传输、软件和信息技术服务业	19.31	8.72	82.27	对境外贷款	1.53	-0.13	-8.10
J. 金融业	35.38	8.53	31.74	个人贷款及透支	2130.87	79.86	3.89
K. 房地产业	193.23	23.24	13.67	贷款总计	7465.32	831.79	12.54
L. 租赁和商务服务业	1124.15	140.69	14.31				

说明:不含票据融资

(人行镇江支行　王红玲)

【经营效益】　截至2022年12月末,镇江市不良贷款余额为53.99亿元,比年初减少2.34亿元;不良贷款率为0.68%,下降0.13个百分点。关注类贷款余额73.87亿元,下降18.09亿元,信贷资产质量总体稳定。全年辖内各金融机构重视信贷资产质量风险管控工作,加大不良资产处置力度,不良资产核销、转让、清收力度加大,截至12月末,处置不良资产53.09亿元,其中贷款核销32.32亿元,信贷资产质量总体保持稳定态势。

(人行镇江支行　王红玲)

【跨境人民币业务】　2022年,镇江市办理跨境人民币结算业务302.8亿元,比上年增长16.3%,其中,经常项下结算业务145.5亿元,增长71.7%,资本项下结算业务157.27亿元,下降10.24%。经常项下跨境人民币结算业务中,货物贸易结算金额77.51亿元,增长70.61%,服务贸易及其他经常项目结算金额68.03亿元,增长72.9%。资本项下跨境人民币结算业务中,直接投资结算金额126.45亿元,下降9.89%,其他投资结算金额30.82亿元,下降59.6%。

(人行镇江支行　王红玲)

【国际收支】　2022年,国内经济稳定恢复,跨境收支和结售汇顺差规模扩大。1月—12月,镇江市跨境资金流入128.43亿美元,比上年增长10%;跨境资金流出56.53亿美元,增长13.03%;跨境收支顺差71.8亿美元,增长7.73%。结售汇情况,1月—12月,全市银行结汇89.87亿美元,增长8.87%;售汇26.49亿美元,下降10.87%;结售汇顺差为63.38亿美元,增长19.98%。

(人行镇江支行　王红玲)

【货币信贷工作】　2022年,镇江市强化货币政策执行的灵活精准、合理适度,优化信贷结构,落实减费让利政策,助力稳住宏观经济大盘。扩大直接债务融资工具规模,全年发行债务融资工具644.7亿元,列全省第5名。优化信贷结构，加大对重点领域和薄弱环节的支持，为220个省市级重大产业项目累计发放325.07亿元贷款融资（含流动性贷款）。降低融资成本，规范金融机构信贷融资收费、优化存款利率定价管理，引导综合融资成本降低。全市一般贷款、企业贷款、普惠小微贷款加权平均利率分别为4.44%、4.42%、4.29%，比上年分别下降42个、41个、31个基点，利用降准、减息、专项再贷款等累计为实体企业让利30.64亿元。强化精准滴灌，引领金融服务实体经济质效提升。用好两项直达实体经济货币政策工具，2022年，对26322家中小微企业的370.7亿元贷款进行展期、续贷和无还本付息，延期率77.31%；普惠小微企业信用贷款新增62.8亿元，新增占比32.95%，提升0.86个百分点，惠及44107家中小微企业。加强绿色金融产品和服务创新，印发《镇江市"金山绿金"计划2022. 年度行动方案》和《镇江市绿色金融"名单制"工作方案》，加大绿色信贷支持力度。截至年末，绿色信贷余额834.6亿元，增长50.5%，高于全部贷款增速36.9个百分点。运用"政策工具+金融产品"，利用碳减排支持工具推动辖内银行对5个项目发放碳减排贷款6.33亿元，直接减排二氧化碳3.3万吨；办理"镇绿通"绿色再贴现20.48亿元。"甘露行动"提升融资便捷性和可得性，探索"整体授信"新模式和非公经济首贷中心，推动17家银行机构与64个商会结对，服务商会会员2460个，整体授信金额153亿元。市人行协调市工商联、商务局等部门开展各市片区政银企座谈，联合市市场监管局开展"金融惠企推进季"暨"个体工商户服务月"专场活动。截至年末，普惠小微贷款余额966.9亿元，比上年增长25.23%，高于各项贷款增幅11.61个百分点。"金穗行动"赋能乡村振兴新模式，推动"三农"信贷投放。截至年末，涉农贷款余额2979.2亿元，新增378.6亿元，多增76.1亿元。实施《镇江市再贷款助力农村普惠金融发展方案》，探索"再贷款+N"工作机制，运用再贷款提供优惠利率贷款支持5.02亿元。句容市成为全省首批金融服务乡村振兴示范区，开展生产、供销和信用"三位一体"试点，市人行组织银行与供销社、重点农业项目和新型农业经营主体现场授信签约39.9亿元。

（人行镇江支行　王红玲）

保险业

【概况】　截至2022年12月31日，镇江市级保险机构有63家，其中，财险公司29家，寿险公司34家。全市保费收入151.53亿元，比上年增长4.27%，其中，产险公司保费收入36.79亿元，增长12.42%；寿险公司保费收入114.74亿元，增长0.71%。产险、寿险赔款与给付支出40.83亿元，增长6.49%，其中，财产险赔款支出21.36亿元，增长5.1%；人身险给付支出19.47亿元，增长8.11%。全市保险深度3.02%，减少0.06个百分点；保险密度4709.99元，增长3.12%。全行业上缴各类税收4.03亿元，其中代收车船税约2.2亿元。全行业从业人员17254人，其中代理人14390人。

2022年，保险行业为全市68.33万辆机动车提供保险保障14483亿元，累计赔付9.33万件、8.78亿元；为企业3581亿元财产提供保障，累计赔付902件、5661万元。寿险公司意外险、健康险保费合计14.42亿元，保费占比12.6%，财险公司人身意外险、健康险保费合计5.05亿元，保险占比13.7%。"镇江惠民保"参保人数53.92万人，参保率19.24%，全年累计赔付5458.43万元，最高单笔赔付79.11万元，获2022年度镇江市"十佳民生实事"奖项。城乡大病保险项目累计赔付金额28658.12万元。

市保险行业协会加强与两级法院诉调对接，搭建线上调解平台，提升投诉处理水平。全年受理调解案件773件，其中人民法院委托753件，投诉人申请20件，结案率100%。法院委托调解案件，调解成功并签署协议7件，涉及金额13.5万元，调解成功未签订协议8件（客户撤诉），涉及金额22.1万元；投诉人申请案件，调解成功19件，涉及金额128.9万元。法院委托调解案件主要涉及车险案件569件，占比86.1%。

市保险行业协会与司法局和司法鉴定协会定期召开司法鉴定工作座谈会，完善涉保司法鉴定沟通协调机制。开展"代理退保"投诉案件排查，收集寿险公司2020年以来涉及"撤旧投新"、"挂单骗佣"、"自垫保费骗佣"、"犹豫期"退保骗佣、"代理退保"等投诉案件进行集中梳理、排查，提取可疑案件60件、可疑线索8条，全部移交公安机关进行侦查。

（市保险行业协会　尹　旻）

【政策性农业保险】　2022年，镇江市实现签单保费11323万元，其中高效农业6657万元，高效农业保费占比58.79%，为全市22.05万户次的农业生产经营者提供26.97亿元风险保障。开办三大主粮作物完全成本保险，投保面积32.46万亩（2.16万公顷），签单保费收入1394万元，提供3.76亿元风险保障。茶叶气象指数保险、池塘水产品养殖综合气象指数保险、螃蟹养殖气温指数保险、经济林果种植保险等4个具有镇江地方特色的农业保险险种被纳入市级财政补贴目录，其中茶叶气象指数保险签单保费 36.5 万元，承保面积 2920 亩（194.67 公顷）；池塘水产品养殖综合气象指数保险签单保费 7.37 万元，承保面积 289 亩（19.27 公顷）。

（市保险行业协会 尹 旻）

【车险综合改革】 2022 年，镇江市车险行业“降价、增保、提质”阶段性目标初步达成，围绕回溯机制、检查机制和反垄断机制建设，做好行业合规自律工作。搭建监测体系，常态化日监测、旬通报、月分析，形成“监测 + 分析 + 预警 + 处置”闭环，引导保险公司树立合规和自律意识。建立主体沟通平台，定期召集产险专业委员会常务委员会会议，通报异常数据、交流行业信息、制定解决方案。整治车险市场费用问题，从费用销售端与费用支付端入手，推动行业合规经营。辖内经营车险的 27 家公司中有 21 家公司车险保费收入实现正增长，比上年增加 9 家。车险综合成本率 92.3%，下降 5.25 个百分点；车险综合费用率 21.24%，增加 0.37 个百分点；综合赔付率 71.06%，下降 5.63%。（市保险行业协会 尹 旻）

【保险行业安全管理】 2022 年，镇江规范银保业务市场秩序，防范经营风险。市保险行业协会组织镇江银保自律工作组制定《镇江地区银保业务非现场数据监测办法（试行）》，对银保业务市场主体的累计新单期缴保险增速、当月新单期缴保费增速和新单期缴占比，按旬监测、按月对增速异常的公司进行通报，对监测结果异常的公司，采取自主整改、暂停业务等自律处理。全年 25 家公司因增速异常或市场反应较强烈提交银保自律工作组审议，2 家公司暂停新单业务。市保险行业协会成立镇江保险业党员先锋队，在沪蓉高速镇江出口设立“温暖驿站”，开展爱心服务，17 家公司 58 名党员报名加入党员先锋队，发放爱心礼包约 500 包。市保险行业协会与交通运输局执法大队、网约车平台召开沟通协调会，对网约车承保工作进行规范，保障新业态发展。提升退役军人保险服务水平，在商业车险服务上给予优待。联合银行业协会构建银行保险机构—亚夫兴农地产优质农产品集中采购服务平台—农业合作社“产、供、销”长期合作渠道。

（市保险行业协会 尹 旻）

【保险业消费者权益保护】 2022 年，镇江市开展普法知识培训，举办消费者权益保护工作培训班，介绍镇江市保险纠纷人民调解委员会的调解流程、“人民法院调解平台 · 江苏微解纷”系统在线诉调对接机制及镇江银保监分局保险业投诉处理流程。邀请京口区人民法院讲解民事诉讼证据和保险纠纷中的举证责任，《中华人民共和国民法典》和《中华人民共和国保险法》保险合同中证据等情形的认定，提升保险公司投诉处理能力。加强民众保险认知宣传。组织“7 · 8”全国保险公众宣传日活动。市保险行业协会联合银行业协会开展普法培训、广场宣传咨询等活动。开展保险业“3 · 15”消费者权益保护教育宣传周活动。

组织从业人员签署《廉洁合规承诺书》，规范保险从业人员展业行为、职业操守、服务技能等。组织开展“‘3 · 15’客户大回访”，针对 2019 年以来持有销售过程关键环节未现场同步录音录像、且销售人员已经离开公司的保单客户，由保险公司指派销售服务人员进行面见或电话回访。各公司通过面见或者电话回访的形式开展回访 10843 人，各保险公司根据回访结果，进行相应售后服务，处理存在问题。

全年市保险行业协会和消费者权益保护中心受理投诉案件 340 件，其中，人身险案件 186 件，占比 54.7%；财产险案件 154 件，占比 45.3%；人身险投诉销售误导 48 件，占比 25.81%；保单后续服务/续期缴费 60 件，占比 32.26%；理赔纠纷 30 件，占比 16.13%；财产险理赔类投诉 105 件，占比 68.18%；非理赔类投诉 49 件，占比 31.82%。市保险行业协会组织开展纠纷化解工作。

（市保险行业协会 尹 旻）

图 28 2022 年 4 月，镇江银保监分局在沪蓉高速镇江出口组织党员先锋队，开展线下“温暖驿站”服务活动

（市保险行业协会 尹 旻 供稿）

表53　2022年镇江市财产保险业务统计表

单位：万元

单位		累计承保金额	保费收入：企财险	家财险	工程险	总车辆	商业车辆险	商业车辆险：其中：新车	交强险：汽车	交强险：汽车：其中：新车	交强险：摩托车	交强险：拖拉机	运输险	船舶险	责任险	保证险	人意险	健康险	信用险	农险	其他险	累计保费	比上年增减（%）	赔款支出：累计	赔付率（%）	赔付案件（件）	市场份额（%）
人保财险	市区	163384220	4014	223	253	51762	39824	9667	11831	2015	88	19	720	63	7738	23	2229	3659	93	2187	-867	72097	14.4	38413	53.3	290247	38.30
	丹阳	92590398	1513	369	12	29156	22104	3897	6923	836	98	31	117	0	2615	1	1765	9310	17	3816	-161	48530	9.1	33869	69.8	280528	46.49
	句容	35811228	201	107	103	9221	6899	1487	2231	319	67	24	84	0	1154	10	470	4529	0	3442	0	19321	9.8	13435	69.5	322245	45.74
	扬中	33545889	174	70	1	5870	4385	811	1462	158	15	8	24	0	733	0	396	4904	0	574	-20	12726	20.4	8597	67.6	165689	38.47
	合计	325331735	5902	769	369	96009	73212	15862	22447	3328	268	82	945	63	12240	34	4860	22402	110	10019	-1048	152674	12.5	94314	61.8	1058709	41.49
平安财险	市区	257744611	501	767	155	24617	18732	4933	5851	986	34	0	91	46	4083	45	1621	798	0	20	0	32744	25.7	15687	47.9	155997	17.40
	丹阳	104364682	657	518	2	14355	10871	1871	3456	357	28	0	116	0	1857	0	949	652	0	0	0	19106	5.0	12299	64.4	34624	18.30
	句容	45092882	39	182	0	5434	4017	831	1364	181	53	0	6	0	852	6	396	215	0	3	0	7133	9.3	3966	55.6	3936	16.89
	扬中	16672804	38	80	0	2319	1702	94	617	12	0	0	2	0	1081	0	208	196	0	0	0	3924	27.7	1602	40.8	5772	11.86
	合计	423874979	1235	1547	157	46725	35322	7729	11288	1536	115	0	215	46	7873	51	3174	1861	0	23	0	62907	16.9	33554	53.3	200329	17.10
太平洋产险	市区	81400750	4252	472	242	15516	11839	2303	3645	450	32	0	531	243	382	117	489	1601	38	383	3	24269	24.3	13328	54.9	198130	12.89
	丹阳	16978299	887	175	58	5733	4351	886	1362	179	20	0	55	0	382	41	137	798	127	660	0	9053	3.1	6462	71.4	94865	8.67
	句容	8221202	258	85	256	2781	2078	256	691	42	12	0	9	0	109	22	125	186	0	473	0	4304	5.8	2155	50.1	3106	10.19
	扬中	9822513	480	108	0	3290	2485	275	792	47	13	0	99	9	72	7	137	592	0	157	0	4951	15.3	2604	52.6	141916	14.97
	合计	116422764	5877	840	556	27320	20753	3720	6490	718	77	0	694	252	945	187	888	3177	165	1673	3	42577	16.1	24549	57.7	438017	11.57
国寿财险	市区	27673100	413	26	108	7524	5646	1197	1864	199	14	0	78	250	2329	33	531	814	235	109	4	12454	11.7	7234	58.1	72824	6.62
	丹阳	64899070	401	14	14	6646	4967	333	1669	57	10	0	13	0	609	3	449	430	0	0	2	8581	20.0	5100	59.4	28382	8.22
	句容	2497754	41	10	1	1662	1200	14	443	6	19	0	3	0	649	0	184	3	0	259	2	2814	5.2	1513	53.8	4057	6.66
	扬中	3262640	31	8	8	2115	1576	60	533	11	6	0	7	12	71	99	165	29	0	0	0	2545	9.8	1254	49.3	1905	7.69
	合计	98332564	886	58	131	17947	13389	1604	4509	273	49	0	101	262	3658	135	1329	1276	235	368	8	26394	13.3	15101	57.2	107168	7.17
紫金保险	市区	133582869	254	2	119	2206	1707	222	478	64	11	10	21	61	528	26	222	1277	—	355	—	5071	-3.8	4605	90.8	238501	2.69
	丹阳	149705450	389	8	4	1898	1475	118	423	29	—	—	—	—	243	6	89	2116	—	607	—	5360	66.8	4228	78.9	3	5.14
	句容	1873992	18	—	8	1070	837	46	233	8	—	—	—	—	28	—	113	97	—	189	—	1523	31.3	759	49.8	—	3.61
	扬中	4586353	333	6	1	1047	828	44	215	8	2	2	181	37	175	—	118	379	—	149	—	2426	22.5	986	40.6	15	7.33
	合计	289748664	994	16	132	6221	4847	430	1349	109	13	12	202	98	974	32	542	3869	0	1300	0	14380	23.7	10578	73.6	238519	3.91
阳光财险	市区	3214146	159	332	44	4089	2934	191	1149	48	6	—	4	—	326	369	353	—	—	—	—	5676	0.0	4137	76.8	4845	3.02
	丹阳	3156663	76	1	—	1460	1057	83	403	18	—	—	—	—	40	8	397	—	—	—	—	1982	0.3	1222	61.7	1456	1.90
	句容	1035163	17	—	42	1398	997	17	401	5	—	—	—	—	82	7	162	—	—	—	—	1708	0.1	973	57.0	1367	4.04
	扬中	946653	—	1	—	1558	1104	57	450	14	4	—	—	—	393	—	146	—	—	—	—	2098	0.5	1017	48.5	1497	6.34
	合计	8352625	252	334	86	8505	6092	348	2403	85	10	0	4	0	841	384	1058	0	0	0	0	11464	19.5	7349	64.1	9165	3.12
天安财险	市区	1609658	135	12	74	1431	1094	119	333	23	4	—	327	10	242	—	36	19	—	—	—	2286	-20.3	1061	46.4	1972	1.21
	丹阳	1081900	127	3	—	935	676	17	259	4	—	—	95	—	46	—	20	18	—	—	—	1244	-13.7	·537	43.2	738	1.19
	句容	1710840	44	6	—	788	567	4	221	1	—	—	—	—	215	—	13	12	—	—	—	1078	-7.9	472	43.8	459	2.55
	扬中	869223	57	1	—	608	436	11	172	3	—	—	125	20	72	—	12	12	—	—	1	908	-4.6	393	43.3	570	2.74
	合计	5271621	363	22	74	3762	2773	151	985	31	4	0	547	30	575	0	81	61	0	0	1	5516	-14.3	2463	44.7	3739	1.50
太平财险	市区	8891629	142	14	—	2199	1602	132	594	26	3	—	2	41	195	—	213	17	—	—	—	2823	-50.0	1693	60.0	4258	1.50
	丹阳	1169973	1128	5	4	710	533	7	177	1	—	—	4	—	232	—	30	8	2	—	—	2123	95.0	1042	49.1	2737	2.03
	句容	458233	28	3	—	296	217	—	79	—	—	—	—	—	29	—	15	2	—	—	—	373	-30.0	273	73.2	325	0.88
	扬中	408615	3	—	—	347	263	—	84	—	—	—	—	—	57	—	8	1	2	—	—	418	-12.0	482	115.3	397	1.26
	合计	10928450	1301	22	4	3552	2615	139	934	27	3	0	6	41	513	0	266	28	4	0	0	5737	-25.9	3490	60.8	7717	1.56
大地财险	市区	7808552	298	2	6	1577	1178	53	399	12	—	—	29	15	516	-73	557	17	320	—	—	3264	45.2	1512	46.3	1856	1.73
	丹阳	1888597	16	—	1	848	639	36	209	7	—	—	6	—	43	—	124	27	12	—	—	1077	24.9	546	50.7	657	1.03
	句容	1368056	3	—	—	600	449	5	151	1	—	—	4	—	105	—	63	16	—	—	—	791	8.1	534	67.5	445	1.87
	扬中	1164781	137	—	13	387	284	1	103	—	—	—	1	393	93	—	33	3	—	—	—	1060	52.5	294	27.7	340	3.20
	合计	12229986	454	2	20	3412	2550	95	862	20	0	0	40	408	757	-73	777	63	332	0	0	6192	36.5	2886	46.6	3298	1.68
中华财险	市区	12415476	26	8	1	2253	1725	—	528	—	—	—	18	12	726	37	218	350	—	1	—	3650	-12.4	3309	90.7	2693	1.94
	丹阳	2269142	15	1	—	900	675	—	225	—	—	—	—	—	142	—	148	327	—	—	—	1533	37.6	607	39.6	692	1.47
	句容	830490	33	1	—	402	297	—	105	—	—	—	—	—	31	—	77	6	—	63	—	613	-6.3	287	46.8	307	1.45
	扬中	688425	5	1	—	391	289	—	102	—	—	—	—	—	47	—	39	93	—	—	—	576	64.6	139	24.1	196	1.74
	合计	16203533	79	11	1	3946	2986	0	960	0	0	0	18	12	946	37	482	776	0	64	0	6372	1.4	4342	68.1	3888	1.73
中银保险	市区	4444673	1068	19	21	1212	921	175	286	41	5	—	59	17	701	12	148	645	218	—	—	4120	-2.5	1423	34.5	5704	2.19
	丹阳	843919	315	—	1	333	246	14	87	5	—	—	—	—	331	—	4	3	—	—	—	987	6.0	218	22.1	353	0.95
	句容	—	—	—	—	0	—	—	—	—	—	—	—	—	—	—	—	—	—	—	—	0	—	—	—	—	0.00
	扬中	—	—	—	—	0	—	—	—	—	—	—	—	—	—	—	—	—	—	—	—	0	—	—	—	—	0.00
	合计	5288592	1383	19	22	1545	1167	189	373	46	5	0	59	17	1032	12	152	648	218	0	0	5107	-1.0	1641	32.1	6057	1.39

续表 53

单位		累计承保金额	保费收入																					赔款支出		赔付案件(件)	市场份额(%)
			企财险	家财险	工程险	总车辆	商业车辆险		交强险				运输险	船舶险	责任险	保证险	人意险	健康险	信用险	农险	其他险	累计保费	比上年增减(%)	累计	赔付率(%)		
								其中：新车	汽车	其中：新车	摩托车	拖拉机															
永安产险	市区	1260216	14	—	6	2331	1705	29	623	8	3	—	15	—	45	106	174	3	—	—	—	2694	5.7	1141	42.4	1355	1.43
	丹阳	197464	—	—	—	446	325	1	121	1	—	—	—	—	73	1	29	—	—	—	—	549	-3.8	478	87.1	328	0.53
	句容	512037	—	—	—	623	455	40	168	11	—	—	1	—	38	—	44	5	—	—	—	711	-4.8	240	33.8	289	1.68
	扬中	406603	—	—	—	410	289	3	121	—	—	—	—	135	13	3	34	—	—	—	—	595	17.1	285	47.9	262	1.80
	合计	2376320	14	0	6	3810	2774	73	1033	20	3	0	16	135	169	110	281	8	0	0	0	4549	4.0	2144	47.1	2234	1.24
英大财险	市区	1641335	82	1	210	1397	1111	—	284	—	2	—	—	—	739	22	46	41	—	—	24	2562	—	1173	45.8	1244	1.36
	丹阳	675332	25	3	154	368	288	—	80	—	—	—	—	—	437	—	23	38	—	—	—	1048	—	—	0.0	—	1.00
	句容	—	—	—	—	0	—	—	—	—	—	—	—	—	—	—	—	—	—	—	—	0	—	—	—	—	0.00
	扬中	—	—	—	—	0	—	—	—	—	—	—	—	—	—	—	—	—	—	—	—	0	—	—	—	—	0.00
	合计	2316667	107	4	364	1765	1399	0	364	0	2	0	0	0	1176	22	69	79	0	0	24	3610	17.5	1173	32.5	1244	0.98
长安保险	市区	1004600	76	—	—	1013	716	70	295	19	2	—	—	—	210	21	76	2	—	—	—	1398	0.3	687	49.1	1083	0.74
	丹阳	441891	18	—	—	388	249	12	139	3	—	—	—	—	68	—	23	7	—	—	—	504	23.2	205	40.7	152	0.48
	句容	458735	12	—	—	385	258	18	127	4	—	—	—	—	6	—	31	—	—	—	—	434	5.6	159	36.6	305	1.03
	扬中	—	—	—	—	0	—	—	—	—	—	—	—	—	—	—	—	—	—	—	—	0	—	—	—	—	0.00
	合计	1905226	106	0	0	1786	1223	100	561	26	2	0	0	0	284	21	130	9	0	0	0	2336	5.5	1051	45.0	1540	0.63
渤海财险	市区	1412661	16	—	15	1673	1162	32	511	10	—	—	65	24	230	—	208	3	—	—	—	2234	9.7	809	36.2	837	1.19
	丹阳	—	—	—	—	0	—	—	—	—	—	—	—	—	—	—	—	—	—	—	—	0	—	—	—	—	0.00
	句容	—	—	—	—	0	—	—	—	—	—	—	—	—	—	—	—	—	—	—	—	0	—	—	—	—	0.00
	扬中	—	—	—	—	0	—	—	—	—	—	—	—	—	—	—	—	—	—	—	—	0	—	—	—	—	0.00
	合计	1412661	16	0	15	1673	1162	32	511	10	0	0	65	24	230	0	208	3	0	0	0	2234	9.7	809	36.2	837	0.61
都邦财险	市区	723572	23	—	30	949	650	39	299	15	—	—	3	5	162	—	81	—	—	—	—	1253	-17.9	752	60.0	830	0.67
	丹阳	382950	13	—	7	466	290	—	168	—	8	—	4	—	33	—	59	—	—	—	—	582	27.9	193	33.2	390	0.56
	句容	—	—	—	—	0	—	—	—	—	—	—	—	—	—	—	—	—	—	—	—	0	—	—	—	—	0.00
	扬中	—	—	—	—	0	—	—	—	—	—	—	—	—	—	—	—	—	—	—	—	0	—	—	—	—	0.00
	合计	1106522	36	0	37	1415	940	39	467	15	8	0	7	5	195	0	140	0	0	0	0	1835	-7.4	945	51.5	1220	0.50
华安财险	市区	765903	2	—	2	642	438	—	204	—	—	—	4	48	76	—	27	2	—	—	—	803	—	558	69.5	993	0.43
	丹阳	701123	7	—	—	461	325	—	136	—	—	—	2	—	38	—	65	8	—	—	—	581	—	194	33.4	558	0.56
	句容	1533076	1	1	9	308	213	—	95	—	—	—	63	—	146	—	167	11	—	—	—	706	—	137	19.4	329	1.67
	扬中	219275	14	—	2	0	—	—	—	—	—	—	—	—	69	—	13	—	—	—	—	98	—	152	155.1	277	0.30
	合计	3219377	24	1	13	1411	976	0	435	0	0	0	69	48	329	0	272	21	0	0	0	2188	-0.3	1041	47.6	2157	0.59
大家财险	市区	1123568	3	—	—	134	97	—	36	—	1	—	—	16	27	—	90	1	—	—	—	271	-157.0	355	131.0	531	0.14
	丹阳	301577	—	—	—	301	243	—	58	—	—	—	—	—	34	—	13	1	—	—	—	349	0.8	114	32.7	327	0.33
	句容	634343	1	—	—	608	496	—	112	—	—	—	—	4	89	—	26	1	—	—	—	729	119.0	262	35.9	455	1.73
	扬中	261068	2	—	—	124	87	—	37	—	—	—	—	—	4	—	281	1	—	—	—	412	125.0	95	23.1	236	1.25
	合计	2320556	6	0	0	1167	923	0	243	0	1	0	0	20	154	0	410	4	0	0	0	1761	17.3	826	46.9	1549	0.48
长江财险	市区	1951984	315	—	—	413	262	—	151	—	—	—	—	—	264	—	79	—	—	—	—	1071	-14.5	591	55.2	636	0.57
	丹阳	—	—	—	—	0	—	—	—	—	—	—	—	—	—	—	—	—	—	—	—	0	—	—	—	—	0.00
	句容	—	—	—	—	0	—	—	—	—	—	—	—	—	—	—	—	—	—	—	—	0	—	—	—	—	0.00
	扬中	—	—	—	—	0	—	—	—	—	—	—	—	—	—	—	—	—	—	—	—	0	—	—	—	—	0.00
	合计	1951984	315	0	0	413	262	0	151	0	0	0	0	0	264	0	79	0	0	0	0	1071	14.5	591	55.2	636	0.29
国任财险	市区	1767131	9	—	27	1766	1189	109	577	40	—	—	9	—	129	—	214	—	—	—	—	2154	21.6	1081	50.2	1545	1.14
	丹阳	—	—	—	—	0	—	—	—	—	—	—	—	—	—	—	—	—	—	—	—	0	—	—	—	—	0.00
	句容	—	—	—	—	0	—	—	—	—	—	—	—	—	—	—	—	—	—	—	—	0	—	—	—	—	0.00
	扬中	—	—	—	—	0	—	—	—	—	—	—	—	—	—	—	—	—	—	—	—	0	—	—	—	—	0.00
	合计	1767131	9	0	27	1766	1189	109	577	40	0	0	9	0	129	0	214	0	0	0	0	2154	21.6	1081	50.2	1545	0.59
安诚财险	市区	1281818	138	—	84	701	517	—	183	—	1	—	51	—	26	—	37	—	—	—	—	1037	4.2	678	65.4	739	0.55
	丹阳	—	—	—	—	0	—	—	—	—	—	—	—	—	—	—	—	—	—	—	—	0	—	—	—	—	0.00
	句容	—	—	—	—	0	—	—	—	—	—	—	—	—	—	—	—	—	—	—	—	0	—	—	—	—	0.00
	扬中	312797	4	—	1	321	229	—	92	—	—	—	—	—	1	—	16	—	—	—	—	343	-2.6	124	36.2	360	1.04
	合计	1594615	142	0	85	1022	746	0	275	0	1	0	51	0	27	0	53	0	0	0	0	1380	2.4	802	58.1	1099	0.38
富德财险	市区	753131	45	—	2	707	479	—	228	—	—	—	1	—	262	16	48	1	—	—	—	1082	10.9	570	52.7	454	0.57
	丹阳	—	—	—	—	0	—	—	—	—	—	—	—	—	—	—	—	—	—	—	—	0	—	—	—	—	0.00
	句容	—	—	—	—	0	—	—	—	—	—	—	—	—	—	—	—	—	—	—	—	0	—	—	—	—	0.00
	扬中	—	—	—	—	0	—	—	—	—	—	—	—	—	—	—	—	—	—	—	—	0	—	—	—	—	0.00
	合计	753131	45	0	2	707	479	0	228	0	0	0	1	0	262	16	48	1	0	0	0	1082	-10.9	570	52.7	454	0.29
亚太财险	市区	268497	21	—	—	91	72	—	19	—	—	—	—	—	48	—	31	—	—	—	—	191	-64.7	308	161.3	256	0.10
	丹阳	1597528	69	—	—	712	518	6	194	2	—	—	—	—	134	—	275	—	—	—	—	1190	77.9	488	41.0	466	1.14
	句容	—	—	—	—	0	—	—	—	—	—	—	—	—	—	—	—	—	—	—	—	0	—	—	—	—	0.00
	扬中	—	—	—	—	0	—	—	—	—	—	—	—	—	—	—	—	—	—	—	—	0	—	—	—	—	0.00
	合计	1866025	90	0	0	803	590	6	213	2	0	0	0	0	182	0	306	0	0	0	0	1381	14.1	796	57.6	722	0.38

续表 53

单位		累计承保金额	保费收入 企财险	家财险	工程险	总车辆	商业车辆险	其中:新车	交强险 汽车	其中:新车	摩托车	拖拉机	运输险	船舶险	责任险	保证险	人意险	健康险	信用险	农险	其他险	累计保费	比上年增减(%)	赔款支出 累计	赔付率(%)	赔付案件(件)	市场份额(%)
浙商财险	市区	1412268	167	—	—	696	515	333	181	—	—	—	—	—	185	—	93	—	—	—	—	1141	15.5	495	43.4	170	0.61
	丹阳	—	—	—	—	0	—	—	—	—	—	—	—	—	—	—	—	—	—	—	—	0	—	—	—	—	0.00
	句容	—	—	—	—	0	—	—	—	—	—	—	—	—	—	—	—	—	—	—	—	0	—	—	—	—	0.00
	扬中	—	—	—	—	0	—	—	—	—	—	—	—	—	—	—	—	—	—	—	—	0	—	—	—	—	0.00
	合计	1412268	167	0	0	696	515	333	181	0	0	0	0	0	185	0	93	0	0	0	0	1141	15.5	495	43.4	170	0.31
安盛天平	市区	1900703	6	—	—	781	564	—	217	—	—	—	—	—	8	—	79	50	—	—	—	924	18.9	430	46.5	976	0.49
	丹阳	—	—	—	—	0	—	—	—	—	—	—	—	—	—	—	—	—	—	—	—	0	—	—	—	—	0.00
	句容	—	—	—	—	0	—	—	—	—	—	—	—	—	—	—	—	—	—	—	—	0	—	—	—	—	0.00
	扬中	—	—	—	—	0	—	—	—	—	—	—	—	—	—	—	—	—	—	—	—	0	—	—	—	—	0.00
	合计	1900703	6	0	0	781	564	0	217	0	0	0	0	0	8	0	79	50	0	0	0	924	18.9	430	46.5	976	0.25
华泰财险	市区	462383	3	—	—	348	258	—	90	—	—	—	4	—	3	—	22	40	—	—	—	420	-20.2	393	93.6	345	0.22
	丹阳	—	—	—	—	0	—	—	—	—	—	—	—	—	—	—	—	—	—	—	—	0	—	—	—	—	0.00
	句容	—	—	—	—	0	—	—	—	—	—	—	—	—	—	—	—	—	—	—	—	0	—	—	—	—	0.00
	扬中	—	—	—	—	0	—	—	—	—	—	—	—	—	—	—	—	—	—	—	—	0	—	—	—	—	0.00
	合计	462383	3	0	0	348	258	0	90	0	0	0	4	0	3	0	22	40	0	0	0	420	-20.2	393	93.6	345	0.11
泰山保险	市区	183923	—	—	—	59	24	—	14	—	21	—	—	—	24	—	52	—	—	—	—	135	14.4	94	69.6	51	0.07
	丹阳	—	—	—	—	0	—	—	—	—	—	—	—	—	—	—	—	—	—	—	—	0	—	—	—	—	0.00
	句容	—	—	—	—	0	—	—	—	—	—	—	—	—	—	—	—	—	—	—	—	0	—	—	—	—	0.00
	扬中	—	—	—	—	0	—	—	—	—	—	—	—	—	—	—	—	—	—	—	—	0	-100.0	42	—	9	0.00
	合计	183923	0	0	0	59	24	0	14	0	21	0	0	0	24	0	52	0	0	0	0	135	11.6	136	100.7	60	0.04
永诚财险	市区	299322	72	—	—	0	—	—	—	—	—	—	3	6	214	2	11	1	—	—	—	309	63.3	19	6.1	35	0.16
	丹阳	—	—	—	—	0	—	—	—	—	—	—	—	—	—	—	—	—	—	—	—	0	—	—	—	—	0.00
	句容	—	—	—	—	0	—	—	—	—	—	—	—	—	—	—	—	—	—	—	—	0	—	—	—	—	0.00
	扬中	—	—	—	—	0	—	—	—	—	—	—	—	—	—	—	—	—	—	—	—	0	—	—	—	—	0.00
	合计	299322	72	0	0	0	0	0	0	0	0	0	3	6	214	2	11	1	0	0	0	309	63.4	19	6.1	35	0.08
太平洋安信	市区	93570	2	—	—	0	—	—	—	—	—	—	—	—	19	—	83	—	—	—	—	104	126.1	11	10.6	8	0.06
	丹阳	—	—	—	—	0	—	—	—	—	—	—	—	—	—	—	—	—	—	—	—	0	—	—	—	—	0.00
	句容	—	—	—	—	0	—	—	—	—	—	—	—	—	—	—	—	—	—	—	—	0	—	—	—	—	0.00
	扬中	—	—	—	—	0	—	—	—	—	—	—	—	—	—	—	—	—	—	—	—	0	—	—	—	—	0.00
	合计	93570	2	0	0	0	0	0	0	0	0	0	0	0	19	0	83	0	0	0	0	104	126.1	11	10.6	8	0.03
合计	市区	720476269	12256	1878	1399	128087	96961	19604	30870	3956	227	29	2035	857	20437	756	8068	9341	904	3055	-836	188237	—	102547	54.5	989115	51.2
	丹阳	443245958	5656	1097	257	66116	49832	7281	16089	1499	164	31	412	0	7357	60	4599	13743	158	5083	-159	104379	—	67802	65.0	447256	28.4
	句容	102038031	696	395	419	25576	18980	2718	6421	578	151	24	170	4	3533	45	1886	5083	0	4429	2	42238	—	25165	59.6	337625	11.5
	扬中	73167639	1278	275	26	18787	13957	1356	4780	253	40	10	439	606	2881	109	1606	6210	2	880	-19	33080	—	18066	54.6	319441	9.0
	合计	1338927897	19886	3645	2101	238566	179730	30959	58160	6286	582	94	3056	1467	34208	970	16159	34377	1064	13447	-1012	367934	12.4	213580	58.0	2093437	100

（市保险行业协会 尹 旻）

表 54 2022 年镇江市人寿保险业务统计表

单位：万元

单位		累计保费收入 合计	其中 首年新单	首年期缴	续收	团险	营销	银邮	其他业务	比上年增减(%)	累计给付金额 理赔给付	其他给付	合计	累计给付案件(件)	累计退保金额	累计承保人次(人)	保户储金	市场份额(%)
中国人寿	市区	111114	26471	17807	84643	3509	98206	9399	—	-0.7	8422	9228	17650	35030	5688	1362712	—	17.77
	丹阳	109369	25409	16125	83960	3419	95531	10419	—	-5.9	9034	11135	20169	11252	11260	1180577	—	41.52
	句容	72334	17121	11591	55213	3235	59473	9626	—	-4.0	5776	3894	9670	11955	5775	1270442	—	58.62
	扬中	74392	19701	13086	54691	2355	59877	12160	—	1.7	4743	8099	12842	9781	4525	794784	—	55.04
	合计	367209	88702	58609	278507	12518	313087	41604	0	-2.5	27975	32356	60331	68018	27248	4608515	163369	32.00
平安人寿	市区	38380	7906	6974	30474	2386	35115	879	0	0.8	4395	8814	13209	3663	8040	3008	—	6.14
	丹阳	54262	11180	9860	43082	3374	49645	1243	0	1.8	4571	1940	6511	5286	3311	7973	—	20.60
	句容	9258	1908	1682	7350	576	8469	213	0	-9.5	957	353	1310	596	727	1172	—	7.50
	扬中	6822	1403	1240	5419	424	6242	156	0	-1.1	661	588	1249	553	448	788	—	5.05
	合计	108722	22397	19756	86325	6760	99471	2491	0	0.2	10584	11695	22279	10098	12526	12941	0	9.48

续表 54

单位		累计保费收入								比上年增减（%）	累计给付金额			累计给付案件（件）	累计退保金额	累计承保人次（人）	保户储金	市场份额（%）
		合计	其中								理赔给付	其他给付	合计					
			首年新单	首年期缴	续收	团险	营销	银邮	其他业务									
华夏保险	市区	42281	14645	5775	27636	74	14448	27752	7	198.0	255	20277	20532	939	8493	3984	—	6.76
	丹阳	36719	4560	4100	32159	—	36719	—	—	-76.0	411	3723	4134	902	1374	3215	—	13.94
	句容	12449	2031	1318	10418	—	12449	—	—	1988.0	94	387	481	394	381	1709	—	10.09
	扬中	17016	3668	3768	13348	—	17016	—	—	402.0	120	1791	1911	189	477	1495	—	12.59
	合计	108465	24904	14961	83561	74	80632	27752	7	4.8	880	26178	27058	2424	10725	10403	57395	9.45
君康人寿	市区	37950	11321	8544	26629	—	65	37883	2	6.2	1051	15	1066	92	55504	3578	6257	6.07
	丹阳	0	—	—	—	—	—	—	—	—	—	—	0	—	—	—	—	0.00
	句容	0	—	—	—	—	—	—	—	—	—	—	0	—	—	—	—	0.00
	扬中	0	—	—	—	—	—	—	—	—	—	—	0	—	—	—	—	0.00
	合计	37950	11321	8544	26629	0	65	37883	2	6.2	1051	15	1066	92	55504	3578	6257	3.31
利安人寿	市区	58565	26533	9765	32032	468	888	57203	6	-6.2	677	1469	2146	9527	5247	730230	95	9.37
	丹阳	2899	755	732	2144	10	2777	112	—	-9.0	118	238	356	94	541	4225	157	1.10
	句容	1237	138	127	1099	1	1236	—	—	-2.1	1	85	86	2	218	1925	41	1.00
	扬中	2696	427	340	2269	105	2591	—	—	-9.5	29	224	253	41	305	6468	195	1.99
	合计	65397	27853	10964	37544	584	7492	57315	6	-6.4	825	2016	2841	9664	6311	742848	488	5.70
太平洋寿险	市区	37131	9584	5112	27547	616	33094	3421	—	0.1	2960	4098	7058	34154	3887	229439	7	5.94
	丹阳	11536	2677	1290	8859	484	10500	552	—	0.0	748	1265	2013	9340	2157	138547	2	4.38
	句容	8628	1758	1344	6870	327	8235	66	—	0.0	658	600	1258	3513	1910	54930	1	6.99
	扬中	7392	1609	1437	5783	54	7330	8	—	0.0	613	1035	1648	5715	772	42927	28	5.47
	合计	64687	15628	9183	49059	1481	59159	4047	0	5.3	4979	6998	11977	52722	8726	465843	38	5.64
泰康人寿	市区	28241	6908	2717	21333	-39	19721	8288	271	4.0	1318	4656	5974	784	1509	5222	22009	4.52
	丹阳	13301	2167	1822	11134	—	13301	—	—	1.9	675	1906	2581	375	735	2404	—	5.05
	句容	6019	745	633	5274	—	6019	—	—	0.8	273	583	856	238	432	1991	—	4.88
	扬中	3113	462	440	2651	—	3113	—	—	0.4	93	318	411	138	250	746	—	2.30
	合计	50674	10282	5612	40392	-39	42154	8288	271	7.1	2359	7463	9822	1535	2926	10363	22009	4.42
太平人寿	市区	34494	7978	6969	26516	411	28979	5102	2	8.7	2069	3212	5281	920	5515	91907	—	5.52
	丹阳	4345	799	443	3546	29	4316	—	—	-4.1	438	789	1227	212	666	1902	—	1.65
	句容	1471	264	174	1207	5	1466	—	—	4.4	173	201	374	108	108	1035	—	1.19
	扬中	1181	152	60	1029	50	1131	—	—	-18.9	60	123	183	59	143	384	—	0.87
	合计	41491	9193	7646	32298	495	35892	5102	2	6.0	2740	4325	7065	1299	6432	95228	0	3.62
富德生命人寿	市区	13768	3204	2103	10564	—	10565	3102	101	-2.3	—	2163	2163	3	2236	565	5327	2.20
	丹阳	5449	901	596	4548	—	4428	987	34	-0.9	—	378	378	2	576	294	—	2.07
	句容	2338	553	323	1785	—	1736	573	29	-0.6	—	293	293	2	298	227	—	1.89
	扬中	7536	2482	1445	5054	—	6688	794	54	-1.2	—	1514	1514	3	1199	483	—	5.58
	合计	29091	7140	4467	21951	0	23417	5456	218	-5.0	0	4348	4348	10	4309	1569	5327	2.54
新华保险	市区	25335	9051	1327	16284	529	16972	7834	—	27.5	1510	1753	3263	3266	2883	21084	—	4.05
	丹阳	7300	828	590	6472	—	7300	—	—	-36.5	1039	959	1998	2000	673	13892	—	2.77
	句容	3587	632	481	2955	—	3587	—	—	-14.8	683	726	1409	1410	342	5381	—	2.91
	扬中	478	30	31	448	—	478	—	—	-70.3	48	59	107	107	120	183	—	0.35
	合计	36700	10541	2429	26159	529	28337	7834	0	-11.0	3280	3497	6777	6783	4018	40540	0	3.20
信泰保险	市区	35183	12909	4220	22274	—	10258	20579	4346	37.0	67	1758	1825	135	2653	1630	14381	5.63
	丹阳	137	137	137	—	—	137	—	—	-16.5	—	—	0	—	—	265	—	0.05
	句容	420	420	420	—	—	420	—	—	31.7	—	—	0	—	—	534	—	0.34
	扬中	0	—	—	—	—	—	—	—	—	—	—	0	—	—	—	—	0.00
	合计	35740	13466	4777	22274	0	10815	20579	4346	3.9	67	1758	1825	135	2653	2429	14381	3.11
百年人寿	市区	16873	6972	2560	9901	4	1138	15731	—	—	332	589	921	1567	9831	1169	-1860	2.70
	丹阳	379	107	107	272	—	379	—	—	—	1	2	3	7	25	134	—	0.14
	句容	0	0	—	—	—	—	—	—	—	—	—	0	—	—	—	—	0.00
	扬中	0	0	—	—	—	—	—	—	—	—	—	0	—	—	—	—	0.00
	合计	17252	7079	2667	10173	4	1517	15731	0	16.7	333	591	924	1574	9856	1303	-1860	1.50
国联人寿	市区	25794	19586	3960	6208	258	3374	21700	462	-1.4	307	537	844	—	7377	2436	3	4.12
	丹阳	32	32	32	—	—	32	—	—	—	—	—	0	—	—	—	—	0.01
	句容	0	—	—	—	—	—	—	—	—	—	—	0	—	—	—	—	0.00
	扬中	300	300	300	—	—	300	—	—	—	—	—	0	—	—	—	—	0.22
	合计	26126	19918	4292	6208	258	3706	21700	462	-1.4	307	537	844	0	7377	2436	3	2.28

续表 54

单位		累计保费收入 合计	其中 首年新单	其中 首年期缴	其中 续收	其中 团险	其中 营销	其中 银邮	其中 其他业务	比上年增减(%)	累计给付金额 理赔给付	累计给付金额 其他给付	累计给付金额 合计	累计给付案件(件)	累计退保金额	累计承保人次(人)	保户储金	市场份额(%)
人保寿险	市区	14439	5147	3063	9292	684	3038	10717	—	-37.6	427	4432	4859	2548	3838	8079	—	2.31
	丹阳	67	18	18	49	—	67	—	—	13.6	—	3	3	403	3	596	—	0.03
	句容	622	90	90	532	—	622	—	—	-14.1	79	22	101	820	44	476	—	0.50
	扬中	1475	365	360	1110	—	1475	—	—	7.3	3	59	62	614	15	1534	—	1.09
	合计	16603	5620	3531	10983	684	5202	10717	0	-34.4	509	4516	5025	4385	3900	10685	0	1.45
英大人寿	市区	8475	3868	1272	4607	151	5084	3240	—	—	258	136	394	63	256	—	—	1.36
	丹阳	4515	1199	1023	3316	—	4515	—	—	—	192	55	247	46	161	—	—	1.71
	句容	1532	732	667	800	—	1532	—	—	—	38	4	42	7	40	—	—	1.24
	扬中	4618	1391	1325	3227	—	4618	—	—	—	41	0	41	11	45	—	—	3.42
	合计	19140	7190	4287	11950	151	15749	3240	0	33.1	529	195	724	127	502	0	0	1.67
阳光人寿	市区	5480	1689	630	3791	396	1787	2035	1262	18.1	353	4772	5125	223	27787	449	—	0.88
	丹阳	2808	388	355	2420	—	2808	—	—	6.5	321	—	321	112	316	182	—	1.07
	句容	720	42	41	678	—	720	—	—	-6.7	103	—	103	35	111	57	—	0.58
	扬中	3471	543	495	2928	—	3471	—	—	5.5	419	—	419	160	477	363	—	2.57
	合计	12479	2662	1521	9817	396	8786	2035	1262	10.1	1196	4772	5968	530	28691	1051	0	1.09
建信人寿	市区	9100	5090	2164	4010	32	73	8994	1	-28.5	16	1209	1225	5	1192	—	—	1.46
	丹阳	0	—	—	—	—	—	—	—	—	—	—	0	—	—	—	—	0.00
	句容	0	—	—	—	—	—	—	—	—	—	—	0	—	—	—	—	0.00
	扬中	0	—	—	—	—	—	—	—	—	—	—	0	—	—	—	—	0.00
	合计	9100	5090	2164	4010	32	73	8994	1	-28.5	16	1209	1225	5	1192	0	0	0.79
东吴人寿	市区	14256	9141	1258	5115	409	5567	8280	—	—	397	148	545	—	1489	—	—	2.28
	丹阳	615	153	145	462	—	615	—	—	—	100	12	112	—	16	—	—	0.23
	句容	967	515	423	452	—	967	—	—	—	84	11	95	—	31	—	—	0.78
	扬中	793	343	167	450	—	793	—	—	—	38	2	40	—	23	—	—	0.59
	合计	16631	10152	1993	6479	409	7942	8280	0	30.1	619	173	792	0	1559	0	1571	1.45
农银人寿	市区	12687	7300	2089	5387	488	1038	11161	—	15.0	684	3147	3831	28	1319	291	—	2.03
	丹阳	162	12	7	150	—	155	7	—	—	—	—	0	—	—	47	—	0.06
	句容	0	—	—	—	—	—	—	—	—	—	—	0	—	—	—	—	0.00
	扬中	0	—	—	—	—	—	—	—	—	—	—	0	—	—	—	—	0.00
	合计	12849	7312	2096	5537	488	1193	11168	0	15.0	684	3147	3831	28	1319	338	0	1.12
友邦人寿	市区	10071	3119	3029	6952	41	9737	293	0	12.9	860	17	877	—	414	23989	57.67	1.61
	丹阳	599	331	330	268	1	598	0	0	—	85	0	85	—	11	1582	0.52	0.23
	句容	0	—	—	—	—	—	—	—	—	—	—	0	—	—	—	—	0.00
	扬中	0	—	—	—	—	—	—	—	—	—	—	0	—	—	—	—	0.00
	合计	10670	3450	3359	7220	42	10335	293	0	12.9	945	17	962	0	425	25571	58	0.93
华泰人寿	市区	475	28	24	447	12	451	12	—	0.9	79	1415	1494	—	56	2201	—	0.08
	丹阳	4307	867	848	3440	23	4284	—	—	0.9	223	411	634	—	228	—	—	1.63
	句容	555	47	38	508	3	552	—	—	0.9	42	360	402	—	60	—	—	0.45
	扬中	1589	359	340	1230	5	1584	—	—	0.9	98	885	983	—	69	—	—	1.18
	合计	6926	1301	1250	5625	43	6871	12	0	3.6	442	3071	3513	0	413	2201	0	0.60
中信保诚人寿	市区	4185	1840	1169	2345	102	842	3222	19	-17.0	485	220	705	526	371	6603	4101	0.67
	丹阳	2897	872	867	2025	0	2897	0	0	15.0	—	—	0	—	—	—	—	1.10
	句容	0	0	0	0	0	—	0	0	-99.0	—	—	0	—	—	—	—	0.00
	扬中	0	0	0	0	0	0	0	0	0.0	—	—	0	—	—	—	—	0.00
	合计	7082	2712	2036	4370	102	3739	3222	19	9.0	485	220	705	526	371	6603	4101	0.62
中宏保险	市区	7756	1172	1159	6584	131	7273	315	37	4.7	576	335	911	2131	454	7791	144	1.24
	丹阳	0	—	—	—	—	—	—	—	—	—	—	0	—	—	—	—	0.00
	句容	0	—	—	—	—	—	—	—	—	—	—	0	—	—	—	—	0.00
	扬中	0	—	—	—	—	—	—	—	—	—	—	0	—	—	—	—	0.00
	合计	7756	1172	1159	6584	131	7273	315	37	4.7	576	335	911	2131	454	7791	144	0.68
同方全球人寿	市区	3911	1746	1013	2166	—	797	3115	—	12.0	238	148	386	—	40	—	—	0.63
	丹阳	0	—	—	—	—	—	—	—	—	—	—	0	—	—	—	—	0.00
	句容	0	—	—	—	—	—	—	—	—	—	—	0	—	—	—	—	0.00
	扬中	0	—	—	—	—	—	—	—	—	—	—	0	—	—	—	—	0.00
	合计	3911	1746	1013	2166	0	797	3115	0	11.6	238	148	386	0	40	0	0	0.34

续表 54

单位		累计保费收入								比上年增减（%）	累计给付金额			累计给付案件（件）	累计退保金额	累计承保人次（人）	保户储金	市场份额（%）
		合计	其中								理赔给付	其他给付	合计					
			首年新单	首年期缴	续收	团险	营销	银邮	其他业务									
国华人寿	市区	1545	234	21	1311	—	12	1533	—	-71.5	77	10	87	—	5736	—	—	0.25
	丹阳	—	—	—	—	—	—	—	—	—	—	—	—	—	—	—	—	0.00
	句容	—	—	—	—	—	—	—	—	—	—	—	—	—	—	—	—	0.00
	扬中	—	—	—	—	—	—	—	—	—	—	—	—	—	—	—	—	0.00
	合计	1545	234	21	1311	0	12	1533	0	-71.5	77	10	87	0	5736	0	0	0.13
长城人寿	市区	1706	1294	1127	412	—	517	1189	—	153.5	41	111	152	57	56	3052	193	0.27
	丹阳	610	7	0	603	—	610	—	—	-12.5	44	44	88	9	506	2121	—	0.23
	句容	963	176	140	787	—	963	—	—	-2.3	64	86	150	4	169	2315	—	0.78
	扬中	2059	796	730	1263	—	2059	—	—	41.6	35	48	83	5	62	2910	—	1.52
	合计	5338	2273	1997	3065	0	4149	1189	0	40.2	184	289	473	75	793	10398	193	0.47
人保健康	市区	15034	14451	8420	583	9005	64	5772	193	112.7	8506	796	9302	31	297	1634923	7	2.40
	丹阳	0	—	—	—	—	—	—	—	—	—	—	0	—	—	—	—	0.00
	句容	0	—	—	—	—	—	—	—	—	—	—	0	—	—	—	—	0.00
	扬中	0	—	—	—	—	—	—	—	—	—	—	0	—	—	—	—	0.00
	合计	15034	14451	8420	583	9005	64	5772	193	112.7	8506	796	9302	31	297	1634923	7	1.31
民生人寿	市区	1926	75	75	1851	—	1801	2	123	-4.0	240	1080	1320	83	327	3587	452	0.31
	丹阳	1075	198	196	877	—	1075	—	—	5.8	47	51	98	19	114	1304	208	0.41
	句容	146	—	—	146	—	146	—	—	-7.0	10	42	52	2	23	370	25	0.12
	扬中	239	—	—	239	—	239	—	—	-13.4	43	90	133	2	175	314	46	0.18
	合计	3386	273	271	3113	0	3261	2	123	-2.0	340	1263	1603	106	639	5575	731	0.30
陆家嘴国泰人寿	市区	2884	389	332	2495	5	2879	—	—	—	165	73	238	—	474	—	—	0.46
	丹阳	0	—	—	—	—	—	—	—	—	—	—	0	—	—	—	—	0.00
	句容	0	—	—	—	—	—	—	—	—	—	—	0	—	—	—	—	0.00
	扬中	—	—	—	—	—	—	—	—	—	—	—	—	—	—	—	—	0.00
	合计	2884	389	332	2495	5	2879	0	0	-11.8	165	73	238	0	474	0	0	0.25
平安养老	市区	2551	2551	—	—	2551	—	—	—	-1.5	1543	—	1543	—	—	—	—	0.41
	丹阳	0	—	—	—	—	—	—	—	—	—	—	0	—	—	—	—	0.00
	句容	0	—	—	—	—	—	—	—	—	—	—	0	—	—	—	—	0.00
	扬中	0	—	—	—	—	—	—	—	—	—	—	0	—	—	—	—	0.00
	合计	2551	2551	0	0	2551	0	0	0	-1.5	1543	0	1543	0	0	0	0	0.22
中英人寿	市区	1415	408	408	1007	0	1415	—	—	12.5	12	—	12	—	24	—	180	0.23
	丹阳	0	—	—	—	—	—	—	—	—	—	—	0	—	—	—	—	0.00
	句容	0	—	—	—	—	—	—	—	—	—	—	0	—	—	—	—	0.00
	扬中	0	—	—	—	—	—	—	—	—	—	—	0	—	—	—	—	0.00
	合计	1415	408	408	1007	0	1415	0	0	12.5	12	0	12	0	24	0	180	0.12
合众人寿	市区	261	89	86	172	—	261	—	—	-5.1	21	80	101	—	77	—	34	0.04
	丹阳	61	—	—	61	—	61	—	—	—	—	—	0	—	—	—	—	0.02
	句容	139	—	—	139	—	139	—	—	—	—	2	2	—	3	—	—	0.11
	扬中	0	—	—	—	—	—	—	—	—	—	—	0	—	—	—	—	0.00
	合计	461	89	86	372	0	461	0	0	-5.1	21	82	103	0	80	0	34	0.04
德华安顾人寿	市区	668	378	336	290	11	657	—	—	-36.4	28	—	28	3	55	3648	79	0.11
	丹阳	0	—	—	—	—	—	—	—	—	—	—	0	—	—	—	—	0.00
	句容	0	—	—	—	—	—	—	—	—	—	—	0	—	—	—	—	0.00
	扬中	0	—	—	—	—	—	—	—	—	—	—	0	—	—	—	—	0.00
	合计	668	378	336	290	11	657	0	0	-36.4	28	0	28	3	55	3648	79	0.06
太平养老	市区	1418	1036	9	382	1418	—	—	—	—	115	—	115	—	82	—	321	0.23
	丹阳	0	—	—	—	—	—	—	—	—	—	—	0	—	—	—	—	0.00
	句容	0	—	—	—	—	—	—	—	—	—	—	0	—	—	—	—	0.00
	扬中	—	—	—	—	—	—	—	—	—	—	—	—	—	—	—	—	0.00
	合计	1418	1036	9	382	1418	0	0	0	—	115	0	115	0	82	0	321	0.12
合计	市区	625353	224113	105517	401240	23652	316116	278753	6832	—	38484	76698	115182	95778	163207	4151577	51788	54.5
	丹阳	263444	53597	39623	209847	7340	242750	13320	34	—	18047	22911	40958	30059	22673	1359260	368	23.0
	句容	123385	27172	19492	96213	4147	108731	10478	29	—	9035	7649	16684	19086	10672	1342564	67	10.8
	扬中	135170	34031	25564	101139	2993	119005	13118	54	—	7044	14835	21879	17378	9105	853379	269	11.8
	合计	1147352	338913	190196	808439	38132	786602	315669	6949	0.7	72610	122093	194703	162301	205657	7706780	274505	100

（市保险行业协会　尹　旻）

证券期货业

【概况】 2022年，镇江市新增上市挂牌企业291家，其中，上市公司2家，“新三板”挂牌企业3家，江苏股权交易中心挂牌企业286家。新增股票融资11.54亿元，其中，首发融资8.41亿元，增发融资3.13亿元。培育上市挂牌后备企业100家，比上年增长49%。（市金融监管局 郭宜捷）

【上市公司】 截至2022年年末，镇江市9家A股上市公司市值突破百亿元，2家A股上市公司通过发行可转债、定向增发等方式实现融资11.28亿元，专项用于技术改造。上市公司核心竞争力增强，A股上市公司营业收入合计532.80亿元，增长14%；研发投入合计23.32亿元，增长32%，高于全省平均16个百分点，天奈科技公司入围上证科创板新材料指数。

（市金融监管局 郭宜捷）

【上市服务】 2022年，镇江市金融监管局以工作拜访促高层互动，到上交所、江苏证监局等资本市场单位进行工作访问。以专项行动促后备培育，联合交易所开展“深交所资本市场东风服务”“上交所服务周走进镇江”等上市专项活动，组织10余场资本市场培育发展活动。以队伍建设促人才培养，推动建立全市金融干部人才库。成立上市专家咨询委员会，优选20家资本市场单位专家共同参与，加强最新政策传导，提高服务能级。成立上市服务中心，加强部门配合和板块联动，建立资本市场工作交流机制，对接企业上市需求。开展“金税赋能助企上市”服务品牌创建活动，编印《企业上市工作指引及涉税政策汇编》，为上市公司、后备企业打造一体化“金融+税务”服务体系。（市金融监管局 郭宜捷）

【证券机构】 2022年，镇江市证券公司盈利水平比上年小幅下降。截至年末，全市证券公司13家，设证券营业部25家，其中丹阳6家、句容3家、扬中2家、京口区7家、润州区6家、丹徒区1家。指定与托管证券市值739.9亿元。全年市场交易量、净利润双降，股票基金交易量11624.44亿元，手续费及佣金收入1.97亿元，全行业实现净利润0.39亿元。全年期货代理成交额1170亿元，比上年增长26.23%。

（人行镇江支行 王红玲）

表55 2022年镇江市证券经营情况表

单位：万元

证券机构	手续费及佣金收入	增幅(%)	交易金额	增幅(%)
安信证券	1013	-25.24	5746656	-9.71
东吴证券	560	-18.13	3398152	-12.44
中信证券(黄山路原中信华南)	121	-5.47	682853	64.29
国联证券	909	24.01	3106157	11.09
银河证券	495	-1.79	6842263	-17.11
南京证券	1114	-25.53	5681677	-11.49
中信证券(正东路)	702	-30.70	4612649	8.59
金元证券	70	-15.66	446531	9.09
海通证券	393	-9.24	2618322	27.20
申万宏源	1558	-22.60	6669184	-18.90
中金财富(原中投证券)	201	-23.86	1297884	-15.17
华泰证券(镇江)	3676	-17.93	25787023	-4.65
光大证券(镇江)	97	-29.20	608204	53.51
华泰证券(丹徒)	808	-17.21	6474942	-22.36
海通证券(丹阳)	1473	-18.98	9964216	-3.56

续表 55

证券机构	手续费及佣金收入	增幅(%)	交易金额	增幅(%)
光大证券(丹阳中新路)	2224	-26.79	7783147	5.17
光大证券(丹阳东方路)	598	-25.53	2065837	2.83
西部证券(丹阳)	1038	-18.07	2970009	-5.26
华泰证券(丹阳)	390	-3.94	2485686	3.57
国联证券(丹阳)	107	-17.05	505273	-6.61
南京证券(句容)	130	-18.75	522320	-23.25
申万宏源(句容)	614	-20.36	1735861	-18.99
华泰证券(句容)	649	-23.10	5780827	-16.95
南京证券(扬中)	526	-17.43	1515574	-17.97
华泰证券(扬中)	1224	-20.10	6943155	-11.07

(人行镇江支行　王红玲)

【“扬帆计划”工作推进会召开】 2022年4月20日,镇江市召开企业上市暨“扬帆计划”工作推进会以视频形式召开。当日,镇江市上市服务中心揭牌,镇江市上市专家咨询委员会成立。《镇江市资本市场扬帆计划》明确全市资本市场工作目标,重点围绕加强企业上市梯队建设、推动上市公司做优做强、推进提升直接融资比重、优化资本市场良好发展环境、增强资本市场高质量发展合力、完善资本市场组织领导体系等六大方面,提出促进镇江资本市场发展的16条工作举措。(市金融监管局　郭宜捷)

【“云帆计划”出台】 2022年7月27日,镇江市出台股权投资“云帆计划”,围绕机构招引、基金设立、行业集聚发展等重点方向,提出促进全市股权投资发展工作措施12条,加强股权投资机构招引,深化股权投资合作交流,搭建股权投资机构与企业的融资对接平台,引导更多金融资源向镇江倾斜。

(市金融监管局　郭宜捷)

【企业上市专题研修班开班】 2022年11月9日,镇江市举办企业上市专题研修班,邀请上海证券交易所、深圳证券交易所、北京证券交易所、江苏证监局、券商、创投机构等单位的相关专家宣讲资本市场最新政策,围绕IPO注册制、新三板改革、再融资、股权投资与产业发展、企业上市法律问题等内容授课。市委副书记、市委统战部部长巩海滨,江苏证监局党委委员、副局长陈刚泰,上海证券交易所党委委员、副总经理董国群现场出席开班仪式并致辞,各市(区)政府、市级有关部门及全市40余家重点拟上市企业参加培训。

(市金融监管局　郭宜捷)

【弘业期货股份有限公司镇江营业部】 弘业期货股份有限公司(以下简称“弘业期货”)成立于1995年,注册资本10亿元,隶属于江苏省国资委全资拥有的国有企业江苏省苏豪控股集团有限公司。公司经营范围涵盖商品期货经纪、金融期货经纪、期货投

图29　2022年11月9日,镇江市上市企业研修班开班仪式举行

(市金融监管局　郭宜捷　供稿)

资咨询、资产管理、基金销售业务，国内设有45家分支机构。2015年12月，弘业期货在香港联合交易所主板上市，2022年8月5日，弘业期货在深圳证券交易所主板上市。弘业期货镇江营业部成立于2008年11月6日，营业部致力于镇江市场，辐射苏南区域，是镇江地区唯一一家期货经营机构。镇江营业部服务实体经济，综合运用期货及期货衍生品工具，为企业提供套保方案，帮助实体企业应对市场价格波动风险，服务百余家企业客户。2022年，镇江营业部规范化、专业化经营，注重风险防范，全年代理成交额1170亿元，比上年增长26.23%。

（弘业期货　江为民）

其他非银行金融机构

【概况】 2022年年末，镇江市有地方金融组织110家，分别为小额贷款公司42家、典当行29家、融资租赁公司13家、商业保理公司4家、小微企业转贷公司5家、担保及再担保机构17家。

（市金融监管局　冯凯茜　谈　天）

【小额贷款公司】 2022年年末，镇江市开业的小额贷款公司有42家，其中，农贷公司38家，科贷公司4家。累计发放各类贷款849.6亿元，比年初增加贷款8.02亿元；累计支持客户16612户，增加485户，平均年利率为10.73%。贷款余额50.18亿元，减少2.08亿元，其中，涉农、涉科贷款占比93.31%，小额贷款（单笔50万元以下）占比39.44%，中长期贷款（3个月以上）占比96.73%。营业收入1.94亿元，减少25.96%。不良贷款总额18.70亿元，不良贷款率40.20%。（市金融监管局　冯凯茜　谈　天）

【典当行业】 2022年年末，镇江市有29家典当行及分支机构。典当总额9.64亿元，比上年增加30.09%；典当余额6.12亿元，增加9.87%；业务笔数12872笔，增加3.69%；营业收入3475.14万元，增加22.94%；绝当金额350万元。（市金融监管局　冯凯茜　谈　天）

【融资租赁行业】 2022年年末，镇江市有13家融资租赁公司，其中开展业务的有6家。资产总额93.61亿元，融资租赁资产额74.35亿元，当年融资租赁投放额58.46亿元，客户数972户，不良租赁资产余额2.15亿元，不良租赁资产率2.30%。

（市金融监管局　冯凯茜　谈　天）

【商业保理行业】 2022年年末，镇江市有4家商业保理企业，资产总额14.51亿元，发放保理融资款本金8.03亿元，客户数42户，受让应收账款余额19.24亿元。不良保理资产余额3.84亿元，不良保理资产率47.78%。（市金融监管局　冯凯茜　谈　天）

【小微企业转贷公司】 2022年年末，镇江市有5家转贷服务公司，总规模3.05亿元。当年转贷资金68.13亿元，为1699家企业和个人提供转贷资金服务，户均转贷额401.01万元，不良率为0.59%。

（市金融监管局　冯凯茜　谈　天）

【融资性担保公司】 2022年年末，镇江市有11家融资担保法人机构，担保余额174.21亿元，比年初增加70.17亿元，增长67.45%。在保户数3283户，增加2366户，增长258.02%。担保放大倍数2.85倍，担保代偿率0.62。4家政府性融资担保机构在保余额82.01亿元、在保企业2792户，其中，小微企业占比分别为86.34%和64.85%，综合担保费率0.46%。（市金融监管局　冯凯茜　谈　天）

综 述

【旅游设施】 截至2022年年底,全市有国家A级旅游景区31家,其中,AAAAA级2家(“三山”、茅山);AAAA级7家(西津渡历史文化街区、南山风景区、宝华山国家森林公园、镇江博物馆、醋文化博物馆、米芾书法公园、江苏茶博园)。有省级全域旅游示范区2家(句容市、润州区),省级旅游度假区3家(茅山湖旅游度假区、世业洲旅游度假区、水晶山旅游度假区);有全国乡村旅游重点村(镇)4家(句容市茅山镇、句容市丁庄村、丹徒区五套村、丹徒区世业村),省级乡村旅游重点村9家(丹阳市柳茹村、九里村,句容市戴庄村、陈庄村、丁家边村,扬中市利民村、新治村,丹徒区卫星村、宝堰村)。 (市文广旅局 许 婷)

【旅游接待】 2022年,镇江市接待游客2355.58万人次,旅游总收入272.16亿元。镇江金山、焦山、北固山、南山景区接待总游客量数据分别为:金山景区147.01万人次、焦山景区68.79万人次、北固山景区41.01万人次、南山景区97.20万人次。西津渡休闲街区接待游客210万人次,其中夜间游客约占50%。

(文旅集团 殷榕涓)

【旅游高质量发展】 2022年,镇江市成立市旅游高质量发展领导小组,印发《关于成立镇江市旅游高质量发展领导小组的通知》,制定《镇江市打造国际文旅休闲目的地城市的实施意见(征求意见稿)》《镇江市旅游业发展考核奖励办法(征求意见稿)》,明确镇江“打造国际休闲旅游目的地城市”旅游发展定位,做好“旅游+”“+旅游”文章,凝聚发展合力。10月10日,镇江市召开全市旅游业高质量发展任务部署会,明确“十四五”期间全市旅游业发展目标与定位,推动转型升级。11月9日,镇江市委办公室、市政府办公室印发《关于成立镇江市旅游高质量发展领导小组的通知》,调整2015年建立的以市长为第一组长,分管副市长为组长的市旅游发展领导小组,重新建立以市委书记为第一组长,市长为组长的市旅游高质量发展领导小组,统筹凝聚各地、各部门“+旅游”的共识与合力,共推旅游业转型升级。(市文广旅局 许 婷)

旅游开发

【概况】 2022年,镇江市加强旅游顶层设计,开展全市文化和旅游发展大起底、大调研,形成《关于疫情常态化背景下推进旅游市场复苏的调研报告》等11篇调研文章。明确镇江“打造国际休闲旅游目的地城市”旅游发展定位,推动“旅游+”“+旅游”发展。当年,丹徒区开心休博园创成国家AAA级旅游景区;镇江市南山风景区通过江苏省文旅厅评定性复核;句容市红木艺术馆景区通过镇江市文广旅局评定性复核。镇江市文广旅局开展全市旅游景区室内场所消防安全专项整治、自建房安全检查,落实景区防台风等极端天气应急措施,加强节假日及寒暑期安全指导,推进景区整改网络安全漏洞。(市文广旅局 许 婷)

【润州区(高新区)创成省级全域旅游示范区】 2022年6月10日,江苏省文化和旅游厅公布第五批省级全域旅游示范区名单,润州区(高新区)入选省级全域旅游示范区。作为全省首批省级文化和旅游消费试点单位,润州区(高新区)有国家AAAA级旅游景区3个、省级旅游休闲街区1个和国家一级博物馆1个。

在创建省级全域旅游示范区的过程中，镇江市润州区围绕“宜居、宜业、宜游的现代化一流主城区”总体目标，创新“市区统筹、两区同创，龙头带动、江河联动，助力城旅一体融合发展”模式，构建“服务融合、水陆联动”的文旅公共服务体系，推进文化、电竞、玉石、体育、商贸、研学等与旅游创新融合，培育旅游新业态。（市文广旅局　许　婷）

图30　2022年1月1日至2月15日，南山景区举办“瑞虎迎春·福寿南山”系列活动（南山景区　孙　量　供稿）

【文化和旅游资源普查】　2022年，镇江市文广旅局组织开展全市文化和旅游资源普查，形成文化和旅游资源名录，发掘文旅资源总数11511个，其中，五级资源52个、四级资源206个、三级资源975个，形成镇江市及各市（区）文化和旅游资源普查报告，全面、准确地了解和把握资源赋存、开发、利用与保护情况。（市文广旅局　许　婷）

【重点风景区旅游活动】　2022年，镇江“三山”、南山景区结合自身文化特点开展多项活动。2021年12月31日至2023年1月1日，金山景区举办镇江金山新年线上撞钟H5互动活动。1月1日至2月15日，南山举办“瑞虎迎春 福寿南山”系列活动。2月1日—4日，焦山景区举办“龙腾虎跃迎新年”系列活动。3月—4月，南山景区举办第23届杜鹃花节。3月3日—9日，北固山景区举办“幽香北固”兰花展，将北固山精神与兰花文化相融合，推动国兰文化在镇江的传播和发展。10月1日—10日，南山景区举办第17届长寿节系列活动。10月1日—20日，焦山景区举办第二十四届桂花节系列活动。（文旅集团　殷榕涓）

旅游业态

【红色旅游】　2022年，镇江市推进红色旅游融合工作，句容“铁军东进战地，茅山红色传承”入选首批江苏省红色旅游融合发展示范项目，同时组织句容市申报国家红色旅游融合示范区（全省2家）；1人入选全国红色旅游“五好讲解员”培养项目，4人入选省第二批红色旅游“五好讲解员”。镇江市文广旅局编制“脱贫攻坚 时代楷模”精品线路，入选省文化和旅游厅、省总工会、省文物局联合遴选的“喜迎二十大 见证新江苏”红色旅游精品线路，展现新时代镇江脱贫攻坚、乡村振兴等方面的成果。（市文广旅局　许　婷）

【乡村旅游】　2022年，镇江市文广旅局推进乡村旅游集聚化发展，开展乡村旅游集聚区服务标准化试点项目，建立健全乡村旅游集聚区服务标准体系。镇江市丹徒区世业镇世业村入选第四批全国乡村旅游重点村，丹阳市九里村、扬中市新治村、丹徒区宝堰村入选省级乡村旅游重点村；镇江市“酸甜苦辣”研学体验游入选江苏省夏季精品乡村旅游线路和全国乡村旅游精品线路。（市文广旅局　许　婷）

【工业旅游】　2022年，镇江市推进、培育工业旅游项目，市文旅部门指导推荐恒顺中国醋文化博物馆申报国家工业旅游示范基地备选单位；开展2022年省级工业旅游区培育对象申报工作，指导全真光学工业旅游区等3家企业申报省级工业旅游区培育对象。中国醋文化博物馆。该馆由中华老字号企业镇江恒顺集团于“十一五”期间投资3000多万元建成，是国内唯一集国家级非物质文化遗产保护和国家工业遗产保护为一体的工业旅游博物馆，同时，也是国家AAAA级旅游景区和江苏省工业旅游区。馆内分为序厅、醋坊、酱园、酒海、三西堂等五大展馆及一个体验馆。全馆采用声、光、电等现代表现形式，形象展示、解读、品味醋文化。在体验馆内，游客可以动手制作一款有自己肖像的商标，张贴在香醋瓶上带回家。2022年11月29日，该馆入选中国科协2021—2025年第一批补充认定的全国科普教育基地名单。堂皇健康睡眠科技园。该园区位于丹阳市皇塘镇，园区以堂皇品牌为背书、以“工业智造、科普照教育、互动体验、文化交流”为总体定位，打造出将睡眠健康科技、刺绣文化与家纺工业制造有机融合的工业旅游区，餐饮购物、体验休闲等功能齐全。园区内设置“1＋3＋1＋1”的旅游线路，即“1大旅游综合服务中心、三大展馆、1个智能制造线、1个购物中心”，游客可以体验健康睡眠的舒适感，沉浸式体验“被子是怎么造出来的”，还可以了解织绣文化。容酒文化旅游体验园。容酒文化旅游体验园位于句容市后白镇张庙工业园，建筑面积25000平方米。参观线路包括游客中心、酿酒区、原酒库、万吨储罐群、醉翁亭、洞藏地窖、博物馆、包装车间、酒文化长廊、二圣井等，不仅能够系统、全面地了解容酒的酿酒过程、容酒的发展史，还能亲口品尝到容酒原酒。游客还可以通过70米的容酒文化长廊，了解313年，葛洪来到茅山采药、炼丹、酿酒等的历史故事与传说。2021年12月，该园区被江苏省文化和旅游厅认定为江苏省工业旅游区。

（市文广旅局　许　婷）

图31　容酒文化体验园外景　　（市文广旅局　供稿）

【休闲旅游】　2022年，镇江市休闲旅游业发展态势较好，其中，市区西津渡休闲街区、市区第一楼街文旅步行街、句容宝华山千华古村省级夜间文化和旅游消费集聚区等效益较好。街区文化娱乐业态丰富，西津音乐厅上座率较高；镇江博物馆、镇江民艺馆、镇江美术馆、都天行宫、镇江方志馆（党史馆）为代表的文化场馆开展“博物馆之夜”“夜读党史”等系列活动。多年来，西津渡休闲街区先后获评“江苏省省级夜间文化和旅游消费集聚区”“江苏省旅游休闲街区”“江苏省文化和旅游消费便捷示范区”“江苏省文化和旅游市场红名单”等，并成为“江苏省步行街联盟”首批联盟成员。第一楼街创成省级休闲街区，千华古村入选省级休闲街区培育名单。

（市文广旅局　许　婷）

旅游营销

【概况】　2022年，镇江市文广旅局等旅游部门、新闻媒体联动开展“我为镇江旅游献良策”“我为镇江旅游打个卡”“我为镇江旅游作代言”“我为镇江写一句导游词”“网眼看镇江 满眼好风光”百网聚焦镇江旅游系列宣传推介活动，评选出“十佳金点子”、“十佳旅游精品线路”、10名“镇江文旅推介官”、“十佳导游词”等奖项，近900万人次参与活动，“报、网、端、屏、圈、群、号、频”全媒体传播量超1亿次。开展“5·19”中国旅游日镇江主题活动，协助举办新疆生产建设兵团四师（可克达拉市）文化旅游招商推介活动。市文广旅局完成全市文化旅游宣传推介系列活动调研，撰写《全媒联动 全民参与 全情投入 全城响应——关于我市文化旅游宣传推介系列活动的分析报告》，获镇江市委主要领导批示。发布“爱家乡·镇精彩”暑期研学旅游，推荐线路8条和54项针对少年儿童的文化场馆活动，促进暑期文旅市场复苏。句容市创成“长三角高铁旅游小城”。推介旅游文创商品，华秀锅盖面获第二届江苏旅游文创商品大赛金奖，石墨烯刺绣抱枕等4件商品入选优秀商品展，“江南”系列木梳获2022中国旅游商品大赛（健康主题）铜奖。

（市文广旅局　许　婷）

【新疆生产建设兵团四师可克达拉市文化旅游招商推介】　2022年6月12日，新疆生产建设兵团第四师可克达拉市旅游招商推介活动在镇江举办，活动推介第四师可克达拉市众多文旅资源，推出3条特色旅游线路，介绍旅游奖补政策及招商引资的优厚条件，发布5个特色文旅项目。两地文旅部门、文旅集团、旅游协会共同签订合作协议，并开展座谈交流。

（市文广旅局　许　婷）

【第四届“美丽镇江乡村游”嘉年华】　2022年5月27日，第四届“美丽镇江乡村游”嘉年华在丹阳香海琴风景区启动，活动由丹阳市人民政府、镇江市文广旅局主办，以“邂逅美丽乡村·共享绿色时光”为主题，发布赏花采摘、乡村研学、乡村休闲、乡村美食四大类35项四季节庆活动，在常态化新冠病毒感染疫情防控形势下，加快乡村旅游市场的恢复与高质量发展。启动仪式上，对柳茹村、陈庄村、丁家边村、世业村等一批全国（省）乡村旅游重点村，以及“山水间·又见浮玉”“梵净花开”乡村旅游民宿授牌;同时,现场发布镇江市2022年乡村旅游引导资金政策。

(市文广旅局　许　婷)

旅游管理

【概况】　2022年,镇江市文广旅部门加强行业监管,完成全市剧本娱乐经营场所排查摸底,印发《镇江市剧本娱乐经营场所行业规范》。推进文化艺术类非学科类校外培训机构审核准入,印发《镇江市文化艺术类校外培训机构准入细化事项(试行)》,拟定文化艺术类非学科类校外培训机构准入指南及申报审批流程;推进审批机构开通资金监管账户,接入全国教育监管平台。在全省率先开展文化市场经营异常企业清理,注销第一批经营异常企业273家。承办全省文旅行政部门安全生产暨经营异常企业清理工作培训班。全年受理旅游投诉、咨询57件并全部结案,赔偿总金额80941元。举办2022年镇江市旅游星级饭店从业人员职业技能竞赛,选拔优秀选手参加省级赛事,2项技能获全省第3名。扬中市金君泰饭店创成“银树叶”级绿色饭店,江苏茅山涵田酒店创成江苏精品休闲度假饭店。

2022年,镇江市印发《镇江市文化市场综合执法规范化建设指导意见》,文化市场综合行政执法支队完成全省“地市级文化市场综合行政执法队伍规范化”试点建设任务。全年镇江市文化市场综合行政执法支队办理案件136起,出动执法检查人员1.06万人次,检查企业单位3172家次;巡查网站1242个、各大电商平台内经营店铺960余家次、微信公众号465个;关闭网上书店4家、网站11个。开展文旅市场护航行动,先后开展网吧专项检查、违禁内容专项整治行动、“无证”文化市场经营场所回头看行动、暑期教育培训机构专项检查、所谓“私人影院”文娱场所执法检查、养老防诈、不合理低价游及旅游包车等专项行动15项,保障文旅市场健康发展。全年处理投诉、咨询104件,其中,旅行社5件、景区55件、其他44件,办结率100%。

(市文广旅局　许　婷)

【旅游饭店管理】　2022年,镇江市有旅游星级饭店17家。其中,五星级3家(镇江国际饭店置业有限公司、镇江万力酒店管理有限公司富力喜来登酒店分公司、江苏水中仙东雅国际酒店有限公司),四星级5家(镇江观海楼酒店有限公司、丹阳市新世纪国际大酒店有限公司、江苏金陵融锦饭店有限公司、句容曙光国际大酒店有限公司、江苏长江大酒店有限公司),三星级8家,二星级1家。6月16日—17日,市文广旅局、市总工会、团市委、市妇联共同举办“2022年度旅游饭店从业人员职业技能竞赛”,该次大赛创新考核现场接待客人、专业定制服务水平,镇江市国际雷迪森广场酒店获团体一等奖。

(市文广旅局　许　婷)

【旅行社管理】　2022年,镇江市有旅行社124家,其中,出境社12家、国内社112家;江苏省星级旅行社35家,其中,五星1家(江苏省镇江中国旅行社有限责任公司)、三星27家、二星6家、一星1家。市文广旅局开展全市旅行社服务质量提升培训会,邀请专家学者为旅行社做业务水平提升指导,对全市117家旅行社信用评价进行综合讨论,对排名前十的旅行社进行第一批“镇江市文化旅游信用经济示范单位”信用表彰,并结合第一轮旅行社信用评价结果实施分类监管。开展旅游市场养老防诈宣传,提升老年人在旅游方面的安全防范水平和自我保护意识。响应文旅部全额暂退旅行社质量保证金要求,为申请旅行社简化办理流程,新冠病毒感染疫情防控期间共退2130万元,其中2022年度全额暂退50家计313.5万元。帮助175家文旅企业申请文旅纾困专项资金155万元。指导6家旅行社获省级旅游创新发展奖补110万元。　(市文广旅局　许　婷)

【导游管理】　2022年,镇江市有导游2843人,其中,高级17人、中级91人、初级2735人。市文广旅局组织2022年全国导游资格证考试(镇江考区)笔试。加强业务培训,提升服务水平,多次组织现场教学活动,交流经验。成立2个金牌导游工作室,为导游技能培训储备力量。　(市文广旅局　许　婷)

【风景名胜区管理】　2022年,镇江市文广旅局组织开展南山风景名胜区详细规划编制,形成文本、图件、汇编等规划初步成果。市文广旅局、市自然资源和规划局牵头开展全市4处省级以上风景名胜区的整合优化工作。推进风景名胜区遥感监测图斑审核,完成244处县、市级审核工作,涉及实地面积8000余亩(533.3公顷)。做好市区风景名胜区林长制联络工作,提升区内林业资源保护水平。依法依规开展风景名胜区内事项前置审核,全年办理区内项目许可9件,规范市区风景名胜区保护利用秩序。　(市文广旅局　许　婷)

【文化和旅游信用体系建设】　2022年,镇江市文广旅局按照“1+3+N”(“1”即“一个文化旅游数据中心”,“3”即智慧管理、智慧服务和智慧营销体系功能,“N”即包含旅游数据主题库及大数据分析平台、旅游产业监测平台、旅游应急指挥调度平台、游客一站式服务平台、智慧旅游GIS系统、城市文化地图、旅游电子商务一体化营销平台在内的七大软件系统。)体系整体推进文化旅游信用经济发展试点工作。开展行业信用培训，引导1480家市场主体签订信用承诺书，推动行业风险前置；为3类主体282家企业开展信用体检，制定行业信用评价指标并对117家旅行社开展信用评价；围绕信用评价结果创新分级、分类监管模式，优化资源配置提升监管效能；为信用排名前10名企业发放“镇江文旅市场信用经济示范单位”铜牌，鼓励行业创新争先。镇江市旅游行业初步形成“信用承诺—信用评价—信用监管—信用奖惩”的信用经济发展体系。

（市文广旅局 许 婷）

【镇江市旅游星级饭店从业人员职业技能竞赛】 2022年6月16日—17日，镇江市文广旅局、市总工会、团市委、市妇联在镇江市国际雷迪森广场酒店共同举办2022年度旅游饭店从业人员职业技能竞赛。全市10家旅游饭店的37位选手参与角逐。大赛设有理论知识评比和4项专业技能评比，专业技能评比分别为前厅服务、客房服务、西餐摆台服务、中餐摆台服务。通过分类竞技，12名选手分别获单项技能评比的前3名，镇江市国际雷迪森广场酒店获团体一等奖。镇江市代表队在江苏省星级饭店从业人员职业技能竞赛中获“优秀组织奖”。

（市文广旅局 许 婷）

旅游公共服务

【概况】 2022年，镇江市印发《关于支持镇江文旅企业纾困复苏的实施意见》，推出“纾困十条”加快文旅市场复苏步伐；对A级景区、旅行社等12类文旅市场主体给予一次性防疫和纾困补贴，帮助申报专项引导资金1000余万元，助力文旅企业纾困解难。启动金秋文旅消费季活动，激发市场活力。以“畅享生活‘镇’实惠”为主题，首次采取直播抢券、线上领券形式，发放25万张总价值超5000万元的文旅电子消费券，涵盖美食购物、休闲娱乐、旅游住宿、景点门票四大类90个品种。 （市文广旅局 许 婷）

【智慧文旅综合平台建设】 2022年，镇江文广旅部门加强镇江智慧文旅综合平台“文+旅”融合，拓展“文旅+科技”内容，完成全市所有A级以上景区、乡村旅游点、旅游度假区、风景名胜区、文博场馆、休闲商业街区等100个点位客情大数据分析监测、边界绘制划定及与省、市平台数据录入、对接、共享工作。全市AAAA级以上景区与国家、省、市智慧文旅平台对接，市文化场馆、AAA级景区实现与市平台对接，保障主要景区、文化场馆及文旅企业行业安全情况，构建“一机游镇江、一图览文旅、一键管行业”的智慧文旅体系。

（市文广旅局 许 婷）

【数字文旅服务和消费质量建设】 2022年，镇江市文旅部门加大“宜游镇江”微信公众号电商平台及“镇江转转卡”营销推广力度。扩大“转转卡”宣传营销渠道，在“苏心游”微信公众号及“携程”“同程”“途牛”“飞猪旅游”平台宣传售卖，并以“转转卡”为载体，整合镇江全域文旅优质资源，在实现一站式服务的同时，为外地游客提供低于市场价的折扣旅游套餐。镇江市文旅部门丰富“宜游镇江”微信公众号电商平台线上文旅产品，汇聚具有镇江地方特色的文旅产品超900个，平台全年完成订单1650笔，销售总额超20万元。运用“宜游镇江”微信公众号电商平台，全年发放25万张消费券。 （市文广旅局 许 婷）

【社保卡文旅“一卡通”工作】 2022年，镇江市文旅部门对全市9家AAAA级以上旅游景区、6家文化场馆社保卡文旅“一卡通”入场核验系统进行调查、摸底、核实、汇总、上报、签订合同的基础上，制定实施工作方案及任务清单，推进升级改造工作。全市主要景区、文博场馆46台闸机、42个售票窗口、10台自助售票机完成升级改造工作。8月，省文旅厅、省人社厅在镇江市召开省社保卡文旅“一卡通”工作座谈会，并调研镇江社保卡文旅“一卡通”工作。 （市文广旅局 许 婷）

【“与文明相伴·与健康同行”“3·15”主题宣传活动】 2022年3月12日，镇江市文旅部门在西津渡广场开展“与文明相伴·与健康同行”“3·15”主题宣传活动。活动现场邀请江苏省红名单企业代表为市民介绍镇江特色旅游产品；市旅游执法大队现场为市民普及旅游维权知识，并发放维权宣传小礼品。

（市文广旅局 许 婷）

房地产开发经营

【房屋征收】 2022 年，镇江市房屋征收部门贯彻落实市委、市政府各项决策部署，以协调推进扫尾攻坚、制定集体土地政策为主要任务，做好全市房屋征收拆迁指导、服务、协调工作。全年全市完成征收拆迁 336 户、面积 7.4 万平方米。其中，市区完成 111 户、2.3 万平方米。11 月，镇江市政府出台《关于征收集体土地房屋补偿意见》，市住建局围绕意见的实施，对持证征收、助征人员进行专题业务培训。培训分 3 批进行，受训人员分别为市、区两级房屋征收部门、房屋征收实施单位工作人员（A 类人员），房屋征收评估机构工作人员（B 类人员），区政府部门、街道（乡镇）助征工作人员（C 类人员），累计 526 人接受培训。

（市住建局　薛伟忠）

【房地产开发】 2022 年，镇江市有房地产开发企业 373 家，其中，市区 149 家、丹阳市 57 家、句容市 121 家、扬中市 46 家。全市新增房地产开发项目 14 个。市区交付项目 56 个，310 栋，约 219 万平方米。当年，镇江市出台《关于进一步促进我市房地产业良性循环和健康发展的通知》，推出 10 条“新政”，推动镇江市房地产市场实现触底反弹、企稳回暖。

（市住建局　张世顺）

【房地产销售】 2022 年，镇江市商品房年末累计可售面积 917.65 万平方米，下降 7.89%。其中，市区商品房年末累计可售面积为 405.08 万平方米，下降 5.34%。全市商品住房年末累计可售面积为 521.81 万平方米，下降 9.38%。其中，市区商品住房年末累计可售面积为 188.86 万平方米，下降 7.59%。全市商品房销售面积 365.17 万平方米，销售金额为 342.18 亿元。其中，市区商品房销售 112.48 万平方米，比上年下降 50.04%；销售金额 106.16 亿元，下降 54.74%。全市商品住房累计销售 24200 套，销售面积 298.48 万平方米，销售金额 273.83 亿元。其中，市区商品住房销售 8205 套，下降 50.91%；销售面积 96.26 万平方米，下降 53.24%；销售金额 93.66 亿元，下降 56.86%。截至年末，全市商品住宅去化周期约为 21 个月，市区商品住宅去化周期约为 23 个月。

（市住建局　张世顺）

表 56　2022 年镇江市房屋征收拆迁户数情况表

单位：户

序号	区域	实施户数	完成户数	完成率(%)	国有			集体			其中当年项目			其中结转项目		
					实施户数	完成户数	完成率(%)	实施户数	完成户数	完成率(%)	实施户数	完成户数	完成率(%)	实施户数	完成户数	完成率(%)
一、市　区																
1	京口区	2	1	50.0	2	1	50.0	0	0	0.0	0	0	0.0	2	1	50.0
2	润州区	57	53	93.0	7	6	85.7	50	47	94.0	50	47	94.0	7	6	85.7
3	丹徒区	0	0	0.0	0	0	0.0	0	0	0.0	0	0	0.0	0	0	0.0
4	镇江新区	10	0	0.0	0	0	0.0	10	0	0.0	10	0	0.0	0	0	0.0

续表 56

序号	区域	实施户数	完成户数	完成率(%)	国有			集体			其中当年项目			其中结转项目		
					实施户数	完成户数	完成率(%)	实施户数	完成户数	完成率(%)	实施户数	完成户数	完成率(%)	实施户数	完成户数	完成率(%)
5	镇江高新区	78	57	73.1	69	52	75.4	9	0	0.0	62	52	83.9	16	5	31.3
	市区合计	147	111	75.5	78	59	75.6	69	52	75.4	122	99	81.1	25	12	48.0
二、市(区)																
1	丹阳市	234	234	100.0	0	0	0.0	234	234	100.0	234	234	100.0	0	0	0.0
2	扬中市	62	3	4.8	0	0	0.0	62	3	4.8	62	3	4.8	0	0	0.0
3	句容市	5	2	40.0	0	0	0.0	5	2	0.0	0	0	0.0	5	2	40.0
	县市合计	301	239	79.4	0	0	0.0	301	239	79.4	296	237	80.1	5	2	40.0
	全市总计	448	350	78.1	78	59	75.6	370	291	78.6	418	336	80.4	30	14	46.7

（市住建局　薛伟忠）

表 57　2022 年镇江市房屋征收拆迁面积情况表

单位:万平方米

序号	区域	实施总面积	完成总面积	完成率(%)	国有			集体			其中当年项目			其中结转项目		
					实施面积	完成面积	完成率(%)	实施面积	完成面积	完成率(%)	实施面积	完成面积	完成率(%)	实施面积	完成面积	完成率(%)
一、市　区																
1	京口区	0.08	0.07	87.5	0.08	0.07	87.5	0	0	0.0	0	0	0.0	0.08	0.07	87.5
2	润州区	1.6	1.4	87.5	0.2	0.1	50.0	1.4	1.3	92.9	1.4	1.3	92.9	0.2	0.1	50.0
3	丹徒区	0	0	0.0	0	0	0.0	0	0	0.0	0	0	0.0	0	0	0.0
4	镇江新区	0.2	0	0.0	0	0	0.0	0.2	0	0.0	0.2	0	0.0	0	0	0.0
5	镇江高新区	2.6	0.8	30.8	2.2	0.6	27.3	0.4	0.2	50.0	1	0.6	60.0	1.6	0.2	12.5
	市区合计	4.48	2.27	50.7	2.48	0.77	31.0	2	1.5	75.0	2.6	1.9	73.1	1.88	0.37	19.7
二、市(区)																
1	丹阳市	5.4	5.4	100.0	0	0	0.0	5.4	5.4	100.0	5.4	5.4	100.0	0	0	0.0
2	扬中市	1.6	0.08	5.0	0	0	0.0	1.6	0.08	5.0	1.6	0.08	5.0	0	0	0.0
3	句容市	0.2	0.1	50.0	0	0	0.0	0.2	0.1	0.0	0	0	0.0	0.2	0.1	50.0
	县市合计	7.2	5.6	77.5	0	0	0.0	7.2	5.58	77.5	7	5.48	78.3	0.2	0.1	50.0
	全市总计	11.7	7.9	67.2	2.48	0.77	31.0	9.2	7.08	77.0	9.6	7.38	76.9	2.08	0.47	22.6

（市住建局　薛伟忠）

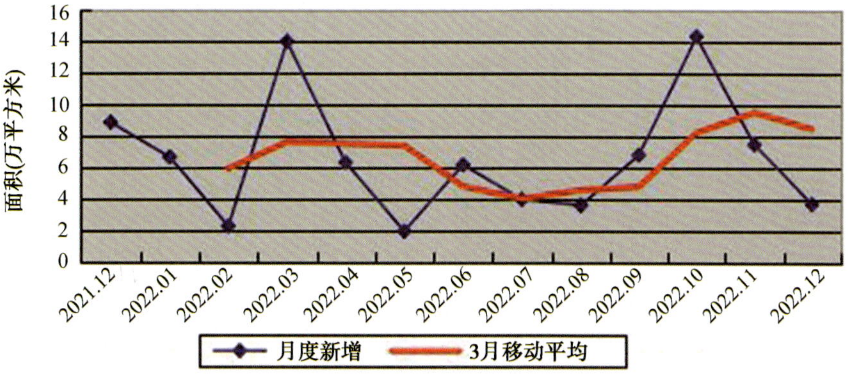

图 32　2021 年 12 月至 2022 年 12 月，市区商品住宅月度新增供应情况图

（市住建局　张世顺　供稿）

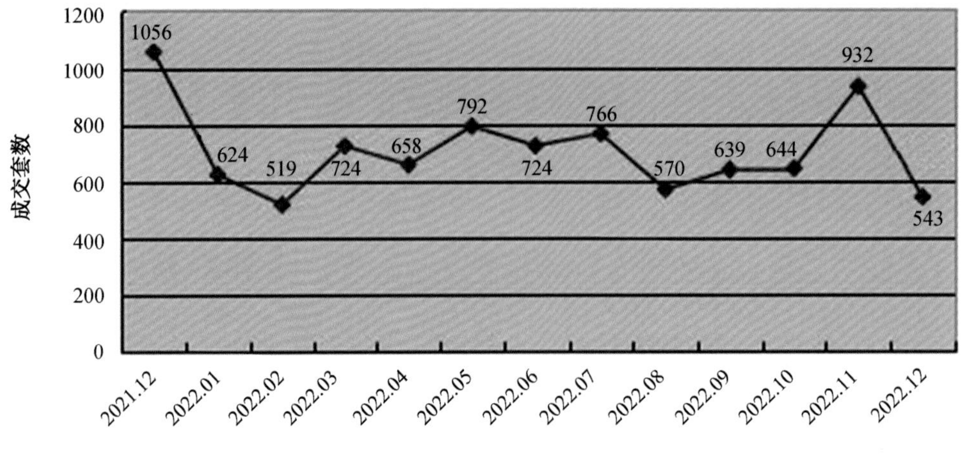

图 33　2021 年 12 月至 2022 年 12 月，市区商品住房月度成交情况图（市住建局　张世顺　供稿）

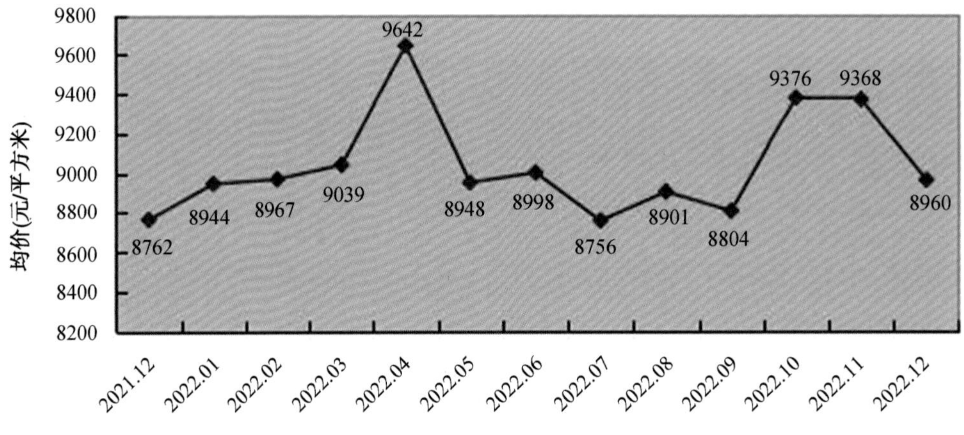

图 34　2021 年 12 月至 2022 年 12 月，市区商品住房（不含政策性、别墅）月度算术均价走势图

（市住建局　张世顺　供稿）

【房产展销月】　2022 年 12 月，镇江市住建局、镇江报业传媒集团、市房地产业协会联合举办“2022 镇江房产展销月”活动，旨在贯彻落实国家和省、市决策部署，支持刚需和改善性住房需求，促进镇江房地产市场良性循环和健康发展。该次“房展月”有 21 家房产开发公司、24 个楼盘参展，2 家房地产中介机构参与。参展楼盘以改善性住房为主，主要位于滨江、南徐、官塘、丹徒新城、大港等城市新兴板块。

（市住建局　张世顺）

物业管理

【概况】　2022 年，镇江市有物业服务企业 375 家，实行物业公司管理的住宅小区近 800 个，总建筑面积超 1 亿平方米。老旧小区实行政府托底的基础性物业服务，全市所有住宅小区实现物业管理全覆盖。制定出台《镇江市住宅物业保修金管理办法》《镇江市住宅物业管理项目招投标办法》《镇江市业主大会和业主委员会指导规则》《关于加强住宅小区首次业主大会会议筹备经费管理的通知》等一系列配套政策文件，同时制定部分技术规范和示范文本。市住建、发改、公安、城管、自然资源和规划、市场监管、生态环境、消防救援 8 个部门联合下发《关于住宅小区内建立综合执法公示牌的通知》，由街道协调制作标准统一的公示牌，将部门执法清单、联系人、联系方式在小区显著位置公示，让业主的诉求尽快找到“对口”部门。市住建局委托市物业管理协会对市区住宅小区开展日常考核，每季度对老旧小区考核全覆盖，全年对有物业服务企业管理的市场化小区考核全覆盖；同时，每季度对问题突出的小区和物业企业进行通报，并对各辖区物业管理工作情况进行排名，日常考核结果与老旧小区奖补资金挂钩，与物业服务企业信用管理挂钩，强化考核结果的运用。2022 年，检查市区 723 个住宅小区，下发整改

单12433件。（市住建局　夏保华）

【维修资金管理】　2022年，镇江市京口区、润州区、高新区三区住宅专项维修资金缴存总户数16072户，其中，商品房15969户、房改房103户。缴存资金总金额8991.48万元，其中，商品房8937.79万元、房改房53.69万元。归集电梯专项资金2854.05万元，房屋征收拆迁办理退还维修资金1户，总金额4057.95元。受理申请使用住宅专项维修资金工程2974个、一般维修项目1427个、应急维修项目1547个。维修资金使用支取户数为17533户，使用支取总金额788.77万元。2022年年初，市物管中心将1.2亿元增值收益分配到已交存维修资金的业主账户，平均每户分配约500元。

（市物管中心　李　楠）

【“红色物业”建设】　2022年，镇江市住建部门聚焦住宅小区物业管理中的难点、堵点，推进“红色物业”创建，以党建引领住宅小区物业管理服务提档升级。召开全市党建引领物业管理服务工作推进大会，发挥物业行业党委作用，加强物业服务企业、业主自治组织党的建设，推动党的组织和党的工作有效覆盖。全市有物业行业党委（县区级）8个，符合条件的物业服务企业100%建立党组织，部分物业服务企业通过发展新党员等方式成立党组织，不具备条件的由行业党委全部选派党建工作指导员。40%以上住宅小区通过选派业务精、能力强的社区“两委”担任小区党建指导员。建立工作联络协调机制，组建联络员专班，印发《2022年党建引领物业管理工作实施意见》，明确物业服务企业党组织建设、引领业主自治水平提升和打造党建引领物业管理示范点等八方面的工作目标任务，打造一批省级、市级党建引领物业管理工作示范点。制定《加强住宅小区物业管理工作提升物业服务水平行动方案》，明确党建引领社区治理工作、网格化社会治理工作以及文明城市创建工作三年目标任务，构建“基层吹哨、部门报到”工作机制，打通服务群众“最后一米”。（市住建局　夏保华）

房地产中介和租赁服务

【概况】　2022年，镇江市有房地产中介备案数量915家，其中，市区138家、丹阳市169家、句容市467家、扬中市52家、镇江新区60家、丹徒区29家。市住建局完成市区106家房地产经纪机构（含分支机构）备案审核和市区13家评估机构申报材料备案审批，办理4家房地产评估机构资质延期，审批12家房地产经纪机构备案审查工作。（市住建局　张世顺）

【房地产中介机构监管】　2022年，镇江市加强对房地产中介机构的监管力度，6月中旬，市住建局、市市场监管局组成联合执法组，对全市房地产中介机构进行“双随机”检查。1月，市住建局规范镇江市房地产经纪机构市场秩序，整治住房中介行业乱象，推进房地产中介备案公示工作，通过《镇江日报》向社会公示备案的中介机构，提醒市民选择中介机构可能面临的交易风险。市住建局加强教育培训，9月、11月底分别对房地产中介机构从业人员开展业务培训，全市参培人员1000余人。同时，强化租赁服务工作，公布市区房屋租赁指导价，稳定房地产市场。

（市住建局　张世顺）

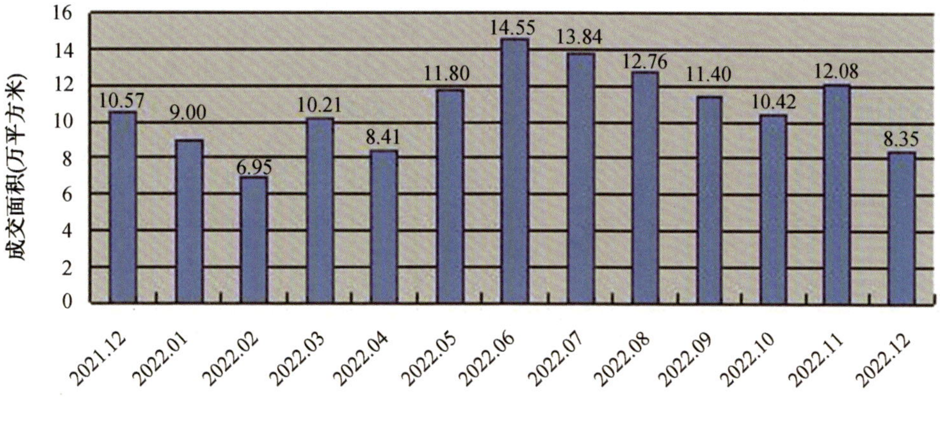

图35　2021年12月至2022年12月，市区二手住房成交走势图

（市住建局　张世顺　供稿）

房地产市场管理

【概况】 2022年，镇江市推动房地产市场健康发展，按照“一城一策”实施方案，落实城市主体责任。在全省率先出台《关于进一步促进我市房地产业良性循环和健康发展的通知》，出台新政十条支持住房刚性需求，精准支持改善性需求；句容市取消实施5年的限购政策。按照住房和城乡建设部等八部委有关通知要求，根据省住建厅等部门统一工作部署，开展全市房地产市场整治，规范房地产市场秩序，打击房地产企业和中介机构侵害群众利益违法违规行为，营造良好的市场环境。举全市之力化解“问题楼盘”风险，成立镇江市“问题楼盘”专项治理工作领导小组，通过实行在建项目分档动态管理机制、风险项目“一楼一策、一楼一专班”机制、“问题楼盘”清单化管理机制等措施，推进“问题楼盘”矛盾风险的防范和化解工作，维护购房者的合法权益，稳定市场信心，保持社会稳定。

（市住建局　张世顺）

【房地产预售管理】 2022年，镇江市商品房批准预售面积282.45万平方米，比上年下降45.54%。其中，市区商品房批准预售面积90.58万平方米，下降53.79%。全市商品住房批准预售面积228.96万平方米，下降49.05%。其中，市区商品住房批准预售面积78.81万平方米，下降53.86%。修订《镇江市市区商品房预售资金监管实施办法》，强化商品房资金监管，8月，市住建局、人行镇江中心支行、镇江银保监分局建立市区预售资金第三方监管机制；防止开发企业抽调资金，避免监管账户司法查封和扣划风险确保项目后续建设资金安全。（市住建局　张世顺）

【《关于征收集体土地房屋补偿的意见》】 2022年11月4日，镇江市政府印发《关于征收集体土地房屋补偿的意见》，对征收市区范围内集体土地房屋的补偿标准、补偿方式等事项进行明确，规范镇江市征收集体土地房屋补偿行为，维护房屋所有权人的合法权益。该意见有10项内容，体现以下原则：村民居住条件不降低。按照“被征地农民原有生活水平不降低、长远生计有保障”的原则，对合法居住面积一律给予补偿，不作面积压缩；与国有土地房屋征收接轨，实行市场价评估。从构建城乡统一的建设用地市场体系的角度，按照同地同权同价的原则，参照国有土地房屋，由评估机构评估确定房屋价值，有关评估机制、其他补偿费用均参照国有土地房屋征收的相关规定和标准执行；鼓励引导货币补偿。对自行解决住房安置的农村村民，货币补偿时，不仅参照国有土地房屋市场价评估补偿，还另给予一定比例的货币补偿补助；全市政策统一。政策适用范围为镇江市区，丹阳市、句容市、扬中市可参照执行。

（市住建局　薛伟忠）

【《关于进一步促进我市房地产业良性循环和健康发展的通知》】 2022年，镇江市住建局、市发改委、市财政局、人行镇江中心支行、镇江银保监分局联合签发《关于进一步促进我市房地产业良性循环和健康发展的通知》，支持房地产市场更好地满足购房者的合理住房需求。该通知明确：给予商品住房购房契税补贴。3年内，个人在市区范围购买首套商品住房（含二手商品住房），给予契税缴纳份额80%的一次性购房契税补贴。调整个人住房贷款政策。降低普通住房商业贷款首付比例，居民家庭首次购买普通住房的商业性个人住房贷款，原则上最低首付款比例为25%，各地可向下浮动5个百分点。对拥有一套住房并已结清相应购房贷款的家庭，为改善居住条件再次申请贷款购买普通商品住房的，银行业金融机构执行首套房贷款政策。用好用活住房公积金政策。降低公积金贷款首付比例，对已结清首次公积金贷款的缴存职工家庭，第二次申请公积金贷款的首付比例调整为40%。（市住建局　张世顺）

综 述

【民生交通】 2022 年，镇江市交通即办件审批事项占比 95%，基本实现“一窗受理、一次办好”；全省首创“货车司机关爱日”，成立货车司机关爱基金，发布暖心服务清单，协调金融机构为个体货车司机发放贷款 1.15 亿元，新建“司机之家”等服务站点 15 个；联合社区、企业共建“网巡一体化出租汽车司机党群服务中心”，创设工地安“薪”法律援助点，组建“红运‘镇’行”24 小时应急服务车队。新辟优化公交线路 44 条，改造适老化站台 11 对，新增适老化公交车 20 辆；全市 70% 以上行政村实现公交直达“进城”，丹阳市、扬中市获评全省首批“城乡公交一体化达标县”；培育乡村游公交示范线 5 条，发展定制客运 57 条；更新巡游出租车 900 辆，网约车合规率提升至 73%；宁句城际累计客运量超 800 万乘次，大路机场增开至浙江安吉通勤航线；全市城乡交通运输一体化发展水平连续 3 年获评 AAAAA 级。全市网络货运平台整合车辆数超 35 万辆，全年在线交易额超 9 亿元；加速城乡物流一体化，发展交邮融合示范线 10 条，全年服务农村居民快递收寄 8100 余万件，丹阳市“交邮合作、快递共配”获评省“十佳城乡物流服务品牌”，扬中市“整合运输资源释放发展新动能”典型做法入选交通运输部推广案例。

（市交通运输局　张　杨）

【绿色交通】 2022 年，镇江市交通运输部门督促港口企业投入环保资金 7 亿元以上，港口船舶三类污染物处置率 95%，粉尘在线监控率 100%；市交通运输局获评江苏省打好污染防治攻坚战先进集体；印发《港口船舶污染防治长效管理办法》，开展“蓝天保卫战”“苏水安澜”“蓝盾”等系列行动，加强交通大气、水污染防治；推进降碳扩绿，编制交通运输碳达峰实施方案，创成 1 个省级绿色交通区域性项目，推动基础设施、装备设备绿色低碳升级，试点打造 312 国道宁镇段低碳公路，服务保障全国首艘纯电动内河集装箱船建成下水，协调大型国有能源企业与交通行业企业深度合作，发展风电、光电替代传统能源，试点打造“近零碳”港区、服务区。（市交通运输局　张　杨）

【多式联运】 2022 年，镇江市稳定运营多式联运示范线路 13 条，创成 1 个省级多式联运示范工程，完成

图 36　2022 年 2 月 20 日，镇江大路机场到浙江安吉航线开通

（市交通运输局　陈伊洋　供稿）

多式联运量420万吨,集装箱多式联运量4.2万标箱,增长40%。 （市交通运输局 张 杨）

【五峰山长江大桥获评中国建设工程鲁班奖】 2022年,五峰山长江大桥进入2022—2023年度第一批中国建设工程鲁班奖(国家优质工程)入选名单,并入选“2022中国新时代100大建筑”。中国建设工程鲁班奖(国家优质工程)简称鲁班奖,每2年评选1次,是中国建筑行业工程质量颁发的最高荣誉奖。五峰山大桥是连镇铁路和京沪高速公路南延的关键节点工程,是继沪苏通长江公铁大桥之后长江江苏段第三座公铁两用大桥,也是八车道高速公路和四线高速铁路过江的大运量综合公路、铁路通道,创造7项世界第1名。 （市综合交通事业发展中心 陈嘉卉）

【镇江铁路行业路地融合党建联盟成立】 2022年8月31日,镇江铁路行业路地融合党建联盟启动仪式举行。涉及铁路建设、管理、运营、维护、安全监管等方面的32家单位和部门通过党建联盟,加强镇江铁路行业地方和铁路、党建和业务的融合发展。联盟发布首批包括“传承红色基因 建好高铁工程”“路地携手共创道口标准化”“铁军先锋青年志愿服务队”等与项目建设、服务提升等方面有关的十大红色主题共建项目。（市综合交通事业发展中心 陈嘉卉）

【市交通执法支队高新区执法大队揭牌运作】 2022年9月28日,镇江市交通执法支队高新区执法大队揭牌仪式举行,大队为正科级建制,以市交通运输局名义实施高新区辖区公路路政、道路路政、港口等领域的行政处罚和行政处罚相关的行政检查、行政强制等工作,接受市交通运输局和高新区管委会的双重管理。 （市交通运输综合行政执法支队 朱 彤）

【“全员百日攻坚三单三办三查”品牌获一等奖】 2022年12月9日,江苏省交通运输厅发布“全省交通运输系统‘扫黑除恶’专项斗争特色品牌名单”,全省11个设区市交通系统的12个品牌获评“‘扫黑除恶’专项斗争特色品牌”。其中,镇江市“全员百日攻坚三单三办三查”品牌获全省交通运输系统“‘扫黑除恶’专项斗争特色品牌”一等奖。

（市交通运输综合行政执法支队 朱 彤）

【“全覆盖信用承诺”监管新机制】 2022年,镇江市明确审批替代型信用承诺事项19项、代替材料64个;容缺受理型信用承诺事项15项,容缺材料25个;去证明材料29个。明确“轻微免罚”事项40项,对59个首次违法、承诺立即或限期整改轻微违法行为的行政相对人予以免罚。开展“承诺即修复”信用监管试点,将107项一般失信行为纳入“承诺即修复”事项清单,为26家企业代办信用修复。

（市交通运输综合行政执法支队 朱 彤）

【镇江市交通工程建设管理有限公司】 2022年,镇江市交通工程建设管理有限公司以生产经营为中心,立足市场深耕挖潜。公司把握建设交通强国、苏南现代化和宁镇扬一体化建设的机遇期,中标江靖过江隧道南接线、江阴市西外环路改建工程等重点项目,在省内高速公路监理市场保有量位列第1名。关注研究服务对象和服务内容的多样化需求,提升产业层次,拉长产业链条,以集团组建为契机,推进全过程咨询一体化服务,拓宽业务范围和板块,增强多元发展能力。公司全年新签经营目标产值4484.27万元。

公司重视科技创新,培育高质量发展新动能。推进创新型企业建设,开展高新技术企业申报。加强同本土高等专业院校的产学研战略合作,开展关键技术攻关,形成一批有应用价值的研究成果。加大智慧监理研究及智慧云软件的开发使用,以部位管理法项目管理软件和润通办公软件推广实施为切入点,利用“互联网+”技术逐步实现监理工作信息化全覆盖,增强公司整体科研创新水平。

公司以在手项目为切入点,推进服务水平提升。坚持常态化检查,做好“质量、安全、廉洁”三大要素风险防范化解工作,加快项目管理技术文件的汇编工作。辖属子公司润通项目管理有限公司承监的京沪、连宿、洋口港、高宣4个项目被评为全省公路水运工程平安工地建设省级“示范工程”,海启高速获2022年度江苏交通优质工程项目(苏畅杯),60余人次在全省各类劳动竞赛中获得名次。润通公司是省内交通监理行业唯一一家连续13年在全省履约考核中保持信誉AA的企业。

（市交通工程建设管理有限公司 陈 虹）

【镇江市交通规划设计院】 截至2022年年底,公司累计完成各类规划、设计、咨询等项目3000多项。其中镇大公路(金港大道)、338省道拓宽改造工程、茅以升大道等多个设计项目获省、市级奖项。规划代表性项目有镇江市县道网规划、乡道和村道网规划、邮政规划、镇江渡区规划等;设计代表性项目有国省干线改造设计完成233国道镇江段“畅安舒美”、338省道拓宽改造工程、265省道镇江至荣炳段改扩建工程、241和243省道镇江段安全生命防护(保障)工程、丹阳市国省干线沿线环境综合整治项目、2021年普通国省道桥梁预防养护工程、2021年普通国省道安全生命提升工程、镇江市2022年普通国省道路面大中修工程设计项目。农村公路改造设计完成句容农路三年滚动计划、扬中市农村公路提档升级“三年行动计划”、丹徒区农村客运(校车)线路(县道)隐患整改工程项目、镇江高新区蒋乔街道X105和高线交通安全设施提升工程、X252石天线(K0+000～K1+000)改造工程、X301高龙线祝里村段养护大修及安全生命防护工程、丹徒区2022年农村公路安全生命防护工程排查设计项目、何庄乡村振兴内部道路建设工程。市政项目设计完成茅以升大道、上党大道、镇江官塘新城宝珠路与官平山路建设工程、丹阳高新区求真路(田园路—恒兴路)建设工程;产业园及与其他院合作项目设计完成创普大道、238省道上隍互通、镇澄路中段(谏壁闸桥至莺歌桥段)拓宽改造工程、312国道东延建设工程、358省道丹徒及句容段养护改善工程、312国道镇江段“畅安舒美”示范路创建、新建热网(新纳、全邦段)管道钢结构安全评价。

(市交通规划设计院有限公司　陈宽长)

铁路运输

【概况】 2022年,镇江市辖区内铁路里程339.6千米,其中,客运314.6千米、货运25千米,车站8个。中国铁路上海局集团有限公司镇江站,围绕铁路“六个创一流”目标任务,克服新冠病毒感染疫情带来的经营困局,增运、补欠、节支、降耗。2022年,镇江站完成客运收入41116.8万元,日均112.6万元,比上年减少29366.2万元,下降41.7%;人均客收率90.3元/人,比上年增加2.4元/人;累计发送旅客455.5万人,日均1.2万人,减少346.3万人,下降43.2%。

(镇江火车站　李　康)

【“万福进万家”春运首日活动】 2022年1月17日,铁路春运开启。镇江站联合市书法家协会、铁路公安在镇江站南广场候车室开展“万福进万家”春运首日活动。现场工作人员落实日常测温、验码、消毒等防疫工作,为进站旅客解答问询,提供导购、导乘、导候等服务,宣传新冠病毒疫情防护知识,并为候车旅客免费发放备用口罩。同时,工作人员向回家旅客发放新春对联和福字。

(镇江火车站　李　康)

表58　2022年铁路镇江站技术指标完成情况表

项目	单位	实绩	比上年(%)
旅客发送量	万人	459.4	-42.7
货物发送量	万吨	119.00	-8.9
客运收入	万元	41104.5	-41.7
日均装车	车	86.4	5.6
日均卸车	车	47.0	14
货车静载重	吨/车	28.7	-46
货车停留时间	时/次	18.1	-6.7

(镇江火车站　李　康)

公路运输

【概况】 2022年,镇江市辖区内公路总里程6895.05千米,公路网密度179.23千米/百平方千米,其中,高速公路210.477千米、一级公路976.673千米、二级公路902.612千米、三级公路779.096千米、四级公路4026.192千米。公路二级以上客运站场5个,长江汽渡4个(镇扬汽渡、新扬高汽渡、五峰山汽渡、江心汽渡)。2022年,镇江市公路系统落实“两争三保三提升”(“两争”:争先进位、争作贡献;“三保”:平安、畅通、民生;“三提升”:绿色转型、产业发展、行业治理)行动计划,完成省、市目标任务。市公路中心保持“全国交通运输文化建设卓越单位”的称号,获评“全省公路养护管理优秀集体”。“五星党建”获评全国第一届“公路交通行业优秀党建品牌”。丹阳市创成“省级农村公路建设示范县”,市区公路中心、312国道公路中心获评“全省交通运输行业省级青年文明号”,句容市“宝天线西部干线”入选全省“最美农路”。

(市公路事业发展中心　朱　文)

【公路客货运】 2022年,镇江市境内公路客运量1064万人次,旅客周转量44918万人千米,分别比上年下降36%、37.6%;公路货运量5381万吨,货物周转量862693万吨千米,分别比上年下降14.4%、11%。

(市交通运输局　彭甜恬)

【公路项目建设】 2022年,镇江市投资10亿元,推进312国道宁镇段改扩建工程,累计完成征地拆迁及杆管线迁移85%的工作量,建成通车265省道镇江至荣炳改扩建工程35.3千米。推动全省首个普通型国家区域性公路交通应急装备物资储备中心落户镇江。实施88千米普通国省道养护大中修工程项目,农村公路改造道路80千米、农桥13座,实施安全生命防护工程765千米。完成5座通航桥梁防船舶碰撞专项治理,建成3座标准桥梁结构健康监测系统和3座轻量化结构健康监测系统。完成105千米干线公路精细化提升改造,打造“科技兴安样板路”14 千米，完成普通国道中分带护栏设置 22.9 千米。新改建 17 套交调站设施。

（市公路事业发展中心　朱　文）

【货运行业纾困再贷款】　2022 年，镇江市交通系统和人民银行镇江中心支行联合开展“红运‘镇’行，暖‘新’到家”物流专项再贷款宣传服务活动，以党建为载体，通过交通和人行两级 4 个党支部共建的形式，推进“党建 + 业务”深度融合。4 家银行机构与企业现场签订金融服务“两企两个”代表协议，推动 2 亿元银团贷款组团，现场解决 1 家企业 100 万元贷款和部分货车司机的资金需求。全年交通物流专项再贷款累计金额 2.15 亿元，为个体货车司机发放贷款 1.15 亿元。（市交通运输局　王　驰）

【道路运输驾驶员高频服务事项“跨省通办”】　2022 年，镇江市交通系统开展旅客运输、普货运输以及危货运输驾驶员从业资格证补发、换发、变更、注销及诚信考核等 5 项高频事项“跨省通办”，镇江办结量 937 起，办结率 100%，办理成功率 98.43%。

（市交通运输局　王　蕾）

【维修企业经营备案】　2022 年，镇江市交通系统编制下发《镇江市机动车维修经营备案材料及指引》，联合维修分会为维修企业备案开展专题辅导、讲解培训，先期重点推进一、二类维修企业备案管理。全市完成备案 267 家，其中，市直 48 家、丹徒 17 家、丹阳 56 家、扬中 101 家、句容 45 家。全市有机动车在册维修企业 350 家，其中，市直 109 家、丹徒 16 家、丹阳 87 家、句容 48 家、扬中 90 家。（市交通运输局　王　蕾）

【道路运输车辆检验检测放管结合】　2022 年，镇江市交通系统按照先联网、后评审、再采信、强监管的思路，推进“三检合一”（车辆汽车尾气检测、机动车综合性能检测、机动车安全性能检测）工作落实。截至 12 月，全市有 18 家机动车检验检测机构接入全国道路运输车辆检验检测信息系统。市交通系统对 11 家检验检测机构开展“双随机一公开”检查，抽取 55 份“车辆检测报告”进行核查，对 2 家检测机构采取断网、暂停采信数据措施，加强对检测结果的监管。

（市交通运输局　王　蕾）

内河水路运输

【概况】　2022 年，镇江市辖区内内河航道（不含长江）70 个，总里程 597.2 千米，航道网密度 15.5 千米/百平方千米，其中，三级航道 61.1 千米，六级航道 27.9 千米，七级航道 22.4 千米，等外航道 485.9 千米。通航船闸 1 座。港口 2 个（镇江港、镇江内河港），码头泊位 327 个，码头总延长 31087 米。其中，万吨级以上深水泊位 52 个、5 万吨级以上深水泊位 25 个、专业化集装箱泊位 5 个。

（市港航事业发展中心　姚晶晶）

【水路客货运】　2022 年，镇江市水路客运量 578 万人次，旅客周转量 1083 万人千米；水路货运量 1238 万吨，货物周转量 432395 万吨千米。镇江港货物吞吐量 2.33 亿吨，谏壁船闸船舶、货物通过量连续 5 年“双破亿”，集装箱吞吐量 37.8 万标准箱。内河港口（不含长江）货物吞吐量 796 万吨。全市干线航道通航保证率、船闸通航保证率 98% 以上，优良闸次率 99% 以上，航标正常率 99% 以上。谏壁船闸船舶通过量 1.995 亿吨，货物通过量 1.181 亿吨，过闸费征收 7600 万元。锚泊调度累计收到船舶申请 2372 艘次，核准 1907 艘次，核准率 80.4%。核准本港船舶 1509 艘次，过境船舶 398 艘次，过境船舶占比 20.8%。其中镇江海轮锚地锚泊利用率 114%，高资海轮锚地锚泊利用率 71%，危化品锚地锚泊利用率 66%。

（市港航事业发展中心　姚晶晶）

【水路项目建设】　2022 年，镇江市做好水路项目建设。重点工程。推进高标准综合整治工程，打造“运河文化十景”，推进运河沿线文化景观带建设。航道外场感知工程进入试运行。丹金溧漕河整治工程收官。312 国道桥老桥主桥拆吊完成，新桥左幅桥梁 9 月 16 日交工验收，右幅桥梁开工建设。服务长江疏浚砂综合利用，完成锚地疏浚砂上岸 225 万吨，试点工作取得初步成效。京杭运河长江口门船闸船舶待闸停泊区提升示范工程、浮筒系泊工程、高资锚地工程均交工验收并投入使用。谏壁船闸排水系统改造、办公楼修缮、人行桥改建等 3 个跨年项目完成竣工验收，日常和专项养护工作同时开展。

信息化建设。镇江段航道率先实现 5G 全覆盖，在系统内首次创新使用 5G 的 700M 频段进行网络覆盖，建成 5G 站点 159 个、北斗系统 2 套、AIS 基站 4 台及交通量观测系统等配套通信系统及设施设备。启动以定易洲锚地为重点、其他锚地为补充的长江锚地视频监控及通信建设项目。推进运调与监测系统在谏壁船闸的试点，启动港航运行中心建设。

绿色港口建设。港口码头、船闸、服务区污染物接收设备接转处数据统一归处。沿江 42 家内河 43 家港口码头船舶污染物接收设施全覆盖。对沿江 24 家重点货运源头港口企业开展源头治超巡查，加强粉尘在线监测平台结果运用。指导港口企业参与绿色港口创建，镇江港国际集装箱码头有限公司获“中港协三星级绿色港口”称号。京杭运河水上服务区获评全国第一批“绿色交通”实践创新基地。

（市港航事业发展中心　姚晶晶）

【镇江京杭运河水上服务区获“绿色港航示范基地”称号】 2022年3月23日，镇江京杭运河水上服务区被中国生态文明研究与促进会授予第一批“绿色交通”实践创新基地，并获“绿色港航示范基地”称号。京杭运河镇江水上服务区作为苏南运河镇江段三级航道整治提升工程配套工程，位于京口工业园区，谏壁船闸下游约1千米处，是船舶从长江进入苏南运河的第一座内河服务区。服务区占地总面积113.35亩（7.08公顷），总建筑面积7025平方米，岸线全长1056米，区内建筑物主要有综合服务楼、远调楼、物流中心、服务区管理中心等功能区，配套加油站、修理车间、垃圾回收、船用配件超市等水运服务设施，主要向来往船舶提供日常生活需求、应急维修保障、过闸岸上登记缴费、政策咨询等服务。

（市港航事业发展中心　姚晶晶）

【镇江高资海轮锚地开启使用】 2022年6月22日，镇江高资海轮锚地开启使用。高资海轮锚地位于长江下游仪征水道，世业洲南侧，长江#117黑浮～#118黑浮北侧水域。锚地长约3426米，宽300米～470米，面积1.53平方千米，布置6个海轮锚位，其中，7万吨级锚位1个、3.5万吨级海轮锚位1个、2万吨级海轮锚位3个、1万吨级海轮锚位1个。高资锚地的启用缓解高资港区和龙门港区港口企业的锚泊压力，提高到句容电厂、高资电厂等运输船舶的周转效率和码头泊位利用率。（市港航事业发展中心　盛锁云）

【谏壁船闸】 截至2022年12月31日，谏壁船闸开放25618闸次，通闸75次，放行单船17.1万艘、船队2306拖。全年船舶通过量1.995亿吨、货物通过量1.181亿吨。自2017年开始连续6年实现船舶货物通过量“双破亿”，安全运行15513余天。过闸费征收7514.9万元，累计为过往船舶减免过闸费1918万元，其中减免集装箱运输船舶过闸费39.5万元。针对长江水位走低，谏壁船闸加强现场管理，利用“便捷过闸”App、微信公众号等手段，及时向船民告知水情、气象、船闸情况和管理要求等信息；开辟绿色通道，快速放行电煤、粮食、成品油等重点物资，稳定区域物流链和供应链；针对船闸运行部门及时调整运行方案，采取“通套结合”“错峰放行”等模式，提高通航效率。11月8日，谏壁船闸单日放行货轮760余艘、船队10拖，双闸开放闸次48次，通闸2次，船舶总通过量近92万吨，刷新谏壁船闸单日船舶通过量记录。12月23日，“喜迎二十大 交通运输行业明星船闸推选宣传活动”终评会议召开，江苏省谏壁船闸获评“十佳明星船闸”。

（市港航事业发展中心　范胜澜　柴思茹　顾晓冰）

【镇江港实现粉尘在线监测设备全覆盖】 2022年，镇江港航事业发展中心落实港口码头环境保护长效监管工作方案，夯实整治成效，8月底，按计划实现沿江和市辖内河所有易起尘作业码头企业粉尘在线监测设备的安装调试，并接入省、市两级污染源在线监测综合管理平台。37家易起尘作业港口码头有102个监测点位处于省、市两级全天候监管状态。

（市港航事业发展中心　何益芃）

【镇江港航“灯塔用弧形LED航标灯”获国家实用新型专利证书】 2022年，镇江港航工作人员宋若宇与扬州振华航标器材有限公司共同研发的“灯塔用弧形LED航标灯”获国家实用新型专利证书。“灯塔用弧形LED航标灯”专利适用于灯塔类大型航标灯，该项专利使航标灯能自动升降，维护人员不需要再爬上塔顶进行检修，使航标灯检修更加简单便捷，有效解决灯塔灯器维修难度大的问题，提高维护工作效率，同时降低维护人员劳动强度，确保人身安全。

（市港航事业发展中心　宋若宇）

【长江口门船闸船舶待闸停泊区提升示范工程浮筒系泊工程通过交工验收】 2022年1月11日，镇江市港航事业发展中心在镇江港政执法基地组织召开京杭运河长江口门船闸船舶待闸停泊区提升示范工程浮筒系泊工程施工项目交工验收会，工程通过交工验收。该项目由镇江市港航事业发展中心负责实施，主要工程为在镇江定易洲锚地建设9座系船浮筒和25座小型定位浮。每个系船浮筒可满足3个8000吨级船队系泊要求，整个锚地南侧设置25个小型定位浮，标识待闸货船与过境货船的锚泊位置。项目改善定易洲锚地的锚泊秩序，提升锚地锚泊容量，保障船舶锚泊安全。（市港航事业发展中心　盛锁云）

【《镇江市交通运输综合行政执法支队水上交通运输安全约谈制度》出台】 2022年7月，《镇江市交通运输综合行政执法支队水上交通运输安全约谈制度》（以下简称《制度》）出台，《制度》将航运公司、港口企业、从事影响通航安全的水上水下活动的相关单位、水上游览经营活动的经营者、船员服务机构等涉水企业纳入约谈范畴，明确约谈的内容、方式、程序等，督促水路运输企业落实安全管理主体责任。《制度》同时明确市级交通执法机构对县级交通执法部门约谈情形。全年镇江交通执法部门实施约谈6例。

（市交通运输综合行政执法支队　朱　彤）

【《镇江市内河（长江除外）水上交通安全预警管理制度》出台】　2022年9月，《镇江市内河（长江除外）水上交通安全预警管理制度》（以下简称《制度》）出台，《制度》规定内河水上交通预警信息的主要来源，并根据影响水上交通安全和水域环境安全的紧迫程度、危险程度和影响范围，将安全预警等级由高到低分为四个级别，为各级别的预警情形提供对应的防御指南和响应措施。《制度》同时明确市交通运输综合行政执法支队指挥中心统一管理全市内河安全预警工作，设有24小时人员值班制度。《制度》的发布实施，有利于完善内河水上交通突发事件监测预警体系，提升应急指挥水平，提高应急处置能力。

（市交通运输综合行政执法支队　朱　彤）

【国内首艘120标准箱纯电池集装箱船试航】　2022年9月19日，国内首艘120标准箱纯电动集装箱船——苏南"江远百合"轮在镇江试航成功。该船总长79.9米、宽12.7米、型深3.6米，是符合苏南运河三级航道最大通航标准的集装箱定制船型。全船动力采用3组集装箱式"即插即用"电源供电，换电时间需20分钟，主电机功率660千瓦时，最大续航里程220千米。

（市交通运输综合行政执法支队　朱　彤）

【全省首场船员适任远程考试举行】　2022年9月30日，全省首场船员适任远程考试在镇江举行，5名船员成为首批考生，体验远程考试的便利服务。有远程考试需求的船员经相关资格审核通过后，可以采取"提前预约、随到随考"模式考试。

（市交通运输综合行政执法支队　朱　彤）

【全省首个内河水上交通突发事件"1+N"应急救援联动机制出台】　2022年10月28日，全省首个内河水上交通突发事件"1+N"应急救援联动机制出台，机制发挥镇江市内河搜救指挥中心"1"的组织协调作用，明确应急、发改委等16家政府机构工作职责，吸纳1家航运公司、5家港口码头、3家社会救助力量作为"N"的补充，共建水上应急队伍、共享水上应急救援装备、共处水上突发事件。制定内河水上交通安全预警管理制度，编制水上搜救应急工作规范化手册，同时在政府层面设置水上搜救奖励专项资金，激励成员单位和社会力量参与内河水上救助工作。

（市交通运输综合行政执法支队　朱　彤）

公共交通

【概况】　2022年，镇江市城乡交通运输一体化发展水平获评AAAAA级。新辟、优化城乡公交线路44条，改造适老化公交站台11对，公交车辆万人拥有量19.59标台。购置新能源公交车40辆，其中20辆为低地板或低入口公交车，新能源公交车占比81%。制定出台《镇江市城市公共交通服务质量提升行动实施方案及工作计划》《镇江市公交服务质量提升年活动方案》。丹阳、扬中创成江苏省首批城乡公交一体化达标县。

镇江市区有巡游出租汽车企业11家，巡游出租汽车1623辆，出租汽车驾驶员1600余人；网络预约出租汽车企业23家，车辆1405辆，驾驶员7300余人；网约车平台28家，网约车1796辆，其中，市区网约车平台25家，网约车1677辆。2022年，市区出租车年客运量约2495.1万人次，其中，巡游出租车客运量为1399.9万人次，网约车客运量约1095.2万人次。

（市交通运输局　鲍金萍）

【镇江市公共交通有限公司】　镇江市公共交通有限公司成立于1962年9月，是以经营城市公共交通为主的国有企业，主要承担京口区、润州区、丹徒区和镇江新区等市区范围内的公共交通运输任务。2022年，公司有从业人员2430人，公交车辆1270辆，营运线路113条。全年完成客运量0.47亿人次。

（市公交公司　朱之豪）

【城区单车管理】　2022年，镇江市在主城区提供公

表59　2022年镇江市城市公共交通情况表

项目	计量单位	2022年	2021年
运营车辆	辆	1270	1270
新能源车辆	辆	1100	1100
运营线路网长度	千米	623.15	618.15
公交专用道长度	千米	69.7	69.7
客运总量	亿人次	0.47	0.65
线路情况	条	113	115
站点数	个	1781	1760

（市公交公司　朱之豪）

共自行车、共享单车、助力单车15600余辆，方便市民绿色出行。市城管部门指导哈啰单车逐步更新老旧共享单车2000辆，同时，对公共自行车、有桩助力共享单车及共享单车运营管理企业进行月度考核，形成考核通报。组织哈啰单车开展“红包车有奖骑行”活动，发放红包3.9万元；指导永安行单车启动“黑名单”信用机制，对不规范停放的用户，第一次电话提醒、第二次停止使用一个月、第三次列入黑名单。开展骑行宣传活动，营造政府、企业、社会组织和公众共管共治氛围，鼓励民众关注、选择绿色便捷交通。

（市城管局　李玮琳）

【公交“关爱卡”年审取消】 镇江市残联、镇江公交公司推进“我为群众办实事”实践活动，自2022年3月10日起，全市取消关爱卡（残疾人优待卡）的年度审验流程，方便残疾人乘坐公交车。关爱卡是残疾人乘坐公交的免费乘车卡，发卡总量约13000张。

（市公交公司　朱之豪）

【西津渡网巡一体化出租车司机党群服务中心成立】

2022年5月，镇江交通部门和西津古渡社区以及网约车平台企业，“政社企”三方合作建成“网巡一体化出租汽车司机党群服务中心”。服务中心涵盖“红色能量站、红运先锋岗、群团直通车、共享服务吧、暖‘新’加油吧、青春创意盟”等功能，是出租汽车司机群体的学习教育基地和市民游客的便民服务基地。服务中心先后开展“推动网约车营运保险问题解决界别协商议事会”“爱心送考”“夏日送安全、送清凉”“网巡一体化出租车驾驶员职业病义诊服务”等活动。

（市交通运输综合行政执法支队　朱　彤）

【首支网约车行业公益车队——“津”有爱车队成立】 2022年5月12日，镇江市首支网约车行业公益车队——“津”有爱车队成立，该车队由镇江市网约车行业协会9名党员组成，旨在引导广大驾驶员为民服务，争做行业标兵，展示网约车驾驶员风采，用“红色能量”共汇企业发展“新动能”。成立当日，9辆网约车为12名80岁以上行动不便的老人全程护送接种疫苗。（市交通运输综合行政执法支队　朱　彤）

【“‘5·20’公交驾驶员关爱日——‘爱在车厢，涌动全城’”活动】 2022年5月20日，镇江市“‘5·20’公交驾驶员关爱日——‘爱在车厢，涌动全城’”活动举行。在各大公交首末站、主要公交站台，企事业单位、乡镇社区、大专院校，人大代表和市民代表在全天分时段现场慰问公交驾驶员。2022年是“‘5·20’公交驾驶员关爱日”活动的第6个年头，当年关爱活动与企业文化月融合，从“关爱日”变为“关爱月”，“关爱月”期间，镇江公交开展集体生日会、职工团建拓展训练、家企联动亲子游园、爱心企业共建等一系列活动。

（市公交公司　朱之豪）

【公交605路获评全省“十佳城乡公交线路”】 2022年6月，镇江市公交605路获评全省“十佳城乡公交线路”。605路为镇江城区至句容下蜀的一条城乡公交线，惠及全市13家沿江重点企业、8个行政村以及5个拆迁安置区，该路公交无缝衔接农村与城区三甲医院、高铁站和长途汽车客运站，推动公共交通向农村地区延伸。

（市交通运输综合行政执法支队　朱　彤）

【公交出行宣传周活动】 2022年9月19日—25日，镇江公交围绕“绿色出行，你我同行”主题，开展公交出行宣传周活动，党、团员志愿者先后开展七大活动，分别为“倡导绿色出行、拓展定制公交”主题活动，与茅以升中学校企联动，召开定制公交恳谈会；“践行绿色出行、关爱退役士兵”志愿活动，为返乡退役军人送上“绿色出行”大礼包；党建联合活动，与太白集团五星级党支部联合开展公交出行宣传周党建联合活动；公交开放日活动，邀请20名通过电话与网络报名参与的热心市民代表走进镇江公交，

图37　2022年6月8日，出租车“爱心送考”集结

（市交通运输局　陈伊洋　供稿）

实地感受公交发展变化；现场充值办卡一站式服务活动，在鹤林社区设置临时办卡服务网点，为社区居民提供一站式办卡服务；场站志愿服务活动，在火车站南广场公交枢纽站举办《镇江人民革命斗争史》图片展，向乘客普及文明乘车、文明让座、绿色出行理念，免费发放镇江公交绿色出行服务卡和乘车指南；社区志愿服务活动，在宜城街道宜东铭苑小区，联合崇文社区开展"低碳生活，绿色出行"志愿宣传活动，解答居民的疑问，听取居民对公交发展的意见和建议。（市公交公司　朱之豪）

【长三角城市新能源大客车驾驶员技能大赛镇江选手获奖】 2022年11月15日—16日，在无锡市举行的2022年首届"中车杯"长三角（5＋10）城市新能源大客车驾驶员技能大赛暨中国职工技术协会城际职工职业技能大赛开赛，代表镇江市参赛的镇江公交选手庄巍和刘江江分别获大赛一等奖（第3名）和二等奖（第4名）。该次大赛有上海、江苏、浙江、安徽一市三省15个城市的16支代表队32名选手参赛，分为理论比赛与操作技能比赛。镇江市代表队还获大赛"道德风尚奖"。（市公交公司　朱之豪）

表60　2022年镇江市公交终止和优化线路情况表

停线（1条）	线路名称	停线时间	基本情况
	93路	2022年4月19日	美林湾公交站—科技新城东园公交站
优化线路（16条）	线路名称	优化时间	具体优化情况
	53路	2022年1月10日	由白龙山路—枣林路运行，撤销5对站点，新增白龙山路等5对站点
	68路	2022年1月10日	由白龙山路—枣林路、驸马街—长风路运行，起点站调整为大学城公交站，撤销12对站点，新增教慈路等17对站点
	42路	2022年5月30日	由长山渠路—润旺路—乔家门路运行，撤销2对站点，新增蒋乔工业园区等2对站点
	K10路	2022年8月11日	由清流路—清平路—禹山路—东吴路—梦溪路—中山东路运行，撤销12对站点，新增清流路西站等12对站点
	91路	2022年8月30日	由官塘桥路—宝平路—五凤口路—官山路—莱山路运行，撤销3对站点，新增官塘绿苑等3对站点
	65路	2022年9月8日	由富润路—龙门港路运行，起点站调整为龙门港区，撤销4对站点，新增水上警察支队等8对站点
	226路	2022年9月24日	由356省道—人民南路运行
	60路	2022年10月31日	新增镇江鸿欣（船员培训中心）1对站点
	82路	2022年10月31日	新增镇江鸿欣（船员培训中心）1对站点
	10路	2022年8月11日	桃花坞修路调整，由花山路—古城路—石马湾路—京口路—学府路—梦溪路运行
	32路	2022年8月11日	桃花坞修路调整，由花山路—古城路—石马湾路—京口路—学府路—梦溪路运行
	14路	2022年8月11日	桃花坞修路调整，由古城路—花山路—梦溪路运行
	23路	2022年8月11日	桃花坞修路调整，由京口路—学府路—梦溪路运行
	113路	2022年8月11日	桃花坞修路调整，由京口路—学府路—正东路运行
	123路	2022年8月11日	桃花坞修路调整，由花山路—梦溪路运行
	100路	2022年5月23日	高资匝道修路调整，往高资方向由长香路—戴家门路—346国道—香山大道运行

（市公交公司　朱之豪）

交通基础设施建设

【概况】 2022年，镇江市完成建设投资42亿元，编制完成《镇江交通运输现代化示范区建设方案》《茅山福道项目规划方案》，修编《镇江港总体规划》，研究推进港口岸线资源集约高效利用。南沿江城际铁路句容段进入铺轨施工，句容站综合交通枢纽主体工程基本建成。312国道宁镇段快速化改造工程路基、桥梁施工全面展开，265省道丹徒段镇荣公路三期全面建成，农村公路提档升级80千米，普通国省道养护大中修88千米。镇江港孟家港煤炭储运码头3个5万吨级泊位建成，全省首座长江LNG接收站和加注站项目加快推进，京杭运河镇江段绿色现代航运综合整治工程推进，完成年度投资4500万元。大路水上机场项目基本完工，飞行服务站通过验收。扬镇宁马城际铁路，丹金、仪禄高速，镇江东货场迁建等一批重大项目前期有进展。开展"心相通 · 畅于行 · 暖如春"服务企业年行动，帮助行业企业解决30余类困难诉求，协调金融机构落实交通物流专项再贷款2.15亿元，促成银行与"两企两个"签订2亿元银团贷款协议，为全市客货运输企业、出租车司机等争取补助资金3500

余万元，谏壁船闸优惠减免过闸费 1884 万元。

（市交通运输局　张　杨）

【丹阳至金坛高速公路初步设计获批】 2022 年 8 月 17 日，江苏省发改委批复阜宁至溧阳高速公路丹阳至金坛段（丹阳至金坛高速公路）初步设计。丹阳至金坛高速公路起自与沪蓉高速公路交叉处的丹阳新区枢纽，北接镇江至丹阳高速公路，向南经丹阳东、珥陵、金坛东、嘉泽，止于与沪武高速公路交叉处的金坛经开区枢纽，接常州至溧阳高速公路，线路全长 41.35 千米。丹阳段路线全长 28.627 千米，批复概算为 96.01 亿元。全线按照双向六车道技术标准进行建设，设计速度 120 千米/小时，路基宽度 34.5 米，建设工期 4 年。（市综合交通事业发展中心　陈嘉卉）

【五凤口高架路建设工程竣工验收】 2022 年 11 月 18 日，镇江市五凤口高架路建设工程通过竣工验收，等级优良。镇江市五凤口高架路建设工程全长 3.014 千米，总投资 23.45 亿元。路线起于南徐大道，采用明挖隧道形式下穿竹林路、规划康湾路，采用暗挖隧道形式穿越观音山，采用桥梁形式连续跨越官塘桥路、沪宁城际铁路、沪宁铁路、战备专用线、冷库专用线后与丁卯桥路相接。沿线设置观音山隧道、五凤口互通立交、丁卯桥路互通立交。工程按城市快速路标准建设，主线采用双向六车道标准，主线设计速度 80 千米/小时，辅道及匝道设计速度为 40 千米/小时。该项目作为城市交通建设的亮点工程，缓解南门天桥交叉口拥堵问题，缩短丁卯片区、官塘新城、南徐新城之间来往的车程时间，完善镇江市的路网结构。

（市综合交通事业发展中心　陈嘉卉）

【“智慧运河”项目建设】 2022 年 11 月 11 日，京杭运河绿色现代航运综合整治工程镇江段工程建设指挥部组织召开“智慧运河”航道外场感知设施项目初步验收会，同意该项目初步验收并进入试运行。验收通过后，该项目进入试运行。“智慧运河”项目是整个绿色现代航运综合整治工程的重要组成部分，项目建设内容主要包括全长约 42.6 千米的运河段感知设施建设。该次外场感知项目建成全景摄像机 6 套、球形摄像机 50 套、气象仪 1 套、能见度仪 3 套、交通量观测系统 3 套、流速流向仪 2 套、北斗系统 2 套及 AIS 基站 4 台、5G 站点 159 个，京杭运河镇江段在全省率先实现移动 5G 网络全覆盖。项目采用中国移动 5G 的 2.6G 频段和 700M 频段混合组网方式进行覆盖，单个基站在无遮挡情况下最远可覆盖 3 千米～5 千米范围，解决京杭运河网络覆盖难题，也是在全省港航信息化项目中首次创新使用 5G 的 700M 频段进行网络覆盖的应用案例。（市港航事业发展中心　朱训松）

交通管理

【交通安全管理】 2022 年，镇江市交通运输部门改革理顺“三管三必须”机制（管业务必须管安全、管行业必须管安全、管生产经营必须管安全），明确安全条口统筹抓总、业务处室具体管、执法部门一线查职责，构建“条线 + 区块”监管体系；开展“百团进百万企业千万员工”安全宣讲 27 场次、覆盖企业 234 家，组织危货装载、托运从业人员 1430 余人参加源头管控培训；推进“三年大灶”“百日攻坚”等专项行动，排查治理各类问题隐患 1700 余条，实施行政处罚 1600 余起，全年无较大以上安全生产责任事故，事故起数和死亡人数实现双下降。实施农村公路生命安防工程 853 千米、普通国省道精细化提升工程 105 千米，打造科技兴安样板路 14 千米；完成全市 92 座船舶碰撞桥梁隐患治理，市交通运输局牵头为全市 4326 座桥梁建立“身份档案”；京口雩龙路、左湖道口“平改立”工程完成；布设“智能感知”设施设备 50 余套，实施非现场执法 9000 余次，案件取证比例提高近 13%；研究编制《镇江市交通运输应急预案体系》，开展公路、港口、水上交通等行业领域应急演练 20 余次。查处超限超载货车 2541 辆（“百吨王”56 辆）、非法网约车 269 起、大客车 28 起；指导宝华物流建成全省首家道路危险货物运输实操培训基地；成立首届 89 人交通运输安全专家库；润州建成试用铁路沿线智能可视化综合管理系统；全省首创“AR + 电子巡航”水上安全监管全覆盖；市交通运输局、公安局、海事局建立安全共管共治新机制，出台华东地区首个《铁路沿线安全环境治理“双段长”制地方段长考核管理办法》，编制印发《镇江市港口经营积分制管理办法》等。

（市交通运输局　张　杨）

【管理创新】 2022 年，镇江市交通运输部门围绕议事决策、合同管理、政府采购及工程建设招标等重点领域，出台规范制度 10 余项，强化依法行政；多轮研究推进三中心一支队职能、机制优化调整，探索推动“一体化 + 智慧执法 + 信用监管”综合执法建设；成立镇江高新区交通执法大队，试点派驻执法新模式，镇江新区启动公安、交通联勤联动综合执法站点建设。关停取缔码头 6 家、处罚码头 31 家、整治环境问题 271 项。组建数字专班，加快推动数字化赋能，京杭运河镇江段建成全省首个 5G 全覆盖“智慧运河”，推广应用内河船舶手机导航系统；市（区）7 个路网中心初步实现“一张网”安全监测、服务出行，无人摊铺机、无人机巡查等技术投入公路养护管理；综合执法智慧指挥调度平台、视频监控汇聚平台、数据资源池投入使用。推行“信用承诺审批替代”，明确代替事项19项、代替材料64个；实施船舶检验“信易检”，依据信用评价对镇江籍小吨位国内航行船舶免年检；全省首创“承诺即修复”机制，累计为300余家企业失信修复。

（市交通运输局　张　杨）

【客运管理】　2022年，镇江市新增57条定制客运线路，新增74辆定制客运车辆，其中，调整69辆客车为定制客运车辆，新购5辆中型客车投放至镇江扬州定制线路。通过增设配载站点、线路整合等方式，对镇江至扬州、大丰、泰州等5条线路进行优化调整。鼓励客运车辆中小型化发展，在镇江至扬州、江都、仪征线路投入8辆中小型客车，满足客运市场个性化需求。对汽车客运站进行升级改造，成立润州全域旅游集散中心，增设旅游接待、咨询、地接服务、直通车的售票及发班、旅游产品发布等功能，开通镇江至周庄、大运河博物馆等6条旅游运游结合线路。加强旅游包车客运安全管理，全年旅游包车安全例检3378辆次。制定出台《镇江市城市公共交通服务质量提升行动实施方案及工作计划》《镇江市公交服务质量提升年活动方案》。新辟、优化城市、城乡公交线路44条，改造适老化公交站台10对，购置新能源公交车40辆，其中20辆为低地板或低入口公交车。丹阳、扬中创成江苏省首批城乡公交一体化达标县。

（市交通运输局　鲍金萍）

【货运管理】　2022年，镇江市运输结构调整有突破，中长远距离货物运输从公路运输转向铁路、水路，全年集装箱联运量4.2万标准箱，比上年上涨超40%。兴港物流“基于供应链管理的公铁联运项目”通过省交通运输厅第四批多式联运示范工程验收，丹阳诺得物流“光伏专列”实现海铁联运隔日班列，货运量增长超150%。新增培育1家网络货运企业，网络货运平台整合车辆数超过35万辆，截至12月底，完成在线货运交易运单13.29万单、运量380万吨，产生交易额9亿元以上。完成多式联运量合计438.5万吨。其中，兴港物流公铁联运示范工程联运量7万吨，建华物流联运量420万吨，慧龙港联运量0.5万吨，诺得物流联运量11万吨。　（市交通运输局　王　驰）

【航道管理】　2022年，镇江市保障通航安全，市港航系统联合相关部门开展桥梁防碰撞专项治理，整治桥梁92座、隐患274个，投入整治资金1.17亿元，完成3年整治目标。开展安全生产百日攻坚行动，排查安全隐患43处，全部整改到位。增强运调水平，及时应对长江汛期反枯现象，协助解决龙江钢铁、孟家港等企业运输困难，保障电煤、粮油等重点物资411万吨。优化线上服务，水上ETC使用率99%以上，公共支付平台缴费的金额占总额的91%以上。

（市港航事业发展中心　姚晶晶）

【内河管理】　2022年，镇江市交通执法部门在对400总吨以上内河船舶实施燃油快速抽检、固(危)废检测、生活污水处理装置铅封管理的同时，引入环保示踪剂辅助执法检查，以科技监管手段应对船舶污染，展现船舶违法直排的事实并将违法证据有效固化，减少执法争议。在全省首创“增强现实+电子巡航”监管模式，通过后台实时监测，在船舶驶入辖区的第一时间就能自动判断船舶是否存在违法违章行为，提升水上突发事件快速响应、处置能力，强化内河水上执法。推行小型船舶“免检”新政，符合条件的船舶只需要通过海事协同平台提出申请，即可直接签发安全与环保证书，新政惠及450总吨以下船舶110余条。

（市交通运输综合行政执法支队　朱　彤）

【驾驶员培训管理】　2022年，镇江市有驾校50家，其中，市直25家、丹阳10家、句容12家、扬中3家。2021年6月，驾培经营由许可改为备案，市交通运输局协同市交通执法支队规范备案流程、明确备案材料，截至2022年年底，机动车驾驶员培训经营备案改革落地，全市受理到期换证备案8家。各驾培企业为41000余名学员提供驾驶培训服务。　（市交通运输局　王　蕾）

【汽修和驾培行业管理】　2022年，镇江市推进多项“放管服”改革工作，开展道路运输驾驶员高频服务事项“跨省通办”。取消机动车综合性能检测经营许可，推进道路运输车辆检验、检测放管结合。推动机动车驾驶员培训经营备案改革落地，推进货运从业资格考试改革，全年全市开设普货运输驾驶员从业资格培训班37期，700余人获从业资格。升级驾培智能化车载计时终端系统，开启人脸识别驾培学时监管。培养驾培技能人才，举办2022年镇江市机动车驾驶教练员职业技能竞赛。　（市交通运输局　王　蕾）

【2022年度长三角区域道路运输联合执法第二次集中整治行动】　2022年11月25日，南京都市圈毗邻7市2022年度长三角区域道路运输联合执法第二次集中整治行动开始，镇江市交通执法支队、扬州交通执法大队、宁沪高速公路执法支队第二大队、宁通支队第五大队、交警高速一大队、交警高速二大队、扬州交警支队五大队在沪蓉高速镇江出入口、扬溧高速镇江南出入口、扬溧高速镇江西出入口和462省道镇扬市界超限超载联合执法点等4处联合执法点，查处普货车辆未经年审等违法行为7起。

（市交通运输综合行政执法支队　朱　彤）

综　述

【城市生态环境建设】　2022 年，镇江市开展中央环保督察反馈问题整改工作，谏壁污水处理厂二期扩建工程开工建设，推进新一轮黑臭水体专项治理行动，全市排查出的 10 条黑臭水体全部按照“一河一策”要求完成整治。推进污水处理提质增效，建设 18 个达标区，新建污水管网 37 千米，开展污水管网移交工作。实行扬尘管控红黑榜制度，加大处罚力度，强化建筑工地扬尘全流程监管联动，推动建筑工地扬尘管控全天候、全覆盖。市住建局被省生态环境厅、省人社厅评为 2022 年度全省打好污染防治攻坚战先进集体。

（市住建局　蒋昊持）

【城市建设安全隐患治理工作】　2022 年，镇江市推进既有建筑隐患排查整治，全市排查自建房 730775 栋，其中，排查经营性自建房 32454 栋；完成隐患建筑评估，鉴定 1400 栋，整治 581 栋。推进危房解危，完成城镇危房解危 3.4 万平方米，城镇 D 级危房实现“住人清零”和专门封存管理。完成农村住房改善 1091 户。开展第一次全国自然灾害综合风险普查，对全市 138.3 万栋、4.2 亿平方米的房屋开展“体检”，收集房屋安全“档案”。开展建筑施工隐患排查整治，发现安全隐患 12760 条，全部整改完成。开展建筑施工预防高处坠落专项整治、建筑工地消防和夹芯材料彩钢板建筑安全专项整治以及“百日攻坚”等行动，拆除不符合规范要求或违法建设的临时板房建筑面积 3008 平方米，整治安全隐患 934 条。市住建局、市安委办联合印发《关于进一步加强房建市政类小型建设工程安全生产监管工作的通知》，消除安全监管盲区。开展城镇燃气隐患排查整治，开展燃气经营安全风险和隐患治理，发现隐患问题 2868 个，整改完成率 100%，取缔非法“黑气点”22 个。强化燃气使用安全风险整治，完成瓶装液化气信息系统录入 10 万余户。开展老旧管网安全风险和重大隐患整治，全市改造市政供气管道 7.4 千米、庭院供气管道 51 千米，完成燃气立管改造 114 千米，14 处违章占压整改任务全面完成。开展地下管网隐患排查整治，消除地下管网一般性隐患 9920 处，普查市区路段 343 条，完成供水管线巡查超过 13 万千米，更换缺损井盖 577 处。强化地震防御监测体系建设，完善地震烈度速报与预警系统，建立覆盖全市的基础台网，常态化开展全市监测仪安全巡检工作。

（市住建局　蒋昊持）

【城市建设服务品牌建设】　2022 年，镇江市住房和城乡建设部门围绕镇江市“镇合意”服务品牌建设，牵头推进 12 项重点任务，对省、市重点项目实行点对点直接帮办，助推项目早落地、早开工、早投产。全面落实省、市纾困解难帮扶文件，出台住建领域稳中求进、助企纾困“六大专题”28 项举措。创新审批服务新模式，深化运用数字化多图联审系统，推广产业类及重点工程建设项目“云服务”制度，为重大产业项目、低风险项目开辟“绿色通道”，推行“承诺制 + 容缺后补”质监手续办理工作机制。推进“深化数字化联合审图”“完善网上中介超市”“推广联合测绘”3 项改革试点任务。牵头编制的《江苏省施工图设计文件数字化审查标准》于 2022 年 3 月 1 日起在全省施行，将“镇江标准”打造成为“江苏标准”，并成为全国唯一正式发布的审查标准。市住建局被评为镇江市 2022 年度优化营商环境“甘露奖”，同时，“多快好‘审’，‘住’您满意”服务品牌被评为 2022 年度全市“十佳”服务品牌，相关工作举措获住房和城乡建设部、省住建厅的宣传推广和市委主要领导的批示。市住建局以党建激活"红色物业"新动能为主题,创成第二批党建引领物业管理服务工作省级示范点9个,命名市级示范点35个。推进"先锋住建·惠通万家"行动,组建20余支党员专业志愿服务队和党建联盟志愿服务队,受益群众超过2.3万人。2022年,市住建局先后获评全省"七五"普法工作先进单位、人民满意窗口质量提升工程市级示范单位等。（市住建局　蒋旻持）

城市规划

【国土空间总规划】　2022年,镇江市推进国土空间总体规划"三区三线"划定工作,总规成果通过镇江市政府常务会、镇江市人大常委会审议,经镇江市委常委会研究同意,上报江苏省政府审批。镇江市自然资源和规划局指导各地开展预支空间指标上图方案获江苏省自然资源厅审批,预支上图建设用地空间6750亩(450公顷),保障274个项目用地需求。丹阳市、扬中市、句容市、丹徒区、润州区(含镇江高新区)和镇江新区的上图方案经省自然资源厅审批。

（市自规局　巫少群　傅　琰）

【专项规划】　2022年,镇江市推进多领域专项规划编制,《大运河镇江段核心监控区国土空间管控细则》获省政府批准;制发《关于在城乡建设中加强历史文化保护传承的实施意见》,完成25个政府性专项资金规划编制项目;完成首批26个开发园区整合,划定保留园区四至范围,制发实施意见,加强园区空间分类管控,提升土地利用效益。推进全市2个自然保护区、11个自然公园整合优化。

（市自规局　巫少群　傅　琰）

【建设项目用地审批】　2022年,镇江市出台既有建筑改变使用功能规划建设联合审查办法、建设工程规划许可证豁免项目清单、施工图规划建设联合审查等规定,提高规划审批效率,解决历史遗留问题,完善城市烂尾、闲置规划建设项目。全市核发建设工程规划许可项目622个、总建筑面积678万平方米,核发规划核实项目551个、总建筑面积1105万平方米;镇江市自然资源和规划局核发基础设施类项目预审和规划选址意见书11本,对拟上市10宗地进行上市前规划选址核查,对不涉及新增建设用地出具规划审查意见23份;完善控规编制体系,开展控规重大调整1次、动态维护19次,涉及基本控制单元11个。

（市自规局　巫少群　傅　琰）

城市更新

【概况】　2022年,镇江市推进城市更新,编制《镇江市城市更新行动计划(2022—2025)》,镇江市工人文化宫修缮提升工程申报成功2022年度全省历史文化保护传承实施项目。全市改造老旧小区74个、面积95万平方米,其中市区改造17个、面积56万平方米;创成4个省级宜居示范居住区,加装电梯35台,建成6处"乐享园林"活力空间。

（市住建局　蒋旻持）

【桃花坞路道路大修工程】　桃花坞路位于老城核心区,始建于1985年,现车行道为沥青混凝土路面,建成时间较早,路面破损严重。2022年9月—12月,桃花坞路道路大修工程,西起梦溪路,东至小米山路,全长1500米,规划红线宽24米,其中车行道宽10米~12米,为城市次干路。该次大修主要对行车道、人行道和慢车道进行整体出新,局部地段实施污水改造、更换自来水管道,对人行道及宽敞地带实施海绵设施改造。同时,将4对公交站台设置为港湾式公交站台,并实施植物梳理、休憩桌凳设置、市政设施美化等工程。（市住建局　王　穗）

【"乐享园林"活力空间建设】　2022年,镇江市推进"乐享园林"活力空间建设,分6个项目,其中"口袋公园"4个,分别为镇江市京旺路与苗家湾路交叉口口袋公园、丹阳市姜家园路与水关路交叉口节点口袋公园、简渎河一期口袋公园、丹句路与241省道交叉口口袋公园;新建社区公园1个,为句容里巷口街心公园;提升改造城市公园绿地1个,为镇江市滨江风光带提升改造工程,6个项目均于10月底前完工。"乐享园林"活力空间项目在建设中呈现三个特点:注重部门联动,通过"公园+体育"打造群众身边的健身空间。在镇江市京旺路与苗家湾路交叉口口袋公园、滨江风光带提升改造、句容里巷口街心公园等项目建设中,市住建、体育等部门联动,在公园中增加篮球场、网球场、健身器材、健身路径、儿童游乐等活动设施,吸引居民活动。重视便民性,方便群众出门见园。6处"乐享园林"活力空间项目选址均位于居住区附近,具有较好的可达性。利用城市的边角地、零星地。京旺路、苗家湾路路口口袋公园前身为开发剩余地块,多年失管沦为菜地,影响居民生活环境,项目完工后,有效改善城市形象。

（市住建局　杨秋玉）

城市建设重点工程

【概况】 2022年,镇江市实施城建项目168个,完成投资85.6亿元。市区实施城建项目118个,完成投资49.7亿元,其中,实施续建项目21个,完成年度投资26.5亿元;实施新建项目97个,完成年度投资23.2亿元,全年竣工项目37个。346国道城区段城市化改造工程主体竣工,桃花坞路改造项目、新马路拓宽工程建成通车,三摆渡泵站升级改造工程完成,谏壁污水处理厂二期扩建工程开工建设。推进新一轮黑臭水体专项治理行动,建设18个达标区,新建污水管网37千米,完成管网"四位一体"检测978千米,市政污水管网缺陷修复3986处。全市改造市政供气管道7.415千米、庭院供气管道50.61千米,完成燃气立管改造114.13千米。市区改造老旧小区17个、面积56万平方米;创成桃园一期、庙巷等4个省级宜居示范居住区,加装电梯44台。建成简渎河一期口袋公园等6处"乐享园林"活力空间,实施滨江路、江洲路、京旺路等道路绿化提升改造工程。

（市住建局　沈执中）

【346国道城区段城市化改造工程】 2021年12月,346国道城区段城市化改造工程开工。该工程起点始于240省道(原沪蓉高速支线)匝道入口处,顺接既有道路,终点位于乔家门跨线桥东侧,全长7.5千米,规划红线宽50米。原状346国道路宽30米,其中,中分带9米,两侧车行道宽10.5米,为双向四车道加硬路肩形式。该项目改造保留现状9米中分带,按双向六车道、设计速度80千米/小时标准对主路进行拓宽,并增设侧分带、慢车道和人行道,以满足城市发展需要。项目主要建设内容包括道路工程、桥涵工程[拆建桥梁1座、新(改)建过街箱涵5座]、市政管网工程、路灯工程、绿化景观工程、交安工程和公交站棚等设施。

（市住建局　王　穗）

表61　2022年镇江市区城建重点竣工项目情况表

序号	项目名称	新建、续建	主要建设内容及规模	建设周期	2022年完成投资(万元)
一、市住建局					
1	2022年新(改)建供水管网建设	新建	2022年,新(改)建供水管网建设12千米	2022年1月—2022年12月	1200
2	三摆渡泵站升级改造工程	续建	拆除三摆渡泵站原有设备及泵房、出水池,加固进水口;浇筑混凝土出水池,增加引水通道,重建泵站、值班房、围墙以及翼墙与河道护砌;安装2台潜水轴流泵及井筒,安装格栅2台、铸铁闸门2台(套),安装电气控制柜6台,自控装置1台套,新增运粮河换水通道	2021年11月—2022年5月	485
3	市区燃气设施建设项目	新建	市区老旧供气管网改造,2022年对20千米老旧管网零散区域实施改造	2022年3月—2022年12月	1100
4	2022年街巷改造、积水区整治	新建	对市区进行8000平方米道路改造以及市区15处积水点整治等工程	2022年4月—2022年12月	1500
5	2022年市直管公房修缮工程项目	新建	2022年计划修缮市直管公房65处,建筑面积为6573平方米	2022年5月—2022年12月	650
6	2022年道路绿化提升改造工程	新建	滨江风光带(江滨路—焦山老大门,含滨水路、江州路),京旺路(苗家湾路—老山路,含京旺路、苗家湾路交叉口口袋公园)等处绿化与景观提升	2022年9月—2022年12月	536
7	市区应急避难场所建设	新建	市区应急避难场所建设,南山西入口、金山湖广场、市民公园3处避难场所,建设应急水、电,厕所,监控等	2022年3月—2022年9月	1000
8	桃花坞路道路大修工程	新建	桃花坞路道路大修工程,该项目为次干路,梦溪路—小米山路,长约1500米,路宽24米,出新道路结构层及路面,提升道路行车舒适度,不含地下管网改造	2022年9月—2022年12月	1800
二、市城管局					
9	镇江市大件垃圾拆解中心	续建	设计处理规模30吨/天,主要建设内容包括大件拆解车间和其他附属设施	2021年12月—2022年8月	1298
10	2022年镇江市区夜景亮化工程	新建	接续建设官塘片区,亮化镇江市南出入口夜景。对官塘桥路东侧官塘绿苑群楼楼顶轮廓部分进行夜景亮化建设,与2021年实施的五凤口高架亮化形成整体	2022年1月—2022年12月	200
三、市教育局					
11	镇江第一中学新建报告厅	续建	占地约2900平方米,总建筑面积约4000平方米,主体一层,局部三层,主体屋面采用网架结构,其他部位采用钢筋混凝土平屋面,主体高度15.6米。观众厅及主席台建筑面积约1700平方米	2021年1月—2022年12月	2567

续表 61

序号	项目名称	新建、续建	主要建设内容及规模	建设周期	2022 年完成投资（万元）
12	镇江市高等专科学校丹阳校区塑胶跑道维修工程	新建	镇江市高等专科学校丹阳校区塑胶跑道维修工程，主要将学校操场塑胶跑道面层进行维修更换，维修面积 7700 平方米	2021 年 1 月—2022 年 12 月	148
四、市文广旅局					
13	省立图书馆维修改造工程	新建	原江苏省立镇江图书馆位于市解放路 17 号镇江市图书馆院内，占地 634 平方米，总建筑面积 1200 平方米。维修改造工程主要有四个方面：一是电力增容和线路改造；二是网络综合布线和安全监控；三是完善消防水系统和电系统；四是窗户、窗框的维护保养和内部铝合金窗的定制安装	2021 年 1 月—2022 年 12 月	100
五、市自规局					
14	润州区南山八公洞 70 号房产西北侧滑坡地质灾害治理工程	新建	清除倒塌树木、滑塌土体和破损挡墙；边坡整理、拆除原有砌石挡墙；重砌混凝土挡墙、格构锚固施工、修建排水沟；周边绿化。总治理长度约 65 米，治理资金约 100 万元	2022 年 1 月—2022 年 12 月	100
六、市水利局					
15	长江镇扬河段孟家港下段 2021 年度应急护岸工程	新建	工程主要对孟家港下段西 4～高 8 段进行护岸。工程护岸长度 1884 米，散抛块石 16.92 万立方米	2022 年 2 月—2022 年 12 月	3898
16	镇江市水情教育基地建设项目	新建	项目计划在镇江市防汛物资储运站现有建筑内三楼局部实施水情教育基地项目，主要涉及拆除工程、布展工程、设备购置及安装工程等。装修总面积 405 平方米，其中展馆 290 平方米、走道 88 平方米、休息平台 27 平方米。主要功能分区包含前言区、镇江水利基本情况介绍区、水系变化介绍区、设施变化介绍区、场馆变化介绍区、管理变化介绍区及未来展望区等	2022 年 10 月—2022 年 12 月	152
七、镇江港务集团有限公司					
17	大港港区 2～5 号泊位码头护坡整治技术改造项目	新建	港区 2～5 号泊位生态护岸修复，长度约 700 米	2022 年 1 月—2022 年 12 月	200
18	生态环境治理提升技术改造项目	新建	堆场面层硬化、道路黑化，绿化，排水改造，新建雨污水收集池；新建危废暂存间；配套生产辅助设施及抑尘设备	2022 年 1 月—2022 年 12 月	7360
19	大港港区 6～9 号泊位码头护坡整治技术改造项目	新建	港区 6～9 号泊位生态护岸建设，长度约 800 米	2022 年 1 月—2022 年 12 月	200
八、京口区政府					
20	新民洲大道延伸段	续建	建设长度为 1.04 千米、宽 24.5 米的一级公路（双向四车道）	2021 年 1 月—2022 年 12 月	1800
21	2022 年京口区老旧小区改造工程	新建	2022 年京口区老旧小区改造累计 9 个片区，为大八叉巷片区，尚友新村片区，梳儿巷寿邱街片区，气象里片区，贺家弄片区，酒海街片区，医政路南片区，东吴路 78 号、80 号，江滨一期。涉及楼栋 186 栋，户数 4972 户，人口 11053 人，建筑面积为 37.32 万平方米。改造内容主要为建筑整治、市政配套、景观提升等	2022 年 5 月—2022 年 12 月	24000
22	谏壁固定避难场所	新建	谏壁固定避难场所，建设应急给水、排水、监控、广播、交通、电力、标识、物资等	2022 年 3 月—2022 年 12 月	300
九、润州区政府					
23	2022 年润州区老旧小区改造工程	新建	2022 年润州区老旧小区改造工程范围为 6 个老旧片区，包括运河路 105 号，江南新村一期，金山新村 13 幢、15 幢，新河路 210 号，丁卯桥路片区，风车山路 26 号教工宿舍，共 48 幢 10 万平方米。主要实施内容为：改善交通；完善其他市政工程；完善建筑功能；新建"城市家具"，绿化美化游园、广场、宅前景观；整体规划店招牌，提升整体店面形象；拆除违建等	2022 年 6 月—2022 年 12 月	9500
24	润商小学应急避难场所	新建	润商小学应急避难场所，建设应急厕所、抗震井、道路修整、电气设备、给排水工程等	2022 年 6 月—2022 年 12 月	300
25	征润洲水源地生态修复工程	新建	植被修复工程，面积 37 亩（2.47 公顷），累计 25050 平方米	2021 年 12 月—2022 年 6 月	180

续表 61

序号	项目名称	新建、续建	主要建设内容及规模	建设周期	2022 年完成投资(万元)
26	生态环境治理及水利基础设施能力提升工程	新建	四明河生态环境修复提升:河道两侧岸坡绿化,护栏及取水口建设,周边环境修复。官塘桥村土壤生态环境治理:垃圾堆放点清理及市交通集团收储地块环境治理(垃圾清理、恢复绿化)等。秀山村东风河 E 段生态环境治理:岸坡清理,绿化补植、修建便道长度约 250 米。韦岗街道东家庄塘坝改造:清障清杂,大坝加高培厚,草皮护坡,原涵洞拆除重建,新建溢洪道,新建坝顶道路等	2022 年 1 月—2022 年 12 月	164
十、丹徒区政府					
27	院感防控能力提升工程	新建	在丹徒区人民医院西侧空地新建发热门诊,面积约 1530 平方米,主要包括分诊台、挂号收费、患者候诊区、检查检验、治疗室、CT 机房、发热门诊、肠道门诊、输液室、治疗处置室、留观病房、样本采样室、医疗废物暂存间、远程会诊室等	2022 年 1 月—2022 年 3 月	1200
28	镇江市级特色田园乡村建设	新建	按照特色田园乡村建设标准,优先投入和打造具有特色资源保留的村庄。重点提升基础设施、公共服务设施、节点景观和特色产业发展。计划创建 2 个镇江市级特色田园乡村	2022 年 3 月—2022 年 12 月	800
29	美丽宜居村庄建设	新建	围绕江苏省高质量考核发展指标,将农村环境整治与特色产业、乡村旅游等有机结合起来。计划打造 16 个美丽宜居村庄	2022 年 3 月—2022 年 12 月	800
30	学校幼儿园维修改造项目	新建	拟对全区 7 所学校进行安全隐患消除改造,对 6 所学校阳光体育设施进行提升,对 7 所学校校园文化内部环境进行改造提升	2022 年 3 月—2022 年 8 月	1000
十一、镇江新区管委会					
31	生物医药集聚区路网完善项目	续建	生物医药集聚区路网完善项目,新建百里三路(青龙山路—凯莱英预留地)长约 850 米、宽 18 米;百里一路(百里三路—金港大道)长约 400 米、宽 18 米。含道路、管网、路灯、绿化等	2021 年 12 月—2022 年 12 月	7800
32	新竹河出江口闸站建设工程	续建	新建新竹河出江口处闸站一座,水闸净宽 10 米,配套 2 台套引排双向水泵,单泵流量 2 立方米/秒	2021 年 12 月—2022 年 12 月	2000
33	建成区劣 V 类水体整治工程	续建	对排查出的建成区劣 V 类水体进行整治以及丁卯团结河塌方段修复,涉及丁卯团结河、张许河、大港河等 8 条河道	2021 年 10 月—2022 年 6 月	1500
34	2022 年镇江新区老旧小区改造工程	新建	对新区丁卯街道谷阳新村三区、大港街道港中新村二区老旧小区进行综合改造,改造内容主要包括室外工程、建筑物出新工程、雨污水改造工程等,改造建筑面积约 8.7 万平方米	2022 年 8 月—2022 年 12 月	3900
十二、镇江高新区管委会					
35	春晓路	续建	春晓路,道路西至彭公山路,东至陈家门路,全长约 640 米,宽 12 米,双向 2 车道	2021 年 1 月—2022 年 6 月	800
36	龙门港路改造	新建	龙门港路改造,修复道路全长约 2.7 千米,宽 24 米,同时对雨水、污水管网等进行完善	2021 年 1 月—2022 年 12 月	2000
37	镇江市城镇污水处理提质增效精准攻坚"333"行动项目	续建	实施启动区管网混接调查与设计;开展市政道路管网 CCTV 检测、改造、修复;实施居住小区雨污分流改造;推进企事业单位雨污分流改造;实施沿街商铺分流改造,新敷设管网约 1 千米;完善市政管网空白点,在富润路南段、东大圩路等处新建管网约 1 千米;实施河道排口整治;其他	2021 年 1 月—2022 年 12 月	2700

(市住建局　沈执中)

市政公用事业

【城市绿化】 2022 年,镇江市以生态园林城市建设为目标,围绕《2022 年全省城市园林绿化工作要点》,推进城市园林绿化各项工作。推进"乐享园林"活力空间建设,改善城市形象,为居民增加新的活动空间。推进林荫路系统建设,实施江州路、京旺路等道路绿化提升改造工程。补栽、更新行道树 185 株,补植灌木地被 4408 平方米;新增园路及铺装 973 平方米;结合改造对江州路人行道进行拓宽,解决该路人行道狭窄通行不便的问题。加强道路绿化缺损补植工作,对南徐大道、檀山路、京江路、长江路等多条路段分批补植行道树 1100 余株、景观树 207 株,色块和地被近 4 万平方米,提升道路绿化景观。推进城市绿道建设,丹阳市结合丹金溧漕河防汛应急步道建设新增绿道

2.1千米，完善丹金溧漕河的防汛功能，提升大运河、丹金溧漕河沿线的景观效果，为周边桃源里、欧洲城、龙蟠里、九龙苑等小区居民提供散步休闲、运动场所。加强节日氛围营造，春节和国庆等重要节日在梦溪广场、中山桥，丹阳小东门广场、市民广场、万善公园等城市重要节点进行绿雕及花卉布置，采用40余种绿植和草花打造特色节点景观，增添节日氛围。

（市住建局　杨秋玉）

【污水处理】　2022年，镇江市住建局印发《镇江市2022年城镇污水处理提质增效精准攻坚“333”行动工作任务》，牵头出台《镇江市城镇污水处理提质增效达标区评估验收办法（试行）》《关于加强居民小区、公共建筑和单位内部排水设施维护管养工作的通知》等污水提质增效配套制度。每周调度各地达标区建设进展，对进展滞后的市（区）下达预警函4份、提示函3份、交办函2份，推进18个达标区建设工作。督促各地做好达标区建设成果进行“回头看”工作，完成2021年度省污水处理提质增效考核任务。推进长江经济带“4+1”工程，丹阳导墅污水处理厂扩建项目开工；扬中新坝污水厂扩建项目替换为兴隆污水厂尾水缓冲区项目，项目进度达序时目标，年度建设污水管网37千米。（市给排水管理处　徐冰玉）

【自来水】　2022年，镇江市自来水有限责任公司实现售水量1.33亿立方米，最高日供水量46.19万立方米，服务用户67.9万户；自来水水质综合合格率、管网水余氯合格率、管网水大肠菌群合格率、管网水浊度合格率和管网水压力合格率均为100%，综合管损率8.9%。新建和改造“DN75”以上城乡供水管网15.9千米。2022年，公司及其所属部门先后获评省、市文明单位，一星级全国青年文明号，江苏省放心消费创建先进单位，江苏省住房和城乡建设系统“安康杯”竞赛优胜单位、优胜班组等。

（自来水公司　郭　皓）

【天然气】　2022年，镇江华润燃气有限公司实施工程585个，建成各类市政燃气管线32千米。完成世业洲LNG站，312、346国道新建改迁，东至香隅LNG储配站、建科产业园等重点工程项目，保障周边用户安全用气。完善乡镇管网建设，落实燃气设施配套，其中，黄墟镇外管配套项目获评2022年度江苏省住房和城乡建设系统城乡运行保障劳动竞赛先进集体。在安全强本方面，推进老旧管网更新改造工作。2022年，改造老旧管网33.576千米，改造老旧小区12681户。全年实现燃气销量5.72亿立方米，居民用户数2.87万户，工商用户418户。（华润燃气　裴文瑾）

【供电】　2022年，镇江市城乡居民生活用电40.92亿千瓦时，比上年增长17.18%，其中，市区用电16.57亿千瓦时（增长15.99%），丹阳市用电11.58亿千瓦时（增长18.63%），句容市用电8.61亿千瓦时（增长18.86%），扬中市用电4.15亿千瓦时（增长14.64%）。全市有城市居民用户103.3662万户，其中，市区64.2275万户，丹阳市17.7826万户，句容市15.8835万户，扬中市5.4726万户。全市有农村居民用户89.0277万户，其中，市区18.5673万户，丹阳市28.4017万户，句容市32.869万户，扬中市9.1897万户。

（供电公司　孟学阳）

城市水利

【概况】　2022年，镇江市水利系统推进“美丽镇江 幸福河湖”建设，争取市以上水利发展资金约3亿元，实现水利建设投资约12亿元，保障各类建设任务。长江镇扬河段孟家港下段应急护岸工程、丹阳市太平港闸站拆除重建工程等重点水利工程完工；扬中市六圩港闸站移址新建工程完成主体工程建设；推进丹阳市九曲河备用水源地达标建设。全年下拨维修养护资金及水库移民项目资金超1.3亿元，争取中央抗旱专项资金3400万元，保障工程安全运行，夯实乡村振兴水利基础。出台《镇江市节约用水条例》，开展《镇江市河道管理办法》立法调研，完善水法规体系。镇江市润州区和京口区创成国家级县域节水型社会，全市打造各类节水载体56个，江苏大学入选节水型高校典型案例，窦庄服务区和仙人山服务区创成节水型高速公路服务区，实现镇江市节水型高速公路服务区零的突破。开发智慧水利平台电脑、手机操作系统，完成市直主要闸站自动化改造；市工程勘测设计研究院通过省级高新技术企业认证。简化小微涉水建设项目审批流程，压缩审批时限近90%；落实“苏政22条”及缓缴行政事业性收费等政策，累计减免或缓缴各类费用约1300万元。深化安全生产三年专项整治，治理各类隐患1329个，提升本质安全水平。完成《镇江水利志》编撰，市水利局获评全国水土保持工作先进集体以及获“水韵江苏—节水少年行”优秀组织奖。

（市水利局　徐鹏飞）

【城市水利标准化建设】　2022年，镇江市水利系统推进标准化建设，完成34个省规范化、精细化管理工程评价，推进扬中二墩港饮用水源地标准化建设；推进句容市北山水库建设国家级水管单位，丹徒区创建全国深化小型水库管理体制改革样板县等工作。扬中市思议港闸站工程被评为市“金山杯”优质工程，谏壁节制闸拆除重建工程被评为省优质工程。

（市水利局　徐鹏飞）

【城市水利问题整改】　2022 年，镇江市水利系统各地以第二轮中央生态环境保护督察问题整改为突破口，全面排查长江干流岸线利用项目 468 个，下达举一反三整治项目 270 个，建立联合会商、月度调度、挂钩指导等工作制度，推动问题整改。19 个典型案例拆除 17 个，完成举一反三拆除类项目 129 个，拆除违章面积约 22 万平方米。对长江禁采、疏浚砂综合利用等重点领域开展专项执法。（市水利局　徐鹏飞）

城市管理

【城市道路管理】　2022 年，镇江市强化城市道路管理建设水平，上线运行镇江市城市桥梁及地下道路信息化管理平台。该平台集桥梁及地下通道日常巡查、结构分析评估、计算机及网络、现代传感技术、监测技术、视频监控、超阈值预警、无线传感功能于一体，以统一的城市桥梁及地下道路 GIS 数据库为基础，结合镇江市管养工作模式、特点和经验，融合《城市桥梁养护技术标准（CJ99－2017）》而设计的动态养护监管平台，包括平台端和移动端，满足“统一领导、分级管理、协同工作”的管理机制，同时可以延伸到省级全面统筹管理。建立“水电气路”党建联盟，解决排水、供电、燃气、市政设施 4 家单位各自为政、重复破路问题。

（市城管局　李玮琳）

【垃圾收运处置】　2022 年，镇江市加强生活垃圾收运处置能力建设，制定《镇江市生活垃圾分类和治理“十四五”规划》《镇江市生活垃圾分类管理办法》《镇江市城乡生活垃圾分类与治理工作实施方案（2021—2025）》，全市 1079 个小区基本实现垃圾分类投放设施全覆盖，公共机构垃圾分类投放设施全覆盖。生活垃圾焚烧发电厂设计处理能力 3150 吨/日，生活垃圾全量焚烧、日产日清。扩大餐厨废弃物收运处置范围，全市餐厨废弃物处理能力 530 吨/日。完成镇江市大件垃圾拆解中心建设。全面建立“户投放、组保洁、村收集、镇转运、县处理”的农村生活垃圾收运处置体系，健全农村环卫保洁市场化机制，形成城乡环卫一体化的工作格局，农村生活垃圾无害化处理率 100%。探索推进农村生活垃圾分类体系建设，在 35 个乡镇开展垃圾分类设施覆盖工作，覆盖率 85% 以上，建成垃圾分类示范乡镇 19 个、省级示范乡镇 7 个。（市城管局　李玮琳）

【建筑垃圾处置管理】　2022 年，镇江市城管局创新设立渣土供需信息平台，为渣土供需双方搭建起桥梁。建立建筑垃圾处置服务包联帮办机制，服务 312 国道、346 国道改扩建工程等重大项目的施工。创新建立渣土运输企业“红黑榜”考核管理制度，“红榜”企业激励表扬，“黑榜”企业约谈整改，解决建筑垃圾处置运输渣土扬尘污染问题，减少运输安全事故。推行减税降费优惠政策，在全市率先开出第一张电子财政票据。市城管、公安、住建、生态环境等部门开展市区建设工程运输车辆蓝天保卫战百日攻坚“利剑”行动、夏季渣土运输安全管理暨扬尘治理“百日攻坚”整治行动，开展 60 次联合整治，出动检查人员 2145 人次，检查处置工地 1369 处（次），发现问题 520 个，立案查处 39 起，移交公安部门 1 起，累计罚款 95250 元。市城管部门全年组织日常巡检人员 2219 人次，巡检城市道路 3439 条次、渣土车 1461 辆次，查纠违规行为 1443 起，教育驾驶员 1521 人次；协调洒水车 23 辆次，清除道路污染 12900 多平方米。全年做出建筑垃圾行政许可 67 件；办理工程渣土调剂 293.84 万立方米，比上年增长 37.36%。（市城管局　李玮琳）

【户外广告管理】　2022 年，镇江市城管局强化户外广告治理，规范户外广告设置。组织开展镇江市城市建成区户外广告领域安全生产集中排查整治行动，排查发现户外广告和招牌设施安全隐患 379 个，其中，整改 46 个、拆除 333 个，各市（区）整改率 100%。全年常态化开展户外广告整治，拆除各类违章户外广告设施 742 处、26399.64 平方米。完成展销馆、红豆广场等 8 处泊位设施设置，运作出让金 516 万元。提升设置品质，强化公益宣传，发挥多媒体亮化墙等户外广告设施宣传阵地作用，围绕迎接中共二十大等主题制作视频 11 个，播放 4.2 万次。落实户外广告楼宇安全评估、钢结构设计及安全检测等环节要求。开展电气设施专项检查、开展户外广告结构安全专题培训等安全生产月活动。

（市城管局　李玮琳）

【市容环境管理】　2022 年，镇江市城管系统优化服务供给，优化营商环境。贯彻落实部分涉企行政事业性收费缓缴政策，对生活垃圾处理费、城市道路占用挖掘修复费实行缓缴。推进文明执法、科学管理，在西津渡、八佰伴、苏宁广场、凤凰广场、悦然广场等广场街区开展“润州明月夜”“夜游京口”等夜间特色活动 10 余场。推进“停车便利化”工程，通过老旧小区改造、新增道路临停泊位、设置限时免费停车泊位等举措，全市新增停车泊位 3317 个；在 4 家单位内部停车场试点推出 174 个错时共享车位。在主城区提供公共自行车、共享单车、助力单车15600余辆。全面提升公共厕所建设管理水平和服务质量，全市新建、改建公厕25座。实施16项路灯迁改工程，主次干道及支路亮灯率99%以上。完成官塘绿苑楼宇顶部轮廓亮化建设，并与五凤口高架桥项目衔接，形成南出入口亮化风景带。推进“智慧路灯”建设，打造全域覆盖的数字感知系统。市城管局、市文明办联合开展“五争五建”（争先进、争标兵、争一流、争典范、争荣光，建幸福、建美丽、建样板、建和谐、建最美）常态长效提升行动，命名75个2022年度“五争五建”常态长效先进点位、30名“五争五建”常态长效工作先进个人。（市城管局　李玮琳）

【城市环境卫生管理】　2022年，镇江市城管系统助力全市新冠病毒疫情防控，参与人员流调、核酸检测、公共设施消毒消杀、废弃物收运处置等工作。组建城管收运工作专班，收运集中隔离点、封控区废弃物。推进环境卫生基础设施建设，完成大件垃圾拆解中心项目建设并试运行，焚烧灰渣处置场二期工程完成综合竣工验收。推进“厕所革命”，新建公厕1座、改造24座。强化生活垃圾和餐厨废弃物终端处理设施运维监管，焚烧厂处置生活垃圾51.39万吨，发电2.04亿度，处置飞灰2.93万吨。餐厨全年收运量8.69万吨，与1619家餐饮单位签订收运协议，设置收运线路29条，配备收运车47辆，出动执法人员90人次、执法车辆20台次，查处提炼加工窝点6处，查处废弃油脂27桶、5820千克。开展“蓝天保卫战”，做好大气扬尘管控，每日对主城区主要道路开展4次洒水、国控点周边道路12次洒水，同时对国控监测点周边重点道路以及主要道路进行常态化喷雾降尘。接收新移交道路12条，管养面积11.86万平方米，接收新移交公厕9座。（市城管局　李玮琳）

【城市管理服务模式创新】　2022年，镇江市城管系统创新实施“静默式、容缺式、变频式”审批模式。“静默式”审批服务主要是利用现代互联网技术和数据共享研判主动发现，将一些个体化微小审批项目打包嵌入相关联的审批项目中，减少群众来回多头审批。“静默式”审批服务主要在“市政设施建设类审批”中“一户一表”的审批项目进行创新改革，2022年开展“静默式”审批服务150余次，减免费用4万余元。“容缺式”审批服务主要在“户外广告设施设置审批”中“店招标牌”的审批项目进行创新改革，对申请人基本条件具备、主要申请条件符合，但次要条件或材料暂时缺失不具备受理条件的，实行“准受理”，由城管审批部门先行介入服务，申请人补齐材料后，即时做出审批许可。2022年开展“容缺式”审批服务200余次，解决行政审批中办事难、效率低、反复跑等问题。“变频式”审批服务主要是变“粗放机械”审批服务为“精准灵动”审批服务，对审批事项规范性约束要求高、事中事后监管动态性强的审批项目，采取一次审批后，根据不同情况分次发放多张许可证。（市城管局　李玮琳）

图38　2022年9月8日，镇江市大件垃圾拆解中心项目运营揭牌仪式举行
（市城管局　李玮琳　供稿）

农村改革

【概况】 2022年，镇江市坚持改革促农，推动村强民富。农村综合改革方面，加快农村宅基地“一个窗口”试点，建立一个窗口对外受理、多部门内部联动运行的农村宅基地联审联办制度，在全省率先完成涉农镇（街道）宅基地审批全覆盖，累计审批宅基地1066宗，扬中市在全省率先实现农房审批验收和不动产登记“一窗受理”。农村集体产权制度改革方面，推进“政经分开”试点，全年全市开展“政经分开”试点村12个，农村产权交易市场进场交易成交9155个项目，交易农村集体资产140.68万平方米，土地规模流转10.38万亩（6920公顷），成交金额8.09亿元，溢价2238.48万元，丹阳市司徒镇建成全省首家农村产权“金融驿站”。 （市农业农村局　刘常珍）

【农村金融服务创新】 2022年，镇江市“农村普惠金融服务发展”部级农村改革试验任务和句容市“探索农村普惠金融服务发展机制”江苏省第四轮农村改革试验任务实施，句容市在全省率先建立农村信用信息平台。推进金融支持乡村振兴“金穗行动”，推动60项金融为农办实事实施，截至2022年年底，全市涉农贷款余额2979.2亿元，比年初增长14.45%，高于各项贷款增幅0.84%。 （市农业农村局　刘常珍）

【农村经济体制与经营管理】 2022年，镇江市农民合作社总量2710家。其中，国家级示范社32家，省级示范社80家，市级示范社80家。培育示范典型。全年新创成国家级示范社7家、省级示范社19家。丹阳市陵口镇柳旺土地股份专业合作社、句容市丁庄葡萄合作联社产品品牌分别入选省“十家农民合作社十个畅销产品品牌”“十家电商农民合作社十个网络畅销产品品牌”。丹徒区茗缘茶叶专业合作社“念好四新茶经、推动茶叶向茶业转型”案例、丹阳市皇塘镇新星土元专业合作社“土元变金元、助力乡村振兴”案例入选省级农民合作社典型案例。

（市农业农村局　王振洲）

【农村集体产权制度改革】 2022年，镇江市基本完成农村集体产权制度改革。组织开展农村集体经济组织登记赋码信息和重复成员排查核对工作，核对农村集体经济组织597个，成员数169.13万人，农户数56.37万户。开展“政经分开”试点，通过实施账户分设，构建村集体经济组织与村民自治组织各司其职、相互协调的管理格局。全市村级集体经济组织累计股份分红3709万元。 （市农业农村局　郭冬楠）

富民强村

【概况】 2022年，镇江市贯彻落实中央、省关于全面推进乡村振兴的重要决策部署，推动农业农村高质量发展。农村常住居民人均可支配收入33129元，比上年增长5.7%，农村常住居民人均消费支出25556元，增长7.0%。稳产保供工作。落实粮食安全党政同责。把确保粮食安全作为“三农”工作的首要任务，强化粮食安全责任制考核，全年发放一次性种粮补贴5177.74万元、耕地地力保护补贴3000万元、农机购置与应用补贴2035万元。全市粮食种植面积203.55万亩（13.57万公顷），总产量96.3万吨，比上年分别增长0.9%、0.3%，其中夏粮生产实现总面积、总产量、小麦单产、农户收益“四增”，丹徒区世业镇小麦高质高效创建示范片种植的“镇麦15”亩单产576.1千克，创长江以南最高亩单产纪录。保障“菜篮子”产品有效供给。强化“菜篮子”市长负责制，编制《镇江市“菜篮子”工程绿色蔬菜保供基地建设规划（2022—2025年）》，落实3万亩（2000公顷）绿色蔬菜保供基地，印发蔬菜、水产、畜禽产业扶持指导意见，稳定“菜篮子”产品产能，年末生猪出栏28.1万头、家禽出栏3695.6万羽、蔬菜总产量100.61万吨、水产品产量9.89万吨，比上年分别增长2.8%、4.6%、3.95%、2.19%。守牢耕地保护红线。建立落实耕地保护责任的检查考核、经济激励和社会监督机制，遏制耕地“非农化”、基本农田“非粮化”，建成高标准农田4.6万亩（3066.67公顷），整改“非农化”田地4800余亩（约320公顷）。（市农业农村局　刘常珍）

【富民强村帮促行动】　2022年，镇江市以“书记领航”项目为引领，开展“六个一”帮促机制（一名市领导挂、一名机关干部领、一个机关部门帮、一个服务团队助、一家优质企业带、一组金融资源推），对全市98个经济相对薄弱村开展精准帮扶。制定农民收入十年倍增计划，举办经济相对薄弱村电商人员培训班，落实民生保障各项政策，争取省级茅山老区补助资金470万元，市级财政预算安排富民强村帮促行动专项资金3000万元，组织帮促单位采购经济相对薄弱村农产品685万余元，90%以上经济相对薄弱村摆脱相对薄弱局面，相关做法被《江苏改革简报》《江苏农村要情》等省级刊物推广。扶持壮大村集体经济，落实2022年度省财政扶持集体经济发展项目，争取并实施项目25个、资金1500万元。全年实现农村居民人均可支配收入33129元，城乡居民收入比缩小至1.85∶1。（市农业农村局　刘常珍）

【乡村振兴工作机制建设】　2022年，镇江市健全党领导“三农”工作的机制。建立“周调研、月通报、季调度、半年观摩、年终考核”工作推进机制。组织乡村振兴观摩推进会2次，实施完成625个乡村振兴“书记领航”项目和127件为“三农”发展办实事，破解一批乡村振兴难题。（市农业农村局　刘常珍）

【财政保障】　2022年，镇江市各级财政将农业农村作为优先保障的重点，全年农林水支出年初预算数27.3亿元，比上年增加3.2亿元，土地出让收入用于农业农村资金6.4亿元，土地出让收入用于农业农村比例5.48%；加大用地保障，全年下达用于农村一、二、三产融合发展单列用地计划275亩（18.33公顷），用于全市98个经济相对薄弱村产业发展专项用地指标294亩（使用286.9亩，相当于19.13公顷）。

（市农业农村局　刘常珍）

【乡村人才工作】　2022年，镇江市实施乡村人才“引凤”计划，落实“五项激励”“五项举措”，培育壮大乡村人才“五支队伍”，选拔培养镇江市“169工程”农业科技人才104人，培育高素质农民6699人，评选出镇江市第三届“十佳”农民10人。

（市农业农村局　刘常珍）

乡村产业

【概况】　2022年，镇江市坚持产业强农，培育壮大乡村产业。项目实施。制定印发《镇江市2022年乡村产业招引工作意见》，举办2022镇江市现代农业产业“云招商”推介活动。2022年全市招引项目到位协议资金94.66亿元，其中总投资1000万元以上项目96个。落实专班推进、部门联动、领导挂钩、月度调度、定期通报“五项机制”，全力推动农业重大项目实施，年内开工建设农业农村重大项目77个，实际投资54.62亿元。品牌建设。制定出台《镇江农业品牌目录制度（暂行）》，健全完善市级品牌建设的扶持、推介和保护等制度，遴选确定34个品牌纳入市级品牌目录；全市新增4个农产品品牌入选江苏农业品牌目录，累计11个。举办镇江市十大农产品品牌大赛，评选出金山翠芽、茅山长青、康韵、扬中河豚等十大农产品品牌，“茅山长青”品牌价值16.24亿元，“金山翠芽”第三次获中国最具品牌溢价力的三大茶叶品牌之一。句容市“丁庄葡萄”在疫情之下逆势而行，出口新加坡、马来西亚，成为全省首家葡萄类出境农产品，句容市白兔镇唐庄村等7个村入选2022年全国乡村特色产业超亿元村。推进“三品一标”认证，新增绿色食品65个，面积6.52万亩（4346.67公顷），新增有机水产品9个。句容市白兔镇中心村入选第十二批全国“一村一品”示范村，全市755家农业品牌建设主体，带动农民32.8万户，实现总产值232.4亿元，品牌评价溢价10%。产业链条。制定《镇江市农业全产业链发展规划》，确定发展粮油、水产、茶叶、鲜果、蔬菜、畜禽等6条全产业链，引领全市乡村产业优质高效发展。截至2022年年底，累计创成省级以上农业龙头企业47家、省级以上示范家庭农场187家、省级以上示范合作社114家，丁庄万亩葡萄专业合作联社、江苏江南生物科技有限公司获评首批江苏省现代农业全产业链标准化基地。加快智能农机装备产业链发展，培优扶强一批智能农机装备企业，三维输送装备上市，沃得农机通过深圳证券交易所审核会。推进“农业＋文化＋康养＋旅游”等多元融合，举办2022“苏韵乡情”乡村休闲旅游农业（镇江）专场推介活动，全年新增省级乡村休闲旅游农业特色模式（项目）

3个、省级乡村休闲运动基地7个、省级休闲农业与乡村旅游星级示范创建企业（园区）3个、全国休闲农业精品景点线路1条。科技创新。推进数字技术与农业生产生活融合，发展智慧农业，新建8家农业物联网创新应用基地，与阿里巴巴华东公司共建镇江市数字农业农村实践基地，发展农业电商主体3404家，镇江市农业农村信息化综合服务平台入选江苏省信息通信业助力乡村振兴典型案例。加快农业科技创新载体建设，建有省级现代农业产业技术体系示范基地项目16个，建立草坪、草莓、稻米等产业研究院17个，新品种、新技术推广示范基地40余个。推进现代农业产业园区建设，丹徒区现代农业产业园获批2022年省级现代农业产业高质量发展示范园，句容市入选省级农业现代化先行区建设名单。

（市农业农村局　刘常珍）

【农村集体经济】　2022年，镇江市发展壮大新型农村集体经济，推进组织体系健全、增长路径多元、发展动能多样、经营机制完善的新型农村集体经济组织。全年全市有6家新型农村集体经济组织入选省级“共同富裕百村实践”新型农村集体经济发展典型案例，其中，句容市茅山镇丁庄村（农旅融合型）入选省级新型农村集体经济高质量发展表率村十佳案例。落实省级财政扶持集体经济发展项目，全市争取并实施25个项目、1500万元。（市农业农村局　郭冬楠）

【农村集体产权交易】　2022年，镇江市农村产权交易县、镇全覆盖，进场交易项目10674个，成交10423个；交易农村集体资产155万平方米，土地规模流转12.56万亩（8373.33公顷），成交9.19亿元，溢价2425万元；推进农村土地经营权抵押贷款业务，累计完成土地抵押贷款20笔，涉及土地经营权6097亩（406.47公顷）、农户357户、贷款金额1106万元。丹阳市成立全省首家农村产权交易“金融驿站”。

（市农业农村局　李彦奇）

村镇建设

【概况】　2022年，镇江市坚持生态宜农，建设宜居宜业和美乡村。突出乡村建设，实现“乡村美”。制定《镇江市乡村建设行动实施方案》，召开全市乡村建设行动推进会，推进乡村建设行动。新建省级特色田园乡村6个、市级特色田园乡村10个、绿美村庄21个，创建农村生态宜居美丽示范县1个、示范镇5个、示范村43个，培育市级乡村振兴示范镇6个、示范村16个。突出整治提升，实现“环境优”。制定印发《关于“十四五”开展农村人居环境整治提升行动的实施方案》《关于高质量推进“十四五”农村厕所改革的实施意见》文件，开展“四清一治一改”为重点的村庄清洁行动，优化健全长效管护机制。全年实施完成农村户厕改造3847户、改善农村住房964户，新建农村公路79.4千米、农村生态河道176千米，完成农村生活污水治理行政村53个；农村生活垃圾收运处置体系实现自然村全覆盖，全市农村生活垃圾集中收运率、无害化处理率均100%。全市建制镇用水普及率100%。（市农业农村局　刘常珍）

【乡村规划】　2022年，镇江市落实乡村建设行动任务清单，统筹镇村布局规划和实用性村庄规划编制，全年48个村庄编制完成“多规合一”实用性村庄规划，推进农房改造改善，同步推进环境整治和村庄更新，农村危房、危桥全面消险解危。（江　鉴）

【乡村公共服务】　2022年，镇江市推进城乡公共服务一体化，新建成农村区域性医疗卫生中心2个、甲级村卫生室4个，新增3个达国家推荐标准基层医疗卫生机构，4个达国家基本标准机构，服务能力达标率97.02%。推进15分钟医保服务圈建设，新建农村区域性养老服务中心6家，县乡村三级养老服务网络进一步健全。（市农业农村局　刘常珍）

【特色镇村建设】　2022年，镇江市创成国家级传统村落5个（丹阳市曲阿街道建山村、祈钦村、张巷村，宝堰镇宝堰村、辛丰镇龙山村）、省级传统村落2个（句容市后白镇芦江村芦江、镇江新区丁岗镇葛村村葛村）。丹阳市曲阿街道祈钦村六都，句容市天王镇戴庄村白沙、华阳街道下甸村山芋地，扬中市新坝镇联合村华扬新村、新坝镇立新村二号居民点，丹徒区荣炳盐资源区胜利村西谷里（东庄）6个村被命名为江苏省特色田园乡村。丹阳市丹北镇长春村唐家、曲阿街道马陵村孙巷、界牌镇界中涉农社区武阳，句容市华阳街道下甸村山芋地、宝华镇仓头村芮庄，扬中市新坝镇联合村华扬新村、新坝镇立新村二号居民点，丹徒区世业镇卫星村二十二圩、高桥镇四方桥村后街，镇江新区大路镇东岳村徐家10个村新建为镇江市特色田园乡村。

（市住建局　仲　涛　杨秋玉）

乡村治理

【概况】　2022年，镇江市坚持治理为农，促进农村社会和谐稳定。推进农村基层党建标准化建设国家级试点，探索构建农村基层党建工作标准化体系，推动农村党组织标准化建设覆盖率100%、规程执行率100%。建立"专业五级"村书记管理工作制度，475名村书记全部纳入专业化管理。加强农耕文化传承保护，办好"中国农民丰收节"系列活动。建立健全小微权力清单相关制度，全市推广运用"清单制"行政村比例实现100%。推广运用"积分制""清单制"等乡村治理典型方式，开展农村移风易俗重点领域突出问题专项治理。（市农业农村局　刘常珍）

【乡村治理模式探索】　2022年，镇江市探索乡村治理新模式，丰富完善党建引领、"四治"融合、村级集体经济充分发展的"1+4+1"乡村治理路径。推动扬中市开展全国党建引领乡村治理试点，推行党小组、网格长、村民组长"三长融合"机制，探索实施"五化融合村村善治"党建引领乡村治理模式。实行"四议两公开"民主决策制度，村级议事协商会覆盖率100%，优化基层民主决策程序、完善决策机制。

（市农业农村局　刘常珍）

乡村文化

【概况】　2022年，镇江市强化乡村文旅建设，提升服务。启动文化科技卫生"三下乡"集中服务活动。句容宝华山千华古村民俗文化街区入选第二批省级旅游休闲街区培育单位名单。"脱贫攻坚时代楷模"精品线路入选省文化和旅游厅、省总工会、省文物局联合遴选的"喜迎二十大见证新江苏"红色旅游精品线路。贴合群众需求开展文化惠民活动，实施"城乡文艺播种"志愿辅导，年初征集各乡镇（街道）的文化需求615项，选派近300人下沉一线开展结对辅导，举办优秀辅导成果展览展演活动。实施"送戏下乡"，广泛开展"千场文化进农村"，围绕"喜迎党的二十大""庆中秋""庆国庆"等主题开展文艺展演活动636场，做到周周有演出，村村可覆盖。建立"淘文化网"动态管理和演出考评机制，送演出下基层50场。指导全市开展"公共数字文化服务乡村覆盖率"指标推进工作，助力乡村振兴。句容市白兔镇综合文化站站长巫丽萍入选2022年度全国乡村文化旅游能人。

（市文广旅局　许　婷）

【美丽镇江乡村游】　2022年5月27日，第四届"美丽镇江乡村游"嘉年华举办，现场发布四大类30多项乡村四季节庆活动，全市和各市（区）文旅部门的领导为美丽乡村游代言，介绍各市（区）特色的乡村游线路及产品系列活动。丹徒世业村入选第四批全国乡村旅游重点村，丹阳九里村、扬中新治村、丹徒宝堰村入选省级乡村旅游重点村，镇江"酸甜苦辣"研学体验游入选江苏省夏季精品乡村旅游线路和全国乡村旅游精品线路。优化乡村旅游集聚化发展，开展乡村旅游集聚发展试点项目标准化建设，形成包含156项国家标准、行业标准、地方及企业内部标准的标准体系。提升旅游资源开发效能，推进驻村辅导员试点工作，6名专家及团队进驻全市部分乡村旅游重点村，参与村庄乡村旅游规划设计、人文风貌引导，提高乡村设计建设水平，塑造乡村特色风貌。推进全市文化旅游资源普查工作，了解和把握资源赋存、开发、利用与保护情况。出台《2022年乡村旅游发展专项资金申报指南》，开展市级乡村旅游品牌建设验收提升工作。

（市文广旅局　许　婷）

【文化科技卫生"三下乡"集中服务活动】　2022年1月21日，镇江文化科技卫生"三下乡"集中服务活动在句容市墓东村启动。26家市级单位组成"文明理论""文化文艺""科技科普""卫生健康""农业科技""宪法法律""资源服务"七个志愿者分团，现场开展文艺演出、发放蔬菜种子及科普资料、现场义诊、救护知识宣传、法律咨询、健身指导、运动损伤防护知识讲解等形式活动，捐款捐物50余万元。

（市委宣传部　董　煜）

【农村精神文明建设】　2022年，镇江市整合优化公共文化场馆、党群服务中心、便民服务中心等综合服务设施，打造一批"文明实践+"综合体，形成纵向三级覆盖、横向拓展延伸的立体化阵地网络，全市建成新时代文明实践中心8个、实践所61个、实践站697个，实现市（区）、镇（街道）、村（社区）全覆盖。

（市农业农村局　刘常珍）

融入长三角一体化发展

【概况】 2022 年，镇江市贯彻落实国家推动长三角一体化发展领导小组第四次全体会议和 2022 年度长三角地区主要领导座谈会等相关会议精神，全力推动长三角一体化发展各项工作提速、提质、提效。高质量融入长三角一体化发展和南京都市圈建设，参加南京都市圈党政联席会议。把宁镇扬一体化作为对接国家战略最重要的切入口，落实《宁镇扬一体化发展三年行动计划（2021—2023 年）》，推进宁镇扬一体化发展，以宁镇扬“小三角”全面融入长三角“大三角”。按照“四个一批”“一区多园”的方式推动开发园区整合优化提升，谋划打造九大重点片区，加快推进老工业基地调整改造，区域协调发展取得新进展。

（市发改委　吕若曦）

【产业协同创新情况】 2022 年，镇江市制定实施《2022 年重点产业链培育工作要点》，对接长三角周边城市，推进产业强链补链，健全完善骨干企业发展质态跟踪监测机制，“一链一策”促进要素资源向重点产业链集聚，聚力做大做强镇江市“四群八链”。深度链接科教资源，举办 2022 年高校院所走进镇江产学研合作大会和长三角（南京都市圈）科技合作对接会，全面深化科技创新共同体建设，提升区域科技创新合作效率。深化企业人才交流，举办宁镇扬青商创新协作对接会，三地青商企业、高校、园区签订 12 个合作项目，句容市政府、恒顺集团、海纳川公司分别与省港口集团、省铁路集团、省农垦集团达成重要合作意向。强化对外开放合作，融入和畅通“大循环”“双循环”，拓展开放新空间。2022 年，镇江市获批国家级跨境电子商务综合试验区。

（市发改委　吕若曦）

【基础设施建设情况】 2022 年，镇江市强化长三角区域基础设施建设，在铁路和城际轨道建设方面，宁句城际通车运营，南沿江城际铁路（句容段）站前标段完成桥面施工，同时，推进扬镇宁马铁路等项目前期规划设计工作。南京、镇江两市人大常委会协同立法制定《关于加强跨市域轨道交通运营和执法管理若干问题的决定》，为破解跨市域轨道交通“分段而治”难题提供法规依据。公路交通建设方面，312 国道宁镇段快速化改造项目加快推进，按照规划，2023 年建成后，南京仙林至镇江城区车程将缩短至 20 分钟。仪禄高速等项目加快前期规划设计，丹金高速可行性研究报告获正式批复。港口、机场和能源设施建设方面，加快协调镇江港大港港区码头及河港池改扩建项目的岸线申报工作；高桥港区 LNG 加注站码头水工建筑物完成，大路水上机场陆域部分综合楼进入安装阶段，句容抽水蓄能电站大坝主体填筑工程全面完成。

（市发改委　吕若曦）

【公共服务合作情况】 2022 年，镇江市落实《南京都市圈 2021—2025 年教育工作合作协议》，深化教育领域交流合作，推动教育协同创新向深层次发展，义务教育优质均衡比例较高。医疗方面，建立与南京、扬州等地院前急救绿色通道，加强院前急救合作。支持各医疗机构吸引南京、扬州专家到镇江多点执业，扩大医疗服务供给。扩大异地就医直接结算范围，有 1281 家定点医药机构接入省级平台。市第二人民医院建成与江苏省中西医结合医院远程会诊平台，深化远程医疗协作。承办“文化和自然遗产日”江苏省系列活动暨“水韵江苏 · 非遗购物节”，推进非遗传承发展。

（市发改委　吕若曦）

【金融领域合作】 2022年，镇江市深化长三角城市金融领域合作，举办“宁镇扬金融服务一体化合作联盟成立暨2022年度惠民利企项目”启动仪式，成立宁镇扬金融服务一体化合作联盟，与南京、扬州共同探索区域金融合作新模式。与江苏证监局联合召开上市公司高质量发展座谈会等专题活动，增强企业运用资本市场发展的能力水平。

（市发改委 吕若曦 吕 元）

【环境协同治理】 2022年，镇江市加强长三角城市环境协同治理能力建设，与南京、马鞍山在全国率先跨省协同立法保护长江江豚，拓展立法协同新实践；联合扬州、泰州、常州等城市，开展跨部门、跨水域联合执法行动，实现长江镇江段重点交界水域常态化监管无缝对接。推进落实《南京市与镇江市跨界水体水质提升合作协议》，加强宁句跨界毗邻地区7条河流水环境联防联治。

（市发改委 吕若曦 吕 元）

【政务集成服务】 2022年，镇江市根据江苏省统一部署要求，加快推进长三角“一网通办”工作，构建线上、线下“一窗（网）受理、集成服务”模式，提升政务服务环境，为长三角一体化政务服务提供支撑。探索构建南京都市圈信用合作机制，推进南京都市圈城市间信用信息共享、信用报告互认、信用奖惩联动，协同打造诚信都市圈。实施区域联防联控，当年新冠病毒感染疫情防控期间，与南京共同发布《关于实施区域一体化联防联控的通告》，统筹两市疫情防控和经济社会发展相关问题。

（市发改委 吕若曦 吕 元）

【南京都市圈建设】 2022年，镇江市推动南京都市圈建设，参加南京都市圈党政联席会议，签署《共同编制南京都市圈多层次轨道交通体系规划框架协议》《南京都市圈产业“集群强链”行动方案》，探索建立优势互补、分工协作、协同发展的跨区域多领域合作联动机制。项目化推进宁镇扬融合发展，依托宁镇科教和创新资源优势，联动312国道沿线的宝华、下蜀等片区，推进312国道产业创新走廊建设，推动联博精密、赛达电子等企业与省产业技术研究院共建联合创新中心。推动中部城市协同发展区“向西拓展”，串联镇江高新区、韦岗、高资、下蜀、宝华片区，让镇江主城直接对接南京主城，构建融入南京、接力镇江的全新生产力布局，提升镇江市域首位度，畅通宁镇“大通道”。会同南京都市圈城市联合举办文旅消费推广季活动，宣传和推介镇江文化和旅游，联合策划一系列旅游精品线路，开展联合推介促销。南京师范大学镇江创新发展研究院获批江苏省中小企业公共服务示范平台，获2022年度江苏省工业和信息化转型升级专项项目支持，并入选镇江市低碳产业研究院首批备案所。镇江南京邮电大学研究院事业单位法人获批，并启动场地设计和设备采购等工作。推动江苏长三角总部经济园与南京理工大学共建江苏感知智慧交通产业技术研究院；与江苏大学共建江苏长三角健康产业研究院。

（市发改委 吕 元）

【长三角（南京都市圈）科技合作对接会】 2022年8月19日，长三角（南京都市圈）科技合作对接会举行，会议旨在加强南京都市圈城市间交流合作，推进南京都市圈城市实现互利共赢，促进区域经济社会的共同繁荣和持续协调发展，提升科技创新合作效率。围绕高端装备、生物医药、人工智能等领域，会议邀请南京的图灵人工智能研究院和镇江的北京交通大学长三角研究院、镇江智能制造创新研究院等6家新研机构进行推介路演，向企业介绍机构的业务重点与技术方向，为企业研发创新对接更多创新资源。推介结束后，部分参会企业与新研机构就产学研合作、人才联合培养、关键技术攻关等需求展开进一步洽谈。 （市科技局 张秀芳）

图39 2022年8月19日，长三角（南京都市圈）科技合作对接会举行

（市科技局 供稿）

对口协作

【概况】 2022 年,镇江市做好新时期对口支援协作合作工作,全年市委常委会会议和市政府常务会议分别2次专题研究对口支援协作合作工作,加强部署。2月,镇江市在省对口支援协作合作工作会议上发言。7月,成立市对口支援协作合作工作领导小组,全市33个部门参加。8月,印发《2022年镇江市对口支援协作合作工作要点》,细化年度重点目标和任务分工,助力对口支援协作地区巩固脱贫攻坚成果。

(市发改委　吕　元)

【援藏工作】 2022 年,镇江市新一批7名援藏干部、5名援藏人才到位,以拉萨市"四联四包"工作为载体、以调研援藏项目为契机,进村入户,走访藏族同胞,开展爱心捐助,帮助解决困难;深入企业、深入项目建设现场,找准援藏工作切入点、发力点,走访6个乡镇、16个村以及25家企业,融入援藏工作大局。把江苏、镇江的发展理念引入达孜区,指导编制、帮助起草《达孜工业园区总体规划(论证稿)》等8份方案、办法。7月,推动丹阳经济开发区与达孜工业园区合作,签订《战略合作协议》,明确园区产业转移、人才交流等具体内容,助推达孜工业园区提档升级。突出援藏项目建设,克服新冠病毒感染疫情影响,全力协调解决问题,保障总投资2.3亿元、年度投资8050万元的12个援藏项目全部开工。结合达孜区招商引资"百日攻坚"行动,7月,组织赴南京、常州、成都等地开展"点对点"精准招商,总投资10亿元的红星美凯龙产业园、总投资6亿元的叶巴秘境文旅等项目达成投资意向。在拉萨市招商引资推介会上,与成都明腾网络科技、南京金箔集团、江苏全景旅游、江苏谷德运维信息科技4家企业签订意向投资协议;举办"2022年全球数字经济大会拉萨峰会论坛"藏文化旅游创意园分论坛,现场签约2家数字经济企业。加强交流交往,8月,镇江市代表团赴达孜考察并看望援藏干部人才,推动板块、部门开展对口交流。市卫健委、市退役军人事务局、市委党校以及润州区等4批次、31人先后赴达孜开展交流、结对工作。推动卫生系统交流合作,援藏医生"帮扶带教"12名当地医护人员,并开展院内培训62场500多人次;建立江苏大学附属医院与达孜区人民医院影像远程会诊中心,赴基层一线开展义诊活动20次,接待就诊及咨询农牧民。8月,拉萨新冠病毒感染疫情防控期间,镇江市通过购买、争取捐赠等途径,筹集医用口罩、医用防护服等,并协调企业捐赠核酸检测设备。

(市发改委　吕　元)

【援疆工作】 2022 年,镇江市实施援建项目27个,安排资金2.18亿元,覆盖18个团场、近70%的基层连队,投入团场连队项目、民生项目资金分别占总资金的82%、87%。在江苏省对口支援伊犁州(含兵团)14个工作组中,援建项目数、投入资金量、投资完成率3个数据排名较为靠前。投入3800万元建设兵团分区行政服务中心、经开区镇江就业创业孵化基地等,增强国家级、兵团级产业园区项目承载力。下拨年度产业合作专项引导资金500余万元,帮助10家重点企业纾困解难,克服疫情影响。与深圳正威、湖南西林、合盛硅业、国合集团4家企业签订合作投资协议,引进四川创力电气有限公司铜箔项目。开展消费援疆工作,牵线南京农业大学与创锦牧业公司合作,研发肉制系列产品,半年实现销售1200余万元。新增"江苏疆疆好""镇江亚夫兴农"等7家"润疆情"消费助农项目合作企业,建成3家销售门店,四师可克达拉市农产品中标镇江市消费协作进机关农产品采购目录。放大教育组团优势,实现"幼儿园—小学—初中—高中—职业技术教育"对口支援全覆盖。可克达拉市镇江高级中学2022年高考本科上线率较高,并实现考取清华北大人数"零"的突破。金山实验学校中考成绩在兵团学校中较靠前。助力四师可克达拉市疫情防控工作,捐赠价值180万元的6辆依维

图40　2022年11月8日,镇江援疆负压救护车捐赠交接仪式在可克达拉市人民医院举行　(市援疆工作组　供稿)

柯救护车。在计划内选派5名援疆医生的同时,协调选派10名小援疆医生开展短期支援,其中11人为高级职称专家。全年帮助引进新技术20项,填补空白11项;开展手术800多台,参与危急重症抢救700多次,培训1000多人次。援建的四师总医院骨科、重症医学科、妇产科成为伊犁州知名科室。打造"镇江人游四师"品牌,投入200万元奖补资金,协助四师可克达拉市文广体旅局在镇江市举办旅游推介会,引导两地旅游资源有效对接。加大援疆题材纪录片制作力度,以丁憬、王华先进事迹为原型的《心有疆·爱无疆》在中组部、兵团获奖,反映干部人才工作生活的《援疆人的一天》在兵团、四师可克达拉市获奖。开展《天山情·援疆行》新闻通讯系列采访行动,工作成效被江苏卫视宣传报道。（市发改委　吕　元）

【陕西渭南市协作】 2022年,镇江市印发《2022年镇江市东西部协作任务指标分解计划》,将人才支援、劳务协作、产业协作等6个方面的任务指标细化分解至各地、各单位,每月进行调度,年度所有指标均超额完成,各项主要指标完成量是2020年的2倍以上。其中,全年新增引导落地投产企业22家,实际到位资金30.2亿元,完成全年任务的382.5%,列全省第1名。帮助陕西渭南市6400人到江苏就业,完成任务的3388.9%,列全省第1名。帮助渭南农村劳动力实现转移就业11747人,完成任务的1415.3%,列全省第2名;其中,脱贫人口2998人,完成任务的749.5%,列全省第2名;完成消费帮扶2.6亿元,比上年增长240%,列全省第4名;动员社会力量捐资、捐物折款1236万元,完成任务334.1%,列全省第4名。重点强化产业协作,推进6个共建产业园建设,富丹产业园连续4年获全省苏陕协作"区中园"建设考核第1名;新建丹徒澄城共建产业园,新入驻江苏投资项目3个,总投资3.5亿元。研究制定苏陕资金使用管理办法。用好1.35亿元帮扶资金,实施苏陕项目94个,项目开工率100%,当年竣工率96.8%。建立招商项目信息共享机制,推动31批次客商到渭南市考察、洽谈项目。全面推进乡村振兴,以"四方双结对,共建示范村"活动为切入点,打造渭南市5个乡村振兴示范村,丹阳市搭建"1+N"党建协作平台,实施"五联五促"(区域联动促产业振兴、队伍联育促人才振兴、活动联办促文化振兴、环境联治促生态振兴、阵地联建促组织振兴)工程;扬中市以"党建、产业、环境三张牌"为核心整体推进相关工作;镇江新区培育"北京鸭—能量虫—有机肥—苹果"循环经济链,打造"初心苹果"品牌等推进结对地区乡村振兴。打造协作品牌,实施"一县一品"工程,培树16个典型案例,打造一批先进典型人物,形成特色工作百花齐放的工作格局。开通镇江市对口帮扶渭南市微信公众号,发布协作信息、特色工作、典型案例100余条;在各级媒体宣传125篇次。其中,中央电视台、"学习强国"学习平台等媒体13篇次;江苏省政府网站、《陕西日报》、《新华日报》等媒体刊登31篇次;《镇江日报》《渭南日报》等媒体36篇次,其中,头版专刊报道3篇次。

（市发改委　吕　元）

图41　2021年—2022年苏陕协作项目——华星大樱桃产业园外景
（市发改委　吕　元　供稿）

【辽宁朝阳市协作】 2022年,镇江市围绕辽宁朝阳市17条产业链和镇江市重点产业"四群八链"寻求互嵌发展,推动企业间交流,重点推进江苏慧明喀左县全域乐龄养生谷基地项目。加强职业教育合作,两地教育部门继续签订《职业教育对口合作框架协议》,在师资力量培训、教学资源开发、校企合作办学、选派教师跟岗研修等方面开展深度合作。加强消费合作,推动两地农产品交易企业间联系合作,在2022年度镇江市消费协作进机关活动中,首次将辽宁朝阳市农产品纳入其中。加强人才交流,接受1名朝阳市挂职干部到镇江挂职锻炼。句容市劳动就业管理中心和龙城区劳动就业局开展就业合作,在人才定向培养、供需精准对接等方面加强沟通合作,实现资源共享、优势互补。

（市发改委　吕　元）

综 述

【污染防治攻坚战成果】 2022年，镇江市加强生态环境保护，基本完成省下达的2022年度打好污染防治攻坚战118项重点目标任务。截至年底，全市地表水国、省考断面优Ⅲ类比例均为100%，与南京市、南通市、盐城市、泰州市并列全省第1名，国考断面优Ⅲ类连续3年保持100%，长江干流断面水质保持Ⅱ类，主要入江支流均优于Ⅲ类，4个县级以上集中式饮水水源地水质达标率为100%。市区 $PM_{2.5}$ 年均浓度为35微克/立方米，优良天数比率74.8%。 （市生态环境局 颜正清）

【环境执法监管】 2022年，镇江市加强环境执法监管，全年市生态环境部门下达处罚决定书748件，比上年增长21%；罚款金额7554.194万元，增长24.8%。运用环保法配套办法查处案件96件，增长47.7%，其中，查封扣押70件、移送拘留17件、环境污染犯罪案件9件。 （市生态环境局 颜正清）

【环境审批优化】 2022年，镇江市生态环境局对需要审批环评报告的项目上门服务，将项目建设内容、所需审批手续、环评审批进度以及审批过程中遇到的问题等内容建立明细信息卡，进行动态管理、跟踪服务，重大项目环评办理时限在国家规定的基础上提速30%。成立“苦口婆心普法队”和“动真碰硬执法队”，对800多家企业现场进行普法宣传和指导帮扶。

（市生态环境局 颜正清）

【第二轮中央生态环境保护督察整改情况】 2022年，镇江市完成第二轮中央生态环境保护督察反馈问题整改任务8项中的2项；完成交办信访件252件中的231件；典型案例通报的13个具体点位问题基本完成整改。7月，生态环境部部长黄润秋到镇江调研中央生态环境保护督察整改情况，对镇江整改工作成效给予肯定。截至年底，全市累计投入20亿元，拆除和修复面积212.3万平方米。

（市生态环境局 汤 虹 王 伟）

【突出环境问题整治五大专项行动】 2022年4月起，镇江市委、市政府开展长江岸线保护、黑臭水体治理、蓝天保卫战、打击固体废物非法倾倒、工业“散乱污”企业整治五大专项行动，截至年底，五大专项行动取得阶段性成果。长江岸线保护专项行动：清理整治长江干流岸线违法违规项目184个，整治岸线利用项目171个，拆除违建面积17.3万平方米；全市化工整治领域安全生产大检查整改隐患980条；完成2486个“一口一策”长江入河排口整治。黑臭水体治理专项行动：完成10条黑臭水体整治工作；新建污水管网37千米，完成市政污水管网缺陷修复3956处，完成约890千米污水管网疏通养护，开工建设谏壁污水处理厂二期（原京口污水处理厂二期）、导墅污水处理厂、宝华污水处理厂工程。蓝天保卫战专项行动：督促全市30家火电、钢铁、水泥、碳素等重点排放企业开展友好协商减排；推动《镇江市臭氧污染应急管控方案》《镇江市国三柴油货车淘汰补贴方案》《镇江市区道路保洁标准》等制度落地；完成760项大气污染防治工程，淘汰国三及以下排放标准柴油货车4060辆，进行道路尘走航监测1612千米；组织开展百日攻坚“利剑”行动立案查处411件。打击固体废物非法倾倒专项行动：市公安局、生态环境局、检察院联合成立“打击污染环境违法犯罪融合战队”，核查固废危废重点线索27条，立刑事案件23起，抓获犯罪嫌疑人59人，采取刑事强制措施48人，移送检察机关审查起诉15

人，查获各类固危废 4 万余吨。工业“散乱污”企业整治专项行动：制定《镇江市工业“散乱污”企业整治工作指南》，全市开展四轮摸排工作，上报工业“散乱污”企业 1489 家，其中，关停取缔类 700 家、升级改造类 724 家、整合搬迁类 65 家，截至年底，1489 家工业“散乱污”企业全部完成整治。

（市生态环境局　阙　薇）

【生态保护】　2022 年，镇江市新增省级生态文明建设示范街道 1 个（润州区韦岗街道）、省级生态文明建设村（社区）3 个（丹徒区世业镇兴隆村、丹阳市皇塘镇皇塘村、扬中市三茅街道新扬社区），创成省级生态文明示范镇（街道）47 个、省级生态文明建设村（社区）69 家。出台《关于长江镇江段全面禁捕长效管理的工作意见》，禁止长江镇江段非法捕捞行为，做好长江“十年禁渔”。完成 64 个高风险遗留地块土壤污染状况调查，完成地下水污染防治重点区划定，分类明确管控要求。全市农作物秸秆综合利用率为 97.1%，回收废旧农膜 621.9 吨，畜禽粪污综合利用率 95% 以上。建成丹阳司徒生活污水处理厂、句容茅山镇生活污水处理厂两个生态安全缓冲区，通过尾水湿地净化、再生水循环利用等工艺，年削减 COD19.6 吨、总氮 5.7 吨、氨氮 0.97 吨、总磷 0.16 吨，同时，增加芦苇等水生植被约 2 万平方米、生态景观塘约 3000 平方米。全年镇江市生态环境局启动办理生态环境损害赔偿案件 46 件，缴纳生态环境赔偿（修复）资金 294 万元。10 月，镇江市出台“十四五”应对气候变化规划，该规划由镇江市与国家应对气候变化战略研究和国际合作中心合作编制，从总体指标、低碳产业、能源领域、交通领域、建筑领域、适应气候变化和生态碳汇 7 个方面提出具体指标 16 项，从科学控制温室气体排放、夯实适应气候变化基础、提高应对气候变化管理水平、强化低碳技术创新支撑、加强对外合作交流 5 个方面重点谋划具体任务 21 项。

（市生态环境局　颜正清）

环境质量

【概况】　2022 年，镇江市环境空气中二氧化氮、PM_{10} 和 $PM_{2.5}$ 浓度比上年均有所削减，二氧化硫、一氧化碳 24 小时平均第 95 百分位数浓度（以下简称一氧化碳浓度）与上年持平，臭氧日最大 8 小时滑动平均第 90 百分位数浓度（以下简称臭氧浓度）较上年有所上升。其中，市区 $PM_{2.5}$ 年均浓度为 35 微克/立方米，比上年下降 2.8%，$PM_{2.5}$ 年均浓度首次达到国家二级标准，市区环境空气质量优良天数比例为 74.8%。2022 年，全市地表水环境质量总体为优。列入《江苏省水污染防治工作计划》地表水环境质量考核的 10 个国控断面中，水质符合《地表水环境质量标准》（GB 3838—2002）优Ⅲ类断面占比为 100%，优Ⅱ类断面占比为 60%，水质考核达标率为 100%。省控 45 个断面中，优Ⅲ类断面占比为 100%，优Ⅱ类断面占比为 53.3%。对国家土壤监测网 22 个点位开展土壤环境质量监测，土壤环境质量状况总体良好。

（市生态环境局　魏建国）

【环境空气质量】　2022 年，镇江市区环境空气中 $PM_{2.5}$、PM_{10}、二氧化硫、二氧化氮年均浓度分别为 35 微克/立方米、53 微克/立方米、6 微克/立方米、29 微克/立方米；一氧化碳浓度、臭氧浓度分别为 0.9 毫克/立方米、184 微克/立方米。对照《环境空气质量标准》（GB 3095—2012）二级标准限值，臭氧未达要求。与上年相比，$PM_{2.5}$、PM_{10}、二氧化硫、二氧化氮和一氧化碳浓度分别下降 2.8%、8.6%、14.3%、3.3% 和 10.0%，臭氧浓度上升 5.1%。8 个市（区）$PM_{2.5}$ 浓度范围为 32～38 微克/立方米，比上年均有所下降，降幅范围为 2.9%～8.6%，其中新区降幅最大。8 个市（区）环境空气质量优良天数比率范围为 69.9%～80.2%，与上年相比，均有所下降，降幅范围为 0.1～5.8 个百分点，其中句容市降幅最大。全市酸雨平均发生率为 1.2%，降水年均 pH 值为 6.05。镇江市区、丹阳市、句容市、扬中市酸雨发生率分别为 0.0%、3.1%、0.0%、0.0%。全市酸雨平均发生率比上年下降 1.8 个百分点。（市生态环境局　魏建国）

【水环境质量】　2022 年，镇江市区征润洲水源地水质达标率为 100%。全市 4 个县级集中式饮用水水源地，丹阳市长江江心洲水源地、扬中市二墩港水源地、句容市北山水库和句容水库水源地水质达标率均为 100%，水质稳定。镇江市 21 个太湖流域考核断面水质达标率为 100%。优Ⅲ类断面占比为 100%，无劣Ⅴ类断面。镇江市长江干流水质为优，3 个监测断面水质类别均为Ⅱ类，达标率为 100%，水质稳定。主要入江支流总体水质为优，优Ⅲ类断面占比为 100%，优Ⅱ类断面占比为 81.2%，无劣Ⅴ类断面。

（市生态环境局　魏建国）

【声环境质量】　2022 年，镇江市区域声环境昼间噪声平均等效声级为 57.1 分贝，质量等级为三级，处于一般水平。全市 1～4 类功能区声环境昼、夜间等效声级年均值均达国家标准，与上年相比，1 类功能区昼间和夜间达标率有所下降，2 类功能区夜间达标率有所上升，其他功能区达标情况不变。全市道路交通噪

声昼间平均等效声级为63.7分贝，质量等级为一级，评价水平为好。（市生态环境局　魏建国）

【辐射环境】　2022年，镇江市辐射环境4个国控点和14个省控点监测结果表明，环境γ辐射吸收剂量率、土壤中主要放射性核素浓度值与江苏省环境天然放射性水平调查测量结果处于同一水平。重点饮用水水源地取水口放射性指标符合《生活饮用水卫生标准》(GB 5749—2022)要求。环境中电磁辐射监测结果均低于《电磁环境控制限值》(GB 8702—2014)中公众曝露控制限值要求。

（市生态环境局　魏建国）

长江生态保护

【概况】　2022年，镇江市推进长江大保护，以长江经济带“共抓大保护、不搞大开发”为导向，强化长江生态保护。整改重点问题。贯彻长江大保护要求，以中央环保督察为切入点，推进长江干流岸线清理整治，典型案例通报19个涉及违规占用岸线的问题，完成拆除17个项目，整体搬迁2个项目。开展长江岸线举一反三问题整改，全年拆除129个项目，拆除违章建筑物面积约19万平方米。打击长江非法采砂行为。发挥禁采办统领作用，协调各地各部门共同开展整治，累计出动执法艇巡查6909航次，执法队员巡查37981人次，抓获采砂船95艘，实现长江镇江段非法采砂基本禁绝目标。结合“扫黑除恶”实行常态化管理，自主研发的长江非法采砂船自动识别系统获国家专利。开展河道疏浚砂综合利用。镇江市作为江苏省首个疏浚砂综合利用试点城市，截至2022年年底，全市航道疏浚砂累计上岸630万吨，当年上岸疏浚砂258万吨。“政府搭台、特许经营、严格监管、适度拓展”的疏浚砂综合利用“镇江模式”获水利部、交通运输部推广。（市水利局　龚　源）

【长江沿线生物多样性保护】　2022年，镇江市开展生物多样性调查工作，镇江长江豚类省级自然保护区监测到维管束植物162种、陆生昆虫物种106种、鸟类86种、两栖爬行动物7种；镇江南山生物多样性调查发现野生动植物546种，其中，野生植物424种、野生动物122种，包括大叶榉树等国家二级保护野生植物2种、红隼等国家二级保护鸟类9种、泽漆等药用植物190种。“5·22”国际生物多样性日和“6·5”世界环境日期间，市生态环境局联合省、市等各级媒体和环保志愿者、社区群众参与宣传，介绍生物多样性保护工作对可持续发展和环境保护的重要性，呼吁全社会用实际行动致力于生物多样性保护。7月，镇江市“老渔夫”长江大保护志愿服务队、镇江市丹阳生活垃圾焚烧发电项目分别入选首批全省生态文明建设典型(12个)、生态文化宣传示范点(10个)。按照《江苏省国家级生态保护红线规划》和《江苏省生态空间管控区域规划》要求，建立生态环境、自然资源和规划、农业农村等部门联动的野生动植物和湿地保护管理机制，加强对“宝华玉兰”等珍贵植物资源和长江豚类等动物资源的保护。（市生态环境局　吕梓萱）

土地资源保护

【概况】　2022年，镇江市落实耕地保护和用途管制制度，从严管控建设占用耕地尤其是永久基本农田，严把非农建设占用耕地审批关，严守耕地红线。开展耕地保护责任目标考核，压紧、压实各级政府耕地保护主体责任。按照“统一底图、统一标准、统一规划、统一平台”工作要求，落实耕地占补平衡项目全过程监管。依法有序推进农村乱占耕地建房问题专项整治行动，强化卫片执法、综合执法和重点执法检查的综合运用，遏制耕地“非农化”，防止“非粮化”。在土地公有制性质不改变、耕地红线不突破、农民利益不受损“三条底线”基础上，推进农村土地制度改革各项工作。（市自规局　巫少群　傅　琰）

【耕地保护】　2022年，镇江市落实耕地保护制度，严格耕地用途管制，建立落实耕地保护责任检查考核、经济激励和社会监督机制；推进土地成片征收，落实耕地“进出平衡”，遏制耕地“非农化”，防止“非粮化”。丹阳市司徒镇、丹徒区宝堰镇获评省级耕地保护激励单位，分获专项奖励200万元。完成5.7万亩(3800公顷)宜复垦耕地后备资源调查评估，解冻增减挂钩农用地指标22943亩(1529.53公顷)；完成耕地占补平衡项目验收47个，新增耕地889亩(59.27公顷)。（市自规局　巫少群　傅　琰）

【违法用地处置】　2022年，镇江市开展违法违规用地历年督察、“三年行动”、“清零”行动、动态清零、农村乱占耕地建房、大棚房等专项整治，市委、市政府多次召开推进会，建立“约谈、承诺、问责”工作机制，对重点地区开展提醒约谈，督导整改，常态化推行“周调度、月通报”制度，推进整治各类存量违法违规用地6000余亩(400公顷)，拆除违法建筑近15万平方米，新增违法用地数量和面积均呈“断崖式下降”。丹阳市、京口区率先完成“清零”行动年度目标任务。

（市自规局　巫少群　傅　琰）

水资源保护

【概况】 2022年，镇江市各级水利部门依托河长制平台统筹各方力量，强化系统治理，推进幸福河湖建设。构建“市级河湖长抓统筹协调、县乡河湖长抓推动落实、村级河湖长抓巡查管护”的工作格局，全年各级河湖长履职超3万人次，解决各类问题2000多个。健全跨区域、跨部门联动机制，创新河湖长助力黑臭水体治理模式，发布河湖“红黑榜”，推动河湖系统治理，镇江市日供水万吨以上集中式饮用水水源地水质达标率以及国考断面优Ⅲ比例100%。建成34条幸福样板河湖、22个河湖长制公园。1人获评“江苏省最美基层河长”，2人获评“最美民间河长”，句容市《水韵赤山湖》获评全国“60秒看水美中国”优秀短视频，中央电视台《焦点访谈》栏目“点赞”镇江市河湖长制工作。（市水利局 徐鹏飞）

【水资源监测】 2022年，镇江市加强湖泊水生态、饮用水源地、地下水、入河排污口、边界河道、长江、大运河、运粮河支流等水质监测工作。全年监测项目50多个，监测站点347个，取水样2500多个，获水质数据6万多个。（镇江水文分局 蒋闻雨）

【《镇江市节约用水条例》实施】 2022年10月1日，《镇江市节约用水条例》（以下简称《条例》）开始实施。该《条例》是江苏省第四部、镇江市第一部关于水资源保护和节约利用的地方性法规，共分为六章34条，主要内容及特色为：厘清各部门节约用水职责范围、细化节约用水的管理方式、强化节约用水的主要措施、突出非常规水源的管理和利用、拓展节约用水的保障措施。《条例》的实施有利于提升水资源集约安全利用能力、水资源优化配置能力以及河湖生态保护治理能力，提供水安全保障。（市水利局 龚 源）

森林资源保护

【概况】 2022年，镇江市管护结合，未发生较大级以上森林火灾和人员伤亡事件，完成10株省级试点样树和1个古树群抢救复壮工作，全市累计救护陆生野生动物440余起，完成松材线虫病等重大林业有害生物年度防治任务。深化林长制改革，健全制度体系，市级林长开展巡林调研11人次，句容市在全省率先建成林长制综合管理平台。（市自规局 吴 翔）

【森林防灭火】 2022年，镇江市加强森林防灭火队伍建设，新增宝华、天王、茅管3支森林消防队伍。在森林火灾隐患排查整治和查处违规用火行为专项行动中，出动检查组人员72人次，排查整改隐患17处，教育劝导人员53人，有效控制违法用火现象。在林业安全生产大检查专项行动、“百日攻坚”行动、通信设施火灾隐患专项排查治理行动、林区输配电设施火灾隐患专项排查治理及冬季林业安全生产专项行动中，针对敏感区域开展“地毯式”排查，落实国务院安委会15条措施，做好森林防灭火领域各类安全检查工作。在重要节假日以及两会、冬奥、中共二十大等重大活动期间，分析研判森林防火形势，印发通知，提出措施要求，每日安排森林防灭火值班巡察人员600余人次，日常专业、半专业队每日备勤200人次，开展隐患排查，组织多轮检查督查，并即时向上报送工作动态。3月15日至4月15日，组织并部署森林防火宣传月活动。全年新建、改建10.6千米防火通道、27个森林防火语音播报器，以及防火值班室（检查站）7座、蓄水池70处1000余吨、焚烧池2个、生物隔离带500亩（33.33公顷），清理林下可燃物5000余亩（333.33公顷），购入防灭火物资300万元。全年全市未发生较大级以上森林火灾和人员伤亡事件，实现森林火灾年控制率1.2公顷/次以下，受害率0.3‰以下，火案查处率80%以上的目标。

（市自规局 吴 翔）

【古树名木保护】 2022年，镇江市自然资源和规划局对全市普查登记在册的383株古树名木明确责任单位或保护人，进行系统保护与管理。省林业局批准镇江市古树名木抢救复壮省级试点样树10株、古树群1个，分别为丹阳市、镇江新区各1株，丹徒区5株，润州区3株，句容市古树群1个。制作古树名木保护、抢救复壮等展牌进行宣传，发放宣传材料和宣传袋5000余份。制作古树名木保护视频在微信公众号上宣传发布；在市自然资源和规划局官网科普栏目上，发布图文并茂古树名木保护价值文章和古树名木画册电子版；在重点乡镇和苗木交易市场等悬挂打击破坏古树名木违法犯罪活动宣传标语100余幅。

（市自规局 吴 翔）

【野生动植物保护】 2022年，镇江市建立打击野生动植物非法贸易联席会议制度，组织开展全市森林湿地生态系统外来入侵物种普查，联合开展“清风行动”“网盾行动”，全市累计救护陆生野生动物440余起。完成镇江长江豚类省级自然保护区陆域生物多样性本底调查，发现野生动植物534种，其中国家重点保护野生动植物28种。句容市印发《句容市人民政府关于划定全市全境范围为野生动物禁猎区的通知》，划定野生动物禁猎区。宝华山国家森林公园组织开展人工繁育獐野外放归活动。在豚类自然保护区首次观测到全球极度濒危物种"鸟中大熊猫"青头潜鸭越冬种群,并被央视新闻客户端宣传报道。

（市自规局　吴　翔）

【林业有害生物防控】　2022 年,镇江市林业有害生物发生面积 19.31 万亩(1.29 万公顷),其中,病害发生面积 2.21 万亩(1473.33 公顷)、虫害发生面积 16.02 万亩(1.07 万公顷)、有害植物发生面积 1.07 万亩(713 公顷)。全市林业有害生物监测覆盖率为 98%,成灾率为 21.8‰,释放生物天敌周氏啮小蜂 1.74 亿头、管氏肿腿蜂 109 万头、花绒寄甲 138 万头,无公害防治率为 93%,全面完成松材线虫病等重大林业有害生物年度防治任务。推进松材线虫病疫情防控五年攻坚行动,拔除润州区韦岗街道、官塘桥街道两个疫点。对已拔除松材线虫病疫区的京口、镇江新区两地加强日常监测和巡查,确保疫情不反弹。强化松材线虫病疫木监管,严禁疫木加工,全市未发生疫木外流事件。秋季普查结果显示,全市松材线虫病发生总面积 22172 万亩(1478.13 公顷),病死松树 9705 株,比上年同期呈双下降趋势。强化美国白蛾监测防控工作,完善监测网络体系,开展美国白蛾等重大林业有害生物跨区域联防联治。开展林业植物检疫能力建设,强化林业植物检疫员培训和管理,开展调运检疫和复检工作,保障企业生产材料安全。开展林业有害生物防控执法行动和"5·12 林草生物灾害防控宣传周"开展系列活动。市自规局起草镇江市地方标准《林木黑翅土白蚁防控技术规程》,完成省林业科技创新与推广项目"松材线虫病无公害防治示范"。

（市自规局　吴　翔）

【林长制建设】　2022 年,镇江市印发《镇江市林长制市级会议制度(试行)》《镇江市林长巡林制度(试行)》《镇江市林长制信息报送和公开制度(试行)》《镇江市林长制办公室工作制度(试行)》《镇江市林长制市级督查制度(试行)》等五项制度,建立市、县、镇、村四级林长体系,全市设总林长 2 人、副总林长 14 人,县级林长 117 人,镇级林长 687 人,村级林长 718 人。落实巡林职责,统筹考虑全市林业资源实际,实行市级林长分区负责,将全市的省级以上自然保护地、国有林场、重要山体等 14 个重点生态区域明确为市级林长的责任区,各级总林长、副总林长开展巡林工作,全年市级林长开展巡林调研 11 人次,县级以下林长巡林调研 12695 人次。促进齐抓共管,印发《镇江市 2022 年林长制工作要点》,23 个成员单位及市检察院按照职责分工做好本职工作,协同推进林长制各项工作。建立林业案件多部门协作机制,句容试点建立"林长 + 警长"协作机制。句容市在全省率先建成林长制综合管理平台,成效多次被央视新闻频道推介,并获省政府激励表彰;依托森林资源丰富的自然公园、森林步道等,打造具有区域特色、覆盖森林资源、彰显文化内涵、兼备功能定位和主题风格的林长制主题公园,扬中建成镇江市第一个主题公园。镇江市林业局获评 2022 年度全国绿化先进集体。森林防灭火知识科普活动被中国科协评为 2022 年全国科普日优秀活动。《镇江市自然保护地整合优化》获 2022 年度江苏省优秀测绘地理信息工程项目一等奖。镇江句容构建"12336"林长制工作体系入选 2022 年度长三角地区林长制改革十大案例。

（市自规局　吴　翔）

湿地资源保护

【概况】　2022 年,镇江市印发《镇江市"十四五"长江经济带湿地保护修复实施方案》《关于建立健全自然保护地体系的实施方案》,修复湿地 1500 亩(100 公顷),全市湿地保有量 4.18 万公顷,自然湿地保护率 65.1%,新建湿地保护小区 5 处。赤山湖国家湿地公园被认定为 2022 年国家青少年自然教育绿色营地。

（市自规局　吴　翔）

【湿地保护】　2022 年,镇江市分解落实各市(区)湿地保护工作目标任务,湿地保护率 47.16%,自然湿地保护率 65.1%。加强湿地保护小区建设管理,累计新增湿地保护面积 2159.15 公顷。扬中市编制完成《扬中市东江地区湿地保护总体规划》,明确东江地区湿地保护形式、保护范围和建设时序等内容,推进湿地保护工作。

（市自规局　吴　翔）

节能减排

【概况】　2022 年,镇江市把碳达峰碳中和工作贯穿于经济社会发展全过程,加快发展方式绿色转型,实施全面节约战略。建立完善工作机制,成立市碳达峰碳中和工作领导小组,组建"双碳"工作专班,定期加强工作跟踪调度。加强对全市排放峰值及其实现路径等问题研究,与省工程咨询中心利用全市碳排放变化趋势分析模型,谋划镇江市达峰时间表和路线图,形成镇江实现碳达峰碳中和的研究报告。印发《镇江市 2022 年碳达峰碳中和工作要点》,实施产业绿色低碳转型行动、能源绿色低碳转型行动、绿色低碳科技创新行动、节能增效水平提升行动等“双碳八大行动”，开展分行业、分领域达峰研究，构建碳达峰、碳中和政策体系。

镇江市世业洲启动江苏省首个近零碳岛建设，实施绿色生态、生物污水处理、农田土壤改良、岛内生态环境治理、生物质农业热电联产、光伏发电、智慧农业、垃圾分类、节能服务、碳普惠全民行动十大工程。6月2日，丹徒区政府、镇江市生态环境局、镇江市工商联、镇江市政协人口资源环境委员会主办，丹徒区世业镇政府、镇江市丹徒生态环境局、江苏开物科技发展有限公司承办的“共享碳普惠，共建零碳岛”——世业洲近零碳岛建设暨“碳惠宜”平台上线启动仪式在世业洲举行。

（市发改委　朱海洋　市生态环境局　颜正清）

图42　2022年6月2日，世业洲近零碳岛建设暨“碳惠宜”平台上线启动仪式举行　（市生态环境局　颜正清　供稿）

【能耗管控】　2022年，镇江市优化完善能耗强度和总量双控制度，遏制高耗能、高排放、低水平项目盲目发展。强化总量目标管理，要求各（市）区根据五年规划期地区生产总值预期增速目标和能耗强度降低基本目标，确定能源消费总量预期目标，定期对能耗双控目标进展情况进行评估分析，调度能耗量较大的项目建设投产情况，及时开展预警管控。规范项目节能审查，制定印发《关于进一步加强固定资产投资项目节能审查管理工作的实施意见（试行）》，明确项目管理审批权限，强化固定资产投资项目节能审查的全生命周期服务管理，严格把控新上项目能耗关口，提高能耗资源配置效率。加强重点项目管理，实施在建、拟建、存量“两高”项目动态化管理。开展专项检查工作，对于问题项目加强剖析会商，对于手续不全、能效水平未达到要求的项目加快推进分类整改。　（市发改委　朱海洋）

【项目合理用能保障】　2022年，镇江市处理好节能降耗和经济社会发展的关系，合理保障经济社会发展和民生改善合理用能。优化能耗总量分配，建立重大项目能耗指标保障联动机制，印发《关于做好节能审查工作保障重大项目用能需求的通知》，对全市重点优质项目节能审查做好政策指导和支撑，明确新增可再生能源以及原料用能不纳入地方能源消费总量考核，推动能耗要素资源向主导产业、重点项目集中。加强用能合理调配，实施能耗指标随产能跨区域转移，优化全市范围能耗总量腾挪空间的调配，制定《镇江市能耗替代指标管理暂行办法》，推进能耗替代指标优化配置，全年先后协调超15万吨标煤的能耗替代来源，保障诺贝丽斯汽车板冷轧铝卷等重点项目用能需求。加强跟踪指导，实施项目全生命周期服务机制，提升审批效率和服务水平，全年129个新建全市重大产业项目95%通过节能审查。

（市发改委　朱海洋）

【资源循环利用】　2022年，镇江市建立健全绿色低碳循环发展经济体系。推行循环发展，制定印发《关于加快建立健全绿色低碳循环发展经济体系的实施方案》，推行绿色生产、绿色流通、绿色生活、绿色消费等，构建绿色低碳循环发展的生产体系、流通体系。开展禁塑行动，围绕“生产、流通、使用、回收、处置”等重点环节，印发《镇江市2022年塑料污染治理工作要点》，推进全市塑料污染治理工作。严格禁止类项目准入，开展邮政快递业、旅游景区塑料污染治理和农膜使用控制，开展废塑料加工利用行业违法行为专项行动。提升产业园区循环化水平，推动资源高效利用项目落地建设，实现污染物“资源化、减量化、循环化”利用。全年丹徒经济开发区、镇江新区新材料产业园分别实施绿色循环制造项目3个、25个，节约能耗超2万吨标煤。普拉德环保科技固体废物综合利用项目、镇钛化工公司25万吨/年硫黄制酸低温余热回收项目、江南化工草甘膦生产节能减排项目的实施，均提高能源资源使用效率。

（市发改委　朱海洋）

【低碳绿色发展】　2022年，镇江市加大绿色金融支持力度，印发《镇江市绿色金融“白名单”工作方案》，发布60家绿色金融企业白名单，加强金融机构对绿色企业的支持力度。截至年底,2 批 60 家企业获授信超 200 亿元,全年获贷款超 25 亿元。加强污染治理和节能减碳领域的项目储备,按照中央预算资金申报要求加强项目管理。镇江市餐厨废弃物及市政污泥协同处理二期工程项目获专项资金 2000 万元支持。推进智慧能源和碳管理平台建设,配合市供电公司收集整理煤、电、油、气等能源数据,提升能源和碳排放管理平台的应用分析能力。

(市发改委　朱海洋)

污染防治

【概况】 2022 年,镇江市实施年度大气污染防治工程 760 项、水污染防治项目 37 项,削减化学需氧量 1662 吨、氨氮 87 吨,挥发性有机物减排 1553 吨、氮氧化物减排 1397 吨。全年列入江苏省生态环境基础设施重点工程名单项目 49 个(续建项目 23 个,新建项目 26 个),其中,丹阳市 15 个、句容市 9 个、扬中市 7 个、丹徒区 7 个、京口区 2 个、镇江新区 8 个、市级 1 个,26 个新建项目开工率为 100%,39 个应完工项目完工率为 100%。推进农村生活污水治理设施建设,全市年内完成农村生活污水治理"双 60"(自然村 60% 的农村完成治理视为自然村完成治理,行政村 60% 的自然村完成治理)行政村 58 个,治理率 35.1%;新增农村生活污水治理农户数 22409 户,完成省下达目标。长江江苏段供油作业船舶和污染物接收船舶实现 CCTV 自主监控全覆盖,"一零两全四免费"治理机制落实率 100%,船舶水污染物联合监管与服务信息系统到港船舶注册率 99.75%。2022 年,镇江市危险废物经营单位有 22 家,危险废物收集利用处置能力 43.575 万吨,基本满足全市危险废物处置需求。其中,焚烧 5.04 万吨/年、填埋 12 万吨/年、综合利用 18.635 万吨/年,收集能力 7.9 万吨/年(废铅酸蓄电池收集能力 3.8 万吨、废矿物油收集能力 1.5 万吨,5 家危险废物集中收集贮存试点收集能力 2.6 万吨)。镇江市医疗废物年处置能力 3380 吨,其中,高温蒸煮 3300 吨、焚烧 80 吨。重点危险废物产生单位规范化管理抽查合格率和经营单位规范化管理抽查合格率分别为 100% 和 94.74%。 (市生态环境局　陈　嵘)

【市污染防治综合监管平台运行情况】 2022 年,镇江市污染防治综合监管平台纳入问题线索 15984 条,办结 15716 条,其中,"12345"热线 12281 条,占比 76.8%;日常检查和环保移动执法 1732 条,占比 10.8%;数字城管 279 条,占比 1.7%;工况异常和在线监控超标 1114 条,占比 7.0%。问题线索涉及大气污染线索占比 44.5%、噪声污染占比 22.6%、固废污染占比 7.7%、水污染占比 17.8%、土壤污染占比 0.4%、其他污染占比 7.2%。线索处置过程中产生预警 3 个,预警率 0.02%,截至 12 月底,所有预警均消除。

(市生态环境局　阙　薇)

【大气污染防治】 2022 年,镇江市生态环境局与全市火电、钢铁、水泥、碳素、垃圾焚烧等 30 家重点排放企业协商排定,通过提升废气治理设施运行效率等方式实施友好减排,分行业建立企业工作群,每日公布各家企业排放浓度和总量减排情况。4 月—8 月,全市工业企业二氧化硫、氮氧化物、烟尘日均排放量比 1 月—3 月分别下降 11%、13%、17%。9 月—12 月,督促 41 家排放大户通过采取"提升治理设施效率、降低生产负荷、调整检修日期"等方式减排,9 月—12 月,全市二氧化硫、氮氧化物、烟尘三项污染物月均排放量比 8 月分别下降 29.7%、21.2%、21.6%。制定《镇江市 2022—2023 年冬春季大气环境质量深度减排管控方案》,根据不同污染程度适时启动常态、Ⅲ、Ⅱ、Ⅰ四个级别管控,重点工业企业、施工工地、港口码头、道路保洁、柴油货车、生活面源分别落实管控措施。推进 3 家统调电厂燃煤机组全负荷脱硝改造,机组 NOx 排放稳定达标。推进 3 家钢铁、2 家水泥熟料企业全流程超低排放改造,江苏鸿泰钢铁有限公司有组织超低排放改造通过评估监测,江苏鹤林水泥有限公司完成 SCR 脱硝改造、句容台泥水泥有限公司启动 SCR 脱硝改造。推进全市垃圾焚烧行业氮氧化物超低排放改造,句容绿色动力再生能源有限公司、光大环保能源(镇江)有限公司分别完成 SER、PNCR 脱硝改造。 (市生态环境局　马万翔)

【水污染防治】 2022 年,镇江市健全河湖长制,推进水环境治理"三源共治"(警源、诉源、访源),开展专项整治涉酚企业 21 家、水污染物省级以上工业园区 10 个、太湖地区涉磷企业 927 家、黑臭水体 10 条,完成长江入江入河排口 2516 个,整治太湖流域排口"一口一策"545 个。全年投入资金 8.3 亿元,组织实施饮用水水源保护、污染减排、生态流量保障、水生态保护修复等 5 大类 37 个重点工程,建设城镇污水收集治理提质增效达标区 13 个,提升收集处理率。加强跟踪预警监测和分析研判,实施控源截污、清淤疏浚、支流污染管控、水生态修复等综合治理工作,保障水质稳定达标。镇江市国考断面优Ⅲ比例为 100%,长江干流水质稳定Ⅱ类,地表水无劣Ⅴ类水体,Ⅱ类水质比例 51.1%,地表水环境质量综合指数(CWQI)全省排名前列。 (市生态环境局　朱　平)

环境管理

【概况】 2022 年,镇江市生态环境局审批建设项目环境影响评价文件 43 个,全市生态环境部门审批建设项目环境影响评价文件 605 个,登记表备案 1499 个项目。办理辐射安全许可申领、变更、延续、重领、注销 204 件,办理辐射建设项目环评审批 24 件,其中,核技术应用项目 17 件、电磁类电项目 7 件。污染源在线监控系统覆盖全市重点排污企业单位 239 家,安装视频监控系统企业 74 家、用电数据监控企业 596 家,在全省率先对 16 家重点涉气企业实施污染源在线监控"远程质控"。加强企业环保信用管理,截至年底,全市参评企事业单位 3269 家,数量比上年增长 10.7%,其中,绿色企业 5 家、蓝色企业 3241 家、黄色企业 16 家、红色企业 0 家、黑色企业 7 家。加强整治脱硫脱硝、煤改气、挥发性有机物回收、污水处理、粉尘治理、RTO 焚烧炉等六类环境治理设施安全隐患,全年排查涉及六类环境治理设施化工企业 991 家次,发现问题 956 个,立案查处 76 件。深化核与辐射安全管理,排查核技术利用单位 12 家,整改隐患问题 17 个,监督检查 2 家外省单位伽马移动探伤首次现场作业 4 次,排查督促 1 家单位及时送贮闲置放射源 1 枚。3 月,市生态环境综合行政执法局立案调查丹阳某热电有限公司未按时足额清缴碳排放配额的行为,为全市首例查办涉及碳排放环境违法案件。8 月,镇江市某屠宰有限公司在市生态环境局完成排污权抵押登记备案,农业银行润州支行以排污权抵押组合贷款的形式向该企业授信 300 万元,为全市首笔落地排污权抵押贷款。10 月,市生态环境局与镇江新区生态环境和应急管理局及镇江新区公安分局、镇江新区社会发展局在江苏索普新材料科技有限公司组织开展辐射事故应急演习。 (市生态环境局 韩 俊 金 东)

【环境监测】 2022 年,江苏省镇江环境监测中心完成大气监测例行分析报告 425 份,预警预测报告 111 份;出具自动监测数据 484.6 万个,手工监测数据 2.53 万个,质控数据 7.89 万个。开展颗粒物网格热点、灰霾站和 VOCs 污染源巡查 168 次;完成大气溯源监测检查 1040 次,发现问题 758 个,出具各类溯源分析报告 102 份。完成水环境监测例行分析报告 96 份,预警预测报告 47 份;出具自动监测数据 126.1 万个,手工监测数据约 2 万个,质控数据 2.88 万个;开展溯源监测 297 次,出具溯源专项报告 11 份。完成国家网土壤质量监测数据 5 个,省控网土壤质量监测数据 863 个、质控数据 228 个。完成 8 个国控点位和 3 个省控点位地下水的全年数据审核报送工作。完成生态遥感解译、城市空气微生物、水产品中残毒残留物质以及 8 个地表水断面水生态等监测工作。完成土壤特色实验室建设、分析能力开发和技术人员储备工作,无人机监测小组落地成功,拓展微塑料污染研究、土壤和地下水溯源监测等环境监测新领域工作。全年江苏省镇江环境监测中心立项市厅级课题 3 项,验收及结题 5 项,申请各类专利 10 项,完成各级论文 16 篇。

(市生态环境局 赵海荣)

【中高考期间"绿色护考"行动】 2022 年中高考期间,镇江市加强环境宣传,组织环境执法人员对各考点周边工地、噪声源等点位进行巡回宣传,发放各类宣传资料 200 多份。强化噪声管控,执行《中华人民共和国噪声污染防治法》,加大噪声超标查处力度,高考期间,停止施工考点附近所有可能产生噪声污染的施工单位,严控居民敏感集中区域社会噪声,劝止点位噪声问题 14 个,责令整改 4 起。严控大气污染,全面排查整改学校、考点周边可能影响考试区域环境的废气、异味、油烟等;开展蓝天保卫战"利剑"行动,加强对工地扬尘污染、机动车尾气超标、餐饮油烟直排等大气污染行为的联合执法,6 月 7 日—9 日,镇江市区 $PM_{2.5}$浓度为 29 微克/立方米,比上年下降 8.4%。 (市生态环境局 李志明)

【绿色发展领军企业培育】 2022 年,镇江市恒顺醋业等 7 家企业获评江苏省 2022 年度绿色发展领军企业。市生态环境局、市工商联推进实施镇江市绿色发展领军企业培育计划,鼓励企业将减污降碳源头治理融入发展战略,担负起绿色发展主体责任;选择有潜力、有资质的企业,建立绿色发展领军企业培育储备库,通过举办"惠企纾困稳经济"视频培训会等方式,解读绿色领军企业申报方式、申报资料重点内容,以及绿色领军企业优享政策等;兑现财税政策支持、包容审慎监管等 23 条正

表 62 镇江市入选江苏省 2022 年度绿色发展领军企业名单表

序号	企业名称
1	镇江北新建材有限公司
2	句容台泥水泥有限公司
3	江苏恒顺醋业股份有限公司
4	江苏索普化工股份有限公司
5	镇江奇美化工有限公司
6	金东纸业(江苏)股份有限公司
7	中节能太阳能科技(镇江)有限公司

(市生态环境局 黄 璐)

向激励措施，帮助企业降低经营发展成本，提高企业减污降碳源头治理动力。（市生态环境局　黄　璐）

【应急联动建设】　2022年11月，镇江市生态环境局与市消防救援支队签订联动合作协议，双方以预防和快速妥善处置各类次生突发环境事件为目标，明确信息互通、资源共享、演训互融、平时互助、战时互动原则，建立信息通报、物资联用、合作交流、资源共享、联合演练、联席会议等六项工作机制，提高镇江市在应对火灾、交通、生产安全等事故引发次生突发环境事件的预防和应急响应处置能力。同时，由江苏省环境应急与事故调查中心、市生态环境局、市消防救援支队三方合作共建的镇江市环境和消防应急物资库暨江苏省生态环境厅环境应急物资苏南分库投入使用，该库储备有吸油棉、防火服等各类环境和消防应急物资。（市生态环境局　孙　杰）

太湖流域水污染防治

【概况】　2022年，镇江市21个太湖流域考核断面水质达标率为100%，全面消除劣V类断面，完成主要水污染物总量减排任务。完成目标责任书中12项重大治太工程项目建设，工程项目内容涉及控源治污、城乡污水收集处理、农业农村污染治理等。强化太湖排污口排查整治，完成整治排口545个。强化突出工业污染源头治理，完成592家涉磷企业规范化整治。加快推进产业转型升级，完成21家重点企业强制性清洁生产审核。加强城镇生活污染治理，全年开工建设污水处理能力1.5万吨/日、新建污水管网15千米。强化农业农村面源污染治理，全市新增农村生活污水治理22409户，新增完成治理行政村58个。

（市生态环境局　张启帆）

【畜禽粪污资源化利用】　2022年，镇江市推进畜禽粪污资源化利用，对全市规模、小规模养殖场户重新摸底排查，建立年度养殖场清单，全市有规模场420家、小规模场480家，其中789家养殖场户列入年度巩固提升清单，畜禽粪污年度综合利用率97%。推进水产健康养殖，实施池塘生态化改造7486亩(499.07公顷)，开展养殖尾水达标排放或循环利用示范推广面积846.6亩(56.44公顷)。

（市生态环境局　张启帆）

表63　2022年度镇江市太湖流域水污染防治重点工程(当年投资500万元以上)完成情况表

项目名称	实施地点	主要建设内容及规模	年内实际投资(万元)	完成情况
丹阳市九曲河备用水源地达标建设工程	丹阳市	取水泵站建设规模10万吨/天，装机3用一备，流量1400立方米/小时；输水管线建设长度5.5千米；在肖梁河与九曲河交汇处新建拦水坝、水闸、泵站各1座。建设期限为2021—2022年。2022年投资9725万元	9725	完成
2022年丹阳市污水处理设施配套污水管网工程	丹阳市	2022年投资4500万元，在全市范围内建设污水管网15千米	4500	完成
谷阳湖流域支河源头治理项目	丹徒区	本工程分为三期：一期改造包含四个小区，立管改造14106米，埋地管网改造9151米(出户管连接检查井4980米、雨水口混接改造190米、埋地管网混接改造3981米)，缺陷管网修复1746米；二期改造完善五个小区排水管网，排水立管改造4174米，埋地管网改造1423米；三期改造完善18个小区排水管网，排水立管改造12432米，埋地管网改造3591米。建设期限为2022年，投资3000万元	3000	完成
三山片区污水管网完善整改工程	丹徒区	三山片区污水管网完善整改工程。申请调整后的建设内容及规模：铁塔路新建DN400污水管道约581米；恒山路和三山老街新建DN400污水管道约1410米；黄序村新建DN300污水管道(农村污水纳管)约2815米；南岗河新建DN300过河污水收集管35米，新建污水收集池1座，截流养殖污水；南岗河上游河道清淤330米；缺陷管道整改，主要为跃进河两侧、湖山路两侧、铁塔路西段雨污管道整改	799	完成
丹阳市2021年农村黑臭河清淤整治工程	丹阳市	清淤整治河道5条计37.971千米，建设期限为2021年—2022年，2022年投资1200万元	1200	完成

（市生态环境局　张启帆）

综　述

【科创主体培育】　2022年，镇江市推进高新技术企业培育“小升高”行动，集成资源打造标杆性创新企业，全年新认定高新技术企业533家，大全集团等9家企业进入省创新型领军企业培育库。设立科技型中小企业专项，备案科技型中小企业2255家。推动“瞪羚”“独角兽”企业加速涌现，新增“瞪羚”企业12家，美科太阳能公司获评省“独角兽”企业，海姆霍兹、矽佳测试等公司获评潜在“独角兽”企业，评选科技创新“梦溪奖”企业10家。通过“赛马”机制打造试点示范，促进孵化载体提质增效，全年新增省级以上科技孵化载体7家，其中国家级4家。成立省级科研事业单位江苏省船舶与海洋工程设计研究院，汇聚船舶海工领域高端创新资源，打造全省船舶海工产业研发设计平台、成果转化中心和人才培养基地。依托江苏大学农机优势学科，争创智能农机领域全国重点实验室。按照“总院+专业所”的模式，推动市产业技术研究院实体化运作，开展新型研发机构落地融合行动，挂牌市产业技术研究院新型研发机构专业所4家、预备所3家。　（市科技局　许开飞）

【科创环境打造】　2022年，镇江市科技局与市人才办组织实施人才平台提升、产业链人才赋能、青年人才“归雁”三大计划，强化科技人才对产业强市的战略支撑。围绕四大主导产业集群，布局建设4个人才攻关联合体，构建“人才引领+协同攻关”运行模式，集聚科技领军人才和创新团队，合力破解“卡脖子”技术难题。编制科技政策“一图读懂”，推动科技创新、助企纾困等政策举措落地，累计为孵化器内420多家科技中小企业免除相关租金1000多万元，全市高新技术企业所得税税额减免约15亿元，企业研发经费加计扣除抵扣应纳税所得额约95亿元。创新设立科技创新“拨改投”产业投资合作资金，助力科技成果加速转化，助推成长期内科技企业加速发展。推动“苏科贷”“高企贷”等科技金融产品更多支持科技型企业，全年为270多家科技型中小企业提供科技贷款13亿元，举办“政产学研金合作大会暨创新要素资源集聚签约活动”，促成6家银行金融机构为全市科技企业授信330亿元。与市地方金融管理局开展2022年度镇江市科技企业融资需求问卷调查活动，征集融资需求77项。与镇江银保监局下发《关于开展科技型中小企业银企融资对接专项行动的通知》，与江苏银行深入实施“科技领跑者计划”。全年累计为290多家科技型中小企业提供科技贷款超13亿元。聚焦创新创业企业融资难、融资贵等问题，开展“科技金融进孵化器”系列活动，推动更多金融机构投早、投小、投科技。推进科技体制机制改革，《应用研究类科技成果评价规范》地方标准获批立项，《科技类校外培训机构准入实施办法》在全省率先出台。便利化外国人来华工作审批办理，“外国人来华工作、居留许可联办专窗”业务覆盖至京口区、润州区和镇江高新区，全年完成外国人来华工作许可审批636件，引进外国来华工作人员274人，全年持证外国高端人才和专业人才618人。　（市科技局　许开飞　卢永慧）

【技术合同成交】　2022年，镇江市推进技术合同登记认定工作，与市财政局出台《镇江市技术转移奖补资金实施细则》。全市登记技术合同4530项，成交额125.79亿元，比上年增长25.59%。其中，技术开发合同1548项，合同成交额49.30亿元；技术转让合同320项，合同成交额14.71亿元；技术咨询合同134

项，合同成交额0.57亿元；技术服务合同2526项，合同成交额61.21亿元。 （市科技局 曹宏兵）

【产业技术攻坚】 2022年，镇江市围绕高性能材料、高端装备、新一代信息技术、医疗器械与生物医药等领域重大关键技术，设立企业科技攻关（揭榜挂帅）引导资金，发布“揭榜挂帅”产业关键技术需求57项，成功解决企业“卡脖子”技术难题16项。支持传统产业绿色升级，召开东南大学“双碳”领域专场产学研对接会，实施“碳达峰碳中和”科技创新专项33项。与中国技术交易所共建镇江绿色技术交易服务中心，累计发布低碳绿色领域技术成果133项，通过对接达成低碳技术合作40项。发力供需两侧，扩大镇江产学研合作“朋友圈”，举办“第七届中国创新挑战赛（镇江）暨2022年高校院所走进镇江产学研合作大会”等活动，市政府与东南大学、江苏产研院签署全面深化产学研合作协议，促成各类产学研合作550余项，新建校企联盟53家。 （市科技局 许开飞）

【科技创新获奖情况】 2022年，镇江市获江苏省科学技术奖34项，其中一等奖6项、二等奖10项、三等奖18项。江苏鼎胜新能源材料股份有限公司承担的“高比能高安全抗衰减动力电池集流体超薄铝箔研发及产业化”等5个项目获省科技成果转化专项资金项目立项，支持总经费6000万元。

（市科技局 郭秋丽 曹宏兵）

表64 2022年镇江市获江苏省科学技术奖项目一览表

序号	获奖等次	获奖项目名称	完成单位	主要完成人
1	省科学技术奖一等奖	高性能复杂构件激光沉积复合制造关键技术及工程应用	江苏大学、浙江工业大学、大连理工大学、沈阳航空航天大学、南京中科煜宸激光技术有限公司、山东能源重型装备制造集团有限责任公司	鲁金忠、张群莉、马广义、卢海飞、钦兰云、王梁、蒋士春、陈波、徐祥、周思雨
2		自身免疫病与工程化细胞干预的基础研究	南京鼓楼医院、东南大学、江苏大学、南京大学	孙凌云、赵远锦、钱晖、侯亚义、王丹丹、冯学兵、耿林玉、姚根宏、袁欣然
3		基于直流母线电压信息的规模化光伏储能变换器控制关键技术及工程应用	河海大学、清华大学、爱士惟新能源技术（扬中）有限公司、特变电工新疆新能源股份有限公司、爱士惟科技（上海）有限公司	张犁、孙凯、周洪伟、卢盈、李永东、肖曦、王文波、龚元平、刘淇
4		大型固体火箭发动机全复合材料燃烧室的关键技术研发及应用	江苏新扬新材料股份有限公司、湖北航天技术研究院总体设计所、大连理工大学、江苏科技大学、沈阳航空航天大学、南京航空航天大学	李俊、杨恒、赵飞、张彬、凌宏杰、陈平、李邦旭、熊需海、李飘、汤伟、郭传航
5		复杂荷载—环境耦合作用下桥梁多灾害推演及防控关键技术与应用	东南大学、华设设计集团股份有限公司、中铁桥隧技术有限公司、江苏科技大学、天津大学、江苏容大减震科技股份有限公司	郭彤、朱劲松、熊文、张文明、丁幼亮、韩大章、刘中祥、张志强、刘兴旺、潘志宏、张敏
6		食用菌采后减损保质关键技术开发与应用	南京财经大学、南京农业大学、东南大学、中国药科大学、南京林业大学、江苏江南生物科技有限公司、江苏香如生物科技股份有限公司、江苏华绿生物科技股份有限公司、灌南县金凯包装有限公司	胡秋辉、杨文建、赵立艳、裴斐、方东路、赵林度、曹崇江、马宁、徐相如、杨华平、耿志青
7	省科学技术奖二等奖	大型固液混输系统设计理论及关键技术与工程应用	江苏大学、南通大学、亚太泵阀有限公司、南通中远海运船务工程有限公司、中海油能源发展股份有限公司工程技术分公司、襄阳五二五泵业有限公司、山东心传矿山机电设备有限公司、江西耐普矿机股份有限公司	施卫东、彭光杰、田飞、周岭、曹宇鹏、杜丹阳、王振刚、胡自强、张成华、吴志宏、潘波
8		基于生物质本征特性的共热解理论与气化技术应用	江苏大学、江苏太湖锅炉股份有限公司、天津华能北方热力设备有限公司	王爽、胡亚敏、王立群、顾利平、曹斌、朱华东、王瑞广、罗晖、蒋鼎、袁川
9		复杂环境下大型智能消防灭火装备关键技术研究及工程应用	江苏大学、应急管理部上海消防研究所、合肥工业大学、江苏振华海科装备科技股份有限公司、上海凯泉泵业（集团）有限公司、江苏深渡消防装备科技有限公司、上海倍安实业有限公司、捷达消防科技（苏州）股份有限公司	张金凤、王秀礼、赵媛媛、杨志军、燕浩、袁霄、郗忠才、纪炜、向清江、曹璞钰、吴圣禹
10		胃癌微环境细胞网络调控分子基础及临床转化	江苏大学、江苏大学附属人民医院、江苏大学附属澳洋医院、连云港市第一人民医院	张徐、许文荣、林琼、蒋鹏程、史惠、张文波、孙爱琴、沈烨、李伟
11		面向药品乳品高速高精柔性包装智能成套装备研发及产业化	江苏仅一联合智造有限公司、南京理工大学、南京工程学院	殷祥根、徐夏强、孙中圣、李金国、张剑书、陈锋、吴立亚、周进军、高海峰、张小平、王威
12		高性能预制桩关键技术研发与应用	建华建材（中国）有限公司、江苏省建筑科学研究院有限公司、华东建筑设计研究院有限公司、郑州大学、天津大学、江苏劲基晟华建设工程有限公司	张雁、李斌斌、王卫东、周同和、郑刚、邓亚光、于诚、金忠良、刘畅、吴江斌、王新玲

续表 64

序号	获奖等次	获奖项目名称	完成单位	主要完成人
13	省科学技术奖二等奖	大规模电动汽车智能高效充电系统关键技术及应用	万帮数字能源股份有限公司、江苏大学	袁朝春、何友国、杨立军、蔡宪逸、张育铭、李宏庆、杨志、陈明君、刘涛、朱君亮
14		基于SiP封装的设施农牧业高可靠性生境传感系统创制及应用	江苏长电科技股份有限公司、江苏大学、东南大学、江苏省农业科学院、江苏省畜牧总站、浙江托普云农科技股份有限公司	杨宁、张晓东、潘孝青、林耀剑、孙立博、张敏、朱旭华、吴刚山、严康、张荣标、李宗怿
15		海洋全景实时三维智能探测装备关键技术及产业化	中科探海(苏州)海洋科技有限责任公司、南京工程学院、江苏科技大学、河海大学、江苏中海达海洋信息技术有限公司、渤海石油航务建筑工程有限责任公司	刘维、陈巍、王彪、李建、郭铁铮、陈国军、张建德、任申真、刘冲、徐梦溪、章仲怡
16		超大型冷却塔结构抗风理论与关键技术及应用	南京航空航天大学、同济大学、中国电力工程顾问集团西北电力设计院有限公司、中国能源建设集团江苏省电力设计院有限公司、山东电力工程咨询院有限公司、中国能源建设集团广东省电力设计研究院有限公司、江苏华电句容发电有限公司	柯世堂、赵林、葛耀君、侯宪安、王浩、杨杰、孙文、卢红前、刘东华、任贺贺、夏文祥
17	省科学技术奖三等奖	高阶滑模控制理论及其在电动汽车系统中的应用	江苏大学	丁世宏、马莉、孙金林、梅珂琪、姬伟、刘陆
18		传统固态发酵关键技术的智能化创新及应用	江苏大学、江苏恒顺醋业股份有限公司、中国检验检疫科学研究院	石吉勇、邹小波、李志华、李信、张新爱、张九凯、申婷婷、崔鹏景、孙宗保、欧阳琴、赵杰文
19		车用高性能永磁电机系统关键技术及应用	江苏大学、江苏微特利电机股份有限公司、江苏超力电器有限公司、南京金龙客车制造有限公司	孙晓东、李可、田翔、陈龙、盘朝奉、刁凯凯、宫建军、邓福军、张平
20		丘陵山区果蔬茶灌溉装备关键技术与应用	江苏大学、华维节水科技集团股份有限公司、江苏丘陵地区镇江农业科学研究所、江苏华源节水股份有限公司、江苏旺达喷灌机有限公司	刘俊萍、李红、吕名礼、朱兴业、毛妮妮、汤玲迪、王新坤、邱志鹏、张中华、高志俊
21		面向社会公共安全的复杂环境视觉语音人物行为分析关键技术及应用	江苏大学、中国科学院自动化研究所、新疆联海创智信息科技有限公司、江苏科海智能系统有限公司	毛启容、成科扬、张飞飞、师文喜、高利剑、彭长生、詹永照、姜震
22		船舶管系数字化设计制造关键技术及装备的研发与应用	江苏科技大学、江苏阳明船舶装备制造技术有限公司、江苏现代造船技术有限公司、上海外高桥造船有限公司、江苏新时代造船有限公司、招商局重工(江苏)有限公司	邹家生、王炬成、严铿、刘建峰、许祥平、朱韩钢、陈旭东、高霆、高飞、施志强、叶友利
23		高穿透快响应型混合液晶材料研发及产业化	江苏和成显示科技有限公司、南京大学	陈昭远、丁文全、杨亚非、贺迪、王盼盼、胡伟、陈鹏、葛士军
24		镇糯系列品种的选育与应用	江苏丘陵地区镇江农业科学研究所	景德道、林添资、龚红兵、钱华飞、杜灿灿、胡庆峰、刘红胜、刘永健、李闯、曾生元、余波
25		基于超大容量光传输混合集成的阵列式可调谐光源关键技术开发与应用	江苏奥雷光电有限公司、南京大学	陈岭、施跃春、陈向飞、张光、薛京谷、于佩、缪玉箫、杨伟平、张金辉、杨丽、张晓玲
26		高效高可靠智能船舶岸电系统关键技术及应用	江苏镇安电力设备有限公司、江苏科技大学	杨奕飞、张健鹏、袁伟、苏贞、王立新、叶慧、吴振飞、吴百公、许静、何祖军、张群峰
27		风力发电机组宽频高性能系列弹性支撑研发与应用	江苏铁科新材料股份有限公司、江苏科技大学	朱成顺、张辉、吕珏、谭飞、丁雷、方喜峰 、潘晨辉 、时文庆、杨凯航
28		农田环境新污染物识别筛查、生态效应与风险防控关键技术与应用	生态环境部南京环境科学研究所、江苏大学、南京信息工程大学、农业农村部农药检定所、江苏省农药总站	卜元卿、王娜、张祯、宋宁慧、陈敏东、吴文铸、林荣华、周蓉、钱忠海、孔祥吉、单正军
29		神经模糊智能：从广义模糊系统、迁移与协同到深度可解释学习	江南大学、江苏科技大学	王士同、邓赵红、沈红斌、吴小俊、蒋亦樟、张远鹏
30		大尺寸高强韧铝轮毂半固态流变成型关键技术研发及产业化	江苏凯特汽车部件有限公司、有研金属复材技术有限公司、大亚车轮制造有限公司、河海大学、常州机电职业技术学院、南京林业大学、中国机械总院集团江苏分院有限公司、江苏今创控股集团有限公司	李萍、张志峰、何国元、田泽、任芳容、管歆格、高锋、刘江、朱文杰、高志华、张伟斌

续表 64

序号	获奖等次	获奖项目名称	完成单位	主要完成人
31	省科学技术奖三等奖	桥梁超高强度钢构件制造关键技术及应用	中铁宝桥(扬州)有限公司、中铁宝桥集团有限公司、江苏科技大学、中铁大桥局第七工程有限公司	刘志刚、吴江波、李瑞峰、李彦国、袁俊、薛喆彦、穆长春、曹林、朱新华、刘生奇、李涛涛
32		钢铁流程固废高效资源化利用技术研究及近零排放实践	江苏沙钢集团有限公司、北京科技大学、东南大学、江苏科技大学、江苏省沙钢钢铁研究院有限公司、无锡市城市道桥科技有限公司	毛瑞、王飞、王广伟、苏航、郑传波、邹长东、董侨、居殿春、孙浩、钱王平、刘飞
33		面向精密模具的高性能热流道系统关键技术研发及产业化	苏州好特斯模具有限公司、山东大学、常州星宇车灯股份有限公司、常州机电职业技术学院、航天海鹰(镇江)特种材料有限公司	严杰、王桂龙、李朝晖、沈坚、陆建军、马秀菊、王霆、宋莎、徐文明、周义、陈兵华
34		软碎地层巷(隧)道工程围岩精细化注浆改性理论与成套技术	中国矿业大学、山东大学、中铁十九局集团第六工程有限公司、扬州中矿建筑新材料科技有限公司、河南理工大学、江苏江林科技有限公司、中南大学	马丹、陆银龙、孟庆彬、石少帅、李振华、柏建彪、周宝春、李樯、谢伟、蔡鑫、白海波

(市科技局　郭秋丽)

科技合作

【“2022 年高校院所走进镇江产学研合作云对接”活动】　2022 年 5 月 27 日,镇江市举办“2022 年高校院所走进镇江产学研合作云对接”活动,采取“线上 + 线下”“网上展厅 + 专题云对接 + 核心数据线下对接”的模式,实现“线上”建立合作意向、“线下”达成合作协议的工作格局。活动期间,发布镇江市企业技术需求 400 多项、高校院所最新科技成果 1000 余项,累计向 1881 位专家推送技术需求 2069 项次、向 1091 家镇江企业推送科技成果 5077 项次,推动高校院所与镇江地方政府、园区、企业建立长期合作关系。

(市科技局　张秀芳)

【“武汉高校行”产学研对接活动】　2022 年 6 月 20 日,“武汉高校行”产学研对接会举办,市科技局带着前期征集发布的 47 项重点技术需求和第七届中国创新挑战赛(镇江)现场赛课题,分别与华中科技大学、武汉理工大学、湖北大学等高校对接洽谈,并就深化产学研合作进行互动交流,了解各自优势和需求。

(市科技局　张秀芳)

【2022 年高校院所走进镇江产学研合作大会】　2022 年 8 月 19 日,“第七届中国创新挑战赛(镇江)暨 2022 年高校院所走进镇江产学研合作大会”在镇江举办。会上,镇江市政府与东南大学、江苏省产业技术研究院分别签署全面深化产学研合作协议,10 个创新平台集中揭(授)牌,29 个科技合作项目集中签约,全国 31 所高校院所到会洽谈,300 余家企业参加东南大学、长三角(南京都市圈)科技合作 2 个专场对接会。

(市科技局　张秀芳)

【第七届中国创新挑战赛(镇江)现场赛】　2022 年 8 月 19 日,第七届中国创新挑战赛(镇江)现场赛在镇江举办。同济大学、南京航空航天大学等 9 所高校挑战方案团队针对同立橡胶、丹佛斯动力系统、超力电器 3 家企业重大技术需求进行现场路演,通过“揭榜挂帅”机制,为企业匹配技术难题最佳解决方案。经过专家评委会和镇江市公证处的共同确认,最终南京工业大学方成刚团队等 3 个团队获评优胜奖,并当场与 3 家企业签订合作协议,其余 6 个团队获评优秀奖。

(市科技局　张秀芳)

【镇江与东南大学签订全面深化产学研合作协议】　2022 年 8 月 19 日,镇江与东南大学签订全面深化产学研合作协议:共同推动重点产业关键核心技术突破,聚焦镇江市“四群八链”产业布局的重大技术需求,支持东南大学与镇江市各有关单位合作开展关键核心技术攻关;共同促进重大科技成果转移转化,完善产学研合作对接服务体系,加强东南大学科技成果与镇江企业需求精准对接,推动东南大学优质成果到镇江转移转化;共同推进科技创新平台建设,推进镇江市企业与东南大学合作,共建工程技术研究中心、重点实验室等创新平台,探索新的创新平台和融合交流体系建设;共同支持科技资源共享、产业技术孵化等平台建设,助推镇江市创新体系建设。

(市科技局　张秀芳)

【省产学研合作指导性项目】　2022 年,镇江市的江苏科大汇峰科技有限公司申报的“存量房交易资金监管软件研发”等 60 个项目获省科技厅立项,全市立项数比上年增长 114.3%。其中,由江苏大学、江苏科技大学等驻镇江高校作为承担单位的项目有 39 项,占比 65%。

(市科技局　张秀芳)

【国际科技合作】　2022 年,镇江市获批省国际科技合作计划项目 9 项,获省财政拨款 1080 万元;获批国家高端外国专家引进计划项目37项，省外专项目2项，获上级财政拨款985万元；获批2022年省外专工作室6家，获评省外国专家工作室绩效评价优秀3家，争取省财政奖励150万元。全市组织实施市级国际科技合作计划项目19项，年度下达市级科创专项资金245万元。“中国—古巴蚕桑科技国际联合研究中心建设”项目获科技部科技援外项目立项。

（市科技局　潘　岳　唐　蕊）

【“镇舒心”外专服务品牌】 2022年，镇江市科技局与公安出入境管理支队共同设立“外国人来华工作、居留许可联办专窗”，推动外专服务“联办专窗”进一步向京口区、润州区和镇江高新区覆盖，让更多外国来华工作人才享受“一窗通办”“只跑一次”“时限压缩”的三大便利服务，合并审批时限大幅缩减57%至15个工作日。采用“告知+承诺”的方式全程在线办理外国人来华工作许可审批业务，最大限度克服新冠病毒感染疫情影响，推动来华工作许可审批便利化。走访慰问外国专家，为重点聘用外国人才单位外国专家免费订阅《科技日报（英文版）》，营造尊重人才的良好创新氛围。（市科技局　唐　蕊）

科技项目

【概况】 2022年，镇江市科技计划项目组织工作聚焦“四群八链”，围绕科技和产业发展制高点，推动科技骨干企业、高校院所开展应用基础研究和重大技术联合攻关，获国家、省级科技计划项目立项407项，对上争取国家、省无偿资金支持2.65亿元。全年下达市级科技创新专项资金8399.64万元，立项市级科技计划项目256项。完成18个科技创新市重点产业项目年度目标任务，全年完成投资6.05亿元，是年度投资计划的105.4%。（市科技局　宋胡生）

【国家自然科学基金项目】 2022年，镇江市获国家自然科学基金项目立项234项，立项总数比上年增长14.7%，争取资金支持9957万元，比上年增长24%。全市累计获省基础研究计划（自然科学基金）项目立项84项，获省自然基金项目经费支持1850万元，其中，省杰出青年基金项目立项2项，省优秀青年基金项目立项3项。（市科技局　陈　晨）

【省产业前瞻与共性关键技术项目（课题）】 2022年，镇江市获省产业前瞻与共性关键技术项目（课题）立项13项，其中重点项目1个、竞争项目2个、双碳项目4个、重点项目子课题6个，累计获省划拨经费5215万元，2022年下拨3865万元。

（市科技局　卢永慧）

【省重点研发计划（现代农业）项目】 2022年，镇江市“基于数字孪生的水稻高标准农田智慧灌排关键技术与装备”等8个项目获省重点研发计划（现代农业）项目立项，获支持经费830万元，争取经费数列省各设区市第4位。其中，省重点研发计划（现代农业）重点项目立项1项，获支持经费300万元。

（市科技局　陈　晨）

【省碳达峰碳中和（农业农村关键技术攻关）项目】 2022年，由江苏大学申报的“基于分子光谱和气味可视化的农业温室气体排放原位智能监测技术研究”项目获省碳达峰碳中和（农业农村关键技术攻关）项目立项，获支持经费100万元。（市科技局　陈　晨）

【省创新支撑计划（乡村产业振兴）项目】 2022年，镇江市申报的句容市现代农业电子商务产业星创天地、江苏农村科技服务超市丹阳食用菌产业分店、江苏农村科技服务超市句容经济林果产业分店、江苏农村科技服务超市丹徒特色畜禽产业分店全部获省创新支撑计划（乡村产业振兴）项目后补助支持，获支持经费120万元。（市科技局　陈　晨）

【省碳达峰碳中和（前沿基础）项目】 2022年，江苏大学申报的“植物入侵损害的江苏滨海湿地生态系统修复与固碳增汇协同技术基础研究”“CO2甲烷化人工细胞体系的设计与创建”2个项目获省碳达峰碳中和（前沿基础）项目立项，获省支持经费600万元。

（市科技局　陈　晨）

【省重点研发计划（社会发展）项目】 2022年，“新型口服PCSK9抑制剂的开发及临床转化研究”等8个项目获省重点研发计划（社会发展）项目立项，获省支持经费550万元。其中，省重点研发计划（社会发展）重点项目立项1项，获省支持经费200万元。

（市科技局　陈　晨）

【2家市级临床医学研究中心启动建设】 2022年，镇江市启动建设市级临床医学研究中心2家，分别是：镇江市第四人民医院承建的“镇江市妇产疾病临床医学研究中心”、镇江市中西医结合医院承建的“镇江市泌尿疾病临床医学研究中心”，下达市级财政支持经费200万元。召开市级临床医学研究中心现场推进会，对2家中医临床医学研究中心进行揭牌。

（市科技局　陈　晨）

高新技术产业化

【镇江苏南国家自创区建设】 2022年，镇江苏南国家自主创新示范区实施创新驱动发展战略，发挥科技创新促进高质量发展的引领、示范和辐射作用。镇江国家高新区在全国国家级高新区中综合评价位列第85位，在全省省级以上高新区排名第25位，获批全省首批“创新支撑计划科技型企业孵育”项目，“动力船舶产业集群”入选首批省创新型产业集群建设名单，省级双创示范基地创建工作受到省政府督查激励通报。丹阳高新区建成“众创空间—孵化器—加速器—产业园区”的孵化体系，连续3年获国家级科技企业孵化器评价优秀，对接上海“飞地”引才资源，加快建设“中关村京港澳青年（丹阳高新区）创新创业中心”，成立“慧创脑科学医疗装备长三角协同创新中心”，加快力合智能制造产业园建设。扬中高新区以发展智能电气、新能源、智能微电网等产业为重点，设立创新核心区，大全集团上榜“中国电气工业领军企业十强”“2022中国制造业民营企业500强”，获评“江苏省科技创新发展奖优秀企业”“江苏制造突出贡献奖优秀企业”；威腾股份获“中国电器工业最具影响力品牌”称号，上榜“2020—2022年度江苏省培育重点国际知名品牌”名单；培育和成显示、锋芒科技等5家国家级“专精特新”和“小巨人”企业，威腾股份、成城电气等11家省级“专精特新”和“小巨人”企业；大全凯帆获评省级智能制造工厂。有院士工作站7家、博士后工作站6家，国家级技术研发中心1家，国家“863计划”成果转化基地1家；建有国家级孵化器1家，省级孵化器2家，国家级众创空间1家，省级众创空间2家，累计孵化企业超200家。

（市科技局　张秀芳）

【国家农业科技园区】 2022年，江苏镇江农业科技园区借助周边涉农高校集聚的优势，推进产学研合作，加快打造江苏丘陵特色农业高地，园区核心区总投资额近76亿元，园区总产值超99亿元，园区核心区全员劳动生产率8.635万元，土地亩均产值17082元，农民人均可支配收入32645元。根据科技部《国家农业科技园区管理办法》要求，通过国家农业科技园区综合评估。（市科技局　陈　晨）

【科技孵化载体建设】 2022年，镇江市34家参评的省级以上科技企业孵化器全部合格，其中5家孵化器被评优秀，15家孵化器被评良好，优秀、良好数量分别较上年增加1家和3家。镇江高新区“高端装备制造”众创社区入选2022年度省科技型创业企业孵育计划。推动开发“镇江市孵化载体建设图谱”在科技资源服务云平台上线，引导孵化载体、高校、科研院所、新型研发机构、投资机构、科技金融、科技服务机构等科创资源向平台集聚，实现双创服务“24小时不打烊”，构建“镇江孵化生态圈”。组织开展市级、省级、国家级孵化载体申报认定工作，新认定国家级孵化器1家、国家级众创空间3家、省级孵化器2家、省级众创空间1家。（市科技局　卢永慧）

【高新技术企业培育】 2022年，镇江市组织高科技企业申报数795家，公示数533家，全市有效高科技企业总数1339家；223家企业进入高科技企业培育库；备案国家科技型中小企业2255家。

（市科技局　卢永慧）

【研发机构建设】 2022年，镇江市科技部门加大对江苏大学争创全国重点实验室的支持力度，成立工作专班，推动市政府出台支持措施。华北电力大学扬中智能电气研究中心获省科技厅新型研发机构奖补经费150万元，江苏大学2个省级重点实验室获省科技厅运行经费500万元。对53家已验收正式运行的省级工程技术研究中心开展绩效考评，15家获评“优秀”。全年新建省级工程技术研究中心19家，总数增至226家；新建市级工程技术研究中心119家，总数增至1065家。对3家已验收的市级高校重点实验室开展绩效评估，下达奖励经费100万元。出台《镇江市低碳产业技术研究院专业研究所管理办法（试行）》，推动江苏省（丹阳）高性能合金材料研究院等4家新型研发机构成为第一批专业所正式所、镇江哈工大高端装备研究院等3家新型研发机构成为专业所预备所。（市科技局　马　弋）

行业科技

【农业科技】 2022年，镇江市培育各类农业科技示范主体1670户，其中，丹阳市360户、句容市150户、扬中市930户、丹徒区200户。举办高素质农民培训83期，培育高素质农民6699人，新增省级农民培训田间课堂4家，累计17家，评选市级农民培训田间课堂23家，23名“土专家”“田秀才”等实用技术人才纳入市级培训师资队伍；举办第三届“十佳”农民评选活动，承办全国第一届农业生物多样性培育与利用论坛。

2022年，镇江市以省市级农业技术示范基地为载体示范推广农业主推技术，全市实施16个省级现代农业产业技术体系项目，组织项目推荐、方案审核、中期检查、体系考评和项目验收，举办项目管理培训，加强资金使用监管；市级安排专项资金，扶持“1 + 1 + N”[1 个首席专家(团队) + 1 个本地农技推广小组 + 若干新型农业经营主体]农技推广体系项目和产学研合作，全年新立项 8 个“1 + 1 + N”新型农技推广、4 个农业重大技术推广项目，拥有市级“1 + 1 + N”农技推广项目 46 个。加强产学研合作，推动本地企业与省农科院等科研院校共建产业研究院(示范基地)5 家。推荐全市(水稻重要种传病害防控关键技术及应用、粳糯核心种质“镇糯 19 号”的创制与系列产业化品种的应用)2 个项目申报 2022—2023 年度神农中华农业科技奖。

2022 年，镇江市农科院申报各类项目 85 项，立项 44 项，新增项目合同经费 1034 万元。出版专著 1 部，发表论文 35 篇，其中 SCI4 篇，A 类以上期刊 20 篇。“镇麦 16”通过国家品种审定，5 个水稻品种通过省级审定。申请品种权 16 个，获授权 11 个。申请专利 18 件，获授权 7 件。“镇麦 12 号”、水稻病虫害全程简约化绿色防控技术被列入农业农村部主推品种技术名录。另有 12 个品种被江苏省推广站作为主导品种重点推介种植。制定发布省级地方标准 2 项，市级地方标准 3 项。获省级以上成果奖 6 项，其中，牵头申报并获全国丰收奖二等奖 1 项、省科技进步三等奖 2 项，参与获省部级奖 3 项。水稻育种方面，稻瘟病抗性育种取得进展，一批抗稻瘟材料进入中试阶段。合作开展的抗黑条矮缩病资源创制取得突破，育成的粳稻新种质材料“抗黑 201”达到中抗水平。小麦育种方面，育成数个优质多抗小麦新品系，并参加各类中间试验。果树研究方面，在猕猴桃育种上取得突破，育成的红心猕猴桃新品系，单果比当年主栽品种提高 30 克 ~40 克，且对溃疡病，软腐病等抗性明显提高。引进、筛选出 2 个表现突出的梨新品种，可替代当年 8 月中下旬成熟的梨品种。植保研究方面，葡萄炭疽病多药剂抗性治理取得新进展，研发出高效抗性治理复配制剂组合配方。完成丘陵地区梨树病虫发生年历。在小麦 DON 毒素控制、小麦病虫草害减药增效防控技术的研究等取得成效，试验示范中减少农药使用量 10% 以上，亩产增加 30 千克左右，小麦 DON 毒素降低 30% 左右。生态研究方面，研发出葡萄园减钾增效成套技术，生产示范显示对改善土壤质量和提高果实品质具有明显效果。蔬菜花卉研究方面，选育出 10 多个甜瓜新品系，其中一个白皮白肉品种的品质和耐储性均表现较好。育成的“镇桃 3 号”有品质好、耐储运、受梅雨气候影响小等特点。辣椒不育系研究，首创辣椒三系同时创制的研究方法。

(市农业农村局　滕士安　市农科院　王敬根)

【气象科技】　2022 年，镇江市气象部门推进气象灾害监测预警与应急中心项目建设。基础业务情况。推进江苏省强对流灾害性天气监测预警服务示范体系项目建设，升级国家级气象观测站设备、扬中雷电观测设备。进行全市气象部门内外网隔离，升级全市通信网络系统。完成 16 个区域自动气象站选址，推动 X 波段雷达项目落地。开展业务质量月度通报，综合观测业务质量 99.84 分。针对智能网格业务下滑态势，研究考核办法，加强自动气象站数据对比分析，进行技巧分析研讨，预报质量较前期有明显提升。完善预警信号制作、发布流程，强化值班值守，应用省一体化平台“强对流外推”“融合外推”，SWATCH 平台等强对流天气分类客观产品，利用卫星、雷达、闪电定位等实时观测资料，对灾害性天气进行全天候、无缝隙监测，提升灾害性天气预报预警能力。强对流天气预警信号准确率 91%，平均提前量 50 分钟。基层预警传播工作。制定《重大气象灾害叫应实施细则》，明确内外“叫应”流程，规范重大气象灾害“叫应”服务机制。发挥气象灾害防御指挥部门职能，适时启动暴雪、高温等气象灾害应急响应，多次获得市领导批示。强化应急管理、自然资源、交通运输、防汛防旱等部门合作，建立以气象灾害预警信息为先导的应急联动机制，与防汛防旱指挥部办公室、应急管理局联合发布气象灾害提醒、应对工作提示单。组织修订《镇江市突发事件预警信息发布管理办法》。与应急管理局、文广旅局以及江苏有线镇江分公司签署重大灾害预警信息广播电视快速播发合作协议，完成应急广播平台系统落地使用。与镇江市文广集团对接传播预警信息。全市气象灾害防御均纳入基层网格化社会治理体系，推动预警信息发布到村、到户、到人。推广应用“语音外呼”“微信机器人”，强化气象灾害预警发布“靶向、精准”。高温、台风影响过程中，联合水利、应急部门全网短信发布安全提醒。

2022 年，镇江市气象部门有 2 人分别入选省“333 高层次人才培养工程”对象和镇江市“金山英才”高层次领军人才培养计划暨第六期“169 工程”培养对象。发表国内期刊文章 2 篇，参加国家级、区域级交流文章 4 篇，实用新型专利 2 项，软件著作权 3 项。省气象局青年基金项目、预报员专项和市科技局重点研发计划项目均通过验收。申报 2 项市科技局重点研发计划项目，完成 3 项厅局级科研项目成果登记。

(市气象局　张晨昕)

【水文科技】　2022 年，镇江市推进地表水、地下水基本和专用水文站网体系建设，强化布局，完善项目。全市有地表水基本站 35 处、专用站 49 处；浅层地下水监测井 13 处、深层地下水监测井 7 处；水质监测断面 90 处。镇江水文部门全年编制《镇江市湖泊水生态监测简报》4 期、年报 1 期,《2022 年度深层地下水动态监测报告》季报 4 期、年报 1 期,《句容市地表水水质通报》12 期;编制《2022 年镇江市水资源公报》。

2022 年,镇江市雨水情遥测站运行稳定,向水利部、省水文局、市防汛防旱指挥部发送雨水情遥测数据 3300 多万个,数据完整率在 99.9% 以上。全年编发水情月报 12 期、快讯 19 期、分析 10 期。开展长江镇江(二)站潮位日常化预报工作、扬中沙家港站汛期日常化预报工作,发布镇江(二)站潮位预报 360 多潮次(含修正预报)、扬中沙家港站潮位预报 300 多潮次。参加市防汛抗旱指挥部防汛抗旱防台会商 6 次,发送雨水情短信 2 万多条。（镇江水文分局　蒋闻雨）

科技服务

【气象服务】 2022 年,镇江市气象部门在春耕春播春管期间发布材料 29 期(常规材料 16 期,无人机飞防材料 13 期),及时开展小麦赤霉病防控气象服务保障,多次参加省气象局、市农业农村局的防控会议,通过无人机飞防微信群开展直通式服务。夏收夏种农业气象服务保障工作。发布服务材料 17 期(常规材料 12 期,水稻生育期气象服务材料 4 期,农业气候评价 1 期),并通过短信、微信、传真、QQ 群等多种渠道做好面向种植大户、专业合作社等新型农业经营主体及农机手的直通式气象服务。利用丹徒农业气象试验基地水稻试验田,制定水稻全生育期气象服务方案。针对 6 月—7 月降水明显偏少,影响夏种进度情况,及时同农业部门沟通,开展调研和加密服务,并开展分作物、分灾种的服务。秋收秋种气象服务保障,制作服务材料 10 期,走进田间地头了解农户需求,针对夏季高温热害干旱对水稻产量影响进行复盘。完成镇江冬小麦气候适宜度指标,温度、降水、日照分类指标并开展应用。农险服务保障。与人保财险签订气象服务合作协议,明确在农险理赔、灾情勘查、气象指数保险开发等方面的合作意向。全年出具暴雨、大风、干旱、高温等各类气象证明 30 余份。联合开发水稻收割期间降雨指数和设施大棚风力指数。公众气象服务。优化“镇江气象”微信、“镇江预警发布”抖音的审核制度,新增“镇江预警中心”微信公众号。提高微信公众号《每天文章》《江江说天气》视频推送质量。及时推送入梅、关键农事、高温热害、干旱、台风等气象信息,针对当年非典型梅雨、高温、干旱等热点问题,原创科普小视频 3 个。1 月—11 月累计阅读量比上年增长一倍,“镇江发布”、金山网等权威微信公众号经常转发引用“镇江气象”微信内容。加强同新华日报镇江分社合作,全年制作 40 余期材料,拓展气象预报服务覆盖面。预警服务。加强同应急局、防汛抗旱指挥部、自然资源和规划局等部门的沟通,确保全年预警信息发布快速、及时;更新 2022 年度省突平台外部门预警责任人名单;开展应急广播系统练兵,熟悉操作系统和制作流程,为扩大预警信息覆盖面提供保障。加强同当地媒体交流沟通,同新华日报镇江分社、镇江民生频道等建立联系,提高预警信息发布覆盖面。1 月—11 月发布气象预警信号 640 条,外部门预警信号 6 条(防汛抗旱指挥部 4 条,自然资源和规划局 2 条);重要通知 18 条(应急宣传短信 5 条,禁放短信 3 条,防汛抗旱指挥部 10 条)。

（市气象局　张晨昕）

【水文监测服务】 2022 年,镇江市完成国家基本水文监测站年数如下:降水 18 站年、蒸发 1 站年、水位 10 站年、流量 6 站年;浅层地下水逐日水位 13 站年、水温 13 站年;深层地下水逐日水位 7 站年、人工十五日水位 4 站年、水温 4 站年;另有中小河流水文监测系统以及市水文现代化站网中降水 40 站年、水位 19 站年、流量 2 站年。其他监测站年数:自记雨量(镇江、句容)降水 2 站年、地方水库站降水 18 站年、沿江巡测站水位 3 站年。（镇江水文分局　蒋闻雨）

【监测网络与生态环境大数据平台建设】 2022 年,镇江市建成投运 51 座乡镇街道空气站(含国控、省控 11 座),委托江苏环保集团(苏力监测监控公司)开发建设的空气监测网络数据分析处理系统通过专家组验收,数据联网省生态环境厅及总站,实施三级审核机制。完成光化学监测网 3 个站点建设并投入试运行阶段,可检测 116 种 VOCs 物质。建成生态环境大数据中心整体框架,实现包括环境质量、污染源、危险废物、监测监控、监管执法、排污许可、环境应急等数据的归集,启用生态环境大数据 App,完成与市大数据的共享对接工作,并建成碳达峰和金环对话项目子库。（市生态环境局　魏建国）

【农村科技服务超市】 2022 年,镇江市的科技服务超市组织科技培训指导活动 60 余场次,培训人数超 4000 人次,推广新成果、新技术和新品种累计 60 余项,辐射带动农户 4146 户,人均增收 4407 元。

（市科技局　陈　晨）

【市农科院科技服务】 2022 年秋播,镇江农科院研发的镇麦系列品种在江苏省累计推广种植 536.09 万亩(35.73 万公顷)。其中,“镇麦 12 号”种植面积 292.71 万亩(19.51 万公顷),成为江苏省种植第一大小麦品种,并入选农业农村部粮油生产主导品种目录,是农科院首个入选该目录的小麦品种。“镇麦

15”连续在苏南、苏中地区以亩产 576.1 千克、761.6 千克创单产纪录。育成推广的镇糯稻系列品种在镇江周边地区大面积订单种植，其中，“镇糯 29 号”品质好、产量高，亩产最高 800 千克，种植户亩均增收 600 元以上。育成的油菜新品种（系）“镇油 8 号”和“镇 12F28”在多地示范种植成功。“镇甜二号（白富美）”甜瓜在镇江市的种植面积 3000 多亩（200 多公顷），亩效益 3 万～5 万元，白富美甜瓜于当年 4 月中下旬上市，填补本地瓜果产品的断档期，效益良好。指导发展的江心洲柑橘、枇杷等产业快速发展。举办第五届镇江农业科技嘉年华猕猴桃专场活动，为产业加快发展提供支持。在常州金坛、苏州常熟和镇江句容等地密切合作，挂牌成立 3 个“亚夫科技服务工作站”，组织科技人员驻站服务，与各类农业经营主体全面对接，推进产业发展。指导丁庄葡萄合作社加快葡萄品种技术升级提档，支持白兔草莓解决基质育苗难题，帮助戴庄有机农业合作社解决有机稻品种改良、提纯、繁制种等问题。指导种植的葡萄、桃、梨、甜瓜等农产品在省级以上行业评比中获 16 个金奖。推进与省农科院果树所合作共建的江苏丘陵地区桃、梨联合创新中心建设。完成梨中心展示基地的土壤改良工作。植保研究领域与省农科院签订一体化协议；推进与省农科院果树所、南京所、徐州所四方建立院系统内的果树学科院地一体化协议，协同促进果树学科发展，为丘陵地区果树产业发展提供持续、有力的科技支撑。（市农科院　王敬根）

【科技创新券服务】 2022 年，镇江市扩大共享平台资源，新增省科技创新券服务机构 9 家，新增省创新券入库企业 35 家；市大仪平台新增入网仪器 85 台/套，累计入网 1383 台/套、原值 14.2 亿元。推动企业享受省创新券政策，对 2 家企业下达省科技创新券市级联动资助经费 12200 元。（市科技局　马　弋）

科技人才

【概况】 2022 年，镇江市有效申报国家级人才 235 人，入选“省科技副总”89 人；新引进“金山英才计划”创新创业领军人才 93 人；选拔市第六期“169 工程”学术技术带头人 181 人、学术技术骨干 550 人、学术技术新秀 626 人；新引进教育领军人才 35 人、医卫领军人才（团队）32 人（个）。完成全市柔性引才申报，资助 6 家企业 7 人。宣传镇合意 App，网上申报人才码 15 人，审核通过 11 人。出台《镇江市人才平台提升计划》《镇江市产业链人才赋能计划》《镇江市青年人才“归雁”计划》政策，紧扣“人聚镇江 才享荣光”品牌，完善人才“镇兴”行动“1＋2＋3＋N”政策体系。（市科技局　王　强）

【科研助理岗位开发】 2022 年，镇江市科技部门推动企事业单位开发科研助理岗位，吸纳高校毕业生参与科研相关工作，实现促进就业与创新发展的双赢。全年开发科研助理岗位 355 个，吸纳应届毕业生 341 人，在国家、省科研助理岗位相关工作专项督导中获通报表扬。（市科技局　宋胡生）

【“三农”人才队伍建设】 2022 年，镇江市围绕 6100 人为民办实事任务，多层次开展各类农业技术培训，举办各类培训 83 期，培育高素质农民 6699 人；举办第三届“十佳”农民评选活动，评选出 10 名“十佳农民”和 10 名入围选手，培育壮大高素质农民队伍。推进教学基地建设。新申报省级田间课堂 4 家，评选出市级田间课堂 23 家，将 23 名“土专家”“田秀才”等实用技术人才纳入市级培训师资队伍，举办全市高素质农民培训师资队伍专题培训；与市妇联认定 10 个“镇有一手”“田妈妈”田间课堂，举办“田妈妈”田间课堂现场观摩推进会。（市农业农村局　滕士安）

【市农科院人才队伍建设】 2022 年，镇江市农科院选拔正科级干部 2 名、副科级干部 1 名。新引进青年科技人才 2 名，通过青年人才导师制、青年基金项目等，促使青年科技人员迅速成长。有 8 人被确定为省第六期“333 高层次人才培养工程”第三层次培养对象，1 人入选镇江市突出贡献中青年专家，2 人被确定为镇江市青年科技人才托举工程拟培养资助对象。成果转化。全年实现成果转化合同收益 1248 万元，到账 614 万元，其中，“镇麦 16259”“镇麦 17057”“镇稻 28”等 6 个农作物新品种独占许可转让，合同金额 882 万元，到账 297 万元；转让专利 5 项，合同金额 35 万元，全部到账；签订各类技术服务协议 96 项，合同金额 331 万元，到账 281 万元。2022 年，赵亚夫当选为中共二十大代表，1 人获评“江苏省乡村振兴先进个人”，1 人入选“江苏好人榜”和市“五一劳动奖章”，1 人获“镇江最美科技工作者”称号。（市农科院　王敬根）

【科技类校外培训】 2022 年 5 月 23 日，镇江市在全省率先出台《镇江市科技类校外培训机构准入实施办法（试行）》。7 月 14 日，市科技局组织召开全市科技类校外培训机构审批监管现场推进会，对准入实施办法和审核要点进行深入解读，京口区现场审批全省首家科技类校外培训机构——镇江市洛克白培训中心有限公司。（市科技局　陈　晨）

教　育

责任编校：潘　瑶

综　述

【教育领域改革】　2022 年，镇江市深化教育领域各项改革。推进依法治教，构筑教育发展优势，印发《镇江市关于深化新时代教育督导体制机制改革的实施方案》。开展义务教育优质均衡发展、学前教育普及普惠发展、义务教育质量等各项动态监测，发挥督导评估的诊断和指导作用，优化教育治理能力。加强“县管校聘”改革，优化师资队伍配置，丹阳市“县管校聘”改革经验，被省教育厅以专题简报形式推介，职称评审改革方案作为典型案例被省教育厅向教育部推荐。开展“双减”、“五项管理”、中小学心理健康、体育工作、校园安全、师德师风等问题专项督导，解决热点难点问题。8 个案例入选“双减”工作全国和全省优秀案例，其中丹阳市 3 个案例获评省“双减”工作典型案例。润州区建立健全课后服务经费保障机制，将课后服务补助资金列入财政预算，研究制定学校课后服务教师补助发放指导意见。　（市教育局　裴　伟）

【教育优先发展战略】　2022 年，镇江市实施教育优先发展战略。保障教育经费增长，扬中市、京口区、润州区、镇江新区一般公共财政教育支出比上年分别增长 3.53%、24.63%、1.58%、29.69%；扬中市、京口区、润州区、镇江新区生均一般公共财政预算教育经费支出均有所增长。各市（区）均按规定要求安排各类教育生均公共财政预算公用经费，拨款标准比省基准定额提高 10%，财政性学前教育经费占同级财政性经费的比例高于 5%。通过集团化办学、新建和改扩建学校等方式，优化教育资源配置。全年全市完成新（改扩）建中小学、幼儿园 20 所，投入 1.5 亿元，化解大校额问题。丹阳市丹北实验中学、镇江高新区实验小学等竣工和投入使用的学校新增学位有 7440 个，丹徒区投入使用宜城小学东校区，镇江新区规划投入 1.5 亿元开建第二实验小学。推进师资队伍建设，将教师队伍作为教育核心竞争力，优化教师队伍结构，完善教师培养规划，均衡人才资源配置。全年通过“金山英才”计划等多渠道引进优秀教师 900 多人，遴选 50 名特级教师实施卓越教师培养计划。教师培训体系建设实现市、县、校三级联动，线上、线下“双平台融合”。成立镇江市特级教师讲师团、骨干教师教练团、青年教师成长接力团、教师发展引导师团。择优遴选 31 名教师参与“组团式”援教，1598 名教师参与暑期交流，加强对口支援协作交流工作。1 名教师获评“江苏教师年度人物”，4 人入选省名师、名校长工作室主持人，创成省网络名师工作室 11 个。　（市教育局　裴　伟）

【立德树人】　2022 年，镇江市落实“立德树人”任务，推动各类学校执行课程计划，开齐、开足各类课程，重视劳动、信息科技、综合实践活动、心理健康教育等课程，做到教师、教材、课时“三到位”。创成省中小学劳动教育与综合实践优秀基地 2 个，新增省心理健康教育特色学校 3 所，中小学生体质健康检测合格率 100%。2 个艺术实践工作坊被省教育厅推荐参加全国现场展演。句容市推进家校社协同育人，开设家庭教育栏目《一起成长》；京口区培塑区域“养正教育”品牌；丹阳市“幼小衔接”工作相关经验在省基础教育工作会议上作交流，并在《中国教育报》头版头条刊登。全市有 4 所学校入选省中小学思政育人特色学校，分别为丹阳市 1 所、丹徒区 1 所、市直属 2 所。推动各级各类教育发展。学前教育普及普惠发展，市多部门联合印发《镇江市“十四五”学前教育发展提升行动计划实施方案》，指导支持学前教育发展。新建改扩建幼儿园 7 所，增加普惠性学位近 1800 个。全市普惠性幼儿园覆盖率和优质幼儿园覆盖率稳中有升，分别为 91.74% 和 91.62%，其中，扬中市普惠性幼儿园覆盖率 94.2%，优质幼儿园覆盖率 99.23%。申报成功省课程游戏化项目 3 个、省前瞻性项目 1 个、培育市级项目 10 个。全市创成省级“一校一品”党建文化品牌 8 个、省级“同心育人”行动计划优秀项目 9 个、“五星”党支部 13 个、全国五四红旗团委和优秀少先队各 1 个，新增省中小学思政育人特色学校 4 所。

（市教育局　裴　伟）

【各级各类教育发展】　2022 年，镇江市推进学前教育普及普惠发展，市多部门联合印发《镇江市“十四五”学前教育发展提升行动计划实施方案》，指导支持学前教育发展。全市新建、改扩建幼儿园 7 所，增加普惠性学位近 1800 个。普惠性幼儿园覆盖率和优质幼儿园覆盖率稳中有升，分别为 91.74% 和 91.62%，其中，扬中市普惠性幼儿园覆盖率 94.2%，优质幼儿园覆盖率 99.23%。申报成功省课程游戏化项目 3 个、省前瞻性项目 1 个、培育市级项目 10 个。推进义务教育优质均衡发展，加快发展义务教育城乡一体化建设，优化教育资源配置，全市义务教育优质均衡达标比例为 83.93%，中小学学业水平质量监测保持全省前列。扬中市被教育部确定为首批“义务教育优质均衡先行创建市”，丹徒区通过省级现场督导评估。落实省“双减”试点，课后延时服务学生参与率 95%，全市 384 家学科类校外培训机构全部注销、转型。推进初中学生综合素质发展性评价改革，推行全员导师制，强化协同育人共同体建设，关注学生健康成长，优化育人环境。出台《镇江市“十四五”特殊教育发展提升计划实施方案》，新增省特殊教育发展项目 5 个、省前瞻性项目 2 个。推进高中教育优质特色发展，研究新课标、新教材、新高考，深化课程改革，提升高中教育教学质量。借力省级课程基地、教学改革前瞻性项目研究，拓展课程资源建设厚度与力度。启动高品质示范高中和特色高中培育工作，新增省丹阳高级中学“普通高中创新拔尖后备人才成长规律与培养机制研究”教学改革前瞻性项目、句容市实验高级中学“‘艺术美育’课程基地”和吕叔湘中学“立定脚跟：求真青年‘文心’砺品行动”省中小学学生品格提升项目。推进职业教育融合发展，以深化产教融合为重点，构建“一体两翼”工作格局，推动职业教育提质升级，完成镇江高职校、丹阳中专省中职领航学校建设。聚焦“四群八链”用工需求，完善专业动态调整机制，协调推进产业工人队伍建设，增强职业教育适应性。“三横八纵创新推进三全育人”案例入选省典型案例，获省职业院校创新创业大赛（中职创意项目）一等奖 2 个。

（市教育局　裴　伟）

【教师队伍】　2022 年，镇江市有教职工 47187 人，其中专任教师 36956 人。高校教职工 9972 人，其中专任教师 6850 人；中职学校教职工 2018 人，其中专任教师 1856 人；普通中小学教职工 23810 人，其中，专任教师 22043 人，小学阶段专任教师 11079 人、初中阶段专任教师 6888 人、高中阶段专任教师 4076 人；幼儿园教职工 11199 人，其中专任教师 6034 人；特殊教育学校有教职工 188 人，其中专任教师 173 人。从学历看，义务教育阶段教师本科率为 97.5%，高中教师研究生率为 25.66%，中职教师“双师型”教师比例为 75.12%；从人才培养看，全市有江苏人民教育家培养工程培养对象 7 人、“苏教名家”培养对象 6 人，正高级教师 96 人、省特级教师 85 人、省特级教师后备人员 49 人；市级学科带头人 397 人、中青年骨干教师 1526 人、“教坛新秀”191 人。

全年 1 名教师获评“江苏教师年度人物”、1 名教师获“提名奖”，4 人入选省名教师、名校长工作室主持人，评选市“十佳教师”57 人、镇江市优秀教育工作者 165 人，遴选第八批学科带头人 397 人。31 名教师参与“组团式”援教，1598 名教师参与暑期交流。1 名教师入选第二批“苏教名家”培养工程培养对象，2 名教师担任江苏省名师（名园长）工作室领衔人，5 人入选江苏省乡村优秀青年教师奖励计划，1 人入选教育部乡村优秀青年教师奖励计划。组织镇江市基础教育“169”人才高级研修班、镇江市特级教师后备人才暨市首届“卓越教师”培训班、镇江市中青年教师高级研修班、全市初中校长任职资格培训班、全市“四有好教师”团队建设专题培训等各级各类培训活动 30 余次，1500 多人次参训。

（市教育局　孔祥树　王俊义）

【教育协作与援助】　2022 年，镇江市与新疆生产建设兵团第四师、西藏拉萨、陕西渭南等地教育部门加强对口支援协作合作交流工作，择优遴选 34 名教师赴新疆、西藏、陕西支教。安排 12 名新疆四师优秀教师和 4 名长三角教育系统校长、教师到镇江跟岗培训。组织 30 名教师、管理人员赴新疆生产建设兵团第四师可克达拉市参加第十一届疆内外教学周活动。

（市教育局　王俊义）

【招生考试】　2022 年，镇江市组织高考、成考、中考、自考、社会考试等各类考试报名 26 次、考试 25 次、教师资格面试 1 次，30 多万人次参加。

当年全市有 13656 人参加高考报名，20645 人参加学业水平合格性考试（笔试），14131 人参加学业水平合格性考试(信息技术考试),814 人参加美术类专业省统考,198 人参加编导类专业省统考,120 人参加音乐类专业省统考,197 人参加体育类专业省统考,74 人参加体育单招文化考试。

市教育考试院组织 1919 名考生参加全国硕士研究生招生考试。全市成人高考报考人数 10291 人。全市 4021 人报考职业教育高考,4450 人报考中等职业学校学业水平考试。全年自学考试报名 18297 人次,毕业人数 1352 人。全年 18283 人参加教师资格考试笔试。其他非学历考试包括全国计算机考试、全国英语等级考试、大学英语四六级考试以及书法考试等,全年总报考规模为 141642 人次。

(市教育局　钟琳萍)

学前教育

【概况】 截至 2022 年年底,镇江市有幼儿园 286 所,有在园幼儿 79987 人,学前教育 3 年毛入园率 99% 以上,普惠性幼儿园覆盖率(在公办园和普惠性民办园就读幼儿占比)91.75%,优质幼儿园覆盖率(在省市优质幼儿园就读幼儿占比)91.45%,教职工 11172 人,其中专任教师 6440 人。

市教育局等多部门印发《镇江市"十四五"学前教育发展提升行动计划实施方案》,明确"十四五"期间学前教育改革发展主要任务。市财政局、市教育局印发《镇江市学前教育发展专项经费使用管理办法》,修订完善新一轮学前教育专项经费管理办法。全年新增省优质幼儿园 7 所、市优质幼儿园 7 所,8 所幼儿园通过省优质幼儿园复审,2 所幼儿园通过市优质幼儿园复审。

申报成功省课程游戏化项目 3 个、省基础教育前瞻性教学改革实验项目 1 个,培育市级课程游戏化项目 10 个。镇江市学前教育改革成果被省教育厅在全省宣传推介。开展区域学前教育专项调研,现场考察第五批《3 岁 ~6 岁儿童学习与发展指南》实验园以及省课程游戏化项目园 45 所。分类征集课程案例并建设镇江市幼儿园课程资源共享平台,推进幼儿园与小学科学衔接。关注教师培养,以集中培训和送培到地区相结合的方式开展讲座、研讨 21 场。

(市教育局　史雪君　赵丽娜)

【学前教育内涵发展】 2022 年,镇江市推进省基础教育前瞻性教学改革实验项目"区域推进课程游戏化背景下提升保教质量的策略研究",市教育局组织 10 余次主题培训,各市(区)教育行政部门均围绕区域推进召开现场会,组织各类沙龙研讨、主题教研、经验分享百余次,多所幼儿园围绕内涵发展申报省市级项目及课题并出版专著。开展全市学前教育内涵提升项目领衔人培养工作,通过集中培训、分组研究、沙龙研讨等多种方式举办领衔人专项培训活动 18 场。

(市教育局　史雪君　赵丽娜)

义务教育

【概况】 2022 年,镇江市有 235 所义务教育学校,其中,小学 142 所、普通初中 93 所,九年一贯制学校 28 所。义务教育阶段学生 247071 人,其中小学 172713 人、初中 74358 人。全市 235 所义务教育学校全部达到省义务教育学校标准化建设标准。

全市建立 47 个义务教育集团。建立健全集团教研、人员流动、职称评聘、岗位晋升、捆绑考核等机制,均衡配置集团之间资源,推进区域教育均衡发展。

全市入选 2022 年江苏省基础教育内涵建设项目 25 个,其中,前瞻性教学改革实验项目 4 个、特殊教育发展项目 5 个、幼儿园课程游戏化项目 2 个、中小学课程基地与学校文化建设项目 9 个、中小学品格提升项目 5 个。

全市初中毕业生(含往届生、回考生)参加中考人数为 23644 人,初二考生数为 23676 人。

(市教育局　孙文生)

【《镇江市初中学生综合素质发展性评价实施方案(试行)》出台】 2022 年,镇江市出台《镇江市初中学生综合素质发展性评价实施方案(试行)》(以下简称《实施方案》),形成内容具体、学段衔接、注重发展的评价体系,由以往学业分数评价改为素质发展评价、学业结果评价改为过程动态评价。改革体现两方面特点:一是全面性,把德智体美劳全部纳入评价体系;二是发展性,引导学生认识悦纳自己、自我主动发展,引导学校尊重个体差异、把握成长规律。在出台《实施方案》、遴选 9 所初中学校进行试点的基础上,2022 年秋学期在全市初中学校推行。

(市教育局　孙文生)

【特殊群体平等教育保障】 2022 年,镇江市落实外来务工人员随迁子女入学同城待遇,秋学期招生 54842 人,其中,随迁子女 15930 人,占比 29.05%,所有随迁子女 100% 就近安排到公办学校就读。建立留守儿童、困境儿童强制报告、应急处置、评估帮扶、监护干预等救助保护机制,整合社会力量,为特殊群体提供关爱帮扶。落实义务教育阶段学校"两免一补"

（免杂费、免书本费、逐步补助寄宿生生活费）和教育惠民政策，加大对家庭经济困难学生资助力度，全年全市拨付各类资助资金 8126.45 万元，惠及学生 9.43 万人次。

（市教育局　裴　伟）

普通高中教育

【概况】 2022 年，镇江市招收普通高中学生的学校有 22 所，其中，公办普通高中 17 所。独立设置的民办普通高中 2 所，附设高中班的民办学校 3 所。公办普通高中中，四星级高中 14 所、三星级高中 3 所，三星级以上优质普通高中占比 100%（含民办普通高中占比为 89.5%）。全市有普通高中学生 43201 人，高中教育优质学校在校生数占比 90%。全市推进新课程标准、新教材、新高考研究，基于“评—学—教”一致性开展课堂教学改革，研制基于新课标理念下教学体系重构样态——研学课堂，促进学生在真实情境下的问题解决能力的提升。推进“专家治学、行政服务、合作共赢”的质量提升机制建设，依托各学科专家团队，做好资源建设，提升教育教学质量。

（市教育局　马继红）

【高品质示范高中和高品质特色高中市级培育工程】 2022 年，镇江市教育局启动高品质示范高中和高品质特色高中市级培育学校遴选工作。通过第三方公司评审，推荐省镇江第一中学、省镇江中学、省扬中高级中学参加省新一轮高品质示范高中评审。采用政策培训、过程性视导、中期评估等方式推动吕叔湘中学、丹阳市马相伯高中、丹阳市正则高中、句容市第三中学、镇江市实验高级中学等培育特色，在区域内发挥引领示范作用。4 月 27 日，省丹阳高级中学在江苏省高品质示范高中建设立项学校第 18 期主题研讨活动（视频会议）上向全省 19 所立项学校和其他普通高中介绍县域普通高中在学生创新素养培育方面的实践和探索，市教育局介绍基础教育阶段所采取重要工作举措和所取得的成绩。

（市教育局　马继红）

表 65　2022 年镇江市区部分普通高中录取分数线情况表

学　校	统招分数(分)		
江苏省镇江中学	575	—	
江苏省镇江第一中学	583		
镇江市实验高级中学	550	519(音乐)	478(日语)
镇江崇实女子中学	536	—	
茅以升中学	519		
镇江心湖高级中学	520		
镇江枫叶国际学校	450		

（市教育局　裴　伟）

【江苏省镇江中学建校 130 周年】 2022 年 11 月 12 日，江苏省镇江中学建校 130 周年高质量发展大会召开。大会在线上线下同时举行，市委书记马明龙出席并致辞，校党委书记冯章葆作题为《跨越三世纪历史时空，迈向为民族复兴未来》的办学情况汇报。江苏大学党委书记袁寿其代表祝贺单位、市公安局京口分局刑事科学技术室主任金怡代表学校校友作大会发言。

江苏省镇江中学的办学源头，是 1892 年镇江知府王仁堪创办的南泠学舍，1903 年改为镇江府中学堂。镇中校园里的南泠文化园，包含有校史馆、民族复兴教育基地、于漪教育思想馆、院士廊、校史步道、篆刻苑等，形成有镇中特色的红色资源区。8 万多人次在当天庆祝大会在线观看宣传片《向上》，汇报演出《百卅南泠正青春》，宣传片《向上》在学校公众号上阅读量 2.5 万人次。　（市教育局　裴　伟）

图 43　2022 年 11 月 12 日，江苏省镇江中学举行建校 130 周年活动

（报业集团　石小刚　供稿）

特殊教育

【概况】 截至2022年年底，镇江市有特教学校5所，特殊教育指导中心8个，融合教育资源中心167个，在校特需学生2165人（学前教育段171人、义务教育段1802人、高中段192人），其中，在普通学校就读1580人、特殊教育学校就读508人、送教上门学生77人。

3月，市教育局印发《2022年镇江市学前教育和特殊教育工作要点》，明确年度工作要求。11月，市政府办转发《市教育局等部门镇江市"十四五"特殊教育发展提升行动计划实施方案》，从普及程度、管理机制、内涵提升、人员配备、保障机制等方面明确"十四五"期间特殊教育工作目标及任务。召开全市特殊教育工作研讨会，联合相关部门开展年度特殊教育工作调研。新增5个融合教育资源中心、2个学前康复点。举办全市融合教育骨干教师培训班、市属学校融合教育管理干部培训班，句容市、扬中市、润州区、镇江新区、市属学校融合教育资源教师持双证率100%。

开展融合教育课程、教学与评价研究，开展融合教育案例征集、展示活动，3节课入选省基本功竞赛展示课，3个案例入选省融合教育优秀案例。新增教育部与联合国儿童基金会融合教育项目3个、省特殊教育发展项目5个、省基础教育前瞻性教学改革实验项目2个，培育市级特殊教育发展项目11个。市送教上门工作作为2021年"携手一起跑，助残在行动"市政府残疾人工作委员会助残优秀实事项目在全市作经验交流，残疾学生社区融合职业技能提升项目入选2022年市政府残疾人工作委员会助残实事项目。

（市教育局　史雪君　赵丽娜）

【镇江市特教中心（镇江市特殊教育指导中心）】 镇江市特教中心位于镇江高新区彭公山下，设学前教育、义务教育、高中教育3个学段，15年学制，在编教职员工64人，教学班级28个，在校听障、智障两类学生227人，为全市普通学校在籍随班就读巡回指导和重残学生送教上门等融合教育1577人。学校支持指导普校资源教室建设169个，为全市融合教育师资培训约500人次。

全年实现学生微心愿近350个，送教重残儿童温暖家庭课堂216节，为全市各行企事业、窗口单位提供手语支援服务19次。打造"有爱无碍"四有好教师团队，学校有特级教师2人、高级教师22人、研究生学历层次4人、市级以上拔尖人才10人。全年学校3名教师晋升高级职称，2名教师获评市第八批中小学教师学科带头人，4名青年教师入选镇江"金山英才"高层次领军人才培养计划，1人被认定为润州区级非物质文化遗产"中国绳结编织技艺"项目第四代传承人。吴善亮获评省教育科研工作先进个人、入选市第六批名校长，并成立吴善亮名校长工作室。

学校启动"懂学生、善教学、乐成长"研学课堂活动。承担的省前瞻性项目"社区融合：直指生存力培养的适性化模式十年探索"获省教学成果二等奖，同时被省教育厅列为省基础教育前瞻性教学改革实验一类培育项目；申报的"基于核心素养培养的特殊学生综合评价"获批省2022年教育评价改革试点项目，是全省特殊教育学校唯一一个入选的试点学校。学校入选润州区级非物质文化遗产——"中国绳结编织技艺"项目保护单位。3名学生升入高校，2名学生获评2022年度"镇江好少年"，学校在2022全国特奥主题活动暨江苏省首届特奥联谊活动中获7枚金牌、1枚银牌、2枚铜牌。（市特教中心　徐恒庆）

职业教育

【概况】 2022年，镇江市有中职和五年制高职学校10所（含不计校数），开设15个专业大类44个三年制中职专业、51个五年制高职专业，在校生2.73万人。有省中等职业学校领航计划建设单位2所（镇江高等职业技术学校、江苏省丹阳中等专业学校），省五年制高职教育高水平专业群1个，省职业学校现代化专业群13个，现代化实训基地10个。新获批省优秀中等职业学校建设单位1所（江苏省句容中等专业学校），省中职教育优质专业7个。镇江卫生学校当年未招生。在全国职业院校技能大赛中，镇江市学生获3个一等奖、2个二等奖；在省职业院校技能大赛中，镇江市获20个一等奖、32个二等奖、60个三等奖。在省职业院校教学大赛中，镇江市教师获1个一等奖、5个二等奖、8个三等奖。（市教育局　许大宏）

【镇江高等职业技术学校】 镇江高等职业技术学校是一所以五年制高职教育为主、三年制中职教育为辅，兼顾继续教育和职业培训的职业学校，是首批国家中等职业教育改革发展示范学校、省高水平现代化职业学校、省现代化示范性职业学校和省中职学校领航计划建设单位。学校占地面积17.18万平方米，建筑面积10.01万平方米；在校师生5000余人。学校设有装备制造、电子与信息、文化艺术、财经商贸、旅游、生物与化工等七大类专业，20个五年制高职专业（其中6个省品牌专业、2个省特色专业），1个"5+2"、6个"3+3"现代职教体系建设试点专业。学校有专任教师436人,硕士研究生及以上人数210人,占比48.17%;副高职称及以上人数184人,占比42.20%;"双师"素质教师比例85.65%;市级以上各级各类拔尖人才120人次。建有5个省名师工作室、4个市名师工作室(技能大师、劳模创新工作室),以及3个省教学创新团队和1个省"四有"好教师团队。

2022年,镇江高等职业技术学校统筹新冠病毒疫情防控和教育教学工作,完成省"领航计划"建设任务,形成标志性成果35项。学校获第七届黄炎培职业教育奖优秀学校奖、省"三全育人"典型中职学校、省职业院校教学管理30强和省职业院校技能大赛先进学校等称号。

学校加强产教融合、校企合作,推进产业(企业)学院建设,打造优质品牌专业(群)。2个专业获批为省中等职业教育优质专业,2个专业群获评江苏联合职业技术学院五年制高职现代学徒制示范专业点。2个实训基地分别成为江苏省和联合职业技术学院示范性虚拟仿真实训基地建设项目。学校联合组建的江苏数字游戏艺术职教集团,被认定为省示范性职业教育集团培育单位。学校新增江苏省职业教育"双师型"名师工作室1个、省中等职业学校思想政治课教学创新团队1个、省立项建设中等职业学校班主任工作室1个;省教学名师1人,教授2人、副教授7人,市学科带头人12人。在省职业院校技能大赛中获14枚金牌、21枚银牌和30枚铜牌,连续第2年全省总分第1名;全国职业院校技能大赛获2金1银;第六届江苏技能状元大赛获一等奖(状元)1个、二等奖3个。学校第3次被省政府授予"高技能人才摇篮奖"。在省职业院校教学大赛中,获一等奖1个、二三等奖10个;江苏联院教学能力比赛获一等奖5个、二三等奖9个。在省职业院校创新创业大赛中获一等奖2个、二三等奖10个。在首批省五年制高职教育人才培养工作水平评估中,学校办学成果和人才培养工作获专家组肯定。2022年,191名学生通过"3+4"分段培养转段或专转本考试,升入全日制本科院校;63人通过"专接本"获得高等教育自学考试本科文凭;毕业生年终就业率99.1%。9名学生获评"镇江市最美职校生",其中3人获评"江苏省最美职校生"。49名学生获国家奖学金、国家励志奖学金。

(镇江高等职业技术学校 刘 春)

普通高等教育

【概况】 2022年,镇江高校有在校生13万余人,其中,全日制本、专科生117068人,硕士研究生17368人,博士研究生1389人;高校教职工9972人,其中专任教师6850人。高校专业涵盖工科、理科、医学、农业、管理、经济、法学、文学、哲学、教育、艺术等10多个门类270余个专业,有国家级、省部级实验教学示范中心15个,国家级、省部级重点实验室11个,国家级重点学科9个,省部级重点学科18个,博士后科研流动站16个,博士学位授权一级学科19个。

(市教育局 张 路 李 娜)

【江苏大学】 2022年,江苏大学有在校生40000余人,其中研究生13000余人、学历留学生2300余人。专任教师2700余人,其中一年以上海外经历比例41%。校园占地面积3000余亩(200公顷),各类建筑面积120万余平方米。教学科研仪器设备总值12.1亿元。学科涵盖工学、农学、理学、医学、管理学、经济学、哲学、法学、文学、教育学、历史学、艺术学12大学科门类。设有27个学院、98个本科专业(国家一流专业40个);有15个一级学科博士点、45个一级学科硕士点、21个硕士专业学位类别;有13个博士后科研流动站;有2个国家重点学科、1个国家重点(培育)学科、10个江苏高校优势学科。学校有国家水泵及系统工程技术研究中心、现代农业装备与技术省部共建协同创新中心等一批国家级科技创新平台,建有国家知识产权培训(江苏)基地。学校先后与美国、英国、德国等62个国家和地区的232所高校及科研机构建立长期合作关系,建有中外合作办学机构克兰菲尔德未来技术研究生院。学校ESI综合排名列全球第537名(国内第45名),软科世界大学学术排名跃升至300强(国内第40名)。2022年,学校获评"江苏省文明校园""绿色学校""智慧校园示范校"。

人才培养。"三全育人"综合改革试点工作获省教育厅考核优秀等次。全年学校获省教学成果奖10项(特等奖1项、一等奖2项),其中5项成果被推荐申报国家级教学成果奖。新增10个、累计40个专业入选国家级一流本科专业建设点,新增3个、累计22个专业通过工程教育认证且在有效期内,大学物理课程群虚拟教研室获首批国家级虚拟教研室。获批江苏省计算机科学(人工智能)拔尖学生培养基地,新增省优秀基层教学组织3个。2项案例入选国家教学案例库,新增省研究生工作站19家,获评省优秀博士学位论文7篇。学生获"挑战杯"全国大学生系列科技学术竞赛特等奖、国际大学生智能农业装备创新大赛"优胜杯"、国际"互联网+"大学生创新创业大赛4金、3银、3铜,全年获国家级学科竞赛奖项375项。

科研创新与社会服务。学校获批农机领域全国唯一省部共建协同创新中心,新增农业农村部水肥药一体化智能装备重点实验室。牵头主持国家自然科学基金联合重点项目、国家社会科学基金重大项目、JG重大项目,获批国家自然科学基金项目180项、国家社科基金项目17项。获中国专利奖优秀奖1项、教育部高校科研优秀成果奖6项、省科学技术奖12项、省哲社优秀成果奖5项。全年授权发明专利1266件,转化专利成果310件,连续3年入围全国高校科技创新50强,列科技成果转化百强高校第14名,入选首批国家级专利导航工程支撑服务机构名单(全国唯一高校)。获中国产学研合作促进奖、中国技术市场协会金桥奖集体奖,获评江苏省技术转移工作先进集体,入选江苏省习近平新时代中国特色社会主义思想研究中心首批基础理论研究基地。

学科建设。学科评估A类学科由1个增至2个,B类学科由9个增至12个;新增农业科学、化学2个学科,累计3个学科进入ESI全球前1‰,新增4个学科,累计12个学科进入ESI全球前1%。2个学科进入U. S. News世界学科排名前10名,3个学科进入软科世界大学学科排名50强。10个学科全部通过江苏高校优势学科建设工程三期项目验收,8个学科获批江苏省"十四五"重点学科。增设传感科学与技术等8个交叉学科,增列集成电路科学与工程新兴学科,成立省内首家高校纪检监察学院,应急管理学院获评省级重点应急管理学院。

师资队伍。学校入选俄罗斯工程院外籍院士3人,新增国家杰青2人、优青1人,获评国家教学名师1人。新增省部级人才115人次,1人入选国家重点研发计划青年科学家项目,1人获霍英东教育教学奖,3人入选国家现代农业产业技术体系岗位科学家和"神农计划"神农青年英才,9人入选2022"中国高被引学者"。引进世界前200强高校博士66人,新进站博士后275人,博士后获批各类项目130项,获评省海外高层次引才重点平台、本科院校师资工作优秀管理单位。

国际合作与交流。学校与5所世界顶尖高校、9所"一带一路"博士师培项目合作高校开展交流合作,新增省高校国际合作联合实验室2个,获批科技部外专项目20项。克兰菲尔德未来技术研究生院通过英国高等教育质量QAA认证。2034名学生获境外学习交流经历,12人获国际组织实习岗位。学校留学研究生占比54%。作为全国唯一受邀高校,19名留学生代表参加中共二十大精神对非洲专场宣介会暨第六届中非青年领导人论坛。

特色发展。农业科学进入ESI全球前0.95‰,工程学提升至全球前0.5‰,涉农国家一流专业增至12个;1项涉农教学成果获省教学成果特等奖。成立智能农机装备理论与技术重点实验室,筹建国家数字农机装备(人工智能和农业机器人)创新分中心和国家智能农业装备检测中心。研制的残膜回收联合作业机单项成果转让1000万元,投产当年产值超亿元;"大马力电驱动无级变速混动拖拉机关键技术攻关"获批立项省重大核心关键技术攻关项目。学校与句容共建全国农业科技现代化先行县获"优秀"等次;获批江苏数字农业农村基地,与宜兴共建的万亩现代农业智慧示范基地通过验收,被纳入数字农业农村新技术推介优秀成果。中国农机文化展示馆获批"江苏省科普教育基地",出版发行《农机装备产业与技术发展路线图》。学校与联合国工业发展组织、粮农组织合作,获准设立全球农业现代化与食品安全教育培训中心。 (江苏大学 李普华)

【江苏科技大学】 江苏科技大学是江苏高水平大学建设高校,江苏省人民政府分别与国家国防科技工业局、中国船舶集团有限公司共建高校。学校有镇江长山、梦溪校区和张家港校区以及上海办事处,占地3979亩(265.27公顷)。截至2022年年末,学校有教职员工2400余人,其中专任教师1700余人。有正高职称人员260余人,副高职称人员770余人,博士1140余人。在校普通本科生21900余人,博士、硕士研究生5300余人,本科、硕士、博士学历留学生600余人,苏州理工学院(独立学院)在校学生7000余人。

学校有博士后科研流动站3个,一级学科博士学位授权点5个,一级学科硕士学位授权点25个,硕士专业学位授予类别14个,国家国防特色学科5个,工程学、材料科学、化学3个学科进入ESI学科全球排名前1%。设有20个学院、71个本科专业、21个国家级一流本科专业建设点、16个省级一流本科专业建设点、3个教育部"卓越工程师教育培养计划"试点专业。有1个国家级创新创业教育实践基地,15个国家级、省部级实验教学示范中心,11个国家级、省部级重点实验室和工程实验室,23个国家级、省部级研究中心,1个江苏省重点产业学院建设点,1个江苏省大学生创新创业实践教育中心,1个江苏省高校哲学社会科学重点研究基地和1个江苏省高校哲学社会科学重点研究(建设)基地。

学校有船舶、海洋、蚕桑三大办学特色,参与部分国家项目的研制,为海洋强国战略作出贡献。学校蚕业研究所(中国农业科学院蚕业研究所)是全国唯一的国家级蚕桑科研机构,是世界蚕桑种质资源保存与研究中心,研发提供世界主要蚕桑品种与栽桑养蚕技术。学校建有海外教育学院,与五大洲、16个国家、41个单位开展科研与办学合作;中乌(中国、乌克兰)、中澳(中国、澳大利亚)合作办学项目为江苏高校中外合作办学高水平示范性建设工程项目。中国船舶工业工程师继续教育学院设在学校。

学校开展"喜迎二十大、永远跟党走、奋进新征程"系列主题活动。在全省高校统一战线"携手喜迎二十大·同心共筑教育梦"主题宣传教育系列活动中获一等奖1项,学校获评"优秀组织奖"。

全年学校学生在各类学科竞赛中获全国性奖励445项,获"互联网+"国赛1金5银6铜;获全国大学生数学建模竞赛国奖一等奖1项、二等奖5项。在第十七届"挑战杯"全国大学生课外学术科技作品竞赛中获一等奖1项、二等奖1项、三等奖2项,1个研究生"双创"团队入选团中央"攀登计划"支持立项。学校连续11次获评"全省学生资助工作绩效评价优秀"单位,2人获评"中国大学生自强之星",1人获评"江苏省大学生年度人物"。

3个项目获推申报国家级教学成果奖;新增9个国家级一流本科专业建设点,并列省属高校第4名,5个专业通过认证(累计通过认证专业11个),获批省产教融合型品牌专业建设点2个、培育点1个,省重点产业学院1个;获批国家级创新创业教育实践基地;《大学物理》教学团队获第二届全国高校教师教学创新大赛全国赛二等奖;入选省优秀基层教学组织2个。

2022年,学校新增特聘中国工程院院士1人、海外院士2人;全职引进海外院士2人,国家级重要人才2人;新增江苏省第六期"333工程"第一层次培养对象、江苏特聘教授、省"教学名师"等省部级重要人才40余人;获批省"333"领军型人才团队1个,省"青蓝工程"优秀教学团队1个;入选"中国高被引学者"榜单2人;入选全球前2%顶尖科学家榜单1人,2022年度科学影响力排行榜20人。获批省产业教授8人,获省"十佳研究生导师"提名奖及"十佳导师团队"提名奖各1个。

3个学科全部通过省优势学科三期建设项目验收,其中船舶与海洋工程获评"优秀"等级,9个学科获批"十四五"重点学科。11个学科上榜"2022软科中国最好学科排名",其中船舶与海洋工程学科排名列全国第5名,进入国内前20%。学科交叉融合增强,获批自主设置海洋技术与工程博士学位授权点交叉学科和人工智能硕士学位授权点交叉学科,获批省研究生工作站9家。学校列U. S. News2023世界大学排行榜中国内地高校第130名;"2022软科中国大学排名"中国高校第147名,江苏高校第18名;ESI中国内地高校排名第157名;自然指数中国内地高校第140名。

新增国家自然科学基金65项、国家社会科学基金5项,获批教育部人文社科项目7项;牵头获批科技部重点研发计划和国家级项目8项、省部级项目184项;获江苏省产学研项目77项,列全省高校第1名。新增国家级平台建设项目1个,省部级平台5个。与中国船舶集团成立联合研发机构,每年共同出资2000万元用于解决"卡脖子"问题。获各类科技奖108项,以第一单位获江苏省哲学社会科学优秀成果奖3项,3份"智库"报告获国务院副总理刘鹤批示。发表高水平论文1878篇,科研经费总量5.31亿元。学校列中国高校专利转让排行榜第22名、专利授权率排行榜第18名,首次获批江苏省技术转移先进单位,连续三届获中国技术市场金桥奖集体奖。

学校获批科技部外专项目25项,江苏"外专百人"计划1项;获批江苏省"十四五"国际化品牌专业1项、国际联合实验室2项、高层次人才平台1项,实现省"十四五"教育对外开放质量提升工程全覆盖。国际培训项目成果纳入江苏省"一带一路""小而美"项目。获评"江苏省涉外办学工作先进单位",新拓展学校首个博士联合培养项目。中俄(中国、俄罗斯)项目学生全部入选国家留学基金委"促进与俄乌白国际合作培养项目",连续5年获评"江苏省来华留学生教育先进集体"。

学校牵头成立江苏省船舶与海洋工程设计研究院,组建海洋学院;与中国船舶集团推进落实共建协议,共建船海装备先进制造技术创新中心,推进智能制造相关技术研究;深化与江南造船集团合作,与昆船公司续签全面战略合作协议,与中船应急签订战略合作(框架)协议,拓展与中国海洋石油集团公司合作,探索建立产学研用深入融合机制,打造发展共同体新平台,推动高质量发展。　(江科大　张　静)

【南京师范大学中北学院】 南京师范大学中北学院成立于1999年,由南京师范大学与南京师范大学教育发展基金会共同举办,是首批经教育部批准成立的独立学院和经江苏省事业单位登记管理局批准成立的公益性事业单位。学院注重专业建设,基本形成语言类、管理类、工程技术类和艺术类四大专业群。2022年,学院有在校生9548人,教职工440人。学院下设8个二级学院,有39个本科专业。

人才培养。学院围绕"立德树人"的根本任务,贯彻创新型应用型人才培养目标,制定"五育实践"课程建设指导意见、课程培养实施方案。推进大学生创新创业训练计划立项和管理改革,全年立项197项,其中院级创新项目157项、省级创新项目40项,覆盖856余名在校生、277名指导教师;同时立项建设8个"互联网+"大学生创新创业大赛培育项目。在各级、各类学科竞赛中,学生一类竞赛获奖54人次,二类竞赛获奖159人次,三类竞赛获奖153人次。

科学研究。学院获批教育部高校思想政治理论课教师研究专项重大攻关项目子项目1项、江苏省高校哲学社会科学研究项目一般项目10项、思政专项5项,省社科联应用研究各类课题2项,江苏高教学会实验室专项课题2项,镇江市社科各类应用课题9项,教育部"产学研"项目3项。组织97名青年教师参加高校青年教师科研能力提升与项目申报撰写指导线上专修班,参加对象覆盖学院全部二级学院。学院连续2年获江苏省高等教育学会“为科研赋能,助力教与学”活动优秀组织奖,为全省5所获奖高校之一。

师资队伍。学院制定《南京师范大学中北学院青年教师科研导师制实施办法(试行)》,提升青年教师科研能力,同时聘请经验丰富的老教师充实教学督导队伍,加强对学院教师的教育教学活动指导。6月,选派12名优秀教职工赴丹阳基层一线兼职实践锻炼,推进校地融合与校企合作,优化“产教融合”双师型专业教师的队伍建设。2名教师获评2022年度省“青蓝工程”优秀青年骨干教师培养对象,1名教师获评2022年“镇江十佳教师”。

校企合作。学院组织近百名学生参加华为公司举办的“5G校园行”活动,并进行5G-HCIA考试认证;同时信息工程学院加入华为公司“长三角鲲鹏昇腾高校创新实践联盟”。万新科技学院开展8次眼镜验光员技能培训,394人次参加。学院与天工国际、南京协义同信息科技有限公司、丹阳市第三中学等单位签订合作协议,就创新本科人才培养模式、双师型教师培养、共建产业学院等方面开展合作,接受天工国际机械加工设备、实习实训工作服捐赠。学院与北京人民在线网络有限公司签订《1+X媒体融合运营职业技能等级证书考核合作协议》,面向全国高校教师,承担媒体融合运营职业技能等级证书考核的组织管理与实施工作。

合作交流。学院与美国爱得菲大学签署合作备忘录,与法国昂热西部天主教大学签订合作协议。先后接待法国波尔多大学、英国曼彻斯特大学及谢菲尔德大学等高校到校沟通交流。举办留学讲座,为有意向前往海外高校深造的学生答疑解惑。同时,学院修订《南京师范大学中北学院本科人才培养厚生(访学)计划实施办法》,选派20名学生到南京师范大学进行为期1年的访学。 (中北学院 王 慧 姜 黎)

【镇江市高等专科学校】 2022年,镇江市高等专科学校占地面积58.69万平方米,总建筑面积39.14万平方米,教学仪器设备总值近1.6亿元,全日制在校生1万余人,各类成人教育学员4000余人。学校有12个二级学院(部)、34个专业,其中,中央财政支持的提高专业服务产业能力重点专业3个,省“十二五”重点专业(群)3个,省高水平骨干专业3个,省品牌特色专业2个。有“1+X”证书制度试点项目9个,省精品课程10门,出版工学结合教材50部,国家级规划教材、省级重点教材20部;有校内实训基地60个,建有数控、自动化系统、嵌入式系统等校内实训实验室150个,校外实训实习基地164个。图书馆纸质藏书近80万册,电子资源图书300多万种。有教职工681人,其中专任教师480人,专任教师中正高职称教师31人,副高职称教师237人,双师型教师281人。副高职称以上专任教师占专任教师的比例在全省同类院校列前列。学校有享受国务院特殊津贴专家1人,省“333工程”第二层次培养对象1人、第三层次培养对象10人,省市突出贡献中青年专家2人,省“六大人才高峰”高层次人才团队3个、“青蓝工程”优秀教学团队3个,省高校“青蓝工程”学术带头人、国家和省市优秀青年骨干教师、优秀教育工作者60余人。有江苏高校哲学社会科学重点建设基地1个,江苏高校哲学社会科学优秀创新团队1个,江苏省高职院校社科应用研究协同创新基地1个,镇江市重点实验室2个。

学习贯彻党的二十大精神。邀请市委宣讲团成员到校宣讲,并以线上、线下方式向全校师生作专题宣讲。成立学校学习宣传党的二十大精神宣讲团,发放《党的二十大报告辅导读本》等学习资料1400册,在校园网主页开设《深入学习贯彻党的二十大精神》专栏。

校第三次党代会召开。9月25日—26日,中国共产党镇江市高等专科学校第三次党员代表大会召开。林枫、丁钢、李大洪、冷耀明、李冬梅、刘永希、唐红雨、柏林、王卉9人当选新一届校党委委员,刘永希等7人当选新一届校纪委委员。

建成省高水平高职学校。学校协调推进名师领航、专业质量、人才培养、科技服务四大工程,完成培育单位验收答辩,建成省高水平高职学校。

人才培养。全年录取各类新生3735人。学校完成2个省高水平专业群年度报告和4个校高水平专业群中期检查,申报新专业5个,完成2023年招生专业备案。申报“3+2”等现代职教体系贯通培养项目3个,规范做好与江苏科技大学、江苏大学京江学院“3+2”合作项目毕业生升学转段考试。对6门省级立项课程进行更新升级,2门课程入选省职业教育首批在线精品课程。在高职学校职业技能竞赛活动中,获国家级一等奖1项,省级一等奖1项、二等奖2项、三等奖7项;获省毕业设计(论文)评选一等奖2项、三等奖2项。获第八届江苏省“互联网+”大学生创新创业大赛红旅赛道创意组三等奖1项、优秀组织奖1项,江苏省职业院校创新创业大赛创业组三等奖1项,第九届“学创杯”全国大学生创业综合模拟大赛江苏选拔赛一等奖1项、二等奖1项。毕业生就业率92.5%。

学生身心健康。采取线上、线下相结合的方式,全年一站式学生事务服务大厅累计服务学生2156人次,学生满意率超99%。发放国家助学金、国家奖学金、国家励志奖学金、国家生源地信用助学贷款、建档立卡家庭学费减免补偿金4950人次、1619.34万元。补助各类困难学生192人、11.42万元。有11名学生、3 个班级获评省级先进。

师资队伍建设。全年引进博士 5 人、硕士 24 人、正高职 1 人、副高职 3 人、紧缺专业人才 1 人。新增省"双创博士"1 人,市金山文化英才 1 人、文化优青 1 人。获批省"青蓝工程"优秀教学团队 1 个、中青年学术带头人培养对象 1 人、优秀青年骨干教师培养对象 2 人,市"十佳教师"1 人。职业教育智能装备制造与检测"双师型"名师工作室被认定为省职业教育"双师型"名师工作室,孙氏太极拳技艺技能传承创新平台被认定为省职业教育技艺技能传承创新平台培育单位。

科研与社会服务。获"镇江市工业控制网络重点实验室"绩效评价优秀、新增资助经费 20 万元,新设"江苏基层社会治理研究协同创新基地"镇江分中心。全年立项各类纵向科研项目 144 项,其中,省部级以上课题 6 项,到账经费 101.8 万元;其他立项 15 项,到账经费 253.85 万元。立项横向科研项目 36 项,到账经费 290.85 万元。在江苏省技术合同登记平台认证 36 项,合同金额 341.65 万元。发表论文 24 篇,出版著作教材 6 部,主编论文集 1 部。授权专利 32 件,其中发明专利 8 件;专利转化 11 件,转让费 10.9 万元。

校园文化建设。启动校史编撰。举办纪念吕凤子办学 110 周年暨庆祝镇江高专组建 30 周年系列文化活动。全年举办"正则讲坛"讲座 7 场,超过 6000 人次大学生参加。学校获评 2019—2021 年度"江苏省文明校园"。 (镇江高专　何　斌)

【江苏农林职业技术学院】 2022 年,江苏农林职业技术学院以习近平新时代中国特色社会主义思想、中共二十大精神为指引,按照现代职业教育高质量发展和现代职业教育体系建设深化改革的要求,提质培优,学院各项事业取得成效。

学院服务乡村振兴,弘扬农耕文化,培育三农人才,将学习成果转化为打造中国农业职业教育领军学校的实践,1 个党支部通过教育部"全国党建工作样板支部"建设验收,2 个党支部创建成功首批全省党建工作样板支部。学院通过省教育厅专家现场考察和教育部组织的 A 档学校中期互评,作为优秀等次获教育部公示。

学院成立全国农业职业院校思政课创新发展联盟,立项教育部高校思政课教师教学方法改革择优推广项目 1 项、江苏省思政课教育教学改革创新示范点项目 1 项、省级"三全育人"案例 2 个,入选省高校美育精品课程、"美育大讲堂"优课各 1 门。学生参加全国技能大赛获 4 项金奖,"互联网 +"大赛全国总决赛获 2 银 1 铜,首届世界职业院校技能大赛获优秀奖 1 项、省级技能竞赛获一等奖 11 项,获评江苏省职业院校技能大赛突出贡献学校。

全年学院招聘 102 人,其中高层次人才 56 人,副高职称 16 人,引进产业教授 2 人。新增国家级职业教育"双师型"教师培训基地 1 个,省职业教育"双师型"名师工作室和技艺技能传承创新平台各 1 个,省教学名师、全国轻工技术能手、高校辅导员年度人物等省级人才 15 人,镇江市有突出贡献中青年专家 1 人。"双师型"教师占比为 84.68%。

学院获批国家自然科学基金项目立项 4 项,省自然基金项目 2 项;获全国农业技术推广成果奖三等奖 1 项;获授权专利和软件著作权 65 项,技术合同成功登记 70 项,总成交额 3497.6 万元。亚夫科技服务团队对接句容 16 个特色村,推广"三新"技术 32 项,相关内容入选全国高职院校服务乡村振兴典型案例。江苏农林职教集团获评江苏省示范性职业教育集团(联盟)培育单位。

学院构建乡村振兴五大模块课程开发团队,并首批开发 25 门课程;与句容开展全面战略合作,参与射阳县"五方挂钩"工作。全年招收各类学历教育新生 2000 余人,举办各类培训班 56 班次,培训量 1.3 万余人次。学院获批首批省乡村振兴培训基地、省乡村振兴研究智库成员单位,获评省级高素质农民培育先进集体。学院"定制村干"等人才培养做法和成效被全国政协双周会建议采用,入选《职业教育助力乡村振兴研究》教育部典型案例。6 门课程获国家精品在线开放课程,2 组项目入选农业农村部"名课名师"项目,获全国教学能力比赛三等奖 1 项。学院入选 2022 年职业教育国际合作与交流典型院校,立项省级来华留学生品牌专业 1 个,获评"江苏省来华留学生教育先进集体"。学院获"全国高等职业院校治理体系建设典型院校"称号,入选教育部"智慧大脑"院校项目;获批教育部"一站式"学生社区综合管理模式建设试点单位;获评"江苏省文明校园"、第七届全省学生"学宪法 讲宪法"活动杰出组织奖;获评"江苏省节水型高校"和"江苏省智慧校园示范校";江苏农博园入选省中小学生职业体验中心、全国科普教育基地。

(江苏农院　王海莉)

【江苏航空职业技术学院】 江苏航空职业技术学院有包含 20 个涉航专业的六大专业群,其中无人机应用技术专业群获评省高水平专业群。建成包含 63 个校内实验、实训室的"五中心一平台",强化职业素养训导,强化人才供给侧与需求侧的匹配度。2022 年,学院招生 3500 多人,提前实现"十四五"在校生 7500 人的办学规模。2022 届毕业生就业率保持 95% 以上,学生留镇江人数增长。9 月 23 日—24 日,江苏航院党员大会选举产生新一届党委和纪委班子。

江苏航院举行"航天海鹰杯"首届学生技能大赛,

1500余名学生参加竞赛。新建的7号学生宿舍楼投入使用,2022级新生入住。江苏航院与大路航空、航天海鹰、菲舍尔等涉航企业成立镇江市航空航天产业发展促进会,发挥学院科教人才优势,主动融入全市航空航天产业链发展。组织开展暑期"三下乡"社会实践活动,在"2022年全省大中专学生志愿者暑期文化科技卫生'三下乡'社会实践"活动中,一批组织和个人获评省大中专学生志愿者暑期文化科技卫生"三下乡"社会实践先进集体、先进工作者、先进个人。飞机机电设备维修专业学生张智鑫获2021年度"中国大学生自强之星"称号。召开学院党外知识分子联谊会成立大会。

江苏航院以"构建高效课堂,提升教学质量"为主题,开展首届"教学质量月"活动。教师指导学生参加全国职业院校技能大赛,获飞机发动机拆装调试与维修赛项三等奖,实现国家级比赛获奖"零的突破";参加2022RoboCom机器人开发者大赛CAIR国赛智慧果园赛项,获二等奖、三等奖;参加第十二届"挑战杯"江苏省大学生创业计划竞赛,获铜奖;参加2022"外研社·国才杯"江苏省高职高专大学生英语能力挑战赛演讲大赛,获二等奖和三等奖;参加第五届"外教社杯"长三角区域高校学生跨文化能力大赛暨全国邀请赛,获江苏赛区高职组三等奖。江苏航院教师参加江苏省职业院校教学能力比赛,获二等奖一项、三等奖三项;参加江苏省职业院校技能大赛机电一体化赛项,获二等奖;参加江苏省高校微课教学比赛,获二等奖;参加外语微课优秀作品全国交流活动,获二等奖。

(江苏航院 刘家玲)

【金山职业技术学院】 金山职业技术学院是教育部备案、江苏省人民政府批准,独立设置的全日制民办普通高等学校。2022年,学院贯彻中共二十大精神,强化办学理念,坚持立德树人,以教育教学为中心,提升师资整体素质,加强专业建设和课程建设,形成培养技术技能型人才高职特色。

学院设机电与交通系、建筑与艺术系、经济与贸易系、现代服务与管理系4个教学单位30个专业。多种途径为毕业生搭建就业服务平台,2022届毕业生年终就业率95.08%。修订2022级人才培养方案,做好"1+X"证书制度试点工作。将19级、20级、21级学生学习成果信息集中存入江苏省终身教育学分银行。新申报融媒体运营、光伏工程2个新专业,并及时对人才培养方案进行评估修订,提高实践教学的比重和实践课程质量。

学院聘请"全国道德模范"赵亚夫为思政教育特聘教授,筹建"亚夫学习社"。建立马克思主义学院,与地方党校形成共建机制。学院在镇江市双拥示范基地"张贤春家庭档案馆"建立"大学生德育教育基地",获"中国新闻网"等媒体报道。构建思政育人新格局,与扬中市教育局合作建立"1+2+4+N大中小学一体化思政工作联盟"。

学院对新招聘的教职工,实行思想政治素质和业务能力双重考察,做好新教师培训工作。全年有1名教师入围江苏高校"青蓝工程"优秀青年骨干教师、1名教师获"扬中市五一劳动奖章"、1名优秀党员获评镇江市"十佳教师"、10名教师入围"扬中市321工程"培养对象,1名教师在江苏省高校辅导员职业技能大赛中获优秀奖、2名教师在江苏省"省长杯"大学生足球联赛高职高专院校足球教学成果展示暨体能大赛中获评省级优秀教练员。教师在省级以上期刊发表44篇学术论文,参与教材编写8本,结项课题19项,指导95名学生在省、市、校级比赛中获奖。

学院将专业与扬中主导产业链结合起来,新签"江苏美科光伏"冠名班协议,新建江苏银佳集团等4个产学研合作基地。探索产教融合新途径,成立"产教合作联盟",举办合作论坛,激发产教合作新动能。建立学院技能等级认定机构并通过市人社局评估验收,全年组织校内150人技能等级认定。开展扬中市退役军人适应性培训和创业培训,初步确定与10个企业达成合作协议举办冠名班13个,联合市残联开展2期培训,与1家企业签订新型学徒制培训班。

开展辅导员培训,强化考风考纪教育,做好大一年级新生学风建设工作,加大"专接本"教育教学常规管理力度,提高"专接本"教师的教育教学水平,提高教学质量。组织高校哲学社会科学研究课题申报与结题工作,中期检查5个项目的研究进程,完成4个新项目的申报。完成江苏省高等教育教改立项研究课题结题材料上报。

全年投入800万元对学生公寓进行改造,改善学生住宿条件。添置、更新部分教学楼的课桌椅,教室内安装空调和一体机。改造食堂二楼,建设教职工食堂,并提高每月餐补标准。对校园网进行扩容、添置必要的办公设备及模拟软件,建设重点实训室。

组织全体团员青年参与"青年大学习"网上知识学习竞答活动。围绕地方发展大局和社会服务,推进志愿服务活动常态化。推进文化融校,传承创新校园文化品牌,组织开展2022年度"我为同学做件事"主题实践活动、"青春爱运动,健康强中国"体育活动月等大中小型校园活动。组织开展"建团百年再出发 金山青年展风采"青春100秒微视频征集活动、"建团百年续薪火 青春活力谱芳华"五四青年节升旗仪式暨重温入团誓词活动、"青春向党 不负人民"五四青年节主题团日活动。

(金山职校 邱元元 朱禹丞)

社会教育

【概况】 2022年,镇江市建成3个省社区教育特色品牌、2个省社区教育优质项目化基地,2门省“能者为师”特色课程被推介到教育部资源平台。建成1个省“养教联动”基地、2个省老年教育学习资源库子库项目和2个省社区教育、老年教育特色品牌培育项目。组织开展老年人运用智能技术教育培训,全年培训6000余人。《镇江市办“四有”老年教育》在“江苏终身教育这十年”专场新闻发布会上作专题推介。

(市教育局 许大宏)

【非学科类培训机构分类监管】 2022年,镇江市明确市科技局、文广旅局和体育局分别为科技类、文化艺术类和体育类等非学科类校外培训机构的主管部门,并分类制定准入标准,严格审批,强化日常监管。全市非学科类校外培训机构2576家,其中,科技类43家、文化艺术类1430家、体育类1103家,对于证照齐全的校外培训机构全部纳入全国校外教育培训监管与服务综合平台,实施全流程监管。做好校外培训机构预收费资金监管工作,防范“卷款跑路”、退费难等风险。开展面向中小学生(包括幼儿园在园幼儿)的所有学科类和非学科类线上、校外培训机构排查,对培训材料编审用、从业人员招用管等方面查找问题并及时整改,把好校外教育培训内容关和人员关。

(市教育局 李欣蔚)

【镇江市少年宫】 镇江市少年宫是全市最大的公益性校外教育机构,市少年宫有专职教师34人、外聘教师21人,面向社会开设71门课程(含31门全免费公益课程,劳技教学方面开设16门课程)。2022年,市少年宫获评江苏省中小学生劳动教育与综合实践优秀基地。

2022年暑期,市少年宫开设31门公益课程,普惠少年儿童。全年组织多项公益活动,承办“江河交汇、我爱运河”征文比赛,开展欢庆六一儿童节 喜迎党的二十大“镇教先锋”送文艺下乡演出活动,市少年宫与京口区工会联合主办“翰墨颂劳动 童心绘时代”京口区小学生主题书画比赛以及“让爱助你成长一夏”——公益成长营活动,举办“大运河文化探秘之旅”学生公益夏令营等活动。深化“八礼四仪”教育,开展“文明小义工”、微公益讲座及青少年文明礼仪养成教育活动。市少年宫注重建设公益社团,打造“扬州评话少儿社”、古琴、武术等多个文化社团项目。扬州评话少儿社在北固山公园甘露书场、市非物质文化遗产保护中心演出多场。书法社团部分作品在联合国《生物多样性公约》缔约方大会第十五次会议(COP15)和《联合国气候变化框架公约》缔约方大会第二十六次会议(COP26)相关活动中展出。科技组4名学员发明的火灾预警智能检测装置获国家知识产权局实用新型专利证书。

市少年宫在落实义务教育“双减”的同时推动“双增”,增加学生接受体育和美育方面课外培训的时间和机会。推进与“双增”相关的校本课程改革,做精、做优体育类、艺术类、科技类、劳技类等课程,同时开拓新课程。市少年宫与寓乐湾合作开发科技类课程,劳技教学方面开发橡皮章的刻制等新课程,完善劳动教育家政读本。11月,市教育系统劳模工作室联盟课后服务、劳动技术教育师资培训基地在市少年宫建立。

(市少年宫 叶向阳 樊 涛)

【镇江市青少年活动中心(江苏省镇江青少年综合实践基地)】 江苏省镇江青少年综合实践基地位于丹徒区世业镇卫星村纸厂公房49号,占地500亩(33.33公顷),有教职工70人。基地主要承担市属中学和各区小学初中相关年级的综合实践活动课程、市属普通高中和职业高中的新生国防教育、全市和全国各地中小学生研学实践教育活动等任务。2022年,基地服务中小学生超10万人次,获评全市“七五”普法先进单位、江苏新疆西藏青海少年儿童“手拉手”活动优秀集体。“宪法园”入选第九批“省级法治文化建设示范点”,“我市建立全省教育系统首个‘宪法园’”入选全市第五届“十大法治事件”。基地承担的市级中小学生品格提升项目通过结项验收。加强劳动教育研究,推荐劳动教育资源,开发劳动教育课程,建设行知农事体验馆一期、行知农事体验园二期,拓展全市校外劳动实践场所。

(市青少年活动中心 陈进平 姜 光)

文　化

责任编校：徐　湖

综　述

【文化基础建设】　截至2022年年底，镇江市有公共图书馆7个、文化馆8个、文化站59个、村(社区)综合性文化服务中心658个、博物馆(纪念馆)14个、美术馆2个，其中，市文化馆、市图书馆与市博物馆均为国家一级馆。有省级以上文物保护单位67处，其中全国重点文物保护单位13处。累计公布6批市级非物质文化遗产名录项目，认定4批非物质文化遗产代表性传承人。有市级及以上非物质文化遗产名录项目184项。市级及以上非遗项目代表性传承人121人。全市有娱乐场所120家、互联网上网服务场所143家、文艺表演团队(营利性)11个、演出场所经营单位3家、演出经纪机构4家、经营性互联网文化单位5家、艺术品经营单位15家。全市共有挂牌上市文化企业48家、国家级数字出版基地1个、省级文化产业示范园区(基地)2个、省级夜间文化和旅游消费集聚区1个、省级文化和旅游消费试点单位2个、省级文化和旅游产业融合发展示范区建设单位1个、省级工业旅游区8个。省级文化产业示范园区(基地)3个、省级夜间文化和旅游消费集聚区3个、省级文化和旅游消费示范单位2个、省级文化和旅游产业融合发展示范区1个、省级工业旅游区8个。

(市文广旅局　许　婷)

【思想建设】　2022年，镇江市文广旅局围绕迎接中共二十大、学习贯彻中共二十大精神，组织开展一系列特色展演展览活动。利用市县级融媒体中心组织开展礼赞新时代 奋进新征程"喜迎二十大"江苏省主题群众文艺线上巡演；国庆期间在镇江博物馆开展迎接中共二十大大型图片展"镇江很有前途"，吸引观展干部群众约14万人次。镇江市非物质文化遗产保护中心(镇江民间文化艺术馆)举办"牢记初心使命 赓续匠心传承——迎接党的二十大非遗主题展"，茅山新四军纪念馆围绕"迎接党的二十大"开设展览"木叶挺秀 叶挺夫人李秀文生平事迹展"，市图书馆策划组织"喜迎二十大"手机短视频征集活动，市文化馆推出"喜迎盛世，奔跑奋进"文心系列演出季。中共二十大闭幕后，市文化系统组织开展集中学习、交流研讨和宣讲辅导等活动，引导广大党员干部学思用贯通、知信行合一。

(市文广旅局　许　婷)

【文旅市场恢复】　2022年，镇江市推出"镇江文旅纾困10条"，启动畅享生活"镇"实惠——2022金秋文旅消费季，助企纾困、刺激消费。集中发布并签约12个文旅项目，总投资50.05亿元。润州区(高新区)创成省级全域旅游示范区，句容市创成省级文旅产业融合发展示范区，镇江新区、润州区创成省级文化和旅游消费示范单位。(市文广旅局　许　婷)

【对外文化交流】　2022年，镇江市以创建"东亚文化之都"为目标，挖掘镇江历史文化资源，研究策划特色文旅活动，举办2022(第十六届)中国镇江金山文化艺术·国际旅游节，发布"宜游镇江"中日韩英手绘地图。开展对外交流与推广工作，提升镇江品牌形象和国际影响力。(市文广旅局　许　婷)

【行业安全生产】　2022年，镇江市坚持"安全第一、预防为主、综合治理、全面提升"原则，完成安全生产专项整治三年行动工作，提高行业安全管理水平，强化行业安全生产基础。推动印发《镇江市文化和旅游活动突发事件应急预案》，做好文旅活动安全监管、应急处置，高效处置突发事件。全年全市文旅行业未发生安全生产事故。(市文广旅局　许　婷)

表 66　2022 年镇江市分地区文化事业机构情况表

单位：个

项　目	全　市	市　区	丹阳市	扬中市	句容市
艺术事业	8	4	1	2	1
艺术表演团体	5	3	1	1	—
艺术表演场馆	3	1	1	1	—
图书馆	9	5	2	1	1
博物馆	14	6	4	1	3
群众文化事业	67	34	13	7	13
文化馆	8	5	1	1	1
文化站	59	29	12	6	12
其他文化事业	10	4	3	1	2

（市统计局）

【文化遗产保护】　2022 年，镇江市加强文物活化利用。举办"凤鸣高冈——吕凤子艺术·教育·人生专展""寻迹镇江·镇江市近年考古成果展""永远的'儿童号'——姜堰小学捐机纪实展"等系列展览。镇江博物馆"运河风物'镇'知道——寻访大运河文化带"项目、茅山新四军纪念馆"传承铁军精神，赓续红色血脉——茅山红色夏令营"、扬中市博物馆"扬博'童'行 馆社共育—志愿服务"项目等获评 2022 年江苏省博物馆志愿服务优秀案例。推进非物质文化遗产保护。承办"文化和自然遗产日"江苏省系列活动暨"水韵江苏·非遗购物节"启动仪式。西津渡景区、宝华山景区创成首批"江苏省无限定空间非遗进景区"示范项目。江苏恒顺集团创成第三批省非物质文化遗产创意基地。市文广旅局举办"虎年好市"镇江非遗嘉年华、"第八届镇江民俗文化周"等活动。通过非遗展演、展示、展销等多种形式打造互动体验新模式，推动文化和旅游融合发展。（市文广旅局　许　婷）

公共文化

【概况】　2022 年，镇江市文广旅局推进国家公共文化服务体系示范区创新发展，围绕"人均接受文化场馆服务次数"高质量考核指标要求，开展全民艺术普及等文化进基层活动，提高公共文化均等性、便利性和吸引力，增强人民群众公共文化获得感。文化服务"从小爱场馆 12345 模式"作为优秀案例在全国特殊群体文化权益保障培训班上做经验交流。梳理编制的"城乡文艺播种"亮点集，由省委宣传部作为省级优秀创新项目向国家中宣部推荐、被省文旅厅作为省级优秀案例向国家文旅部推荐。"文化广场国家标准化体系"作为全国社会管理和公共服务综合标准化试点典型案例，由市市场监督管理局向国家市场监管总局推荐。镇江市文广旅局年内完成 8 个旅游厕所新改建任务，开展挂牌旅游厕所等级复核工作。推进全市 14 个智慧广电乡镇（街道）建设并通过省级复评验收。截至 2022 年年底，全市完成 24 个智慧广电乡村工程建设，丹阳市实现全覆盖。镇江博物馆、市图书馆、市文化馆、市民艺馆（市非遗保护中心）等 14 家公共文化场馆入选 2022 年度江苏省"最美公共文化空间"打造计划。镇江梦溪琴社、市文心青少年公益服务中心等 10 支文艺团队入列 2022 年度江苏省"优秀群众文化团队"培育对象。句容市白兔镇综合文化站站长巫丽萍入选 2022 年度全国乡村文化旅游能人。镇江市文广旅局被江苏省广电局、省公安厅评为"2020 年至 2021 年度打击非法境外电视网络接收设备（软件）和卫星地面接收设施专项整治工作行动成绩突出集体"；镇江市文广旅局、句容市、扬中市、丹徒区文体广旅局被省广播电视局评为"2022 年度全省境外卫星电视传播秩序专项整治工作成绩突出先进单位"。全年全市 65 件作品获 2021 年度江苏省优秀广播电视节目奖。（市文广旅局　许　婷）

【"镇江很有前途"——迎接中共二十大胜利召开大型图片展】　2022 年 9 月 30 日—10 月 31 日，"镇江很有前途"——迎接中共二十大胜利召开大型图片展在镇江博物馆开展。该展以习近平总书记调研镇江时的寄语"镇江很有前途"为主题，以市委书记马明龙所撰的《写在前面》为序，展览按时间脉络分 4 个部分，通过近 400 张不同时期的照片展示镇江发展成就。

（市文广旅局　许　婷）

【“东亚文化之都”创建工作】 2022 年，镇江市在全省率先启动新一轮“东亚文化之都”创建工作，印发《镇江市文广旅局创建“东亚文化之都”工作方案》等系列文件。开展“深刻的记忆——镇江市东亚文化碑拓展”、“中日韩当代书法联展”、《风月同天》音诗画“东亚文化”艺术沙龙活动周、“一衣带水 茶香悠远”中日韩茶文化传承交流、《大韩民国临时政府与镇江》讲座、第十六届金山文化艺术·国际旅游节、镇江市·日本仓敷市商务旅游推介等活动，加强对外文化交流。通过建立对日交流网站、制作镇江对日城市宣传视频、印发“宜游镇江”中日韩英手绘地图等，向日韩为主的旅游市场推介镇江文化旅游产品。（市文广旅局 许 婷）

【2022（第十六届）中国镇江金山文化艺术·国际旅游节】 2022 年 11 月 7 日，2022（第十六届）中国镇江金山文化艺术·国际旅游节在镇江南山风景区西入口开幕。本届旅游节举办时间为 11 月 5 日—18 日，活动由镇江市人民政府、江苏省文化和旅游厅主办，中共镇江市委宣传部、镇江市文化广电和旅游局等单位承办。作为 2022 紫金文化艺术节的镇江分会场，以“雄秀甲东南 千里共金山”为主题，通过线下线上融合、全市全域联动、白天夜晚“不打烊”的方式举办各类活动。开幕式上现场发布并签约 12 个文旅项目，总投资为 50.05 亿元。（参见第 36 页）（市文广旅局 许 婷）

【“凤鸣高冈——吕凤子艺术·教育·人生”专题展】 2022 年 12 月 19 日，“凤鸣高冈——吕凤子艺术·教育·人生”专题展在镇江博物馆书画厅、专题厅开展。该展览由江苏省委宣传部、省文旅厅、省文联、省文物局、镇江市人民政府主办，由省美术家协会、省国画院、镇江市委宣传部、市文广旅局等单位承办。展览以吕凤子书画艺术为载体，以“爱无涯、美无极”教育理念为核心，分为“远水长流洁复清”“生无尽兮爱无涯”“正则正如秋月华”三部分，梳理并展现吕凤子 60 年艺术征程、50 年执教生涯、40 年办学实践，首次全景式、立体化展示吕凤子艺术道路和人生轨迹。展览展品数量 200 余件，包括吕凤子代表性书画作品、手稿、文献、印章、乱针绣、生前使用过的物品及个人藏品；与吕凤子有密切关联的张大千、徐悲鸿、潘天寿等美术大家作品；吕凤子的弟子及乱针绣传承人的乱针绣作品。其中，吕凤子代表作《庐山云》《四阿罗汉》等首次对外展出。（市文广旅局 许 婷）

【群众文化创作】 2022 年，镇江市文广旅局组织全市 7 个作品参加“第十五届省五星工程奖”决赛，获得优秀组织奖 1 个、五星工程奖 1 个。句容市承办省五星工程奖音乐类决赛。丹阳市文化馆原创小品《静静的夜》入围第十九届国家群众文艺政府奖——全国群星奖复赛；原创器乐合奏《凤鸣朝阳》获长三角民族器乐原创大赛银奖。（市文广旅局 许 婷）

【群众文化服务】 2022 年，镇江市开展文化惠民活动。推进民生实事项目，创新推出“我们身边的场馆”社教品牌，开展社教活动 2644 场；打造“感知文化力量，走进身边场馆”服务品牌，针对“一老一小”推出“文化伴夕阳”和“从小爱场馆”两个子品牌，分别征集公布活动清单 121 项和 235 项，开展活动 749 场、957 场。实施“城乡文艺播种”志愿辅导，征集各乡镇（街道）的文化需求 615 项，选派近 300 名文艺骨干下沉一线开展结对辅导，全年开展辅导 1293 场；举办优秀辅导成果展览展演活动。实施“送戏下乡”，开展“千场文化进农村”，围绕“喜迎党的二十大”“庆中秋”“庆国庆”等主题开展文艺展演活动 636 场。开展全民艺术普及“六进”活动近 3000 场。（市文广旅局 许 婷）

【国家公共文化服务体系示范区建设】 2022 年，镇江市召开全市群众文化工作会议，调整示范区创新发展领导小组成员、成立示范区创建表彰领导小组，组

图 44 2022 年 11 月 7 日，2022（第十六届）中国镇江金山文化艺术·国际旅游节开幕（市文广旅局 供稿）

织开展示范区创建先进单位及个人表彰评选。按照文化和旅游部统一部署，组织开展第七次全国图书馆评估定级。完成《镇江市公共文化服务保障办法》后评估工作座谈会。（市文广旅局　许　婷）

【文化馆（站）建设】　截至2022年年底，镇江市有文化馆8个，从业人员123人，建筑面积3.5万平方米，其中业务用房面积2.8万平方米；全年各级文化馆举办展览475个，组织文艺活动710场次。全市有文化站59个，总藏书量162.6万册，从业人员189人，建筑面积17万平方米，其中文化活动用房面积12.6万平方米；全年组织文艺活动1968场次。（江　鉴）

【镇江市图书馆】　截至2022年年底，镇江市图书馆有持证读者217885人。2022年借还图书201074册，服务人次约102万人。全年举办各类阅读活动706场，参与人数约39万人次。镇江市延伸服务，推进总分馆制建设。加强公共文化服务新空间建设，建成全市第3家24小时城市书房——“运河书房”，10月1日对外试运行。拓展服务领域。建立镇江市体育运动学校和京口区纪委分馆，推动全域资源共享与合作共建。实施“书香八进”。推进市第一人民医院分馆“书香医院”建设。市图书馆先后在江苏省女子隔离戒毒所、京口区纪委、泓润科技公司、瀚瑞控股有限公司等分馆开展图书流动服务60多场，助力全民阅读工作。

镇江市图书馆加强馆藏文化建设，元刻本《隋书》、康有为所藏《东垣十书》等12部古籍入选江苏省第五批《江苏珍贵古籍名录》。对国家“二二工程”库藏征集工作涉及该馆的古籍进行核查、清点、扫描。接受文旅部实施的全国古籍保护重点单位复核。对部分善本古籍、地方性古籍等进行数字化扫描、识别，累计2万余叶。使用纸浆补书法等工艺，对《焦山六上人诗》《徐氏宗谱》《诗义折中》等古籍进行精细化修复，修复530余页。与南京图书馆合作开展“喜迎二十大”古籍珍品展，展览古籍、文物11件。

（市文广旅局　许　婷）

【《镇江文库》编纂】　2022年，镇江市图书馆对《镇江文库》学术编、文学编的选书目录进行审校、增删，确定两编46册收录汉代以来镇江历代学者、文人从事经史文化研究及文学创作的各类著作300余种。该馆独力提供古籍底本约230册4万余页，委托广陵书社向上海、南京等地的机构征集底本，组织省内相关文史专家与古籍工作者撰写提要。《镇江文库》的编辑工作于2022年12月基本完成。

（市文广旅局　许　婷）

【2022年长三角地区阅读马拉松大赛镇江分赛】
2022年11月19日，2022年长三角地区阅读马拉松大赛镇江分赛在镇江市图书馆开赛。长三角地区阅读马拉松大赛是由上海图书馆和阅读马拉松发起，联合南京图书馆、浙江图书馆、安徽省图书馆共同主办，面向长三角三省一市的大型阅读公共赛事。2022年的大赛，有164个公共图书馆参与，5685人参加比赛。此次分赛全市10个阅读队伍的50名选手参赛。参赛选手需要在6小时内读完新书并完成两轮答题和一篇读后感方可完赛，此次的比赛用书是上海教育出版社出版的《科学的起源——中世纪如何奠基现代科学》。

（市文广旅局　许　婷）

【江苏大学图书馆】　江苏大学图书馆由校本部馆、四个学院资料室、北固校区借阅处组成，总面积47270平方米（不含资料室）。截至2022年年底，馆藏中外文纸质图书250.76万册、电子图书141.4万册、中外文纸质报刊1405种、电子报刊48197种，订阅数据库122个，自建特色数据库9个，另自建“农业装备工程”“赛珍珠”等特色文献数据库。

2022年，江苏大学图书馆开展“喜迎二十大”主题系列活动，引导全校师生阅读红色经典，举办主题报告活动，邀请知名作家、教授开展红色文献分享会。举办13场次图文展览及红色书评征集、红色电影系列展播、“共读一本红色书籍”等活动，“建党百年光辉路，文献代代传薪火——馆藏红色文献展及阅读推广活动”获评江苏省“高校图书馆红色经典阅读推广优秀案例”。举办“‘疫’往无前‘阅’向未来”主题读书节，开展“在读书”“话读书”“读好书”“品文化”等活动。全年接待读者150万人次，借还图书13万册、上机9000余人次。提供SCI、SSCI、CSSCI等数据库查收查引证明8649条，服务2000余人次。完成3季16场次的ACCA考试组织工作。会议室、研讨室等空间服务约300场次。完成“三级书库”专项整治工作，对馆内约150万册图书资源进行优化调整。“外国专家书屋”落成开放。推动校园知识产权素养教育，组织参加2022年incoPat新科技检索大赛未来IP专家高校精英赛、第二届“奥凯杯”江苏省高校大学生知识产权知识技能大赛、2022年江苏省高校知识产权创意设计大赛等活动。开展“书香人生”“立体围读 寻迹镇江”“爱家乡传书香”“开卷话春耕优秀读书笔记征集”“读书分享会”等系列品牌活动。举办“秋韵诗会”、品读《三国演义》、《中华传统文化百部经典》校园行、扬剧赏析、古琴赏析、双语《诗经》打卡、《历史那些事》共看研学等文化活动。牵头举办以“相知互鉴向未来”为主题的赛珍珠国际学术研讨会。

2022年，江苏大学图书专业学科教学科研工作有突破。图书情报2021班获“江苏省先进班集体”称号;1名研究生作为团队主要负责人获2022年江苏省"挑战杯"大学生创业计划竞赛金奖。全年江苏大学图书馆发表论文31篇,其中被SSCI、CSSCI收录22篇;出版专著1部。获批国家社科基金、教育部人文社科基金、江苏省社科基金、国家博士后基金、江苏省博士后基金等项目各1项,市级及行业其他项目4项。获江苏省第八届图书馆学、情报学学术成果奖著作类一、二等奖各1项,论文类一、二、三等奖各1项;1项成果获"2021年度江苏省社科应用研究精品工程"一等奖。（江苏大学图书馆　卞丽芳）

【江苏科技大学图书馆】　2022年,江苏科技大学图书馆以建设"省内一流、国内先进"高校图书馆为目标,加强文献信息资源建设,提升服务质量与水平,建立以船舶、海洋、蚕桑为特色、与高水平大学和国内一流造船大学建设相适应的文献资源保障体系。

围绕建立船舶、海洋、蚕桑特色资源体系为重点,该馆收集、整理、保存、提供各类文献信息资源;以构建智慧图书馆为目标,利用新技术提供优质服务;以书香校园建设为亮点,丰富校园阅读推广形式,培育一批领读者、阅读推广人和阅读社群,提升校园阅读氛围。围绕信息素养教育、科研信息服务、学科信息服务三个主题,深化和创新信息咨询与服务工作,助力学校人才培养、科研创新和学科发展;以创建文化学习交流中心为目的,为需要阅读、静思、交流、团队合作等不同需求的学习者和研究者提供相应的空间和服务。

全年该馆投入资源建设经费860万元。图星系统新增中文图书41376册、外文图书314册、期刊合订本2137册。订购中外文纸质报刊707种。馆藏纸质文献总量合计250万册(系统内179.1万余册)。完成35个数据库平台的采购和续订工作。接受镇江市美术馆(书画院)等单位和个人的一批图书捐赠。完成研究生文献检索课教学任务、2022级新生信息素养培训任务,开通本科生"实用科技文献检索与利用"选修课程,面向师生线上、线下举办信息素养、科研素养、科研工具主题讲座12次。对接校内各学院,调研文献信息资源需求,普及资源使用知识。开展"你选书,我买单"活动,增加读者参与资源建设的途径。数据库校外访问在新冠肺炎病毒疫情防控期间发挥作用,全年访问量43万余次。

全年该馆日均不间断开放16个小时,每周开放7天,全年累计到馆1468584人次。通过座谈会及调查问卷等方式,收集读者对图书馆管理和服务工作的意见和建议。通过开展"最不舍,是书香"过期书刊趣卖活动、开设"书香科大"馆藏主题展架、在图书馆微信公众号同步推出馆藏图书及期刊推荐等举措,加大馆藏资源的推介力度,提高各类资源的利用率。

（江科大图书馆　师衍辉）

【镇江市高等专科学校图书馆】　2022年,镇江市高等专科学校图书馆有建筑面积22500平方米,分设校本部图书馆、丹阳师范学校图书馆、润州校区图书馆。馆员32人,具有副高及以上职称人员15人;注册读者9000余人。有纸质图书79.7万册、各类电子版图书300万种、中文专业期刊300多种,以及电子期刊全文数据库1万多种,8000多万篇。该馆购得知网期刊论文数据库、读秀中文学术搜索、艺术美育数学图书馆、新东方多媒体学习库等,开通百度文库(高校版)、泛研网及Worldlib国外文献整合平台等,自建"吕凤子数字图书馆"、镇江地方文化数据库,同时,提供预印本服务、专利、公开课及学术视频等免费试用资源。

2022年,该馆以微信形式推送"新书推荐"24期。组织学生参加江苏省高等学校图书情报工作委员会联合江苏知网开展的全省高校"品味书香 共享悦读"读书月主题活动。组织150多名师生参与"星火读书寻知筑梦"知识竞赛线上答题活动;组织学生参加2022年江苏省高校"橙艺杯"运动之美、青春之光·美育作品征集活动。组织学生参加2022年全国高职院校信息素养大赛,经过培训、考核、选拔,5人参赛,获省级大赛一等奖2名、二等奖3名,学校获最佳组织奖。（镇江高专图书馆　王　明）

文学艺术

【概况】　2022年,镇江市排演的现代扬剧《茶山女人》入选"喜迎二十大"江苏省新时代基层文艺院团优秀剧目展演,获江苏省"五个一"工程奖;锡剧《太平洲上》入选"喜迎二十大"江苏省新时代现实题材优秀剧目展演、2022年江苏省舞台艺术精品创作扶持工程投入剧目;丹剧《凤先生》入选2022年江苏省舞台艺术精品创作扶持工程重点投入剧目、江苏艺术基金舞台艺术创作资助项目、紫金文化艺术节新创舞台剧目。小品《这个赞点不点》获省五星工程奖。国画《大河之韵》入选2022江苏省文艺大奖第四届美术奖。推动"戏曲进校园"活动,征集41个"戏曲进校园"演出团队和113个代表性剧(节)目,深入校园开展戏曲展演和戏曲知识教育活动。镇江市艺术剧院、丹阳市丹剧艺术发展有限公司和扬中市锡剧团在2022年江苏省国有文艺院团社会效益评价考核中获优秀等次。市美术馆分别以"壬寅贺春""翰墨夏歌""似水年华"为主题,举办3场馆藏书画展,展出馆藏中国画、书法作品200件。（市文广旅局　许　婷）

【小剧场示范试点建设】 2022年,镇江市开展小剧场示范试点建设。制定《镇江市示范小剧场认定奖励办法》和《镇江市小剧场精品剧目创作奖励办法》。市文广旅局在镇江市文化馆文心剧场、康盛剧社等全市10个试点小剧场同步开展小剧场精品剧(节)目演出季活动。镇江市西津音乐厅实验剧场入选第二批省级示范小剧场。 (市文广旅局 许 婷)

【第九届"灵秀镇江——满眼风光"美术书法作品展】 2022年1月26日至3月6日,第九届"灵秀镇江——满眼风光"美术书法作品展在镇江市美术馆新馆举办。该展由镇江市委宣传部、市文广旅局、市文联主办,市美术馆(镇江书画院)、市美协、市书协承办。该展以"满眼风光"为创作主题,聚焦于城市山水人文及生态发展,展出书画类作品130件,其中,国画作品43件,西画作品46件,书法作品41件;另有国画入选作品23件,西画入选作品11件,书法入选作品25件。 (市文广旅局 许 婷)

【第十届"百花争艳"省女书画家作品展】 2022年5月10日—29日,第十届"百花争艳"江苏省女书画家作品展在镇江市美术馆开展。该展由镇江市委宣传部、市文广旅局、市文联主办,镇江市美术馆(镇江书画院)、市美协、市书协承办。该展展出江苏各市具代表性的女书画家书画精品80余件;展出的书法作品有楷、行、隶、草、篆等字体;绘画作品有人物、山水、花鸟等类别。 (市文广旅局 许 婷)

【中日韩当代书法联展】 2022年1月6日—23日,"中日韩当代书法联展"在镇江市美术馆开展。该展由市委宣传部、市文广旅局、市外办、市文联举办。该展展出作品184件,其中,中国作品82件、日本作品55件、韩国作品47件,日韩作品来自镇江在日本、韩国友好城市的书法家及与镇江交往的日、韩著名书法团体书法家。 (市文广旅局 许 婷)

【"深刻的记忆"——镇江市东亚文化碑拓展】 2022年5月18日至6月17日,"深刻的记忆"镇江市东亚文化碑拓展在镇江焦山书画院开展。该展由市委宣传部、市文广旅局、市外办主办,镇江焦山碑刻博物馆承办,镇江旅游发展有限公司协办。镇江焦山碑刻博物馆现场展示的44件碑拓片见证日本、韩国等东亚国家与镇江文化交流的历史。 (市文广旅局 许 婷)

【"新时代颂·起航镇江"2022镇江美术摄影主题展】 2022年10月31日至11月30日,"新时代颂·起航镇江"2022镇江美术摄影主题展在镇江市美术馆举办。该展览的作品以迎接宣传贯彻中共二十大主线和讴歌新时代为主题,围绕"经济实力、民生福祉、城乡区域发展、生态环境质量、社会文明、从严管党治党"六个方面开展创作选题。(参见第36页)
(市文广旅局 许 婷)

大众传媒

·报业传媒·

【概况】 2022年,镇江报业传媒集团围绕市委、市政府中心工作,服务全市改革发展稳定大局,以舆论宣传促进中共二十大精神的学习贯彻。围绕迎接中共二十大、学习宣传贯彻中共二十大精神主线,坚持正确舆论导向,做好新闻宣传工作,组织开展"喜迎二十大""奋进新征程 建功新时代""勇挑大梁 多作贡献"等主题宣传活动,并发挥"学习强国"镇江学习平台、"镇江发布"微信公众号、视频号等平台优势,推出图文、海报、短视频、H5等新媒体产品,推动党的声音直接进入各类用户终端。 (市报业集团 吴峰云)

【中共二十大宣传工作】 2022年,镇江报业集团开设总栏目《奋进新征程 建功新时代》,先后推出《总书记请放心》《奋斗者,正青春》《强国复兴有我》《党代表话十年》《党旗镇红 一线建功》等子栏目。组织开展"奋进新征程 建功新时代·大美镇江 飞阅全城"融媒体新闻行动,开设《最难忘,总书记的那句话》栏目;推出专栏"对话党代表""非凡十年"等融媒体行动;以新媒体为重要阵地,强化全媒体联动,同频共振、立体传播。"学习强国"镇江学习平台、镇江发布、"今日镇江"客户端、金山网等新媒体平台开辟《奋进新征程、建功新时代》新闻专题。在重要版面开设《学习贯彻党的二十大精神》《党代表在基层》《领导干部笔谈》《二十大报告学习解读》《学习二十大报告基层微感言》等专题专栏,推出一批专题报道、主题采访,展示各行业、各版块、各基层单位学习贯彻中共二十大精神的实践。 (市报业集团 吴峰云)

【"跑起来"主题宣传】 2022年,镇江报业集团宣传镇江全市上下"扛起新使命、谱写新篇章"的实践,展现新征程上"跑出昂扬态势"的奋斗进程。围绕产业强市"一号战略"、打造营商"一流环境"等工作重点,组织开展"聚焦'一号战略'持续发力,推动'很有前途'跑进现实""奋力争雄争强争优争先,把一号战略坚决落实到位"等重大主题宣传和全媒体新闻行动。
(市报业集团 吴峰云)

【新冠病毒疫情防控宣传工作】 2022年，镇江报业集团根据新冠病毒疫情形势，及时组建抗疫报道专班，整合调度采编人员，开设疫情防控等相关专版，以及《抗疫在一线》等专栏和“疫情防得住、经济要稳住、发展要安全”“纾困解难”等专题，推出电子书《市民防疫“绿宝书”》，报道全市各级各地防控疫情的举措，维护平稳有序的舆论氛围。

（市报业集团　吴峰云）

【媒体融合发展】 2022年，镇江报业集团推进媒体融合向纵深发展。在体制机制上，坚持移动优先战略，先后出台《镇江报业传媒集团媒体深度融合发展实施方案》《镇江报业传媒集团机构改革实施方案》。以融媒体中心为重点，建立全新的组织架构，成立五大中心和16个融媒体中心。完善出台《镇江报业传媒集团全媒体采编工作绩效考核办法（试行）》《镇江报业传媒集团2022年度目标管理考核实施办法》。在采编流程上，推进统一策划、分发、状态管理和全程监控等，打造新媒体一体化的内容生产和管理平台。在平台建设上，以“新闻＋政务＋服务”为核心，构建集团新媒体矩阵，重点打造“学习强国”镇江学习平台、镇江发布、“今日镇江”客户端、金山网平台。

（市报业集团　吴峰云）

【精品创作】 2022年，镇江报业集团做好新闻精品创作，推出融合创新类产品《赵亚夫的朋友圈》，获新华社客户端、《人民日报》客户端、今日头条等媒体转发，阅读量超200万人次。推出微纪录片《71年，从没忘记你》，在《今日镇江》客户端、“最镇江”视频号进行发布，同时在丹东电视台播出。5月—7月，推出四辑和“精华版”电子书《市民防疫“绿宝书”》，同步推出的防疫有奖答题活动，吸引10余万人参与。策划“创意写作 全城接力”项目系列活动，先后推出“最是中秋忆乡愁”“我为镇江写一句导游词”“我们一起写微书评”“我为高桥雪地靴写一句宣传语”等主题，以“智力众筹”“内容众筹”的方式，促进市民广泛传播和参与。金山网联合多部门推出《网尚讲“理”——钢铁是这样炼成的：伟大建党精神e起学”》32集系列微视频。报业集团连续2年获江苏新闻奖。融合创新产品《赵亚夫的朋友圈》获第二十五届江苏新闻奖、2021年度江苏省好新闻融合创新类产品一等奖，入选2021年度江苏省网络传播精品生产扶持作品。3件新闻作品在2021年度江苏省好新闻评选中获一等奖，7件作品获二等奖，8件作品获三等奖。在2021年度江苏省好新闻其他奖项评选中，《镇江日报》有1件作品获新闻版面二等奖，1件作品获新闻论文二等奖，1件作品获报纸副刊（融媒体）二等奖；《京江晚报》有1件作品获报纸副刊三等奖。在2021年度赵超构新闻奖评选中，《京江晚报》获一等奖2件，二、三等奖各1件，优秀奖2件。

（市报业集团　吴峰云）

【“讲好镇江故事”】 2022年，镇江报业集团策划制作“讲好镇江故事”系列短视频，围绕“镇江非遗之美”，推出系列主题短视频，金山网推出“新说楹联里的名城往事”系列访谈类短视频。“学习强国”镇江学习平台开设“学习强国在镇江”“城乡教育”“全面推进乡村振兴”“非凡十年”等多个专题，展示镇江经济建设、红色历史、非遗文化、先进典型、文艺精品项目等。出版地方文化专辑《品读镇江》，出版反映抗击新冠病毒疫情的长篇纪实文学《77人的“78天”》。开展“讲史志故事 品镇江风骨”“镇江故事如何讲好”等征文活动。

（市报业集团　吴峰云）

表67　2022年镇江报业传媒集团新闻作品获奖情况表

2022年江苏省好新闻（文字作品）			
奖级	标题及媒体	类　别	作者、编辑
一等奖	《修复件数、增幅、一次性通过率等指标均列全省第一 企业信用修复“镇江做法”获全省推广》（《镇江日报》）	消息	朱　婕；张　涛、周　钥
	《与总书记的四次见面》（《镇江日报》）	通讯	王鹏程、周　迎；吴　斌
	《领导干部要学会“帮大款”》（《镇江日报》）	评论	辛　平；马　坚、张　涛
二等奖	《“小阀门”破解“卡脖子”技术 我市企业主导制定工业阀门领域国际标准》（《镇江日报》）	消息	朱　婕；吴　斌
	《八旬赵亚夫获全国脱贫攻坚楷模称号》（《京江晚报》）	消息	张聃煜、邱隆洪；徐贤礼、周本林
	《突破“天花板”，重点人群救助“无上限”我市启动省内首个“救助急难防返贫”慈善项目》（《京江晚报》）	消息	尹　萍；王爱敏
	《扼守长江运河，融入两大战略，谏壁船闸安全运行15000天——为了江河交汇处的“身家性命”》（《镇江日报》）	通讯	梁和峰、曾海蓉、镇诗洁；张　涛、周　钥
	《一个县拥有6个特色产业亿元村，全国“独此一份”——解读句容乡村振兴的“产业密码”》（《镇江日报》）	通讯	王鹏程、周　迎；吴　斌

续表 67

2022 年江苏省好新闻(文字作品)			
奖级	标题及媒体	类 别	作者、编辑
二等奖	《从排查出 254 项问题,到“民间嗅辨师”说无异味 一颗异味“钉子”这样被拔除》(《京江晚报》)	通讯	马彦如;巫悦萌
	《百年一瞬 初心如磐》(《京江晚报》)	系列报道	集 体;集 体
三等奖	《10 年了,老人们免费午餐从未间断 金山街道“爱心小饭桌”迎来 10 岁生日》(《镇江日报》)	消息	孙晨飞;吴 斌
	《我市尝试开展出口水果业务 丁庄葡萄走出国门“甜”到东南亚》(《镇江日报》)	消息	朱 婕、许可建、孙弘升;王鹏程、马 坚
	《从援手到联手,疫情阻不断佳话续写——一场因为“大爱”的“江海合作”》(《镇江日报》)	通讯	朱 婕、秦锐文;徐肖东、马 坚
	《英雄故里,乡村蝶变 杏虎村集聚优质产业打造发展热土》(《镇江日报》)	通讯	滕建锋、周 迎;马 坚
	《不让一个残疾孩子掉队! 67 岁退休教师下乡免费上门送教》(《京江晚报》)	通讯	朱美娜;周本林
	《新发展阶段再看停车难系列报道》(《镇江日报》)	系列报道	曾海蓉;周 钥、陈巍元
	《年终考核切勿陷入“台账依赖”》(《镇江日报》)	评论	辛 平(王鹏程);张 涛、马 坚
	《城市周报专栏全年》(《镇江日报》)	专栏	王鹏程、曹 源;马 坚

2022 年江苏省好新闻(媒体融合作品)		
奖级	标题及媒体	作者、编辑
一等奖	《赵亚夫的朋友圈》(今日镇江)	徐红军、吴修飞、张翀煜、刁 斌、金 凯、沈 菲、谢道楅、李嘉斌;金 凯、滕建锋
二等奖	《不能缺席的宣讲》(今日镇江)	徐红军、刁 斌、胡冰心、谢道楅、石小刚、李嘉斌、管奇璠;缪小兵

2022 年江苏省好新闻(网络作品)		
奖级	标题及媒体	作者、编辑
三等奖	《八旬网民纸条致谢拍照 市委书记希望镇江成明星》(金山网)	许益明、张 明;费 菲

2022 年江苏省好新闻(新闻版面)		
奖级	版面及媒体	编辑
二等奖	7 月 2 日 1 版(要闻)(《镇江日报》)	翟志伟

2022 年江苏省好新闻(新闻论文)		
奖级	标题及媒体	作者
二等奖	《自媒体对传统新闻传播的解构与重塑》(中国报业)	王鹏程

2022 年江苏省好新闻(报纸副刊)			
奖级	标题及媒体	类 别	作者、编辑
二等奖	《这里是北纬 32°,东经 119°》(《镇江日报》)	融媒体	石溪声(刘兰明);贺 莺、花 蕾
三等奖	《灼灼灶火 闪闪星光 ——镇江小伙马士永的“餐饮外交”》(《京江晚报》)	大特写	邹永东;邹永东

2022 年江苏省好新闻(融合创新类产品)		
奖级	标题及媒体	作者
一等奖	《赵亚夫的朋友圈》(今日镇江)	徐红军、吴修飞、张翀煜、刁 斌、金 凯、沈 菲、谢道楅、李嘉斌

(报业集团 吴峰云)

·广播影视·

【概况】 2022年,镇江文广集团坚持正确舆论导向,提升新闻宣传质量、推动媒体深度融合、提高产业经营效益,推动各项事业、产业发展。

新闻宣传工作。开展“奋进新征程 建功新时代”重大主题报道,开设《奋斗者 正青春》《总书记请放心》《非凡十年·走基层 看变化》《喜迎二十大》《二十大时光》《学习贯彻党的二十大》《二十大镇江播报》等专题专栏;策划推出《镇享读——用声音讴歌大美中国》《不朽的丰碑——红色文物故事》《传承·笃行》等系列短视频产品;参与由江苏广电总台携手省市县三级百家媒体共同推出的“潮起东方”融媒体新闻行动;参与《南京都市圈——同庆二十大》短视频制作;配合央视开展“奋进新征程 建功新时代”“非凡十年”“领航中国”等一批新闻策划;参与制作江苏卫视《大美江苏》《同声颂党恩》等多篇报道;参与央视直播《江河奔腾看中国》长江篇,与南京、南通、徐州、扬州4家城市广播联动直播《不负嘱托》。将全市喜迎中共二十大各类活动做集纳式报道,完成中共二十大期间节目转播,重要动态、文件、决议的集纳、摘编和转发,开展大会精神的宣讲、解读、贯彻落实等相关报道工作。依托“一起镇江”App,深化与“学习强国”学习平台、新华社客户端和江苏荔枝三大主流平台以及抖音、今日头条、腾讯、微博、快手等平台合作,构建传播矩阵。邀请长江沿线36座城市媒体共同开展“云接力”诵读长江诗词活动,打造“云接力”官方平台“长江之镇”视频号,并在“学习强国”学习平台、交汇点、荔枝新闻等平台分发,总阅读量近千万人次,“云接力”入选“学习强国”学习平台“名篇诵读”频道。“精神的丰碑”——2022年清明公祭融媒体产品系列视频在“学习强国”江苏学习平台、“我苏”、今日头条、抖音、视频号等主流网络平台总阅读量突破100万人次。全年在央视用稿53条,其中《新闻联播》用稿12条;在江苏卫视用稿758条,其中江苏新时空头条完成用稿9条;在“学习强国”学习平台用稿388条;在“iZhenjiang”海媒账号用稿86条;在中央人民广播电台用稿32条;在江苏新闻广播用稿183条。

重大主题报道。结合共青团成立100周年、“五一”、“十一”等时间节点,做好产业强市、全面推进乡村振兴、长三角区域一体化发展、长江大保护、大运河文化带建设等重大战略、重大主题的各项宣传报道。围绕“新冠病毒疫情防控”“双减”政策等舆情热点问题开展报道。制播《疫情防控》《国家安全教育日》《社会主义核心价值观》等公益广告、短视频等。《政风行风热线》栏目全年受理投诉1900余件,办结率97.9%,《大头来帮忙》栏目推动解决民生问题近50个。

媒体融合工作。整合采访力量,推出融媒体微直播《两会时间·记者有约》;策划新媒体栏目《“不尽长江滚滚流”2022长江诗词诵读云接力》,征集作品600余件;开设镇江“12355”青春护航云课堂,收看人数220余万人次;开展“2022·奋进·网上祭英烈”主题直播活动,在线观看人数13万余人次;参与《牛奔虎啸迎新春——南京都市圈城市春节大型融媒直播镇江站》《2022南京都市圈文旅消费推广季镇江站》直播;联合长三角之声和江苏省12家广播电视机构,共同发起“长三角融媒协作组织沪苏平台”,推动区域媒体融合和区域协同发展。《法眼新观察》栏目聚焦法治热点,抖音号粉丝突破百万人,栏目作品《看到交警,掉头就跑!》播放量5317万人次、点赞数超22.1万次、评论留言约8.1万条。建成短视频生产、分发平台,实现短视频协同化、流程化生产,统一管理,一键式分发。利用先进网络技术及专业设备,推动传统电视直播向网络直播转型。

精品创作工作。创排大型现代丹剧《凤先生》,参加2022紫金文化艺术节展演。组织扬剧《茶山女人》参加江苏省基层文艺院团优秀剧目展演,开展巡演,完成江苏艺术基金结项工作。创作大型音乐剧《小村时令》(暂定名)。策划制作宣传片《归乡》,在新华网、“一起镇江”App等网络平台播出,点击量近300万人次。摄制纪录片《流淌千年——大运河科技史》,录制长篇连播《赵声将军》。创作群舞《二十一日酉时》、舞蹈《说书人》。举办第十三届中国·镇江文物艺术品交流展暨第七届文物商店艺术品拍卖会、镇江少儿春晚、中老年春晚、文广亲子营等一系列品牌活动。

产业拓展工作。聚焦项目建设,做好投资项目全生命周期管理,提升产业质量效益。运营开物科技、宽行文化、数字金山等公司,与阿里、一键未来、科大迅飞等公司合作,成立“镇江阿里电商直播基地”,运营“淘宝直播基地”“跨境电商产业园”“镇江电商运营基地”“短视频产业高地”“文创数字产品”等新平台项目;推进镇江市公共数据开放平台建设;参与市政务云项目(二期)建设;建设运营“碳惠宜”App,建立“碳惠林”施行基地。做强新能源产业,完成充电桩项目(二期)建设,项目总功率7080千瓦,建成全省首个拥有480千瓦液冷充电桩的超级充电站;与江苏科技大学共建的智慧充电桩研究中心获批,挂牌市工程技术研究中心。推动金融板块向标准化业务转型发展。文广农贷获A级小贷公司评级。完成2022产业强市大会、金融赋能镇江高质量发展大会、镇江“金链行动”启动仪式、首届镇江青年人才交友文化节、南京物博会、宿迁绿洽会、宿迁首届人才发展大会等大型活动的会展服务工作。完成穿越金点公司在北京证券交易所上市的前期审计、尽职调查、合约签订等工作。开展文化品牌活动,构建少儿艺术教育展示平台,打造亲子经济全产业链。举办第四届“美丽镇江乡村游”嘉年华和2022丹徒旅游文化节等系列品牌活动。

2022年,镇江文广集团创作的《赵亚夫的梦想与坚守》在第十五届小康电视节目工程推选活动中获短视频类好作品;与镇江市退役军人事务局联合制作的短视频《戎光》获首届全国退役军人事务系统网络正能量作品大赛一等奖;《法眼新观察》栏目在全国广播影视推介调查活动中获评“影响中国传媒”2021年度城市台品牌节目;63件作品获江苏省优秀广播电视节目奖;13件作品获江苏省广播电视节目录制技术质量奖。丹剧《凤先生》获2022紫金文化艺术节优秀剧目奖,获评江苏省艺术基金2022年度舞台艺术创作资助项目、2022年省舞台艺术精品创作扶持工程,入围2022年度国家艺术基金评选最后一轮答辩;群舞《二十一日酉时》参加第七届江苏省文艺大奖·舞蹈奖大赛,获优秀创作奖、表演奖(群舞组),成为江苏省艺术基金小型资助项目。文广国旅(镇江中旅)获评2021年度江苏省放心消费创建示范单位、江苏省五星级旅行社。新闻频道获评2022年省打好污染防治攻坚战宣传工作先进集体。

(文广集团　王　骏)

【长江诗词诵读“云接力”】 2022年,镇江文广集团联合中共镇江市委宣传部、镇江市大运河文化带和大运河长江国家文化公园建设工作领导小组办公室,发起长江诗词诵读“云接力”。策划推出“不尽长江滚滚流”“大美长江 诗意表达”等主题,邀请长江沿岸其他36座城市和全国网友共同参与,以短视频“云接力”方式,诵读长江诗词,兴起长江文化“传承热”,助力长江文化“大保护”。长江诗词诵读“云接力”精选优秀作品近600件,在官方平台“长江之镇”视频号首发、并在“学习强国”学习平台等众多新媒体平台分发,总阅读量突破千万人次,“云接力”入选“学习强国”学习平台《名篇诵读》频道,成为国内推广弘扬长江诗词文化的主平台。

(文广集团　王　骏)

【清明公祭融媒体产品创作项目】 2022年,镇江文广集团联合市退役军人事务局、市烈士陵园管理处,实施“精神的丰碑——2022年清明公祭融媒体产品创作项目”。挖掘全市资源,开设《精神的丰碑——2022年清明公祭融媒体产品创作》栏目,以镇江英烈、红色文物、红色基地为创作主题,制作推出《“难忘的岁月”口述历史》《“不朽的点滴”红色文物》《“传承·笃行”》《清明读诗》等系列短视频作品。实施技术创新,运用5G+4K等新技术,策划开展“2022·奋进·网上祭英烈”主题直播活动,实现1个主会场加3个分会场的同步网络直播,同屏呈现社会各界的公祭活动。

(文广集团　王　骏)

【丹剧《凤先生》在紫金文化艺术节展演】 2022年,镇江文广集团组织大型现代丹剧《凤先生》参加2022紫金文化艺术节新创剧目会演。该剧以近现代艺术家、教育家吕凤子生平为题材,以吕凤子的创作经历、对党的支持拥护和对人民的热爱为总引,以中国近现代百年巨变为背景,讲述吕凤子三次创办“正则”学校的艰辛,以及直到人生终点都满怀对新中国的挚爱与坚持创作的艺术人生,展现其“画坛宗师,百年巨匠”的风貌。该剧入选江苏艺术基金2022年度资助项目,并第一位次入选2022年江苏省舞台艺术精品创作扶持工程重点投入剧目。

(文广集团　王　骏)

【电影放映】 截至2022年年底,镇江市有影院53家,其中,在17个建制镇建有乡镇影院19家,乡镇影院覆盖率为54.84%,乡镇影院占全市影院数量的35.85%。2022年,全市影院产出票房11332.84万元。开展“礼赞新时代奋进新征程”优秀影片展映活动,放映影片2033场。开展新时代电影“五进”活动,放映影片72场。全年农村公益电影放映6039场,观影44.75万人次,公益电影放映实际配套资金144.61万元。

(市委宣传部　凌　霄)

表68　2022年镇江文广集团新闻宣传创优获奖情况表

第十五届小康电视节目工程推选活动短视频类好作品		
获奖作品(单位或个人)	奖　项	主创人员
《赵亚夫的梦想与坚守》	短视频类好作品	沈　卓、凌斌逸、陈　康、苏　烨、姚　群、王雨蒙
“影响中国传媒”2021年度城市台品牌节目		
获奖作品(单位或个人)	奖　项	主创人员
镇江市广播电视台《法眼新观察》	城市台品牌节目	苏　烨、姚　群、凌星星、居　静、张爱凯

续表 68

首届全国退役军人事务系统网络正能量作品大赛奖			
奖级	获奖作品(单位或个人)	奖 项	主创人员
一等奖	《戎光》	全国退役军人事务系统网络正能量作品大赛奖	袁福俊、汪宏桥、梁 慧、姜乐阳

庆祝建党百年新闻论文优秀论文奖		
获奖作品(单位或个人)	奖 项	主创人员
《建党百年大主题的弱传播表达——以镇江市广播电视台民生频道为例》	优秀论文	凌斌逸

江苏省第九届"好记者讲好故事"优秀选手		
获奖作品(单位或个人)	奖 项	主创人员
葛 亮	优秀选手	—

2021 年度江苏省优秀广播电视节目奖			
奖级	获奖作品(单位或个人)	奖 项	主创人员
特别奖	《小康江南》之《春来江水绿如蓝》	江苏电视社教节目奖专题片	镇江市广播电视台
	《气若兰兮丝竹韵·谁说戏曲不青春》	江苏电视文艺奖专题节目	尚昌云、刘博文、宗 刚、武经纬、谢小胤、周 伟
	《开镰了！定制农机助戴庄农民增收》	江苏广播电视报刊新闻与专稿奖消息	高义刚、凌 芝
一等奖	《"环保式"迎亲有缺憾 新郎主动"上门"交罚款》	江苏电视新闻奖短消息	葛 亮、凌斌逸、潘 轶、田新春
	《聆听傅聪》	江苏广播文艺、广播剧奖音乐节目	冷光明、孙文萍、张之旭、蒋禹舟
	《探寻"长江第一鲜" 解密刀鱼养殖的那些事》	江苏电视社教节目奖科普节目	孙 江、钱 磊、卫晓峰、唐璐欣
	《现代扬剧〈茶山女人〉唱响江苏大剧院》	江苏广播文艺、广播剧奖戏曲曲艺节目	周艺雯
	《赵亚夫:戴庄村走的是共同富裕之路》	江苏广播电视报刊新闻与专稿奖专访	高义刚
	《程默的镜头》	江苏广播电视播音与主持作品奖电视播音社教类	陈 静
	《共同守护精神家园——微力量大保护》大运河特别节目	江苏广播电视播音与主持作品奖电视主持社教类	徐 颖
	《"3·15"维权在线》	江苏广播电视播音与主持作品奖广播主持社教类	高 扬
优秀栏目	《镇江各地》	江苏电视新闻奖	李 军、范梅源、李 强、刘国栋、贾利军
	《十万个为什么》	江苏广播社教节目奖	王晓琴、马 婵、宋法敏、高 静、陈 彦
二等奖	《赵亚夫获"全国脱贫攻坚楷模"称号》	江苏广播新闻奖长消息	沙月莹、孙文萍、黄 岩
	《"双减"之下 家庭作业要减量更要提质》	江苏电视新闻奖长消息	钱 磊、孙 江、杨建奇、刘国栋
	《学亚夫 做亚夫 助力乡村振兴》	江苏电视新闻奖连续报道	周文超、范梅源、张学明、周媛媛
	《桑给巴尔丁香红》	江苏电视新闻奖专题	范梅源、张 静、张友恒、易思奇
	《"天问"之问》	江苏广播社教节目奖对象性节目	陈卓伟、陶颖峰、邵长江
	《扫盲班的春天》	江苏电视社教节目奖微纪录片	凌斌逸、周 燕、葛 亮、郭 菁
	《竹刻留青》	江苏电视社教节目奖专题片	王继红、李 军、陈睿文、李 强
	《减税降费——更多的获得感 》	江苏电视社教节目奖公益广告	李 霞、沈 卓、孙晓军、李蔚雯
	《碳捕集,成为未来镇江实现"碳达峰碳中和"的重要途径之一 》	江苏广播电视彩虹奖对外广播节目消息	蒋含蕾、孙文萍、黄 岩
	《学古琴的非洲小伙儿》	江苏广播电视彩虹奖对外广播节目专题	王 幻、孙文萍、黄 岩
	《科技创新与专利成果转化并重——江苏和成显示三年两获中国专利奖金奖》	江苏广播电视彩虹奖对外电视节目消息	凌斌逸、陶 悦、岳宇澄、伏 涛
	《江大留学生志愿者参与镇江新区丁卯街道疫情防控》	江苏广播电视彩虹奖对港澳台节目消息	周 衡、叶 卉、孙文萍、陈 彦
	《"捕鱼人"变身"护渔员",悉心守护绿色长江 》	江苏广播电视媒体融合奖短视频专题	严 悦、卢 静、张 鹏、周梅婷

续表 68

2021年度江苏省优秀广播电视节目奖			
奖级	获奖作品（单位或个人）	奖　项	主创人员
二等奖	《一起听镇江》	江苏广播电视播音与主持作品奖广播播音新闻类	陈　彦
	《新闻镇江》	江苏广播电视播音与主持作品奖电视播音新闻类	代思梦
	《全民共赴长江之约昔日渔民变身生态保护"吹哨人"》	江苏广播电视报刊新闻与专稿奖通讯	朱　晨
	《身边的"张富清"三十载深藏功与名——访原丹徒县公安局荣炳派出所政治指导员魏网清》	江苏广播电视报刊新闻与专稿奖专访	叶梦琦、余　卉
	《课本里的红色故事之小英雄雨来》	江苏广播文艺、广播剧奖儿童剧	陶　然、洪　昊、赵　俊、周艺雯、蒋雅楠、王　超
三等奖	《我省首条跨市轨道交通开通，镇江迈入地铁时代》	江苏广播新闻奖短消息	王　书、孙文萍、高　静
	《高楼玻璃坠落之后》	江苏广播新闻奖连续（系列）报道	高　晨、郑凯敏、张晓梅、高　扬、范　芃、翟骏昕
	《不必担忧"双碳"目标会影响中国经济发展》	江苏广播新闻奖评论	沈　卓、孙文萍、蒋含蕾、马　婵
	《"冠军"之路》	江苏广播新闻奖专题	孙文萍、蒋含蕾、黄　岩
	《"我们正走运" 5G融媒体现场直播》	江苏广播新闻奖现场直播	陶颖峰、高　扬、张晓梅、陈卓伟、翟骏昕、王　幻、赵　欢、王　凯
	《沿着父亲的足迹》	江苏广播新闻奖访谈节目	陶颖峰、孙文萍、陈卓伟、张晓梅
	《建党百年话初心：专访全国脱贫攻坚楷模赵亚夫》	江苏电视新闻奖访谈节目	马　进、李　军、范梅源、鞠移祥、黄　怡
	《一封特殊的邀请函》	江苏省广播电视少儿精品广播节目	张　旋、周　浩、赵　坤、印　俐
	《风禾尽起稻花香》	江苏广播社教节目奖知识性节目	赵　欢、孙文萍、陈　彦
	《"请党放心 强国有我"青少年党史学习教育系列特别节目》	江苏广播社教节目奖特别节目	严　冬、黄　岩、裘筠惠
	《烽火》	江苏电视社教节目奖系列片	镇江市广播电视台
	《"童心向党 礼赞百年"镇江学子爱国教育游学行》	江苏电视社教节目奖少儿节目	魏　珊、孙　江、胡　雪、陈　国
	《传授"戴庄经验" 助力世界减贫——赵亚夫田边收了群"洋学生"》	江苏广播电视彩虹奖对外电视节目消息	凌斌逸、葛　亮、朱正云、郭　菁
	《陈光甫》	江苏广播电视彩虹奖对外电视节目专题	沈　卓、凌斌逸、陶　悦、朱正云
	《錾刻芳华》	江苏广播电视彩虹奖对外电视节目专题	王继红、陈睿文、李　强、刘　春
	《锔瓷人生》	江苏广播电视彩虹奖对外电视节目专题	王羽宣、孙　伟、罗　亮、景韵秋
	《惊喜！校长开学发"红包"啦！新学期可体验"作业自由"》	江苏广播电视媒体融合奖短视频新闻	范自强、李　军、唐璐欣、贾利军、王姝彤
	《一碗面提振"奔跑"信心 镇江节前消费市场快速升温》	江苏广播电视媒体融合奖短视频评论	沈　卓、凌斌逸、陈　康、陶　悦、秦　寅、岑梦泽、胡　啸
	《"我们正走运"5G融媒体现场直播》	江苏广播电视媒体融合奖移动直播	陶颖峰、高　扬、张晓梅、陈卓伟、翟骏昕、王　幻、赵　欢、王　凯
	《法眼新观察》	江苏广播电视媒体融合奖新媒体品牌栏目	沈　卓、凌斌逸、陈　康、陶　悦、苏　烨、姚　群、凌星星、居　静
	《"金山湖·瘦西湖"抗击疫情"云阅读"系列短视频》	江苏广播电视媒体融合奖新媒体融合创新	刘雨辰、赵　坤、袁梦雅、李明秋、张　鹏、包雅璐、严　卉
	《新闻晚高峰》	江苏广播电视播音与主持作品奖广播主持新闻类	郭　玮
	《歌声里的党史故事》	江苏广播电视播音与主持作品奖广播主持文艺类	刘海静
	《新闻镇江》	江苏广播电视播音与主持作品奖电视播音新闻类	曹紫阳
	《新闻相对论》	江苏广播电视播音与主持作品奖电视主持新闻类	马　进

续表 68

2021 年度江苏省优秀广播电视节目奖			
奖级	获奖作品(单位或个人)	奖 项	主创人员
三等奖	《向滥用人脸识别说“不”》	江苏广播电视报刊新闻与专稿奖评论	朱 晨
	《“研学课堂”改革、“作业设计”管理、“课后服务”创新……我市“双减”工作的“减”与“增”》	江苏广播电视报刊新闻与专稿奖通讯	朱晶晶
	《镇江党史里的红色诗文》	江苏广播文艺、广播剧奖文学节目	袁梦雅、刘雨辰、陶颖峰
	《长篇报告文学〈共和国平民简史:一个工会主席的家访周记〉》	江苏广播文艺、广播剧奖长篇联播节目	周 萍、严 冬、葛 萍
	《镇江六景图》	江苏电视文艺奖音乐节目	梁 慧、张 琳、金 虎、姜乐阳
	《谈现场直播在重大新闻事件中的全媒体呈现》	江苏广播电视学术论文奖节目研究	张晓梅
	《新冠疫情背景下地市级电视台破局之路——江苏镇江电视台的实践探索》	江苏省广播电视学术论文奖新媒体研究	凌斌逸
	《用融合思维创新时政新闻短视频》	江苏省广播电视学术论文奖新媒体研究	李 军

2021 年度江苏省好新闻			
奖级	获奖作品(单位或个人)	奖 项	主创人员
二等奖	《“捕鱼人”变身“护渔员”悉心守护绿色长江》	(媒体融合)短视频专题报道	严 悦、卢 静、张 鹏、周梅婷
三等奖	一起夜读	(网络作品)新闻名专栏	刘雨辰、赵 坤、袁梦雅、景 羿、张 旋、印 俐、包雅璐、严 卉
	《新冠疫情背景下地市级电视台破局之路——江苏镇江电视台的实践探索》	(新闻论文)	凌斌逸
	《“我们正走运”5G 融媒体现场直播》	(媒体融合)移动直播	陶颖峰、高 扬、张晓梅、陈卓伟、翟骏昕、王 幻、赵 欢、王 凯

2022 年一季度全省重点网络视听项目库入选项目		
获奖作品(单位或个人)	奖 项	主创人员
《小康江南》	推荐广播电视总局“弘扬社会主义核心价值观 共筑中国梦”主题原创网络视听节目	南京市广播电视集团、苏州市广播电视台、无锡广播电视集团、常州市广播电视台、镇江市广播电视台

江苏省新闻媒体“走转改”优秀新闻作品(2021 年)			
奖级	获奖作品(单位或个人)	奖 项	主创人员
二等奖	《扫盲班的春天》	江苏省新闻媒体“走转改”优秀新闻作品	凌斌逸、周 燕、葛 亮、郭 菁

2022 年度江苏省广播电视节目录制技术质量奖			
奖级	获奖作品(单位或个人)	奖 项	主创人员
二等奖	《新闻镇江》	(电视)高清新闻	吕 杰、王 婧、潘 杰、朱舒雅
	《“水”风奔跑,“等”出荣光》	(电视)图形类——短片	吕 杰、朱舒雅、朱正云
	《不忘初心——沿着父亲的足迹》	(广播)语言	刘胜哲、黄 卫、方 茜
	《左耳情话》	(广播)片花	刘胜哲、张煜弘、张 丹
	《听镇江》	(广播)广告	陈 倪、蒋心敏、刘天升
三等奖	《红心向党,奔跑镇江》	(电视)高清综艺	潘 杰、张善玉、吕 杰、王 婧、刘 轶、顾子健、沈静怡、邵 斌
	《2022 年少儿春晚》	(电视)图形类——片头	刘 东、刘冰阳、刘 轶
	《更好的镇江等你回来》	(电视)图形类——短片	王 婧、刘 东、何 磊
	《诗酒趁年华,词曲共余生》	(广播)语言	刘胜哲、张之旭
	《学古琴的非洲小伙》	(广播)语言	刘胜哲、黄 岩、张 丹
	《课本里的红色故事之小英雄雨来》	(广播)广播剧	刘胜哲、蒋雅楠、邵 斌

续表 68

奖级	获奖作品(单位或个人)	奖项	主创人员
2022 年度江苏省广播电视节目录制技术质量奖			
奖级	获奖作品(单位或个人)	奖　项	主创人员
三等奖	《拜托了,下班路》	(广播)片花	刘胜哲、溪　静
	《治理大数据杀熟行为》	(广播)广告	刘胜哲、刘　超
2022 年度全省安全生产主题公益广告优秀作品			
奖级	获奖作品(单位或个人)	奖　项	主创人员
二等奖	《遵规守法才安全》	优秀作品广播类作品	镇江市广播电视台
三等奖	《小空间 大风险》	优秀作品电视类作品	镇江市广播电视台
2022 年江苏省广播电视行业职业技能竞赛暨第 27 届全国广播电视技术能手竞赛江苏赛区预选赛个人奖			
奖级	获奖作品(单位或个人)	奖　项	主创人员
三等奖	邵　斌	调频和电视专业(同时授予"江苏省广播电视技术能手"称号)	—

(文广集团　王　骏)

·网络媒体·

【概况】 2022 年,中共镇江市委网信办围绕中共二十大精神学习宣传贯彻这条主线,强化思想舆论引导,创新方式方法,制定网上重大主题和宣传引导方案,并开设专题专栏,加强网络传播矩阵建设。成立政务新媒体分会,举办政务新媒体工作培训班,定期发布新媒体排行榜单。开展网络爆款产品创作生产,制作原创微纪录片《微光点亮镇江》。建强理论网宣阵地,创新打造"网尚讲'理'"理论网宣品牌。做优网络传播品牌,开展"网眼看镇江 争得新荣光"系列活动,举办"网眼看镇江 满眼好风光"百网聚焦镇江旅游系列活动。联合市交通产业集团、市报业传媒集团等单位打造"网尚讲'理'"理论网宣品牌。"网尚讲'理':打通理论宣讲'最后 e 公里'"获 2022 年度江苏省宣传思想文化工作创新奖。推出《钢铁是这样炼成的——伟大建党精神 e 起学》32 集系列微视频,网络阅读量突破 2000 万人次;策划微视频、音频、主题海报、漫画等网民喜闻乐见的原创新媒体产品 200 余件;组建以领导干部、高校学者、先进典型为主的"专家智库"20 人;汇聚包含一线干警、社区书记、新农人等在内的 60 多支网上理论宣讲志愿者队伍;开展线下"微宣讲"百余场。

(市委网信办　张少军　丁淑芬　沈晨昕)

【"网眼看镇江 满眼好风光"百网聚焦镇江旅游系列活动】 2022 年,中共镇江市委网信办开展"网眼看镇江 满眼好风光"百网聚焦镇江旅游系列活动。活动包括"风光镇好"短视频挑战赛、"我眼中的镇江"抖音创作计划、"无滤镜的镇江就很美"微博大 V 镇江行等多场创意活动。"无滤镜的镇江就很美"和"网眼看镇江"微博双话题阅读量近 1 亿人次,其中,热门微博阅读量 1200 余万人次,单条热门视频播放量 200 余万人次。

(市委网信办　沈晨昕)

【"普法 e 同行"网络普法新品牌】 2022 年 7 月 14 日,中共镇江市委网信办联合市司法局等单位举办镇江市"普法 e 同行"活动。联合市网络社会组织联合会、市律师协会组建镇江"普法 e 力量"队伍,引导企业、学校、自媒体、网民等主体参与网络普法。在全省率先发布"普法 e 同行"十大创新项目和镇江市网络侵权十大典型案例,加强网络普法平台建设,提升网络普法的传播力和感染力。"普法 e 同行"获 2022 年度江苏省网信工作创新案例提名奖,获评 2022 年全国网信系统网络普法优秀案例。

(市委网信办　杨　峦)

【《2022 数字镇江发展报告》】 2022 年,中共镇江市委网信办牵头编制《2022 数字镇江发展报告》,梳理、总结 2020 年—2021 年,全市在数字政府建设、数字经济发展、数字惠民服务、数字社会治理等重点领域取得的成效,规划下一步工作。该报告提出,数字镇江建设工作应以宁镇扬一体化为突破口,在长三角一体化框架下全方位推进高质量发展,同时,还应推进新型智慧城市、数字乡村建设,提升重点民生领域数字化水平,推进基本公共服务均等化、优质化。

(市委网信办　张国蕾)

档案工作

【概况】 2022 年,镇江市档案工作取得新进展。全年接收 1.2 万余卷、9 万余件档案进馆,各级综合档案馆和城建档案馆馆藏总量224万余卷、155万余件，其中市档案馆馆藏档案407919卷、407571件。全年全市档案馆接待社会各界利用者1.9万余人次，查阅档案数量4.6万余卷(件)，提供复制件13.4万余张，其中市档案馆查档1697人次，为利用者提供档案、资料9021卷(件)，复制6636张。

依法治档工作。运行"互联网+监管"平台，梳理落实5项行政监管事项和7项行政检查事项，全年报送58条行政检查数据。开展执法检查16家，其中市人社系统实现全覆盖。利用"6·9"国际档案日等活动，开展档案法治进机关、进社区、进高校等活动。《镇江市档案管理条例》被纳入"镇江市人大常委会2022—2026年立法规划"调研项目。

档案工作规范化建设。统筹规范档案检查评价工作，印发《关于贯彻〈江苏省机关团体企业事业单位档案工作检查评价办法〉的实施细则》，组建全市档案工作检查评价人员名录库，制定《档案工作检查评价人员管理制度》。成立联合检查组，对73家市级机关单位开展档案工作专项检查，检查结果纳入档案工作考核。试点开展14家机关企事业单位综合检查评价，其中，创成省级示范档案室10家、省级规范档案室4家。推进镇(街道)、村(社区)、企业规范化建档，17个镇(街道)、47个村(社区)、7家重点企业纳入年度重点推进范围。

档案开发利用工作。提升档案利用服务能力，组织"6·9"国际档案日集中宣传周、"童心向党、筑梦未来"、"档案馆开放日"等活动，在市电视台民生频道播放展示馆藏品，在市档案局网站推出系列云展览。加强国家重点档案保护与开发，依托馆藏资源申报的"民国镇江司法档案开发研究"项目通过国家档案局立项，进入编纂阶段。推进档案开放，市档案馆完成1991年—1995年19万余件文书档案以及8000条网站公开目录的划控审核。

档案信息化建设。全年各级综合档案馆新增数字化扫描126万余页，馆藏平均数字化率为91%。实现电子文件单套归档和电子档案单套管理试点新突破，市人社局、镇江海事局作为试点单位，推进办公系统、业务系统与档案管理系统兼容对接，电子公文、重要业务数据实现电子化归档。"人民法院档案电子化管理改革"项目获省档案局A等级评价。

档案队伍建设。全年全市组织开展档案培训40余次，参训1500余人次。市档案局牵头举办档案工作检查评价人员、项目档案管理等4次档案专题培训。组织申报档案科技项目，其中市档案局与市人社局共同承担的"基于知识图谱的人事档案知识化服务研究"项目确定为省档案科技项目。2人分别入选"全国档案工匠型人才""全国青年档案业务骨干"名单。新增档案初级职称25人、中级职称19人、高级职称3人。 (市档案局　李　一)

【"6·9"国际档案日集中宣传周活动】 2022年6月9日，镇江市"6·9"国际档案日集中宣传周活动启动仪式在市行政中心市民大厅举行。活动现场举办"喜迎二十大·档案颂辉煌"主题展，展览《奋进的足迹》画册及书籍，播放《奋进·镇江》专题片。全市档案部门举办展览等宣传活动20余场次，参加人员1.1万余人次。 (市档案局　李　一)

【重点建设项目档案规范化建设】 2022年，镇江市档案部门以项目档案规范化为切入点，服务项目建设全生命周期管理。在加强政府投资项目档案管理的基础上，将产业项目档案纳入规范化管理，通过多部门联动，出台全省首个地方性项目档案管理规范性文件——《镇江市项目档案管理办法》。根据工作实际，优化备案验收程序，制定《镇江市项目档案管理流程》。 (市档案局　李　一)

【各市(区)综合档案馆业务建设评价】 2022年6月—8月，镇江市档案部门组建专家组，通过听取汇报、实地查看、审阅资料等方式，对全市6家县级综合档案馆进行现场测评，推动档案工作业务建设水平提升。其中，丹阳市档案馆创成省级示范档案馆，句容、扬中、丹徒、京口、润州5家综合档案馆创成省级规范档案馆。 (市档案局　李　一)

【扬中市镇村档案工作规范化建设】 2022年，扬中市通过基层调研、上门服务、政策宣传、业务培训、实地观摩等多种形式，推进全市镇村档案工作规范化建设。6个镇(街道、开发区)档案工作均为省三星级及以上标准，其中新坝镇高分通过机关档案工作综合检查评价，被认定为省示范档案室。63个行政村基本实现规范化建档，其中55个行政村档案工作为省星级标准。 (市档案局　李　一)

史志工作

【概况】 2022年，镇江市史志系统以围绕迎接中共二十大、学习宣传贯彻中共二十大精神为主线，打造史志"镇"有益品牌，完成各项目标任务。市史志办公室获全省党史部门先进集体称号。

党史编研工作。市史志办修改完善《中国共产党镇江历史第三卷(1978—2002)》，完成修改稿约40万字并结集成册。续写《中国共产党镇江历史第三卷(2003—2012)》部分,形成撰写方案。编印《奋进的足迹——党的历次全国代表大会镇江实践印记》。

志鉴编写工作。市史志办完成《江苏新方志提要》镇江部分撰稿。《江苏名村·下甸村志》《镇江市工商业联合会 镇江市总商会志》出版发行。推动《镇江公安志》编纂,审核《江苏名镇·下蜀镇志》《镇江市第一人民医院志》《镇江茶叶志》《三茅街道志》《九里村志》等。开展全市镇村志编修情况普查,印发《关于实施镇村志编纂文化工程的通知》,深入部分市(区)开展业务指导,全年启动编纂镇村志11部,其中"江苏名镇名村志"3部。编纂出版《镇江年鉴(2022)》《镇江图鉴(2022)》。探索开发即时性志鉴产品,编印《镇江印记(2022)》。

宣传推广史志文化工作。市史志办组织13篇党史、方志类文章在"学习强国"国家、省、市学习平台刊发;在中共镇江市委《创新》杂志和"创新镇江""镇江西津渡"微信公众号刊登史志类文章60余篇。7月2日—6日,组织参加第十二届江苏书展,100多部史志书籍参展,记录镇江西津渡建筑文化史的《西津图谱》举行新书发布会。强化门户网站的日常管理与定期维护,全年更新信息150多条。建立健全中共镇江地方史馆、镇江方志馆展陈内容日常更新制度,对中共镇江地方史馆、镇江方志馆内部展陈进行排查更换,全年累计修改更新版面20个,及时展示全市经济社会发展重大成果,接待各类参观人员11591人次。会同市老区促进会牵头开展全市红色资源调研普查,推荐镇江市烈士陵园入选第四批江苏省党史教育基地。

(市史志办　宗晨婕)

【迎接中共二十大召开系列活动】 2022年2月—9月,镇江市史志办公室编印《奋进的足迹——党的历次全国代表大会镇江实践印记》,全书8万多字,从重大事件、重要会议、重要人物等不同侧面展示中国共产党在镇江的奋斗历程,并以此为基础,分别与市委宣传部、市档案馆联合举办"镇江很有前途""喜迎二十大 档案颂辉煌"等大型图片展。

(市史志办　宗晨婕)

【镇江市8项党史成果获省党史部门优秀成果奖】 2022年11月25日,江苏省委党史办发文通报2020—2021年度全省党史部门党史优秀成果,《镇江党史知识简明读本》获著作类二等奖,《用好党史资源 传承红色基因》和《江抗与挺纵在扬中会师合编的意义研究》《新四军挺进纵队与扬中抗日根据地党的建设》分获论文类二等奖和三等奖,《风雨百年 逐梦征程》《百年党史 红色句容》分获影音类二等奖和三等奖,《夜读党史——百名党员读镇江党史》融媒体栏目和党史学习教育句容"云课堂"分获新媒体类一等奖和三等奖。

(市史志办　宗晨婕)

【镇江市6部史志作品获省史志作品质量评定优秀成果】 2022年9月15日,江苏省地方志编纂委员会办公室通报2022年度全省史志作品质量评定结果,《镇江市工商业联合会 镇江市总商会志》《高水平全面建成小康社会丹阳实践录》分获评志类、史类优秀成果,《我从哪里来——扬中百家姓氏探源(续编)》《西津图谱》(一至四卷)获评地情类优秀成果,《江苏名镇·新坝镇志》《江苏名村·下甸村志》获评名镇名村类优秀成果。

(市史志办　宗晨婕)

【"讲史志故事 品镇江风骨"征文活动】 2022年5月—12月,镇江市史志办公室以弘扬传统文化、宣传地方历史、展示地域风貌为主旨,与市委研究室、镇江报业传媒集团联合开展"讲史志故事 品镇江风骨"征文活动。活动中,收到投稿154篇,筛选优秀稿件先后在《镇江日报》、"创新镇江"微信公众号上刊发,并精选优秀稿件50篇汇编成册。(市史志办　宗晨婕)

【史志成果"六进"活动】 2022年,镇江市史志办公室开展史志成果"进社区、进学校、进乡镇、进军营、进企业、进机关"活动,赠送史志成果进句容茅山镇墓东村、镇江船厂、江科大附小、陆军军事交通学院镇江校区某大队、南山街道朝阳社区、市房屋征收指导中心等。活动中赠送史志书籍、画册、音像制品等,帮助建立史志图书角、红色书屋,开展史志文化讲座。

(市史志办　宗晨婕)

哲学社会科学

【概况】 2022年,镇江市社科系统以迎接宣传贯彻中共二十大为主线,举办社科系统学习贯彻中共二十大精神培训班、理论座谈会。开展"党的二十大精神进百企"宣讲系列活动。全年刊发各类理论阐释文章40余篇,开展理论宣讲百余场次。

市社科院成立市知识产权研究中心;举办宁镇扬一体化论坛;编报《镇江发展研究报告》11期,获市委主要领导批示8期11人次。开展省级重点课题研究7项、市级重大课题研究8项。全年立项社科应用研究精品工程一般课题177项、专项课题463项,分别有45项、142项成果获优秀成果奖。

市社科系统举办4期"金山学术沙龙",开展各类课题研究160余项,获市委主要领导批示10次,获省市课题评奖50余项。举办赛珍珠国际学术研讨会、《三国演义》学会成立30周年学术研讨会、柳诒徵学术研讨会等。11项社科社团创新案例获市级优秀奖,11家社科社团获评市级“社科模范”“先进社团”。

市社科系统推出“镇”有前途、“镇”不一般、“镇”能量、“镇”有趣4个系列短视频90辑,外国留学生讲“中国镇江故事”4辑。“社科镇有料”抖音粉丝为1.2万人。定制化开展“奋斗者·正青春”等6场社科普及基地市民一日行活动。在全省首创建立社科普及工作积分评价制,完成新一轮社科普及基地复评。

市社科系统组织开展“喜迎二十大 社科展风采”“党的二十大精神进企业”宣讲等系列活动。建立常务理事联系制度和网上交流平台。加强人才队伍建设,全面实施“十四五”社科人才培养计划,组织开展镇江市第十四届社科优秀成果评奖和江苏省第十七届社科优秀成果评奖推荐工作,20项成果获省级奖项。 (市社科联 刘长韬)

【全市“小小社科讲读人”系列实践活动】 2022年5月27日,以“喜迎二十大 童心向未来”为主题,“我为现代化新镇江代言”——2022年镇江市“小小社科讲读人”系列实践活动,在江滨实验小学启动。组织开展第二届“小小社科讲读人”大赛。9月22日,经过4个多月互动式、体验式的寻访、培训、辅导创作,由各市(区)教育局和镇江市属初中选拔的24名选手进入决赛。10人获评市“十佳小小社科讲读人”,14人获评市“优秀小小社科讲读人”。参赛选手作为镇江市社科普及志愿者,参加社科知识普及宣讲等实践服务活动。 (市社科联 刘长韬)

【2022宁镇扬一体化论坛——长江文化专场】 2022年11月10日—11日,2022宁镇扬一体化论坛——长江文化专场在镇江举办,南京、扬州、镇江三地社科联专家学者围绕“传承长江文化 推进区域发展”主题进行探讨交流。该次论坛由三市社科联主办,镇江市社科联承办,市文化资源研究会协办。该次论坛以长江文化为主题,旨在传承长江文化、推进区域发展,促进三地长江文化研究建设,推进宁镇扬一体化发展。会议表彰优秀论文36篇。江苏省社科联党组书记、常务副主席张新科出席论坛。

(市社科联 刘长韬)

文化产业

【概况】 2022年,镇江市文化及相关产业增加值占地区生产总值比重为5.3%,列全省第4名。印发《关于支持镇江文旅企业纾困复苏的实施意见》,推出“纾困10条”,推动文旅市场复苏。对A级景区、旅行社、文娱场所等12类文旅市场主体给予一次性防疫和纾困补贴,帮助申报专项引导资金1000余万元,助力文旅企业纾困解难。启动金秋文旅消费季激发市场活力。打造“文化金山”IP品牌暨新媒体矩阵,举办2022年“文化和自然遗产日”江苏省系列活动暨“水韵江苏·非遗购物节”,推出2022“古道今生—寻访大运河记忆”短视频大赛、“不尽长江滚滚流”长江诗词诵读云接力比赛等活动,联合有关单位举办镇江市第八届金山文创设计大赛。创新举办镇江非遗文创集市,推进《镇江通史》编纂工作,召开2次推进工作会议。句容市创成省级文旅产业融合发展示范区;镇江新区、润州区创成省级文化和旅游消费示范单位;句容市千华古村景区和京口区第一楼街文旅步行街创成省级夜间文旅消费集聚区,千华古村创成省级旅游休闲街区培育单位,第一楼街文旅步行街创成省级旅游休闲街区。华秀锅盖面大礼盒获第二届江苏旅游文创商品大赛金奖。

(市文广旅局 许 婷 市委宣传部 范 洋)

【项目招引和建设】 2022年,镇江市22个重点文旅项目总计划投资89.7亿元,年度计划投资15.2亿元,年度完成投资9.44亿元。市文广旅局建立项目推进五项机制,开展挂钩帮办服务,推进重点项目局领导挂钩帮办工作。指导1个项目申请通过国家文旅领域设备更新改造贷款贴息审核;指导9个项目获省级文旅专项支持资金470万元,10个在贷项目获省旅游基金贴息110.1万元;组织11个项目申报省旅游基金贷款。与全市12家银行签订镇江市财政金融“助力贷”产品合作协议,推动合作银行为文旅企业发放贷款,降低企业融资成本。(市文广旅局 许 婷)

【畅享生活“镇”实惠——2022金秋文旅消费季】 2022年9月29日,畅享生活“镇”实惠——2022金秋文旅消费季启动。该活动由镇江市文广旅局、市商务局、市旅游协会、新华日报镇江分社联合主办,时间为9月29日至2023年1月5日。活动期间发放一批文旅消费券,采取直播抢券、线上领券等形式,发放25万张总价值超5000万元文旅电子消费券,涵盖美食购物、休闲娱乐、旅游住宿、景点门票四大类90个品种;开展一批文旅消费促进活动,各市(区)联动开展文博场馆体验、特色展演等56场消费促进活动;举办一批考级承办单位节目展演,开展市第六届“希望之星”艺术考级单位优秀节目展演(展览)活动,种类涵盖声乐、器乐、舞蹈、朗诵及美术书法作品。

(市文广旅局 许 婷)

·图书发行·

【概况】 2022年,江苏凤凰新华书店集团有限公司镇江分公司在教材发行、重点理论读物发行、地方文化事业建设等方面均取得成绩,并完成全年经营任务,全年销售9565万元,实现利润598万元。该公司开展创建文明单位、创建星级门店活动,获"镇江市文明单位"称号;该公司"望山书局"店获"江苏最美书店"称号和"三星级门店"称号;该公司"漫书阁"店获评"第十二届江苏书展优秀分展场"。该公司为服务业和小微企业承租户减免租金,资产运营全年营收380余万元。做好重点政治读物发行工作;推进"二十大报告进校园",为全市初三以及高中学生全覆盖配发放二十大报告单行本。参加第十二届江苏书展,先后开展20余场活动。组织人员参加"喜迎二十大,筑梦向未来"中小学生朗读比赛,获中学组特等奖、一等奖及小学组三等奖。

(市新华书店 姚 远)

【"假期阅读征文"活动】 2022年,镇江新华书店与京口区、润州区教育局以及镇江新区社会发展局联合举办"假期征文活动",引导学生阅读优秀读物。寒、暑假期间全市各有4万多名中小学生参加活动,收到征文6000多篇。活动期间,该公司在各门店设立优秀课外读物专架,方便学生阅读。

(市新华书店 姚 远)

表69 2022年镇江市新华书店经营情况表

店 名	营收总额(万元)	册 数(万册)	利润总额(万元)	劳动生产率(万元/人)	年末固定资产原值(万元)
镇 江	8300.76	831.04	346.90	115.29	1642.07
丹徒区	1264.19	173.35	251.30	421.40	530.22
丹阳市	6646.41	727.09	400.71	108.95	3600.10
句容市	4905.13	291.33	362.73	129.08	4546.00
扬中市	3501.85	280.10	246.82	116.73	2089.63
合 计	24618.34	2302.91	1608.46	120.68	12408.02

(市新华书店 姚 远)

出版管理

【概况】 2022年,镇江市推进江苏国家数字出版基地镇江园区发展,培育镇江数字出版企业集中集约发展。截至2022年年底,睿泰数字产业园有入驻、注册单位400余家,其中,产业链相关企业占比超过70%。通过吸引上下游企业入驻,助力数字教育出版产业链打造。通过版权保护,促进产业发展。鼓励支持园区内数字经济领军企业强化自身特色、提升产品业态、注重版权保护。截至年底,全市有1家出版社、7种报纸、14种期刊、2个新闻单位驻镇江记者站、489家印刷企业。全市一般作品版权登记数量3857件。

(市委宣传部 赵之辰)

【印刷业管理】 截至2022年年底,镇江市有印刷企业489家,其中,出版物印刷企业20家,专项印刷企业2家,包装装潢印刷企业309家,其他印刷品印刷企业150家,数字印刷企业8家。全市印刷业工业总产值84.47亿元,工业增加值16.21亿元,实现销售收入77.51亿元。亿元以上产值印刷企业14家,产值5000万元以上印刷企业28家。印刷业从业人员约1.18万人,资产总额111.7亿元,实现利润总额2.29亿元。市新闻出版局完成全市489家印刷企业年度报告公示、681家出版物发行单位年度核验和统计年报工作。组织书店参加江苏省"最美书店"评选活动。开展对重点印刷企业、商铺、出版物、音像经营市场的"双随机、一公开"检查。组织开展安全生产风险隐患大起底、大排查、大整治"百日攻坚"行动,以及对电商平台出版物网店经营许可证核验,对网络文学、网络游戏案件线索的核查等工作。 (市委宣传部 赵之辰)

【发行管理】 截至2022年年底,镇江市有出版物发行单位681家(出版物批发单位7家,零售单位674家)。全市出版物发行业实现出版物利润总额约663.48万元。市新闻出版局开展报纸审读,监督报纸出版单位严格落实"三审三校"制度。完成42家连续性内部资料出版物的年度核验工作。

(市委宣传部 赵之辰)

【版权管理】 2022年,镇江市版权局指导各市(区)做好版权登记和服务,全年完成版权登记3857件。

以“4·26”世界知识产权日为切入点，集中开展版权宣传系列活动。联合市知识产权局等部门开展广场宣传活动，普及版权知识，发放宣传资料。以各市(区)为主体开展系列版权培训，贴近基层开展版权知识普及推广。在门户网站、文化网站和微信平台上普及相关法律法规，推送宣传信息；在文化场馆、闹市区等人流密集地张贴宣传海报；在镇街区文体服务中心、村(社区)综合性文化服务中心服务大厅放置宣传展牌、设立临时版权咨询服务点，为群众提供版权法规咨询服务。

(市委宣传部　凌　霄)

【江苏大学出版社】　2022年，江苏大学出版社上报选题288种，其中，首次申报年度选题123种，增补选题165种。全年出版图书616种，其中新书182种，重印434种，重印占比70%。出版的新书中，高教教材98种，学术专著62种，普及读物22种，占比分别为54%、34%和12%。实现营业收入3010万元。出版社有员工49人，其中副高级职称9人(副编审5人)、中级职称17人，有发稿权编辑25人。

2022年，该社入选江苏省“十四五”时期重点出版物出版专项规划项目7项，当年出版《绘画投射测验理论研究与实践探索丛书》和《中国赛珍珠研究外译工程〈中国赛珍珠论集〉丛书》各1册。6月28日，《雨中人画投射测验全息分析理论和技术》出版发行，并在7月3日的第十二届江苏书展上举办专场读书分享会。12月，《中国赛珍珠论集：赛珍珠与中国小说》出版发行。

5月31日，该社出版发行《新安旅行团》《新安旅行团，少年中国行》。《新安旅行团》为江苏省重大题材文艺创作重点跟踪(资助)项目，全书从1929年陶行知派学生在淮安河下镇创办新安小学开始，讲述“峥嵘十七年，风云五万里”的新旅故事。《新安旅行团，少年中国行》根据同主题报告文学改编而成，以连环画的形式向青少年读者展现新旅的历史。

6月26日—27日，“2022赛珍珠国际学术研讨会”召开，开幕式上，该社两本新书《再见赛珍珠》和《永恒的赛珍珠》举行首发式，中国作家协会副主席格非为新书揭幕。作为江苏省“十四五”规划项目，该社《中国赛珍珠研究外译工程〈中国赛珍珠论集〉丛书》陆续出版，受到全球赛珍珠研究者关注，该丛书被美国伦道夫·梅肯学院、美国西弗吉尼亚大学、意大利米兰大学孔子学院等高校图书馆，美国、韩国、瑞士有关城市的中文“图书角”和美国赛珍珠国际(赛珍珠基金会)等收藏。2022年5月《再见赛珍珠》出版，6月，该书发布和分享会在美国约巴林达市尼克松总统图书馆(博物馆)举行。

2022年，该社以“立足学校优势学科，围绕‘农’字开展选题策划”为出版思路，启动《设施农业智能化丛书》的出版工作，该丛书入选江苏省“十四五”时期重点出版物出版专项规划项目，并申报“十四五”国家重点出版物出版规划和国家出版基金项目。围绕乡村振兴和农业科技现代化先行示范县建设，该社出版《农业科技现代化先行示范县共建的句容—江苏大学实践》；围绕服务地方农业发展，出版《油菜毯状苗机械化高效移栽技术》《水稻联合收获机多风道清选装置设计方法及清选损失控制技术》《葡萄标准化栽培技术》；围绕宣传打造农耕文化，出版《唐诗里的农耕文化》等。

2022年，该社围绕教育教学改革和教育研究出版《高校科研数据开放与治理研究》《智慧德育之路》《中等职业教育活力课堂理论与实践》《把目标教育融入“三全育人”》等书籍。同时，挖掘校园出版资源，出版反映高校廉政文化建议研究成果的《廉政文化建设探索与实践丛书》；从少数民族乡村治理的视角切入，出版《长三角聚居性少数民族农村社区参与式治理研究》等书籍；立足地方特色和亮点，从运河文化、名人文化、非遗文化、诗词文化等方面切入，出版《江河交汇看镇江》《茅以升评传》《见器如晤：80件文物里的镇江三千年》《江海诗词双年选》等普及读物。

2022年，该社强化教材策划和出版工作，开发系列教材，申报规划教材。新出版教材类别包括研究生教材、本科教材和高等职业教育教材。做好“来华留学生英文授课精编教材”等长期出版项目。围绕江苏大学一流专业、精品课程建设，参与重点教材开发与建设，出版《大学数学同步练习与提高系列丛书》《医学整合课程系列教材》等。全年，该社有4种教材入选“十四五”职业教育江苏省规划教材。

2022年，该社《设施农业智能化丛书》等7个项目入选江苏省“十四五”时期重点出版物出版专项规划项目；《泵及系统理论与关键技术丛书》获评“2021苏版好书”；《课程与教学论基础》等2种教材获评2022年江苏省研究生优秀教材；《新时代高校“三全育人”理论研究与实践创新丛书》《教育的哲学方法与问题》获江苏省第十七届哲学社会科学优秀成果二等奖，《爱在“达学园”：幼儿园外场课程的探究与实践》获三等奖；《新安旅行团》入选江苏省重大题材文艺创作重点跟踪(资助)项目；《新安旅行团》获第五届(南钢)江苏报告文学奖，《茅以升评传》获提名奖；《大胡庄·1941》获第三届吴承恩长篇小说奖；《校园健康与医学急救知识》获2022年度华夏医学科技奖医学科普奖；《我从哪里来：扬中百家姓氏探源(续编)》获2022年度江苏省史志作品优秀成果奖；《无锡明清墓考古报告》获评2021年江苏省考古学会“优秀考古成果”；《典藏遗产：博物馆、美术馆与图书馆》获第十一届南图陶风图书奖(综合类图书)；《食品工程新技术》入选2022年农家书屋重点图书推荐目录;《鲜食葡萄标准化建设与实务》等15种图书入选江苏省2022农家书屋重点出版物推荐书目。该社做好农家书屋推荐工作,有1种图书入选当年全国农家书屋重点图书推荐目录,15种图书入选当年江苏省农家书屋重点出版物推荐目录。（江大出版社　常　钰）

文化市场管理

【概况】　2022年,镇江市聚焦目标任务,创新思路举措,以促进文化市场发展为要务,推进市场管理固本强基,相关工作取得新的进展。推进文化旅游信用评价试点工作。开展行业信用培训,引导1480家市场主体签订信用承诺;为三类主体共282家企业开展信用"体检",制定行业信用评价指标并开展117家旅行社信用评价;为信用排名前十企业发放"镇江文旅市场信用经济示范单位"铜牌。全市初步形成"信用承诺—信用评价—信用监管—信用奖惩"的信用经济发展体系。试点工作开展后,旅游投诉量比上年下降49%,监管成本下降30%,企业赞誉度有提升。试点做法获文化和旅游部及省文旅厅肯定,并被新华通讯社、《中国旅游报》、"学习强国"学习平台、"信用中国"等各级媒体平台报道。在清理异常经营企业方面,制定印发《全市文化旅游市场经营异常企业清理专项行动指导意见》,对全市1096家文化企业进行逐一核对,分类分批次依法清理全市范围内长期处于停业状态的文化企业,清理后市场底数压缩25%。清理行动获省文旅厅肯定。（市文广旅局　许　婷）

【艺培准入】　2022年,镇江市文化管理部门摸排1042家文化艺术类校外相关机构,上门指导838家艺培机构新冠肺炎病毒疫情防控工作并进行复课登记。召开3次推进会了解准入进程及办理难题,收集各市(区)相关建议意见。印发《镇江市文化艺术类校外培训机构准入细化事项(试行)》,指定文化艺术类非学科类校外培训机构准入指南及申报审批流程,并与教育、住建、消防等部门协调解决准入"堵点",指导各市(区)做好艺术类非学科类校外培训机构准入审批工作,在全省率先审批4家。推进审批机构开通资金监管账户,接入全国教育监管平台4家。（市文广旅局　黄祉绮）

【专项行动】　2022年,镇江市深化"私设景点"专项整治,发布认定标准及相关线索举报渠道,收到举报线索3条并责令相关单位整改。召开全市打击整治"养老诈骗"专项行动推进会,印发专项行动方案,排查旅游经营单位66家次,查出涉及养老诈骗苗头性问题2个,移送公安部门相关线索1个,筛查经营不规范企业2家,约谈从事旅游产品批发的单位2家,完成相关问题整治3个。开展旅游养老防诈宣传进社区活动3次,同时通过景区、旅行社、星级饭店、文化场馆、文化市场经营单位电子显示屏滚动播放养老防诈宣传标语,通过微信、QQ等平台,转发和推送《文旅市场养老诈骗指南》。开展不合理低价游专项整治排查,收集相关线索9条并完成现场核实。（市文广旅局　黄祉绮）

【市场扶持】　2022年,镇江市开展暂退旅游服务质量保证金工作,将旅游服务质量保证金暂退比例由80%提高至100%,为91家旅行社办理暂退质量保证金累计2130万元。帮助175家文旅企业申请文旅纾困专项资金155万元。指导江苏银山宜创演出经纪机构获省级奖补10万元。指导6家旅行社获旅游创新发展奖补110万元。（市文广旅局　许　婷）

【文旅企业管理】　2022年,镇江市文化旅游管理部门加强对各文旅企业新冠肺炎病毒疫情防控工作监督管理;在重要节假日等时间节点,开展文化场所安全检查,全年出动732人次,检查文旅企业212家次。各市(区)文旅部门对旅游星级饭店发放年度安全生产复核通知书,推动其开展安全生产自查,并签订"安全生产承诺书"。对网吧、各类娱乐场开展所拉网式督查,建立68家新业态场所名录清单。（市文广旅局　许　婷）

【广播电视监管】　2022年,镇江市文广旅局开展广播电视专项检查12次,联合市文化市场综合行政执法支队开展境外卫星电视传播专项整治,检查宾馆饭店60余家次,查处非法设备"小耳朵"26个,取缔非法销售点12个,发放《拒绝"小耳朵"倡议书》及宣传单300余份;与市工信局无管站联合开展集中打击治理"黑广播""伪基站"违法犯罪专项行动,查处和取缔"黑广播"7起;与市市场监管局、市卫健委等部门在全市广电系统联合开展违规医药广告、虚假广告排查清理,组织实地检查18次,停播广告5条,整改广告9条;对全市6家网络视听持证单位加强监管,责令2家网站对首页违规广告链接进行整改;对全市26家"广播电视节目制作经营许可证"持证企业加强监督管理,未发现违规行为。（市文广旅局　许　婷）

综 述

【概况】 镇江有“城市山林”“天下第一江山”之称，是1986年国务院公布的全国第二批历史文化名城之一。截至2022年年底，镇江市有江苏省历史文化名镇1座（宝堰镇），历史文化名村5处（九里村、华山村、葛村、柳茹村、儒里村），历史文化街区3处（西津渡历史文化街区、伯先路历史文化街区、大龙王巷历史文化街区），以及具有纪念意义的历史建筑83处。截至2022年年底，在物质文化遗产保护方面，镇江市有各级文物保护单位299处，其中，国家级13处、省级54处、市（县）级232处；在非物质文化遗产保护方面，有9个项目被列入国家级非物质文化遗产名录，此外，有国家级非物质文化遗产代表性项目代表性传承人6人、省级代表性传承人20人、市级代表性传承人95人。 （市自规局 巫少群 傅 琰）

【第八届民俗文化周】 2022年11月7日，“第八届民俗文化周”开幕，南山景区西入口上演“宝堰双推车”“太平花灯”“舞龙舞狮”等传统舞蹈与民俗类非遗表演。该届“民俗文化周”系列活动挖掘本土非遗项目资源，整合多元活动形式，筹划民俗表演、“白蛇传传说”主题剪纸展、非遗手工技艺展演、非遗戏曲专场演出、曲艺演出五大板块活动。为推进“无限定空间非遗进景区”，推动文旅融合发展，系列活动结合西津渡历史文化街区的历史底蕴与展演条件，选取“扬州评话”“扬剧”“锡剧”等项目在尚清戏台、鸿禧戏楼等多处开放式舞台进行动态展演；“非遗手工技艺展演”板块邀请“太平泥叫叫”“铜版彩画”“面塑”等传统技艺与传统美术类非遗项目传承人走进景区，现场展示技艺，邀请游客亲手参与制作，体验中华传统技艺。 （市文广旅局 许 婷）

物质文化遗产保护

【概况】 2022年，镇江市贯彻落实“保护第一、加强管理、挖掘价值、有效利用、让文物活起来”新时代文物工作方针，推进文物活化利用，物质文化遗产保护工作取得新进展。镇江市境内有文物保护单位299处，其中，国保单位（含大运河）13处、省保单位54处、市县级文保单位232处。全市有国有博物馆、纪念馆11家，国有博物馆、纪念馆的馆藏文物约4万件（套）。2022年，镇江市争取国家和省文物保护专项资金3017万元，创历史新高；其中王家花园维修工程获专项资金990万元，是单项文物建筑维修最大资金补助项目。市文广旅局指导协调全市实施文物保护项目18个，其中5个列入“2022年全市大运河文化带和长江国家文化公园建设项目”。基督医院（院长室）维修工程、私立京江中学旧址修缮工程、徐宝山墓保护工程等6个项目竣工；焦山定慧寺大雄宝殿维修工程、绍宗国学藏书楼修缮工程2个项目基本竣工；贺甲战斗旧址保护规划编制等5个项目开工；王家花园修缮工程、新丰车站抗日战斗旧址维修工程、崇贤里王氏宗祠维修工程、亚细亚火油公司旧址修缮工程等项目按时序推进。镇江市制定《镇江市石刻碑刻文物拓印管理规定（暂行）》，推行文物博物馆单位风险清单编制和文物博物馆单位风险自评估。同时，加强全市文物建筑智慧消防系统管理维护，隆昌寺消防工程竣工，推进镇江英国领事馆旧址消防升级改造工程、安防升级改造工程。 （市文广旅局 许 婷）

【文物数字化保护】 2022年，镇江博物馆可移动文物数字化保护利用项目（二期）、扬中市博物馆可移动文物数字化保护项目通过省级验收。丹徒四县抗敌总会文物数字化及预防性保护、扬中市博物馆馆藏预防性保护等9个方案获批。新河街一条街保护工程等9个项目方案完成编制进入报批程序。

（市文广旅局 许 婷）

【文物拓片市场专项检查行动】 2022年3月8日，镇江市文化市场综合行政执法支队根据国家文物局和省文物局的工作部署，对全市古玩市场开展专项检查行动。专项检查行动对相关售卖拓片情况进行清查排查，与市公安部门开展联合检查，要求售卖石刻文物拓片全部下架，并对商家进行相关宣传教育。检查行动检查古玩、书画类相关商业场所47家次，出动执法人员170人次，发现个别商家用装裱拓片作为店铺装饰的行为，执法人员对商家进行相关法律宣传，并要求其不要悬挂在店铺内。（市文广旅局 许 婷）

非物质文化遗产保护

【概况】 2022年，镇江市贯彻落实“保护为主、抢救第一、合理利用、传承发展”非物质文化遗产保护方针，推动中华优秀传统文化发展，保护全市非物质文化遗产。非遗保护体系建设。镇江市全年争取省级以上非遗补助专项资金6项，合计274.3万元。全市形成国家、省、市、区四级非物质文化遗产保护名录。截至年底，镇江有国家级名录9项、省级名录39项、市级名录136项、区县级名录199项；国家级代表性传承人6人、省级代表性传承人20人、市级代表性传承人95人。出台规范性文件《镇江市非遗代表性传承人认定与管理办法》，规范、引导和保障镇江非遗工作健康发展。2月，文旅部非遗司通报2022年度“文化进万家——视频直播家乡年”优秀活动，镇江西津渡非遗集市和宝华山花山古庙会获表扬。5月，文旅部非遗司公布国家级非物质文化遗产代表性传承人记录工作2018年支持项目验收结果，镇江报送的姚恭林（扬剧）项目获评国优项目，江苏省仅镇江（扬剧）、苏州（苏绣）和扬州（扬州剪纸）3个设区市项目获评国优项目。西津渡景区和宝华山景区入选首批“江苏省无限定空间非遗进景区示范项目”。省级非遗代表性传承人心澄入选江苏省第六批国家级非遗代表性传承人推荐名单；江苏恒顺醋业股份有限公司分别入选第三批江苏省非遗创意基地名单和江苏省国家级非物质文化遗产生产性保护示范基地推荐名单。

（市文广旅局 许 婷）

【“文化和自然遗产日”江苏省系列活动暨“水韵江苏·非遗购物节”启动仪式】 2022年6月10日，“文化和自然遗产日”江苏省系列活动暨“水韵江苏·非遗购物节”启动仪式在镇江市西津渡景区举行。该次“文化和自然遗产日”的活动主题是“时代共进，人民共享”“连接现代生活，绽放迷人光彩”。启动仪式上发布2022年“文化和自然遗产日”江苏省重点非遗、文博活动82项，江苏省2022年度中华文物全媒体传播精品10个，以及13个设区市“水韵江苏·非遗购物节”配套活动内容，并对江苏文化遗产旅游精品进行推介。现场还对江苏省首批20个“无限定空间非遗进景区”示范项目单位授牌。主会场举办“牢记初心使命·赓续匠心传承”——迎接党的二十大非遗主题展、永远的“儿童号”——姜堰小学捐机纪实展、“水韵江苏·非遗购物节”线下活动等系列活动。购物节从6月到12月，推出非遗美食、非遗传统技艺、非遗文创等展示展销活动，全省有超过50万名非遗工艺类从业人员参与。（市文广旅局 许 婷）

历史文化名城研究

【概况】 2022年，镇江市历史文化名城研究会五届一次会员大会召开，选举第五届理事、监事，会长、副会长、秘书长。镇江市历史文化名城研究会有会员162人，全年召开会议18次，参加学术会议280多人次。学会撰写论文80多篇，在报刊发表作品26篇次。研究会在学术研究、应用性研究等方面取得多项成果，多篇论文入选省炎黄文化研究会举办的“守正创新与社团高质量发展”为主题的研讨会。编印《镇江市历史文化名城研究会论文集》第23集。组织2个调研组围绕文化产业赋能乡村振兴开展专题调研，先后召开《镇江通史》第五次、第六次主编工作会议。分别完成镇江城市更新对策研究课题和镇江市水情教育展示专题研究。2022年3月被镇江市社科联评为镇江市2020—2021年度镇江市哲学社会科学模范社团。（市历史文化名城研究会 赵康琪）

【市历史文化名城研究会五届一次会员大会召开】 2022年6月19日，镇江市历史文化名城研究会五届一次会员大会召开。会长任振棣代表研究会第四届理事会作工作报告。会议对研究会过去五年工作进行回顾。自2017年5月换届以来，研究会学术研究成果丰硕，编辑5集论文集，收录论文315篇计150余万字，50余篇论文被省级以上刊物和学术活动选用。策划出版多部学术专著，开展红色文化研究和学术活动。应用性研究成果逐步落地，成为城市建设新亮点。5 年完成应用性课题 29 项，部分应用性研究成果纳入市“十四五”发展规划。会议宣读《关于表彰镇江市历史文化名城研究会第四届优秀论文的决定》；审议《镇江市历史文化名城研究会章程》；选举第五届理事、监事，会长、副会长、秘书长。任振棣当选为新一届会长。（市历史文化名城研究会　赵康琪）

【《镇江通史》第五次、第六次主编工作会议】　《镇江通史》第五次、第六次主编工作会议分别于 2022 年 7 月 15 日和 2022 年 11 月 19 日召开，交流各分卷编撰进展情况，研究编撰质量、出版规范等问题。镇江市历史文化名城研究会为各分卷主编查阅和提供资料做出大量工作。与《镇江日报》合作，组织专题采访，以 4 个专版分别报道《镇江通史》编撰进展及新的研究成果，以及总主编丁福林、常务副总主编姜小青、副总主编高峰心系家乡、参与编撰工作的事迹。

（市历史文化名城研究会　赵康琪）

【《镇江市历史文化名城研究会论文集》（第 23 集）】　2022 年，镇江市历史文化名城研究会编印第 23 集《镇江市历史文化名城研究会论文集》，收入论文 62 篇，约 30 万字，内容涉及弘扬红色文化、镇江市历史文化名城保护与建设、文化遗产保护与利用研究、文创产业和文旅融合研究、人物研究和文史研究等六大类 20 多个方面。其中有 10 多篇论文在 2022 年《炎黄文化》《钟山风雨》等省级专业期刊发表。受新冠病毒感染疫情影响，向会员寄送镇江市历史文化名城研究会书面工作报告和论文集。同时，组织相关会员在网上开展学术研讨。

（市历史文化名城研究会　赵康琪）

【镇江市参与省炎黄文化研究会专题学术研讨活动】　2022 年 5 月，省炎黄文化研究会举办“守正创新与社团高质量发展”为主题的研讨会。镇江市历史文化名城研究会任振棣的《传承、弘扬、创新》、徐苏的《坚守中传承，创新中发展》、裴伟的《文化基因和城市形象》和王礼刚的《坚定历史文化研究，为文化传承、社会发展和城市建设目标服务》4 篇论文全部入选，数量列全省团体会员前列。任振棣作大会发言，介绍坚持“传承、弘扬、创新”办会方针，探索社团高质量发展规律，力求把学术研究与名城保护、建设相结合，做到学术研究与应用性研究双轮运转。

（市历史文化名城研究会　赵康琪）

【文化产业赋能乡村振兴研究】　为贯彻 2022 年中央一号文件关于“启动实施文化产业赋能乡村振兴计划”及文化和旅游部等六部门《关于推动文化产业赋能乡村振兴的意见》精神，镇江市历史文化名城研究会成立两个课题小组，分别对镇江新区姚桥镇儒里村和丹徒区宝堰镇保护历史文化遗产和推动文化产业赋能乡村振兴，开展对策研究。课题组全面收集资料，特别是近年来研究会对全市部分历史文化名镇、名村和传统古村落开展课题研究的相关资料，并结合新的要求，组织实地调研，开展座谈走访，征询专家意见，形成两份调研报告。市委主要领导作出批示，并到儒里村进行考察调研。

（市历史文化名城研究会　赵康琪）

【镇江市水情教育展示专题研究】　镇江市历史文化名城研究会受市水利局委托，承担镇江市水情教育展示专题研究。于 2021 年成立课题组，组织专家参与研究，撰写的展陈文本古今融合、特色鲜明。2022 年，在布展过程中，课题组多次就展出形式和风格、实物及多媒体的展出方式等事宜，为设计单位提供智力支持和照片等资料，力求最大程度地展现镇江的水文水情、节水成果，响应国家节水倡导，启迪受众节水意识，建成融水情教育、水文化教育和水生态教育为一体的水情教育新窗口。

（市历史文化名城研究会　赵康琪）

【专家论证并参与有关项目】　2022 年，镇江市历史文化名城研究会应邀参加市文广旅局、市自规局、市文旅集团和市规划设计院召开的专题会议，研究落实市领导对研究会“打造南山主题文化景区”调研报告的批示。应市自规局邀请，结合西部城市更新和大西路商业街区振兴，就大西路、伯先路、大龙王巷片区振兴进行座谈，发表意见。为贯彻中央、省关于在城乡建设中加强历史文化保护传承的文件精神，市自规局会同市住建局组织编制镇江市的“实施意见”。根据分管副市长工作要求，研究会组织专家参加“实施意见”征求意见座谈会，进一步完善相关内容。应邀派专家参加京口区监察局“新河街一条街文物保护座谈会”，阐述新河街的发展历史、文物建筑保护的原则及新河街、西津渡旅游连片开发的意义与措施，并提出当前保护建议。

（市历史文化名城研究会　罗福春）

【镇江城市更新对策研究】　2022 年，镇江市历史文化名城研究会受市住建局委托，组织课题组开展镇江城市更新对策研究。通过搜集历史资料，实地走访调查，召开专题研讨，征询专家意见，形成研究报告。阐述城市更新与名城保护关系的科学定位及重要意义。总结镇江在城市规划和名城保护方面的主要成就与经验，提出新河街、大西路历史街区和伯先路历史文化街区保护、更新与利用的对策。对有关历史文化遗存保护利用提出建议，其中有梦溪园改扩建与利用，建设苏颂科技园、刘裕文化公园、赛珍珠文化街区、南山主题文化景区等。细化对各级文保单位、革命遗址遗迹的保护利用方案。2022 年 3 月—9 月，镇江《三国演义》协会协助完成由市住建局委托的“镇江城市更新对策研究”课题，学会王玉国担任课题组组长。该研究课题围绕 12 处重要文化遗产保护与利用规划展开研究。（市历史文化名城研究会　罗福春）

【大运河考察活动】　2022 年 8 月 25 日—9 月 1 日，由中国文联下属组织中国民协主持实施的“一带一路”民间文化探源工程之大运河叙事：民间传说与南北文化融合传播项目在江苏的镇江、扬州、苏州，浙江的嘉兴、宁波、绍兴、杭州、湖州 8 市开展为期 8 天的实地考察。通过走访江南运河和浙东运河的主要节点城市，研究以运河文化为核心的民间传说故事的形成、流传与传播，侧重其活态传承、发展利用以及对地方经济社会文化发展的重要作用与影响。镇江市《三国演义》学会王玉国应邀参加该次考察活动并提交《镇江区域内大运河遗产暨民间传说保护与利用调研报告》。（镇江市《三国演义》学会　王玉国）

赛珍珠研究

【概况】　2022 年是赛珍珠诞辰 130 周年。市赛珍珠研究会被市社科联授予“2020—2021 年度镇江市哲学社会科学模范社团”。《应对疫情，创新引领，构建国际交流新平台》被市社科联授予第三届（2021—2022 年度）社科类社会组织优秀创新案例一等奖。会长卢章平获致公党江苏省委“强富美高”新江苏建设做贡献先进个人和反映社情民意工作先进个人称号，并被评为镇江市第三届老干部志愿服务“最美最佳”最美老干部志愿者。市赛珍珠研究会被评为 A 级社会团体，成为市委统战部授牌“镇江市统战阵地联盟”和市外办联系点。由市赛珍珠研究会申报的“拓展赛珍珠文化传播项目”被省外办列为 2022 年社会组织“走出去”项目。2022 年，相关市领导关心赛珍珠研究工作，为赛珍珠诞辰 130 周年暨 2022 中国镇江赛珍珠国际学术研讨会各项工作任务的完成奠定基础；同时，还指导市赛珍珠研究会提出的建设赛珍珠文化街区规划的相关落实工作。2022 年 5 月 22 日，市赛珍珠研究会承办金山学术沙龙 2022 年第 1 期文化专场活动——“城市魅力与城市风骨”，活动中 4 名专家学者作系列专题讲座。市社科联宣读 2021 年度镇江市社科应用研究“赛珍珠研究专项”课题获奖名单，现场为 11 名获奖者颁奖。市赛珍珠研究会开展赛珍珠专项课题研究。2022 年，在研究内容上更加注重突出服务全市工作大局和市赛珍珠研究会工作重点的导向；在课题指南上增设“规划、建设、管理、发展赛珍珠文化街区及赛珍珠文化走近特殊教育学校”等新内容；在研究过程中发挥市赛珍珠研究会和国际赛珍珠文献资源中心资源优势；同时，发挥评审专家学术优势，注重研究指导。收到有效申报 39 项，20 项立为专项课题，9 月底全部结题。经专家委员会评审，评出 11 篇优秀研究课题论文，分获一、二、三等奖。赛珍珠文化公园讲好赛珍珠与镇江、赛珍珠与中国故事。赛珍珠纪念馆接待参观人数 6000 余人。赛珍珠文化艺术团先后举办宣传中共二十大精神活动演出专场 4 场，送文化活动到社区 2 场。市赛珍珠研究会开展更广泛慈善活动。加强与市慈善总会、残疾人联合会、特教中心、镇江实验学校、崇实女中等单位联系，利用社会资源，形成慈善关爱、社会救助合力。将赛珍珠文化融入特殊教育学校、为残疾人举办赛珍珠文化艺术职业培训，为残疾人、老人举行赛珍珠文化艺术义务演出等。2 月 28 日，镇江实验学校“赛珍珠学社”签约揭牌。从成立当日开始，市赛珍珠文化艺术职业培训学校将派教师，每周一次，走进校园，向师生们介绍赛珍珠生平，通过赛珍珠作品的朗读赏析，为赛珍珠纪念馆培训小小讲解员；每月一次，邀请学生到“珍珠家园”与残障人士一起进行社会融合实践。3 月 2 日，市特教中心“赛珍珠班”揭牌。志愿者走进市特教中心为“赛珍珠班”宣传赛珍珠文化课 10 次。3 月 6 日，特教中心“社会融合实践基地”在文化公园的珍珠书屋揭牌。（市赛珍珠研究会　裴　伟）

【赛珍珠诞辰 130 周年专题座谈会】　2022 年 6 月 22 日，市赛珍珠研究会召开纪念赛珍珠诞辰 130 周年座谈会。举行系列捐赠仪式。市赛珍珠研究会选编刘龙《永恒的赛珍珠——刘龙先生文札选集》（32 万字）在江苏大学出版社出版。《再见赛珍珠》是个人回忆性资料集，24 万字，作者徐和平。6 月 26 日，市赛珍珠研究会在赛珍珠文化公园举行纪念赛珍珠诞辰 130 周年纪念封首发。（市赛珍珠研究会　裴　伟）

【2022 赛珍珠国际学术研讨会】　2022 年 6 月 26 日，由江苏大学主办，中国国际问题研究院和市赛珍珠研究会协办的 2022 赛珍珠国际学术研讨会在江苏大学开幕。中国人民对外友好协会会长林松添，江苏省人大常委会副主任、江苏省社科联主席曲福田，教育部中外人文交流中心主任杜柯伟等出席相关活动。清华大学、北京大学、复旦大学、美国美亚学会、意大利米兰国立大学孔子学院等国内外高校与研究机构的 200 余名专家、学者以线上、线下方式参加大会。研讨开设“中美人文交流会和专家论坛”，华美协进社人文学会共同主席何勇、作家格非以及国内外众多研究机

构和高校学者云集线上、线下，共同就“相知互鉴向未来”大会主题进行学术交流。与会专家学者充分肯定赛珍珠的历史地位，探讨中美人文交流的重要性与当前面临的挑战，呼吁为中美人文交流架设更多“人桥”。开幕式后举行中美人文交流研讨会和专题论坛。曲福田和格非分别以《两部“大地”巨著的历史贡献与现实启示》《现代小说的兴起》为题做特邀报告。15 位学者分别从各自专业领域角度作讲解分享。2022 年 6 月 30 日《参考消息》第 8 版刊发《为中美人文交流架设更多“人桥”——“2022 赛珍珠国际学术研讨会”侧记》。市赛珍珠研究会参与创意、江苏大学文学院策划、江苏大学师生表演镇江本地诗人赵康琪创作的《访镇江赛珍珠故居》中的诗句。江苏大学文学院将这首诗演绎为在实景中以中英文朗诵的视频，作为研讨会开幕前视频。上海市国际关系学会会长杨洁勉说，在 21 世纪 20 年代，研究赛珍珠要走出“小众”、走向“大众”，使之成为中美民间外交和人文交流的一个组成部分。（市赛珍珠研究会　裴　伟）

【参与线上国际学术研讨活动】 2022 年 4 月 8 日—10 日，“美国高校亚洲跨文化联盟”年会在美国纽约举行线下会议。10 日上午 7:00—10:00，在赛珍珠研究会分会场，会长卢章平主持“国际视野下的赛珍珠研究与文化传播”，江苏大学苏文成等 4 名青年学者作线上学术报告。2022 年 10 月 27 日，韩国富川市在市立博物馆举办线上 2022 赛珍珠国际学术研讨会。会议以“赛珍珠和文化多样性”为研讨主题。除韩国本地学者外，中国、美国学者在“云端”参加会议。市赛珍珠研究会设立线下分会场，30 名会员参会。

（市赛珍珠研究会　裴　伟）

【“虚拟赛珍珠文化公园”开发完成】 2022 年年初，赛珍珠研究会以“虚拟赛珍珠文化公园”申报市社科联 2022 年度赛珍珠研究专项课题。9 月底，课题组向市社科联和赛珍珠研究会提交包括完成虚拟赛珍珠文化公园的文字稿并结题；10 月初，完成虚拟赛珍珠文化公园数字版；并在网站、微信公众号和 YouTube 网站以及其他媒体播放。制作完成赛珍珠主题诗书画影印作品巡展数字版，在赛珍珠研究会中、英文网站以及微信公众号和其他媒体播放。

（市赛珍珠研究会　裴　伟）

【赛珍珠文化街区建设】 2022 年，赛珍珠研究会助推赛珍珠文化街区建设规划落地工作。下半年，市赛珍珠研究会荣誉会长许晓霞召集课题组相关人员，启动和推进文化街区规划落实工作。7 月中旬，课题组赴南山景区、协信时代广场等地，进行实地现场摸排调研，针对时代广场多数场所关停和文化公园周边街铺营业回暖的现状，多次召开会议，力争在推进文化街区落地工作方面有所突破。（市赛珍珠研究会　裴　伟）

【2022 赛珍珠——布克国际学术研讨会】 2022 年 12 月 24 日，2022 赛珍珠——布克国际学术研讨会在安徽宿州学院逸夫楼第一会议室举行。该次会议主题为“大地 融通 共生”，由宿州学院、淮北师范大学共同主办，宿州学院外国语学院承办，上海外语教育出版社、镇江市赛珍珠研究会、宿州市赛珍珠研究会协办。全球 500 多位学者和赛珍珠作品爱好者在线上参会，并围绕会议主题展开交流，互学互鉴。这次会议由中国、日本、美国、伊朗等国 14 位学者发表学术报告。日本学者韩敏、旅美中国学者徐和平、伊朗 Helena 博士分别从各自专业领域角度作讲解，中国社会科学院研究员王逢振、中国人民大学教授郭英剑、南京师范大学教授姚君伟、复旦大学教授段怀清带去最新研究成果，廊坊师范学院教授杨学新，镇江市赛珍珠研究会副会长、江苏科技大学教授赵霞，江苏大学杂志社副编审潘亚莉，江苏第二师范学院教师仇蓓蓓在云端分享赛珍珠和布克研究成果。皖北地区学者宿州学院教授鄢化志、淮北师范大学教授李书影、蚌埠学院教师赵丽莉参会发言。（市赛珍珠研究会　裴　伟）

【《中国赛珍珠论集：赛珍珠与中国小说》出版】 2021 年 12 月，赛珍珠研究会出版英文版《中国赛珍珠论集》第一辑。《中国赛珍珠论集》（以下简称《论集》）项目被江苏省新闻出版局列入《江苏省“十四五”时期重点图书、音像、电子出版物出版专项规划项目》。市赛珍珠研究会向国内学者征集研究成果，组织学术论文 21 篇，约请专家翻译。《论集》主编、镇江市赛珍珠研究会名誉会长、南京师范大学教授姚君伟在序言中说，赛珍珠是一位著名的跨文化作家，她主要因其中国题材的小说而被铭记，中国学者展开的“赛珍珠与中国小说”研究，并取得丰硕成果。《中国赛珍珠论集·赛珍珠与中国小说》收入中国学者的论文 21 篇，分“赛珍珠的中国小说研究”“赛珍珠翻译的《水浒传》”“赛珍珠与中国小说家”3 个部分。2022 年 12 月，《中国赛珍珠论集：赛珍珠与中国小说》赛珍珠研究会组织翻译的第二卷《论集》，被列为江苏省“十四五”出版物重点规划项目中国赛珍珠研究外译工程丛书一种。（市赛珍珠研究会　裴　伟）

三国文化研究

【概况】 镇江市《三国演义》学会（以下简称“学会”）成立于 1992 年 12 月 26 日，基本职责是：组织《三国演义》学术研究、考察活动；开展学术讲座；撰写学术论文，出版学术刊物和学术专著，开展三国文化旅游咨询活动；开展国内外《三国演义》研究交流活动，向国家和有关部门推荐论文。2022 年，镇江市《三国演义》学会有会员 79 人，参加学术会议 2 次。学会组织撰写学术论文 22 篇，在图书、报刊发表 6 篇次。获奖项 4 项。编印《三国文化》刊物 2 期。2022 年，由镇江市历史文化名城研究会策划、王玉国编著的《镇江大运河遗产调查与研究》获镇江市社科二等奖，并被江苏省炎黄文化研究会守正创新与社团高质量发展工作研讨会暨理事会（第四届七次常务理事会）评选为研讨会优秀论文。由市委宣传部、市文广旅局、市委网信办、镇江报业传媒集团联合举办的"我为镇江旅游献良策"活动，王玉国的《建设东吴文化园的构想》和钱仁龙的《谈谈镇江旅游资源的开发利用》分获二等奖和优秀奖。学会申报的《创办学术刊物，提升三国名城镇江的知名度》创新案例获市社科联二等奖。

（镇江市《三国演义》学会　王玉国）

【学会成立 30 周年庆祝活动】 2022 年 12 月 26 日是"学会"成立 30 周年纪念日，学会于 12 月 6 日下午在镇江博物馆举行"庆祝镇江市《三国演义》学会成立 30 周年暨第九届学术研讨会"活动，学会会员及有关方面领导 40 余人出席会议。会议对学会 30 年工作进行总结，宣读中国《三国演义》学会的贺信，同时举行《镇江市〈三国演义〉学会成立 30 周年学术研究论文集》首发式。学术研讨会收到论文 22 篇，其中 8 篇论文作学术研讨交流。（镇江市《三国演义》学会　王玉国）

【"孙尚香与镇江座谈会"举行】 2022 年 3 月 21 日，学会举办"孙尚香与镇江座谈会"。会议推介《孙尚香传奇》新著、宣读孙尚香墓的调研报告、介绍孙尚香相关的传说；系统整理、研究典籍中对孙尚香生平、评价的记载，并就如何打造孙尚香的艺术形象、如何把三国文化纳入对青少年的教材之中、如何把扬州评话与三国文化有机结合等进行深入研究。

（镇江市《三国演义》学会　王玉国）

图 45　2022 年 12 月 6 日，庆祝"镇江市三国演义学会成立三十周年暨第九届学术研讨会"活动在镇江博物馆举行

（镇江市《三国演义》学会　供稿）

【网站管理和刊物印发】 2020 年 6 月 5 日，学会创建镇江历史文化网站。网站除设立"中国市县三国文化研究机构联盟"和"镇江市三国演义学会"板块外，还设置镇江吴文化、三国文化、南朝文化、镇江民俗文化、镇江古诗词等栏目。由中国《三国演义》学会和中国市县三国文化研究机构联盟主办，学会承办的《三国文化》刊物全年印发 2 期，总期数为第 23 和 24 期。第 24 期是《镇江市〈三国演义〉学会成立 30 周年（1992 年 12 月 26 日—2022 年 12 月 26 日）学术研究论文集》专刊，将 30 年中镇江学者撰写的论文汇集成册，计 120 万字，以展示镇江三国文化研究的学术成果。（镇江市《三国演义》学会　王玉国）

姓氏文化、家风建设与名人研究

【概况】 2022 年，镇江市深入开展姓氏文化活动，推进家风文化建设，姓氏文化保护、名人资源挖掘、名人精神弘扬传承有新进展。受新冠疫情影响，民间修祠、续谱活动有所放缓，不少寻根祭祖、宗亲联谊、姓氏文化研究活动由线下改为线上，年内有镇江新区润东华墅殷氏、丹徒赵氏、丹阳延陵宝林潘氏等多个姓氏家族续成家谱并举行颁谱庆典，镇江新区润东严庄叶氏等启动重修族谱。2 月 19 日，镇江何氏联谊十周年暨壬寅虎年新春团拜会举行，众多何氏家族成员及嘉宾参与该次活动；12 月，全市 14 个地名入选江苏省首批省级地名文化遗产，其中包括多个姓氏地名。名人资源保护开发、名人精神弘扬传承取得新突破。6 月 15 日，纪念陆小波先生诞辰 140 周年暨年轻一代民营企业家理想信念教育活动举行；6 月，嵇直故居入选全省第二批红色地名；6 月及 11 月，大型丹剧《风先生》先后在丹阳、扬州上演；8 月，江苏省历史学会柳诒徵研究分会成立大会暨第一届柳诒徵学

术研讨会举行;12 月,吕凤子塑像落成揭幕仪式在镇江高专举行;同月,《赵声年谱长编》出版发行。推进家风文化建设,家风家训成为学校教育、单位宣讲、社区文化的重要内容。5 月至 6 月,京口区开展家庭教育系列活动;6 月,金山街道"红色家风" 基层创新报道实践基地揭牌。 (报业传媒集团 邱隆洪)

【纪念陆小波先生诞辰 140 周年暨年轻一代民营企业家理想信念教育活动】 2022 年 6 月 15 日,镇江市举行纪念陆小波先生诞辰 140 周年暨年轻一代民营企业家理想信念教育活动。山东省委原副书记、山东省政协原主席陆懋曾,江苏省政协副主席、民建江苏省委主委洪慧民参加活动,活动由市委统战部、市工商联、市文广旅局、市史志办、民建镇江市委主办。活动旨在弘扬陆小波爱国爱乡、实业报国、造福桑梓的家国情怀,加强年轻一代民营企业家理想信念教育,引导全市民营企业家赓续工商先贤精神血脉、勇担新时代高质量发展重任,在镇江现代化建设新征程中发挥更大作用。活动举行《镇江市工商业联合会·镇江市总商会志》赠书仪式,观看《勿高镇》,并进行陆小波精神主旨宣讲。 (报业传媒集团 胡建伟 邱隆洪)

【《赵声年谱长编》出版发行】 2022 年 12 月,《赵声年谱长编》由江苏大学出版社出版发行,该书由镇江新区政协工委办公室编、赵金柏执笔编著,是国内首部赵声长编年谱,史料翔实。赵声是辛亥革命时期革命党的重要领导人之一,是中国近代杰出的民族民主革命家、军事家,黄花岗起义总指挥。作者从搜集到的大量资料中反复甄别、判断、考查,对赵声生平事迹填补空白、考异修正,谱后附有《黄花岗起义中的赵声与黄兴》《赵声对辛亥革命的历史贡献》,实事求是还原赵声与袁世凯各有所图的依存关系、赵声与孙中山优势互补的合作关系、赵声与黄兴肝胆相照的兄弟关系,客观评价赵声在辛亥革命中作出的巨大贡献和重要历史地位。 (报业传媒集团 邱隆洪)

【《凤先生》上演】 2022 年 11 月 12 日,2022 紫金文化艺术节新创剧目、大型丹剧《凤先生》于扬州运河大剧院上演。丹剧《凤先生》是 2022 年度江苏艺术基金大型舞台资助项目,由丹阳市丹剧艺术发展有限公司和镇江艺术剧院联合打造,6 月在丹阳首演。该剧以吕凤子生平为题材,展现他"画坛宗师、百年巨匠"的形象。12 月,吕凤子半身铜像在镇江高专落成,由全国政协常委、国际著名雕塑家、中国美术馆馆长吴为山创作并捐赠给学校,以纪念吕凤子先生办学 110 周年。(参见第 284 页)

(报业传媒集团 笪 伟 邱隆洪)

【江苏省历史学会柳诒徵研究分会成立大会暨第一届柳诒徵学术研讨会】 2022 年 8 月 4 日,江苏省历史学会柳诒徵研究分会成立大会暨第一届柳诒徵学术研讨会在碧榆园举行。南京图书馆、南京大学、复旦大学、上海师范大学、浙江工商大学、扬州大学、江苏大学等省内外多家公共文化机构、高校专家教授以及镇江文史爱好者 60 余名代表参加。柳诒徵(1880—1956),字翼谋,出身镇江经学世家,他是中国近现代史学先驱、中国文化学奠基人、教育家和图书馆学家,论著甚丰,培养出缪凤林、陈训慈、张其昀、范希曾、胡焕庸等优秀学者。他是中国史学由传统步入现代的坐标式学人,也是学衡派代表人物。首届柳诒徵学术研讨会收到全国各地专家学者论文 20 余篇,专著 2 部。与会学者祭扫南山景区菊花山路旁的柳诒徵墓。

(报业传媒集团 笪 伟 邱隆洪)

【嵇直故居等入选全省第二批红色地名】 2022 年 6 月 16 日,江苏省民政厅、省退役军人事务厅、省委党史工作办公室、省文旅厅、省地方志办联合公布全省第二批 100 个红色地名,镇江市嵇直故居、永茂圩、贺甲村、张雅琴先进事迹陈列馆、中共丹阳第一支部旧址和扬中渡江文化园等 6 个红色地名入选。嵇直是镇江第一位马克思主义传播者、镇江第一代共产党员。嵇直故居坐落在金山街道银山门社区的布业公所巷,三间两厢,砖瓦古朴,门前立有大理石石碑。

(报业传媒集团 朱秋霞 邱隆洪)

【14 个地名入选江苏省首批省级地名文化遗产】 12 月 8 日,2022 年省级地名文化遗产名单公布,镇江市有 14 个地名入选首批省级地名文化遗产。其中,"镇江"入选古城地名,"宝堰镇"入选古镇地名,"黄墟村""黄连山""九里村""柳茹村""三城巷""滕村""萧家巷""张巷""石狮沟""葛村""华山村""儒里村"入选古村落地名。

(报业传媒集团 朱秋霞 邱隆洪)

【京口区开展家庭教育活动】 2022 年 5 月至 6 月,京口区开展家庭教育宣传月系列活动,具体包括开展家庭教育宣传周活动,发布京口区中小学联合家访工作机制,开展"重家教、树家风、扬美德"活动,开展"线上 + 线下"家庭教育系列活动等。其中发布京口区中小学联合家访工作机制,由京口区妇联与京口区教育局推进实行。京口区教育局对 10 所学校的家访工作进行视导,各校均结合疫情情况采取变通形式开展定期点对点家访。京口区评选出 10 户区级"文明家庭"。

(报业传媒集团 谭艺婷 邱隆洪)

【金山街道“红色家风”基层创新报道实践基地揭牌】 2022年6月16日，金山街道“红色家风”基层创新报道实践基地揭牌。该次揭牌活动围绕“红色家风、党建铸魂、民族共融”三大篇章展开；6位宣讲员围绕“我的家风”故事和镇江革命先辈红色故事展开宣讲；活动还向市民发起“晒家风家训”邀请，营造发掘、展示、倡导传承家风的氛围。

（报业传媒集团　朱　浩　邱隆洪）

闻捷研究

表70　2020年镇江市闻捷诗歌馆收集的闻捷在《边区群众报》发表的文章一览表

作品名称	发表时间	备注
带枪吃喜酒	1945年7月29日	闻捷
看谁对(秧歌剧)	1946年1月11日	与柯蓝合作
报喜讯	1946年1月20日	署名赵文节
牛儿要喂好(歌词)	1946年2月3日	闻捷
挖井歌	1946年2月10日	闻捷
酒席上说亮话 解开心中疙瘩,全村团结会开好,今年生产有保证	1946年2月17日	闻捷
还能叫咱庄子落在人家后面	1946年2月24日	闻捷
早揭早种	1946年3月3日	闻捷
揭地歌	1946年3月3日	闻捷
春耕开始了,吴满有乡到处是吆牛声	1946年3月17日	闻捷
免征公盐的命令四处传 群众齐呼好政府	1946年3月17日	闻捷
灵活地订农户计划	1946年3月29日	闻捷
只要想办法,不怕困难多	1946年3月29日	闻捷
群众的宝	1946年3月31日	闻捷
播种歌	1946年4月7日	闻捷
哀歌	1946年4月21日	闻捷
草歌	1946年5月13日	闻捷
延长的棉花一满出齐了	1946年5月25日	闻捷
金银树(民间故事)	1946年7月21日	闻捷
万花山发刊词	1946年7月21日	闻捷
张三上当	1946年8月4日	闻捷
捉匪记	1946年12月11日	闻捷
愤怒的吴满有	1947年5月26日	闻捷
游击队长田启元	1947年5月29日	闻捷
道听途说	1947年5月31日	闻捷
我们的人民	1947年6月2日	闻捷
胡宗南的命运	1947年6月4日	闻捷
谈兴趣	1947年6月22日	闻捷
谈“批评”	1947年6月28日	闻捷

（闻捷诗歌馆　沈晓昆　吴明宝）

表 71　2022 年镇江市闻捷诗歌馆收集的闻捷整理的民间故事一览表

作品名称	编　者	发表时间	出版者	备　注
水推长城 剥皮老爷	张友编	1948 年 10 月	晋绥出版社	收入闻捷《剥皮老爷》
民间故事(战士生活丛书)	高虹插图	1949 年	战士生活出版社	收入闻捷《剥皮老爷》
水推长城(民间故事之一)	张友	1949 年 7 月	东北新华书店	收入闻捷《剥皮老爷》
民间故事选集	田星	1949 年 12 月	群育出版社	收入闻捷《金银树》《十坛黄金》《天下第一家》《三女拜寿》《剥皮老爷》
黄历迷(通俗文艺丛书)	晓帆	1950 年 1 月	山东人民出版社	收入闻捷《三女婿拜寿年》
地主与长工	李彤	1951 年 8 月	山东人民出版社	收入《剥皮老爷》
一百零一岁的老妈妈(连环画)	施瑛根据闻捷《两封信一条心》改编,董天野绘图	1953 年 3 月	合作出版社	原作为闻捷
地主和长工(藏文版)	刘宝驹、格桑 译	1956 年 6 月	四川民族出版社	闻捷原作
长工和地主(学文化文库)		1956 年 6 月	上海文艺出版社	收入闻捷《剥皮老爷》
长工和地主(学文化文库)		1960 年 2 月	上海文艺出版社	1962 年 2 月收入闻捷《剥皮老爷》
剥皮老爷(连环画)	闻捷著,史阳、李天心改编	1962 年 8 月	少儿出版社	
剥皮老爷(连环画)	沈曼云	2014 年 5 月	上海人民美术出版社	收入闻捷《剥皮老爷》《三女婿拜年》
关于"剥皮老爷"	颜世学	1949 年 3 月	吉林文艺协会《文艺月报》(第三期)	原载 1947 年 11 月 1 日《嫩江新报》副刊

(闻捷诗歌馆　沈晓昆　吴明宝)

表 72　2022 年镇江市闻捷诗歌馆收集的闻捷作品一览表

作品名称	出版者	出版时间	备注
百年中国新诗编年(第四分册)	山东文艺出版社	2022 年 1 月	收录闻捷《苹果树下》《葡萄熟了》《林边问答》《彩色的贝壳》
百年中国新诗编年(第五分册)(1957—1965)	山东文艺出版社	2022 年 1 月	收录闻捷《我思念北京》

(闻捷诗歌馆　沈晓昆　吴明宝)

表 73　2022 年镇江市闻捷诗歌馆收集闻捷研究文献一览表

作品名称	研究者姓名	期刊名称
闻捷诗歌中的新疆风景书写	刘思博	西南交通大学硕士论文
《〈鸭绿江〉与新中国文学经典》	宁珍志	鸭绿江 2020 年 9 月
另一种青年精神——重读闻捷的诗歌	褚云侠	鸭绿江 2020 年 9 月
闻捷:中国诗坛的一颗明星	孙琴安	红蔓 2020 年 5 月

(闻捷诗歌馆　沈晓昆　吴明宝)

表 74　2022 年镇江市闻捷诗歌馆收集的闻捷照片情况一览表

收集内容	拍摄者	拍摄时间	备注
朱德、陈毅等党和国家领导人及著名诗人、作家在人民大会堂福建厅举行座谈会并合影	未署名	1962 年 4 月 19 日	闻捷为第三排左起第十人
毛泽东主席接见第三次全国文代会代表的合影，闻捷参加	吕相友	1960 年 7 月 23 日下午	长 2.9 米，宽 25 厘米。分为三段，闻捷在照片中段，地点为中南海
毛泽东主席接见《海港》剧组的照片，闻捷参加	吕相友	1967 年 6 月 22 日晚	地点在人民大会堂小礼堂

（闻捷诗歌馆　沈晓昆　吴明宝）

考古发掘

【概况】　2022 年，镇江市受理考古项目 78 个，其中，文物资源区域评估项目 6 个、5 万平方米以上考古调查勘探项目 17 个、5 万平方米以下考古调查勘探项目 55 个。全年完成 60 个考古项目，其中，文物资源区域评估项目 10 个，面积 17.7 平方千米；5 万平方米以上考古调查勘探项目 15 个，合计 1.57 平方千米；5 万平方米以下考古调查勘探项目 34 个，面积 0.87 平方千米，实现考古调查勘探市县全覆盖，文物资源区域评估开发区全覆盖。

（市文广旅局　文物处）

【考古前置工作】　2022 年，镇江市文广旅局受理考古前置项目 78 个，面积约 808.85 万平方米，验收完成各类考古项目 60 个。加强指导，制定印发镇江市《考古工作流程指南（2022 版）》《考古工作流程时间指南（2022 版）》；加强管理，制定镇江市《基本建设考古工作报告编写体例指南》《镇江市基本建设考古项目验收申请表》；强化质量，编印《镇江市考古工作管理手册》，组织考古工作质量管理培训；印发镇江市《关于建立基本建设工程考古项目调度机制的通知》。服务重大产业项目落地，保障诺贝丽斯铝业、长城汽车、恒美光电、英科医疗等重大项目涉及土地如期上市。

（市文广旅局　许　婷）

【“寻迹镇江·镇江市近年考古成果展”】　2022 年 6 月 13 日，“寻迹镇江·镇江市近年考古成果展”在镇江市行政中心开展。近 30 块展板涵盖考古相关法律法规、全市考古工作开展情况和相关流程指南，并对铁瓮城遗址、句容空青山宋墓、镇江新区英科项目地块等重要考古项目进行介绍。现场以展板与实物结合的形式，展出部分考古出土文物。

（市文广旅局　文物处）

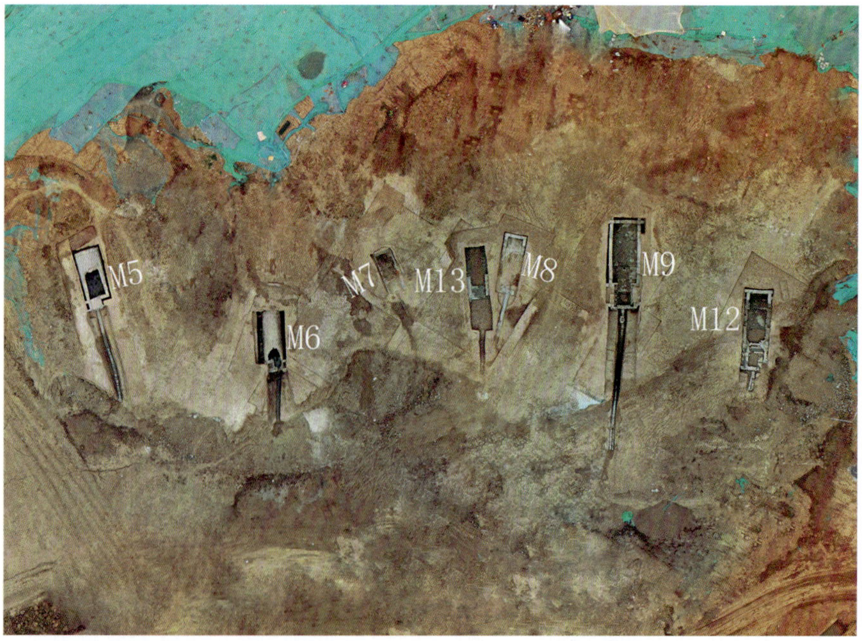

图 46　2022 年，镇江市环山路地块六朝墓挖掘现场

（市文广旅局　刘　敏）

卫生健康

责任编校：张　杰

综　述

【综合医改工作】　2022 年，镇江市实施“1 + 12”（1 个党建工作项目 + 12 个业务工作项目）公立医院高质量发展创新提升工程，召开公立医院高质量发展专题辅导会。调整优化 2022 年度公立医院绩效考核办法及指标体系，加大运营管理、债务化解、人才引进、专科建设等指标权重，推动医院强化内涵建设。建立公立医院运营绩效分析机制，9 家市、区公立医院全年实现医药收入 42.24 亿元，比上年增长 10.07%；医疗盈余 3105 万元，增加 4621 万元，总体实现扭亏为盈。推进县域医共体建设，扬中市、句容市县域医共体进入实体化运行，达到国家紧密型县域医共体建设标准，丹阳市、丹徒区在“医共体决策权限”和“医保管理改革”两项评判指标方面取得突破。深化基层医疗卫生机构与大医院的分工协作机制建设，105 个“全—专科联合门诊”安排上级医院专家坐诊 1922 天，接诊患者 6.01 万人次；20 个康复联合病房设置康复床位 345 张，接收下转康复期病人 880 人次。开展城乡卫生对口支援工作，全年城区派出 127 名医务人员、149 人次，支援 4 家二级医疗机构、27 家社区卫生服务中心及疾控机构、院前急救机构。推进二级以上医疗机构门急诊电子病历系统改造，15 家医院完成省级改造；推动电子病历系统应用水平分级评价工作，10 家三级医院电子病历应用水平达到 4 级及以上。推进银医合作，签约“健康镇江”智慧管理信息化建设项目，成立镇江市智慧医疗协会，5 家互联网医院开设线上全日制门诊，推进市云影像平台建设。　（市卫健委　办公室）

【医疗服务能力建设】　2022 年，镇江市制定《镇江市医疗机构设置规划（2021—2025 年）》，丹阳市人民医院通过三甲医院评审。实施临床专科“补短板”项目，对 10 家医疗机构 18 个临床专科进行年度考核评估。完善护士分层培训体系，开展年轻护士—专科护士—护理管理人员阶梯式培训。推进基层医疗卫生机构达标建设，新增 2 个省农村区域性医疗卫生中心、2 家省社区医院、10 个甲级村卫生室。开展优质服务基层行活动，新增国家服务能力推荐标准达标基层机构 3 家、基本标准达标机构 4 家。强化基层特色科室建设，新增 10 个市级基层特色科室，截至 2022 年年底，建成 82 个省、市级基层特色科室，覆盖 79.1% 的乡镇卫生院（社区卫生服务中心）。完善“15 分钟健康服务圈”，新建 4 个家庭医生工作室，全市常住人口签约率 39.34%、重点人群签约率 73.31%。推行家庭医生预约上门和家庭病床服务，为居家失能（半失能）人群及出院后康复期患者提供基本的医疗服务，提供上门服务 8474 次，建立家庭病床 254 张。制定《镇江市“十四五”中医药发展规划》，推进镇江市中医院中医紧急医学救援基地建设，启动市级中医重点专科建设评估。指导基层机构对照“等级建设标准”对中医馆进行改造提升，新建 4 个五级中医馆、10 个四级中医馆。组织“健康镇江服务百姓”大型义诊周活动，开展义诊、巡诊、健康讲座等活动 121 场，惠及群众 8642 人次，减免费用 10.7 万元。开展“中医药就在你身边”“岐黄校园行”等中医巡诊、巡讲活动 171 场次，服务群众 1.56 万人次。

（市卫健委　办公室）

【公共卫生服务】　2022 年，镇江市将人均基本公共卫生服务经费补助标准提高至 94.23 元。妇女“两癌”检查项目惠及 9 万余人，免费为适龄儿童接种水痘疫苗 10.42 万剂次。连续 16 年未发生血吸虫病“急感”疫情。创建无结核社区行动国家示范区，启动耐多药/耐利福平结核病二线药物耐药演变和传播前瞻性研究。健全艾滋病综合管理医防协作机制，扬中市艾滋病综合防治示范区创新模式向全省推广。推进“健康细胞”建设，新建国家卫生镇2个、省级卫生村4个、省级健康镇1个、省级健康村（社区）39个、省级健康促进医院5家、市级病媒生物防制示范点20个。修订完善卫生应急“一案三制”，形成“横向到边、纵向到底”的卫生应急预案体系，印发《镇江市全民自救互救素养提升工程宣传册》。完成各类重大会议活动医疗保障70次，出动救护车52辆次，参与保障医务人员约200人次。常态化开展爱国卫生运动，镇江市蝉联“全国健康城市建设样板市”称号，并于2021年度推进健康江苏建设考核中获评“优秀”等次。

（市卫健委　办公室）

【重点人群保障】　2022年，镇江市实施“三孩”政策，宣布废止、失效涉及计划生育规范性文件18件，会同法院处理取消社会抚养费后遗留诉讼案件210件。落实生育登记承诺制，办理生育登记8047人，其中“三孩”生育登记125人。出台《镇江市婴幼儿日间照料托育机构服务规范》，完善托育机构“黑白名单”制度。启动实施“爱育镇江”普惠托育项目，扩大普惠托育服务供给，新增普惠托育机构21家，其中，省级示范2家、市级示范3家，每千人拥有3岁以下婴幼儿托位数提高至3.57个。指导支持14个社区建成“成长小屋”，免费提供线下托育服务、线上育儿课程100余场次。推动托育机构享受居民用电、水、气价格，下发纾困资金124万元，减免租金、返还各类费用近180万元。落实计生奖励扶助政策，发放各类计划生育奖励扶助资金2.68亿元，惠及群众19万余人。完善出生缺陷防控体系，建立消除艾滋病、梅毒和乙肝母婴传播工作机制，产前筛查和新生儿疾病筛查保持愿筛尽筛全覆盖。开展儿童听力“防治康管”行动，做好0岁～6岁儿童眼健康和视力筛查工作，免费视力筛查86100人。

（市卫健委　办公室）

【卫生人才队伍建设】　2022年，镇江市实施“金山英才”医学领域高层次人才引进项目，引进12个医学领军人才团队、15名全职博士，其中，院士团队1个、“万人计划”领军人才团队1个、国家杰出青年科学基金获得者团队1个、省“333工程”第二层次团队2个、上海交通大学全职博士1人。开展第2期“金山医者”医学领域人才培养计划，投入200万元培育医学领军人才9人、医学新秀人才27人、公共卫生人才5人。21人入选江苏省第六期“333工程”培养对象，1人入选江苏省“双创博士”。全年有114项科研项目获立项，其中，获批国家自然基金项目4项、省自然基金项目2项、省级社会发展项目3项；各类项目获科研资助经费836万元。全市获各类医学科技成果奖10项。全年申报获准国家级继续医学教育项目23项、省级52项、市级260项。强化基层卫生人才培养，220人被确认为省优秀基层卫生骨干人才、111人被确认为县级优秀基层卫生骨干人才；招收农村订单定向医学生98人，基层卫生技术人员70人完成中医药知识与能力培训。2人入选国家级中医优才培养项目，3人入选第四批江苏省中医临床优秀人才研修项目，3人入选江苏省中药骨干人才高级研修项目。完成市第2批名老中医药专家学术经验继承工作，培养继承人30人。实施“卫健青苗”工程，首批选拔后备干部57人。1人获评镇江市首届“最美公务员”。

（市卫健委　办公室）

【卫生机构、床位和人员】　2022年，镇江市有各级各类卫生计生机构1151个，其中医院类单位61个，包括：综合医院30个，中医医院6个，中西医结合医院3个，专科医院12个，护理院10个；基层医疗卫生机构1047个，包括：社区卫生服务中心31个，社区卫生服务站104个，乡镇卫生院37个，村卫生室302个，门诊部112个，诊所、卫生所、医务室、村卫生室、护理站461个；专业公共卫生机构30个包括：疾病预防控制中心（防疫站）7个，专科疾病防治院（所、站）2个，妇幼保健院（所、站）8个，急救中心（站）2个，采供血机构2个，卫生监督所7个，计划生育技术服务机构2个；其他机构13个。

全市实有床位18003张，比上年增加296张，其中，医院病床13550张，增加517张，占全市病床总数的75.27%。综合医院、中医院、中西医结合医院、卫生院和社区卫生服务中心分别有病床8057张、1297张、460张、1794张和1332张，分别占病床总数的44.75%、7.2%、2.56%、9.97%和7.4%。

全市有卫生人员29415人，比上年增加1399人，其中，卫生技术人员24248人，增加1314人，占人员总数的82.43%。全市有执业（助理）医师9522人，注册护士10565人，每千人拥有执业（助理）医师和注册护士分别为2.96人和3.28人。（市卫健委　巫　斌）

【卫生收支情况】　财政拨款。2022年，镇江市医疗卫生健康机构争取到各级财政拨款252717.93万元，比上年增加4260.74万元，增长1.71%。其中，医疗机构财政补助134934.47万元，减少9682.11万元，下降6.7%（公立医院减少10009.59万元，下降15.46%；基层医疗机构增加327.48万元，增长0.41%）。卫生健康机构（非医疗）财政拨款117783.47万元，增加13942.86万元，增长13.43%。

收入情况。全市医疗机构2022年实现收入1034959.12万元，比上年增加32701.57万元，增长3.26%。其中，公立医院医疗收入725137.15万元，占其收入比重的 89.96%，增加 44629.04 万元，增长 6.56%；基层医疗机构医疗收入 134418.84 万元，占其收入比重的 58.72%，增加 4062 万元，增长 3.12%。全市卫生健康机构（非医疗）总收入 120490 万元，增加 13632.28 万元，增长 12.76%，其中，实现事业收入 2202.13 万元，减少 230.17 万元，下降 9.46%。

支出情况。全市医疗卫生健康机构实现支出 1163763.07 万元，比上年增加 70762.09 万元，增长 6.47%。公立医院支出 810962.62 万元，增加 42691.79 万元，增长 5.56%；其中，医疗业务成本 730587.85 万元，管理费用 73527.97 万元，资产处置费用 73.68 万元，其他费用 6773.12 万元。基层医疗机构年度支出 235289.51 万元，增加 11927.91 万元，增长 5.34%；其中，业务活动费用 223977.73 万元（医疗费用 191791.6 万元，占业务活动费用 85.63%；公共卫生费用 32184.64 万元，占业务活动费用 14.37%），单位管理费用 10555.86 万元，资产处置费用 1.69 万元，其他费用 754.23 万元。卫生健康机构支出 117510.94 万元，增加 16142.39 万元，增长 15.92%。

工作量完成情况。全市医疗机构完成门、急诊工作量为 3003.21 万人次，比上年增加 1036.97 万人次，增长 52%。公立医院实际开放总床日为 358.16 万床日，实际占用总床日为 285.05 万床日，病床使用率为 79.59%，病床周转次数 34.38 次。基层医疗机构实际开放总床日为 112.59 万床日，实际占用总床日为 37.84 万床日，病床使用率为 33.61%，病床周转次数为 9.25 次。

均次费用。公立医院门诊均次收费水平为 191.61 元，其中药品费 68.35 元；每床日平均收费水平 1401.97 元，其中药品费 309.54 元；出院者平均医药费用 11524.19 元，其中药品费 2544.42 元。基层医疗机构门诊均次收费水平为 83.41 元，其中药品费 47.7 元；每床日平均收费水平 434.58 元，其中药品费 100.78 元；出院者平均医药费用 5671.27 元，其中药品费 1315.18 元。（市卫健委　邵乐婷）

【智慧健康信息化建设】 2022 年，镇江市上线江苏省统一核酸检测平台；上线镇江市方舱医院卫生信息系统，保障方舱医院新冠病毒感染患者收治工作；上线应检尽检管理系统，管理相关人员；完成市预约挂号平台升级建设工作，提供检查、检验及体检报告在线查询功能。推动基层信息系统升级工作，完成 10 家试点单位系统升级，参加省全民健康信息平台建设分级评价并获评四级评价标准。推动民营非营利医疗机构电子票据改造工作，完成 63 家电子票据改造。推动落实网络信息安全工作，成立全市卫生健康系统数据安全工作领导小组，逐级夯实网络信息安全主体责任。开展各类专项行动，涉及防疫信息系统数据安全管理、互联网资产管理、密码安全、电子显示屏管理、互联网工作邮箱等内容。开展网络和数据安全意识培训，参训人员 600 余人次。

（市卫生信息中心　朱月兰）

表 75　2022 年镇江市卫生机构、床位、人员情况表

项　目	机构数（个）	床位数（张）	卫生工作人员数（人）	卫生技术人员数（人）		
					执业（助理）医师	注册护士
合　计	1151	18003	29415	24248	9522	10565
市　区	475	10075	15054	12544	4754	5803
丹阳市	286	4016	7178	5834	2340	2413
扬中市	132	1549	2679	2177	890	845
句容市	258	2363	4504	3693	1538	1504
一、医院及妇幼保健院（所、站）合计	69	14450	17960	14863	5482	7247
#医院	61	13550	16189	13372	4878	6557
#综合医院	30	8057	11042	9510	3460	4660
中医医院	6	1297	1869	1573	659	649
专科医院	12	1842	1735	1303	447	692
二、卫生院	37	1794	3767	3230	1401	955
三、社区卫生服务中心	135	1332	2895	2536	1031	938

续表 75

项　目	机构数(个)	床位数(张)	卫生工作人员数(人)	卫生技术人员数(人)	执业(助理)医师	注册护士
四、急救中心(站)	2	—	120	55	28	20
五、采供血机构	2	—	140	93	4	64
六、妇幼保健院(所、站)	8	900	1771	1491	604	690
七、疾病预防控制中心(防疫站)	7	—	474	305	150	35
八、卫生监督所	7	—	153	142	—	—
九、医学在职培训机构	1	—	7	1	—	—
十、门诊部、诊所、卫生所、医务室、村卫生室、卫生服务站	875	203	3470	2724	1332	1183
十一、其他卫生机构	13	24	389	280	83	118

(市统计局)

表 76　2022 年镇江市医疗卫生水平及保障情况表

单位:张、人

项　目	全　市	市　区	丹阳市	扬中市	句容市
每千人拥有卫生机构床位数	5.59	7.92	4.05	4.90	3.68
每千人拥有医院(卫生院)床位数	4.76	6.62	3.59	4.27	3.13
每千人拥有卫生技术人员数	7.53	9.86	5.88	6.89	5.75
每千人拥有执业(助理)医师数	2.96	3.74	2.36	2.82	2.40
每千人拥有注册护士数	3.28	4.56	2.43	2.67	2.34

(市统计局)

新冠病毒感染疫情防控

【概况】 2022 年,镇江市贯彻《新型冠状病毒肺炎防控方案(第九版)》,执行《关于进一步优化落实新冠肺炎疫情防控措施的通知》,实施“乙类乙管”,守护人民群众生命健康。处置本土疫情、输入性散发疫情以及境外输入疫情。建成 2 所方舱医院、城市核酸检测基地、4 个救护车洗消中心、18 家标准化发热门诊。围绕“保健康、防重症”的目标开展相关工作。对 65 岁以上老年人,按照“红黄绿”分级分类落实健康服务,免费发放指夹式血氧仪 3 万余个、“爱心健康包”7020 份。扩容医疗救治资源,全市三级医院设置重症床位 600 余张,亚定点医院设置床位 5000 余张。依托城市医联体、县域医共体,制定上下联动、分区包片转诊流程图,落实包干责任,畅通转诊通道,保障患者救治。将发热门诊(诊室)从 18 家扩容至 417 家,乡镇卫生院、社区卫生服务中心均提供氧疗服务;设立三级寻医问诊热线,开通 24 小时儿童、孕产妇、老年人、血透患者就医及心理咨询热线。加强综合研判,编制风险评估研判报告和工作建议 37 份。推动重点人群核酸检测工作,规范检测率提升至 90%。建立相关人员健康管理工作 24 小时沟通联络机制,指导基层社区做好相关健康管理。9 月—11 月,实现在线查询核酸采样记录功能,并开展短信提醒服务。做好疫情防控支援工作,支援苏州、无锡、南京等地疫情防控。强化新冠病毒疫情监测预警,在全市开展病例报告监测、医疗机构发热门诊(诊室)监测、哨点医院监测、重点机构监测、社区血清学调查、病毒变异监测等工作,分析人群感染发病水平和变化趋势,研判、预测疫情规模、强度和流行时间。 (市卫健委　寻海占)

【新冠病毒感染疫情防控相关培训】 2022年，镇江市开展《新型冠状病毒肺炎防控方案（第九版）》、《新型冠状病毒感染防控方案（第十版）》、优化防控措施、社区防控等培训45场，培训行政管理人员、专业技术人员、基层一线人员、志愿者68819人。其中，结合“党旗镇红医路争锋”行动，组建市级培训师资队伍，为有关部门提供《新型冠状病毒肺炎防控方案（第九版）》培训服务12场次。（市卫健委 寻海占）

【新冠病毒感染疫情防控政策宣传】 2022年，镇江市召开直达基层的疫情防控座谈会，了解基层在疫情方面存在的问题及有关诉求；通过媒体采访、小视频、“一图读懂”、专家访谈等多种形式向社会宣传防控知识和健康管理措施；邀请专家通过《新闻相对论》节目专题介绍疫情防控政策；制作提示海报，并在各重点场所和单位等进行张贴；开设落实疫情防控公众留言平台，市卫健委、市委网信办、市政务办梳理归纳群众热点疫情诉求，针对相关人员管理、交通出行、物流保供、医疗服务需求等方面诉求，形成处置建议，并选派人员驻点“12345”便民服务热线，搭建疫情防控知识库，帮助解答群众咨询。

（市卫健委 寻海占）

疾病预防控制

【概况】 2022年，镇江市疾病预防控制系统将应急处置与常态化防控相结合，各项工作取得成效。开展加强免疫、序贯免疫及第二剂次加强免疫接种工作。组织开展60岁以上人群疫苗接种情况、接种禁忌和感染情况摸底调查，掌握应种未种人员信息。结合老年人体检、家庭医生签约等工作，动员“应接尽接”；指导各市（区）依托街道（乡镇）、社区（村组）采取网格化管理模式，对60岁以上未接种人员逐一上门发动；各级机关企事业单位对本单位未接种退休人员进行走访谈心。公示全市新冠病毒疫苗接种门诊信息。采取“接种进社区”的方式，使用移动接种车在社区设立临时接种点，或开通爱心专车点对点接送为老人提供接种服务；选派诊疗和接种经验丰富的医务人员，组建67个接种小分队，为失能、半失能老人提供上门接种服务。发动全市各疫苗接种工作成员单位开展“全市新冠肺炎病毒疫苗接种工作推进月”系列宣传活动，开展以“最美不过夕阳红，打完疫苗更从容”为主题的全市联动宣传活动，组织专家现场对老年人接种禁忌、健康评估、接种获益等问题提供专业指导，并为接种老年人免除门诊诊查费。制作并发放《致镇江市广大老年朋友及家属的倡议书》。截至年底，全人群首剂接种率、全程接种率、强化接种率分别为95.2%、97.2%、66.5%；60岁以上人群首剂接种率、全程接种率、强化接种率分别为86.7%、93.3%、79.2%。

（市卫健委 寻海占）

【急性传染病防治】 2022年，镇江市报告甲、乙类传染病12种3856例，比上年增长9.98%；报告丙类传染病5989例，增长63.72%。全市报告与处置突发公共卫生事件8起，报告病例98例。处置各类传染病预警信息1221条，24小时内响应率为98.28%。开展新冠病毒感染、流感、禽流感、手足口病、虫媒传染病、住院肺炎、致病菌等疾病监测工作。全市肠道门诊登记腹泻20993例，病源检索率为23.62%。

（市卫健委 寻海占）

【计划免疫】 2022年，镇江市开展脊灰疫苗及含麻疹成分疫苗查漏补种活动，接种0岁～5岁儿童脊灰疫苗3019剂次，接种率为99.41%，接种0岁～18岁儿童含麻疹成分疫苗7313剂次，接种率99.07%。推进水痘疫苗免费接种工作，截至年底，为适龄儿童免费接种水痘疫苗3.7万剂次。开展预防接种异常反应调查诊断工作，对1412例接种疫苗引起疑似预防接种异常反应的报告个案进行调查、处理与报告。

（市卫健委 寻海占）

【血吸虫病、寄生虫病和地方病防治】 2022年，镇江市完成查螺面积1.54亿平方米，灭螺面积3128万平方米，解剖钉螺约6.5万只。在高危重点环境增设64台语音警示监控系统。开展门诊发热人员、沿江居民及其他涉水人员的血检工作，完成筛查8.24万人次，其中阳性205人，阳性率为0.25%。完成“三热病人”血检筛查4949人次，未发现疟疾病例。完成居民层次碘盐监测与人群碘营养监测，合格碘盐食用率97.08%，碘营养尿碘中位数235.6微克/升；零售层次盐碘监测采样280份，零售层次碘盐抽样合格率99.46%。完成寄生虫病监测和甲状腺疾病专项调查。（市卫健委 寻海占）

【结核病防治】 2022年，镇江市完成国家医保局肺结核支付改革试点工作和复旦大学长三角地区耐多药/耐利福平结核病患者疾病负担与诊疗服务现状策略研究、省耐药肺结核患者经济负担调查、中学生潜伏性结核感染现状及其发病风险评估等项目。推进结核病“核督导”信息管理系统使用，包括电子药盒试点、抗结核固定剂量复合剂在结核病定点医院推广使用可行性试点、肺结核患者家庭密切接触者筛查潜伏感染示范区等项目。启动无结核社区行动国家示范区创建、复旦大学耐多药/耐利福平结核病二线药物耐药演变和传播的前瞻性研究等项目。报告确诊利福平敏感肺结核患者744例(含结核性胸膜炎84例),比上年下降16.3%,其中,病原学阳性460例,病原学阳性占比69.7%;接受抗结核治疗743例,纳入治疗率99.9%;落实管理734例,患者管理率98.8%。报告确诊利福平耐药肺结核患者25例,比上年上升19%,纳入治疗24例,纳入治疗率96%;实施DOT管理,患者管理率100%。报告学校结核病病例52例,比上年下降43.5%。

(市卫健委　寻海占)

【艾滋病防治】　2022年,镇江市在治艾滋病感染者和病人抗病毒治疗比例96.2%,感染者和病人CD4检测率99.1%,病毒载量检测率93.8%,结核筛查率99.9%,阴性配偶检测率100%。全市119个艾滋病检测实验室检测各类人群88万人次,比上年增长24.9%,艾滋病病毒抗体检测率27.7%,新报告艾滋病感染者及病人182人。培育引导10个社会组织参与国家和省级艾滋病防治项目,启动5个艾滋病病毒暴露后预防门诊,暴露后预防门诊月随访率87.2%。开设高校"线上+线下"艾滋病防治知识专题讲座146场,受益人群7.28万人次,发放艾滋病自助检测包2.93万人份,学校艾滋病疫情防控意见书下达率100%。建成扬中市艾滋病综合防治示范区。

(市卫健委　寻海占)

【慢性病防治】　2022年,镇江市开展慢性病信息收集工作,全市死因监测覆盖率为100%,粗死亡率为937.28/10万人,报告及时性97.1%;全市户籍人口登记报告恶性肿瘤新发病例数为11334例,全市上报省平台急性心脑血管事件和慢阻肺病例数分别为15620例和6261例。开展慢性病防治宣传活动,全市开展各类宣传日活动37次,受益1.5万余人;组织健康生活方式指导员培训715人次;开展"五进"活动168次,发放宣传材料和干预工具1.8万余份。强化癌症综合防控,扬中市完成上消化道癌人群早诊早治2098例、上消化道癌人群门诊机会性筛查4344例。开展肿瘤综合筛查项目工作,完成问卷调查和高危人群评估7438人次。参加省运动处方师培训11人次。组建慢性病自我管理小组90个,完成基线和评估调查1161人、小组活动900次,任务完成率100%。做好儿童口腔疾病综合干预项目,市口腔医院完成窝沟封闭牙齿数6992颗,氟化物防龋人数14695人,早期龋充填完成750颗,全部超额完成任务。

(市卫健委　寻海占)

【学校卫生】　2022年,镇江市疾控部门开展学生常见病和健康影响因素监测,监测与干预工作从扬中市、丹徒区2个省项目点扩大至6个市(区),监测学校49所、健康体检学生13470人、问卷调查学生9323人,学校任务完成率为100%,学生体检完成率105.9%、问卷调查完成率105%。开展学生缺课监测,监测学生333173人,监测中小学校覆盖率100%,平均上报率为99.58%,预警3781起,处置率100%。做好学生健康体检工作,对245所中小学校358459名学生进行学生视力、牙齿、体重、血压等健康体检,对353670名学生开展视力监测和数据录入,健康体检信息监测中小学校覆盖率104.3%,学生覆盖率117.2%,视力健康电子档案建档率115.7%。开展学校环境卫生监测,完成2021—2022学年56所学校环境卫生监测,出具教学环境检测报告,对不达标的学校提出整改建议,监测率24.9%。开展学生伤害监测,学生伤害上报率85.52%,学生伤害发生率4.21%。开展主题宣传和近视防控讲座进校园活动,联合市教育局在镇江中学附属初中举行镇江市全民营养周暨"5·20"中国学生营养日启动仪式;开展"儿童青少年近视防控百场讲座进校园公益行动"10余场。

(市卫健委　寻海占)

图47　2022年5月20日,镇江市全民营养周暨"5·20"中国学生营养日启动仪式在镇江中学附属初中举行

(市卫健委　钟　姣　供稿)

【精神卫生】 2022年,镇江市建立由市卫健委、市委政法委、市委宣传部、市公安局、市民政局、市司法局等14个部门组成的精神卫生工作联席会议制度,提升心理健康服务和精神疾病防治管理工作整体效能。召开全市严重精神障碍患者管理服务推进工作会议,开展专项排查整治工作,新发现严重精神障碍患者336人。按照“五个到位”(医治到位、监护到位、救助到位、管理到位、预防到位)要求,对在册严重精神障碍患者开展调查摸排,采集信息、完善台账资料等工作。组织精神科医师17人进行转岗培训。推进丹阳市省级社会心理服务体系建设试点工作,句容市获批开展省级社会心理服务体系建设试点工作。截至年底,全市严重精神障碍患者报告患病率4.25‰,管理率97.62%,服药率88.66%,面访率94.07%。 (市卫健委 寻海占)

【食品安全】 2022年,镇江市做好食品安全标准工作。制定(修订)、完善食品企业标准备案工作制度,优化企业标准备案流程,全年备案公开各类食品安全企业标准89件。结合食品安全宣传周主题宣传活动,开展食品安全标准知识宣传和培训。实施国民营养计划,组织开展2022年镇江市全民营养周、“5·20”中国学生营养日、食品安全宣传周等系列活动。组织全市45人参加国家和省组织的营养指导能力提升培训试点工作考试。联合市教育部门指导市外国语学校创成国家级营养与健康示范学校。 (市卫健委 寻海占)

【食品、环境卫生】 2022年,镇江市疾控部门完成美发、游泳、住宿、沐浴4类场所卫生监督“双随机”采样120份。完成市区50个饮用水监测点水样采样、常规检测分析和网报工作。指导丹阳、句容、扬中136个城乡饮用水监测点水样采样、常规检测分析和网报工作;完成城乡饮用水卫生监测采样监测608份,水样合格率为100%;完成五大类监测采样594份检测5692项次。监测PM2.5采样216份,收集相关数据资料,完成《2021年度镇江市空气污染对人群健康影响监测分析报告》编制上报。对宾馆、酒店等8类50家公共场所开展健康危害因素监测。各级食源性疾病监测哨点医院84家,完成食源性疾病病例报告2259例,样本检测631份,完成食品安全风险五大类监测采样594份,检测5692项次。 (市疾控中心 王 华)

【消毒监测】 2022年,镇江市疾控部门完成消毒质量监测市级医疗机构8家、二级及以下医院洁净手术室36间、血液透析中心17家。完成20家医疗机构发热门诊、10家隔离点卫生状况调查采样以及10家重点单位消毒效果监测工作。对丹阳市进口冷链监管仓库进行消毒效果评价。完成10家幼儿园消毒质量监测,采集样本312份,合格率92%。 (市疾控中心 王 华)

【健康教育】 2022年,镇江市疾控部门开展健康教育县区级及以上巡讲86场次,乡镇级讲座813场次,村级讲座2023场次;开展县区级及以上咨询活动75次,乡镇级活动745次;制作展板1199块,巡展乡镇121个次;在疾控中心微信公众号发布健康科普稿件262篇、门户网站发布各类稿件191篇;设计新冠病毒疫情相关主题和新冠病毒疫苗接种宣传材料15种、控烟主题宣传材料18种,印发12万余份。指导5家省级健康促进医院完成建设工作,协助市爱卫办对各市(区)80余家无烟党政机关进行验收。开展基于学校的减盐健康教育推广项目,108所学校、470个班级、19793名学生及家长参与承办2022年健康促进与健康教育职业技能竞赛。 (市疾控中心 王 华)

基层卫生

【概况】 2022年,镇江市以优质服务基层行活动为切入点,加强基层医疗卫生服务体系建设、能力建设和内涵建设。组织所有乡镇卫生院(社区卫生服务中心)参加优质服务基层行活动,推动提高基层医疗卫生机构服务能力和管理水平。新增服务能力达国家推荐标准的医疗机构3家、服务能力达国家基本标准的机构4家。全市服务能力达到国家服务能力基本标准和推荐标准的乡镇卫生院(社区卫生服务中心)占比为97.01%。

市卫生系统组建602支家庭医生团队,负责签约居民的健康管理工作,做好居民健康“守门人”。全市常住人口签约率39.34%,重点人群签约率73.31%,有偿签约人数17.99万人。推行家庭医生预约上门和家庭病床服务,为居家失能(半失能)人群及出院后康复期患者提供基本的医疗服务,累计提供上门服务8474次,建立家庭病床254张。制定家庭医生工作室年度建设计划,遵循“按需建设、扶弱补齐”的原则,在城乡、社区开展家庭医生工作室建设,完善“15分钟健康服务圈”。全年新建家庭医生工作室4个,累计为83个。 (市卫健委 谢旭东)

【基层卫生服务能力建设】 2022年,镇江市将县域医共体建设情况纳入全市乡村振兴实绩考核内容,扬中市、句容市县域医共体运行,丹阳市、丹徒区县域医共体有进展。推进基层医疗卫生机构达标建设，建成2个省农村区域性医疗卫生中心和2个省社区医院。实施乡镇卫生院、社区卫生服务中心提档升级工程，原址重建（异地新建）3家乡镇卫生院（社区卫生服务中心）；建成省甲级村卫生室10个。

2022年，镇江市参加国家卫健委开展的优质服务基层行活动，65家乡镇卫生院（社区卫生服务中心）达到国家服务能力基本标准和推荐标准。开展基层特色科室建设工作，新增市级基层特色科室10个。省、市级基层特色科室累计分别为24个和58个，79.1%的乡镇卫生院（社区卫生服务中心）拥有至少1个市级以上特色科室。深化基层医疗卫生机构与大医院的分工协作，全市105个“全—专科联合门诊”安排上级医院专家坐诊1922天，接诊患者6.01万人次；20个康复联合病房设置康复床位345张，接收下转康复期病人880人次。

（市卫健委　谢旭东）

【公共卫生服务能力建设】　2022年，镇江市印发《2022年全市基本公共卫生服务项目绩效评价方案》，调整和提高部分项目的支付标准，调动基层医疗卫生机构实施好项目的积极性。编印《居民健康档案和重点人群健康管理填表说明》，发放给项目承担机构学习使用，指导基层医务人员做好项目工作。制作项目宣传片，增强项目宣传效果。基本公共卫生服务项目经费人均补助标准为94.23元，并纳入民生实事项目进行考核。全年各级财政下达基本公共卫生服务项目补助资金30256万元，其中市级资金4125万元。（市卫健委　谢旭东）

【基层疫情防控】　2022年，镇江市按照“应设尽设、应开尽开”的原则，推进基层医疗卫生机构发热诊室建设与使用，全市66家乡镇卫生院（社区卫生服务中心）开设发热诊室，293家村卫生室（社区卫生服务站）发热哨点投入使用。完成调查49.97万名65岁以上老人健康调查工作，并根据老年人患基础疾病情况、新冠病毒感染后风险程度等进行分类，其中高风险人群6.8万人、中风险人群8.7万人、低风险人群34.47万人。按照高风险人群每周3次、中风险人群每周2次落实随访要求。全市67家乡镇卫生院、社区卫生服务中心的638支家庭医生团队对732个村（居）进行分片包干，家庭医生和社区干部共同做好包干片区内重点人群的健康管理工作。设立三级寻医问诊热线，向社会公布各市（区）卫健委、基层医疗卫生机构、家庭医生团队及村（社区）联系电话，便于群众咨询求助。

（市卫健委　谢旭东）

妇幼保健

【概况】　2022年，镇江市卫健委健全妇幼健康服务体系，保障母婴安全，加强行业监管，保障妇女儿童健康需求。利用“预防出生缺陷日”“母乳喂养周”“早产儿日”“世界避孕日”“世界艾滋病日”等公益宣传日，开展多种形式的科普宣传活动。制定并下发《镇江市2022年度妇女“两癌”筛查工作实施方案》。按照“项目化管理、节点化推进”要求，做好2022年镇江市城乡妇女宫颈癌和乳腺癌检查项目，推进妇幼保健机构妇女“两癌”筛查门诊建设，推广使用HPV方法初筛。全年全市完成乳腺癌筛查9.34万人次，宫颈癌筛查9.28万人次。各级财政投入检查资金1305万元。叶酸补服项目任务完成率126.18%。孕产妇艾滋病、梅毒和乙肝免费检测率为99.97%。（市卫健委　陈媛媛）

【母婴保健服务管理】　2022年，镇江市卫健委加强各级孕产妇和新生儿危急重症救治中心建设，压实母婴安全工作责任，夯实母婴安全工作基础，落实母婴安全工作举措。各市（区）以母婴安全行动为切入点，健全机制、完善体系、规范服务、提升能力、强化联动，保障母婴安全。市卫健委分别于6月、12月组织开展全市母婴安全工作专项督导。全年全市婴儿死亡率1.99‰，5岁以下儿童死亡率为3.07‰。（市卫健委　陈媛媛）

【出生缺陷综合防治】　2022年，镇江市卫健委贯彻执行《江苏省出生缺陷综合防治实施方案》，完善全市出生缺陷防控体系，提升出生缺陷综合防治能力。推进民生实事项目工作，召开全市产前筛查和新生儿疾病筛查工作交流会，开展免费产前筛查和新生儿疾病筛查工作。实现产前筛查和新生儿疾病筛查愿筛尽筛全覆盖。（市卫健委　陈媛媛）

【0岁~6岁儿童近视防控项目】　2022年，镇江市开展在园儿童视力健康档案建档工作，提高儿童眼保健和视力检查服务覆盖率，提升儿童眼健康服务能力，加强视力筛查经费保障力度。全年全市幼儿园在园儿童参与视力筛查86483人，筛查覆盖率100%。（市卫健委　陈媛媛）

职业健康

【概况】　2022年，镇江市开展职业病防治专项工作。报告各类重点职业病危害因素体检个案84123条，诊断职业病40例,协助省疾控中心对5家医疗机构的加速器进行质控检测。配合省卫健委完成尘肺病患者医学随访试点工作,句容市边城镇尘肺病康复站建设项目入选2022年度镇江市十佳民生实事项目。选树5名江苏省"职业健康达人"和141名镇江市"职业健康达人"。建立镇江市职业健康专家库,确定首批职业健康专家58人。市卫健委联合有关单位举办市级职业健康达人技能竞赛活动,指导培训市级选手3人参加省级竞赛。完成体检1590家单位84123人次,其中,在岗54425人次、离岗1874人次、离岗后248人次、上岗前27576人次。(市卫健委　毕永魁)

【职业性监测工作】　2022年,镇江市疾控部门对7家医院、6家企业开展监测,检测设备35台;对7家医疗机构开展职业性放射性疾病监测,个人剂量监测189人,监测率100%,介入放射工作人员18人,双剂量计佩戴率100%,未发现超剂量照射人员,未发现染色体检查异常者;组织江苏大学附属医院和市第一人民医院23名核医学工作人员到省疾控中心接受内照射剂量监测,监测率100%。抽取13家企业开展职业健康素养监测工作,完成问卷450人。完成202家单位工作场所危害因素监测。(市疾控中心　王　华)

老龄健康

【概况】　2022年,镇江市推进老年健康服务体系建设,推动医养结合工作,构建老年友好型社会氛围。全市新增挂牌老年医院2家;92.86%的二级及以上公立综合性医院开设老年医学科;新增1家护理院。全市建成医养结合机构32家,其中,21家纳入医保定点,开放养老和医疗床位7278张。落实老年人健康管理、老年人中医药健康管理等基本公共卫生老年人服务项目,开展家庭医生签约服务,全年为35.9万名65岁及以上老年人免费提供一次基本健康体检服务。推动基层医疗卫生机构为行动不便的老年人开展家庭病床及预约上门服务,全年建床321例,提供上门医疗护理康复服务13380人次。全年全市新建26家江苏省老年友善医疗机构,10家获评江苏省老年友善医疗机构优秀单位。(市卫健委　吴宝林　陈媛媛)

【老年友好型社会建设】　2022年,镇江市将创建全国示范性老年友好社区纳入2022年全市老龄事业及老龄健康工作要点,建成全国示范性老年友好型社区3个。开展"敬老月"活动,发动相关单位、社会组织、志愿服务团队开展健康知识讲座、走访慰问、亲情关爱、法律援助、文艺体育运动等活动。"敬老月"活动期间,全市举办各类讲座、比赛、培训班、演出、义诊124场,投入资金161.286万元,惠及老人8201人。实施老人运用智能技术专项普及培训工程,扩大老人运用智能手机培训覆盖面,培训老年人3.1万余人次。市老龄办获省老年书画作品展最佳组织奖,镇江代表队获省"老年达人"运用智能技术大赛一等奖及最佳组织奖。(市卫健委　吴宝林)

爱国卫生

【概况】　2022年,镇江市推进"健康镇江"建设,常态化开展爱国卫生运动,巩固提升卫生城镇村创建成果。蝉联"全国健康城市建设样板市"称号,列全国第22名;在2021年度推进健康江苏建设考核中获评"优秀"等次。推进"健康细胞"建设,新建省健康镇1个、省级健康村(社区)39个、省级卫生村4个、省级健康促进医院5家、市级病媒生物防制示范点20个。(市卫健委　姜玲莉)

【"健康城市"建设】　2022年,镇江市卫健委制定《2022年健康镇江建设重点工作任务》,组织实施10个方面25项行动。人均期望寿命提高至80.1岁,城乡居民健康素养水平为37.18%。组建健康素养巡讲师队伍,举办健康巡讲、讲座2000余场次。利用传统媒体和新媒体开展健康科普宣传,印发"文明健康绿色环保""纪念爱国卫生70周年""健康中国行动知行大赛"等宣传海报,在农贸市场、重要公共场所和各村(社区)进行电子屏播放或张贴纸质版宣传海报,设计制作各类宣传海报18款、展板18张、折页10万余份。开展城乡环境卫生整洁行动,清理积存垃圾450余吨。举办"践行文明健康公约、童心手绘美好镇江"小学生绘画比赛、2022年镇江市健康促进和健康教育职业技能竞赛等。落实控烟工作,全市党政机关全部建成无烟单位。(市卫健委　姜玲莉)

【病媒生物防制】　2022年,镇江市组织开展病媒生物密度监测、控制水平现场评估及省虫媒传染病综合监测等工作,解剖分离监测鼠标本30只、采集三带喙库蚊1200多只。开展病媒生物防制示范小区建设,完成4个居民小区、4个农贸市场、4家医院和8个垃圾中转站建设工作并完成验收。完成淡色库蚊成纹、家蝇和德国小蠊抗药性试验。鼠捕获率0.36%、蝇密度2.37(只/笼)、蟑螂密度1.60(只/盒)、蚊密度0.77(只/小时),鼠类、蚊虫、蝇类密度控制水平为C级、蟑螂密度控制水平为B级。集中开展病媒生物灭杀活动10次,投放灭鼠药407处,用量142千克；投放灭蟑药20个场所，用量灭蟑粉剂50千克、灭蟑胶饵200支。在城区建设20个病媒生物防制示范点，病媒生物密度符合要求。

（市疾控中心　王　华　王　翔）

中医药事业

【概况】　2022年，镇江市推动中医药事业“传承创新”发展，市委、市政府制定出台《关于中医药传承创新发展的实施意见》。召开《中华人民共和国中医药法》实施五周年暨《江苏省中医药条例》实施三周年座谈会，推动中医药相关政策措施落实。召开省级中医重点专科（中医院肾病科、脾胃病科，市二院康复科）整改项目督查推进会，推动省级中医重点专科整改和申报工作。启动市级中医重点专科中期评估工作。加强中医医院信息化建设，完成3家三级中医医院结构化中医门（急）诊电子病历系统升级改造、3家三级中医院四级电子病历升级、二级中医院数据采集等工作。完成2021年中央和省级财政资金绩效评价工作。推进全市乡镇卫生院、社区卫生服务中心“中医馆”提档升级，全年建成五级“中医馆”4家，四级“中医馆”10家。市卫生系统组织中医参与新冠病毒感染疫情防控救治工作。镇江市3家三级中医医院建设ICU床位数109张，其中，综合ICU床位数55张、可转换ICU床位数54张。加强ICU医护人员专业培训，配备及储备ICU医生146人、护士381人。全年全市开展“中医巡诊巡讲”“中医药就在你身边”“岐黄校园行”“端午艾草香、关注眼健康”“全省中医药宣传月”等主题活动171场，发放普法资料4357份、宣传材料12918份，受益群众15588人次。

（市卫健委　周　群）

【中医药人员能力培训】　2022年，镇江市开展2022年度中医药知识与技能培训，培训基层卫生技术人员70人，基层中医适宜技术培训推广500人次。开展市第2批名老中医药专家学术经验继承结业考核工作，结业30人。组织开展第3批名老中医药专家学术经验继承工作，确定指导老师18人，学术继承人36人。组织5人参加省中医临床优秀人才选拔考试，通过3人，入选国家级中医优才培养项目2人。组织7人参加省西学中高级人才研修项目申报，通过全省中药骨干人才高级研修培养选拔3人，参加全省中医护理骨干培训3人。完成2022年中医确有专长考试和中医师承考核报名审核工作。

（市卫健委　周　群）

卫生监督

【概况】　2022年，镇江市卫生系统加强执法多元化建设，围绕疫情防控，出动执法人员26547人次，检查单位15768户次，发现问题4195条，整改率100%。加强“双随机”抽查，分别完成国家、省级“双随机”任务853件和125件，行政处罚92件。申报重大案件法制审查7件，公示处罚和许可信息45条、1580条；做好市级“规范行政执法行为专项督查”和省级“2022年度法治政府建设示范创建实地核查”。推行信用监管，信用修复办件223件，在全省率先建立新型信用综合监督机制。开展各类专项行动17个，解决人民群众“急难愁盼”问题。开展普法巡讲和宣传24次，发布线上宣传信息236篇次，推送各类微信信息102篇。建成“卫生监督执法综合监管平台”，提升监督执法效能。相关案例获省卫健委优秀案例一等奖、二等奖、三等奖各1件。实施包容审慎监管，规范适用全市统一的自由裁量基准。落实免罚轻罚清单管理，探索并推广“承诺即修复”模式，运用政策辅导、行政建议、警示告诫、规劝提醒、签订承诺书等方式，推行“一次检查、全面体检”“一次培训、全面指导”“一次约谈、全面整改”等举措。开展送法上门进企业、进医疗机构、进学校等活动，培训各类从业人员4900余人次，服务指导企业45户次、医疗机构42户次，服务群众3200余人次。

（市卫生监督所　彭林玉）

【专案执法联动化】　2022年，镇江市卫生系统建立“专案办理”联动工作模式。在疫情防控、职业健康、“双随机”抽查、投诉举报等工作中，建立跨专业、跨地区、跨部门的全市上下联动执法办案工作模式，对大案、要案线索进行综合研判分析，成立联动执法专案组，查办违法违规案件383件，罚没款332.48万元。定期对各市（区）开展民生领域案件通报提醒，跟踪办案进度，指导案件办理。

（市卫生监督所　彭林玉）

医政药政管理

【概况】　2022年，镇江市做好新冠病毒感染疫情医疗救治，落实医疗机构新冠疫情防控措施；强化医疗服务体系建设，推动公立医院高质量发展；坚持依法行政和依法执业，改善医疗服务和行业作风，提升医疗服务能力。实施临床专科“补短板”项目，18个医疗机构临床薄弱专科全部制订三年发展规划及年度工作计划，强化医疗技术水平、临床服务能力、人才队伍建设、专科管理建设、医疗质量控制、科研等方面建设。开展医疗机构依法执业专项整治行动，围绕机构设置、规范执业、运行管理、疫情防控等方面，对全市各级各类医疗机构（重点是民营医疗机构）开展督导检查。加强对全市医疗机构的全行业监督管理，规范医疗机构设置审批、执业变更和校验等工作。

在动态清零阶段，镇江市推进发热门诊标准化建设，全市建成标准化发热门诊18家。确定3个顺位的市级定点收治医院，配备医疗救治床位1138张。开展核酸检测能力提升建设，加大核酸检测人员培训储备。加强核酸检测全链条监管，实行医学检验实验室月审核制度。强化医疗机构院感防控主体责任，做好入口管理、预检分诊、发热门诊管理、住院病区管理、清洁消毒、医废管理等医疗机构疫情防控各项工作措施。镇江市传染病医院、高专原实训楼方舱医院做好新冠病毒阳性感染者收治及隔离医学观察工作，其中高专原实训楼方舱医院于11月30日启用。在疫情防控措施调整转段期间，镇江市扩容发热患者服务供给，29家二级以上医院全部开设发热门诊。完成重症资源扩容任务，配备基础设备、呼吸治疗设备、转运设备及其他支持设备。扩充重症救治力量，加强人员配备储备及专业培训。调整充实市级新冠病毒感染医疗救治专家组成员，建立片区分工管理机制，开展重症救治专家巡会诊。加强新冠病毒感染分级分类收治，建立上下联动、分区包片转诊机制，落实包干责任，畅通转诊通道，保障重症救治。（市卫健委　钱　茜）

【医疗质量】 2022年，镇江市落实《医疗质量管理办法》和《江苏省医疗质量管理实施办法》相关规定，规范医疗质量管理与控制体系运行。市医疗质量控制中心制订年度质控工作计划，开展专题会议、案例分析、专项检查等各类质控活动23次，推动各医疗机构在诊疗规范、技术管理、操作规范等方面改进工作。抽查全市21所二级及以上医院住院病历200份，其中，甲级病历189份，甲级率94.5%。全市20所二级以上医院开展临床路径管理工作，实施临床路径管理病例97237例。（市卫健委　李亚茹）

【医疗服务】 2022年，镇江市开展庆祝第五个“中国医师节”大型义诊活动，92家医疗机构开展义诊活动87场次，参与医务人员602人次。开展“健康镇江服务百姓”大型义诊周活动，组织21家二级以上医院、40家基层医疗卫生机构开展义诊、巡诊、健康讲座等活动121场，线下义诊8642人次，健康宣教11700人次，发放宣传资料12900份，减免患者费用10.7万元。（市卫健委　侯志国）

【城乡卫生对口支援】 2022年，镇江市落实《镇江市城乡卫生对口支援工作实施方案（2016年版）》，执行城市医院医生晋升职称前到基层服务的制度。全年城区下派医务人员127人，合计149人次，分别支援4家二级医疗机构，27家社区卫生服务中心、疾控机构及院前急救机构。开展卫生援藏、援疆、援陕工作，选派5人参加镇江市第16批援藏医疗队，选派10人参加镇江市第五批医疗“小援疆”工作。

（市卫健委　侯志国）

【基本药物制度】 2022年，镇江市加强基本药物采购供应、配备使用、货款结算，推动基本药物制度各项政策的规范执行。加大二级以上医疗机构使用基本药物力度，优化用药结构、配备品种和销售金额达到规定比例，实现与基层医疗卫生机构用药衔接。开展2021年度全市医疗卫生机构基本药物配备使用评价与抽查工作，通报全市医疗卫生机构基本药物配备使用情况，督促各医疗机构按要求配备和使用基本药物。（市卫健委　侯志国）

【药事管理】 2022年，镇江市根据《抗菌药物临床应用管理办法》《关于进一步加强肿瘤治疗药及肿瘤治疗辅助药临床使用管理工作的通知》，对24家医疗机构的抗菌药物目录及7家二级以上医疗机构的抗肿瘤药物目录进行备案审核。加强医疗机构用药管理，组织开展医疗机构合理用药及第二类精神药品使用专项检查，强化药学技术人员配备及抗菌药物、抗肿瘤药物、基本药物、重点监控药品的使用和管理。开展全市临床药师摸底调查，推动二级以上医疗机构药师队伍建设。组织全市家庭药师线下培训班，对37名家庭药师进行培训考核。（市卫健委　侯志国）

【护理质量安全建设】 2022年，镇江市加强护理质量安全管理，落实护理核心制度，开展护理专业质控督查。组织开展“5·12”护士节活动，利用多种宣传平台，展现在疫情防控一线、坚守平凡护理岗位护士的榜样故事。完善护士分层培训体系，推进“年轻护士素质提高行动”，开展护理管理人员培训，128名护士长、护理骨干参加护士长岗位资质培训。依托省级医疗护理员培训基地，开展医疗护理员培训，提升医疗护理员服务能力，规范医疗护理员管理，224名医疗护理员通过培训考核。（市卫健委　周　喆）

【院前急救工作】 2022年，镇江市健全院前急救服务网络，根据服务半径，在镇南立交桥、句容宝华新设置2个院前急救站点，站点基础配套设施等符合建设标准，并通过省级验收。加强急救车辆装备建设，全市新配备救护车10辆，其中负压救护车9辆，随车配备心电图机、监护仪、除颤仪、呼吸机、注射泵等设备，提升现场抢救、途中救治及监护质量。推进急救队伍建设，开展院前急救专业人才培训，做好院前急救从业人员岗前培训工作，开展3期培训，培训89人。市急救中心，句容市、扬中市急救站建成标准化救护车辆洗消中心。（市卫健委　周　喆）

【院内感染控制】　2022年，镇江市实施医疗机构感染预防与控制长效工作机制，落实医院感染预防控制管理制度和工作要求，利用网络学习平台开展全市医疗机构工作人员院感知识培训考核，培训14250人；开展院感兼职人员和重点岗位人员专项培训，对感控医生、感控护士等感控兼职人员及发热门诊、急诊、口腔科、血透室、手术室等高风险科室人员进行专项培训，培训4359人。组织开展医疗机构新冠病毒疫情院感防控专项督查5次，各类人员、重点环节排查全覆盖。开展全市血液净化中心(室)和独立血透机构医疗质量安全管理专项检查，完成6家二级及以上医疗机构消毒供应中心(室)验收。（市卫健委　周　喆）

【血液检验管理】　2022年，镇江市宣传贯彻落实《江苏省献血条例》修正案，通过“6·14”世界献血者日、无偿献血月活动，宣传无偿献血精神。加强采供血分支机构管理，保持血站血液核酸检测全覆盖，提高血液质量安全。落实《医疗机构临床用血管理办法》，加强临床合理用血管理。全年市区无偿献血30211人次，其中，献全血27408人次、献成分血2803人次；向临床安全供应血液9.27吨，采集机采血小板4546人份。（市卫健委　徐君怡）

【卫生科技与教育】　2022年，镇江市有114项各类科研项目获各级科技部门立项和经费资助，其中，获国家自然基金项目4项、省自然基金项目2项、省级社会发展项目3项、省卫健委医学科研项目12项、市社会发展项目76项、市软科学研究项目5项、市临床医学研究中心2项，获科研资助经费836万元。全市获各类医学科技成果奖10项，其中，获省医学科技奖三等奖1项、省卫健委医学新技术引进奖二等奖6项。全年申报获准国家级继续医学教育项目23项、省级项目52项，评审公布市级继续医学教育项目260项。对新招录的296名住院医师(含中医、全科专业)进行规范化培训。（市卫健委　徐君怡）

【住院医师培训】　2022年，镇江市新招录296名住院医师(含中医、全科专业)，安排到江苏大学附属医院、市第一人民医院、市中医院等3家国家级住院医师规范化培训基地及市口腔医院进行培训。市卫健委加大全科、儿科、精神科等紧缺专业住院医师培训力度，新录用临床医师参培率100%。组织建立住院医师规范化培训、助理全科医生规范化培训技能考核考官库，完善技能考核考官选派机制。全年217人参加技能结业考核，合格率97.7%；225人参加理论结业考核，合格率92%。（市卫健委　徐君怡）

【农村定向医学生培养】　2022年，镇江市在丹阳市、句容市、扬中市及丹徒区开展农村订单定向医学生免费培养工作，为农村基层医疗卫生机构培养适宜医学人才。4个市(区)录取98名农村订单定向医学生，其中，本科生42人，专科生56人。（市卫健委　徐君怡）

医疗机构

【镇江市医疗集团】　镇江市医疗集团由市第一人民医院、市中西医结合医院(市第二人民医院)、市传染病医院(市第三人民医院)、市妇幼保健院(市第四人民医院)、市精神卫生中心(市第五人民医院)、市中医院、市口腔医院和市第一人民医院新区分院8家医院组成。润州区官塘桥、蒋乔、金山、和平路、黎明、宝塔路、七里甸、工业园，四院正东路，镇江新区平昌新城、大港街道、姚桥、大路，丹徒区世业卫生院等14家社区卫生服务中心协议加入。2022年，该集团承办苏浙地区公立医院“党委领导下院长负责制”专题研讨会；牵头拍摄廉政教育片《呼吸》，获第二届中国扬州“运河清风”微电影大赛三等奖。

疫情防控工作。参与市新冠病毒感染疫情防控工作，承担对接市交通口岸防控、医废处置和消毒消杀、社会面和社区防控专班等相关工作。制定专班工作手册、工作预案等，开展各专班疫情防控现场调研和工作落实督导。参与丹阳市、句容市、扬中市、丹徒区、京口区等地疫情的应急处置工作。

医院高质量建设。贯彻落实《国务院办公厅关于推动公立医院高质量发展的意见》，组织实施“1+12”公立医院高质量发展创新提升工程；召开“探寻新路径 集聚新动能”——2022年公立医院高质量发展专题辅导会。开展分级诊疗创新孵化项目和运营管理优质项目中期调研督导和年度考核。

医联体建设。推进3个城市医疗集团和8个市级专科专病联盟的内涵建设、实体化运行、重点工作落实。印发《镇江市城市医疗集团综合考核工作实施方案(试行)》并组织实施。推动康复医疗集团资源整合，强化病理中心人、财、物统一管理，累计建成39家“全—专联合门诊”和7家康复联合病房；实行医疗质量安全同质化管理，建立双向转诊绿色通道。京江中医医疗集团联合药监部门开展中药饮片采购验收和使用质控检查，保障基层中药标准化管理；市中医院肛肠专科诊疗中心获批基层特色科室市级孵化中心建设单位，并入选镇江金山英才项目；黎明社区卫生服务中心康复联合病房饱和运行。各城市医疗集团实行双向转诊制度，利用互联网+技术开展远程诊疗，推动医疗资源共享；开展远程诊断，提升基层服务能力。全年下转康复联合病房病人1220人次，远程诊断及会诊97903人次，下派医务坐诊人员115人，帮扶基层开展新技术、新项目42项。

云数字健康服务体系建设。协同市卫生信息中心，推进“互联网+医疗健康”建设。开展云影像项目筹备、招标、实施等工作，推动医疗卫生机构影像数据的互联互通、云影像存储及共享应用；推进“双向转诊”工作，利用各基层医疗机构的服务功能和网点资源，拓展“分级诊疗”业务，为基层群众提供医疗服务。开展镇江市智慧医疗协会筹建工作，推动“云数字”健康建设。（市医疗集团　周长兰）

【江滨医疗集团】　江苏江滨医疗集团以江苏大学附属医院为牵头医院，由镇江三五九医院、东吴医院、瑞和老年病院、瑞康医院四家医院，健康路社区卫生服务中心、大市口社区卫生服务中心、四牌楼社区卫生服务中心、象山社区卫生服务中心、谏壁社区卫生服务中心、镇江新区丁卯街道社区卫生服务中心6家社区卫生服务中心组成。2022年，该集团推进整合型医疗卫生服务体系建设。

同质化医护教服务。与17家医疗机构签订“双向转诊”协议，基层医疗机构上转病人924人次，牵头医院下转康复期病人547人次；为患者提供诊疗—康复—长护连续性服务，心内科服务1685人次，老年科服务850人次，内分泌科服务1474人次，甲乳外科服务720人次，肝胆外科服务1833人次，肾内科服务1380人次；全年开设“全—专联合门诊”8个，下派专家25人次，服务天数534.5天。以“网上江滨医院”为依托，助力分级诊疗管理平台建设；构建医联体单位之间医防融合服务体系，提升慢病规范管理率和控制率，完善新冠病毒感染救治网络体系建设。为医院全科专业基地规范化培训住院医师导师11人。

医疗资源共享建设。推行远程医疗，全年完成远程影像7660人次，远程会诊56人次，远程监护、护理11人次。开设中医帮扶门诊，在大市口社区卫生服务中心服务144天，在瑞和老年病院服务65天。为9家单位提供无菌物品集中供应及可复用器械的灭菌配送服务，全年回收、清洗、消毒、灭菌、发放复用物品7335包。

专科联盟建设。镇江市新生儿危急重症联盟收治住院新生儿859人，从外院转运入江苏江滨医疗集团危重症新生儿110人，抢救新生儿135人，抢救成功率98.2%。接受基层医护人员进修3人，参加疑难危重新生儿会诊26次。镇江市胸痛救治联盟帮助镇江市中西医结合医院完成标准版胸痛中心建设；配合市胸痛专业质控中心完成对市2所三级甲等医院胸痛（心血管内科）专业运行质量情况的现场督查。

基层重点工作。江苏大学附属医院完成抗疫支援任务，组建24支医疗队、20支核酸采样队；托管镇江市高专原实训楼方舱医院。该医院获国家卫健委医院研究所护理质量改进提灯项目银奖，在2021国家三级公立医院绩效考核中获评A等次；该院医联体建设案例获“全国十佳典范单位”称号，互联网医院建设案例入选“中国医院管理奖理论创新类全国十大案例”称号，助老服务案例入选“江苏省老龄健康工作十佳案例”称号。该医院获批（获评）国家卫健委普通外科内镜医师培训合作单位、国家首批加速康复营养示范病房、江苏省老年友善医疗机构优秀单位，皮肤科获批省级重点学科；全年新增专科联盟单位4家。选派支援西藏达孜区人民医院3人，支援新疆生产建设兵团第四师医院1人，支援陕西蒲城县医院5人。该医院承办2022中国医院协会医联体大会“数字赋能分级诊疗”分论坛学术交流研讨会。镇江市三五九医院以转隶调整为切入点，推进医疗规范管理，强化“医教研”同步发展。镇江瑞康医院与集团远程会诊中心加强合作，全年开展诊疗5000余人次；与江苏大学附属医院胸外科、儿科、消化科开展共建，提升患者就医质量。镇江东吴医院加强医疗质量管理，提高医务人员安全意识及业务水平。瑞和老年病医院与江苏大学附属医院老年病科、消化科、中医内科加强共建，提升医疗服务水平，当年获评“江苏省老年友善医疗机构优秀单位”，并获江苏省老年健康科研项目立项2项。健康路社区卫生服务中心创建“天使志愿服务”、“3+X”家庭医生团队签约服务等品牌，牵头建设推进“智慧医疗服务平台”项目，该中心中医馆获评省中医药管理局“2022年度基层医疗卫生机构五级中医馆”。四牌楼社区卫生服务中心推动康复医学科建成江苏省基层康复医学特色科室孵化基地和江苏省基层特色科室，并通过省卫健委审核；创成江苏省社区医院；该中心中医馆获评省中医药管理局“2022年度基层医疗卫生机构五级中医馆”。象山社区卫生服务中心建立“医院—社区—家庭”三位一体管理模式；“天使家园”妇儿健康服务项目被列入“镇江市十佳民生实事”。大市口社区卫生服务中心推进公共卫生工作内涵建设。谏壁社区卫生服务中心强化功能建设，建成标准化发热门诊，开展代谢性疾病诊疗中心建设，推进“京口区职业健康体检中心”项目建设，加强医学影像中心建设。镇江新区丁卯街道社区卫生服务中心加强居民档案的网格化管理，开展多种形式健康宣教活动。（江滨医疗集团　杨　雪）

综　述

【“全民动起来 镇江跑起来”全民健身服务品牌】 2022年，市体育局打造“全民动起来、镇江跑起来”全民健身服务品牌，服务市民超百万人次，做法被《中国体育报》宣传推广。全市新安装健身路径563套、乒乓球桌210张、篮球架255副，新建体育公园8个、健身步道25千米，超额完成省、市民生实事任务。举办第四届镇江城市业余联赛、第六届“健康杯”羽毛球比赛、健身指导进机关进乡村进企业在内的300多场次全民健身赛事活动。探索体育服务新模式，打造上线“体育大市口”智慧服务平台，平台拥有体育资讯、场地查询、订场购票等14项服务功能，全年开展线上赛事活动10余场，赛事线上直播20余场，发布科学健身指导视频60多期，截至2022年年底访问用户超过26万人次。　（市体育局　王煜琦）

【2022年全市体育工作会议召开】 2022年3月29日，镇江市体育工作会议在市体育会展中心新闻发布厅召开，会议总结2021年全市体育工作情况，部署2022年重点工作任务。会议提出2022年体育工作围绕“开启体育强市新征程”这一主线，以“五个一”（一个计划、一个行动、一个品牌、一个融合、一个创建）为抓手，推动公共体育服务水平达到新高度，其中围绕“全民动起来镇江跑起来”服务品牌，广泛开展全民健身活动和科学指导服务，发动全人群参与，计划服务市民超百万人次；以“决战二十届省运会”为重点，促进竞技体育综合实力取得新提升；以“加快落实‘双减’政策”为核心，助力青少年体育工作实现新发展；以“优化体育营商环境”为根本，助推体育产业规模效益再上新台阶，以“筑牢勤政廉政根基”为关键，推进体育治理效能取得新突破。重点打造“五大工程”，一是打造“健康工程”，要构建更高水平的全民健身公共服务体系；二是打造“荣光工程”，奋力冲刺省运会，展现镇江加速跑起来的精神状态；三是打造“朝阳工程”，加快发展体育产业，更好地助力镇江产业强市一号战略；四是打造“智慧工程”，扩大“体育大市口”智慧体育服务平台的运用；五是打造“强基工程”，为事业发展营造风清气正的良好环境。
（市体育局　王煜琦）

【智慧体育服务平台深度合作协议签署】 2022年4月27日，镇江市体育局与中国建设银行镇江分行智慧体育服务平台深度合作签约仪式在市体育会展中心举行，市体育局计划通过深化与建行和运享通信息科技有限公司合作，进一步丰富版块、充实内容、完善功能、增强用户体验感，重点围绕线上赛事组织、体育类校外培训机构监管、线上居家健身方法推广、室外全民健身设施监管、扩大社会影响力等方面推出便民服务新举措。　（市体育局　王煜琦）

群众体育

【概况】 2022年，镇江市出台《镇江市全民健身实施计划（2021—2025）》。市体育局会同市发改、住建、自规等部门编制下发《镇江市构建更高水平全民健身公共服务体系的实施方案》，举办包括全国2022年“全民健身日”主题示范活动暨第六届“宁镇扬”全民健身大联动、第四届镇江城市业余联赛、第六届“健康杯”羽毛球比赛、健身指导进机关进乡村进企业在内的300多场次全民健身赛事活动，丰富市民精神文化生活。16 家市级运动促进健康中心/服务站正式建成。

（市体育局 王煜琦）

【镇江体育类校外培训机构预登记】 根据《江苏省青少年（幼儿）体育类校外培训机构管理办法（试行）》的相关要求，2022 年 3 月 25 日起，镇江市对全市体育类校外培训机构进行预登记，各市、区体育部门开展体育类校外培训机构办学许可预登记审核，重点对培训机构开展项目、师资人数、学员人数、收费标准、营业额等基础信息进行统计汇总，为下一步体育类校外培训机构预收资金监管和“体育类校外培训许可证”的发放等工作做准备。

（市体育局 王煜琦）

【第四届镇江城市业余联赛】 2022 年 4 月—12 月，第四届镇江城市业余联赛举办，比赛包含 12 个项目、800 场次，近万人参加。项目包括篮球、足球、门球、气排球、乒乓球、游泳、航空模型、科技模型、掼蛋、健身气功、广场舞、太极拳等（掼蛋为线上赛）。镇江城市业余联赛品牌赛事的开展，让“全民动起来 镇江跑起来”服务品牌发挥效应，丰富和完善全民健身活动体系，助力健康镇江建设。

（市体育局 王煜琦）

【镇江市街舞运动协会成立】 2022 年 5 月 31 日，镇江市街舞运动协会第一届会员大会在市体育会展中心举行，省市相关体育部门人员出席会议，全市近 70 名代表参加会议。会议表决通过《镇江市街舞运动协会章程（草案）》，选举产生协会第一届理事会。选举姚致远为镇江市街舞运动协会会长。

（市体育局 王煜琦）

【镇江市老年人体育节开幕】 2022 年 6 月 10 日，镇江市老年人体育节开幕式在健康路体育公园举行。2022 年镇江市老年人体育节以“奋进新时代、健身我先行”为主题，由市体育局、市卫健委、市老年人体协、京口区文体旅游局、京口区老年人体协主办，市委老干部局、市民政局、市人社局、市总工会、市老龄协会协办，京口区健康路街道办事处承办。京口区腰鼓协会开心艺术团、健身气功协会、市老年大学等团队在开幕式上进行锣鼓、舞蹈、武术、广场舞、健身气功等项目的展示。 （市体育局 王煜琦）

【见镇新气象 · E 起向未来“长江经济带”全民健身大联动】 2022 年 6 月 10 日—20 日，见镇新气象 · E 起向未来“长江经济带”全民健身大联动暨运河风光带线上健步走活动举行，活动吸引近千人参与，参与者在活动日期内，不限时间自行健步走，使用“体育大市口”智慧体育服务平台，选择任意线路，打卡完成即为完赛。

（市体育局 王煜琦）

【梦之蓝 · 冰壶挑战赛镇江赛区开赛】 2022 年 6 月 12 日，由江苏省体育总会主办，江苏省社会体育管理中心、镇江市体育总会等单位承办的梦之蓝 · 冰壶挑战赛江苏站在镇江开赛。全市 50 支社会队伍报名参赛，比赛前 2 名的队伍参加江苏省梦之蓝冰壶挑战赛。

（市体育局 王煜琦）

【“奔跑吧 · 少年”镇江市“千场万人”体育公益健身培训】 2022 年 6 月 17 日，“奔跑吧 · 少年”镇江市“千场万人”体育公益健身培训暨 2022 年“七彩夏日”体育消费季活动启动仪式在健康路体育公园举行。活动由市体育局、市教育局、市商务局、京口区人民政府、润州区人民政府主办。启动仪式上展示啦啦操、街舞、武术表演。仪式上宣读教育部体卫艺司对活动的寄语。市红旗小学青少年代表宣读倡议书。该公益培训涵盖乒乓球、羽毛球、击剑、轮滑、足球等 12 个项目，由体育部门和社会力量共同承担。体育公益健身培训分两个阶段，第一阶段是利用课后延时服务与健康路周边中小学联动，增加体育项目供给；第二阶段是利用周末及寒暑假期间，制定公益培训课程表，通过“体育大市口”智慧体育服务平台报名参加。

（市体育局 王煜琦）

【镇江市“溜溜族杯”第三届春季轮滑大赛举行】 2022 年 6 月 18 日—19 日，2022 镇江市“溜溜族杯”第三届春季轮滑大赛在健康路体育公园举行，比赛由镇江市体育总会指导，镇江市轮滑运动协会主办，镇江溜溜族轮滑俱乐部承办。比赛进行速度轮滑、自由式轮滑两个大项的比赛，其中，速度轮滑 9 个年龄组别有 23 支代表队 360 人参赛，自由式轮滑比赛 7 个年龄组别有 15 支代表队 157 人参赛。

（市体育局 王煜琦）

【江苏省街舞国家一级教师培训班（镇江站）举办】 2022 年 6 月 20 日，2022 江苏省街舞国家一级教师培训班（镇江站）开班仪式在镇江兆和皇冠假日酒店举办。全省 130 多名街舞行业从业者在镇江进行为期两天的教师培训课程及现场考核，活动由江苏省街舞运动协会主办，镇江市街舞运动协会承办，旨在进一步适应中国街舞运动发展的趋势，加强省市街舞教师队伍的建设和管理，提高省市街舞裁判员的职业道德和业务水平。 （市体育局 王煜琦）

【全国 2022 年“全民健身日”主题示范活动】 2022 年 8 月 8 日，全国 2022 年“全民健身日”主题示范活动暨第六届“宁镇扬”全民健身大联动在镇江市健康路体育公园举行。该活动由国家体育总局群体司、中华全国体育总会群体部、江苏省体育局、镇江市人民政府主办，镇江市体育局、南京市体育局、扬州市体育局承办，中国体育彩票公益支持。该次“全民健身日”活动以“全民动起来 同心向未来”为主题，坚持贴近群众、喜闻乐见、健康向上的理念，结合“宁镇扬”全民健身大联动特色活动，动员群众广泛参与，丰富活动形式。现场还通过各类展板、宣传页、向参与人员赠送《中华人民共和国体育法》《科学健身指导》手册等方式，普及宣传《中华人民共和国体育法》、科学健身知识。（市体育局　王煜琦）

【镇江市少儿体适能趣味田径园长及骨干教师培训班举办】 2022年8月17日，为贯彻落实《省教育厅 省体育局关于推广少儿趣味田径运动项目的通知》精神，镇江市少儿体适能趣味田径园长及骨干教师培训班在镇江市体育局新闻发布厅举办。通过本次培训，教师对趣味田径有初步了解，掌握组织体育活动的有效策略，可在教学中帮助幼儿培养对体育活动的兴趣，促进幼儿身心健康和谐发展。（市体育局　王煜琦）

【市航空运动协会第二次会员大会召开】 2022年8月29日，镇江市航空运动协会第二次会员大会召开。大会听取第一届理事会工作报告，选举产生镇江市航空运动协会第二届理事会理事、监事，选举黄飞建为镇江市航空运动协会会长，表决通过《镇江市航空运动协会章程》。市航空运动协会自2017年5月成立以来，推动镇江市航空运动的普及与提高，推介航模科技知识、开展专业培训、举办航模赛事、服务会员单位，促进镇江市航空运动和体育产业的发展。（市体育局　王煜琦）

【2022年江苏省基层教练员通识知识培训班（镇江站）开班】 2022年9月26日，为加强江苏省体育训练基层教练员队伍建设，2022年江苏省基层教练员通识知识培训班（镇江站）开班。培训为期5天，市体校和各县（市、区）的各项目教练员、社会体育俱乐部青少年培训专职教练员93人参加。培训邀请苏州大学5位专家授课，培训内容包括运动生理学、运动训练学、体能训练学、教育学、运动心理学等。（市体育局　王煜琦）

【滨江风光带体育公园共建单位签约】 2022年10月11日，由镇江市政协牵头，市体育局和市住建局在滨江风光带体育公园举行共建和管护单位签约仪式。签约前，市政协委员考察滨江风光带体育公园现场。签约仪式上，市体育局介绍滨江风光带体育公园建设基本情况。随后，市体育局、市住建局和京口区四牌楼街道三个共建单位签订合作协议，部分市政协委员和市体育局、市住建局、市自然资源和规划局、京口区四牌楼街道等相关部门领导分别围绕如何更好地管理和使用体育公园进行座谈交流。滨江风光带体育公园项目是通过“有事好商量”协商议事形式完成。（市体育局　王煜琦）

【“全民动起来 镇江跑起来”全民健身服务进机关活动举行】 2022年10月18日，“全民动起来 镇江跑起来”全民健身服务进机关活动拉开帷幕，活动开办8个项目12个班，项目包括乒乓球、游泳、瑜伽、健美操、健身气功·八段锦、网球、中国象棋、围棋，有260人报名参与，其中游泳和八段锦2个项目报名人数较多，除培训外，还开展科学健身大讲堂和体质测试活动，通过科学健身大讲堂、体质测试以及培训，进一步促进镇江市民及机关干部职工的身心健康。（市体育局　王煜琦）

【第六届“健康杯”羽毛球比赛举行】 2022年11月5日—6日，镇江市第六届“健康杯”羽毛球比赛在镇江市健康路体育馆举行。此次比赛由镇江市体育馆主办，镇江市健达体育俱乐部、镇江市羽毛球协会承办，近300人参与比赛，设A组男单、A组男双、A组混双，B组男双、B组混双，C组双打等6个组别，最终产生11位冠军、11位亚军、22位季军。（市体育局　王煜琦）

【丹阳发放首张体育类校外培训机构审核意见书】 2022年11月4日，丹阳市首家体育类校外培训机构审核意见书发放仪式举行。丹阳市足球培训中心成为首个获颁此审核意见书的企业，这也是镇江地区发放的首个体育类校外培训机构审核意见书。这标志着镇江市体育类校外培训机构准入审核工作全面开展，对促进全市体育类校外培训行业有序发展有重大意义。（市体育局　王煜琦）

竞技体育

【概况】 2022年，镇江市新注册教练员261人、运动员1809人，输送蹦床、田径、足球、柔道等项目4名运动员进入省优秀运动队。组织6期全市二级裁判员培训班，5期市级及以上教练员培训班。举办“奔跑吧·少年”镇江市“千场万人”体育公益培训活动。促进青少年健康发展，镇江学生体质健康标准检测位列全省第一名。落实“双减”政策，率先推进体育类校外培训机构预审工作，下发《体育类校外培训机构准入指南》。镇江市输送的运动员蒋金燕、曾宇在世界田径竞走团体锦标赛中，助力中国队包揽男女团体冠军，并分获女子、男子青年组10千米银牌、铜牌；男排运动员于垚辰作为主力二传助力中国队获男排亚洲杯冠军，女排运动员毛唯嘉以主力身份助力中国队获U18亚洲女排锦标赛亚军；杨恒郁、费扬在全国击剑锦标赛暨青年击剑锦标赛中获2枚金牌。（市体育局　王煜琦）

【镇江选手在世界田径竞走团体锦标赛上助力中国队夺双冠】 2022年3月4日，在阿曼苏丹国举行的世界田径竞走团体锦标赛中，由丹阳云阳学校输送的镇江选手蒋金燕、曾宇，分获女子、男子青年组10千米第二、三名，助力中国队包揽男女团体冠军。

（市体育局　王煜琦）

【镇江籍运动员方昊在迪拜杯国际足球邀请赛小组赛第2轮进球4粒】 2022年3月26日，在迪拜杯国际足球邀请赛小组赛第2轮的较量中，中国U23队迎战泰国U23队。在上半场比赛，镇江籍运动员方昊在27分钟时间内连进3球；下半场，方昊再进1球，助力中国队以4：2战胜泰国队。

（市体育局　王煜琦）

【备战二十届省运会动员大会召开】 2022年5月31日，镇江市备战二十届省运会动员大会在市体育局召开，部署决战省运会的各项任务，鼓励教练员和运动员找准科学训练方法和路径，提高争金夺银的能力，确保完成省运会的各项目标，争取以优异的成绩向全市人民交上一份满意的答卷。动员会上，教练员代表分别作交流和表态发言，各备战单位递交参加二十届省运会反兴奋剂责任书。

（市体育局　王煜琦）

【2022年镇江市少儿击剑俱乐部联赛举办】 2022年6月12日，2022年镇江市少儿击剑俱乐部联赛在镇江市健康路体育公园击剑馆举行。本次比赛由市体育局、教育局主办，市中心业余体校和市击剑运动协会承办，镇江市的200多名少年儿童参加，比赛设置甲组、乙组、儿童组3个组别，分花剑、重剑、佩剑个人赛和团体赛，最终决出26个小项前三名。

（市体育局　王煜琦）

【镇江选手毛唯嘉助力中国队获U18亚洲女排锦标赛亚军】 2022年6月12日，在2022年第14届U18女排亚锦赛半决赛中，毛唯嘉所在的中国少年女排队3：1战胜韩国队，最终中国国少女排7战5胜，获本届比赛亚军。毛唯嘉是以主力队员身份出赛该次U18亚洲女排锦标赛。6月7日，在小组赛，中国少年女排队3：0击败中国台北队，中国少年女排由副攻毛唯嘉主打；在第3比赛日，中国国少女排队3：0击败菲律宾队，毛唯嘉担任副攻。（市体育局　王煜琦）

【镇江选手于垚辰助力中国队获男排亚洲杯冠军】 2022年8月14日，中国男子排球队在泰国男排亚洲杯赛获冠军，镇江运动员于垚辰作为主力二传，以队长身份领奖。（市体育局　王煜琦）

【全国武术兵道（短兵）教练员、裁判员考核培训班（镇江站）举办】 2022年8月17日—22日，2022年全国武术兵道（短兵）教练员、裁判员考核培训班（镇江站）在镇江举办，90余名兵道教练员、裁判员参加培训，活动由国家体育总局武术运动管理中心主办，镇江市体育局承办，镇江市跆拳道运动协会、长江决体育文化传播发展有限公司协办。培训以理论与实技相结合，以系统化、规范化、标准化推广武术兵道为主题，加强武术兵道专业人才队伍建设，普及、推广武术兵道。（市体育局　王煜琦）

【镇江代表团参加二十届省运会】 2022年8月28日，江苏省第二十届运动会在泰州举办，镇江市905名运动员参加27个大项的比赛，获37枚金牌、29枚银牌、49枚铜牌，奖牌总数115枚，完成“金牌总数超上届，精神文明获丰收”的参赛目标，并在乒乓球、游泳、击剑、象棋等项目上取得突破：其中，乒乓球项目获4枚金牌、7枚银牌、4枚铜牌，金牌数全省并列第一名，奖牌数全省第一名，单项总分全省第一名；游泳项目获8枚金牌、4枚银牌、2枚铜牌，击剑项目获4枚金牌、4枚银牌；象棋比赛获3枚金牌、2枚银牌、4枚铜牌，奖牌数全省第一名，金牌数全省第二名。（市体育局　王煜琦）

【镇江选手郑雨获澳大利亚公开赛女双冠军】 2022年11月20日，在世界羽联超级300赛澳大利亚公开赛女双决赛中，郑雨/张殊贤获搭档以来首个超级系列赛冠军。2010年，由于在全国青年锦标赛上发挥出色，郑雨获参加国羽选调赛的机会，以第一名的身份进入国家队。（市体育局　王煜琦）

表 77　2022 年度镇江市运动员参加国际及全国大赛成绩一览表

赛事名称	大项	小项	运动员	性别	名次
2022 年世界田径竞走团体锦标赛	田径	女子青年组 10 千米团体	蒋金燕	女	1
2022 年世界田径竞走团体锦标赛	田径	男子青年组 10 千米团体	曾　宇	男	1
2022 年世界田径竞走团体锦标赛	田径	女子青年组 10 千米个人	蒋金燕	女	2
2022 年世界田径竞走团体锦标赛	田径	男子青年组 10 千米个人	曾　宇	男	3
2022 澳大利亚羽毛球公开赛	羽毛球	女子双打	郑　雨	女	1
2022 年第 14 届 U18 女排亚锦赛	排球	女子 U18	毛唯嘉	女	2
全国男排甲 A 联赛	排球	成年组	纪炜浩	男	8
2022 年全国青年跆拳道锦标赛	跆拳道	男子 68 公斤级	郃瀚霆	男	5
2022 年全国拳击锦标赛	拳击	女子 69 公斤级	赵春媛	女	2
2022 年全国男子手球锦标赛	手球	男子	庞连康	男	1
2022 年男子排球亚洲杯	排球	男子	于垚辰	男	1
2022 年湖北黄石全国田径大奖赛	田径	女子 1500 米	刘　芳	女	2
2022 年亚洲击剑锦标赛	击剑	女子佩剑个人	杨恒郁	女	3
2022 年亚洲击剑锦标赛	击剑	女子佩剑团体	杨恒郁	女	3
2022 年“小刀杯”全国击剑锦标赛暨青年击剑锦标赛	击剑	成年组女子佩剑个人	杨恒郁	女	6
2022 年“小刀杯”全国击剑锦标赛暨青年击剑锦标赛	击剑	成年组女子佩剑团体	杨恒郁	女	1
2022 年“小刀杯”全国击剑锦标赛暨青年击剑锦标赛	击剑	青年组男子佩剑团体	费　扬	男	1
2022 全国女足 U15 锦标赛	足球	女子 U15	廖正霞	女	2
2022 年世界杯	足球	女子 U17	霍悦欣	女	16 强
第三届中国中学生曲棍球锦标赛暨 2022 年全国青少年曲棍球锦标赛	曲棍球	初中女子组	扬中队	女	1
2022 年全国青少年武术散打锦标赛	武术	散打男子少年组 45 公斤级	缪佳鑫	男	2
2022 年全国青少年武术散打锦标赛	武术	散打女子少年组 42 公斤级	韩雨轩	女	3
2022 年全国青少年武术散打锦标赛	武术	散打男子少年组 42 公斤级	高清奇	男	5
2022 年全国国际式摔跤锦标赛	摔跤	女子 65 公斤级	赵　秦	女	1
2022 年全国 U17 国际式摔跤锦标赛	摔跤	女子 69 公斤级	刘雨棋	女	2
2022 年全国 U17 国际式摔跤锦标赛	摔跤	女子 49 公斤级	洪　静	女	2
2022 年全国青少年柔道锦标赛	柔道	U20	易苏梅	女	2
2022 全国国际象棋(团体)锦标赛	国际象棋	团体	蔡博珩	女	3

注:最后 2 项次比赛均在 2022 年受疫情影响未能举办,延期至 2023 年上半年举办

（市体育局　王煜琦）

体育产业

【概况】　2022 年,镇江市体育彩票总销量 9.39 亿元,比上年增幅 22.87%,市场份额居全省第三名,其中本届世界杯竞彩销售 2.26 亿元,超上届世界杯 7600 万元。截至 2021 年年底,镇江市体育产业增加值占国民生产总值比重的 1.63%(数据来源:省体育局)。镇江体育产业发展有限公司统筹兼顾社会效益和经济效益,全年营业收入 2202.81 万元,亏损 182.48 万元。健康路体育公园创成江苏省体育服务综合体,并获评镇江“十佳”休闲健身网红打卡地。全市 13 家大型公共体育场馆获国家、省级免费或低收费开放补助资金 630 万元。优化体育营商环境,建立全市重点体育企业名录库;帮助 3 个项目获 330 万元省级体育产业发展专项资金,比上年增长 48%;首次为 2 个体育企业争取到 4000 万元专项贴息贷款,助力企业健康可持续发展;举办“七彩夏日”体育消费季活

动，扩大体育消费。（市体育局 王煜琦）

【全市游泳场馆安全工作】 2022年，镇江市体育系统做好全市游泳场馆安全工作，加强事中事后监管，防止危害事故发生。6月8日，市体育局召开2022年度镇江市区游泳场馆安全工作会议，市区25家游泳场所负责人参加会议。市卫健委、市体育局组成的联合检查组，于7月25日对随机抽取的市区5家游泳场馆展开专项联合检查。检查内容主要包括开办经营性公共游泳场所是否按照要求取得高危险性体育项目经营许可证；游泳救生员数量是否符合国家标准，是否配足在岗；是否能提供急救药品、氧气袋及救生圈、救生杆和护颈套等救生器材以及开放卫生方面的问题。经检查，经营场所均符合游泳场馆开放标准。

（市体育局 王煜琦）

【616彩民节系列活动】 2022年6月16日是第七个江苏彩民节，节日活动以"拾光同行，幸运相伴"为主题。镇江体彩彩民节庆祝活动在苏宁广场负一楼的镇江首家体彩综合实体店开启，时间为6月14日—17日，活动中除经典玩法"红包雨"玩法，还创新设置"幸运MAP"环节。用户进入江苏体彩官方微信里的彩民节活动页面后，根据提示点击幸运城市，完成解锁任务后即可参与抽奖。

（市体育局 王煜琦）

【2022年全省体育彩票市场形势分析培训会】 2022年8月16日，2022年全省体育彩票市场形势分析培训会在镇江召开。省体育局经济处、各设区市体育局分管局长、财务部门负责人、各市体彩中心主任、省体彩中心业务部门负责人参加会议。会上，省体彩中心对上半年工作进行总结，并对全省体彩市场的销售形势作分析、介绍，以及对全省渠道建设工作的相关情况、全省体彩公益金宣传工作做介绍和部署。然后举行2021体彩追梦人现场表彰仪式及"江苏体彩——江苏电信党建联盟服务先锋队"授旗仪式。随后省体彩、省电信党建联盟服务先锋队代表分别交流发言。

（市体育局 王煜琦）

【镇江3个项目获省级体育产业发展专项资金资助】 2022年10月24日，江苏省体育局2023年度江苏体育产业发展专项资金项目公示结束，镇江航空教育小镇航空运动基地建设项目、镇江西口门砂石码头地块足球场建设项目和镇江西口门砂石码头地块足球场建设项目等3个项目获资助，资助总额度330万元，单个项目资助额度均不少于100万元。

（市体育局 王煜琦）

【镇江队在江苏省体育行业游泳指导员、救生员职业技能大赛上获奖】 2022年11月21日，由江苏省体育局、江苏省总工会、江苏省教育厅主办，江苏省体育人才流动服务中心、江苏省体育行业特有工种职业技能鉴定站和淮安市体育局承办的"2022年江苏省体育行业游泳指导员、救生员职业技能大赛"在淮安市举行。镇江代表队最终以团队总分1088分获得团体总分第四名、团体二等奖，江苏科技大学代表队获得团体总分第六名、团体三等奖，队员刘聪以377分获个人比赛三等奖、教学指导比赛第三名。

（市体育局 王煜琦）

【圌山体育旅游集聚区获"2022年江苏省体旅融合发展示范基地"称号】 2022年12月20日，"2022年江苏省体旅融合发展示范基地称号"榜单公布，镇江圌山体育旅游集聚区获"2022年江苏省体旅融合发展示范基地"称号。镇江圌山体育旅游集聚区位于长江和京杭大运河十字交汇处，拥有天然深水岸线17千米，是国家一类开放口岸。集聚区主要包括圌山风景区、圌山温泉度假区和心湖水利风景区等自然、人文景区以及通航特色小镇、途居镇江圌山露营地等特色体育项目基地。（市体育局 王煜琦）

表78 2022年镇江市体育彩票百万元以上大奖一览表

时 间	玩 法	奖 期	销售站点	奖 级	中奖注数	中奖总金额（万元）	中奖地区
1月10日	超级大乐透	22005	3211011075	一等奖	1	627	市区
3月23日	体彩顶呱刮	–	3211011677	一等奖（含派奖）	1	100	句容
5月11日	超级大乐透	22052	3211011816	一等奖	1	918	丹徒
7月2日	超级大乐透	22074	3211011754	二等奖（含追加）	5	229	扬中
7月18日	体彩排列5	22189	3211011532	一等奖	17	170	丹阳
11月3日	体彩排列3	22293	3211011960	一等奖	1000	104	丹阳

（市体育局 王煜琦）

就业创业

【概况】 2022 年，镇江市围绕“保用工”“稳就业”工作主线，保障就业形势总体平稳、稳中向好。向全市 19164 家单位发放稳岗返还 1.90 亿元，惠及人员 40.81 万人。向 6.45 万名灵活就业人员发放社保补贴 2.43 亿元。当年，镇江市城镇新增就业人数 5.49 万人。年末城镇调查失业率控制在 5% 以内，城乡就业困难人员再就业 1.57 万人；审核富民创业担保贷款 4.04 亿元，帮扶创业 17510 人，创业带动就业 60297 人。全市零就业家庭连续 204 个月“动态清零”。

（市人社局　董子亮）

【劳动力引进保用工情况】 2022 年，镇江市升级完善就业监测云平台，实现用工监测全覆盖，动态掌握全市用工增减情况。市人社局赴陕西、云南、辽宁等地开展劳务协作和校企合作 40 场次；全年新增劳务引进工作站 12 家，引进外来劳动力（到镇江首次录用）5.5 万人；开展“先锋联千企聚力保用工”行动，建立 98 个党员就业专员服务 QQ 群，并落实人员对接产业链群，搜集全市用工人数 80 人以上的 1002 家企业岗位信息 9240 余条，向中西部地区近百家技职院校推送岗位信息，向“四群八链”的 200 余家重点企业推送惠企纾困政策。（市人社局　董子亮）

【重点群体就业帮扶】 2022 年，镇江市常态化开展春风行动、大学生就业攻坚行动、金秋招聘月、“就业援助”暖心行动等活动，做好重点群体就业创业帮扶服务，帮扶失业人员再就业 4.04 万人，帮扶城乡困难人员再就业 1.57 万人，开发公益性岗位安置城乡就业困难人员 378 人，连续 204 个月保持城乡“零就业”家庭动态清零。创新开展“直播进企”“就业超市”“夜市招聘”等各类招聘活动 360 场（次），12683 家（次）企业提供岗位 31.78 万个（次），求职人数 23.93 万人次，达成就业意向 6.04 万人次。全年发放失业金 1.95 亿元，惠及 1.94 万人。（市人社局　董子亮）

【创业就业服务】 2022 年，镇江市创新实施“三区联动融创发展”新举措，初步构建起“示范园区、高校园区、人才社区”融合发展的新兴产业协同创新链。全年扶持成功创业 1.75 万人、带动就业 6.03 万人。市人社部门到江苏大学、镇江高专、丹阳高新园等地，开展创业服务“进高校、进园区、进乡村”活动及“创响江苏”创业指导专家镇江行活动，全年编印创业政策宣传手册 1 万余份，服务人次 1.8 万人。举办第五届“中国创翼”创业创新大赛江苏选拔赛暨“创响江苏”创业创新大赛镇江市初赛，由镇江市推荐的“个性化创新工业设计及产业化系统技术服务”项目进入全国总决赛并获三等奖。（市人社局　董子亮）

【人事考试和技能鉴定工作】 2022 年，镇江市完成江苏省考试录用公务员 17591 人的笔试组织工作、1455 人的面试组织工作；完成镇江市市属及部分市（区）事业单位公开招聘工作人员 12776 人的笔试组织工作、1071 人的面试组织工作；完成镇江市市级机关公开遴选和公开选调公务员 269 人的笔试组织工作、118 人的面试组织工作。组织实施二级建造师、监理工程师、执业药师等 20 余项执业资格考试的报名、资格初审、数据处理和考务组织等工作，27000 余人次参加 67000 余科次的考试。（市人社局　董子亮）

【人才招引与服务】 2022 年，镇江市人社部门聚焦打造长三角产才城教融合发展福地的城市人才工作定位，推进人才“镇兴”行动，围绕“四群八链”重点产业引才聚才。全年全市引进培养大专以上大学生39116人，增长1.29%。推进大学生“聚镇”计划、青年人才“归雁”计划，制定“归雁”人才生活补贴等5项实施细则，发放大学生补贴5312万元，惠及9263人次。开发大学生暑期实习岗位1946个，组织参加实习1358人，分别增长45%、51%。建成见习基地579家，开发见习岗位10323个。加大宣传力度，组建政策宣讲人才服务先锋队，编制大学生“聚镇”和青年人才“归雁”政策汇编、宣传折页，开展送政策进校园、进企业、进社区活动60余场，在全市729个村、社区平台发放宣传折页1.2万余份。开展招才引智系列活动，征集“四群八链”重点产业人才需求，面向高校发布1704家企业人才需求21435个。构建云端聚才、校园引才、线下招才、市场猎才“四位一体”的招才引智工作格局，3月18日，举办“相约福地才聚镇江”百所高校大学生集中云招引活动，创新城市云推介、企业云宣讲、岗位云直播、市场云招聘、人才云面试“五朵云”新模式，有110所高校、36.2万名大学生参与。举行“名城名校携手行”赴外校园招聘、2022镇江云聘月、成熟性人才猎聘会、在镇高校联动双选会等活动，开展直播带岗活动44场、网络招聘会139场；组织10314家次企业通过线上线下高校引才。开展校企合作引才，与110所高校建立常态化联系，会同产业部门举办“专精特新小巨人”企业、科技企业、国有企业等特色专场招聘会，首创人才夜市活动。新设立镇江市高校人才工作站13家，累计建成31家；新认定镇江市企业人才工作站92家，评选优秀工作站41家，累计建成企业人才工作站292家；面向合作高校选聘27名“归雁”引才使者。面向1000名2021届大学毕业生开展问卷调查，开展大学生全链条服务体系专题调研。组建5支人才服务先锋队，建立人才服务专员制度，市县联动走访企业115家，帮助解决引才用才问题163个。开发镇江市产业人才招引地图，打造集城市推介、政策发布、需求征集、统计分析于一体的人才服务云平台。（市人社局　董子亮）

【专业技术人才队伍建设】　2022年，镇江市人力资源社会保障部门围绕人才“镇兴”行动，实施青年人才托举行动，深化职称制度改革。强化人才载体建设，出台《镇江市企业首席专家及工作室评选认定管理办法(试行)》，聚焦“四群八链”重点产业企业，建立企业首席专家工作室，打造一支梯次合理、衔接有序的专家人才队伍，为产业发展提供人才支撑。首批评选出20名企业首席专家、10家企业首席专家工作室，对获批企业首席专家工作室的单位，给予10万元建设补助。中船动力镇江有限公司获批江苏省示范博士后科研工作站。强化高层次人才引培，落实人才引育奖励和“归雁”计划扶持政策，全市博士后设站单位累计招收11名博士后进站，3名工作站博士后入选国家博士后科学基金面上资助24万元；为博士后设站单位及在站博士后发放生活补贴、招引补贴、科研项目补助101.5万元，为259名专业技术人才和技能人才发放引育奖励131.6万元。开展2022年镇江市有突出贡献中青年专家选拔工作，向“四群八链”重点产业领域倾斜，向优秀青年人才倾斜，向服务基层的一线人才倾斜，向抗疫医务人员及援疆援藏人员倾斜，有40人入选2022年镇江市有突出贡献中青年专家。强化数字经济人才培育，健全数字经济人才评价体系，围绕电子信息、网络安全、集成电路、工业互联网、区块链等专业，首次组建数字经济人才职称评审委员会并启动数字经济人才职称评审工作。

（市人社局　董子亮）

【劳动关系维权】　2022年，镇江市新签劳动合同222389份。全市各级劳动人事争议仲裁机构和各类调解组织接处劳动人事争议案件10064件。其中，仲裁机构立案受理4136件，涉及人数4468人次、经济标的13931.35万元；调解组织接处案件数5928件，涉及人数5939人次、经济标的6374.25万元。全市劳动人事争议结案率99.18%，调解成功率80.11%，案件终结率67.98%。仲裁机构组织劳动维权服务队先后赴多家劳动密集型企业开展送法上门服务活动；组织30余家企业代表参加劳动法律适用难题专题答疑和涉疫情劳动政策解读活动；与市中级人民法院、京口法院联合召开“构建和谐劳动关系，助推产业强市战略”新闻发布会，印发《劳动人事争议典型案例》；选聘退休法官、院校学者、人社专家组建专家调解团，充实调解力量；打造1家国家级“金牌劳动人事争议调解组织”，5家省级“金牌劳动人事争议调解组织”，9家市级“金牌劳动人事争议调解组织”。市人社局、市总工会举办全市劳动人事争议调解员技能竞赛活动，提升调解员职业素养和调处能力。全市劳动保障监察机构为7393名劳动者追发工资5285.1万元。市劳动监察支队获评2022年全国清理人力资源市场秩序专项行动取得突出成绩单位。（市人社局　董子亮）

【劳动监察维权】　2022年，镇江市劳动保障监察部门深化“双型双式”(法治型、服务型，“110”式、保姆式)劳动监察执法模式，促进维护全市劳动关系和谐稳定。全年全市劳动监察受理各类举报投诉7775件，立案951件，责令整改234件，行政处理23件，行政处罚34件；检查单位4515户，为7393名劳动者追讨工资5285.1万元，其中农民工1156人、追讨工资

1146.83 万元。强化队伍建设，围绕提升业务水平、案卷质量、队伍能力“三个提升”开展工作，落实周协办、月交流、季分析、年评审“四个一”业务研讨和案件会办活动。坚持依法行政，通过聚焦执法检查、分类监管、指导服务“三个聚焦”提高劳动维权质效，开展镇江市“稳就业保用工促发展”清理整顿人力资源市场秩序“‘镇’在行动”专项执法月行动。加大根治欠薪力度，深化“护薪 360”服务品牌创建，围绕减欠薪增量、减欠薪存量“双减”目标，通过隐患排查、分类监管、欠薪处置、应急防控巩固提升根治欠薪工作；建立健全在建工程项目基本信息台账、巡查问题清单、问题整改和挂钩包干服务 4 个制度，组织开展在建工程项目欠薪隐患“体检”专项排查行动，维护农民工劳动报酬权益。全市的全国平台欠薪线索办结率列全省第 3 名，欠薪线索全年增量和同比增幅均属于全省控制效果较好城市。（市人社局　董子亮）

【和谐劳动关系创建】　2022 年，镇江市推进实施市劳动关系“和谐同行”能力提升三年行动计划和千户企业培育共同行动计划。1 家企业被认定为“全国和谐劳动关系创建示范企业”，13 家企业被认定为“江苏省优秀劳动关系和谐企业”。召开全市构建和谐劳动关系现场推进会，评定 49 家企业为“镇江市劳动关系和谐示范企业”。市人社局、市总工会、市工信局、市工商联举办镇江市 2022 年度集体协商“春季要约行动”启动仪式暨健全产业工人薪酬激励机制工作推进会。围绕农民工在劳动保障、申请落户、子女教育、基本生活等方面的实际需求，强化劳动保障服务、拓展落户管理服务、优化基本生活服务。（市人社局　董子亮）

居民收入

【居民人均可支配收入】　2022 年，镇江市居民人均可支配收入 52615 元，比上年增长 4.5%。在全省 13 个设区市中，镇江市全体居民可支配收入列苏州市、南京市、无锡市和常州市之后，列第 5 名。从增长速度看，镇江市全体居民可支配收入增幅低于全省平均水平 0.5%。分城乡看，城镇居民人均可支配收入 61552 元，增长 4.0%；农村居民人均可支配收入 33129 元，增长 5.7%。城乡居民收入比 1.86∶1，优于全省比平均水平（2.11∶1），比上年缩小 0.03，城乡居民收入相对差距缩小。（市统计局）

【居民收入增长情况】　2022 年，镇江市全体居民收入增长呈以下特点：收入结构持续优化。镇江市贯彻落实稳岗、稳就业政策措施，居民工资性收入稳定增长，发挥“稳定器”作用，为居民增收奠定基础。全体居民工资性收入 32745 元，比上年增长 4.8%，占可支配收入的比重为 62.2%，对居民收入增长的贡献率为 66.3%。全市推进产业强市“一号战略”，突出项目建设引领、改善营商环境，经营净收入较快增长。全体居民经营净收入 6978 元，增长 2.7%，占可支配收入的 13.3%，对居民收入增长的贡献率为 8.3%。居民收支结余的增长增强“以钱生钱”的能力，新型农村集体经济发展壮大，财产净收入呈温和增长态势。全体居民财产净收入 4854 元，增长 1.6%，占可支配收入的 9.2%，对居民收入增长的贡献率为 3.3%。镇江市加大民生保障力度，加强困难群体基本生活保障，做好社会救济和临时救助。全体居民转移净收入 8038 元，增长 6.6%，占可支配收入的 15.3%，对居民收入增长的贡献率为 22.0%。

增收的主要因素有以下几个方面：推进稳妥就业，稳定收入增长。开展劳动用工指导服务，通过在岗职工职业技能培训和岗位练兵活动等公共就业服务活动，全市组织开展补贴性技能培训 4.8 万人次，发放技能补贴金额 2331 万元。完善落实“富民创业贷”、税收减免、创业补贴等创业扶持政策，全市全年发放富民创业担保贷款 4.04 亿元，惠及 2629 人；发放首批“苏岗贷”9.79 亿元，贷款利率 3.7% 为全省最低水平；扶持自主创业 1.66 万人，创业带动就业 5.75 万人。围绕新经济模式和新就业形态开发创业培训项目，实施“创响镇江”、青年创客“聚镇”、农村青年“归雁”等行动，认定一批创业孵化示范基地和大学生优秀创业项目，推进大众创业活动开展。居民储蓄增加。截至 2022 年 11 月月末，全市金融机构人民币存款余额 7347 亿元，增长 11.1%。上调企业退休人员退休金，惠及 40.55 万人；上调机关事业单位人员退休金，惠及 4.71 万人；上调城乡居民基本养老保险最低发放标准，增长 15.7%，惠及 42 万人。落实城乡居保“三个 100%”扶贫政策，全年有 10757 名困难人员通过财政全额代缴参保。

（市统计局）

表 79　2022 年镇江市居民收入构成一览表

居民收入	金额(元)	居民收入	金额(元)
居民人均可支配收入	52615	农村居民经营净收入	6247
城镇居民人均可支配收入	61552	财产净收入	4854

续表 79

居民收入	金额(元)	居民收入	金额(元)
农村居民人均可支配收入	33129	城镇居民财产净收入	6493
工资性收入	32745	农村居民财产净收入	1280
城镇居民工资性收入	38097	转移净收入	8038
农村居民工资性收入	21073	城镇居民转移净收入	9648
经营净收入	6978	农村居民转移净收入	4529
城镇居民经营净收入	7314		

(市统计局)

居民消费

【居民人均消费】 2022 年,镇江市全体居民人均消费支出 32079 元,比上年增加 1299 元;消费支出水平居全省中上游,增长 4.2%,增幅列全省第 7 位,低于全省平均水平 0.2%。镇江居民八大类消费支出"七升一降",其中食品烟酒、衣着、居住、生活用品及服务、交通通信、医疗保健、其他用品和服务分别比上年增长 5.6%、1.8%、7.8%、1.7%、7.8%、3.7% 和 12.4%;教育文化娱乐下降 6.8%。 (市统计局)

【居民消费特点】 居民消费倾向回落,农村增速快于城镇。2022 年,镇江市居民人均消费支出 32079 元,消费倾向为 61.0%,比上年下降 0.1%,其中城镇居民消费倾向为 57.0%,农村居民消费倾向为 77.1%。分城乡来看,城镇居民人均消费支出 35071 元,增加 1079 元,增长 3.2%;农村居民人均消费支出 25556 元,增加 1680 元,增长 7.0%,增速快于城镇居民 3.8%。

恩格尔系数小幅上升。全年全市居民人均食品烟酒类支出 9402 元,增长 5.6%,恩格尔系数为 29.3%,上升 0.4%。其中,城镇恩格尔系数 29.1%,比上年上升 0.3%;农村居民恩格尔系数 30.0%,比上年上升 0.6%。

改善型消费基本平稳。全年全市居民人均衣着支出 2263 元,增长 1.8%,两年平均增长 12.8%。其中,城镇居民人均支出 2487 元,下降 1.1%;农村居民人均支出 1774 元,增长 11.0%。居民人均生活用品及服务支出 1940 元,增长 1.7%。其中,城镇居民人均支出 2154 元,增长 1.0%;农村居民人均支出 1474 元,增长 3.7%。镇江市居民人均居住支出 7243 元,增长 7.8%,占生活消费支出的比重为 22.6%,仅次于食品烟酒类支出。其中,城镇居民人均支出 7754 元,增长 6.9%;农村居民人均支出 6130 元,增长 10.2%。

发展型消费涨跌互现。全年全市居民人均交通通信支出 4516 元,比上年增长 7.8%,增幅下降 11.3%。其中,城镇居民人均支出 4987 元,增长 8.0%;农村居民人均支出 3489 元,增长 6.7%。受疫情防控需要和"双减"政策影响,居民教育文化娱乐消费支出减少。全年全市居民人均教育文化娱乐支出 3998 元,下降 6.8%;教育文化娱乐消费占生活消费支出的比重为 12.5%,下降 1.4%。其中,城镇居民人均支出 4493 元,下降 7.0%;农村居民人均支出 2917 元,下降 6.7%。新冠病毒感染疫情防控期间,口罩、体温枪等医疗器具需求量增加,相关支出有所增长;另一方面,居民出于对感染新冠病毒的担忧,减少去医院的次数,医疗服务消费随之下降,医疗保健支出呈小幅增长。全年居民人均医疗保健支出 1711 元,增长 3.7%,占生活消费支出的比重为 5.3%。其中,城镇居民人均支出 1789 元,增长 1.2%;农村居民人均支出 1542 元,增长 10.3%。 (市统计局)

表 80 2022 年镇江市居民人均消费支出一览表

单位:元

项目	城镇居民	农村居民	项目	城镇居民	农村居民
人均消费支出	35071	25556	交通通信	4987	3489
食品烟酒	10202	7658	教育文化娱乐	4493	2917
衣着	2487	1774	医疗保健	1789	1542
居住	7754	6130	其他用品和服务	1205	572
生活用品及服务	2154	1474	恩格尔系数(%)	29.1	30.0

(市统计局)

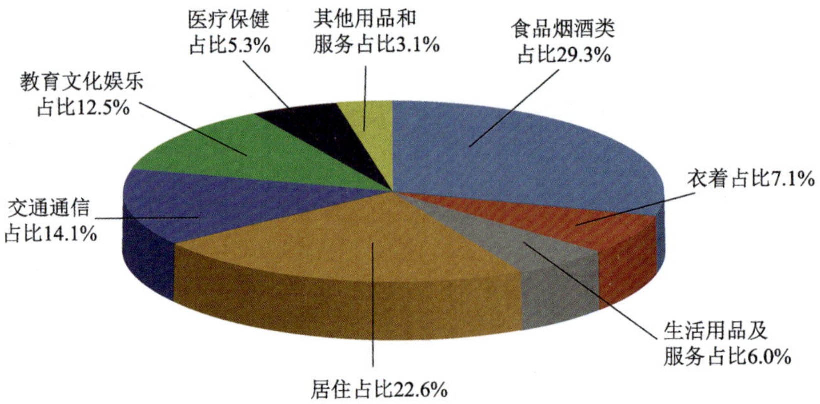

图 48　2022 年镇江市居民各项人均消费支出占比情况　　（市统计局　供稿）

表 81　2022 年镇江市城镇每百户常住居民家庭耐用消费品情况一览表

年末拥有量	单　位	2022 年	2021 年	年末拥有量	单　位	2022 年	2021 年
家用汽车	辆	70.0	67.0	热水器	台	118.6	118.5
摩托车	辆	13.3	13.3	洗碗机	台	1.7	1.7
电动自行车	台	155.8	150.3	排油烟机	台	92.5	92.5
洗衣机	台	111.0	109.7	移动电话	部	273.0	270.5
电冰箱（柜）	台	123.0	120.7	计算机	台	77.0	74.0
微波炉	台	100.6	99.8	照相机	台	18.8	18.6
彩色电视机	台	210.0	203.7	中高档乐器（含钢琴）	架	12.8	12.7
空调	台	277.0	255.6				

（市统计局）

表 82　2022 年镇江市农村每百户常住居民家庭耐用消费品情况一览表

年末拥有量	单　位	2022 年	2021 年	年末拥有量	单　位	2022 年	2021 年
家用汽车	辆	54.2	54.0	洗碗机	台	1.1	1.1
摩托车	辆	26.8	26.9	排油烟机	台	68.1	67.8
助力车	台	149.2	146.7	移动电话	部	269.5	266.4
洗衣机	台	109.4	108.6	计算机	台	50.0	49.0
电冰箱（柜）	台	124.3	124.2	照相机	台	6.1	6.0
微波炉	台	86.3	86.1	中高档乐器（含钢琴）	架	2.8	2.8
彩色电视机	台	182.0	180.0	健身器材	台	6.7	6.7
空调	台	207.3	205.5	空气净化器（含新风系统）	台	2.0	1.9
热水器	台	114.3	114.3	吸尘器	台	8.7	8.6

（市统计局）

市场物价

【概况】　2022 年，镇江市重要民生商品及重要工业生产资料价格基本稳定。监测显示，全市保供稳价工作成效显现，主副食品价格基本稳定。受国际市场粮食价格上涨影响，叠加国内运输成本提高，全市成品粮、食用油、鸡蛋、淡水鱼、蔬菜、水果零售价格水平总体高于上年，猪肉价格低于上年。工业生产资料价格总体呈偏弱运行。与上年相比，能源、有色金属价格有所上涨，钢材、水泥价格呈震荡下行，化工产品价格涨跌互现。重点监测 11 大类重点工业行业生产总体稳定，主原料购进价和主产品出厂价格总体呈“前高后低”走势，全年价格水平以下行走势为主。其中，化学原料和化学制品制造业、金属制品业等行业涨幅较上年明显收窄。（市价格监测中心　赵　飞）

【价格监测工作】　2022 年，镇江市价格主管部门强化三项机制，构建常态化应急价格监测新体系。面对全市新冠疫情多点散发、起伏反复特点，第一时间启动应急价格监测，组织开展市场巡视，构建疫情防控新格局。根据《新冠疫情应急处置物资保障部门预案》，编印《镇江市疫情防控联控物资保障信息专报》78 期，编印《镇江市新冠肺炎疫情应急价格监测》70 期。实施精准监测工作，市县联动，“量身定制”监测方案。“宝华镇”封控区设置紧急临时监测点；扬中市增设 8 个监测点，侧重对该市蔬菜价格实施监测。多方联动，加强管理，合力保供稳价。发挥价格调控联席会议作用，与市场监督管理局启动“价格监测与价格监管数据共享机制”，互设价格信息联络员，联合开展市场价格巡查；与市商务局分享价格监测研判预警信息，及时调拨配送生活物资。

（市价格监测中心　赵　飞）

社会保险

【概况】　2022 年，镇江市城乡基本养老、失业、工伤保险参保人数分别为 101.04 万人、60.15 万人、72.17 万人。其中，企业职工基本养老保险，全市参保 73.9 万人，退休 41.99 万人，基金收入 230.01 亿元，支出 243.54 亿元，累计结余 42.51 亿元；机关事业单位养老保险，全市参保 7.42 万人，退休 4.79 万人；城乡居民基本养老保险，全市参保 19.71 万人，领取待遇 42.62 万人，基金收入 15.85 亿元，支出 16.12 亿元，累计结余 26.04 亿元；工伤保险，全市参保 72.17 万人，基金收入 3.47 亿元，支出 3.98 亿元，累计结余 1.52 亿元；失业保险，全市参保 60.15 万人，基金收入 4.61 亿元，支出 5.08 亿元。推进“人社服务快办行动”和综合柜员制改革，对接企业职工养老保险全国统筹，加快社保经办信息化转型，打造一窗受理、一网通办、一次办结的服务模式。

（市人社局　董子亮）

【社会保险制度改革】　2022 年，镇江市健全完善社会保险制度，推动全市社会保险事业高质量可持续发展。市人社局对接企业职工养老保险全国统筹工作，完成待遇项目清算、财政数据测算等工作，全市参保职工 73.9 万人（不含离退休人员）、缴费职工 71.98 万人、退休职工 41.99 人，全年新退休职工 2.66 万人，基金总收入 229.62 亿元，总支出 240.74 亿元；推进机关事业单位养老保险改革，建立分级审核制度，开展非编人员转保、职业年金归集等工作，完成 2021 年前退休的“中人”待遇计发工作；完善城乡居民养老保险体系，发挥城乡居民养老保险“助农扶贫脱困”作用，推出“暖心居保”系列活动，严格线上线下双审核要求，统一规范经办流程；落实省级统筹的各项规定，完善工伤保险“三位一体”的制度体系，推进工伤医疗联网结算，从工伤保险基金中提取 355 万元，对 5 个重点领域、近 2 万名职工开展工伤预防培训，线上线下多渠道开展工伤预防精准宣传，举办“工伤预防周”等活动。（市人社局　董子亮）

【社会保险扩面征缴】　2022 年，镇江市推进全民参保计划，加强数据赋能，强化部门协同，推动社会保险扩面征缴工作。全年全市企业职工基本养老保险参保人数 73.9 万人，比上年增长 0.53%；机关事业养老保险参保人数 7.42 万人，下降 0.54%；城乡居民养老保险参保人数 19.71 万人，下降 9.12%；工伤保险参保人数 72.19 万人，增长 2.85%。全市企业职工养老保险新增参保缴费 44823 人，基金征缴收入 96.73 亿元，全市参保缴费率 97.4%。印发《关于进一步做好社会保险参保扩面工作的通知》；聚焦平台经济、新业态从业人员，引导灵活就业人员主动参加职工养老保险，落实大龄就业人员社保补助政策；执行对低保、残疾等困难人员的“三个 100%”政策，代缴 8751 人，合计 224.72 万元；将征地农民、退捕渔民分类纳入职工养老和城乡居民保障范围；在全省率先推动快递员优先参加工伤保险，全市近 2500 名快递员、实习生、超龄退休人员、非全日制人员单独参加工伤保险；落实危化品、建筑业等重点行业员工应保尽保，实现建筑行业开工项目参保率 100%；扩大社保缓缴实施范围、延长补缴时限，全市缓缴单位 137 户，实际缓缴 3597.78 万元，其中，养老保险 3289.91 万元、失业保险 155.26 万元、工伤保险 152.65 万元，降低断缴风险。

（市人社局　董子亮）

【社会保险待遇保障】　2022 年，镇江市人力资源和社会保障部门落实各项社保待遇政策，畅通发放渠道，确保各项待遇按时足额准确发放。全年全市企业职工养老保险待遇支出 79.66 亿元，实现企业职工养老金“十八连调”，其中，市区 21.77 万人，补发待遇 1.89 亿元；完成机关事业单位基本养老保险调整工作，惠及全市 4.67 万人，补发待遇 6694.93 万元；全年全市城乡居民养老保险待遇支出 15.41 亿元，城乡居民养老保险基础养老金年内“两连调”，待遇水平连续 11 年提高，由每人每月 210 元提高到每人每月243元，惠及全市42万余人，2次补发待遇1.4亿元；全年全市工伤保险待遇支出3.81亿元，2021年度、2022年度工伤保险定期待遇调整补发到位，工伤职工伤残津贴、生活护理费、供养亲属抚恤金均有上调，生活护理费水平高于省定标准，2次调整补发待遇569.53万元。开展社保待遇领取资格认证，市区企业养老保险待遇资格认证对象22.07万人，通过认证21.99万人，认证率99.64%。

（市人社局　董子亮）

【社会保险经办服务】　2022年，镇江市人力资源和社会保障部门以全面对接企业职工养老保险全国统筹为契机，加快构建数字化、一体化社保经办体系。推进政务服务"一网、一门、一次"改革，继续实施"人社服务快办行动"，建立"前台统一受理、后台分类审批、窗口统一出件"的服务模式，扩大告知承诺制应用范围，加快推进电子档案系统建设步伐；扩宽社保经办平台，"网上办""掌上办"应用场景、适用事项扩大，80%的事项实现"不见面"办理；推出"周六不打烊""中午不间断"等延时服务，以及"办不成事"窗口、爱心专窗、专人引导等服务措施，服务好评率99.6%；与市场监督等部门建立工作协同、数据共享机制，实现企业开办、社保登记同步办理；深化社银、社邮合作，在南京银行、苏州银行等金融机构开设社保金融超市，设立35家邮政服务网点，社保窗口首次入驻市政务服务中心。市人社综合服务大厅获评"市优秀政务大厅"，10多人次获"服务明星"称号。

（市人社局　董子亮）

【医疗保险】　截至2022年年底，镇江市参加基本医疗保险（含职工基本医保和居民基本医保，以下简称基本医保）278.03万人，其中，参加职工医疗保险112.97万人（含生育保险），参加城乡居民基本医疗保险165.06万人。全年基本医保基金总收入77.46亿元，比上年下降1.99%；基本医保基金总支出66.48亿元，比上年增长7.04%；全市基本医疗保险基金累计结余134.19亿元，其中，统筹基金累计结余62.30亿元，个人账户累计结余71.89亿元。

2022年，镇江市及时调整优化疫情防控举措，把抗原试剂及相关检测项目纳入基本医保目录，下调核酸检测价格，通过系列举措助力科学精准疫情防控，化解参保群众"疫"时之忧。建成首批204家医保便民药店，推进国家谈判药品和"双通道"管理药品在镇江落地。下调全市13.3万灵活就业人员缴费费率1个百分点，全年减负6783万元；实施阶段性缓缴职工医保费政策，惠及3.56万家中小微企业。

（市医保局　孙　荔）

【医保制度体系建设】　2022年，镇江市实施镇江市《"十四五"医疗保障发展规划》和《关于深化医疗保障制度改革的实施意见》。职工医保和城乡居民医保政策范围内住院医疗费用基金支付比例分别稳定在85%和70%左右，城乡居民医保财政补助标准不低于720元。医保基金整体运行稳健，基金效能有效提升，抗风险能力进一步增强。完善多层次保障体系，推动"江苏医惠保1号"和"镇江惠民保"参保征缴和理赔服务落地惠民，"镇江惠民保"参保率连续两年位居全省同类项目第一名，获评镇江市"十佳民生实事"项目。

（市医保局　孙　荔）

【医保重点领域改革】　2022年，镇江市全面做好医保市级统筹，落实医保待遇清单制度。建立职工基本医保门诊共济保障机制，盘活个人账户资金，增强统筹共济效益。健全重特大疾病医疗保险和救助制度，筑牢兜底保障。调整基本医保门（急）诊抢救医疗费用报销政策和基本医保门诊特殊病种制度，扩大罕见病用药保障范围。深入实施DRG、DIP支付方式改革三年行动计划，实施DRG/DIP融合付费，省级、国家级试点显现成效。落地国家和省多轮集中带量采购结果，其中药品涉及86个品种、医用耗材涉及7个品种，年节约药耗费用1.1亿元。

（市医保局　孙　荔）

【医疗保障公共服务】　2022年，镇江市缩短公共服务时空半径，全市59家乡镇（街道）为民服务中心全部加盟医保公共服务，以市区4个办事处为辐射，相继建成74个医疗保障服务中心、397个医疗保障服务站、805个医疗保障服务点。实施全市统一的公共服务清单制度，在市区5个经办窗口开展"周六我在岗""中午不打烊"服务，办理各类医保业务1.56万件，累计不间断服务群众时长超过700个小时。丰富完善12393医保服务热线功能，全年累计受理各类服务诉求17.49万人次，服务满意率保持在99.5%以上。

（市医保局　孙　荔）

【医疗保障治理能力建设】　2022年，镇江市推进医保基金监管制度体系改革，出台实施方案，在全省率先使用医保基金"负面清单"，开列十大类209条高频违法违规情形，组织基金监管5G直播"云课堂"培训，编印《镇江市定点零售药店应知应会手册》，守护好群众"看病钱""救命钱"。推动医保信息化建设，推进征缴、监管等多个业务子系统融入全国"一张网"，优化"镇江智慧医保"平台功能，"镇江智慧医保"单位注册4.22万家，个人注册65.86万人。

（市医保局　孙　荔）

表 83 2022 年镇江市社会保险参保人数、基金收支情况一览表

保险种类	参保人数（万人）	基金收入（亿元）	基金支出（亿元）
企业职工基本养老保险	73.9	230.01	243.54
城乡居民基本养老保险	19.71	15.85	16.12
城镇职工基本医疗保险（含生育保险）	112.97	77.46	66.48
工伤保险	72.17	3.47	3.98
失业保险	60.15	4.61	5.08

（市人社局　市医保局）

社会救助

【民政救助】 截至2022年年底，镇江市有低保对象9583户13287人，保障标准为820元/人·月。其中城市低保4416户5896人，农村低保5167户7391人。低保边缘家庭427户884人、支出型困难家庭68户124人。全年发放低保金1.15亿元。实施临时救助2234人次295.418万元。市民政局深化“党建+社会救助”，打造“红色领航，擦亮‘镇温情’救助金名片”品牌，印发《镇江市居民最低生活保障实施细则》《关于依托网格化社会治理完善社会救助主动发现机制的意见》等文件，实施低收入家庭中重度残疾人、重病患者“单人保”政策。开展特殊困难群体救助帮扶专项排查整治行动，累计排查困难群体53066人，纳入需要帮扶重点户2411人，413个问题全部闭环整改到位。以“精准救助提升年”为切入点，开展“救助改革有温情，服务大局显担当”社会救助政策进社区活动，举办镇江市社会救助能力提升工程培训班，实现救助对象精准、管理水平精准、政策把握精准、措施落实精准。“两节”期间发放节日补助金1119.61万元，其中各市（区）实施困难群众普惠制慰问696.34万元；市区生活特别困难群众春节专项补助423.27万元；市领导走访慰问32.32万元。（市民政局　沈　云）

【未成年人救助】 2022年，镇江市有孤儿89人。集中养育孤儿47人，供养标准为2867元/人·月；社会散居孤儿42人，供养标准为2208元/人·月。16岁以下农村留守儿童213人。全市建成未成年人保护工作站12个，服务覆盖困境儿童等850余人，获评全市“十佳民生实事”项目。连续2年为全市2400名儿童购买“慈善关爱困境儿童”保险，投入资金59.92万元。收养登记25例，解除收养1例。

（市民政局　施佳韵）

【城乡特困人员供养】 2022年，镇江市有特困供养对象5500人，其中城市特困对象420人（集中供养209人、分散供养211人），农村特困对象5080人（集中供养1170人、分散供养3910人）。基本生活保障标准：城市市区（丹徒区、京口区、润州区、镇江新区、镇江高新区）特困供养标准为1745元/人·月，丹阳市1756元/人·月、句容市1705元/人·月、扬中市1945元/人·月，城市平均供养标准1764元/人·月。农村特困供养标准1070元/人·月（镇江新区集中供养1640元/人·月、分散供养1230元/人·月），农村平均供养标准为1090元/人·月。照料护理标准：按照“上年度当地最低工资标准的5%、20%、30%落实”，全自理100元/人·月、半护理400元/人·月、全护理600元/人·月。累计发放特困供养资金7859.8万元。（市民政局　沈　云）

【流浪乞讨救助】 2022年，镇江市救助城市生活无着的流浪乞讨人员636人次（市本级救助390人次、丹阳市97人次、句容市104人次、扬中市45人次），其中男性541人次，女性95人次，未成年人35人次，患病、残疾144人次；护送返乡138人次；开展寻亲服务28次，寻亲成功8人；长期滞留人员落户安置1人。

（市民政局　左　雯）

【慈善救助】 2022年，镇江市慈善系统围绕“弘扬大爱精神、巩固脱贫成果，助力乡村振兴、实现共同富裕”主题，推动慈善事业高质量发展。全市募集资金1.76亿元，其中市本级4120.25万元；救助支出1.46亿元，受益21.98万人次，其中市本级救助支出3413.33万元，受益7.24万人次。市慈善系统组织江苏专场网络募捐、“99公益网”捐和慈善一日捐等活动，全年全市上线11个母项目、66个子计划；有25.7万人次参与，募集资金3294万元。“爱在镇江·慈善一日捐”活动募集资金733.4万元，比上年增加125万元。退役军人关爱基金从无到有，截至2022年年底，资金规模扩大到1677万元；爱心企业、爱心人士参加捐款，“慈善金榜”新增江苏天工和吉贝尔药业

2家捐赠超100万元企业，上榜企业为29家；新增捐款超10万元爱心人士3人，上榜个人为12人。2022年，镇江市慈善系统以救助急难防返贫为重点，深化救急难防返贫专项行动。全年全市救助支出1.39亿元，受益19.5万人次，其中市本级救助支出3413.33万元，占上年收入的71.5%，受益5.29万人次。单笔救助金额最高22.4万元，全年救助支出1364万元，受益8166人次。在全市开展排查摸底，安排300万元资金，对受新冠病毒感染疫情影响生活特别困难的2606户家庭实施及时有效救助；为帮助低收入人口从源头上防止因病致贫返贫，前移助医关口，在四牌楼、金山2个街道，依托慈善社工站，对贫困人群开展4种疾病筛查项目试点，186人参加筛查；在做好调研评估基础上，调整完善圆梦助学政策，扩大救助范围、提高救助标准，并由入学阶段性起始救助，转变为在校就读全过程救助，全年救助支出118.51万元，受益人数248人；市慈善总会、市总工会、文明办、残联、检察院、妇联等部门一起开展救助项目；市慈善总会、市红十字会开展“生命永续·慈爱双献”救助；在退役军人中开展“尊戎惠光”关爱行动，对3676名困难退役军人实施救助，支出127.5万元；实施微慈善项目，全年救助支出452.8万元，惠及37039人次；投入东西部合作，实施渭南“慈安桥”富民工程。

2022年，镇江市有5个奖项获“江苏慈善奖”；市慈善总会通过省民政厅专家组评审，创成AAAAA级社会组织。镇江市慈善总会、市民政局出台《关于推进镇（街道）社工站与慈善服务中心一体化建设运行的实施方案》，召开现场推进会，对慈善社工站高质量一体化实质性建设运行进行全面部署。截至2022年年底，5个市（区）实现镇（街道）慈善社工站全覆盖，初步建立“慈善+社工+志愿服务”的融合发展机制，解决基层慈善组织有人办事、有阵地办事、有能力办事、有机制办事的问题。市慈善总会推进“幸福家园”村社互助工程，为困难群众及时救助搭建平台。各市（区）展开试点，注册上线平台、组织上线人数、确定上线项目、线上募集资金，基本实现每个镇（街道）有一个村（社区）“幸福家园”村社互助项目。镇江市慈善系统完成校园慈善文化建设三年行动计划，开展“向上向善·健康成长”全市青少年慈善征文大赛；开展“五个一”（布置一个慈善文化画廊、发放一册慈善读本、组织一次慈善讲座、开展一项慈善实践主题活动、组织一次慈善征文竞赛）活动。镇江慈善志愿者服务总队成立，各区成立慈善志愿者服务分队，镇（街道）成立慈善志愿者服务队，按照数量充足、素质优良、结构合理、长期稳定的要求进行公开招募、注册登记。截至2022年年底，市区注册慈善志愿者724人。

（市慈善总会　汤　敏）

社会福利

【妇女儿童关心关爱保障】　2022年，镇江市推进“99公益‘织爱行动’”项目。关爱留守儿童，开展“把爱带回家”新春“送温暖、送服务、送法律”活动；关爱女性健康，走访慰问低保边缘家庭、支出型困难家庭患癌妇女；关爱经济薄弱村妇女，结合蹲点调研开展走访慰问。“童享助梦”微心愿圆梦行动帮助250名困境儿童圆梦微心愿。与《京江晚报》推出“社会妈妈”20年系列报道，宣传妇女儿童公益爱心品牌，弘扬向上向善大爱力量。“社会妈妈伴成长，织爱行动暖童心”“童趣飞扬彩绘梦想”“打造净美家庭——整理收纳技能培训”等各类活动，为困境妇女儿童暖心赋能。全年为4002人次困境留守妇女儿童送贴心服务。

（市妇联　郑　丹）

【残疾人福利】　2022年，镇江市向25267名困难残疾人发放生活补贴2.03亿元，向23627名重度残疾人发放护理补贴3669.21万元（市民政局统计口径）。全市建成省级精神障碍社区康复服务示范点8个。

（市民政局　左　雯）

【残疾人民生保障工作】　2022年，镇江市取消残疾人公交优惠卡年审事项，受益残疾人1.3万余人。开展特殊困难残疾人摸底排查29819人，梳理排查问题信息84条，解决率100%。开展特殊困难家庭、个人临时救助187人次，其中重大疾病、临时意外事故等救助13人次，救助金额18万余元。为6万多名持证残疾人购买城乡居民基本医疗保险和意外伤害保险。为25312名残疾人发放困难残疾人生活补贴，其中23617名残疾人享受重度残疾人护理补贴（市残联统计口径），目标人群覆盖率100%。为180名在校高中和高等教育残疾学生、179名困难残疾家庭参加高等教育子女发放教育补贴，发放金额59.45万元。组织助残社会力量开展各类帮困活动20余场次。

（市残联　王晨沛）

【福利彩票发行工作】　2022年，镇江市彩民约40万人。全年完成福彩销售2.828亿元，募集福彩公益金3401万元。其中，电脑型彩票销售2.34亿元，比上年增长19.99%；即开型彩票销售4874.93万元，增长51.8%。

（市民政局　肖　迪）

住房保障

【公共租赁住房保障】 2022年，镇江市城镇棚户区改造住房新开工900套、基本建成2395套；保障性租赁住房新开工（基本建成）550套，租赁补贴发放3890户。镇江市严格控制新建安置房，实施货币化安置；优化保障性租赁住房供给结构和模式，市区盘活转用保障性租赁住房500套。（市住建局 张旗坤）

【住房公积金归集】 2022年，镇江市归集住房公积金75亿元，提取住房公积金50.78亿元，向3993户职工家庭发放公积金贷款13.13亿元。截至2022年年末，全市累计缴存公积金652.93亿元，缴存余额204.48亿元；累计提取公积金448.45亿元，累计投放公积金贷款389.45亿元，存量贷款余额163.37亿元。（市公积金中心 孙媛媛）

【住房公积金政策调整】 2022年，镇江市住房公积金管理中心出台住房公积金阶段性支持政策，允许受新冠病毒疫情影响的缴存企业按规定申请缓缴，在此期间，缴存职工正常提取和申请公积金贷款，不受缓缴影响；开通"疫情防控缓缴降比"网上绿色通道，对受疫情影响的缴存职工，不能正常偿还公积金贷款的，不作逾期处理，免收逾期罚息，不纳入征信不良记录；降低公积金贷款首付比例，对已结清首次公积金贷款的职工家庭，第二次申请公积金贷款的首付比例由60%调整为40%；对优秀拔尖人才实行补充公积金，吸引海内外爱国、奋斗、奉献的各类人才到镇江市创新创业；出台"商转公贷款"、提取公积金偿还外市公积金贷款、商业贷款等政策，最大限度方便职工提取、使用公积金；结合镇江市租房实际需要，适度提高公积金租房提取额度，单身每月可提取额度最高不超过900元，已婚家庭每月可提取额度合计最高不超过1800元；下调首套个人公积金贷款利率，5年以下（含5年）贷款下调至2.6%，5年以上贷款下调至3.1%；市住房公积金管理中心、市总工会联合为全市2021年度31户特困、困难职工家庭发放公积金贷款贴息12.42万元，户均贴息4006元；调整2022年度公积金缴存基数，上限调整为27900元，下限调整为2280元。（市公积金中心 孙媛媛）

【住房公积金安全监管】 2022年，镇江市住房公积金管理中心加强制度建设，制定出台外网管理暂行规定以及征信信息安全问责制度、风险应急预案，征信合规管理例会制度等；加强权力监督，上线"住房公积金电子稽查和风险防控系统"，常态化开展"公积金体检"，完成住房和城乡建设部电子化检查和监管服务平台隐患业务数据整改以及市审计局对公积金管理及使用情况专项审计整改，防范化解各类风险；梳理网络安全制度15项，新增重保服务、云防护"7×24小时"巡检、渗透测试等项目；加强贷后管理，市住房公积金管理中心与相关银行、律师联动，建立过程监控、联动催收机制，提升不良贷款处置的时效性；落实公积金资金存放管理办法，开展资金存放招标工作以及助力政府公共资金招标存放工作；各类法律文书、重要文本、重要项目合同、协议均提交法律顾问审核，防范行政决策风险。截至2022年年末，全市公积金贷款逾期率为0.24‰，比上年下降0.01个千分点。（市公积金中心 孙媛媛）

【住房公积金便民服务】 从2022年8月开始，镇江市住房公积金管理中心开展"公积金暖企百户行"专项行动，打造"暖企惠企促发展"长效服务品牌，通过每月进企业、进楼盘，实地了解企业需求，宣传公积金制度。组建"助企便民"服务先锋队，为公积金合作楼盘提供政策咨询和上门服务，推进"我为群众办实事"活动常态化、长效化，当年，为32家缴存单位和合作楼盘的千余名职工提供政策咨询和上门服务。开展全市联动的公积金政策咨询服务，同时，深化"综合柜员制""周六不打烊""午间不断岗""延时服务""预约服务""错峰服务"。拓展"跨省通办""一网通办"服务，成立公积金中心优化营商环境工作领导小组，全面推广电子营业执照，将公积金缴存登记纳入全市"多证合一"平台；推进"退休一件事、就业登记一件事、企业开办一件事、身后一件事"工作进程，在"苏服办"App上线多项公积金服务事项；深化以"网上服务大厅、手机App、'12329'热线"等八大服务渠道为一体的综合服务平台；推进镇江公积金信息系统3.0建设，完善信息系统运转机制，实现"互联网+公积金"和政务服务"一网通办"改革要求；推出"商转公"贷款二次（含）以上贴息业务网上办理、本市范围内线上个人公积金账户转移、公积金贷款网上预申请、首次贴息网上办理、单位公积金账户注销等线上办理服务。截至2022年年末，全市有5000家单位签约网厅，办理缴存业务3.6万笔、金额16.5亿元；有36.4万名职工完成互联网渠道签约，办结提取业务6.9万笔、金额10.8亿元。市住房公积金管理中心获评一星级"全国青年文明号"，并被国家机关事务管理等评为2021年度节约型机关，蝉联省级文明单位和市级机关"十佳服务先锋岗"称号；同时，获评江苏省"工人先锋号""五一巾帼标兵岗"和市政务办"最佳政务大厅"等称号。（市公积金中心 孙媛媛）

人口家庭

【概况】 2022年，镇江市贯彻《中共中央国务院关于优化生育政策促进人口长期均衡发展的决定》和系列文件精神，围绕“依法积极稳妥实施三孩生育政策及配套支持措施”推进落实。全面落实生育登记承诺制，办理生育登记8047人次，其中，网办1884人次、“三孩”生育登记125人次，出生人口性别比保持正常水平。推进生育服务事项“一网通办”，实现生育登记等多项计生工作“不见面审批”。以“爱育镇江”普惠托育项目及争创省普惠托育民生实事项目为切入点，完善托育服务体系建设。全市有托育机构221家，每千人口拥有3岁以下婴幼儿托位数3.57个。镇江市多部门联合印发《“爱育镇江”系列普惠托育项目实施方案》，开展“爱育镇江·普惠托育机构”“爱育镇江·成长小屋”“爱育镇江·托起未来”托育服务提升3个子项目。年底印发《关于确定首批镇江市普惠性托育机构名单的通知》《关于下达2022年“爱育镇江”第一批项目补助资金的通知》，并下达2022年省级卫生健康事业发展专项资金托育机构建设项目资金；向社会公示全市建成的普惠托育机构30家（省级普惠托育机构14家，市级普惠托育机构16家）、江苏省示范性托育机构5家、镇江市示范性托育机构3家，并对新增普惠托育机构进行奖补。全年全市发放各类计划生育奖励扶助资金约2.68亿元。完善计划生育特殊家庭联系人制度、就医绿色通道、家庭医生签约服务“三个全覆盖”工作机制。建立健全计生特殊家庭帮扶电子档案。落实住院护工保险制度，为城区1974名计生特殊家庭成员购买保险。市卫健委、市民政局联合推进政府购买养老服务，将市区60周岁以上计生特殊家庭人员（含失独、伤残）1444人纳入全市社会养老服务。 （市卫健委　胡　乐）

【计生特殊家庭保障】 2022年，镇江市开展“爱溢镇江·暖心行动”，健全“连心家园（暖心家园）”帮扶阵地，落实好精神慰藉、走访慰问、志愿服务、保险保障等帮扶制度。各地组织计生协会员、志愿者、爱心人士等与计生特殊家庭成员结对，全面推进“暖心家园”项目点建设。全市创建各级“暖心家园”项目点73个，创成国家级项目点3个、省级优秀项目点7个。“暖心家园”项目点实现县级全覆盖，镇级组建覆盖率73%。 （市卫健委　胡　乐）

【婚姻登记】 2022年，镇江市结婚登记13332对，其中涉外，涉港澳台、华侨结婚登记26对。离婚登记4876对，其中涉外，涉港澳台、华侨离婚登记5对。全市初婚登记平均年龄男性为28.48岁、女性为26.76岁。全年跨区办理结婚登记1238对，离婚登记60对，其中跨市区办理结婚登记694对、离婚登记42对，跨市办理结婚登记269对、离婚登记18对，跨省办理结婚登记275对。 （市民政局　李士龙）

【惠民殡葬】 2022年，镇江市享受惠民殡葬24651人，减免基本服务费3686.768万元，全市火化遗体28842具。其中，市区范围内享受惠民殡葬9445人，减免基本服务费1302.2万元，火化遗体9912具。 （市民政局　李士龙）

妇女儿童事务

【镇江市“十四五”妇女儿童发展规划】 2022年3月，镇江市“十四五”妇女儿童发展规划由市政府办公室正式印发实施。妇女发展规划设置健康、教育科技、经济、决策和管理、社会保障、家庭建设、环境、法律8个优先领域，提出76项主要目标和89项策略措施；儿童发展规划设置健康、安全、教育、福利、家庭、环境、法律等7个优先领域，提出63条主要目标和85条策略措施。规划提出，推动妇女儿童在各领域获得更加平等、优先、均衡的发展，不断满足妇女儿童对美好生活的新期待，努力开创镇江妇女儿童事业现代化新局面，争取到2025年镇江妇女儿童发展水平居全省前列。（市妇联　郑　丹）

【未成年人保护月活动】　2022年6月，镇江市民政局、市文明办、市教育局、市检察院等18个部门，开展以"关爱青少年，一起向未来"为主题的关爱保护活动，实现微心愿235个，筹集善款7万余元；开展法律宣传、政策宣讲进社区5场次；开展云课堂系列活动6场次，累计观看222.3万人次。举办首届"最美未保人"和先进未保单位评选活动，推选出"最美未保人"20名、先进单位15个。（市民政局　施佳韵）

老龄事务

【概况】　2022年，镇江市有各类养老机构132家，机构床位数总17589张。其中公建公营23家、公建民营31家、民办78家。全面推行养老机构等级评定制度，63家获评等级养老机构。举办养老机构老年人营养餐镇江赛区选拔赛，镇江市参赛队获省赛团体三等奖，1人获个人三等奖，市民政局获评"优秀组织单位"。发布《镇江市基本养老服务清单（2022年版）》，实施困难老年人家庭居家适老化改造1000户，新改造提升6个标准化农村区域性养老服务中心，培训养老护理员3000人次，为全市12.05万名80岁以上老年人发放尊老金8622万元。（市民政局　朱欣悦）

【养老机构建设】　2022年，镇江市等级养老机构占比48%，全面建立评定结果与运营补贴挂钩制度，"以补促评"成效明显。制定出台推进医疗卫生机构与养老机构签约合作服务的政策措施，建立基本公卫、医保基金、运营补贴和机构自费"四位一体"的签约合作保障机制，规范签约成效明显。按封闭管理、常态化防控和"乙类乙管"等不同阶段要求，做好新冠病毒感染疫情防控，发放一次性纾困补贴930.9万元，惠及117家养老机构。完成养老机构"瓶改管"（瓶装液化石油气改成管道天然气）6家，"气改电"（原来使用液化气燃料加热的厨房设备，改换成符合国家行业标准的用电设备）62家，保障机构安全。组织参加江苏省养老服务机构老年人营养餐大赛，市民政局获评"优秀组织单位"。（市民政局　陈正革）

【老年人服务保障】　2022年，镇江市增挂2所老年医院，新增1家护理院，新建3个全国示范性老年友好型社区。优化老年人就医环境，新建江苏省老年友善医疗机构36家。制定《进一步推进医疗卫生机构与养老机构签约合作服务的通知》，推动"医"与"养"融合。65岁以上老年人健康体检项目惠及35.9万人，老年人运用智能技术培训工程惠及3.1万余人次。开展"敬老月"系列活动，全市举办各类活动124场，投入资金161.29万元，服务老年人8000余人次。（市卫健委办公室）

基层自治组织建设

【概况】　2022年，镇江市有居民委员会254个，村民委员会475个。镇江市夯实基层基础，完善体制机制，提升社区治理效能，注重创新创优，推进社区治理现代化。1个村民委员会和2名社区工作者分别被民政部授予"全国先进基层群众性自治组织"和"全国优秀城乡社区工作者"称号；3个村获评第九批全国民主法治示范村（社区）；《推行"345"工作法，探索基层社区治理新路径》经验材料被学习强国学习平台报道；3个新型农村社区入选省级示范点建设单位。（市民政局　王永凤）

【基层治理制度建设】　2022年，镇江市按照中央和省基层治理体系和治理能力现代化文件要求，出台镇江市《关于加强基层治理体系和治理能力现代化建设的实施方案》，制定《镇江市城乡社区协商议事制度标准（试行）》《城市社区参与式社区治理标准（试行）》，为推进新时代基层治理现代化建设提供总纲指导。制定《村（居）民委员会补选程序》《关于设立村（居）民委员会下属委员会等组织机构的通知》《关于把城市社区居民代表推选为居民小组长的通知》3份基层自治组织建设文件，建立半月报制度，制定问题清单和整改时限表，逐项销号。截至2022年年底，所有城乡社区下属委员会全部设立到位；出缺94名村（居）委会成员补选到位。补选过程中严格落实村（社区）"两委"成员县级联审机制，防止"村霸"等不符合条件人员进入村（居）委班子，净化村民自治领域政治生态。（市民政局　王永凤）

【社区综合服务设施】　2022年，镇江市完成省政府民生实事项目10家党群服务中心改造提升任务，总建筑面积1.1万平方米，投资额2425万元。新建4家中心社区投入使用，按照70%用于服务、30%用于办公的要求，优化综合服务设施服务功能，完善综合服

务设施运营机制,通过引导居民群众自治管理、委托社会组织运营等方式,提高综合服务设施利用效率。（市民政局　王永凤）

【民主协商议事】　2022 年,镇江市完善全市村(居)民代表会、议事会、民情恳谈会、评议会等议事协商形式,健全多元主体参与的议事协商制度。城乡社区议事协商会覆盖率 100%,每年召开议事协商不少于 4 次,成果转化率 100%。培育出句容市"五事民情工作法"、京口区"老弗士议事协商"、镇江高新区"五方七步"等一批议事协商品牌。（市民政局　王永凤）

【社区服务能力建设】　2022 年,"互联网 + 政务服务"在镇江市城乡社区全覆盖。村(居)民代表微信群建成率 100%。社区工作者职业体系建设实现新跨越,城市社区工作者进入职业体系占比 90%。京口区出台《关于深化京口区社区工作者职业体系建设的意见》,推动社工职业体系建设从"六有六化"向"六优六化"转变,通过全省第二批创新实验区验收。"双全"社工("全科 + 全能"社工)服务模式在城市社区占比 94.6%。推进社区减负工作,城乡社区按照依法履职清单和协助党政部门工作事项清单推进各项工作,减轻社区负担,政社互动签订率 100%。（市民政局　王永凤）

【"五社联动"工作】　2022 年,镇江市建立社区与社会组织、社会工作者、社区志愿者、社会慈善资源的联动机制,成立"五社联动"领导小组,定期研究推动"五社联动"工作。依托 56 个镇(街道)社工站,把"五社"力量通过工作联议、项目联作及场地、资金、人才相互支撑的方式形成工作合力,初步形成"融治理"品牌。按照《城市社区参与式社区治理标准(试行)》,主城区 26 个社区、每个社区购买专业社会组织服务不少于 10 万元。开展参与式社区治理,激发居民群众广泛参与社区事务积极性,提升社区自治、治理水平。建立邻长自管会 65 个,平均每个社区开展协商议事 30 余次,涉及利益相关方 3.4 万人次,议事成果转化率 100%。实施"五换一"志愿服务,受益群众 2.68 万人次。举办各类活动 2894 次,受益群众 12.4 万人次。（市民政局　王永凤）

社会组织管理

【概况】　截至 2022 年年底,镇江市登记社会组织 3262 个(市级社会组织 626 个),其中社会团体 1523 个、民办非企业 1725 个、基金会 14 个。全市有等级社会组织 1651 家,其中 AAAAA 级 19 家、AAAA 级 84 家、AAA 及以下 1548 家,等级社会组织占比 50.61%。连续 9 年举办社会组织公益创投活动,惠及城乡居民 1.6 万余人次。市级托底管理的社会组织中建成独立党支部 3 个、联合党支部 1 个、非建制功能型党支部 10 个。镇江市淮安商会"为会员保驾护航 促商会健康发展"获评省社会组织服务经济发展十佳优秀案例,7 家社会组织分获省社区社会组织高质量发展案例和优秀项目案例。（市民政局　贡　艳）

【信用提升专项行动】　2022 年,镇江市创新开展"政府搭台,协会商会唱戏,市场主体受益"的信用提升专项行动,依托市发改委免费为市级 101 家行业协会商会会员企业开展信用核查,出具信用体检报告;引导行业协会商会建立会员企业信用档案 6616 份,帮助 208 家失信会员企业开展 274 条行政处罚类失信记录的修复,应修尽修率 92.88%,镇江市一般失信企业占比全省最低。（市民政局　贡　艳）

【社会组织综合监管】　2022 年,镇江市民政局加强对社会组织事中事后监管,实施行政指导 15 次、行政约谈 1 次、行政执法 42 次,对 14 家存在违规情形的社会组织给予行政处罚,其中,警告 4 家、撤销登记 10 家。推进社会团体分支(代表)机构专项整治行动,1251 家社会团体完成自查自纠工作,66 家接受登记管理机关的实地抽查。全年清理整治"僵尸型"社会组织 163 家。（市民政局　贡　艳）

区划地名管理

【地名界线管理】　2022 年,镇江市命名地名 96 件。完成国家地名数据库线上 2.2 万条地名审核入录工作,完成国家地名数据库数据质量提升任务。举办市首届地名文化遗产评选活动,"镇江"等 25 个地名入选镇江市地名文化遗产名录,其中镇江、宝堰镇以及黄墟村、黄连山、九里村、柳茹村、三城巷、滕村、萧家巷、张巷、石狮沟、葛村、华山村、儒里村 12 个传统古村落入选省级地名文化遗产名录,嵇直故居、永茂圩、贺甲村、张雅琴先进事迹陈列馆、中共丹阳第一支部旧址和扬中市渡江文化园 6 个地名入选江苏省第二批红色地名。完成"常州镇江线",县级"润州句容线""京口丹徒线"界线联合检查工作。（市民政局　李翔明）

【乡镇行政区域界线勘定试点】　2022 年,镇江市作为全省唯一试点市,全面勘定 83 条总长 1015.4 千米的乡镇级界线,核实厘清 4586 千米的村(社区)管理线,服务全市经济社会高质量发展和城市高效能治理,获民政部区划地名司认可。（市民政局　李翔明）

表84　2022年镇江市市区标准地名命(更)名情况表

标准地名	实体状况说明
鑫港商业广场	位于新民洲大道(原通港路)西侧,北至共青团河,东临通港路,占地面积25458平方米,总建筑面积25847平方米,公共活动场地面积13524平方米
君和雅苑	位于镇江新区丁卯街道,望城岗路6号,东至望京楼路,南至玉烛路,西至望城岗路,北至溪云路,占地面积31371.82平方米,规划总建筑面积99626.62平方米(含地下建筑面积20547.35平方米)
四季风华里二区	位于镇江高新区蒋乔街道,新农路8号,东至朱方路小学,南至新农路,西至规划待建道路,北至南徐大道,总占地面积28900平方米,规划总建筑面积92139.79平方米(含地下建筑面积18279.04平方米)
九悦澜庭	位于镇江新区大港街道,港中路369号,东临南宫路向北延伸段,南至霞飞坊小区,西至港中路,北至金港大道,占地面积51070.6平方米,总建筑面积107248.62平方米(含地下建筑面积28783.73平方米)
王家新苑	位于京口区谏壁街道,文华路1号,东至雩山街,南至金港大道,西、北至文华路,占地面积99600平方米,总建筑面积174525.37平方米(含地下建筑面积34640.37平方米)
金域铭居	位于镇江新区大港街道,扬子江路158号。四至范围变更至东临周章路,南至港南路,西至通港路,北至扬子江路,占地面积133141平方米,总建筑面积407168.7平方米(含地下建筑面积83805.83平方米)
上悦诗苑	四至范围扩大为东至矿机路,南至规划康宁路,西至规划康平路,北至矿机路,总占地面积124235.28平方米,总建筑面积285776.6平方米(含地下建筑面积63129.22平方米)
文心苑	东至润州山路,南至登云山路,西至太古山路,北至镇江崇实女中,占地面积39735平方米,总建筑面积95583.24平方米(含地下建筑面积25147.6平方米)
时光雅苑	位于京口区禹山路与焦山路交会处西南侧,东至焦山路,南至华润路,西至小米山路,北至禹山路,占地面积16168平方米,规划总建筑面积52509.87平方米
京源里	位于京口区会莲庵街以北、钓鱼巷以西,东至钓鱼巷,南至会莲庵街,西至皇冠假日花园,北临长江路,占地面积26606平方米,总建筑面积67646.34平方米
悦河湾小区	位于镇江新区丁卯街道,东至楚桥路,南至汤家湾路待建向西延伸段,西至居安路待建向北延伸段,北至孙家湾路待建向西延伸段地块,占地面积47723平方米,总建筑面积114505平方米
美堤苑	四至范围扩大为东至金山湖路、中泠路,南至百花路,西至镜天路,北至京江路,总占地面积121900平方米,规划总建筑面积221696平方米(含地下建筑面积62048.23平方米)
四季风华里一区	位于镇江高新区蒋乔街道南徐大道与朱方路交会处西南侧,占地面积20500平方米,总建筑面积37842.30平方米
文华路	位于京口区谏壁街道,西、南起金港大道,北转东至雩山街,长度660米,宽度20米
春桑路	位于镇江高新区蒋乔街道,东临御桥港,西至美的城一区,南至朱方路,北至七里路,长度310米,宽度6米
京航路	位于京口区谏壁街道,北起蔡家路,南转东至金鼎路,长887米,宽16米~29.3米
铁瓮城路	原烈士路(西段),位于京口区大市口街道,西起解放路,东至第一楼街,长442米,宽5米~7米
天悦路	位于京口区大市口街道,北起医政路,南至万古一人路,长226米,宽8米

(市民政局)

表85　2022年镇江市各市(区)标准地名命(更)名情况表

市(区)	标准地名
丹徒区	长盛翠庭、康宜茗苑、敬先路、益康路、海波路、庆华路、上党大道、党兴大道、燕丹路、燕江西路、宜业路、茗苑路、通河路、仙人湖路、站岗路、夹湖路
丹阳市	长青路、杨丰路、天铂小区、时代苑、丹西路、基庄印家苑、学源路、山塘路、福茂路、双庙路、怡镜街、丹钢街、镜彩路、镜茂路、北环路、熙巷苑、南郡小区、紫宸苑、珑蟠里、嘉宏小区、凤凰山路、兴延路、云河湾小区、聚福路、后庄路
句容市	悦江澜山庄、丽舍花园、璟澜院、花苑、浩达大楼、怡园、锦园、下荫佳园、卓荫路、卓阮路、卓匡路、山水路、万康路、天王东大街、天王西大街、葛玄路
扬中市	新城佳苑 裕兴南路、联丰港东路、三丰南路、三丰北路、凤帆路、裕同路、双兴路、团结河路、联盟南路、联丰港北路、阅江路、田字圩路、永营北路、永营南路、铁皮港西路、振企路、中心路、营房港路、兴营路、杜家港路

(市民政局)

民族宗教事务

【概况】　2022年,镇江市少数民族常住人口29118人,有52个少数民族。全市经依法登记的宗教活动场所154处,有登记备案的宗教教职人员316人。镇江市民族工作以习近平总书记关于加强和改进民族工作的重要思想为指导,贯彻落实中央和省委、市委民族工作会议精神,推动新时代党的民族工作高质量发展。当年,镇江市依据《江苏省民族团结进步示范区示范单位命名管理办法及测评指标》要求,开展选树、培育、遴选、申报工作,句容市、江苏省扬中中等专业学校获评全省首批民族团结进步示范区(单位)。以"推广普通话,铸牢中华民族共同体意识"为主题,举办第三期少数民族到镇江务工人员语言文化政策宣传活动,弘扬社会主义核心价值观和中华优秀传统文化,增进各族群众的归属感和认同感。2022年6月15日,市委民族工作会议暨全市宗教工作会议召开。

7月12日,镇江市基督教第十次代表会议召开。

（市民宗局　曹晓光　黄萍萍　曹祥清　陈　晨）

【江苏省"红石榴杯"民族健身操比赛】　2022年6月23日,江苏省第二届"红石榴杯"民族健身操比赛在镇江市举办,该次比赛首次采取线上比赛线下评判的方式进行,镇江代表队获比赛第2名,展示镇江市各族运动员竞技水平。（市民宗局　曹晓光　黄萍萍）

【镇江市8家单位获评全省第三批"红石榴家园"】　2022年,镇江市依据《江苏省"红石榴家园"创建活动测评标准》,最终有8家单位获评江苏省第三批"红石榴家园",分别是:丹阳市开发区高楼社区、丹阳市丹北实验小学、句容市下蜀镇、扬中市新坝镇五一村、京口区正东路街道贺家弄社区、润州区和平路街道三茅宫第一社区、镇江市公安局新区分局丁卯派出所、江苏科技大学红石榴工作室。（市民宗局　曹晓光　黄萍萍）

【"红石榴就业行动"】　2022年,镇江市制定印发《关于实施各族群众互嵌式发展计划的意见》,择优引导、遴选确定5家企业参与"红石榴就业行动",吸纳"民族8省区"各族群众715人到镇江务工,推动各族群众全方位嵌入式发展计划和江苏省"红石榴就业行动"在镇江的落实。（市民宗局　曹晓光　黄萍萍）

【"爱党爱国爱社会主义"主题教育】　2022年,镇江市坚持以中共二十大精神、习近平总书记关于宗教工作的重要论述,以及全国、全省、全市宗教工作会议精神为指导,贯彻新时代党的宗教工作理论和方针政策。6月23日,镇江市民宗局印发《全市宗教界开展"爱党爱国爱社会主义"主题教育活动方案》十大系列活动,组织学党史、观红片、升国旗、讲经比赛、参观革命遗址等活动。相关单位通过活动的开展,加深全市宗教界对党的理论的认识和理解,推进宗教中国化;加强宗教团体内控制度建设,使团体、场所日常工作有法可依、有章可循,明确管理组织成员之间的职责,提升办事效率;压紧压实属地管理责任、部门管理责任、宗教界主体责任,营造宗教和顺、社会和谐的良好局面。

（市民宗局　曹祥清　陈　晨）

退役军人事务

【退役军人安置】　2022年,镇江市符合政府安置工作条件的转业士官安置率为100%。全年接收的安置转业军官中进党政机关比例92.9%;接收的符合政府安排工作条件退役士兵中进事业单位比例39.6%;接收的军队退休干部和士官全部安置到位。

（市退役军人事务局　姚　佳）

【退役军人就业创业服务】　2022年,市退役军人事务局组织成立镇江市退役军人就业创业服务促进会,会员单位107家。与人行镇江支行推出"尊戎助企"退役军人专属的8项金融服务举措和28个金融产品,为退役军人发放低息或免息创业贷款千万元。全市举办各类退役军人专场招聘活动104次,达成初步就业意向1031人次。2021年度返乡自主就业退役军人中有就业意愿的100%就业。举办镇江市第三届退役军人创业创新大赛活动,21个参赛项目进入市赛并获奖,6个项目进入省赛,获1个一等奖、1个三等奖和优秀组织奖。

（市退役军人事务局　姚　佳）

【抚恤优待】　2022年,镇江市享受优抚补助的优抚对象11437人,其中,重点优抚对象3389人,其他优抚对象8048人,审核新增优抚对象347人。组织521人次重点优抚对象短期疗养。动态调整镇江市抚恤补助标准,发放抚恤补助1.31亿元。全年优抚事业总投入2.26亿元,地方配套1.32亿元。全年发放现役军人优待金数千万元。为全市退役军人制作优待证,并结合镇江市实际叠加推出金融服务、保险服务、生活服务、养老医疗四大类优待项目。开展"镇爱优抚·尊戎圆梦"关爱行动,发动社会力量为178名退役军人实现165个"微心愿"。与中国人寿保险公司为退役军人及其配偶量身定制专属商业综合医疗保险项目"爱军保",全市3000多人参保;联合市慈善总会退役军人关爱分会,赠送2600份补助给享受抚恤补助的重点优抚对象和生活困难退役军人。全年优抚事业总投入2.26亿元,优抚对象抚恤补助标准平均增长12.5%。在全省首家挂牌镇江市中西医结合医院、镇江三五九医院2家优抚定点医院,优抚对象自费费用减免20%～30%。

（市退役军人事务局　姚　佳）

【退役军人服务保障】　2022年,镇江市制定出台镇(街道)、村(社区)退役军人服务站星级评定实施办法,以星级评比引导基层服务站建设提质增效。推进"军人退役一件事"改革,在各级退役军人服务中心设立综合窗口,秋季退役士兵返乡报到需办理的14个事项可"一站式"办理。

（市退役军人事务局　姚　佳）

应急管理

【概况】 2022年，镇江市聚焦应急管理责任体系建设，提升社会治理成效。推动乡镇（街道）安委办、消委办、应急办“三办合一”，成立应急管理办公室；推动村（社区）安全员、灾害信息员、应急联络员“三员合一”，建立基层应急管理网格化体系；推动赋权执法、委托执法、派驻执法“三方式合一”，保障所有镇、街道都具备执法权和执法能力。全市16个部门单位牵头建设专业应急救援队伍，备有挖掘机等重型抢险设备70台，运输、发电、供水等车辆400多辆；开展化工事故应急演练，加强应急救援力量建设。完成镇江市第一次全国自然灾害风险普查工作，举办地震疏散演练、自救互救培训以及形式多样的各类宣传活动。出台《镇江市市级自然灾害救灾物资储备规划（2022—2023年）》，指导5家社区申报全国综合减灾示范社区，及时拨付各类救灾资金，保障受灾群众的基本生活。 （市应急管理局 吕 菁）

【安全防护工作】 2022年，镇江市全面落实重点行业领域专项整治、国务院安委会深化整治中涉及单位的工作任务，配合安全生产示范城市创建，实行领导安全分片负责、定期宣讲、适时督查、带班值守，杜绝安全事故发生。完成森林防灭火风险普查，开展森林防灭火专项行动，排查一般隐患61条，全部闭环整改到位；制止违规用火21起，教育劝导53人次；新改建防火通道10.6千米、森林防火语音播报器27个、防火值班室（检查站）7座、蓄水池70处1000余吨；加大视频监控、网络通信保障等技防力度，连续16年未发生较大级以上森林火灾和人员伤亡事故。完成地质灾害风险普查，加大专业化监测站（点）密度，构建“人防＋技防”相结合的高质量监测网，在重要隐患点设置站点，实行24小时监测。全年开展地灾危险性评估64起，发布预警信息2起，落实各项临灾避险措施，妥善处置象山崩塌等地质灾害3处，开展宝盖山、南山八公洞等地质灾害治理。全市连续19年未发生一起地质灾害伤亡事故。 （市自规局 巫少群 傅 琰）

防灾减灾

【防汛防旱】 2022年，镇江市各级水利部门调整优化防汛抗旱指挥体系，修订完善调度方案和应急预案，有效处置34处重点度汛隐患，清除18处行洪障碍，做好物资储备、队伍演练等备汛工作。面对历史高温天数最长，历史同期长江上游来水最小的严重干旱，谏壁抽水站、丹阳九曲河枢纽、丹徒长山提水站、句容长江站和赤山站连续开机，最长超130日，引提水约25亿立方米，保障全市生产生活用水需求。

（市水利局 徐鹏飞）

【地震防御监测体系建设】 2022年，镇江市自然灾害综合风险普查（地震灾害调查）获省级验收通过，完善地震烈度速报与预警系统，建立覆盖全市的预警系统地震烈度速报基础台网，加强丹阳台、句容苏16井、丹徒苏18井、扬中测震台日常检查，常态化开展全市17个地震预警和烈度速报监测仪安全巡检。

（市住建局 蒋昊持）

【人工影响天气工作】 2022年，镇江市组织空域申请43次，成功作业16次，发射火箭58枚（其中句容6枚、扬中4枚）。6月—8月，在高温、干旱等灾害性天气，人工影响（以下简称“人影”）作业需求旺盛，人影中心统筹句容、丹阳等人员装备，在整个镇江市范围内开展人影作业，效果明显。完成人影作业点安全警示标识、安全警戒区域、允许射击标志等规范化建设，人影作业软件升级等工作。完成市气象局、句容、丹阳人影发控机软件升级、设备维修维护工作。完成市气象局人影作业人员公安局备案工作。完成人影相关规章制度流程的梳理、制定和完善工作。完成市气象局、句容、丹阳人影装备二次年检。完成人影安全再检查各项工作落实，并组织和参加全省人影安全视频培训工作。（市气象局　张晨昕）

【防雷安全监管】　2022年，镇江市落实135家重点单位的防雷安全行政检查工作，其中对69家单位下发53份整改意见书、144条整改意见；全市累计升放气球巡查106次，现场处置违规行为6次；市有关部门展开联动，开展烟花爆竹专项检查、旅游景点的双随机检查。印发《关于落实防雷与升放气球安全专项整治三年行动2022年度工作任务清单》，推进“四不两直”监督检查，强化对市（区）气象局防雷安全监管工作的考核管理。全市394家易燃易爆等危险化学品单位全部完成检查，下达整改通知书81份，全市县累计施放气球巡查86次。（市气象局　张晨昕）

消防安全

【概况】　2022年，镇江市消防救援支队贯彻“防住重特大、盯住小而险、紧跟新情况、消除空白点”工作思路，强化源头治理和风险防控，保持排查整治火灾隐患高压态势。发挥智慧消防“陵口模式”作用，将“陵口模式”列入市委深化改革委员会工作要点，在全市范围内推广运用，增设智慧消防服务中心26个，接入单位13844家，接入点位11.8万个。探索基层消防安全治理创新，出台《镇江市深化应急管理综合行政执法改革实施意见》，在镇（街道）组建应急管理办公室，承担本级消委办职能，落实行政或事业编制人员专职从事消防工作，全市67个镇（街道）应急管理办公室全数挂牌。突出实战化、专业化练兵模式，提升队伍战斗力，高标准完成消防救援局“一短三快”初战机制改革成效验收。成功处置“1·1”跨京沪高铁公路桥液化石油气罐车泄漏、“3·8”新区金科建设工地宿舍火灾、“5·15”沪蓉高速液化石油气罐车侧翻和“10·15”扬中大全电镀厂房火灾等各类事故。市政府连续2年下发《镇江市各地政府（管委会）和消委会成员单位消防工作任务清单》，明确各市区人民政府、管委会和市级有关部门消防工作任务，压紧压实消防工作责任。实现京口大队、润州大队财政单列，完成7辆消防车，2.1万余件（套）器材装备购置；编制《镇江市城市消防救援专项规划》，推进3个消防站立项、2个开工建设、2个投入执勤。（市消防支队　陈小平）

【火灾情况及分析】　2022年，镇江市发生火灾3023起，直接财产损失3041.12万元。地区火灾基本情况。丹阳市1014起，占总数33.54%；句容市545起，占总数18.03%；丹徒区394起，占总数13.03%；镇江新区375起，占总数12.04%；京口区235起，占总数7.77%；扬中市231起，占总数7.64%；润州区229起，占总数7.58%。集镇农村火灾占主体。农村发生火灾951起，占火灾总数的31.46%；集镇区域发生火灾873起，占火灾总数的28.88%；城市市区发生火灾553起，占火灾总数的18.29%；县城城区发生火灾355起，占火灾总数的11.74%；开发区发生火灾264起，占火灾总数的8.73%；其他区域发生火灾22起，占火灾总数的0.73%。火灾原因呈多元化。遗留火种引发火灾1082起，占总数的35.79%；电气故障引发火灾559起，占总数的18.49%；用火不慎引发火灾460起，占总数的15.22%。非建构筑物火灾占主体。非建构筑物火灾1310起，占火灾总数的43.33%；居住场所共发生火灾850起，占火灾总数的28.12%；交通工具火灾263起，占火灾总数8.7%；厂房发生火灾95起，占全市火灾总数的3.14%。（市消防支队　陈小平）

安全生产

【概况】　2022年，镇江市安全生产事故起数和死亡人数连续21年“双下降”，全年发生生产安全事故85起，死亡57人，分别比上年下降32.54%和17.39%，全市安全生产形势总体平稳向好。（市应急管理局　吕　菁）

【“1+4”基层安全生产末端治理体系】　2022年，镇江市强化顶层设计，构建“1+4”基层安全生产末端治理体系。以建立“两个责任体系”为主要任务，组织市、区、镇三级建立安全生产重大风险防控和事故应急救援两方面责任体系，明确党政领导、部门监管、企业主体三方安全生产职责，全面建立健全“三包干一统筹”，累计梳理500余处重大风险源点、32个领域的应急处置流程。以“一述四评”和“亡人必追责”为主要切入点，通过主要负责人述职，职工、专家、监管人员、挂钩领导四方对履行安全生产责任进行评价并强化结果运用，完善企业负责人全面履行安全生产第一责任人的约束机制；制定出台《镇江市生产安全亡人事故责任追究办法》，实施“凡亡人必追责”，明确一旦

发生亡人事故，必追究相关管理主体及责任人的责任。（市应急管理局　吕　菁）

【安全生产三年专项整治行动】　2022年，镇江市围绕安全生产三年专项整治行动，累计梳理50余条创新案例，出台安全生产监管工作制度150余项，制定20余件规范性文件，排查隐患15万余条，完成45项治理任务。危化品领域，所有重大危险源企业完成“五位一体”信息化平台建设，实施全流程自动化改造；所有老旧装置完成安全风险评估，逐步整改到位；推动化工园区安全问题隐患整改，助力化工产业结构提档升级；冶金工贸领域，所有粉尘涉爆企业完成工艺改造；所有钢铁企业实施钢水包安全在线监测；对所有熔炼炉建立底册档案，落实监管责任；制定并实施中小微企业现场安全管理工作标准。矿山领域，所有“头顶库”（下游1千米距离内有居民或重要设施的尾矿库）实施停产撤人，尾矿库完成治理销库；所有露天矿完成边坡治理，停产地下矿完成封闭管理；正常生产的矿山实现安全生产在线实时监测。

（市应急管理局　吕　菁）

【商贸领域安全生产工作】　2022年，镇江市商务部门开展安全生产培训，召开餐饮燃气安全推进会、加油站安全生产宣讲培训、成品油法规宣传贯彻等会议，印发《江苏餐饮业燃气安全工作手册》，通过各类宣传培训提升商贸行业从业人员安全知识水平。推进餐饮燃气泄漏安全保护装置安装，全市安装率99.8%，其中，切断阀安装率为85.7%，提升8.6个百分点。成品油市场综合整治行动中，全年受理成品油案件28起，打击非法“自流黑”69个，入库税款、滞纳金、罚款累计425.1万元。开展餐饮燃气和加油站领域隐患排查，委托第三方机构检查加油站349家次，瓶装气餐饮户1000家，发现各类隐患1000余条，并及时督促整改。（市商务局　黄　昕）

【特种设备安全监管】　2022年，镇江市市场监管部门制定《市局领导班子成员安全生产工作职责清单》等制度规定，明确局领导、各部门安全监管职责，巩固“三年大灶”专项整治成效。开展百日攻坚行动，聚焦9类检查对象和50条重点攻坚事项，检查使用单位2353家次，督促整改问题隐患1919条，立案查处违法行为117起。整治重点领域，实现燃气压力管道检验率、隐患整改率“双百”目标；召开全省液化石油气瓶“阳光充装”工作推进会，获副省长胡广杰批示。提升安全监管能力，推广应用特种设备安全智慧服务平台，在镇江新区试点应用叉车远程安全监控系统，强化“96333”电梯应急处置服务平台救援保障能力。

（市市场监管局　张婷婷）

【安全宣讲】　2022年，镇江市委市政府召开34次会议专题研究部署安全生产重点工作。市委理论学习中心组专题学习研讨，安全生产成为各类党校班次的必学内容，举办镇（街道）领导干部安全生产专题研修班、基层安监干部专业能力提升班。开展各级“党委书记说安全”活动、“百团进百万企业千万员工”宣讲，市区两级安委会主任、副主任均赴一线开展安全生产专题宣讲，累计宣讲干部数462人次，覆盖企业15742家次，覆盖企业员工68411人次。（市应急管理局　吕　菁）

农产品质量安全

【概况】　2022年，镇江市农产品质量安全监管工作围绕农产品消费安全，完善质量控制措施，农产品质量监测总体合格率为99.7%。全市绿色农产品302个，有机农产品54个，农产品地理标志5个。全市有30个乡镇绿色优质农产品基地5.32万公顷，绿色优质农产品占比66%。推进农产品质量安全追溯工作，全市10267家生产单位注册使用省级追溯信息平台，其中，省级绿色优质农产品基地规模生产单位上线率为100%，实现“带证明上网、带编码上线、带标识上市”。开展定量检测6741批次，其中种植业6350批次、畜禽产品244批次、水产品147批次，镇（街道）快速检测210661批次。（市农业农村局　庄　磊）

【监管能力建设】　2022年，镇江市实施“治违禁控药残促提升”三年行动，对地产韭菜、芹菜、豇豆、鸡蛋、牛肉、羊肉、乌鸡、鲈鱼、鳊鱼、黑鱼开展重点专项整治；加强基层质量监管队伍建设，实施“乡镇农产品质量安全监管能力再提升”项目，全市有3个镇级农产品质量安全监管站获省级五星级，13个获市级四星级，基层农产品质量安全监管队伍更加稳定。

（市农业农村局　庄　磊）

食品药品安全

【食品安全监管】　2022年，镇江市开展“守查保”专项行动，全面排查食品安全风险隐患，检查食品生产经营主体34372家，检查覆盖率、问题处置率均超过全省平均水平。落实食品安全“两个责任”，明确各级领导包保单位，市委书记带头开展督查检查，承办全省现场推进会。强化“临期食品”监管，引导和督促食品经营者做好临近保质期食品的管理和处置工作。打造“名特优”食品小作坊，推动15家食醋生产企业设置食品安全总监;针对"一老一小"重点人群普及特殊食品知识,保障特殊食品安全;将226所学校食堂后厨视频接入智慧食药监管平台;完成食品抽检16732批次,平均千人5.23批次。（市市场监管局　张婷婷）

【药品安全监管】　2022年,镇江市在全省率先成立市药品安全委员会,出台药品零售企业"吹哨人"举报制度,印发"加强药品监管能力建设的若干措施",成立"打击药品违法犯罪领导小组";正式组建市药安委专家委员会,印发市药安委工作规则、专家委员会章程等文件,夯实药品安全监管基础。加强药品日常监管和专项检查,把疫苗、植入性医疗器械等高风险产品作为监管重点,督促企业严格落实主体责任。围绕监管能力提升,举办全市药品监管工作培训班,开展药品和医疗器械安全突发事件应急预案桌面演练。（市市场监管局　张婷婷）

公共卫生安全

【概况】　2022年,镇江市卫生应急工作稳步推进。修订完善卫生应急"一案三制",形成"横向到边、纵向到底"的卫生应急预案体系,印发《镇江市全民自救互救素养提升工程宣传册》。加强与农业农村、出入境、商务、外事、安监、食药、环保、公安、海事等部门合作,开展句容宝华镇疫情、义乌小商品城"3·8"火灾事故、丹阳某电镀厂职业中毒事故等10余起突发事件卫生应急处置工作。完成两会、中高考、公务员考试、第十六届金山文化艺术·国际旅游节等重大活动和各类政府重大会议以及各级首长医疗保障64次,出动救护车52辆次,参与保障医务人员和防控人员约200人次。（市卫健委　刘敬业）

【公共卫生监测】　2022年,镇江市开展环境危害因素监测。开展城乡饮用水监测,设置178个监测点,监测水样608份(出厂水44份、末梢水488份、二次供水68份、自备水8份),水样合格率100%;开展公共场所健康危害因素监测,覆盖8类50家公共场所;指导丹徒区完成空气污染对人群健康影响监测$PM_{2.5}$采样216份、甲醛采样60份;指导丹阳市和句容市完成农村环境卫生监测,对5个乡镇20个行政村100户开展环境状况调查,完成土壤、大米监测采样160份。实施食品安全风险监测,完成五大类监测采样594份检测5692项次,比上年增长70%。确定监测哨点医院84家,报告食源性疾病病例2259例,检测样本631份。与市教育局对扬中市和丹徒区的9所学校(中小学8所、高校1所)开展校园食品与营养健康专项监测。（市卫健委　寻海占）

无线电安全监管

【概况】　2022年,镇江市工信部门做好无线电管理、无线电监督检查和安全保障工作。全市新设台站142个,撤销台站数59个,换发电台执照81个;核发业余无线电台执照新增24个,换发12个,变更11个。检测无线电发射设备12部,受理干扰投诉3起。完成重要考试无线电安全保障近30场次;查获"黑广播"3个,排除干扰投诉3起;完成在用无线电台站检查4家、销售无线电发射设备企业备案行政检查8家;组织完成业余无线电考试工作,有33人通过A证考试,7人通过B证考试。（市工信局　周　婷）

【无线电检查执法】　2022年,镇江市工信局、市文广旅局、市公安局刑侦支队协调联动,加大对"黑广播""伪基站"的查处打击力度,全年立案查处"黑广播"3个,其中2个"黑广播"是非法播出药品广告,采取简易程序对涉案台站做出拆除没收设备的行政处罚决定。重点协调查处3起无线电干扰案件。多批次完成无线电发射设备随机抽检、在用台站行政检查和无线电发射设备销售备案企业的抽查执法工作。做好航空无线电通信秩序整治、铁路和水上专用频率保护工作,集中开展全市乡村无线调频小广播排查和非法销售无线电发射设备抽查执法2个专项行动。市工信局、市文广旅局联合下发《关于集中开展全市乡村无线调频小广播调查和清理的通知》,排查4个县区39个乡镇(街道),全市发现乡村调频小广播3个,全部关停2个,拆除1个。完成冬奥会、冬残奥会、全国"两会"和中共二十大召开期间无线电安全保障工作。（市工信局　周　婷）

【公用移动通信基站电子执照制发工作】　2022年8月开始,镇江市通过办公内网制发通信运营商公众移动通信基站电子执照。先期制发2021年之后的通信运营商公众移动通信基站电子执照4892个,按每一家公司每一个制式基站一个文号进行制发,其中,移动公司2501家,电信公司1420家,联通公司62家,广电网络公司5G基站909个。第一批完成后,制发2021年之前的通信运营商公众移动通信基站电子执照,制发完成基站电子执照18459个,其中,移动公司10686家,电信公司3932家,联通公司3841家。全市发放通信运营商公众移动通信基站电子执照23351个。（市工信局　周　婷）

网络信息安全

【网络信息基础设施建设】 截至2021年年底，镇江市互联网普及率100%，较2019年年底提升39.9%。光纤线路总长17.8万千米，比2020年年底增长7.2%；光宽带接入端口252.4万个，增长6.8%。IPv6规模部署和应用取得显著进展，40位IPv6地址数80个，移动互联网IPv6用户数为350.6万户，比2019年年底增长22.55%。5G、工业互联网、大数据中心等新型基础设施建设加快，建成5G基站（不含室内分布、微站）6866个，实现全市区及省级以上工业园区5G信号全覆盖，农村地区5G信号覆盖率为50%。大数据共享交换平台归集数据15.86亿条，比2019年年底增长26.58%，可共享数据4.07亿条；发布信息资源目录5395个，比2019年年底增加4727个，共享目录837个，可提供服务数1827个，对外提供服务超500万次。"'红网工程'激活互联网行业'党建密码'"入选"中国改革2022年度地方全面深化改革典型案例"，同时入选中共中央党校出版的基层党建与民生发展优秀案例集《旗帜》第二卷首篇。（市委网信办　赵志燕）

【网络安全保障】 2022年，中共镇江市委网信办以落实网络安全工作责任制为突破口，制定中共二十大网络安全保障工作方案；定期开展形势分析研判、重大事项会商等活动；联合开展网络安全专项审计工作；出台个人信息安全保护实施意见；组织"网安2022镇江行动"、网络安全应急实战演练等专项行动。建立专班，并高位运行应急值班，加强日常监测预警、通报处置和核实复查工作。建立数据安全统筹机制，开展数据安全风险专项排查，并督促问题整改。加强网络安全知识宣传，开展"听意见、转作风、优服务"、网络安全宣传周、个人信息保护"五个一"（一场比赛、一个仪式、一份倡议、一次发布、一场授牌仪式）宣讲、"两用一心"（你用网，我用心，网络安全更放心）网络安全服务等活动。牵头成立全市首家网络安全产业学院，订单式培养企业急用所需人才，举办全市网络安全实务培训班，组建拔尖人才训练营。（市委网信办　张少军　丁淑芬）

【网络综合治理工作】 2022年，中共镇江市委网信办深化网络综合治理，打造"五联五导"（机制"联"动，强化组织"主导"；阵地"联"建，强化舆论"引导"；风险"联"防，强化管控"督导"；责任"联"担，强化协同"指导"；安全"联"保，强化技术"先导"）镇江网络综合治理品牌。统筹涉网资源，完善网络综合治理组织体系，联合信访、公安、政法等部门建立日周月调度机制，打造"网信+政法""网信+信访"等工作模式，构建涉及国家安全、意识形态领域分层次、分条线协同应对架构。打造"养老防诈网信角"，建立线上监管、线下宣讲和网上传播、网下防护相结合的打击整治养老诈骗立体工作格局。建立网站工单制检查规范，出台加强网上报告会等网络阵地管理实施意见；整合执法力量，组建执法队伍；召开"清朗2022—镇江行动"新闻发布会。创新网信普法宣传，联合65家成员单位开展"普法e力量"网信普法新品牌建设，举办"普法e同行"活动。完善网络发言人实施意见和管理规范，优化平台技术支撑，畅通网上发声渠道，提升网络问政质效。（市委网信办　张少军　丁淑芬）

【"清朗2022——镇江行动"】 2022年6月15日，中共镇江市委网信办召开新闻发布会，启动"清朗2022——镇江行动"。聚焦维护网上信息安全、净化网络生态等多个方面13项具体任务，部署推进多领域专项整治行动。会后，组织全市网信系统和重点网站平台负责人开展清朗系列专项行动专题培训会，对"打击整治网上养老诈骗""网上垃圾信息清理"等工作进行部署培训。（市委网信办　杨　峦）

【"三强三建"工作品牌】 2022年，中共镇江市委网信办探索打造个人信息保护"三强三建"（强化司法监管，搭建联动协作"新机制"；强化普法宣贯，创建多元宣传"新态势"；强化技术赋能，构建安全可信"新格局"）工作品牌。搭建联动协作新机制，与市检察院印发《关于加强协作配合依法保护个人信息安全的意见》；聘用首批个人信息保护公益律师，对政府信息公开网站个人信息泄露问题进行监督；召开个人信息诉前公开听证会；制定个人信息管理清单和风险隐患清单；开展摄像头、App违法违规收集使用个人信息专项治理；围绕个人信息保护，开展网络安全工作人员实务培训；开展2022年镇江市网络安全宣传周活动，开展短视频全网征集大赛、有奖答题、个人信息保护宣讲等系列活动。（市委网信办　张国蕾）

【网络安全产业学院】 2022年3月11日，江苏省交通技师学院、中通服网盈科技有限公司战略合作签约暨网络安全产业学院揭牌仪式在省交通技师学院举行。签订战略合作协议旨在深化政校企合作，推进产教融合，联合打造"协同育人、协同办学、协同创新、协同用人"的全链条网络安全人才培养模式。网络安全产业学院按照"订单式"培养思路，基于企业需求，在人才培养、技能认证、产学研服务等方面进行合作，打通网安人才选人育人和用人留人的"最后一公里"。（市委网信办　丁淑芬）

丹阳市

【概况】 2022年，丹阳市总面积1047.44平方千米。辖10镇、2个街道，150个行政村、52个居委会。年末总人口78.96万人。全年实现地区生产总值1395亿元，同口径一般公共预算收入77.4亿元，完成固定资产投资248亿元，增幅位列镇江市第1名，城乡居民人均可支配收入分别增长4.2%、5.6%。全市综合实力、工业经济投资竞争力、科技创新、绿色发展和新型城镇化质量等指标均位列全国百强县前20位，保持经济平稳运行和社会和谐稳定。2022年1月，丹阳市入选第二批深化小型水库管理体制改革样板县名单。6月，丹阳市农村产业融合发展示范园入选国家级示范园创建名单。7月，丹阳市举办“金融赋能再启新程”第二届金融支持高质量发展对接会，获评全省废旧农膜回收工作先进县。8月，丹阳市入选首批国家知识产权强县建设示范县，5家企业获评国家知识产权示范企业，丹阳（眼镜）知识产权快速维权中心满意度列全国第1名。徐镇芳获评“全国机关事务工作先进个人”；丁金平获江苏“最美退役军人”称号；吴美琴获“全国妇联系统劳动模范”称号。

（丹阳市史志办　余　婷）

【产业建设】 2022年，丹阳市47个镇江市级、148个丹阳市级重点产业项目分别完成投资130亿元、175亿元，国药项目部分投产，金宇项目主体结构封顶。推进“招商体制改革年”行动，出台产业项目评估办法，围绕产业链开展招商，累计签约亿元以上项目68个，总投资236.4亿元。释放项目承载空间，盘活闲置低效用地5082亩（338.8公顷），首批确立“两区四园”空间布局。实体化运行产业转型升级促进中心，建成省级工程技术研究中心8家、省级工业设计中心5家、省级服务型制造示范企业和现代服务业高质量发展领军企业各2家。推进制造业智能化改造和数字化转型三年行动，打造国家“专精特新‘小巨人’”企业5家，新认定四、五星级上云企业19家，新（改）建5G基站505个，规模以上工业企业“智改数转”普及率32%，获评国家级消费品工业“三品”战略示范城市、省首批制造业“智改数转”成效明显地区。单位地区生产总值能耗下降率完成省定目标任务，中鑫华海燃机热电联产项目实现并网投产。

（丹阳市史志办　余　婷）

【专精特新“小巨人”企业】 2022年9月，工业和信息化部完成全国第四批专精特新“小巨人”企业公示，丹阳市仅一联合智造、丹耀光学、华昌工具、金茂制链、乐能电池5家企业上榜。2022年，丹阳有国家专精特新“小巨人”企业10家、省级专精特新“小巨人”企业15家、镇江市专精特新“小巨人”企业24家。

（丹阳市史志办　余　婷）

【城乡建设】 2022年，丹阳市住房和城乡建设系统集中建设6项城建重点工程：香草路西延、水关西路延伸工程、姜家园路（贤桥里配套工程）、吕叔湘中学迁建工程、丹阳市血站迁建工程、南京师范大学中北学院等应急场所。新建天然气管网83千米，铺设污水管网20.78千米，推进导墅污水处理厂二期扩建项目。美化城市，老旧小区改造完成延陵芳草社区麦溪建工楼、机关楼、教工楼、农经楼和供销楼5个老旧小区的基础类改造。开展姜家园二、三期和西门大街片区（一期）改造项目动迁扫尾，依法依规处置房屋安置矛盾。推进“333”（三消除、三整治、三提升）污水提质增效，完成中央环保督察交办问题涉及10个点位的整治及4条黑臭水体治理工作。建成电动汽车充电桩352个,建成美丽宜居村庄52个。丹阳市经济技术开发区六都村创成江苏省特色田园乡村,丹北镇唐家村、曲阿街道孙巷村和界牌镇武阳村创成镇江市特色田园乡村。谋划农房改善试点,实施高新区花园村、丹北镇群楼村等8个试点项目。完成农房改善任务300户,按照计划完成低收入群体危房改造任务41户(新建翻建33户,修缮加固8户)。完成商品房交易9073套、二手房交易4849套。加大新建商品房预售资金监管力度,归集托管资金22.67亿元,签订托管合作协议51份,审批商品房预售许可证83份,核准工业厂房预售通知书11份。全年归集住房公积金14.05亿元,完成棚户区改造500套、货币化安置2040套,发放人才购房契税补贴27.88万元。刺激建筑业市场,建安工程量115.6亿元,竣工产值37.16亿元;创建省文明工地5个,申报省级标准化示范工地4个;创建镇江市级标准化示范工地16项,丹阳市级标准化文明工地25项。加强招投标市场监管,完成公开招投标73个,工程造价总计7.63亿元。完成质量检测报告产值4406.7万元,丹阳市检测中心被评为江苏省优秀检测企业。受理新建房屋白蚁预防工程186个,施工面积218.22万平方米。办结消防设计审查项目25个,完成施工图设计审查项目416个。全年新增资质等级企业21家,助推建筑产业做大总量、提档升级。

(丹阳市住建局　张晶晶)

图49　2022年修建的中北学院应急停机坪

(丹阳市住建局　张晶晶　供稿)

【"平安丹阳"建设】　2022年,丹阳市制定印发《丹阳市"基层社会治理示范村(社区)"创建工作实施方案》。指导云阳街道、曲阿街道、丹北镇3个镇(街道)申报镇江市社会治理现代化先进镇、街道;凤美新村社区、乐善村等50个村(社区)列入2022年度丹阳市"基层社会治理示范村(社区)"重点培育对象。细化网格划分,构建"镇(区、街道)—村(社区)—网格—微网格"四级治理工作体系。群众安全感99.62%,列镇江市第1名。开展网格联动服务日宣传,发放扇子、宣传册等14万份,活动160余场。开展"三官一律"(检察官、警官、法官、律师)进网格活动,组织全市1000余名政法指导员为群众提供政策咨询、法律援助、反诈宣传,排查安全隐患377次、走访重点人员625人,走访关爱对象217人,化解矛盾纠纷170件,开展普法宣传328场次,服务企业232次。

(丹阳市政法委　陈　静)

【养老服务】　2022年,丹阳市整合智慧养老服务中心1个、养老机构39家、社区养老服务中心64家、助餐点20家,编制"养老服务地图"。建成农村区域性养老服务中心4家,完成首批19家养老机构等级评定。完成500户特殊困难老年人家庭适老化改造。为26150名老人提供居家养老服务,累计服务84.7万余次、161.5万工时,线上巡访关爱老人超180万次。发布2022年度基本养老服务清单,涵盖信息呼叫、上门服务、意外伤害保险等11项基本养老服务。为失能、半失能老人免费发放智能穿戴设备208套,智能手机培训超5000人次。完成省级养老服务人才培训以及2期社区居家养老服务中心培训,900余名养老护理员参训,推动管理和服务技能"双提升"。开展养老机构消防安全风险隐患"大起底、大排查、大整治"百日攻坚与打击整治养老诈骗专项行动。发放一次性新冠病毒感染疫情纾困补贴231.8万元。

(丹阳市民政局　林　超)

【科技创新】　2022年,丹阳市加快培育创新主体,新认定高新技术企业57家、国家科技型中小企业597家,省科学技术奖获奖数居镇江第1名。注重科技成果转化,仅一联合智造获省成果转化资金支持,鱼跃医疗获省企业技术创新大奖,脑科学医疗装备长三角协同创新中心落户丹阳,新增省联合创新中心2家。推进人才强市,入选"金山英才"计划23人、国家级高层次海外人才引进计划2人。入选首批国家知识产权强县建设示范县,5家企业获评国家知识产权示范企业,丹阳(眼镜)知识产权快速维权中心满意度居全国第1名,丹阳高新区连续3年获全省科技企业孵化器绩效评价优秀单位。

（丹阳市史志办　余　婷）

【安全生产】　2022 年，丹阳市交通运输、危化品、城镇燃气、既有建筑、农村桥梁等重点领域隐患得到整治。本质安全提速，“智慧消防”终端安装完成 1.5 万家、10.15 万个，“智慧用气”“智慧用电”非居民用户安装率均在 95% 以上。成立安全生产科学技术学会，高标准建立专家库，3 家企业通过二级标准化评审。常态化举办生产安全事故综合应急演练，丹阳开发区成功入选国家安全应急产业示范基地创建单位。

（丹阳市史志办　余　婷）

【生态环境建设】　2022 年，丹阳市科学划定“三区三线”（“三区”指生态、农业、城镇三类空间；“三线”指的是根据生态空间、农业空间、城镇空间划定的生态保护红线、永久基本农田和城镇开发边界三条控制线。下同），国土空间总体规划形成中间成果。丹金高速可行性研究、施工图设计初步完成，丹延线、新访线、丹吕线县道大中修工程完工，入选全省农村公路建设示范县（市、区）创建名单。西门片区拆迁完成，眼镜城项目主干道、展览馆投入使用。完成城市重要节点绿化改造 3.2 万平方米。新（改）建供水管网 120 千米，建成污水管网 20.9 千米，4 条黑臭水体整治工程按期销号。完成智慧路灯改造 2 万余盏，新增智慧停车泊位 400 个。建成 15 个省级生活垃圾分类达标小区、57 个“三定一督”（定时、定点、定人和督导）小区，城乡生活垃圾无害化处置率 100%。

（丹阳市史志办　余　婷）

【公共服务】　2022 年，丹阳高新区小学等 5 所学校竣工交付；推进省丹中、吕叔湘中学、马相伯初中等工程，新市图书馆投入试运行。人民医院获评三甲综合医院，中医院异地新建工程主体封顶，开展省慢病与家庭医生服务模式创新试点。省级双拥模范城创建实现八连冠。开展乡村“文艺播种计划”504 场、送戏下乡 156 场，丹剧《凤先生》获紫金文化艺术节优秀剧目和表演奖。

（丹阳市史志办　余　婷）

句容市

【概况】　句容市位于江苏省西南部，地处苏南，东连镇江，西接南京，土地总面积 1378 平方千米。截至 2022 年年末，全市常住人口 64.20 万人，户籍人口 57.97 万人。全市辖 8 个镇、1 个管委会、3 个街道办事处，24 个社区居委会、152 个建制村。2022 年，句容市实现地区生产总值 754.62 亿元，按可比价格计算，比上年增长 1.0%。其中，第一产业增加值 57.16 亿元，第二产业增加值 340.96 亿元，第三产业增加值 356.5 亿元。全市人均地区生产总值 117542 元。全年实现一般公共预算收入 39.82 亿元，实现一般公共预算支出 80 亿元。全年全市常住居民人均可支配收入 46507.3 元，增长 4.5%。常住居民人均消费支出 28947 元。城镇常住居民人均可支配收入 59371.8 元，城镇常住居民人均消费支出 32962.5 元，增长 2.9%。农村常住居民人均可支配收入 29982.5 元，农村常住居民人均消费支出 23788.9 元。

（句容市史志办　陈龙浩）

【农业】　2022 年，句容市实现农林牧渔业总产值 93.99 亿元，实现农林牧渔业增加值 63.32 亿元。全市粮食种植总面积 57.03 万亩（3.80 万公顷），总产量 25.85 万吨。全年水果总产量 23.48 万吨，生猪出栏 4.98 万头，家禽产量 1224.07 万只，禽蛋产量 1.57 万吨，水产品产量 2.55 万吨。新建高标准农田 1.3 万亩（0.09 万公顷），疏浚农村河道河塘 50 万立方米。句容市入选农业农村部农产品产地冷藏保鲜整县推进实施县名单，句容市现代农业产业示范园通过省级认定。何庄村乡村振兴完成各项试点任务。“白兔草莓”国家农产品地理标志通过评审，获首届中国草莓品牌大会 2 项金奖，入选“2022 年度受市场欢迎草莓区域公用品牌榜”；“茅山长青”、边城“紫云英”、边城“句华”入选 2022 年省级品牌目录。新增省级示范家庭农场 8 家，新增国家级示范社 4 家、省级示范社 4 家。白兔镇唐庄村等 7 个村入选全国乡村特色产业超亿元村，后白镇国家草坪产业标准化示范区项目获国家标准委公示，下蜀镇空青村被评为国家级民主法治示范村。句容市入选全省首批金融服务乡村振兴示范区。

（句容市史志办　陈龙浩）

【工业】　2022 年，句容市实现规模以上工业总产值 514.22 亿元，实现规模以上工业增加值 148.01 亿元，规模以上工业营业收入 476.8 亿元。实现建筑业总产值 141.01 亿元。完成固定资产投资 226.26 亿元。实现对外贸易进出口总额 48.3 亿元，其中，进口总额 11.8 亿元，出口总额 36.5 亿元。新注册外资及港澳台资企业 14 家，实际使用外资及港澳台资 9043.3 万美元。全年累计举办招商活动 13 场，新签约投资亿元以上产业类项目 61 个，总投资 149 亿元。全市 141 个市重大产业项目完成年度投资 136 亿元。总投资 80 亿元的石砀山抽水蓄能电站完成预可研，高光半导体、世泰诊断、澳博阳等一批项目加快建设。新能源国民车项目正式投产，首批 110 辆新能源车 9 月实现交付。

（句容市史志办　陈龙浩）

【商贸流通】 2022年,句容市实现社会消费品零售总额179.01亿元,批发业销售额265.64亿元,零售业销售额147.27亿元,住宿业营业额2.21亿元,餐饮业营业额25.34亿元。全年限额以上单位商品零售额中通过网络实现的商品零售额增长19.2%。

(句容市史志办 陈龙浩)

【科技创新】 2022年,句容市研究与试验发展(R&D)经费支出16.60亿元,占地区生产总值的比重为2.2%,财政性科技投入3.26亿元,占一般公共预算支出的4.07%。拥有高新技术企业141家,新增高新技术企业培育入库27家,省科技型中小企业307家。拥有国家级科技企业孵化器5家,国家级众创空间2家,省级科技企业加速器2家,省级众创社区1家。新增国家级众创空间1家,镇江市级科技企业孵化器1家,镇江市众创空间2家,镇江市级工程技术研究中心12家。富达创客吧获批国家级众创空间,一马先包装、圣通电力、博远电子、大华激光等4家企业通过国家级两化融合管理体系评定。协鑫光伏公司获评省级“五星级上云企业”称号。全年有效申报国家启明计划39人,苏博特、海田电子公司引进的2名海外人才入选,实现句容市国家级人才项目自主申报“零”的突破。入选省“双创计划”1人、镇江“金山英才”8人。获批国家知识产权强县建设试点县。

(句容市史志办 陈龙浩)

【教育】 2022年,句容市有普通高中3所,中专校1所,初中11所,小学28所,九年一贯制学校2所,特殊教育学校1所。在校普通高中学生8120人,初中学生12559人,小学生31111人,特殊教育学生127人。有幼儿园57所,其中公办园42所。在园幼儿16799人,其中流动人口子女3897人。年内,深化“县管校聘”人事制度改革和集团化办学改革,教育质量稳步提升。市实验小学福地校区建成交付使用,推进福地路幼儿园建设。

(句容市史志办 陈龙浩)

【文化旅游】 2022年,句容市有文化馆1个,公共图书馆1个,博物(纪念)馆2个,美术馆1个。拥有省级以上文物保护单位8处,其中全国重点文物保护单位4处。全年开展全民艺术普及活动1216场次。拥有A级旅游景区8家,其中AAAAA级旅游景区1家,AAAA级旅游景区2家,AAA级旅游景区5家。拥有省级旅游度假区1家。全年接待游客1036.6万人次,全年实现旅游总收入80.84亿元。年内,创成首批省级文化和旅游产业融合发展示范区,承办全省民宿高质量发展大会和省第十五届“五星工程奖”终评活动。举办中国句容第十三届丁庄葡萄节,并获江苏十佳丰收节庆特色活动称号。宝华山千华古村入选首批省级“无限定空间非遗进景区”示范项目和第二批省级夜间文化和旅游消费集聚区。“脱贫攻坚 时代楷模”线路入选“喜迎二十大 见证新江苏”红色旅游精品线路。西冯村入选中国美丽休闲乡村,赤山湖、磨盘山森林步道获批省级森林步道项目,“白兔跃进小流域”创成省级生态清洁型小流域。刘学平、沈春雷入选“中国好人榜”,新增“江苏好人”5人、“镇江好人”6人。

(句容市史志办 陈龙浩)

【卫生健康】 2022年,句容市有各类卫生机构(医疗卫生机构)258个,其中二级以上医院5个、卫生院10个,社区卫生服务中心5个,疾病预防控制中心1个,急救站1个,村卫生室117个,社区卫生服务站11个。拥有卫生机构床位2383张,其中,二级及以上医院1387张、卫生院591张,社区卫生服务中心206张。拥有卫生技术人员3693人,其中,执业医师及执业助理医师1538人,注册护士1504人。全市累计接种新冠病毒疫苗155.37万剂次,人群覆盖率93.1%。全年引进11名医学硕士。建成4家省社区医院,6家基层机构达到国家服务能力推荐标准。推进市域内医共体建设,成立市人民医院医疗集团、句容市中医院医疗集团。 (句容市史志办 陈龙浩)

【交通运输】 2022年,句容市拥有公路总里程2376.62千米,其中高速公路51.57千米。市区拥有

图50 2022年,句容市赤山湖片区全景 (杨 政 供稿)

公交线路15条,其中当年新辟优化9条,全年公路客运量528万人,公路货运量1209万吨,水路货运量185.72万吨。南沿江城际铁路句容段主体工程全部完成,电铁配套工程句容段全线贯通。扬镇宁马城际铁路完成工程可行性报告编制,推进312国道句容段改扩建工程。全年新改建城区公厕4座,创成省级垃圾分类达标小区12个。新建5G基站609个,新增非机动车停车泊位1900个,新增城市共享电动车2000辆。50个老旧小区全部改造完成,惠及131栋、3416户居民。建成句容市养老护理院、救助站及未成年人救助保护中心。实施居家适老化改造155户,每月为20445名80岁以上老人免费提供上门服务。

(句容市史志办　陈龙浩)

【生态环境】 2022年,句容市$PM_{2.5}$平均浓度32.8微克/立方米,比上年下降4.4%;优良天数比率76.2%。13个国省考断面优Ⅲ比例100%。土壤污染地块安全利用率稳定在100%。“12336”林长制工作体系典型做法入选2022年度长三角地区改革十大案例。整治完成散乱污企业81家。完成15个“两违三乱”整治任务,完成农村生活污水治理9000户。

(句容市史志办　陈龙浩)

【社会保障】 2022年,句容市新增城镇就业人数1.37万人,新增城镇失业人员再就业人数0.52万人,新增就业困难人员再就业人数0.33万人。城镇登记失业率1.32%。全年扶持成功创业0.35万人,其中,引领大学生创业430人,扶持农村劳动力自主创业2277人。城乡劳动者职业技能培训3053人次。全市职工最低工资标准调整为2280元/月,城乡居民基础养老金标准提高至每人每月243元,失业保险金最低标准提高至每人每月1230元,全面开放社保补贴政策,发放资金7150万元,惠及4万余人。

(句容市史志办　陈龙浩)

扬中市

【概况】 2022年,扬中市总面积327平方千米,辖4个镇、2个街道,其中,行政村58个,社区25个。全市户籍人口278213人,比上年减少1428人,其中,男性135827人、女性142386人,男女比例95.39:100。年末全市常住人口31.61万人。全年实现地区生产总值585.99亿元,比上年增长5%。其中,第一产业增加值18.47亿元,增长4.2%;第二产业增加值317.99亿元,增长6.1%;第三产业增加值249.53亿元,增长3.7%。三次产业构成比例为3.15∶54.27∶42.58。完成一般公共预算收入40.6亿元,增长4.5%。完成固定资产投资122.85亿元,增长13%,其中,制造业投资83.13亿元,增长13.3%。城镇居民人均可支配收入6.79万元,增长4.1%;农村居民人均可支配收入3.79万元,增长5.9%。扬中市以指数值80.7位列中国县级市基本现代化榜单第23位,位列全国综合实力百强县市第27位。

(扬中史志办　张　虹)

【产业经济】 2022年,扬中市实现规模以上工业总产值875亿元,比上年增长20%,工业申报销售完成1170亿元,其中主导产业完成销售753亿元,占比64%。突出主导产业集群招商,承接上海及环太湖等经济圈产业转移,开展“双招双引”(招商引资、招才引智)“云签约”、金秋集中签约等活动。蜂巢传动DHT二期、威腾储能、中畅金刚线一期等优质项目竣工投产。完成固定资产投资122.85亿元,增长13%。主导产业发展态势稳健,规模以上工业光伏行业产值增速120%。“60强”工业企业应税销售增长25%,新增规模以上工业企业92家。大全集团获江苏制造突出贡献奖优秀企业称号,认定国家高新技术企业104家、科技型中小企业460余家,新增国家级“‘专精特新’小巨人”企业6家、省“独角兽企业”1家、“瞪羚企业”3家,全社会研发经费支出占地区生产总值比重超3%。制定《主导产业链发展规划》,启动“智改数转”三年行动,完成177家规模以上企业免费诊断服务。加速释放“才聚江洲”政策红利,放大科技镇长团外联优势,新增产学研合作项目60个,入选国家重大人才工程4人,引进大专以上学历毕业生4100余人,集聚产业工人4900余人。创成国家知识产权强县建设试点县,帷幄创客空间获批国家级众创空间,上迈新能源获中国专利优秀奖。落实国家和省市纾困惠企措施,留抵退税9.02亿元,缓征税费8.4亿元,减免税费2.33亿元。农房审批验收和不动产登记率先在全省实现“一窗受理”。“电力接入政企共担”模式走在全省前列。完成工业用地挂牌1780亩(118.67公顷),获评省土地执法模范市。在全国纳税人满意度调查500多个县(区)中位列全国第4名、全省第1名。

(扬中史志办　张　虹)

【城乡建设与管理】 2022年,扬中市推进多规合一,科学划定“三区三线”,基本完成国土空间总体规划编制,新增建设用地1100亩(73.33公顷),盘活存量4096亩(273.06公顷)。南江路西延、永勤河路建成使用,基本完成祁家路建设,幸福二桥治安卡口开工建设,改造自来水管网124千米、燃气管网1.7千米,更新老旧路灯1.2万盏。完善“一主六次”(一个公交客运总站主枢纽,新坝镇、明珠广场、文景广场、经开区、八桥镇、西来桥镇6个公交次枢纽)公交体系,创成省城乡公交一体化达标县,扬中大道入选全国2022年度“红色旅游路”最美农村路,农村客货邮融合发展案例在全国推广。解危既有建筑1.2万平方米,加快幸福花苑一期加固维修,交付使用城西安置房。交付恒大首批216套房屋。拆除违法建设3万平方米,获评省土地执法模范市。压实粮食安全党政同责。推进全国唯一“城乡基础设施一体化建设管护机制创新”试验任务,开展“十四五”农村人居环境整治提升行动,创新“八位一体”千分制考核、星级评定制度,获评省农村人居环境督查激励、工作评估第一等次。完成136个自然村、2300户农村生活污水治理任务,治理覆盖率48.9%。改造提升水利基础设施,基本建成六圩港闸站,完成长江应急护岸工程。农村生活垃圾分类设施实现全覆盖,打造生态河道8条,创成省特色田园乡村2个。

(扬中史志办　张　虹)

【生态环境建设】 2022年,扬中市推进中央环保督察整改,系统编制沿江绿化造林方案,实施水生态修复示范工程,基本完成兴隆污水处理厂尾水提升生态安全缓冲区建设。纵深推进污染防治攻坚“五大专项”行动(长江岸线保护、黑臭水体治理、蓝天保卫战、打击固体废物非法倾倒、工业“散乱污”企业整治专项行动),基本完成工业“散乱污”企业整治,实施大气重点项目253个,$PM_{2.5}$平均浓度31.5微克/立方米。城区整体发证率超85%,地表水省考断面、饮用水水源地水质达标率100%。实施污水处理“一厂一策”提标,自然村农村生活污水治理覆盖率48.9%,日处理能力提升至8.5万吨。落实能耗总量和强度“双控”制度,申报省转型升级绿色化改造项目2个。践行“双碳”(碳达峰与碳中和)战略,建成并网工商业光伏项目53个,新增装机容量47兆瓦,单位地区生产总值能耗下降2.9%。深化绿色港口建设,推广散货装卸“不落场”工艺,粉尘在线监测、岸电设施、船舶污染物处置实现全覆盖。

(扬中史志办　张　虹)

【社会事业】 2022年,扬中市新增就业7160人,扶持自主创业2150人,创业带动就业5000人。基础养老金“十六连增”。发放各类优抚对象补助金2242万元,连续9次蝉联省级“双拥模范城”称号。推进慈善事业高质量发展,成为“幸福家园”项目村(社)互助全覆盖县级市。完成第一幼儿园异地新建,丰裕小学综合楼交付使用,文化新村幼儿园、城西小学完成主体施工,连续5年蝉联省教育现代化建设监测第1名,入围首批全国义务教育优质均衡先行创建市。实施人民医院、中医院、精神病防治院等新改建工程。构建医保三级服务网络,畅通全国范围内异地就医直接联网结算。开展紧密型医共体国家级试点,人民医院建成江苏大学临床医学院。实施医保惠民行动,“15分钟医保服务圈”省级示范市通过验收,145个医保服务点“同城同质”办理。推进健康扬中建设,通过国家慢性病综合防控示范区复评,获国家爱国卫生运动70周年先进集体称号。建成标准化居家养老服务中心2家、农村标准化区域性养老服务中心1家。强化特殊困难群体救助帮扶和妇女儿童权益保障,打击群众反映强烈的养老诈骗等违法犯罪活动。丰富“农文旅”业态,开辟精品旅游线路5条,举办“扬中市第十七届社区(农民)文化艺术节”系列活动,原创锡剧《太平洲上》参加省喜迎二十大作品巡演;新建体育公园3座、健身步道5.05千米、健身路径12套。

(扬中史志办　张　虹)

【组团式文明创建】 2022年,扬中市创新“党建引领、握拳行动”组团式文明创建模式。组团式创建是以村(社区)为核心,以路段为链接,部门、属地共同努力,破除条线单兵作战、管理粗放等难题。城区22个重点村(社区)划分22个“组团”,每个组团成立临时行动党支部,实行每周五集中行动日制度。实施“十大提升行动”,推进联盟路、博联市场等重点片区综合治理,改造公共广场4个、农贸市场6个,整治背街小巷9条、弱电线缆1.1万余户。深化“四创建三表彰”,实施“五项普惠行动”(楼道出新、充电桩建设、

图51　2022年,大全集团生产车间　(扬中市融媒体中心　供稿)

快递柜设置、停车线施划、集中晾晒区设置行动)，打造优秀管理小区41个。开展文明风尚“两榜”测评，培塑“大众评审团”“市民观察团”特色品牌。拓展新时代文明实践中心建设，选树培育市级典型140人。

(扬中史志办　张　虹)

【“智改数转”行动】　2022年，扬中市启动“智改数转”三年行动。7月，扬中市举办制造业“智改数转”诊断专题培训会。市经发局重点对全市177家制造业企业开展“智改数转”诊断服务，对完成“智改数转”诊断且有意愿投入的企业，主动牵线搭桥，以供需对接会、服务商上门服务等多种形式，促成企业与“智改数转”服务商的合作，落地智能化数字化技改项目。年内，扬中创成国家级智能制造示范工厂1家、省级智能工厂2家、省级智能车间1个，6家企业通过两化融合贯标体系认证。

(扬中史志办　张　虹)

【“幸福家园”村社互助工程】　2022年6月28日，扬中市成为全国首家实现“幸福家园”村社互助工程全覆盖的地区。全市行政村全部登录中华慈善总会“幸福家园”村社互助工程平台，村村认领并发布项目。截至6月26日，扬中“幸福家园”工程发布项目90个，注册村民3.09万人，累计筹款447万余元，平均每个村社筹集规模在5万元以上，项目内容涉及养老、助困、助残和新农村建设等领域。90个项目中，10万元以上项目有18个，20万元以上项目有4个。“幸福家园”工程给予配捐政策“红利”，超过10万元项目，可享受20%配捐“红包”。12月7日，中华慈善总会授予全国196个县(市)为首批“幸福家园”工程全国联动区域慈善协同创建示范县，扬中市榜上有名。

(扬中史志办　张　虹)

【“双招双引”重点项目签约】　2022年，扬中市围绕产业强市“一号战略”、双招双引“第一战场”，开展小分队招商190余次，举办“双招双引”云签约等各类招商活动100余场(次)，签约重点产业项目65个，总投资86亿元。2月11日，举行“双招双引”出征暨重点项目集中签约仪式，总投资8.7亿元的8个重点产业项目现场签约，项目涉及高端节能环保新材料、大型空气源热泵、新能源汽车配件等领域，6个板块招商引资队伍被授予“双招双引”令旗。5月26日，“双招双引”重点项目“云签约”活动暨新闻发布会举行，总投资58.6亿元的30个重点项目集中签约。项目涵盖智能电气、新能源储能、锂电池、节能环保新材料等领域。

(扬中史志办　张　虹)

丹徒区

【概况】　2022年，丹徒区总面积617.08平方千米，其中耕地面积1.89万公顷、水面面积141.52平方千米。全区总户数103880户，总人口285337人，其中男139871人、女145466人。全区出生人口1098人，死亡人口3044人，人口净增率-0.83‰。辖6个镇、2个街道和2个园区。有88个村(居)、1897个村民小组。另设有江苏丹徒经济开发区、江苏省镇江世业洲旅游度假区、镇江市丹徒高新技术产业园。全年地区生产总值472.35亿元，比上年增长1.5%；一般公共预算收入23.15亿元，增长5%；进出口总额87.6亿元，增长29.1%；落实国家、省、市一揽子稳经济政策，为各类市场主体减税降费12亿元，安排各级涉企扶持资金1.33亿元；全年新增市场主体2180户，新增“四上”企业(规模以上工业、有资质的建筑业和全部房地产开发经营业、限额以上批发零售业和住宿餐饮业、规模以上服务业法人单位)96家，实到外资及港澳台资1701万美元；完成固定资产投资88.11亿元，降低14.7%；社会消费品零售总额73.23亿元，增长0.4%；城镇和农村居民人均可支配收入分别为60150.7元、29811.7元，分别增长3.8%、5.5%。

(丹徒区史志办　李东东)

【农业和农村】　2022年，丹徒区实现农林牧渔业总产值45.05亿元，比上年增长5%。划定永久基本农田1.69万公顷，新建高标准农田1266.67公顷。全年粮食种植面积1.9万公顷，总产量13.40万吨。世业镇小麦高质高效创建示范片的“镇麦15号”亩单产576.1千克，刷新长江以南最高亩产纪录。蔬菜种植面积5.87万亩(0.39万公顷)，总产量12.29万吨；年出栏生猪5.51万头、羊0.41万头、家禽1926.58万羽；水产养殖面积1886.67公顷，总产量1.60万吨。有农业龙头企业52家，省级以上农业龙头企业全年销售额29.24亿元，增长9.63%；有休闲农业经营主体187家，全年接待游客人数约220万人次，实现休闲农业综合收入4.95亿元，增长6.4%；有农业网上营销主体710家、网店714家、自建平台49个，实现农产品网上销售额16亿元，增长15.03%。实施省级以上农业农村重大项目19个，投资总额8.27亿元。开展银保业支持乡村振兴试点，在全市创新实施农业融资担保费补助，实施“书记领航”强村项目177个，总投资16.43亿元。年内，丹徒区创成省、市级“名特优”食品小作坊各4家，获评省级“百佳家庭农场”2家，录入省级典型案例1家；创成江苏省农产品质量安全区、江苏省“平安农机”示范县，并入选省级现代农业产业高质量发展示范园区创建单位。

（丹徒区史志办　李东东）

【工业】　2022年，丹徒区完成规模以上工业总产值529.69亿元，比上年增长13.3%；工业应税销售收入629亿元，增长16.5%，其中规模以上工业应税销售收入524.5亿元，增长19.9%，高端装备制造、电力设备、新型建材、食品医药及绿色化工五大主导产业应税销售增长18%以上，新材料、新能源汽车产业应税销售增幅分别超过25%、70%。北汽蓝谷麦格纳产能逐步释放，完成应税销售收入超45亿元。

（丹徒区史志办　李东东）

【生态环境】　2022年，丹徒区突出生态环境问题整改，守住生态环境质量“只能更好、不能变坏”的底线。推进各级生态环境保护督察反馈问题整改，中央生态环境保护督察交办的58件信访件，办结54件；省生态环境保护专项督察反馈的81项整改任务，完成63项，均达到序时要求。江苏省政府挂牌督办的6个太湖流域水污染治理年度项目全部完工。实施突出生态环境问题整改五大专项行动（长江岸线保护、黑臭水体治理、蓝天保卫战、打击固体废物非法倾倒、工业“散乱污”企业整治），加快沿江化工企业退出进程，完成长江干流岸线利用项目清理整治68处，拆除5.9万平方米。查处危险废物、固体废物非法倾倒案件9起，关闭取缔、升级改造、整合搬迁“散乱污”企业1040家。落实工业企业废气深度治理、涉VOCs（挥发性有机物）企业整治、工地扬尘管控、道路保洁、柴油货车禁限行等各项举措，推进“绿岛项目”，完成笔刷行业整治和320家餐饮单位油烟综合治理行动，全年优良天数比例改善幅度位居全市第1名。落实长江大保护、“十年禁渔”、河湖长制和断面长制，推进水污染防治工程，完成河长制公园3处、幸福河湖建设9条，实现国考断面优Ⅲ类比例100%，江心大套河创成省级生态清洁型小流域。推进土壤污染治理与修复，完成重点关注地块土壤污染状况调查，累计处置污染土壤8.1万立方米、地下污水10.1万吨。遏制高耗能、高排放、低水平项目盲目发展，推进发电、碳素、建材、砖瓦企业深度减排，全区非电行业煤炭消费量控制在78万吨，单位地区生产总值能耗比上年下降3%。

（丹徒区史志办　李东东）

【城乡建设】　2022年，丹徒区编制完成国土空间分区规划初步方案，启用“三区三线”划定成果。加快交通基础设施改造，做好312国道、346国道丹徒段改扩建工程服务保障工作，265省道镇江至荣炳段三期改扩建工程建成通车，完成谷阳大道、长香路等重点路段维修工程。提档升级农村公路13条，镇、村两级农村公共基础设施信息化管护实现全覆盖。开展海绵城市、人防工程、水利工程建设，推进路灯节能智能化、校园灯光照明等改造工程，建设生态河道15条、34千米，水利投资和综合治理成效获江苏省人民政府督查激励。推进“美丽宜居城市”试点工作，长效开展“城市添绿”行动，加大道路两侧、住宅小区、公共空间绿化管护力度。城镇污水处理提质增效精准攻坚“333”行动（“三消除”，即消除城市黑臭水体、消除污水直排口、消除污水管网空白区；“三整治”，即整治工业企业排水、整治“小散乱”排水、整治阳台和单位庭院排水；“三提升”，即提升城镇污水处理综合能力、提升新建污水管网质量管控水平、提升污水管网检测修复和养护管理水平）取得实效，完成2个达标区、5.46平方千米建设任务，改善园区污水管网空白区和“断头管网”现象。加快“美丽乡村”建设进程，完成户厕改造任务3845座、试点村农村生活污水治理项目49个，荣炳胜利村西谷里、东庄创成省级“特色田园乡村”，世业镇卫星村二十二圩、高桥镇四方桥村后街创成市级“特色田园乡村”，辛丰镇龙山村、宝堰镇宝堰村入围中国传统村落名录。

（丹徒区史志办　李东东）

图52　2022年6月，丹徒区省级特色田园乡村西谷里俯瞰

（黄世暖　供稿）

【产业发展】　2022年，丹徒区新签约亿元以上项目31个，总投资80.6亿元，总数超额完成市定目标。总

投资13亿元的奥联荣创产业园实现当年签约、当年开工、当年达效，总投资12亿元的联东U谷镇江丹徒科技企业港、总投资10亿元的华润宝堰乡村振兴渔光互补等一批优质项目签约落户。落实重大项目分级调度机制，做好“双百计划”（每年招引实施100个产业项目，完成100亿元产业投资）124个重点产业项目精准对接服务工作，总投资35亿元的海优威光伏胶膜项目开工建设，总投资11亿元的比泽尔旋转式涡旋式压缩机项目超额完成年度投资计划。

（丹徒区史志办　李东东）

【科技创新】　2022年，丹徒区实施创新驱动战略。政产学研协同推进，入围江苏省知识产权建设示范区，申报江苏省产学研合作及“揭榜挂帅”项目各3项，申报省外国专家工作室项目1项，获批江苏省“科技副总”项目8项；立项省、市科技计划项目23个，获批省、市工程技术研究中心25家。新认定高新技术企业72家，净增27家；科技型中小企业入库215家，入库完成率126.5%；“材智汇（丹徒）众创空间”获国家级备案；新认定省级“专精特新”企业10家、市级“专精特新”企业12家，总数比上年翻番。创新人才服务举措，引进各类人才3048人，新增市“金山英才”计划4人、区“长山计划”9人，拨付人才补贴1446万元。

（丹徒区史志办　李东东）

【营商服务环境】　2022年，丹徒区打造“合心宜”营商环境服务品牌，制定优化营商环境20条措施，制定涉企轻微和一般违法行为免罚、从轻、减轻处罚“三张清单”，推出全市首个“营商环境面对面”对企沟通平台。开展“宜路有我，暖心助企”大走访活动，畅通政企沟通渠道。推行“拿地即开工”制度，崇佑欧华玛新型装饰材料项目首次实现“五证齐发”。举办丹徒“金融惠企推进季”暨“金链行动”专场活动，全年帮助企业协调信贷资金19.26亿元。建成全市首家基层“苏服办”便民服务点，办理镇江首张“政银合作”营业执照，启用智慧办税服务厅。

（丹徒区史志办　李东东）

【社会事业】　2022年，丹徒区最大限度减少新冠病毒感染疫情对经济社会发展的影响。增进民生福祉，办好民生实事，民生支出占一般公共预算支出比重75%。提供就业岗位1.3万个（次），帮扶困难群体灵活就业359人，城镇登记失业率控制在4%以下。发放城乡低保、特困供养、残疾人“两项补贴”（困难残疾人生活补贴、重度残疾人护理补贴）、困境儿童生活补助等政策资金6591.5万元，保障困难群众1.25万人次。建成农村区域性养老服务中心2家、AAA级特色社区居家养老服务中心示范点1家、AA级特色社区居家养老服务中心示范点8家，世业镇世业村创成“全国示范性老年友好型社区”。完成长香水岸二期、景泉印象等安置项目竣工验收；推进“保交楼”项目，保障绿翠园、南山浅水湾花苑等4个项目交付。创成“江苏省高质量平安校园建设区”，通过“省义务教育优质均衡发展区”现场验收，茅以升实验学校悦山园校区、荣炳中心幼儿园新园交付使用，完成学校“阳光体育”改造6所。新建留守儿童和困境儿童“关爱之家”2个，宜城街道“关爱之家”被评为省级示范项目。新增体育场地面积5.5万平方米、米芾公园健身步道3.3千米、长山步道1.8千米。组织开展安全生产“百日攻坚”等专项行动，提升本质安全水平，高桥镇安丰村创成“全国综合减灾示范社区”。完成退役军人优待证申领发放，实现省级双拥模范区“九连冠”。

（丹徒区史志办　李东东）

京口区

【概况】　2022年，京口区总面积95.98平方千米，辖6个街道、2个园区，56个社区（含18个“村改居”社区）、5个建制村。2022年年末，总户数129126户，户籍人口311182人。人口自然增长率比上年下降4.8‰。全区实现地区生产总值555.32亿元，增长3.6%，一、二、三产业比例为0.15∶29.72∶70.12。社会消费品零售总额290.89亿元。城镇居民人均可支配收入61891元，增长4%。一般预算收入20.10亿元，减少11.3%。（京口区史志办　段广凤）

【科技创新】　2022年，京口区申报省市级科技项目34个，立项12个，其中省级项目立项2个，获立项资金1800万元；市级立项10个，获市级立项资金212万元。与国内外16个高校达成产学研合作协议37个。新增省级科技孵化载体、省级工程技术研究中心各1家；高新技术企业总数55家，科技型中小企业备案数110家，规模以上工业研发活动企业数43家。扩大苏科贷融资规模，帮助蓝图科技、金亿达能2家企业申请苏科贷420万元。（京口区史志办　段广凤）

【生态环境】　2022年，京口区空气环境质量提升。借力走航溯源研判，推行“定岗管＋专人查”，出台系统高效综合整治方案，全区道路环卫两次积尘监测，平均负荷与超标路段数量一直处于全市最优；东风步行街、好吃街等重点餐饮区域安装油烟实时监控系统。2022年，京口$PM_{2.5}$平均浓度34微克/立方米，比上年下降2.9%，优良天数比率73.9%。水环境质量稳定达标。加强源头治理，严格落实河（湖）长制，推进农村生活污水治理、入江入河排污口整治等系统工程,加强河道巡查管养,实现区域水体“长治久清”。国考焦山尾断面、省考三岔河与京口闸断面均达到Ⅱ类水体要求,达标率100%。地表水断面水质各项指标列各市(区)第1名。土壤环境质量趋于稳定。开展工业用地土壤污染状况调查,推进固体废弃物减量化、无害化、资源化处置。环境监管水平提升。明确7种轻微免罚事项、26种首违不罚事项。利用无人机、走航车、热成像、挥发性有机物检测仪等技术手段,打击环境违法行为。下达责令改正决定书79件、行政处罚决定书38件,实施查封扣押6起,处罚金额320余万元。举办“共建清洁美丽世界”第51个世界环境日主题活动,联合京口团区委邀请环保志愿者“零距离”接触企业环保设施,了解污水处理、餐厨处置全过程。 (京口区史志办 段广凤)

【人才招引】 2022年,京口区基础性人才总量6.2万人,专业技术人才2.4万人,其中高技能人才1.85万人,每万名劳动力中拥有高技能人才911人。优化人才环境,人才公共服务体系建设加快推进,引进本科以上人才7100人,人才项目申报成果显著。入选市金山英才高技能领军人才计划8人、市优秀乡土人才培养计划21人,认定省技能大师工作室1家、省技能大师工作室领办人1人,2人获“江苏工匠”称号。协助企业博士后工作站、博士后创新实践基地引进博士进站工作,新引进博士11人。 (京口区史志办 段广凤)

【城乡建设与管理】 2022年,京口区组织实施市政基础设施建设、宜居工程建设、生态环境工程建设等三类城建重点项目17个,计划完成总投资27.41亿元,年度投资约18.69亿元。区级城建重点项目13个,计划完成总投资约14.12亿元,年度投资约5.95亿元。推进危房解危“333”城镇污水处理提质增效达标区建设等项目。改造老旧小区9个片区,建筑面积37.52万平方米。加大水环境综合整治力度,国考、省考断面全面达标。推进新民洲大道延伸段、丹徒桥重建工程、桃花坞路道路大修工程、X101京丁线东京村段改造等项目。开展3个城镇污水处理提质增效达标区总面积7.01平方千米建设工作,加快补齐城镇污水收集、处理系统短板。京口区水体排查工作,巩固提升往年水体治理成效,系统完成玉带河、纺工河问题整治工作。加强市、区两级联动,对燃气安全隐患加大排查整改力度。

(京口区史志办 段广凤)

【农业和农村】 2022年,京口区粮食总产0.98万吨,粮食面积2.41万亩(0.16万公顷)。蔬菜播种面积4142亩(276.13公顷),产量9320吨。水产品养殖面积1300亩(86.67公顷),产量686吨。成功申报绿色稻米4500亩(300公顷)。开展高素质农民培训50人。提升数字农业与农机装备发展水平,特色农业机械化发展水平57%。培育市级示范家庭农场1家,申报新型农业经营主体(家庭农场)项目1个。开展农产品生产主体入网152家,监督巡查入网主体100%;入网主体合格证打印使用100%,抽检率100%;速测农产品618批次,合格率100%。加强农村重大项目建设,2022年,完成农业重大项目9个,总投资13.36亿元。左湖村发展高效农业种植项目,占地8亩(0.53公顷)的多肉植物园项目和占地18亩(1.2公顷)红颜草莓园项目落地。上埝村采用绿色生态种植技术种植水稻,创建“水韵上埝”品牌,使大米销售价为5~8元,实现销售额30万元。上埝村、左湖村村集体经营性收入均超过120万元。实际种粮农民一次性补贴发放3次,补贴金额63.64万元。抗旱救灾资金补贴,补贴面积11587.66亩(772.51公顷),发放资金17.36万元。稻谷生产环节补贴,补贴面积8001.4亩(533.43公顷),补贴资金76.39万元。 (京口区史志办 段广凤)

【外向型经济】 2022年,京口区外向型经济总体规模稳中有升。进出口总额112亿元,比上年增长

图53 2022年底,大禹山创意新社区投资10亿元的“大禹智谷科创产业园”开工建设 (京口区史志办 段广凤 供稿)

18.5%，总量列全市第3位。全年实到外资及港澳台资2887万美元，新批注册外资及港澳台资企业11家，协议外资及港澳台资3713万美元。京口区实现离岸服务外包执行额3.83亿美元，占全市总份额的28.6%，增长7.4%。区商务局牵头招引跨境物流项目签约，总投资1亿元，打造镇江跨境电商示范园区。

（京口区史志办　段广凤）

【文化旅游】　2022年，京口区组织参加第四届"美丽镇江乡村游"嘉年华。配合镇江市金山文化旅游节，组织开展第二届京口区吴文化旅游节、镇江市文旅部门拍摄京口旅游宣传推介短片。第一楼街文旅步行街获评省级夜间消费聚集区与省级旅游休闲街区。开展以"魅力京口""致匠心"等为主题的文化演出、传统文化体验、艺术培训、讲座等活动，村(社区)文艺播种计划及全民艺术普及六进活动，开展各类活动816场，服务群众249万人次。完成文化旅游投融资项目统计工作，华为(镇江)数字创新中心、大禹智谷科技产业园、镇江信缘康米山颐养院3个项目入选市重点文旅项目。开展文化旅游产业招商，完成芯成忆文旅电商综合平台、奥拉文创IP全产业链基地2个文旅项目签约并落地。（京口区史志办　段广凤）

【社会保障】　2022年，京口区企业养老保险基金征缴收入16.67亿元，完成目标任务的115.2%。实施"全民参保"行动，推进社保精准扶贫工作，落实城乡居保扶贫"三个100%"。引导城乡居民、灵活就业人员和未参保单位开展参保登记，扩面27439人，完成目标值236.5%，居民参保率98%以上。

（京口区史志办　段广凤）

润州区

【概况】　2022年，润州区土地总面积113平方千米。辖7个街道，镇江市黄山园艺良种场、镇江市水产养殖试验场、润州茶场等3个场圃，4个行政村、48个社区。2022年，实现地区生产总值280.04亿元，一般公共预算收入12.82亿元；社会消费品零售总额136.82亿元，比上年增长1.7%。城镇居民人均可支配收入6.04万元，增长3.9%。2022年年末，润州区实有人口户数105758户、户籍人口242037人(男性120455人、女性121582人)。死亡人口1733人、出生人口1022人。

（润州区史志办　孙　伟）

【经济发展】　2022年，润州区围绕"项目建设突破年"目标，推进重点项目、重点载体建设，国网镇江能源互联网科创中心、韦岗绿色建材产业园拿地开工，阿里云创新中心开园运营，和润数字产业园调规方案获批，联东U谷·官塘科技港摘牌拿地。开展招商引资"百日奋战"行动，签约冬云数据算力服务等12个亿元以上项目，总投资54.12亿元，当年入库列统7个。举办"省市金融机构官塘行"活动，签订22项协议，授信总额65亿元，金融助企赋能项目建设。数字经济快速发展，核心产业增加值占地区生产总值比重9.8%。新增"四上"企业61家，服务业应税营业收入增长10%，规模以上工业总产值增长16.6%，金融业税收增长26%。瑞祥科技集团入选中国互联网综合实力100强、江苏软件和信息技术服务业综合实力评估指数百家企业，时任省委书记吴政隆到企业调研指导。冬云云计算、莹石网络科技、巨麦信息技术等公司分别入选江苏省软件企业核心竞争力评价创新型和成长型企业。镇江数字技术融合创新中心获批省级众创空间，为年度全市唯一。江苏海洋资源开发研究院——数智低碳院签约落户。9家企业通过国家级高新技术企业认定，增幅全市第1名。落实国家和省、市稳经济政策，新增减税降费、缓税、留抵退税2.95亿元。开展"三问三促"暖企纾困和"润企大走访"活动，帮助企业复工满产，助力市场主体渡难关、稳预期、提信心。举办"产城新润州·投资新福地"房地产企业座谈暨专场推介会。组织"苏新消费·夏夜生活""盛世迎盛会·佳礼庆佳节"消费活动，拉动商

图54　2022年，润州区志愿服务总队常备队伍授旗仪式举行

（润州区史志办　供稿）

贸餐饮、文旅体育等消费3.22万人次。

(润州区史志办　孙　伟)

【社会事业】　2022年,润州区新增城镇居民就业6040人,居民人均收入61168元,比上年增长5.2%。深化教育"双减"试点工作,学生课后服务参与率93.2%,提高6.5个百分点。城市人居环境改善,完成6个片区、10.43万平方米老旧小区改造工程,完成60处、1.16万平方米危房解危工作。守住粮食安全底线,实现农业稳产增产,农民稳步增收。守护绿水青山,完成中央环保督察交办问题整改,开展"五大专项行动"(长江岸线保护专项行动,蓝天保卫战专项行动,治黑臭、护绿地专项行动,散乱污企业整治专项行动,打击固体废物非法倾倒专项行动),国、省考断面优Ⅲ类水体比例100%,优良天数改善率列全市排名第2名,大气站点$PM_{2.5}$年平均浓度改善率列全市第2名。

(润州区史志办　孙　伟)

【社会稳定】　2022年,润州区开展"三进三排查"(进村和社区、进企业、进单位,深入开展安全生产大检查、疫情防控、社会治理大排查)行动,安全生产专项整治三年行动收官,"百日攻坚"行动成效明显,"1+2+N"应急体系更加完善,全年生产安全事故"零发生"。依法依规、稳妥推进问题楼盘矛盾处置,停工楼盘有序复工,恒大铂珺花园第一批次320套房屋如期交付。在全市率先实现经营性国有资产集中统一监管、区属国有企业管理人员100%竞争上岗。推进"信访突出问题攻坚化解年"行动,上级交办信访案件全部办结,信访事项及时受理率、按期办结率、复查复核率均为100%。开展特殊困难群体救助帮扶和妇女儿童权益保障问题专项排查整治、打击整治养老诈骗等专项行动。

(润州区史志办　孙　伟)

【党的建设】　2022年,润州区探索创新新业态新就业群体党建,推进"三融合三工程",高标准建成启用市级暖"新"枢纽型阵地,在全省率先开展"6·16"社区集中报到日活动,相关做法得到省委组织部肯定,被人民网、央广网、《中国组织人事报》等中央和省级媒体平台推介,入围第六届全国基层党建创新典型案例。实施全域党建深化提升工程,开展"强基、织网、扎根"三大行动,构建党群政企"全参与"、24小时"全天候"、急难愁盼"全回应"、先锋作用"全感受"的全域党建新格局。

(润州区史志办　孙　伟)

【官塘创新社区】　2022年,镇江市官塘创新社区总占地14.57平方千米,核心区3.72平方千米,居于镇江市地理几何中心,截至年底,是苏南唯一主城区成片可开发用地,创新社区管委会围绕"数字经济引领区""城市副中心"的发展目标,聚力打造"总部经济集聚区、产城融合示范区、山水花园名城样板区"。在"数字经济"主导产业下,重点发展"1+2+6"的产业体系。2022年,官塘创新社区围绕"项目建设突破年"要求,以"务实、创新、融合、共赢"为工作基调,国网镇江能源互联网科创服务中心项目、冬云数据算力服务项目、联东U谷·官塘科技港项目、基础设施和环境整治工程项目陆续签约开工;举办"省市金融机构官塘行暨政银企联盟成立仪式"活动,授信总额65亿元;阿里云镇江创新中心于12月30日正式开园;创新社区基础设施特许经营项目签约,总投资额30亿元;全市首宗新型工业用地上市;完成管委会机构设置调整和实体化运作。

(润州区史志办　孙　伟)

镇江新区

【概况】　截至2022年年末,镇江新区总面积222平方千米,常住人口26.54万人。下辖大港、丁卯2个街道和丁岗、大路、姚桥3个镇。全年完成地区生产总值826.71亿元,比上年增长3.2%,其中,第一产业增加值6.96亿元,增长6.2%;第二产业增加值529.49亿元,增长3.2%;第三产业增加值290.26亿元,增长3.3%;一般公共预算收入55.98亿元,同口径增长1%;社会消费品零售总额139.34亿元,增长1%;城乡居民人均可支配收入分别增长3.6%、5.7%。

(新区经济发展局)

【农业和农村】　2022年,镇江新区实现农业总产值13.11亿元、增加值7.43亿元。粮食种植面积12.51万亩(0.83万公顷),增长1.62%,粮食总产量5.82万吨,与上年基本持平;蔬菜播种5.06万亩(0.34万公顷),与上年基本持平;生猪出栏6.78万头,增长256%;新建高标准农田7000亩(466.67公顷),特色农业机械化率71.35%。推进农业产业提档升级,落地乡村产业项目9个,创成省级现代农业产业技术体系示范推广基地1个、市级农业生产全程机械化智能化示范基地4个、蔬菜种质资源中心1个、农业科技示范基地2个;培育市级农业品牌5个、省级示范家庭农场1家、市级示范家庭农场3家;入围省农业数字化建设优秀案例1个、市级"十佳"农民1人。实施富民强村帮促行动,村均集体经营性收入增长5.2%,4个经济相对薄弱村提前达到市下达目标。农村常住居民人均可支配收入

33055.1 元,增幅 5.7%,增幅居全市第 2 名。开展市级乡村振兴示范创建,创成示范镇、示范村各 1 个,市级人居环境整治长效管护示范村 1 个。

（新区社会发展局）

【产业发展】 2022 年,镇江新区实现工业应税销售 1220 亿元、增长 10.5%。培育销售增量超亿元工业企业 40 家。新签约亿元以上项目 66 个,项目总投资额 166 亿元,其中 10 亿元以上项目 6 个。新审批、新开工、新竣工亿元及以上产业类项目分别完成 34 个、34 个、28 个。43 个市重大项目完成投资 105 亿元,年度市下达任务完成率 107%,排名全市第 1 名。新增规模以上企业 96 家,新增国家级"'专精特新'小巨人"企业 4 家、省级"专精特新"中小企业 34 家、市级"专精特新"中小企业 36 家。制造业投资 146.2 亿元,比上年增长 4.4%;规模以上工业总产值增长 10.9%。按商务部确认口径,到位外资及港澳台资 1.95 亿美元,增长 39.6%;进出口总额 391.9 亿元,增长 42.6%,其中出口额 240 亿元,增长 87.4%。

（新区经济发展局　新区科学技术和信息化局）

【科技创新】 2022 年,镇江新区科学研究与试验发展经费支出占地区生产总值比重 2.84%,高新技术产业产值占规模工业产值的比重超过 62%。全年登记技术交易额 32.86 亿元。新培育 2 家"瞪羚企业",入库备案科技型中小企业 377 家,新认定高新技术企业 98 家、省级研发中心 2 家、市级研发中心 22 家,4 家企业在省级工程技术研究中心绩效考评中获优秀等次。立项各类市级以上科技计划 17 个,获上级拨款 2854 万元。引进延链补链科技人才项目 58 个,新聘任"科技副总"57 人,引进外国高端人才和专业人才 149 人。智备流体科技企业孵化器被新认定为省级孵化器,2 家孵化器被评为 A 类(优秀),4 家孵化器被评为 B 类(良好)。

（新区科学技术和信息化局）

【城市建设与管理】 2022 年,镇江新区实施城建类政府投资项目 28 个,完成年度投资 6.46 亿元,竣工项目 16 个。加快推进产业类项目配套建设进度,为蓝城等一批优质新项目加快建设道路、雨污水、供电等配套设施。提升水环境治理能力,开工建设大港街道城镇污水处理提质增效精准攻坚"333"("三消除""三整治""三提升")行动 2022 年达标区建设工程等一批老百姓家门口的治理项目,环境整治取得成效。15 个小区完成垃圾分类"四分类",建成省达标小区 10 个,完成年度目标。加强市政设施建设,完成吾悦西地块配套道路等一批市政道路建设,做好绿化、桥梁、路灯等设施的管养维修,保障道路通畅与安全。新设置 104 个收费道路停车泊位,在丁卯纬五路引入"无人值守泊位机器人",为全市首创。全年投放共享助力车 2000 辆,累计设置停车点位 730 个。

（新区城乡建设局　新区综合行政执法局）

【企业服务】 2022 年,镇江新区筑牢安全生产和生态环保防线,推动《安全风险点管控责任手册》在 44 家重点化工企业、42 家电镀企业和 595 家工贸企业落地使用,在全区消防、特种设备、油气管道、船舶修造等重点行业 92 家生产经营单位开展试点使用。遏制"两高"(高耗能高排放)项目盲目发展,推动企业技改升级,全年实施绿色技改项目 36 个,开展"政银企共建+"活动,组建政银企工作专班,与 24 家银行开展合作,开展共建活动 93 场。开展"暖企大走访"活动,打造"宜路通"服务品牌,全年企业高频办事事项平均办件时长缩减 30%以上,企业用电用水用气接入办理周期缩短 50%。在 2022 年省工商联公布的民营经济营商环境评价报告中,新区排名全市第 2 名。

（新区党政办公室）

【生态环境建设】 2022 年,镇江新区环境质量稳中有进,$PM_{2.5}$ 浓度 32 微克/立方米,比上年下降 8.6%,达到国家环境空气质量二级标准,排名全市第 1 名;空气优良天数比率 75.5%,全年实现零重污

图 55　2022 年,连淮扬镇高铁开通,图为高铁在圌山山麓驶过

（赵文良　供稿）

染天,市区排名第1名。5个国、省考断面水质稳定达到三类水标准,连续6年达标率100%。全年开展天然气锅炉低氮改造、有机废气末端治理、农村生活污水治理等污染物减排工程,全年减排氮氧化物395吨、挥发性有机化合物615吨、化学需氧量182吨、氨氮8.5吨。推动《生态环境风险点管控责任手册》在47家化工企业、10家重点企业推广运用。开展新区危废重点监管源本质安全提升工程,委托资质第三方对全区50家企业开展现场核查,发现隐患问题277项,全部整改到位。2022年,镇江新区新增治理行政村3个、自然村30个,农村生活污水治理率63.2%,自然村覆盖率65.3%。姚桥镇被江苏省生态环境厅评为"生态文明示范乡镇"。

(新区生态环境和应急管理局)

【文化旅游】 2022年,镇江新区获省级文化和旅游消费示范单位称号,全年旅游接待人次397.92万人,旅游过夜接待人数135.02万人,全年旅游总收入51.79亿元。区内企业申报的华秀锅盖面大礼包获第二届江苏旅游文创商品大赛金奖;在2022年镇江"十佳"网红打卡地评选活动中,镇江新区圌山观日出、途居镇江圌山露营地、兴国长鱼汤店、圌山生态酒店分获传统经典景区类、休闲健身新业态类、餐饮美食类、民宿(休闲农庄)类"十佳";江苏银山宜创公司获评省文旅市场"红名单"。年内组织15件文创产品参加第四届大运河文化旅游博览会,组织《宜地青铜》丝绸书、瘗鹤铭丝巾等20余件文创商品参加镇江市第四届美丽镇江乡村游嘉年华活动,东乡长鱼汤、江南插花等非遗项目在活动现场制作和展示。大路镇东岳村创成市级乡村旅游特色村,大路镇"滨江田园"乡村旅游集聚区创成乡村旅游集聚化建设项目。7月至9月,举办夏季文化旅游消费节,推出包含帐篷节、极光秀等22类系列优惠活动,助力新区文旅产业加速发展。 (新区宣传统战部)

【社会事业】 2022年,镇江新区城镇新增就业6685人,扶持创业1749人,实现就业困难人员再就业1684人。新增公益性岗位安置就业困难人员37人并发放补贴114.5万元。为2960人发放灵活就业社保补贴1254.5万元。企业职工养老保险涉及9.44万人,城乡居民养老保险涉及2.71万人。被征地农民基本生活保障涉及新安置被征地农民118人,上缴基金0.18亿元;经营权置换生活保障涉及新安置被征地农民268人,发放保障资金242.12万元。建成老年友善医疗机构3家、老年友好型社区1家、标准化护理院1家;创成五星、四星中医馆各1家。推动全区教育优质均衡发展,丁卯第三小学建成交付,心湖高中晋评省三星,新创省优质幼儿园2所;引入苏州光华教育集团合作办学,枫叶双语学校实现普高国内外双轨制;新增正高级教师1名、市学科带头人22名;新区家长学校总校获评首批省先进。全区人均体育场地面积4.43平方米,跃居全市第1名。新增社区标准化养老服务中心2家、等级养老机构3家;建设运营省级"儿童关爱之家"、精神障碍社区康复服务示范点和残疾人体育示范点各2个。率先探索开展婚姻家庭辅导和危机干预、重度残疾人居家托养服务。推进退役军人服务保障体系建设,创成镇(街道)五星级服务站1个,村(社区)五星级服务站5个、四星级6个,入围省百家红色精品服务站、百支优秀退役军人志愿服务队和百家优秀服务站各1个。

(新区人力资源和社会保障局 新区社会发展局)

镇江国家高新技术产业开发区

【概况】 镇江国家高新技术产业开发区(以下简称"镇江高新区")于2017年6月6日正式实体化运作,面积44.03平方千米,下设1个街道——蒋乔街道,9个村(社区),常住人口6万人。镇江高新区在全国169家国家级高新区中排名85位,比实体化运作之前进位40位。2022年,镇江高新区地区生产总值比上年增长3%,一般公共预算收入增长3.1%;全年工业投资、到位外资实现翻番,增幅均位居全市第1名;科学研究与试验发展指标3.4%,连续5年保持全市第一方阵;应税销售、进出口总额均实现两位数增长;2022年,签约亿元以上产业项目22个,总投资124.4亿元,哈电、鹰普、华电等5个"10亿级"项目落地。

(镇江高新区 刘 启)

【产业发展】 2022年,镇江高新区重点发展船舶与海洋工程装备"一区一战略产业",培育新一代信息技术、数字创意、现代物流、高技术服务业等新兴产业,形成"1+4"产业布局。半导体及通信产业园入驻11个高端产业项目,基本形成半导体芯片设计—封装测试—产品应用的小型生态产业链,半导体产业园产值突破10亿元,海姆霍兹、矽佳测试、光皓光学等企业进入上市筹备阶段。高端装备产业园、智能装备产业园、船舶海工产业园陆续建设,合计建筑面积超30万平方米,聚焦装备制造、智能制造、电子信息、工业自动化设备制造等产业领域,合计招引入驻项目约90个。团山睿谷总投资26亿元,总建筑面积45万平方米,项目总体进度86%,截至年底,引进酒店商业、总部经济、孵化器、电竞产业园、国家级检验检测实验室等项目7个。辖区企业惠龙易通连续5年获评"中国独角兽企业”，矽佳测试、海姆霍兹等公司入选江苏省“潜在独角兽”企业，凯德电控公司入选省“瞪羚企业”，中船动力公司列入国家第四批“‘专精特新’小巨人”企业。建设各类科创平台、新型研发机构，实体化运作研究院6个，全年完成技术合同额1.1亿元，比上年增长115%。　（镇江高新区　刘　启）

图56　2022年12月25日，镇江高新区“‘城市绿肺’绿地系统 & 高质量建设污水处理”项目入选全国“2022民生示范工程”案例

（江苏麦肯数字印刷有限公司　赵　羽　供稿）

【城市建设】　2022年，镇江高新区坚持“一盘棋”空间管控，按照“一核四区”的总体格局，划定“三区三线”，形成高新区国土空间规划（分区规划）“一张图”。推动金牛山、嶂山—东山等片区开发建设，312国道快速化改造、346国道城市化改造加快推进，区域交通内外循环逐步完善。完成国家级、省级文明城市复审迎检工作，农贸市场、社区小区、交通秩序等领域的难点问题有效整治。集中整治户外广告牌，推进飞线入地。

（镇江高新区　张　亮）

【生态文明建设】　2022年，镇江高新区高质量统筹发展和安全，坚决守住生态红线、风险防线、安全底线。生态环境持续向好，打好污染防治攻坚战，全年$PM_{2.5}$浓度较上半年下降7.2微克/立方米。中央、省、市环保督察反馈问题全部整改到位。全区基本消除黑臭水体，省考断面水质达标率保持100%，农村生活污水治理覆盖率100%。开展五大专项行动，全力推进长江岸线清理整治等工作，完成四轮“散乱污”企业摸排，“一企一档”构建整改闭环，整改完成率100%。“‘城市绿肺’绿地系统 & 高质量建设污水处理”入选全国“2022年民生示范工程”案例，打造金牛山城市公园、东篱春晓绿地广场。

（镇江高新区　刘　启　张　亮）

【社会文化事业】　2022年，金牛山城市公园、东篱春晓绿地广场、春晓路“口袋公园”、扬溧高速西侧及市特教中心周边绿化提升等项目建成开放，“‘城市绿肺’绿地系统 & 高质量建设污水处理”获评全国“2022年民生示范工程”案例，高质量创成省级全域旅游示范区。开展“文艺播种计划”180场及其他文艺活动200余场，累计接受文化场馆服务约15.48万人次。组织开展各类群众体育活动4650场，累计参与人数13.2万人次；新增体育场地面积1.38万平方米，人均体育场地面积2.29平方米；开展“省级非遗项目——马灯阵舞”的改编创新工作，改编后的《嶂山马灯情》获镇江市“群星奖”并入围省“五星工程奖”终评赛。

（镇江高新区　张　亮）

【2022年“镇江高新区杯”创新创业大赛】　11月2日，2022年招才引智“镇江日”暨“镇江高新区杯”创新创业大赛哈尔滨分站赛活动举办。该次比赛遴选出20个优质项目现场参加路演。“‘心语’眼动控制系统”“移动场景下多维数据融合指挥平台”等10个项目晋级并参加在高新区举办的总决赛。活动期间，同步举行面向驻哈尔滨高校的“直播带岗”现场招聘活动，组织市、区10家企业参加，发布用工岗位77个，需求人数200人，达成意向68个。

（镇江高新区　刘　启）

先进人物·城市荣誉

表 86 2022 年镇江市获全国五一劳动奖章人员名单

姓名	性别	单位	职务
林田中	男	江苏恒顺集团有限公司	制醋车间主任
符爱芬	女	江苏丹毛纺织股份有限公司	产品研发中心主任

（市总工会 张冬芹）

表 87 2022 年镇江市获江苏省五一劳动奖章人员名单

姓名	性别	单位	职务
陈建军	男	大亚科技集团有限公司	董事局主席
苏青峰	男	江苏山水环境建设集团股份有限公司	安全总监
孙柏新	男	大全集团有限公司	叉车工
壮　强	男	江苏盛行汽车科技发展有限公司	技术部主任
董　尚	女	镇江市京口区疾病预防控制中心	急传与免疫规划科科长
梁　强	男	江苏省交通工程集团有限公司	项目经理
章绮天	女	中共镇江市委市级机关工委	作风效能处处长
陈旭辉	男	镇江市实验高级中学	校长、党委书记
戴一峰	男	中国电信股份有限公司镇江分公司	资源管理班班组长
吴晓晖	男	镇江市卫生健康委员会	副主任

（市总工会 张冬芹）

表 88　2022 年镇江市退役军人立功情况表

姓名	性别	出生年月	籍贯	政治面貌	入伍时间	获得奖励名称（一等功、二等功、三等功）	退役时间
严　冬	男	1981 年 12 月	江苏东台	中共党员	1999 年 12 月	三等功	2022 年
许石江	男	1985 年 11 月	安徽宿松	中共党员	2002 年 12 月	三等功	2022 年
张小光	男	1985 年 10 月	安徽阜阳	中共党员	2003 年 9 月	三等功	2022 年
李晴华	男	1986 年 5 月	江西湖口	中共党员	2003 年 9 月	三等功	2022 年
刘林臻	男	1983 年 1 月	安徽桐城	中共党员	2001 年 9 月	三等功	2022 年
饶　杰	男	1984 年 9 月	湖北崇阳	中共党员	2001 年 12 月	三等功	2022 年
康子明	男	1983 年 1 月	黑龙江阿城	中共党员	2002 年 9 月	三等功	2022 年
张淑霞	女	1982 年 10 月	甘肃永登	中共党员	2006 年 6 月	三等功	2022 年
石宁权	男	1976 年 4 月	江苏句容	中共党员	1994 年 8 月	三等功	2022 年
李士龙	男	1982 年 10 月	安徽颍上	中共党员	2000 年 9 月	三等功	2022 年
袁永良	男	1980 年 11 月	河北南宫	中共党员	2000 年 9 月	三等功	2022 年
季　杰	男	1982 年 6 月	江苏镇江	中共党员	2004 年 6 月	三等功	2022 年
贺　峰	男	1983 年 4 月	江苏丹阳	中共党员	2001 年 9 月	三等功	2022 年
丁金军	男	1982 年 5 月	江苏丹阳	中共党员	2002 年 12 月	三等功	2022 年
姜正峰	男	1986 年 6 月	山东青岛	中共党员	2005 年 12 月	三等功	2022 年
岳　雷	男	1986 年 7 月	江苏丹阳	中共党员	2005 年 12 月	三等功	2022 年
张旭平	男	1989 年 10 月	江苏丹阳	中共党员	2009 年 12 月	三等功	2022 年
张静平	男	1989 年 8 月	江苏丹阳	中共党员	2009 年 12 月	三等功	2022 年
戎泽峰	男	1990 年 3 月	江苏丹阳	中共党员	2009 年 12 月	三等功	2022 年
郭英明	男	1982 年 3 月	江苏盐城	中共党员	2001 年 12 月	三等功	2022 年
周道峰	男	1979 年 8 月	安徽宿州	中共党员	1998 年 12 月	三等功	2022 年
高文杰	男	1986 年 12 月	江苏句容	中共党员	2005 年 12 月	三等功	2022 年
李　宁	男	1988 年 9 月	安徽池州	中共党员	2005 年 12 月	三等功	2022 年
孙　阳	男	1991 年 2 月	江苏句容	中共党员	2009 年 12 月	三等功	2022 年
姚　俊	男	1988 年 1 月	安徽黄山	中共党员	2005 年 12 月	三等功	2022 年
王大伟	男	1987 年 4 月	山东烟台	中共党员	2006 年 9 月	三等功	2022 年
朱　晨	男	1992 年 3 月	江苏扬中	中共党员	2009 年 12 月	三等功	2022 年
张海超	男	1990 年 2 月	山东济宁	中共党员	2005 年 12 月	三等功	2022 年

续表 88

姓名	性别	出生年月	籍贯	政治面貌	入伍时间	获得奖励名称（一等功、二等功、三等功）	退役时间
张千里	男	1986 年 3 月	江苏东海	中共党员	2004 年 9 月	三等功	2022 年
赵　翀	男	1991 年 11 月	江苏镇江	中共党员	2009 年 12 月	三等功	2022 年
张　浩	男	1987 年 2 月	江苏镇江	中共党员	2005 年 12 月	三等功	2022 年
王　岩	男	1987 年 9 月	江苏宿迁	中共党员	2005 年 12 月	三等功	2022 年
郑　迪	男	1986 年 12 月	山东淄博	中共党员	2005 年 12 月	三等功	2022 年
包　俊	男	1991 年 1 月	江苏镇江	中共党员	2009 年 12 月	三等功	2022 年
顾学斌	男	1989 年 4 月	浙江新昌	中共党员	2009 年 12 月	三等功	2022 年
杨寿武	男	1988 年 8 月	江苏盱眙	中共党员	2005 年 12 月	三等功	2022 年
周　骏	男	1992 年 1 月	江苏镇江	中共党员	2009 年 12 月	三等功	2022 年
王天威	男	1991 年 10 月	江苏镇江	中共党员	2009 年 12 月	三等功	2022 年
赵　含	男	1993 年 8 月	河南南阳	中共党员	2009 年 12 月	三等功	2022 年
谢　锦	男	1986 年 9 月	江苏镇江	中共党员	2005 年 12 月	三等功	2022 年
丁林虎	男	1986 年 8 月	江苏镇江	中共党员	2008 年 8 月	三等功	2022 年
梅小武	男	1986 年 10 月	四川荥经	中共党员	2005 年 12 月	三等功	2022 年
曹　正	男	1990 年 11 月	江苏新沂	中共党员	2009 年 12 月	三等功	2022 年

（市退役军人事务局）

表 89　2022 年镇江市获中央部委级荣誉称号情况

荣誉名称	获评荣誉单位	授予荣誉主体
江苏省双拥模范城	镇江市	省委、省政府
“江苏制造突出贡献奖”先进单位	市工信局	省委、省政府
全国绿化先进集体	市自然资源和规划局	全国绿化委员会、人社部、国家林业和草原局
国标委社会管理和公共服务综合标准化试点	市人社局	国家标准化管理委员会(国家市场监督管理总局)
节约型机关	市税务局	国家机关事务管理局、中央直属机关事务管理局、国家发改委、财政部
为群众办实事示范法院	市中级人民法院	最高人民法院
2021 年度全国健康城市建设样板市	镇江市	全国爱卫办(具体工作由国家卫健委承担)
全国农产品成本调查工先进集体	市发改委	国家发改委
全国农村集体产权制度改革工作先进集体	市农业农村局	农业农村部

（市委编办　李　凯）

镇江市项目攻坚暨产业强市部分奖项获奖名录

表 90　2022 年度十佳企业家一览表

类别	单位、职务、姓名	类别	单位、职务、姓名
贡献类	大全集团有限公司总裁　徐　翔	投资类	江苏鼎胜新能源材料股份有限公司董事长　王　诚
	镇江奇美化工有限公司总经理　洪良义		江苏吉贝尔药业股份有限公司董事长　耿仲毅
	江苏鱼跃医疗设备股份有限公司董事长　吴　群		建华建材(中国)有限公司董事长　王　刚
	大亚集团董事长　陈建军		香江科技股份有限公司董事长　沙正勇
	江苏美科太阳能科技股份有限公司董事长　王禄宝		孚能科技(镇江)有限公司董事长　王　瑀
	江苏索普(集团)有限公司董事长　胡宗贵		江苏天奈科技股份有限公司董事长　郑　涛
	天工集团董事长　朱小坤		中船动力镇江有限公司董事长　潘海飞
	沃得集团董事长　王伟耀		优利德(江苏)化工有限公司总经理　尹锺天
	江苏恒顺集团有限公司董事长　杭祝鸿		江苏省镇江船厂(集团)有限公司董事长　郭　琰
	大赛璐安全技术(江苏)有限公司总经理　吴建州		江苏鹤林水泥有限公司总经理　徐　斌

（江　鉴）

表 91　2022 年度重大产业项目招引推进奖一览表

类别	团队名称
重大产业项目招引奖	恒美光电偏光片项目招引团队
	鼎一新能源铜箔装备制造项目招引团队
	双峰格雷斯海姆疫苗玻璃生产基地暨格雷斯海姆中国区总部项目招引团队
	鹰普流体科技镇江高端液压装备智能制造及全球研发中心项目招引团队
	华为(镇江)数字联合创新中心项目招引团队
重大产业项目推进奖	蜂巢 DHT 变速器扩能项目推进团队
	国药智能医疗康复器械项目推进团队
	日丰年产 6 亿米新型管材管件华东研发生产基地项目推进团队
	天奈碳纳米管与副产物氢及相关复合产品生产项目推进团队
	美科 35GW 绿色高效超薄硅片项目推进团队
	诺贝丽斯年产 27.5 万吨汽车板冷轧铝卷项目推进团队

（江　鉴）

表92　2022年度优化营商环境“甘露奖”一览表

单位名称	单位名称
市税务局	市市场监管局
市发改委	市自然资源和规划局
镇江供电公司	市中级人民法院
市财政局	市公安局
市住建局	市政务办

（江　鉴）

表93　2022年度书记项目部分获奖一览表

类别	项目名称
十佳书记项目	“车轮滚滚党旗红”打造道路货运行业党建“丹阳样板”——丹阳市委
	非公企业产业链党建联盟样板工程——扬中市委
	探索在城市基层“全域党建”中抓好新业态新就业群体党建——润州区委
	代表小组建支部　党旗引领迈新步——市人大常委会机关党组
	深化“五好党建”转“三风”促落实——市政协机关党组
	基层吹哨　党员报到——市委市级机关工委
	产业链上党旗红——市工信局党委
	打造党建引领下公共安全突发事件预防处置“四网四卫红色堡垒”——市公安局党委
	打造“纵横融合”基层党建工作品牌——江苏大学党委
	建强党员服务队　筑牢党群“连心桥”——镇江供电公司党委
书记项目特别奖	实施“党旗‘镇’红、‘医’路先锋”工程，推动疫情防控和医疗救治工作——市卫健委党委
	以“党旗‘镇’红　急救建功”为引领，全面实施“120红医党建质量提升工程”——市急救中心党总支
	党建引领健康为民——康复在行动——市第一人民医院党委
	创新运用“党建＋”模式　筑牢疫情防控“红色堡垒”——江苏大学附属医院党委
	党建共建“小哥医院”　筑起新业态新就业群体“防疫墙”——市第三人民医院党委
	党建引领，科研发力造福百姓健康——市中西医结合医院党委
	“‘中’诚向党　‘医’心为民”志愿服务项目——市中医院党委
	强党建筑起疫情下生殖健康“防火墙”——市第四人民医院党委
	“疫”路有我当先锋，勇担使命护家园——市社会福利服务中心党总支
	党建领航助推医疗水平高质量发展——丹阳市人民医院党委
	“康新——暖心家园”项目——扬中市新坝中心卫生院党支部
	“三力＋三医”打造红色引擎，燃动“居民健康守门人”快车——京口区健康路社区卫生服务中心党支部

（江　鉴）

重要会议报告

坚定拥护“两个确立”　坚决做到“两个维护”
为加快展现中国式现代化镇江图景而团结奋斗

——在中共镇江市委八届四次全会上的报告(摘要)

(2022 年 12 月 21 日)

市委书记　马明龙

一、深刻领悟“两个确立”的决定性意义，自觉用党的二十大精神统一思想、统一意志、统一行动

党的二十大精神既有政治上的高瞻远瞩、理论上的深邃思考，也有目标上的科学设定、工作上的战略部署，思想十分深刻，内涵十分丰富。我们要在已经兴起学习宣传贯彻热潮的基础上，持续保持热度、拓展深度、延伸广度，按照习近平总书记“五个牢牢把握”和“全面学习、全面把握、全面落实”的重要指示，更加深刻领会党的二十大的主题和主要成果，深刻领会新时代 10 年伟大变革的深远历史意义，深刻领会习近平新时代中国特色社会主义思想的世界观方法论和贯穿其中的立场观点方法，深刻领会中国式现代化的中国特色和本质要求，深刻领会党的中心任务和未来五年的重大部署，深刻领会以党的自我革命引领社会革命的重要要求，深刻领会江山就是人民、人民就是江山的根本政治立场，深刻领会统筹发展和安全的重大原则，深刻领会“三个务必”的谆谆教导和团结奋斗的时代要求，真正把这些重要思想、重要观点、重大战略、重大举措学深悟透，对是什么、干什么、怎么干了然于胸，满怀信心地紧跟习近平总书记走好新的赶考之路，全力推动党的二十大精神在镇江落地生根、开花结果。

(一) 学习贯彻党的二十大精神，必须深刻领悟“两个确立”的决定性意义，坚定拥护“两个确立”、坚决做到“两个维护”。我们深刻体悟到，“两个确立”是新时代 10 年发生伟大变革、取得历史性成就的决定性因素；“两个确立”对全面建设社会主义现代化国家、全面推进中华民族伟大复兴、实现第二个百年奋斗目标具有决定性意义；“两个确立”是奋进新征程必须始终坚持的重大政治原则、必须全面贯彻的重大实践要求。全市上下要深刻领悟“两个确立”的决定性意义，做到政治上绝对忠诚、思想上高度统一、意志上更加坚韧、行动上坚决有力，在以习近平同志为核心的党中央周围团结成“一块坚硬的钢铁”，步调一致向前进，不断夺取新胜利。

(二) 学习贯彻党的二十大精神，必须坚持不懈用习近平新时代中国特色社会主义思想凝心铸魂，自觉做党的创新理论的坚定信仰者、忠实践行者。党的二十大深入总结我们党坚持和发展马克思主义的历史经验，系统阐述、精辟概括了习近平新时代中国特色社会主义思想的世界观方法论和贯穿其中的立场观点方法，集中体现为“两个结合”和“六个必须坚持”。我们要把“两个结合”“六个必须坚持”作为开启习近平新时代中国特色社会主义思想伟力的“金钥匙”，深入领会蕴含其中的道理学理哲理，更好地用以武装头脑、指导实践、推动工作。要原原本本学。原原本本、反反复复研读党的二十大报告和党章，一篇一篇、逐字逐句学习习近平总书记重要讲话、重要文章、重要指示，真正理解把握习近平新时代中国特色社会主义思想的核心要义、精神实质、丰富内涵、实践要求，做到知其言更知其义、知其然更知其所以然。要融会贯通悟。紧密联系新时代10年党和国家事业取得的历史性成就、发生的历史性变革，紧密联系我们推动“三高一争”、统筹发展和安全的具体实践，更加深刻感悟习近平新时代中国特色社会主义思想的真理力量和实践伟力，在领悟不止、精进不怠中将其内化为自觉、上升为信仰，真正成为党的创新理论的坚定信仰者、忠实践行者。要知行合一干。大力弘扬理论联系实际的马克思主义学风，自觉用习近平新时代中国特色社会主义思想之“矢”去射镇江发展之“的”，时时对表、事事对标，及时纠正理念偏差、思维偏差、方法偏差，奋力开创事业发展新局面。

（三）学习贯彻党的二十大精神，必须明确目标路径、优化工作方法，在新征程上全面推进中国式现代化镇江新实践。自市委七届十一次全会以来，我们因时因势作出了一系列战略部署，提出了“三高一争”奋斗指向，“创新创业福地、山水花园名城”城市定位，“一体、两翼、三带、多片区”总体布局，“产业强市、创新驱动、融合发展”战略路径，奋力打好“五大关键战”，推动镇江现代化建设实现“六个明显进展”。要全面对照党的二十大精神，不断丰富完善推进镇江现代化建设的战略体系和实施路径，奋力推动中国式现代化在镇江大地展现可观可感的生动图景。一是物质基础更加坚实的现代化。以产业强市“一号战略”带动现代化经济体系建设，坚持教育优先发展、科技自立自强、人才引领驱动，全面做强做大、做优做精“四群八链”，推动经济实现质的有效提升和量的合理增长。深度融入区域协调发展重大战略，加快推动市域发展总体布局落地，让重点片区、开发园区成为产业强市的主阵地和展示镇江现代化建设成效的重要窗口，全面夯实镇江现代化建设的物质基础。二是民主法治更加健全的现代化。坚持党的领导、人民当家作主、依法治国有机统一，深化以政治建设统领人大工作实践，发挥好人民政协专门协商机构作用，用好统一战线这个党凝聚人心、汇聚力量的重要法宝，持续扩大人民有序政治参与，让全过程人民民主在镇江展现出勃勃生机。深入推进科学立法、严格执法、公正司法、全民守法，一体建设法治政府、法治社会，让法治成为镇江现代化建设的核心竞争力和坚强保障。三是精神文化更加丰富的现代化。坚持物质文明和精神文明相协调，持续用党的创新理论铸魂育人，全面提升社会主义意识形态凝聚力引领力。推进群众性精神文明创建，加强优质公共文化服务供给，推动中华文脉守护传承形成更多标志性成果，让优秀文化“基因”在新征程上传承生根、发扬光大。四是人民生活更加美好的现代化。坚持以人民为中心的发展思想，实施就业优先战略，完善收入分配制度，促进城乡居民收入稳步增长、收入差距明显缩小、中等收入群体比重显著提高，共同富裕取得更为明显的实质性进展。健全多层次、可持续的社会保障体系，增强教育、养老、医疗等公共服务均衡性和可及性，让全市人民对美好生活的向往更好实现。五是人与自然更加和谐的现代化。深入贯彻习近平生态文明思想，牢固树立和践行“绿水青山就是金山银山”的理念，协同推进降碳、减污、扩绿、增长，持续深入打好蓝天、碧水、净土保卫战，加快补齐生态基础设施短板，加强生态系统保护修复，进一步擦亮“低碳镇江”城市品牌，推动生态环境质量实现根本好转，人民群众“生态获得感”显著提升，美丽镇江建设书写出崭新篇章。六是安全屏障更加牢固的现代化。全面落实总体国家安全观，持续推进国家安全体系和能力建设，健全防范化解重大风险体制机制，坚决维护政治安全、社会安定、人民安宁。加快市域社会治理现代化，完善治理体系、创新治理模式，在人人参与、共建共享中激发基层社会治理澎湃活力。

二、扎实做好2023年经济社会发展工作，推进中国式现代化镇江新实践迈好第一步

（一）聚焦产业项目奋力攻坚，扎实推动高质量发展。牢牢扭住项目“牛鼻子”。紧盯“四群八链”关键节点，聚焦重点区域，拓展产业链招商、驻点招商、中介招商、以商引商等多元化渠道，招引攻坚一批重大产业项目，充实提升一批小而精项目、技改类项目。坚持亩产、效益、能耗、环境“四个论英雄”，全面推进重大项目全生命周期管理，持续优化项目评估准入、调度推进、考核评价等机制，加快形成力量向项目集中、资源向项目集聚、政策向项目倾斜的良好氛围。加快构建现代化产业体系。推进传统优势产业改造升级、战略性新兴产业发展壮大，积极打造地标性产业集群，不断提升产业链供应链韧性和安全水平。发挥数字经济关键增量作用，大力引培一批数字经济重点企业和服务商，深入推进制造业智能化改造和数字化转型十大行动。更高水平推动业态融合发展，促进现代服务业同先进制造业、现代农业相融互促，培育壮大一批军民融合领军企业。强化金融赋能，出台“金帆”计划，统筹推进“三帆两金一甘露”系列行动，推动“科技—产业—金融”良性循环。更好发挥企业主体作用。深入开展“百企引航”和“千企升级”行动，加大龙头企业培育力度。实施分类梯度培育、数字绿色转型、质量标准提升等六大行动。特别要坚持“两个毫不动摇”,从政策和舆论上鼓励支持民营经济和民营企业发展壮大,依法保护民营企业产权和企业家权益,更大力度为企业解难题、办实事,进一步稳定企业家预期,构建亲清政商关系,充分激发和释放企业家积极性主动性创造性。积极落实扩大内需战略。更好统筹供给侧结构性改革和扩大内需,通过高质量供给创造有效需求,支持以多种方式和渠道扩大内需,继续发挥消费、投资、出口对经济的支撑作用。把恢复和扩大消费摆在优先位置,持续开展消费促进活动,发挥“金山消费节”等消费品牌带动作用,努力扩大商业消费、提升文旅消费、拉动住房消费、培育服务消费,支持新能源汽车、养老服务等消费,以市场化手段促进线上线下融合消费,让城市更有“烟火气”。切实增强改革开放动能。聚焦战略落实全过程、产业发展全链条、企业发展全周期、人才成长全维度,谋划一批具有牵引作用的重要改革措施,系统集成、协同高效推进“放管服”改革、国资国企改革等重点领域和关键环节改革,激发市场活力和社会创造力。更大力度推动外贸稳规模、优结构,促进外资稳存量、扩增量,深入实施“百团千企拓市场、促招引行动”,适时组织赴海外招商活动,落实好外资企业国民待遇,更好融入国内循环和国际循环。持续营造良好营商环境。制定实施“镇合意”3.0版,一体优化政策、市场、政务、法治、人文“五大环境”,围绕市场主体需求及时、精准施策,深化诚信建设,打造创新案例,更好改善社会心理预期、提振发展信心,以良好营商环境暖人心、显温度。

(二)聚焦教育科技人才支撑,着力塑造发展新动能新优势。坚持教育优先发展,办好人民满意教育。全面贯彻党的教育方针,落实立德树人根本任务,深化教育领域综合改革,抓好省“双减”试点任务,加快推进育人方式、评价方式、督导方式“三个转变”。优化教育资源配置,实施市、县(区)两级高品质中小学培育工程,推进省高品质示范高中创建,统筹学前教育、特殊教育、职业教育、继续教育协同创新,建设“四有”教师队伍,以高质量教育涵养源头活水。坚持科技自立自强,激发创新创造活力。大力支持链主企业、创新型领军企业开展原创性引领性科技攻关,深入实施产业基础再造和重大技术装备攻关工程。启动实施科技孵化载体“扩容强体”行动,建设完善“众创空间+孵化器+加速器+特色产业园”科技创业孵化育成链条,全力支持江苏大学争创“智慧农业全国重点实验室”,建好用好省船舶与海洋工程设计研究院等平台载体。全面深化与省产业技术研究院等高校院所的对接合作,完善政产学研金服链接机制,促进更多创新成果在镇转移转化,以高水平科技创新激发动能活力。坚持人才引领驱动,深化人才“镇兴”行动。围绕“人才生态质效提升年”,进一步完善人才“镇兴”行动各项政策落地机制,统筹实施“金山英才”、卓越工程师薪火、大学生“聚镇”、青年人才“归雁”等人才计划,加快建设高素质产业大军,以高素质人才夯实基础力量。

(三)聚焦五大专项行动,以钉钉子精神提升生态环境质量。打好督察整改主动战。以铁的决心、铁的意志、铁的措施、铁的纪律做好第二轮中央生态环保督察“后半篇文章”,压实生态环境保护责任,落实省、市整改方案,细化完善突出问题和风险清单,建立健全定期调度推进、销号管理和“回头看”机制,紧盯目标、全力攻坚,强化督导、从严追责,不折不扣完成年度整改任务。打好专项行动系统战。坚持科学治污、依法治污、精准治污,建立长江岸线保护、黑臭水体治理、蓝天保卫战、打击固体废物非法倾倒、工业“散乱污”企业整治五大专项行动长效推进机制,守牢生态环境质量“只能更好、不能变坏”的底线。打好保护修复持久战。把修复长江生态环境摆在压倒性位置,健全负面清单管理制度,严格落实长江“十年禁渔”,推进废弃露天矿山生态治理扫尾工作,加强生态保护红线、生态空间管控区域监管,持续开展生物多样性保护、湿地保护,加快完善“两廊两带三片”生态空间格局,不断提升生态环境承载力。打好绿色转型协同战。不断调整优化产业结构、能源结构、交通运输结构,完善能源消耗总量和强度调控,坚决遏制“两高”项目盲目发展,在落实碳达峰碳中和目标任务过程中锻造新的产业竞争优势。加快推进五峰山跨江线路交流改直流工程,抓紧谋划句容抽水蓄能电站建设等重点项目,推动能源清洁低碳高效利用。深化厅市共建生态环境治理体系和治理能力现代化试点,高标准开展“无废城市”建设,推动“绿岛”项目建设提质扩面,建立健全生态产品价值实现机制,充分发挥“环保贷”等绿色金融撬动作用,促进全面低碳发展。

(四)聚焦区域一体化引领带动,全面推进乡村振兴和新型城镇化。进一步融入一体化大格局。抓住用好“一带一路”、长江经济带、长三角一体化、南京都市圈、宁镇扬一体化等区域重大战略和区域协调发展战略机遇,充分融入沿沪宁产业创新带建设,深化与三峡集团等企业合作,以增进产业协同为切入点,以发挥比较优势为着力点,统筹推动产业共兴、交通互联、生态共治、民生共享。进一步加快农业农村现代化。建设农业强市,推进五大振兴,打造宜居宜业和美乡村。坚决扛牢粮食安全党政同责,落实最严格的耕地保护制度,夯实农业发展根基。实施农业龙头企业“金凤行动”,落实乡村人才“引凤行动”,打造“专精特新”特色,培育农业全产业链群。扎实推进乡村建设行动,深入开展农村人居环境整治提升,加强和改进乡村治理。实施农民收入十年倍增计划,持续推进富民强村帮促行动，力争98个经济相对薄弱村全部摆脱相对薄弱局面。进一步建强载体平台。踔疾步稳推动重点片区发展，坚持实事求是、稳中求进，因地制宜、分类施策，努力打造高质量发展重要增长极。进一步明晰开发园区主导产业发展方向，高效盘活整合土地、厂房等资源，更好地腾笼换鸟、开笼引凤。进一步完善城市功能。完成市、县国土空间总体规划编制报批，形成全市国土空间开发保护“一张图”。建成南沿江城际铁路镇江段，推进312国道宁镇段快速化改造工程主体基本贯通、丹金高速等重大工程加快开工，构建配置合理的市域综合交通网络。坚持“土地片区开发”理念，系统有序推进城市有机更新，建设完整居住社区，构建15分钟生活圈，打造一批“乐享园林”，以“绣花功夫”促进城市内涵式、集约型、绿色化高质量发展。支持刚性和改善性住房需求，解决好新市民、青年人住房问题，确保房地产市场平稳健康发展。

（五）聚焦服务中心大局，不断加强社会主义民主政治建设。践行全过程人民民主。树牢“任免讲政治、监督讲规矩、立法重实效、决定重民生”工作理念，持续深化以政治建设统领人大工作，加快推进人大政治建设工作室和全过程人民民主实践中心建设，增强人大监督的刚性和实效，健全人大讨论决定重大事项制度，支持和保障人大代表更好依法履职。全面贯彻《关于加强和改进新时代市和市、区政协工作的实施意见》，围绕促进“四群八链”高质量发展、推进韧性城市建设等专题开展协商议政，聚焦“两聚一推”、省市重大产业项目建设等开展民主监督，全面提升政治协商、民主监督、参政议政水平，广泛凝聚共识。健全充满活力的基层群众自治制度，以完善“抓管带”组织体系提升基层治理能力。深化群团改革，增强工会、共青团、妇联等群团组织政治性、先进性、群众性，巩固和扩大党的群众基础。完善大统战工作格局。坚持大团结大联合，持续放大“同心+”品牌矩阵效应，加强同各民主党派、工商联和无党派人士的团结合作。深化“红榴家园”实践，稳步推进江苏佛学院建设，加快党外知识分子和新的社会阶层人士实践创新基地建设，深入开展华文教育，举办镇江“华创会”，更好服务港澳台工作大局，巩固和发展最广泛的爱国统一战线。推进全面依法治市。加强重点领域、新兴领域、民生领域立法，不断丰富“小切口”“小快灵”立法实践。扎实推进第三批全国法治政府建设示范市创建活动，全面推进严格规范公正文明执法，让行政执法既有力度、又有温度。深化司法体制综合配套改革，着力解决影响司法公正和制约司法能力的深层次问题，规范司法权力运行，努力让人民群众在每一个司法案件中感受到公平正义。做好“八五”普法中期考核检查工作，完善现代公共法律服务体系，让尊法学法守法用法蔚然成风。

（六）聚焦文化自信自强，砥砺铸就新时代城市风骨。加强精神文明建设。统筹推动文明培育、文明实践、文明创建，培育和践行社会主义核心价值观，深化拓展新时代文明实践中心（所、站）建设，创成全域全国文明城市，争创全国文明典范城市。着力选树先进典型，讲好“季子挂剑”故事，学习践行“亚夫精神”，常态化开展志愿服务活动，擦亮“大爱镇江”品牌。大力推进媒体深度融合发展，丰富内容产品，创新呈现方式，拓展传播渠道，不断提升城市影响力和美誉度。大力发展文化事业。扎实推进大运河文化带和大运河、长江国家文化公园建设，统筹推动各类优秀传统文化保护传承利用。加快编撰《镇江通史》，加大文艺精品创作力度，推动“文化金山”“书画之城”“诗词之城”等人文标识更具显示度。深化全民阅读活动，打造“书香镇江”。坚持公共文化服务优质均衡发展，实施文化数字化战略，加快建立线上线下融合互动、立体覆盖的文化服务供给体系。促进文旅深度融合。坚持以文塑旅、以旅彰文，积极运用现代手法表达厚重文化，打造文旅驿站、小剧场、城市艺术空间等一批文旅融合新场景，将优秀城市文化与重点文旅项目紧密融合，举办第十七届金山文化艺术·国际旅游节，争创省级文化和旅游产业融合发展示范区，加快培育“文旅+”新业态，创新做好文旅资源宣传推广，增加高品质旅游产品供给，让八方来客有更美好的体验、更舒心的享受、更难忘的回忆。

（七）聚焦群众急难愁盼，更大力度保障和改善民生。千方百计保就业稳增收。落实落细就业优先政策，促进大众创业万众创新纵深发展，聚焦高校毕业生、农民工、城乡困难人员、老龄人口等重点群体就业，深入开展就业“春风行动”、创业“启航行动”，推进基层公共就业服务平台建设，加强新就业形态劳动者权益保障，保持就业形势总体稳定、零就业家庭动态清零。因时因势优服务护健康。按照党中央部署，优化调整疫情防控措施，加强统筹衔接，有序组织实施，保障好群众的就医用药，重点抓好老年人和患基础性疾病群体的防控，做好重点人群疫苗接种，着力保健康、防重症，顺利度过流行期，确保平稳转段和社会秩序稳定。加快紧密型县域医疗服务共同体建设，推动优质医疗资源扩容和区域均衡布局，实施公立医院高质量发展促进行动，健全基层医疗卫生体系。承办江苏省第二届智力运动会，加快建设一批优质健身设施，广泛开展全民健身活动，全力建设健康镇江。用心用情重关爱办实事。办实办好“十大类民生实事”项目，着眼养老托育专业化、便利化、多样化需求，落实《镇江市“一老一小”整体解决方案》，开展普惠养老托育、“养老托育服务+行业”等专项行动，支持引导社会力量增加多元供给，更好做到老有所养、幼有所育；加强城乡客运基础设施建设，加大农路提档升级和危桥改造力度，持续优化公交出行服务，让群众出行更便利、更顺心。多措并举强保障兜底线。健全覆盖全民、统筹城乡、公平统一、安全规范、可持续的多层次社会保障体系，深入落实全民参保计划。对特殊困难群体开展常态监测，分层分类做好社会救助、服务保障、社会福利等工作，及时有效缓解结构性物价上涨给部分困难群众带来的影响，深化慈善供需对接，坚决防止冲击社会道德底线的事情发生。

（八）聚焦防范化解重大风险，有力有效统筹发展和安全。掌握安全发展主动权。完善落实风险防控"四项机制"和重点领域协调机制，全域推行社会稳定重大风险清单管理制度，坚决防止各类"黑天鹅""灰犀牛"事件发生，推动高质量发展和高水平安全良性互动。深入开展"全民国家安全教育日"活动，增强全民国家安全意识和素养，筑牢国家安全人民防线。加强党管武装，赓续双拥优良传统，做好退役军人服务保障，积极创建新一轮全国双拥模范城，提高国防动员和后备力量建设质效。突出重点领域防风险。增强忧患意识、底线思维，坚定维护国家政权安全、制度安全、意识形态安全，确保能源资源、重要产业链供应链安全。严格落实安全生产责任制，统筹重点行业专项整治和安全生产综合治理，强化基层应急基础建设，提升防灾减灾救灾能力。持续推动"削峰、脱红、破冰、强基"计划落实落细，严格执行融资平台压减和经营性债务成本、规模管控工作方案，扎实完成债务化解年度目标。深化"问题楼盘"专项治理，做好保交楼、保民生、保稳定各项工作，推动房地产业向新发展模式平稳过渡。扎实做好金融风险防范化解工作，从严抓好食品药品监管，牢牢守住不发生重大风险事件的底线。推进市域治理现代化。在社会基层坚持和发展新时代"枫桥经验"，织密织细"精网微格"，打通社会治理"最后一米"。深入推进全国市域社会治理现代化试点城市创建，搭建"三级平台、全域共享"的市域社会治理现代化指挥平台，构建网格化管理、精细化服务、信息化支撑、开放共享的治理服务体系。争创全国社会治安防控体系建设示范城市，深化信访积案包案化解和初信初访常态"清零"，严打电信网络诈骗犯罪，推进扫黑除恶常态化，发展壮大群防群治力量，营造见义勇为良好氛围，让人民群众的安全感更加充实、更有保障、更可持续。

三、纵深推进全面从严治党，以高质量党建引领保障现代化建设

必须牢记"三个务必"，弘扬伟大建党精神，全面落实新时代党的建设总要求，坚定不移以党的自我革命引领社会革命，为镇江现代化建设提供坚强保证、汇聚磅礴力量。

（一）旗帜鲜明加强政治建设。抓牢政治建设这个根本性建设，把坚定捍卫"两个确立"、坚决做到"两个维护"作为最坚定的政治立场、最鲜明的政治方向、最牢固的政治信念，制定出台并严格实施《中共镇江市委常委会关于坚决维护党中央权威和集中统一领导的规定》，推动全市各级胸怀"两个大局"、牢记"国之大者"，确保习近平总书记重要指示和党中央决策部署在镇江不折不扣落到实处。严明政治纪律和政治规矩，落实全面从严治党党委主体责任，强化纪委协助职责和监督专责，恪守"五个必须"、杜绝"七个有之"，把提高政治判断力、政治领悟力、政治执行力内化于心、外化于行。严格执行民主集中制，严肃党内政治生活，用好批评与自我批评利器，全面发展积极健康的党内政治文化。

（二）一着不让深化理论武装。把理论武装同党史学习教育常态化长效化结合起来，同党中央即将在全党开展的主题教育结合起来，推动宣讲"七进"走深走实，持续组织好"四史"宣传教育活动和"强国复兴有我"群众性宣传教育活动。严格落实意识形态工作责任制，健全意识形态领域情况分析研判联席会议制度，有效防范化解网络、高校、宗教等领域意识形态安全风险。组织开展重大主题宣传，动员全市上下积极投身现代化建设火热实践。

（三）严管厚爱锻造过硬队伍。坚持选人用人正确导向，选拔忠诚干净担当的高素质专业化干部。强化实践锻炼、专业训练，不断提升"八种本领""七种能力"，着力打造一支堪当镇江现代化建设重任的高素质干部队伍。加强干部斗争精神和斗争本领养成。选优配强各级领导班子，健全干部日常考察了解、优秀年轻干部常态化培养选拔等机制，精准科学用好各年龄段干部。坚持严管和厚爱相结合，加强干部全方位管理和经常性监督，推进干部能上能下常态化，认真落实"三个区分开来"，为勇于负责的干部负责、为勇于担当的干部担当、为敢抓敢管的干部撑腰。

（四）有形有效筑牢基层基础。牢固树立大抓基层的鲜明导向，聚焦基层党组织政治功能和组织功能，全面实施"党旗'镇'红、一线建功"工程，深化"链上先锋""产业链上党旗红"等产业链、供应链、创新链党建，开展基层党建"补短板、固底板"专项整顿、基层党建典型标杆样板专项培育、党群服务中心（站点）效用专项提升，积极构建"五强六先锋"工作格局，让党旗高扬在现代化建设第一线。推进农村基层党建标准化、党建引领乡村治理国家级试点，深化全域党建"四全"模式，统筹机关、事业单位、国企等领域党建，加强新经济组织、新社会组织、新就业群体党建，总结推广"现代农业产业党建联合体"、"家门口"党建等做法，更高质量推动"有形覆盖"和"有效覆盖"。探索以村党组织书记、社区工作者、两新组织党务工作者为重点的基层干部专业化体系建设，持续开展"学习二十大 · 一线建新功”主题活动，实施提升发展党员质量和结构“双提”工程，充分发挥党员先锋模范作用。

（五）持之以恒优化政治生态。以永远在路上的执着和韧劲，锲而不舍落实中央八项规定及其实施细则精神，驰而不息纠“四风”树新风，健全纠治形式主义、官僚主义的制度机制，坚决破除特权思想和特权行为；以为村级减负为抓手，持续纠治“文山会海”“线上负担”等突出问题，充分释放基层活力。大兴调查研究之风，常态化开展“四不两直”，听实情、干实事、谋实招、求实效。坚持以“全周期管理”的方式一体推进不敢腐、不能腐、不想腐，深化金融、国资国企、融资平台等领域反腐败，清理风险隐患大的行业性、系统性腐败，更加有力遏制增量，更加有效清除存量。坚决惩治新型腐败和隐性腐败，坚决整治群众身边的“微腐败”和不正之风，切实增强人民群众对反腐败斗争的获得感。坚持依规治党、制度治党，以党内监督为主导推动各类监督贯通协调，充分发挥巡察综合监督平台作用，加强对安全隐患、环境污染、营商环境梗阻等问题的精准监督，增强对“一把手”和领导班子的监督实效，强化干部“八小时之外”教育管理监督，形成全面覆盖、常态长效的监督合力。常态化开展警示教育，精准运用“四种形态”，引导广大干部公私界限要清、纪律规矩要守、家规家风要正，涵养更加“山清水秀”的政治生态。

政府工作报告（摘要）

——2023 年 1 月 6 日在镇江市第九届人民代表大会第二次会议上

市 长 徐曙海

一、2022 年的工作及成效

刚刚过去的 2022 年极不寻常，经济社会发展内外部环境复杂严峻，叠加新冠病毒感染疫情等超预期因素影响，困难和挑战比预想中的更大；党的二十大胜利召开，指明了前进方向、确立了行动指南、增强了发展信心。市政府深入贯彻习近平新时代中国特色社会主义思想，全面落实“疫情要防住、经济要稳住、发展要安全”的重大要求，在省委、省政府和市委的坚强领导下，高效统筹疫情防控和经济社会发展，统筹发展和安全，保持了经济平稳运行和社会和谐稳定。主要经济指标绝大多数增速达到或超过全省平均，既定的 110 多项重点工作任务得到了较好落实。

过去一年，面对复杂严峻的内外部环境，我们坚持党的全面领导，确保经济社会发展始终沿着正确方向坚定前行。市政府党组会议、市政府常务会议坚持把学习贯彻习近平总书记重要讲话重要指示作为第一议题，时刻对标对表“国之大者”，保持战略定力，坚定必胜信心。自觉把镇江发展融入全国、全省发展大局，主动扛起服务国家和全省战略的使命担当，创造性推动党中央、国务院和省委、省政府决策部署落地见效。针对中央生态环保督察反馈问题，我们铁腕推进整改，持续巩固长江禁渔成果，拆除违法建设、江滩复绿面积超过 200 万平方米，新增造林绿化近 1.5 万亩（1000 公顷），长江镇江段生态系统加速修复。扬中市以前所未有的决心和力度立行立改，沿江 1000 米范围内园区外化工企业实现清零。习近平总书记念兹在兹粮食安全，我们坚决扛起责任，严守耕地保护红线，有效落实藏粮于地、藏粮于技战略，新建“吨粮田”4.4 万亩（2933.33 公顷），整改“非农化”田地 4800 余亩（320 余公顷），全年粮食总产量超过上年，实现“三连增”。我们有力推动市委重大决策落到实处，对开发园区整合、土地片区开发、惠才措施扩容、招商引资政策规范、违法违规用地整治等重大事项进行谋划推进，一批发展瓶颈实现破题，一批历史遗留问题得到化解。

过去一年，面对延宕反复的疫情形势，我们坚持人民至上、生命至上，尽心竭力保障了人民群众生命安全和身体健康。我们严格执行国家防疫政策规定，发扬连续作战精神，慎终如始抓好常态化疫情防控，果断处置多起输入性疫情。我们按照省委、省政府统一部署，选派多批医务人员支援上海、海南、新疆等地抗疫，圆满完成涉疫地区外转人员集中隔离任务，为全国、全省抗疫大局作出了镇江贡献。进入 12 月份，随着新冠病毒致病性减弱，按照国家最新要求，因时因势调整优化防控策略，工作重心由防感染转向保健康、防重症，该放的放到位，根据情况变化取消一切不必要的核酸检测和健康查验措施；该备的备充足，储备各种必要的医疗物资和医务力量；该守的守牢固，摸清重点人群健康情况，实行分类分级诊疗，最大程度保护人民生命安全和身体健康，最大限度减少疫情对经济社会发展的影响。值得一提的是，广大医务人员和基层工作者奋战在抗疫第一线，非常辛苦，作出了特别重大的贡献，赢得了全社会的广泛赞誉。

过去一年，面对经济运行“三重压力”，我们坚持稳中求进工作总基调，稳住了经济基本盘。高效落实国家和省稳经济政策，结合实际追加出台“纾困解难 24 条”措施，全年新增减税降费、缓税、留抵退税 127 亿元，助力企业渡难关、提信心、稳增长。全市地区生产总值预计增长3%左右,一般公共预算收入增长2.1%。我们持续做强产业支撑,把大力发展制造业作为重中之重,深入实施金融支持实体经济“扬帆计划”“云帆计划”和“甘露行动”,推动制造业发展稳中转优,规模以上工业增加值增长6%左右,“四群八链”主导产业应税销售增长12%,省市重大产业项目完成年度投资443.4亿元,新签约亿元以上产业项目列统投资115亿元,新认定省独角兽企业和瞪羚企业15家,新增应税销售收入超百亿元企业2家,总数达到12家。新增上市挂牌企业291家,丹阳市新增规模以上工业企业122家,占镇江全市比重约40%。推动服务业发展稳中增效,社会消费品零售总额增长1%左右,新增规模以上服务业企业120家,规模以上服务业企业营业收入增长2%。推动特色农业发展稳中提质,落实金融支持乡村振兴“金穗行动”,实施农业龙头企业“金凤行动”,新增农业品牌36个,句容市7个村入选“2022年全国乡村特色产业亿元村”。我们持续汇聚创新动能,新认定国家高新技术企业533家,入选省创新型领军企业9家,新增国家级单项冠军和专精特新企业19家、国家级科技孵化载体4家、省级以上研发机构45家,省船舶与海洋工程设计研究院获批落户镇江高新区。润州区官塘创新社区完成基础设施专项规划编制,创新实施特许经营权项目。人才“镇兴”行动扎实推进,累计引进高层次领军人才178人、大专以上人才3.9万人;实施“揭榜挂帅”项目16个,达成产学研合作项目超500项。面对数字经济蓬勃发展的时代浪潮,我们大力培育数字产业,新增智能化改造、数字化转型企业133家,数字经济核心产业营业收入突破600亿元。华为(镇江)数字联合创新中心、阿里云创新中心正式运营。京口区大禹山创意新社区入选省信息技术应用创新先导区。我们持续改善营商环境,用心护航企业发展,着力提升政务服务效能,在全省率先建成重大项目审批服务平台,“一网通办”“一端通办”覆盖率达到98%;尽心帮助企业排忧解难,为3709家企业完成信用修复,城市信用排名提升至全国第19位;深入实施外贸培优扶强行动,进出口总额增长25%,镇江市获批国家级跨境电子商务综合试验区。优化营商环境激发了市场活力,新增市场主体6万家,新业态新模式不断涌现。

过去一年,面对人民群众美好期待,我们坚持在发展中保障和改善民生,增强了人民群众的获得感、幸福感。城乡居民人均可支配收入分别达到61453元、32764元,增速快于经济增长。我们坚决兜牢基本民生底线,抓好就业这一最基本的民生,发放稳岗返还和创业贷款担保资金6.1亿元,城镇新增就业5.7万人,“零就业”家庭保持动态清零。做好弱势群体兜底保障,困难群众保障“扩面扩围”,住房租赁补贴“降标扩面”,财政困难群体救助帮扶资金达到4.3亿元,城乡居民基础养老金实现“十二连增”。调整重特大疾病医疗保险和救助政策,医疗救助范围首次覆盖全体参保人员。社会保险主要险种覆盖率提升至98%以上。有效应对高温、干旱、台风等极端天气,重要农产品保供和能源电力保供安全有力。我们着力推动公共服务优质均衡发展,政府坚持过“紧日子”,更好节用裕民,40项市政府民生实事和47项列入省政府民生实事的项目按照序时进度落实到位。教育“双减”工作入选全国优秀案例,教育信息化发展综合指数居全省第2位,丹徒区创成省高质量平安校园建设区;公立医院高质量发展提速加力,镇江市蝉联“全国健康城市建设样板市”称号;新建成全国示范性老年友好型社区3个、普惠型托育机构21家,“一老一幼”配套服务日益完善;文化体育事业蓬勃发展,全国文明城市创建工作扎实推进。我们顺应人民群众对优美生态生活环境的期待,持续打好蓝天、碧水、净土保卫战,开展突出环境问题五大专项整治行动,新建“绿岛”项目4个,全市生态环境质量持续改善,$PM_{2.5}$年均浓度下降2.8%,国、省考断面水质优Ⅲ比例分别达到100%和97.8%。完成老旧小区改造95万平方米。我们坚持农业农村优先发展,大力推进富民强村帮促行动,70%以上经济相对薄弱村集体稳定性收入超过120万元。城乡交通运输一体化发展综合评价获省最高AAAAA等级。

过去一年,面对交织叠加的矛盾风险,我们坚持统筹发展和安全,营造了安全稳定的社会环境。我们深入贯彻总体国家安全观,坚持底线思维,增强忧患意识,严密防范各领域重大风险,确保人民安居乐业、社会安定有序。特别是针对金融债务风险,我们强化“化债也是政绩”的理念,深入推进“脱红”“破冰”“削峰”“强基”四项计划,年度目标任务全面达成,金融生态持续向好。针对安全生产风险,我们增强“隐患无处不在,成绩每天归零”的危机意识,深入开展专项整治和攻坚行动,生产安全事故起数和死亡人数继续“双下降”。我们深入推进市域社会治理现代化试点创新,常态化开展扫黑除恶斗争,强调“新官必须理旧账”,深入开展“信访突出问题攻坚化解年”行动,有效化解了一批疑难复杂信访问题,问题楼盘得到妥善处置,群众安全感达99.4%。

过去一年,老龄、妇女儿童、青少年、残疾人、工会、红十字、慈善、志愿服务、关心下一代等事业迈上新台阶,司法行政、民族宗教、审计、统计、外事、对台事务、港澳、侨务、行政学院、机关事务、哲学社会科学、文史、档案、地方志、防震、气象、供销、科普等工作取得新进步,国家安全、国防动员、双拥共建、退役军人事务、人民防空、援藏援疆援陕等工作实现新进展。

迈上新征程,发展面临的环境发生了深刻复杂变化,外部不稳定性不确定性因素增加,我们自身抵御风险的能力仍需加强,还面临不少困难和问题,主要有:新旧动能转换还不够快,重大项目支撑不足;生态环保、安全生产、金融债务等领域风险隐患仍然较多,防范化解重大风险还需解决许多重大问题;基层基础、社会治理、民生保障等方面还有不少短板弱项;政府系统干部的工作精神、工作作风和工作能力还有待提高,等等。对这些问题,我们将高度重视,进一步采取措施逐步加以解决。

二、以党的二十大精神为指引,加快推进镇江现代化进程

全市政府系统要把学习宣传贯彻党的二十大精神作为重大政治任务和重要政治责任,全面学习、全面把握、全面落实,切实把思想和行动统一到党的二十大精神上来,奋力推动中国式现代化在镇江展现出美好图景。

牢牢把握过去五年工作和新时代十年伟大变革的重大意义,坚定不移用"两个确立"立根铸魂。深刻领悟"两个确立"的决定性意义,坚定捍卫"两个确立"、坚决做到"两个维护",感情上衷心拥戴核心,政治上绝对忠诚核心,行动上始终紧跟核心。牢记"国之大者",不断提高政治判断力、政治领悟力、政治执行力,对照党中央决策部署找准实践路径,谋实重要抓手,落细关键举措,对巡视、督察等反馈问题举一反三彻底整改,推动党的二十大精神创造性贯彻落实,确保见到实效。

牢牢把握习近平新时代中国特色社会主义思想的世界观和方法论,坚定不移用党的创新理论定向领航。坚持不懈强化理论武装,时刻与新思想对标看齐,虔诚向新思想寻策问道,始终用新思想指导实践。及时跟进学习习近平总书记重要讲话重要指示,深刻领会习近平新时代中国特色社会主义思想"两个结合"的理论特质和"六个坚持"的世界观方法论,努力掌握和运用贯穿其中的立场观点方法,分析和解决实践中的重大问题,坚定历史自信,增强历史主动,用力推动园区整合、项目招引建设、债务化解、人才人口导入、土地片区开发等重大任务落实,加快破除卡点瓶颈,打开镇江发展新天地。

牢牢把握以中国式现代化推进中华民族伟大复兴的使命任务,坚定不移推动高质量发展。从党的中心任务出发,准确把握中国式现代化的中国特色和本质要求,把重大原则贯穿到镇江现代化建设全过程各领域,完整准确全面贯彻新发展理念,主动服务和融入新发展格局,坚持以推动高质量发展为主题,矢志不渝推进产业强市,集中精力抓实体经济、抓重大项目,不遗余力培育"四群八链",统筹发展和安全,协同推进降碳、减污、扩绿、增长,持续夯实安全发展根基,在"做大蛋糕"的同时用心"分好蛋糕",奋力书写"争当表率、争做示范、走在前列"的镇江答卷,推动"镇江很有前途"处处可观可感。

牢牢把握以伟大自我革命引领伟大社会革命的重要要求,坚定不移把政府系统全面从严治党引向深入。牢记和践行"三个务必",发扬彻底的自我革命精神,持续深化政府系统全面从严治党,坚持以实的制度规范权力,严格依法依规决策,严格依法行政,诚恳接受批评和监督,确保权力在阳光下运行。坚持以严的要求锤炼作风,驰而不息纠治"四风",坚决铲除特权思想和特权现象。坚持以高的标准锻造能力,增强斗争精神和斗争本领,事不避难啃下"硬骨头",义不逃责当好"顶梁柱",用忠诚干净担当的实际行动,为推进镇江现代化建设作出贡献。

牢牢把握团结奋斗的时代要求,坚定不移依靠人民创造历史伟业。站稳人民立场,尊重人民创造,把握人民愿望,始终保持同人民群众的血肉联系,同人民群众想在一起、干在一起。增强群众路线意识,注重依靠群众、发动群众,重大决策部署、重要规划设计虚心听取群众意见,确保符合人民群众期待;在深化改革、安全生产、生态环境保护、基层社会治理等各项工作中,积极动员群众、善于组织群众,紧紧依靠群众的智慧和力量破解瓶颈制约,让群众成为发展的见证者、参与者、推动者。

三、2023 年目标任务和重点工作

2023 年政府工作的总体要求是:坚持以习近平新时代中国特色社会主义思想为指导,全面贯彻落实党的二十大精神,深入落实党中央、国务院,省委、省政府和市委决策部署,坚持稳中求进工作总基调,完整、准确、全面贯彻新发展理念,服务和融入新发展格局,着力推动高质量发展,更好统筹疫情防控和经济社会发展,更好统筹发展和安全,突出做好稳增长、稳就业、稳物价工作,推动经济全面快速恢复和发展,确保镇江现代化建设新征程开好局起好步。

2023 年经济社会发展的主要预期目标是:地区生产总值增长 5% 以上,一般公共预算收入增长 5%,固定资产投资增长 7%,制造业投资增长 8%,研发投入占地区生产总值比重达到 2.55%,规模以上工业增加值增长 6%,社会消费品零售总额增长 5%,实际使用外资增长 5%,进出口总额稳中提质,居民人均可支配收入增速与经济增长保持基本同步,居民消费价格涨幅控制在 3% 左右;生态环境质量持续好转,单位地区生产总值能耗和二氧化碳排放下降率、主要污染物减排、空气质量优良天数比例、$PM_{2.5}$ 年均浓度、地表水优良比例等指标完成省定目标;杜绝重特大生产安全事故,严控较大生产安全事故,事故起数和死亡人数继续"双下降"。在实际工作中,我们将全力争取更好的结果。

实现上述目标,将聚力抓好八个方面工作:

(一)潜心厚植产业根基,保持经济平稳增长。坚持以高质量发展为首要任务,统筹实施扩大内需战略和深化供给侧结构性改革,力促经济总量稳定增长、结构持续优化。

全力以赴扩大有效投资。强化项目招引建设,实施"项目攻坚突破年"行动,实现项目招引、建设、质效"三个新突破",新签约亿元以上产业项目总投资额达1500亿元,亿元以上产业项目新列统入库投资额达350亿元。强化重大项目要素保障和全生命周期服务管理,省市重大项目9月底前全部开工,年度投资额达550亿元。其中,镇江新区新签约亿元以上产业项目总投资380亿元,重大项目年度投资158亿元;丹阳市新签约亿元以上产业项目总投资330亿元,重大项目年度投资150亿元;句容市新签约亿元以上产业项目总投资200亿元,重大项目年度投资80亿元。强的板块多做贡献,"重大不轻小",用足用好政策,激发民间投资活力。

不遗余力夯实工业经济。深化产业链培育机制,确保"产业强链"三年行动圆满收官,"四群八链"应税销售增长10%。把数字经济作为转型发展关键增量,加快数字经济产业发展,深入推进智能化改造和数字化转型,新增省级智能制造示范工厂(车间)10家,数字经济核心产业营业收入达700亿元。落实资本市场"扬帆计划"和股权投资行业发展"云帆计划",新增上市公司2家以上。

千方百计推动服务业提质增效。拓展消费新业态和新场景,举办"金山消费节",开展"一季一主题"促消费活动,支持新能源汽车、养老服务等消费,推动消费市场潜力释放。推进全域旅游,深化文旅融合、农旅融合,推动旅游全产业融合,大力发展夜间经济、民宿经济等新业态,举办金山文化艺术? 国际旅游节,打造国际文旅休闲目的地城市,旅游总收入增长6%。优化调整商品住宅产品结构,依法稳妥处置房地产领域风险,促进房地产市场平稳健康发展。

(二)深入推进园区整合,提升战略载体能级。推动开发园区加快向现代产业园区转型,使开发园区真正成为项目招引的主力军、产业发展的主战场、经济建设的主引擎、税收贡献的主来源。

深化园区体制机制改革。推行"一区多园"管理体制,尽量剥离开发园区社会事务管理职能,推动开发园区调整重心、专注经济建设,集中精力发展首位产业和主导产业。深化人事和薪酬制度改革,推行市场化选人用人机制,探索全员聘用制,实行"赛马"绩效考核,奖优罚劣、优胜劣汰。开发园区产业项目投资增速要明显高于当地平均值。

增强园区承载能力。推进园区交通路网、地下管网、环保设施等基础设施建设,加快完善园区公共服务配套。统筹生产性服务业和生活性服务业发展,加快产业公共服务平台建设,提升园区功能品质,促进产城融合发展。

强化资源要素保障。加大向开发园区放权赋权力度,经济管理权限能放尽放、审批程序能简尽简,基本实现"园内事园内办"。资源要素向开发园区、向主导产业集中,用地、能耗、污染物排放等指标主要投向保留园区,支持园区壮大首位产业、发展主导产业。

(三)聚力推进科技创新,建设科教人才强市。坚持教育优先发展、科技自立自强、人才引领驱动,加快建设教育强市、科技强市、人才强市,增强现代化建设基础性战略性支撑。

办好人民满意的教育。全面贯彻党的教育方针,落实立德树人根本任务,深化教育综合改革,巩固拓展教育"双减"试点成果,发展素质教育。强化学前教育、特殊教育普惠发展,优质幼儿园覆盖率保持在90%以上;创建高品质中小学校和示范高中,推动义务教育更加优质均衡。推进省优秀中职学校和优质专业建设,支持在镇高校建设高水平大学和一流学科。

落实创新驱动发展战略。优化"揭榜挂帅"机制,引导企业加大科技创新投入,组建用好关键核心技术人才攻关联合体,新申报国家级高新技术企业700家以上,新增国家和省级"专精特新"企业20家。落实科技孵化载体"扩容强体"行动,新增国家和省级孵化载体3家,孵化引进企业数量增长100家,新增国家和省级研发机构15家。弘扬企业家精神,加强知识产权保护,引导建立产学研深度融合的利益分配机制和风险控制机制,支持企业承担国家和省级重大科技项目,新申报省级以上科技计划项目600项。支持各市(区)创建国家和省级创新型县(市、区)。

加快培养引进发展急需人才。围绕"四群八链"主导产业发展,实施产业工匠培育行动,落实卓越工程师薪火计划,培育技能人才2万人,新增高层次领军人才120人以上。深化人才"镇兴"行动,强化人才精细化招引服务,导入大专以上人才4万人,驻镇高校毕业生留镇率提升至24%以上。深化高技能人才与专业技术人才职业发展贯通改革,提高企业人才评价话语权、人才使用自主权,激发企业引才内生动力。

(四)深化重要领域改革开放,增强经济发展活力。用好改革开放关键一招,着力破除经济发展桎梏,进一步解放生产力。

持续优化营商环境。对标市场化、法治化、国际化要求,拓展"放管服"改革深度,扩大并联审批事项范围,政务服务中心"一窗通办"率达100%。优化事中事后监管,推进"信用 + 双随机"融合监管新机制,探索更加精准高效的监管新模式,全面实施市场准入负面清单管理,落实公平竞争审查制度。坚持"两个毫不动摇",落实助企纾困政策措施,加大对中小微企业的帮扶力度，强化“双创”激励扶持，畅通政企沟通渠道，依法保护民营企业产权和企业家权益，支持民营经济和民营企业发展壮大，新增市场主体 6.2 万家，净增“四上”企业（规模以上工业企业、资质等级建筑业企业、限额以上批零住餐企业、规模以上服务业企业）400 家。

深化高水平区域合作。主动融入和服务长三角一体化发展和南京都市圈建设，联合实施产业链补链固链强链行动。完善和落实跨区域污染防治协作机制，加强长江江豚跨省协同保护。推进苏南教育现代化示范区建设，组建跨区域专科专病联盟，促进公共服务融合共享。扎实推进对口协作合作，实现共建共享共赢发展。

推动外贸外资扩量提质。抓实落细外贸“培优扶强”行动任务，加快发展外贸新业态新模式。推进国家级跨境电子商务综合试验区建设，支持企业“走出去”抢订单、拓市场。加大外资项目招引力度，推动外商投资稳步增长。

（五）加快绿色低碳发展，建设生态宜居城市。深入贯彻习近平生态文明思想，协同推进降碳、减污、扩绿、增长，建设人与自然和谐共生的美丽镇江。

深入推进环境污染防治。加强 $PM_{2.5}$ 和臭氧协同控制，推进水泥、钢铁等“两高”行业超低排放改造，实现空气质量稳中向好。落实河（湖）长制、断面达标负责人制，强化工业源、农业源、生活源“三源共治”，巩固长江禁渔成果，统筹推进港口岸线资源整合，推动河湖水环境质量稳定改善。加强涉危险废物行业环境监管，强化危险废物规范处置，守住土壤安全底线。深入推进突出环境问题整治行动，严格按照序时完成中央生态环保督察反馈问题整改任务。

加快生产生活方式绿色转型。推进开发园区绿色低碳发展，开展省级绿色园区和低碳发展示范园区创建，新增省级绿色工厂（绿色发展领军企业）10 家。加快能源结构调整优化，落实碳达峰碳中和行动方案，完善能源消耗总量和强度调控，推进省级抽水蓄能电站示范基地建设。加强建筑垃圾、生活垃圾、农业农村废弃物等固体废物源头减量和资源化利用，推进“无废城市”建设。深化生态保护补偿制度改革，探索生态产品价值实现机制。

加强城市基础设施功能建设。深入推进城市更新行动，启动实施润州区三茅宫片区、京口区学府路以南片区、伯先路历史街区等城市更新项目，加大老旧小区改造整治力度，加快地下管网建设改造和修复，加强重点区域绿化亮化美化，持续推进主城区“一山一景”改造，统筹推进土地片区开发，有序补齐城市功能短板，提高城市安全韧性和宜居度。312 国道宁镇段快速化改造工程主线贯通，346 国道城区段改造工程、南沿江城际铁路句容段建成通车。完善城区道路微循环系统，改造城区“瓶颈路”“老化路”。推进违法用地、违法建设整治，净化城乡建设环境。全市实施城建项目 226 个，年度投资 185.8 亿元，其中，句容市 38 个，年度投资 36.3 亿元；丹阳市 37 个，年度投资 23.6 亿元；扬中市 17 个，年度投资 16.3 亿元。

（六）加快城乡融合发展，推进全面乡村振兴。加强人力投入、物力配置、财力保障，健全城乡融合发展体制机制，畅通城乡要素流动，增添乡村发展内生动力，推动乡村“五大振兴”（生态振兴，产业振兴，人才振兴，文化振兴，组织振兴）更见实效。

做优做强特色现代农业。强化现代农业科技和装备支撑，助推农业转型升级，创建数字农业农村基地，农作物耕种收综合机械化率提高到 90%。加大“戴庄经验”复制推广力度，扩大生物多样性农业种植范围，绿色优质农产品占比提高到 68%。编制农业全产业链发展规划，落实品牌强农战略和“金凤行动”，孵化农业龙头企业 10 家、“名特优”农产品品牌 20 个。

建设宜居宜业和美乡村。落实乡村建设行动任务清单，全面完成“多规合一”村庄规划编制和审批，稳步推进农房改造改善，同步推进环境整治和村庄更新，农村危房、危桥全面消险解危。推进农村水环境综合整治，加强农村生活污水治理与农村厕所革命、国省考断面水质改善等有效衔接，新建农村生态河道 150 千米，生态河道覆盖率达到 50%。创建省级特色田园乡村 7 个、绿美村庄 23 个。

统筹推进强村富民。加快发展新型农村集体经济，有序推进农村要素市场化配置改革，创新思路用好乡村资源，探索农房激活、土地股份、产业联结等资源盘活方式，经济相对薄弱村集体稳定性收入全面达到 120 万元。深入实施农民收入十年倍增计划，培育新型农业经营主体，探索建立共富利益联结机制，拓宽农民增收渠道。加强农耕文化传承保护，办好“中国农民丰收节”系列活动。推广运用“积分制”“清单制”等乡村治理典型方式，开展农村移风易俗重点领域突出问题专项治理。

（七）用力保障改善民生，提高人民生活品质。尽力而为、量力而行发展社会事业、办好民生实事，不断实现人民群众对美好生活的向往。

保障重要农产品供应。抓好耕地和种子两个关键，攥牢“当家品种”。扎牢“米袋子”，落实“藏粮于地、藏粮于技”战略，加强耕地保护和质量建设，新建高标准农田 3.8 万亩（2533.33 公顷），确保粮食总产量达到 96 万吨。备好“菜篮子”，稳定生猪生产和畜禽水产养殖，建成绿色蔬菜保供基地 2.9 万亩（1933.33 公顷），加强农产品流通基础设施建设和改造升级，促进生鲜农产品流通行业健康发展，确保农副产品价稳、量足、质好。

促进高质量充分就业。强化就业优先政策，完善基层就业公共服务体系，城镇新增就业5万人，“零就业”家庭保持动态清零，城镇调查失业率控制在5%左右。开展就业服务提质行动，加强高校毕业生、退役军人等群体就业创业服务，健全终身职业技能培训制度。争创全国公共就业创业服务示范城市。

兜牢基本民生底线。加强低收入人口监测预警，更加精准、更有温度开展社会救助兜底保障、困难群众救助帮扶。推进全民参保计划，开展人力资源社会保障公共服务标准化国家级试点，发展普惠型补充医疗保险，困难群众财政资助参保实现全覆盖，基本医保覆盖面达到98%。优化保障性租赁住房供给结构和模式。扩大高品质文化供给，深化全民阅读活动和文化惠民活动，拓展文艺播种计划实施范围。

推进健康镇江建设。优化养老托育服务，扩大养老服务供给，推动养老服务专业化发展，推行长期护理保险；落实三孩生育政策措施，增加婴幼儿托育服务供给，新建18家普惠托育机构。统筹推进优质医疗资源扩容和均衡布局，加强中医馆服务能力建设，新增社区医院2家、省级健康村（社区）20个。推进紧密型县域医疗服务共同体建设，深化医保支付方式改革，提高医疗服务共同体建设匹配度和分级诊疗承载度。完善疾病预防控制体系。广泛开展全民健身活动，承办江苏省第二届智力运动会。

（八）防范化解重大风险，守牢安全发展底线。树牢总体国家安全观，深化市域社会治理现代化试点城市创建，建设更高水平平安镇江。

因时因势优化疫情防控措施。坚决把思想和行动统一到党中央决定上来，稳妥有序推进新冠病毒感染“乙类乙管”，全力构筑保健康、防重症防线，确保疫情防控平稳转段和社会秩序稳定。

有效化解风险隐患。推进基层应急管理末端治理建设，持续排查整治重点行业领域安全生产隐患，提升企业本质安全水平，守牢不发生重特大生产安全事故的底线。落实食品药品监管“四个最严”重要要求，守护好“舌尖上的安全”。坚决防范金融风险，深化“脱红”“破冰”“削峰”“强基”四项计划；启动实施金融产业高质量发展“金帆计划”，严厉打击金融领域非法集资、恶意“逃废债”等犯罪行为，持续优化金融生态。

创新基层社会治理。增强市域社会治理能力，坚持和发展新时代“枫桥经验”，深化网格化服务管理，完善矛盾纠纷多元化解机制，搭建全域可视化的市域社会治理指挥平台，高频事项“一件事”网上办理覆盖率达到50%。深化全域全国文明城市群和全国文明典范城市创建，加快法治镇江建设，提高全民文明意识，促进慈善、社工、志愿服务融合发展，推动双拥共建和军民融合发展，共建社会治理共同体。

四、全面加强政府自身建设

知易行难，行胜于言。市政府将笃行“三个务必”，恪尽职守、勤勉尽责，全面推进法治政府、数字政府建设，加快推进政府治理体系和治理能力现代化，以高效能治理保障高质量发展、创造高品质生活。

牢固树立正确政绩观。牢记党和人民的利益高于一切，把为民造福作为最大政绩，以百姓心为己心，始终站在人民立场上、从人民利益出发想问题、作决策、办事情；坚持实事求是，把学习理论同研究解决实际问题结合起来，深入开展调查研究，确保各项决策和各方面工作符合实际情况、符合客观规律、符合人民意愿、符合镇江长远发展，决不贪一时之功、图一时之名、逞一时之能。强化“功成不必在我”的信念，涵养“功成必定有我”的担当，甘于做铺垫性的工作，甘于抓未成之事，一张蓝图绘到底，一锤接着一锤敲，用心用力把阻碍发展、影响民生的问题一件一件解决好，把既定的战略接续向前推进。

砥砺实干担当硬作风。增强责任观念，守土有责、守土尽责，兢兢业业做好自己的本职工作。发扬斗争精神，勤于向“急难愁盼”问题较真，勇于向历史遗留问题叫板，敢于向顽瘴痼疾问题开刀，坚决不做“老好人”“太平官”，坚决杜绝矛盾上交、难题后拖。涵养严实作风，谋事关注细节，致广大而尽精微，力戒“差不多”，杜绝“算糊涂账”“脚踩西瓜皮”等问题。强化争先意识，破除平庸思想，把心思用在干事业上，把功夫下在抓落实上，踏踏实实把普通的事情做到极致，认认真真把优势的项目做成精品。

练就干事创业真本领。重视在工作实践中增长知识，多一些潜心钻研、伏案而思，不断充实招商引资、产业发展、城市建设等方面的专业知识，努力成为经济社会管理的行家里手，做到对工作了然于胸。注重在干事创业中磨砺才干，勇于挑重担子、啃硬骨头、接烫手山芋。善于在狠抓落实中优化工作作风，加强规律性把握，注重前瞻性谋划，坚持谋定而后动，实行任务项目化、项目清单化，以钉钉子精神推动决策部署落到实处，坚决杜绝浅尝辄止、浮于表面。

涵养清正廉洁好风气。全面加强政治建设，落实市政府党组全面从严治党主体责任，坚持以严的基调正风肃纪，严格执行党内政治生活制度，不断提高市政府领导班子和政府系统党员干部政治判断力、政治领悟力、政治执行力，对党忠诚、听党指挥、为党尽责。严格落实中央八项规定及其实施细则精神，严格执行民主集中制，反对形式主义、官僚主义，健全重大决策部署督查落实机制，确保政令畅通、执行有力。坚持依规依纪依法履行职责，严格落实重大行政决策程序制度，深化政务公开，自觉接受党委领导和监督，主动接受人大、政协监督，虚心接受各方面的意见建议，强化审计监督、统计监督，确保公正用权、依法用权、廉洁用权。树牢“过紧日子”思想，厉行节约、严控支出，把有限的资金用在发展紧要处、民生急需处。

法规及重要文件

镇江市节约用水条例

(2022年6月28日镇江市第九届人民代表大会常务委员会第三次会议通过 2022年7月29日江苏省第十三届人民代表大会常务委员会第三十一次会议批准)

目 录

第一章 总 则

第一条 为了加强节约用水管理,科学合理利用和保护水资源,促进经济社会可持续发展,根据《中华人民共和国水法》《江苏省节约用水条例》《江苏省水资源管理条例》等有关法律、法规,结合本市实际,制定本条例。

第二条 本市行政区域内的节约用水及其监督管理等活动,适用本条例。

第三条 市、县级市(区)人民政府应当将节约用水工作纳入本级国民经济和社会发展规划以及年度计划,制定节约用水激励政策,推行节约用水措施,支持节约用水技术和产品的研发、示范、推广,发展节水型工业、农业和服务业,建设节水型社会。

镇人民政府、街道办事处应当按照规定职责做好节约用水工作。

第四条 市水行政主管部门负责全市节约用水工作,拟定节约用水政策,编制节约用水规划,制定有关标准,指导和推动全市节水型社会建设,制定用水总量控制、定额管理和计划用水制度并组织实施,会同有关部门对水资源的开发、利用、节约和保护等主要指标落实情况进行考核。

市发展和改革主管部门负责做好节约用水规划、指标与国民经济和社会发展规划以及资源节约和综合利用规划的协调衔接,参与节约用水规划、政策的制定,会同有关部门安排节约用水重大项目、发布节水设备(产品)以及导向目录。

市住房和城乡建设主管部门负责指导城镇节约用水工作,根据节约用水政策、规划和标准,制定城市建设和市政供水方面的节约用水制度、办法和具体标准;负责城市公共供水的非居民用水户管理,推动国家节水型城市建设工作。

市教育、工业和信息化、财政、自然资源和规划、城市管理、农业农村、市场监督管理、统计、机关事务等主管部门,以及县级市(区)有关主管部门,按照职责分工,做好节约用水相关工作。

市、县级市(区)人民政府确定的节约用水管理机构,承担本行政区域内的节约用水具体工作。

第五条 市、县级市(区)人民政府应当开展基本水情和节约用水的宣传教育,普及节约用水知识,鼓励基层群众自治组织、社会组织开展节约用水法律、法规和知识宣传,增强全民节约用水意识。

新闻媒体应当开展节约用水的公益宣传和舆论监督。

宾馆、商场、车站、公园、医院等公共场所以及机关、学校等单位,应当设置节约用水宣传标语、标志牌,宣传节约用水知识。

第二章 节约用水管理

第六条 水行政主管部门应当会同发展和改革、住房和城乡建设等主管部门依法编制本行政区域的节约用水规划,报本级人民政府批准后组织实施。

市、县级市(区)人民政府应当依据用水总量和强度控制指标,制定本行政区域年度用水计划。

第七条 编制工业园区、经济技术开发区、高新技术开发区等规划,以及涉及取用水的相关产业发展规划时,应当进行水资源论证,并开展节约用水评价。

取用公共供水的高耗水建设项目逐步推行节约用水评价。

第八条 市水行政主管部门应当会同市市场监督管理、住房和城乡建设等主管部门,依据节约用水规划和经济社会发展实际需要,依法制订本市行业用水定额,向社会公布,并依法报省有关部门备案。

第九条 节约用水实行居民用水户和非居民用水户分类管理。

居民用水户用水实行阶梯水价制度;非居民用水户用水按照计划与定额相结合的原则,实行水价超定额超计划累进加价制度。

第十条　水行政主管部门会同住房和城乡建设主管部门，对自备水源取水和使用公共供水水量较大的单位实行计划用水管理，定期公布计划用水户名录，并实行动态管理。

第十一条　使用自备水源取水的计划用水户应当于每年12月31日前向水行政主管部门报送本年度用水情况总结和下一年度用水计划申请。水行政主管部门应当根据本行政区域年度取水用水总量计划、行业用水定额，兼顾用水户需求，于下一年度1月31日前核定并下达用水计划。

使用公共供水的计划用水户应当于每年12月31日前向住房和城乡建设主管部门报送本年度用水情况总结和下一年度用水计划。住房和城乡建设主管部门应当会同水行政主管部门，根据行业用水定额、用水户用水需求和近三年用水情况，于下一年度1月31日前核定并下达用水计划。

建设项目因工程施工需要临时使用公共供水的，建设单位应当向住房和城乡建设主管部门提出基建用水计划申请，住房和城乡建设主管部门参照相关用水定额下达临时用水计划并进行管理。

第十二条　计划用水户因建设、生产、经营规模发生变化等原因需要调整用水计划的，应当向原计划下达部门提出申请，原计划下达部门应当自收到申请之日起十个工作日内予以核定并书面答复申请人。

计划用水户变更用水性质的，应当提前三十日内到原计划下达部门办理变更手续；计划用水户变更名称的，应当自变更之日起三十日内到原计划下达部门办理变更手续。

第十三条　重点计划用水户应当每三年开展一次水平衡测试，其他计划用水户应当每五年开展一次水平衡测试。

计划用水户年实际用水量超过年计划用水量百分之三十以上的，水行政主管部门应当责令其开展水平衡测试，制定整改方案并予以实施。

第十四条　水行政主管部门应当对重点计划用水户定期进行用水审计。超计划用水百分之三十以上的计划用水户，应当接受水行政主管部门的用水审计，并对存在问题限期整改。

第十五条　水行政主管部门应当会同统计、住房和城乡建设等主管部门，建立节约用水统计调查制度，开展用水统计工作。

公共供水企业应当在每个抄表周期结束后十个工作日内向住房和城乡建设主管部门、节约用水管理机构报送用水户的实际用水量。

计划用水户应当建立健全用水原始记录档案和台账，按照规定做好用水统计工作，每季度向节约用水管理机构报送用水统计资料。

第十六条　公共供水企业、计划用水户应当按照国家有关规定安装和使用经计量检定合格的计量设施，推广分区分级计量，并定期检查和维护，保证计量设施正常使用。

公共供水企业、计划用水户有两个以上不同水源或者两类以上不同用途用水的，应当分别、分类计量。

第十七条　水行政主管部门应当建立健全节约用水信息公开制度，依法及时公开本行政区域的节约用水规划、用水状况、节约用水指标等信息，并与有关部门建立信息共享机制。

第三章　节约用水措施

第十八条　新建、改建、扩建建设项目需要取用水的，应当制定节约用水措施方案，配套建设节约用水设施，并与主体工程同时设计、同时施工、同时投入使用。

年取用水十万立方米以上的建设项目，项目审批部门在进行项目核准和备案时，应当会同水行政主管部门、住房和城乡建设主管部门对项目的节约用水方案进行评估。建设单位在组织工程竣工验收时，应当有水行政主管部门、住房和城乡建设主管部门共同参加。

建设项目节约用水设施未建成或者未达到国家规定要求的，不得投入使用。禁止擅自拆除、停止使用已有的节约用水设施、设备。

第十九条　公共供水企业、非居民用水户应当加强对供水、用水和节约用水设施的检查、维护管理，发现管网或者设施损坏的，应当及时抢修。

管网漏损率应当符合国家和行业标准。超过国家标准的供水管网漏损水量不得纳入供水成本。

公共供水企业应当建立公共供水管网漏损监测预警系统及应急处置预案。

第二十条　工业用水重复利用率、间接冷却水循环率等指标应当达到国家或者行业标准；达不到国家或者行业标准的，应当限期整改。

工业集聚区逐步推行循环用水、串联用水、再生水利用等节约用水技术。

有关部门应当对节水型工业集聚区建设进行政策引导，支持节约用水技术改造、海绵城市建设等项目。

第二十一条　市、县级市（区）人民政府应当按照农业水价综合改革要求，建立完善农业水价形成、工程建设和管护、精准补贴和节约用水奖励、终端用水管理等机制，加快农业供水计量体系建设。

第二十二条　新建、改建、扩建农业灌溉工程应当做到计量设施与主体工程同时设计、同时施工、同时投入使用。

推广管灌、滴灌、喷灌等节约用水灌溉方式和水肥一体化等农业节约用水技术，发展节约用水高效现代农业。

鼓励单位和个人投资兴建农业节约用水设施。对农业节约用水项目，有关部门应当优先立项。

禁止非法侵占、毁损农业节水灌溉设施。

第二十三条　绿化、景观、环卫等用水应当优先使用非常规水源。绿化、景观等应当因地制宜采用科学节水灌溉方式。

城市管理主管部门和公共消防给水设施产权人或者管理人应当加强绿化、环卫、消防给水设施管理，防止水的泄漏或者取作他用。

鼓励有条件的地区和单位建设集雨工程，科学开发利用雨水，减少常规水使用量。

第二十四条　市、县级市（区）人民政府应当规划建设再生水输配管网和设施，对再生水实行资源化利用。

鼓励单位和个人投资建设再生水利用系统，从事再生水经营活动。

再生水经营单位应当建立健全再生水管理制度和工作规程，提供符合标准的再生水。

再生水经营单位输供再生水应当装表计量，按量收费，不得擅自停水。

第二十五条　严格控制地下水开采。城市公共供水管网、地表水能够满足用水需求的区域，不得新增开采地下水，原有的自备水井应当依法限期关闭。经依法批准开采的矿泉水、地热水等特殊行业用水除外。

第四章　节约用水保障

第二十六条　市、县级市（区）人民政府应当建立节约用水投入机制，加大财政投入，对节水型社会示范区、节水型载体建设、水平衡测试、节约用水技术改造和非常规水源利用等项目给予支持。

鼓励社会资金、民间资本投入节约用水产业。

第二十七条　市、县级市（区）人民政府应当推行水权交易制度，鼓励区域间、行业间、取用水户间按照国家有关规定进行水权交易。

单位和个人节约的水量可以按照国家有关规定进行水权交易。

第二十八条　水行政主管部门和其他有关部门应当按照职责分工，对公共供水企业、非居民用水户节约用水情况依法进行监督检查。

被监督检查的单位应当予以配合，不得拒绝或者妨碍监督检查人员依法执行公务。

第二十九条　市、县级市（区）人民政府应当建立节约用水目标责任制和考核评价制度。

第三十条　水行政主管部门应当按照国家和省有关规定，对在节约用水工作中做出显著成绩的单位和个人给予表彰、奖励。

第五章　法律责任

第三十一条　违反本条例第十八条第三款规定，建设项目节约用水设施未建成或者未达到国家规定的要求，投入使用的，或者擅自拆除、停止使用节约用水设施、设备的，由住房和城乡建设主管部门责令限期改正，处五万元以上十万元以下罚款。

第三十二条　违反本条例第二十二条第四款规定，非法侵占、毁损农业节水灌溉设施的，由水行政主管部门责令停止违法行为、赔偿损失、采取补救措施，可以处一万元以下罚款；情节严重、造成重大损失的，处一万元以上十万元以下罚款。

第三十三条　水行政、住房和城乡建设等主管部门及其工作人员滥用职权、玩忽职守、徇私舞弊的，由上级主管部门或者所在单位责令改正；情节严重的，对直接负责的主管人员和其他直接责任人员依法给予处分；构成犯罪的，依法追究刑事责任。

第六章　附　则

第三十四条　本条例自 2022 年 10 月 1 日起施行。

镇江市人民代表大会常务委员会关于加强长江江豚保护的决定

（2022 年 8 月 26 日镇江市第九届人民代表大会常务委员会第四次会议通过　2022 年 9 月 29 日江苏省第十三届人民代表大会常务委员会第三十二次会议批准）

为了保护长江江豚，维护长江生物多样性、完整性和生态平衡，实现人与自然和谐共生，根据《中华人民共和国长江保护法》《中华人民共和国野生动物保护法》等法律、法规，经与南京市、马鞍山市人民代表大会常务委员会共同研究，结合本市实际，作出如下决定：

一、本市行政区域内长江江豚及其生境保护等相关活动，适用本决定。

二、长江江豚保护工作遵循生态优先、统筹协调、严格监管的原则，健全上下游、左右岸的跨地区、跨部门协同保护制度，形成政府统一领导、部门分工负责、社会共同参与、区域协同推进的保护工作机制。

长江江豚保护实行物种与生境保护相结合。

长江江豚实行就地保护，必要时辅助采取迁地保护。

三、市、沿江县级市(区)人民政府应当将长江江豚及其生境保护纳入国民经济和社会发展规划,建立长江江豚保护联席会议制度,加强长江江豚及其生境的保护管理。

沿江各镇人民政府、街道办事处应当将长江江豚及其生境保护纳入长江岸线保护巡查工作内容,按照综合行政执法工作要求做好相关工作。

四、市人民政府及其有关部门应当加强长江江豚及其生境保护科学研究,依托高等院校、科研院所等力量,为长江江豚及其生境保护提供科学支撑。

市人民政府建立长江江豚保护专家委员会,为长江江豚的保护管理、救助救护、科研监测以及科普宣教工作提供专业咨询和指导。专家委员会由生物、生态、林业、规划、水利、文化、法律等领域的专家组成。

五、市人民政府应当在江苏镇江长江豚类省级自然保护区(以下简称自然保护区)设立专门的管理机构,负责自然保护区的具体管理工作,并建立长江江豚保护执法联动机制。

市人民政府应当加大对自然保护区建设管理的财政投入,为自然保护区规划编制、设施建设、资源调查、科学研究、科普宣传等方面提供保障。

对自然保护区范围以外的长江江豚经常活动水域,市人民政府在征求海事、航道等机构意见后可以划定临时保护区域,明确保护范围和保护措施。

六、自然保护区行政主管部门负责自然保护区的行业管理,协调、指导、监督自然保护区管理机构开展以下工作:

(一)组织编制自然保护区总体规划,指导自然保护区建设、管理以及安全生产;

(二)组织开展自然保护区范围内长江江豚等自然资源调查,加强对自然保护区内长江江豚生境的监测监管;

(三)开展自然保护区内日常巡护,运用科技手段提升保护巡查、监测监控水平,牵头并协调开展自然保护区内长江江豚救护;

(四)协助开展自然保护区以外的长江江豚保护工作;

(五)法律、法规规定的其他职责。

七、渔业行政主管部门负责长江江豚物种的保护管理,履行下列职责:

(一)负责自然保护区以外的长江江豚保护工作;

(二)配合自然保护区的巡护工作,协助开展长江江豚应急救助救护;

(三)定期组织开展水生生物资源调查,水生外来物种、入侵生物的调查、监测预警和防治;

(四)开展水生生物保护、渔政管理和渔政执法与监督;

(五)法律、法规规定的其他职责。

八、生态环境行政主管部门负责涉及长江江豚生态环境保护的统筹协调、监督管理和综合执法。

公安机关负责受理有关长江江豚保护的报警求助,依法预防、处置涉及损害长江江豚及其生境的违法行为。

发展和改革、财政、交通运输、水利、文化广电和旅游、卫生健康等行政主管部门和海事、航道等机构按照各自职责,做好长江江豚及其生境的保护管理相关工作。

九、市、沿江县级市(区)人民政府在编制涉及长江岸线开发保护的国土空间总体规划、长江岸线保护详细规划以及过江交通、港口建设等其他涉江专项规划时,应当考虑长江江豚及其生境保护的需要,避免或者减少规划实施可能造成的不利影响。

十、建设项目对长江江豚及其生境可能造成不利影响的,建设单位应当按照要求进行专题论证,落实避让、减缓、补偿、重建等措施,适时进行周期性监测和回顾性评价,提出改进措施。

建设单位应当将专题论证报告和有关行政主管部门、机构意见纳入环境影响评价报告,严格按照环境影响评价报告及其批复要求落实相关措施,确保环境保护设施与主体工程同时设计、同时施工、同时投产使用,必要时依法依规开展环境影响后评价。

十一、加强对世业洲、江心洲、扬中岛、雷公岛等长江洲岛和湿地的保护。禁止任何单位和个人破坏长江江豚生息繁衍的水域、场所和生存条件。

在长江水域及其岸线上进行作业或者活动,应当遵守下列规定,防止或者减少对长江江豚及其生境的损害:

(一)除执行紧急公务、军事运输、应急救助等任务以外,船舶通过自然保护区时,应当采取降速、降噪、禁鸣等必要措施,不得排放船舶水污染物,不得进入禁止航行水域,不得无故抛锚停泊。

(二)进行水下爆破、勘探、施工作业等活动,建设单位应当事先同市渔业行政主管部门和自然保护区管理机构协商,并采取有效保护措施。

(三)在长江江豚经常活动水域进行涉水和近岸工程建设的,建设单位应当在施工前向有关行政主管部门报告,并采取声呐驱逐等方式,确保长江江豚远离施工水域。

(四)实施科学灭螺,在洲滩湿地不用或者少用灭钉螺药;必须喷洒灭钉螺药的,卫生健康行政主管部门应当科学安排时间,采取措施防止药物散播,并及时告知市渔业行政主管部门和自然保护区管理机构。

(五)不得随意丢弃或者倾倒垃圾。

(六)禁渔区域、禁渔期内不得实施捕捞、垂钓。

(七)除科学研究、救灾救助和为了公共利益的需要以外,不得使用无人机、遥控船或者其他方式干扰长江江豚的日常活动。

（八）不得实施法律、法规规定的其他损害长江江豚及其生境的行为。

进行活动或者作业涉及自然保护区的，还应当遵守自然保护区管理的相关法律、法规规定。

十二、市自然保护区行政主管部门、渔业行政主管部门和水行政主管部门应当实施生态环境修复和其他保护措施，通过增殖放流、保持植被自然状态、保持江河湖口连通、自然岸线恢复等生态保护修复措施，改善长江江豚觅食和生息繁衍场所条件。

十三、传承弘扬长江文化，研究挖掘长江江豚的历史内涵，讲好“微笑天使”故事，促进长江江豚文化认知与生态旅游相融合，打造“镇江江豚”城市名片。

自然保护区管理机构应当加强长江江豚保护科普宣传教育，设立并完善必要的场所、设施，为开展长江江豚保护宣教、研学实践和社会公益活动提供必要的支持与便利。

每年 10 月 24 日为镇江长江江豚保护宣传日。

十四、任何单位和个人都有保护长江江豚及其生境的义务，有权制止、举报或者控告损害长江江豚及其生境的违法行为。

任何单位和个人发现长江江豚死亡、受伤或者受困的，应当及时报告。

鼓励自然人、法人和非法人组织通过捐赠、资助、志愿服务等方式参与长江江豚保护宣传、巡护等活动。

鼓励、支持长江江豚保护社会组织和研究机构发挥专业优势，通过政府购买服务等方式参与长江江豚救助救护、科研监测以及公益宣传和国际交流等工作。

对损害长江江豚及其生境的行为，国家规定的机关或者法律规定的组织可以依法提起公益诉讼。

十五、市人民政府应当与南京、马鞍山等相关城市人民政府建立区域协作机制。

市人民政府有关部门应当与南京、马鞍山等城市人民政府有关部门在以下方面开展协作活动，协同推进长江江豚及其生境的保护：

（一）协同开展流域性长江江豚资源调查和生存环境监测，加强科研合作、技术交流和研究成果共享，推动长江江豚全生命周期联动保护；

（二）加强长江江豚遗传多样性保护合作，协同建立种群基因档案，加强种质资源交流，提高长江江豚遗传多样性；

（三）加强长江江豚的收容救护合作，共享收容救护设施设备，互相提供收容救护人员与技术资源，定期开展收容救护技术交流，共同提升收容救护水平；

（四）加强长江江豚保护管理的执法合作，共同搭建区域性执法协作平台，推进执法信息交流和证据互通，依法惩处损害长江江豚及其生境的行为；

（五）加强长江江豚保护领域民间力量的合作交流，组建流域性长江江豚保护联盟，联合开展长江江豚保护宣教活动。

十六、违反本决定，任何单位和个人实施损害长江江豚及其生境行为的，依照有关法律、法规的规定予以处罚。造成长江江豚及其生境损害的，还应当依法承担相应的生态环境损害赔偿责任。

十七、本决定自 2022 年 10 月 24 日起施行。

镇江市房屋安全条例

（2022 年 10 月 31 日镇江市第九届人民代表大会常务委员会第五次会议通过　2022 年 11 月 25 日江苏省第十三届人民代表大会常务委员会第三十三次会议批准）

目　录

第一章　总　则

第一条　为了加强房屋安全管理，保障公民、法人和其他组织的人身、财产安全，维护公共安全和公众利益，根据有关法律、法规，结合本市实际，制定本条例。

第二条　本市行政区域内已投入使用房屋的安全管理，包括房屋的使用安全、装饰装修安全、安全鉴定以及危险房屋治理与应急处置等管理活动，适用本条例。

宗教活动场所、文物保护单位、历史建筑、传统风貌建筑、历史文化街区、风景名胜区等范围内房屋的安全管理，法律、法规另有规定的，从其规定。

房屋的供水、供电、供气、消防、防雷、抗震、电梯等专业设施设备的安全管理，依照有关法律、法规规定执行。

第三条　市、县级市(区)人民政府应当建立统筹管理、分级负责、综合协调、社会参与的房屋安全管理制度,建立健全房屋安全常态化、网格化巡查制度和房屋安全管理应急预案,组织应对房屋安全突发事件,相关经费纳入同级财政预算。

镇人民政府、街道办事处应当落实房屋安全常态化、网格化巡查制度,协助、配合上级人民政府和有关部门组织实施危险房屋治理与应急处置,指导村(居)民委员会、物业服务企业等建立日常安全巡查和报告制度。

第四条　市住房和城乡建设部门负责全市房屋安全工作的统一指导和综合监督管理,建立房屋安全信息平台和管理档案制度,组织编制房屋安全管理应急预案,指导县级市(区)住房和城乡建设部门开展房屋安全管理工作。市住房和城乡建设部门所属的房屋安全管理机构和白蚁防治管理机构承担日常工作。

县级市(区)住房和城乡建设部门负责本行政区域内房屋安全管理具体工作,定期组织房屋安全检查,依法查处危害房屋安全的行为。

第五条 公安、财政、自然资源和规划、城市管理、农业农村、应急管理、市场监督管理、行政审批等部门,按照各自职责做好房屋安全管理工作。

教育、卫生健康、文化广电和旅游、体育、交通运输、商务、民政等部门按照各自职责,监督学校、医疗卫生机构、文体娱乐场所、景区、车站、商场、宾馆、饭店、集贸市场、养老机构、社会福利机构等公共建筑的房屋安全责任人定期进行房屋安全检查,及时消除安全隐患。

第六条 住房和城乡建设部门应当会同城市管理、自然资源和规划、公安、应急管理等部门以及镇人民政府、街道办事处,建立房屋安全联合执法机制,依法查处危害或者可能危害房屋安全的违法行为。

第七条　建筑、装饰装修、白蚁防治、物业服务等行业协会应当加强行业自律,配合有关部门和单位做好房屋安全管理工作。

第八条　市、县级市(区)人民政府及其有关部门应当加强房屋安全知识宣传教育,提高公众房屋安全意识。

新闻媒体应当开展房屋安全公益宣传,对危害房屋安全的行为进行舆论监督;鼓励公众参与房屋安全宣传教育活动,配合做好房屋安全管理工作。

任何单位或者个人对危害房屋安全的行为,均有权进行举报投诉;住房和城乡建设等有关部门应当按照职责及时调查处理。

第二章　房屋使用安全

第九条　房屋所有权人为房屋安全责任人。

房屋属于国家或者集体所有的,房屋管理人为房屋安全责任人。

房屋所有权人下落不明或者房屋权属不清的,房屋使用人先行承担房屋安全责任;没有房屋使用人的,房屋管理人先行承担房屋安全责任。

第十条　房屋安全责任人、利害关系人有权向城建档案机构、建设单位、物业服务企业查询房屋承重构件、设计使用年限、楼(屋)面最大荷载、房屋结构改造等事项和白蚁预防质量保证、建筑幕墙使用维护说明等信息,有关单位和个人应当配合查询。

房屋转让或者出租时,房屋所有权人应当将房屋结构改造等影响房屋安全事项以书面形式告知受让人或者承租人。

第十一条　房屋安全责任人应当承担下列房屋安全责任:

(一)按照房屋权属证明记载的用途或者经依法批准的用途,合理使用房屋;

(二)检查、维修房屋,及时消除安全隐患;

(三)改建、扩建、装饰装修房屋符合有关规定;

(四)按照规定委托房屋安全鉴定;

(五)防治白蚁;

(六)及时治理危险房屋;

(七)监督房屋使用人安全使用房屋;

(八)配合有关部门、镇人民政府、街道办事处开展房屋安全监督管理工作;

(九)法律、法规规定的其他房屋安全责任。

第十二条　房屋使用人应当合理使用房屋,不得从事影响房屋安全的活动;因房屋使用人原因危害房屋安全的,房屋使用人应当依法承担相应的房屋安全责任。

房屋安全责任人与房屋使用人不一致,房屋使用人发现房屋出现裂缝、倾斜、变形、腐蚀、沉降等异常情况的,应当及时告知房屋安全责任人,并配合履行房屋安全义务。

第十三条　房屋共有部分的安全责任,由房屋安全责任人依法共同承担。

房屋共有部分的安全管理委托物业服务企业的,物业服务企业应当按照约定承担房屋共有部分的检查、维修等安全管理责任。

第十四条　物业服务企业在物业服务区域内承担下列房屋安全责任:

(一)告知房屋安全责任人相关注意事项;

(二)对房屋共有部分进行安全检查,协助业主和业主委员会提出相关维修治理方案;

(三)对房屋装饰装修行为进行巡查;

(四)劝阻、制止危害房屋安全行为;劝阻、制止无效的,应当及时向县级市(区)住房和城乡建设等部门报告;

（五）妥善保管房屋竣工资料和其他房屋安全有关资料，物业服务企业发生更换时，应当及时移交；

（六）法律、法规规定或者接受委托的其他房屋安全责任。

第十五条　进行地下设施、管线、桩基、深基坑、爆破以及降低地下水位等施工，建设单位应当在开工前对施工区相邻房屋安全采取相应防护措施；可能对相邻房屋安全造成危害的，建设单位在开工前应当委托房屋安全鉴定单位进行施工对相邻房屋影响鉴定，并依据鉴定报告，结合实际采取措施，确保安全。

第十六条　对在保修期限内的建筑幕墙，建设单位应当依法承担安全责任。

对超过保修期限的建筑幕墙，房屋安全责任人应当按照国家和省有关标准、规范等规定承担安全维护责任。建筑幕墙的日常检查、维护可以委托物业服务企业或者其他专门从事建筑幕墙维护的单位进行。

建筑幕墙存在破损、脱落等安全隐患的，房屋安全责任人应当采取相应防护措施；需要实施改造、加固或者拆除的，应当委托具有相应资质的单位实施。

第十七条　新建、改建、扩建房屋施工前，建设单位应当到住房和城乡建设部门办理白蚁预防手续。

白蚁防治单位应当严格按照房屋白蚁防治施工技术规范和操作程序进行防治，保障白蚁防治工程质量。

白蚁防治管理机构应当定期进行白蚁危害检查，建立白蚁防治监管网络平台，及时向社会发布蚁情蚁害预报；对白蚁防治单位的防治质量、技术规范、药物安全等，定期进行检查。

第十八条　对鉴定为危险房屋的，县级市（区）人民政府应当组织实施危险房屋动态监测。

鼓励应用房屋安全动态监测新技术、新设备，开展房屋安全动态监测预警和防范治理。

第十九条　鼓励运用保险机制创新房屋安全管理方式。

市、县级市（区）人民政府及其有关部门和镇人民政府、街道办事处、房屋使用安全责任人，可以通过购买保险服务的方式，与保险公司合作开展房屋安全排查、危险房屋治理等工作，增强抵御房屋安全风险的能力。

第二十条　特殊困难家庭的房屋安全鉴定、危险房屋治理，可以向房屋所在地的县级市（区）人民政府申请房屋安全救助，具体办法由市人民政府另行制定。

第三章　房屋装饰装修安全

第二十一条　房屋装饰装修应当符合相关技术标准和工程质量标准，保证房屋的整体性和结构安全，不得影响房屋共有部分和相邻房屋的安全。

第二十二条　房屋装饰装修禁止实施下列危害房屋安全的行为：

（一）拆改房屋主要承重构件、抗震措施、防火措施；

（二）超过设计标准增加房屋荷载；

（三）法律、法规禁止的其他行为。

第二十三条　房屋装饰装修不得擅自实施下列影响房屋安全的行为：

（一）在楼面结构层开凿、扩大洞口；

（二）拆改楼面次梁、楼梯等次要构件；

（三）其他改造房屋结构影响房屋安全的行为。

确需实施前款规定的行为，房屋安全责任人应当委托原设计单位或者具有相应资质等级的设计单位提出设计方案，施工方应当按照设计方案组织施工；无设计方案的，不得施工。

第二十四条　房屋装饰装修需要依法办理规划和施工许可等手续的，适用《中华人民共和国建筑法》等有关法律、法规的规定。

第二十五条　房屋安全责任人在装饰装修开工前，应当向物业服务企业办理登记手续。未委托物业服务企业的，向房屋所在地的村（居）民委员会或者其他管理单位办理登记手续。

物业服务企业、村（居）民委员会或者其他管理单位应当按照规定实施装饰装修登记制度，将装饰装修中的禁止行为和注意事项告知房屋安全责任人。

第四章　房屋安全鉴定

第二十六条　从事房屋安全鉴定的单位应当具有独立的法人资格，配备专业技术人员和专业设备，具备相应的技术能力，符合国家、省和市相关管理规定。

第二十七条　有下列情形之一，需要继续使用房屋的，应当委托房屋安全鉴定单位进行房屋安全鉴定：

（一）地基基础、墙体或者其他承重构件出现明显下沉、裂缝、变形、腐蚀等情形的；

（二）因施工、堆物、撞击、火灾、爆炸等事故受损，影响房屋安全的；

（三）因洪涝、台风、地震、山体滑坡等自然灾害受损，影响房屋安全的；

（四）达到设计使用年限仍需继续使用的；

（五）学校、医院、体育场馆、车站、商场等人员密集场所的房屋，达到设计使用年限三分之二的，应当至少每五年进行一次安全鉴定；

（六）拟改变房屋原用途，涉及公共安全的；

（七）其他可能影响房屋安全需要鉴定的情形。

前款第一项、第三项、第四项、第五项、第六项、第七项鉴定由房屋安全责任人委托；第二项鉴定由事故责任人委托，无法确定事故责任人的由房屋安全责任人委托；因自然灾害或者爆炸、火灾等事故影响一定区域内房屋安全的，市、县级市（区）住房和城乡建设部门应当及时组织房屋安全鉴定单位进行鉴定。

房屋所在地的镇人民政府、街道办事处或者县级市（区）住房和城乡建设部门，应当督促房屋安全责任人或者事故责任人委托房屋安全鉴定。拒不委托且可能影响公共安全的，房屋所在地的镇人民政府、街道办事处或者县级市（区）住房和城乡建设部门可以委托鉴定；经鉴定属于危险房屋的，鉴定费用由房屋安全责任人承担。

第二十八条　房屋安全鉴定单位应当按照房屋建设工程相关标准和技术规范进行鉴定，在合同约定的期限内出具房屋安全鉴定报告。

房屋安全鉴定报告是认定房屋安全状况的依据，应当客观、真实、全面反映房屋安全状况。房屋安全鉴定单位及其鉴定人员不得出具虚假鉴定报告。

第二十九条　经鉴定属于危险房屋的，房屋安全鉴定单位应当在作出房屋安全鉴定报告后立即将鉴定报告提交鉴定委托人，并在二十四小时内报送房屋所在地的县级市（区）住房和城乡建设部门。

第三十条　鉴定委托人、利害关系人对房屋安全鉴定报告有异议的，可以自收到鉴定报告之日起十个工作日内向市住房和城乡建设部门申请复核。

市住房和城乡建设部门应当自收到复核申请之日起二十个工作日内组织相关专家进行复核，并出具复核意见。复核意见与鉴定报告结论一致的，相关费用由申请人承担；复核意见与鉴定报告结论不一致的，相关费用由原鉴定单位承担。

第三十一条　建筑幕墙工程自竣工验收交付使用满十年后的半年内，房屋安全责任人应当委托具有建筑幕墙检验检测能力的单位进行一次可靠性检验评估，此后每隔五年进行一次；达到设计使用年限的，每隔三年进行一次。

建筑幕墙有下列情形之一，房屋安全责任人应当及时委托具有建筑幕墙检验检测能力的单位进行可靠性检验评估：

（一）面板、连接构件或者局部墙面出现异常变形、脱落、爆裂等现象的；

（二）遭受风暴、地震、雷击、火灾、爆炸等自然灾害或者事故造成损坏的；

（三）相关建筑主体结构经鉴定存在安全隐患的；

（四）存在其他安全隐患的情形。

第三十二条　住房和城乡建设部门应当依法对鉴定活动实施监督管理，通过抽查、专项检查等方式，对房屋安全鉴定单位、建筑幕墙检验检测单位出具的房屋安全鉴定报告或者可靠性检验评估报告质量等进行监督检查；对涉及危险房屋的鉴定报告，组织专家进行评审。

第五章　危险房屋治理与应急处置

第三十三条　市、县级市（区）人民政府应当根据房屋安全管理应急预案，建立房屋安全应急抢险救援组织体系，储备抢险救援物资和装备器材。市、县级市（区）住房和城乡建设部门应当对镇人民政府、街道办事处房屋安全监督管理相关工作进行业务培训和技术指导，定期组织房屋安全应急演练。

第三十四条　县级市（区）住房和城乡建设部门收到危险房屋鉴定报告后，应当在三个工作日内向房屋安全责任人发出危险房屋治理通知书，提出治理意见，同时抄送房屋所在地的镇人民政府、街道办事处和其他相关部门。

镇人民政府、街道办事处应当定期对危险房屋进行巡查，落实监控措施并督促房屋安全责任人及时治理。县级市（区）住房和城乡建设部门应当对治理情况进行督促检查。

第三十五条　房屋安全责任人是危险房屋治理的责任主体，应当按照危险房屋治理通知书的要求及时采取治理措施。

房屋使用人、与危险房屋相邻的房屋安全责任人，应当配合危险房屋治理工作。

第三十六条　经鉴定为危险房屋的，房屋安全责任人应当按照下列规定进行治理：

（一）经适当安全技术措施处理后短期内可以继续使用的，可以观察使用；

（二）经适当安全技术措施除险后能够消除危险的，可以继续使用；

（三）已无修缮价值，暂时不便拆除又不危及他人安全和相邻建筑物、构筑物的，应当停止使用；

（四）整幢危险已无修缮价值，危及公共安全和相邻建筑物、构筑物的，应当立即整体拆除。

第三十七条　危险房屋治理费用由房屋安全责任人承担。涉及房屋共有部分的维修和治理，可以按照规定使用住宅专项维修资金。

危险房屋危及公共安全，房屋安全责任人拒绝、怠于采取有效治理措施的，所在地的县级市（区）人民政府应当按照房屋安全管理应急预案，采取必要措施排除险情，由此产生的费用由房屋安全责任人承担。

第三十八条　对鉴定为整幢危险的房屋，县级市（区）人民政府可以采取下列应急处置措施，任何单位和个人不得阻挠：

（一）划定警示区域；

（二）利用相邻的建筑物和有关设施；

（三）组织人员撤离；

（四）依法采取的其他措施。

因应急处置损坏相邻建筑物和有关设施的，由房屋所在地的县级市（区）人民政府负责组织修复或者补偿。

第三十九条　超过设计使用年限或者经鉴定为危险房屋的成片房屋，市、县级市（区）人民政府应当优先纳入城市更新范围，并有计划地组织实施。

住房和城乡建设部门应当围绕抗震加固、节能低碳等重点改造领域，加强新技术、新工艺和新材料的推广应用，并将其纳入房屋安全信息平台为公众提供查询服务，推动房屋安全隐患消除和性能提升。

第四十条　经鉴定属于危险房屋不能继续使用的，不得居住、出租或者作为生产经营场所。

住房和城乡建设部门应当建立危险房屋信息登记、注销等制度，记录房屋安全责任人、房屋安全隐患的基本状况、危险房屋修缮加固和排险的结果等相关信息，实行动态管理，并为利害关系人提供查询服务。

第六章　农村房屋特别规定

第四十一条　市、县级市（区）人民政府应当加强对农村房屋安全管理工作的组织领导，统筹农村老旧房屋改善和危险房屋整治等相关工作，提升农村房屋安全品质。

农业农村、自然资源和规划、住房和城乡建设等部门按照各自职责做好农村房屋安全管理工作中的宅基地审批使用、建设规划许可和房屋质量指导监督等工作。

第四十二条　镇人民政府、街道办事处应当建立农村房屋服务平台，加强对农村房屋规划、建设的监督管理，引导农民选用规范的农村住房设计方案，选择有资质的单位或者乡村建设工匠进行施工，通过合同约定房屋保修责任，保障房屋使用安全。

第四十三条　镇人民政府、街道办事处应当会同相关部门，引导农民通过加固改造、原址翻建、选址新建等方式，对老旧房屋进行改造改善。对辖区内手续不全的农村房屋，依法采取补办手续、拆除、改建等方式进行治理。

第四十四条　农村自建房屋用于经营活动的，应当符合相关安全要求；涉及公共安全的，还应当按照本条例等有关规定进行房屋安全鉴定。

第四十五条　县级市（区）人民政府应当完善相关工作机制，推动农村低收入人口的危险房屋治理；对特别困难的农户，应当做好安置工作。

第七章　法律责任

第四十六条　违反本条例第十五条规定，建设单位拒不委托房屋安全鉴定单位进行施工对相邻房屋影响鉴定的，由住房和城乡建设部门责令限期改正；逾期不改正的，处一万元以上五万元以下罚款；未采取相应措施，导致周边房屋成为危险房屋的，处五万元以上十万元以下罚款。

第四十七条　违反本条例第二十二条规定，房屋安全责任人实施危害房屋安全行为的，由住房和城乡建设、城市管理等部门依据职责，责令限期改正，处五万元以上十万元以下罚款，并将相关信息及时与不动产登记、市场主体登记等部门共享。

违反本条例第二十三条第一款规定，房屋安全责任人实施影响房屋安全行为的，由住房和城乡建设部门责令限期改正；逾期不改正的，处五千元以上五万元以下罚款。

第四十八条　违反本条例第二十二条、第二十三条第一款规定，经责令限期改正，施工方仍然施工的，由住房和城乡建设部门责令停止施工，处五千元以上五万元以下罚款。

第四十九条　违反本条例第二十八条第二款规定，房屋安全鉴定单位出具虚假鉴定报告的，由住房和城乡建设部门责令限期改正，没收违法所得，处五万元以上十万元以下罚款，对直接责任人员处二千元以上一万元以下罚款；造成损失的，依法承担赔偿责任。

第五十条　行政机关工作人员在房屋安全管理过程中玩忽职守、滥用职权、徇私舞弊的，依法给予处分；构成犯罪的，依法追究刑事责任。

第八章　附　则

第五十一条　本条例自2023年3月1日起施行。

表94　2022年中共镇江市委重要文件一览表

文　号	发文时间	文　件　名
镇发〔2022〕1号	2022-01-11	中共镇江市委关于印发《中共镇江市委常委会2022年工作要点》的通知
镇发〔2022〕2号	2022-01-12	中共镇江市委、镇江市人民政府印发《关于促进中医药传承创新发展实施意见》的通知
镇发〔2022〕3号	2022-01-12	中共镇江市委、镇江市人民政府印发《关于深化医疗保障制度改革实施意见》的通知
镇发〔2022〕7号	2022-03-28	中共镇江市委、镇江市人民政府、镇江军分区关于印发《镇江市2022年双拥工作意见》的通知
镇发〔2022〕8号	2022-05-10	中共镇江市委关于转发《镇江市人大常委会2022—2026年立法规划》的通知
镇发〔2022〕9号	2022-05-13	中共镇江市委关于以政治建设统领全市人大工作的意见
镇发〔2022〕10号	2022-05-18	中共镇江市委、镇江市人民政府印发《关于强化2022年"三农"重点工作落实全面推进乡村振兴实施意见》的通知

续表 94

文　号	发文时间	文　件　名
镇发〔2022〕11 号	2022－05－27	中共镇江市委印发《关于全面加强新时代少先队工作实施方案》的通知
镇发〔2022〕13 号	2022－06－15	中共镇江市委印发《关于开展“党旗‘镇’红、一线建功”工程 助推现代化新镇江建设实施意见》的通知
镇发〔2022〕14 号	2022－06－26	中共镇江市委、镇江市人民政府关于印发《镇江市贯彻落实〈法治政府建设实施纲要(2021—2025 年)〉实施方案》的通知
镇发〔2022〕15 号	2022－07－12	中共镇江市委、镇江市人民政府印发《关于深入打好污染防治攻坚战实施方案》的通知
镇发〔2022〕17 号	2022－07－27	中共镇江市委、镇江市人民政府关于印发《镇江市加快股权投资行业发展云帆计划》的通知
镇办发〔2022〕1 号	2022－01－12	市委办公室、市政府办公室关于印发《镇江市改革和完善疫苗管理体制实施方案》的通知
镇办发〔2022〕3 号	2022－01－23	市委办公室、市政府办公室关于印发《镇江市“十四五”生态文明建设规划》的通知
镇办发〔2022〕5 号	2022－02－1	市委办公室、市政府办公室关于印发《镇江市推进开发园区整合优化提升促进高质量发展意见》的通知
镇办发〔2022〕6 号	2022－02－22	市委办公室、市政府办公室关于印发《镇江市产业链人才赋能计划》《镇江市青年人才“归雁”计划》《镇江市人才平台提升计划》的通知
镇办发〔2022〕8 号	2022－03－15	市委办公室、市政府办公室关于印发《镇江市贯彻落实江苏省统计局第 1 统计督察组督察反馈意见整改方案》的通知
镇办发〔2022〕9 号	2022－03－15	市委办公室、市政府办公室印发《关于持续深化提升安全生产专项整治三年行动实施方案》的通知
镇办发〔2022〕12 号	2022－03－31	中共镇江市委办公室关于印发《中共镇江市第八届委员会巡察工作规划》的通知
镇办发〔2022〕17 号	2022－04－20	市委办公室、市政府办公室印发《关于加强突出生态环境问题整改实施意见》的通知
镇办发〔2022〕20 号	2022－05－19	市委办公室、市政府办公室印发《关于加快推进乡村人才振兴实施意见》的通知
镇办发〔2022〕21 号	2022－05－20	市委办公室、市政府办公室关于印发《镇江市“十四五”文化发展规划》的通知
镇办发〔2022〕24 号	2022－06－20	中共镇江市委办公室印发《关于推动党史学习教育常态化长效化实施方案》的通知
镇办发〔2022〕29 号	2022－07－09	市委办公室、市政府办公室关于公布《镇江市第一批保留开发区(园区)名单及四至边界》的通知
镇办发〔2022〕30 号	2022－07－11	市委办公室、市政府办公室关于印发《镇江市市级行政事业单位所属企业改制脱钩工作实施意见》的通知
镇办发〔2022〕31 号	2022－07－12	市委办公室、市政府办公室关于印发《镇江市深化应急管理综合行政执法改革实施意见》的通知
镇办发〔2022〕34 号	2022－08－12	市委办公室、市政府办公室印发《关于进一步加强统计基层基础建设 打造现代化高素质统计队伍实施意见》的通知
镇办发〔2022〕35 号	2022－09－07	市委办公室、市政府办公室印发《关于建立健全自然保护地体系实施方案》的通知
镇办发〔2022〕36 号	2022－10－10	中共镇江市委办公室印发《关于加强新时代离退休干部党的建设工作实施意见》的通知
镇办发〔2022〕38 号	2022－12－20	市委办公室、市政府办公室印发《关于推进协商议事融入基层治理实施意见》的通知
镇办发〔2022〕39 号	2022－12－19	市委办公室、市政府办公室印发《关于更加有效发挥统计监督职能作用实施方案》的通知
镇办发〔2022〕40 号	2022－12－29	中共镇江市委办公室印发《关于加强和改进新时代市和市、区政协工作实施意见》的通知

（市委办　巫泽人）

表 95　2022 年镇江市人民政府重要文件一览表

发　文　号	发文时间	文　件　名
镇政发〔2022〕13 号	2022－04－18	镇江市人民政府印发关于进一步帮助市场主体和困难群众纾困解难的若干政策措施的通知
镇政发〔2022〕29 号	2022－11－04	镇江市人民政府印发关于征收集体土地房屋补偿意见的通知
镇政发〔2022〕33 号	2022－12－16	镇江市人民政府关于深入推进计量工作的实施意见
镇政办发〔2022〕17 号	2022－02－28	镇江市人民政府办公室关于印发镇江市市属企业违规经营投资责任追究试行办法的通知
镇政办发〔2022〕47 号	2022－07－07	镇江市人民政府办公室印发关于全面加强药品监管能力建设若干措施的通知
镇政办发〔2022〕51 号	2022－08－16	镇江市人民政府办公室关于印发镇江市市长质量奖管理办法的通知
镇政办发〔2022〕55 号	2022－09－02	镇江市人民政府办公室关于修改《镇江市区外来人员随迁子女接受义务教育工作的意见》的决定
镇政办发〔2022〕66 号	2022－10－11	镇江市人民政府办公室印发关于加强开发园区空间分类管控提升土地利用效益实施意见的通知
镇政规发〔2022〕2 号	2022－08－24	镇江市人民政府关于印发镇江市市区机动车停车场管理办法的通知
镇政规发〔2022〕3 号	2022－09－24	镇江市人民政府关于印发镇江市地方政府储备粮管理办法的通知

（市政府办　徐海音）

组织机构及负责人名单

·中共镇江市委员会·

书　　记　马明龙
副 书 记　徐曙海
　　　　　巩海滨
常　　委　秦海涛
　　　　　詹立风
　　　　　李迎久(11 月止)
　　　　　许　文
　　　　　陈可可
　　　　　宋祥林
　　　　　张　娟(女)
　　　　　周　凯
　　　　　杜　新(11 月任)
秘 书 长　陈可可
副秘书长　沈　红(女)
　　　　　谭坚强
　　　　　刘　璇(女)
　　　　　凡　浩
　　　　　潘　群(9 月任)

办公室
(市委机要局、市国家保密局、市国家密码管理局、市档案局)

主　　任　谭坚强
副 主 任　陈文博
　　　　　胡　瑾(女)
　　　　　张向秋
　　　　　陈　杰
市纪委监委派驻市委办纪检监察组组长　王　珏
市委机要局局长　谭坚强
市委机要局副局长　田敬新
市国家保密局局长　谭坚强
市国家保密局副局长　姜劲松(6 月任)
市国家密码管理局局长　谭坚强

组织部
(市委党建工作领导小组办公室、市委非公有制企业和社会组织工委、市公务员局)

部　　长　张　娟(女)
副 部 长　毛　健(1 月止)
　　　　　匡文虎(6 月任)
　　　　　顾小俊(兼,7 月止)
　　　　　曾文兵(兼,12 月任)
　　　　　杜官军(3 月止)
　　　　　蒋建中
　　　　　郭　鑫
　　　　　汪丹宁(7 月任)
市纪委监委派驻市委组织部纪检监察组组长
　　　　　杜友义(6 月任)
党建工作领导小组办公室主任　蒋建中
党建工作领导小组办公室副主任　李　玲(女)
非公有制企业和社会组织工委书记　郭　鑫
非公有制企业和社会组织工委副书记
　　　　　邱乔森(6 月止)
　　　　　张　惠(6 月任)
市公务员局局长　蒋建中
市考核工作委员会办公室副主任
　　　　　秦艳贞(女,11 月止)
市远教中心(市党员教育中心)主任
　　　　　张　惠(6 月止)
　　　　　王泉超(11 月任)
举报核查中心主任　孙晓红(女,6 月任)

宣传部
[市精神文明建设指导委员会办公室、市政府新闻办公室、市新闻出版局(版权局)]

部　　长　陈可可
副 部 长　张　兵
　　　　　翟胜勇(兼,11 月止)
　　　　　陆艳华(女,6 月止)
　　　　　凌继堂(6 月任)
　　　　　曹永忠
　　　　　鲜永超
市纪委监委派驻市委宣传部纪检监察组组长
　　　　　肖军荣
市精神文明建设指导委员会办公室主任
　　　　　曹永忠
市精神文明建设指导委员会办公室副主任
　　　　　凌继堂(6 月止)
　　　　　张　萌(6 月任)
市新闻出版局(版权局)局长　张　兵
市新闻出版局(版权局)副局长　赵　舒(女)
市政府新闻办公室主任　陆艳华(女,6 月止)
　　　　　鲜永超(6 月任)
市政府新闻办公室副主任　聂　军(女)

统一战线工作部
(市政府侨务办公室)

部　　长　巩海滨

副 部 长　张宜英（女）
王红卫
刘祥生
於光辉（4 月任）
张俊美（兼，9 月止）
季成宾（兼，9 月任）
市社会主义学院院长　张宜英（女）
市社会主义学院副院长　於光辉（4 月止）
韦丹启（6 月任）
孙中良（兼）
市政府侨务办公室主任　刘祥生
市政府侨务办公室副主任　贺　亮（4 月止）
胡　健（女，6 月任）

政法委员会

书　　记　许　文
副 书 记　王文生（兼）
朱　海
周　飞
高　辉（6 月任）
政治部主任　余晓林
政法专员　孙和平
高　辉（6 月止）
市纪委监委派驻市委政法委纪检监察组组长
宋卫东
法学会专职副会长　邱　勇

市委研究室

主　　任　刘璇（女）
副 主 任　阎　军（6 月止）
周陪袁（9 月止）
张平平
房　元（9 月任）

网络安全和信息化委员会办公室

主　　任　翟胜勇（11 月止）
周陪袁（11 月任）
副 主 任　蔡国华
束剑竑（女）
王洪涛

机构编制委员会办公室
（市事业单位登记管理局）

主　　任　顾小俊（7 月止）
曾文兵（8 月任）
副 主 任　陈小平　张志豪
事业单位登记管理局副局长　汪　涌
市机构编制政务管理中心主任　吴业辉

台湾工作办公室
（市政府台湾事务办公室）

主　　任　孙德举
副 主 任　许德华
李　劲
市政府台湾事务办公室副主任　潘煜龙

市级机关工作委员会

书　　记　石　捷
副 书 记　李　牧
何　俊（女）
苏建全
李建忠
市纪委监委市级机关纪检监察工委书记
江建康（6 月任）

市委巡察工作办公室

主　　任　聂美红（女，6 月止）
许志民（6 月任）
副 主 任　邓玉红
周　欣（女，9 月止）
卞啸君（9 月任）
市委巡察组组长　谢　键（6 月止）
易北江
吕永生
陈　晖
陈炳林
唐承军
丁立新（6 月任）
市委巡察组副组长　张晓燕（女）
张晓勤（女，4 月止）
杨恒林
张立祥（11 月止）
朱录军
曹　蕾（女，9 月止）
窦玉成
左建香（女）
胡光富
袁晓光
王　宇（6 月任）
白金鑫（6 月任）
乔光奎（9 月任）
刘　畅（女，9 月任）
纪宁军（11 月任）

老干部局
（市委离退休干部工作委员会）

局　　长　杜官军（3 月止）

匡文虎(6 月任)
副 局 长 王瑞卿
陈 红(女)
严 俊
市委离退休干部工作委员会书记 杜官军(3 月止)
罗小兵(6 月任)
市委离退休干部工作委员会副书记
蒋朝霞(女,11 月止)

史志办公室
(市委党史工作办公室)
主 任 凡 浩
副 主 任 徐 强
杨 兵
王 浩
蔡晓彬
党组书记 凡 浩

党 校
(市行政学院)
校 长 张 娟(女)
常务副校长 艾晓晖(8 月止)
朱定明(8 月任)
副 校 长 蔡 欣
蒋朝霞(女,11 月任)
孙文平
姚海荣
彭智勇(6 月任)
党委书记 艾晓晖(8 月止)
朱定明(8 月任)
行政学院院长 张 娟(女)
行政学院常务副院长 艾晓晖(8 月止)
朱定明(8 月任)
行政学院副院长 蒋朝霞(女,11 月任)
孙文平
姚海荣
彭智勇(6 月任)
行政学院教育长 彭智勇(6 月止)
严金玉(6 月任)

档案馆
馆 长 卜兴荣
副 馆 长 蔡世源(6 月任)
吴红平
党组书记 卜兴荣

合作交流中心
主 任 沈 红(女)
副 主 任 盛 伟
曹 雷

供销合作总社
理事会主任 李明俊
理事会副主任 刘 杰(11 月任)
戚 研(援疆)
王光国
殷秀忠(11 月止)
监事会主任 刘 杰(4 月任,11 月止)
殷秀忠(11 月任)
党组书记 李明俊

文化广电产业集团(广播电视台)
总经理(台长) 何广林
副总经理(副台长) 江忠顺(9 月止)
杨 捷
沈 卓
石劲松
蔡 耘(女)
王 剑(11 月任)
党委书记 何广林
纪委书记 翟正兴
市广播电视发展中心主任 王 剑(11 月止)
李 军(11 月任)

报业传媒集团
社 长 徐红军
副 社 长 柳昌焰
任 罡
董 事 长 徐红军
总 编 辑 吴修飞
副总编辑 张翀煜(女)
刘兰明
习 斌
党委书记 徐红军
党委副书记 吴修飞
纪委书记 徐洪波

·镇江市人民代表大会常务委员会·

主 任 马明龙(3 月止)
李 健(3 月任)
副 主 任 孙晓南(3 月止)
王 萍(女,3 月止)
胡宗元(3 月任)

岳卫平
张红娣(女,3 月任)
薛　峰(3 月止)
卜晓放
戴非平(3 月任)
秘 书 长　胡敖成
副秘书长　杜秀芹(女,3 月止)
陈鹏飞(8 月止)
张　蕾(女)
张纪成
邓国平(4 月任)
胡高云(8 月任)
党组书记　马明龙(3 月止)
李　健(3 月任)
党组副书记　郭　建(2 月止)
孙晓南(3 月止)
胡宗元(3 月任)
机关党组书记　胡敖成
市纪委监委派驻市人大政协纪检监察组组长
周建华(女)

办公室

主　　任　陈鹏飞(8 月止)
胡高云(8 月任)
副 主 任　徐超琼(女)
胡　元
信访处处长　谭双才

研究室

主　　任　王丰江
副 主 任　黄彩萍(女)

监察和司法工作委员会

主　　任　闻　风(女)
副 主 任　王克华

法制工作委员会

主　　任　王　宏
副 主 任　娄正前

预算工作委员会

主　　任　吴小红(女)
副 主 任　乔姝蓉(女)

经济工作委员会

主　　任　许向阳(女,11 月止)
副 主 任　孙　艺(女)

农村工作委员会

主　　任　戴永卿
副 主 任　徐　静(女)

环境资源城乡建设委员会

主　　任　姚继承
副 主 任　王　平

教育科学文化卫生委员会

主　　任　张志耕
副 主 任　金　蓓(女)

民族宗教侨务台湾事务委员会
(外事工作委员会)

主　　任　卫锁宏
副 主 任　徐　静(女)

人事代表联络委员会

主　　任　胡高云(8 月止)
副 主 任　王雪华

·镇江市人民政府·

市　　长　徐曙海
副 市 长　秦海涛
周　凯
胡宗元(3 月止)
曹丽虹(女,1 月止)
王文生
潘早云(7 月止)
殷　敏(女)
黄春年(3 月任)
武　鸣(2 月任)
徐申锋(9 月任)
秘 书 长　马国进
副秘书长　刘春安
宇文家胜(8 月任)
薛国荣(9 月止)
夏卫军(兼)　李　军
戴卫东(8 月止)
顾明华
方　明(9 月任)
党组书记　徐曙海
党组副书记　秦海涛

办公室
(市政府研究室、大数据管理局)

主　　任　刘春安

副 主 任　谈建新
　　　　　强　忠
　　　　　季前进
　　　　　黄华良
党组书记　马国进
党组副书记　刘春安
市纪委监委派驻市政府办纪检监察组组长　张学斌
研究室副主任　丁　鹏(6月任)
大数据管理局副局长　蒋　磊(9月止)
　　　　　　　　　　石　磊(9月任)
市政府驻北京联络处主任　孙国平
市政府驻北京联络处副主任　童　舒(女)
　　　　　　　　　　　　　吴建明
市政府驻上海联络处主任　王　蔚
市政府驻上海联络处副主任　施大庆(9月止)

发展和改革委员会
(粮食和物资储备局)

主　　任　谈沁磊
副 主 任　史健洁(女)
　　　　　孙嘉磊
　　　　　蒋　磊(9月任)
　　　　　石子刚
　　　　　朱　华
党组书记　谈沁磊
市纪委监委派驻市发改委纪检监察组组长
　　　　　杜友义(6月止)
　　　　　周　欣(9月任)
市粮食和物资储备局局长　谈沁磊
市粮食和物资储备局副局长　孙　力
市委军民融合发展委员会办公室副主任
　　　　　江　贝(6月任)

教育局
(市委教育工作委员会)

局　　长　刘元良
副 局 长　薛安明
　　　　　黄科文
　　　　　王　健
　　　　　赵建军
　　　　　王树利(兼,6月止)
党委书记　刘元良
党委副书记　朱定明(8月止)
　　　　　　王思思(女,11月任)
市纪委监委派驻市教育局纪检监察组组长　周　巍
教育工作委员会书记　刘元良
教育工作委员会副书记　朱定明(8月止)
　　　　　　　　　　　王思思(女,11月任)
市政府教育督导室副主任　孙　鹏

科学技术局

局　　长　肖敬东
副 局 长　朱　峰
　　　　　杨国祥
　　　　　肖晨帆(女)
　　　　　张　松
　　　　　方立东
　　　　　施伟东(兼)
党组书记　肖敬东
党组副书记　朱　峰

工业和信息化局

局　　长　宋飞雄(7月止)
　　　　　张永意(8月任)
副 局 长　陆炳西
　　　　　朱明珠(女)
　　　　　孙　勇
　　　　　刘荷生
　　　　　包　枫(挂职,9月止)
党委书记　宋飞雄(7月止)
　　　　　张永意(8月任)
副 书 记　陆炳西

民族宗教事务局

局　　长　张俊美(9月止)
　　　　　季成宾(9月任)
副 局 长　王明法
　　　　　周志强
　　　　　朱开荣
　　　　　黄　勇
党组书记　张俊美(9月止)
　　　　　季成宾(9月任)

公安局

局　　长　王文生
常务副局长　姚恒清(11月任)
副 局 长　梁　坚(11月止)
　　　　　顾传先
　　　　　季成宾(9月止)
　　　　　单永建
　　　　　孙桂林(8月任)
党委书记　王文生
党委副书记　梁　坚(11月止)
　　　　　　姚恒清(11月任)
　　　　　　郦锡梅(女)
市纪委监委派驻市公安局纪检监察组组长

赵明生（12月任）
政治部主任　郦锡梅（女）
政治安全保卫支队支队长　俞　斌（8月止）
詹　波（8月任）
政治安全保卫支队政委　施有才（8月止）
陆　斌（8月任）
治安警察支队支队长　朱游仙（4月止）
治安警察支队政委　詹　波（8月止）
刑事警察支队支队长　翟建军（1月任）
刑事警察支队政委　顾　剑
经济犯罪侦查支队支队长　陈　俊（11月止）
经济犯罪侦查支队政委　钟俊国（8月止）
杨　丹（女，8月任）
交通警察支队支队长　陈雪华
交通警察支队政委　陆　斌（8月止）
钟俊国（8月任）
水警支队支队长　倪荣锦（8月止）
吴明成（8月任）
水警支队政委　曹　瑞（8月止）
施有才（8月任）
网络安全保卫支队支队长　卞　军（6月任）
网络安全保卫支队政委　吴　洁（女）
技术侦察支队支队长　孙瑞冰
技术侦察支队政委　秦　波
巡特警支队支队长　陆　军
巡特警支队政委　刘海鹰
新区分局局长　范存建
新区分局政委　赵福民
市公安局督察长　王文生

民政局

局　　长　吕朝霞（女，6月止）
聂美红（女，9月任）
副 局 长　陈发荣
罗　娟（女，12月任）
杨宏斌
陆　敏（女）
党委书记　吕朝霞（女，6月止）
聂美红（女，9月任）
党委副书记　陈发荣
市社会福利服务中心主任　郭宇光

司法局

局　　长　马建生（6月止）
马振兵（6月任）
副 局 长　李　军
王卫红
陈志杰
石庆银
党组书记　马建生（6月止）
马振兵（6月任）
党组副书记　李　军
镇江仲裁委员会秘书处秘书长　窦高林
镇江仲裁委员会秘书处副秘书长　任晓蓉（女）

财政局

局　　长　戴非平（4月止）
林　海（4月任）
副 局 长　严明礼（4月止）
张跃明
孙明祥
张博苏（9月任）
党组书记　戴非平（4月止）
林　海（4月任）
党组副书记　王　捷
市纪委监委派驻市财政局纪检监察组组长　屠文华

人力资源和社会保障局

局　　长　曾文兵（8月止）
艾晓晖（8月任）
副 局 长　吴志龙
崔晓俊
曹志云（女）
姚新春
党委书记　曾文兵（8月止）
艾晓晖（8月任）
党委副书记　吴志龙（6月任）
人力资源市场管理办公室主任　江　华

住房和城乡建设局
（人民防空办公室、地震局）

局　　长　宇文家胜（8月止）
戴卫东（8月任）
副 局 长　周锦程
陈　凯
施仁新
汤　杲
孟　坚
庄晋财（兼）
党委书记　宇文家胜（8月止）
戴卫东（8月任）
党委副书记　余　雷
市纪委监委派驻市住建局纪检监察组组长
蔡迎曙（女）
市人民防空办公室主任　宇文家胜（8月止）
戴卫东（8月任）

市人民防空办公室副主任 郎 倩（女）
市地震局副局长 王 宁

城市管理局
（城市管理综合行政执法局）

局 长 吴海平
副 局 长 贺建国
项志明
张新仁
周 藜（女）
李泉怡（6 月任）
党委书记 吴海平
副 书 记 贺建国（6 月任）
城市管理行政执法支队支队长 郑定国

交通运输局
（地方铁路建设办公室）

局 长 余国根
副 局 长 陈峰林
夏 军
金国俊
杨 文（兼）
周明盛（6 月任）
总工程师 顾建武
党委书记 余国根
党委副书记 赵 坚
陈峰林（6 月任）
市纪委监委派驻市交通运输局纪检监察组组长
颜美薇（女）
市地方铁路建设办公室主任 余国根
市地方铁路建设办公室副主任 李海军

水利局

局 长 凌荣春
副 局 长 张益民
董文生
洪 伟
汤 兵
张志坚
魏永斌（挂职）
总工程师 曹玉军
党委书记 凌荣春
党委副书记 张益民

农业农村局
（市乡村振兴局）

局 长 蒋 勇
副 局 长 周惠瑜
朱 毅
李传德
徐 洪（6 月任）
总农艺师 徐 洪（6 月止）
卢更生（6 月任）
总畜牧兽医师 祝 威
党委书记 蒋 勇
市纪委监委派驻市农业农村局纪检监察组组长
邵卫国
市乡村振兴局局长 蒋 勇
市乡村振兴局副局长 刘明传
市委农村工作领导小组办公室副主任 张海斌
市农业综合行政执法支队支队长 王正平

商务局
（口岸办公室）

局 长 王为华（8 月止）
杨国平（8 月任）
副 局 长 黄志中
李 蔚（6 月任）
潘大春（6 月止）
成 锋（6 月任）
党委书记 王华为（8 月止）
杨国平（8 月任）
党委副书记 张玉宏（4 月止）
邵 教
中国国际贸易促进委员会镇江市支会会长
张玉宏（4 月止）
中国国际贸易促进委员会镇江市支会副会长
沈为民
市口岸办公室主任 王为华（8 月止）
杨国平（8 月任）
市口岸办公室副主任 李 蔚（女，6 月止）
贺联中（6 月任）

文化广电和旅游局
（文物局）

局 长 周文娟（女，4 月止）
陆艳华（女，4 月任）
副 局 长 阎 军（6 月任）
朱国夫
吴银权
曹 玮
杨正宏
陈学军
党委书记 周文娟（女，4 月止）
陆艳华（女，4 月任）
文物局局长 周文娟（女，4 月止）

陆艳华(女,4月任)
文物局副局长　周连锁
镇江博物馆馆长　周明磊(女)
文化市场综合执法支队支队长　薛玉龙

卫生健康委员会
(中医药管理局)

主　　任　杨　毅
副 主 任　郭　军
　　　　　陈　宏(女,6月止)
　　　　　柯舜刚
　　　　　朱朝阳
　　　　　吴晓晖
　　　　　徐承平(6月任)
　　　　　李遇梅(女,兼)
党委书记　杨　毅
党委副书记　章昆明
市纪委监委派驻市卫健委纪检监察组组长
　　　　　赵志功
市中医药管理局局长　杨　毅
市中医药管理局副局长　殷　猛

退役军人事务局

局　　长　李莉珺(女)
副 局 长　侯阳锦
　　　　　龚祺祯(女)
　　　　　夏振刚
　　　　　缪德新
　　　　　李西仑
　　　　　朱湘威(兼,6月任)
党组书记　李莉珺(女)

应急管理局

局　　长　徐志刚
副 局 长　吴志忠
　　　　　郦卫星
　　　　　周德厚
　　　　　徐　军(11月止)
　　　　　章运动
　　　　　徐春山(11月任)
总工程师　孙建春
党委书记　徐志刚
党委副书记　吴志忠
市安全生产委员会办公室专职副主任　王　钊
安全生产监察支队支队长　王跃峰(11月止)
市应急管理综合行政执法监督局局长
　　　　　王跃峰(11月任)

审计局

局　　长　刘晓东(1月止)
　　　　　吴晓彤(1月任)
副 局 长　田茂松(1月止)
　　　　　史　宏
　　　　　曹　敏(女)
　　　　　张　乐(女,9月任)
　　　　　嵇　卿(女,11月任)
　　　　　李晓风(11月任)
　　　　　许晓世(兼)
总审计师　张　乐(女,9月止)
　　　　　李晓风(11月任)
党组书记　刘晓东(1月止)
　　　　　吴晓彤(1月任)

外事办公室
(政府港澳事务办公室)

主　　任　卢利林
副 主 任　张忠华
　　　　　许德成
　　　　　赵　宓(女)
党组书记　卢利林
政府港澳事务办公室主任　卢利林

国有资产监督管理委员会

主　　任　周　毅
副 主 任　陈波涛
　　　　　陈　峰
　　　　　陈锦荣
党委书记　周　毅
党委副书记　陈波涛
　　　　　李　志
市纪委监委派驻市国资委纪检监察组组长
　　　　　杨万兵

政务服务管理办公室

主　　任　戴　坚
副 主 任　张　敏
　　　　　黄国华
　　　　　张卫星
　　　　　徐　丹
　　　　　王　冬
党组书记　戴　坚
党组副书记　张　敏

市场监督管理局
(知识产权局)

局　　长　宋平生

副 局 长　翟春辉
赵国新
吴福平(援陕)
周君梅(女)
陈　文
赵剑萍
徐　艺
食品安全总监　朱志玲(女)
总工程师　陈继卫(援藏)
党组书记　宋平生(7 月任)
党组副书记　翟春辉
市纪委监委派驻市市场监督管理局纪检监察组
组长　宋卫东
市知识产权局局长　翟春辉
市知识产权局副局长　刘　远

体育局

局　　长　许　伟(女)
副 局 长　郑迎伟(女)
尤卫东
承　纲
孙庆海(兼)
党组书记　戚亚新(11 月止)
徐炳辉(11 月任)
党组副书记　郑迎伟(女)

统计局

局　　长　林　海(4 月止)
严明礼(4 月任)
副 局 长　王　涛(4 月止)
丁　吉
卞　茜(女)
王大华
胥　畅
总统计师　王　军
党组书记　林　海(4 月止)
严明礼(4 月任)

医疗保障局

局　　长　孙　萍(女)
副 局 长　张彤明(女)
缪　宏
范国富
党组书记　孙　萍(女)
医保基金管理中心主任　张正明

信访局

局　　长　夏卫军
副 局 长　吕志强
庄兴国
刘　进
陈　莹(女)
信访专员　张　搏
党组书记　夏卫军

地方金融监督管理局
(市政府金融工作办公室)

局　　长　杨益斌
副 局 长　史　强
张祝建
李　静
李红玲(女,挂职)
党组书记　杨益斌
市政府金融工作办公室主任　杨益斌

机关事务管理局

局　　长　徐海亮
副 局 长　刘立军
王　宏(女)
王　栋
张长跑(6 月任)
党组书记　徐海亮

镇江新区
[党工委、人大工委、管理委员会、政协工委、纪工委(镇江经济技术开发区监察工委)]

党工委书记　路月中(3 月任)
党工委副书记　路月中(3 月止)
尹卫民(6 月任)
陈鹏飞(8 月任)
匡文虎(6 月止)
马云明(6 月止)
朱晓阳(6 月任)
党工委委员　马云明(6 月止)
吴晓彤(1 月止)
朱晓阳(6 月止)
范存建
张荣海
田茂松(1 月任)
陆建林
徐志华(女)
潘大春(6 月任)
王　忠(6 月任)
朱　涛
张　成(8 月任)
邱乔森(6 月任)

蒋红武
吴　江
纪工委书记(镇江经济技术开发区监察工委主任)　吴晓彤(1月止)
田茂松(1月任)
纪工委副书记(镇江经济技术开发区监察工委副主任)　任驭阳
陆海栋
政法委书记　陆建林(6月止)
朱晓阳(6月任)
组织部部长　徐志华(女,6月止)
邱乔森(6月任)
宣传统战部部长　蒋红武
人大工委主任　经山河
人大工委副主任　马云明(6月任)
刘　巍
管委会主任　路月中(6月止)
尹卫民(6月任)
管委会副主任　范存建
张荣海
陆建林(6月任)
徐志华(6月任)
潘大春(6月任)
王　忠(6月任)
马云明(6月止)
朱晓阳(6月止)
董凯松(挂职)
祝　俊(挂职)
政协工委主任　孙家政
政协工委副主任　张春华
镇江出口加工区管理委员会主任　路月中(3月止)
党政办公室主任　成　锋(6月止)
贡振华(6月任)
经济发展局局长　周　涛
科学技术和信息化局局长　管　理
社会发展局局长　徐仁兰(女)
财政局局长　朱　萍(女)
人社局局长　徐子荣
城乡建设局局长　王开吉
综合行政执法局局长　夏志远(9月止)
陶　伟(9月任)
市场监督管理局局长　赵建平
行政审批局局长　陶　伟(9月止)
方　莉(女,9月任)
综合保税区管理局局长　方　莉(女,9月止)
潘　栋(9月任)
生态环境和应急管理局局长　顾祥刚
国家大学科技园管理办主任　蒋峻青
新能源产业园管理办主任　王　引
中瑞生态产业园管理办主任　杨承忠(6月止)
茅苏燕(女,9月任)
航空航天产业园管理办主任　杨　亮(援陕)
夏志远(9月任)
集成管理指挥中心主任　吴　江
镇江经济开发区法院院长　张子敏

镇江高新技术产业开发区
(党工委、管理委员会)

党工委书记　詹立凤
党工委副书记　尹卫民(6月止)
顾小俊(6月任)
曹　军
党工委委员　张宁晖
曹文栋
王　旭
凌宇翔
司信年
徐金贵
赵春雷(6月任)
陈　勇
倪中青
金　峰(挂职)
黄　云(女,挂职,6月止)
纪工委书记　曹文栋
管委会主任　尹卫民(6月止)
顾小俊(6月任)
管委会副主任　张宁晖
凌宇翔
司信年
徐金贵
赵春雷(6月任)
黄　云(女,挂职,6月止)
陈　俊(挂职)

企业改革指导办公室

主　　任　吴光明
党委书记　吴光明

行业老干部管理服务办公室

主　　任　钱忠勤
党委书记　钱忠勤

农业科学院

院　　长　姚克兵
副 院 长　戴忠良
龚红兵

党委书记　刘国明
党委副书记　姚克兵
　　　　　吴盛祥(6 月止)
　　　　　王桂元(6 月任)
纪委书记　戴红梅(女)

市域治理现代化指挥中心

主　　任　周　飞(8 月任)
副 主 任　周　健(8 月任)
　　　　　李吉权(8 月任)

城市水利管理处

主　　任　颜朗辉
党总支书记　颜朗辉

房屋征收指导中心

主　　任　贾泽栋
党总支书记　贾泽栋

城市干道工程建设办公室

主　　任　李少龙
党支部书记　李少龙

给排水管理处

处　　长　蒋礼兵
党总支书记　蒋礼兵

交通运输综合行政执法支队

支 队 长　赵永富(6 月止)
　　　　　凌建锋(6 月任)

综合交通事业发展中心

主　　任　石小武

公路事业发展中心

主　　任　王　宁

港航事业发展中心

主　　任　周明盛(6 月止)
　　　　　李　俊(6 月任)

交通工程建设管理处

党总支书记　侯　辉

城市建设产业集团

董 事 长　庞　迅
总 经 理　翟德智
副总经理　曹　俊
　　　　　陆　江
　　　　　高建文
　　　　　郎德虎
　　　　　高　超
党委书记　庞　迅
党委副书记　翟德智
　　　　　何新荣
市纪委监委派驻城建产业集团
　　　　　纪检监察组组长　张　涛
总会计师　张　慧(女)
工会主席　高　峰

交通产业集团

董 事 长　部益农
总 经 理　王家振
副总经理　秦开颜
　　　　　聂　江
　　　　　张旭伟
党委书记　部益农
党委副书记　王家振　蔡　超
市纪委监委派驻交通产业集团
　　　　　纪检监察组组长　袁　泉
总会计师　刘冬明
工会主席　顾文娟(女)

文化旅游产业集团

董 事 长　段永齐(12 月止)
总 经 理　谢　翔
副总经理　蒋云峰
　　　　　史　勇
　　　　　石　磊
　　　　　曹学松
　　　　　张　立
党委书记　段永齐(12 月止)
党委副书记　谢　翔
　　　　　蒋云峰
　　　　　沈忠华
工会主席　吴江玲(女)

港口发展集团有限公司

董 事 长　荆天翔
总 经 理　胡文辉
副总经理　陈国华
　　　　　丁邦红
　　　　　张玉龙
党委书记　荆天翔
党委副书记　胡文辉　陈龙平
纪委书记、监察专员　眭尔佳

工会主席　周洪源

国有投资控股集团

董 事 长　陈家军(6 月任)
总 经 理　陈家军(9 月止)
　　　　　吴　杰(9 月任)
副总经理　蒋金署
　　　　　常啸宇(5 月止)
　　　　　张翼达
　　　　　李朝勤
　　　　　韩绪超
党委书记　陈家军(6 月任)
党委副书记　陈家军(6 月止)
　　　　　　吴　杰(9 月任)
　　　　　　田习高
工会主席　吴剑瑛

江苏恒顺集团有限公司

董 事 长　杭祝鸿
总 经 理　殷　军
恒顺醋业副总经理　王召祥
党委书记　杭祝鸿
党委副书记　殷　军　高　广
纪委书记、监察专员　陈月娥(女)
工会主席　强　健

江苏索普(集团)有限公司

董 事 长　胡宗贵
总 经 理　邵守言
常务副总经理　凌　晨(女)
副总经理　许宝华
　　　　　吴　杰(9 月止)
　　　　　代松涛
党委书记　胡宗贵
党委副书记　邵守言
　　　　　　范立明
　　　　　　凌　晨(女)
纪委书记、监察专员　谢天白
工会主席　朱晓新

体育产业发展有限公司

董 事 长　孙佑美(女)
总 经 理　刘承吉

规划勘测设计集团

董 事 长　王荣飞
总 经 理　何辉鹏
党委书记　王荣飞
党委副书记　何辉鹏

江苏瀚瑞投资控股

董 事 长　王茂和(11 月任)
总 经 理　顾　珣(11 月任)
党委书记　王茂和(11 月任)

住房公积金管理中心

主　　任　苏　畅

劳动就业管理中心

主　　任　朱新宇
党总支书记　朱新宇

社会保险基金管理中心

主　　任　胡西华
党总支书记　胡西华

疾病预防控制中心

主　　任　徐承平(6 月止)
　　　　　郝世轩(6 月任)
党总支书记　何广立

卫生监督所

所　　长　贡浩凌(女)
党总支书记　贡浩凌(女)

餐饮安全监督所

所　　长　陈　辉

财政干部培训中心

主　　任　李文江

公共资源交易中心

主　　任　赵　波
总支部书记　赵　波

·政协镇江市委员会·

主　　席　李　健(3 月止)
　　　　　郭　建(3 月任)
副 主 席　徐　平(3 月止)
　　　　　高国成
　　　　　朱开宝(3 月止)
　　　　　卢道富
　　　　　张红娣(女,3 月止)
　　　　　陈　红(女,3 月任)
　　　　　陈林海(3 月止)

吴　彤(女)
蒋鹏程
路月中(3月任)
周文娟(女,3月任)
杜秀芹(女,3月任)
秘 书 长　张　军
副秘书长　魏弘扬
邓国平(4月止)
宗加伟
张　峥
梁新歌(女,兼)
尹红敏(女,兼)
方玉强(兼)
张　标(兼)
夏　域(兼)
何锦润(女,兼)
党组书记　李　健(2月止)
郭　建(2月任)
党组副书记　巩海滨
朱开宝(3月止)
高国成(3月任)
机关党组书记　张　军

办公室

主　　任　魏弘扬
副 主 任　魏欲龄(女)
燕会友

研究室

主　　任　吴　杨
副 主 任　夏学斌

政协委员工作办公室

主　　任　汤光强
副 主 任　时文洁(女)

提案委员会

主　　任　张友林
副 主 任　周方明

经济科技委员会

主　　任　周德荣
副 主 任　解志勇　朱　雁(女)

农业和农村委员会

主　　任　吴　当
副 主 任　李方喜

教卫体委员会

主　　任　任一鸣
副 主 任　陈　青(女)

文化文史委员会

主　　任　宗加伟
副 主 任　沈　洋(女)

社会法制委员会(民族宗教委员会)

主　　任　葛玉连
副 主 任　卢小芳(女)

港澳台侨委员会(外事委员会)

主　　任　崔海柱
副 主 任　毛守军

城乡建设委员会(人口资源环境委员会)

主　　任　孔　萍(女)
副 主 任　刘　飞

·中共镇江市纪律检查委员会 镇江市监察委员会·

书　　记　宋祥林
副 书 记　周奇恒
庄　旭
聂美红(女,9月止)
陈　功(9月任)
常　　委　许志民
朱海生
傅　裕(女,11月止)
陈　功(9月止)
骆　俊(11月止)
黄卫群(11月任)
秘 书 长　骆　俊(11月止)
监察委员会主任　宋祥林
监察委员会副主任　周奇恒
庄　旭
聂美红(女,9月止)
陈　功(9月任)
监察委员会委员　许志民
朱海生
傅　裕(女,11月止)
杨　韬
许　辉

办公室主任　骆　俊(9 月止)
组织部部长　徐雪蕾(女,6 月止)
　　　　　　谢杨军(9 月任)
宣传部部长　石　磊(9 月止)
　　　　　　曹　蕾(女,9 月任)
法规研究室主任　殷　越(9 月任)
党风政风监督室主任　叶　红(女,9 月止)
信访室主任　王　勤(女)
案件监督管理室主任　许　辉(9 月止)
　　　　　　　　　　刘珊珊(女,9 月任)
第一审查调查室主任　黄鑫华(9 月任)
第二审查调查室主任　刘珊珊(女,9 月止)
第三审查调查室主任　卞啸君(9 月止)
第四审查调查室主任　许　辉
　　　　　　　　　　周　建(9 月任)
第五审查调查室(监督审查技术室)主任
　　　　　郦照洋(4 月任)
第六监督检查室主任　吴　燕(女)
第七监督检查室主任　张玉龙(11 月任)
第八监督检查室主任　赵晓建
第九监督检查室主任　赵凌云(女)
案件审理室主任　杨　春(9 月任)
纪检监察干部监督室主任　贡党辉(9 月任)
市纪委监委派驻综合纪检监察组
　　　　　组长　殷建容(4 月任)

·镇江市中级人民法院·

代 院 长　刘亚军(3 月止)
院　　长　刘亚军(3 月任)
副 院 长　鲁　宽
　　　　　吴　猛
　　　　　陈　敏
　　　　　刘宇玥(女,挂职)
党组书记　刘亚军
党组副书记　鲁　宽
市纪委监委派驻市中级人民法院
　　　　　纪检监察组组长　赵小堂
政治部主任　於剑锋
审判委员会专职委员　陈　玉(女)
　　　　　　　　　　汤国生
　　　　　　　　　　岳益民
　　　　　　　　　　柳建安
执行局局长　张巧林

·镇江市人民检察院·

检 察 长　张新祥(1 月止)
　　　　　张　媛(女,1 月任,9 月止)
代检察长　潘昌锋(9 月任)
检 察 长　潘昌锋(3 月任)
副检察长　章纯钢
　　　　　解维克
　　　　　方红卫(女)
　　　　　周绪平(4 月止)
　　　　　黄　进(4 月任)
党组书记　张新祥(1 月止)
　　　　　张　媛(女,1 月任,9 月止)
　　　　　潘昌锋(9 月任)
党组副书记　章纯钢
　　　　　　解维克
市纪委监委派驻市检察院纪检监察组
　　　　　组长　李立云
政治部主任　丁立新(6 月止)
　　　　　　徐雪蕾(女,6 月任)
检察委员会专职委员　黄　进(4 月止)
　　　　　　　　　　高　鹏
　　　　　　　　　　鲍建武
　　　　　　　　　　倪　军(兼)
镇江经济开发区检察院检察长　景双彬
金山地区检察院检察长　李晓明

·民主党派、工商联·

中国国民党革命委员会镇江市委员会

主任委员　王加友
副主任委员　施伟东
　　　　　　方玉强(驻会)
　　　　　　于　明
　　　　　　黄　蓓(女)

中国民主同盟镇江市委员会

主任委员　杨晓勤(女,驻会)
副主任委员　袁建平
　　　　　　卢全有
　　　　　　林黎明
　　　　　　贺云华(女)

中国民主建国会镇江市委员会

主任委员　夏　军
副主任委员　夏　域(驻会)
　　　　　　庄晋财
　　　　　　宋小燕(女)

中国民主促进会镇江市委员会

主任委员　陈　红(女)

副主任委员　陈建红
　　尹红敏(女,驻会)
　　潘煜龙
　　龚莉莉(女)

中国农工民主党镇江市委员会

主任委员　蒋鹏程
副主任委员　梁新歌(女,驻会)
　　李国海
　　李遇梅(女)
　　夏　炜

中国致公党镇江市委员会

主任委员　张红娣(女)
副主任委员　张　标(驻会)
　　许　伟(女)
　　张正娣(女)
　　郑传波

九三学社镇江市委员会

主任委员　杜秀芹(女)
副主任委员　何锦润(女,驻会)
　　姚震球
　　贺丽娟(女)
　　蔡健荣

工商业联合会

主　　席　卢道富
副 主 席　王红卫
　　张国华
　　刘　杰(4 月止)
　　胡舜根
　　贺　亮(4 月任)
　　陈　强
　　王　刚(兼)
　　艾学平(兼)
　　吴光明(兼,1 月止)
　　陈晓龙(兼,1 月止)
　　郦海星(兼,1 月止)
　　倪道宏(兼,1 月止)
　　郭　琰(兼,1 月止)
　　施文进(兼,1 月止)
　　耿仲毅(兼,1 月止)
　　高庆文(兼,1 月止)
　　艾学平(兼,1 月止)
　　张玉宏(兼,1 月止)
　　吴　群(兼,1 月任)
　　陈建军(兼,1 月任)
　　陈家榕(兼,1 月任)
　　钱　京(兼,1 月任)
　　姚锁平(兼,1 月任)
　　徐　翔(兼,1 月任)
　　蒋文功(兼,1 月任)
　　殷　军(兼,1 月任)
　　范明华(兼,1 月任)
　　沈　凯(兼,1 月任)
党组书记　王红卫
党组副书记　张国华
秘 书 长　周道琴(女,1 月任)

·群众团体·

总工会

主　　席　高国成(3 月任)
副 主 席　胡云霞(女)
　　殷利民
　　解军英(女)
　　蔡琳琳(女,5 月任)
　　徐炳辉(11 月止)
　　吕毓蕾(女,11 月止)
　　林田中(兼)
　　艾　旭(兼,11 月任)
　　姚新春(兼,11 月任)
　　彭遂红(女,挂职,11 月止)
党组书记　胡云霞(女)
市纪委监委派驻市总工会纪检监察组组长
　　高　呈(女)

共青团镇江市委员会

书　　记　张　冲
副 书 记　杜　剑
　　王思思(女,11 月止)
　　王　啸
　　蒋　蒙(女,11 月任)
　　吴国涛(兼职,11 月止)
　　曹大威(兼职,11 月止)
　　王　丹(女,兼职,11 月止)
　　张金伟(挂职,11 月任)
　　陈　健(挂职,11 月任)
　　华梦丽(兼,女,11 月任)
　　张雨钊(兼,11 月任)

妇女联合会

主　　席　杨菊兰(女)
副 主 席　陈海虹(女)
　　蔡琳琳(女,11 月止)

吕毓蕾(女,11 月任)
卞莹莹(女)
方美芳(女,兼)
王丽敏(女,兼)
严海霞(女,兼)
龚莉莉(女,挂职)
党组书记　杨菊兰(女)
党组副书记　陈海虹(女)
市政府妇女儿童工作委员会办公室
主任　刘志奇(女)

科学技术协会

主　　席　王　琴(女)
副 主 席　蒋继红
赵　飞(援陕)
谢立新
翟　海
丁建宁(兼)
王加友(兼)
黄科文(兼)
杨国祥(兼)
王　捷(兼)
章昆明(兼)
党组书记　王　琴(女)
秘 书 长　王亚东

哲学社会科学界联合会

主　　席　于　伟
副 主 席　刘业林
杨　猛(女)
谢林祥
薛玉刚
胡敖成(兼)
李洪波(兼)
谈　镇(兼)
郭　鑫(兼)
严明礼(兼)
王德家(兼)
艾晓晖(兼)
李大洪(兼)
林　海(兼)
党组书记　于　伟
秘 书 长　薛玉刚

文学艺术界联合会

主　　席　王德家
副 主 席　孙　彤
潘仲民
王香莲(女)
阚爱萍(女,兼)
黄科文(兼)
孙小梅(兼)
汤文彪(兼)
蔡永祥(兼)
党组书记　王德家

归国华侨联合会

主　　席　王永新
副 主 席　黄　蓓(女)
施伟东(兼,11 月止)
顾　平(兼,11 月止)
王成瑶(女,兼,11 月任)
由天艳(女,兼,11 月任)
唐　盛(兼,11 月任)
陈　惠(兼)
党组书记　王永新

台湾同胞联合会

会　　长　刘贤忠

残疾人联合会

理 事 长　温小卫
副理事长　吴盛祥(6 月任)
陈　前
蔡世源(6 月止)
于兴旺
刘　静(女,兼)
汤优钢(兼,11 月止)
吴善亮(兼,11 月任)
党组书记　温小卫

红十字会

会　　长　殷　敏(女,兼,9 月止)
武　鸣(兼,9 月任)
副 会 长　贺丽娟(女)
李　军(兼,9 月任)
薛国荣(兼,9 月止)
郭　鑫(兼)
张　萌(女,兼,9 月任)
徐志伟(兼,9 月止)
何　俊(女,兼)
黄科文(兼)
郦锡梅(女,兼)
陈发荣(兼)
张跃明(兼,9 月任)
严明礼(兼,9 月止)

张玉平（兼）
朱朝阳（兼）
徐　军（兼）
胡舜根（兼）
杜　剑（兼，9 月任）
胡光亮（兼，9 月止）
濮　勇（挂职，9 月止）
陈　莉（女，挂职，9 月任）
党组书记　陈　明
监事会监事长　赵　峰（兼，9 月止）
张志耕（兼，9 月任）
副监事长　施章传（兼，9 月止）
陈　青（女，兼，9 月任）

·市（区）·

丹阳市

市委书记　黄春年（7 月止）
王成明（7 月任）
市委副书记　王成明（7 月止）
宋飞雄（7 月任）
赵志强
市委常委　方　明（9 月止）
傅　裕（11 月任）
杭春云
杨连波
刘宏程
束克之（12 月止）
高　飞（女）
于　斌
于　舟
人大常委会主任　李忠法（1 月止）
赵立群（1 月任）
人大常委会副主任　马耿良（1 月止）
周爱仙（女，1 月止）
金夕龙
符红海（1 月止）
林丹如（1 月任）
黄俊杰（1 月任）
韩静慧（女）
市　　长　王成明（7 月止）
宋飞雄（7 月代市长，12 月任）
副 市 长　于　斌
贺云华（女，1 月止）
黄俊杰（1 月止）
孙桂林（8 月止）
倪荣锦（8 月任）
杨文军
谢正宝
任翠霞（女）
陆云飞（1 月任）
张文华（1 月任）
政协主席　沈岳方（1 月止）
薛军民（1 月任）
政协副主席　薛军民（1 月止）
钱留梅（女，1 月止）
贺云华（女，1 月任）
魏国荣
谭国祥（1 月止）
陈建红
夏　炜
徐瑞俊（1 月任）
纪委书记　方　明（9 月止）
傅　裕（11 月任）
法院院长　刘　凯（1 月任）
检察院检察长　王志祥

句容市

市委书记　潘　群（9 月止）
周必松（12 月任）
市委副书记　周必松（12 月止）
束克之（12 月任）
贾云亮
市委常委　赵树锋
查兆娣（女）
陈志勇
汪丹宁（7 月止）
侯华锋
蔡　璟（女）
周永祥（9 月任）
高发巧
郭　江
人大常委会主任　文雁才（1 月止）
高庆华（1 月任）
人大常委会副主任　高庆华（1 月止）
周春芳（1 月止）
石继刚（1 月止）
姚　华
黄　培（1 月止）
徐胜宝（1 月任）
王道银（1 月任）
周　俊（1 月任）
市　　长　周必松（12 月止）
束克之（代，12 月任）
副 市 长　赵树锋
郭　江

吴明成(8月止)
凌　华(女)
闵　佳
景建国(8月任)
徐　飞
张　凯
政协主席　章壮钧
政协副主席　商　震(1月止)
吴小香(女,1月止)
倪定胜
王道银(女,1月止)
胡现龙
涂长坤(1月任)
谭素平(1月任)
朱　燕(1月任)
纪委书记　蔡　璟(女)
法院院长　唐东升(1月任)
检察院检察长　陈东旭(1月任)

扬中市

市委书记　张德军
市委副书记　贾　晟
蔡　萍(女)
市委常委　张永意(8月止)
孙　健
巫晓辉
王汉英
潘　杰(援疆)
孙丽君
骆　俊(11月任)
陈祝平
孙冬梅(女)
吴玉青
人大常委会主任　冯锦跃(1月止)
马家胜(1月任)
人大常委会副主任　唐崇林(1月止)
王继兰(女,1月止)
常　云(1月止)
蒋金龙(1月止)
蒋相根(1月任)
黄成刚(1月任)
文层耕(1月任)
周春燕(1月任)
市　　长　贾　晟
副 市 长　张永意(8月止)
宫金生(1月止)
巫晓辉(11月任)
林成春

周　勇
仲　泉(1月止)
刘永利
姚建华(1月任)
孙小华(女,1月任)
政协主席　于德祥
政协副主席　沈大银(1月止)
陆国平
蒋相根(1月止)
黄成刚(1月止)
宫金生(1月任)
兰云林
倪　军
仲　泉(1月任)
纪委书记　巫晓辉(11月止)
骆　俊(11月任)
法院院长　朱晓军
检察院检察长　康　珺

丹徒区

区委书记　谢继步(1月止)
毛　健(1月任)
区委副书记　马振兵(6月止)
吕朝霞(6月任)
包荣军
区委常委　左　荣(女)
张　蕾(女)
刘文正
邵建海
李庆丰
韩启涛
马云飞
汪　洋
许俊超(6月任)
人大常委会主任　李幸福(1月止)
韩宏亮(1月任)
人大常委会副主任　贺　文
王卫方(女,1月止)
宋守雷(1月止)
李晓娟(女,1月任)
程道云
江学军(1月任)
区　　长　马振兵(6月止)
吕朝霞(女,代,6月任)
副 区 长　张　蕾(女)
李庆丰
王　军
胡光亮

杨忆宁
江达贤
盛莉莉(女,1 月任)
政协主席　黄子来
政协副主席　叶向东(1 月止)
郭祥明(1 月止)
李晓娟(女,1 月止)
任金华
梅　放(1 月止)
殷一斐(1 月任)
杨　帆(1 月任)
徐　洁(女,1 月任)
徐　靖(1 月任)
纪委书记　左　荣(女)
法院院长　李平波(1 月任)
检察院检察长　黄卫群(11 月止)

京口区

区委书记　徐申锋(9 月止)
贾敬远(9 月任)
区委副书记　贾敬远(9 月止)
段永齐(12 月任)
徐玉军
区委常委　张旭彬
倪新明
孙国林
杨国平(8 月止)
周永祥(9 月止)
秦艳贞(女,11 月任)
郑兆巍
陈　静(女)
杨　彬(11 月任)
人大常委会主任　施正中
人大常委会副主任　陈德福
杜承华(1 月止)
林黎明(1 月任)
赵晓文
钱小兵(1 月任)
区　　长　贾敬远(12 月止)
段永齐(12 月代)
副 区 长　杨国平(8 月止)
林黎明(1 月止)
杨　彬
宋小燕(女,1 月任)
赵　鹏
顾洪涛
褚小明(女)
魏晓曦(11 月任)
政协主席　刘吉顺
政协副主席　朱裕根
盛　杰
张和松
宋小燕(女,1 月止)
王壮保
宜建美(女,1 月任)
纪委书记　张旭彬
法院院长　许宏亮(1 月任)
检察院检察长　黄　洁(女,1 月任)

润州区

区委书记　高国成(1 月止)
徐心田(1 月任)
区委副书记　徐心田(1 月止)
徐　燕(女)
陈秋明(1 月任)
区委常委　陈秋明(1 月止)
杨　坚
张庆松
张　成(8 月止)
邵学军
梁　亮
朱　明
赖忠民(1 月任)
许云东(8 月任)
人大常委会主任　范永放(1 月止)
彭忠东(1 月任)
人大常委会副主任　刘凯成(1 月止)
易丽娟(女,1 月止)
倪南成(1 月止)
季　莉(女,1 月任)
江朝民(1 月任)
周向群
徐建春(1 月任)
区　　长　徐心田(1 月止)
徐燕(女,1 月任)
副 区 长　陈秋明(1 月止)
杨　坚(1 月任)
朱　明
赖忠民(1 月止)
俞　斌(8 月任)
崔　超
江朝民(1 月止)
景建国(8 月止)
刘向华(女,1 月任)
田　伟
孙　晶(女,1 月任)

政协主席　胡如明
政协副主席　蔡　飞(1 月止)
季　莉(女,1 月止)
张春平(1 月止)
刘向华(女,1 月止)
易丽娟(1 月任)
匡淑平
徐文军(1 月任)
黄　昕(1 月任)
纪委书记　杨　坚(1 月止)
邵学军(1 月任)
法院院长　张传军
检察院检察长　张东生

·部省属单位·

自然资源和规划局

局　　长　陈跃生
副 局 长　张朝晖
郭继军
吴　斌(女)
殷　强
王建国
总规划师　段志旺
党委书记　陈跃生
党委副书记　王国生
规划监察支队支队长　张炳林(1 月止)
土地储备中心主任　向　琦(女,9 月任)

生态环境局

局　　长　成　杰
副 局 长　贾龙华
罗航宇(女)
陈长之(女)
钱　明
总工程师　汤　立
党组书记　成　杰

国家税务总局镇江市税务局

局　　长　曹筱三(12 月止)
叶　华(12 月任)
副 局 长　何光荣
孙　军(8 月止)
总会计师　匡　鹏
总经济师　魏海乐
党委书记　曹筱三(12 月止)
叶　华(12 月任)
纪检组长　朱永凯

镇江海事局

局　　长　张金宝(11 月止)
华　俊(11 月任)
王　泉　张卫星
孙新宇(8 月任)
党委书记　张金宝(11 月止)
华　俊(11 月任)
党委副书记　周卫东
政　　委　周卫东
纪委书记　周卫东

镇江海关

关　　长　戴云徽
副 关 长　张　浩
陆卫平
刘　勃
方　治(10 月任)
南京海关第十一派驻纪检组组长
陈道亮
党委书记　戴云徽

海关缉私分局

局　　长　徐六生

国家统计局镇江调查队

队　　长　罗凌俊
副 队 长　黄　璐(女)　张晶晶(女)
党组书记　罗凌俊
纪检组长　张　渊(女)

镇江市气象局

局　　长　尹连荣(8 月止)
副 局 长　臧晓钟　潘建梅(女)
党组书记　尹连荣(8 月止)
纪检组长　顾永顺

邮政管理局

局　　长　杨　文
副 局 长　戴文涛(6 月止)
曾向俊(女,21 年 6 月任)
党组书记　杨　文
纪检组长　戴文涛(6 月止)

烟草专卖局
(省烟草公司镇江市公司)

局长(经理)　李一匡
副 局 长　耿龙华
副 经 理　郭可前

总会计师　宋　昀(女)
党组书记　李一匡
纪检组长　王　倩(女,12月止)
　　　　　石冬萍(女,12月任)

盐业有限公司

总 经 理　孙小松
副总经理　慷　慨(8月任)
党委书记　孙小松

镇江供电公司

总 经 理　郑建华(5月任)
副总经理　施天明
　　　　　杨　凯(5月任)
　　　　　孙海渤(6月止)
　　　　　张子阳(5月止)
　　　　　季晓明
　　　　　马生坤(5月任)
党委书记　施天明
党委副书记　郑建华(5月任)
纪委书记　孙晓辉
工会主席　孙晓辉

省广电信息网络股份有限公司
镇江分公司

总 经 理　陈　剑
副总经理　包信家
　　　　　臧圣国(4月任)
　　　　　潘龙兵(12月任)
　　　　　陶　伟(4月止)
　　　　　王　斌(12月止)
党委书记　陈　剑
纪委书记　张旭峰(11月止)
　　　　　邵　晨(11月任)
工会主席　包信家

中国电信股份有限公司镇江分公司

总 经 理　贺　军
副总经理　张明桥
　　　　　解　梅(女)
　　　　　唐　健
党委书记　贺　军
纪委书记　汤先曾
工会主席　解　梅(女)

江苏移动通信有限公司镇江分公司

总 经 理　刘磊健
副总经理　李劲松
　　　　　陈苏闽
　　　　　王茂芳(女)
　　　　　郭慧钰(女)
党委书记　刘磊健
纪委书记　王茂芳(女)
工会主席　李劲松

中国联通镇江分公司

总 经 理　殷海云(女,3月止)
　　　　　吉　宁(3月任)
副总经理　王　刚　高　翔
　　　　　刘淦诚(3月任)
派驻纪检组组长　徐卫华
党委书记　殷海云(女,3月止)
　　　　　吉　宁(3月任)

省邮政公司镇江分公司

总 经 理　左　斌
副总经理　朱宏波(6月止)
　　　　　郭华波(3月止)
　　　　　何爱梅(女,3月止)
　　　　　许坚守(3月任)
　　　　　李　球(5月任)
　　　　　殷志强(6月任)
党委书记　左　斌
纪委书记　许坚守(3月任)
工会主席　朱宏波(6月止)

·学校、医院·

江苏大学

校　　长　颜晓红
副 校 长　丁建宁(1月止)
　　　　　吴春笃(6月止)
　　　　　田立新　张济建
　　　　　全　力　赵玉涛
　　　　　陈　红(女)
　　　　　李　红(女,3月任)
党委书记　袁寿其
党委副书记　颜晓红　李洪波
纪委书记　高庆国

江苏科技大学

校　　长　周南平
副 校 长　景旭文　王加友
　　　　　汤　建　俞孟蕻(8月止)
　　　　　谈　镇　潘锦全(7月任)
　　　　　嵇春艳(女)　任　南(女)

党委书记　葛世伦
党委副书记　周南平　景旭文
　　　　　　许俊华(5月止)
纪委书记　郑培钢

镇江市高等专科学校

校　　长　丁　钢
副 校 长　万碧波(女,8月止)
　　　　　冷耀明
　　　　　李大洪(8月止)
　　　　　李冬梅(女)
　　　　　唐红雨(8月任)
党委书记　林　枫
党委副书记　丁　钢
　　　　　　王桂龙(4月止)
　　　　　　李大洪(8月任)
纪委书记　胡永盛(8月止)
　　　　　刘永希(8月任)

江苏农林职业技术学院

院　　长　简祖平(5月止)
　　　　　潘永圣(6月任)
副 院 长　周兴元　贾　君(女)
　　　　　毕德全(8月任)
党委书记　巫建华(5月止)
　　　　　简祖平(5月任)
党委副书记　简祖平(5月止)
　　　　　　潘永圣(6月任)
　　　　　　曹仁勇
纪委书记　周国义

江苏省交通技师学院

院　　长　司马华炜
副 院 长　纪玉国
　　　　　陈　伟
　　　　　杨雪茹(女)
党委书记　曾正德
党委副书记　司马华炜　高为群
纪委书记　李　岩

镇江技师学院

院　　长　何　峰
副 院 长　蔡　浪
　　　　　张　永
　　　　　凌　峰
党委书记　朱建忠
党委副书记　何　峰　张宗锋
纪委书记　戴　云(女,6月止)
　　　　　庄　晨(9月任)

江苏航空职业技术学院

院　　长　浦黄忠　殷国兴
副 院 长　孙家政(8月止)
　　　　　戴金跃(8月止)
　　　　　陆纪荣
　　　　　师　平
　　　　　马士良
党委书记　浦黄忠
党委副书记　殷国兴　潘国华(8月止)
纪委书记　刘永希(8月止)
纪委书记　胡永盛(8月任)

镇江中学

校　　长　冯章葆(8月止)
　　　　　赵竹林(8月任)
副 校 长　陶圣建　李国建
　　　　　陆建根(8月止)　程志军(8月止)
　　　　　唐　毅(9月任)　周照正(8月任)
党委书记　冯章葆
党委副书记　赵竹林(8月任)
　　　　　　俞　惠(女)
纪委书记　张　俊(8月任)

镇江第一中学

校　　长　吴铁俊(8月止)
　　　　　陆建根(8月任)
副 校 长　赵竹林(8月止)
　　　　　郭晓峰(8月止)
　　　　　邹建平　唐　毅(9月止)
　　　　　张红霞(女)　樊江峰(8月任)
　　　　　李　浩(9月任)
党委书记　吴铁俊
党委副书记　陆建根(8月任)
　　　　　　邹建平(8月任)
纪委书记　张　俊(8月止)
　　　　　孙国芳(8月任)

镇江市高等职业技术学校

校　　长　张伟斌(8月止)　张　鹏(8月任)
党委书记　张伟斌

市第一人民医院

院　　长　蒋鹏程
副 院 长　石春和
　　　　　万祥波
　　　　　毛镇伟

党委书记 陈 宏(女,6月任)
孙 萍(女,6月止)
纪委书记 戴 云(女,6月任)
贺春金(6月止)
总会计师 丁旭辉

市中西医结合医院(市二院)

院 长 花长松
党委书记 李中兴

市第四人民医院

院 长 徐 军
党委书记 张红光(6月任)

市中医院

院 长 徐 庆
党委书记 史亚祥(6月止)

江苏江滨医疗集团

院 长 陈德玉
副院长 何咸兵 陈吉祥
李遇梅(女)
袁国跃
财务总监 张开华

镇江市医疗集团

院 长 章昆明
副院长 周 云(6月止)
张红光(6月止)
孔繁芝(女)
党委书记 章昆明
纪委书记 苗 培
理事长 章昆明

说明:机构负责人职务任止年份除特别说明外,均为2022年。 (市委组织部)

书目·题录

表96 2022年江苏大学出版社出版图书书目汇总表

ISBN	书 名	第一责任者	出版月份	字数(千字)
978-7-5684-1480-7	新时代大学生爱国主义教育概论	陶书中,主编	1	328
978-7-5684-1536-1	概率论与数理统计习题册与综合训练.2版	李晓莉、张雅文,主编	1	118
978-7-5684-1564-4	思想道德与法治课程教学优化与拓展	肖建国、胡 晶,编著	1	266
978-7-5684-1588-0	中国书画鉴定研究	朱光耀、朱 剑,著	1	270
978-7-5684-1703-7	文本导向词块在中外英语学位论文中的对比研究	王景丽,著	1	220
978-7-5684-1709-9	消逝的青春:英语经典诗歌选译.三集	(英)雪莱、(美)费朗罗、(美)惠特曼、(美)爱伦·坡,著	1	90
978-7-5684-1769-3	推进文旅融合 实现高质量发展:长三角六市群众文化工作的思考与实践	张 杰、汤小河,主编	1	330
978-7-5684-1784-6	企业差序式领导对组织创新绩效的影响研究:基于员工越轨创新行为的视角	吴梦云、陆 杰,著	1	280
978-7-5684-1679-5	传热学(*Heat Transfer*)	唐春丽、李红明,编著	2	466
978-7-5684-1688-7	美国北卡罗来纳州中小学校长和教师评价体系述评	刘 丹,著	2	220
978-7-5684-1734-1	国际直接投资:理论与实践(*International Direct Investment:Theories and Practices*)	王 娟,编著	2	305
978-7-5684-1765-5	液压传动与控制	张 兵、钱鹏飞、朱 勇,主编	2	258
978-7-5684-1771-6	实用法律基础	李 蔚,主编	2	444
978-7-5684-1785-3	前厅服务与管理	李 岩、隋国研,主编	2	289
978-7-5684-1786-0	旅游学概论	闻 芳,主编	2	323
978-7-5684-1787-7	校园安全教育	熊安锋、阳 军,主编	2	347
978-7-5684-1788-4	大学生心理健康教育	单慧娟、廖财国,主编	2	370
978-7-5684-1789-1	成本会计实务	吴育湘,主编	2	346
978-7-5684-1790-7	普通话教程	高乃尧,主编	2	324
978-7-5684-1732-7	一年·三季	陈海峰,著	3	90

续表 96

ISBN	书　名	第一责任者	出版月份	字数(千字)
978－7－5684－1753－2	传统与现代的碰撞:中国戏曲的传承及创新	宝　芳,著	3	223
978－7－5684－1770－9	中外美术简史	查　磊、魏　坤、贾安强,主编	3	454
978－7－5684－1772－3	《思想道德与法治》学生辅学用书	余　琳、王仙先、田谢军,主编	3	248
978－7－5684－1773－0	大学语文	陈柳宣、刘莹莹、何小华,主编	3	398
978－7－5684－1791－4	百年康复:我与康复医院的故事	镇江市第一人民医院(江苏大学附属人民医院),编	3	385
978－7－5684－1792－1	百人讲述:他们共同亲历的“百年康复”	镇江市第一人民医院(江苏大学附属人民医院),编	3	150
978－7－5684－1933－8	镇江文博.2021	镇江博物馆,编	3	280
978－7－5684－1510－1	临床技能训练:操作要点及案例模拟(*Clinical Skill Training*)	陈　奇,主编	4	350
978－7－5684－1795－2	镇江新区耕地	镇江新区农村经济发展服务中心,编著	4	221
978－7－5684－1798－3	建筑艺术赏析	陈孟瑛、马倩倩,主编	4	454
978－7－5684－1799－0	茅以升评传	蔡永祥,著	4	230
978－7－5684－1366－4	实用语文.第3册	梅　娟,主编	5	282
978－7－5684－1719－8	商品信息采编	文求实,主编	5	345
978－7－5684－1793－8	面向插件的 PowerPoint 演示文稿制作实例教程	赵志靖、周　静、吕　辰,编著	5	263
978－7－5684－1802－7	大学生时事教育	刘怀平、赵文崛,主编	5	294
978－7－5684－1805－8	实用语文辅导与自测.第3册	梅　娟,主编	5	224
978－7－5684－1808－9	再见赛珍珠	徐和平,编著	5	240
978－7－5684－1342－8	教材设计原理:从内容到形式	王海燕,著	6	432
978－7－5684－1717－4	旅游规划与开发教学案例集	朱元秀、刘　鹏、伍艳玮,主编	6	281
978－7－5684－1764－8	大众创业时代企业家社会责任教育研究	金　奇,著	6	233
978－7－5684－1774－7	思想道德与法治	陈　卓,主编	6	213
978－7－5684－1777－8	医学遗传学(*Medical Genetics*)	邵根宝、金　洁、龚爱华,主编	6	530
978－7－5684－1782－2	雨中人画投射测验全息分析理论和技术	刘　伟、刘一格,著	6	489
978－7－5684－1783－9	身边的榜样:江苏大学食品与生物工程学院优秀学子先进事迹选(2017—2020级)	万由令,主编	6	400
978－7－5684－1794－5	室内照明设计	熊　杰,主编	6	280
978－7－5684－1800－3	商务礼仪	李　莉、刘　芳,主编	6	243
978－7－5684－1806－5	新安旅行团	于兆文,著	6	413
978－7－5684－1807－2	新安旅行团 少年中国行	于兆文,著	6	50
978－7－5684－1811－9	永恒的赛珍珠:刘龙先生文札选集	刘　龙,著	6	320
978－7－5684－1815－7	实用语文.第4册.2版	高新义、武志梅、尚增宝,主编	6	246
978－7－5684－1816－4	实用语文辅导与自测.第4册.2版	高新义、武志梅、曾　珠,主编	6	179
978－7－5684－1818－8	平面解析几何教学探究	刘新春,著	6	252
978－7－5684－1825－6	解析几何	史雪荣,主编	6	348
978－7－5684－1755－6	阅读感知中国	钟　璟、王　宁、杨　晶、章　晶,编著	7	390
978－7－5684－1796－9	实用语文.第2册	马春娜,主编	7	275
978－7－5684－1797－6	实用语文.第1册	何哲群、刘晓春,主编	7	275
978－7－5684－1813－3	实用语文辅导与自测.第1册.2版	何哲群、刘晓春,主编	7	238
978－7－5684－1814－0	学生实习与就业创业指导	史旭东,主编	7	314
978－7－5684－1827－0	开启现代化新镇江建设新征程:2021年镇江发展研究报告	于　伟,主编	7	265
978－7－5684－1829－4	生理学实训指导	郑荣华、杨晋荣,主编	7	295
978－7－5684－1831－7	一看就懂的二战史:“时政漫画”解读与探究	严龙梅,著	7	530
978－7－5684－1837－9	用双手创造美好未来:新时代劳动教育教程	张远红、许　颖,主编	7	312

续表 96

ISBN	书　名	第一责任者	出版月份	字数(千字)
978-7-5684-1838-6	美好生活　劳动创造:大学生劳动教育教程	黎兆跂,主编	7	423
978-7-5684-1839-3	高职体育与健康	李京平、綦　鑫、黄诗豪,主编	7	381
978-7-5684-1840-9	新时代大学生青春健康教育	李爱冰、黄海燕、徐礼超,主编	7	347
978-7-5684-1842-3	正常人体结构实训指导	黄声鸣、杨栋梁,主编	7	370
978-7-5684-1678-8	土木工程导论.3 版	刘荣桂、胡白香、唐小卫,主编	8	573
978-7-5684-1735-8	医用高等数学(*Calculus for Medicine and Pharmacy*)	范兴华、彭　凌、程悦玲、陈　燕,主编	8	661
978-7-5684-1750-1	数控技术与编程	丁　展、王　健、赵振江、李　扬、万　浩、张熠飞、刘　峰、宋向前、王临茹、郭沁涵、印艺庆、周　琳,编著	8	320
978-7-5684-1775-4	综合素质. 小学	文旌考试研究中心,主编	8	485
978-7-5684-1801-0	江苏省专转本考试高等数学真题权威汇编精讲	房宝娣,主编	8	583
978-7-5684-1803-4	机械工程测试技术(*Mechanical Testing Technology*)	陈法法,主编	8	308
978-7-5684-1809-6	大学生创新创业基础教程	冯小苏、徐　辉、赵文国,主编	8	312
978-7-5684-1810-2	燃烧学理论基础及其应用.2 版	潘剑锋、王　谦、邵　霞、范宝伟、卢青波,编著	8	331
978-7-5684-1817-1	实用语文辅导与自测. 第 2 册.2 版	马春娜,主编	8	217
978-7-5684-1819-5	互换性与测量技术学习指导:慕课配套版	刘桂玲、吴　勃,主编	8	300
978-7-5684-1820-1	中文版 AutoCAD 2016 室内装潢设计案例教程	胡　洁、刘重桂,主编	8	474
978-7-5684-1821-8	高等数学. 下册.3 版	田立新,主编	8	377
978-7-5684-1822-5	高等数学. 上册.3 版	田立新,主编	8	510
978-7-5684-1824-9	创新创业案例分析与仿真训练	郭元新,主编	8	329
978-7-5684-1835-5	新标准职业英语.1	郑　玲、刘　荃,主编	8	295
978-7-5684-1836-2	新标准职业英语.2	郑　玲、刘　荃,主编	8	301
978-7-5684-1844-7	概率统计同步练习与提高	石志岩,主编	8	79
978-7-5684-1845-4	高等数学试卷集	朱荣平、张海霞,主编	8	89
978-7-5684-1846-1	复变函数与积分变换同步练习与提高	王丽霞、董玉娟、张真真,主编	8	73
978-7-5684-1850-8	高等数学同步练习与提高	张海霞、朱荣平,主编	8	140
978-7-5684-1851-5	线性代数同步练习与提高	郜向阳、朱荣平,主编	8	84
978-7-5684-1853-9	镜鉴基层:新时代农村微腐败治理的理论视域与实践探索. 全二册	江雪松、刘同君,著	8	520
978-7-5684-1854-6	苏南农村基层党组织党内法规执行力问题研究	于晓琪、牛玉兵,著	8	232
978-7-5684-1861-4	商务谈判	余春林、梁修庆、苗银家,主编	8	201
978-7-5684-1529-3	淮安乡土语文	陈　武、严　苏、陈晓岩,主编	9	350
978-7-5684-1756-3	作为学术职业的教授:形塑与建构	王　飞,著	9	228
978-7-5684-1778-5	导游业务	文旌考试研究中心,主编	9	300
978-7-5684-1823-2	几个孔　一辈子:常敦明笛箫制作艺术管窥	袁志钟、常　筝、常　阳,著	9	175
978-7-5684-1828-7	大学美育	何亚平、王　娟、孙　辉,主编	9	258
978-7-5684-1830-0	大学生心理健康教育	边素贞、黄　霞、万　虎,主编	9	312
978-7-5684-1847-8	茶文化与茶艺	郭丽萍、徐红娟,主编	9	256
978-7-5684-1848-5	通用场景英语教程.1	廖振发,主编	9	254
978-7-5684-1849-2	应用写作	刘　蓉,主编	9	352
978-7-5684-1852-2	高校廉洁文化建设的理论与实践研究	夏　民、李炳烁,编著	9	420
978-7-5684-1855-3	中国传统廉政文化故事的创造性转换	高庆国、朱玲萍,编著	9	233
978-7-5684-1858-4	轨道交通机电总承包系统集成管理指南	陈开东、沈　鑫,主编	9	900
978-7-5684-1859-1	短视频制作与运营	朱佳富、曾海钧、王筱祺,主编	9	202

续表 96

ISBN	书　　名	第一责任者	出版月份	字数(千字)
978－7－5684－1860－7	典型战略新兴产业专利情报分析	《典型战略新兴产业专利情报分析》编写组，编著	9	423
978－7－5684－1862－1	中国传统文化概论	盛跃辉、资炜堃、肖　炜，主编	9	312
978－7－5684－1865－2	小学科学课程与教学论	潘洪建、王天锋、李　君、钟碧玲，编著	9	435
978－7－5684－1867－6	世界的样子："行走·涉阅"课程活动指南	王　蓓，编著	9	240
978－7－5684－1768－6	大学生职业发展指导：以思想政治教育专业为例	范宏民、钟小惠，主编	10	370
978－7－5684－1804－1	见器如晤：80 件文物里的镇江三千年	镇江博物馆，编	10	200
978－7－5684－1812－6	初中生数感培养的探索与实践	王国强、陆丽萍，著	10	324
978－7－5684－1843－0	长三角聚居性少数民族农村社区参与式治理研究	张慧卿，著	10	200
978－7－5684－1857－7	我国技术创新扩散因素分析和效应测度	王俊霞，著	10	170
978－7－5684－1864－5	智慧德育之路	张绍海、彭善毅、赵朋飞，主编	10	230
978－7－5684－1866－9	镇江诗词楹联作品集：1949—2022	蒋光年，主编	10	320
978－7－5684－1875－1	江流纪事六十年	江苏大学流体机械工程技术研究中心，编	10	300
978－7－5684－1876－8	食品安全与操作规范	甘芳瑗、龙道崎、庞钶靖，主编	10	312
978－7－5684－1539－2	幼儿深度学习生成课程的实践研究	黄爱铭，著	11	346
978－7－5684－1741－9	国际营销：理论与案例(*International Marketing: Theories and Cases*)	贺　丹，主编	11	524
978－7－5684－1834－8	配电网工程造价管理	韩　坚、肖　纯、彭　奕，主编	11	225
978－7－5684－1841－6	基于桁箱等效理论的组合桁腹连续梁桥力学性能研究	薛东焱、黄杨成、张益多，著	11	201
978－7－5684－1868－3	句容市工会志	《句容市工会志》编纂委员会，编	11	732
978－7－5684－1870－6	江河交汇看镇江．文韵潮生	钱　兴、顾海萍、孙宇佳，主编	11	240
978－7－5684－1871－3	消防炮理论与设计(*Theory and Design of Fire Monitor*)	薛　林，著	11	543
978－7－5684－1873－7	中国机械行业卓越工程师教育联盟第五届毕业设计大赛优秀作品案例集	中国机械行业卓越工程师教育联盟、江苏大学，编著	11	742
978－7－5684－1874－4	智能数字技术及其应用	陈　进、鞠琳娜，主编	11	207
978－7－5684－1883－6	与诗词共成长	谢金凌，编著	11	480
978－7－5684－1889－8	江苏大学年鉴．2021	江苏大学档案馆，编	11	1400
978－7－5684－1893－5	磁流变材料新发展：设计、性能与测试方法	胡志德、张寒松、杨健健、晏　华，著	11	450
978－7－5684－1895－9	大学英语教师专业发展路径研究	蔡朝辉，著	11	300
978－7－5684－1896－6	解析几何课程育人探索与实践	史雪荣，著	11	118
978－7－5684－1737－2	新型稻麦联合收获装备设计与分析	王志明、丁　肇、苏　展、王金双，著	12	490
978－7－5684－1863－8	高校科研数据开放与治理研究	刘桂锋、濮静蓉、钱锦琳、张　裕，著	12	220
978－7－5684－1869－0	与驾驶人谈道路交通安全	华国平，著	12	210
978－7－5684－1872－0	再生医学和药物、基因输送实验手册(*Experimental Handbook of Regenerative Medicine and Drug/Gene Delivery*)	曹　霞，主编	12	139
978－7－5684－1878－2	材料物理性能	张　晨、袁妍妍，主编	12	450
978－7－5684－1879－9	江海诗词双年选：2020－2021	江苏省诗词协会，编	12	220
978－7－5684－1880－5	农机汉语	茅海燕、唐　敏，主编	12	292
978－7－5684－1881－2	润州年鉴．2022	镇江市润州区史志办公室，主编	12	699
978－7－5684－1882－9	基于活动理论的对外汉语教学设计研究	高若瑜，著	12	260
978－7－5684－1885－0	企业绩效评价：理论、方法与案例(*Performance Evaluation on Enterprises: Theories, Methods and Cases*)	吴　宁、赵叶灵，著	12	384
978－7－5684－1884－3	句容年鉴．2022	句容市史志办公室，编	12	732
978－7－5684－1887－4	校园体育人身伤害事故的风险管理与法律应对机制研究	王武年、姜　苑，著	12	216
978－7－5684－1890－4	镇江图鉴．2022	镇江市史志办公室，编	12	211

续表 96

ISBN	书 名	第一责任者	出版月份	字数(千字)
978－7－5684－1891－1	以文育人:核心素养视角下的小学语文教育	齐 娟,著	12	225
978－7－5684－1892－8	历史制度主义视角下的新中国职业教育政策变迁:1949—2019	武 智,著	12	232
978－7－5684－1894－2	长三角大运河文化带文旅融合品牌案例研究.2022	秦宗财,主编	12	440
978－7－5684－1897－3	“凤鸣高冈——吕凤子艺术·教育·人生”特展图录	镇江博物馆,编	12	150
978－7－5684－1898－0	新时代高校离退休工作的思考与实践	刘新波,著	12	210
978－7－5684－1899－7	赵声年谱长编	中国人民政治协商会议镇江市委员会新区工作委员会办公室,编	12	400
978－7－5684－1900－0	生理学	刘 芳,主编	12	432
978－7－5684－1901－7	中国赛珍珠论集:赛珍珠与中国小说(*A Collection of Pearl S. Buck Studies in China*: *Pearl S. Buck and the Chinese Novel*)	镇江市赛珍珠研究会,编	12	500
978－7－5684－1902－4	汽车文化	王 井,主编	12	311
978－7－5684－1903－1	美丽兴华	中共扬中市三茅街道兴华村委员会、扬中市三茅街道兴华村村民委员会,编	12	200
978－7－5684－1905－5	复合材料钻削跨尺度数值模拟技术及其应用	刘 勇、周宏根、李国超,著	12	200
978－7－5684－1906－2	教我如何不想说:壮国桢教育评论集	壮国桢,著	12	376
978－7－5684－1907－9	药理学	吴增春、吴曈勃,主编	12	578
978－7－5684－1908－6	高频声波式原位弱扰动钻进采样一体化技术与装备	潘云雨,编著	12	250
978－7－5684－1909－3	护理学基础	张淑爱、李倩倩,主编	12	647
978－7－5684－1912－3	农业科技现代化先行示范县共建的句容—江苏大学实践	袁寿其、金丽馥、石宏伟、李炳烁、徐小阳、付清松、张慧卿、王志刚、王林兵,编著	12	189
978－7－5684－1914－7	高职院校单招考试模拟试卷.数学	惠清秀、康淑芳、王丽琴,主编	12	101
978－7－5684－1915－4	教师口语	王素贞、马 成,主编	12	295
978－7－5684－1916－1	京口年鉴.2022	镇江市京口区史志办公室,编	12	827
978－7－5684－1917－8	中国碳排放强度评估与绿色发展研究	赵桂梅、耿 涌、赵桂芹,著	12	230
978－7－5684－1918－5	把目标教育融入“三全育人”:以电类专业学生培养为例	叶 涛、祁 鸣、黄永红,编著	12	300
978－7－5684－1919－2	大学生就业指导	乔晶策、王 刚、袁永彦,主编	12	283
978－7－5684－1920－8	社区家庭消防安全119问	应急管理部上海消防研究所、上海市消防救援总队,编	12	154
978－7－5684－1921－5	酒店人力资源管理	胡 阳、欧咏梅、吴学群,主编	12	392
978－7－5684－1923－9	幼儿文学	付艳红,马 玲,张 苗,主编	12	347
978－7－5684－1924－6	一所大山脚下的幼儿园	喻兴艳,著	12	240
978－7－5684－1929－1	预防医学专业导论	陆荣柱、王 强、沈海俊、叶 洋、李 芳、杨波波,主编	12	280
978－7－5684－1932－1	Sn－Ag－Cu无铅焊料合金性能及应用研究	彭巨擘、王小京、蔡珊珊,著	12	150
978－7－5684－1934－5	口腔疾病预防与保健	吴占敖、何成兵、许 红,主编	12	160
978－7－5684－1935－2	传染病防控期间口腔科护理操作常规及管理规范	楼燕凤,朱冬梅、吴占敖,主编	12	180
978－7－5684－1938－3	小学科学课程与教学	王 位、张非池,主编	12	387
978－7－5684－1941－3	新时代我国高校教师公平感知对创新能力的影响研究	黄 婷,著	12	182
978－7－5684－1944－4	RCEP框架下广西—东盟海上合作研究	李 燕,著	12	240
978－7－5684－1946－8	家族企业差序式领导对员工绩效的作用机制研究	张林荣、吴梦云、蒋 丹,著	12	234
978－7－5684－1947－5	基于温湿度环境大体积粉煤灰混凝土裂缝控制的研究	刘志勇,著	12	260
978－7－5684－1948－2	Sn－Bi无铅焊料形变机制及其合金化	王小京、彭巨擘、蔡珊珊、刘江涛,著	12	160
978－7－5684－1951－2	理想与现实:新时代大学治理理论与实践研究	张坚强,著	12	224
978－7－5684－1953－6	论语赏读	郇有祥,编著	12	420

(江苏大学出版社 常 钰)

表 97　2022 年镇江市报刊文章题录汇总表

题　名	作　者	文献来源	刊　期
镇江西津渡历史文化街区渡口文化文创产业发展研究	孟　婷	镇江高专学报	2022 年第 04 期
先进制造业与现代服务业融合发展与互动效应实证研究——以镇江市为例	李　琪、吴继英	科技和产业	2022 年第 12 期
乡村振兴背景下镇江市农民专业合作社运营绩效要素分析	吴万盛、石　燕	南方农业	2022 年第 18 期
新时代高校党建工作与师资建设工作深度融合研究——以镇江高等专科学校为例	阚亚雄	镇江高专学报	2022 年第 04 期
整合"三山一湖一渡"文旅资源，发挥城市旅游核心区集散效应	镇江市文化广电和旅游局	镇江社会科学	2022 年第 01 期
把农机装备产业打造成镇江特色产业	镇江市农机装备产业链高质量发展研究课题组	镇江社会科学	2022 年第 02 期
"十四五"时期镇江文化产业人才队伍建设的路径和策略——基于产业强市战略视角的研究	镇江文化产业人才课题组	镇江社会科学	2022 年第 02 期
为中国式农业现代化而努力奋斗	赵亚夫	镇江社会科学	2022 年第 04 期
党建"红色引擎"汇聚国企改革强大合力	市委改革办、市国资委课题组	镇江社会科学	2022 年第 04 期
镇江市"专精特新"小巨人企业培育情况研究	张怀升、凌　鹏、邱　亚	镇江社会科学	2022 年第 04 期
镇江西津渡历史文化街区渡口文化文创产业发展研究	孟　婷	镇江高专学报	2022 年第 04 期
全力打赢项目建设和优化营商环境攻坚战 以实际行动推动党的二十大精神落地见效	马明龙	创新	2022 年第 12 期
集中精力抓主导产业抓重大项目 推动产业强市战略攻坚突破	徐曙海	创新	2022 年第 12 期
镇江宝盖山铁路遗址绿地景观调查与生态景观重塑	李　晓、朱彦榕	林业调查规划	2022 年第 03 期
镇江市养老事业高质量发展路径研究	臧璐衡	江南论坛	2022 年第 07 期
养老服务的突出问题及治理对策研究——以镇江市为例	万建鹏、张玉枚	中国管理信息化	2022 年第 09 期
习近平生态文明思想下的"美丽镇江"建设研究	薛皓文	中国集体经济	2022 年第 28 期
江南何氏世医流派(镇江支)的学术观点浅析及传承思考	吴桂梅、李　亮	中国社区医师	2022 年第 35 期
乡村振兴背景下镇江传统村落保护与活化研究	张利华	镇江社会科学	2022 年第 01 期
镇江人才导入的对策建议——以技能人才为例	镇江技能人才课题组	镇江社会科学	2022 年第 01 期
镇江红色文化资源的开发利用	市委党校、市史志办课题组	镇江社会科学	2022 年第 01 期
高质高效推进官塘创新社区建设	周德荣、谢志勇、胡元威	镇江社会科学	2022 年第 02 期
镇江江河交汇博物馆展陈研究——建设分布式生态博物馆的对策建议	冯晓华、钱　兴、高逸凡	镇江社会科学	2022 年第 02 期
精雕以人为本的城市品质生活	吴海平	创新	2022 年第 07 期
镇江东乡砖雕门楼的形制演变及艺术特征	居　由	民艺	2022 年第 02 期
"秀粹江山称此地，文宗今古贮层甍"——镇江文宗阁的前世与今身	王雨潇	图书情报研究	2022 年第 03 期
张若虚《春江花月夜》作于镇江焦山之再考 ——兼与徐振宇《张若虚〈春江花月夜〉诗中景地推测》商榷	李金坤	语文学刊	2022 年第 04 期
《至顺镇江志》与元代镇江饮食文化	邵万宽	楚雄师范学院学报	2022 年第 04 期
资本空间视域下近代港口贸易竞争——以镇江、芜湖、南京为例	方前移	求索	2022 年第 05 期
大运河文化遗产知识库内容构建研究——以镇江段为例	李永卉、周宇婷、周树斌	图书馆学刊	2022 年第 07 期
历史文化视角下地方非遗项目间协同发展的路径研究——基于镇江市的调查分析	严　娜	东南传播	2022 年第 07 期
影像传播视角下镇江红色文化符号传播路径创新研究	李　莎、孟　翔、朱其林	文化创新比较研究	2022 年第 07 期
运河交通与唐代镇江诗歌研究	周昕茹、杨贵环	芒种	2022 年第 08 期
古典诗词的海外传播策略研究——以镇江为例	李红艳	汉字文化	2022 年第 16 期
来华留学生"非遗"教学研究——以镇江为例	陈保君、王　博	汉字文化	2022 年第 20 期

续表 97

题 名	作 者	文献来源	刊 期
格非“江南三部曲”中的江南地域文化元素	赵 妍、解新宇、倪晨嘉	品位·经典	2022 年第 22 期
《瘗鹤铭》作者及创作时间考释	熊 伟	遵义师范学院学报	2022 年第 02 期
知识翻译学视角下古天文历法术语翻译策略研究——以王宏英译本科技典籍《梦溪笔谈》为例	高晓晚	作家天地	2022 年第 22 期
沈括与北宋大运河	姜师立	档案与建设	2022 年第 01 期
“秀粹江山称此地，文宗今古贮层甍”——镇江文宗阁的前世与今身	王雨潇	图书情报研究	2022 年第 03 期
《天山牧歌》唱出闻捷心声	吴明宝、沈晓昆	金山	2022 年第 03 期
唐人隐居、游历茅山考	何安平	江苏科技大学学报（社会科学版）	2022 年第 02 期
扬中撤县设市琐忆	戴少华	世纪风采	2022 年第 04 期
论镇江文化美学特征	蔡晓伟	镇江高专学报	2022 年第 03 期
稽古振今 与道同行——《问道茅山三千年》评介	孙彩琪、孙 鹏	镇江高专学报	2022 年第 03 期
论柳诒徵、陈庆年的学术师承关系	尤志心	镇江高专学报	2022 年第 04 期
在新的视角下推进《昭明文选》和汉语史研究——读《〈文选〉所存六朝时语研究》	何兆强、张永刚	镇江高专学报	2022 年第 04 期
〔民国〕《瓜洲续志》的特点与价值	张英聘	江苏地方志	2022 年第 05 期
“齐梁文化研究丛书”汇评	葛剑雄、刘跃进、姜 建、边利丰等	江苏地方志	2022 年第 02 期
东晋京口—广陵战略格局的形成与演变	谈益群	镇江高专学报	2022 年第 01 期
长江上下游古代救生事业之比较	张 轩、张峥嵘	镇江高专学报	2022 年第 01 期
论魏晋士人思想在《神仙传》中的书写	许劲博	镇江高专学报	2022 年第 01 期
从鲁迅的评价论赛珍珠小说《大地》	于 伟	海峡人文学刊	2022 年第 04 期
跨文化视野下《大地三部曲》中环境记忆的多维表达	张 曦	广州广播电视大学学报	2022 年第 06 期
民族志文化翻译与赛珍珠的中国知识体系建构	朱 骅、原 芳	江苏大学学报（社会科学版）	2022 年第 05 期
赛珍珠传记作品《异邦客》中的家园政治观	汪文君	江苏大学学报（社会科学版）	2022 年第 05 期
论赛珍珠《大地三部曲》中的火车意象	袁 媛	宿州学院学报	2022 年第 08 期
赛珍珠在康奈尔的学习经历钩沉	刘 丹、熊 辉	中国现代文学研究丛刊	2022 年第 08 期
旅行与写作：赛珍珠的文学场域与叙事研究	姜德成、仪爱松	沈阳建筑大学学报（社会科学版）	2022 年第 04 期
中国文化走出去与去西方中心主义——以中国文化经典《水浒传》赛珍珠英译本为案例的分析	任东升、曲 畅	思想战线	2022 年第 04 期
难与美：《水浒传》赛珍珠译本美学阐释	胡东平、欧阳晴雯	外语学刊	2022 年第 04 期
《觉醒》与《大地》中的共同体观照	万雪梅	英美文学研究论丛	2022 年第 01 期
从文化和合理念解读赛译《水浒传》的文化负载词翻译	赵 羽、钟再强	南京工程学院学报（社会科学版）	2022 年第 02 期
赛珍珠英译《水浒传》的文化和合主义翻译表征研究	钟再强、赵 羽	文化创新比较研究	2022 年第 11 期
美国文学呈现中国的三种方式	陈广兴	兰州大学学报（社会科学版）	2022 年第 01 期
《大地》中王龙叔父形象的前世今生——兼论电影改编的历史与文化意蕴	李会玲	长江学术	2022 年第 01 期

（镇江市教育局 裴 伟 沙 跃）

统计资料

·综　合·

表98　2022年镇江市行政区划和土地面积情况表

地　区	镇(个)	村民委员会(个)	街道(个)	居民委员会(个)	土地面积(平方千米)	
						建成区面积
全　市	31	484	25	286	3840.33	239.02
市　区	9	129	18	152	1087.88	147.29
京口区	—	5	6	56	95.98	31.61
润州区	—	4	7	48	113.36	30.14
丹徒区	6	83	2	18	617.08	24.52
高新区	—	5	1	4	39.38	12.77
新　区	3	32	2	26	222.08	48.25
辖　市	22	355	7	134	2752.46	91.73
丹阳市	10	145	2	82	1047.24	41.12
扬中市	4	58	2	27	327.35	16.84
句容市	8	152	3	25	1377.87	33.77

（市统计局）

表99　2022年江苏省各设区市主要经济指标表

市(县)	土地面积(平方公里)	年末常住人口(万人)	人口密度(人/平方公里)	地区生产总值(亿元)				
					第一产业增加值	第二产业增加值		第三产业增加值
							工　业	
南京市	6587	949.11	1441	16907.85	315.56	6069.64	5139.56	10522.65
无锡市	4627	749.08	1619	14850.82	133.65	7177.39	6472.95	7539.78
徐州市	11765	901.85	767	8457.84	771.89	3593.22	2974.27	4092.73
常州市	4372	536.62	1227	9550.06	172.36	4664.47	4251.32	4713.23
苏州市	8657	1291.06	1491	23958.34	192.98	11521.41	10595.60	12243.95
南通市	10507	774.35	737	11379.60	510.04	5611.06	4782.59	5258.50
连云港市	7626	460.05	603	4005.03	424.23	1814.25	1496.42	1766.55
淮安市	10030	455.31	454	4742.42	445.42	2011.90	1635.62	2285.10
盐城市	17718	668.97	378	7079.78	793.80	2927.78	2441.36	3358.20
扬州市	6591	458.29	695	7104.98	326.62	3470.02	2871.82	3308.34
镇江市	3840	322.22	839	5017.04	163.87	2471.61	2249.04	2381.56
泰州市	5788	450.56	778	6401.77	334.41	3158.01	2478.42	2909.35
宿迁市	8524	497.53	584	4111.98	374.55	1843.98	1543.04	1893.45

（市统计局）

·经济建设主要指标·

表 100 2022 年镇江市农业现代化基本情况表

项 目	单位	全 市	市 区						丹阳市	扬中市	句容市
				京口区	润州区	丹徒区	高新区	新 区			
农用化肥施用量(折纯)	吨	45893	10526	631	364	7073	23	2435	13752	3170	18445
氮肥	吨	19840	3933	282	146	2790	—	715	6155	1895	7856
磷肥	吨	1510	120	30	11	79	—	—	171	296	923
钾肥	吨	2604	197	56	5	136	—	—	937	339	1131
复合肥	吨	21939	6276	263	202	4068	23	1720	6489	640	8535
农用薄膜使用量	吨	1856	216	11	11	116	1	77	1243	108	290
#地膜使用量	吨	759	67	6	1	55	1	5	531	76	85
地膜覆盖面积	公顷	3171	766	41	6683	5	30	1	450	363	592
农用柴油使用量	吨	14264	2172	44	8	1575	—	545	6008	355	5729
农药使用量	吨	1973	339	11	6	187	1	133	665	182	787
农业机械总动力	千瓦	1480867	423796	54670	16861	263996	—	88269	406246	133269	517556
#柴油机	千瓦	910073	273361	34610	4960	180585	—	53206	230640	67427	338645
汽油机	千瓦	125784	32383	6760	5912	14361	—	5350	44390	8211	40800
电动机	千瓦	445010	118052	13300	5989	69050	—	29713	131216	57631	138111
农业机械与设备											
大中型拖拉机	台	4632	1306	62	9	1122	—	113	2000	239	1087
小型拖拉机	台	9466	507	—	9	468	30	—	743	201	8015
农用水泵	套	32972	11179	987	518	7754	—	1920	6755	4015	11023
联合收获机	台	3453	887	49	4	751	—	83	1447	183	936
机动脱粒机	台										
机动喷雾(粉)机	台	10728	2209	65	53	1678	—	413	4650	680	3189
饲草料加工机械	台	2047	482	—	—	450	—	32	1256	138	171

（市统计局）

表 101 2022 年镇江市主要工业产品产量表

产品名称	单 位	实 绩	产品名称	单 位	实 绩
一、采矿业产品			纱	万吨	1.71
石灰石	万吨	1129.92	布	万米	8126.83
二、水电工业产品			棉混纺布	万米	5253.95
发电量	亿千瓦小时	482.92	化学纤维短纤布	万米	800.38
自来水生产量	万立方米	30842.26	化纤长丝机织物	万米	1080.30
三、农副食品加工业产品			无纺布	吨	43
原盐	万吨	146.43	蚕丝被	万条	20.02
小麦粉	万吨	35.36	服装	万件	3699.89
大米	万吨	0.94	#梭织服装	万件	3615.39
饲料	万吨	6.92	针织服装	万件	84.50
精制食用植物油	万吨	61.10	手提包(袋)、背包	万个	53.71
成品糖	吨	97397	鞋	万双	631.56
焙烤松脆食品	吨	873	#皮革鞋靴	万双	378.42
酱油	吨	2397	纺织面鞋	万双	82.63
食醋	万吨	30.83	五、化学工业产品		
方便面	吨	13075	硫酸	万吨	24.93
饮料酒	千升	79319.20	冰乙酸(冰醋酸)	万吨	115.86
饮料	万吨	15.75	化学农药原药	万吨	4.44
四、纺织工业产品			涂料	万吨	0.93

续表101

产品名称	单位	实绩	产品名称	单位	实绩
初级形态塑料	万吨	150.25	电梯、自动扶梯及升降机	台	5717
#ABS树脂	万吨	20.88	阀门	万吨	3.87
合成橡胶	万吨	4.90	滚动轴承	万套	0.57
碳纤维及其复合材料	吨	2595	工业链条	吨	10715
硅橡胶	吨	13239	风机	台	11206
中成药	吨	218	工商用制冷、空调设备	万套	0.82
化学纤维	万吨	4.28	电动手提式工具	万台	21.15
化学药品原药	万吨	0.01	金属紧固件	万吨	14.64
塑料制品	万吨	7.77	模具	套	5.00
纸浆	万吨	26.44	农产品加工专用设备	台	2561
机制纸及纸板	万吨	268.80	中型拖拉机	台	18890
#涂布类印刷用纸	万吨	196.72	机械化农业及园艺机具	万台	11.86
纸制品	万吨	24.60	眼镜成镜	万副	1389.37
#瓦楞纸箱	万吨	3.47	大气污染防治设备	台(套)	225
单色印刷品	万令	20.00	灭火器	万台	29.85
多色印刷品	万对开色令	66.44	汽车	辆	18016
化学试剂	万吨	2.22	#新能源汽车	辆	18016
六、建材工业产品			民用钢质船舶	万载重吨	4.23
人造板	万立方米	26.39	气体压缩机	万台	19.91
实木木地板	万平方米	293.68	起重机	吨	4268
复合木地板	万平方米	2930.08	两轮脚踏自行车	万辆	64.35
家具	万件	252.20	电动自行车	万辆	2.73
硅酸盐水泥熟料	万吨	887.43	钢结构	万吨	5.41
水泥	万吨	1387.96	钢丝	万吨	7.50
商品混凝土	万立方米	304.28	铸铁件	万吨	10.15
预应力混凝土桩	万米	1194.78	锻件	万吨	0.23
钢化玻璃	万平方米	40.62	弹簧	万吨	0.31
石膏板	万平方米	3189.86	金属压力容器	万吨	0.53
砖	万块	14253.00	金属包装容器	万吨	1.53
玻璃包装容器	吨	1229	九、电子通信工业产品		
玻璃纤维布	万米	2036.44	变压器	万千伏安	294.60
纤维增强塑料制品	万吨	4.11	高压开关板	万面	2.02
耐火材料制品	吨	4770	低压开关板	面	8184
石墨及碳素制品	万吨	20.70	电力电缆	亿米	0.39
七、冶金工业产品		421.81	光缆	芯亿米	149.51
粗钢	万吨	503.44	绝缘制品	万吨	0.35
钢材	万吨	434.67	锂离子电池	万只	4233.17
铁合金	万吨	0.56	铅酸蓄电池	千伏安时	86354.30
铜合金	吨	285	电光源	万只	3139.00
铝合金	万吨	2.78	灯具及照明装置	万套	1979.54
锌合金	吨	872	手机	万台	64.96
铜材	万吨	3.92	传感器	万只	64.56
铝材	万吨	82.42	集成电路	万块	10.38
八、机械工业产品			电子元件	亿只	17.47
金属切削工具	亿件	9.26	印制电路板	万平方米	33.34
金属成形机床	台	7117	汽车仪器仪表	万台	153.54
液压元件	件	4012	光学仪器	万个	28.78
发动机	台	239781	单晶硅片	万片	198980.00
泵	万台	0.26	桥架	万吨	57.80
电动叉车	台	3666	母线	万米	207.35

（市统计局）

表 102　2022 年镇江市全社会用电情况表

单位：万千瓦小时

项　目	全　市	市　区	丹阳市	扬中市	句容市
全社会用电量	2984737	1437683	995644	190174	361236
#第一产业	19499	5001	10137	740	3621
第二产业	2104852	1043115	765253	112114	184370
工业	2081704	1034933	757807	111038	177926
第三产业	436483	217533	100464	34268	84218
交通运输、仓储和邮政业	63494	30897	16419	903	15275
信息、计算机服务和软件业	27095	14793	6153	1829	4320
批发和零售业	101970	42157	29581	10577	19655
住宿和餐饮业	24743	8347	8123	3315	4958
金融业	5556	2750	1219	715	872
房地产业	61561	39408	6264	2182	13707
租赁和商务服务业	12293	4355	1838	4334	1766
公共事业和管理组织	124238	69281	26330	8917	19710
#城乡居民生活用电	423903	172034	119790	43052	89027
城　镇	222833	129910	43835	14932	34156
乡　村	201070	42124	75955	28120	54871

（市统计局）

表 103　2022 年镇江市个体私营经济基本情况表

项　目	经营户数（个）	从业人员（人）	注册资本（万元）	项　目	经营户数（个）	从业人员（人）	注册资本（万元）
一、总　计	552899	1770197	104693182	交通运输、仓储和邮政业	31111	61185	1959946
城镇	451328	1300386	88426033	住宿和餐饮业	47824	113709	1057915
农村	101571	469811	16267150	信息传输、软件和信息技术服务业	5871	18052	1472880
二、按行业分				金融业	338	2428	1168538
第一产业	18447	50943	2009788	房地产业	5014	24065	2514833
农、林、牧、渔业	18447	50943	2009788	租赁和商务服务业	21320	76876	13835606
第二产业	98187	709945	48987710	科学研究和技术服务业	13903	69824	13075616
工业	71597	592330	28661340	水利、环境和公共设施管理业	573	4066	335383
采矿业	47	555	58035	居民服务、修理和其他服务业	44908	94639	1145117
制造业	71227	589780	28213131	教育	2277	6997	163435
电力热力燃气及水生产和供应业	323	1995	390173	卫生和社会工作	742	2544	168668
建筑业	26590	117615	20326370	文化、体育和娱乐业	8394	19215	814892
第三产业	436265	1009309	53695685	其他	35	131	3370
批发和零售业	253955	515578	15979489	三、当年新增	34008	12651	6586492

（市统计局）

索　引

说　明

一、本索引采用主题分析方法编制。标引词中机构、单位名称用简称。标引词按第一字汉语拼音音序排列;第一字相同,按第二字排列,依次类推。

二、类目、分目(次分目)名称用黑体字标明。标引词后的阿拉伯数字表示内容所在页码,数字后的字母 a、b 分别表示从左至右第一、二栏。标引词后第二个页码起,表示该索引参见内容所在位置;空一字起排的为上一标引词的附见内容。

H

J

K

R

S